Heinrich Hannover
Die Republik vor Gericht

atb aufbau taschenbuch

Heinrich Hannover wurde 1925 in Anklam (Mecklenburg-Vorpommern) geboren. Zwischen 1943–45 war er Soldat der Wehrmacht, kehrte aus dem Krieg jedoch als überzeugter Pazifist zurück. Die ursprünglich angestrebte Laufbahn als Förster konnte Hannover nach Ende des Zweiten Weltkriegs nicht mehr realisieren und studierte stattdessen ab 1946 Jura in Göttingen. 1954 wurde er als Rechtsanwalt in Bremen zugelassen und arbeitete fortan wiederholt als Strafverteidiger in politischen Prozessen. Für seine Tätigkeit wurde er vielfach ausgezeichnet, unter anderem 1973 mit dem Fritz-Bauer-Preis und 2012 mit dem Max-Friedlaender-Preis.
Heinrich Hannover machte sich auch als Autor zahlreicher Kinderbücher einen Namen. Er starb 2023 in Worpswede.

Wann immer die radikalen Kritiker der Bundesrepublik vor Gericht kamen, stand ihnen Heinrich Hannover als Anwalt zur Seite. Seine Fälle zeigten immer wieder, dass mit dem Rechtsstaat, der nach dem Unrechtssystem der Nazis – aber oft noch mit seinen Juristen – entstanden war, mitnichten alles zum besten bestellt war. Rückblickend setzt Heinrich Hannover mit der packenden Schilderung seiner spektakulärsten und interessantesten Fälle eine ganz eigene kritische Geschichte der Bundesrepublik Deutschland zusammen. Seine Erinnerungen werden zu einem packenden Polit-Krimi, der eine entlarvende Innenansicht unseres Staates liefert.

Selbst nach den gesellschaftlichen Veränderungen von 1968 setzte sich die Bundesrepublik stets mit politischer Justiz gegen ihre Kritiker zur Wehr, so zum Beispiel gegen Kriegs- und Atomwaffengegner. Nach der Wende verteidigte Heinrich Hannover Hans Modrow, dem man Wahlfälschung vorgeworfen hatte. Zudem wurde auf sein Betreiben der Mord an Ernst Thälmann erneut verhandelt, und das Verfahren gegen Carl von Ossietzky wegen Landesverrat erlebte eine Wiederaufnahme.

Heinrich Hannover

Die Republik vor Gericht 1954–1995

Erinnerungen
eines unbequemen Rechtsanwalts

atb aufbau taschenbuch

Mit 122 Abbildungen

Meinen Kollegen und Partnern Volkert Ohm,
Bernhard W. Docke, Armin von Döllen,
Almut Hannover und Thomas Piegeler.

ISBN 978-3-7466-3436-4

Aufbau Taschenbuch ist eine Marke der Aufbau Verlage GmbH & Co. KG

3. Auflage 2023
© Aufbau Verlage GmbH & Co. KG, Berlin 2017
Die Originalausgaben der Titel »Die Republik vor Gericht 1954–1974«
und »Die Republik vor Gericht 1975–1995« erschienen 1998 und 1999 bei
Aufbau. Aufbau ist eine Marke der Aufbau Verlage GmbH & Co. KG
© 1999, 2000, 2013, 2017 Heinrich Hannover
Umschlagfoto »Straßenschlacht vor dem Berliner Landgericht
am 4. 11. 1968« von Alex Waidmann, Ullstein Bilderdienst
Druck und Binden CPI books GmbH, Leck, Germany
Printed in Germany

www.aufbau-verlage.de

1954–1974

Inhalt

Vorbemerkung 7
1. Noli me tangere
   Eine Jugend in Deutschland (1925-1954) 11
2. Die erste Pflichtverteidigung (1954) 45
3. Das Goslarer Stahlhelmtreffen von 1955 55
4. Der Düsseldorfer Friedenskomitee-Prozeß (1959/60) 61
5. Kriegsdienstverweigerung im Hitler-Staat als Widerstand? Der Fall Georg B. (1961) 89
6. Die Kriminalisierung kommunistischer Meinungsäußerungen (1961-1965) 95
7. Die Kriminalisierung deutsch-deutscher Kontakte (1962) 109
8. Das dritte Urteil gegen einen kommunistischen Widerstandskämpfer.
   Der Fall Willi Meyer-Buer (1963) 119
9. Die beleidigten Kriegsverbrecher.
   Der Fall Lorenz Knorr (1963-1972) 147
10. Die totale Kriegsdienstverweigerung der Zeugen Jehovas (1962-1965) 161
11. Staatsgewalt gegen gewaltlose Ostermarschierer (1963) 175
12. Eine Demo gegen den Vietnamkrieg und die Reaktion der Staatsgewalt (1967) 191
13. Der 2. Juni 1967 und die Folgen.
    Die Störung schahfreundlicher Jubelperser in Hamburg 203
14. Die Entführung des Komponisten Isang Yun.
    Ein vergessenes Geheimdienstverbrechen aus dem Jahre 1967 ... 211
15. Die Bremer Straßenbahnunruhen vom Januar 1968 241
16. »Landgraf werde hart!«.
    Eine unzüchtige Schülerzeitung (1968/1969) 253
17. Der Völkermord in Vietnam und die Ehre der Politiker.
    Der Fall Hermann Sittner (1968) 269

18. Ostern 1968.
    Der Mordanschlag auf Rudi Dutschke und die Folgen 285
19. Die »Umtriebe« des Leutnants Volmerhaus (1969) 297
20. Ein Fall von »Landfriedensbruch«.
    Daniel Cohn-Bendits Sprung über die Barriere (1968) 311
21. Grünes Licht für den Straßenverkehr.
    Oder: wie jugendliche Demonstranten den Landfrieden
    brachen (1968) 325
22. Der Fall Günter Wallraff.
    Die Verfolgung eines kritischen Journalisten (1968 und 1975) ... 343
23. Die gestörte Karriere eines Schreibtischtäters.
    Der Fall Arthur Sahm gegen Otto Freiherr von Fircks
    (1970-1977) 361
24. Macht kaputt was euch kaputt macht!
    Ein Angriff von links (1970/71) 383
25. Mein erster »Terroristen-Prozeß«.
    Der Fall Werner Hoppe (1972) 391
26. Eine schwierige Mandantin:
    Ulrike Meinhof (1970-1974) 421
27. Anwaltliche Redefreiheit auf dem Hauklotz.
    Die ehrengerichtliche Aburteilung von Justizkritik (1974-1978).. 451
28. Der Fall Peter-Paul Zahl.
    Keine Gnade für ein Fehlurteil (1973-1982) 467
29. Der Mord an Carmen Kampa.
    Ein Unschuldiger auf der Anklagebank (1971-1976) 491

Rechtswege 528
Glossar 533
Quellennachweis 555
Bildnachweis 556
Personenregister 559

Vorbemerkung

Wie dieses Buch entstanden ist

Auf dem Dachboden meiner Anwaltspraxis haben ein paar hundert Akten, alphabetisch in Regalen geordnet, alle Entsorgungen und Umzüge überdauert. Ich hatte sie bei der Ablage von Akten abgeschlossener Verfahren sogleich ausgesondert und als »interessante Fälle« gekennzeichnet, die nicht in Vergessenheit geraten sollten. Die ältesten reichten bis ins Jahr 1954, das Jahr meiner Anwaltszulassung, zurück. Ich dachte, daß sich vielleicht eines Tages Historiker oder Doktoranden für diese Akten interessieren würden. Denn ich hatte das Glück, an vielen Verfahren beteiligt zu sein, die eng mit der Geschichte der Opposition und des Widerstands gegen die Wiederherstellung alter Machtverhältnisse und alter Feindbilder nach dem Ende der Naziherrschaft verknüpft waren. Da ging es um die Wiederbewaffnung und neue Kriegsvorbereitung, um die Stationierung von Atomwaffen, die Notstandsgesetze und andere Polizei- und Staatsaktionen. Und nicht zuletzt um die schleichende neue Machtergreifung alter und neuer Nazis im Staatsapparat und in der Wirtschaft, sowie um die versäumte Justizabrechnung mit den ungeheuren Verbrechen der Nazizeit. Heute ist bei vielen längst vergessen oder nie bekannt geworden, daß Menschen, die sich dieser Entwicklung in Wort und Tat entgegenstellten, trotz freiheitlicher Versprechungen des Grundgesetzes ständig von Polizeigewalt und Bestrafung bedroht waren und anwaltlichen Beistands bedurften. In den verstaubten Akten meiner 41 Jahre dauernden anwaltlichen Berufstätigkeit waren meine Erinnerungen an diesen Abschnitt deutscher Zeitgeschichte aufbewahrt.

Die Akten füllten schließlich Regale von etlichen Metern Breite und nahmen Platz weg, der für neuere abgelegte Akten benötigt wurde. Und als ich Mitte der neunziger Jahre, kurz vor meinem siebzigsten Geburtstag, beschloß, mich aus dem aufreibenden forensischen Kampf zurückzuziehen, und immer noch niemand nach diesen Akten gefragt hatte, stand ich vor der Frage, ob die papierenen Überbleibsel meiner Justizerfahrungen nicht doch dem Zerreißwolf überantwortet werden sollten. Aber da machte mein Freund Christoph Schminck-Gustavus, Professor für Rechtsgeschichte an der Universität Bremen, mir den Vorschlag, in einer seiner Seminarveranstaltungen seinen Studenten und Studentinnen über einige meiner Fälle zu berichten. Ich holte mir nach und nach einige dieser Akten vom Dachboden, blätterte und las in den mürbe und staubig gewordenen Papieren und ließ Erinnerungen wieder wach werden, die ich dann, beginnend mit dem Sommersemester 1995 in wöchentlichen, später in zweiwöchentlichen Abständen einer interessierten Zuhörerschaft, vorwiegend jungen Menschen, vortrug. Unter meinen Zuhörern waren Studienanfänger, auch Studenten anderer Fachbereiche (Soziologen und Politikwissenschaftler) und Gasthörer (u. a. Lehrerinnen), so daß ich einen Darstellungsstil finden mußte, der auch die juristische Seite der geschilderten Fälle für Nichtjuristen verständlich machte. Auch wurde mir aus Fragen und Diskussionsbeiträgen meiner jungen Zuhörer klar, daß man den zeitgeschichtlichen Hintergrund vieler Prozesse nicht als allgemein bekannt voraussetzen kann. Und vor allem entdeckte ich, daß es in meinem Kopf eine Fülle persönlicher Erinnerungen gab, die auch über stenografische Prozeßmitschriften und Tonbandaufnahmen von Plädoyers und ganzen Hauptverhandlungen wieder lebendig wurden, so daß ich meinen Zuhörern mehr bieten konnte, als dies anderen Bearbeitern meiner Akten möglich gewesen wäre. Warum also auf Doktoranden und Historiker warten? Das war der Anfang eines Plans, selbst ein Buch über eine Auswahl meiner interessantesten Fälle zu schreiben.

Ich begann das, was ich den Teilnehmern meiner in sechs Semestern veranstalteten Seminare in freier Rede erzählt hatte, nachträglich aufzuschreiben. Und so entstanden die Entwürfe zu etlichen Kapiteln, die ich dann an vierzig Abenden im Kreise von Freunden und Kollegen vorlas, deren Kritik ich noch manche Verbesserung der Texte verdankte. Aber es ging mir nicht nur darum, miterlebte Justizgeschichte festuhalten, sondern auch persönliche Lebenserinnerungen aufzuschreiben, die bis in die Kindheit zurückreichen und darüber Auskunft geben, wie aus dem in der heilen Welt bürgerlicher Wohlbefindlichkeit aufgewachsenen Jungen ein gesellschaftskritischer Streiter gegen militante Unvernunft und justizförmiges Unrecht werden konnte.

Das Buch ist in mehreren Auflagen zuerst im Aufbau Verlag und später im Prospero-Verlag erschienen. Ich freue mich, dass nun eine Neuausgabe, digital und gedruckt, wieder beim Aufbau Verlag möglich geworden ist, für die ich mir eine breite, zeitgeschichtlich interessierte Leserschaft erhoffe.

Worpswede, Oktober 2012 *Heinrich Hannover*

1. Noli me tangere
Eine Jugend in Deutschland
(1925-1954)

Daß ich einmal Kommunisten und andere »Staatsfeinde« anwaltlich vertreten würde, ist mir nicht an der Wiege gesungen worden. Mein Elternhaus war gutbürgerlich, der Vater als Facharzt für Chirurgie und Chefarzt des Städtischen Krankenhauses in Anklam, einer vorpommerschen Kleinstadt von 18.000 Einwohnern, ein angesehener Mann von konservativer deutschnationaler Gesinnung, die Mutter, eine ehemalige Lehrerin, musisch begabt (sie hatte eine schöne, ausgebildete Sopranstimme und spielte sehr gut Klavier), war politisch indifferent, aber immer der Ansicht meines Vaters. »Noli me tangere« (Berühre mich nicht) nannte mein Vater sein Haus in der Friedländer Straße, in das wir 1929 einzogen – ich wurde in diesem Jahr vier –, und darin drückte sich sein Bedürfnis aus, von der Welt in Ruhe gelassen zu werden. Er hatte gegen die Wünsche der Baubehörde auf der Grundstücksgrenze zur Straße hin Mauern durchgesetzt, die so hoch waren, daß man nicht in den Garten schauen konnte. Abends wurden vor allen Fenstern des Erdgeschosses hölzerne Rollos mit Donnergetöse heruntergelassen. Ich wuchs in dem Bewußtsein auf, daß hier ein Stück heile Welt war, in die niemand eindringen durfte.

Die Gefahr drohte von den Kommunisten, das war mir schon als Kind eingetränkt worden. Einmal zeigte mir meine Mutter vom Fenster meines Zimmers im ersten Stock aus einen Kommunisten, der auf der anderen Straßenseite stand und den *Pulverturm,* das Anklamer Kommunistenblättchen, verkaufte. Ich spüre noch heute das Gefühl, das ich dabei hatte: Gott sei Dank, daß unser Haus feste Türen hat. Einmal wachte ich nachts auf und rannte schreiend ins Schlafzimmer meiner Eltern: »Die Kommunisten haben mein ganzes Zimmer voll Plakate geklebt!« Mein Vater nahm mich an die Hand, kam mit in mein Zimmer und machte Licht. Da verschwanden die Plakate, es war nur der Lichtschein der Straßenlaternen gewesen.

Im Kindesalter mit Vater und Mutter.

Auch mein Freund Uwe, der neben mir auf der Schulbank saß, hatte mir Angst vor Kommunisten gemacht. Uwe war der Sohn eines Arztes, der schon vor 1933 bei Umzügen die braune Uniform und die Rangabzeichen eines SA-Sturmbannführers getragen hatte. Schon als Achtjähriger war Uwe ins Deutsche Jungvolk, die Kinderorganisation der Hitler-Jugend, eingetreten und hatte mir ein Koppelschloß mit der sogenannten Siegrune geschenkt, das ich dann auch mit Stolz trug. Eines Tages, als wir mit unseren Rollern umherfuhren, Uwe mit Braunhemd, ich immerhin mit Siegrune, kam ein Mann auf uns zu, den Uwe als Kommunisten zu kennen glaubte. Uwe kenntnisreich: »Der will uns verhauen.« Wir türmten sicherheitshalber. Mein kindliches Rechtsgefühl sagte mir, daß mich wegen des Koppelschlosses niemand verhauen dürfe, und ich holte mir Rechtsrat bei dem Polizisten, der an einer Ecke des Marktplatzes den Verkehr regelte – in meinen Augen eine Respektsperson, ein Repräsentant staatlicher Autorität. Mit väterlichem Lächeln erteilte er mir die Auskunft: »Trag ruhig das Koppelschloß, mein Junge.« Und die Welt war wieder in Ordnung. Ein anderes Mal hatte ein Halbwüchsiger, den Uwe ebenfalls zum Kommunisten erklärte, ihm einen Hakenkreuzwimpel vom Roller gerissen und dazu die Drohung ausgesprochen, er solle sich damit nicht noch einmal sehen lassen.

Die beängstigende und verrückte, aber auch faszinierende Welt der Erwachsenen, in der es miteinander konkurrierende, verschieden uniformierte, singende Marschkolonnen auf den Straßen gab, Fahnen, und Leute, die den rechten Arm zackig mit »Heil Hitler!« zum Gruß erhoben, bezogen wir Kinder in unsere Spiele und Phantasien ein. Zu Geburtstagen und Weihnachten wuchs das kriegerische Spielzeugarsenal an, Militärfahrzeuge aller Art, Kanonen und Soldaten, marschierende SA- und SS-Männer in braunen und schwarzen Uniformen. Auch einen Hitler mit beweglichem Arm gab es, der, wenn ich es richtig erinnere, für drei Groschen zu haben war, während die Standardausführung einen Groschen kostete. Er marschierte als einziger nicht, sondern stand mit geschlossenen Füßen, so daß man ihn in den schwarzen Blech-Mercedes hineinstellen und grüßen lassen konnte. Spiele, die oft davon begleitet wurden, daß die braun Uniformierten draußen wirklich vorbeimarschierten, die genagelten Stiefel im Gleichschritt bedrohlich aufs Straßenpflaster klatschend und mit schmetterndem Gesang:

Die Straße frei den braunen Bataillonen
Die Straße frei dem Sturm-Abteilungs-Mann
Es schaun aufs Hakenkreuz voll Hoffnung schon Millionen
Der Tag für Arbeit und für Brot bricht an.

Unsere Einstellung zu den Nazis war nicht ganz unironisch. Eine rostige Konservendose, deren Form und Farbe uns an die steifen Schirmmützen der SA-Leute erinnerte, wurde zum

»Nazi-Eimer« ernannt und diente als Fußball. Aber es überwog die Bewunderung für die Hitler, Göring und Goebbels und deren markige antikommunistischen Sprüche. Mein Freund Günter und ich phantasierten uns in langen Wechselgesprächen zu Herrschern erfundener Länder, in denen es keine Kommunisten gab, so daß alle herrlich und in Freuden leben konnten, vor allem schöne Uniformen und Orden trugen. Uniformen und Orden, das waren die Fetische unserer Kinderphantasien, ein Kult, der sicher damit zusammenhing, daß in unserer Familie ein 1917 im Ersten Weltkrieg gefallener Bruder meines Vaters in hohen Ehren gehalten wurde. Ein großes gerahmtes Foto, das ihn in der Uniform eines Offiziers der kaiserlichen Marine zeigte, und sein Offiziersdolch mit silberner Kordel hingen im sogenannten Herrenzimmer an der Wand. Auch die Orden meines Vaters aus dem Ersten Weltkrieg spürten wir in irgendeiner Kiste auf dem Boden auf und betrachteten und betasteten sie immer wieder ehrfürchtig. Einen Uniformumhang, den wir ebenfalls auf dem Boden fanden und »Kriegsmantel« nannten, durften wir als Verdeck für ein im Garten aus Brettern und ausrangierten Radachsen gebautes »Auto« benutzen; das kam uns fast wie eine Entweihung dieses mottenzerfressenen Kleidungsstücks vor. Eines unserer Spiele bestand darin, aus einem großformatigen zweibändigen Werk »Die deutschen Befreiungskriege 1806-1815« Uniformstücke und Orden in der Weise herauszusuchen, daß jeder sich zunächst eine Farbe wünschte und dann aus den Schlachtengemälden die der Farbe entsprechenden Kleidungsstücke und Auszeichnungen zusammenstellte. Soldat sein und das Vaterland verteidigen schien uns das Höchste. Der schönste Vogel in einem selbstgemalten Vogelbuch mit erfundenen Vögeln – es liegt noch in einer meiner Schubladen – erhielt den Namen »Soldat«.

Der *Hitler-Junge Quex* war uns Kindern durch einen mit erstklassigen Schauspielern besetzten, perfekt gemachten Film als Identifikationsfigur nahegebracht worden; ein sympathischer Junge, der gegen den Widerspruch seines kommunistischen Vaters zum Kämpfer für die Hitler-Bewegung wird und den schließlich die bösen Kommunisten erschießen. Auch als Buch hat mich der *Hitler-Junge Quex* begeistert und zu Tränen gerührt. »Utz kämpft für Hitler« hieß ein anderes Buch dieser Jahre. Und aus »Pimpf im Dienst«, das mir die Mutter einer Freundin schenkte, bezog ich meine ersten Kenntnisse in Kartenlesen, Geländebeschreibung, Schießen und Exerzierreglement. »Ich bin Adolf Hitlers kleiner Soldat« hieß ein Lied, das wir in der Schule zweistimmig singen mußten. Und auch die von den Nazi-Propagandisten geschickt gemachte Schülerzeitung »Hilf mit« trug dazu bei, daß wir zu wissen glaubten, wer die Guten und wer die Bösen waren.

Als ich endlich selbst – und zwar auch schon als Achtjähriger – die begehrte Uniform, das Braunhemd, die kurze schwarze Hose und das schwarze Halstuch mit dem Lederknoten, tragen durfte, ließ die Enttäuschung nicht lange auf sich warten. Das kollektive Gehampel auf dem Exerzierplatz, wie überhaupt das erzwungene Gemeinschaftsleben in Lagern, Heimen und Kasernen, war nicht meine Sache; ich habe Hitler-Jugend und später Reichsarbeitsdienst und Wehrmacht als deprimierenden Einbruch in die Privatheit meines Lebens empfunden, noch nach Jahrzehnten in Alpträumen wieder auftauchend.

Sommer 1932. Im weißen Matrosenanzug bei der Geburtstagsfeier meines Freundes Günter (links neben mir). Sein Bruder Helmut dirigiert.

Meine widerwillige Haltung gegenüber den Zwangsgemeinschaften des nationalsozialistischen Staates empfand ich damals als Mangel, zumal ich spürte, daß sie meinen Eltern mißfiel. »Das ist deine Zukunft«, sagte mein Vater, und ich verstand ihn so, daß er mir zwar eine andere Zukunft gewünscht hätte, daß man sich aber anpassen müsse.

»Wählst du Hitler?« hatte ich ihn einmal gefragt, als ich die auf ein Telegrafenhäuschen gemalte Parole »Wählt Hitler!« mit ersten Lesekenntnissen entziffert hatte. Es muß bei der Reichspräsidentenwahl 1932 gewesen sein, als die Deutschen zwischen Hindenburg, Hitler und Thälmann zu wählen hatten. Denn seine Antwort war: »Nein, ich wähle Hindenburg.« Hindenburg, das war für ihn der große Feldherr des Ersten Weltkrieges, der kaiserliche Generalfeldmarschall, der ein Stück deutsche Herrlichkeit von vorgestern verkörperte, an die auch das Bismarck-Bild über dem Schreibtisch meines Vaters erinnerte. Für andere – auch die SPD hatte zur Wahl Hindenburgs aufgerufen – war er der Garant für die Einhaltung der Verfassung. Hindenburg wurde dann aber der Mann, der am 30. Januar 1933 Hitler mit der Bildung einer Regierung beauftragte. Anstelle der deutschnationalen schwarz-weiß-roten Fahne wurde nunmehr bei feierlichen Anlässen die Hakenkreuzfahne über unserem Haus aufgezogen und das Bismarck-Bild eines Tages durch ein Foto des »Führers« Adolf Hitler ersetzt.

Hitlers sogenannte Machtergreifung war in Berlin mit einem von den Nazis gekonnt inszenierten Begeisterungstaumel gefeiert worden, der über den Rundfunk auch in unser Haus übertragen wurde. Mit der Aufgeregtheit eines Fußballreporters schilderte der Sprecher, wie die endlosen Kolonnen der SA und SS mit Fackeln an ihrem Führer, dem neuen Reichskanzler Adolf Hitler, und dem alten Reichspräsidenten Paul von Hindenburg vorbeimarschierten, die nebeneinander am Fenster der Reichskanzlei standen und feierlich herunter grüßten. Und dann war Dr. Joseph Goebbels, der künftige Reichsminister für Volksaufklärung und Propaganda, am Mikrophon, der vor der Geräuschkulisse der singenden Marschkolonnen mit wirkungsvoll zurückgenommener Stimme sagte: »Jetzt sind wir die Herren von Deutschland«. Da wurde eine revolutionäre nationale Aufbruchsstimmung vermittelt, die berauschend wirkte.

Hitler imponierte nicht nur uns Kindern als einer, der reden und sich durchsetzen konnte. Auch in der Welt der Erwachsenen passierten wunderliche Dinge, die uns auf einer kindlichen Verständnisebene vermittelt wurden. Die demokratischen Parteien verschwanden, sang- und klanglos, nachdem sie dem Ermächtigungsgesetz für Hitler im Reichstag zugestimmt und damit die Demokratie ihrem ärgsten Feind ausgeliefert hatten. Nur die SPD, die gegen das Gesetz stimmte, und die KPD, deren 81 Abgeordnete bereits verhaftet oder ermordet oder untergetaucht waren, haben diesen Selbstmord der Demokratie nicht mitgemacht. Wir glaubten der Nazi-Lüge, daß die Kommunisten den Reichstag angezündet hätten, und fanden es in Ordnung, daß sie eingesperrt wurden. Vor ihnen brauchte man also keine Angst mehr zu haben.

In der Welt der Erwachsenen gab es einen kollektiven Zulauf zu den Organisationen der NSDAP (National-Sozialistische Deutsche Arbeiter-Partei), dem sich diese schließlich nur durch jahrelange Aufnahmesperre zu erwehren wußte. Mein Vater war 1933, wie überdurchschnittlich viele Ärzte, Mitglied der SS geworden, die damals als die »feinere« Organisation gegenüber der »proletenhaften« SA galt, und der NSDAP beigetreten. Durch seine Berufsarbeit voll in Anspruch genommen, hat mein Vater in der SS keinerlei politische Aktivität entfaltet und war mit Sicherheit nicht an deren Verbrechen beteiligt, aber die formale Mitgliedschaft hat später genügt, ihn nach seinem Tode als »Kriegsverbrecher« zu enteignen, eine Maßnahme der sowjetischen Besatzungsmacht, die einen ironischen Schlußpunkt unter das Kapitel »Noli me tangere« setzen sollte.

Auch mein Großvater mütterlicherseits, Arzt in Festenberg in Schlesien, ein durchaus kritischer Kopf, der mit den »kleinen Hitlers«, wie er die braunen Funktionäre der unteren Ebene nannte, dauernd in Fehde lag, war von Hitler selbst begeistert. Er schickte mir von der Olympiade in Berlin 1936 eine Postkarte mit den Fahnen der beteiligten Nationen und vom Sängerbundesfest in Breslau 1937 einen langen Brief, in dem er als Augenzeuge schilderte, wie Tausende von Menschen in stundenlangem Zug an Adolf Hitler vorbeizogen und wie schließlich »die vom Begeisterungstaumel ergriffenen Frauen« die

Sperrketten durchbrachen, unter den Armen der SS-Männer hindurchschlüpften und ihrem »Führer« die Hände entgegenstreckten. Ein Zeitungsausschnitt mit einem Foto lag bei und bestätigte seinen Bericht. Hitler als der große Volksheld, der die Ketten des Versailler Diktats von 1919 zerbrochen und den Deutschen wieder eine Wehrmacht gegeben hatte, die bereitstand, ein Großdeutsches Reich mit Österreich und Sudetenland und den angeblich nötigen Lebensraum im Osten zu erobern.

Mit diesem Pressefoto illustrierte mein Großvater seinen begeisterten Augenzeugenbericht über das Breslauer Sängerbundesfest 1937. Er glaubte, in einer »großen Zeit« zu leben. Und nicht nur er.

Nur von Großmutter Hannover kamen kritische Töne zu Hitler und den Nazis. Aber ich sagte mir: sie ist eben nicht mit der Zeit gegangen. Sie las Bücher über Kaiser Wilhelm in seinem holländischen Exil und über das Schicksal der russischen Zarenfamilie. Und darum nahm ich es nicht ernst, wenn sie von einer jüdischen Familie in ihrer Stadt Güstrow erzählte, in der ein Junge, der von der Schule habe abgehen müssen, seine Mutter gefragt habe: »Warum bin ich denn ein Jude?«

Uns Kindern schien – ebenso wie vielen Erwachsenen – mit Hitlers sogenannter Machtergreifung alles besser geworden zu sein. Die Nazis hatten Arbeit und Brot versprochen, und man glaubte, Beweise zu sehen, daß sie ihr Versprechen hielten. Jeserich, ein stadtbekanntes Original, hatte jahrelang auf der Straße Trompete geblasen und sich mit dem Bemerken »Ich habe eben ein bißchen Musik gemacht« bettelnd an der Haustür gemeldet. Nun fuhr er plötzlich hoch auf dem mit Pferden bespannten gelben Postwagen als Paketzusteller vorbei. »Den hat Adolf auch in Brot gesetzt«, sagte mein Vater am Frühstückstisch. Daß der wirtschaftliche Aufschwung mit Wiederaufrüstung und Kriegsvorbereitung erkauft war, hat er, wenn überhaupt, wohl erst sehr viel später begriffen.

Mitunter nagte an mir das Gefühl, daß ich eigentlich nicht in eine Zeit paßte, in der harte Männer gefragt waren und die gehorsame Eingliederung in militante Organisationen als staatsbürgerliches Ideal galt. Ich erinnere mich, daß ich in meinen ersten Schuljahren viel länger als andere Kinder meiner Umgebung in der Phantasiewelt meiner Kinderbücher gelebt habe. Wenn ich *Das Land der 36.000 Wünsche* von Maurois oder *Fridolin der Osterhase* von Kutzer und Holst aufschlage, kann ich noch heute kindliche Entrückungen und Kümmernisse von damals nachvollziehen, die mich sehr viel mehr ausfüllten als die Anforderungen der realen Welt. Noch bis in meine Jungvolkzeit hinein begleiteten mich Grimms Märchen. Ich werde nie vergessen, daß mein Jungzugführer – ein widerlicher Kerl, der ein sadistisches Vergnügen daran hatte, seine »Lieblinge« in der Weise Kniebeugen machen zu lassen, daß er ein Fahrtenmesser unter ihrem Hintern aufstellte – sich bei mir Grimms Märchen ausgeliehen und nie zurückgegeben hat.

Ich hätte in der Braunhemdumgebung, die ich als Achtjähriger herbeigesehnt und dann sehr bald als lästig und angstmachend abgelehnt hatte, nicht darüber reden mögen, daß ich Mozart liebte und viel lieber in seiner Zeit gelebt hätte. Ich hätte meinen Jungvolk- und Hitler-Jugend-Kameraden nicht davon erzählen mögen, was ich zu Hause spielte, was ich las, was ich schrieb und was meine Phantasie beschäftigte. Zu meinem zwölften Geburtstag hatte ich einen Bücherschrank mit einer Schreibplatte bekommen. Und da saß ich dann und träumte mich in andere Welten. Eines der kindlich versponnenen Machwerke, die da entstanden, hieß »Im Raketenluftschiff zum Mars«, ein anderes »Die Geschichte von den verwunschenen Blutbuchen«, und angeregt durch die Lektüre auf einer mit zwei Freunden unternommenen einwöchigen Tour mit Fahrrad und Zelt durch Mecklenburg, versuchte ich mich sogar an einem Krimi »Der Falschmünzer«, bei dem sich am Ende der Detektiv als der Täter herausstellte. Noch als 16jähriger dichtete ich Texte für Kinderopern nach Märchen der Brüder Grimm und hoffte auf einen neuen Mozart, der sie eines Tages komponieren sollte. Das war 1941, Mozarts 150. Todesjahr, dessen im deutschen Rundfunk in einer langen Folge von Sendungen, von denen ich keine verpaßte, gedacht wurde. Es war aber auch das Jahr, in dem Hitlers Armeen in die Sowjetunion einfielen und alle paar Tage Sondermeldungen über gewonnene Kesselschlachten, vernichtete Panzer, eingebrachte Kriegsgefangene und eroberte Gebiete aus dem Rundfunk tönten.

Auch was ich in diesem Lebensalter las, entsprach wohl nicht dem erwünschten ideologischen Schulungsprogramm der Zeit. Meine Helden waren Karl Mays Old Shatterhand und Winnetou. Und Felix Graf Luckner, dessen Buch *Seeteufel* ich mehrmals mit Begeisterung gelesen habe. Die Schilderung seines abenteuerlichen Seemannslebens verband sich für mich mit dem, was mir über Onkel Carl, den gefallenen Bruder meines Vaters, erzählt worden war, von dessen Seereisen in ferne Länder es viele Fotos und Ansichtspostkarten gab. Das faszinierendste Buch aus dem Bücherschrank meines Vaters war *Kanada wirklich erlebt* von Max Hinsche, der neun Jahre als Trapper und Jäger in der unendlichen Einsamkeit der damals noch unberührten kanadischen Urwälder gelebt hatte. Auch Goethe, dessen Werke mir mein Vater zur Konfirmation schenkte, Schiller, den ich aus demselben Anlaß vom Großvater bekam, und vor allem Lessing gehörten zu meiner unzeitgemäßen Lektüre. Lauter wohltuende Fluchten aus der politischen Gegenwart.

Etwa 1937. Als Zwölfjähriger (dritter von rechts) im Zwangskollektiv. Der Gauleiter von Pommern, Schwede-Coburg, besichtigt das Jungvolk-Fähnlein »Sturmgesellen« in Anklam. Im Hintergrund sein imposanter Mercedes (vielleicht war es auch ein Horch oder ein Stoewer), für den ich mich damals mehr interessierte als für die kriegerischen Sprüche des Nazi-Führers.

Mein Verhältnis zur Schule war zwiespältig. Einerseits hatte ich keine Mühe, den Lernstoff zu bewältigen – von Mathematik und Chemie abgesehen, zwei Fächer, die mir immer rätselhaft geblieben sind –, und schrieb gern Aufsätze. Andererseits bemühte ich mich um Anpassung an den Durchschnitt, seit ich wußte, daß mein Idol Graf Luckner ein schlechter Schüler gewesen war, und ich aus seinem Mund bei einem Vortrag in Anklam den vom Publikum beifällig beklatschten Ausspruch gehört hatte: »Der Primus in der Schule ist nicht immer der Primus im Leben.« Das hat mich in pubertärer Unsicherheit tief getroffen und eine bis zum Ende meiner Schulzeit andauernde Phase bewußter Obstruktion gegen viele Lernangebote der Schule ausgelöst, die ich später sehr bedauert habe. Vor allem Englisch und Französisch haben darunter gelitten.

In der sogenannten Volksschule, die ich von 1932 bis 1936 besuchte, pflegten bestimmte Lehrer Prügelstrafen vor den Augen der Klasse zu vollstrecken. Es waren immer wieder dieselben Kinder, durchweg aus der sozialen Unterschicht stammend, an denen sie ihre grausame Lust ausließen. Einübung in Klassenjustiz. In der sogenannten Oberschule setzte sich dieser Lernprozeß in sozialer Ungleichbehandlung fort, höhere Schüler wurden nicht geprügelt, während unsere Altersgenossen auf der Volksschule weiterhin der Prügelpädagogik ausgesetzt waren. Wir nutzten die neue Freiheit zu allerlei Streichen, die den betroffenen Lehrern sicher nicht so viel Spaß wie uns gemacht haben. Leider waren auch Lehrer betroffen, deren wissenschaftliche Kompetenz und menschliche Qualität mehr Aufmerksamkeit und Rücksichtnahme verdient hätten, so Dr. Eichhoff, Shakespeare-Forscher und Philosoph, trotz formaler Parteimitgliedschaft ein Gegner des Nazi-Regimes, mit dem ich noch nach dem Krieg freundschaftliche Verbindung hatte.

Unser Klassenlehrer, bei dem wir Deutsch, Latein und Geschichte hatten, gehörte zu denen, die keine pädagogischen Probleme hatten. Er war ein überzeugter Nazi und Kreispropagandaleiter der NSDAP. Aufsatzthemen, in denen sich unsere Gesinnung testen ließ: »Der Führer spricht«, »Jede Revolution will einen neuen Menschen«, »Kein Mensch gedeiht ohne Vaterland« und »Der letzte Mann« (Beschreibung eines Bildes, auf dem der letzte Mann eines untergehenden Kriegsschiffes die Reichskriegsflagge hochhält). Seine Bereitschaft, den von ihm gerühmten Heldenmut in die Tat umzusetzen, stand nicht auf gleicher Höhe, was ihm meine Verachtung eintrug. Unter Hinweis auf seine Kurzsichtigkeit wußte er sich dem Kriegsdienst zu entziehen. Als der Krieg zu Ende ging, setzte er sich rechtzeitig in den Westen ab und brachte es in der Bundesrepublik zum Schulleiter.

Bei diesem Obernazi erfuhren wir ganz unverblümt, wie das Dritte Reich mit seinen politischen Gegnern umging. Er beschrieb uns genüßlich, wie Kommunisten und Sozialdemokraten in den Konzentrationslagern mit sinnlosen Arbeiten schikaniert würden, wie sie Steine auf eine Schiebkarre laden und von einer Ecke des Lagerplatzes zur anderen und wieder zurück fahren müßten. Von Judenvernichtung war nicht die Rede, aber das Feindbild des Juden und das Gefasel von der jüdischen Weltverschwörung und der Gefahr für das deutsche Blut waren allgegenwärtig. Judentum und Bolschewismus, das waren die beiden nebulös miteinander verschlungenen Weltfeinde, die die Nazipropaganda den Deutschen – und zwar nicht nur uns Kindern und Halberwachsenen – zu suggerieren wußte. Und allzu viele haben, wie ihre Bereitschaft zu den entsetzlichen Verbrechen an Juden, Kommunisten und russischen Kriegsgefangenen zeigen, daran geglaubt.

Uns wurde beigebracht, daß das darwinistische Prinzip des »survival of the fittest«, zum »Recht des Stärkeren« verfälscht, auch in der menschlichen Gesellschaft gelte, und daß die Geschichte nicht danach frage, wieviele Menschen zuvor sterben mußten, um die Herrschaft des Stärkeren durchzusetzen. Beispiele genug bot die Geschichte an. Wer fragt noch nach dem Völkermord an den Armeniern, soll Hitler gesagt haben, und in der Tat, man sucht dieses unter deutscher Mitwirkung begangene türkische Massenverbrechen des Jahres 1915 in gängigen Geschichtsbüchern noch heute vergeblich. Man muß wohl einmal diese mörderische, Völker- und Menschenrechte mißachtende Logik als typische Nazi-Ideologie begriffen haben, um sie im kollektiven Denken der Gegenwart allenthalben als solche wiederzuerkennen. Wer regt sich schon darüber auf, daß in der Türkei wiederum ein Völkermord (mit deutschen Waffen) stattfindet, daß ein ganzes Volk durch Aushungerung zur Aufgabe des Sozialismus gezwungen werden soll (Kuba-Embargo), daß amerikanische Truppen das kleine Grenada vereinnahmen, eine unvollständige Liste von Anwendungsfällen des Rechts des Stärkeren, auf die Hitler sich hätte berufen können, wenn er sie noch erlebt hätte.

Daß ich mir schon damals ein Stück Skepsis bewahrte, mag daran gelegen haben, daß ich Freunde hatte, deren Eltern der Nazi-Ideologie kritisch gegenüberstanden und gleichwohl, oder vielleicht gerade deshalb, bei meinen Eltern hohes Ansehen genossen. Das galt für unseren Nachbarn von gegenüber, den Zahnarzt Dr. Friedrich Roling, den Vater meiner Freunde Helmut und Günter, einen stillen und bedächtigen Mann, der sich allen im Nazistaat erwarteten Mitgliedschaften entzog und mit seiner Familie am Heiligabend in die Kirche ging, statt die alljährliche Weihnachtsrede von Rudolf Heß im Radio anzuhören. Da gab es den von den Nazis 1933 als Ministerialbeamter im Mecklenburg-Schwerinschen Justizministerium entlassenen, später als Amtsrichter wieder eingestellten und nach Anklam versetzten Juristen Hans Lachmund und dessen Frau Margarethe, die Eltern meines Freundes Peter, die schon in der Weimarer Republik in demokratischen Parteien (DDP und SPD) aktiv gewesen waren und in der Nazi-Zeit – wie ich allerdings erst nach dem Ende des Dritten Reiches erfuhr – Verbindung zu Widerstandsgruppen hatten, auch internationale Verbindungen (Pazifisten, Quäker) pflegten und Kontakte zu deportierten Juden und inhaftierten Freunden hielten und ihnen durch Paketsendungen halfen. In dem Buch *Lebenszeichen aus Piaski* (hg. von Else Rosenfeld und Gertrud Luckner, München 1968) sind Briefe der jüdischen Eheleute Erich und Cläre Silbermann (er Grundstücksmakler, sie Klavierlehrerin in Anklam) an Frau Lachmund nachzulesen; sie waren 1940 nach Polen deportiert worden und mußten dort unter primitivsten Bedingungen leben, bis sie in einem Vernichtungslager ermordet wurden.

Auch mein Freund Kurt Bernheim entstammte einer Familie, die im Nazi-Reich gefährdet war, sein Vater, ein Berufskollege meines Vaters, galt nach nazistischer Rassenideologie als »Halbjude«, der jüdische Großvater war ein hochangesehener Wissenschaftler an der Greifswalder Universität gewesen. Der einzige Jude, an den ich mich aus meiner Kindheit erinnern kann, war der Architekt, von dem mein Vater sein Haus »Noli me tangere« bauen ließ; auch er paßte nicht in das gehässig verzerrte Bild, das die Nazipropaganda vom Juden zeichnete. Durch meinen Freund Willi Griese, dessen Vater alter Sozialdemokrat war, hatte ich auch einen Einblick in die proletarische Szene, in der sich übrigens auch meine ersten vier Lebensjahre abgespielt hatten, als wir noch in einer Mietwohnung in der Breiten Straße gewohnt hatten.

Auf sonntäglichen Waldspaziergängen in der weiteren Umgebung meiner Heimatstadt weckte mein Vater in mir die Liebe zur Natur und den Wunsch, eines Tages Förster zu werden. Es war sein eigener Berufswunsch gewesen, den er nicht hatte verwirklichen können, weil seinerzeit die Forstlaufbahn geschlossen gewesen sei, wie er sagte. Und so tat er nun alles, um seinem Sohn diesen schönen Beruf zu ermöglichen. Durch Vermittlung eines Forstmeisters, den mein Vater als Patient kennengelernt hatte, wurde ich dem Landesforstmeister in Stettin vorgestellt und bekam tatsächlich die ersehnte Zulassung zur höheren Forstlaufbahn in Pommern.

Am 17. Mai 1943 wurde ich zum Reichsarbeitsdienst eingezogen, ebenso wie meine Klassenkameraden von der Lilienthal-Oberschule mit einem »Reifevermerk« versehen, aber ohne Abitur. Im August desselben Jahres wurde ich Soldat, »Division Hermann Göring«. In seiner Eigenschaft als Reichsforstmeister hatte der spätere Hauptangeklagte des Nürnberger Kriegsverbrecherprozesses verfügt, daß Forstanwärter ihren Kriegsdienst in der nach ihm benannten Division abzuleisten hätten. Auch eine weitere Bedingung der Zulassung zum Forstberuf hatte ich mit der Naivität eines 17jährigen noch schnell erfüllt, ohne darin irgendein Problem zu sehen: vier Wochen vor meiner Einberufung erhielt ich die Mitteilung, daß meinem Antrag auf Mitgliedschaft in der Partei – der einzigen Partei, die es in diesem Staat gab – stattgegeben sei. Meiner Zukunft als Forstmeister im deutschen Wald hätte nichts mehr im Wege gestanden. Aber es war Krieg, und es sollte nur noch zwei Jahre dauern, bis die aus dem Kinderlied bekannte Zeile »Pommerland ist abgebrannt« bittere Wirklichkeit wurde und die Nachfrage nach deutschen Forstleuten auf ein Minimum schrumpfte.

Von Ende August 1943 bis zum Tag der Kapitulation, 8. Mai 1945, war ich Soldat der deutschen Wehrmacht. Ausbildung in Holland, Fronteinsätze in Italien und ganz zum Schluß in der Gegend von Görlitz und Bautzen. Schön waren nur die Monate, die ich Anfang 1944 in Cortina d'Ampezzo, an Lungenentzündung erkrankt, im Lazarett (Hotel Bellavista) und im Erholungsheim (Hotel Villa Argentina) verbringen konnte, von einem Wiener Internisten, Professor Dr. Lapp, ungewöhnlich lange an diesem friedensmäßig sicheren Ort festgehalten und mit großzügigen Ausgangsgenehmigungen in die herrliche Gebirgslandschaft für mein allmähliches Gesundwerden belohnt.

Die übrige Zeit war die schlimmste meines Lebens, an die ich mich nicht gern erinnere, aber immer wieder erinnert werde. Schlimmer als die Erinnerungen an das eigentliche Kriegsgeschehen verfolgen mich die an das militärische Zwangssystem, diesen erzwungenen Verzicht auf Individualität und persönliche Freiheit, der auch die Grundlage des KZ-Systems bildete. Diese Assoziation taucht immer wieder auf, wenn ich Erlebnisberichte aus den Konzentrationslagern lese. Ich weiß, daß ich das wirkliche KZ nicht überlebt hätte.

Im April 1944 ließ ich mich bei einem Fotografen in Cortina d'Ampezzo für meine Eltern in Uniform fotografieren. In Cortina d'Ampezzo hatte ich einige Monate im Lazarett gelegen.

Aber auch den Krieg habe ich nur mit viel Glück überlebt. Das wäre ein 18jähriges Leben gewesen, mit dem andere ihre Politik hätten machen können. Mir fällt oft ein Kamerad aus Kassel ein, mit dem ich während der militärischen Ausbildung in Holland auf einer Stube gelegen habe, der kurze Zeit vor mir zum Fronteinsatz nach Italien gekommen und schon in den ersten Tagen auf eine Mine gelaufen und tödlich verwundet worden war. Auf dem Sterbebett hatte er einen Abschiedsbrief an seine Eltern geschrieben, der vor der ganzen Kompanie als mustergültig verlesen wurde, ein Hoheslied auf den Sinn seines Lebens und Sterbens im Sinne der damals herrschenden Ideologie. Was wäre aus diesem jungen Menschen geworden, wenn er ein längeres Leben gehabt hätte? Vielleicht ein bekannter Sänger – er hatte eine schöne Tenorstimme und hat uns oft sentimentale Lieder vorgesungen –, vielleicht ein Mitkämpfer gegen Krieg, Militarismus und neuen Faschismus. Er kann sich nicht dagegen wehren, wenn Politiker in heuchlerischem Ritual etwa auch an seinem Grabe Versöhnungsgesten austauschen, um vergessen zu machen, daß sie gegen neue Feinde weiter rüsten.

Es waren nur ganz »normale« Kriegshandlungen, die ich miterlebt habe, keine spektakulären »Kriegsverbrechen«, die, wie uns später in Kriegsdienstverweigerersachen immer wieder belehrend entgegengehalten wurde, von deutschen Soldaten nicht mehr verlangt werden. Aber es reichte mir.

Ein paar alptraumhafte Szenen haben sich meinem Gedächtnis eingeprägt:

Januar 1944, südlich von Rom, die Amerikaner sind in Nettuno gelandet. Wir haben uns eingegraben. Man darf den Kopf am Tage nicht über die Deckung heben, die Scharfschützen haben sich auf uns eingeschossen. Der Klappspaten wird zum lebenswichtigen Gerät. Ich hatte keinen, hatte ihn mir von einem Kameraden leihen müssen. Zwischen den Linien liegt ein toter amerikanischer Soldat. Ich sehe, daß er einen Klappspaten hat. Nachts krieche ich aus meinem Schützenloch, hin zu dem Kameraden in der anderen Uniform, drehe ihn um und nehme mir seinen Spaten vom Gürtel. Ich komme heil zurück.

Eiskalte Nächte, in denen wir mit sinnlosen Stellungswechseln um den Schlaf gebracht wurden, ich rannte als sMG-Schütze 3 (sMG = schweres Maschinengewehr, der Schütze 3 war für das Tragen der Munition zuständig) auf dem Bahndamm von Littoria hinter meiner Gruppe her, zwei Munitionskästen von je zehn Kilogramm Gewicht an den Armen hängend, viel zu schwer für den 18jährigen, ich blieb völlig erschöpft zurück, warf mich nicht mehr hin, wenn in der Nähe Granaten einschlugen, dachte: wenn mich eine trifft, ist die ganze Quälerei vorbei.

Meine Eltern – Dr. med. Heinrich Hannover (1893 bis 1945) und Charlotte Hannover, geb. Bley (1895 bis 1945) – im Jahr 1944, ein Jahr vor ihrem Freitod.

Endlich mal in einem Haus, in dem man sich aufwärmen konnte. Ein Kamin brannte, in dem wir alles Holz, das wir fanden, verbrannten. Dann zerbrach einer die Tür eines Schrankes und warf die Scheite ins Feuer. Wir waren ja in Feindesland und das Haus von seinen Bewohnern verlassen. Da erscheint eine junge Italienerin, sieht, wie wir ihre Möbel verbrennen, geht stumm durchs Zimmer und verschwindet. Plötzlich schämten wir uns, und einer sprach es aus: »Eigentlich sind wir ja Schweine.«

Oder: eine nächtliche Szene in Bautzen, April 1945. Wir sind in der verlassenen Wohnung einer Arztfamilie, die offenbar vom gedeckten Abendbrottisch weggelaufen ist, sitzen mit Maschinengewehr und anderen Schußwaffen an den Fenstern und warten darauf, daß aus der gegenüberliegenden Schule, die in Flammen steht, feindliche Soldaten flüchten. Und dann sehen wir sie laufen und halten drauf, dumm, schießgeil und respektlos vor menschlichem Leben. Erst Jahre später habe ich angefangen, darüber nachzudenken, wie Menschen dazu gebracht werden, ohne die Spur einer Gewissensregung auf lebende Menschen in anderer Uniform zu schießen.

Oder: Nach der vorübergehenden Rückeroberung eines deutschen Dorfes bei Bautzen, April 1945, kniet ein gefangener russischer Soldat, ein älterer, bäuerlich aussehender Mann, in einem Vorgarten, die Hände über dem Kopf gefaltet. Mehrere deutsche Soldaten stehen um ihn herum und hören sich an, was einer der Kameraden, der russisch versteht, dolmetscht. Der Russe erzählt von seiner Familie, seinen Kindern. »Ich weiß, daß ihr mich erschießen werdet«, sagt er. Ich gehe beklommen weg. Es soll einen Befehl gegeben haben, keine Gefangenen mehr zu machen.

Als ich bei der Vorbereitung dieses Kapitels in alten Papieren kramte, fand ich den Tagesbefehl des Kommandierenden Generals unseres Panzerkorps vom 20. April 1945, dem letzten Geburtstag des »Führers«. Ein Schreibmaschinendurchschlag auf hauchdünnem Papier, kleingefaltet, »allen Soldaten des Btl. bekanntzugeben«.

Morgen tretet Ihr erneut zum Angriff gegen den Bolschewisten an, der, wenn auch unter sehr hohen Verlusten, wieder in unsere deutsche Heimat einbrechen konnte.

Heute habe ich zu jedem Satz Fragen, die ich damals nicht stellte. Wieso »wieder einbrechen«? Wer hatte diesen Krieg angefangen? Wer war in wessen Land eingebrochen?

Von jedem Einzelnen von Euch hängt es ab, ob die vormarschierenden Feindhorden zum Stehen gebracht werden. In Eurer Hand liegt das Schicksal von Millionen deutscher Frauen und Kinder.

Ja, so sieht die Rechtfertigung des Soldatenhandwerks noch heute aus. Man muß vormarschierende Feindhorden zum Stehen bringen und Frauen und Kinder schützen. Nach den Ursachen und versäumten Alternativen des Krieges wird nicht gefragt.

Und so endete der Tagesbefehl des Generals:

Es lebe unser deutsches Volk!
Es lebe unser Führer Adolf Hitler!

Am 27. April 1945, elf Tage vor Kriegsende, dann ein Angriff, wie wir ihn bei Geländespielen schon seit der Schulzeit hundertmal geübt hatten, ohne mehr als den sportlichen Spaß am Abenteuer im Kopf zu haben. Aber diesmal war es Ernst. Zunächst noch ein »Erfolgserlebnis«: Mit einer erbeuteten russischen Panzerabwehrkanone treffen wir einen russischen Panzer am gegenüberliegenden Waldrand. Er geht in Flammen auf, wir jubeln. Kein Gedanke daran, daß dort junge Menschen verbrennen, auf deren Rückkehr ihre Mütter vergeblich warten werden. Aber dann rücken wir durch ein Waldstück vor, das kaum Deckung bietet, und werden prompt mit Sprenggranaten beschossen. Unmittelbar neben mir wird ein Kamerad tödlich getroffen. Mehrere Verwundete. Ein Granatsplitter trifft mich im Nakken, wenige Zentimeter neben der Wirbelsäule. Einen weiteren Splitter fängt das Magazin der russischen Beutewaffe auf, die ich am Koppel trage. Ich werde vom Sanitäter verbunden und am folgenden Tag mit dem Sanitätskraftwagen abtransportiert. Unterwegs in einer Ortschaft nochmals unter Granatbeschuß. Alles geht irgendwo in Deckung, nur ich mit meiner schmerzenden Verwundung muß bewegungsunfähig im Wagen liegenbleiben. Da lernt man auch als Atheist sicherheitshalber das Beten. Eine Granate schlägt drei Meter neben dem Wagen in das Haus, in dessen Hof man mich abgestellt hat, mehrere Splitter durchschlagen das Fahrzeug, Schotter prasselt auf sein Dach, ich komme lebend und ohne neue Verletzungen davon.

»Tragen Sie ein Amulett?« fragte mich vor Jahren ein Röntgenarzt, als er den russischen Granatsplitter auf dem Bildschirm entdeckte. Er steckt immer noch an derselben Stelle, dicht neben der Wirbelsäule. Ich verdanke ihm wahrscheinlich mein Leben, das sonst vielleicht in einem russischen Kriegsgefangenenlager oder einem sibirischen Bergwerk geendet hätte. Denn dank dieser Verwundung gehörte ich zu den Kolonnen, die durch die nördliche Tschechoslowakei nach Westen strömten und der Umzingelung durch russische Panzerverbände entgingen. Rechtzeitig am 8. Mai 1945, dem Tag der deutschen Kapitulation, langten wir in Karlsbad an, wo amerikanische Truppen standen, und gaben unsere Waffen ab.

Auch die zwei Wochen, die ich im amerikanischen Kriegsgefangenenlager, einem riesigen eingezäunten Gelände auf dem Flugplatz in Eger, zubringen mußte, sind mir unvergeßlich. Wir kampierten dort unter freiem Himmel ohne Zelte oder sonstigen Wetterschutz. Aber wir waren abgehärtet. Was wirklich schlimm war: die Amerikaner erklärten sich für die Ernährung unzuständig, und zwar, wie man hörte, mit der Begründung, daß wir nicht Kriegsgefangene im Sinne des Völkerrechts, sondern »entwaffnete Deutsche« seien. Die »entwaffneten Deutschen« hatten im Lager gleich wieder Kompanien gebildet, die sehr unterschiedlich mit Lebensmitteln versorgt waren. Ich hatte das Pech, zu einer Kompanie zu gehören, die über keine Vorräte verfügte. Für uns war die Beschaffung von Lebensmitteln lebensgefährlich. Vor den Kartoffelmieten auf dem Lagergelände standen tschechische Posten Wache, die rücksichtslos schossen. Wir mußten also bei anderen Kompanien klauen. Mit zwei Kameraden, die ich im Lager kennengelernt hatte, einem Feldwebel und einem Unteroffizier (ich selbst hatte es zum Fahnenjunker-Unteroffizier gebracht), bildete ich eine Überlebensgemeinschaft – man könnte auch sagen: eine kriminelle Vereinigung –, die nachts das Nötige besorgte und tagsüber daraus irgendwas zusammenkochte. Eine bei völliger Dunkelheit beschaffte Aktentasche voll Mehl war mein größter Erfolg. »Man könnte zum Verbrecher werden«, schrieb ich damals in mein Tagebuch. Verbrecher *werden? Waren* wir es nicht längst? Wir Soldaten einer Armee, die den bewaffneten Arm eines verbrecherischen Regimes darstellte? Was war eine geklaute Aktentasche mit Mehl gegen die kriminelle Tat, auf Menschen zu schießen? Wir waren wohl die erste Generation, die überhaupt darüber nachdachte, welche moralische Rechtfertigung es eigentlich für das Töten im Kriege gibt. »Soldaten sind Mörder«, hatte Kurt Tucholsky schon 1931 geschrieben. Aber erst jetzt gab es eine für diese Frage sensibilisierte Öffentlichkeit, die sich von Wolfgang Borcherts Drama »Draußen vor der Tür« und seinen die Kriegsmentalität problematisierenden Kurzgeschichten angerührt fühlte. Wir jungen Kriegsheimkehrer von 1945 waren die Generation, mit der sich künftig kein Krieg mehr machen ließ. So sah ich es damals. Und ich gehöre zu denen, die auch bei dieser Haltung geblieben sind.

Am 22. Mai 1945 begann für mich die Freiheit. Ich gehörte zu den ersten, die aus dem amerikanischen Kriegsgefangenenlager Eger entlassen wurden, weil ich eine Heimatadresse in der amerikanischen Besatzungszone, die von Verwandten in Kassel, angegeben hatte. Um zwei Uhr mittags wurden wir auf einen offenen amerikanischen Lastkraftwagen verfrachtet – fünfzig Mann stehend in fürchterlicher Enge – und hatten noch zwölf Stunden Fahrt zu überstehen, bis wir um zwei Uhr nachts vor dem Kasseler Rathaus abgesetzt wurden, wo ich noch ein paar Stunden auf die erste Straßenbahn warten mußte. In der Erinnerung sind die Strapazen ausgelöscht und nur das Glücksgefühl geblieben: frei!

Da fuhr ich nun, 19 Jahre alt, mit schäbigen, verschmutzten, blaugrauen Uniformstücken bekleidet, alle meine Habe in einem kleinen Beutel, mit der Straßenbahn durch eine von Bomben zerstörte Stadt, wurde von anderen Fahrgästen angesprochen, ob jetzt alle Soldaten nach Hause kämen, und mußte die Frage einer Frau beantworten, ob ich zufällig ihren Sohn kenne, von dem sie mir ein Foto in Wehrmachtsuniform zeigte. Man sagte mir, wo ich umsteigen und wo ich aussteigen müsse, um zum Mühlbachweg zu kommen. Ich bin da, das Haus meiner Verwandten ist heil, mir fällt ein Stein vom Herzen, als ich meine Tante am Küchenfenster sehe. Sie denkt einen Augenblick, da komme ihr Hans-Jürgen, mein Vetter. Aber der war noch in den letzten Kriegstagen in Ostpreußen gefallen.

Das war meine Stunde Null. Der Krieg war aus, die Hitlerei zu Ende, man konnte Hoffnung schöpfen, ein ziviles Leben zu führen, die Zwänge der militärischen und militärähnlichen Apparate fielen von einem ab, man wurde wieder Mensch, arm und ausgehungert, aber frei. Man war unter Menschen, die sich – das glaubte ich jedenfalls – darin einig waren: nie wieder Krieg!

Im September 1945, vier Monate nach meiner Rückkehr aus Kriegsgefangenschaft, kam eine Postkarte, die ich an meine Eltern geschrieben und von einem amerikanischen Captain hatte über die Zonengrenze schmuggeln lassen – es gab damals noch keinen Post- oder Telefonverkehr zwischen den hermetisch voneinander abgeriegelten Besatzungszonen –, mit dem Vermerk zurück: »Beide durch Freitod aus dem Leben geschieden«. Ich wußte, daß eine ausreichende Dosis Morphium für diesen Zweck seit langem bereitgelegen hatte, aber ich hatte nicht ernstlich damit gerechnet, daß meine Eltern Anlaß haben könnten, sich das Leben zu nehmen. Allerdings hatte ich keine Ahnung, was sich in den letzten Kriegstagen in meiner Heimatstadt abgespielt hatte. Das erfuhr ich erst, als ich im November 1945 die Reise nach Anklam gewagt hatte, ein mit heute unvorstellbaren Strapazen und Risiken verbundenes Unternehmen – heimliches Überschreiten der militärisch gesicherten Zonengrenze, sieben Stunden Anstehen nach Fahrkarten für eine Teilstrecke, überfüllte Züge mit demolierten Sitzen und beschädigten Fenstern, unvorhergesehene Aufenthalte wegen Maschinenschäden oder um Gegenzüge auf dem einen von der Demontage verschonten Gleis abzuwarten, Übernachtungen in überfüllten Wartesälen, angstmachende Gerüchte von Übergriffen russischer Soldaten, Hunger und Kälte. Ankunft in einer weitgehend zerstörten Stadt. Mein Elternhaus unzerstört, aber von anderen Menschen bewohnt, der Familie eines Berufskollegen und Freundes meines Vaters, der sich ein Schurkenstück geleistet hatte, von dem noch die Rede sein wird. Unsere treuen Nachbarn, die Familie Roling, traf ich, allerdings ohne meinen Freund Helmut, der in Rußland erfroren (»für Führer, Volk und Vaterland gefallen«) war, ebenso wie viele hilfsbereite Freunde meiner Eltern lebend und mehr oder weniger unbeschädigt an und hörte, was sich ereignet hatte.

Anlaß für den Entschluß meiner Eltern war ein von der sowjetischen Militärregierung verkündeter Aufruf, daß sich alle Parteimitglieder zu melden hätten. Meine Eltern hatten sich bei den Nachbarn, der Familie Roling, verabschiedet und für mich einen Abschiedsbrief hinterlassen, in dem mein Vater schrieb: »Jetzt bin ich noch Herr meiner Entschlüsse.« Die Vorstellung, in einem Lager zu enden, war ihm unerträglich; auch für mich ein fürchterlicher Gedanke. Vergeblich hatten die Nachbarn versucht, meine Eltern von ihrem Entschluß abzubringen, mindestens meiner Mutter, die weder Parteimitglied noch sonst organisiert war, auszureden, mit in den Tod zu gehen. Und viele Freunde meinten, daß meinen Eltern kein Haar gekrümmt worden wäre. Auch mußte ich meine Eltern gegen den Vorwurf einiger Freunde in Schutz nehmen, bei ihrem Schritt nicht genügend an ihren einzigen Sohn gedacht zu haben, der damals 19jährig als Soldat in Schlesien und Sachsen gegen die Russen kämpfte. Meine Chance, den Krieg zu überleben, werden sie nicht hoch eingeschätzt haben; seit Wochen war keine Feldpost mehr angekommen. Es herrschte Endzeitstimmung. Die deutsche Luftwaffe hatte noch ein letztes Ruhmesblatt an ihre Fahnen geheftet und nach dem vom »Führer« befohlenen Grundsatz, den Russen nur verbrannte Erde zu hinterlassen, den schönen, in Jahrhunderten gewachsenen Stadtkern von Anklam zerstört und in Flammen aufgehen lassen. Das hatte den russischen Vormarsch nicht aufhalten können. Die siegreichen Soldaten hatten durch ihr Verhalten – Vergewaltigungen und Plünderungen – Angst und Schrecken unter der Bevölkerung verbreitet und eine Selbstmordepidemie ausgelöst. Auch meine Eltern sind von betrunkenen russischen Soldaten in ihrem Haus mit dem Messer bedroht und beraubt worden. 600 Menschen haben sich in dieser 18.000 Einwohner zählenden Stadt das Leben genommen und sind in Massengräbern eingescharrt worden. Ähnliche furchtbare Zahlen sind aus anderen Städten, insbesondere der Nachbarstadt Demmin, bekannt geworden.

Und es sind wirklich Menschen in russische Gefangenenlager gekommen, denen zu Recht oder zu Unrecht vorgeworfen wurde, dem Nazi-Staat gedient zu haben. Während mein Klassenlehrer, dieser fanatische Obernazi, ungeschoren davonkam, wurde ein anderer Lehrer, ein harmloser Mann, der wohl nur, um seine Ruhe zu haben, Mitgliedsbeiträge bei der NSDAP gezahlt hatte, ins Lager Neubrandenburg verbracht, wo er ziemlich erbärmlich umgekommen ist. Auch Hans Lachmund, der Vater meines Freundes Peter, der zusammen mit ein paar anderen beherzten Männern dafür gesorgt hatte, daß die Stadt Greifswald nicht das Schicksal ihrer in Flammen stehenden Nachbarstadt Anklam erlitt, sondern kampflos und unzerstört an die Rote Armee übergeben wurde, einer der viel zu wenigen Widerstandskämpfer, die das Nazi-Reich überlebt hatten und nun für den Aufbau eines demokratischen Staatswesens zur Verfügung standen, wurde am 26. Mai 1945 vom NKWD, dem russischen Geheimdienst, verhaftet, der Kollaboration mit den Nazis beschuldigt und nach fünfjähriger Lagerhaft in einem der berüchtigten Waldheimer Prozesse zu 25 Jahren Zuchthaus und Vermögensverlust verurteilt. Das von den Waldheimer Richtern gehorsam nachvollzogene unverständliche Verdikt der sowjetischen Besatzungsmacht beruhte, wie Hans Lachmund selbst vermutete, auf seinen freimaurerischen Aktivitäten, die weder den Nazis noch den Sowjets gefielen. Vergeblich bemühte seine Frau sich 1951 in einer mit 25 Zeugnissen von Antifaschisten belegten Eingabe an den Ministerpräsidenten der DDR, Otto Grotewohl, seine Freilassung zu erwirken. Erst am 15.4.1954, also nach fast zehn Jahren Freiheitsberaubung, wurde Hans Lachmund im Gnadenwege aus dem Zuchthaus entlassen.

Bei aller Not, die es in dieser ersten Nachkriegszeit gab – vor allem den Hunger habe ich in schrecklicher Erinnerung –, war es doch eine Zeit der großen Hoffnungen und des kreativen Neuanfangs. Ich glaubte an die Möglichkeit einer Demokratie ohne Ausgrenzung von Minderheiten, und ich glaubte an die Möglichkeit eines menschenwürdigen Sozialismus. Damals sagte Kurt Schumacher, der Vorsitzende der SPD, den ich bei einer Versammlung unter freiem Himmel in Kassel reden hörte:

Solange es in Deutschland möglich ist, daß sich große Vermögen in der Hand verantwortungsloser Privater sammeln, ist die Demokratie in Deutschland nicht gesichert. Im Gegensatz zu den Ländern der alten Demokratie des Westens können Kapitalismus und Demokratie in diesem Lande nicht nebeneinander existieren.

Daß das kapitalistische System den Hitler-Faschismus und den Krieg hervorgebracht hatte, war damals bis in die CDU hinein (Ahlener Programm) im öffentlichen Bewußtsein. Da kamen Menschen aus den Konzentrationslagern des Nazistaates, die einen besseren Kampf gekämpft hatten als wir, Kommunisten und Sozialdemokraten vor allem, die Widerstand gegen Hitler geleistet hatten und dafür eingesperrt und gequält worden waren. Es waren nicht allzu viele, die den Terror und das große Morden überlebt hatten. Sie wurden die Demokraten der ersten Stunde, mit denen die Besatzungsmächte die wichtigsten Posten in den Landesregierungen, der Verwaltung und der Justiz besetzten. Nazibeamte, tief verstrickt in die Verbrechen des Systems, wurden beurlaubt. Auch leitende Direktoren der Industrie, die mit ausländischen Zwangsarbeitern und KZ-Häftlingen die Waffen für Hitlers Krieg produziert hatten, wurden vorübergehend abgesetzt. Generäle und Offiziere waren arbeitslos oder saßen als Kriegsverbrecher in den Gefängnissen der Besatzungsmächte. Eine Umkrempelung der Gesellschaft, die zu schönen Hoffnungen zu berechtigen schien. Daß die alten Machteliten schon bald zurückkehren sollten, ahnte ich damals noch nicht.

Ich genoß es, wieder Zivilist zu sein. Bei meinen Kasseler Verwandten hatte ich ein Dach über dem Kopf gefunden und nahm meine neue Lebensplanung tatkräftig in die Hand: Nachholung des Abiturs und Bemühungen, in den Forstdienst übernommen zu werden. Aber weder in Mecklenburg, wo ich bei dem zuständigen Mann in Schwerin vorsprach und eisige Ablehnung erfuhr, noch in Hessen konnte man mich brauchen. Auch sieben Monate Waldarbeitertätigkeit konnten daran nichts ändern.

Was sollte ich werden? Der Gedanke, nach Kanada auszuwandern und dort ein Leben als Trapper und Jäger zu führen, blieb ein schöner Traum. Ich verfolgte ihn nicht sehr ernsthaft, weil mir doch leise Zweifel gekommen waren, ob meine ursprüngliche Berufswahl, die sehr von meinem Vater beeinflußt war, wirklich meinen eigentlichen Wünschen und Fähigkeiten entsprach. Auch der Arztberuf kam für mich nicht in Frage, das wußte ich schon frühzeitig, weil ich bei meinem Vater miterlebt hatte, daß eine gewissenhafte Berufsauffassung den Verzicht auf ungestörte Freizeit und Nachtruhe mit sich brachte

– unvergeßlich ist mir ein Heiligabend, an dem mein Vater ins Krankenhaus gerufen wurde, weil er ein Kind operieren mußte, das sich einen Löffel in den Gaumen gestoßen hatte –, und weil mir außerdem klar war, daß ich operative Eingriffe in den menschlichen Körper einfach nicht über mich bringen würde. Als ich einmal in Carl Ludwig Schleichs »Besonnte Vergangenheit« von einer Operation las, bei der der Schädel eines Menschen aufgesägt wurde, hatte ich meinen Vater gefragt, ob er so etwas auch machen müsse und wie er das aushalten könne. Seine Antwort war verblüffend einfach: »Ja, ich weiß ja, daß ich dem Menschen damit helfen kann.« Ich bewunderte und verehrte ihn sehr und habe mir die Hochachtung vor dem Arztberuf bis heute bewahrt. Aber das war nichts für mich.

Daß ich das Zeug zum Rechtsanwalt hätte, hat als erster unser Nachbar Dr. Roling ausgesprochen, als er meine Aktivitäten bei den Behörden in Anklam und Schwerin verfolgte, bei denen ich mich um die Aufhebung der Enteignung meines Elternhauses und seines Inventars bemühte. Sicher hat mein verletztes Rechtsgefühl in eigener Sache dazu beigetragen, daß ich mich für das Jurastudium entschied – übrigens von Anfang an mit der Zielvorstellung, Rechtsanwalt zu werden –, aber ich will meine Berufswahl nicht ideologisch überhöhen; mir fiel einfach nichts Besseres ein. Wie sehr mich der Anwaltsberuf eines Tages faszinieren, erheben, aber auch erdrücken würde, habe ich damals noch nicht geahnt.

Im Wintersemester 1946/47 begann ich, in Göttingen zu studieren, unter ziemlich ärmlichen Verhältnissen, viel Hunger, wenig Geld, ein Mangel, dem ich abzuhelfen suchte, indem ich in der Mensa Kartoffeln schälte oder andere Arbeiten übernahm, auch mit unzerbrechlichen Kämmen und Rasierklingen von Haustür zu Haustür zog. Noch mancherlei politische Unsicherheiten. Eine Studentenverbindung »Die Gleichen« – angeblich nach zwei Bergen bei Göttingen so benannt – entpuppte sich nach einigen Jahren (nämlich 1950, als der anfängliche Umerziehungseifer der westlichen Besatzungsmächte der antikommunistischen Neuorientierung wich) als Burschenschaft »Alemannia«. Ein Verein, den ich wieder verließ, als meine mit dem

Grundsatz »Ehre, Freiheit, Vaterland« offenbar unvereinbare anwaltliche Vertretung von Kriegsdienstverweigerern ruchbar geworden war und eine Kontroverse auslöste, die mit dem Austritt einer größeren Anzahl von Bundesbrüdern – ich glaube, es waren 22 – endete.

Der Kampf um das Eigentum an meinem Elternhaus und dem gesamten, ebenfalls enteigneten Inventar war gewissermaßen mein erster Rechtsfall, zu einer Zeit, als ich noch weit davon entfernt war, wirklich Rechtsanwalt zu werden. Die Rechtmäßigkeit der Enteignung war selbst nach den damals geltenden Vorschriften der Militärregierung in mehrfacher Hinsicht fragwürdig. An dem für die Enteignung maßgebenden Stichtag lebte mein Vater nicht mehr, so daß praktisch ich als sein Erbe enteignet wurde. Auch machte ich geltend, daß mein Vater kein »Kriegsverbrecher« gewesen war. Darüber hinaus konnte ich Zeugnisse von Menschen beibringen, die meinen Vater als einen Mann kennengelernt hatten, der sich nicht scheute, den Fürsprecher auch für politisch Andersdenkende und im Nazi-Reich Gefährdete zu machen. So hatte er sich für den Mann unserer langjährigen Putzfrau, einen Kommunisten, eingesetzt, als dieser beschuldigt wurde, an einer Aktion in der Anklamer Zuckerfabrik beteiligt gewesen zu sein, bei der einem Hitler-Bild die Augen ausgestochen worden waren. Vielleicht hat die Reputation meines Vaters dazu beigetragen, daß der Mann freigelassen wurde. Noch zur Zeit des Thälmann-Mordprozesses, Mitte der achtziger Jahre, erfuhr ich von meiner Mandantin, der Thälmann-Tochter Irma Gabel-Thälmann, daß sie in Anklam alte KPD-Genossen getroffen habe, die mit großer Hochachtung von meinem Vater gesprochen hätten. Aber es half alles nichts, eines Tages bekam ich einen nicht näher begründeten Bescheid, daß die Enteignung endgültig sei und weitere Einsprüche nicht mehr bearbeitet würden.

Das Klischee vom Nazi-Verbrecher, das der Enteignung zugrunde lag, traf auf meinen Vater also sicher nicht zu. Aber ausgerechnet einer, der das sehr gut wußte, ein Berufskollege meines Vaters, hatte die Enteignung in Gang gesetzt. Er war nicht nur Berufskollege meines Vaters, sondern ein Duzfreund, was von Seiten meines Vaters eine seltene Auszeichnung war. Es gab nur noch einen Kollegen in Anklam, mit dem mein Vater sich duzte, einen ehemaligen Freimaurer, der im Nazi-Reich einige Schwierigkeiten hatte. Woher er den letzteren kannte, weiß ich nicht. Den anderen kannte er aus einem Club (Ruderclub?), in dem man sich mit Du und dem ersten Buchstaben des Familiennamens anredete. Dieser Herr, der »liebe B«, ein lautstarker, kontaktfreudiger Mann, der öfter – als meinen sehr zurückgezogen lebenden Eltern lieb war – in unserem Hause auftauchte, hängte sein Mäntelchen flugs nach dem Winde, als es opportun wurde, in Anklam Kommunist zu sein, und trat der KPD bei. Und denunzierte meinen Vater als Nazi. Nach erfolgter Enteignung erwarb dieser falsche Freund fast die gesamte bewegliche Habe meiner Eltern zu Spottpreisen, alles in allem zu 3.713 Reichsmark, einer damals praktisch wertlosen Währung. Im Kaufpreis enthalten war auch die Einrichtung der Arztpraxis zu 135 Reichsmark. So billig ist wohl selten ein Arzt zu einer Praxiseinrichtung gekommen. Und er zog mit seiner Familie in mein nunmehr im Volkseigentum stehendes Elternhaus ein – sein eigenes Haus war von den Russen besetzt –, sich anderen erstaunten Arztkollegen gegenüber mit der Behauptung rechtfertigend, er wolle dem jungen Hannover sein Erbe retten. Als der junge Hannover dann im November 1945 wider Erwarten wirklich wieder auftauchte, war davon nicht mehr die Rede. Bei einem meiner Besuche im Elternhaus habe ich den Herrn angeschrien: »Mein Vater würde sich im Grabe umdrehen, wenn er wüßte, was er an Ihnen für einen Freund gehabt hat.« Einmal versuchte der »liebe B«, dem ich allmählich lästig wurde, mich von der Volkspolizei verhaften zu lassen. Seine Beschuldigung, ich wolle Möbel »in den Westen verschieben« und habe auch keine Aufenthaltserlaubnis, ließ sich Gott sei Dank widerlegen. Der Mann hat übrigens ein trauriges Ende gefunden. Er fiel bei der neuen Staatsgewalt in Ungnade, als bekannt wurde, daß er im Hause ein riesiges Hamsterlager an Lebensmitteln angelegt hatte, mit denen er sich in der damaligen Notzeit seine ärztlichen Leistungen hatte entgelten lassen. Die gehamsterten Lebensmittel wurden im Schaufenster eines

Fahrradgeschäfts ausgestellt. Der »liebe B« hat sich im Gefängnis erhängt.

An der Rechtslage änderte sich dadurch nichts. Das Haus blieb Volkseigentum, wurde zeitweise von der SED und anderen Organisationen benutzt; das Inventar verblieb den Erben des falschen Freundes, mit Ausnahme einiger Stücke, die ich ihm in harten Auseinandersetzungen abgehandelt hatte. Mit anderen Worten: mein erster Rechtsfall endete mit einem Mißerfolg. Daran hat auch die Beitretung der DDR zur BRD nichts geändert, die Auslöschung der Geschichte ging nur bis 1949 zurück.

Eines der aus meinem Elternhaus geretteten Fotos. Ein Bild aus dem Sommer 1931, als meine Noli-me-tangere-Welt noch in Ordnung war. Die Großeltern Bley (außen links und außen rechts) und Großmutter Hannover (rechts neben mir) zu Besuch im Garten meines Elternhauses in Anklam (links neben mir meine Eltern; Großvater Hannover, Kaufmann und großherzoglicher Hoflieferant in Güstrow, war schon 1928 verstorben).

Zu den Erinnerungsstücken aus meiner Noli-me-tangere-Zeit, die ich aus meinem Elternhaus retten konnte, gehörten Fotoalben und von meinem Vater aufgenommene 16-mm-Filme. Ich habe sie im September 1947 bei einer meiner Reisen in die alte Heimat auf abenteuerliche Weise über die militärisch gesicherte deutsch-deutsche Grenze gebracht. Zusammen mit zwei Reisegefährten, die ich unterwegs kennengelernt hatte, bin ich kurz vor der Grenzstation mit meinem Gepäck aus dem fahrenden Zug gesprungen, nachdem wir den Lokomotivführer mit ein paar Zigaretten bestochen hatten, langsam zu fahren. Wir hatten von anderen Reisenden gehört, daß auf dem Grenzbahnhof russische Soldaten die Zuginsassen durchsuchten und alles beschlagnahmten, was ihnen verdächtig erschien. Ich wäre sicher mindestens die Filmrollen losgeworden. Obwohl der Zug immer noch viel zu schnell fuhr, sprangen wir mit dem Mut der Verzweiflung und überschlugen uns im Schotter des Bahndamms, aber abgesehen von blutenden Hautabschürfungen passierte uns glücklicherweise nichts. Wir umgingen den Grenzort auf Waldwegen, liefen aber doch einem Polizisten in die Arme. Er erwies sich als »menschlich«, wie ich in meinem Tagebuch vermerkte, und ließ uns laufen.

Ich war auch zu DDR-Zeiten, also nach 1949, ein paarmal in dem durch Um- und Anbauten kaum noch wiederzuerkennenden Haus, das einmal mein Elternhaus war, auch in dem mit scheußlichen Baracken vollgebauten Hof, der einmal unser Garten war. Einmal durfte ich auch die jetzt als Dienstzimmer von SED-Funktionären dienenden Räume im Obergeschoß sehen, die einmal mein Kinderzimmer und das Schlafzimmer meiner Eltern waren. Sosehr ich den großen Revolutionär Lenin respektiere, als riesige Plakatfigur an der Wand des früheren Schlafzimmers meiner Eltern hat er mich gestört. Die makabre Realisierung einer kindlichen Angstphantasie. Mein »Noli me tangere« war unwiederbringlich verloren.

Daß ich Anwalt von Minderheiten werden und die Geschichte des neuen Demokratieversuchs auf deutschem Boden aus der Sicht politischer, intellektueller und religiöser Opposition – einer trotz freiheitlicher Verfassungsgrundsätze ständig von Illegalisierung bedrohten Opposition – miterleben würde, hatte ich mir zur Zeit meines Studiums noch nicht träumen lassen. Ich konnte noch nicht unterscheiden zwischen den hehren Worten und den unterschwelligen politischen Gesinnungen ehemaliger Nazis, von denen es an der Göttinger Universität in den ersten Nachkriegsjahren eine Menge gab. Und ich begriff das Recht noch nicht als ein Machtinstrument der jeweils Herrschenden, das zu politischen Zwecken mißbraucht werden kann.

Ich wußte nichts von der aufregend rechtsfeindlichen Geschichte des politischen Strafrechts. Und ich habe auch die Referendarzeit in Bremen noch in relativer politischer Naivität verbracht, ohne nachzufragen, was eigentlich die Richter und Staatsanwälte, mit denen ich da umging, in der Nazizeit getan hatten. Aber es gab schon Irritationen, die mich nachdenklich machten. Wieso mußte ich bei Beginn der Referendarzeit eine Erklärung unterschreiben, daß ich nicht Mitglied bestimmter Organisationen sei, die in einer Liste aufgeführt waren. Darunter nicht nur die Kommunistische Partei Deutschlands (KPD), eine damals noch nicht verbotene Partei, sondern auch die Vereinigung der Verfolgten des Naziregimes (VVN). Hatte ich doch gerade erst gelernt, daß die Ausgrenzung der Kommunisten aus dem demokratischen Kräftespiel, ihre Verurteilung wegen Vorbereitung zum Hochverrat und ihre Einsperrung in Zuchthäusern und Konzentrationslagern ein Unrecht gewesen war, das wiedergutgemacht werden mußte.

Daß ich 1950, nach bestandenem 1. Staatsexamen beim OLG Celle, nach Bremen ging, hatte einen ziemlich materiellen Grund: Nordrhein-Westfalen und Bremen waren damals die einzigen Bundesländer, die Referendaren ein Gehalt zahlten. Es war anfangs nicht viel – 135 DM monatlich –, aber buchstäblich besser als gar nichts. Bremen war mir als Kind von der Waterkant die sympathischere Wahl, und ich habe sie nicht bereut, Bremen ist mir zur zweiten Heimat geworden.

Die Hoffnung, nach bestandenem 2. Staatsexamen (1954) in die Praxis eines vielbeschäftigten Bremer Rechtsanwalts eintreten zu können, bei dem ich schon als Referendar intensiv gearbeitet hatte, wurde enttäuscht, da mein Mentor, ein nach Kriegsende wegen NSDAP-Mitgliedschaft aus dem Amt entfernter Richter, zum Hanseatischen Oberlandesgericht Hamburg zurückgerufen wurde, bevor ich die Voraussetzungen der Anwaltszulassung erfüllte. So übernahm die Praxis ein anderer, und ich wagte den Versuch, mich als Einzelanwalt selbständig zu machen. Und ich hatte Glück. Ich konnte sehr günstig gelegene Räume anmieten, mit Blick auf die Liebfrauenkirche und den Bremer Marktplatz, und fing mit einem schreibmaschinenkundigen weiblichen Lehrling, also einem denkbar sparsamen Personalkostenapparat, einer mir von einem Kollegen zum Abschreibungswert überlassenen mechanischen Schreibmaschine und einer einfachen Büroausstattung im Stil der fünfziger Jahre – deren Sessel mir noch heute gute Dienste leisten – an zu arbeiten. In der Schreibtischschublade hielt ich für die erwartete Kundschaft aus besseren Kreisen eine Kiste Zigarren bereit. Und ich hatte einiges dafür getan, die mir angekündigten Schwierigkeiten, als Nichtbremer Eingang in die honorige Bremer Gesellschaft zu finden, zu überwinden. »In Bremen ist man Kaufmann«, hatte ich gehört. Und so bestand der Freundeskreis, in dem ich mich schon bald nach meiner Übersiedlung nach Bremen im Jahre 1950 befand, vorwiegend aus Kaufleuten.

Alles ließ sich gut an. Aus der Praxis des älteren Kollegen, bei dem ich als Referendar gearbeitet hatte, kamen einige Mandanten zu mir. Darunter gleich zu Anfang ein wichtiger Großkunde, der Bremische Haus- und Grundbesitzerverein, der mich mit einer Fülle von Aufträgen versorgte. So widmete ich mich mit Eifer den Nöten und Sorgen von Haus- und Grundbesitzern, darunter auch Kaufleute und Firmen, deren Schuldnern ich den Prozeß machte. Ein hoffnungsvoller Anfang für einen jungen Anwalt, der das Zeug in sich spürte, zum juristischen Interessenvertreter kapitalkräftiger Kreise zu werden. Aber es sollte anders kommen.

2. Die erste Pflichtverteidigung (1954)

Man kann es angesichts meiner damaligen politischen Einstellung als Ironie des Schicksals oder als Zumutung bezeichnen, daß die Bremer Justiz mir als eine meiner ersten anwaltlichen Aufgaben die Verteidigung eines Kommunisten zudachte. Es war üblich, Berufsanfängern durch Pflichtverteidigerbestellungen über die Schwierigkeiten des Anfangs hinwegzuhelfen. Und so wurde ich, wenige Wochen nach meiner am 8. Oktober 1954 erfolgten Anwaltszulassung zum Pflichtverteidiger eines Kommunisten, dem vorgeworfen wurde, zusammen mit anderen des Landfriedensbruchs, des Aufruhrs, des Auflaufs, des Widerstands gegen die Staatsgewalt und der versuchten Gefangenenbefreiung schuldig geworden zu sein. Eine Verteidigeraufgabe, die bestimmend für mein ganzes weiteres Berufsleben werden sollte.

Der Angeklagte hatte im November 1953 an einer Demonstration teilgenommen, bei der etwa sechzig Arbeitslose vom Arbeitsamt über den Wall zur Ruine des im Kriege beschädigten Theaters gezogen waren, um einer Forderung Nachdruck zu verleihen, ihnen zu Weihnachten eine Beihilfe (Kohlen- und Kartoffelgeld) zu gewähren. Die Polizei hatte bei der Anmeldung der Versammlung die Auflage gemacht, daß die Demonstration an der Theaterruine enden müsse, damit die am selben Tage im Rathaus stattfindende Sitzung der Bremer Bürgerschaft nicht gestört werde. Den Demonstranten wurde lediglich gestattet, eine dreiköpfige Delegation zum Rathaus zu entsenden, um ihre Forderungen zu vertreten.

Die Versammlung löste sich denn auch, wie von der Polizei gewünscht, am vorgeschriebenen Ort auf, nachdem eine Delegation gewählt und zum Rathaus geschickt worden war. Die Demonstrationsteilnehmer entfernten sich in kleineren und größeren Gruppen nach verschiedenen Richtungen. Der größte Teil bewegte sich jedoch durch die Bischofsnadel in Richtung Innenstadt.

Bis dahin war alles friedlich verlaufen. Aber nun geschah folgendes: Der Einsatzleiter der Polizei befürchtete, daß die Arbeitslosen nun doch zum Rathaus gehen würden, und ließ die Bischofsnadel, eine schmale Verbindungsstraße zum Domshof und zum Stadtzentrum, absperren. Vor der aus elf Beamten bestehenden Sperrkette stauten sich nunmehr die Menschen, die ins Stadtzentrum wollten, darunter auch Passanten, die an dem Umzug nicht beteiligt gewesen waren und deren Zahl an diesem Tag besonders groß war, weil auf dem Domshof Wochenmarkt stattfand. Es kam zu Unmutsäußerungen aus der Menge, die binnen kurzem auf achtzig bis hundert Personen angeschwollen war. Die später als Zeugen vernommenen Polizisten wollten auch Rufe wie »Wir werden den Abgeordneten die Maske vom Gesicht reißen! Auf zum Rathaus! Zeigt denen, was eine Harke ist!« gehört haben. Jedenfalls kam es dann zum Einsatz des Gummiknüppels und zur Festnahme eines Demonstrationsteilnehmers namens Becker, der, nach Aussagen der Polizeibeamten, gerufen haben soll, man solle sich nicht um die »paar Polizisten« kümmern, sondern mit Gewalt zum Rathaus vordringen. Der von mir zu verteidigende Angeklagte Rühmann[*] soll nunmehr zusammen mit einem anderen Demonstrationsteilnehmer versucht haben, diese Festnahme zu verhindern, indem er einen der Beamten von hinten zurückgerissen habe. Über die weitere Behandlung meines Mandanten hieß es später im Urteil des Landgerichts, vor dem die Sache angeklagt wurde:

Nunmehr kam der Polizeimeister S. seinen beiden Beamten zu Hilfe, so daß Becker, der selbst keine Gegenwehr leistete, nicht befreit wurde. Rühmann und D. wurden gleichfalls festgenommen. Rühmann erlitt bei dem Handgemenge eine Verwundung über dem Auge.

---

[*] Name geändert

Ich hatte Zeugen dafür benannt, daß Rühmann sich nicht an einem der Beamten vergriffen hatte, daß er vielmehr zweimal grundlos von dem Polizeimeister S. geschlagen worden war. Das erste Mal, als er sich niedergebückt hatte, um heruntergefallene Transparente aufzuheben, das zweite Mal, nachdem er infolge des ersten Schlages zu Boden gefallen war. Dieser zweite Schlag hatte meinen Mandanten am Auge getroffen und dazu geführt, daß die Sehkraft des Auges nahezu erloschen war.

Dafür, daß ich diese Zeugen in naivem Vertrauen auf ein Wahrheitsermittlungsinteresse der Staatsanwaltschaft und des Gerichts schon vor der Hauptverhandlung benannt hatte, hätten mich reaktionäre Justizreformer gewiß gelobt. Denn eines ihrer stereotyp wiederkehrenden Argumente, mit denen sie eine unwissende Öffentlichkeit traktieren, geht bekanntlich dahin, Rechtsanwälte würden die Hauptverhandlung durch Anträge in die Länge ziehen und dadurch eine schnelle Abwicklung der Prozesse verhindern. Aber zwischen dem, was ich auf der Universität über Wahrheitsfindung und faires Verfahren gelernt hatte, und dem, was ich in der Praxis kennenlernte, klaffte eine Lücke, die ich erst nach und nach mit desillusionierenden Erkenntnissen ausfüllte.

Denn was passierte mit den von mir benannten Zeugen? Sie wurden von der Staatsanwaltschaft ebenfalls angeklagt, weil ja auch sie an der »öffentlichen Zusammenrottung« teilgenommen haben mußten, die nach der damaligen Gesetzesfassung zum Straftatbestand des Aufruhrs und des Landfriedensbruchs gehörte. Und damit waren sie als Zeugen ausgeschaltet und nach gängigem Juristenverständnis unglaubwürdig. Kam hinzu, daß sie, ebenso wie Rühmann, Kommunisten waren, was schon allein genügt hätte, Richtern und Schöffen die bekannte Brille zu verpassen, die zu einseitiger Rechtsblindheit führt.

Daß politische Vorurteile meine Verteidigeraufgabe ungeheuer erschwerten, begriff ich schon bei dieser ersten Kommunistenverteidigung. Hatte ich sie doch bisher selbst geteilt und wußte daher nur zu gut, wie es in den Köpfen der Richter und Schöffen aussah. In meinen Notizen für das Plädoyer, die ich in der seit über vierzig Jahren auf dem Boden aufbewahrten Akte

Rühmann fand, lese ich mit gewisser Rührung, welche naiven Appelle ich damals an das Gericht richten wollte oder gerichtet habe:

KPD-Mitgliedschaft nicht strafbar.

Anklageschrift stellt kommunistische Natur des Erwerbslosenausschusses in den Vordergrund.

Stimmungsmache gegen die Angeklagten.

Gericht möge sich davon freihalten.

Nur Gesetzesverstöße abzuurteilen, nicht KPD-Eigenschaft.

Als Pflichtverteidiger keine Rechtfertigung der kommunistischen Ideale der Angeklagten zu geben, sondern nur mitzuhelfen, das Recht zu finden.

Daß Anlaß bestand, politische Vorurteile zu Lasten der Angeklagten zu befürchten, hatte die Formulierung der Anklageschrift hinreichend deutlich gemacht. Bevor diese zur Darstellung des eigentlichen Sachverhalts kam, verbreitete sich der Verfasser lang und breit über den politischen Charakter der Demonstration. Da war zu lesen – wohlgemerkt: zu einer Zeit, als die KPD noch eine legale Partei war und auch kommunistische Abgeordnete die Interessen ihrer Wähler in der Bremer Bürgerschaft vertraten! –, daß die Arbeitslosendemonstration vom 25. November 1953 ein Protestmarsch des »sog. Arbeitslosenausschusses, einer kommunistischen Tarnorganisation«, gewesen sei. Nach dem durch die Währungsreform bedingten Anwachsen der Arbeitslosigkeit im Jahre 1948 hätten sich in verschiedenen Teilen der Bundesrepublik örtliche Erwerbslosenausschüsse gebildet, die zunächst bestrebt gewesen seien, auf politisch neutraler Basis die wirtschaftlichen Verhältnisse der Arbeitslosen zu bessern, deren Arbeitseinsatz zu ermöglichen und bei den örtlichen Kommunalverwaltungen Erleichterungen und Unterstützungen für die Erwerbslosen und ihre Familien zu erwirken. Sodann heißt es in der Anklageschrift:

Über ihren örtlichen Bereich hinaus haben diese Vereinigungen jedoch erst im Frühjahr 1951 Bedeutung gewonnen, nachdem sich in der KPD die Ansicht durchgesetzt hatte, daß bei den zumeist in dürftigen wirtschaftlichen Verhältnissen lebenden Arbeitslosen ein für ihre umstürzlerische Tätigkeit günstiger Nährboden gegeben sei. Sie setzte daher alle möglichen Mittel ein, diese Erwerbslosenausschüsse durch finanzielle Unterstützung und durch die Gestellung von Agitatoren und Funktionären für ihre politischen Zwecke zu gewinnen, und erreichte es auch nach kurzer Zeit, die maßgebenden Funktionen in den Ausschüssen an sich zu reißen.

Ich will mich jetzt nicht mit einer Analyse dieser an antikommunistische Einstellungen appellierenden Tiraden aufhalten, die nicht einmal den Schein der Objektivität und der politischen Neutralität wahrten und mit den eigentlichen Tatvorwürfen überhaupt nichts zu tun hatten. Sie zielten so offensichtlich darauf ab, das Gericht gegen die Angeklagten einzunehmen und ihnen von vornherein die Glaubwürdigkeit zu versagen, daß diese Strategie der Staatsanwaltschaft auch einem Anfänger auf der Verteidigerbank nicht verborgen bleiben konnte. Nur noch ein weiterer Satz aus diesem Anklagepamphlet:

Auch in Bremen dient der sog. Arbeitslosenausschuß der kommunistischen Wühlarbeit.

Im Unterschied zur Anklageschrift liest sich das Urteil des Landgerichts vom 27. Dezember 1954 so, als hätten politische Überzeugungen der drei Berufsrichter und der beiden Schöffen bei der Wahrheitsfindung keine Rolle gespielt. Weder ist die Parteimitgliedschaft der Angeklagten erwähnt, noch ist von dem Arbeitslosenausschuß und seinem angeblich der kommunistischen Wühlarbeit dienenden Zweck die Rede. Zuviel politische Enthaltsamkeit, um glauben zu können, daß die wirklichen Gründe des Urteils mitgeteilt worden sind.

Denn in der Sache war die Verteidigung chancenlos. Ein Antrag, die Verhandlung gegen die von der Verteidigung ursprünglich als Entlastungszeugen benannten Mitangeklagten abzutrennen, um ihre zeugenschaftliche Vernehmung zu ermöglichen, wurde abgelehnt. Und so tat das Gericht denn auch ihre meinen Mandanten entlastenden Aussagen mit einem einzigen Satz beiläufig ab:

Diese Einlassung der Angeklagten Rühmann und D. ist durch die Beweisaufnahme widerlegt worden, obwohl sie von einigen Mitangeklagten und vor allem auch von dem Zeugen Scheufler teilweise bestätigt worden ist. Der Zeuge S. hat mit aller Bestimmtheit bekundet, Rühmann und D. hätten in der festgestellten Weise versucht, Becker zu befreien. Der Zeuge G. hat dies hinsichtlich Rühmann bestätigt, ebenso der Zeuge R. hinsichtlich D.

Das Gericht hat also den beteiligten Polizeibeamten (S., G. und R.) geglaubt, obwohl mindestens bei S. zu bedenken gewesen wäre, daß dieser ein eminentes Interesse haben mußte, sich gegen den Vorwurf der Körperverletzung im Amt und gegen Schadensersatzansprüche wegen der meinem Mandanten zugefügten schweren Augenverletzung zu schützen. Demgegenüber hatte das Gericht die Aussagen der an der angeklagten Gefangenenbefreiung völlig unbeteiligten Mitangeklagten, die ihren Angeklagtenstatus nur ihrer Zeugenbenennung durch den Verteidiger verdankten, mit folgender Erwägung abgetan:

Daß die Mitangeklagten und auch der Zeuge Scheufler in dem Gedränge und Tumult diesen Vorfall nicht gesehen haben, ist zumindest nicht unmöglich und daher auch mit den Angaben der Zeugen S., G. und R. vereinbar.

Dieser Satz hat zu allem Überfluß noch den Schönheitsfehler, daß er die Aussagen der Mitangeklagten und des Zeugen Scheufler falsch wiedergibt. Sie hatten keineswegs bekundet, den Vorfall nicht gesehen zu haben. Sie hatten ihn anders gesehen, nämlich so, wie ihn Rühmann und D. geschildert hatten. Mindestens mit der Aussage des Zeugen Scheufler hätte das Gericht es sich nicht ganz so leicht machen dürfen. Scheufler war, wie das Urteil vermerkt, an der Demonstration »maßgeblich beteiligt«, auf seine Veranlassung war die Versammlung an der Theaterruine aufgelöst worden, aber eine Beteiligung an strafbaren Handlungen in der Bischofsnadel hatte offenbar selbst die Staatsanwaltschaft ihm nicht vorwerfen können. Dieser Zeuge hat in der Hauptverhandlung vor dem Landgericht nach meinen stenographischen Notizen wörtlich gesagt:

Rühmann wollte Transparente aufheben und hat dabei zwei Schläge bekommen. Er hat nicht versucht, Becker zu befreien. Das hätte ich sehen müssen, da ich unmittelbar daneben stand.

Daß Rühmann verurteilt wurde – er bekam zwei Monate Gefängnis wegen Widerstandes gegen die Staatsgewalt in Tateinheit mit versuchter Gefangenenbefreiung und zwar ohne Bewährung – empörte mich. Die für ihn eingelegte Revision wurde vom Bundesgerichtshof als »offensichtlich unbegründet« verworfen. Eine gegen den Polizeimeister S. erstattete Strafanzeige wegen schwerer und gefährlicher Körperverletzung und wegen Meineids wurde vom Oberstaatsanwalt dahin beschieden, daß der Beweis einer strafbaren Handlung nicht erbracht sei.

Auch die Begründung, mit der eine Strafverfolgung gegen S. abgelehnt wurde, ist bemerkenswert. In dem Bescheid des Oberstaatsanwalts vom 10. Oktober 1955 ist zu lesen:

Da S. und G. die in erster Linie Betroffenen waren, besteht kein Anlaß, den sich ergänzenden Aussagen dieser beiden Polizeibeamten über den Vorfall zu mißtrauen.

Ein seltener Fall, daß den Aussagen der Betroffenen der Vorzug gegeben wird gegenüber Aussagen von Zeugen, die an dem Vorfall unbeteiligt waren.

Demgegenüber reichen die widerspruchsvollen Aussagen der von Ihnen benannten Zeugen nicht aus, das Gegenteil festzustellen.

Die angeblichen Widersprüche waren von der Art, ob Rühmann in dem Augenblick, als er geschlagen wurde, Transparente aufheben wollte oder nicht, ob er gebückt oder aufrecht stand. Aber die Schläge waren von allen Zeugen gesehen worden, und der Zustand des Auges bestätigte ihre Darstellung. Und »am Ausgang des Verfahrens interessiert« war einzig und allein der Kronzeuge der Staatsanwaltschaft, der Polizeimeister S., der nicht nur strafrechtliche, sondern wegen des am Auge seines Opfers eingetretenen Dauerschadens auch zivilrechtliche Konsequenzen zu fürchten hatte. Die Unterstellung, daß die von mir benannten Zeugen am Ausgang des Verfahrens interessiert seien, war demgegenüber nichts als eine üble Verdächtigung, die näher zu begründen man bei Kommunisten wohl nicht für nötig hielt. Eine Rechtlosstellung von Kommunisten, die mein Rechtsgefühl verletzte, obwohl ich zu dieser Zeit die antikommunistische Einstellung der an dem Verfahren beteiligten Staatsdiener – von den Richtern bis zu den Polizisten – prinzipiell teilte.

Zur Durchführung einer Beschwerde gegen den Bescheid des Oberstaatsanwalts kam es gleichwohl nicht. Mein Mandant ließ mich wissen, daß er an einer Bestrafung des Polizeimeisters S. nicht mehr interessiert sei. Er hatte in direkter Verhandlung mit der Staatsanwaltschaft erreicht, daß die ihm auferlegte Gefängnisstrafe im Gnadenwege zur Bewährung ausgesetzt wurde. Seine Einschätzung, was ein von der Staatsgewalt mißhandelter Kommunist in unserem Lande erreichen konnte, war wohl realistischer als die seines Anwalts, der noch voller rechtsstaatlicher Ideale steckte.

Nun muß noch von den anderen Angeklagten die Rede sein, die mit Rühmann auf der Anklagebank gesessen hatten. Gegen den Schlosser Karl D., den ein anderer Anwalt verteidigt hatte, wurde ebenfalls eine Freiheitsstrafe von zwei Monaten Gefängnis verhängt. Das Verfahren gegen Becker wurde nach dem Straffreiheitsgesetz von 1954 eingestellt. Die übrigen Angeklagten – der Schlachter Ludwig Grotewold, der Bäcker Teo Stüwe, die Hausfrau Frieda Rosenkranz, die Plätterin Frieda Entelmann und die Arbeiterin Erna Wassermann – wurden freigesprochen. Ihnen hatte schon die Anklage nicht vorwerfen können, daß sie etwas mit der angeblichen Gefangenenbefreiung und den Widerstandshandlungen zu tun hatten. Die Anklagepunkte Teilnahme an Aufruhr und Auflauf (zwei inzwischen aufgehobene Paragraphen des Strafgesetzbuchs) und Landfriedensbruch konnten auch nach Ansicht des Landgerichts nicht zur Verurteilung führen, weil nicht bewiesen war, daß die in der Bischofsnadel angestaute Menschenmenge eine »Zusammenrottung« im Sinne des Gesetzes war und es für den Tatbestand des Auflaufs – die Bestimmung des damaligen §116 bedrohte den Teilnehmer einer auf einer öffentlichen Straße versammelten Menschenmenge, der sich nach dreimaliger Aufforderung durch den zuständigen Beamten nicht entfernte, mit Strafe – am Nachweis fehlte, daß die dreimalige Aufforderung, sich zu entfernen, tatsächlich gehört werden konnte.*

Diese Freisprüche waren, glaube ich, für meine weitere Anwaltstätigkeit von entscheidender Bedeutung. Denn diese fünf Angeklagten, denen keine Pflichtverteidiger beigeordnet waren, hatten mich am zweiten Verhandlungstag als Wahlverteidiger beauftragt (eine Mehrfachverteidigung war damals noch zulässig). Und so kam es, daß ihre Freisprüche mir gewissermaßen als Verdienst zugerechnet wurden, obwohl ich zugeben muß, daß die gegen diese Angeklagten erhobene Anklage auf so schwachen Füßen stand, daß sie wohl auch ohne mein Engagement freigesprochen worden wären. Aber wie auch immer. Die Sache trug, wenn man so will, zu meinem Ruhme bei. Ich war von einem Tag auf den anderen »der Kommunistenverteidiger« in Bremen geworden. Ein fragwürdiger Ruhm, wie ich bald merken sollte. Denn alle Hoffnungen, auch Klientel aus Kreisen der Bremer Kaufmannschaft zu erwerben, konnte ich, sobald sich meine Verteidigertätigkeit für Kommunisten herumsprach, begraben.

In Otto Kirchheimers Klassiker *Politische Justiz* las ich später:

Die Beziehungen, die ein Anwalt zu Beginn seiner beruflichen Tätigkeit mit einer bestimmten Kundschaft aufnimmt, können seine gesamte künftige Praxis beeinflussen. (S. 368)

---

* Zu Aufruhr, Auflauf und Landfriedensbruch siehe auch die entsprechenden Stichworte im Glossar

Und auch dies ist in Kirchheimers Buch nachzulesen:

> Der Anwalt mag seine strikt fachmännische Dienstleistung vom politischen Anliegen des Angeklagten noch so sorgsam und umsichtig abgrenzen; das braucht nicht zu hindern, daß in der Öffentlichkeit das eine mit dem anderen gleichgesetzt wird. Bei einer Umfrage der Juristischen Fakultät der Universität Pittsburgh waren 92 Prozent der befragten Studenten der Meinung, daß das Publikum den Anwalt in politischen Strafsachen mit der Schuld des Angeklagten identifiziere; fast 50 Prozent erklärten, sie würden solche Fälle nicht übernehmen, und vier Fünftel dieser Vorsichtigen führten als Grund die Angst vor einer feindseligen öffentlichen Meinung an. (S. 371)

Ich hatte mir meine neue »Kundschaft« nicht ausgesucht. Vielleicht wäre der Bremer Haus- und Grundbesitzerverein, dem ich schon in den ersten Wochen meiner Anwaltstätigkeit eine Fülle von Mandaten verdankte, mein Auftraggeber geblieben. Vielleicht hätte meine Mitgliedschaft in einem Kegelclub, die mir freundschaftliche Beziehungen zu angesehenen Bremer Kaufleuten und Unternehmern einbrachte, auch auf beruflichem Gebiet Früchte getragen. An sich waren das die Leute, die den Stallgeruch des großbürgerlichen Hauses teilten, aus dem ich stammte. Aber die Weichenstellung dieser ersten Pflichtverteidigung sorgte dafür, daß ich mir mein berufliches Betätigungsfeld nicht mehr nach Belieben aussuchen konnte. So bin ich der Anwalt der kleinen Leute, der politisch oder religiös verfemten Minderheiten, der gegen das kapitalistische System und neue Einmischung in Krieg und Völkermord aufbegehrenden Generation geworden. Eine Aufgabe, die ich dann mit zunehmender innerer Beteiligung wahrgenommen habe.

3. Das Goslarer Stahlhelmtreffen von 1955

Als Anfang der fünfziger Jahre die Regierung des CDU-Bundeskanzlers Dr. Konrad Adenauer die (west-)deutsche Wiederbewaffnung auf ihre Fahnen geschrieben hatte, wandelte sich das politische Klima in diesem Lande. Die Generäle und Admirale, die Hitlers verbrecherischen Krieg mitzuverantworten hatten, meldeten sich wieder zu Wort und forderten die Rehabilitierung ihrer von alliierten Militärgerichten als Kriegsverbrecher verurteilten Kameraden. Und beflissen machte sich die Bundesregierung diese Forderung zu eigen und pochte bei ihren westlichen Freunden auf Begnadigungen. Im Kampf gegen ihren einstigen Alliierten, die sozialistische Sowjetunion, besannen sich die Westmächte auf gemeinsame Interessen der kapitalistisch organisierten Staaten und stellten sie über das noch vor kurzem gemeinsam mit ihren Moskauer Alliierten beschworene Prinzip, den Hitler-Faschismus mit Stumpf und Stiel auszurotten. Der kalte Krieg gegen die Sowjetmacht gab Hitlers alter Garde eine neue Chance. Sie wurden als neue Bundesgenossen gegen den neuen Weltfeind gebraucht, eine Rolle, für die sie als traditionelle Antikommunisten bestens geeignet schienen. Ihre antikommunistische Gesinnung ließ ihre Beteiligung an den Massenmorden im Dienste Hitlers verzeihlich erscheinen. Und so öffneten sich aufgrund von Gnadenerlassen der westalliierten Hochkommissare in den fünfziger Jahren die Gefängnistore für alle von ihren Militärgerichten zum Teil zu hohen Freiheitsstrafen verurteilten Kriegsverbrecher.

Einer von denen, die freikamen, war der von einem englischen Militärgericht zum Tode verurteilte, später zu lebenslänglicher Haft begnadigte Generalfeldmarschall Kesselring, einst Befehlshaber einer Heeresgruppe in Italien. Ihm war angelastet worden, für die Erschießung von 335 italienischen Zivilisten in den Ardeatinischen Höhlen bei Rom am 24.3.1944 und für weitere 1.087 Tötungen italienischer Zivilisten verantwortlich zu sein, unverhältnismäßige und deshalb völkerrechtswidrige Repressalien für Attentate italienischer Partisanen. Dieser Mann gehörte zu den alten Mitkämpfern Hitlers, die sich jetzt wieder zu Wort meldeten, um den Wehrgedanken im deutschen Volk zu stärken und den Krieg gegen die Sowjetunion, den Hitler verloren hatte, nun doch noch zu gewinnen. Als Bundesführer des Stahlhelm, einer neugegründeten Frontkämpferorganisation mit unheilvoller Tradition, betrat er wieder die politische Bühne und wurde als Sprecher für eine Kundgebung angekündigt, die am 11. Juni 1955 in Goslar stattfinden sollte.

Der Deutsche Gewerkschaftsbund rief zu einer Gegenkundgebung auf, die am gleichen Tage in Bad Harzburg veranstaltet werden sollte. Einige der Busse, die an diesem Tage nach Bad Harzburg fahren sollten, landeten jedoch in Goslar, so daß sich dort eine von der Presse auf etwa 2.000 Personen geschätzte Menge von Gegendemonstranten einfand, die den Protest gegen das Stahlhelmtreffen vor Ort trugen. Unter den Gewerkschaftern, die in Goslar gegen das Auftreten des Herrn Kesselring und seines Stahlhelm protestierten, gehörten der Elektriker Herbert Krebs, der Tischler Heinrich Stelljes und der Motorenschlosser Hans-Albertus Müller. Ein politisches Engagement, das ihnen ein Strafverfahren eintragen sollte, für das sie mich als Verteidiger beauftragten.

Die Anklageschrift warf ihnen vor, »in der Absicht, nicht verbotene Versammlungen oder Aufzüge zu verhindern oder zu sprengen oder ihre Durchführung zu vereiteln, grobe Störungen verursacht zu haben« (Vergehen nach § 21 des Versammlungsgesetzes vom 24.7.1953), Krebs und Stelljes außerdem, »einem Beamten, welcher zur Vollstreckung von Gesetzen, von Befehlen und Anordnungen berufen ist, in der rechtmäßigen Ausübung seines Amtes durch Gewalt Widerstand geleistet zu haben« (Widerstand gegen die Staatsgewalt, § 113 StGB), weiter Stelljes und Müller, »andere öffentlich beleidigt zu haben« (§ 185 StGB). Sie hätten, so hieß es in der Anklageschrift, »mit Schmähreden gegen die Veranstalter und die die Veranstaltung schützende Polizei die Bevölkerung zur Versammlungssprengung aufgewiegelt«, Krebs und Stelljes bei ihrer Festnahme um sich geschlagen oder versucht, sich loszureißen, Stelljes und Müller die polizeiliche Maßnahme der Platzräumung mit Pfui-Rufen begleitet, Müller außerdem geschrien: »Pfui, pfui, ihr Knechte – Deutsche gegen Deutsche!«

Die Angeklagten beriefen sich vor Gericht auf ihre pazifistische Einstellung und ihr Recht auf freie Meinungsäußerung. Sie gehörten den Jahrgängen 1925 bis 1928 an, einer Generation also, die den Krieg noch als furchtbare Realität am eigenen Leibe erfahren hatte.

Krebs hatte einen Bruder verloren, der mit einem U-Boot untergegangen war. Sein Schwiegervater war in amerikanischer Kriegsgefangenschaft gestorben. Krebs selbst war seit dem 1.5.1944 Soldat gewesen und an der Westfront eingesetzt worden. Er berichtete, daß von zwei Kompanien, die eine Gesamtstärke von 700 Mann hatten, nur dreißig übriggeblieben sind. Er war aus englischer Kriegsgefangenschaft im August 1945 entlassen worden.

Stelljes, der jüngste der Angeklagten, berichtete, daß sein Vater im Krieg eingezogen wurde, obwohl er zehn Kinder zu versorgen hatte. Er kam mit einer Gasvergiftung zurück. Ein Bruder ist im Osten gefallen, drei Brüder wurden verwundet, einer davon schwer. Er selbst sei nicht mehr zum Kriegseinsatz gekommen.

Müller war 1943 Soldat geworden, als Pionier in Rußland eingesetzt (vor Leningrad und im Mittelabschnitt bei Witebsk), hatte den Rückzug nach Ostpreußen miterlebt und mußte Weihnachten 1944 bei der Ardennen-Offensive mitmachen, jenem letzten, verzweifelten Versuch Hitlers, das Kriegsglück zu wenden, der noch unzählige junge Menschen auf beiden Seiten das Leben gekostet hat. Er war in amerikanischer Gefangenschaft bis Juni 1946.

Ein paar Stichworte, um das politische Bewußtsein der von mir verteidigten Männer verständlich zu machen, die in dem Goslarer Stahlhelmtreffen und dem Auftreten des Herrn Kesselring eine ungeheure Provokation und eine Gefahr für die weitere politische Entwicklung in der Bundesrepublik sahen, der jeder, der aus der Vergangenheit gelernt hatte, entgegentreten mußte.

Sie waren mit dieser Einschätzung nicht allein. Die Gewerkschaftszeitung *Welt der Arbeit* hatte am Tage vor dem Goslarer Spektakel geschrieben:

Der Stahlhelm hat es für notwendig gehalten – und Bundes-, Landes- und städtische Behörden haben ihn dabei unterstützt –, ein Bundestreffen in Goslar durchzuführen. »Der Arbeitgeber«, Zeitschrift der Bundesvereinigung Deutscher Arbeitgeberverbände, hat es für notwendig gehalten, die gewerkschaftlichen Proteste gegen diese Aktion in eine Reihe mit der Propaganda der SED gegen die Bundesrepublik zu stellen ... Der »Stahlhelm, Bund der Frontsoldaten«, hat in der Republik von Weimar eine verhängnisvolle Rolle gespielt.

Das Blatt verwies darauf, daß der Stahlhelm einer der Hauptträger jener Harzburger Front war, in der sich 1932 die Konservativen aller Schattierungen mit den Nationalsozialisten zum Sturz der Republik zusammentaten.

In *Metall*, der Zeitung der IG Metall, war am 8. Juni 1954 zu lesen, daß der Vorstand dieser Gewerkschaft das bevorstehende Stahlhelmtreffen als »eine Provokation aller demokratischen und friedliebenden Menschen« bezeichnet habe. Der Stahlhelm sei schon einmal mitschuldig geworden am Zusammenbruch unseres demokratischen Staates.

Es ist eine wichtige Aufgabe der Gewerkschaften, zu verhindern, daß die Feinde der Demokratie wieder den demokratischen Staat von innen aushöhlen.

Was dann am 11. Juni 1955 in Goslar geschah, las sich im dpa-Bericht (hier wiedergegeben nach *Hamburger Morgenpost* vom 13. 6. 1955) so:

Zu Tumulten und Zwischenfällen kam es am Sonnabend bei dem Bundestreffen des »Stahlhelm« in der alten Kaiserstadt Goslar, wobei über 20 Demonstranten von der Polizei verhaftet wurden ... Gegenüber dem alten Gebäude der Kaiserpfalz in Goslar hatten sich etwa 2.000 Jugendliche aufgestellt, die jede anmarschierende Stahlhelmgruppe und Fahne mit lautem Pfeifen empfingen und in Sprechchören »Faschisten raus, Kesselring raus« und ähnliches riefen.

Erst nachdem die Demonstranten in Seitenstraßen abgedrängt wurden, konnte die Kundgebung ohne neuen Zwischenfall fortgesetzt werden.

Im Urteil des Landgerichts Bremen vom 19. 3. 1956, das als Berufungsinstanz mit drei Berufsrichtern und zwei Schöffen (einem Sozialgerichtsinspektor und einem Studienrat) tätig wurde und die Angeklagten wegen Vergehens gegen § 21 des Versammlungsgesetzes zu Geldstrafen von 100 DM (Krebs) und 60 DM (Stelljes) beziehungsweise wegen Beleidigung zu einer Geldstrafe von 140 DM (Müller) verurteilte, liest sich die Sache so:

Als die Kundgebungsteilnehmer sich versammelten, begann ein anhaltendes Johlen und Schreien unter der Menschenmenge.

Der Angeklagte (Krebs) schrie mit. Als Kesselring auf dem Versammlungsplatz eintraf, bildeten sich Sprechchöre, die laut und anhaltend den Ruf »Kesselring raus« ausbrachten. Der Angeklagte Krebs beteiligte sich an diesen Sprechchören und schrie wiederholt »Kesselring raus«.

Um auch die subjektiven Voraussetzungen einer Strafbarkeit festzustellen, heißt es bezüglich Krebs und Stelljes lapidar, sie hätten gewußt, »daß es nicht zulässig ist, solche Kundgebungen zu stören«.

Die Juristen, die dieses Urteil formulierten, hatten sicher nicht den leisesten Zweifel, daß sie damit Recht sprachen. Das Grundrecht der freien Meinungsäußerung und der Versammlungsfreiheit, die Demonstrationsfreiheit, die auch den als Gegendemonstranten versammelten Gewerkschaftern zustand, kommt in dem Urteil nicht vor. Alles, was die Verteidigung zu dieser verfassungsrechtlichen Seite der Sache gesagt hatte, war den tauben Ohren von Richtern und Schöffen gepredigt, für die mit der polizeilichen Entscheidung für die Versammlungsfreiheit des Stahlhelm und gegen die Versammlungsfreiheit der Gewerkschafter alles klar war.

Was den Angeklagten Müller anging, so konnte das Landgericht nicht feststellen, daß er sich an den Sprechchören auf dem Versammlungsplatz beteiligt hatte, und sprach ihn vom Vorwurf der Versammlungsstörung frei. Aber es glaubte dem als Zeugen vernommenen Polizeiwachtmeister L., daß es Müller gewesen sei, der den Polizeibeamten zugerufen habe: »Adenauerknechte!«, »Pfui, Deutsche gegen Deutsche!«, obwohl der Angeklagte dies nachdrücklich bestritt. Das Gericht ließ sich bei dieser Beweiswürdigung auch nicht durch die Tatsache irritieren, daß L. die angeblichen Ausrufe Müllers früher anders gehört haben wollte (»Pfui, pfui, ihr Knechte!«) und dies so in erster Instanz vor dem Schöffengericht beeidigt hatte.

Und es störte auch nicht weiter, daß der Polizeibeamte L. es für richtig gehalten hatte, Müller mit dem Gummiknüppel zu schlagen. In L.s Polizeideutsch hieß das: »unter Anwendung des Gummiknüppels festgenommen«. Er hatte dies früher mit der Behauptung gerechtfertigt, Müller sei nicht freiwillig mitgekommen. Davon war später nicht mehr die Rede. Und es war auch sicher nicht das angemessene Mittel, um einen Menschen zum Mitkommen zu veranlassen.

»In was für einem Staat leben wir eigentlich?« sagte einer der Angeklagten nach dem Urteil. Da wird eine Veranstaltung dieser neo-militaristischen Organisation und das öffentliche Auftreten eines als Kriegsverbrecher verurteilten Generalfeldmarschalls der Hitler-Armee polizeilich geschützt, während demokratisch gesinnte Gewerkschafter, die gegen diesen Spuk protestieren, polizeilich verprügelt und von der Justiz wegen Versammlungsstörung und Beleidigung der Polizei verurteilt werden. Die drei Angeklagten und ihr Verteidiger verließen den Gerichtssaal mit dem Gefühl, daß in diesem Staat, der nach seiner Verfassung und den Sonntagsreden seiner Politiker eine freiheitliche Demokratie sein und den Hitler-Faschismus hinter sich gelassen haben soll, etwas nicht in Ordnung ist.

4. Der Düsseldorfer Friedenskomitee-Prozeß (1959/60)

Am 10. November 1959 begann vor einer Sonderstrafkammer des Landgerichts Düsseldorf der Prozeß gegen führende Mitglieder des Friedenskomitees der Bundesrepublik Deutschland. Ich war der jüngste von fünf Verteidigern in dem größten politischen Strafprozeß, den die Bundesrepublik bis dahin erlebt hatte. An 56 Verhandlungstagen spielte sich, von der westdeutschen Medienöffentlichkeit kaum beachtet, ein Verfahren ab, bei dem es aus der Sicht der Anklage darum ging, die Expansion des Kommunismus unter dem Deckmantel der Friedensbewegung zu verhindern, aus der Sicht der Verteidigung aber um den Versuch, die Opposition gegen eine friedensgefährdende Regierungspolitik durch politische Diffamierung und Kriminalisierung auszuschalten.

Den Angeklagten wurde in der Anklageschrift des Generalbundesanwalts vorgeworfen, sich als Rädelsführer in einer verfassungsfeindlichen Organisation betätigt zu haben (damaliger § 90a StGB*). Außerdem wurde das Friedenskomitee als Geheimbund (damaliger § 128*) und als kriminelle Vereinigung (§ 129*) qualifiziert. Eine Anklage, die in der Bundesrepublik nicht weiter auffiel, weil sie ins Bild einer von sogenannten »kommunistischen Tarnorganisationen« wimmelnden politischen Öffentlichkeit paßte, die aber im Ausland Aufsehen erregte, weil das Friedenskomitee Teil einer Weltfriedensbewegung war, die außer im faschistischen Spanien des General Franco nur in der Bundesrepublik Deutschland mit den Mitteln des Strafrechts als angeblich kommunistisch gesteuert verfolgt und unterdrückt wurde.

---

*   siehe Glossar

Die Angeklagten des Düsseldorfer Friedenskomitee-Prozesses vor dem Gerichtsgebäude. Von links nach rechts: Pastor Johannes Oberhof, Verlagsleiter Gerhard Wohlrath, Diplom-Dolmetscher Walter Diehl, Pfarrer und Staatsrat a. D. Erwin Eckert, Industriearbeiter Gustav Thiefes und Versicherungsangestellter Erich Kompalla.

Die Anklage richtete sich gegen sieben Persönlichkeiten, die aus unterschiedlichen ideologischen Richtungen zur Friedensbewegung gestoßen waren, die sich aber in einem für die politisch-juristische Bewertung wichtigen Punkt einig waren: Wer den Frieden will, darf sich nicht scheuen, mit Kommunisten an einem Tisch zu sitzen. Das aber war auf dem Höhepunkt des Kalten Krieges verpönt. Mit Kommunisten wird nicht verhandelt, das war das Grundprinzip Adenauerscher Politik, gegen das sich die Angeklagten versündigt hatten. Da waren angeklagt:

1. der Pastor Johannes Oberhof aus Bremen, Jahrgang 1905, parteilos;

2. der frühere Pfarrer Erwin Eckert, Jahrgang 1893, SPD-Mitglied von 1911 bis 1931, seitdem Mitglied der KPD;

3. der Diplom-Dolmetscher Walter Diehl, Jahrgang 1927, SPD-Mitglied von 1948 bis 1950, seitdem parteilos;

4. der Verlagsleiter Gerhard Wohlrath, Jahrgang 1907, Mitglied der KPD seit 1928;

5. der Industriearbeiter Gustav Thiefes, Jahrgang 1921, Mitglied der KPD seit 1951;

6. der Versicherungsangestellte Erich Kompalla, Jahrgang 1921, Mitglied der KPD von 1948 bis 1954;

7. die frühere SPD-Stadträtin Edith Hoereth-Menge, Jahrgang 1888 (das gegen sie gerichtete Verfahren wurde wegen schwerer Erkrankung eingestellt).

Die Anklageschrift verzichtete darauf, in der sonst üblichen Weise die Lebensläufe und persönlichen Verhältnisse der Angeklagten darzustellen. Alles, was man über sie erfährt, steht auf den Seiten 175 ff. der Anklageschrift unter der Überschrift »Betätigung der Angeschuldigten«. Der Absatz über Oberhof beginnt:

Der Angeschuldigte Oberhof ist seit Jahren durch staatsfeindliche Tätigkeit in Erscheinung getreten.

Eine Wertung, die schon durch ihr widerliches Polizeideutsch (»in Erscheinung getreten«) auffällt und Opposition gegen die Remilitarisierungspolitik der Regierung Adenauer kurzerhand als »staatsfeindliche Tätigkeit« definiert.

Die ehemalige SPD-Stadträtin Edith Hoereth-Menge wird so eingeführt:

Auch die Angeschuldigte Edith Hoereth-Menge ist durch ausgedehnte staatsfeindliche Tätigkeit seit langem bekannt.

Und dann folgen jeweils die Daten von Reden und Veröffentlichungen der Angeklagten im Rahmen der Friedensbewegung, die damit von vornherein als »staatsfeindlich« und kriminell gekennzeichnet ist.

Hinsichtlich Walter Diehl, der als aktiver Christ zur Friedensbewegung gekommen war, sah der Appell der Anklage an antikommunistische Vorurteile so aus:

Der Angeschuldigte Diehl gehört zu den maßgeblichen Funktionären der kommunistischen Friedensbewegung.

Damit war die Friedensbewegung schon in der Anklage kurzerhand zur »kommunistischen Friedensbewegung« erklärt.

Zu Eckert, der nun wirklich Kommunist war, teilt die Anklageschrift mit, daß er »Mitglied der KPD war und für diese auch dem Landtag von Baden-Württemberg angehörte«. Nichts von der bewegenden Lebensgeschichte dieses mutigen und prinzipientreuen Mannes, der, nach seinen Worten, »völlig vernichtet« aus dem Ersten Weltkrieg zurückgekommen war, »im Innersten bedrückt, daß ich das alles mitgemacht hatte«, der dann aktiver Friedenskämpfer wurde, sowohl in seinem Beruf als Pfarrer in Meersburg und Mannheim als auch im »Bund religiöser Sozialisten« und in der SPD, und noch vor 1933 gegen den Hitler-Faschismus kämpfte und vor neuer Kriegsgefahr warnte. Die Nazi-Justiz verurteilte ihn wegen Vorbereitung zum Hochverrat zu drei Jahren und acht Monaten Zuchthaus. Nach dem Zweiten Weltkrieg, nunmehr Mitglied der KPD, wurde er Staatsrat in der ersten südbadischen Regierung und Staatskommissar für Wiederaufbau. Als er sich 1949 in Mannheim zur Oberbürgermeisterwahl stellte, konnte er – als Kommunist! – immerhin 35 % der Stimmen auf sich vereinen. Eckert war zeitlebens ein unbequemer Mann, ein unabhängiger Kopf, mit dem auch seine eigene Partei, die KPD, ihre Schwierigkeiten hatte; sie beanstandete bei ihm eine »Verneinung der führenden Rolle der Partei« und »mangelnde Linientreue«.

Auf der Verteidigerbank sah ich mich neben Anwaltskollegen, die in politischen Prozessen über langjährige Erfahrung verfügten. Dr. Walther Ammann, Heidelberg, und Dr. Diether Posser, Essen, hatten in mehreren Kommunistenprozessen vor dem Bundesgerichtshof in erster und einziger Instanz verteidigt und waren die Initiatoren des alljährlich in Frankfurt am Main tagenden »Initiativausschusses für die Amnestie und der Verteidiger in politischen Strafsachen«. Posser, der seine Anwaltspraxis zusammen mit Dr. Dr. Gustav Heinemann, dem früheren Bundesinnenminister und nachmaligen Bundespräsidenten, betrieb, wurde später Minister der nordrhein-westfälischen Landesregierung. Prof. Dr. Friedrich Karl Kaul, als Autor vieler Bücher und Fernsehsendungen (»Fragen Sie Professor Kaul«) in der DDR populär und geachtet, in der Bundesrepublik als »SED-Anwalt« und »Staranwalt der DDR« in bestimmten Kreisen gehaßt wie der Teufel, stellte ein ganzes Büro auf die Beine, das in einem Düsseldorfer Hotel residierte und uns bei der Ausarbeitung von Beweisanträgen und anderen Prozeßmaterialien unterstützte. Und nicht zuletzt Denis Nowell Pritt, britischer Kronanwalt, Jahrgang 1887, international berühmt vor allem durch seine Rolle als Vorsitzender des Reichstagsbrandgegenprozesses 1933 in London, gab dem Düsseldorfer Prozeß auch auf der Verteidigerbank ein internationales Gepräge. Von ihm stammte die klassische Antwort auf die gegen Ende der Hauptverhandlung gestellte Frage eines Journalisten, welches Urteil er erwarte: »Ich denke, das Urteil vom 10. November 1959« (der Tag des Prozeßbeginns). Das war die feine englische Art, über die politischen Vorurteile der Richter zu sprechen. Und in der Tat hatte die Verteidigung in diesem Verfahren, wie sich zeigen sollte, nicht die geringste Chance, einen Beitrag zur Wahrheitsfindung zu leisten und in den Köpfen der Richter und Schöffen irgendetwas zu verändern.

Die Anklage des Generalbundesanwalts – sie wurde vor dem Landgericht Düsseldorf, an das der Bundesgerichtshof die Sache abgegeben hatte, von der örtlichen Staatsanwaltschaft vertreten – folgerte die angebliche Verfassungsfeindlichkeit der Ziele und der Tätigkeit des Friedenskomitees aus Schriften und Reden seiner Mitglieder, deren Inhalt als »systematische Verächtlichmachung der Bundesregierung« und anderer »führender Persönlichkeiten« bezeichnet wurde. Um daraus ein »verfassungsfeindliches« Verhalten zu machen, wurde den Autoren dieser Veröffentlichungen eine verfassungsfeindliche Absicht unterstellt. Ihnen sei es nur zum Schein um den Frieden, in Wirklichkeit aber um die Umwandlung der Bundesrepublik in eine »Volksdemokratie« gegangen. Eine zentrale Behauptung der Anklage, für die sie den Beweis aus der »Gesamttendenz« der Veröffentlichungen des Friedenskomitees und der auf seinen Veranstaltungen gehaltenen Referaten und Ansprachen herleiten wollte.

Die Verteidigung bestritt die verfassungsfeindliche Zielsetzung des Friedenskomitees und machte darauf aufmerksam, daß es in einer Demokratie das legitime Anliegen der Opposition ist, »das Vertrauen der Bevölkerung zur Regierung zu untergraben« – so einer der Vorwürfe der Staatsanwaltschaft – und daß hierzu im Hinblick auf die Rüstungspolitik der Regierung Adenauer auch aller Anlaß bestanden habe. Das prozessuale Konzept der Verteidigung bestehe darin, daß sie die von der Anklage selbst angeführten einzelnen Stellungnahmen des Friedenskomitees bzw. der Angeklagten aufgreift und nachweist, daß jede dieser einzelnen Stellungnahmen von gegebenen Tatsachen ausgeht, auf einer sachlich zutreffenden Beurteilung dieser Tatsachen beruht und nicht gegen die Bundesrepublik als Staat oder gegen ihre verfassungsmäßige Ordnung, sondern ausschließlich gegen eine bestimmte, von der derzeitigen Bundesregierung betriebene Politik gerichtet ist. Wenn dies nämlich für jede einzelne Stellungnahme bewiesen wird, dann ist der Anklagevorwurf widerlegt, die einzelnen Stellungnahmen hätten in ihrer »gesamten Tendenz« einen verfassungswidrigen Charakter gehabt. Die Summe verfassungsmäßiger, sachlich wie politisch berechtigter Stellungnahmen kann niemals eine verfassungswidrige Gesamttendenz sein.

Am zehnten Verhandlungstag hatte sich zwischen einem der Angeklagten und einem der beisitzenden Richter ein Dialog ergeben, der uns Hoffnung machte, es werde wirklich zu einer Beweisaufnahme über die sachliche Berechtigung der Veröffentlichungen des Friedenskomitees kommen. Walter Diehl hatte über die zeitgeschichtlichen Hintergründe eines von der Staatsanwaltschaft eingeführten Dokuments der Friedensbewegung gesprochen und betont:

Niemand, der sich um die Feststellung der Wahrheit bemüht, kann an den historischen Tatsachen, wie sie damals lagen, vorübergehen. Und ich glaube, daß es auch Aufgabe des Gerichts ist, diese historischen Tatsachen zu prüfen.

Darauf unterbrach ihn Richter Köhler, ein Richter, für den das Gebiet der politischen Strafjustiz seinerzeit noch Neuland war, und sagte:

Sie sprechen von geschichtlichen Tatsachen. Das waren Ihre Ansichten über die historische Entwicklung. Ich wollte nur darauf hinweisen: für historische Tatsachen brauchen wir natürlich Beweise.

Als dann die Verteidigung, beginnend mit dem 23. Verhandlungstag, umfangreiche Urkundenbeweisanträge vorlegte, war das Interesse des Gerichts an einer Aufklärung der historischen Tatsachen geschwunden. Dem ersten Antrag wurde zwar noch entsprochen und mit der Verlesung der Urkunden begonnen. Als dann weitere Anträge folgten – insgesamt wurden es 20 Beweisanträge –, lehnte das Gericht eine Verlesung fast durchweg ab. Diese Wende wurde eingeleitet durch eine Stellungnahme der Staatsanwaltschaft. Während sie dem ersten Antrag der Verteidigung noch vorbehaltlos zugestimmt hatte, äußerte sie nunmehr, die beantragte Verlesung der vorgelegten Dokumente stelle »einen Mißbrauch des Strafverfahrens zum Zwecke des politischen Kampfes« dar.

Für die Verfasser der Anklage war alles, was das Friedenskomitee über eine von der Politik der deutschen Bundesregierung und ihrer amerikanischen Verbündeten geförderte Kriegsgefahr publiziert hatte, einem Phantom gewidmet. Kriegsgefahr ging für sie einzig und allein von der Sowjetunion aus, die von Adenauer zum »Todfeind« erklärt worden war, eine Einschätzung, die von den fünf Herren, drei Berufsrichtern und zwei Schöffen, die hinter dem Richtertisch saßen, mit Emphase geteilt wurde. Es war schon nach den ersten Eindrücken, die wir von der Richterbank gewannen, eigentlich sinnlos, diesem in seinen politischen Ansichten festgelegten Gremium erläutern zu wollen, welche konkreten Anlässe zu ernster Sorge die Weltfriedensbewegung und ihr 1949 gegründeter deutscher Zweig, das Friedenskomitee, angesichts der gegen die Sowjetunion gerichteten Rüstungspolitik gehabt hatte. Da war nicht die Spur von Aufgeschlossenheit für die umfassende Informationsstrategie, die wir Verteidiger und unsere Mandanten vor diesen fünf zufälligen Repräsentanten des »Volkes« entwickelten, sondern nur Abwehr und Feindseligkeit, die den vermeintlichen Abgesandten des Todfeindes galt.

Nicht wir, sondern die Anklage hatte den politischen Kampf in den Gerichtssaal getragen, wenn sie die verfassungsfeindliche Zielsetzung des Friedenskomitees mit Zitaten aus seinen Veröffentlichungen belegen wollte, die sie als »systematischen Hetzfeldzug« gegen den Bundeskanzler (Adenauer) und andere »maßgebliche Politiker« bewertete. Sobald wir nun aber anfingen, diese Bewertung zu entkräften, indem wir Beweise dafür anboten, daß alle Publikationen des Friedenskomitees sich auf konkrete Sachverhalte bezogen, die auch von anderer Seite in vergleichbarer Weise kritisiert worden waren, dann hieß es plötzlich, daß wir eine Beweisaufnahme über politische Thesen und Werturteile erzwingen wollten, die nichts mit dem Anklagevorwurf zu tun hätten. Wir befanden uns, obwohl laut Kalender im Jahr 1960, plötzlich in einer Situation, die einer der Verteidiger, nämlich der Kollege Dr. Ammann, schon als Verteidiger vor nationalsozialistischen Sondergerichten kennengelernt hatte. Damals hatte das Heimtückegesetz von 1934 »gehässige, hetzerische oder von niedriger Gesinnung zeugende Äußerungen über leitende Persönlichkeiten des Staates oder der NSDAP«, die geeignet waren, »das Vertrauen des Volkes zur politischen Führung zu untergraben« mit Strafe bedroht. Auch damals gab es keine Chance, den Wahrheitsgehalt der angeklagten Äußerungen als Argument der Verteidigung einzubringen. Ammann und Posser haben an diese Parallelität erinnert, freilich ohne damit selbstkritische Besinnung bei den in Düsseldorf amtierenden Richtern und Staatsanwälten auszulösen. Sie wußten, daß sie bei dem für politische Strafsachen zuständigen Strafsenat des BGH Rückendeckung finden würden, der die Untergrabungstheorie schon wiederholt auf »kommunistische Tarnorganisationen« angewendet hatte.

Ebenso sicher waren sie ihrer Sache, wenn sie fast alle Beweisanträge der Verteidigung ablehnten, mit denen wir die historischen Tatsachen ins Bewußtsein der Richter heben wollten, auf die sich die inkriminierten Publikationen des Friedenskomitees und der Angeklagten bezogen.

Das Gericht interessierte sich nicht für unsere mit vielen Urkunden belegte Beweisbehauptung, daß die Wiederaufrüstung der Bundesrepublik durch einen selbständigen Schritt des Bundeskanzlers Dr. Adenauer eingeleitet wurde, der im Widerspruch zu öffentlichen Erklärungen des Bundeskanzlers stand und gegenüber der Öffentlichkeit jahrelang verschleiert worden ist. Es interessierte sich nicht für Beweismittel, aus denen sich die Unwahrheit der für die angebliche Notwendigkeit der Wiederaufrüstung vorgebrachten Behauptungen ergab. Noch heute liest man in gängigen Geschichtswerken die damals von den Interessenten der Aufrüstung in die Welt gesetzte Lüge, daß der im Juni 1950 ausgebrochene Krieg in Korea mit einem Eindringen nordkoreanischer (kommunistischer) Truppen in das friedliche Südkorea begonnen habe, eine Geschichtsfälschung, die als Beweis für die angebliche militärische Aggressivität der Sowjetunion und ihrer Satelliten herhalten mußte und bei der Beratung des 1. Strafrechtsänderungsgesetzes von 1951, mit dem die bundesrepublikanische Kommunistenverfolgung begann, argumentativ ausgeschlachtet wurde. Noch im Januar 1958, als Adenauers CDU Atomwaffen für die Bundeswehr wollte, wurde das Korea-Märchen aufgewärmt, worauf Gustav Heinemann als Sprecher der SPD im Bundestag sagte: »Die Koreageschichte sieht anders aus, als sie damals erzählt wurde.« Wie es wirklich war, konnte man in Heinz Kraschutzkis 1957 erschienenem Buch *Die verborgene Geschichte des Korea-Krieges* und in neuerer Zeit in dem Taschenbuch *Südkorea. Kein Land für friedliche Spiele* (1988) nachlesen. Es stand aber auch schon in unserem Beweisantrag Nr. 3, einem der zwanzig Beweisanträge, deren Beweismittel das Düsseldorfer Gericht nicht zur Kenntnis nehmen wollte, obwohl es sich um sogenannte präsente Beweismittel handelte, die nach der damaligen Fassung des § 245 StPO nur ganz ausnahmsweise, nämlich im Falle der Verschleppungsabsicht oder der Verfahrensfremdheit, abgelehnt werden durften.

Zur Ablehnung des Korea-Beweisantrages habe ich später (in meiner Revisionsbegründung) ausgeführt:

Mit den im Beweisantrag 3) benannten und vorgelegten Urkunden, deren Verlesung das Gericht abgelehnt hat, sollte die Legende zerstört werden, daß der Korea-Krieg ein Beweis für die kommunistische Aggressionsgefahr sei. Zu den Dogmen des Kalten Krieges, mit denen wir alle seit Jahren leben, gehört in erster Linie die These von der Aggressionsgefahr aus dem Osten. Sie wird tagtäglich straflos gepflegt. Ob man ihr noch straflos entgegentreten darf, wird der Ausgang dieses Verfahrens zeigen.

Am 36. Verhandlungstag (9. 2. 1960) lehnte das Gericht Beweisanträge der Verteidigung mit folgender Begründung ab:

... Soweit die Angeklagten sich darauf berufen, daß die in den Urkunden niedergelegten politischen Einschätzungen teilweise denjenigen ähnlich sind, die das Westdeutsche Friedenskomitee oder einzelne Angeklagte vertreten hätten, liegt diese Tatsache völlig neben der Sache.
 In verfassungstreuer Absicht geäußerte politische Werturteile sind strafrechtlich wertneutral.

Damit hatte das Gericht die Katze aus dem Sack gelassen. Es glaubte schon zu wissen, was es eigentlich erst ermitteln sollte. Ich sagte in meiner Stellungnahme (laut stenographischer Mitschrift durch einen von der Verteidigung beauftragten Stenographen):

In der Begründung des heutigen Beschlusses wird davon gesprochen, daß politische Äußerungen in verfassungstreuer Absicht strafrechtlich wertneutral seien. Dieser Satz lautet in seiner Umkehrung, daß die Absichten der Angeklagten als verfassungsfeindlich angesehen werden.

Auch den Vorwurf des Gesinnungsstrafrechts mußte das Gericht sich anhören. Oder wie Posser es ausdrückte:

Es kommt überhaupt nicht darauf an, ob eine Äußerung wahr ist oder ob sie nicht wahr ist, sondern entscheidend ist nur, *wer* sie gemacht hat.

Die angeblich verfassungsfeindliche Absicht der Angeklagten müsse anhand von Tatsachen festgestellt werden, und die erste Feststellung, die der Wahrheitsfindung diene, sei doch die, ob die Erklärungen des Friedenskomitees und der Angeklagten wahr gewesen seien oder nicht. Posser:

Wenn nämlich wahr ist, daß z. B. die Regierung der Bundesrepublik Deutschland sich während der ersten Legislaturperiode bemüht hat, die Wiederaufrüstung gegen die geschriebene Verfassung durchzudrücken, und damit nach Ansicht vieler Leute Verfassungsbruch getrieben hat, dann kann man nicht sagen, daß die Behauptungen (des Friedenskomitees) in dieser Richtung ein »systematischer Hetzfeldzug« seien.

Das gleiche müsse gelten, ... wenn es wahr ist, daß der Herr Bundeskanzler (Adenauer) vor dem Bundestag und auch sonst in der Öffentlichkeit über den Inhalt der sowjetischen Deutschland-Noten beispielsweise Erklärungen abgegeben hat, die in allen Punkten erweislich unwahr sind.

Die Wahrheit dieser und anderer dem Friedenskomitee als Teil seiner »kommunistischen Wühlarbeit« vorgeworfenen Tatsachenbehauptungen wollte das Gericht nicht hören. Unbeeindruckt von Argumenten und Protesten der Verteidiger setzte es seine Strategie fort, jede Beweiserhebung über die Fragwürdigkeiten der Adenauerschen Politik und die seiner amerikanischen Verbündeten abzuschneiden und damit der Verteidigung die Basis zu entziehen, die den angeblichen Hetzfeldzug des Friedenskomitees als verfassungsmäßige Opposition gegen eine friedensgefährdende Regierungspolitik definiert sehen wollte. So lehnte das Gericht am 41. Verhandlungstag (22.2.1960) weitere Beweisanträge der Verteidigung ab, die zum Gegenstand hatten, daß die Bundesregierung die Grundsätze der friedlichen Koexistenz ablehne und maßgebliche Kreise der Bundesrepublik mit der Remilitarisierung und atomaren Rüstung einer friedlichen Koexistenz widersprechende Ziele verfolgten. Diesmal verstieg sich das Gericht in der Begründung seines Beschlusses zu der Behauptung, es sei *offenkundig,* daß die Bundesregierung die Grundsätze der friedlichen Koexistenz *nicht* ablehne. Die beantragte Beweiserhebung sei daher überflüssig.

Posser – sonst ein Mann der maßvollen Rede – steigerte sich in seinem Zorn über die Beweisverweigerung des Gerichts zu der Bemerkung, wenn man alle unsere Beweisanträge ablehne, fände er es ehrlicher, die Angeklagten durch Verwaltungsakt ins Konzentrationslager einzuweisen, statt uns Verteidiger als rechtsstaatliches Dekor zu mißbrauchen. Wie wenig es in diesem Verfahren auf exakte Beweise ankam, hatte sich schon bei der polizeilichen Beschlagnahme des Archivs des Friedenskomitees gezeigt. Man hatte diese in jahrelanger Arbeit gesammelten und archivierten Dokumente einfach durchs Fenster auf die Straße geworfen. Ich werde nie vergessen, wie Walter Diehl die Stimme versagte, als er darüber berichtete.

Wir zwangen dem Gericht die Vernehmung von fast fünfzig Zeugen auf, indem wir ihnen vor der Tür des Gerichtssaals durch einen Gerichtsvollzieher eine Ladung in die Hand drücken ließen und sie dadurch zu »präsenten Beweismitteln« im Sinne des Gesetzes machten, die nach der damaligen Fassung des Gesetzes auch gegen den Willen des Gerichts vernommen werden mußten. Es handelte sich durchweg um Zeugen, deren verfassungstreue Gesinnung selbst von der Anklagebehörde nicht bezweifelt werden konnte, Persönlichkeiten aus dem In- und Ausland, die entweder selbst der Weltfriedensbewegung angehörten oder mit ihr oder einzelnen ihrer Mitglieder, insbesondere den Angeklagten, in Berührung gekommen waren und über die Ziele der Bewegung und ihre Aktivitäten Auskunft geben konnten. Darunter der spätere Bundespräsident Dr. Gustav Heinemann, Kirchenpräsident Dr. Martin Niemöller und andere durch ihre Opposition gegen die internationale Rüstungsmafia bekannt gewordene Politiker und Theologen, Parlamentsabgeordnete, Bischöfe, Professoren, Journalisten, Gesandte, Juristen, Ärzte, Künstler, Staats- und Kommunalbeamte aus aller Welt.

Sie alle betonten, daß es bei den Veranstaltungen der Weltfriedensbewegung, an denen die Angeklagten als deutsche Vertreter teilgenommen hatten, um die Beseitigung der Kriegsursachen, insbesondere auch um die Verhinderung der deutschen Wiederaufrüstung, gegangen sei, nicht aber um die kommunistische Weltrevolution oder – so die auf die kleinkarierte Begriffswelt deutscher Staatsanwälte zurückgestutzte Fragestellung – um die Übertragung der Verhältnisse in der DDR auf die Bundesrepublik.

Wir Verteidiger nutzten die Gelegenheit, Zeugen, die in der Zeit, auf die sich die Anklage bezog, im politischen Raum eine Rolle gespielt hatten, nach den geschichtlichen Hintergründen zu befragen, gegen deren Einbringung in den Prozeß durch Urkundenbeweise sich das Gericht so zähe wehrte. Zähneknirschend mußten sich Richter und Schöffen nun doch anhören, was sie nicht hören wollten, Berichte kompetenter Zeitzeugen, die das voll bestätigten, was die Angeklagten über die geschichtlichen Voraussetzungen ihrer Friedensarbeit gesagt hatten.

Neben Martin Niemöller, der sich vom U-Boot-Kommandanten im Ersten Weltkrieg zum Pazifisten entwickelt, schon gegen Hitler opponiert und KZ-Haft erlitten hatte und nun innerhalb der evangelischen Kirche zu den entschiedensten Gegnern der deutschen Wiederbewaffnung gehörte – auch ihm war die Beschimpfung als Verräter und Kommunist nicht erspart geblieben –, waren es insbesondere der frühere Oberbürgermeister von Mönchengladbach und Mitbegründer der CDU Wilhelm

Elfes und Gustav Heinemann, die das zeitgeschichtliche Hintergrundwissen der Richter und Schöffen aufgebessert hätten, wenn diese bereit gewesen wären, liebgewonnene Vorurteile in Frage zu stellen.

Elfes berichtete von einem mit Dr. Adenauer geführten Gespräch aus dem Jahre 1948 – damals waren die beiden CDU-Politiker noch befreundet –, in dem Adenauer ihn gefragt hatte, was er von einem Krieg gegen Rußland halte, »um die Russen nach Osten zurückzudrängen«. Und Heinemann, der am 31. August 1950 als Bundesinnenminister der Regierung Adenauer zurückgetreten war, nachdem bekannt geworden war, daß Adenauer in einem Alleingang den Westmächten eine Beteiligung deutscher Soldaten an einem gegen die Sowjetunion gerichteten Militärbündnis angeboten hatte, wurde von uns Verteidigern zu den Gründen dieses damals Aufsehen erregenden Schrittes befragt.

Heinemann hatte seinerzeit eine Begründung gegeben, die in eine grundsätzliche Kritik der Adenauerschen Remilitarisierungspolitik mündete. Er hatte dem Kanzler, ähnlich wie dies seitens des Friedenskomitees geschehen war, den Vorwurf gemacht, das seiner Partei bei der Bundestagswahl 1949 erteilte Mandat mißbraucht zu haben, indem er die deutsche Wiederbewaffnung beschlossen habe, ohne die Bevölkerung über ihr Einverständnis mit dieser Kehrtwendung seiner Politik zu befragen.

Heinemann wiederholte als Zeuge sinngemäß, was er damals zur Begründung seines Rücktritts erklärt hatte *(Stuttgarter Zeitung* vom 18.10.1950):

Einige Überlegungen werden uns Deutschen besonders obliegen. Ein europäischer Krieg unter unserer Beteiligung wird für uns nicht nur ein nationaler Krieg sein, wie für die anderen betroffenen Völker, sondern obendrein ein Krieg von Deutschen gegen Deutsche. Er wird sich, wie die Dinge liegen, auf deutschem Boden abspielen. Wer auch immer die erste Schlacht gewinnt – der Stoß geht in deutsches Land, im Westen oder Osten ...

Zwei der annähernd fünfzig prominenten Zeugen aus der Weltfriedensbewegung, deren Vernehmung vor dem Düsseldorfer Landgericht wir Verteidiger durch direkte Ladung erzwangen: Rechts der Dekan von Canterbury, Hewlett Johnson, damals 86 Jahre alt, Mitglied des Weltfriedensrates; daneben Professor John Desmond Bernal, Atomforscher und Physiker an der Universität London, Vorsitzender des Weltfriedensrats.

Angesichts dieser Situation haben wir wahrlich bis zum äußersten ein Lebensinteresse daran, daß eine friedliche Lösung gefunden wird. Was für Rußland und seine Satelliten auf der einen Seite und für die Westmächte auf der anderen Seite zwar ein todernstes Spiel um die Existenz ist, aber immerhin noch eine Chance des Gewinnens oder doch des Überlebens in sich schließt, ist für uns mit höchster Wahrscheinlichkeit der Tod, weil wir das Schlachtfeld eines beiderseitigen totalen Vernichtungswillens sind. Natürlich kann Deutschland jederzeit von den anderen zum Schlachtfeld gemacht werden. Aber wir legitimieren unser Deutschland selbst als Schlachtfeld, wenn wir uns in die Aufrüstung einbeziehen ...

Und zu dem demokratieverachtenden Stil, in dem Adenauer die Remilitarisierung Westdeutschlands durchgesetzt hat, sagte Heinemann mit der ihm eigenen vornehmen Zurückhaltung:

Der Bundeskanzler denkt in den Formen autoritärer Willensbildung und des stellvertretenden Handelns. Streiten wir dabei nicht um Verfassungswortlaute. Wo ein Wille zur Mitbeteiligung des Volkes vorhanden ist, gibt es auch Wege, um diese Mitbeteiligung aufzuschließen. Wir werden unser Volk nur dann demokratisch machen, wenn wir Demokratie riskieren. Wenn in irgendeiner Frage der Wille des deutschen Volkes eine Rolle spielen soll, dann muß es in der Frage der Wiederaufrüstung sein ...

Er sei Anfang der fünfziger Jahre davon überzeugt gewesen, sagte Heinemann als Zeuge,

... daß die allgemeine politische Entwicklung in höchst gefährlichen Wegen verlief, und zwar vor allen Dingen intoniert von der amerikanischen Seite mit dem Ziel, den Osten unter militärischen und politischen Druck zu setzen.

Heinemann sprach davon, wie Adenauer mit der sowjetischen Note vom März 1952 umgegangen sei, die den Entwurf eines Friedensvertrages mit Gesamtdeutschland und die Wiedervereinigung auf Grund freier Wahlen unter der Bedingung militärischer Neutralität angeboten hatte. Er erwähnte Adenauers Rede in Siegen am 16. März 1952, in der er diese Note als einen Fetzen Papier bezeichnet hatte. Man hat damals nicht mit der Sowjetunion verhandelt, sondern auf eine Politik der militärischen Stärke gesetzt, wohlgemerkt zu einem Zeitpunkt, als die DDR, über deren vierzigjährige Dauer nach ihrer Auflösung scheinheilige Krokodilstränen vergossen wurden, erst drei Jahre alt war.

Heinemann war auch auf die amerikanische Politik des sogenannten Rollback eingegangen, die in den Jahren nach 1951 darauf abzielte, 17 zur Sowjetunion gehörende Länder zu »befreien« – ein Ziel, das damals nur durch Krieg erreichbar gewesen wäre. Bundeskanzler Adenauer hatte damals von der »Neuordnung ganz Osteuropas« gesprochen. Dazu Posser, der, wie auch wir anderen Verteidiger, immer wieder an den gesunden Menschenverstand der Richter und Schöffen appellierte:

Ja, tangiert das denn nicht die Integrität der Staaten, hier der Sowjetunion? Wie können Sie dann aber sagen: es ist offenkundig, daß die Bundesregierung die Integrität der Sowjetunion anerkennen und respektieren will?

Wir haben trotz der immer wiederholten Weigerung des Gerichts, Beweisangebote der Verteidigung zur Kenntnis zu nehmen, lange an der Fiktion festgehalten, es mit einer an Wahrheitsfindung interessierten Instanz zu tun zu haben. Als am 44. Verhandlungstag (1. 3. 1960) wiederum Beweisanträge der Verteidigung zurückgewiesen wurden – übrigens mit der bemerkenswerten Begründung, in den Beweisthemen würden die Politik der Bundesregierung und die Verhältnisse in der Bundesrepublik unter Anklage gestellt –, war das Maß voll. Wir zogen alle Beweisanträge, soweit die Beweiserhebung noch nicht durchgeführt war, zurück und gaben dazu eine Erklärung ab, in der wir feststellten, daß das Gericht offensichtlich das Vorbringen der Anklage mit anderen Maßstäben messe als das der Verteidigung.

Es hätte in der Logik unseres Verzichts auf weitere Beweiserhebung gelegen, auch auf Plädoyers zu verzichten. Aber so weit wollten wir nicht gehen. Vielleicht blieb ja doch eine Chance, den Herren hinter dem Richtertisch mit Appellen an den gesunden Menschenverstand dazu zu verhelfen, sich von den herrschenden Bewußtseinsstrukturen frei zu machen. Und so haben wir die Zeit der Herren noch vier Tage lang für Verteidigerplädoyers und einen fünften Tag für die Schlußworte der Angeklagten in Anspruch genommen.

Posser ging in seinem Plädoyer auf die Verbindungen des Friedenskomitees zur KPD und SED ein und entnahm der Anklage eine Theorie der Kontaktschuld, mit der die angeblich verfassungsfeindlichen Zielsetzungen begründet wurden. Es wäre eine jammervolle Friedensbewegung gewesen, sagte er, die diese Verbindung nicht gesucht hätte und daran vorbeigegangen wäre, daß der Frieden gerade in einem Land, in dem sich Besatzungsmächte gegenüberstehen, in dem zwei deutsche Staaten gegeneinander bewaffnet und verschiedenen Militärblöcken angeschlossen sind, besonders gefährdet ist. Kaul hatte in seinem Plädoyer den amerikanischen Publizisten William Schlamm zitiert, der damals in der Bundesrepublik herumreiste und Vorträge hielt, die in der These gipfelten, daß der Kommunismus »am Frieden gedeiht, Frieden will, im Frieden triumphiert«, und daraus die zynische Forderung ableitete, dem Kommunismus mit Waffengewalt entgegenzutreten. Pritt hatte den Antikommunismus, die »Grundtorheit unserer Epoche« (Thomas Mann), zu seinem Thema gemacht. Und Ammann faßte noch einmal alles zusammen, was in diesem Prozeß an beängstigenden Entwicklungstendenzen in der Bundesrepublik zur Sprache gekommen war.

In diesem Kreis gestandener Strafverteidiger fühlte ich mich als einer, der noch zulernen konnte, und wurde wohl auch von den anderen so gesehen. Ich erinnere mich an die sanfte Kritik eines der Senioren: »Herr Kollege, im politischen Prozeß muß man jede Äußerung vermeiden, die als Distanzierung von den Mandanten aufgefaßt werden könnte«, aber auch an das väterliche Lob des Kronanwalts D. N. Pritt: »Sie fragen wie ein englischer Anwalt.«

Als jüngstem auf der Verteidigerbank war mir das uninteressanteste Rechtsthema zugeteilt worden: der Vorwurf der Geheimbündelei (der inzwischen aufgehobene § 128). Aber das eigentliche Thema dieses Prozesses war die Politik, die hinter der Anklage stand. Und dazu hatte ich auch einiges zu sagen.

Ich zitierte einen Ausspruch Konrad Adenauers auf dem CDU-Parteitag 1959, wonach man die Opposition am besten dadurch überwinde, daß man ihr mit einem nicht zu schweren Holzhammer auf den Kopf haue, und ich beschrieb die Holzhammermethoden, mit denen dieses Prinzip in die Tat umgesetzt wurde. Aus einem Aufsatz von Erich Kuby zitierte ich den Satz, daß die Kommunisten, »welche in unserem Staat in der Propaganda die Rolle der Juden unter Hitler spielen«, dazu herhalten müßten, eine freie, vernünftige Diskussion der Politik der Regierung zu verhindern, und sprach von dem Zusammenhang zwischen einer Politik des kalten Krieges und der Gefahr einer Wiederbelebung nazistischer Ideen.

Die Angeklagten (von links nach rechts hinten: Oberhof, Eckert, Diehl, Wohlrath, Thiefes und Kompalla) und ihre Verteidiger (von rechts nach links: Dr. Friedrich Karl Kaul, Berlin (stehend), Dr. Walther Ammann, Heidelberg (vorgebeugt), Dr. Diether Posser, Essen, und ich). Eine der in der Bundesrepublik äußerst seltenen Fotoaufnahmen im Gerichtssaal aus damaliger Zeit, die kurz vor Eintritt der Richter und Schöffen angefertigt werden konnte. Der britische Kollege Pritt war in diesem Augenblick noch nicht an seinem Platz.

Einer interessierten Öffentlichkeit (wie groß ist sie?) sind inzwischen die Dokumente zugänglich, aus denen sich die schon 1945 beginnenden amerikanischen Planungen zur Vernichtung der Sowjetunion durch einen mit Atomwaffen geführten Angriffskrieg ergeben. Karl Heinz Roth hat 1985 mit der Veröffentlichung begonnen und Jürgen Bruhn *(Der Kalte Krieg oder Die Totrüstung der Sowjetunion)* hat darauf aufbauend 1995 zum ersten Mal in deutscher Sprache die Rolle der US-Denkfabriken bei der Erstellung von atomaren Kriegsführungsszenarien und Bedrohungslegenden und ihre Verflechtung mit der amerikanischen Rüstungsindustrie, dem Pentagon und der US-Regierung analysiert. Welche Rolle bei dieser gegen die Sowjetunion und zeitweise auch gegen China gerichteten Vernichtungsstrategie Hitlers alte Garde spielte, hat Christopher Simpson 1988 dokumentiert *(Der amerikanische Bumerang. NS-Kriegsverbrecher im Sold der USA).* Wir kannten zur Zeit des Friedenskomitee-Prozesses nur einen Teil der barbarischen Realität, aber selbst den wollten die fünf im Namen des Volkes judizierenden Herren nicht zur Kenntnis nehmen.

Ich zitierte Äußerungen deutscher Politiker, die von der »Befreiung der Ostgebiete« gesprochen hatten und eine Erklärung, die Adenauer am 22. Januar 1960 vor dem Papst abgegeben hatte:

»Ich glaube, daß Gott dem deutschen Volk in den jetzigen stürmischen Zeitläufen eine besondere Aufgabe gegeben hat, Hüter zu sein für den Westen gegen jene mächtigen Einflüsse, die vom Osten her auf uns einwirken.«

Dieses gefährliche Wort, das gerade in Polen und in anderen Staaten östlich unseres Vaterlandes mit großer Empörung aufgenommen worden ist, also in Ländern, die wir schon einmal aus einem vermeintlichen deutschen Sendungsbewußtsein heraus überfallen haben, wird von Herrn Dr. Heinemann in der »Stimme der Gemeinde« wie folgt kommentiert:

»Überall erregt das Wiederaufleben des deutschen Sendungsbewußtseins Unruhe und Unbehagen. Wie stehen wir selbst dazu? Wie lange wollen wir uns solche Erneuerung einer blanken Nazi-Theologie in unser aller Namen gefallen lassen?«

Ja, meine Herren, dem Friedenskomitee ist oft vorgeworfen worden, daß es Vergleiche mit der nazistischen Zeit, mit der Ausdrucksweise der Nazis getroffen habe. Ich darf Ihnen ein Zitat aus jenen Tagen bringen, wo auch vom Sendungsbewußtsein die Rede ist, von der Gottgewolltheit des Nationalsozialismus:

»Über allem stand Gottes Hand. Sie hat den Führer und seine Bewegung sichtbarlich geleitet. Und so wie er uns seinen Segen gab, so hat er ihn den anderen versagt. Zwar riefen sie ihn mit lautem Munde an von ihren Kanzeln und Parteitribünen, aber ihr Werk war nicht sein Werk, ihr Glaube nicht sein Glaube und ihr Wille nicht sein Wille. Es ist kein Zufall, daß Millionen Menschen in Deutschland der heiligen Überzeugung sind, daß der Nationalsozialismus mehr als Politik ist, daß sich in ihm Gottes Wort und Wille verkündet, daß das Bollwerk, das er gegen den Bolschewismus aufrichtete, nach seiner höheren Fügung gedacht ist als letzte Rettung der abendländischen Kulturwelt vor der Drohung der asiatischen Gottesfeindschaft.«

Ich verriet dem Gericht auch, von wem das stammte, und ich glaube, man hörte es nicht gern: von Dr. Joseph Goebbels, dem Propagandaminister des Dritten Reiches (Vom *Kaiserhof zur Reichskanzlei* S. 12 f.).

Unter den zahlreichen Briefen, die dem Gericht, den Staatsanwälten, den Angeklagten und den Verteidigern zugegangen waren, befand sich einer, der mich in besonderer Weise berührt hatte. Er stammte vom Kreisfriedensrat meiner Heimatstadt Anklam und nannte als Absenderadresse: Philipp-Müller-Straße 43. Ich stutzte. Die Straße hieß früher (und heißt jetzt wieder) Friedländer Straße. Und das Haus Nr. 43 war einmal mein Elternhaus. Das sagte ich dem Gericht. Und ich erwähnte auch, daß es 1945 enteignet worden ist und daß sich meine Eltern in diesem Hause wenige Tage nach dem Einmarsch russischer Truppen das Leben genommen haben. Weiter sagte ich:

Glauben Sie mir: Wenn ich dieselbe emotionale Haltung hätte, die diese Vorgänge damals, 1945, in mir ausgelöst haben, würde ich heute hier nicht stehen. Aber mir ist eines klar geworden: Daß ich für diese Vorgänge niemanden verantwortlich machen kann, gegen niemanden Haß haben darf als gegen den Krieg (und, so würde ich heute hinzufügen, gegen dessen Urheber). Und mir ist darum klargeworden, daß es heute unsere Aufgabe ist, mit solchen Männern wie Erwin Eckert zusammenzuarbeiten, einem Mann, der schon vor 1945 gewarnt hat, der damals, weil er für den Frieden eintrat, eingesperrt worden ist.

Ich ließ mein Plädoyer ziemlich emotional ausklingen. Der Antrag auf Freispruch sei zu wenig, wir hätten diesen Männern auf der Anklagebank zu danken. Sie hätten es auf sich genommen, trotz größter Widerstände gegen die Aufrüstungspolitik der Bundesregierung zu kämpfen. In Wirklichkeit säßen sie für uns alle auf der Anklagebank. Wir hätten ihnen insbesondere auch dafür zu danken, daß sie sich für den Atombombenversuchsstop und gegen die atomare Bewaffnung eingesetzt haben. Ich erinnerte daran, daß infolge der 1945 auf Hiroshima und Nagasaki abgeworfenen Atombomben noch heute – 1960 – jedes siebente Kind in Japan mit Mißbildungen auf die Welt komme.

Wir tragen die Verantwortung für unsere Kinder und die Kinder der ganzen Welt. Ich will hoffen, daß uns nicht erst die Augen geöffnet werden, wenn unsere Kinder ohne Augen auf die Welt kommen! Nur für Überlebende wird es Freiheit in der Welt geben!

Ein leidenschaftliches Engagement, zu dem ich noch heute und mehr denn je stehe, nachdem eines meiner Kinder 1969 im Alter von sieben Jahren an Leukämie verstorben ist, jener unheilbaren Blutkrankheit, an der schon viele Kinder sterben mußten, seit die Atmosphäre durch Atombomben, Atomkraftwerke, Atommüllager und plutoniumbeladene Weltraumraketen verseucht wird, deren Notwendigkeit uns Industrielobbyisten und deren Politiker noch immer glauben machen wollen.

Das Urteil, das nach fast fünfmonatiger Verhandlungsdauer am 8. April 1960 verkündet wurde, sprach die Angeklagten der Rädelsführerschaft in einer verfassungsfeindlichen Vereinigung schuldig. Eine Verurteilung wegen krimineller Vereinigung und Geheimbündelei erfolgte nicht, da das Gericht die Veröffentlichungen des Friedenskomitees zwar als »verfassungsfeindlich«, nicht aber als »systematischen Hetzfeldzug« qualifizierte, und weder eine Finanzierung aus DDR-Quellen noch eine Geheimhaltung der »wahren Ziele« des Friedenskomitees bewiesen werden konnte. Aber es reichte auch so zu Gefängnisstrafen: für Diehl ein Jahr, Eckert neun Monate, Wohlrath sechs Monate, Thiefes fünf Monate, Oberhof drei Monate und eine Geldstrafe von 500 DM für Kompalla. Diehl sollte nach dem Willen der Düsseldorfer Richter und Schöffen seine Strafe im Gefängnis absitzen, während die anderen Gefängnisstrafen zur Bewährung ausgesetzt wurden.

Für die Richter und Schöffen der Düsseldorfer Strafkammer war das Friedenskomitee nichts anderes als eine von der SED gesteuerte Institution zur Übertragung der Verhältnisse in der DDR auf die BRD. Alles, was die Angeklagten und ihre Verteidiger gegen diese These der Anklage vorgebracht hatten, war an ihnen wirkungslos abgeprallt. Die Urkundenbeweise, die wir mühevoll zusammengetragen hatten, hatten sie nicht zur Kenntnis genommen, und auch die Zeugen, die sie widerwillig hatten anhören müssen, hatten sie nicht beeindruckt. Von der weltbürgerlichen Freiheit des Denkens, die sich in den Aussagen vieler dieser Zeugen offenbart hatte, hatten die Herren hinter dem Richtertisch keinen Hauch verspürt. Für sie waren das entweder Leute, die bewußt mit Kommunisten »gemeinsame Sache« machten oder die keine Ahnung von der »kommunistischen Gefahr« hatten. Im Urteil las sich das so:

Die vorsichtige Behandlung des WFK (Westdeutsches Friedenskomitee; so hieß es in der Anfangsphase) durch die KPD, die das WFK dazu benutzte, den Boden für die Errichtung eines kommunistischen Regimes in der Bundesrepublik zu bereiten, führte dazu, daß sich eine Reihe von Persönlichkeiten des öffentlichen Lebens in der Bundesrepublik dem WFK zur Verfügung stellte. Viele von ihnen haben den wirklichen Charakter der Organisation nicht erkannt. Wenngleich die Zielsetzung des WFK eindeutig in den mit kommunistischen Schlagworten und Phrasen durchsetzten Veröffentlichungen erkennbar ist, bedarf es doch eines kritischen Lesens dieser Schriften, um den kommunistischen Hintergrund zu erkennen. Es gehörte zudem eine ungefähre Vorstellung von der kommunistischen Lehre und Zielsetzung dazu, um die weitgehende Übereinstimmung der Ziele des WFK mit jenen der Kommunisten festzustellen. Diese mangelte aber gerade solchen Persönlichkeiten, die ihr Leben aufrichtig und kompromißlos in den Dienst der Sache des Friedens gestellt hatten und deswegen vom WFK gewonnen worden waren. Die Mehrzahl der von der Verteidigung benannten und vom Gericht gehörten Personen haben aus diesem Grunde auch erklärt, daß sie irgendwelche verfassungsfeindlichen Tendenzen in Veröffentlichungen nicht bemerkt hätten.

Natürlich war auch alles in den Wind gesprochen, was die Angeklagten in ihren Prozeßerklärungen zu den Zeugenaussagen gesagt hatten. Ihre Kritik an Adenauer und dem Stil, in dem er die Wiederbewaffnung unbekümmert um demokratische Spielregeln durchboxte, galt als »verfassungsfeindlich«, obwohl untadelige Zeugen wie Heinemann, Elfes und Niemöller dasselbe gesagt hatten. Dasselbe galt für Themen wie Krieg auf deutschem Boden, Deutsche gegen Deutsche, Erschwerung der Wiedervereinigung, die, wie sich besonders eindrucksvoll aus Heinemanns Zeugenaussage ergeben hatte, von Adenauers Regierungspolitik provoziert und nicht etwa Erfindungen kommunistischer Propaganda waren. Die Angeklagten hatten bei diesen Richtern und Schöffen nur antikommunistische Vorurteile bestätigt, wenn sie in Übereinstimmung mit vielen der vernommenen Zeugen daran erinnert hatten, daß alle Versuche, die breite oppositionelle Volksbewegung gegen die Wiederaufrüstung der Bundesrepublik organisatorisch zu bündeln und die Volksmeinung im Wege einer Volksbefragung zu ermitteln und zur Geltung zu bringen, als kommunistisch diffamiert und mit verwaltungs- und strafrechtlichen Mitteln behindert und schließlich zum Erliegen gebracht worden waren.

Auch der enorme Kostenaufwand, um fünfzig Zeugen aus aller Welt nach Düsseldorf kommen zu lassen, wurde bei diesen Richtern und Schöffen nur als Bestätigung dafür gewertet, daß das Friedenskomitee und seine Prozeßführung von der SED finanziell unterstützt wurde, was nur heißen konnte, daß man nicht den Frieden, sondern die kommunistische Weltrevolution fördern wollte. So wurde die aus Australien angereiste Journalistin Lady Jessy Street lediglich gefragt, wer ihre Reise bezahlt habe. Die Zeugin, Gattin des höchsten Richters in Sidney, antwortete mit stolzer Verachtung, daß sie diese Kosten selbst getragen habe.

Die interessanteste Persönlichkeit auf der Anklagebank war für mich der damals 32jährige Diplomdolmetscher Walter Diehl, ein unabhängiger Kopf, hochintelligent, gut informiert und sehr engagiert, dessen führende Rolle in der Weltfriedensbewegung es ebenso wie die betont christliche Motivation seiner Friedensarbeit zu einem Problem machten, ihn als willfährigen Mitläufer einer SED-geleiteten Tarnorganisation hinzustellen. Aber auch damit wurde das Gericht fertig. Aus der Urteilsbegründung:

Seine Intelligenz sowie die Tatsachen, daß er bis 1951 Theologiestudent war und daß er parteilos war, nutzte er in Kenntnis der Zielsetzung des WFK in demagogischer Weise aus, um der Organisation den Verdacht einer kommunistischen Tarnorganisation zu nehmen. Hierbei scheute er nicht davor zurück, sich den Mantel eines »wahren« Christen umzuhängen. Obwohl Diehl bereits 1951 den wirklichen Charakter einer kommunistischen Tarnorganisation, der FDJ, klar erkannt hatte (er war aus der FDJ ausgetreten und hatte dafür eine Begründung gegeben, die für seine geistige Unabhängigkeit und sein politisches Unterscheidungsvermögen sprach; H.H.), setzte er sich bis in die Hauptverhandlung hinein voll und ganz für dieselben Ziele ein, wie sie die FDJ auch anstrebt (gerade Diehls Differenzierung hätte den Richtern zu denken geben sollen; H.H.). Die Hauptverhandlung ist auf ihn ohne jeden Eindruck geblieben. Diehl hat an Gefährlichkeit nichts eingebüßt.

Diesen Teil der Urteilsbegründung konnte selbst der 3. Strafsenat des BGH so nicht stehen lassen, der im übrigen die Revision aller Angeklagten verwarf. Ob jemand ein Christ, ein »wahrer« Christ oder nur ein Heuchler sei, hänge von Maßstäben ab, die der Beurteilung durch Gerichte in aller Regel entzogen seien. So kam auch Diehl in einer erneuten Verhandlung vor dem Landgericht noch zu einer Strafaussetzung zur Bewährung.

Unsere gegen die Beweisverhinderungsstrategie des Landgerichts erhobenen Revisionsrügen fertigten die Karlsruher Bundesrichter mit einer Begründung ab, die auch sie als stramme Antikommunisten auswies. Die von der Verteidigung aufgestellten Beweisbehauptungen hätten »außer Zusammenhang mit dem Gegenstand des Verfahrens« gestanden. Daraus, daß die »Weltfriedensbewegung« und das »Friedenskomitee« – beide vom BGH in Anführungszeichen gesetzt – die in den abgelehnten Beweisanträgen behaupteten Bestrebungen verfolgt oder nicht verfolgt hätten, werde gegen die Angeklagten kein strafrechtlicher Vorwurf hergeleitet. Mit anderen Worten: der Beweis für die Anklagebehauptung, das Friedenskomitee sei eine von der SED/KPD gesteuerte kommunistische Tarnorganisation gewesen, deren Zwecke und Tätigkeit sich gegen die verfassungsmäßige Ordnung der Bundesrepublik gerichtet hätten, war zulässig; der Gegenbeweis, daß die Angeklagten und das Friedenskomitee andere Ziele oder »Bestrebungen« verfolgt haben, war unzulässig. Wörtlich heißt es weiter (BGHSt 17,344):

Diese Behauptungen stehen mit dem Anklagevorwurf in keinem noch so entfernten Zusammenhang, denn es liegt auf der Hand und ist überdies allgemeinkundig, daß eine Organisation aus taktischen Gründen öffentlich so tun kann, als ob sie nur für Frieden und Wiedervereinigung und gegen »Remilitarisierung« und Atombewaffnung einträte, und daß sie dennoch eine gegen die verfassungsmäßige Ordnung gerichtete kommunistische Tarnorganisation sein kann.

Nur das Geheimnis, wie eine Organisation, die gegen Remilitarisierung und Atombewaffnung eintrat, sich gegen den Vorwurf, eine kommunistische Tarnorganisation zu sein, schützen sollte, hat uns der BGH nicht verraten. Man braucht die Richter, die das Aus für das Friedenskomitee in der Bundesrepublik, einem Brennpunkt des Ost-West-Konflikts, verkündeten und damit auch der Weltfriedensbewegung einen tödlichen Schlag versetzten, nur beim Wort zu nehmen (»kommunistische Friedensbewegung«), um das Düsseldorfer Urteil und seinen Karlsruher Appendix wie einen Epilog auf kommunistische Friedensarbeit zu lesen. Ihre Beendigung durch Richterspruch haben die wenigen, die in Deutschland-West schon damals die Tragweite dieser Entscheidung erkannten, mit ohnmächtiger Wut und Enttäuschung zur Kenntnis genommen.

Auch die Angeklagten und wir Verteidiger waren über diesen Sieg politischer Borniertheit empört. Einer der Angeklagten, Pastor Johannes Oberhof, erlitt während der Düsseldorfer Urteilsverkündung einen Herzanfall, so daß die Verlesung der Urteilsgründe unterbrochen werden mußte. Ein anderer, Walter Diehl, antwortete mir auf den ermutigend gemeinten Vorschlag, unser gesamtes Beweismaterial zu veröffentlichen, in tiefster Niedergeschlagenheit: »Wen interessiert das jetzt noch?« Der Vorschlag stammte von Gustav Heinemann, mit dem Posser und ich in der Zeit des Düsseldorfer Prozesses in privater Runde intensive, freundschaftliche Gespräche hatten. Er hatte einmal gesagt: »Jetzt habt ihr ja das ganze Material über die deutsche Wiederaufrüstungspolitik beisammen; seht nur zu, daß es nicht wieder auseinanderflattert.« Aber eine Veröffentlichung allein, ohne eine weltweite Organisation, die auf die öffentliche Meinung einwirkt und den Widerstand der Menschen gegen die unheimliche Macht des Rüstungskapitals und seiner Helfershelfer bewegt, bleiben die Dokumente einer menschliches Leben auf dieser Erde gefährdenden Politik nur ungelesenes Papier. Walter Diehl hatte in einer seiner Prozeßerklärungen ein eindrucksvolles Referat über die Bedeutung der öffentlichen Meinung in unserer Zeit gehalten und die Bemühungen der Weltfriedensbewegung beschrieben, an die ureigensten Lebensinteressen der Menschen zu appellieren. Zu den im Düsseldorfer Prozeß erörterten Aktionen der Weltfriedensbewegung gehörte zum Beispiel der Stockholmer Appell vom März 1950, der das absolute Verbot der Atomwaffe als einer Waffe des Schreckens und der Massenvernichtung forderte. 500 Millionen Unterschriften hatten unermüdliche Mitarbeiter aller Hautfarben in allen Ländern der Welt gesammelt, eine heute mangels einer entsprechenden Organisation kaum wiederholbare Leistung.

Historisch wertvolle Akten werden nach Abschluß der Sache an das Staatsarchiv abgegeben. Mit den Akten des Friedenskomitee-Prozesses ist das nicht geschehen. Diese Akten sind laut Auskunft der Staatsanwaltschaft Düsseldorf »nach Ablauf der

Aufbewahrungsfrist vernichtet« worden. Mit ihnen etwa 600 Dokumente zum neuen Rüstungswettlauf nach dem Ende des Zweiten Weltkriegs, die wir dem Gericht mit unseren Beweisanträgen übergeben hatten.

5. Kriegsdienstverweigerung im Hitler-Staat als Widerstand? Der Fall Georg B. (1961)

Es hat nur wenige gegeben, die den Kriegsdienst in der Wehrmacht des nationalsozialistischen Staates verweigert haben. Zu wenige. Das war auch die Meinung des Bundesgerichtshofes, aber nicht etwa, um die wenigen, die diesen Heldenmut aufgebracht haben, als Widerstandskämpfer anzuerkennen und ihnen für erlittene Freiheitsentziehung und körperlich-seelische Beschädigungen Wiedergutmachungsansprüche zuzusprechen, sondern als Argument gegen die Entschädigungswürdigkeit eines solchen Verhaltens. Es waren zu wenige, als daß man von einem sinnvollen Widerstand hätte sprechen können. So der Grundgedanke eines Urteils des IV Zivilsenats des BGH vom 12. Juli 1961, das in der kritischen Öffentlichkeit des In- und Auslandes ein ungeheures Aufsehen erregte und fast durchweg »mit äußerster Bestürzung zur Kenntnis genommen« und wegen seines »erschreckenden Maßes an juristischer Enge und politischem Unverständnis« (so Äußerungen aus der SPD-Bundestagsfraktion) getadelt wurde.

Ich hatte in diesem Verfahren den Dreher Georg B. vor dem Landgericht und dem Hanseatischen Oberlandesgericht Bremen anwaltlich vertreten. Seine Entschädigungsansprüche für wegen Kriegsdienstverweigerung erlittene Haft- und Strafkompaniezeiten hatte das Landesamt für Wiedergutmachung in Bremen mit der Begründung abgelehnt, daß die Bestrafung von Kriegsdienstverweigerern nicht typisch nationalsozialistisch sei, sondern auch in anderen Ländern praktiziert werde. Dem hatte das Landgericht Bremen beigepflichtet und unsere Klage mit Urteil vom 15.1.1960 abgewiesen.

Unsere Berufung gegen dieses Urteil hatte dann beim Hanseatischen Oberlandesgericht Erfolg gehabt. Mit Urteil vom 30.11.1960 hatte das Oberlandesgericht meinem Mandanten für 67 Monate Freiheitsentziehung eine Entschädigung zuerkannt, die sich trotz des kümmerlichen Tagessatzes von 5 Mark pro Tag immerhin auf 10.050 DM belief.

Nach den Feststellungen des Oberlandesgerichts hatte der 1914 geborene und in sozialdemokratischer Tradition erzogene Georg B. den Einberufungsbescheid, der ihm Anfang September 1939 unmittelbar nach Kriegsbeginn zugestellt wurde, zerrissen und ihm keine Folge geleistet, weil er das nationalsozialistische Regime aus seiner politischen Haltung ablehnte und den Krieg als einen von Hitler provozierten Angriffskrieg betrachtete. Einige Tage später sei er festgenommen und von einem Kriegsgericht zu 3½ Jahren Festungshaft verurteilt worden. Daß dem Kriegsgericht die politische Gegnerschaft des Klägers bekannt gewesen sei, folgerte das OLG aus dem von einer Zeugin bestätigten Umstand, daß er in der Verhandlung als »roter Lump« bezeichnet worden sei. Zwei Jahre seiner Strafzeit habe er in der Festung Torgau verbüßt, dann sei er zu einem Strafbataillon versetzt worden. In der Folgezeit habe er sich in den Lagern Blechhammer und Obertraubling befunden und sei schließlich in Rußland zu Schanzarbeiten eingesetzt worden. Hierbei habe er sich geweigert, Minen zu legen, da er an der Aufstellung von Mordwaffen nicht habe mitwirken wollen. Er sei daraufhin von einem Feldgericht erneut zu einer anderthalbjährigen Freiheitsstrafe verurteilt worden, die er wiederum in der Festung Torgau und sodann bei einem Strafbataillon verbüßt habe. Von dieser im Raum Mährisch-Ostrau zu Schanzarbeiten eingesetzten Einheit habe er sich 1945 beim Herannahen der russischen Truppen absetzen können und sei auf Umwegen in ein Lazarett nach Döbeln gelangt.

Soweit der wesentliche, im Urteil des Oberlandesgerichts festgestellte äußere Sachverhalt. Auch die subjektiven Voraussetzungen eines Entschädigungsanspruchs wegen der erlittenen Freiheitsentziehung hatte das Oberlandesgericht bejaht: der Kläger habe sich aus Gründen politischer Gegnerschaft zum Nationalsozialismus geweigert, das nationalsozialistische Regime durch aktive Teilnahme am Kriege zu unterstützen.

Die Richter des Oberlandesgerichts (Prof. Dr. Arndt, Kohlmann und Tholen) hatten sich auch darüber Gedanken gemacht, ob ein Recht zum Widerstand mit dem Hinweis auf die Erfolglosigkeit verneint werden könne. Ob das Verhalten des Klägers wirklich gänzlich erfolglos, also eine sinnlose Demonstration gewesen sei oder bei anderen Personen doch psychologische Wirkungen gezeitigt habe, sei kaum zu beurteilen. Überdies könne bei Widerstandshandlungen, die allein den Täter gefährden, die Rechtmäßigkeit nicht vom Wirkungsgrad abhängig gemacht werden. Der Kläger habe jedenfalls das seinen Verhältnissen Entsprechende getan, um einem als rechtswidrig erkannten Herrschaftssystem seine Unterstützung zu verweigern.

Da waren die Bundesrichter Ascher, Raske, Johannsen, Wüstenberg und Dr. Graf, die als Revisionsgericht mit der Sache befaßt wurden, ganz anderer Meinung. Die Kriegsdienstverweigerung des Klägers sei nicht geeignet gewesen, der NS-Gewaltherrschaft in nennenswertem Ausmaß Abbruch zu tun, denn der Kräfteausfall für die deutsche Wehrmacht sei verschwindend gering gewesen. Auch eine propagandistische Wirkung seiner Handlung könne nicht festgestellt werden, denn »der Kläger konnte nach der damaligen politischen Lage nicht erwarten, daß auf sein Beispiel hin noch andere – oder überhaupt irgendeiner – gleichfalls den Wehrdienst verweigern werde«. Ein gegen eine bestehende Unrechtsherrschaft geleisteter Widerstand könne nur dann als sinnvoll und eine diesen Widerstand ahndende staatliche Maßnahme nur dann als Unrecht angesehen werden, »wenn die Widerstandshandlung nach ihrer Art und ihrem Gewicht wenigstens eine gewisse Aussicht bietet, in bezug auf die Übel der bestehenden Unrechtsherrschaft eine wirkliche Wende zum Besseren herbeizuführen«. Sie müsse nach ihren »Beweggründen, Zielsetzungen und Erfolgsaussichten als ein ernsthafter und sinnvoller Versuch zur Beseitigung des bestehenden Unrechtszustandes gewertet werden können …« Von dieser Art sei der

Widerstand der Männer des 20. Juli 1944 gewesen. Die Tat des Klägers aber sei »eine Einzelaktion« geblieben, »die an den bestehenden Verhältnissen nichts zu ändern vermochte, während der Kläger sich dadurch unmittelbar der Gefahr aussetzte, zum Tode verurteilt zu werden, und in jedem Falle auch über seine Familie – seine Ehefrau stand damals kurz vor der Geburt ihres ersten Kindes – schweres Leid brachte«. Durch eine andere rechtliche Bewertung seiner Handlung würde er »unberechtigterweise vor jenen bevorzugt, die es – möglicherweise bei ebenfalls eindeutiger grundsätzlicher Ablehnung der NS-Gewaltherrschaft – auf Grund ebenso gewissenhafter Abwägung aller Umstände als ihre Pflicht angesehen haben, sich dem Wehrdienst, wie er von der staatlichen Gewalt von ihnen gefordert wurde, nicht zu entziehen, und für die dieser Entschluß ebenfalls schwere Opfer und Gefahren mit sich brachte«.

Aus der Fülle kritischer Kommentare, die dieses Urteil des Bundesgerichtshofs auslöste, sei hier nur ein Satz zitiert, den Marion Gräfin Dönhoff in der *Zeit* (vom 5.1.1962) geschrieben hat:

Der arme Dreher, hätte er 1939 gewußt, daß man von ihm erwarte, er müsse entweder der NS-Herrschaft Abbruch tun oder aber sein Gewissen zum Schweigen bringen, und hätte er gewußt, daß das ersehnte demokratische »Vierte Reich« seine Opposition gegen Hitlers »Drittes Reich« deshalb für sinnlos hält, weil sie keinen Erfolg hatte, er wäre gewiß nicht nur am Unrechtsstaat, sondern auch am Rechtsstaat verzweifelt.

Die einhellige Ablehnung des BGH-Urteils vom 12.7.1961 bleibt gültig, obwohl die Sache des Drehers Georg B. eine enttäuschende Entwicklung nahm. Es stellte sich nämlich heraus, daß B. über seine Kriegsdienstverweigerung und deren Folgen im Detail Angaben gemacht hatte, die durch neue Aktenfunde widerlegt wurden. Ich sah mich, da mein Vertrauen mißbraucht worden war, genötigt, das Mandat niederzulegen, und weiß nicht, was aus Georg B. geworden ist. Schade, daß es diesen einsamen Helden offenbar gar nicht gegeben hat. Es war also noch einer weniger.

Die Richter des Bundesgerichtshofs hätten sich, wenn der wirkliche Sachverhalt früher bekannt geworden wäre, die Offenbarung ihrer politischen Gesinnung ersparen können. Ihr aufsehenerregendes Urteil vom 12.7.1961 blieb ein Phantomurteil, eine juristische Stilübung am untauglichen Objekt, an der sich ablesen ließ, wie sie die Weigerung, an einem verbrecherischen Angriffskrieg mitzuwirken, einschätzten. Ich denke, ihr damals als skandalös empfundenes Urteil ist gar nicht so weit entfernt von noch immer virulenten Gesinnungen, wie sie in Protesten gegen die Ausstellung des Hamburger Instituts für Sozialforschung über Verbrechen der Wehrmacht und in der langjährigen parlamentarischen Ablehnung einer Rehabilitierung der wenigen überlebenden Deserteure der Hitler-Wehrmacht zum Ausdruck gekommen sind. Und für den nächsten Krieg sind wir gewarnt: wer zu staatlich befohlenen Verbrechen nein sagt, tut es auf eigenes Risiko. Wenn es zu wenige sind, die nein sagen, handeln sie kriminell. Der Mitläuferstaat ist von Juristen der Mitläufergeneration auch für die Zukunft juristisch programmiert.

6. Die Kriminalisierung kommunistischer Meinungsäußerungen (1961-1965)

Daß es im realen Kapitalismus unerwünscht ist, mit kommunistischem Gedankengut in Berührung zu kommen, hatte ich frühzeitig gelernt. Der Kommunist, den meine Mutter dem fünf- oder sechsjährigen Kind auf der Straße gezeigt hatte, war mir höchst gefährlich erschienen, obwohl er nichts weiter tat, als Zeitungen zu verkaufen. Aber diese Zeitungen mußten es in sich haben, wie schon ihr brisanter Name *Der Pulverturm* besagte. Der Pulverturm, ein jedem Anklamer vertrautes mittelalterliches Bauwerk, diente dem Kommunistenblättchen als grafischer Schmuck, verlieh ihm aber auch einen Hintersinn, der manche biedere Bürgerseele zittern machte. Meine Mutter wußte sicher mehr über den Mann, der da den Vorübergehenden sein Blättchen zum Kauf anbot, denn sie sagte: »Das ist Tiegs, der Anklamer Kommunistenführer.« Ein Satz, den ich nicht vergessen habe, bis dieser »Kommunistenführer« Tiegs eines Tages für mich überraschend ein Gesicht bekam, nämlich als ich im Anklamer Heimatkalender von 1987 seine Lebensgeschichte las. Erst mehr als ein halbes Jahrhundert nach dem schockierenden Kindheitserlebnis erfuhr ich, daß Tiegs der Sohn eines Arztes und selbst promovierter Jurist war, ein Mann, der wegen seines politischen Engagements arbeitslos geworden und damals wohl schon todkrank war (er ist im Februar 1933 als 42jähriger an der »Proletarierkrankheit«, der Schwindsucht, gestorben). Neben dem Bericht im Heimatkalender war ein Foto des Dr. Bruno Tiegs, das Gesicht eines sanften gebildeten Menschen, vor dem ich sicher keine Angst gehabt hätte, wenn meine Mutter mir mehr von ihm erzählt hätte. Aber vielleicht hätte ich auch schon viel früher angefangen, mich für das zu interessieren, was Kommunisten wie Bruno Tiegs damals, als es noch nicht zu spät war, über Hitler und die hinter ihm stehenden Mächte des Großkapitals geschrieben haben. Vielleicht hat auch im *Pulverturm* gestanden, was ich später in anderen kommunistischen Flugblättern las, die in alten Akten die Zeiten überdauert haben: »Wer Hindenburg wählt, wählt Hitler! Wer Hitler wählt, wählt den Krieg!« Bruno Tiegs hat die schreckliche Erfüllung kommunistischer Prophezeiungen nicht mehr erlebt. Damals wollte man sie nicht hören. Ich sehe ihn noch da stehen, mit einem Stapel Zeitungen auf dem Arm und die Passanten zögernd und unaufdringlich ansprechend; ich glaube, er ist nicht viele Exemplare des *Pulverturm* losgeworden.

Kein Eingriff in die politische Freiheit war in Deutschland je so unsinnig wie die Unterdrückung kommunistischer Meinungsäußerungen mit polizeilichen und justiziellen Mitteln. Aber die Angst der Herrschenden vor einer Revolutionierung der Köpfe hat eine spezifisch deutsche Justiztradition hervorgebracht, deren antikommunistische Urteilssprüche die Archive mit Dokumentationen geistiger Unfreiheit füllen. Dabei funktionieren die gedanklichen Abwehrmechanismen immer nach dem gleichen Muster: alles, was Kommunisten zur Tagespolitik, zu Krieg und Frieden, zum Faschismus und anderen den Menschen drohenden Gefahren sagen, mag noch so richtig sein, sie dürfen es nicht sagen, weil es letztlich der Vorbereitung der Weltrevolution dient. Und um dieses Fernziels willen müssen sie verfolgt und eingesperrt werden.

Nach dieser Logik liefen mehrere Prozesse ab, in denen es darum ging, daß die von mir verteidigten Angeklagten kommunistische Meinungsäußerungen verbreitet und damit die verbotene KPD unterstützt haben sollten.

Einer von ihnen, der Hamburger Verleger Herbert Reich, war nicht einmal Kommunist, sondern verstand sich als christlicher Sozialist und überzeugter Anhänger einer freiheitlich-demokratischen Grundordnung, die ihren mündigen Bürgern die Kenntnisnahme auch von Schriften kommunistischen Ursprungs nicht vorenthalten dürfe. Zu den von ihm gedruckten Schriften gehörten ein »Deutschlandplan des Volkes« und ein »Offener Brief«; beide enthielten, wie es später im Urteil des Landgerichts Hamburg vom 7. 12. 1961 vorwurfsvoll hieß, »kommunistisches Gedankengut« und waren »von Walter Ulbricht unterzeichnet«. Die Verurteilung des Angeklagten zu 9 Monaten Gefängnis mit Bewährung wegen Verstoßes gegen das KPD-Verbot wurde vom 3. Strafsenat des BGH (Vorsitzender: Dr. Jagusch) zwar wegen fehlerhafter Begründung der Strafzumessung aufgehoben, aber vom Landgericht am 16. 8. 1962, nunmehr mit revisionssicherer Begründung, wiederholt. In der Sache hatte der Jagusch-Senat dem Landgericht ohnehin recht gegeben:

Wer die verfassungsfeindliche Wühlarbeit des SED-Regimes gegen die Bundesrepublik in Kenntnis ihres Zwecks als Flugblattdrucker unterstützt, kann sich nicht damit entschuldigen, sein eigener Zweck dabei sei nur gewesen, Ost-West-Gespräche in Gang zu bringen und (oder) seiner schlechten wirtschaftlichen Lage aufzuhelfen, so wenig wie sich ein Brandstifter darauf berufen darf, auf das Niederbrennen des von ihm angezündeten Hauses sei es ihm nicht angekommen, sondern nur auf das Feuer.

Ein hübscher Vergleich, der sicher allen Biedermännern, die Häuser lieber mit Atomraketen anzünden, ohne weiteres eingeleuchtet haben wird.

Kam es im Fall Herbert Reich überhaupt nicht auf die Motivation des Angeklagten, sondern nur auf das »kommunistische Gedankengut« der von ihm gedruckten Schriften an, so wurde in einem anderen Fall umgekehrt nur die politische Gesinnung des Angeklagten gewogen, während den von ihm verfaßten Texten bescheinigt wurde, daß sie strafrechtlich nicht zu beanstanden waren.

Den Journalisten Paul Beu hatte ich vor dem 3. Strafsenat des Bundesgerichtshofs, der damals in bestimmten politischen Strafsachen in erster und letzter Instanz zuständig war, zu verteidigen. Er sollte nach der Anklageschrift des Generalbundesanwalts vom 21. 9. 1965 u. a. dadurch gegen das KPD-Verbot verstoßen haben, daß er die »Wühlarbeit« der verbotenen Partei unter den Hafen- und Werftarbeitern sowie den Seeleuten unterstützt habe, indem er in verschiedenen Zeitungen Artikel veröffentlichte, in denen er sich »offen« für die Ziele der KPD eingesetzt habe. Hinter dem Wort »offen« verbarg sich der Begriff »offene Arbeit«, mit dem die Rechtsprechung eine Form der politischen Betätigung von Kommunisten meinte, die sich im Rahmen der Gesetze hielt und nur deshalb bestraft wurde, weil sie von Kommunisten geleistet wurde.

In der Anklageschrift las sich das so:

Der Angeschuldigte beschäftigt sich in seinen Artikeln fast ausschließlich mit der sozialen Lage der Arbeiter im Küstengebiet und der Seeleute. Hierbei kommt ihm zugute, daß er durch seine Herkunft, seinen erlernten Beruf (Paul Beu hatte den Seemannsberuf erlernt und war einige Jahre zur See gefahren; H.H.) und durch seine mehrjährige Tätigkeit als hauptamtlicher Funktionär der KPD in Lübeck und anderen Städten des Küstengebiets mit den örtlichen Verhältnissen gut vertraut ist. Außerdem verfügt er über die Fähigkeit, durch geschickte Auswertung der Presse und der Fachliteratur den Anschein der Sachkunde zu erwecken. Er knüpft in seinen Artikeln immer an bestimmte tagespolitische Ereignisse an und setzt sich vorwiegend mit den Forderungen und Aktionen der Gewerkschaften auseinander. Dabei bemüht er sich, den Eindruck zu erwecken, als ginge es ihm nur darum, die Arbeit der Gewerkschaften zu unterstützen und das Los der »Werktätigen« zu verbessern. Tatsächlich verfolgt er jedoch das Ziel, Unzufriedenheit in der Arbeiterschaft zu schüren, sie zu immer neuen Forderungen anzustacheln und die Spannungen zwischen den Sozialpartnern zu vertiefen.

Der 3. Strafsenat des BGH (Vorsitzender: Kurt Weber), der über diese Anklage 17 Tage lang verhandelte – teils in Hamburg, teils in Karlsruhe –, verurteilte den Angeklagten am 16.12.1965 wegen Verstoßes gegen das KPD-Verbot in Tateinheit mit Geheimbündelei in verfassungsfeindlicher Absicht zu zwei Jahren Gefängnis, erkannte ihm die Fähigkeit zur Bekleidung öffentlicher Ämter, das Wahl- und Stimmrecht sowie die Wählbarkeit auf drei Jahre ab und zog seinen Personenkraftwagen, einen Mercedes 180 D, als Verbrechenswerkzeug ein.

Zur »offenen Arbeit« heißt es im Urteil:

Diese Artikel erfüllen als solche weder einen strafrechtlichen Tatbestand des Staatsgefährdungsrechts ... noch des allgemeinen Strafrechts wenn der Angeklagte in ihnen auch eine scharfe Sprache führt und harte – teils offensichtlich übertriebene – Kritik übt. Die Artikel könnte auch ein nicht der verbotenen Partei angehörender Kommunist geschrieben haben, ohne sich dadurch einer Strafverfolgung auszusetzen. Der Angeklagte hat sie aber als bezahlter Funktionär der verbotenen KPD geschrieben und sich dadurch strafbar gemacht. Seine Artikel lagen im Interesse der verbotenen Partei, deren vordergründige Nahziele durch sie gefördert wurden.

So habe Beu die »Herstellung sachlicher Beziehungen zur DDR« und die »Aufnahme von Kontakten zum FDGB« verangt, habe sich wiederholt gegen die Atombewaffnung des »deutschen Militarismus« sowie gegen alle Notstands- oder Notdienstgesetze ausgesprochen. Er habe das »hemmungslose Profitstreben« der »Monopolkapitalisten« gegeißelt, zu denen er insbesondere die »Bosse« der Werften zähle, die er als »gefräßige Haie« und als »ewig hungrige und gierige Seewölfe« bezeichne, die »die Arbeiter brutal ausbeuten«, statt ihnen den gerechten Lohn zu zahlen. »Für die Verhältnisse auf den Werften der SBZ« finde er dagegen nur anerkennende Worte.

Der Senat bescheinigte dem Angeklagten, daß er »kein blind ergebener und sturer Parteifunktionär« sei, sich vielmehr »eine gewisse Selbständigkeit bewahrt« habe und Charme und Humor besitze. Er sei »ein geschulter Kommunist, der von der Richtigkeit seiner politischen Anschauungen überzeugt« sei und »dadurch als politischer Agitator besonders überzeugend« wirke. Als Redner verstehe er es gut, sich auf den Kreis seiner Zuhörer einzustellen und diese in temperamentvoller Weise anzusprechen. »Er ist daher als Propagandist gefährlich ...«

Gefährlich für wen? »Solche Artikel« könnten »in der Arbeiterschaft die Nahziele der KPD« fördern, hieß es im Urteil. Warum sind solche engstirnig konservativen richterlichen Parteinahmen für die Interessen des Kapitals von denen, die von vielen immer noch als Interessenvertreter der lohnabhängigen Klasse angesehen werden, nie politisch hinterfragt worden? Hier war doch eine SPD gefordert, deren Opposition gegen Atomwaffen und Notstandsgesetze mit »Nahzielen der KPD« gleichgesetzt wurde. Ein Diffamierungseffekt, der von den erzkonservativen Karlsruher Richtern sicher billigend in Kauf genommen war. Die SPD, seit jeher ängstlich darauf bedacht, nicht mit Kommunisten verwechselt zu werden, hat denn auch ihre Opposition gegen die konservativen Strategien der kapitalistischen Parteien nie lange durchgehalten. Ein deutsches Trauerspiel mit open end.

Ich erhob für Paul Beu Verfassungsbeschwerde und rügte die Verletzung des Grundrechts auf freie Meinungsäußerung. Ein Kommunist könne nicht deshalb bestraft werden, weil er sich im Auftrage einer illegalen Partei legal verhalte, schrieb ich. Aber der 1. Senat des Bundesverfassungsgerichts (Dr. Müller, Dr. Stein, Ritterspach, Dr. Haager, Rupp-von Brünneck, Dr. Brox, Dr. Zeidler) wies durch Beschluß vom 14. 1. 1969 die Verfassungsbeschwerde zurück. Die 14seitige Begründung umspielt das eigentliche Problem mit einer juristischen Fingerübung über verfassungsrechtliche Selbstverständlichkeiten, die niemand in Frage gestellt hat, um dann in der hier allein interessierenden Frage zu der tiefschürfenden Erkenntnis zu kommen, daß die legale Arbeit von organisierten Kommunisten bestraft werden dürfe, weil die freiheitlich-demokratische Grundordnung nicht durch die einzelne Handlung als solche, sondern dadurch gefährdet werde, daß mit ihr die Ziele der verbotenen Partei weiter in organisierter Form verfolgt werden.

Die Scheu von Nichtjuristen, Urteilsbegründungen kritisch zu lesen, führt dazu, daß sich Richter solchen juristischen Nonsens leisten können, ohne daß sich ein Proteststurm erhebt. Allerdings ging es ja nur um Kommunisten, und das erklärt manches. Die Logik dieser Urteilsbegründung lief doch darauf hinaus: wenn der KPD zum Beispiel das Nahziel eingefallen wäre, sich hausfrauenfreundlich zu geben, hätte ein Journalist auch dafür bestraft werden können, daß er im Auftrage der Partei Kochrezepte veröffentlicht hätte.

Noch bevor es zu dem Urteil des Bundesverfassungsgerichts kam, das diesen juristischen Unfug absegnete, hatte ich Gelegenheit, vor dem Sonderausschuß des Deutschen Bundestags für die Strafrechtsreform meine Meinung zu dieser Art antikommunistischer Justizpraxis zu sagen. Am 23. Mai 1966 hatte ich die Ehre, neben Dr. Diether Posser vor diesem unter Vorsitz des früheren Generalbundesanwalts, späteren Bundestagsabgeordneten der CDU/CSU Dr. Max Güde und unter Mitwirkung von Dr. Dr. Gustav Heinemann tagenden Gremium als Sachverständiger angehört zu werden. Da habe ich auch den Fall Paul Beu vorgetragen, der zu dieser Zeit durch ein Eingreifen des Gesetzgebers noch zu einem für den freiheitlich-demokratischen Staat weniger blamablen Ergebnis hätte gebracht werden können. Ich sagte laut Protokoll:

Dieser Fall zeigt, daß ein Journalist, der sich auf Anweisung seiner Partei legal verhält, dadurch etwas Illegales tut ... Die Bestrafung sogenannter »offener Arbeit«, wie sie im Falle Paul Beu erfolgt ist, dürfte bei weitem über das hinausgehen, was sinnvollerweise als Verstoß gegen das KPD-Verbotsurteil bestraft werden kann. Die KPD wäre am 17. August 1956 zweifellos nicht für verfassungswidrig erklärt worden, wenn ihre Führer und Mitglieder damals eine positive Einstellung zu der durch das Grundgesetz festgelegten verfassungsmäßigen Ordnung gefunden und sich legal verhalten hätten. Das Bundesverfassungsgericht hat den Kommunisten vielmehr gerade zum Vorwurf gemacht, daß sie keine positive Einstellung zur freiheitlichen demokratischen Grundordnung gefunden hätten. Nach der Rechtsprechung des 3. Senats des Bundesgerichtshofs soll es nun aber ein Verstoß gegen das Urteil des Bundesverfassungsgerichts sein, wenn Kommunisten sich legal verhalten, wenn sie etwas tun, was als solches jeder andere Staatsbürger unangefochten tun könnte ...

Der Bundesgerichtshof versperrt den Kommunisten den Weg, sich in unseren Staat zu integrieren und in ihm mit den gleichen politischen Rechten wie jeder andere Staatsbürger zu wirken, obwohl den

Kommunisten nur eine ganz bestimmte Betätigungsform ihrer politischen Gesinnung durch das KPD-Verbotsurteil verwehrt ist, nämlich die Betätigung als Partei, d. h. die Betätigung im Rahmen einer Beteiligung an allgemeinen Wahlen mit dem Ziel, Sitz und Stimme in den Parlamenten unseres Staates zu erlangen. – Hier muß, da die Rechtsprechung versagt hat, die Strafrechtsreform eingreifen.

Das war sehr milde ausgedrückt. Ich hätte auch Dr. Adolf Arndt, den unbestechlichen Kronjuristen der SPD, zitieren können, der in einer Bundestagsrede im Februar 1957 gegen den damals (schon damals!) geplanten Entwurf eines »Maulkorbgesetzes« zum Schutz der Bundeswehr einen Vergleich gezogen hatte, der mir sicher eine Beleidigungsanklage eingebracht hätte. Das typische Beispiel einer totalitären Perversion des Rechts sei das Heimtückegesetz der Nazis, das sogar die Wahrheit für strafbar erklärte, wenn sie nur aus dem Gedanken einer Gegnerschaft zum Nationalsozialismus ausgesprochen oder verbreitet wurde. Die Regierungsvorlage weise die gleiche Denkstruktur auf. Das Gesetz müßte zur Folge haben, daß es nicht das Gleiche ist, wenn zwei das Gleiche tun, eben weil man sie bloß nach ihren Gedanken unterscheide. Ich habe es nicht gewagt, so unerhörte Vergleiche zu ziehen, denn hinter mir stand keine SPD-Fraktion, sondern nur der Anspruch auf Gleichbehandlung von Kommunisten.

Es hat auch in der Richterschaft einige Juristen gegeben, denen diese faktische Abschaffung des Grundrechts der freien Meinungsäußerung für Kommunisten Unbehagen verursachte. Ich bin zweimal von den Vorsitzenden der Gerichte, bei denen ich Kommunisten verteidigte, nach meinem Plädoyer außerhalb der Verhandlung angesprochen und mit dem Geständnis überrascht worden, daß man mir voll zustimme, aber durch eine feststehende höchstrichterliche Rechtsprechung gebunden sei. Aber immerhin gab es einige Urteile, die versuchten, dieser politischen Entrechtung von Kommunisten Grenzen zu setzen.

So habe ich im Jahre 1963 vor einer Strafkammer des Landgerichts Hamburg den Herausgeber der Zeitschrift *Blinkfüer*, Ernst Aust, verteidigt, dem in einer 235 Seiten umfassenden Anklageschrift von der Staatsanwaltschaft vorgeworfen wurde, er habe als verantwortlicher Chefredakteur dieser Wochenzeitung die Ziele der KPD/SED durch Propaganda gefördert, einen Hetzfeldzug gegen alle staatsbejahenden und staatstragenden Kräfte geführt und versucht, »den Boden für die Schaffung eines Staatswesens nach dem Muster des in der SBZ verwirklichten kommunistischen Herrschaftssystems zu bereiten«. Die Anklageschrift nannte eine Fülle von Paragraphen, gegen die Aust verstoßen haben sollte, von der Rädelsführerschaft in einer verfassungsfeindlichen Vereinigung, Geheimbündelei, Staatsverleumdung, Beleidigung und übler Nachrede, bis zur Zuwiderhandlung gegen das KPD-Verbot. Und zitierte Artikel aus vielen Jahrgängen des Blattes, die diese Vorwürfe belegen sollten.

Aust hatte sich insbesondere dadurch unbeliebt gemacht, daß er in *Blinkfüer* nicht nur die westdeutschen Rundfunk- und Fernsehprogramme, sondern auch die der DDR abgedruckt hatte, obwohl die Blätter des Springer-Verlages – namentlich *Bild, Die Welt, Hamburger Abendblatt* und *Hör zu* – auf dem Höhepunkt des kalten Krieges den Abdruck der »mitteldeutschen« (»ostdeutsch« waren im damals herrschenden Sprachgebrauch Schlesien, Pommern und Ostpreußen!) Programme eingestellt hatten. Der Springer-Verlag hatte unter Ausnutzung seiner Machtposition versucht, den Verkauf von *Blinkfüer* zu boykottieren, indem er sämtlichen Zeitungs- und Zeitschriftenhändlern in Hamburg ein Rundschreiben zugesandt hatte, in dem er ihnen den Abbruch der Geschäftsbeziehungen androhte, wenn sie diese Zeitschrift weiterhin verkaufen würden. Springer war mit diesem Machtmißbrauch, gegen den sich Aust mit einer Klage gewehrt hatte, vom Bundesverfassungsgericht gestoppt worden und hatte inzwischen – Geschäft ist Geschäft! – den Abdruck der Ostprogramme längst wieder aufgenommen, nachdem ein Teil seiner Kundschaft zu *Blinkfüer* abgewandert war. Aber nun war die Hamburger Staatsanwaltschaft dabei, *Blinkfüer* das Lebenslicht auszublasen. Und daß ihr das nicht gelungen ist, war ein Erfolg, auf den ich, als die Hamburger Hauptverhandlung begann, kaum zu hoffen gewagt hatte.

Das am 6. Januar 1964 verkündete Urteil der Strafkammer (Vorsitzender: Dr. Rameken, Beisitzende: Landgerichtsrat Dr. Gees und Landgerichtsrätin Reisse, Schöffen: Bankangestellter Erich Kurtz und Tankstellenpächter Hubert Krins) sprach den Angeklagten nur wegen einzelner Artikel seiner Zeitschrift der Zuwiderhandlung gegen das KPD-Verbot in zwei Fällen schuldig, nicht aber, wie die Staatsanwaltschaft (Anklagevertreter: Staatsanwalt Dose) gewollt hatte, wegen der Herausgabe von *Blinkfüer* insgesamt, was das Ende dieses Blattes bedeutet hätte. Außerdem befand das Gericht den Angeklagten in drei Fällen der Beleidigung und in zwei Fällen der Staatsverleumdung schuldig und diktierte ihm dafür insgesamt ein Jahr Gefängnis zu. Ein Kompromißurteil, mit dem sich sowohl der Staatsanwalt als auch der Angeklagte zufriedengaben.

Auch die Urteilsbegründung wich in vielem von dem ab, was man sonst aus der Giftküche des kalten Krieges aufgetischt bekam. Viele Seiten widmete das 162 Seiten umfassende Urteil – das wohl von Dr. Gees verfaßt war, der leider bald darauf an Leukämie jung verstorben ist – den Auswirkungen einer freiheitlichen Verfassung, der es angemessen sei, sich mit dem Kommunismus mit geistigen Waffen und nicht mit Strafen auseinanderzusetzen. Auch unerwünschte, unsachliche und auf verfassungsfeindlicher Gesinnung beruhende Kritik müsse in der freiheitlichen Ordnung der Bundesrepublik hingenommen werden, wenn nicht die Grundsätze dieser Ordnung Schaden erleiden sollen.

Als Verstoß gegen das KPD-Verbot hatte das Gericht lediglich den Abdruck von Wahlaufrufen unabhängiger Kommunisten zur Bundestagswahl 1961 gewertet. Fragwürdig genug, aber als Konzession an die Staatsanwaltschaft und den BGH als potentielle Revisionsinstanz unumgänglich. Weitere Verstöße gegen das KPD-Verbot konnte das Gericht als verjährt behandeln, nachdem es den von der Staatsanwaltschaft behaupteten Fortsetzungszusammenhang verneint hatte.

Fragwürdig auch eine Verurteilung wegen Beleidigung der Bundesregierung, in deren Namen der Bundeskanzler (Dr. Konrad Adenauer) Strafantrag gestellt hatte. Beleidigend sollte folgender Absatz aus einem *Blinkfüer*-Artikel sein:

Ja, ja, da drückt sie der Schuh. Eher wäre man in Bonn bereit, den Mann im Mond anzuerkennen, als eine Zone der militärischen Neutralität in Mitteleuropa. Denn solch ein konkreter Schritt zum Frieden und zur Entspannung würde ihre ganze militärpolitische Konzeption – nach Hallstein bis zum Ural – über den Haufen werfen. Wozu hat man denn all die »schönen« Panzer, Düsenjäger, Raketenabschußrampen gebaut, wenn man damit nicht ... Sie können sich einfach nicht an den Gedanken gewöhnen, daß es sich ausgebombt hat, daß niemand mehr, will er nicht seine eigene Vernichtung riskieren, mit dem Feuer spielen kann.

Um daraus eine Beleidigung zu machen, mußte der Text nach bewährtem Muster uminterpretiert werden. Das Gericht glaubte ihm entnehmen zu müssen, die Bundesregierung werde beschuldigt, »unter allen Umständen einen Krieg einer politischen Entspannung vorzuziehen«, sie handle entgegen besserer Einsicht und wolle den Krieg, nicht aber den Frieden. Es hätte dem Hamburger Gericht gut zu Gesicht gestanden, wenn es sich auch an dieser Stelle an die hehren Worte erinnert hätte, die es an anderer Stelle dem Grundrecht der freien Meinungsäußerung gewidmet hatte.

Sehr problematisch war auch die Verurteilung wegen Staatsverleumdung (damaliger § 131 StGB). Anlaß waren typischerweise Artikel, die sich kritisch mit der politischen Justiz auseinandersetzten, zu deren Sünden auch die Hamburger Rameken-Kammer schon manchen Beitrag geleistet hatte. In *Blinkfüer* vom 24.11.1961 hatte ein Artikel »Weihnachtssolidarität« gestanden, in dem es hieß:

Viele Bürger sitzen auch in diesem Jahr zu Weihnachten im Gefängnis. Getrennt von Frau und Kindern werden sie am Tage des Festes des Friedens hinter Gittern sitzen müssen, weil sie ihrer Überzeugung als Antifaschisten und Kriegsgegner treu blieben, weil sie mutig und aktiv gegen die atomare Aufrüstung und für die demokratischen Rechte in der Bundesrepublik in Wort und Tat kämpften. – Sie sind ihrer Freiheit beraubt, nicht deshalb, weil sie sich nicht den notwendigen Gesetzen des menschlichen Zusammenlebens einordnen wollten, sondern gerade deshalb, weil sie das Leben in Frieden und Freiheit erhalten wollten und sich darum jenen Politikern widersetzten, die durch ihre Rüstungspolitik den Frieden bedrohen.

Das war nach Auffassung des Gerichts – ebenso wie ein weiterer Artikel, in dem formuliert wurde, daß jemand »wegen seines Eintretens gegen die Atomkriegsgefahr« zu 3½ Jahren Gefängnis verurteilt worden sei – »Staatsverleumdung«. Die Behauptungen seien falsch, denn die gemeinten Personen seien »in Wahrheit bestraft worden, weil sie sich in strafbarer Weise für die KPD/SED betätigt« hätten. Die Zulässigkeit von Justizkritik soll also davon abhängen, ob auch die juristischen Begriffe übernommen werden, um deren Problematisierung es dem Kritiker gerade geht. Eine Verkennung des Rechts der freien Meinungsäußerung, die im Rahmen dieses sonst so erfreulich liberalen Urteils enttäuschte.

Aber wie auch immer, mit diesem Urteil war eine Bresche in die bisherige uferlose Bestrafung kommunistischer Meinungsäußerungen geschlagen. Und wir haben wohlweislich darauf verzichtet, es dem BGH zur Überprüfung vorzulegen. *Blinkfüer* konnte weiter erscheinen, und es hat sicher niemand, der dieses »kommunistische Gedankengut« gelesen hat, Schaden an seiner Seele genommen.

Die Strafrechtsreform von 1968 brachte auch auf dem Gebiet der Meinungsäußerungsdelikte einige Einschränkungen, ließ es aber bei der praktisch uferlosen Bestrafungsmöglichkeit wegen Verstoßes gegen das KPD-Verbot. Wenn die Strafverfolgung von Kommunisten wegen politischer Meinungsäußerungen gleichwohl – und zwar schon vor 1968 beginnend – nach und nach einschlief, dann war das weniger ein Verdienst des Gesetzgebers oder der Justiz, sondern eine Folge von Veränderungen, die sich auf politischem Felde entwickelt hatten. Innenpolitisch war mit der sogenannten Studentenbewegung ein neuer Feind entstanden, der die »kommunistische Gefahr« als Objekt der politischen Justiz ablöste. Außenpolitisch wurde Adenauers »Politik der Stärke« durch eine neue Politik des Ost-West-Ausgleichs ersetzt, da man endlich begriffen hatte, daß eine Verminderung der Kriegsgefahr und Fortschritte auf dem Wege zur deutschen Wiedervereinigung nur durch Verhandlungen mit der DDR zu erreichen waren. Plötzlich waren Thesen zum Bestandteil bundesdeutscher Realpolitik geworden, deren Propagierung durch Kommunisten noch vor kurzem als Verstoß gegen das KPD-Verbot bestraft worden war. Anlaß zum Nachdenken darüber, ob eine Gesellschaft, die durch geschichtliche Erfahrungen mit dem Hitler-Faschismus belehrt sein könnte, nicht besser getan hätte, auch Meinungsäußerungen von Kommunisten, und zwar selbst dann, wenn deren Warnungen und Zukunftsprognosen nicht schon einmal von der Geschichte bestätigt worden wären, als Bestandteil des öffentlichen Meinungsbildungsprozesses zu tolerieren und ernst zu nehmen, statt sie im Wege der politischen Justiz zu unterdrücken.

7. Die Kriminalisierung deutsch-deutscher Kontakte (1962)

Im Januar 1962 hatte ich bei einer Strafkammer des Landgerichts Lüneburg einen Mandanten zu verteidigen, dem vorgeworfen wurde, er habe durch die Teilnahme an einer vom FDGB, dem Gewerkschaftsbund der DDR, veranstalteten gesamtdeutschen Metallarbeiterkonferenz in Berlin-Karlshorst gegen das KPD-Verbot verstoßen und sich außerdem verfassungsfeindlicher Beziehungen (damaliger § 100d Abs. 2 StGB) schuldig gemacht. Obwohl ich damals schon einige Erfahrung in politischen Strafsachen hatte und auch wußte, daß die Lüneburger Richter als besonders stramme Antikommunisten galten, war ich doch naiv genug, an einen sicheren Freispruch zu glauben. Denn der Mann, den ich nach Lüneburg begleitete, war kein Kommunist. Er hieß Oleg von Brackel, stammte aus Riga, 1920 geboren, sein Vater war Buchhändler, er hatte das Schlosserhandwerk erlernt, wurde 1939 – wie die Lüneburger Richter später im Urteil formulierten – »in den Warthegau umgesiedelt« und zur Waffen-SS eingezogen, hat »am Rußlandfeldzug teilgenommen«, erlitt Granatsplitterverletzungen, die eine achtzigprozentige Kriegsbeschädigung zur Folge hatten, wurde mit dem Eisernen Kreuz I. und II. Klasse ausgezeichnet, geriet 1944 in russische Kriegsgefangenschaft, aus der er 1945 entlassen wurde, war 1947 von der britischen Besatzungsmacht wegen seiner früheren SS-Zugehörigkeit einige Monate in einem Lager interniert, fand nach seiner Entlassung Arbeit zunächst in der Landwirtschaft, dann in seinem Beruf als Schlosser. Er wurde Mitglied des Betriebsrats und ehrenamtlicher Funktionär der Gewerkschaft und kandidierte 1961 bei den Kommunalwahlen für den Gemeinderat seiner Wohngemeinde Harpstedt als Parteiloser auf der Liste der SPD.

Was dieser Mann aus seiner Lebensgeschichte gelernt hatte, war vor allem dies: man darf sich nicht von »denen da oben« abhängig machen, sondern muß selbst nachdenken, was man verantworten kann. Und er war keineswegs mit der Politik des CDU-Bundeskanzlers Dr. Konrad Adenauer einverstanden, die den Deutschen die Wiederaufrüstung und die einseitige, gegen die Sowjetunion gerichtete militärische Westintegration eingebracht hatte. Deshalb hatte er sich nicht gescheut, seiner Meinung auch durch Unterzeichnung von Aufrufen Ausdruck zu geben, deren Initiatoren und Mitunterzeichner als Kommunisten bekannt waren. Für die Lüneburger Richter ein Beweis, daß Oleg von Brackel eben doch die kommunistische Sache fördern wollte. So verlasen sie genüßlich einen von ihm mitunterzeichneten Aufruf der »Nationalen Front des demokratischen Deutschlands, Landesausschuß Bremen« – also einer in der DDR beheimateten Organisation –, in dem gegen die Ratifizierung der sogenannten Pariser Verträge opponiert wurde. Und in einer von derselben Organisation herausgegebenen Zeitschrift hatte er einen Aufsatz veröffentlicht, in dem er geschrieben hatte:

Deutschlands Jugend ist einmal durch die »kapitalistische braune Uniform« mit »Trara« und »Tamtam« irregeführt worden und später auf Grund der großen »Prophezeiungen« auf den Schlachtfeldern für die »abendländische Kultur« verblutet. Niemals darf es dazu kommen, daß durch Irreführung junge Menschen die besten Jahre ihres Lebens in Kriegsgefangenenlagern oder als Kriegsverbrecher darben, während die »Verantwortlichen« sich ihrer Verantwortung entziehen. Jede Wiederaufrüstung Westdeutschlands führt zu einem neuen Krieg; denn wozu brauchen wir Soldaten? Wer will uns angreifen? ...

Darum gilt es, den Älteren sowie den Jüngeren in allerhöchster Eile die Gefahr einer Wiederbewaffnung und die Notwendigkeit der Erhaltung des Friedens und des Lebens aufzuzeigen, sie vor den kapitalistischen Kriegsgewinnlern zu schützen und es zu verhindern, Soldaten aufzustellen, denn die Soldaten von heute werden morgen Kriegsverbrecher.

Für mich als Verteidiger und politischen Sympathisanten meines Mandanten waren das grundrechtlich geschützte freie Meinungsäußerungen, die nicht dadurch unzulässig wurden, daß sie in einer von Kommunisten herausgegebenen Zeitschrift veröffentlicht wurden – wer hätte sie sonst gedruckt? – und sich inhaltlich mit Auffassungen deckten, die auch von Kommunisten vertreten wurden. Aber gerade dies war für die Manipulateure der öffentlichen Meinung und deren gedankenlose Nachplapperer hinreichender Grund, die aus dem Amerika der McCarthy-Ära stammenden Schablonen der »Kontaktschuld« und der »Konsensschuld« anzulegen und alles, was da von einem ehrlichen Mann wie Oleg von Brackel aus ernster Sorge um den Frieden geäußert wurde, als kommunistische Propagandafloskeln abzutun.

Es entsprach der aus eigener bitterer Lebenserfahrung gewachsenen politischen Haltung meines Mandanten, daß er sich auch von der offiziellen Verfemung von »Ostkontakten« nicht abschrecken ließ und im Oktober 1960 der Einladung zur »gesamtdeutschen Metallarbeiterkonferenz« in Berlin-Karlshorst gefolgt war.

Er hatte dort einen etwa zehn Minuten dauernden Diskussionsbeitrag geleistet, über den westdeutsche Staatsanwälte im *Neuen Deutschland,* der damals von der SED herausgegebenen Tageszeitung, folgendes nachlesen konnten:

Im weiteren Verlauf der Diskussion kritisierte der Bremer Betriebsrat von Brackel, daß auf dem westdeutschen Verbandstag nicht gesagt wurde, wie der Kampf organisiert werden muß. Wer, wie Richter (DGB), Kontakte mit der DDR und dem FDGB ablehnt, hat die Wiedervereinigung abgeschrieben. Wie anders als durch Kontakte könne man sich dann näher kommen. Stürmischer Beifall brandete auf, als der Betriebsrat sagte: »Wer auf den Zusammenbruch der DDR wartet, kann auf den Sankt-Nimmerleins-Tag warten.«

In dem Punkt hat er sich geirrt, wie viele andere auch. Daß und wie es zum Zusammenbruch der DDR kommen würde, konnte Oleg von Brackel damals nicht voraussehen. Aber dies sollten bald, als es nämlich den wirtschaftlichen Interessen der herrschenden Klasse entsprach, auch andere für richtig halten:

Wer Frieden und sozialen Wohlstand in der Bundesrepublik will, muß mit der DDR zusammenarbeiten, ob es ihm paßt oder nicht.

Damit hatte er die Toleranzschwelle westdeutscher Staatsanwälte überschritten, unter denen es, und zwar gerade in Lüneburg, einige gab, die sich schon bei Gerichten des Hitler-Staates fragwürdige Verdienste erworben hatten. In Dokumentationen, die Verfolgte des Naziregimes im Selbstverlag und fernab von den üblichen Vertriebswegen in kleiner Auflage herausgaben (z. B. die 1965 von dem ehemaligen niedersächsischen Landtagsabgeordneten Ludwig Landwehr verfaßte Broschüre »NS-Juristen in Niedersachsen«), waren sie namhaft und für den »Geist von Lüneburg« verantwortlich gemacht worden, der sich in harten Urteilen gegen Kommunisten und eifriger Strafverfolgung gegen alle, die mit Kommunisten »gemeinsame Sache machten«, niederschlug. Auch Oleg von Brackel und sein Verteidiger sollten diesen Geist kennenlernen.

Die Lüneburger Richter verurteilten meinen Mandanten zu sieben Monaten Gefängnis, die zur Bewährung ausgesetzt wurden. Die Veranstaltung in Ostberlin habe eine verfassungsfeindliche Zielsetzung gehabt, nämlich die Ausbreitung des Herrschaftssystems der »Sowjetzone« auf das Gebiet der Bundesrepublik vorzubereiten. Der Angeklagte habe durch sein Auftreten auf dem Kongreß »die hinter dem Kongreß stehende Gesamtorganisation« unterstützt, nämlich die SED, den FDGB und die illegale KPD in Westdeutschland. Er sei deshalb sowohl wegen verfassungsfeindlicher Beziehungen als auch wegen Verstoßes gegen das KPD-Verbot zu bestrafen. Strafmildernd habe man ihm zugute gehalten, daß er »im Kriege seine Pflicht erfüllt« habe. Ein Satz aus der mündlichen Urteilsbegründung, den der Angeklagte und sein Verteidiger nur kopfschüttelnd zur Kenntnis nehmen konnten.

Oleg von Brackel verstand die Welt nicht mehr. Daß er als Soldat der Waffen-SS mit Hitlers Armeen in die Sowjetunion eingefallen und auf Moskau marschiert war, wurde ihm noch im Jahr 1962 als Verdienst angerechnet. Daß er sich in bewußter Abkehr von diesem in einem früheren Lebensabschnitt mitbegangenen Kollektivverbrechen zu einer politischen Haltung bekannte, die friedliche Verständigung auch mit der Sowjetunion und der von dieser Großmacht abhängigen DDR anstrebte, wurde als kriminelle Handlung eingestuft. Auch für seinen Verteidiger war dieses – weitgehend aus dem Urteil des BGH gegen Passarge u. A. vom 4.10.1958 abgeschriebene und vom BGH bestätigte – Urteil ein Tiefpunkt der Kalten-Kriegs-Justiz, mit dem sich die daran beteiligten Lüneburger und Karlsruher Richter ein trauriges Denkmal gesetzt haben.

Die Kriminalisierung deutsch-deutscher Kontakte durch bundesdeutsche Gerichte betraf auch Bürger der DDR, die in die Bundesrepublik einreisten und regelmäßig von irgendeiner DDR-Organisation, die bei der Genehmigung der Ausreise ein Wort mitzureden hatte, den Auftrag erhalten hatten, Gespräche mit bestimmten Personen zu führen. Gespräche, die für jeden, der begriffen hatte, daß Miteinander-Reden besser ist als Aufeinander-Schießen, nicht dadurch kriminell werden konnten, daß sie möglicherweise auch dem Ziel der SED dienten, den westlichen Gesprächspartnern ein möglichst günstiges Bild der Verhältnisse in der DDR zu vermitteln und sie zu Reisen in die DDR zu ermuntern. Für die westlichen Hardliner des kalten Krieges jedoch gab es nur diese Sicht aus der Interessenlage der SED, die sich unschwer bis zu dem angeblichen Endziel verlängern ließ, »das Herrschaftssystem der Sowjetzone auf das Gebiet der Bundesrepublik auszubreiten«. Und so wurde manche Reise ahnungsloser DDR-Bürger in den freien Westen zu einem Horrortrip, der bei den Betroffenen einigermaßen verwirrende Eindrücke von westdeutscher Rechtsstaatlichkeit hinterlassen haben muß.

Es war ebenfalls Anfang der sechziger Jahre, daß ich einmal ins Hamburger Untersuchungsgefängnis gerufen wurde, um die Verteidigung eines Mannes zu übernehmen, der aus Leipzig eingereist war und sich Vorwürfen ausgesetzt sah, die er überhaupt nicht verstand. Er hatte seine in Hamburg lebende

Mutter besuchen wollen, die er seit vielen Jahren nicht gesehen hatte, und zu seiner Freude endlich eine Reisegenehmigung bekommen. Seine Betriebsgewerkschaft hatte ihre Zustimmung erteilt und ihn bei dieser Gelegenheit gebeten, auch den X und den Y in Hamburg aufzusuchen, um sie zur Leipziger Messe einzuladen. Er hatte diesen Auftrag übernommen, ohne auch nur entfernt daran zu denken, daß dies nach westdeutschem Recht eine strafbare Handlung sein könnte.

Schon bald nach dem Grenzübertritt fiel er einem westdeutschen Polizisten auf, weil eine DDR-Zeitung aus seiner Jackentasche ragte. Der vernahm ihn wegen des Verdachts der Einfuhr verfassungsfeindlichen Schrifttums (damaliger § 93 StGB). Der Mann aus Leipzig – ich nenne ihn mal Traugott Ostmann – war erstaunt, daß es in der freiheitlichen Bundesrepublik einen solchen Paragraphen gab, der ihn an die politische Borniertheit in seiner Heimat erinnerte. Er erzählte – immer noch überzeugt, in einem freien Land zu sein – in aller Harmlosigkeit vom Zweck seines Besuchs, nämlich seine Mutter in Hamburg wiederzusehen, aber auch davon, daß seine Betriebsgewerkschaft ihn gebeten habe, den X und den Y zur Leipziger Messe einzuladen. Und fiel aus allen Wolken, als ihm eröffnet wurde, daß er damit eingestanden habe, für einen verfassungsverräterischen Nachrichtendienst tätig geworden zu sein (damaliger § 92 StGB).

Hätte er nicht so bereitwillig erzählt, wäre die Sache mit der Zeitung nicht über einen Anfangsverdacht hinausgediehen, weil sie nicht, wie es § 93 voraussetzte, zur Verbreitung eingeführt war. Aber die von Ostmann überbrachte Einladung zur Leipziger Messe an X und Y und deren Rückmeldung, das war eine handfeste Sache. Die Scharfmacher in Richterrobe hatten aus dem § 92 eine Waffe gemacht, mit der man auch Menschen wie unseren Mann aus Leipzig abfangen konnte. Das ging so: Die Betriebsgewerkschaft, die die Reise des Angeklagten befürwortet hat, ist Teil des FDGB; der FDGB ist »Transmissionsriemen« der SED für deren verfassungsfeindliche Zielsetzung, in der Bundesrepublik die Diktatur des Proletariats einzuführen; zu diesem Zweck unterhält der FDGB eine Nachrichtenorganisation, die um Beschaffung von Nachrichten aller Art bemüht ist; der Angeklagte Ostmann hatte sich bereit erklärt, die Nachricht zu beschaffen, ob X und Y bereit seien, zur Leipziger Messe zu kommen. Damit hatte unser Mann aus Leipzig sich nach dem Verständnis der Richter in einen »verfassungsverräterischen Nachrichtendienst« eingeordnet und wurde nach § 92 StGB zu einer Gefängnisstrafe verurteilt. Diese wurde zwar zur Bewährung ausgesetzt, denn man glaubte ihm, daß er in Zukunft Reisen in die Bundesrepublik vermeiden werde. Aber es wurde dafür gesorgt, daß er zwangsweise zur Grenze gebracht wurde, ohne den X und den Y zur Leipziger Messe eingeladen zu haben. Und auch seine Mutter hat vergeblich auf den Besuch ihres Sohnes gewartet. Ich werde seinen Kommentar nicht vergessen: »Etwas anders hatte ich mir die westliche Freiheit doch vorgestellt.«

Urteile wie die gegen Oleg von Brackel und Traugott Ostmann sind nur zu verstehen, wenn man sich noch einmal in eine Zeit zurückversetzt, in der eine christdemokratisch geführte Bundesregierung eine rigorose »Politik der Stärke« betrieb, die eine Wiedervereinigung Deutschlands lautstark propagierte, aber nur unter der Bedingung akzeptieren wollte, daß ganz Deutschland sich dem gegen die Sowjetunion gerichteten westlichen Militärbündnis anschließen dürfe. Da mit einem weltweiten Zusammenbruch des realsozialistischen Systems seinerzeit niemand rechnen konnte, hieß das aus damaliger Sicht: Wiedervereinigung entweder durch Krieg oder niemals. Daraus ergab sich der Grundkonflikt zwischen der von dem christdemokratischen Bundeskanzler Dr. Konrad Adenauer angeführten Mehrheit und der Opposition, einer Opposition, die sich als »Dummköpfe oder Verräter«, als »Kommunisten« oder deren »nützliche Idioten« beschimpfen lassen mußte oder als »verfassungsfeindlich« von der politischen Justiz abgeurteilt wurde. Die DDR war für Adenauer und seine Gefolgschaft nicht existent, ein »Unrechtsregime«, dessen internationale Anerkennung als Staat man zu blockieren versuchte. Für dieses im traditionellen Antikommunismus verharrende Denken blieb die 1949 im Gegenzug zur Gründung der westdeutschen

Bundesrepublik gegründete Deutsche Demokratische Republik die »Sowjetische Besatzungszone«, die »SBZ«, die »sogenannte DDR«, mindestens wurde DDR in Anführungszeichen gesetzt. Selbst in notariellen Urkunden durfte dieser von der Bonner Politik und ihren Nachbetern geschnittene Staat nicht als DDR bezeichnet werden. Es gab eine entsprechende Verfügung des Ministeriums für gesamtdeutsche Fragen, auf die ich in meiner Eigenschaft als Notar hingewiesen wurde, als ich das verpönte Wort einmal in einer Urkunde verwendet hatte. Ich mußte eine ergänzende Urkunde erstellen und nahm nunmehr folgende Erklärung des Mandanten auf: »Nachdem ich von dem beurkundenden Notar darauf hingewiesen worden bin, daß das Wort DDR in notariellen Urkunden nicht vorkommen dürfe, erkläre ich, daß ich die sogenannte SBZ gemeint habe.« Dem Notariatsprüfer gefiel auch das nicht, aber er ließ es, meine Opposition respektierend, dabei bewenden.

Die offizielle Sprachregelung war Ausdruck einer Politik, die der DDR jede staatliche Legitimität absprach. Daraus folgte die Weigerung, mit Regierungsvertretern der DDR zu verhandeln oder auch nur deren Schreiben zu beantworten. Und daraus folgte weiter die Pönalisierung von Kontakten zu Organisationen, die als »Transmissionsriemen« der SED-Politik diskriminiert wurden. Wer Anfang der sechziger Jahre sich auf Gespräche und gemeinsame Veranstaltungen mit Leuten einließ, die diesen nach offizieller Bonner Richtlinie nichtexistenten Staat repräsentierten, und damit die auf Herstellung guter Nachbarschaft zu den sozialistischen Ländern gerichtete neue Ostpolitik der Regierung Willy Brandt vorwegnahm, riskierte, wegen »verfassungsfeindlicher Beziehungen« und wegen Verstoßes gegen das KPD-Verbot bestraft zu werden. Gorbatschows Ausspruch »Wer zu spät kommt, den bestraft die Geschichte« läßt sich für die Deutschen dahin abwandeln: Wer zu früh kommt, den bestraft die politische Justiz.

Die massenhafte Abstrafung deutsch-deutscher Kontakte, die im damaligen Sprachgebrauch als »Ostkontakte« diffamiert wurden, drang nur ausnahmsweise ins öffentliche Bewußtsein der westdeutschen Bevölkerung, wenn es sich um besonders spektakuläre Fälle handelte. So die Bestrafung der Organisatoren der jahrelang geduldeten und mit Sonderzügen der Bundesbahn geförderten Aktion »Frohe Ferien für alle Kinder«, die seit 1954 billige Ferienreisen für westdeutsche Kinder in die DDR vermittelt hatten. Oder die Kriminalisierung deutsch-deutscher Sportlerkontakte mit der Begründung, daß der DTSB (Deutscher Turn- und Sportbund) der DDR eine Ersatzorganisation für die verbotene KPD sei. Aber grundsätzlich konnte dieser der Durchsetzung der Adenauerschen Außenpolitik dienende Mißbrauch des Strafrechts jahrelang in bundesdeutschen Gerichtssälen betrieben werden, ohne daß die Kritiker dieser Rechtsprechung – insbesondere der von dem Heidelberger Kollegen Dr. Walther Ammann federführend geleitete Initiativausschuß der Verteidiger in politischen Strafsachen – eine nennenswerte Resonanz in der von traditionellem antikommunistischem Kollektivhaß beherrschten Öffentlichkeit fanden.

Erst ein Fernsehbericht von Lutz Lehmann in *Panorama* vom 9.11.1964 brachte den Durchbruch und lenkte die Aufmerksamkeit der kritischen Öffentlichkeit auf dieses dunkle Kapitel deutscher Justizgeschichte.

Bundesdeutsche Richter, damals noch durchsetzt mit Juristen, die schon unter Hitler Kommunisten verurteilt hatten, führten in ungebrochenem Traditionsbewußtsein die von ihren Bonner Gesinnungsgenossen beginnend mit dem 1. Strafrechtsänderungsgesetz von 1951 beschlossene neue Kommunistenverfolgung mit einem politischen Eifer durch, der sich nicht durch rechtsstaatliche Bedenken irritieren ließ. Erst die neue Ostpolitik der Regierung Brandt ließ diese Form politischer Justiz stillschweigend einschlafen.

Inzwischen gibt es die deutsch-deutsche Grenze nicht mehr. Aber es gibt noch deutsche Juristen, die das Unrecht aburteilen, das an dieser Grenze geschehen ist. Ich vermisse noch die Wiedergutmachung des Unrechts, das an denen, die wegen unerwünschter Ost- und Westkontakte verurteilt worden sind, von deutschen Richtern begangen worden ist.

8. Das dritte Urteil gegen einen kommunistischen Widerstandskämpfer. Der Fall Willi Meyer-Buer (1963)

Einer der für meine eigene politische Bewußtseinsbildung bedeutsamsten Prozesse sollte das Verfahren gegen Willi Meyer-Buer werden, einen in Bremen sehr populären und auch von politische Gegnern hochgeachteten Kommunisten, der von 1946 bis zum KPD-Verbot des Jahres 1956 der Bremer Bürgerschaft als kommunistischer Abgeordneter angehört hatte, dem Stadtparlament noch bis 1959 als Mitglied einer Gruppe »Unabhängiger Sozialisten«. Man kannte ihn als brillanten Redner im Parlament und auf Volksversammlungen, man wußte, daß er als Widerstandskämpfer gegen den Hitler-Faschismus viele Jahre in Zuchthäusern und Konzentrationslagern zugebracht hatte, und man wunderte sich, »warum ist so einer Kommunist?«, weil er als erfolgreicher Kaufmann und Inhaber zweier gutgehender Geschäfte für Uhren, Gold- und Silberwaren eigentlich nicht zur Arbeiterklasse gehörte.

Die Anklage warf ihm vor, »gegen das KPD-Verbot verstoßen« zu haben – ein generalklauselartiger Straftatbestand, unter den sich praktisch jede politische Betätigung von Kommunisten bringen ließ –, indem er sich bei der Bundestagswahl 1961 um ein Bundestagsmandat als unabhängiger Einzelkandidat beworben und dabei nicht verschwiegen hatte, daß er nach wie vor Kommunist sei. »Wählen Sie den Kommunisten Meyer-Buer!« hatte er am Schluß einer Rede gesagt. Und in Flugblättern und anderen Veröffentlichungen hatte er daran erinnert, daß er sich viele Jahre lang als kommunistischer Bürgerschaftsabgeordneter für die Interessen der arbeitenden Bevölkerung eingesetzt hatte. Damit sagte er den Bremern, die ihn als Kommunisten kannten, nichts Neues. Aber es war der Anknüpfungspunkt für den Anklagevorwurf, es sei dem Angeklagten darum gegangen, die Erinnerung an die durch Urteil des Bundesverfassungsgerichts vom 17. 8. 1956 verbotene KPD wachzuhalten.

Die Hauptverhandlung (24. 4.-20. 5. 1963) vor einer mit drei Berufsrichtern und zwei Schöffen besetzten Strafkammer des Landgerichts Bremen fand in der Öffentlichkeit einen großen Widerhall und unterschied sich dadurch von vielen anderen Verfahren der politischen Justiz, die ich als Verteidiger miterlebt habe. Über jeden Verhandlungstag wurde in Presse und Rundfunk ausführlich berichtet, und auch sonst war der Prozeß allgemeines Gesprächsthema. Selbst konservative Kollegen, von denen ich das nie erwartet hätte, sprachen mich auf die Peinlichkeit dieser Anklage an. Und ich glaube, auch die Richter und Schöffen fühlten sich nicht wohl in ihrer Haut.

Sie mußten sich zu Beginn der Verhandlung einen Lebenslauf anhören, wie ihn nur wenige Menschen in diesem Lande vorzuweisen hatten. 1911 als Sohn eines Bergwerksbeamten im Ruhrgebiet geboren, trat der Angeklagte nach Schule und kaufmännischer Lehre schon 1930 dem Kampfbund gegen den Faschismus und 1931 der KPD bei. Mit Hitlers Machtübernahme am 30. Januar 1933 begann zum ersten Mal im Leben des Kommunisten Meyer-Buer eine Zeit, in der es illegal war, sich als Kommunist zu betätigen. Am 19. Oktober 1933 wurde er verhaftet. Meyer-Buer schilderte, wie sich die polizeiliche Vernehmung abspielte: Vier Menschen waren gleichzeitig zur Vernehmung geholt worden. Einer wurde ins Vernehmungszimmer hineingeholt, die anderen drei mußten im Vorzimmer warten und mit dem Gesicht zur Wand stehend mit anhören, wie ihr Genosse im Vernehmungszimmer geschlagen wurde und vor Schmerz schrie. Schließlich war auch der Angeklagte dran, wurde über einen Tisch gezogen und brutal geschlagen, weil er sich weigerte, andere zu belasten. Das Polizeiprotokoll vom 20. 10. 1933 ist erhalten geblieben. Da heißt es:

Gelsenkirchen, den 20.10.33

Mit der Vernehmung des Beschuldigten Wilhelm Meyer* wurde abgebrochen, weil er sich die einzelnen Namen überlegen wollte und er auch weiter dem Sachverhalt nicht folgen konnte.

Unterschrift Krim. Asst.
Unterschrift Krim. Sekr.

Warum er dem Sachverhalt nicht folgen konnte, wird nicht mitgeteilt. Aber jeder weiß: Hier ist bis zur Vernehmungsunfähigkeit gefoltert worden. Dann geht es wie folgt weiter:

Nochmals vorgeführt erscheint der Wilhelm Meyer, zur Wahrheit ermahnt, und sagt aus:

Nachdem Meyer unter Vorhalt verschiedene Fragen beantworten sollte, verlangte er einen Schluck Wasser. In diesem Moment erhob er sich, lief blitzschnell zum Fenster, öffnete dasselbe, und ehe er von uns zurückgehalten werden konnte, sprang er aus dem Fenster und blieb im Gefängnishof bewußtlos liegen ...

In einem Vermerk vom 2.11.33 heißt es:

Meyer war Mitglied der K.P.D. und war gleichzeitig dem Kampfbund gegen den Faschismus angeschlossen. Er kann als fanatischer Kommunist angesehen werden. Bei den stattgefundenen Gegenüberstellungen wollte er keine Person kennen und leugnete alles ab. Um seine Genossen nicht zu verraten, hat er einen Fluchtversuch unternommen, indem er bei der Vernehmung in einem unbewachten Augenblick aus dem Fenster sprang und sich innere Verletzungen zugezogen hat.

Willi Meyer-Buer litt unter den schweren Verletzungen, die er bei dem Sturz aus acht Meter Höhe und durch die Mißhandlung erlitten hat, bis zu seinem Lebensende. Er ist am 13.7.1997 politisch ziemlich vereinsamt gestorben.

---

* Den Doppelnamen Meyer-Buer hat er erst später angenommen.

Die Richter des Oberlandesgerichts Hamm, die am 26.10.1934 Willi Meyer-Buer und weitere vierzig Angeklagte wegen Vorbereitung zum Hochverrat zu Zuchthaus- und Gefängnisstrafen verurteilten, schrieben in die Gründe ihres Urteils, daß sie ihre tatsächlichen Feststellungen auf die »glaubwürdigen Geständnisse« stützten, die Meyer und andere Angeklagte bei ihrer polizeilichen Vernehmung gemacht hätten. Und wörtlich:

Für den Senat besteht kein Anlaß, an der Richtigkeit der früheren Angaben, die unter dem frischen Eindruck der polizeilichen Festnahme gemacht worden sind, zu zweifeln. Das um so weniger, als keiner dieser Angeklagten eine glaubhaft einleuchtende Erklärung dafür zu geben vermag, warum er bei seinen früheren Vernehmungen von der Wahrheit abgewichen sein will. Keiner dieser Angeklagten behauptet, daß er aus Furcht vor Mißhandlungen die Unwahrheit gesagt habe.

Deutsche Juristenlogik im Jahre 1934: Da niemand behaupten wollte, die erfolterten Geständnisse seien unwahr gewesen, kam es auf deren Zustandekommen nicht an.

Die Geständnisse bezogen sich auf Handlungen, die in irgendeiner Weise dem Ziel dienten, Reste des von den Nazis zerschlagenen Apparats der kommunistischen Partei aufrechtzuerhalten. Da gab es Angeklagte, die Pfennigbeträge für die notleidenden Familien verhafteter Genossen gespendet oder gesammelt hatten. Andere hatten flüchtige Genossen beherbergt. Einer hatte die Instrumente der Schalmeienkapelle einem anderen zur Aufbewahrung gebracht. Alles »Vorbereitung zum Hochverrat«. Denn – so lesen wir im Urteil des OLG Hamm aus dem Jahre 1934:

Die Unterstützung der KPD, die Förderung ihrer Ziele, das Eintreten und Werben für ihre Idee, ist Vorbereitung zum Hochverrat. Die KPD erstrebt, wie gerichtsbekannt ist, seit längerer Zeit die Änderung der Verfassung des Deutschen Reiches und die Errichtung einer Arbeiter- und Bauerndiktatur nach sowjetrussischem Muster. Nachdem sie eingesehen hat, daß sie dieses Ziel auf gesetzmäßigem Wege nicht erreichen kann, sucht sie auf dem Wege des gewaltsamen Umsturzes ans Ziel zu kommen. Jede Handlung, die geeignet ist, dieses Ziel herbeizuführen, mag sie nun in der Herstellung und Verteilung von Flugblättern, in dem Aufbau der zertrümmerten Organisation bestehen, mag sie durch Geldsammlungen für kommunistische Zwecke, durch Sicherstellung kommunistischer Vermögenswerte oder durch Unterstützung kommunistischer Funktionäre, insbesondere durch Beherbergung flüchtiger Kommunisten ausgeübt werden, stellt deshalb das Verbrechen der Vorbereitung zum Hochverrat dar ...

Daß den Angeklagten »unmöglich unbekannt« sein konnte, daß alles dies der Vorbereitung des Hochverrats diente, begründeten die Hammer Richter von 1934 so:

Das ist um so weniger anzunehmen, als durch die großzügige und umfassende Aufklärungsarbeit, die die nationale Regierung seit ihrem Bestehen und namentlich seit dem Reichstagsbrand geleistet hat, jedermann über die verbrecherischen Ziele der KPD und ihrer Nebenorganisationen aufgeklärt worden ist und jeder Volksgenosse darüber unterrichtet war, daß jede wie auch immer geartete Unterstützung kommunistischer Ziele ein Verbrechen gegen Volk und Staat darstellt.

Die antikommunistische Propaganda der Hitler und Goebbels und ihrer Medien als Argument für die Allgemeinkundigkeit der hochverräterischen Ziele der KPD. Unvorstellbar, daß diese Angeklagten von 1934 eine Chance gehabt hätten, Beweis für die Legitimität des kommunistischen Widerstandes gegen den damals erst in den Anfängen steckenden Naziterror anzutreten. Unvorstellbar, daß sie mit der »Wahrheit über den Reichstagsbrand« – so der Titel eines der bei Meyer gefundenen Flugblätter – oder mit der Warnung »Wer Hitler wählt, wählt den Krieg!« gehört worden wären.

Nur drei Verhandlungstage hatte das Gericht damals gebraucht, um mit 46 Angeklagten fertig zu werden. Sie waren fast durchweg »in vollem Umfang geständig«, wie man im Urteil lesen kann. Die Polizei hatte ganze Arbeit geleistet.

Wer diese alten, im Archiv des OLG Hamm erhalten gebliebenen Akten durchblättert, stößt auf erschütternde Briefe, in denen die Not der Opfer und die bürokratische Hartherzigkeit der Täter politischer Justiz dokumentiert sind.

Einer der Angeklagten, der 1909 geborene Arbeiter Hans Schmidt, wurde zu einer Gefängnisstrafe von einem Jahr und sechs Monaten verurteilt, weil er einer Frau, von der er wußte, daß sie »eine rührige Kommunistin« war, einmal 10 Pfennig für Angehörige der politischen Gefangenen gespendet und einmal für sie ein Paket mit Wachsbogen aufbewahrt hatte. Für Schmidt, der selbst nicht Mitglied der KPD war, hatten sich Nachbarn und andere Bekannte in mehreren Schreiben eingesetzt, weil er ein »rechtschaffener und tüchtiger Mensch« sei, sich nie politisch betätigt oder gar »staatsfeindlich« geäußert habe. Trotzdem wurde ein Gesuch seiner Mutter, ihrem Sohn zu ermöglichen, den schwer erkrankten Vater noch einmal lebend zu sehen, kaltschnäuzig abgelehnt. Am 4.1.1934 erfuhr Schmidt, daß sein Vater am 25.12.1933 gestorben war. Auch an der Beerdigung seines Vaters hatte dieser »Hochverräter« nicht teilnehmen dürfen.

Auch der Bergmann Robert Warich, Jahrgang 1901, hatte Geld für politische Gefangene gespendet, zweimal 10 und einmal 50 Pfennig. Das reichte für ein Jahr vier Monate wegen Vorbereitung zum Hochverrat. Die Akten enthalten ein Schreiben seiner Schwester an das Justizministerium, in dem die Not seiner Familie – vier kleine Kinder und eine »seelisch vollkommen zusammengebrochene Frau« – geschildert und unter Beteuerung der unpolitischen Haltung ihres Bruders um dessen Freilassung gebeten wird. Natürlich wurde auch dieses Gesuch im üblichen Amtsdeutsch abgelehnt. Wir wissen nicht, was aus Robert Warich, seiner Frau und seinen vier Kindern geworden ist. Auch die Richter, die ihn 1934 verurteilten, werden es zu keiner Zeit gewußt haben, denn es gehört zu den traditionellen Eigentümlichkeiten der Justiz, sich um ihre Opfer nicht zu kümmern.

Was der damals 22jährige Willi Meyer-Buer getan hatte, war da schon von anderem Format. Er hatte nach den Urteilsfeststellungen die Funktion eines Kuriers zwischen dem Instruktionsleiter und den Unterbezirken der verbotenen KPD und als solcher für den Ausbau der Unterbezirke zu sorgen und sie mit Instruktionsmaterial zu versehen. Dieser Tätigkeit habe er sich »mit großem Eifer und großem Erfolg« unterzogen. Und so hieß es denn in den Strafzumessungsgründen des Urteils von 1934:

Den Angeklagten Meyer konnte seine Jugend nicht vor dem Zuchthaus bewahren, denn gerade er hat in ganz besonders rühriger und erfolgreicher Weise gearbeitet und mit an der Spitze der illegalen KPD-Organisation in Gelsenkirchen gestanden.

Auf zwei Jahre und drei Monate Zuchthaus wegen Vorbereitung zum Hochverrat in Tateinheit mit einem Vergehen gegen das Waffengesetz – Meyer hatte bei seiner Festnahme eine Pistole und Patronen bei sich – lautete das Urteil.

Nach seiner Haftentlassung im Januar 1936 setzte Willi Meyer-Buer seine politische Arbeit für die illegale KPD fort und wurde schon im März dieses Jahres erneut verhaftet und zunächst in den Konzentrationslagern Esterwegen und Sachsenhausen eingesperrt. Was er dort miterlebt hat, gab das Bremer Landgerichtsurteil von 1963 in einem dürren Satz wieder:

In diesen Konzentrationslagern ist der Angeklagte Zeuge menschenunwürdiger Behandlung sowie brutaler Mißhandlungen und Tötungen von Insassen durch das Bewachungspersonal geworden.

Ich will einen Teil seines Berichts etwas ausführlicher zitieren:

Bei den Gefangenen im KZ-Lager Esterwegen gab es nur eine Bewegungsart: den Laufschritt. Im Laufschritt wurden wir auf die Baracke zugetrieben, in der die KZ-Kleidung ausgegeben wurde. Unterwegs wurde uns immer wieder befohlen, uns hinzulegen und vorwärts zu robben. Total erschöpft und durchgeschwitzt kamen wir endlich zur Effektenbaracke. Wir traten ein. Ein Häftling baute sich in strammer Haltung vor den zwei SS-Leuten auf und meldete, in der Effektenbaracke habe es keine besonderen Vorkommnisse gegeben.

Ein SS-Mann fragte uns, ob wir den Häftling, der eben seine Meldung erstattete, noch kannten. Der wurde nun aufgefordert, seinen

Namen zu nennen. Es war Ernst Heilmann, Fraktionsvorsitzender der SPD im preußischen Landtag (1921-1933), der wegen seines extremen Antikommunismus in der organisierten Arbeiterschaft Deutschlands bekannt, aber auch berüchtigt war.

Wir erfuhren, daß Ernst Heilmann nach seiner Einlieferung ins KZ Esterwegen, die schon etwas länger zurücklag, von der SS gezwungen wurde, mit einer Kette um den Hals in einer Hundehütte zu leben und auf ihre Aufforderung zu bellen. Nicht genug mit dieser Marter sollte Heilmann gezwungen werden, seinen eigenen Kot zu verschlucken. Er weigerte sich, mit schlimmen Folgen für ihn.

Ernst Heilmann ist 1940 im KZ Buchenwald ermordet worden.

Meyer-Buer berichtete in der Bremer Hauptverhandlung von weiteren schrecklichen Quälereien, die von den SS-Mannschaften an KZ-Häftlingen verübt wurden. Ich will nur noch seinen Bericht über den Transport vom KZ Esterwegen ins KZ Sachsenhausen wiedergeben:

Die ganze Fahrt dauerte etwa 36 bis 40 Stunden. Der Bedürfniseimer war bereits nach ein paar Minuten übergelaufen. Da alle Bedürfnisse, die kleinen wie die großen, bis zu unserer Ankunft unaufschiebbar waren, entstand in dem Waggon eine unbeschreibliche Situation. Essensrationen hatten wir nicht mitbekommen, halb verhungert und verdurstet, verschmutzt von oben bis unten, warteten wir sehnsüchtig auf das Ende unserer Fahrt. Endlich war es soweit. In Sachsenhausen wurden wir mit Hunden, Peitschen und Schlagstöcken empfangen. Mit fürchterlichem Gebrüll trieben die SS-Mannschaften uns aus den Waggons. Einige Kameraden waren so entkräftet, daß sie ohne Hilfe nicht aussteigen konnten. Einer von uns starb auf dem Wege vom Bahnhof zum Lager Sachsenhausen. Auf der Fahrt hatte er einen stundenlangen Todeskampf, ohne jede Hilfe, zu überstehen.

Wem fallen bei diesen Schilderungen nicht die entsetzlichen Qualen ein, denen die jüdischen Menschen auf ihrem letzten Transport ins Vernichtungslager ausgesetzt waren. Wem fällt nicht ein, daß auch ein Carl von Ossietzky, von der zivilisierten Welt 1936 als Träger des Friedensnobelpreises gefeiert, von der deutschen Justiz noch bis in unsere Tage als Landesverräter diffamiert, den Brutalitäten der SS-Schergen im KZ Esterwegen ausgeliefert war. Der Fall Meyer-Buer zwang die Bremer Öffentlichkeit, sich noch einmal der Schandtaten zu erinnern, die von deutschen Befehlsempfängern zur Zeit der Naziherrschaft an Kommunisten, Sozialdemokraten, Juden und anderen mißliebigen Menschen begangen worden sind. Und man mußte sich peinlicherweise auch daran erinnern, daß schon damals deutsche Richter an der Unterdrückung kommunistischer Gesinnung mitgewirkt hatten.

Die Bremer Richter von 1963 waren genötigt, zur Kenntnis zu nehmen, daß ihre Kollegen im Nazi-Reich die Betätigung kommunistischer Gesinnung mit ganz ähnlichen Gründen, wenn auch mit anderen Paragraphen, bestraft hatten. War es damals der Tatbestand der »Vorbereitung zum Hochverrat« gewesen, dessen Uferlosigkeit die Bestrafung jeder politischen Betätigung von Kommunisten erlaubte, so erfüllte jetzt der Tatbestand des Verstoßes gegen das KPD-Verbot (§§ 42, 47, BVerfGG) den gleichen Zweck. Am 14.12.1936 war Willi Meyer-Buer zum zweiten Mal vom OLG Hamm wegen »Vorbereitung zum Hochverrat« verurteilt worden, diesmal zu 4 Jahren und 6 Monaten Zuchthaus, die er bis zum 24.9.1940 in der Strafanstalt Münster verbüßte. Im Zuchthaus Münster hatte er einen Mann kennengelernt, der im Bremer Verfahren von 1963 als Zeuge auftrat und über diese Zeit aus dem Leben des Kommunisten Meyer-Buer berichtete. Es handelte sich um Erwin Welke, damals gleichfalls politischer Strafgefangener und inzwischen Bundestagsabgeordneter der SPD. Welke war damals als Heizer, Meyer-Buer als Kalfaktor der Zuchthauszentrale beschäftigt, so daß sie Verbindung miteinander aufnehmen konnten. Sie waren in der Lage, politische Häftlinge mit Nachrichten zu versorgen. Auch hatte Meyer-Buer Gelegenheit, an die Krankenbücher heranzukommen, und nahm in diesen Eintragungen vor, die eine ärztliche Verordnung zusätzlicher Lebensmittel für politische Gefangene vortäuschten. Auf diese Weise konnte er diesen Gefangenen Milch und Fett zukommen lassen. Die Sache wurde aufgedeckt und führte dazu, daß Meyer-Buer zunächst vier

Wochen Dunkelarrest erhielt und sodann ein Jahr lang in strenger Einzelhaft verbrinen mußte, wo er mit niemand sprechen durfte und keinerlei Beschäftigungsmöglichkeit hatte. Meyer-Buer schilderte, wie er sich durch Spiele mit einem Knopf vor dem Verrücktwerden geschützt hat. Nach Ablauf dieser Isolationszeit wurde er mit Schwerkriminellen auf eine Zelle gelegt, was ihn neuen Gefahren und Ängsten – Denunziationsdrohungen und Erpressungen – aussetzte.

Welke brachte bei seiner Zeugenvernehmung vor dem Bremer Landgericht sein Bedauern zum Ausdruck, seinen ehemaligen Leidensgenossen, den er in vier Haftjahren als »vorbildlichen Kameraden« kennengelernt hatte, »hier unter diesen Umständen wiedersehen zu müssen«.

Nach seiner Entlassung aus dem Zuchthaus Ende 1940 war Meyer-Buer nach Bremen gegangen und hatte dort eine Anstellung als Leiter der Buchhaltungsabteilung bei der Uhren- und Schmuckwarenfirma Grüttert erlangt. Wegen seiner guten Leistungen stieg er innerhalb eines Jahres zum Prokuristen auf. Als das Haus der Firma Grüttert bei einem Bombenangriff im August 1944 getroffen wurde, beteiligte sich Meyer-Buer daran, aus dem in Flammen stehenden Haus Menschen und Wertgegenstände zu retten. Dabei fiel das Haus in sich zusammen und begrub Meyer-Buer und drei weitere Personen unter Trümmern. Meyer-Buer gelang es, sich zu befreien. Trotz eigener schwerer Verbrennungen schleppte er die anderen Verschütteten, ein junges Mädchen und zwei Männer, aus der Ruine heraus. Während das Mädchen und einer der Männer später an ihren Verbrennungen starben, überlebte der andere Mann und sagte 1963 als Zeuge in der Bremer Hauptverhandlung aus. »Ich verdanke Herrn Meyer-Buer mein Leben.« Willi Meyer-Buer wurde damals mit schweren Verbrennungen, Kreislaufstörungen und einer Rippenfellentzündung in das Ausweichkrankenhaus Bassum verbracht.

Und noch eine für den Mut und die selbstlose Einsatzbereitschaft dieses Mannes bezeichnende Tat aus den letzten Kriegstagen kam in der Bremer Hauptverhandlung zur Sprache. Nachdem Bassum bereits durch englische Truppen besetzt war, hatte Meyer-Buer in Gesprächen mit deutschen Offizieren versucht, eine Brücke in dem Dorf Groß-Henstedt, wo er bei der Familie des Bürgermeisters Röpke Unterkunft gefunden hatte, vor der Sprengung zu bewahren. Diese Bemühungen blieben allerdings erfolglos. Wohl aber konnte Meyer-Buer erreichen, daß die deutschen Truppen von Groß-Henstedt aus nicht mehr auf die bei Bassum stehenden englischen Verbände schossen. Dann war Meyer-Buer zusammen mit den beiden Töchtern des Bürgermeisters Röpke mit einer weißen Fahne zu den Engländern gelaufen, hatte den englischen Kommandeur darüber unterrichtet, daß von Groß-Henstedt aus nicht mehr geschossen werde, und tatsächlich erreicht, daß Groß-Henstedt unzerstört blieb. Um diese Tat richtig zu würdigen, muß man wissen, daß in den letzten Kriegstagen noch viele Deutsche, die weiße Fahnen gehißt oder sonst versucht hatten, die Zerstörungen und das Morden zu beenden, von fliegenden Standgerichten zum Tode verurteilt und aufgehängt worden sind.

Mit dem Ende des Krieges und der Naziherrschaft brach die Zeit an, in der die Deutschen sich mehr oder weniger beschämt erinnerten, daß es auch ein anderes Deutschland gegeben hatte, das durch die relativ wenigen überlebenden Widerstandskämpfer repräsentiert wurde. Es war die Zeit, in der auch Willi Meyer-Buer gebraucht wurde. Seine selbstlose Arbeit für den Wiederaufbau einer demokratischen Verwaltung im kriegszerstörten Bremen ist auch von politischen Gegnern noch Jahrzehnte später vorbehaltlos anerkannt worden.

Mehrere prominente Zeugen äußerten sich im Mai 1963 vor dem Bremer Landgericht zu Meyer-Buers Rolle als Abgeordneter und Fraktionsvorsitzender der KPD in der Bremer Bürgerschaft. Der Bürgerschaftspräsident August Hagedorn (SPD) und der Bürgerschaftsdirektor Wolfgang Müller (SPD) rühmten ihn als »sachlich und rührig in seinen politischen Aktionen« und als »Menschen anständiger Gesinnung und aufrechten Charakters«, wie der *Weser-Kurier* am 9.5.1963 schrieb. Er habe sich streng an die parlamentarischen Spielregeln gehalten. Weiter hieß es im Bericht des *Weser-Kurier:*

Willi Meyer-Buer, Vorsitzender der KPD-Fraktion in der Bremer Bürgschaft. Das Foto ist einer Broschüre entnommen, die 1955, also ein Jahr vor dem KPD-Verbot, als Rechenschaftsbericht über die von der kommunistischen Bürgerschaftsfraktion geleistete Arbeit veröffentlicht wurde. Als ich Willi Meyer-Buer 1963 wegen eines angeblichen Verstoßes gegen das KPD-Verbot verteidigte, wurde ihm auch von parlamentarischen Kollegen aus der SPD und der FDP das beste Zeugnis ausgestellt. Ein FDP-Senator: »Wäre Meyer-Buer nicht Kommunist, dann wäre er eine Zierde der Demokratie.«

Der Angeklagte sei zwar ein leidenschaftlicher Anhänger seiner Partei gewesen, erklärte Müller, er habe sich jedoch wohltuend von anderen Kommunisten unterschieden, die der Zeuge kennengelernt hatte. »Die erschienen mir immer etwas sektiererhaft, fanatisch, Meyer-Buer dagegen war ein Mensch mit Humor, Witz, Charme und Intelligenz. Mit diesen Mitteln führte er seine Debatten in der Bürgerschaft.«

Müller entsann sich eines Gesprächs, das er vor dem Verbot der KPD mit Meyer-Buer geführt hatte. Damals habe er zum erstenmal gemerkt, daß der Angeklagte Zweifel an der politischen Linie seiner Partei gehabt hätte. Diese Zweifel hätten im Zusammenhang mit den von Chruschtschow auf dem 20. Parteitag der KPdSU geäußerten Stalinenthüllungen gestanden. »Das hatte ihn erschüttert, und er machte daraus kein Hehl.«

Der Vizepräsident der Bürgerschaft Heinz Meyer (SPD) schilderte den Angeklagten Meyer-Buer als sehr wortgewandt und rhetorisch gebildet. »Er gehörte zu den besten Rednern.«

Meyer-Buer habe sich striktest an die Geschäftsordnung gehalten. Er sei wohl durch seine guten und großen Reden aufgefallen, aber niemals durch Unsachlichkeit. Der Zeuge erklärte weiter, er habe zu den Abgeordneten gehört, die es bedauert hätten, daß Meyer-Buer nicht mehr Abgeordneter sein könne. Auf entsprechende Frage des Vorsitzenden begründete er diese Auffassung so:

Weil er einmal ein guter Kollege ist. Und es ist auch so, daß ein Abgeordneter, der mit Esprit und Schwung seine Auffassung vertritt, ein gern gesehener Parlamentarier ist. Man läßt es sich auch als Angehöriger der Regierungspartei gern gefallen, daß die Opposition einmal auf die Pauke haut und so Leben hineinbringt.

Leider kam die Zeugenaussage des Vizepräsidenten der Bürgerschaft in der Berichterstattung der Presse zu kurz, weil am gleichen Tage der Präsident des Senats, Bürgermeister Wilhelm Kaisen, vernommen wurde; deshalb wurde die Aussage Meyer hier aus einer privaten Mitschrift zitiert. Wilhelm Kaisen nutzte die Gelegenheit, eine alte politische Kontroverse mit Meyer-Buer auszutragen, indem er ihn einen »politischen Wirrkopf« nannte. Aus dem Bericht der *Bremer Nachrichten* vom 11.5.1963:

Ausgangspunkt für das Werturteil Kaisens über Meyer-Buer war die Frage des Verteidigers, ob der Angeklagte im Sommer 1945 für das vakante Amt eines Wohlfahrtsenators vorgesehen gewesen sei und ob Kaisen ihn dafür geeignet gehalten habe. Antwort: »Ich hätte es abgelehnt, Herrn Meyer-Buer in den Senat aufzunehmen« ...

Frage des Verteidigers: »Wie können Sie sich, Herr Bürgermeister, erklären, daß Sie der einzige unter den bisher vernommenen Zeugen sind, der den Vorwurf erhebt, Herr Meyer-Buer sei ein politischer Wirrkopf?«

Kaisen: »Ich soll hier die volle Wahrheit sagen. Das ist meine persönliche Meinung. Was die anderen sagen, spielt keine Rolle. Wir sind hier nicht im Parlament!«

Verteidiger: »Wo leiten Sie Ihre Meinung her?«

Kaisen: »Es handelt sich auch darum, daß seine Zielsetzung wirr war.« Eine weitere Frage des Verteidigers, ob dies an der KPD liege, beantwortete der Zeuge mit »Ja«.

Verteidiger: »Warum haben Sie dann die Herren Wolters und Ehlers akzeptiert?« (zwei Senatoren, die der KPD angehörten und später zur SPD überwechselten; H.H.)

Kaisen: »Ich hatte gewichtige Gründe, Herrn Meyer-Buer abzulehnen. Ich muß das als Bürgermeister verantworten. Das steht hier nicht zur Debatte.«

Wilhelm Kaisens Rolle als Zeuge im Meyer-Buer-Prozeß wird verständlich, wenn man folgende Passage aus einer Rede nachliest, die Meyer-Buer am 9. 6. 1961 als unabhängiger kommunistischer Bundestagswahlkandidat gehalten hatte und die auch Gegenstand der gegen ihn erhobenen Anklage war:

Im westlichen Ausland sind jetzt – besonders durch die im Eichmann-Prozeß sichtbar gewordenen Hintergründe starke Zweifel an der demokratischen Entwicklung in Westdeutschland laut geworden.

Die offiziellen Stellen in der Bundesrepublik, der Bundeskanzler (Adenauer; H.H.) an der Spitze, beeilen sich, zu erklären, daß die Welt die Wahrheit über die Verbrechen des Faschismus erfahren soll. Der Eichmann-Prozeß in Jerusalem sagt dem gesunden Menschenverstand, daß dieser millionenfache Mörder unmöglich seine Verbrechen allein begehen konnte. Er hat Tausende von Helfershelfern gehabt. Ein Heer von Mittätern, Anstiftern und Nutznießern, von wirtschaftlichen, juristischen, administrativen und militärischen Experten, die alle an seinem blutigen Geschäft beteiligt waren und die zum größten Teil unbehelligt in der Bundesrepublik leben.

So gehört der Bremer Kaufmann Kurt Becher (vgl. Karla Müller-Tupath, *Reichsführers gehorsamster Becher. Eine deutsche Karriere*) zu der Eichmann-Bande, die mit der Qual von Millionen Juden ihre Geschäfte machten. Der Fundus seines Millionenunternehmens wurde durch die Praktiken Eichmanns geschaffen. Nichts ist bisher geschehen, um den im Eichmann-Prozeß belasteten Becher vor Gericht zu stellen.

Der Senat der Freien Hansestadt Bremen erklärte sich damit einverstanden, daß Becher auf der traditionellen Schaffermahlzeit in Bremen die Deutschland-Rede halten sollte. Erst der Protest der jüdischen Gemeinde ließ es dem Senat ratsam erscheinen, Becher von der Rednerliste zu streichen. Das paßt ganz in die Landschaft des Herrn Kaisen, der sich ja auch nicht scheute, mit dem so schwer belasteten Oberländer* auf dem Domshof eine gemeinsame Kundgebung abzuhalten.

Ich bin vielen sozialdemokratischen Freunden persönlich bekannt. Mit vielen von euch, liebe Freunde von der SPD, verbinden mich persönliche Beziehungen. Ich fordere euch auf, fragt euren Bundestagsabgeordneten und Mitglied des sozialdemokratischen Parteivorstands Erwin Welke, mit dem ich gemeinsam in der Strafanstalt Münster unter schwersten Bedingungen politische Arbeit leistete, die uns fast an den Strick gebracht hätte, ob es Herrn Kaisen nicht Ehre gemacht hätte, statt mit Oberländer mit mir eine gemeinsame Kundgebung auf dem Domshof zu veranstalten. Fragt ihn, ob das Ansehen der SPD Bremens und der Bundesrepublik gestärkt worden wäre, wenn statt Becher ich die Aufforderung bekommen hätte, die Deutschland-Rede auf der Schaffermahlzeit zu halten.

Aber selbst Wilhelm Kaisen konnte seinem politischen Gegner Meyer-Buer ein gutes Zeugnis nicht ganz verweigern. So sag-

---

* Theodor Oberländer war von 1953 bis 1960 Minister in der Regierung Adenauer. Er soll als Wehrmachtsoffizier 1941/42 in der Sowjetunion völkerrechtswidrige Erschießungen von Polen und Juden befohlen und auch eigenhändig Gefangene getötet haben. Das Oberste Gericht der DDR verurteilte ihn 1960 in Abwesenheit zu lebenslangem Zuchthaus, ein paralleles Verfahren der Staatsanwaltschaft Bonn wurde »wegen fehlenden Tatverdachts« eingestellt. 1993 hob das Landgericht Berlin auf Oberländers Antrag das DDR-Urteil als »rechtsstaatswidrig« auf. Theodor Oberländer bestritt bis zuletzt sämtliche Vorwürfe (vgl. *Der Spiegel* vom 29. April 1996 und vom 11. Mai 1998).

te er auf eine Frage des Gerichtsvorsitzenden, daß er Meyer-Buer aus der Zeit der Besatzungsmacht »in sehr guter Erinnerung« habe. Da habe er sich ohne jeden Eigennutz, sondern nur aus freiem Antrieb eingesetzt. Das müsse man ihm anrechnen.

Und auf eine weitere Frage des Vorsitzenden, ob Meyer-Buer als Parlamentsmitglied immer sachlich gewesen sei:

Es handelt sich doch um einen Geschäftsmann, der große Geschäfte aufgezogen hat, die man ja sachlich betreiben muß. Und diese Sachlichkeit war ihm auch im Parlament eigen.

Und auf die Frage des Vorsitzenden, ob er Meyer-Buer für einen Mann halte, der seiner Überzeugung immer treu geblieben sei, gab Kaisen eine Antwort, die vielleicht ein Bedauern verriet, daß dieser gesinnungstreue Kommunist nicht ebenso wie seine Kollegen Wolters und Ehlers von der KPD zur SPD übergewechselt war:

Ich halte ihn für einen Mann, der an einer politischen Wegkreuzung die falsche Richtung eingeschlagen hat.

Von den Aussagen weiterer prominenter Zeugen – darunter Generalstaatsanwalt Dr. Dünnebier und Justizsenator Dr. Graf (FDP) –, die sich durchweg positiv über den Menschen und Politiker Meyer-Buer äußerten, möchte ich nur noch die geradezu überschwengliche Formulierung des Senators Dr. Bortscheller (FDP) zitieren:

Wäre Meyer-Buer nicht Kommunist, dann wäre er eine Zierde der Demokratie.

Es half alles nichts. Maßgebend für das Gericht war die von der Staatsanwaltschaft vorgegebene Beweiserhebung darüber, ob Meyer-Buer mit seiner Einzelkandidatur zu den Bundestagswahlen 1961 den Weisungen der illegalen KPD gefolgt ist. Da kam ein Kriminaloberkommissar von der Sicherungsgruppe Bad Godesberg des Bundeskriminalamtes und sagte als Zeuge darüber aus, welche Übereinstimmungen er zwischen Meyer-Buers im Wahlkampf geäußerten politischen Thesen und dem Wahlprogramm der illegalen KPD und den Parolen anderer kommunistischer Einzelkandidaten festgestellt habe. Insgesamt seien 34 Einzelkandidaten in den verschiedenen Bundesländern aufgetreten, die früher der KPD angehört hätten. Von ihnen hätten sich 32 im Wahlkampf offen zum Kommunismus bekannt. Er habe zwar keine wörtliche, aber eine Übereinstimmung in den Gedankengängen zwischen dem Wahlprogramm der verbotenen KPD und den von den Einzelkandidaten verwendeten Argumenten festgestellt. So finde sich der im Wahlprogramm der KPD enthaltene Gedankengang »Krieg oder Frieden, atomare Aufrüstung oder allgemeine Abrüstung« in den Materialien von 11 Kandidaten, der Gedankengang »Keine Stimme der CDU/CSU!« bei 14 Kandidaten, der Gedankengang »die SPD habe ihre alten Forderungen über Bord geworfen« bei dem Angeklagten und 20 anderen Kandidaten, »Schluß mit der Atom- und Raketenrüstung« bei dem Angeklagten und 12 anderen Kandidaten, »Friedensvertrag mit der Bundesrepublik und der DDR« bei dem Angeklagten und 21 Kandidaten, »Gebt die erste Stimme dem unabhängigen Kandidaten und die zweite Stimme der DFU« bei drei weiteren Kandidaten. Nach dem Gedankengang »Verhindert die Notstandsgesetze« befragt, erklärte der Zeuge, er habe diesen Gedankengang bei 11 Kandidaten gefunden, nicht aber bei Herrn Meyer-Buer.

Bei der Befragung dieses Zeugen durch mich kam es zu folgendem Dialog:

Verteidiger: Haben Sie einmal ausgewertet, wieweit Kandidaten anderer Parteien die gleichen Forderungen erhoben haben?

Zeuge: Nein, das war nicht unsere Aufgabe.

Verteidiger: Ist Ihnen bekannt, daß auch die SPD gegen Notstandsgesetze aufgetreten ist?

Zeuge: Ich bin Kriminalbeamter und nicht Politiker.

Verteidiger: Hatten Sie Anweisung, bestimmte Sachkomplexe zu bearbeiten?

Zeuge: Nein.

Verteidiger: Also ist das nach Ihren eigenen Fähigkeiten und Ihrem eigenen Ermessen geschehen?

Zeuge: Ja.

Verteidiger: Dann ergibt sich doch die Frage, warum Sie die Notstandsgesetze mit einbezogen haben.

Zeuge: Die Ostpresse hat doch viel darüber geschrieben und auch der Freiheitssender 904, und deshalb haben wir diese Frage mit aufgenommen.

Verteidiger: Warum haben Sie dann nicht auch gegen die SPD ermittelt?

Zeuge: Weil ich dazu keinen Auftrag hatte.

Verteidiger: Haben Sie gehört, daß auch Kandidaten anderer Parteien dazu aufgefordert haben, nicht CDU zu wählen?

Zeuge: Ich hatte nur die 34 Kandidaten, die ehemalige KPD-Mitglieder waren, zu vergleichen. Ein anderer Auftrag lag mir nicht vor.

In meinem Plädoyer mokierte ich mich über diese Art der Beweisführung für verfassungsfeindliche Zielsetzungen. Wenn sich beispielsweise 13 von 34 Kandidaten die angebliche KPD-Forderung »Schluß mit der Atomrüstung!« zu eigen gemacht hätten, so könne ich mich nur wundern, daß es nicht mehr gewesen sind. Im übrigen könne man nicht erwarten, daß ein Kommunist seine politischen Überzeugungen aus der Bibel oder aus dem Parteiprogramm der CDU gewönne. Es sei das gute Recht des Angeklagten gewesen, das Wahlprogramm der KPD und andere kommunistische Schriften nicht nur zu lesen, sondern sich auch deren Gedanken zu eigen zu machen. Und weiter:

Wer von uns glaubt im Ernst, daß dieser Mann eine Anweisung vom ZK der SED brauchte, um zu erkennen, welche Erscheinungen unseres politischen Lebens zur Besorgnis Anlaß geben, und daß ihm erst die SED/KPD den nötigen Impuls geben mußte, um gegen diese Erscheinungen zu opponieren? Nein, es geht bei dieser Anklage um etwas ganz anderes. Es geht darum, die Opposition durch Einschüchterung zu unterdrücken. Dieser Mann hat in seinem Leben schon so furchtbare Beispiele politischer Intoleranz erlebt, daß ihn eine Gefängnisstrafe nicht mehr schrecken kann. Aber wieviele sind es, die ihre Opposition gegen eine Politik der Atomrüstung und des kalten Krieges, gegen Notstandsgesetzgebung und faschistischen Ungeist aufrechterhalten, wenn sie hören, daß ein Mann ausschließlich wegen seines Bekenntnisses zu bestimmten durchaus legitimen oppositionellen Auffassungen bestraft worden ist?

Mein Plädoyer ersparte den Richtern auch nicht den Rückblick auf ihre Kollegen von 1934 und 1936:

Selten hat sich die Fragwürdigkeit politischer Strafjustiz so anschaulich offenbart wie am Beispiel des von mir verteidigten Angeklagten. Dreimal in seinem Leben hat er unter politischer Anklage vor den Schranken eines Gerichts gestanden, zweimal in einem Terrorstaat, das dritte Mal heute in einem Staat, der nach seiner Verfassung ein freiheitlich demokratischer zu sein beansprucht. In dem Leben dieses Angeklagten wird ein Stück deutscher Geschichte widergespiegelt ... Im Verlaufe einer einzigen Generation haben die Deutschen einen Obrigkeitsstaat mit einem Monarchen, der sein Amt von Gottes Gnaden ableitete, die Weimarer Republik, Hitlers Unrechtsstaat und schließlich den zweiten Versuch einer demokratischen Republik erlebt, Staatssysteme von so gegensätzlicher Natur, wie man es sich krasser nicht vorstellen kann. Aber bemerkenswerter als dieser schnelle Wechsel der Staatssysteme ist, daß ein Mann, der in diesem Deutschland seiner Überzeugung immer treu geblieben ist, immer auf ein und derselben Seite stand. Die Beamten, Generäle und Richter, die das autoritäre Regime des kaiserlichen Obrigkeitsstaates gestützt und mit Sozialistengesetzen und Kanonen gegen das Proletariat verteidigt hatten, waren auch die Beamten, Generäle und Richter der Weimarer Republik. Wer von Bismarck mit dem Terror des Sozialistengesetzes verfolgt worden war, galt auch in der ersten deutschen Republik als Staatsfeind, weil über diese Eigenschaft die Statthalter der Obrigkeit von gestern zu entscheiden hatten. Aber die gleiche beunruhigende Kontinuität besteht auch zwischen dem Staat von gestern und dem von heute. Wer Hitlers Unrechtsstaat als General oder Richter gefördert hat, kann auch heute noch General oder Richter sein. Und die Angeklagten von gestern sind auch die Angeklagten von heute. Nur eine kurze Periode deutscher Geschichte qualifizierte diesen Mann zur Mitarbeit in einer politischen Körperschaft unseres Staates, davor und danach stand er immer auf der Seite der Verfolgten. Weil er stets schnurgerade gegangen und nicht den verschlungenen Wegen manch anderer Politiker gefolgt ist, muß er sich heute anhören, er habe irgendwann den falschen Weg eingeschlagen. Dieser Mann hat sein Leben lang gegen diejenigen gekämpft, die mit dem jeweiligen Regime ihren Frieden gemacht hatten. Als Marxist hatte er frühzeitig erkannt, daß hinter der staatsrechtlichen und politischen Fassade des jeweiligen Staates immer ein und dieselben wirtschaftlichen Mächte standen und stehen. Er begriff, daß der Bismarck, der in der Reichstagssitzung vom 17. September 1878 erklärte, er habe »in den sozialdemokratischen Elementen einen Feind erkannt, gegen den der Staat, die Gesellschaft sich im Stande der Notwehr« befände, im Dienste desselben Großkapitals stand wie die Offiziere, die am 15. Januar 1919 Karl Liebknecht und Rosa Luxemburg ermordeten und die Richter und Staatsanwälte, die ihre Mörder laufen ließen. Er wußte, daß sich hinter den vaterländischen Phrasen, mit denen man deutsche Soldaten vier Jahre lang auf den Schlachtfeldern des Ersten Weltkrieges hatte verbluten lassen, die schamlosen Interessen der deutschen Schwerindustrie verbargen, deren Führer noch im August 1917 dem damaligen Reichskanzler in Sonderaudienz mitteilten, daß sie um das Erzgebiet von Longwy-Briey »noch zehn Jahre Krieg« führen wollten. Für ihn als Marxisten war es klar, wie es möglich sein konnte, daß »unabhängige« Richter die ärgsten Feinde der Demokratie schützten und republikanisch gesinnte Männer wie den späteren Friedensnobelpreisträger Carl von Ossietzky wegen Landesverrats bestraften, und warum von den 354 politischen Morden, die in den Jahren 1919-1922 von rechtsgerichteten Kreisen begangen wurden, 326 ungesühnt blieben, warum Reichswehr und Richterschaft die demokratische Republik gegenüber den Hochverrätern des Kapp-Putsches ungeschützt ließen. Ihn konnte es auch nicht überraschen, daß Richter, die für Morde und andere Gewalttaten nationaler Kreise die absonderlichsten Entschuldigungs- und Rechtfertigungsgründe gefunden hatten, dem nationalsozialistischen Gewaltregime sofort bereitwillig ihre Dienste zur Verfügung stellten und Menschen, die das deutsche Volk aufklären und vor einer Politik der Gewalt und des Krieges bewahren wollten, in Zuchthäuser und Gefängnisse warfen.

Fast dreißig Jahre haben jene Polizeiakten auf irgendeinem Dachboden vergraben geruht, aus denen für uns plötzlich lebendig wurde, was sich damals im Leben dieses Mannes zugetragen hat. Ich könnte mir vorstellen, daß auch Sie diese Flugblätter in jenen Polizeiakten mit einem Gefühl der Hochachtung betrachtet haben, zugleich aber mit dem unguten Gefühl: Was haben wir selbst damals gedacht und getan? Diese Flugblätter aus dem Jahre 1933 hatten Menschen unter den schwierigsten Bedingungen hergestellt und verbreitet, die schon damals erkannt hatten, wohin das Gewaltregime der Nationalsozialisten uns führen würde, Menschen, die auch bereit waren, für ihre Erkenntnis einzutreten und ihre Freiheit zu wagen. In einem dieser Flugblätter hätte man schon damals lesen können: »Wir wollen keinen Krieg. Das schreibt heute die ganze Presse im Auftrage Hitlers. Was soll dann aber die gesamte militärische Ausbildung der SA und SS. Was sollen dann die ungeheuren Kriegsrüstungen der Industrie. Je lauter die Kapitalisten und in ihrem Auftrag Hitler, Göring, Goebbels usw. den Frieden verkünden, um so intensiver bereiten sie den Krieg vor.«

Und in einem anderen Flugblatt heißt es:

»Hitler führt Euch in die Katastrophe, in einen neuen mörderischen Krieg!« –

Das hat der Angeklagte 1933 gesagt. Wieviel Leid wäre unserem Volk erspart geblieben, wenn man ihn und seine politischen Freunde damals angehört hätte, statt sie in Gefängnissen, Zuchthäusern und Konzentrationslagern mundtot zu machen.

Vielleicht haben Sie in jenen Polizeiakten auch den Bericht über einen Schüler gelesen, der im Auftrage seines Vaters ein kommunistisches Flugblatt zur Polizei getragen hatte. Dieser Schüler hätte damals ich sein können. Mit dem, was ich heute weiß, mit dem, was wir in den drei Jahrzehnten seit jenen Tagen miterlebt haben, könnte ich es nicht mehr sein. Keiner von uns könnte heute jener Schüler oder jener Vater sein, der seinen Sohn mit einem Flugblatt zur Polizei schickte, auf dem geschrieben stand: »Wer Hitler wählt, wählt den Krieg!«

Und wer von uns möchte heute einer jener Richter gewesen sein, die dem Angeklagten Meyer-Buer im Oktober 1934 das Urteil gemacht haben, das ihn zum ersten Mal hinter Zuchthausmauern brachte?

Willi Meyer-Buers zweistündiges Schlußwort, das der Vorsitzende in seiner mündlichen Urteilsbegründung als »kommunistische Propagandarede« bezeichnete, war ein fulminanter Angriff auf die Anklagerede des Staatsanwalts, die er in der »Nachbarschaft der braunen Justiz« sah.

Der Staatsanwalt charakterisiert mich als »unbelehrbaren, fanatischen Verfechter der Ziele der KPD und SED«. Lesen Sie sich meine Urteile von 1934 und 1936 durch! Sie haben eine wortwörtliche Formulierung daraus entnommen. Unbelehrbar? Wodurch sollte ich belehrt werden, eines Besseren belehrt werden?
Unbelehrbar sind nach der Terminologie der Staatsanwaltschaft Menschen, die trotz Strafen immer wieder die gleichen »Verbrechen« begehen. Trotz Strafen – unbelehrbar. Ich kann mich nicht erinnern, wegen der mir angelasteten Beschuldigungen schon einmal vor einem Gericht in der Bundesrepublik gestanden zu haben.
Offensichtlich denkt der Staatsanwalt dabei an die Strafen, die ich im 3. Reich zudiktiert bekam, denn einem Angeklagten, der zum ersten Mal vor einem Gericht steht, kann man keine Unbelehrbarkeit vorwerfen.

Willi Meyer-Buer hatte im Laufe der Hauptverhandlung den Vorsitzenden jenes Gerichts charakterisiert, das ihn 1934 ins Zuchthaus geschickt hatte. Diesem Richter sei anzumerken gewesen, daß er ihn nicht gern verurteilt habe. Aber der Richter habe Kinder gehabt, an deren weiteres Fortkommen er denken mußte, und so habe er »sein Gewissen erschlagen«. An diese Wendung erinnerten die letzten Sätze des Schlußwortes:

Ein diabolisches Schicksal zwingt Sie, über einen Menschen zu Gericht zu sitzen, der sich immer dort hingestellt hat, wo das Leben anderer in Gefahr war. Mein Kampf gegen Krieg und Atomgefahr ist eine Handlung auch zum Schutze Ihrer Kinder. Ziehen Sie Ihr Gewissen zu Rate.

Auch die Bremer Richter und Schöffen, die 1963 über Willi Meyer-Buer zu Gericht saßen, mögen ihn nicht gern verurteilt haben. Sie hatten, was in Kommunistenprozessen ein seltener Ausnahmefall war, die Meinung des Volkes, in dessen Namen sie ihr Urteil sprechen sollten, gegen sich. Sie mochten denn auch dem Staatsanwalt nicht in allen Punkten folgen. So hielten sie es nicht für erwiesen, daß der Angeklagte auf Weisung der illegalen KPD-Führung gehandelt habe. Auch ein stillschweigendes Einverständnis der illegalen KPD zu einer Bundestagskandidatur des Angeklagten wollte man nicht unterstellen. Das Gericht meinte, der Angeklagte habe sich »durch seine gesellschaftliche Position deutlich von anderen Kommunisten unterschieden«, so daß nicht eindeutig entschieden werden könne, ob Meyer-Buer im Jahre 1961 noch das volle Vertrauen der illegalen KPD genossen habe. Auch finanziell habe der Angeklagte für seinen Wahlkampf keineswegs einer Unterstützung durch die illegale KPD bedurft. Aber entscheidend war der Gedanke, den wir schon aus dem Urteil des OLG Hamm aus dem Jahre 1934 kennen, daß jede wie auch immer geartete Förderung kommunistischer Fernziele – von denen die Richter natürlich Horrorvorstellungen haben – eine strafbare Handlung sei. Damals anknüpfend an den Tatbestand der Vorbereitung zum Hochverrat, jetzt nach anderen Paragraphen, die im Ergebnis das Gleiche bewirken: die Ausschaltung kommunistischer Stimmen aus dem Konzert politischer Meinungsvielfalt.

Mit der Verkündung eines auf acht Monate Gefängnis lautenden Urteils, zur Bewährung ausgesetzt, taten die Richter ihre Pflicht. Ihre Pflicht? Man muß wohl richtiger sagen: ihr politisches Soll. Hatte doch auch die Regierung des Herrn Adenauer das ihrige getan, um durch »großzügige und umfassende Aufklärungsarbeit jedermann über die verbrecherischen Ziele der KPD und ihrer Nebenorganisationen aufzuklären« (wie es das Urteil von 1934 formuliert hatte). Und das war zu vollstrecken.

In meinem Plädoyer hatte ich darauf hingewiesen, daß sich im Urteil von 1934 Sätze finden, die sich sinngemäß, ja zum Teil wörtlich mit dem deckten, was der Staatsanwalt zur Begründung seines Strafantrags vorgetragen hatte.

Damals wie heute kam es nur darauf an, ob die Ziele der verbotenen KPD in irgendeiner Weise gefördert worden sind. Damals entsprach eine solche Rechtsprechung den von der Staatsführung verkündeten Prinzipien, bestimmte Gruppen von Staatsbürgern aus dem politischen Leben auszumerzen, Prinzipien, die schließlich in der physischen Vernichtung ungezählter Menschenleben geendet haben ...

Heute widerspricht eine solche Rechtsprechung, die sich nicht an genau umrissenen Tatbeständen orientiert, sondern sich als Mitstreiter der antikommunistischen Ideologie versteht, gegen fundamentale Rechtsprinzipien unserer staatlichen Ordnung. Heute braucht niemand sein Gewissen zu erschlagen, um Rechtsprinzipien, die sich aus unserer freiheitlichen Verfassung ergeben, auch gegen eine höchstrichterliche Rechtsprechung durchzusetzen.

Aber das Urteil der Bremer Strafkammer vom 20.5.1963 bot keine Überraschung. Was da zu lesen war, kam mir hinreichend bekannt vor:

Durch die Vorbereitung seiner Kandidatur als kommunistischer Abgeordneter zur Bundestagswahl 1961 hat er die Bestrebungen und Ziele der verbotenen KPD bzw. der illegalen KPD/SED einschließlich ihrer verfassungsfeindlichen Fernziele bewußt in hohem Maße gefördert und fördern wollen. Obwohl der intelligente Angeklagte genau wußte, daß er nach dem ihm bekannten Urteil des Bundesverfassungsgerichts vom 17.8.1956 nicht berechtigt war, für die Ziele der verbotenen kommunistischen Partei politisch zu werben und deren Gedankengut in einem Wahlkampf zu propagieren, hat er sich über dieses Verbot hinweggesetzt, weil es ihm darum ging, die verbotene KPD auch in der politischen Situation des Bundestagswahlkampfes 1961 in Erinnerung zu bringen ...

Als mit den Lehren des Kommunismus vertrauter ehemaliger profilierter Funktionär war es ihm darum zu tun, wieder einmal als Kommunist und zur Vorbereitung des Kommunismusses (sic!) – jeweils mit der Zielsetzung der verbotene KPD – eine Massenwirkung zu erzielen, um die kommunistischen Lehren nicht in Vergessenheit geraten zu lassen.

Daß sie damit zugleich auch dafür sorgten, ein spezifisch deutsches, durch furchtbare Traditionen belastetes Richterverständnis von Demokratie nicht in Vergessenheit geraten zu lassen, war den Richtern sicher nicht bewußt. Kein Wort zu der Problematik, daß den Bremer Wählern die Chance genommen wurde, mit Meyer-Buer einen Mann ins Bonner Parlament zu wählen, der sich im Widerstand gegen den Hitler-Faschismus und beim Wiederaufbau nach dem Kriege als allgemein anerkannter Demokrat bewährt hatte. Kein Wort zu der Tatsache, daß damals noch eine große Anzahl von Abgeordneten im Bundestag saß, die im Gegensatz zu Meyer-Buer dem Nazi-Regime treue Dienste geleistet hatte. Kein Wort zu der naheliegenden Frage, ob nicht gerade in Deutschland der radikale Widerspruch gegen das kapitalistische Wirtschaftssystem notwendiger Bestandteil eines dauerhaft funktionsfähigen parlamentarischen Systems sein müßte. Ein Parlament, in dem nur das politische Personal wechselt, das Privateigentum an den Produktionsmitteln aber nicht mehr in Frage gestellt wird, wird möglicherweise eines Tages einer außerparlamentarischen Opposition weichen müssen, die andere, weniger friedliche Wege suchen könnte, um die Macht des Kapitals zu brechen.

Die übliche Folge einer Verurteilung wegen »Verstoßes gegen das KPD-Verbot« war die Aberkennung aller Wiedergutmachungsansprüche aus der im Hitler-Staat erlittenen Zuchthaus- und KZ-Haft. Die rechtliche Handhabe dazu bot der § 6 des Bundesentschädigungsgesetzes, eine bösartige, gegen Kommunisten gerichtete Erfindung des Bonner Gesetzgebers, wonach diese Ansprüche denen entzogen werden konnten, die die freiheitlich-demokratische Grundordnung bekämpft hatten. Eine Voraussetzung, die im Falle einer Verurteilung wegen Verstoßes gegen das KPD-Verbot ohne weiteres angenommen wurde. Willi Meyer-Buer blieb dieser politische Tiefschlag des Rechtsstaats erspart, weil die zuständige Landesbehörde zwar einen Bescheid erließ, wonach ihm alle Wiedergutmachungsansprüche, insbesondere seine Rente, aberkannt wurden, dabei aber eine Frist versäumte. Wir vermuteten, daß diese Fristversäumnis nicht unabsichtlich erfolgt ist. Es mag einen aufrechten Behördenmitarbeiter gegeben haben, der dem schändlichen Urteil gegen Meyer-Buer nicht die Schande hinzufügen wollte, ihm auch noch die Ansprüche wegen der im Nazistaat erlittenen Freiheitsberaubung abzuerkennen.

Es muß aber an dieser Stelle gesagt werden, daß es Hunderte von Kommunisten in unserem Rechtsstaat gab und, soweit sie noch leben, immer noch gibt, die in den Zeiten des kalten Krieges in ähnlich anfechtbaren Verfahren ihre Wiedergutmachungsrenten wegen des ihnen in der Nazizeit zugefügten Unrechts verloren haben (vgl. Rolf Gössner, *Die vergessenen Justizopfer des Kalten Krieges*). Ein erneutes Unrecht, das eines Rechtsstaats unwürdig ist, mit dem aber die Politiker der großen Parteien die zuständigen Ministerialbeamten und die Juristen, die mit unerträglicher Selbstgerechtigkeit von einem Unrechtsstaat DDR sprechen, offenbar gut leben können. Die große Öffentlichkeit weiß von Unrecht, das woanders oder in vergangenen Zeiten geschehen ist, aber sie weiß nichts von dem Unrecht, das vor der eigenen Haustür und in unseren Tagen geschehen ist und noch geschieht.

Der von den PDS-Abgeordneten im Deutschen Bundestag eingebrachte Entwurf eines Gesetzes zur Behebung und Wiedergutmachung von politischen Ungerechtigkeiten in der Bundesrepublik Deutschland wurde von den Volksvertretern der Mehrheitsparteien am 27. Juni 1996 mit antikommunistischen Stereotypien abgetan, die jeden Willen vermissen ließen, rechtsstaatliche Defizite in der bundesrepublikanischen Justizpraxis des Kalten Krieges zur Kenntnis zu nehmen. So erklärte der Abgeordnete Dr. Dietrich Mahlo (CDU/CSU):

Die Bundesrepublik Deutschland war auch während des kalten Krieges zu jeder Zeit Rechtsstaat. Urteile wurden von unabhängigen Gerichten in justizförmigen Verfahren und nach dem Wortlaut rechtsstaatlich einwandfreier Gesetze erlassen. Auch der politisch Andersdenkende konnte sich jederzeit auf das Grundrecht der Meinungsfreiheit in Art. 5 und auf das Widerstandsrecht nach Art. 20 Abs. 4 GG berufen.

Mit welchem Erfolg, wird in diesem Buch wiederholt dokumentiert.

Was er nicht durfte, war, die freiheitlich-demokratische Grundordnung gegen den in freien Wahlen erklärten Willen des Volkes mit Gewalt oder Aufruf zu Gewalt zu bekämpfen. Solches Verhalten war strafbar und konnte in schweren Einzelfällen zur Freiheitsstrafe führen.

Hat Willi Meyer-Buer, haben Oleg von Brackel und der Leipziger Traugott Ostmann (siehe Kapitel 7), haben Herbert Reich, Paul Beu und Ernst Aust (siehe Kapitel 6) zur Gewalt aufgerufen? Die Kommunistenverfolgung der fünfziger und sechziger Jahre war gerade dadurch gekennzeichnet, daß gewaltloses Verhalten, nämlich Meinungsäußerungen und sonstige zu den Selbstverständlichkeiten einer Demokratie gehörende politische Betätigungen, bestraft wurden, wenn es sich um Kommunisten oder um zu deren Sympathisanten ernannte Nichtkommunisten handelte. Gerechtigkeit gegenüber Kommunisten ist in der Bundesrepublik Deutschland bis in unsere Tage notleidend.

9. Die beleidigten Kriegsverbrecher. Der Fall Lorenz Knorr (1963-1972)

Darf man, geschützt durch eine freiheitliche demokratische Verfassung und deren Grundrechte, Hitlers Generäle und Admirale als Massenmörder bezeichnen? Die Verbrechen der deutschen Wehrmacht und deren Dokumentation in einer Ausstellung des Hamburger Instituts für Sozialforschung polarisieren die öffentliche Meinung bis in unsere Tage. Jedem Versuch, die bittere Wahrheit ans Licht zu bringen, begegnet die konservative Mehrheitsfraktion mit dem Argument, daß die Ehre der Beteiligten geschützt werden müsse. Waren es wirklich Ehrenmänner, die Hitlers Eroberungspläne in die Tat umgesetzt und mit Millionen deutscher Soldaten Mord und Brand in andere Länder getragen haben? Viele der verantwortlichen Befehlshaber waren von Gerichten der Siegermächte wegen völkerrechtswidriger Verbrechen zu hohen Strafen verurteilt, dann aber im Laufe der fünfziger Jahre, als man wieder deutsche Soldaten als Bollwerk und Speerspitze gegen den Weltkommunismus zu brauchen glaubte, vorzeitig entlassen und in alte Ehren, Gehälter und Pensionen eingesetzt worden.

Der christlich-demokratische Bundeskanzler Dr. Konrad Adenauer hatte den Generalleutnant a. D. Dr. Hans Speidel schon im Dezember 1948 um eine Denkschrift zur Frage der äußeren Sicherheit der Bundesrepublik gebeten, die dieser zusammen mit dem General der Infanterie a. D. Hermann Foertsch und dem Generalleutnant a. D. Adolf Heusinger verfaßte. Es war nur das Vorspiel zu weiteren Aufträgen an Generäle und Admirale der Hitler-Wehrmacht, die zu der »Himmeroder Denkschrift« vom Oktober 1950 führten, in der die Voraussetzungen für die Aufstellung »eines Deutschen Kontingents im Rahmen einer übernationalen Streitmacht zur Verteidigung Westeuropas« aufgelistet wurden. Darunter die Forderung: »Rehabilitierung des deutschen Soldaten«, »Freilassung der als ›Kriegsverbrecher‹ verurteilten Deutschen« und »Ehrenerklärung für den deutschen Soldaten von seiten der Bundesregierung und der Volksvertretung«.

So wurde die Ehre deutscher Generäle und Admirale und ihrer Befehlsempfänger wieder zu einem leidenschaftlich verfochtenen Anliegen deutscher Politiker und Publizisten und zu einem wichtigen Rechtsgut, mit dessen Schutz sich die Justiz selbst in hoffnungslosen Fällen abzumühen hatte, um die Kritiker der Wiederaufrüstung zum Schweigen zu bringen.

Einer von denen, die nicht schwiegen, war mein späterer Mandant und Freund Lorenz Knorr, der am 22. Juli 1961 in Solingen eine Rede gehalten hatte, bei der er bestimmte namentlich genannte Generäle der Bundeswehr als »Nazi-Generale« und »Massenmörder« bezeichnet hatte. Wenn diesen Hitler-Generalen unsere Jugend auch weiterhin anvertraut werde, dann könne einem um die deutsche Zukunft bange werden.

Die Generäle Heusinger, Speidel, Foertsch und Kammhuber sowie der Admiral Ruge fühlten sich beleidigt und erstatteten Strafanzeige, ebenso der seinerzeitige Bundesverteidigungsminister Franz Josef Strauß. Ein Staatsanwalt, der an faschistischer Terrorjustiz beteiligt war – zwei von ihm erwirkte Todesurteile des Sondergerichts Prag gegen tschechische Staatsangehörige, die ihrer Gegnerschaft gegen Hitlers Krieg Ausdruck gegeben hatten, sind erhalten –, erhob die Anklage. Ein Richter, der unter Hitler als Ankläger am Sondergericht Wuppertal gewirkt hatte, saß dem Schöffengericht in Solingen vor, das als erste Instanz mit der Sache befaßt wurde.

Welche Gerechtigkeit hatte bei diesen Juristen ein Mann wie Lorenz Knorr zu erwarten, ein Politiker, der von Jugend an Antifaschist und Antimilitarist war und ein Leben lang geblieben ist! 1921 in Eger geboren, in einem aktiv sozialdemokratischen Elternhaus aufgewachsen, Schriftsetzerlehre, ab 1935 leitende Funktionen in der Gewerkschaftsjugend und in der Vereinigten Sozialistischen Jugend in Eger, 1938 nach dem Einmarsch der Hitler-Wehrmacht in die Tschechoslowakei verhaftet, nach Freilassung illegale antifaschistische Arbeit, 1940 Einberufung zur Wehrmacht, unter den 24 Überlebenden eines mit über 800 Soldaten bei der Überfahrt nach Afrika versenkten Schiffes, einer von vier Überlebenden eines aus zwölf Soldaten bestehenden »Himmelfahrtskommandos«, schwere Verwundung (Kopfverletzung, Verlust eines Auges), subversive Tätigkeit, zweimal wegen »Wehrkraftzersetzung« vor dem Kriegsgericht, Frühjahr 1945 zweite schwere Verwundung (bei Bombenangriff verschüttet). Nach dem Krieg führende Funktionen in der Sozialistischen Jugend »Die Falken« und in der SPD. Er gehörte zuletzt dem jugend- und kulturpolitischen Ausschuß des Bundesvorstandes der SPD an und war Bundessekretär der Sozialistischen Jugend. Nachdem die SPD mit dem Godesberger Programm letzte sozialistische Positionen aufgegeben und sich der Politik des CDU-Kanzlers Adenauer immer mehr angenähert hatte, verließ Knorr 1960 die SPD und gründete zusammen mit anderen von ihrer Partei enttäuschten Sozialdemokraten die Deutsche Friedens-Union (DFU), eine Partei, die nach bewährtem Muster – Gustav Heinemann hatte mit der von ihm gegründeten Gesamtdeutschen Volkspartei (GVP) ähnliche Erfahrungen gemacht – als kommunistisch diffamiert wurde und bei Wahlen keine entscheidende Rolle spielen sollte.

Ein Teil der Presse, die den im Mai 1963 verhandelten Solinger Prozeß zur Kenntnis nahm, sekundierte dem Staatsanwalt, indem man die Ehre der Generäle mit politischer Diffamierung des Kritikers verteidigte. »Der Kurs des Lorenz Knorr« hieß der von einem anonymen Verfasser stammende Artikel, der über einen Pressedienst zum honorarfreien Abdruck vertrieben wurde und die von Knorr vorgelegte Dokumentation über die Schuld der Generäle als eine Sammlung von Fälschungen im Dienste des Weltkommunismus hinstellte. Antikommunistische Meinungslenkung, die damals übliche Begleitmusik zu politischen Prozessen, die sich nicht ganz totschweigen ließen.

Die von Lorenz Knorr in monatelanger Archivarbeit zusammengetragenen Dokumente waren alles andere als Fälschungen. Sie stammten zum großen Teil aus dem Material, das bereits dem Internationalen Militärgerichtshof in Nürnberg vorgelegen und zu den Todesurteilen gegen Keitel (von 1938 bis 1945 Chef des Oberkommandos der Wehrmacht) und Jodl (Chef des Wehrmachtsführungsstabes) geführt hatte. Knorr hatte aus diesem Material zur Vorbereitung des Prozesses eine Dokumentation »Die Schuld der Hitler-Generale an den Kriegsverbrechen von 1939-1945« zusammengestellt und darüberhinaus eine Fülle von Urkunden beschafft, mit denen die Verantwortung der Generalität und der Admirale an den ungeheuren Verbrechen der Hitler-Wehrmacht eindrucksvoll belegt wurde. Da konnte man noch einmal nachlesen, wie Hitler am 5. November 1937 den Oberbefehlshabern der Wehrmacht angekündigt hatte, daß es »zur Lösung der deutschen Frage ... nur den Weg der Gewalt« geben könne (sogenanntes Hoßbach-Protokoll), wie er seine Überfälle auf die Tschechoslowakei, auf Polen und die Sowjetunion im Einvernehmen mit der Generalität vorbereitet hat, wie die verheerenden Luftangriffe auf Rotterdam und Belgrad geplant wurden, wie beschlossen wurde, die Stadt Leningrad »vom Erdboden verschwinden zu lassen«, wie die Wehrmachtführung die Ausrottung von Judentum, Intelligenz, Geistlichkeit und Adel in Polen mitzuverantworten hatte, wie sie die Ermordung kriegsgefangener sowjetischer Soldaten nach dem »Kommissarbefehl« mitgemacht hat, wie sie maßloser Geiselerschießungen schuldig geworden ist ... Eine unendliche Liste furchtbarer Verbrechen.

Aus Lorenz Knorrs gründlicher Vorarbeit entstand eine Reihe von Beweisanträgen, in denen die den Massenmord-Vorwurf rechtfertigenden Taten der sich beleidigt fühlenden Herren detailliert aufgeführt und urkundlich belegt waren. Aber das Schöffengericht in Solingen sah keinen Anlaß, die angebotenen Beweise zur Kenntnis zu nehmen. In seinem Urteil vom 30. Mai 1963 befand es, daß der Ausdruck »Massenmörder« ein beleidigendes Werturteil sei, demgegenüber ein Wahrheitsbeweis unzulässig sei. Zwar erkannte das Gericht, daß der Wahrheitsbeweis auch für die Strafzumessung Bedeutung haben könne. Aber: »Es hätte zur gewissenhaften Erforschung der Wahrheit langer Ermittlungen und Untersuchungen bedurft.« Und die hielt das Gericht für entbehrlich, weil man dem Angeklagten bei der Strafzumessung zugutegehalten habe, »daß er bei seiner persönlichen Einstellung auf Grund der ihm zugänglich gewordenen Informationen einen Verdacht haben konnte«. Und so bewertete das Gericht die Ehre der als Massenmörder gescholtenen Generäle lediglich mit 300 Mark. Ein Urteil, gegen das nicht nur der Angeklagte, sondern auch die Staatsanwaltschaft Berufung einlegte, der Angeklagte mit dem Ziel des Freispruchs, die Staatsanwaltschaft, um eine Verurteilung zu Freiheitsstrafe durchzusetzen.

Über die Berufung hatte eine Strafkammer des Landgerichts Wuppertal zu entscheiden, deren Richter schon während der Verhandlung erkennen ließen, daß ihnen die Ehre der Hitler-Generäle wichtiger war als das Informationsinteresse der Öffentlichkeit. Als Lorenz Knorr einmal den Ausdruck Schreibtischtäter gebrauchte, gab einer der Richter durch eine kopfschüttelnde Rückfrage und entsprechendes Mienenspiel zu erkennen, daß er den Ausdruck noch nie gehört hatte und für völlig abwegig hielt.

Lorenz Knorr trug in seiner Verteidigungsrede Anklagen gegen die beleidigten Militärs der Hitler-Wehrmacht vor, die mit konkreten Beweisanträgen der Verteidiger untermauert wurden. General Heusinger habe zum engsten militärischen Beraterkreis Adolf Hitlers gehört, er habe völkerrechtswidrige Angriffspläne ausgearbeitet, sei für die sogenannte Partisanenbekämpfung verantwortlich gewesen, die ein willkommener Vorwand für die geplante Ausrottung slawischer und jüdischer Bevölkerungsteile gewesen sei. General Speidel sei im besetzten Frankreich für die Erschießung von 500 Geiseln verantwortlich, auf seinen Befehl seien in Frankreich verhaftete Geiseln in die Vernichtungslager des Ostens deportiert worden. General Foertsch habe als Stabschef der 8. und später der 18. Armee die Aushungerung Leningrads zu verantworten, der etwa 400.000 Menschen zum Opfer gefallen sind, auch habe er in seinem Kommandobereich völkerrechtswidrige Befehle gegen Partisanen gegeben und die mutwillige Zerstörung wirtschaftlicher und kultureller Einrichtungen befohlen. General Kammhuber trage die Verantwortung für die Bombardierung der Stadt Freiburg im Breisgau, die – wie Lorenz Knorr damals annahm — einen alliierten Luftangriff vortäuschen sollte, in Wahrheit aber von deutschen Flugzeugen durchgeführt wurde; 57 Menschen seien dabei ums Leben gekommen.* Kammhuber habe außerdem 1938 eine »Studie« für Göring und Hitler ausgearbeitet, in der für den »kommenden Luftkrieg« die Bombardierung »feindlicher Großstädte«, wie Paris, London, Moskau, vorgesehen gewesen sei. Admiral Ruge schließlich sei als Mitglied des OKM und der Seekriegsleitung für völkerrechtswidrige Befehle mitverantwortlich, die im einzelnen aufgeführt wurden.

Es sei eine feige Ausrede, sagte Knorr, wenn sich diese Herren heute auf einen angeblichen Befehlsnotstand beriefen. Es habe Generäle gegeben, die Hitler den Befehl verweigert hätten und trotzdem am Leben geblieben seien. Die Generäle Heusinger, Speidel, Foertsch, Kammhuber und Admiral Ruge jedoch seien willige Befehlsempfänger gewesen. Nachdem Knorr die Frage, ob sich diese Generäle geändert und ob sie etwas aus der Geschichte gelernt hätten, untersucht und verneint hatte, kam er zu dem Schluß, daß nicht er, sondern die Generäle auf der Anklagebank sitzen müßten, wenn die Bundesrepublik wirklich jener Rechtsstaat wäre, für den sie sich ausgebe. Die Demokratie könne nicht mit Kriegsverbrechern aufgebaut werden, deshalb sei es im Interesse Deutschlands und seiner Nachbarn notwendig, über diese Generäle schonungslos die Wahrheit zu sagen.

Der Staatsanwalt bezog in seiner Anklagerede Positionen, die seit den Tagen der Weimarer Republik zum wohlbekannten Vokabular konservativer Juristen gehören. Der Angeklagte hätte sein Material den zur Verfolgung von Verbrechen zuständigen Behörden vorlegen können. Sein öffentlicher Angriff gegen die Generäle aber würde, wenn man das zuließe, zu chaotischen Zuständen führen. Eine Äußerung, die ich in meinem

---

* Heute geht man davon aus, daß die Bombardierung versehentlich erfolgte und als alliierter Luftangriff getarnt wurde (vgl. *Das Deutsche Reich und der Zweite Weltkrieg,* hrsg. vom Militärgeschichtlichen Forschungsamt, Bd. 6, Stuttgart 1990, S. 482).

Plädoyer mit einem Satz aus dem Preußischen Allgemeinen Landrecht kommentierte: »Jeder gute Untertan zeige Mängel des öffentlichen Wesens der Obrigkeit an, mache aber davon kein Geräusch im Publikum.«

Ich zitierte in meinem Plädoyer – das war am 24. April 1964 – den inzwischen durch den Streit um das sogenannte Soldatenurteil wieder bekannt gewordenen Satz von Kurt Tucholsky: »Soldaten sind Mörder«, für den Carl von Ossietzky als verantwortlicher Redakteur der *Weltbühne* 1932 vor Gericht gestellt und freigesprochen wurde. Und aus Carl von Ossietzkys Verteidigungsrede: »Was nützt den Toten des Weltkriegs die Ehre, die hier angeblich geschützt werden soll.« Um dann fortzufahren:

Die Gerichte haben die Ehre der Generäle so lange geschützt, bis sie ihre Dienste Hitler für seine Verbrechen zur Verfügung stellen konnten. Hitler ist tot, die Ehre der Generäle hat ihn überlebt. Heute stehen kleine Befehlsempfänger vor Gericht, der Mann, der geschossen hat, der Mann, der auf der Rampe in Auschwitz gestanden hat. Aber die Generäle, denen das Nürnberger Urteil in Aussicht gestellt hatte, daß sie einzeln nach dem Maß ihrer Schuld verfolgt werden sollten, sind straflos geblieben. Ihrer Ehre hat es nichts antun können, daß viele von ihnen mitschuldig geworden sind an den Verbrechen Hitlers, an dem Kommissarbefehl, dem Kugelerlaß, der Partisanenbekämpfung, der Judendeportation. Ihre Ehre ist schutzwürdig geblieben.

Und mein Plädoyer endete mit den Sätzen:

Ich habe die Hoffnung, daß unsere Generation erleben wird, daß man die Massenmörder bestraft und nicht diejenigen, die Massenmörder als Massenmörder bezeichneten. Es könnte sonst leicht sein, daß unsere Generation die letzte gewesen sein wird, die überhaupt gelebt hat.

Der Kollege Dr. Walther Ammann aus Heidelberg, mit dem zusammen ich Lorenz Knorr vor dem Landgericht Wuppertal verteidigte, protestierte in seinem Plädoyer gegen die Ablehnung der von der Verteidigung gestellten Beweisanträge, die auch dieses Gericht nicht für entscheidungserheblich gehalten hatte. Der Ausdruck »Massenmörder«, so führte Ammann aus, sei in diesem Fall keine Formalbeleidigung, sondern durch die Tatsachen gerechtfertigt, die in den vom Gericht nicht zur Kenntnis genommenen Beweisanträgen vorgebracht worden seien.

Im April 1964 auf dem Wege zur Verhandlung vor dem Wuppertaler Landgericht. Vorn rechts von rechts nach links: der Journalist Peter Baumöller, Lorenz Knorr und ich; vorn links zwei ausländische Prozeßbeobachter, die britische Labour-Abgeordnete Ann Kerr und der Vizepräsident des dänischen Parlaments, Herluf Rasmussen; dahinter verdeckt Frau Elfriede Knorr; in der Mitte hinten links Rechtsanwalt Dr. Walther Ammann, rechts sein Mitarbeiter Dr. Konrad Neumann, mit dem ich diesen und mehrere andere Prozesse vorbereitet habe.

Die Strafkammer war anderer Meinung. Durch Urteil vom 27. April 1964 wurde unsere Berufung gegen das Urteil des Schöffengerichts verworfen und die Geldstrafe auf 2.000 DM erhöht. Der Ausdruck »Massenmörder« sei eine formale Beleidigung, die nicht durch Wahrnehmung berechtigter Interessen gerechtfertigt werden könne. Wenn der Angeklagte die Generäle Heusinger, Speidel, Foertsch und Kammhuber sowie Admiral Ruge für den Tod der fünfzig Millionen Opfer des letzten Weltkriegs mitverantwortlich machen wollte, hätte er dies »auf eine andere, die Angegriffenen schonendere Art und Weise zum Ausdruck bringen können«. Die vom Angeklagten und seinen Verteidigern angebotenen Beweise für ganz konkrete Verbrechen interessierten auch dieses Gericht nicht. Es sei mißbräuchlich, so verkündete das Gericht, durch Aufstellen einer Formalbeleidigung im politischen Tageskampf »das Gericht zur Aufklärung eines nachgeschobenen Tatsachenkomplexes zu zwingen«. Es komme dem Angeklagten ersichtlich darauf an,

vor der Öffentlichkeit im Gerichtssaal als »Ankläger« der von ihm Beleidigten aufzutreten und damit ein politisches Ziel zu erreichen, nämlich den Anschein zu erwecken, daß die Führungsspitze der Bundeswehr das deutsche Volk wieder einer Katastrophe entgegenführt.

Wir legten Revision gegen das Urteil ein und hatten Erfolg. Mit Urteil vom 3. Dezember 1964 hob das Oberlandesgericht Düsseldorf das Urteil der Wuppertaler Strafkammer auf und verwies die Sache zu neuer Verhandlung und Entscheidung an das Landgericht zurück. In der Begründung hieß es, die Strafkammer hätte die Beweisanträge der Verteidigung nicht als unzulässig ablehnen dürfen. Die Beweisanträge hätten konkrete Behauptungen über Geschehnisse der jüngeren Zeitgeschichte auf bestimmte Personen bezogen. Sie seien nicht auf ein moralisches Kollektivurteil hinausgelaufen, sondern seien geeignet gewesen, die besonderen Vorwürfe zu belegen, die der Angeklagte gegen diese Personen erhoben hatte. Die behaupteten Tatsachen seien einem Beweis zugänglich gewesen.

In diesem Stadium des Verfahrens ergriff Lorenz Knorr eine neue Initiative. Mit Schreiben vom 12. 6. 1965 erstattete er gegen die Generäle Heusinger und Speidel Strafanzeige wegen Anstiftung bzw. Beihilfe zum Mord. Er tat also genau das, was der Staatsanwalt in der Wuppertaler Hauptverhandlung vermißt und empfohlen hatte. Und die Staatsanwaltschaft tat genau das, was Lorenz Knorr und dessen Verteidiger schon vorher erwartet hatten: Sie stellte die Ermittlungsverfahren gegen beide Generäle ein. Eine Beschwerde Knorrs wies der Generalstaatsanwalt in Köln am 19. 4. 1971 zurück.

Nach der erfolgreichen Verhandlung beim Oberlandesgericht Düsseldorf am 3. Dezember 1964. Vorn rechts der Kollege Dr. Walther Ammann und ich, dahinter von rechts nach links: der dänische Journalist E. Jensen aus Kopenhagen, Mrs. E. Dales, London (Ehren-Sekretärin des »British Defense Committees for Victims of Nazi Persecution«), Lorenz Knorr (ganz hinten), ein Journalist der Tribune, London, Frau Elfriede Knorr.

Nun waren weitere sechs Jahre ins Land gegangen, in denen das Beleidigungsverfahren gegen Knorr wegen der ziemlich lustlos betriebenen Ermittlungen gegen Heusinger und Speidel geruht hatte. Ein weiteres Jahr später teilte der Vorsitzende der Wuppertaler Strafkammer mit, daß die Staatsanwaltschaft angeregt habe, das Verfahren gegen Lorenz Knorr gemäß § 153 StPO wegen Geringfügigkeit einzustellen. Und so geschah es dann. Durch Beschluß vom 3. Mai 1972 – also fast elf Jahre nach der »Tat« – beendete das Landgericht dieses Verfahren durch einen Einstellungsbeschluß, in dem die Kosten des Verfahrens, mit Ausnahme der dem Angeklagten erwachsenen notwendigen Auslagen, der Staatskasse auferlegt wurden.

Die »geringe Schuld« des Angeklagten, die eine Einstellung nach § 153 StPO voraussetzt, sah das Gericht in einer Schuldminderung »durch Zeitablauf und dadurch bedingte Verfahrensbelastung«. Die Belastung des Angeklagten mit seinen eigenen notwendigen Auslagen – Kosten für zwei Verteidiger, Reisen zu Gerichtsterminen und Besprechungen, Beschaffung von Beweismitteln usw., Kosten, die in die Tausende gingen – gab dem Gericht Gelegenheit, ihm in den Gründen des Beschlusses noch eins auszuwischen. Die aufgrund seiner Strafanzeigen eingeleiteten Ermittlungsverfahren seien eingestellt worden, weil sich die Vorwürfe als haltlos erwiesen hätten. Hieraus ergebe sich, daß jedenfalls hinsichtlich der Generäle Heusinger und Dr. Speidel die von dem Angeklagten auf der Versammlung in Solingen aufgestellten Behauptungen der Tatsachengrundlage entbehrten. Insoweit sei daher die Schuld des Angeklagten in hohem Maße wahrscheinlich.

Da hatten sich also deutsche Juristen mehr als ein Jahrzehnt mit der Frage beschäftigt, ob die Ehre von Generälen, die an Hitlers Kriegsverbrechen an maßgeblicher Stelle mitgewirkt hatten, verletzt sei, wenn man sie als Massenmörder bezeichnet. Und hatten letztlich nichts produziert als einen matten Einstellungsbeschluß, in dessen Kostenentscheidung sie den Vorwurf unterbrachten, eine Schuld sei in hohem Maße wahrscheinlich. Eine Schuld nicht etwa der Massenmörder, sondern dessen, der sie als solche bezeichnet hat. Und dieses Ergebnis brachten sie zustande, ohne je in öffentlicher Hauptverhandlung über die Tatsachen Beweis erhoben zu haben, die diesem Werturteil zugrundeliegen.

So ersparte man dem General Speidel eine öffentliche Erörterung der in einem Beweisantrag der Verteidigung vorgelegten Schreiben und Berichte aus noch vorhandenen Akten des Militärbefehlshabers in Frankreich/Kommandostab und des Wehrwirtschafts- und Rüstungsstabes in Frankreich, aus denen sich ergab, inwieweit dieser am Aufbau der Bundeswehr maßgeblich beteiligte Herr an dem unbarmherzigen Vorgehen gegen Einwohner des besetzten Frankreichs, unberechtigten und harten Maßregelungen, Verhaftungen, Geiselerschießungen, Stellung und Deportation von Tausenden (auch Juden und Kommunisten) verantwortlich mitgewirkt hat. Kein Richter hat sie gelesen oder angehört.

Auch die den General Heusinger betreffenden Beweise erreichten nicht das Licht der Gerichtsöffentlichkeit: Urkunden aus den Akten des OKH (Oberkommando des Heeres) und seiner unterstellten Einheiten, geheime Kommandosachen, Geheimsachen, Chefsachen, Telegramme, Dienstanweisungen, Richtlinien, Schreiben, Meldungen, Briefe usw., die entweder die Unterschrift des Generals Heusinger trugen oder an dessen Abteilung und Dienststelle ergangen waren und seine Beteiligung an völkerrechtswidrigen Unternehmen, Operationen und Angriffen, an schärfsten Vergeltungsmaßnahmen und Erschießungen von Zivilisten, Geiseln etc. belegten; ferner Beweise für seine Anwesenheit im Ghetto von Warschau.

Auch der beleidigte General Foertsch brauchte sich nicht den Vorwürfen zu stellen, die Lorenz Knorr aus Urkunden über Kriegsverbrechen im Bereich der 18. Armee herleitete.

Und ebensowenig kamen die urkundlich belegte Verantwortung des Generals Kammhuber für den als Vorwand für deutsche Luftangriffe auf ausländische Städte benutzten Luftangriff auf Freiburg im Breisgau und die des Admirals Ruge für Verbrechen der deutschen Seekriegsführung in öffentlicher Hauptverhandlung zur Sprache.

Das von Lorenz Knorr mit immensem persönlichen Einsatz zusammengetragene Beweismaterial, mit dem ein Ausschnitt aus dem riesigen Panorama deutscher Kriegsverbrechen hätte bewiesen werden sollen, für die der Ausdruck Massenmord ganz unzureichend ist, verschwand sang- und klanglos auf irgendeinem Aktenboden und ist wahrscheinlich inzwischen vernichtet worden.

Eine Justiz, die an Aufklärung der historischen Wahrheit, die in dem Wort »Massenmörder« zusammengefaßt wurde, interessiert gewesen wäre, hätte in einem Bruchteil der Zeit, die sie der Reinwaschung von Hitlers Generälen gewidmet hat, zu einem Urteil kommen können, das der allzu kleinen Minderheit von antifaschistischen Kämpfern wenigstens nach Hitler das

Recht der freien Rede gesichert hätte. Stattdessen setzte sie eine Tradition fort, die schon in den Tagen der Weimarer Republik die Verbreitung der Wahrheit über Generäle, über Aufrüstung und Kriegsvorbereitung unter Strafe stellte. Mal war es Landesverrat, mal Beleidigung. Namen wie Carl von Ossietzky und Kurt Tucholsky erinnern an die Schande einer deutschen Justiz, die den Massenmördern des NS-Staates den Weg geebnet hat, indem sie deren Kritiker durch Strafverfahren zum Schweigen zu bringen versuchte.

Mehr als 3000 Solidaritätsschreiben erhielt Lorenz Knorr aus aller Welt für seine tapfere Verteidigung in dem von gekränkten Hitler-Generälen veranlaßten jahrelangen Strafverfahren. Darunter Namen wie: Bertrand Russell, Linus Pauling, Martin Buber, Pietro Nenni, Arnold Zweig, Martin Niemöller, Wolfgang Abendroth, Helmut Gollwitzer, H.H. Kirst, Christian Geißler, Max von der Grün, Heinz Hilpert und Fritz Lamm. Eines der eindrucksvollsten Schreiben kam von dem Philosophen Günther Anders, dessen Buch *Die Antiquiertheit des Menschen* (1956) das bedrückende Szenario einer apokalypseblinden Menschheit angesichts der Atombombe analysiert.

Sehr geehrter Herr Knorr!
Das nun dreißigjährige Feuer der Empörung, das auch nach dem Sturz der Infamie niemals hatte verglimmen dürfen – denn auch nach diesem war es uns ja niemals vergönnt, nicht empört zu sein –, dieses Feuer ist nun durch die Lektüre Ihrer Broschüre wieder zu offener Flamme angefacht worden. Wenn Formulierungen von Tatsachen, und zwar entsetzlichster Tatsachen, als Formalbeleidigungen verfolgt werden dürfen; wenn der Mut, Massenmord als das zu bezeichnen, was er ist, als strafwürdig verfolgt und geahndet werden darf, nicht aber der Massenmord; wenn das Urteil von einem Richter gefällt werden darf, der selbst nicht unbeteiligt gewesen war; wenn die Presse von einer »abgeleierten Massenmörder-Platte« sprechen, also auf die Langeweile spekulieren darf, die die Erwähnung des Entsetzlichen bereits erzeugt – dann ist dadurch das Zeichen für höchste Gefahr gegeben. Die Tatsache, daß Hunderttausende Ihrer

Mitbürger und Millionen von Bürgern der Nachbarländer aufs tiefste beunruhigt sind, die ist unter solchen Umständen nicht nur begreiflich, zu dieser Unruhe sind sie geradezu verpflichtet. Schuld an dieser Unruhe aber sind natürlich nicht Sie; die Unruhestifter sind vielmehr diejenigen, die Sie unerschrocken bloßgestellt haben. Die 50 Millionen, die, weil es vor dreißig Jahren zu wenige Warner Ihrer Art gegeben hatte, zugrunde gegangen sind, die können Ihnen nicht mehr Dank sagen. An ihrer Stelle haben es die Überlebenden zu tun.

Mit der größten Hochachtung Ihr   Günther Anders

Zu seinem siebzigsten Geburtstag im Jahr 1991 wurde Lorenz Knorr eine Festschrift gewidmet. Mein Beitrag »Hitlers Generäle und deutsche Richter« endete so:

Es ist an der Zeit, die Weltbrandstifter von heute und morgen zu benennen. Eine richtig verstandene freiheitliche Verfassung gibt uns das Recht dazu, und das Beispiel eines Lorenz Knorr sollte uns den Mut geben, von diesem Recht Gebrauch zu machen.

10. Die totale Kriegsdienstverweigerung der Zeugen Jehovas (1962-1965)

Seit 1956 die Wehrpflicht wieder eingeführt wurde, bildete die anwaltliche Beratung und Vertretung von Kriegsdienstverweigerern viele Jahre einen Schwerpunkt meiner Berufstätigkeit. Ich habe die Verfahren, die ich vor Prüfungskammern für Kriegsdienstverweigerer und Verwaltungsgerichten bis hinauf zum Bundesverwaltungsgericht geführt habe, nicht gezählt, es waren sicher mehrere tausend. Darunter einige, die ich nie vergessen werde und über die zu berichten eine verlockende Aufgabe wäre. Aber nur einer Gruppe von Kriegsdienstverweigerern, die mir, obwohl ich ihrer Glaubensüberzeugung fernstehe, große Achtung abgenötigt haben, möchte ich ein Kapitel widmen, den Zeugen Jehovas.

In den sechziger Jahren fanden Hunderte von Strafprozessen gegen Mitglieder dieser Glaubensgemeinschaft statt, weil sie sich unter Berufung auf ihre religiöse Überzeugung weigerten, den gesetzlich vorgesehenen zivilen Ersatzdienst für anerkannte Kriegsdienstverweigerer abzuleisten. Nach ihrem Bibelverständnis besagt das Christuswort »So gebet dem Kaiser, was des Kaisers ist, und Gott, was Gottes ist!« (Matthäus 22, 21; Markus 12, 17; Lukas 20, 25), daß man dem Staat Steuern zahlen solle, alle anderen Dienstleistungen aber Gott schulde. Eine Interpretation, die sicher nicht die herrschende Meinung wiedergibt und denn auch von den Gerichten, die mit Anklagen gegen Zeugen Jehovas befaßt waren, zunächst heftig kritisiert wurde.

So glaubte das Landgericht Bückeburg in einem vom OLG Celle bestätigten Urteil vom 29. 6. 1962 zu wissen, daß der Ersatzdienst durch die Bibel nicht grundsätzlich verboten sei; das ergebe sich schon daraus, »daß bei Abfassung der Bibel ein Ersatzdienst, der an die Stelle eines Wehr- oder Kriegsdienstes trat, noch gar nicht bestand«. Und das OLG Braunschweig traute sich sogar ein Urteil darüber zu, ob der zivile Ersatzdienst mit der Lehre der Zeugen Jehovas selbst in Einklang steht:

Derartige Dienste entsprechen nicht nur der Würde des Menschen, sondern auch der von den »Zeugen Jehovas« gepredigten christlichen Lehre, insbesondere dem Gebote der christlichen Nächstenliebe.

Ausgehend von der Unterstellung, jeder Mensch müsse die Bibelinterpretation des Gerichts teilen, kam es in manchen Urteilen zu harten Vorwürfen gegen die »uneinsichtigen« jungen Angeklagten. Es handle sich beim Ersatzdienst um einen Samariterdienst, »den weder Christus noch die Bibel je verboten« habe (LG Stuttgart, 16.10.1962); »bei vernünftigen Überlegungen ... und bei gutem Willen ... müßte der Angeklagte dies erkennen« (SchG Frankfurt/Main, 5.3.1963); »es handelt sich bei ihm also um einen hartnäckigen, zumindest vorläufig nicht besserungswilligen Ersatzdienstverweigerer ...« (LG Stuttgart, 16.1.1963)

Wenn die religiöse Beurteilung des Ersatzdienstes nur eine Frage der richtigen Bibelinterpretation, der vernünftigen Überlegung und des guten Willens war, dann konnten die Gerichte sich natürlich eine Prüfung der an sich naheliegenden Rechtsfrage ersparen, ob es denn wohl mit dem im Grundgesetz garantierten Grundrecht der Glaubens- und Gewissensfreiheit vereinbar sei, Menschen ins Gefängnis zu stecken, die behaupteten, der von ihnen verlangte Dienst für den Staat sei mit ihrer Glaubensüberzeugung unvereinbar.

Je katholischer die Gegend, in der die Gerichte amtierten, um so intoleranter gingen sie mit der abweichenden Glaubenshaltung der Zeugen Jehovas um. Kamen die jungen Ersatzdienstverweigerer in nicht-katholischen Landstrichen mit Strafen davon, die vier oder fünf Monate Gefängnis (beim ersten Mal) nur selten überstiegen, so mußten sie in Bayern regelmäßig mit einem Jahr Gefängnis und mehr rechnen. Auch das Prozeßklima unterschied sich deutlich. Während man im Evangelischen doch mitunter das schlechte Gewissen der Richter zu spüren glaubte, die hier über Glaubensdinge zu Gericht saßen, hatte man im Katholischen eher das Gefühl, daß die Gelegenheit, Leute mit falschem Gesangbuch einzusperren, ganz gern genutzt wurde.

Aber nicht nur die religiöse Einstellung, auch das politische Bewußtsein der Richter schlug oft spürbar durch, wenn sie gefordert waren, einer gefährlichen Minderheit – und welche Minderheit wird von Konservativen nicht für gefährlich gehalten? – Toleranz zu erweisen. Solchen Richtern fehlte jede selbstkritische Distanz, wenn sie ohne mit der Wimper zu zucken ihrem Strafterror Beugecharakter zumaßen und dessen Wiederholung ohne Ende ankündigten. So zum Beispiel in einem Urteil des Landgerichts Braunschweig, nachdem die guten Zwecke des Ersatzdienstes aus der Sicht der Richter dargelegt waren:

Eine Grundanschauung, die solche Zwecke mißbilligt, muß als staatsfeindlich, asozial und unchristlich bezeichnet werden. Man gewinnt den Eindruck, daß Anschauungen dieser Art unbemerkt von den Anhängern der betreffenden Sekte absichtlich gesteuert werden, um Schwierigkeiten hervorzurufen. Da es sich diesmal um eine erstmalige Bestrafung handelt, kann man der Strafe im wesentlichen noch Beugecharakter beimessen. Es wird also festzustellen sein, ob der Angeklagte durch die Verbüßung vielleicht Vernunft annimmt. Wenn das nicht der Fall sein sollte, so scheint für jeden künftigen Fall der Dienstverweigerung eine Gefängnisstrafe erforderlich, die an Dauer mindestens der Zeit der Dienstverpflichtung gleichkommt. (LG Braunschweig, 8. 10. 1962)

Der Fliesenleger Ewald G. war nur einer von vielen Zeugen Jehovas, die ich wegen Verweigerung des zivilen Ersatzdienstes zu verteidigen hatte. Der beim Kreiswehrersatzamt in Stuttgart gebildete Prüfungsausschuß hatte ihn wegen seiner religiösen Überzeugung am 27. 3. 1957 als Kriegsdienstverweigerer anerkannt. Daß er aber darüberhinaus, wie alle Mitglieder seiner Glaubensgemeinschaft, auch den zivilen Ersatzdienst für unvereinbar mit Gottes Geboten erklärte, brachte ihn in Konflikt mit dem Strafgesetz.

Ewald G., Jahrgang 1937, war, ebenso wie seine Mutter und seine ältere Schwester, 1954 aus der evangelischen Kirche ausgetreten und zu den Zeugen Jehovas gegangen. Der Vater hatte diesen Schritt schon vier Jahre früher vollzogen, zwei jüngere Geschwister folgten noch nach, so daß inzwischen die ganze Familie sich zu dieser Religionsgemeinschaft bekannte.

Als ich das Verteidigermandat übernahm, war Ewald G. schon vom Amtsgericht Leonberg »wegen eines Vergehens der Dienstflucht i. S. des § 37 des Gesetzes über den zivilen Ersatzdienst« zu einer Gefängnisstrafe von zwei Monaten, ohne Bewährung, verurteilt. Seine strafbare Handlung wurde darin gesehen, daß er seiner Einberufung zum Dienst bei einem staatlichen Erziehungsheim nicht nachgekommen war. Der Amtsrichter hatte einige Mühe gehabt, den Sinn einer Strafe zu begründen, da er die »unerschütterliche Festigkeit« der, wenn auch »irrigen«, Glaubenshaltung des Angeklagten erkannt hatte. Und so schrieb er ins Urteil, es gehe allein darum, »daß die hartnäckige Weigerung, sich dem Gesetz über den zivilen Ersatzdienst zu beugen, geahndet werden muß«.

In meinem Plädoyer versuchte ich, das Berufungsgericht in Stuttgart – eine kleine Strafkammer, besetzt mit einem Berufsrichter und zwei Schöffen – davon zu überzeugen, daß der Angeklagte mit Rücksicht auf das in Artikel 4 Absatz 1 des Grundgesetzes verbriefte Grundrecht der Glaubens- und Gewissensfreiheit freigesprochen werden müsse. Es sei nicht Aufgabe der Justiz, darüber zu entscheiden, ob eine Glaubens- und Gewissenshaltung richtig oder falsch ist. Die verfassungsrechtliche Verbürgung der Glaubens- und Gewissensfreiheit sei 1949 in bewußter Abkehr von der Mißachtung dieser Rechte in der Nazi-Zeit erfolgt. Und ich erinnerte das Gericht mit konkreten Beispielen daran, wie die Nazis mit den Zeugen Jehovas umgegangen waren:

Die Strafverfolgung der Zeugen Jehovas (damalige Bezeichnung: Ernste Bibelforscher) hatte schon 1933 begonnen, nachdem ihre Organisation verboten worden war. »Rechts«-Grundlage für die Bestrafung war die berüchtigte nach dem Reichstagsbrand erlassene Notverordnung des Reichspräsidenten »zum Schutze von Volk und Staat« vom 28. 2. 1933, die nach ihrer Präambel der Abwehr kommunistischer Gewaltakte dienen sollte. Das Reichsgericht (Urteil vom 24. 9. 1935) fand eine strafbare Betätigung der Ernsten Bibelforscher im Sinne dieser Verordnung schon in der »Bekundung des Zusammengehörigkeitsgefühls, durch das die Beteiligten verbunden gewesen waren; so können Reden genügen, die eine Ermunterung für ›kommende bessere Zeiten‹ enthalten oder ein Sammeln von Beiträgen schon vermöge der darin liegenden seelischen Einwirkung auf die angegangenen Personen«.

Auch die Verurteilung nach § 129 StGB (kriminelle Vereinigung) wurde vom Reichsgericht gebilligt, weil es zur Beschäftigung der verbotenen Vereinigung gehöre, »Maßregeln der Verwaltung, z. B. die der Wehrkraft und dem Wehrwillen des Volkes dienenden, durch ungesetzliche Mittel, insbesondere die gegen das Gesetz verstoßende Versammlungstätigkeit zu verhindern oder zu entkräften«.

Anfangs gab es auch noch Freisprüche. So lehnte das Sondergericht Darmstadt (Urteil vom 26. 3. 1934) die Verurteilung von Ernsten Bibelforschern ab, die wegen Verstoßes gegen die Verordnung des Reichspräsidenten vom 28. 2. 1933 angeklagt waren. Begründung: Artikel 137 der Weimarer Verfassung (Recht der religiösen Vereinigungsfreiheit) gelte fort.

Zu diesem freisprechenden Urteil kam Widerspruch von einem Gerichtsassessor Dr. Dreher aus Dresden, der in der »Juristischen Wochenschrift« (1935, 1949 f.) schrieb, die Ernsten Bibelforscher könnten sich nicht auf das Recht der religiösen Vereinigungsfreiheit berufen. Wörtlich:

Denn ihre Lehre, die jede weltliche Regierung als Werk des Satans hinstellt, gefährdet den Staat. Sie führt dazu, daß sich ihre Anhänger jeder staatsbürgerlichen Pflicht, vor allem der Wehr- und Wahlpflicht, entziehen. Derartiges ist für den totalen Staat untragbar.

Herr Dreher machte eine Karriere, die ihn über die Rolle des Ersten Staatsanwalts beim Sondergericht Innsbruck zum Ministerialdirigenten im Bundesjustizministerium klettern ließ, als welcher er nicht nur Gesetze formulierte, sondern auch kommentierte. Der »Dreher/Tröndle« war jahrelang der in der Gerichtspraxis meistbenutzte Handkommentar zum Strafgesetzbuch.

Aber zurück zu dem Dreher von 1935, der den Staat Adolf Hitlers durch die Ernsten Bibelforscher gefährdet sah. Er stimmte auch der Auffassung des Professors Ernst Rudolf Huber, Verfasser eines dickleibigen Lehrbuchs des nationalsozialistischen Verfassungsrechts, zu, daß die Religionsfreiheit nur mit dem Vorbehalt des Punktes 24 des Parteiprogramms der NSDAP gelte, der die freie Ausübung der religiösen Bekenntnisse mit der Einschränkung zusicherte: »soweit sie nicht den Bestand des Staates gefährden oder gegen das Sittlichkeits -oder Moralgefühl der germanischen Rasse verstoßen«.

Einen solchen Verstoß gegen das germanische Rassegefühl sah z. B. das Hanseatische Sondergericht (Urteil vom 15. 3. 1935) im Bekenntnis der Zeugen Jehovas zur Kriegsdienstverweigerung:

Das Gericht ist der Auffassung, daß eine solche Einstellung der deutschen Ehre, die eine der allerersten Grundlagen des nationalsozialistischen Denkens ist, kraß zuwiderläuft. Das germanische Rassegefühl ist untrennbar mit dem Heldischen verbunden, der Deutsche hat niemals ein Knechtsvolk sein wollen. Gegen diese grundlegenden Erkenntnisse verstoßen die von den Bibelforschern vertretenen Lehren. Es kommt aber hinzu, daß die Anschauungen dieser Religionsgesellschaft auch den Bestand des Staates gefährden. Das Gericht hat von den Angeklagten zwar den Eindruck gewonnen, daß es sich bei ihnen nicht etwa um getarnte Marxisten oder Kommunisten handelt. Indessen ergaben die Proben aus den Zeitschriften zur Genüge, daß die Anhänger dieser Lehren dem Staat feindlich gegenüberstehen. Sie betätigen und bestärken diese Feindschaft insbesondere dadurch, daß sie sich den staatlichen Gesetzen nicht fügen ...

Der nächste Schritt nationalsozialistischer Verfolgungsmaßnahmen war der Eingriff in die Sphäre des beruflichen und privaten Lebens. So erklärte das Sächsische Oberverwaltungsgericht (Urteil vom 4. 12. 1936) die Kündigung des Angestelltenverhältnisses einer Bezirkshebamme für berechtigt, die getreu den Grundsätzen der Ernsten Bibelforscher an Volksabstimmungen und Wahlen nicht teilgenommen hatte. Auch eine Verletzung der ehelichen Pflichten, die den anderen Ehegatten zur Erhebung der Scheidungsklage berechtigt, wurde im Bekenntnis zu den Lehren dieser Glaubensgemeinschaft gesehen.

Das Furchtbarste aber, was deutsche Richter den Zeugen Jehovas angetan haben, war dies: Man hat ihnen die Kinder weggenommen und deren Fürsorgeerziehung angeordnet! Denn, so befand das Oberlandesgericht München (Urteil vom 3. 12. 1937):

Kinder, die im Elternhaus in den staatsfeindlichen Anschauungen der Ernsten Bibelforscher erzogen werden, sind durch diese Art der Erziehung der Gefahr der sittlichen Verwahrlosung ausgesetzt.

Das Gericht bestätigte mit diesem Urteil die Anordnung der vorbeugenden Fürsorgeerziehung über die 1924 und 1929 geborenen Kinder eines Landwirtsehepaares, die dank ihrer religiösen Erziehung »bei der Feier des Tages der nationalen Arbeit unentschuldigt gefehlt« und die »Erweisung des deutschen Grußes verweigert« hatten. »Ida hat die Frage eines Lehrers, ob sie sich hinter den Führer stelle, ausdrücklich verneint, Elise hat es ständig abgelehnt, das Horst-Wessel-Lied zu singen und im Zeichenunterricht ein Hakenkreuz zu zeichnen.« Das Gericht folgerte aus diesem Verhalten, daß ein im Glauben der Ernsten Bibelforscher erzogenes Kind »der sittlichen Verwahrlosung anheimfällt«, denn »ein Kind, bei dem die oben geschilderten Folgen einer derartigen Erziehung eintreten, sinkt damit in einen Zustand herab, in dem es in erheblichem Grade derjenigen Eigenschaften ermangelt, die bei einem Kind unter sonst gleichen Verhältnissen als Ergebnis einer ordnungsmäßigen Erziehung vorausgesetzt werden müssen«.

Die letzte Station auf dem Leidensweg der Zeugen Jehovas im Hitler-Staat war das Konzentrationslager. Wer ihm entgehen wollte, konnte eine »Ehrenerklärung« unterschreiben, in der er sich von den »staatsfeindlichen Machenschaften der jüdischen Internationalen Bibelforscher-Vereinigung« lossagte. Weiter hieß es in dem Vordruck: »Ich werde die Gesetze und die Anweisungen der Partei und des Staates befolgen und vor allen Dingen auch in meiner Familie den Geist des Führers, besonders im Herzen meiner Kinder, aufrichten.« Wer seinem Glauben treu blieb, nahm ein furchtbares Schicksal auf sich. Eugen Kogon hat in seinem Buch *Der SS-Staat. Das System der deutschen Konzentrationslager* die besonderen Leiden, denen die Bibelforscher im KZ ausgesetzt waren, geschildert. Sie wurden in allen Lagern der Strafkompanie zugeteilt und in übelster Weise schikaniert. Im KZ Sachsenhausen wurden die Bibelforscher bei Kriegsbeginn aufgefordert, Wehrdienst zu leisten. Auf jede Weigerung hin wurden zehn aus ihren Reihen erschossen. Nach vierzig Hinrichtungen gab es die SS auf.

Dr. Kurt Hutten, evangelischer Oberkirchenrat, schreibt 1962 in seinem Buch *Seher, Grübler, Enthusiasten* über die Zeugen Jehovas:

Was sie ... aus allen christlichen Kirchen und Vereinigungen unserer Zeit heraushebt, das ist die schlechterdings nicht zu brechende Entschlossenheit eines großen Teils ihrer Mitglieder, die von ihnen geglaubten Lehren in jeder Lage und Gefahr zu verkündigen ... Angebote, durch Abfall die Freiheit oder das Leben zu erkaufen, verschmähen sie. Viele Zeugnisse von Häftlingen aus nationalsozialistischen und kommunistischen Internierungslagern rühmen einmütig ihre Ungebrochenheit, ihren Bekenntniseifer und ihre Hilfsbereitschaft in einer entmenschten Umwelt. Und mit der gleichen Ungebrochenheit sind Tausende in den Tod gegangen.

Ich fragte die Herren, die über den Fliesenleger Ewald G. zu Gericht saßen:

Welcher Richter könnte ernstlich glauben oder auch nur wünschen, eine Glaubenshaltung, die selbst vor SS-Schlägern und Erschießungskommandos nicht schwankend wurde, durch Gefängnisstrafen zu brechen? Müßte man nicht konsequenterweise auf die Entziehung des Elternrechts zurückkommen, um zu verhindern, daß die Zeugen Jehovas ihre Kinder zum Ungehorsam gegenüber staatlichen Gesetzen erziehen? Könnte man nicht auch die Organisation der Zeugen Jehovas wiederum als »Verbrecherverein« im Sinne des § 129 StGB qualifizieren und die Glaubensgemeinschaft gemäß Art. 9 Abs. 2 GG verbieten mit der Begründung, daß ihre Tätigkeit den Strafgesetzen zuwiderlaufe?

In dem Verfahren gegen Ewald G. konnte ich leider noch nicht aus der vom Bundesministerium für gesamtdeutsche Fragen im April 1964 herausgegebenen, »Partei-Justiz« betitelten Schrift zitieren – in späteren Verfahren habe ich es getan –, die sich als »vergleichende Dokumentation über den nationalsozialistischen und kommunistischen Rechtsmißbrauch in Deutschland« vorstellte und ein Kapitel über die Verfolgung der Zeugen Jehovas im Hitler-Reich und in der DDR enthielt. Da wurde, so als ob es in der BRD Vergleichbares nicht gäbe, der Empörung über die Bestrafung von Zeugen Jehovas durch die DDR-Justiz Ausdruck gegeben, die ihre Freiheit einbüßten, »einfach weil beiden totalitären Systemen ihre religiöse Überzeugung staatsfeindlich erschien«.

Für den Richter und die Schöffen der Stuttgarter Strafkammer wäre der Vergleich mit Ulbrichts »Unrechtsstaat« wohl auch zu »starker Toback« gewesen. Sie hatten schon meinen Ausführungen über die Behandlung der Ernsten Bibelforscher in Hitlers Unrechtsstaat mit steinernen Gesichtern zugehört. Ihre rechtsstaatliche Selbstgewißheit blieb unberührt von jedem Zweifel, als sie die vom Amtsrichter verhängte zweimonatige Gefängnisstrafe für Ewald G. bestätigten.

Der Angeklagte lebe in der »irrigen Meinung«, er könne die Ableistung des zivilen Ersatzdienstes mit seinem Gewissen nicht vereinbaren, hieß es in der Urteilsbegründung. Die Frage, ob durch eine Maßnahme die Freiheit des Gewissens verletzt werde, könne nicht nach subjektiven, sondern nur nach objektiven Maßstäben beurteilt werden. Anders als der Amtsrichter hatten Richter und Schöffen der Strafkammer auch keine Schwierigkeiten mit dem Strafzweck. Es gehe um eine »generalpräventive«, also um eine abschreckende Wirkung der Strafe. Auch ist die Rede von der »Gefährlichkeit des Verhaltens des Angeklagten für die Allgemeinheit«.

Der im Gerichtssaal anwesende Vater meines Mandanten weinte bei der Urteilsverkündung. Ich versuchte zu trösten, es gebe ja noch die Revisionsinstanz. Und ich legte gegen das Urteil das Rechtsmittel der Revision ein, über die das Oberlandesgericht zu entscheiden hatte.

In meiner Revisionsbegründung führte ich aus:

Das angefochtene Urteil stellt fest, daß der Angeklagte sich in der »irrigen« Meinung befinde, er könne die Ableistung des zivilen Ersatzdienstes mit seinem Gewissen nicht vereinbaren. Die Frage, ob durch eine Maßnahme die Freiheit des Gewissens verletzt werde, könne nicht nach subjektiven, sondern nur nach objektiven Maßstäben beurteilt werden. Das Gericht glaubt offenbar, im Besitz dieser objektiven Maßstäbe zu sein, wenn es die Glaubens- und Gewissensentscheidung des Angeklagten als »irrig« abtun zu können glaubt. Damit hat sich das Gericht eindeutig in Widerspruch zu dem Grundgedanken des Art. 4 Abs. 1 GG gesetzt, der mit der Gewährleistung der Glaubens- und Gewissensfreiheit nicht nur den »richtigen« Glauben und die »richtige« Gewissensentscheidung schützen wollte, sondern der gerade solchen Glaubens- und Gewissensentscheidungen Schutz vor der Intoleranz des Staates und der Mitmenschen gewähren wollte, die von den Auffassungen der Mehrheit abweichen.

Im übrigen ist es nicht die Aufgabe eines Gerichts, die Bibel mit dem Anspruch auf Allgemeingültigkeit zu interpretieren. Im vorliegenden Fall ist gerade das gemacht worden, was der Grundgesetzgeber mit der Schaffung des Art. 4 Abs. 1 GG verhindern wollte, nämlich, daß sich ein staatliches Gericht zum Richter über religiöse Fragen aufwirft. Schon Friedrich II. von Preußen hat als aufgeklärter Fürst den berühmt gewordenen Grundsatz vertreten: »In meinem Staat kann jeder nach seiner Fasson selig werden.« Die Interpretation des Grundgesetzes eines freiheitlich demokratischen Staates kann ja wohl nicht hinter der Toleranz eines absoluten Fürsten des 18. Jahrhunderts zurückbleiben. Wenn die von den Zeugen Jehovas vertretene Auffassung zur Frage der Ersatzdienstverweigerung für alle einleuchtend und in sich logisch erscheinen würde, bedürfte es des Grundrechts der Glaubens- und Gewissensfreiheit nicht. Art. 4 Abs. 1 GG postuliert eben gerade die Verpflichtung zur Toleranz gegenüber Glaubens- und Gewissensüberzeugungen, die nicht die der herrschenden Meinung sind.

Der 1. Strafsenat des Oberlandesgerichts Stuttgart gab mir nur insoweit recht, als ich mich gegen den Anspruch des Landgerichts gewandt hatte, die Gewissensentscheidung des Angeklagten nach »objektiven Maßstäben« als irrig beurteilen zu können. Aber das Revisionsgericht widersprach meiner Auffassung, daß die Glaubens- und Gewissensfreiheit den Vorrang vor der staatlich verordneten Ersatzdienstpflicht habe. Der Staat trete in seinen Anforderungen dem einzelnen nicht mehr wie im Zeitalter des fürstlichen Absolutismus als fremder »Staatsapparat« entgegen, sondern sei mit der Gemeinschaft identisch, deren Glied der einzelne sei. Ohne Unterordnung unter die Anforderungen dieser Gemeinschaft sei für den einzelnen ein Leben innerhalb der modernen Zivilisationsgesellschaft nicht denkbar. – Große Worte dunklen Inhalts, die mich mit dem unguten Gefühl erfüllten, Ähnliches schon mal irgendwo gelesen zu haben, als noch das Hohelied der Volksgemeinschaft gesungen wurde.

Ich rief für den Fliesenleger Ewald G. das Bundesverfassungsgericht mit der Verfassungsbeschwerde an, dessen 1. Senat unter seinem damaligen Präsidenten Dr. Müller und unter Mitwirkung der Richter Dr. Berger, Dr. Stein, Ritterspach, Dr. Haager, Rupp-von Brünneck und Dr. Böhmer am 4. Oktober 1965 einstimmig beschloß:

Die Verfassungsbeschwerde wird verworfen.

In schwer verständlichem Juristendeutsch wurde der Fliesenleger Ewald G. belehrt, daß er sich erstens nicht auf Art. 12 Abs. 2 Satz 4 GG berufen könne (diese Vorschrift bestimmt, daß das Gesetz, das hinsichtlich des Ersatzdienstes »das Nähere regelt«, die Freiheit der Gewissensentscheidung nicht beeinträchtigen dürfe). Denn der Vorbehalt der freien Gewissensentscheidung beziehe sich nicht auf die Ersatzdienstpflicht als solche, sondern lediglich auf die nähere Regelung. Diese solle nicht so gestaltet werden, daß sie den Kriegsdienstverweigerer abschrecke und damit auf seine Entscheidung einen unzulässigen Druck ausübe. Zweitens könne der Beschwerdeführer sich auch nicht auf Art. 4 Abs. 1 GG (Glaubens- und Gewissensfreiheit) berufen, denn Art. 4 Abs. 3 GG (Recht der Verweigerung des Kriegsdienstes mit der Waffe) regle die Wirkungen der Gewissensfreiheit im Bereich der Wehrpflicht abschließend.

Mit anderen Worten: Das Recht auf Kriegsdienstverweigerung aus Gewissensgründen wird nicht als Bestärkung, sondern als Einschränkung des Grundrechts der Gewissensfreiheit verstanden. Nur der Waffendienst im Kriege darf unter Berufung auf die Gewissensfreiheit verweigert werden, zu anderen Dienstleistungen im Rahmen der 1956 eingeführten Wehrpflicht darf der Bürger gezwungen werden, und zwar auch dann, wenn dies sein Gewissen vergewaltigt. – Ein fragwürdiges Husarenstück juristischer Rabulistik zur Stärkung staatlicher Militanz, aber eine noch schwächere Leistung aus der Sicht freiheitlich demokratischer Gesinnungsethik.

Mit ihrem Beschluß vom 4. Oktober 1965 in der Sache des Fliesenlegers Ewald G. segneten die Bundesverfassungsrichter eine Fülle von Urteilen ab, durch die zum damaligen Zeitpunkt bereits 559 Zeugen Jehovas für ihre Glaubenshaltung mit Gefängnisstrafen büßen mußten. Es waren Urteile darunter, die noch krasser als das in Sachen Ewald G. ergangene an die Terminologie und Gedankenwelt des nationalsozialistischen Unrechtsregimes anknüpften. Und die Selbstverständlichkeit, mit der Richter eines freiheitlich demokratischen Staates sich für berechtigt hielten, die Glaubens- und Gewissensüberzeugung einer religiösen Minderheit zu brechen, stellte ihrem politischen Bewußtsein nicht das beste Zeugnis aus.

Auch der Fliesenleger Ewald G. mußte die ihm zudiktierte Gefängnisstrafe absitzen. Ich weiß nicht, ob er noch weitere Einberufungsbescheide bekommen hat und ob und wie oft er noch verurteilt worden ist.

Erst im Jahre 1968, nämlich durch einen Beschluß des 2. Senats des Bundesverfassungsgerichts, den die Richter Seuffert, Henneka, Dr. Leibholz, Geller, Dr. Rupp, Dr. Geiger und Dr. Kutscher mit fünf gegen zwei Stimmen faßten, wurde wenigstens der traurigen Praxis, Zeugen Jehovas immer wieder für ihre ein für allemal getroffene Gewissensentscheidung zu bestrafen, ein Riegel vorgeschoben. Dabei stützte sich die Senatsmehrheit auf den in Art. 103 Abs. 3 GG verankerten Grundsatz, daß niemand wegen derselben Tat auf Grund der allgemeinen Strafgesetze mehrmals bestraft werden darf. Ein uralter Grundsatz des Strafprozeßrechts – lateinisch: »ne bis in idem« –, den deutsche Richter, mit wenigen Ausnahmen, bis dahin mit unhaltbarer Begründung hinweginterpretiert hatten, weil sie glaubten, nur so die Auflösung der staatlichen Ordnung verhindern zu können.

Daß es andere Wege gab, auch den Zeugen Jehovas karitative Dienste oder andere Opfer für die Allgemeinheit abzuverlangen, die deren Gewissensfreiheit nicht beeinträchtigt hätten, war dem Bundesverfassungsgericht schon in der Sache Ewald G. vorgetragen worden. Ich hatte darauf verwiesen, daß die Zeugen Jehovas das Christuswort »Gebt dem Kaiser, was des Kaisers ist ...« so interpretieren, daß hier die Pflicht gegenüber dem Staat postuliert sei, Steuern zu zahlen. Eine Sondersteuer anstelle des zivilen Ersatzdienstes wäre also mit ihrem Glauben vereinbar gewesen. Wenn es aber eine Möglichkeit gab, für die Zeugen Jehovas eine Leistungspflicht gesetzlich vorzusehen, die mit ihrer Glaubensüberzeugung nicht in Widerspruch stehen würde, dann konnte eine Regelung nicht rechtens sein, die Menschen um der Treue zu ihrer Glaubensüberzeugung willen zwingen wollte, entweder den staatlichen Ersatzdienst zu verrichten oder ihr halbes Leben im Gefängnis zu sitzen (wie es tatsächlich einige Gerichte und Staatsanwälte angedroht haben). Aber der 1. Senat des Bundesverfassungsgerichts hatte sich gegenüber diesem Argument taub gestellt. Und erst nachdem der 2. Senat die Möglichkeit der immer wiederholten Bestrafung gestoppt hatte, hat man in Bonn darüber nachgedacht, ob es nicht wirklich eine weniger terroristische Alternative gibt.

1969 wurde in das Zivildienstgesetz ein § 15 a eingefügt, wonach anerkannte Kriegsdienstverweigerer, die aus Gewissensgründen gehindert sind, Zivildienst zu leisten, zum Zivildienst vorläufig nicht herangezogen werden, wenn sie erklären, daß sie ein Arbeitsverhältnis mit üblicher Arbeitszeit in einem Krankenhaus oder einer anderen Einrichtung zur Behandlung, Pflege und Betreuung von Personen aufnehmen wollen, oder wenn sie in einem solchen Arbeitsverhältnis tätig sind. Damit war der staatliche Zwang weg, der allein für die Weigerung der Zeugen Jehovas den Hinderungsgrund bildete, eine an sich mit ihrem Gewissen durchaus vereinbare karitative Arbeit zu leisten. Und plötzlich redete kein Mensch mehr davon, daß sich »jede Ordnung auflösen« würde (so das OLG Stuttgart in einem Urteil vom 8. 2. 1963), wenn man den Zeugen Jehovas gestatten würde, sich der staatlichen Anordnung des zivilen Ersatzdienstes zu widersetzen. Da zeigte sich, daß es letztlich nur um die Durchsetzung des förmlichen Rituals staatlicher Autoritätsentfaltung ging, dessen Nichtbeachtung konservativen Geistern nun einmal unerträglich ist und deshalb bestraft werden muß, egal, ob die Regelverletzung in der Nichtbegründung eines staatlich verordneten Arbeitsverhältnisses oder in der Weigerung besteht, einen leeren Hut zu grüßen (Schillers »Wilhelm Tell«). Natürlich konnte das neue Gesetz den konservativen Geist seiner Macher nicht ganz verleugnen. Wenn man den Zeugen Jehovas großzügig gestattete, das auf freiwilliger Basis zu tun, was man ihnen lieber durch staatlichen Verwaltungsakt abgefordert hätte, dann mußte das Arbeitsverhältnis mindestens ein Jahr länger sein als der Zivildienst, den der anerkannte Kriegsdienstverweigerer sonst zu leisten hätte. Das waren die Herren und Damen Gesetzgeber in Bonn offenbar ihrem Staatsverständnis schuldig. Aber die Zeugen Jehovas – von ihrer eigenwilligen Bibelinterpretation in Sachen Wehr- und Ersatzdienst abgesehen, durchaus loyale Staatsbürger – haben sich diesem kleinlichen Nachschlag der weltlichen Obrigkeit klaglos unterworfen und brauchten seither nicht mehr ins Gefängnis.

Was ich gern wüßte: ob sich einer der Richter, die jahrelang junge Zeugen Jehovas ins Gefängnis geschickt haben, nachträglich geschämt hat.

11. Staatsgewalt gegen gewaltlose Ostermarschierer (1963)

Im Jahre 1963 nahmen an den Ostermärschen der Atomwaffengegner, die in allen Teilen der Bundesrepublik stattfanden, 34.000 Menschen teil. Auf 137 Schlußkundgebungen wurden insgesamt 80.000 Personen gezählt. Unter den Teilnehmern waren auch zahlreiche Ausländer, wie umgekehrt viele deutsche Atomwaffengegner an Ostermärschen in anderen europäischen Ländern teilnahmen. In Großbritannien beteiligten sich mindestens 20.000 Menschen an den Ostermärschen, deren bedeutendster vom Atomforschungsinstitut Aldermaston nach London ging.

Die deutschen Obrigkeiten diesseits und jenseits der sogenannten Zonengrenze sahen diese Aktivitäten kritischer Europäer gegen Atomwaffen nicht gern. In Ost-Berlin, der Hauptstadt der DDR, hatte die Stasi fünf britische Atomwaffengegner, die Flugblätter an Kirchgänger verteilt hatten, festgenommen und nach West-Berlin abgeschoben. Ein Ostermarsch von rund 1.200 dänischen Atomwaffengegnern wurde kurz vor der dänisch-deutschen Grenze auf Wunsch der deutschen Obrigkeit durch dänische Polizeibeamte gestoppt. Den Dänen wurde der Übertritt in die Bundesrepublik verweigert. Das Verbot soll sich, wie die *Frankfurter Rundschau* meldete, auf eine Intervention des Bundesaußenministeriums beim dänischen Justizminister gestützt haben. Andere ausländische Ostermarschteilnehmer wurden nach einem Erlaß des Bundesministers des Innern unter Berufung auf eine aus dem Jahr 1938 (!) stammende Polizeiverordnung an der Einreise gehindert.

Die Ausübung von Staatsgewalt gegen Menschen, die gewaltlos gegen den Wahnsinn einer Aufrüstung Europas mit gegeneinander gerichteten Massenvernichtungsmitteln protestierten und die sorglos schlafende Mehrheit wecken wollten, blieb für die deutsche Öffentlichkeit relativ unauffällig, soweit sie sich jenseits der bundesdeutschen Grenzen oder in Polizeiverfügungen manifestierte, mit denen sich die Veranstalter vor mehr oder weniger obrigkeitsfreundlichen Gerichten herumschlagen mußten. Ich erinnere mich an zahlreiche Verfahren, in denen es um die Anfechtung schikanöser Verwaltungsakte ging, mit denen die Ostermärsche um ihre Wirkung gebracht werden sollten. So versuchte man anfangs, die Ostermärsche auf Feld-, Wald- und Wiesenwegen um größere Ortschaften herumzuleiten oder den Gebrauch von Lautsprechern zu verbieten. In Bremen grub man sogar ein altes Gesetz aus, wonach das Spielen auf Musikinstrumenten in der Nähe von Kirchen verboten sei – es ging um eine Gitarre, während Polizei- und Militärkapellen noch nie gestört hatten.

Aber 1963 kam es an einer Stelle doch zu »teilweise dramatischen Vorkommnissen« *(Frankfurter Rundschau),* die unliebsames Aufsehen erregten und bei denen, die es miterlebten, und wohl auch bei einigen, die sonst davon erfuhren, Nachdenken über die reale Freiheitlichkeit eines Staates, in dem dies möglich war, ausgelöst haben dürften.

Am Karfreitag, den 12. April 1963, war um 10.55 Uhr auf dem Flughafen in Düsseldorf-Lohausen eine Chartermaschine mit 54 britischen Atomwaffengegnern gelandet, die am deutschen Ostermarsch in Nordrhein-Westfalen teilnehmen wollten. Als sie in der Ankunftshalle mitgebrachte Spruchbänder entfalteten und von 200 deutschen Gesinnungsfreunden lautstark begrüßt wurden, entsann man sich an der Paßabfertigung der Anordnung des Bundesinnenministeriums und verweigerte den Engländern die Einreise. Diese begannen in der Halle einen Sitzprotest, der von den wartenden Deutschen mit Sprechchören unterstützt wurde. Schließlich wurden die britischen Gäste einzeln von Polizisten in Kleinbusse getragen und zurück in das Flugzeug verbracht. Dort weigerten sie sich, die Gurte anzuschnallen, so daß es dem Flugkapitän nach den Sicherheitsbestimmungen des internationalen Luftverkehrs unmöglich war zu starten.

Über den weiteren Gang der Ereignisse berichtete die *Frankfurter Rundschau* (16. 4. 1963):

Der Düsseldorfer Flughafen gilt als Ausflugsziel. Er wimmelte von Menschen, als die deutschen Atomwaffengegner in Sprechchören die Freigabe ihrer Freunde forderten. Der Abend brach an, die Halle wurde geräumt. Ohne Abendessen und ohne ausreichende Decken erwartete die Briten auf dem Rollfeld eine kalte Nacht. Am nächsten Morgen, dem Samstag, hatten sich die Fronten neu gebildet. Alarmiert durch ein lokales Boulevardblatt, das den Düsseldorfern mitteilte, auf ihrem Flughafen würden 54 Briten ausgehungert, verstopften riesige Besuchermassen das Flugplatzgelände. Man beobachtete von allen Terrassen die DAN-Maschine auf dem Rollfeld.

Zu dieser Zeit befanden sich noch 48 britische Atomwaffengegner in der Maschine. Drei von den ursprünglich 54 Passagieren waren schon bei der Ankunft unbemerkt durch den Polizeikordon geschlüpft, drei weitere Engländer waren mit einer planmäßigen BEA-Maschine nach London zurückgeflogen. Als der Pilot einen weiteren Startversuch unternahm, schnallten sich nur 16 Passagiere fest. Das Unternehmen mußte erneut abgebrochen werden.

Deutsche und dänische Ostermarschteilnehmer bemühten sich vergeblich darum, zu ihren britischen Freunden gelassen zu werden. Darunter übrigens auch solche, die eigentlich mit derselben Maschine nach London hatten fliegen wollen, um am englischen Ostermarsch teilzunehmen. Man konnte nur von ferne Blickkontakt aufnehmen und auf Plakaten »Solidarität« bekunden, die aus dem Flugzeug mit »Danke« quittiert wurde. Endlich beschlossen die auf dem Flughafen versammelten Atomwaffengegner, in die Düsseldorfer Innenstadt zu fahren und dort auf der Königsallee, der zentralen Geschäftsstraße der Stadt, gegen die Behandlung der Briten, die nicht mehr aus dem Flugzeug gelassen wurden, zu protestieren.

An der Ecke Königsallee/Graf-Adolf-Straße setzten sie sich auf den Bürgersteig, zeigten Spruchbänder, mit denen sie die Einreiseerlaubnis für die Engländer forderten, sangen Ostermarschlieder und machten Sprechchöre. Einer ihrer Sprechchöre lautete: »Nicht nur Einreise für Militaristen, sondern auch für Pazifisten!« Denn fast gleichzeitig war bekannt geworden, daß ein früherer hoher SS-Offizier, dem die Beteiligung an Morden nachgesagt wurde, ungehindert hatte ein- und ausreisen können.

Als Redner auf der Ostermarsch-Kundgebung 1961 in Bergen-Hohne. Die Ostermarschbewegung war aus den außerparlamentarischen Initiativen gegen die von der Regierung Adenauer geplante Atombewaffnung der Bundeswehr entstanden. Sie wurde jahrelang als prokommunistisch diffamiert.

Es war zunächst nur ein kleines Häuflein, das da auf dem Bürgersteig hockte, vierzig bis sechzig Demonstranten. Aber die Polizei wußte der Demonstration eine ungewöhnliche Breitenwirkung zu verschaffen. Denn nach deutschem Polizeiverstand verstieß diese Demo gegen eine Bestimmung des Versammlungsgesetzes, wonach Versammlungen unter freiem Himmel 48 Stunden vorher anzumelden sind. Also fuhr die Polizei mit Lautsprecherwagen und Wasserwerfern auf und verkündete, daß die Versammlung aufgelöst sei und man den Kundgebungsort zu verlassen habe. Das hatte zur Folge, daß sich immer mehr Neugierige sammelten und schließlich eine von der Polizei auf 1.500 Personen geschätzte Menschenmenge die Straßenkreuzung verstopfte, so daß der Verkehr umgeleitet werden mußte. Denn die Demonstranten, überzeugt, daß ihre spontane Aktion vom Recht der Versammlungsfreiheit gedeckt war, dachten nicht daran, sich von der Polizei nach Hause schicken zu lassen.

Düsseldorf, 12. April 1963. Deutsche und dänische Ostermarschteilnehmer protestieren gegen die Festhaltung von 54 Engländern, denen die Einreise nach Deutschland und die Teilnahme am deutschen Ostermarsch verweigert wird.

Daraufhin setzte die Polizei den Wasserwerfer ein und begann, die Demonstranten nach und nach in Polizeiwagen zu verfrachten. Auf die immer kleiner werdende Restgruppe richtete die Polizei den scharfen Strahl des Wasserwerfers mehrmals, zuletzt auf eine Gruppe von sechs Personen, die man, auch ohne daß es dieses Gewaltakts bedurft hätte, wie die anderen hätte wegtragen können. Man muß dazu wissen, daß der Wasserstrahl eines Wasserwerfers, hier aus kürzester Entfernung eingesetzt, einen Druck hat, der Steine aus dem Straßenpflaster reißen und menschliche Gliedmaßen brechen kann.

Die zumeist jugendlichen Demonstranten ließen sich trotz alledem nicht zu gewaltsamer Gegenwehr hinreißen. Ihre Gewaltlosigkeit scheint die Polizisten zu besonderer Brutalität angestachelt zu haben. Es wurde berichtet, daß sie einzelne Demonstranten und wohl vor allem Demonstrantinnen kräftig an den Haaren und den Ohren gerissen und sie an anderen Körperstellen gestoßen haben. Aus dem immer größer werdenden Publikum wurden laute Proteste gegen die Polizei laut. Der Pfarrer Günneberg, der sich um Schlichtung bemühte, wurde von einem Kriminalbeamten mit den Worten beleidigt und bedroht: »Pfaffe, das war dein letzter Ostermarsch!«

Es gab mehrere Strafprozesse – natürlich nicht etwa gegen die Verantwortlichen des Polizeieinsatzes, sondern gegen die jungen Menschen, die von ihren Grundrechten Gebrauch gemacht hatten. Ich war in mehreren Verfahren als Verteidiger tätig und erlebte immer wieder dasselbe Unverständnis der Richter und Staatsanwälte, wenn ich ihnen klarzumachen versuchte, daß nicht die Demonstranten, sondern die polizeilichen Gewalttäter das Recht verletzt hatten.

Eines der Verfahren, das am 18. Februar 1964 vor einer Strafkammer des Landgerichts Düsseldorf in 2. Instanz verhandelt wurde, richtete sich gegen die 23jährige Rosemarie W., Redaktionssekretärin einer Jugendzeitschrift, und die 24jährige Dolmetscher-Schülerin Sofia W. Es ging um die Berufung gegen Urteile des Amtsgerichts. Rosemarie W. war vom Amtsrichter wegen Auflaufs zu einer Geldstrafe von 100 DM verurteilt worden, Sofia W. hatte der Amtsrichter freigesprochen, weil nicht widerlegt werden könne, daß die Angeklagte den Lautsprecher infolge des »unbeschreiblichen Lärms« nicht gehört habe. Gegen das eine Urteil hatte die Angeklagte, gegen das andere der Staatsanwalt Berufung eingelegt. Beide Verfahren waren miteinander verbunden worden. Ich verteidigte, was damals noch zulässig war, beide Angeklagte.

Besetzung des Gerichts: ein Berufsrichter als Vorsitzender, zwei Schöffen als Beisitzer. Alle drei haben, was viele nicht wissen, gleiches Stimmrecht. Für einen Schuldspruch ist Zweidrittelmehrheit nötig, das heißt: mindestens einen der Schöffen muß der Vorsitzende von der Schuld der Angeklagten überzeugen, wenn er verurteilen will. Und das schien hier, wie sich allerdings erst bei der überaus langdauernden Urteilsberatung herausstellte, schwierig zu sein.

Der Vorsitzende hatte von Anfang an einen ironischen Ton angeschlagen, der sowohl seine Siegesgewißheit wie seinen Mangel an richterlicher Qualität verriet. Die jungen Frauen, zum ersten Mal auf der Anklagebank eines deutschen Gerichts, waren irritiert. Sie hatten mindestens damit gerechnet, ernst genommen zu werden. Und auch vom Recht der Versammlungsfreiheit verstanden sie offensichtlich mehr als der gelernte Jurist.

Eine der beiden Angeklagten schilderte die Entwicklung der Protestveranstaltung, das Anwachsen der Menschenmenge:

Wir haben Sprechchöre gerufen und gesungen. Die Passanten haben geklatscht.

Vorsitzender: Die scheinen das für eine bessere Karnevalsveranstaltung gehalten zu haben.

Angeklagte: Das wohl kaum, es stand immerhin ein Wasserwerfer da, der drohend auf uns paar Demonstranten gerichtet war.

Vorsitzender: Sie mußten sich doch eigentlich sagen: Jetzt habe ich hier nichts mehr verloren.

Angeklagte: Ja, verstehen Sie denn nicht, daß es um einen Protest gegen die von der Polizei auf dem Flugplatz getroffenen Maßnahmen ging?

Vorsitzender: Aber Sie wurden doch von der Polizei aufgefordert, die Versammlung aufzulösen und nach Hause zu gehen. Warum sind Sie denn nicht weggegangen, als die ersten Leute von der Polizei weggetragen und in Polizeiwagen abtransportiert wurden? Das wäre doch für Sie das Beste gewesen.

Angeklagte: Wenn man einen Protest macht, dann muß man auch zu seiner Sache stehen. Ich hatte keine Veranlassung aufzustehen.

Die junge Angeklagte ist kränklich. Das gibt dem Vorsitzenden Anlaß zu der Bemerkung:

Wenn Sie so unter Kreislaufstörungen leiden, sollten Sie doch zu Hause bleiben.

Man redet zwei verschiedene Sprachen, man hat zwei verschiedene Grundgesetze gelesen. Man hat sicher auch verschiedene Meinungen über Atomwaffen und über die Menschen, die über Staatsgrenzen hinweg eine internationale Protestbewegung gegen dieses Teufelszeug in Gang zu bringen versuchten. Was die deutsche Polizei gegen die auf dem Düsseldorfer Flugplatz in ihrem Flugzeug eingesperrten britischen Atomwaffengegner verübt hatte, interessierte diesen Richter nicht. Beweisanträge des Verteidigers zu diesen Vorgängen, die den Anlaß und das Ziel der inkriminierten Demonstration deutlich machen sollten, wurden abgelehnt.

Ich hatte beantragt, den Düsseldorfer Polizeipräsidenten, den technischen Direktor der Flughafenverwaltung, einen Kriminalbeamten, einen Pfarrer, einen Rechtsanwalt und einen Lehrer als Zeugen für die an den britischen Gästen unseres Landes verübten Behördenakte zu vernehmen. Aus meinem Beweisantrag:

Sie erhielten zunächst nichts zu essen und nichts zu trinken.

Sie wurden mit Gewalt in die Maschine zurückverbracht. Von da an wurde das Verlassen der Maschine nicht mehr gestattet; Versuche dazu wurden mit Gewalt verhindert. Die Briten mußten also insgesamt drei Tage und drei Nächte sitzend im Flugzeug unter engsten räumlichen sowie unter entwürdigenden hygienischen Verhältnissen verbringen. Man verweigerte ihnen sogar ihren mehrfach geäußerten Wunsch, diese Zeit im Polizeigewahrsam zu verbringen, sei es im Polizeipräsidium in Düsseldorf, sei es in einer geeigneten Halle des Flughafens oder an einem anderen Ort.

Das Flugzeug blieb in der ersten Nacht trotz der kalten Witterung auf behördliche Anordnung im Freien stehen. Versuche des Flughafenpersonals, das Flugzeug mit den üblichen technischen Hilfsmitteln an die dortige Fernheizung anzuschließen, wurden durch die Behörde verhindert. Ebenso verhinderte die Behörde, daß die vom Publikum gesammelten Wolldecken, Lebensmittel und Getränke den eingeschlossenen Engländern durch die Spender selbst oder durch Wachpersonal überbracht wurden ...

Weitere Zeugen benannte ich zum Beweise dafür, daß einige der britischen Gäste, die auf eigene Kosten zurück nach London fliegen wollten, ebenfalls am Verlassen des Flugzeugs gehindert wurden. Erst am dritten Tag hatten die deutschen Behörden auf Proteste der Öffentlichkeit hin diesen Passagieren das Verlassen der Maschine und den Rückflug erlaubt.

Durch die Inhaftierung der Engländer im Flugzeug statt in einem Arrestlokal wurde gleichzeitig erreicht, daß auch die 54 deutschen Atomwaffengegner, die mit dem gleichen Flugzeug am Karfreitag hatten nach London fliegen wollen und ihre Flugtickets bereits bezahlt hatten, in Deutschland verbleiben mußten.

Für alle diese Tatsachen interessierte sich das Gericht nicht, obwohl sie jedem, der etwas über die Motivation der Demonstranten erfahren wollte, einigen Aufschluß gegeben hätten. Ebensowenig interessierte man sich dafür, wie die deutschen Demonstranten von der Polizei behandelt worden sind.

Die angeklagten jungen Frauen schilderten, wie sie, zuletzt noch als Gruppe von sechs Personen, mit dem scharfen Strahl des Wasserwerfers an die Hauswand gespritzt worden sind.

Wir haben keinen Widerstand geleistet.

Vorsitzender: Sind Sie froh, daß Sie das nicht auch noch getan haben.

Angeklagte: Wir sind in den Wagen geschleift und naß in die Zelle gesperrt worden.

Vorsitzender: Ja, das ist natürlich nun Ihr Pech.

Angeklagte: Ein Mädchen aus Essen lag auf der Straße im Wasser und hatte Nasenbluten. Das habe ich noch mitgekriegt, als ich in den Wagen gehoben wurde.

Den Richter interessiert das alles nicht, er winkt unwillig ab. Aber die jungen Frauen auf der Anklagebank sind empört:

Wir mußten 2 Stunden in unseren klatschnassen Sachen mit den Jungen zusammen in einer Zelle hocken. Es gab nur einen Kübel in der Zelle, den wir gemeinsam benutzen mußten.

Später wurden sie auf mehrere Zellen verteilt und bekamen trockene Kleider, die von Düsseldorfer Bürgern zur Verfügung gestellt worden waren.
  Am nächsten Morgen wurden die jungen Leute aufgefordert, sich »erkennungsdienstlich behandeln«, das heißt: für das Verbrecheralbum fotografieren zu lassen. Dazu merkt der Richter an:

Das ist natürlich unglaublich. Ja, das kann passieren. Hoffentlich hatten Sie wenigstens Frühstück essen können vorher?

Angeklagte: Ja.

Vorsitzender: Na, Gott sei Dank.

Die Angeklagte, die vom Richter schon den Rat bekommen hatte, sie hätte wegen ihrer Kränklichkeit lieber zu Hause bleiben sollen, erzählt, daß sie die ganze Nacht Schüttelfrost und Herzklopfen gehabt habe. Als sie aufgefordert worden sei, sich fotografieren zu lassen, habe sie sich geweigert. Sie habe nach einem Arzt und einem Rechtsanwalt verlangt. Beides wurde ihr verweigert. Stattdessen wurde sie in beleidigender Weise angebrüllt.
  Der Richter unterbricht mit einem ungeduldigen »naja«. Aber die junge Frau hat sich in große Erregung hineingeredet. »Ja, ich wollte das noch schildern«. Als Verteidiger sorge ich dafür, daß sie weitersprechen kann.

Dann bin ich von den Leuten in die Kammer hineingezerrt worden. Da ich mich sträubte, hat man schließlich den Fotoapparat aus dem Nebenraum geholt und mich gewaltsam auf einen Stuhl gedrückt. Dann wurde mir das Tuch vom Kopf gerissen. Mein Gesicht war vom Heulen schon ganz verklebt. Man hat mir auch die Hand vom Gesicht gerissen und dann fotografiert.

Der Richter, mit unerschütterlicher Ironie:

Da wird das Foto ja wohl nicht besonders gut geworden sein.

Die andere Angeklagte ergänzt diesen Bericht:

Man hat sie mit zwei bis drei Mann festgehalten.

Der Richter will es nicht hören. Er ist nur für die Anwendung des Strafgesetzes, nicht aber für den Schutz der Menschenwürde zuständig. Mit der Aussage des Polizeiwachtmeisters Kruse, der die Verantwortung für den Einsatz des Wasserwerfers zuversichtlich trägt, hat der Richter endlich etwas Handfestes.

Wir haben mit dem Lautsprecherwagen immer wieder durchgesagt: »Achtung, Achtung, hier spricht die Polizei; es handelt sich um eine nicht angemeldete Versammlung, die hiermit aufgelöst ist; ich bitte Sie, sich zu entfernen, da Sie sich andernfalls strafbar machen.«

Der Staatsanwalt interessiert sich nur dafür, ob die Angeklagten den Lautsprecher hören und verstehen konnten. Der Polizeizeuge:

Jedesmal, wenn wir mit der Durchsage begannen, verstärkten sich die Sprechchöre und Gesänge.

Aber man habe den Lautsprecher später versuchsweise gegen eine Wand sprechen lassen und die Lautstärke gemessen: über 90 Phon. Der Staatsanwalt konstatierte beruhigt:

Das ist die Schmerzgrenze.

Als Verteidiger wollte ich wissen, weshalb der Wasserwerfer noch gegen die letzten sechs Demonstranten eingesetzt worden ist. Der Zeuge:

Wir wurden aus dem Publikum aufgefordert, doch nun endlich dreinzuschlagen.

Also Staatsgewalt auf Bestellung aus dem Publikum, weil es ja so lustig ist, dabei zuzusehen, wenn Menschen mißhandelt werden.

Für den Staatsanwalt sah die Rechtslage sehr einfach aus. Ohne ein gewisses Maß von Ordnung gehe es nicht, sagte er in seinem Plädoyer. Deshalb sei nun einmal die rechtzeitige Anmeldung einer Versammlung vorgeschrieben. Und deshalb hätten die Angeklagten nach Hause gehen müssen, als die Polizei die Versammlung für aufgelöst erklärt habe.

Ich führte in meinem Plädoyer demgegenüber aus, daß die gesetzliche Anmeldepflicht für spontane Demonstrationen nicht gelten könne. Weder beim Bau der Berliner Mauer noch anläßlich der Ermordung Kennedys hätte man spontane Kundgebungen der Bevölkerung 48 Stunden vorher polizeilich anmelden können. Tatsächlich sei auch keine Polizeibehörde auf den Gedanken gekommen, die aus diesen Anlässen veranstalteten spontanen Versammlungen zu verbieten, aufzulösen oder gar mit Wasserwerfern zu bekämpfen. Ich forderte gleiches Recht für Atomwaffengegner, die gegen polizeiliche Behinderungen des Ostermarsches protestieren wollen. Ich wies darauf hin, daß im vorliegenden Fall die Einhaltung einer 48stündigen Anmeldefrist die Demonstration überhaupt verhindert hätte, da die Teilnehmer des Ostermarsches nach Ablauf der Ostertage wieder auseinandergehen. Überdies wäre der Sinn der Demonstration, schnelle Hilfe für die im Flugzeug unter entwürdigenden Umständen eingesperrten Engländer zu schaffen, durch Einhaltung einer Anmeldefrist vereitelt worden. Die entsprechenden Bestimmungen des Versammlungsgesetzes könnten daher bei verfassungskonformer Auslegung nicht auf Spontandemonstrationen angewendet werden.

Ich ging dann auch noch auf das rechtswidrige, gegen das Übermaßverbot verstoßende Vorgehen der Polizei ein. Der Einsatz des Wasserwerfers sei ein durch den Zweck nicht mehr gerechtfertigtes Mittel gewesen. Ich verwies weiter auf die brutalen Maßnahmen der Polizei beim Abtransport und in der Untersuchungshaftanstalt und zog daraus den Schluß, daß die

Polizei hier in unglaublicher Weise gegen die Prinzipien der Menschenwürde verstoßen habe.

Nicht diese Mädchen gehören auf die Anklagebank, sondern die Verantwortlichen der Polizei. Aufgabe der Gerichte ist es, den Staatsbürger vor solchen Übergriffen der Polizei zu schützen.

Der Vorsitzende hatte während des Verteidigerplädoyers seine Ungeduld deutlich werden lassen, die beiden Laienrichter hingegen hatten mit wachsendem Interesse zugehört. Ob sie begriffen hatten, daß ihnen hier die Aufgabe zugefallen war, Unrecht zu verhindern? Daß nach kurzer Beratung mitgeteilt wurde, die Urteilsverkündung werde erst in eineinhalb Stunden stattfinden, bestärkte uns in dieser Hoffnung.

Aber man weiß aus dem, was trotz Beratungsgeheimnis aus Erfahrungsberichten von Schöffen bekannt geworden ist, wie solche Beratungen verlaufen. Man weiß, daß die Berufsrichter, sobald es um Rechtsfragen geht, ihre angeblich besseren Rechtskenntnisse ausspielen, auf andere Urteile Bezug nehmen, von denen man nicht abweichen könne, und auf diese Weise auch intelligente und kritisch eingestellte Laienrichter in aller Regel verblüffen und zum Nachgeben bringen. Auch hier dürfte es so gelaufen sein, vielleicht durch den Vorschlag eines Kompromisses. Denn die Angeklagten wurden nicht wegen Auflaufs, wie der Staatsanwalt gewollt hatte, sondern nur wegen Übertretung des Versammlungsgesetzes verurteilt. Das kostete zwar auch 100 Mark, wurde aber als Übertretung nicht als Vorstrafe ins Strafregister eingetragen.

Mit unsicheren Blicken schauten die Schöffen ins Leere, während der Vorsitzende mit kalter Unpersönlichkeit seine Urteilsbegründung herunterleierte:

Es stand natürlich im Ermessen der Polizei, ob sie die Versammlung auflösen wollte. Da wir es hier nicht mit Schwachsinnigen zu tun haben, war kein Zweifel, daß dieses Zusammensein nun (als der Wasserwerfer auffuhr) ein Ende nehmen sollte, daß man auseinanderzugehen hatte. Die jungen Leute haben sich mit Wasser bespritzen lassen und sind trotzdem nicht weggegangen. Diese Maßnahme der Polizei stand auch nicht außer Verhältnis zum angestrebten Zweck. Die Demonstration spielte sich mitten in der Stadt ab. Es wohnen auch Leute da, die keinen Wert darauf legten, durch den Lärm gestört zu werden. Die Polizei schritt gegen die Erreger der Unruhe ein, und das war ihre Pflicht. Maßgebend war allein, daß man dieser Aufforderung Folge zu leisten hat. Das ist einfach eine Unterordnung, die von jedem Staatsbürger erwartet werden muß. Der Staatsbürger hat sich der allgemeinen Ordnung einzufügen. Das taten die Demonstranten nicht. Sie hatten Freude am Krach. Das muß ja nun mal ein Ende haben, damit die Angeklagten für die Zukunft wissen, daß das der Verbreitung ihrer Ideen in keiner Weise dient, sondern sie in Mißkredit bringt.

Mündliche Urteilsbegründungen sind oft aufschlußreicher als die erst später ausformulierte schriftliche Begründung. Hier hatte ein Richter ganz ungeschützt seine politische Bewußtseinshaltung offenbart. Nichts von dem, was ich auch ihm zum Nachdenken empfohlen hatte, war angekommen. Nicht einmal der Gedanke, daß der Protest gegen die Berliner Mauer sich erst mit zweitägiger Verspätung hätte entfalten dürfen, wenn seine Rechtsauffassung richtig wäre, hatte seine Polizeigläubigkeit ins Wanken gebracht. Ein Richter, der in jeden Polizeistaat gepaßt hätte.

Beim Bundesverfassungsgericht, das ich nach erfolglos durchgeführter Revision mit der Verfassungsbeschwerde anrief, löste der Fall denn auch einige Nachdenklichkeit aus. Mit Schreiben vom 11. Oktober 1966 wurde mir mitgeteilt, daß der für die Vorprüfung von Verfassungsbeschwerden gebildete Richterausschuß beschlossen habe, die Verfassungsbeschwerde nicht abzulehnen. Damit war schon eine wichtige Hürde genommen. Aber dann blieb die Sache jahrelang liegen. Mit Schreiben vom 10. November 1973 teilte mir der Richter am Bundesverfassungsgericht Dr. Helmut Simon mit, daß die Sache von seinen Vorgängern »wegen starker Belastung und später auch im Hinblick auf die Reform des Demonstrationsrechts zurückgestellt« worden sei; nunmehr spreche viel für die Anwendung einer (zur Entlastung des Bundesverfassungsgerichts eingeführten; H.H.) Neuregelung, wonach das Gericht auch eine an sich aussichtsreiche Verfassungsbeschwerde dann nicht zur Entscheidung anzunehmen brauche, wenn von der Entscheidung weder die Klärung einer verfassungsrechtlichen Frage zu erwarten ist, noch dem Beschwerdeführer durch die Versagung der Entscheidung ein schwerer und unabwendbarer Nachteil entsteht. Diese Voraussetzungen hielt Simon hier für gegeben. Insbesondere erscheine es wenig ratsam, wichtige verfassungsrechtliche Probleme des Demonstrationsrechts »auf Grund längst überholter Strafvorschriften« zu erörtern.

Das war nun zwar eine wenig überzeugende Begründung, denn nach wie vor gab und gibt es, wenn auch mit anderen Paragraphenziffern, die 48stündige Anmeldefrist und die aus deren Nichteinhaltung folgende Auflösungsbefugnis der Polizei und eine Strafbestimmung gegen den, der sich trotz Auflösung der Versammlung durch die zuständige Behörde nicht unverzüglich entfernt. Aber Simon – übrigens einer der liberalsten Richter, die wir je am Bundesverfassungsgericht gehabt haben – hatte wohl die Mehrheitsverhältnisse im Senat ganz realistisch im Blick. Und so kam es denn, wie er vorausgesagt hatte. Durch nicht näher begründeten Beschluß des Ersten Senats des Bundesverfassungsgerichts (mit den Richtern Dr. Benda, Ritterspach, Dr. Haager, Rupp-von Brünneck, Dr. Böhmer, Dr. Faller, Dr. Brox und Dr. Simon) vom 18. Dezember 1973 wurden die Verfassungsbeschwerden meiner Mandantinnen Rosemarie W. und Sofia W. sowie vier weiterer von mir vertretener Beschwerdeführer und Beschwerdeführerinnen »nicht zur Entscheidung angenommen«.

Ein unbefriedigender Ausgang des Verfahrens. Aber in der politischen Realität hatten wir trotzdem einiges bewirkt. Was ich in den Jahren 1963 und 1964 konservativen Düsseldorfer Richtern über die Rechtslage bei Spontandemonstrationen erzählt hatte, ohne dafür mehr als ein müdes Lächeln und ironische Sprüche zu ernten, war inzwischen auch ohne ausdrückliche Gesetzesänderung herrschende Rechtsauffassung der Gerichte und der Kommentatoren geworden. Der polizeiliche

Umgang mit friedlichen Demonstranten, die von dem einzigen ihnen zugänglichen Medium, der Straße, Gebrauch machen, ist allerdings nach wie vor weit entfernt von der Erkenntnis, daß man es mit Menschen zu tun hat, die verfassungsrechtlich garantierte demokratische Grundrechte wahrnehmen. Und so wird es wohl auch in Zukunft immer wieder des Bürgermuts junger Menschen bedürfen, trotz Wasserwerfern und polizeilichen Knüppeleinsätzen Demokratie zu praktizieren.

12. Eine Demo gegen den Vietnamkrieg und die Reaktion der Staatsgewalt (1967)

Am 17. Februar 1967 hatte im Hamburger Universitätsviertel eine vorschriftsmäßig angemeldete Demonstration gegen den Krieg in Vietnam stattgefunden. Nach Schluß dieser Veranstaltung zog eine kleine Gruppe von Demonstranten zum Hauptbahnhof, um dort den Protest fortzusetzen. Damit betrat man partiell demokratieloses Gelände, denn nach damaligem Hamburger Recht lag der Hauptbahnhof innerhalb der sogenannten Bannmeile um das Rathaus, in der das Recht der Versammlungsfreiheit nicht galt. Schon die Existenz einer Bannmeile, die in Hamburg die ganze Innenstadt umfaßte, wurde in der Zeit der »Studentenbewegung« – die von vielen lieber und richtiger als »sozialrevolutionäre Bewegung« bezeichnet wird – als ungeheure Provokation empfunden. In einer Zeit, in der es galt, die Menschen darauf aufmerksam zu machen, daß in Vietnam im Zeichen der Verbreitung westlicher Freiheit ein Völkermord begangen wurde, konnte doch nicht das Recht auf ungestörten Straßenverkehr dem verfassungsmäßigen Recht auf öffentlichen Protest vorgehen! Das war die Grundhaltung der jungen Menschen, die seit einigen Jahren angefangen hatten, über die Kollektivverbrechen der Vätergeneration, über die Reaktivierung ehemaliger Nazibeamter und über die politischen Kontinuitäten im Denken und Handeln der herrschenden Klasse nachzudenken. Die bewußte Regelverletzung, die die Polizei fast täglich vormachte, war eines der Kampfmittel der aufbegehrenden Generation geworden, um das »Verbrechen des Schweigens«, wie Bertrand Russell das Wegsehen vom amerikanischen Völkerrechtsverbrechen in Vietnam genannt hat, zu durchbrechen. Einige der jungen Leute, die an diesem Abend den Antikriegsprotest in einer belebteren Stadtgegend fortsetzen wollten, wußten allerdings nichts von einer Bannmeile, die auch den Hauptbahnhof umfaßte. So insbesondere der Medizinstudent Obi Ifeobu aus Nigeria, für den die Teilnahme an dieser Demonstration besonders schwerwiegende Folgen haben sollte. Er gehörte zu den idealistisch gesinnten jungen Menschen, die sich nicht vorstellen konnten, daß es verboten sein könne, in einem freien Land öffentlich gegen Krieg und Völkermord zu protestieren.

Und so bahnte sich denn auch an diesem Abend in der Wandelhalle des Hamburger Hauptbahnhofs der unvermeidliche Konflikt zwischen den jungen Demonstranten und den Hütern von Sicherheit und Ordnung an. Es waren zunächst nur zwanzig bis dreißig Personen, die dort Sprechchöre bildeten (»Freiheit für Vietnam!«, »Keine Mark und keinen Mann / für den Krieg in Vietnam!«, »Völkermord / Yankee fort!«), den Namen des vietnamesischen Präsidenten skandierten (»Ho-ho-ho-Chi-Minh«), die Internationale und das Lied der amerikanischen Bürgerrechtsbewegung »We shall overcome« sangen und Plakate zeigten mit Aufschriften wie »Schluß mit dem Krieg in Vietnam!«, »Vietnam – Auschwitz der Amerikaner«, »Keine Unterstützung der USA-Politik in Vietnam!«, »Springerpresse – Mordmätresse«.

Unter den Interessierten und Neugierigen, die sich alsbald um die Demonstranten scharten, befanden sich auch Kriminalbeamte in Zivil, die zunächst nicht einschritten. Dann aber wurden gegen 21.45 Uhr Bahnpolizisten tätig, die den Auftrag hatten, »nachzusehen, was in der Wandelhalle los sei, und für Ordnung zu sorgen«. Als diese erschienen, setzten sich die Demonstranten auf den Boden. Die Bahnpolizisten versuchten, die Versammlung in der Weise aufzulösen, daß sie einzelne Personen wegtrugen, mit dem Erfolg, daß diese sich am Rand der Sitzgruppe erneut hinsetzten. Besonders aktiv, aber wohl auch besonders erbittert über die Erfolglosigkeit ihres Bemühens, waren die Bahnpolizisten D. und Sch. Dem einen – Sch. – gelang es nicht, einem der Demonstranten – es handelte sich um den Studenten Obi Ifeobu aus Nigeria – den Haltestock eines Spruchbandes zu entwinden, weil die Herumsitzenden protestierend aufstanden. Der andere – D. – kam aus ungeklärter Ursache zu Fall und verlor seine Dienstmütze. Dieser glaubte, er sei infolge eines Faustschlages gestürzt und wähnte, er solle am Boden liegend getreten werden, sprang erregt auf und traktierte einen der Demonstranten, den späteren Angeklagten Küttner, mit Faustschlägen. Küttner, der mit dem Sturz des Beamten nichts zu tun hatte, hob nur abwehrend die angewinkelten Arme, schlug aber nicht zurück. Dann versuchte der Bahnpolizist, Küttner festzunehmen und ihn mit einer Schließkette zu fesseln. Das mißlang, weil Küttner den Arm wegzog. Daraufhin schlug D. mit der Kette auf Küttner ein und verletzte diesen am Kopf. Küttner versuchte nunmehr, sich der Schläge dadurch zu erwehren, daß er D. in den Schwitzkasten nahm. Die Aussichtslosigkeit dieses Unternehmens alsbald einsehend, versuchte Küttner wegzulaufen, wurde jedoch von Umstehenden behindert, von einem der ihn verfolgenden Beamten – nämlich D. – nochmals mit der Kette am Kopf getroffen und einige Meter weiter von den Beamten D., Sch. und S. festgenommen und zur Bahnhofswache gebracht. Dort wurde er wegen zweier Platzwunden am Kopf provisorisch versorgt und dann ins Krankenhaus gefahren.

Der nigerianische Student Obi Ifeobu war den Beamten natürlich durch seine Hautfarbe aufgefallen. Einer der Beamten trat an ihn heran und sagte: »Sie als Ausländer halten lieber den Mund, solche Leute wie Sie werden bei uns leicht abgeschoben.« Der Beamte gab später zu Protokoll:

Herr Ifeobu lachte mir jedoch lediglich frech ins Gesicht und verblieb weiter mit den anderen Demonstranten in der Wandelhalle.

Wenig später ging ein anderer Beamter auf Ifeobu zu und erklärte:

Sie haben mich vorhin geschlagen. Sie sind festgenommen.

Die Behauptung, Ifeobu habe einen Beamten geschlagen, war ebenso frei erfunden wie weitere Anschuldigungen, die später erhoben wurden und als Begründung für seine Abschiebung dienen sollten. Der Afrikaner stand verdutzt da und wurde dann von zwei Bahnpolizisten mit auf dem Rücken verschränkten Armen abgeführt.

Das löste Proteste anderer Demonstrationsteilnehmer und unbeteiligter Passanten aus, die sich der Polizei diskutierend gegenüberstellten. Auch wurden Rufe laut: »Laßt den Schwarzen laufen!« Später sollte daraus werden, die Polizisten seien angesprungen worden und ein langer Blonder, als den man meinen späteren Mandanten Klaus Winter identifizieren wollte, habe versucht, den schwarzen Kommilitonen zu befreien.

Wie es mit dem afrikanischen Studenten weiterging, beschrieb Joachim Wegener in der *Zeit* vom 2. 3. 1967 so:

Der Mediziner wurde jedenfalls »zwecks Feststellung seiner Personalien« auf die Wache der Bahnpolizei gebracht. Diese »Feststellungen« zogen sich bis in die Morgenstunden des nächsten Tages hin.

Am Montag ging der Student wie gewohnt in die Vorlesungen, schrieb noch eine Klausur in der Kinderklinik und bereitete sich anschließend in seiner Wohnung auf weitere Prüfungen vor. »Gegen 18.30 Uhr«, erzählte ein nigerianischer Landsmann, der mit Obi zusammen wohnte, »kamen drei Herren. Obi begrüßte sie freundlich und ging mit ihnen auf sein Zimmer.« Wenig später hörte der Landsmann plötzlich laute Schreie: Obi wurde von den drei Herren abgeführt. »Ich soll nach Hause«, teilte der fassungslose Mediziner seinem Kommilitonen mit, »verständige bitte den Konsul.«

Im Bericht des Kriminalobermeisters H. liest sich der Vorgang so:

Um 18.25 Uhr teilte der Hausmeister mit, daß I. soeben eingetroffen sei. I. wurde aufgesucht und ihm der Grund unseres Erscheinens der oben genannten Kriminalbeamten mitgeteilt. Ihm wurde aufgetragen, sofort das Notwendigste zu packen. I. weigerte sich zuerst, unseren Anordnungen nachzukommen. Erst als ihm angedeutet wurde, daß er notfalls unter Zwang aus seinem Zimmer geschafft würde, bequemte er sich dazu, seinen für die Ausweisung notwendigen Paß herauszusuchen. Zwischenzeitlich hatten die KOM Steenbock und

Weiß einen Koffer mit zwei Anzügen, Wäsche pp. gepackt. Da das Zimmer überladen mit eigenen Sachen (Bücher, Bekleidung, Radiogerät pp.) war, konnten weitere eigene Sachen nicht mitgenommen werden. Herrn I. wurde angedeutet, daß das Zimmer von uns verschlossen und seine Sachen ihm später zur Verfügung ständen. Nach Verlassen des Zimmers um 18.30 Uhr wurde von dem KOM H. die Tür verschlossen und das Schloß mit einem sogen. Kobold gesichert.

Sodann raste man unter Vorauffahrt eines Polizeiwagens zum Flughafen, mit der Absicht, den jungen Afrikaner in die um 18.55 Uhr (das ist weniger als eine halbe Stunde nach Beginn der Aktion!) abfliegende Maschine nach Lagos zu verfrachten. Erst auf dem Flughafen legte man ihm die Ausweisungsverfügung vor, also zu einem Zeitpunkt, wo jedes Rechtsmittel unmöglich wurde. Weiter im *Zeit*-Artikel:

Die drei Herren verlasen dem völlig verwirrten Mediziner den Ausweisungsbeschluß der Innenbehörde, forderten noch eine schriftliche Bestätigung über »die Erteilung der Rechtsmittelbelehrung«, Obi verweigerte die Unterschrift, der Attache versuchte noch zu retten – die planmäßige Maschine flog ohne Obi ab. Im Eifer des Gefechts hatten die Diskutanten die Uhrzeit vergessen. Den Nigerianer steckten die drei Herren für die nächste Nacht ins Hamburger Untersuchungsgefängnis, und dort wurde Obi selbst der Obhut des Konsulatsattaches entzogen: »Wir sind nur kleine Beamte, wenden Sie sich an den Senator«, wurde ihm bedeutet. Doch weder Senator Ruhnau noch Polizeipräsident Jürgen Frenzel waren für den Diplomaten erreichbar.

In der Ausweisungsverfügung des Hamburger Polizeipräsidenten hieß es:

Sie haben am Abend des 17. Februar 1967 im Anschluß an eine Versammlung nach deren Beendigung an einem unangemeldeten Aufzug vor dem Hamburger Hauptbahnhof teilgenommen ... Als Polizeibeamte begannen, Demonstranten wegzutragen, kam es zu körperlichen Angriffen auf die Beamten. Sie selbst beschimpften Polizeibeamte mit folgenden Ausdrücken: »SS-Schergen«, »Nazischweine«,

»KZ-Wächter«. Sie übergaben einem anderen Demonstranten ein aufgeklapptes Taschenmesser, mit dem ein Bediensteter der Bahnpolizei angegriffen und verletzt wurde. Sie selbst schlugen einen weiteren Bediensteten der Bahnpolizei mit der Faust in die Magengrube. Außerdem verletzten Sie den Beamten an der Hand durch Umknikken eines Fingers ...

Ihre Anwesenheit beeinträchtigt damit erhebliche Belange der Bundesrepublik Deutschland, zumal die Demonstration in erster Linie gegen ein Land gerichtet war, mit dem die Bundesrepublik diplomatische Beziehungen unterhält und darüberhinaus freundschaftlich verbunden ist ...

Die Anordnung der sofortigen Vollziehung ist im Hinblick auf das von Ihnen gezeigte Verhalten dringend geboten, da Ihnen keine Gelegenheit gegeben werden darf, erneut in einer die Öffentlichkeit stark beunruhigenden Weise die öffentliche Sicherheit und das gute Verhältnis zwischen der Bundesrepublik Deutschland und den Vereinigten Staaten von Amerika zu stören ...

Nach der im Untersuchungsgefängnis verbrachten Nacht wurde Obi Ifeobu erneut zum Flughafen gefahren und diesmal in Begleitung zweier Beamter nach Lagos transportiert. Springers Bild-Zeitung berichtete am 22.2.67 zynisch:

Ein kostenloses Flugticket von Hamburg nach Nigeria (Afrika) – das war der letzte Dienst, den die Bundesrepublik ihrem bisherigen Gaststudenten Obi I. (29) erwies: Der dunkelhäutige Obi wurde gestern früh in seine Heimat zurückgeschickt.

Er gehörte zu den Vietnam-Demonstranten, die am Freitag letzter Woche im Hauptbahnhof randaliert hatten. Obi I., der in Hamburg Medizin studierte, hatte in der Wandelhalle Polizisten beschimpft sowie einen Bahnpolizisten in die Magengrube geschlagen und in die Hand gebissen.

Wie Neger das so machen. Die *Bild*-Zeitungsredaktion wußte offenbar, welche rassistischen Vorurteile sie bei ihrer Leserschaft voraussetzen durfte. Und so erfand sie zu den Erfindungen der Polizei noch den Biß des Schwarzen in die Hand seines weißen Gönners hinzu. Die Leser werden sich in ihrer ausländerfeindlichen Haltung bestätigt gefühlt haben. Womit sie sich nicht wesentlich von der Einstellung der Hamburger Polizeiführung unterschieden. Hatte doch auch der Polizeipräsident nach dem Prinzip »Polizisten lügen nicht« alles geglaubt, ohne dem Nigerianer auch nur die Chance zu rechtlichem Gehör zu bieten. Auf dem Flug nach Lagos verfaßte Obi Ifeobu den Entwurf eines Schreibens an den Polizeipräsidenten, den er den ihn begleitenden Polizeibeamten treuherzig zu lesen gab mit der Frage, ob er einen solchen Brief an den Herrn Polizeipräsidenten senden könne. Man beschied ihn, wie in einem Aktenvermerk festgehalten ist, daß er an den Polizeipräsidenten schreiben könne, was er wolle. Die endgültige Fassung des Briefes, den er von Lagos aus schickte, ist ein rührendes Dokument seiner Hilflosigkeit und eine peinliche Korrektur dessen, was er bisher unter demokratischer Freiheit verstanden hatte.

Ich möchte sehr gern mein Medizinstudium in Westdeutschland zu Ende bringen. Dazu benötige ich nur noch drei Semester ...
 Ich leugne nicht, an der Demonstration teilgenommen zu haben. Ich möchte hinzufügen, daß ich mich der Demonstration angeschlossen habe, ohne zu wissen, daß ich gegen ein Landesgesetz verstieß. Sechs Jahre habe ich mich bemüht, die Gesetze des Landes zu beachten. Könnte meine Unkenntnis in diesem Falle nicht vergeben werden? ...
 Ich möchte Kinderarzt werden, und ich hatte sehr viel Mitleid mit kleinen Kindern, die, wie uns zu verstehen gegeben wurde, in Vietnam bombardiert werden. ...
 Wenn es mir erlaubt würde, nach West-Deutschland zurückzukommen, würde ich versprechen, ein gesetzmäßiges Leben zu führen, wie ich mich stets bemüht habe, es zu tun. Ich verspreche auch, an keiner Demonstration irgendwelcher Art teilzunehmen.

Weiter versicherte er, daß er nicht für die Kommunisten demonstriert habe – eine, wie es scheint, sonderbare und unnötige Entschuldigung, die aber verständlich wird, wenn man sich die durch jahrelange Diffamierung der Opposition erzeugte Bewußtseinslage der herrschenden Mehrheit vergegenwärtigt. In der Akte taucht immer wieder die Kennzeichnung der Demonstranten als »prokommunistisch« auf. Einer der Polizeizeugen wußte genau, woran man Kommunisten erkennt:

Plötzlich kamen prokommunistische Demonstranten in die Wandelhalle. Sie waren erkennbar am Tragen von Transparenten mit kommunistischen Parolen und ihrem betont ungepflegten Aussehen.

Mit denen wollte Obi Ifeobu nicht verwechselt werden. Und tatsächlich gehörte er, wie die deutsche Botschaft in Lagos in einem Schreiben vom 2. März 1967 dem Hamburger Polizeipräsidenten mitteilte,»einer der prominentesten Familien Nigerias« an, die freundschaftliche Beziehungen zu Botschaftsangehörigen unterhalte. Aber auch die Botschaft bemühte sich vergeblich um eine Überprüfung der Ausweisungsverfügung. Obi Ifeobu blieb die Rückkehr nach Deutschland und die Beendigung seines Medizinstudiums versperrt. Auch der Briefkontakt mit seinen Freunden in Deutschland brach eines Tages ab. Sie befürchteten, daß ihr schwarzer Kommilitone, der zur Minderheit der Ibos gehörte, den an diesem Volksstamm verübten Massakern des Militärs zum Opfer gefallen ist, bei denen 1967 in Nigeria etwa 50.000 Menschen umgebracht worden sind.

Die Staatsanwaltschaft erhob Anklage gegen neun Teilnehmer der Demonstration, fünf Studenten – darunter Obi Ifeobu –, einen Lehrer, einen Redaktionsassistenten, einen Grafiker und einen Maurer. Anklagevorwurf: sie hätten sich des »Auflaufs« (§ 115) und des »Landfriedensbruchs« (§ 125 StGB) schuldig gemacht (§ 115 ist im Zuge der Strafrechtsreform 1970 aufgehoben worden, § 125 gibt es noch), einige seien dabei auch als »Rädelsführer« tätig geworden; außerdem wurde drei Angeklagten – nämlich Küttner, Ifeobu und Winter – vorgeworfen, sich der Körperverletzung schuldig gemacht zu haben; und einer – nämlich Winter – war auch der versuchten Gefangenenbefreiung angeklagt.

Die Hauptverhandlung beim Amtsgericht Hamburg – erweitertes Schöffengericht (2 Berufsrichter und 2 Schöffen) – fand am 3., 5., 8. 10., 16. und 19. April 1968 statt und richtete sich nur noch gegen drei Angeklagte, den Lehrer Werner Küttner, den Studenten der Ingenieurschule Klaus Winter und den Maurer Walter S. Der Angeklagte Obi Ifeobu war längst nach Nigeria abgeschoben und wahrscheinlich gar nicht mehr am Leben; bei weiteren Angeklagten hatte das Gericht die Eröffnung des Hauptverfahrens abgelehnt. Mein Mandant war der Student Klaus Winter, die beiden anderen Angeklagten wurden von den Hamburger Kollegen Dr. Borger und Sempell verteidigt. Die Anklage vertrat Oberstaatsanwalt Dose. Das Gericht bestand aus Amtsgerichtsrat Dr. Borchert als Vorsitzender, Gerichtsassessor Böckermann als 2. Richter und der Rentnerin Margarethe Munster und dem Zollamtmann Leopold Zengel als Schöffen.

Die mit vorbildlicher Sachlichkeit und Objektivität durchgeführte Hauptverhandlung endete nur für den Angeklagten S. mit einer Verurteilung (vier Monate Gefängnis – zur Bewährung ausgesetzt – wegen Widerstands gegen Vollstreckungsbeamte in Tateinheit mit Körperverletzung und 200 DM Geldstrafe wegen Beleidigung), während Küttner und Winter freigesprochen wurden. Der Angeklagte S., dem das Gericht auf Grund eines medizinischen Sachverständigengutachtens attestierte, daß er wegen entwicklungsmäßiger Retardierung als Jugendlicher hätte behandelt werden müssen, wenn er nicht zur Tatzeit 21 Jahre alt gewesen wäre, hatte unzweifelhaft einen Beamten getreten und geschlagen und Beleidigungen ausgesprochen. Bei Küttner und Winter jedoch folgte das Gericht den belastenden Aussagen der Polizeibeamten und eines Küchendirektors nicht. Es heißt in den Urteilsgründen:

Die Ermittlung des Sachverhalts in der Beweisaufnahme gestaltete sich schwierig, da fast jeder Vorgang von einem oder mehreren Zeugen abweichend oder sogar entgegengesetzt dargestellt wurde. Dies beruht einmal darauf, daß der einzelne Zeuge jeweils nur einen kleinen Teil der Vorgänge wahrnehmen konnte, ihm zudem häufig infolge des schnellen Szenenwechsels einzelne Ereignisse entgangen waren oder ihm inzwischen entfallen sind. Zum anderen verfärbte offensichtlich bei einem Teil der Zeugen die Sympathie mit den Polizeibeamten auf der einen Seite und mit den Demonstranten auf der anderen Seite die Darstellung der Ereignisse. Einige Polizeibeamte konnten in der Hauptverhandlung ihre Aussagen während des Ermittlungsverfahrens nicht aufrechterhalten oder vermochten auf konkrete Fragen zu Schilderungen in ihren Aussagen bei der Kriminalpolizei keine Antworten zu geben. Das Verfahren der Vernehmenspersonen bei der Kriminalpolizei war nicht in allen Fällen der Ermittlung des Sachverhalts in der Hauptverhandlung dienlich.

Mit Oberstaatsanwalt Dose hatte ich manche Meinungsverschiedenheit. Hier diskutiere ich mit ihm im Flur des Hamburger Strafjustizgebäudes, als er in stellvertretender Ausübung des Hausrechts eine Räumung des Gerichtsflurs durchzusetzen versucht. Das war bei einem Prozeß kurz vor Weihnachten 1968, bei dem sich die Zuhörer als Weihnachtsmänner verkleidet und Weihnachtslieder angestimmt hatten (»Macht hoch die Tür«).

Zu dieser ungewöhnlich kritischen Beweiswürdigung hatte ein Umstand beigetragen, der leider Seltenheitswert hat: es gab Bild- und Tondokumentationen über die Vorgänge auf dem Hauptbahnhof, die bestimmte belastende Aussagen widerlegten. Dem Gericht standen zwei Filme zur Verfügung, der eine von der Polizei aufgenommen, der andere von einem Filmteam des Norddeutschen Rundfunks und ferner eine Tonbandaufnahme, die es ermöglichte, die im Film festgehaltenen Geschehnisse zeitlich einzuordnen.

Besonders spektakulär war die Widerlegung der Aussage des Bahnpolizeibeamten D., der bestritten hatte, den Angeklagten Küttner mit einer Kette geschlagen zu haben. Die Kette sei ihm bei dem Versuch, Küttner festzunehmen, abhanden gekommen. Der Film des NDR-Teams bewies nun das Gegenteil. Der Film zeigte deutlich, daß D. mit der Kette auf Küttner eingeschlagen hat. Als die entscheidenden Teile des Films noch einmal mit Einzelbildschaltung wiederholt wurden, verschmorte ein Bild nach dem anderen nach wenigen Sekunden infolge der Hitzeentwicklung des Vorführgeräts. Eine technische Panne, die wahrscheinlich allen, die das miterlebt haben, unvergeßlich geblieben ist. Unvergeßlich blieb aber auch das Bild des mit einer Kette schlagenden Polizisten.

Als der Vorsitzende nach der Filmvorführung im Gerichtssaal dem Zeugen D. vorhielt, daß der Film mit seiner Darstellung nicht übereinstimme, versuchte D. zunächst, seine Aussage als mit dem Film vereinbar zu verteidigen. Worauf ihn der Vorsitzende darauf hinwies, daß er das Recht habe, die Auskunft auf solche Fragen zu verweigern, bei deren wahrheitsgemäßer Beantwortung er sich einer stafbaren Handlung bezichtigen müsse. Eine sanfte Umschreibung für die Warnung »Sie reden sich um Kopf und Kragen!« Und der Staatsanwalt kam dem Zeugen mit der Empfehlung zu Hilfe, er könne ja sagen, daß er den Vorgang bisher anders in Erinnerung gehabt habe. Und D. ergriff den Rettungsring: »Ja, der Film zeigt es ja anders.«

Der Anklagevertreter, Herr Oberstaatsanwalt Dose, mußte einräumen, daß ein Schuldbeweis gegen Küttner nicht zu führen sei, und beantragte dessen Freispruch. Was meinen Mandanten, Klaus Winter, anging, ließ er sich durch die Demontage des Zeugen D. und ähnliche Blamagen mit anderen Belastungszeugen nicht entmutigen, eine Verurteilung zu einem Jahr Gefängnis zu beantragen. Als strafschärfend wertete er übrigens, daß der Angeklagte »ausgesprochen intelligent« sei.

Das Gericht gab jedoch der Verteidigung recht, daß auch Winter der ihm angelasteten Widerstandshandlungen und des Versuchs, den schwarzen Kommilitonen zu befreien, nicht überführt sei. Es begründete den Freispruch mit einer minutiösen Gegenüberstellung der Zeugenaussagen mit den Filmaufnahmen, die sie widerlegten. Und es ließ keinen Zweifel, daß auch der nigerianische Student Obi Ifeobu freigesprochen worden wäre. Dieser war insbesondere durch die Aussagen des Bahnpolizisten Sch. und des Küchendirektors L. belastet worden. Von L. stammte die Behauptung, Ifeobu habe einem anderen Demonstranten ein aufgeklapptes Taschenmesser gegeben, der damit einen Stoß gegen D. geführt habe; auch habe Ifeobu D. gegen das Schienbein getreten. Der Zeuge L. hatte eingeräumt, am Tage der Demonstration vier Bier getrunken zu haben. Im Urteil heißt es:

Das Gericht ist überzeugt, daß der Zeuge sich in der Zahl der von ihm getrunkenen Biere geirrt hat.

Und das bedeutet, daß die Aussage eines betrunkenen Zeugen neben der des durch die Filmdokumentation widerlegten Polizeizeugen »zur Grundlage der Ausweisungsverfügung des Polizeipräsidenten vom 20. Februar 1967 gegen den Beschuldigten gemacht worden« ist. Eine Urteilsfeststellung, die die überstürzte Abschiebung des jungen Mediziners als staatliches Verbrechen kennzeichnet. Aber dafür ist niemand auf die Anklagebank gekommen.

13. Der 2. Juni 1967 und die Folgen. Die Störung schahfreundlicher Jubelperser in Hamburg

Die politische und staatliche Auseinandersetzung mit der Studentenbewegung – das hat unsere empirische Analyse unabweisbar gezeigt – war zunehmend charakterisiert durch Regel- und Rechtsverletzungen auf seiten der Träger und Instanzen staatlicher Kontrolle, die weitgehend ungeahndet und unverfolgt blieben.

So lautet das Fazit, das Fritz Sack, einer der Professoren, die an dem mehrbändigen Werk *Analysen zum Terrorismus* beteiligt waren, aus seinen Untersuchungen (und denen seiner Mitarbeiter) gezogen hat.

Mit anderen Worten: Jahrelang sind gewaltlos protestierende Demokraten von der Springer-Presse als Kommunisten, Rabauken und Gewalttäter diffamiert und von Polizisten mit Knüppeln geschlagen worden, ohne daß ihnen die Justiz, diese angeblich unabhängige Instanz, durch Bestrafung der Volksverhetzer und der Schläger Schutz geboten hätte. Selbst der Polizist Kurras, der am 2. Juni 1967 den Studenten Benno Ohnesorg erschossen hatte, war freigesprochen worden.

Was am 2. Juni 1967 anläßlich des Besuchs des Schahs von Persien in Berlin geschehen war – die von der Polizei unbehinderten Gewalttätigkeiten der sogenannten »Jubelperser«, dann Einkesselung und Schlagstockeinsatz der Polizei gegen friedliche Demonstranten und Erschießung des Studenten Benno Ohnesorg, das alles gefolgt von Politikererklärungen und Medienkommentaren, die den Opfern des Polizeimassakers die Schuld an dieser Explosion staatlicher Gewalt geben wollten –, das hatte die Republik verändert. In den Ereignissen dieses 2. Juni und der folgenden Tage – auch die weiteren Stationen der Schahreise in Hamburg, München und Bonn waren von schweren Zusammenstößen zwischen Polizei und Demonstranten begleitet – bündelten sich die Erfahrungen, die die jüngere, vom Hitler-Faschismus unbelastete Generation mit der Staatsgewalt gemacht hatte. Wenn Rudi Dutschke, der charismatische Sprecher der Studentenbewegung, sagte: »Wir müssen mehr tun als protestieren, wir müssen zu direkten Aktionen übergehen«, dann meinte er, der grundsätzliche Anhänger der Gewaltlosigkeit, gewiß nicht das, was sich aus dieser neuen Qualität des Widerstands eines Tages entwickeln sollte. Aber rückschauend wird man sagen dürfen, daß der an faschistische Vorbilder erinnernde Mißbrauch staatlicher Gewalt in diesen ersten Junitagen des Jahres 1967 die Geburtsstunde der im »Terrorismus« der RAF endenden Gegengewalt war.

Als der Schah am 3. Juni 1967 nach Hamburg kam, war bereits bekannt, welche furchtbaren Folgen der brutale Polizeieinsatz am Vortage in Berlin gehabt hatte. Aber offenbar war auf polizeilicher Bewußtseinsebene nur angekommen, was die Springer-Presse und der von seiner Polizeiführung desorientierte Berliner Bürgermeister Heinrich Albertz darüber gesagt hatten (Albertz hat seine Stellungnahme später sehr bedauert): »Auf das Konto einiger Dutzend Demonstranten ... gehen ein Toter sowie zahlreiche Verletzte ... Ich sage ausdrücklich und mit Nachdruck, daß ich das Verhalten der Polizei billige ...«, die sich »bis zur Grenze des Zumutbaren zurückgehalten hat.«

Zu den Vorfällen in Hamburg hat der AStA (Allgemeiner Studentenausschuß) der Universität Zeugenaussagen gesammelt und in einer Dokumentation veröffentlicht, die später mehrfach nachgedruckt wurden. Immer wieder: Polizisten schlagen wahllos auf Demonstranten ein, die hinter der Barriere gestanden und sich Pfiffe oder Beteiligung an Sprechchören erlaubt haben; Polizisten greifen Fotografen und Fotoamateure an und schlagen ihnen die Kameras aus der Hand; Polizisten weisen Jubelpersern bevorzugte Plätze an; berittene Polizisten reiten und schlagen Demonstranten und Passanten nieder; Polizisten weigern sich, ihre Dienstnummer anzugeben (»Halt die Fresse!«,

»Scheiß auf Dienstnummer!« »Du wirst noch mehr von uns bekommen!«; oder der von erneuten Prügeln begleitete Ausruf: »Kannst du haben!«).

Zu denen, die an diesem Tage Erfahrungen mit der Polizei sammelten, gehörte auch der Student Klaus Winter – wir kennen ihn schon aus dem vorigen Kapitel. Ich übernahm den Auftrag, für ihn Strafanzeige gegen unbekannte Polizeibeamte wegen Freiheitsberaubung im Amt zu erstatten. Von Strafanzeigen gegen prügelnde Polizisten riet ich grundsätzlich ab, weil ich die übliche Schutzbehauptung der Polizisten, der Geschlagene habe seinerseits strafbare Handlungen begangen, und die Tendenz der Gerichte kannte, den Polizisten mehr zu glauben als den Zivilisten. Aber Freiheitsberaubung im Amt, das schien mir hier eine klare Sache zu sein. Klaus Winter war folgendes widerfahren:

Er stand zusammen mit anderen Schaulustigen in Erwartung des persischen Schahs vor dem Hotel »Atlantic« und trug ein Plakat mit der Aufschrift: »2. 6. 67 Benno Ohnesorg zum Schutze des Schahs erschossen«. Da trat ein Polizeibeamter an ihn heran und sagte: »Der Kommandant wünscht nicht, daß Sie hier mit diesem Plakat stehen.« Darauf Klaus Winter: »Ich habe doch das Recht, hier eine Einzeldemonstration zu machen«. Der Beamte führte ihn zu einem Polizeiwagen, neben dem einige Polizeioffiziere standen. Plötzlich wurde ihm das Plakat von einem der Beamten entrissen. Als Winter eine Erklärung forderte, kriegte er zu hören: »Sie haben hier gar nichts zu fragen.« Dann wandte sich der Beamte an einen anderen Beamten mit den Worten: »Den schaff mal vorsichtshalber nach 18.« Gemeint war das Polizeirevier 18, zu dem Winter sodann verbracht wurde. Dort wurde er sechs Stunden lang festgehalten. Ein Beamter trat zu ihm in die Zelle, las ihm aus dem Polizeigesetz vor und erklärte, es sei eine Störung der öffentlichen Ordnung von ihm zu erwarten gewesen. Ein anderer Beamter kam herein und wollte Winter in ein Gespräch verwickeln, indem er ihn aufforderte:

»Sie können ruhig sagen, daß die Polizisten Schweine sind.«

Winter hat sich zu seinem Glück auf diese Provokation nicht eingelassen. Um 23 Uhr wurde Winter aus der Haft entlassen.

Auf meine Strafanzeige – sie datierte vom 18. Juli 1967 – erhielt ich einen Bescheid der Staatsanwaltschaft Hamburg vom 28. Mai 1968, unterschrieben von einem Staatsanwalt Dr. Brunner. Er habe das Verfahren eingestellt. Gegen die mit dem Studenten Winter befaßt gewesenen Polizeibeamten liege ein hinreichender Verdacht, eine Freiheitsberaubung begangen zu haben, nicht vor. Aus der Begründung:

An dem Aufstellungsort, den mein Mandant gewählt habe, hätten sich zahlreiche Schaulustige, unter ihnen auch schahfreundliche Perser, befunden.

Hamburg, 3. Juni 1967. Demonstration gegen den Schah-Besuch auf dem Hamburger Rathausmarkt. Am Tag zuvor war in Berlin der Student Benno Ohnesorg von einem Polizisten erschossen worden.

Diese Perser nahmen Anstoß an dem Plakat, forderten den Studenten Winter auf, ihnen das Plakat zu verkaufen, und boten Kaufpreise bis zu 10 DM. Als der Student Winter ablehnte, umringten und bedrängten ihn die Perser. Aus diesem Grunde bat er einen Polizeibeamten, ihm zu helfen. Der so angesprochene Polizeibeamte erklärte den Persern, daß der Student Winter berechtigt sei, dieses Plakat zu zeigen, und daß niemand befugt sei, ihn daran zu hindern.

Das war eine zutreffende Rechtsauskunft über ein freiheitliches Verfassungsrecht, mit dem die Schlägerkolonne des persischen Schahs offenbar nicht vertraut war. Aber sie führte nicht dazu, daß die Perser, offenbar eigens zum Jubeln und Dreinschlagen bestellte und der deutschen Polizei zum besonderen Schutz empfohlene Leute, sich beruhigten oder verschwanden, sondern:

Die Gruppe schahfreundlicher Perser hielt sich jedoch nicht an die Aufforderung des Polizeibeamten, sondern wandte sich laut gestikulierend gegen den Studenten Winter, wobei eine tätliche Auseinandersetzung drohte.

Was macht ein deutscher Polizist in einem solchen Falle? Er schützt nicht etwa den Studenten vor den unbelehrbaren Persern, sondern:

Nachdem ihm (dem Studenten Winter) die genannten Polizeibeamten erklärt hatten, daß sein Verhalten *(sein* Verhalten!) dort zu einer erheblichen Störung geführt hat und weitere Störungen (nicht von Winter, sondern von den Persern! H.H.) und tätliche Auseinandersetzungen zu erwarten seien und daß er deshalb aufgefordert worden sei, den Einsatzabschnitt zu verlassen oder sein Plakat nicht mehr zu zeigen, erwiderte der Student Winter nachdrücklich, auf jeden Fall dort weiter demonstrieren zu wollen, auch wenn man ihm das Plakat wegnehme; dabei deutete er an, sich kurzfristig ein neues Plakat für seine Demonstration beschaffen zu können. Nachdem POR Mertens sich außerstande sah, den Studenten Winter zu einer Änderung seiner Ansicht zu bewegen (er wollte ihn offenbar zu der Ansicht bewegen, daß in einer freiheitlichen Demokratie die Polizei bestimmt, wer wo welche Plakate zeigen darf; H.H.), ließ er ihm das Plakat wegnehmen. Als die Ankunft der Staatsgäste vor dem Hotel Atlantic unmittelbar bevorstand, ordnete POR Mertens an, daß der Student Winter in polizeilichen Gewahrsam zu nehmen sei bis zur Beendigung des Polizeieinsatzes in diesem Abschnitt.

Der Menschenauflauf vor dem Hotel Atlantic habe bis etwa 22.55 Uhr angedauert. Zu dieser Zeit sei der Student Winter aus polizeilichem Gewahrsam entlassen worden.
Die Sistierung des Studenten Winter sei durch das Hamburger Polizeigesetz gedeckt.

Zwar war der Student Winter, der an dem von ihm gewählten Aufstellungsort hinter den Absperrgittern lediglich das Plakat zeigte, selbst nicht Störer. Gleichwohl aber hatte er eine Gefahr für die öffentliche Sicherheit verursacht. Denn er hatte sich gegenüber dem Atlantic-Grill neben einer Gruppe schahfreundlicher Personen aufgestellt und später nach seinen eigenen Erklärungen wieder aufstellen wollen.

Also die Ausübung von Grundrechten als Gefahr für die öffentliche Sicherheit!

Dabei hatte er billigend in Kauf genommen, daß die in diesem Bereiche versammelten schahfreundlichen Perser und die mit ihnen sympathisierenden Personen ihn angreifen und sich selbst polizeiwidrig verhalten würden.

Sie haben richtig gelesen. Er nahm nach Meinung des Staatsanwalts in Kauf, polizeiwidrig mißhandelt zu werden! Darum mußte man ihn festnehmen. Die Nazis nannten das »Schutzhaft«.
Die schahfreundliche Gedankenakrobatik des Staatsanwalts nimmt offensichtlich billigend in Kauf, daß man sich weitere Beispiele für mittelbar verursachte Polizeiwidrigkeiten einfallen läßt. Wie wäre es mit der Ingewahrsamnahme eines Staatsanwalts, der eine strafrechtliche Verfolgung von Polizeibeamten mit so absurder Begründung verweigert, daß er polizeiwidrige Handgreiflichkeiten eines Rechtsanwalts provoziert?

Eine Beschwerde beim Generalstaatsanwalt blieb ebenso erfolglos wie ein Klageerzwingungsverfahren (§ 172 StPO) beim Hanseatischen Oberlandesgericht Hamburg. Die Richter fanden, daß der Antrag weder »den oder die angeblichen Täter, gegen die das Strafverfahren durchgeführt werden soll«, noch »das konkrete Tatverhalten« bezeichne, das Gegenstand des Verfahrens sein solle. Um Begründungen für die Ablehnung unerwünschter Anträge sind Juristen nie verlegen.

Ich habe damals meine Plädoyers in Strafsachen gegen Demonstranten und Polizeiopfer mehrmals mit einem Satz von Hans Magnus Enzensberger eingeleitet:

Die Erfahrungen, die heute auf Polizeiwachen, Amtsgerichten, Verfassungsschutz-Ämtern und in Untersuchungsgefängnissen gesammelt werden, sind die einzig wahre Staatsbürgerkunde, welche diese Republik zu bieten hat. *(Kursbuch* 11 S. 165)

Was mag der Student Winter aus der Staatsbürgerkunde gelernt haben, die ihm am 3. Juni 1967 zuteilgeworden ist? Doch mindestens dies: daß es die von den Nazis erfundene »Schutzhaft« immer noch gibt. Aber vielleicht auch dies: daß gegen Polizisten, Staatsanwälte, Richter und Politiker, die den Repräsentanten eines Folterregimes mitsamt seinen Schlägerkolonnen in Ehren empfangen und den Protest freiheitlich-demokratisch gesinnter Staatsbürger mit Polizeiknüppeln und »Ingewahrsamnahme« unterdrücken, nur noch Gegengewalt hilft. Oder gehörte er zu den vielen, die sich resignierend angepaßt haben, »weil man gegen die da oben ja doch nichts machen« könne? Vielleicht wird auch diese Generation eines Tages befragt werden, was sie gegen die Kumpanei mit Folterregimes und Völkerrechtsverbrechern getan hat.

14. Die Entführung des Komponisten Isang Yun.
Ein vergessenes Geheimdienstverbrechen aus dem Jahre 1967

Als der koreanische Komponist Isang Yun am 3. November 1995 in einem Berliner Krankenhaus starb, wurde in den Tageszeitungen nicht nur seine herausragende Bedeutung als Komponist und seine imponierende Haltung als »bedingungsloser Verfechter der Menschenrechte« *(FAZ)* gewürdigt, sondern auch jenes Ereignisses gedacht, das mir 1967 das ehrenvolle, aber äußerst schwierige und nicht ganz ungefährliche Mandat dieses Mannes eingetragen hatte, ein Mandat, bei dem meine Wirkungsmöglichkeiten ausschließlich außerhalb des Gerichtssaals lagen. Isang Yun, Jahrgang 1917, lebte seit Mitte der fünfziger Jahre in der Bundesrepublik und hatte sich mit seinen Orchesterwerken und seiner Oper »Der Traum des Liu Tung« einen internationalen Ruf als einer der bedeutendsten Musikschöpfer der Gegenwart erworben, als ihn im Sommer 1967 ein Schicksal traf, das ein peinliches Licht auf die im antikommunistischen Wahn befangenen Herrschaftsapparate der »freien Welt« warf, deren Verbrechen und Komplizenschaften geflissentlich vergessen zu werden pflegen, wenn von Staatsunrecht und Regierungskriminalität und dem Bedürfnis der Opfer, die Täter bestraft zu sehen, die Rede ist. Was war geschehen?

Anfang Juli 1967 erschienen Presseberichte, wonach 17 in Deutschland lebende koreanische Staatsangehörige unter mysteriösen Umständen verschwunden waren. Es wurde nach und nach bekannt, daß Beamte des südkoreanischen Geheimdienstes in die Bundesrepublik eingereist waren und die Betroffenen unter Anwendung von List, Drohungen und Gewalt veranlaßt hatten, mit ihnen Flugzeuge zu besteigen, die sie nach Südkorea brachten, wo sie im Gefängnis landeten und wegen angeblicher landesverräterischer Beziehungen angeklagt wurden.

Isang Yun war am 17. Juni 1967 morgens um sieben Uhr in seiner Wohnung in Berlin-Spandau angerufen und zu einem Gespräch ins Hotel Savoy gebeten worden. Der Anrufer behauptete, der persönliche Sekretär des südkoreanischen Präsidenten Park zu sein; er wolle ihm einen Brief von diesem übergeben. Yun wandte ein, daß er eben dabei sei abzureisen, er habe Aufführungen in verschiedenen Städten. Aber der Anrufer machte die Sache so dringend, daß Yun schließlich der Aufforderung nachkam und ins Savoy fuhr. Dort sah er sich einem Herrn in Begleitung zweier auffallend starker Männer gegenüber. Ihm wurde eröffnet, daß der Brief des Präsidenten in Bonn beim Botschafter liege, er müsse deshalb mit nach Bonn kommen. Hier sei aber ein Brief des Botschafters Choi. In diesem Brief schrieb Choi, daß er im Begriff sei, die Bundesrepublik zu verlassen und schon die Koffer packe, er müsse Yun dringend vorher sprechen, und bat ihn, umgehend zu kommen. Mit dem Botschafter war Yun gut befreundet. Daß Choi diesen Brief unter Zwang geschrieben hatte, konnte Yun zu diesem Zeitpunkt noch nicht wissen.

So entschloß er sich, nach Bonn zu fahren, nachdem ihm zugesagt worden war, er werde sofort wieder zurückgebracht. Man ließ ihm nicht einmal Zeit, Reiseutensilien und Paß, den man damals noch brauchte, wenn man Berlin verließ, von zu Hause zu holen. Der Mann sagte ihm, einen Paß brauche er nicht. Vor dem Hotel wartete ein großer Wagen mit einem Chauffeur, den Yun als koreanischen Bergarbeiter aus dem Ruhrgebiet kannte. Im Flughafen zeigten Yuns Begleiter irgendeinen Ausweis vor, man wurde ohne Paßkontrolle durchgelassen. Am Kölner Flughafen stand wieder ein großer Wagen bereit, darin saßen andere Männer, die Yun zur koreanischen Botschaft in Bonn brachten.

In der koreanischen Botschaft wurde Yun zunächst in einem Dachzimmer eingesperrt, bewacht von zwei jungen kräftigen Männern, auch Bergarbeiter. Er fragte sie, was das Ganze bedeute. Sie sagten, er solle ruhig abwarten, der Botschafter komme gleich. Was es mit den Bergarbeitern auf sich hatte, hat Yun später so erklärt: Damals kamen viele Südkoreaner als Spitzel des koreanischen CIA (KCIA) nach Westdeutschland, als Bergleute getarnt; sie waren alle sehr kräftig und in Taek Kwon Do, einer Kampfsportart, ausgebildet.

Der koreanische Komponist Isang Yun wurde im Juli 1967 von Beamten des südkoreanischen Geheimdienstes aus der Bundesrepublik entführt und nach schweren Folterungen, in denen ein falsches Geständnis kommunistischer Aktivitäten erpreßt wurde, vor Gericht gestellt. Ich bemühte mich als sein Anwalt um seine Freilassung.

Dann begann der erste Grad der Folter, Geräuschfolter durch sehr lautes Radiospielen und Schlafentzug. In der Nacht wurde Yun in ein anderes Zimmer geführt, wo ihn ein Mann, an einem Tisch sitzend, erwartete. Das dann folgende Verhör zitiere ich nach einem Bericht, den Yun zehn Jahre später der Schriftstellerin Luise Rinser gegeben hat. Sie hat diesen Bericht in ihrem Buch *Der verwundete Drache* verarbeitet.

Ich fragte: was machen Sie eigentlich mit mir? Wo ist der Botschafter Choi, der mir einen Brief geschrieben hat? Da sagte der Mann: Der ist nicht mehr hier. In diesem Augenblick wußte ich, daß ich in eine Falle des KCIA gegangen war. Und nun begann das Verhör: Haben Sie etwas gegen den südkoreanischen Staat getan? Nein. Haben Sie nicht Kontakt mit Kommunisten gehabt? Ich sagte: Ja, mit einigen, die ich in Ost-Berlin traf.

Auch daß er einmal in Nordkorea gewesen war, mußte Yun zugeben. Dann wurde er über den Botschafter Choi ausgefragt, der offenbar auch im Verdacht stand, nicht hinreichend antikommunistisch eingestellt zu sein. Und es folgte schließlich die Eröffnung, daß man ihn nach Seoul fliegen werde, weil der Chef des KCIA ihn persönlich sprechen wolle.

Ich übergehe die Einzelheiten des Transports nach Hamburg, wo man wiederum ohne Paß problemlos durch die Abflugkontrolle des Flughafens kam, und des Fluges in einer im vorderen Teil ganz leeren Maschine der Japan Air Lines, in der sich Yun plötzlich in Gesellschaft weiterer entführter Koreaner und deren KCIA-Bewacher befand. Über Tokio, wo man ebenfalls keinen Paß brauchte, ging es nach Seoul, wo Yun mit einem seiner Leidensgefährten in einem alten Jeep unter Bewachung von Soldaten mit aufgepflanztem Seitengewehr ins Hauptgebäude des KCIA gebracht wurde. Dort sah er ein paar Dutzend Koreaner, die ebenso wie er aus verschiedenen Teilen der Welt zurückgeholt worden waren.

Isang Yuns nächster Aufenthalt war eine der Folterkammern des KCIA. Der damals schon schwer herzkranke Mann wurde tagelangen Folterungen unterworfen, die er später im einzelnen geschildert hat. Ich zitiere nur ein paar Sätze aus seinem Bericht:

Sie banden mir Hände und Füße und hängten mich so an einer Stange auf, anderthalb Meter über dem Boden. Dann legten sie mir ein feuchtes Tuch dicht übers Gesicht und gossen aus einer Gießkanne Wasser darauf. Dabei legt sich das Tuch so eng über Mund und Nase, daß man fast erstickt. Als ich ohnmächtig wurde, banden sie mich los und holen den Arzt. Der gab mir eine Spritze, und als ich zu mir kam, ging die Wasserfolter weiter ... Ich wollte durchhalten. Immer, wenn sie fragten, ob ich jetzt bereit sei, mein Verbrechen zu gestehen, sagte ich: Nein, ich habe keines begangen. So ging es die Nacht durch: Wasser aufs Gesicht, Spritze, Verhör, Wasser, Spritze ... Nach vielleicht sechs oder mehr Spritzen hatte ich das Gefühl zu sterben. Da ließen sie mich für ein paar Stunden in Ruhe. Aber meine Kleider waren ganz naß. Ich mußte sie ausziehen und nackt liegen bleiben. Nach einigen Stunden fing alles ganz von vorne an: Schreiben, Schläge, Schreiben ... (Er sollte aufschreiben, was er verbrochen habe.) Und auf einmal, in der zweiten Folternacht, hörte ich eine bekannte Stimme. Es war die von Botschafter Choi aus Bonn. Auch er wurde gefoltert, ein paar Zellen weiter weg ... Wir konnten nicht miteinander reden, aber einer hörte den andern schreien bei der Folter und bei den Verhören ... Dieses Hören der Schreie und Worte des andern Gefolterten in tiefer Nacht war schauerlich. Weder Choi noch ich gestanden. Aber schließlich war ich ganz am Ende, und da brachte man mir das berühmte Blatt, das inzwischen so viele Südkoreaner beschrieben haben unter dem Diktat des KCIA-Mannes, und ich schrieb, ich sei Kommunist im Dienste Nordkoreas ...

Am 22. Juni 1967, fünf Tage nach dem Verschwinden ihres Mannes, wurde Frau Su Ja Yun aus der südkoreanischen Botschaft in Bonn angerufen. Ihr Mann sei, wie sie ja wisse, nach Paris gereist – er hatte ihr dies in einem unter Aufsicht geführten Telefongespräch sagen müssen –, sie möge einen weiteren Anzug von Yun einpacken und auch selbst genügend Kleidung mitnehmen, denn sie könne ihren Mann begleiten. Frau Yun verabschiedete sich von ihrem 13jährigen Sohn und ihrer 17jährigen Tochter und flog nach Bonn, wo sie mit einem Wagen der Botschaft abgeholt wurde. Am gleichen Tag schrieb sie einen kurzen Brief an ihre beiden Kinder. Sie werde nur einige Tage fort sein, und die Kinder sollten aufeinander aufpassen. Die Grußformel war ungewöhnlich feierlich: »Lebt wohl!« Wenige Tage später befand auch sie sich in einem Gefängnis in Seoul.

Wie war es möglich, daß mitten aus einem freiheitlich-demokratischen Rechtsstaat Menschen entführt wurden, ohne daß die deutschen Behörden diese Verschleppung verhindern konnten?

Diese Frage stellte ich in einem Aufsatz, den ich in der *Zeit* vom 20. Oktober 1967 veröffentlichen konnte. Freunde Isang Yuns hatten mich mit der anwaltlichen Vertretung seiner Interessen beauftragt und mich mit Informationen versorgt, die das Verhalten der für den Schutz der Bürger und Gäste dieses Landes zuständigen Instanzen ins Zwielicht brachten. Hatte ein deutscher Geheimdienst seine Finger im Spiel? Dieser Verdacht war frühzeitig aufgetaucht. Die *Frankfurter Allgemeine* hatte am 18. 7. 1967 geschrieben:

In unterrichteten Kreisen Bonns gilt es seit dem Wochenende als wahrscheinlich, daß die Entführung von 17 südkoreanischen Bürgern durch den Geheimdienst Südkoreas aus der Bundesrepublik nicht ohne Hilfe und Kenntnis bestimmter deutscher Stellen ... habe geschehen können.

Weiter hieß es in dem Bericht, es lägen Informationen darüber vor, daß mit Hilfe des deutschen Geheimdienstes die Namen der Betroffenen festgestellt worden seien. Ferner sei es seine Sache gewesen, die Wohnungen der Südkoreaner zu finden und sie solange zu observieren, bis die südkoreanischen Geheimdienstbeamten eingreifen konnten. Vor dem Eintreffen der etwa 50 südkoreanischen Geheimdienstbeamten habe ein aus fünf bis sieben Personen bestehendes Vorkommando die Aktion vorbereitet.

Die Bundesregierung ließ diese Meldung sofort dementieren und äußerte die Vermutung, daß die Quelle dieser Behauptung der Ostberliner Deutschlandsender sei. Auch die Bundesanwaltschaft in Karlsruhe, die alle von den Staatsanwaltschaften der Länder eingeleiteten Ermittlungsverfahren an sich gezogen hatte, ließ mit verdächtiger Eile verlauten, daß deutsche Dienste an der Entführung nicht beteiligt seien. Zugleich wurden alle Vorgänge, die im Zusammenhang mit der Entführungsaffäre standen, sowohl bei der Bundesanwaltschaft als auch beim Auswärtigen Amt unter den »Schutz der höchsten Geheimhaltungsstufe« gestellt. Wenn Fragen nach der Komplizenschaft zwischen südkoreanischen und deutschen Stellen dadurch zum Schweigen gebracht werden sollten, daß man den ganzen Komplex zum Staatsgeheimnis erklärte, so hatte diese mit bösen Traditionen belastete Methode staatlicher Meinungslenkung zunächst nicht den gewünschten Erfolg. Zu groß war die allgemeine Empörung, und zu eindeutig sprachen die Fakten gegen die Glaubwürdigkeit der Dementis. So war ein 47 Schreibmaschinenseiten umfassender Bericht des südkoreanischen Geheimdienstes bekannt geworden, aus dem sich ergab, daß Isang Yun und seine Mitbeschuldigten mindestens seit 1958 auf Schritt und Tritt beschattet worden waren. Es war unglaubhaft, daß die südkoreanische Regierung den zu einer so umfassenden Überwachungstätigkeit erforderlichen Apparat in europäischen Ländern über einen Zeitraum von mehreren Jahren unterhalten haben sollte, nur um siebzehn verdächtige Südkoreaner zu kassieren, von denen kaum einer daran dachte, jemals in sein von Antidemokraten regiertes Heimatland zurückzukehren.

Die im Bericht des südkoreanischen Geheimdienstes ausgewerteten Observierungsberichte erschienen Kennern der Materie als typische deutsche Geheimdienstarbeit. Es paßte ins Bild, daß ein Fernschreiben des Bundeskriminalamtes genügte, um die Freilassung des ebenfalls entführten südkoreanischen Kinderarztes Dr. Lee zu bewirken, der aus dem Gefängnis in Seoul zurückkehren durfte, weil nach Ermittlungen deutscher Polizeistellen Lee entgegen den ursprünglich erhobenen Vorwürfen keine Kontakte zu Ostberlin gehabt habe. Und das, obwohl doch der südkoreanische Geheimdienst ausweislich des 47seitigen Observationsberichts über so vorzügliche eigene Erkenntnisse verfügt haben soll. Für Isang Yun verwendete sich das Bundeskriminalamt nicht, er wurde nach dem Observationsbericht zum Haupt einer kommunistischen Verschwörerorganisation gemacht, eine Beschuldigung, die nach den Kategorien des bundesdeutschen politischen Strafrechts zurechtgezimmert war, wonach bestimmte »Ostkontakte« als »landesverräterische Beziehungen« galten.

Seit einem Urteil des Bundesgerichtshofs vom 25.7.1963 (NJW 1963, S. 2132) konnte die Betätigung für eine ausländische kommunistische Partei im Raum der Bundesrepublik nicht mehr als Verstoß gegen das KPD-Verbot verfolgt werden. Damit wären ganze Bibliotheken von Observationsberichten deutscher Geheimdienste zu Makulatur geworden. Sollten deutsche Geheimdienste auf den Ausweg verfallen sein, ausländische »Staatsfeinde« nicht mehr der deutschen Justiz, sondern der viel rabiateren ihres eigenen Heimatlandes auszuliefern? Diesen Verdacht habe ich erstmals in einem Bericht an den mein Anwaltsmandat tragenden Freundeskreis Isang Yuns vom 9. Oktober 1967 geäußert.

Der Verdacht einer bundesdeutschen Komplizenschaft mit dem südkoreanischen Terrorregime des Präsidenten Park – dem übrigens Bundespräsident Lübke bei einem Staatsbesuch das Bundesverdienstkreuz überreicht hatte – wurde insbesondere genährt durch die lasche Verfolgung eines völkerrechtlichen Rücküberstellungsanspruchs durch die deutsche Bundesregierung und die lahme Ermittlungsarbeit des Generalbundesanwalts.

Am 5. Juli 1967 hatte die Tagespresse *(Frankfurter Rundschau)* über das desinformierende Versteckspiel der zuständigen Instanzen so berichtet:

Die Generalbundesanwaltschaft ließ am Dienstag bekanntgeben, sie habe alle bisher eingeleiteten Verfahren an sich gezogen. In Bonn waren offizielle Mitteilungen in der Angelegenheit nicht zu erhalten. Die Sicherungsgruppe verwies auf das Bundesinnenministerium, das mit der Begründung, nicht in ein schwebendes Verfahren eingreifen zu wollen, ans Justizministerium verwies. Im Bundesjustizministerium konnte jedoch niemand Auskunft geben. Die Landeskriminalämter und die Länderinnenministerien verwiesen an die Bundesanwaltschaft. Bei der Bundesanwaltschaft waren jedoch die Ermittlungsakten der Länderbehörden noch nicht vollständig eingegangen.

Einen Tag später, am 6. Juli 1967, konnte die *Frankfurter Rundschau* folgende, von geringem Erfolgswillen kündende Äußerungen aus der Residenz des Rechts berichten:

In Kreisen der Bundesanwaltschaft wird die Meinung vertreten, daß die entführten Personen nicht mehr auf dem Gebiet der Bundesrepublik sind. Trotzdem soll alles versucht werden, die Fälle restlos aufzuklären. Eine Aufdeckung der Verschleppungsaffäre habe auch eine »prophylaktische Wirkung«. Die Gefahr, daß sich solche Fälle wiederholen, werde geringer, wenn es gelinge, die Täter festzustellen. Ein Ermittlungsbeamter meinte: »Wenn jemand ermordet wird, kann man den Ermordeten nicht mehr lebendig machen, aber es sei ein Erfolg, wenn man den Täter feststellen, selbst dann, wenn man seiner vielleicht nicht habhaft werden könne.«

Ein solches Blabla aus dem Munde von Rechtskundigen kann nur Vernebelungsfunktion haben. Wie anders hätte man reagiert, wenn es um eine Verschleppung in die DDR gegangen wäre!

Zwei der Mitwirkung an der Entführung verdächtige Südkoreaner, die in Deutschland lebten, wurden schon am 20.7. auf Antrag des Generalbundesanwalts aus der Untersuchungshaft entlassen. Und am Tage darauf erfuhr die *Frankfurter Rundschau* aus »Kreisen, die der Bundesanwaltschaft nahestehen«, daß bei der ganzen großangelegten Ermittlungsaktion »nicht viel herauskommen« werde. Es sei kaum mit einer Anklageerhebung zu rechnen. Die Affäre sei von der juristischen Ebene auf das diplomatische Parkett abgeschoben worden. Die Täter und ihre Hintermänner besäßen den diplomatischen Status und seien somit dem Zugriff der deutschen Ermittlungsbehörden entzogen. – Auch ihre deutschen Komplizen?

In diesem Zusammenhang hätte die Bundesanwaltschaft sich vielleicht einmal für eine Meldung der *Frankfurter Rundschau* vom 6. Juli 1967 interessieren sollen, wonach »Beamte des Verfassungsschutzes alle 116 asiatischen Bergleute der Schachtanlage ›Victor Ickern‹ in Castrop-Rauxel in ihrem Wohnheim ›Vinckehof‹ praktisch unter ›politische Quarantäne‹ gesetzt und zu strengstem Stillschweigen vergattert« hätten. Auch aus Castrop-Rauxel war, wie die Öffentlichkeit noch von der ursprünglich zuständigen Staatsanwaltschaft Dortmund erfahren hatte, ein Südkoreaner – der 35jährige Park Seung Ok – auf mysteriöse Weise verschwunden. Und wir erinnern uns an Isang Yuns Bericht über die Mitwirkung von Bergarbeitern aus dem Ruhrgebiet an seiner Verschleppung. Also da wäre der Generalbundesanwalt, wenn er gewollt hätte, sicher fündig geworden. Aber das wäre wohl kaum ohne Offenlegung der Komplizenschaft von Diensten abgegangen, mit denen die Bundesanwaltschaft eng zusammenarbeitete. Und so wiegelte Bundesanwalt Kammerer schon am 31. Juli gegenüber der Presse ab:

Ich bin davon überzeugt, daß es keine sensationellen Neuigkeiten mehr geben wird.

Und was geschah auf diplomatischem Parkett? Die Bundesregierung forderte die Abberufung von drei koreanischen Diplomaten, die mit der Entführungsaffäre im Zusammenhang standen. Sie reisten am 19. Juli aus Bonn ab. Es handelte sich offenbar um Mitarbeiter des koreanischen CIA, die wahrscheinlich ohnehin nur vorübergehend bis zum Abschluß ihrer Aufgabe in Bonn Station gemacht und dabei zugleich den bisherigen Botschafter, General Choi, als »Kommunistenfreund« entlarvt hatten. Choi, offenbar ein Ehrenmann, hatte seine Regierung telegrafisch um Abberufung aus der Bundesrepublik gebeten. Das Ersuchen des Botschafters wurde, wie die *Frankfurter Rundschau* am 15.7.1967 meldete, in Bonn als Ausdruck des Protestes gegen die Entführungsaktion betrachtet. Der Botschafter sei nach zuverlässigen Mitteilungen nicht oder nicht vollständig über die Aktionen des Geheimdienstes seines Landes unterrichtet gewesen. Auch er reiste ab nach Seoul und landete, wie wir wissen, in den Folterkammern des KCIA.

Mit einer Verbalnote vom 13. Juli hatte die Bundesregierung, wie es in einer Stellungnahme des Auswärtigen Amtes vom 21. März 1968 zu einer Anfrage der SPD-Fraktion heißt, »gegen die völkerrechtswidrige Verletzung der deutschen Gebietshoheit durch Südkorea schärfsten Protest« erhoben und die »Erwartung« ausgesprochen, »daß sich derartige Vorkommnisse nicht wiederholen«. Die Bundesregierung habe die koreanische Regierung »ersucht«, allen Personen, »deren Ausreise aus der Bundesrepublik durch die koreanischen Maßnahmen bewirkt worden« sei, »die Möglichkeit zu eröffnen, in das Bundesgebiet zurückzukehren«. Die koreanische Regierung habe in einer Verbalnote vom 24. Juli 1967 »ihr tiefes Bedauern über das Geschehen« ausgesprochen. Sie habe versichert, »daß sich derartige Vorfälle in Zukunft nicht wiederholen würden«. Die koreanische Regierung werde »alles in ihrer Macht Stehende tun, um dem Wunsch der Bundesregierung nach Rückkehr der Koreaner zu entsprechen«.

Die koreanische Regierung geruhte, bis zum 15. September 1967 sechs der entführten Koreaner und die in Korea zusammen mit ihrem koreanischen Ehemann verhaftete deutsche Staatsangehörige Frau Heidrun Kang in die Bundesrepublik zurückkehren zu lassen. Dabei hatte, wie wir wissen, mindestens im Fall des Kinderarztes Dr. Lee ein Fernschreiben des Bundeskriminalamts eine Rolle gespielt. Und auch Frau Kang dürfte prominente Protektion gehabt haben; sie hatte beim Staatsbesuch des Bundespräsidenten Lübke gedolmetscht.

Bei allem, was die Bundesregierung unternahm, um eine Freilassung auch der übrigen Entführten zu erreichen, fehlte ein entscheidend wichtiger diplomatischer Schritt: die Geltendmachung eines völkerrechtlichen Rücküberstellungsanspruchs, wenngleich man die unkundige Öffentlichkeit mit ähnlich klingenden, aber eben nicht der völkerrechtlichen Terminologie entsprechenden Ausdrücken wie »Rückstellung« oder »Rückführung« bediente und irreführte.

Ein völkerrechtlicher Rücküberstellungsanspruch ist selbst gegenüber Hitler-Deutschland von der Schweiz durchgesetzt worden, als 1935 der deutsche Journalist Berthold Jacob – Autor vieler militär- und justizkritischer Artikel in Carl von Ossietzkys *Weltbühne* – von einem Nazi-Agenten entführt worden war. Ich hatte auf diesen Fall in mehreren Eingaben, die ich in Sachen Isang Yun gemacht habe, hingewiesen.

Der Fall sei nicht vergleichbar, verlautete aus Bonn, weil zwischen der Bundesrepublik und Südkorea kein Schiedsvertrag bestehe. Dem hielt ich entgegen, daß das Fehlen eines Schiedsvertrages nur die Durchsetzbarkeit, nicht das Bestehen eines Rücküberstellungsanspruchs berühre und noch keinen Rechtsstaat, der die Verletzung seiner Souveränitätsrechte wirklich wiedergutgemacht sehen wollte, an der Geltendmachung des Anspruchs gehindert habe. Auch die Bundesregierung hatte in anderer Sache (Fall Argoud) trotz Fehlens eines Schiedsvertrages einen förmlichen Rücküberstellungsantrag gegenüber Frankreich vehement geltend gemacht, wenn auch ohne Erfolg. Und selbst im Fall des Judenmörders Adolf Eichmann hat der argentinische Staat die Verletzung seiner Souveränitätsrechte durch ein israelisches Entführungskommando mit Nachdruck durch einen Rücküberstellungsantrag geltend gemacht. Selbst bei voraussehbarer Erfolglosigkeit ist mithin nach internationalem Brauch die Beanstandung einer solchen Rechtsverletzung in Form eines Rücküberstellungsantrages ein Gebot rechtsstaatlicher Selbstachtung. Auf diesem Hintergrund nimmt sich das augenzwinkernde Diplomatengetöse in der Entführungssache Isang Yun schon recht erbärmlich aus.

Hinzu kommt – und auch darauf habe ich in Veröffentlichungen, Eingaben und Gesprächen mit Vertretern der Bundesregierung wiederholt hingewiesen –, daß mit Rücksicht auf die »stets ausgezeichneten deutsch-koreanischen Beziehungen«, auf die sich der Bundesaußenminister berief (so das von Willy Brandt unterschriebene Memorandum vom 21. März 1968), eine nachträgliche Schiedsgerichtsvereinbarung mindestens hätte versucht werden können und die koreanische Regierung im Falle der Ablehnung in eine schwierige Lage gekommen wäre. Aber das eben wollte man dem befreundeten antikommunistischen Diktator in Südkorea nicht antun. Ein Legationsrat 1. Klasse namens Dr. Bassler, der wohl eine wichtige Rolle bei der Vorbereitung der letztlich von Willy Brandt zu verantwortenden diplomatischen Schritte spielte, hat mir und anderen Freunden Isang Yuns gegenüber am offenherzigsten ausgesprochen, daß nach Auffassung des Auswärtigen Amtes ein völkerrechtlicher

Rücküberstellungsantrag nicht bestehe, und zwar mit der eindeutig falschen Begründung, daß er nicht gelte, wenn es um fremde Staatsangehörige gehe. (Sowohl Berthold Jacob als auch Argoud waren fremde Staatsangehörige für die Staaten, die sich um ihre Rücküberstellung kümmerten.) Es sei wichtig, die Verhandlungen nicht durch Proteste gegen Militärdiktatur-Methoden zu stören, sondern man müsse die guten deutsch-koreanischen Beziehungen in den Vordergrund stellen.

Um einen förmlichen Rücküberstellungsantrag zu vermeiden, der die südkoreanische Seite zur Offenlegung der deutschen Mitwirkung an der Entführung provoziert hätte, war keine Begründung zu dumm. Und so übernahm man die südkoreanische Behauptung, es habe sich gar nicht um eine Entführung gehandelt, vielmehr seien die Betroffenen freiwillig mitgegangen. In Bonner Ministerien und bei der Bundesanwaltschaft wurde die Auffassung vertreten, daß ein Verstoß gegen deutsche Gesetze, nämlich eine Verschleppung im Sinne von § 234 a StGB, nicht beweisbar sei; niemand könne Ausländer hindern, freiwillig in ihr Land zurückzukehren. Gerade im Interesse der Inhaftierten müsse jede Demonstration in der Öffentlichkeit vermieden werden, um nicht desto härtere Urteile des koreanischen Gerichts zu provozieren. Die Sache sei diplomatisch abgeschlossen. Eine Rückführung vor Beginn des Prozesses werde nicht möglich sein, es bestehe lediglich Aussicht auf einen Gnadenakt nach erfolgter Verurteilung. In einem Brief Willy Brandts, der meines Wissens nicht veröffentlicht worden ist, mir aber von Gustav Heinemann am Telefon vorgelesen wurde, war die Wendung enthalten, daß nichts anderes übrig bleibe, als in Seoul auf schnelle Durchführung des Prozesses zu drängen.

Die These von der »freiwilligen« Abreise der Koreaner, auf der die Untätigkeit der Bonner Diplomatie und des Generalbundesanwalts beruhte, war schlicht unhaltbar. Aber man zeigte weder in Bonn noch in Karlsruhe großes Interesse an ihrer Widerlegung.

Der amerikanische Dirigent Francis Travis, damals in Basel lebend und Professor an der Musikhochschule Freiburg im

Breisgau, hatte den mit ihm seit Jahren befreundeten Isang Yun im Juni 1967 in Amsterdam erwartet, wo Travis im Rahmen des Holland Festivals ein Konzert mit Yuns Kantate »Om mani padme hum« dirigieren sollte. Yun wollte den Proben und dem für den 26. Juni terminierten Konzert beiwohnen und hatte für sich und seine Frau Hotelzimmer reservieren lassen. Als Yun, ohne abgesagt zu haben, nicht zu den Proben erschien, war Travis beunruhigt, weil er von dem schweren Herzleiden des Komponisten wußte, und telefonierte mit dessen Musikverleger in Berlin, der sodann über Yuns Tochter erfuhr, daß ihr Vater auf »diplomatischen Befehl« nach Rom gereist sei und ihre Mutter nachfahren solle. Als Yun dann auch am Abend des Konzerts fehlte und weder, wie sonst üblich, ein Schreiben oder Telegramm mit Toi-toi-Glückwünschen eingetroffen war, war Travis, wie er mir schrieb, »mystifiziert«. Nach Erscheinen der ersten Pressemeldungen über die Koreanerentführung mit Yuns Namensnennung wandte sich Travis in großer Bestürzung mit eingeschriebenem Eilbrief vom 8. Juli an den Generalbundesanwalt, schilderte die ihm bekannten Fakten, die gegen eine »freiwillige« Abreise Yuns sprachen, und bot weitere Hilfe bei den Ermittlungen, insbesondere die Vorlage seiner Korrespondenz mit Yun an. Er erhielt keinerlei Antwort, nicht einmal eine Bestätigung seines Briefes, geschweige denn eine Zeugenvorladung.

Auch weitere Ermittlungsmöglichkeiten, die die Freiwilligkeitsthese hätten in Frage stellen können, wurden nicht genutzt. Ich hatte mitgeteilt, daß die angeblich freiwillige Abreise Yun am 17. Juni 1967 mitten aus großen beruflichen Plänen riß, ohne daß irgend jemand von dem als sehr zuverlässig bekannten Komponisten eine Absage von Verabredungen erhalten hatte. So hatte Yun im Juni 1967 den Auftrag erhalten, für die Kieler Woche 1969 eine abendfüllende Oper zu schreiben. Am 11. Juni hatte in Yuns Berliner Wohnung eine ausgedehnte Arbeitsbesprechung über diesen Opernauftrag stattgefunden, die am 18. Juni in Kiel fortgesetzt werden sollte. Am 16. Juni sprach Yun noch mit seinem Berliner Verleger, am 17. Juni wollte er nach Kiel reisen. Am 26. Juni wurde Yun nicht nur zu dem schon erwähnten Konzert in Amsterdam, sondern vorher in Bonn zu einer Probe seiner Oper »Ein Schmetterlingstraum« erwartet. Der Chefdirigent des Theaters der Stadt Bonn, Hans Zender, hatte alle Sänger für diesen Tag bestellt, da Yun sie sich anhören und die geeigneten Kräfte für die Besetzung seiner Oper aussuchen sollte. Außerdem war abgesprochen, daß Yun zu Bandaufnahmen seines Werkes »Loyang«, das Zender am 30. Juni, 1., 2. und 3. Juli im Westdeutschen Rundfunk dirigierte, nach Köln kommen sollte. Keine dieser Verpflichtungen konnte Yun vor seiner Abreise absagen, was er bei freiwilligem Aufenthalt in der südkoreanischen Folterkammer sicher getan hätte. Das alles interessierte in Karlsruhe und Bonn nicht.

Auch von den anderen Koreanern waren Umstände bekanntgeworden, die eine freiwillige Abreise nach Seoul klar widerlegten. Die *Süddeutsche Zeitung* berichtete am 10. 7. 1967 von der Entführung des Diplompolitologen Taik Hwan Kim, der am 18. Juni aus seiner Münchener Wohnung spurlos verschwunden war.

Die Version, er sei freiwillig ins Flugzeug gestiegen, nimmt den südkoreanischen Diplomaten und Agenten keiner von Kims Bekannten ab. Er stand kurz vor dem ersehnten Ziel, der Promotion, und wollte anschließend vor seiner Rückkehr in die Heimat noch für ein Jahr die Vereinigten Staaten besuchen. Nun verließ er seine Münchener Wohnung, ohne sie aufgeräumt zu haben, ohne die nötigen Reiseutensilien und ohne sich von seiner Zimmerwirtin verabschiedet zu haben. Südkoreanische Studenten, die die Praktiken ihres Geheimdienstes schon am eigenen Leibe erlebt haben, konnten sich den Vorgang ziemlich gut ausmalen: »Man wird Kim vor die Wahl gestellt haben: entweder ›freiwillige‹ Heimreise oder Repressalien gegen die in Südkorea lebenden Angehörigen – Folterung eingeschlossen.«

Nur in Bonn und Karlsruhe konnte man sich von alledem nichts vorstellen. Obwohl gleichartige Berichte über alle Entführungsfälle vorlagen. Selbst der Erlebnisbericht des Mainzer Kinderarztes Dr. Sukil Lee, der nach erfolgter Gehirnwäsche zurückkehren durfte und in Bonn und Karlsruhe als

Beweismittel für die Freiwilligkeitsthese galt, ließ die massive Nötigung durchblicken. Am 20. Juni sei Botschaftsrat Yang von der koreanischen Botschaft in Bonn zu ihm gekommen und habe die Mainzer Universitätsklinik besichtigen wollen. In seiner Begleitung habe sich ein Mann befunden, der sich als Arzt ausgab, in Wahrheit jedoch der Leiter des südkoreanischen Geheimdienstes in Deutschland war. Nach gemeinsamen Besuchen in einer Bar und in einer Spielbank sei man nach Bonn gefahren.

Es war zwei Uhr nachts. Kaum war ich in der Botschaft, klappten hinter uns die Türen zu. Ich war gefangen. Der angebliche Mediziner verhörte mich die ganze Nacht. Ich durfte nicht einmal mit meiner Frau telefonieren. Botschaftsrat Yang war spurlos verschwunden. Ich sah ihn nicht wieder. Erst am nächsten Tag durfte ich meiner Frau eine Karte schreiben. Den Text diktierte ein Geheimdienstler. Er verlangte auch von mir nach stundenlangem Verhör: »Wenn Sie jetzt nicht freiwillig nach Korea mitkommen, werden Sie und Ihre Frau die Heimat nicht wiedersehen.« (Bild-Zeitung, 22. 7. 1967)

Wie das zu verstehen war, mußte man auch in Bonn und Karlsruhe wissen. Es war bekannt geworden, daß auch aus anderen westeuropäischen Ländern zu gleicher Zeit südkoreanische Staatsbürger entführt worden waren und daß fünf weitere tot aufgefunden wurden, alle auf dieselbe Art vergiftet.

Die Bundesanwaltschaft in Karlsruhe, sonst durchaus nicht auf den Kopf gefallen, wenn es um die Knüpfung von Indizienbeweisketten geht, meinte in einem an mich gerichteten Schreiben vom 2. Oktober 1967, in dem sie mir Akteneinsicht mit fadenscheinigen Gründen verweigerte, unter welchen Umständen Isang Yun und Frau nach Korea gebracht worden seien, könnten, »da Augenzeugen fehlen, nur Herr Yun und seine Frau selbst bekunden«. Ein blanker Zynismus angesichts der Tatsache, daß Herr und Frau Yun in diesem Augenblick die einzigen waren, die nicht über die Umstände ihrer Verschleppung sprechen konnten. Ein Besucher, der Frau

Yun im Gefängnis hatte sehen können, hatte berichtet, daß ein Gespräch nicht zustandegekommen sei, da Frau Yun nur geweint habe.

Der *Spiegel*-Redakteur Manfred W. Hentschel hatte Isang Yun im Gefängnis in Seoul besuchen dürfen.

Als ich Isang Yun frage, wie er denn überhaupt nach Südkorea gekommen sei, bekommt er seinen zweiten Herzanfall. Es war, so erinnert er sich, am 17. Juni, als ihn zwei Herren baten, doch in ein Berliner Hotel zu kommen. »Jedenfalls«, spricht er dann schnell weiter, »jedenfalls bin ich hierher nach Korea gekommen«. Und: »Ich habe auch gleich alles gesagt«. *(Spiegel,* 28. 8. 1967)

Zehn Jahre später konnte er in einem Gespräch mit Luise Rinser sagen, wie es wirklich war und was er sich von dem *Spiegel*-Interview erhofft hatte:

Yun: Als ich etwa zwei Monate im Gefängnis war, ereignete sich etwas Erstaunliches: ein Journalist vom *Spiegel* durfte ein Interview mit mir machen. Damit sollte der Öffentlichkeit gezeigt werden, daß ich in relativer Freiheit sei. Aber ich war ja nicht allein, sondern es waren KCIA-Beamte dabei. Ich konnte nichts sagen, was nicht der KCIA hätte hören dürfen.
L. R.: Konntest du denn nicht wenigstens in Andeutungen etwas von der Wahrheit über die Entführung sagen?
Yun: Nein, denn hätte ich etwas gesagt, wäre ich sicher auf mysteriöse Weise ums Leben gekommen.

Es wäre nicht schwer gewesen, für Isang Yuns plötzlichen Tod plausible Gründe zu finden. Auch Manfred W. Hentschel wurde Zeuge von zwei Herzanfällen.

Isang Yun läuft rot an, packt sich ans Herz und verstummt. Dann richtet er sich etwas auf und sagt: »Wissen Sie, ich bin ein schwerkranker Mann.« Er leide an Herzkranzgefäßverkalkung, schon seit langem, und das sei nun durch die Aufregung der letzten Monate schlimmer geworden.

Aber Isang Yun gelang es, seinem Besucher etwas zu sagen, das, wie er hoffte, in Deutschland als deutlicher Wink verstanden werden konnte, daß er sich nicht freiwillig in Südkorea befand.

Ich möchte unbedingt nach Deutschland zurück. Meine Kinder, sie sind noch nicht selbständig. Meine Wohnung ist da ... Wie soll das nur werden? Ich habe meine Einkommensteuererklärung noch nicht abgeschickt ...

Isang Yun erinnerte sich zehn Jahre später so:

Ich habe auf seine Frage, ob ich freiwillig nach Korea gegangen sei, geantwortet: Ja, aber ich hoffe, sehr bald wieder zurückkehren zu können, ich muß ganz dringend meine Steuererklärung machen. Das war deutlich genug.

Deutlich genug für die kritische Öffentlichkeit, nicht aber für die Herren in Bonn und Karlsruhe, die ihre Leiche im Keller hüten mußten und sich weiter mit der Freiwilligkeitsthese lächerlich machten.

Und so konnte »ein zuständiger hoher koreanischer Beamter« gegenüber dem Korrespondenten der *Süddeutschen Zeitung,* Thilo Bode, höhnen (SZ, 22. 12. 1967):

Entweder wir haben recht, und die 17 kamen freiwillig zurück. Oder aber Ihr habt recht, und sie wurden entführt; das ist aber wohl ohne Mitwirkung des deutschen Geheimdienstes nicht möglich, oder können Sie sich vorstellen, daß, wie Ihr sagt, 50 südkoreanische Geheimdienstbeamte in die Bundesrepublik einreisen, dort auffällig tätig werden und vom deutschen Geheimdienst nicht bemerkt werden?

Eine leider zutreffende Alternative, die auch für die Freunde Isang Yuns und für mich als seinen Anwalt eine fatale Konsequenz hatte. Bestanden wir darauf, den Verdacht der Mitwirkung deutscher Stellen an der Verschleppungsaktion weiter aufzuklären, dann gefährdeten wir die Aussichten eines völkerrechtlichen Rücküberstellungsantrages, dessen Stellung von mir immer wieder eingefordert wurde. Denn war der Verdacht berechtigt, dann wäre einem Rücküberstellungsantrag die rechtliche Grundlage entzogen gewesen, weil es an einer Verletzung deutscher Souveränitätsrechte fehlte. Meine Aktivitäten mußten sich daher darauf konzentrieren, die Bundesregierung wegen der Nichtverfolgung eines Rücküberstellungsantrages zu attackieren, was allerdings voraussetzte, daß die Bundesregierung wirklich ein gutes Gewissen hatte, wenn sie eine Zusammenarbeit deutscher und südkoreanischer Behörden bei der Entführungsaktion bestritt. Und das hatte sie offensichtlich nicht.

Ich habe in der Zeit des Yun-Mandats zahlreiche Gespräche und Korrespondenzen mit den zuständigen Bonner Ministerien gehabt, die alle darauf hinausliefen, daß man alles getan habe, was man tun konnte, um eine Rückkehr der Entführten zu erreichen, und daß es nun darauf ankomme, die guten Beziehungen zwischen Bonn und Seoul nicht zu stören und auf milde Urteile und einen Gnadenakt des südkoreanischen Präsidenten zu hoffen.

Der einzige offizielle Gesprächspartner, bei dem ich Unbehagen über die Rolle deutscher Instanzen in diesem antikommunistischen Kriminalstück zu spüren glaubte, war Gustav Heinemann, damals Bundesjustizminister. Ihn hatte ich, weil ich ihn persönlich kannte und als integren und rechtlich denkenden Mann schätzte, schon im Juli 1967, noch bevor ich mit Isang Yuns Interessenvertretung beauftragt wurde, als empörter Zeitungsleser angeschrieben und um Intervention gebeten, und im Oktober 1967, nunmehr als Isang Yuns Anwalt, zu einem zweistündigen Gespräch in Bonn aufgesucht. Vielleicht war es seinem Einfluß zu verdanken, daß zu dem Prozeß in Seoul ein deutscher Prozeßbeobachter entsandt wurde, der Bonner Rechtslehrer Prof. Dr. Gerald Grünwald, »ein ganz unbestechlicher Mann«, wie ihn Prof. Dr. Helmut Ridder gesprächsweise zutreffend einschätzte. Ich selbst hatte Grünwald bei einer Podiumsdiskussion in Gießen kennengelernt, einer der vielen

Veranstaltungen, die nach der Koreanerentführung in deutschen Universitätsstädten stattgefunden haben und den öffentlichen Protest gegen diesen von der deutschen Bundesregierung geduldeten Rechtsbruch mobilisieren halfen.

Es spielte sich damals – in den Jahren 1967/68 vor allem – ein breite Schichten der Bevölkerung erfassender Konflikt zwischen den mehr oder weniger konservativen Inhabern der Staatsgewalt und der nicht nur durch die Studentenbewegung repräsentierten Außerparlamentarischen Opposition ab, in dessen Rahmen auch der Kampf für die Freilassung der entführten Koreaner eine große Öffentlichkeit erreichte und klare Fronten sichtbar machte. Dabei war es ein glücklicher Umstand für die Entführten, daß einer unter ihnen war, der als Komponist Weltruhm genoß, so daß es nicht nur in Deutschland eine Fülle von Protesten gab, mit denen die Organisatoren dieses faschistischen Gewaltakts in ihrer Kulturlosigkeit wohl nicht gerechnet hatten.

Isang Yun hatte Freunde, die sich gleich nach Bekanntwerden der Entführung um die beiden minderjährigen Kinder kümmerten, die Öffentlichkeit alarmierten, in Bonn, Karlsruhe und Seoul intervenierten und für anwaltliche Interessenvertretung sorgten. Musiker, bekannte und unbekannte, veranstalteten gagenfreie Konzerte, viele Kirchengemeinden sammelten Geld. Auch ich richtete ein Spendenkonto ein, aus dem insbesondere die Kosten der notwendigen ärztlichen Betreuung Isang Yuns in Seoul bestritten wurden. Professor Wilhelm Maler, der Präsident der Hamburger Akademie der Künste, organisierte einen Appell von 161 Persönlichkeiten des internationalen Kulturlebens, der an den südkoreanischen Staatspräsidenten geschickt wurde und ihn, übrigens in sehr höflicher Form, aufforderte, Isang Yun, diesen weltbekannten Botschafter koreanischer Kultur und Kunst, freizulassen. Im November 1968, kurz vor einer der vier Gerichtsverhandlungen, die es in dieser Sache in Seoul gab, konnte ich die Redaktionen der *Frankfurter Allgemeinen Zeitung* und der *Welt* dazu bewegen, diesen Aufruf, inzwischen mit insgesamt 181 Unterschriften prominenter Musiker aus aller Welt, noch einmal in einer halbseitigen Anzeige, die etwa 10.000 Mark gekostet hätte, kostenlos zu veröffentlichen. Der Staatsanwalt in Seoul hatte gerade die Todesstrafe für Isang Yun gefordert. Und so lautete die Überschrift der Anzeige: »Todesstrafe gegen Isang Yun?« Zu den Unterzeichnern gehörten: Klaus Bernbacher, Boris Blacher, Siegfried Borris, Pierre Boulez, Ernest Bour, John Cage, Luigi Dallapiccola, Danzi Quintett Amsterdam, Ulrich Dibelius, Gottfried von Einem, Wolfgang Fortner, Harald Genzmer, Michael Gielen, Hans Werner Henze, Heinz Holliger, Mauricio Kagel, Joseph Keilberth, Giselher Klebe, Otto Klemperer, Alfons und Aloys Kontarski, Ernst Krenek, Rolf Liebermann, György Ligeti, Wilhelm Maler, Melos Ensemble London, Aurele Nicolet, Hans Otte, Siegfried Palm, Edith Picht-Axenfeld, Gustav Scheck, Hans Schmidt-Isserstedt, Igor Strawinsky, Edward Staempfli, Karlheinz Stockhausen, Francis Travis, Gerd Zacher, Hans Zender, Alois Zimmermann.

Auch Aufführungen von Isang Yuns Werken hielten die Erinnerung an den in Seoul inhaftierten Komponisten wach und wurden zu Demonstrationen genutzt. So machten die Studenten nach einer Aufführung von Yuns Oper »Der Traum des Liu-Tung« – sie wurde zusammen mit der Oper »Der Gefangene« von Luigi Dallapiccola am 11. Dezember 1967, zwei Tage vor der Urteilsverkündung in Seoul, aufgeführt – einen Schweigemarsch durch die Stadt Bonn zur südkoreanischen Botschaft. Bei einem Konzert in München besetzten Musikstudenten das Podium und verlangten die Freilassung Yuns. Alle Konzertbesucher trugen sich in Namenslisten ein, die nach Seoul geschickt wurden. Der Pianist Claudio Arrau sagte aus Protest ein Konzert in Seoul ab. In der Berliner Hochschule für Musik fand ein Konzert mit Werken Isang Yuns statt, bei dem Boris Blacher einem Studenten die Verlesung einer Protesterklärung gestattete.

Es war oft zu spüren, daß wir mächtige Feinde hatten und gegen ein Verbrechersyndikat kämpften, das sich guter Verbindungen erfreute. In einem meiner Rundschreiben an den Freundeskreis Isang Yuns (vom 24. Januar 1968) mußte ich berichten:

Von der Behörde, die ich verdächtige, an der Entführungsaktion mitgewirkt zu haben, wird seit Übernahme des Mandats Isang Yun gegen mich in der schamlosesten Weise intrigiert. Mehrere Freunde Yuns sind vor mir gewarnt worden, ich sei Kommunist und hinter mir stünde irgendeine Organisation, über die man sich nicht näher ausließ. Ich sei in Seoul persona non grata. Die Ehefrau eines in Seoul Inhaftierten wurde sogar durch die koreanische Botschaft davor gewarnt, mir ein Mandat zu erteilen, da ich ihrem Ehemann nur schaden könne. In Hamburg wurden die Plakate, in denen mein Vortrag angekündigt wurde, über Nacht restlos abgerissen und die Stellschilder gestohlen. Überall ist der lange Arm der Verbrecherbande spürbar, die Isang Yun und seine Landsleute um ihre Freiheit gebracht hat.

Daß ich in Seoul persona non grata war, entsprach den Tatsachen. Einer der vor Gericht als Entlastungszeugen für Yun angehörten Zeugen schrieb mir:

In Korea fand ich die Vermutung bestätigt, daß der CIA Sie nicht gerade liebt.

Und so war denn wohl auch die Morddrohung, die ich nach einer Yun-Veranstaltung in Hamburg am Scheibenwischer meines Wagens vorfand, durchaus ernst zu nehmen. Nicht nur koreanische, sondern auch deutsche Staatsträger sahen meine Tätigkeit in Sachen Isang Yun nicht gern. Herr Dr. Bassler, Legationsrat 1. Klasse im Auswärtigen Amt in Bonn, hielt es sogar für richtig, einem der Freunde Yuns ausdrücklich zu empfehlen, mir die Vollmacht zu entziehen. Daß es nicht geschah, obwohl auch Isang Yun selbst ähnlichen Pressionen ausgesetzt gewesen sein dürfte – sein koreanischer Verteidiger wagte es z. B. nicht, mit mir direkt zu korrespondieren –, habe ich schon damals mit großer Achtung zur Kenntnis genommen.

Isang Yun hatte, wie er mir später sagte, gehofft, ich würde auch zum Prozeß nach Seoul kommen. Aber ich hätte vor Ort, von den technischen Problemen einmal abgesehen, nicht viel für ihn tun können. Wenn ein deutscher Interessenvertreter die koreanischen Gerichte überhaupt beeindrucken konnte, dann war die Anwesenheit eines von der Bundesregierung beauftragten Prozeßbeobachters sicher wirkungsvoller als die eines als »Kommunistenverteidiger« verschrienen Anwalts.

Der Prozeß in Seoul verlief nach Mustern, die mir unheimlich vertraut vorkamen. Die Anklage beruhte auf einem »Gesetz für die nationale Sicherheit« und dem »Antikommunistengesetz«. Das erste sah die Todesstrafe vor für »Gruppenbildung zum Zweck des Umsturzes der Regierung, für Mord, Sabotage, Brandstiftung, Verrat politischer und militärischer Geheimnisse, Unruhestiftung, Entführung, sofern diese Verbrechen im Auftrag und Interesse einer regierungsfeindlichen Gruppe geschehen«. Das zweite verkündete als Gesetzeszweck, »die antikommunistische Struktur zu stärken, welche das oberste Ziel des nationalen Wiederaufbaus ist«, und erklärte für strafbar:

- die Aufnahme oder Vermittlung von Kontakten zu Nordkorea,

- den Besitz oder die Weitergabe oder Herstellung nordkoreanischer Dokumente (Zeitungen, Bücher, Flugblätter),

- die Flucht nach Nordkorea,

- die Annahme von Propagandamaterial und Geld aus Nordkorea.

Der Korrespondent der *Süddeutschen Zeitung,* Thilo Bode, brachte dieses Paragraphenwerk auf die Formel »Antikommunismus in juristische Formen gegossen« und sagte von der politischen Atmosphäre des Landes, die den Hintergrund des Prozesses bildete:

Sie ist geprägt von einem kompromißlosen, haßerfüllten Antikommunismus.

Alles in allem günstige Voraussetzungen, um in der Bundesrepublik Deutschland Verständnis für den in Südkorea inszenierten Schauprozeß zu erwarten. So sahen es jedenfalls die Machthaber in Seoul. Und ihre Freunde in Bonn. Als der *Spiegel*-Redakteur Hentschel ein Gespräch mit dem Chef des südkoreanischen Geheimdienstes (CIA), General Hyung Wook Kim, führen konnte, legte dieser Wert darauf, abschließend noch dies zu sagen *(Spiegel,* 28. 8. 1967):

Die Kommunisten sind unsere gemeinsamen Feinde, und Ostdeutschland wie Nordkorea würden sich nur freuen, wenn sich die Beziehungen zwischen unseren Ländern verschlechtern würden. Ich bedaure es sehr, einen Disput gerade jetzt ausgelöst zu haben, da der gute Wille unserer Beziehungen durch die Zusicherung deutscher Entwicklungshilfe einerseits und durch die Staatsbesuche von Präsident Park in Deutschland und Präsident Lübke in Korea sichtbar geworden ist ...

Aus Hentschels Bericht:

Drei CIA-Generäle reichen mir winzige Trinkschälchen, die ich mit Alkoholischem zu füllen, auszutrinken und dann mit beiden Händen zurückzureichen habe, damit – so will es die Sitte – die Geheimdienst-Männer sich aus denselben Schälchen laben. Die gastfreundliche Verbundenheit, die diese Geste ausdrückt, entspringt der festen Überzeugung der CIA, daß Deutsche und Koreaner trotz jüngster Komplikationen letzten Endes in jenem einen Boot sitzen, das gegen den Kommunismus kreuzt.

Auch der deutsche Bundespräsident, Heinrich Lübke, wußte, wie man mit Gastfreunden umgeht. Der aus Bonn scheidende südkoreanische Botschafter Duk Shin Choi wurde mit dem Großkreuz des Bundesverdienstordens geehrt – einige Tage später waren seine Schreie in der Seouler Folterkammer zu hören – und der neue Botschafter mit der Versicherung empfangen: »Unsere beiden Völker bekennen sich zu den gleichen Werten« *(Spiegel,* 28. 8. 1967). Höflich und mit der ihm eigenen diplomatischen Geschicklichkeit erwähnte Lübke bei dieser Gelegenheit die Entführungsaffäre mit keinem Wort (siehe *FR,* 10. 11. 1967). Über weitere Verdienste Lübkes wußte der *Spiegel* (18. 12. 1967) wie folgt zu berichten:

Der Bundespräsident war es auch, der Regierungsmitgliedern zu verstehen gab, man möge die Forderung nach Rückführung der Verschleppten nicht allzu drastisch bekunden, damit die freundschaftlichen Beziehungen nicht belastet würden.

Freundschaftliche Beziehungen gab es nicht zuletzt zwischen den Geheimdiensten der im antikommunistischen Kreuzzug verbrüderten Staaten:

Auf Einladung des BND weilte der Vize-Chef der CIA, Byung Doo Lee, 1966 in der Bundesrepublik. Durch Vermittlung des BND durfte Lee dem Bundespräsidenten Heinrich Lübke Visite machen. Auf Vorschlag des BND wurden dem CIA-Chef Hyung Wook Kim sowie einer ganzen Reihe weiterer CIA-Leute deutsche Orden umgehängt, als Lübke dann in Korea zu Besuch weilte. *(Spiegel,* 18. 12. 1967)

Und wie sollte bei so viel Gemeinsamkeit nicht auch der Geheimdienst-Coup vom Juni 1967 und die gerichtliche Aburteilung der Entführten als gelungener Schlag gegen den gemeinsamen Feind gefeiert werden. Durfte man doch in einem Land, dessen Justiz »Ostkontakte« als »landesverräterische Beziehungen« bestrafte, Verständnis dafür erwarten, daß südkoreanische Gesetze »Nordkontakte« für strafbar erklärten. Und man glaubte auch voraussetzen zu dürfen, daß eine Regierung, die dem kommunistisch beherrschten deutschen Nachbarland die staatliche Existenzberechtigung bestritt und seine Staatsdiener als Kriminelle behandelte, verstehen würde, daß aus südkoreanischer Sicht auch Nordkorea »kein Staat ist, sondern ein Territorium, in dem die Anti-Staat-Gruppe illegal über Menschen herrscht« (so eine Formulierung in der Anklageschrift gegen Isang Yun).

Und so zog der koreanische CIA ungeachtet der lahmen Bonner Proteste sein Verfahren gegen die Entführten durch. Am 13. Dezember 1967 verkündete das Distriktgericht Seoul ein Todesurteil gegen den aus Frankfurt am Main entführten Physiker Chung Kyu Myong, lebenslange Freiheitsstrafe gegen Isang Yun, 15 Jahre Freiheitsstrafe gegen den Gießener Studenten Choi Jeung Gil und Freiheitsstrafen zwischen einem und zehn Jahren gegen die übrigen Angeklagten. Isang Yuns Frau, Su Ja Lee, erhielt drei Jahre, die zur Bewährung ausgesetzt wurden. Die Verbrechen der Angeklagten bestanden vor allem in Reisen nach Nordkorea und Ost-Berlin, Kontakten mit Nordkoreanern, Anschauen nordkoreanischer Filme und Lektüre nordkoreanischer Schriften, Entgegennahme von Geld nordkoreanischer Herkunft (Erstattung von Reisekosten). Isang Yun machte kein Hehl daraus, daß er 1963 eine Einladung nach Nordkorea angenommen hatte, in erster Linie, um einen Jugendfreund wiederzusehen, aber auch, um das nordkoreanische Musikleben kennenzulernen und Konzerte zu besuchen. Daß es ein Verbrechen sein sollte, Kontakte zu Nordkorea und nordkoreanischen Landsleuten zu pflegen, konnte er ebensowenig einsehen wie meine einst wegen »Ostkontakten« verurteilten Mandanten die Kriminalisierung ihrer Freizügigkeit. Der Prozeßbeobachter der Bundesregierung, Professor Grünwald, äußerte sich nach seiner Rückkehr sehr kritisch zu dem Urteil und drängte die Bundesregierung zum Handeln. Aber obwohl man in Bonn über das Urteil »bestürzt« war, geschah nichts, um einen Rücküberstellungsanspruch durchzusetzen. Man überließ die Entführten dem weiteren Gang der südkoreanischen Justiz und verzichtete sogar darauf, Grünwald auch für die weiteren Instanzen als Beobachter zu entsenden.

Nachdem in der 2. Instanz das Urteil gegen Isang Yun auf 15 Jahre Freiheitsstrafe lautete – ein anderer Angeklagter war wiederum zum Tode verurteilt worden – kam es im Juli 1968 zu einer Entscheidung des Revisionsgerichts, wonach die Angeklagten nicht der »Spionage« schuldig seien, sondern nur nach dem Antikommunistengesetz verurteilt werden könnten. Was sich da abspielte, hat Isang Yun später so geschildert *(Der verwundete Drache,* S. 171 f.):

In Südkorea war es, jedenfalls damals, so: die Richter der ersten Instanz sind eigentlich nur Vollzugsorgane des KCIA. Sie führen Befehle aus nach dem Willen des KCIA. In der zweiten Instanz übt der KCIA zwar den Druck, aber es ist doch etwas geblieben von normaler Rechtsprechung. Und die dritte, die oberste Instanz war relativ frei. Als das Material dort angelangt war, zur letzten Entscheidung, schickten sie es an ein unteres Gericht zurück mit der Forderung einer neuen Überprüfung ...

Nach dieser Rückgabe des Prozeßmaterials an die untere Instanz geschah in Seoul etwas Unheimliches: Über Nacht waren in der Stadt überall Plakate geklebt worden mit massiven Beschuldigungen gegen die hohen Richter, sie seien ebenfalls Kommunisten, und sie konspirierten mit den Verhafteten, und sie würden durch Attentate getötet werden. Am nächsten Tag stand das alles in den Zeitungen, und die bedrohten Richter verlangten von der Regierung Polizeischutz und bekamen ihn auch, ihre Häuser wurden bewacht, und auf dem Weg zu den Dienststellen hatten sie Polizeigeleite. Natürlich war dem ganzen Volk klar, wer die Plakate geklebt hatte: nachts ist Sperrstunde, kein Mensch kann sich auf die Straße wagen. Niemand ist unterwegs als der KCIA. Er allein kann in aller Ruhe nachts die Plakate kleben. Aber der Zweck der Aktion war auch klar: Einschüchterung der Richter und der Regierung. Oberste Macht in Korea ist der KCIA.

Isang Yun und seine ebenfalls aus der Bundesrepublik entführte Frau (vorn links) mit weiteren Angeklagten während der Urteilsverkündung in Seoul. Isang Yun wurde in erster Instanz zu lebenslänglichem Gefängnis verurteilt.

Nach dieser Entscheidung des Revisionsgerichts verlautete aus Bonn beruhigend, jetzt sei nur noch mit einer Höchststrafe von sieben Jahren zu rechnen. Tatsächlich kam bei der erneuten Verhandlung in der unteren Instanz ein Urteil heraus, das gegen Yun auf zehn Jahre lautete (der Staatsanwalt hatte sogar erneut die Todesstrafe beantragt). Ein Affront nach dem anderen gegen die sich mit halbherzigen Protesten vor der Weltöffentlichkeit blamierende Bundesregierung.

Während die Menschen, die sich für die Freilassung der entführten Koreaner einsetzten, aus Bonn immer wieder zu hören bekamen, man müsse den Abschluß des südkoreanischen Prozeßverfahrens abwarten und solle öffentliche Proteste vermeiden, brachte der herzkranke Isang Yun zwei eiskalte Winter in einer unheizbaren Zelle zu, durch deren kaputtes Fenster aus Ölpapier der Wind blies. Er hat später über die körperlichen und seelischen Strapazen seiner Haft und über die äußeren Bedingungen berichtet, unter denen er eine Oper und mehrere Kammermusikwerke komponiert hat.

Ich hatte keinen Tisch in der Zelle, so mußte ich das Notenpapier auf den Fußboden legen und im Knien oder Hocken arbeiten. Später bekam ich ein niedriges Tischchen. Es war sehr kalt im Spätherbst und Winter. Meine Hände waren steif vor Kälte, und alle paar Takte mußte ich sie mit meinem Atem wärmen. Ich war am ganzen Körper geschwollen, und es fiel mir schwer, mich zu bewegen und aufzustehen. Oft hatte ich starke Schwindelgefühle und mußte mich an die Wand lehnen, um nicht umzufallen ... Oft machte mein krankes Herz Schwierigkeiten, und ich dachte, ich würde bald sterben.

Den letzten Akt in diesem von Geheimdiensten inszenierten Gangsterstück bildeten dann die »Begnadigungen« durch Präsident Park (er ist später von seinem eigenen Geheimdienstchef umgebracht worden). Im März 1969 – also nach 21 Monaten Haft – wurde Yun aus dem Gefängnis entlassen. Er mußte Papiere unterschreiben, in denen er sich verpflichtete, niemals über die Entführung und die Details des Prozesses zu berichten und auch nie Negatives über Südkorea zu sagen. Andernfalls müßten seine Verwandten in Korea mit Sippenhaft rechnen. Isang Yun hat unter dieser Drohung jahrelang geschwiegen.

Auf die Rückkehr der letzten Entführten ließ man die Bundesregierung noch bis 1971 warten. Es kann keinen vernünftigen

Zweifel geben, daß sich die Bonner Regierung alle diese Demütigungen nur deshalb gefallen lassen mußte, weil deutsche Stellen bei der Entführung ihre Hände im Spiel gehabt hatten, so daß man es nicht wagen konnte, einen Rücküberstellungsantrag mit Nachdruck zu verfolgen oder die Zahlung von Entwicklungshilfe einzustellen, wie es von oppositioneller Seite im Bundestag gefordert worden war. Solange die Entführten sich in der Gewalt des koreanischen CIA befanden, mußten auch wir, die Freunde Yuns und ich als sein Anwalt, darauf verzichten, die deutsch-koreanische Komplizenschaft in dieser Sache und die Verschleierungsstrategien der Bonner Regierung und der Karlsruher Bundesanwaltschaft aufzudecken. Aber nun, nachdem alle Entführten zurück waren, wäre es eigentlich Sache einer freien Presse gewesen, die Täter und Hintermänner dieses Verbrechens öffentlich zu benennen. Doch die Akten der Bundesanwaltschaft über ihre angeblich so unergiebigen Ermittlungen in dieser Sache trugen, wie die *Frankfurter Rundschau* (24.12.1967) aus dem Justizministerium erfuhr, den Geheimvermerk. Und man hatte es mit skrupellosen Leuten zu tun, die offensichtlich keine Strafverfolgung wegen Gewalttaten zu fürchten hatten. Ich weiß, daß ein junger Journalist auf der Spur war und eine größere Veröffentlichung plante. Eines Tages ist er verstummt, sein Buch ist nie erschienen. Ich weiß nicht, ob er bedroht oder gekauft worden ist oder was sonst passiert ist. Die Gründe für Selbstzensur in diesem Lande sind vielfältig. Früher, in den Tagen der Weimarer Republik, wurden illegale Machenschaften der Staatsgewalt mit Landesverratsverfahren gegen kritische Publizisten zugedeckt – der Fall Carl von Ossietzky hat damals weltweites Aufsehen erregt. Inzwischen ist den Deutschen der vorauseilende Gehorsam, der mit dem Wort »Staatsgeheimnis« eingefordert wird, mehr und mehr zur Gewohnheit geworden, so daß es kaum noch strafrechtlicher Sanktionen bedarf, um Schweigen über staatliches Unrecht zu erzwingen. So ist auch der Fall Isang Yun sang- und klanglos in Vergessenheit geraten.

Wer möchte nicht in die allgemeine Empörung über Geheimdienstverbrechen im Machtbereich der DDR einstimmen. Mit satter Genugtuung lehnt sich mancher im Fernsehsessel zurück, wenn späte Gerechtigkeit gegen kommunistische Staats- und Regierungskriminalität geübt wird. Und doch würde ein bißchen weniger Selbstgerechtigkeit den Westdeutschen ganz gut zu Gesicht stehen. Vor allem sogenannte christliche Politiker und deren Gefolge, die ja allenthalben mit inquisitorischem Verfolgungseifer am Werk sind, sollte man dazu ermahnen, eifriger in der Bibel zu lesen. Dann würden sie im 7. Kapitel des Matthäus-Evangeliums das berühmte Gleichnis vom Splitter im Auge des Bruders und vom Balken im eigenen Auge finden.

15. Die Bremer Straßenbahnunruhen vom Januar 1968

Im Januar 1968 wurde in Bremen die Revolution geprobt. Fünf Tage lang blockierten Tausende junger Menschen den gesamten Innenstadtverkehr und triumphierten schließlich über die Gewalt der Polizei. Auslöser der Demonstrationen war eine Erhöhung der Straßenbahnpreise gewesen, gegen die zunächst nur eine kleine Gruppe von Schülern protestiert hatte, indem sie sich an einem Verkehrsknotenpunkt auf die Straßenbahnschienen setzte. Die Demonstranten waren von der Polizei weggetragen worden. Am folgenden Tag hatten sich rund 1500 Menschen auf den Straßenbahnschienen versammelt, zu viele, um weggetragen zu werden. Und so begann mit dem Einsatz von Wasserwerfern und Polizeiknüppeln die Konfrontation mit der Staatsgewalt, die eine von Tag zu Tag wachsende Menge protestierender Menschen auf die Beine brachte, am dritten Tag 3.000, am vierten Tag 5.000 Demonstranten. Der Linienverkehr der Bremer Straßenbahn mußte in der Innenstadt jeweils für mehrere Stunden eingestellt werden. Die Bremer Tageszeitungen berichteten mehrseitig über die Ereignisse, schilderten brutale Polizeieinsätze mit wachsender Distanzierung und förderten so eine Solidarisierung der Bevölkerung mit den jungen Demonstranten, wie sie in Deutschland Seltenheitswert hat. Es kam ansatzweise sogar zu der von den jungen Revolutionären der 68er-Bewegung sonst so schmerzlich vermißten Aktionseinheit mit Arbeitern und Lehrlingen, und das lehrte die Herrschenden das Fürchten. Der Betriebsrat der AG-Weser solidarisierte sich ausdrücklich mit den Demonstranten, und der stellvertretende Betriebsratsvorsitzende der Klöckner-Werke, Bonno Schütter, trat öffentlich als Redner auf und kündigte an, daß er sich im Betriebsrat von Klöckner dafür einsetzen werde, die Forderungen der Schüler und Lehrlinge zu unterstützen. Unter dem Eindruck dieser entstehenden Massenbewegung entschlossen sich einige Abgeordnete und Senatsmitglieder der regierenden SPD, mit dem Schüler Hermann Rademann und anderen Sprechern der Demonstranten zu verhandeln. Und schließlich gab Bürgermeister Hans Koschnick, der zunächst erklärt hatte, man werde sich dem »Druck der Straße nicht beugen«, die teilweise Rücknahme der neuen Straßenbahntarife bekannt.

Seit man auf Initiative des damaligen Senatsdirektors Dr. Klischies und unter Vermittlung des Pastors Abramzik angefangen hatte, mit den Schülergruppen und sonstigen Initiatoren der Demonstranten zu sprechen, statt ihnen Polizeiknüppel auf die Köpfe zu hauen, hatten einige Repräsentanten der Staatsgewalt – allen voran Annemarie Mevissen, Senatorin und stellvertretende Bürgermeisterin – begriffen, daß es um mehr ging als nur um Straßenbahnpreise. Beherrschendes Thema der Gespräche war, wie ein Sprecher des USB (Unabhängiger Schülerbund), Jörg Streese, später schrieb, daß es nach dem Eintreten der SPD in die Große Koalition keine parlamentarische Opposition mehr gebe und die Bürger ihre Interessen selbst vertreten müßten: am Arbeitsplatz, in den Schulen und Universitäten. »Dafür waren wir auf der Straße.« Es ging, wie ein anderer Sprecher der Demonstranten, Pastor Schiesches, es formulierte, darum, die gesamte Bevölkerung der BRD politisch zu interessieren und zu selbständigen Meinungsäußerungen zu bringen. Aber von dieser Erkenntnis blieb bei der offiziellen politischen und juristischen Nachbereitung des Massenprotestes nicht viel übrig.

Die Bremische Bürgerschaft (Landtag) sah sich veranlaßt, einen Untersuchungsausschuß einzusetzen, der unter Mitwirkung von fünf Abgeordneten der SPD, drei Abgeordneten der CDU und einem FDP-Abgeordneten nach umfangreichen Zeugenvernehmungen einen 45seitigen Bericht formulierte, der pflaumenweiche Beanstandungen nach allen Seiten verteilte, aber immerhin den wesentlichen Inhalt von Zeugenaussagen wiedergab, die sich ganz überwiegend kritisch zum Verhalten der Polizei und des Polizeipräsidenten von Bock und Polach geäußert hatten. Und der Bremer Straßenbahn AG wurde ins Stammbuch geschrieben, daß ein Unternehmen mit überwiegendem Öffentlichkeitscharakter die ihm gegenüber der Gesamtbevölkerung obliegenden Aufgaben nicht nur nach betriebswirtschaftlichen, sondern auch nach gleichwertig sozialpolitischen Aspekten zu prüfen habe. Mehr als soziale Rhetorik war das allerdings nicht, denn die Rücknahme der Tariferhöhung wurde dadurch erkauft, daß die Stadt gegenüber der Straßenbahn AG auf eine Wegebenutzungsgebühr von jährlich 650.000 DM verzichtete und ihr höhere Zuschüsse zahlte. Also Sozialisierung der Verluste bei Privatisierung der Gewinne, wie im Kapitalismus üblich. Aber den »Druck der Straße« war man erst mal los. Und das Parlament bewahrte sein Gesicht als demokratisches Kontrollorgan.

Völlig unbeeindruckt von der politischen Qualität der schließlich erfolgreichen Massenproteste zeigte sich die Justiz. Daß hier direkte Demokratie praktiziert worden war, blieb den etablierten Juristen des Stadtstaats verborgen. In bewährter Einseitigkeit wurden sämtliche Ermittlungsverfahren gegen Polizeibeamte, deren (Staats-)Gewalttätigkeiten erhebliche Kritik in der Bevölkerung und in Kommentaren der Tagespresse und des Rundfunks ausgelöst hatten, eingestellt, während eine Fülle von Strafverfahren gegen die zumeist jugendlichen Teilnehmer der Demonstrationen durchgeführt wurden.

Von den vielen polizeilichen Prügelszenen, die damals in Wort und Bild durch die Presse gegangen waren, hatte eine besonderes Aufsehen erregt, weil sie zufällig von mehreren Journalisten und Fotografen beobachtet und dokumentiert worden war. Der verprügelte Mensch, der damals 23jährige Gastwirt Wolfgang Peters*, beauftragte mich mit der Wahrnehmung seiner Interessen. Nach seiner Darstellung und den Aussagen unbeteiligter Zeugen hatte sich folgendes abgespielt: Wolfgang Peters war am 18. Januar 1968, als der Straßenbahnverkehr in der Bremer Innenstadt durch die Demonstrationen zum Erliegen

---

* Name geändert

gekommen war, mit seinem Kraftwagen, einem kleinen Simca, noch bis zum Liebfrauenkirchhof gekommen, wo er dann in der Menge steckenblieb. Durch aufgeklebte Plakate auf der Kühlerhaube und den Türen war zu erkennen, daß die Insassen des Wagens mit dem Anliegen der Demonstranten sympathisierten. Mehrere Polizisten, die den Auftrag hatten, Demonstranten, die aus Richtung Liebfrauenkirchhof zur Obernstraße oder zum Markt wollten, abzudrängen, stürzten auf den Wagen zu. Der Fahrer, mein Mandant, der zunächst aussteigen wollte, schon die Tür geöffnet und einen Fuß auf die Straße gestellt hatte, versuchte, sich wieder in den Wagen zurückzuziehen und die Tür zu schließen, da er wegen der bedrohlichen Haltung der Polizisten – mindestens vier von ihnen kamen, teilweise mit gezücktem Schlagstock, erregt auf ihn zu – Angst um seine körperliche Unversehrtheit kriegte. Es gelang ihm nicht mehr, die Tür zu verriegeln, die so gewaltsam aufgerissen wurde, daß sie beschädigt und die Halterung des Türfangbandes verbogen wurde. Sodann begannen die Polizisten, ihn aus dem Wagen herauszuziehen, während seine beiden Mitfahrer versuchten, ihn festzuhalten. Schon während Herr Peters aus dem Wagen gezogen und von hinten festgehalten wurde, also selbst völlig wehrlos war, begannen die Beamten, auf ihn einzuschlagen. Als sie ihn draußen hatten und zur Wache abführten, wurde die Prügelei fortgesetzt. Peters: »Zwanzig bis dreißig Schläge habe ich bekommen.« Diese wurden zum Teil auf den nackten Körper verabfolgt, weil die Kleidung bei dem Gezerre verrutscht war. Herr Peters hatte am ganzen Körper Spuren der Schläge (Striemen, blaue Flecke, Schwellungen und Blutergüsse).

Die Darstellung meines Mandanten wurde von mehreren unabhängigen Zeugen bestätigt.

Ich habe im Laufe meiner Anwaltspraxis vielen Menschen ausreden müssen, sich gegen prügelnde Polizeibeamte mit Strafanzeigen zu wehren, weil mir das Muster, nach dem solche Verfahren abzulaufen pflegten, zur Genüge bekannt ist. Regelmäßig löst eine Strafanzeige wegen Körperverletzung im Amt eine Anzeige der beschuldigten Beamten aus, in der behauptet wird, der Verprügelte habe Widerstand gegen die Staatsgewalt geleistet und dadurch Anlaß zum Einsatz des Schlagstocks gegeben. Und diese Gegenanzeige der Beamten hat sehr viel größere Aussichten, zu einer Bestrafung zu führen, als die Anzeige des geschlagenen Zivilisten. Denn Polizeibeamte haben bei deutschen Gerichten einen kaum einholbaren Glaubwürdigkeitsvorsprung, gleichviel ob sie als Zeugen oder als Beschuldigte auftreten. Und das wissen sie. Eine Chance, sie zu widerlegen, besteht fast nur in den seltenen Fällen, in denen es Fotos oder Filmaufnahmen gibt, die die Darstellung der Betroffenen und ziviler Zeugen bestätigen. Die Mißhandlung des Gastwirts Wolfgang Peters schien mir ein solcher Ausnahmefall zu sein, da die Beweislage wegen des Vorhandenseins von Fotos und unabhängigen Zeugen günstig war. Auch konnte man hier dem Mandanten keinen Revancheakt der Polizeibeamten einbrokken, weil diese seiner Strafanzeige wegen Körperverletzung im Amt schon mit einer Anzeige wegen Widerstands gegen die Staatsgewalt zuvorgekommen waren. Peters, in Gerichtssachen bisher unerfahren, hatte es versäumt, gegen den auf Antrag der Staatsanwaltschaft ergangenen Strafbefehl des Amtsgerichts rechtzeitig Einspruch einzulegen. So lag gegen ihn, als er zu mir kam, bereits ein rechtskräftiger Strafbefehl vor, durch den ihm eine Geldstrafe von 400 DM auferlegt worden war.

Ich fragte bei der Staatsanwaltschaft an, ob gegen die Beamten, deren Knüppeleinsatz gegen Peters in der Presse mit mehreren Fotos dokumentiert war, schon von Amts wegen ermittelt würde, und erfuhr, daß beabsichtigt sei, das Verfahren mangels Beweises einzustellen. Den Akten entnahm ich sodann, daß zwar nicht die meinem Mandanten verabfolgten Stockschläge bestritten wurden, daß aber die Aussagen der Polizeibeamten nicht zu widerlegen seien, die Schläge seien notwendig gewesen, um einen Widerstand meines Mandanten zu brechen. Dieses Ergebnis hatte die Staatsanwaltschaft mit einem bewährten strategischen Schachzug vorbereitet. Sie hatte die beiden Mitfahrer meines Mandanten, den Studenten Hans-Jürgen Schneider* und den Kraftfahrer Johannes Fürst*, die versucht hatten,

---

* Namen geändert

Peters festzuhalten, als er aus dem Wagen gezogen werden sollte, ebenfalls wegen Widerstandes gegen die Staatsgewalt angeklagt und sie dadurch nach traditionellem Juristenverständnis als Entlastungszeugen entwertet. Die beteiligten Polizeibeamten ließ sie in der Hauptverhandlung gegen Schneider und Fürst, die ich ebenfalls verteidigte, als Zeugen auftreten und erreichte gegen meinen Widerspruch deren Vereidigung, während das Gericht meinen Antrag auf Vereidigung des als Zeugen vernommenen Wolfgang Peters ablehnte. Die unter Vorsitz des Richters Bartholomäi tagende Strafkammer hatte offenbar keinen Zweifel an der Darstellung der Polizisten, daß Peters gegen eine von ihnen beabsichtigte Personenfeststellung Widerstand geleistet habe und daß sie deshalb »vom Schlagstock Gebrauch machen mußten«. Die Polizeibeamten waren in der Hauptverhandlung gegen Schneider und Fürst mit gekonnter Sachlichkeit und Ruhe aufgetreten, während der Gastwirt Peters, mit den bei deutschen Gerichten geltenden Glaubwürdigkeitskriterien weniger vertraut, sich schon durch die rhetorische Frage unbeliebt gemacht hatte, ob er wohl ebenso behandelt worden wäre, wenn er nicht einen kleinen Simca, sondern einen großen Mercedes gefahren hätte. Eine Bemerkung, die von dem Vorsitzenden Richter, Herrn Bartholomäi, pflichtschuldigst als »völlig abwegig« zurückgewiesen wurde.

Damit waren die Weichen für das Ermittlungsverfahren gegen die Polizeibeamten gestellt. Denn was Polizeibeamte beschworen haben, kann nicht unwahr sein. Das Verfahren gegen Schneider und Fürst hatte seinen Zweck erfüllt und wurde gegen unseren Widerspruch (wir wollten Freispruch) wegen Geringfügigkeit auf Kosten der Staatskasse eingestellt. Und zurück blieben Sitzungsprotokolle, in denen man sich die Wiedergabe der Aussagen der zivilen Entlastungszeugen erspart hatte, während die Polizistenaussagen ausführlich protokolliert waren und nun der Staatsanwaltschaft als Grundlage für ihre Beweisführung dienten. Plötzlich waren aus den Schutzbehauptungen von Beschuldigten beeidigte Zeugenaussagen geworden. Daß auch der Gastwirt Wolfgang Peters in dem Verfahren gegen Schneider und Fürst als Zeuge vernommen worden war, änderte nichts daran, daß man ihm nicht glaubte. Obwohl seine Sachdarstellung nicht nur von seinen Mitfahrern, Schneider und Fürst, sondern auch von mehreren völlig unbeteiligten Zeugen – dem Fotografen Joachim Mönch, dem Journalisten Walter Unger und dem Studenten Fabian Öffner – bestätigt wurde.

Die Staatsanwaltschaft (Oberstaatsanwalt Dr. Höffler) teilte mir mit Bescheiden vom 13. 5. 1969 mit, daß sie das Ermittlungsverfahren gegen die Polizeibeamten eingestellt und keinen Anlaß gesehen habe, gegen sie Anklage zu erheben. Nachdem ich hiergegen Beschwerde eingelegt hatte, erging am 15. 1. 1970 ein weiterer Bescheid (Oberstaatsanwalt Beyerle), der zu dem gleichen Ergebnis kam. Die Staatsanwaltschaft glaubte den Polizisten, daß sie nichts weiter im Sinn gehabt hätten als eine Personenfeststellung. Zu diesem Zweck hätten sie meinen Mandanten zum Verlassen des Fahrzeugs aufgefordert (niemand außer den als Zeugen vernommenen Polizeibeamten hat eine solche Aufforderung gehört, und niemand konnte mir erklären, weshalb für diese Personenfeststellung, für die ja sonst bekanntlich das Vorzeigen des Führerscheins genügt, ein Verlassen des Wagens und eine Mitnahme zur Wache nötig war; die übrigens zur Folge hatte, daß der Wagen unbewacht zurückblieb und aus ihm ein Cassettentonbandgerät und ein Mikrophon gestohlen wurden). Er habe sich geweigert auszusteigen, sagten die Beamten. Was man ihm angesichts der weiteren Ereignisse, die seine Befürchtungen voll bestätigten, nicht verdenken kann. Mit den Aussagen der unbeteiligten Zeugen wurde die Staatsanwaltschaft in der Weise fertig, daß sie unterstellte, diese Zeugen hätten nicht den gesamten Hergang beobachten können; es sei daher nicht bewiesen, daß die Schläge grundlos und unverhältnismäßig gewesen seien. Peters habe dem Einschreiten der Polizeibeamten Widerstand entgegengesetzt, den sie »kurz und energisch« gebrochen hätten; das sei strafrechtlich nicht vorwerfbar. Einen Störer, notfalls gewaltsam, abzutransportieren halte sich im Rahmen polizeilicher Befugnisse.

Damit war einer der empörendsten Übergriffe der Polizei anläßlich der Bremer Straßenbahnunruhen in der üblichen polizeifreundlichen Manier erledigt. Man hätte noch den Generalstaatsanwalt mit der Beschwerde und das Oberlandesgericht mit einem Klageerzwingungsverfahren anrufen können. Aber mein Mandant hatte die Nase voll. Ich hatte ihm wenig Hoffnung machen können, daß auf diese Weise eine Anklage gegen die Polizeibeamten oder gar deren Verurteilung wegen der an ihm verübten Mißhandlung zu erreichen gewesen wäre.

Ganz anders war es um den Verfolgungswillen der Staatsanwälte bestellt, wenn sie Demonstranten im Visier hatten. Die Angeklagten waren aus den Tausenden, die dabei waren, von der Polizei nach dem Zufallsprinzip herausgegriffen und von der Staatsanwaltschaft wegen Landfriedensbruchs, Auflaufs, Nötigung, Sachbeschädigung, Widerstands gegen die Staatsgewalt, Verkehrsgefährdung und manchmal wegen mehrerer Punkte zugleich angeklagt worden. Ich habe mehrere von ihnen verteidigt. Darunter auch einige, die von der Polizei bei oder noch nach ihrer Festnahme geschlagen worden waren. Es kam in den meisten Fällen zu Schuldsprüchen, die mit Geldstrafen, Geldbußen oder Erziehungsmaßregeln nach dem Jugendgerichtsgesetz (z. B. Auflage, an zwei Sonntagen körperlich zu arbeiten) verbunden wurden, in einigen Fällen auch zur Einstellung des Verfahrens wegen Geringfügigkeit oder zu Freisprüchen aus tatsächlichen Gründen.

In einem Fall aber gelang es mir, einen Freispruch aus rechtlichen Gründen herbeizuführen, der zwar in der Berufungsinstanz wieder aufgehoben wurde, aber für kurze Zeit ein Muster für mehr Demokratie bildete, das, wenn es Schule gemacht hätte, einige Anstrengungen des Bundesverfassungsgerichts entbehrlich gemacht hätte, deutschen Juristen das Wesen demokratischer Freiheit zu erklären.

Der damals 19jährige Elektriker-Lehrling Uwe Ruß war des Landfriedensbruchs, der Nötigung und der Verkehrsgefährdung angeklagt. Er war von einem Polizeibeamten aus einer Gruppe von Demonstranten herausgegriffen worden, die auf dem Bahnhofsplatz eine im Schritttempo herannahende, bereits beschädigte Straßenbahn für einige Minuten aufgehalten hatten. Ich begründete meinen Antrag, den jungen Mann freizusprechen, so:

Die im Grundgesetz verbürgte Demonstrationsfreiheit sei nicht beschränkt auf das Recht, an den mehr oder weniger guten Willen der Herrschenden zu appellieren, sondern ermächtige die Bürger auch zu direkten Aktionen, die auf den Prozeß der öffentlichen Meinungs- und Willensbildung einwirken. Die Beteiligung am Willensbildungsprozeß finde unter Ausnutzung verschiedenartiger Machtpositionen statt. Während sich der Einfluß wirtschaftlicher Interessentengruppen auf »seriösem« Felde geltend machen könne, das von der Entlassung politisch mißliebiger Arbeitnehmer über Pressekampagnen bis zur Pression auf spendenabhängige Parteien reiche, sei die Masse derjenigen, deren wirtschaftliche Macht nur in der Verfügung über die eigene Arbeitskraft besteht, auf die unter dem Begriff Demonstrationsfreiheit zusammengefaßten Formen politischer Aktivität angewiesen. Das einzige kostenlose Medium sei die Straße. Hier müsse sich die Demonstrationsfreiheit der Lohnabhängigen, der Studenten und der Schüler entfalten können, ohne daß man ihnen die Verletzung einfachen Gesetzesrechts entgegenhalten dürfe. Ich zog eine Parallele zum Streikrecht, dessen Ausübung in der Rechtsprechung des kaiserlichen Reichsgerichts noch als Erpressung des Arbeitgebers bestraft wurde. Seit dem Zusammenbruch des monarchistischen Systems im Jahre 1918 gelte der Streik als legitimes, sozialadäquates Mittel des Arbeitskampfes. Kein Staatsanwalt und kein Gericht würde noch auf den Gedanken kommen, den Streik als Erpressung oder Nötigung aufzufassen, obwohl es diese Gesetze immer noch gibt. Auch die bei den Straßenbahnunruhen gewählte Form des Protestes gegen die Preiserhöhungen eines monopolistischen Unternehmens sei sozialadäquat und durch das Grundrecht der Demonstrationsfreiheit gedeckt. Eine Unterdrückung dieses Rechts durch die Anwendung von Strafgesetzen, die den ungehinderten Straßenverkehr sichern sollen, wäre ebenso unzulässig wie die Unterdrückung des Streikrechts.

Der Bremer Jugendrichter Walter Stahlhut schloß sich meiner Argumentation an und sprach den Angeklagten frei. Die Staatsanwaltschaft legte Berufung ein, und so kam die Sache an eine mit konservativen Richtern besetzte Strafkammer des Landgerichts. Landgerichtspräsident Dr. Burhorn, der Vorsitzende der zuständigen Strafkammer, diskutierte mit dem angeklagten Elektrikerlehrling Grundfragen der Demonstrationsfreiheit. Der Elektrikerlehrling schlug sich wacker.

Dr. Burhorn: Haben Sie in der Zeitung gelesen, was am Dienstag in der Stadt passiert war? Es sind ja am Dienstag schon viele Straßenbahnwagen beschädigt worden.

Uwe Ruß: Ich sah darin keinen Grund, meinen Protest nicht zum Ausdruck zu bringen. Beschädigungen lehne ich ab, das ist der Sache nicht dienlich. Man konnte schlecht was dagegen tun, einige Leute haben das ausgenutzt, weil sie sich mal großtun wollten.

Dr. Burhorn: Das ist die Gefahr einer Demonstration, daß man immer damit rechnen muß, da tun welche was Schlechtes. Haben Sie nicht daran gedacht?

Uwe Ruß: Soll man gar nicht demonstrieren?

Dr. Burhorn: Es gibt auch mal, aber das ist die Ausnahme, disziplinierte Demonstranten. Hier waren aber ja schon am Dienstag Beschädigungen passiert.

Also, was ist daraus zu lernen? Der Lehrling Uwe Ruß und mit ihm ein paar Tausend aufmüpfige junge Leute hätten brav zu Hause bleiben sollen. Wenig Fortschritt gegenüber den preußischen Zuständen, auf die Heinrich Heine 1853 sein Spottgedicht »Erinnerung aus Krähwinkels Schreckenstagen« gemünzt hat:

Wer auf der Straße räsoniert,
Wird unverzüglich füsiliert;
Das Räsonieren durch Gebärden
Soll gleichfalls hart bestrafet werden.

Nun, füsiliert wurde man dafür 1853 so wenig wie 1968. Aber der »Geist der Rebellion«, von dem Heine in dem Gedicht spricht, war damals so unerwünscht wie in unseren Tagen. Hinreichend belehrt durch die Hauptverhandlung und einen ausführlich begründeten Beschluß (zwölf Seiten!), daß er eigentlich hätte bestraft werden müssen, ließ man den Elektriker-Lehrling

Uwe Ruß mit einer Einstellung des Verfahrens wegen geringfügiger Schuld auf Kosten der Staatskasse davonkommen. Eine Art der Verfahrensbeendigung, die nicht mit einem Rechtsmittel angefochten werden kann, so daß eine Nachprüfung der grundsätzlichen Rechtsfragen durch das Bundesverfassungsgericht unmöglich gemacht wurde.

Aber der Freispruch, den Richter Stahlhut in erster Instanz verkündet hatte, war unvergessen. Er hatte in der Presseöffentlichkeit großes Aufsehen erregt und war, je nach der politischen Einstellung des Autors, zustimmend oder ablehnend kommentiert worden. Nachdem mit dem Einstellungsbeschluß des Landgerichts der juristische Alltag wieder eingekehrt war, gab die *Stuttgarter Zeitung* vom 28. 9. 1968 noch einmal Walter Stahlhut das Wort, der auch bei dieser Gelegenheit kein Blatt vor den Mund nahm:

Wenn ich dagegen schon wie Dr. Burhorn die alte, harte Schule vertreten will, dann muß ich mich auch in einem Urteil dazu bekennen und kann mich nicht durch einen faulen Kompromiß wie diese rechtlich unanfechtbare Einstellung vor einer Revision meiner Thesen durch eine höhere Instanz drücken. Daß Dr. Burhorn bei seinem Beschluß, der einen Schritt zurück darstellt, nicht ganz wohl war, zeigt doch am besten die Tatsache, daß er auf die sonst bei einer Einstellung übliche Buße verzichtete und sogar – was es sonst auch nicht gibt – die Kosten des Verteidigers freiwillig der Staatskasse aufbürdete.

Ich selbst gab eine viereinhalbseitige Presseerklärung heraus, in der ich den unterschiedlichen Umgang der Justiz mit protestierenden Jugendlichen einerseits und gewalttätigen Polizisten andererseits geißelte. Mein Fazit aus der Justizpraxis in Demonstrationssachen lautete, daß es in unserem Staat entgegen seiner geschriebenen Verfassung nicht Freiheit für gewaltlose Demonstranten, sondern Freiheit für prügelnde Polizisten gebe. Eine Meinung, die sicher von vielen geteilt wurde, die die Bremer Straßenbahnunruhen, die Polizeiaktionen und die fast durchweg parteiische Justizabrechnung miterlebt haben.

16. »Landgraf werde hart!«. Eine unzüchtige Schülerzeitung (1968/1969)

Zu den juristischen Nachspielen der Bremer Straßenbahnunruhen vom Januar 1968 gehörte auch der Prozeß gegen die Verfasser einer Schülerzeitung, die sich kritisch mit dem Verhalten des Polizeipräsidenten Erich von Bock und Polach beschäftigte. Die vom Untersuchungsausschuß der Bremischen Bürgerschaft vernommenen Zeugen hatten Berichte der Bremer Tageszeitungen vom 19. 1. 1968 bestätigt, wonach Herr von Bock und Polach hinter der Polizeikette stehend in höchster Erregung geschrien habe: »Draufhauen! Draufhauen! Nachsetzen!« Der als Zeuge vernommene Senator Löbert hatte in unmittelbarer Nähe des Polizeipräsidenten gestanden und dessen Prügelappelle gehört. Zu dieser Zeit seien keine Steine geflogen und kein Polizeibeamter verletzt oder gefährdet gewesen, der Befehl sei »unvermittelt und unvorhergesehen direkt an die Polizisten« gegeben worden. Auch der Journalist Bornheim hatte direkt neben dem Polizeipräsidenten gestanden und dessen Rufe gehört. Die Polizisten hätten zu dieser Zeit einen Kessel gebildet, aus dem »schreiende und blutende Jungen und Mädchen mit festem Griff herausgefischt und nach hinten geschleudert« worden seien. Herr von Bock und Polach sei sehr erregt gewesen, »jedenfalls habe ihm sichtlich das Kinn gezittert«.

Trotz dieser eindeutigen Zeugenaussagen konnte der parlamentarische Untersuchungsausschuß sich nicht zu einer Verurteilung des Verhaltens des Polizeipräsidenten durchringen. Man verwies vielmehr darauf, »daß gegen den Polizeipräsidenten wegen der oben geschilderten Vorwürfe bereits sieben Strafverfahren eingeleitet worden sind«. Es ist kaum anzunehmen, daß die Parlamentarier nicht wußten, was von dieser Justiz zu erwarten war. Natürlich wurden alle Verfahren gegen Herrn von Bock und Polach eingestellt. Und so blieb es mal wieder den jungen Menschen, die gegen die autoritären Herrschaftsformen in dieser Gesellschaft opponierten, selbst überlassen, das, was zum Verhalten dieses Polizeipräsidenten zu sagen war, an die Öffentlichkeit zu bringen.

»ZUR GEWALT oder: Das faschistische Gesellschaftsbild des Bremer Polizeipräsidenten« hieß das Oberthema der Schülerzeitung, die sich *Faltblatt a* nannte und am 16. März 1968 vor Bremer Schulen verteilt wurde. »Was die Gewalt betrifft, so geht sie nicht vom Volke, sondern vom Staatsapparat aus«, so begann das Faltblatt mit einem Zitat von Hans Magnus Enzensberger. Ein zweites Zitat stammte von dem ehemaligen Justizminister Dr. Jaeger (CDU): »Wir christlichen Demokraten rufen jedem Minister, jedem Rektor und jedem Polizeipräsidenten zu: Landgraf werde hart.« Darunter folgte eine Grafik von Beardsley mit der Überschrift »Demonstranten«, die drei nackte männliche Figuren mit überproportionalen, erigierten Penissen zeigte.

Im Text hieß es dazu:

Das Argumentieren der von Bocks, der Schützs, der Koschnicks und der Kiesingers, die den oppositionellen Gruppen Terror und Gewalt vorwerfen, selber aber die Staatsgewalt in Form von Polizeiaktionen etc. zum Einsatz bringen, entspringt einem faschistischen Grundmotiv: Es leugnet, daß die Gewalt vom Volk ausgeht und daß dieses das Recht hat, Kritik in einer angemessenen, aber relevanten Form vorzubringen.

Es folgten sodann Ausführungen zu Äußerungen und Verhaltensweisen des Polizeipräsidenten von Bock und Polach, die als faschistisch bezeichnet wurden. Dieser Abschnitt endete mit dem Satz:

Und Faschismus ist erst recht, wenn man unter dem Vorwand eines gesetzlichen Auftrages zur Aufrechterhaltung der öffentlichen

Ordnung eine großangelegte Gewaltanwendung seitens der Polizei startet.

Und noch eine als »letzte Meldung nach Redaktionsschluß« bezeichnete Fußnote galt dem Polizeipräsidenten persönlich. Dort wurde behauptet, daß bei einer »Orgie« im Hause des Polizeipräsidenten ein Student zu Tode gekommen sei, und die Frage gestellt, warum dieser Fall in der Tagespresse verschwiegen worden sei.

Die Staatsanwaltschaft interessierte sich für drei Stellen des Faltblatts und qualifizierte sie als strafbare Handlungen: die Beardsley-Grafik als Herstellung und Verbreitung unzüchtiger Abbildungen und die beiden den Polizeipräsidenten betreffenden Abschnitte als üble Nachrede. In der Anklage, die sich gegen die Verfasser des Faltblatts, die Schüler Streese, Schultz und Köhler richtete, heißt es:

Die im Faltblatt »a« abgedruckte Zeichnung des Engländers Aubrey Beardsley ist unzüchtig, weil in ihr in grob schamverletzender Weise die männlichen Geschlechtsteile der abgebildeten drei Personen erregt und übergroß dargestellt sind ...
Der Gebrauch des Begriffs »faschistisch« in Verbindung mit dem behaupteten Verhalten des Polizeipräsidenten beinhaltet eine besonders verletzende Äußerung der Mißachtung, weil hierdurch im vorliegenden Zusammenhang mit dem Inhalt des Hauptartikels »Zur Gewalt« zumindest der Vorwurf erhoben wird, der Polizeipräsident habe – wie die Faschisten und Nationalsozialisten – mit Gewalt die Demonstration verfassungswidrig unterdrücken wollen.

Das Wörtchen »wollen« verriet bereits die Linie, auf der die Staatsanwaltschaft den Polizeipräsidenten in Schutz nehmen wollte. Subjektive böse Absichten von Polizeipräsidenten, Gefängnisleitern, Richtern und anderen Exponenten der Obrigkeit sind bekanntlich bei deutschen Gerichten nicht zu beweisen, ihre Behauptung daher stets strafbar.

Letzter Punkt der Anklage: die Meldung über die behauptete »Orgie« sei unwahr. Vielmehr sei davon auszugehen, daß die im Hause des Polizeipräsidenten nach dem Genuß von Whisky zu Tode gekommene Person infolge eines plötzlichen Unwohlseins über das Geländer des Hauseingangs auf die Kellertreppe gefallen sei und sich dabei die tödlichen Verletzungen zugezogen habe.

Die in der Schülerzeitung wiedergegebene Zeichnung von Aubrey Beardsley. Als Faltblatt a wurde sie der Gegenstand gerichtlicher Auseinandersetzung.

So war nach bewährter Methode das Faltblatt seiner politischen Aussage beraubt und auf unzüchtige und ehrenkränkende Inhalte reduziert. Schon der Direktor der Bremer Kunsthalle, Dr.

Günter Busch, der vom Staatsanwalt vor Abfassung der Anklage zum Kunstwert der Beardsley-Grafik befragt worden war, hatte eine leise ironische Distanz zur Anklage nicht ganz unterdrükken können. Im Gutachtenauftrag war gefragt worden, ob das inkriminierte Bild, das dem Buch *Lysistrata* entnommen war, »zur künstlerischen Ausgestaltung des Buches entstanden« sei. Antwort des Sachverständigen bejahend. Frage des Staatsanwalts: »Oder verfolgt der Hersteller mit dieser und den anderen Illustrationen der ›Lysistrata‹ andere (welche?) Zwecke?« Antwort des Sachverständigen: »Diese Frage kann ich nicht beantworten, da der ›Hersteller‹ 1898 verstorben ist. Sonst könnten wir ihn selbst fragen«. Frage des Staatsanwalts: »Gehört das Bild in den Bereich der Kunst?« Antwort des Sachverständigen: »Das Bild (richtiger die Illustration) gehört in den Bereich der Kunst ...« Frage des Staatsanwalts: »Ändert sich an dieser Beurteilung etwas dadurch, wenn das Bild durch das Hineinstellen in den Text des Faltblattes zu dem Thema ›Zur Gewalt‹ ... unmittelbar unter die Worte ›Landgraf werde hart‹ gedruckt wird und dadurch eine Gedankenverbindung zu den erregten (harten) Geschlechtsteilen hergestellt wird?« Antwort des Sachverständigen: »Diese Frage kann ich von meinem Fach aus nicht beantworten«.

Keine Erkundigungen bei Sachverständigen hielten Staatsanwaltschaft und Gericht hinsichtlich des Begriffs »faschistisch« für nötig. Sie hatten, wie sich in der Hauptverhandlung zeigen sollte, keine Ahnung von der Diskussion, die in der kritischen Öffentlichkeit über diesen Begriff geführt wurde. Statt vieler zitiere ich hier Hans Magnus Enzensbergers Beitrag »Berliner Gemeinplätze« aus *Kursbuch* 13/1968, das dem Thema »Die Studenten und die Macht« gewidmet war:

Ist das westliche Deutschland faschistisch, präfaschistisch, neo-faschistisch oder faschistoid? Die wackligen Wörter verraten, daß darüber keine Klarheit herrscht. Wer auf das Jahr 1933 starrt, dem wird die Gegenwart zum blinden Fleck ...

Der neue Faschismus verstehe sich als belagerte Festung. Er könne es nicht wagen, die Massen zu mobilisieren, er müsse sie in Schach halten. Dieser neue Faschismus sei keine Drohung, er sei längst Wirklichkeit.

Der neue Faschismus kommt ohne Führer aus. Die Figuren an der Spitze sind vollkommen fungibel und austauschbar ... Sie sind die idealen Vertreter eines Systems, das keine anderen Interessen mehr vertritt als die der IG zur Ausbeutung der Massen

Und noch einen unverdächtigen Zeitzeugen will ich zitieren, da vielleicht daran erinnert werden muß, welcher Faschismus-Begriff Ende der sechziger Jahre in der öffentlichen Diskussion war und von den Verfassern der Schülerzeitung *Faltblatt a* ganz selbstverständlich übernommen wurde. Sebastian Haffner schrieb in *konkret* Nr. 7 (Juli)/1967:

Faschismus heißt, ganz wörtlich, Prügelherrschaft. Ein faschistischer Staat ist ein Staat, der seine Untertanen mit Prügeln regiert und das auch ganz offen proklamiert. Eine faschistische Partei ist eine Partei, die den Prügelstaat will. Wie sie sich nennt, ist dabei gleichgültig. Sie kann sich auch NSDAP nennen; auch CDU oder SPD. Prügel müssen immer her, wenn es keine Argumente mehr gibt. Eine herrschende Klasse braucht den Prügelstaat immer dann, wenn sie ihre Herrschaft mit Vernunftgründen nicht mehr rechtfertigen kann.

Sebastian Haffner, an sich ein durchaus konservativer Mann, verriet auch, wie er dazu gekommen war, in der bundesrepublikanischen Realität faschistische Züge zu entdecken:

Mit dem Studentenpogrom vom 2. Juni 1967 hat der Faschismus in Westberlin seine Maske bereits abgeworfen; in der Bundesrepublik hat er, mit bewaffneten Werkschutzgruppen und Notstandsverfassung, seinen Fuß in der Tür.

So konnten etablierte bürgerliche Publizisten in den Jahren 1967/68 schreiben, ohne den Staatsanwalt auf den Plan zu rufen.

Aber gegen die Verfasser einer gesellschaftskritischen Schülerzeitung, gegen angehende Studenten also, wurden die berühmten Kanonen, mit denen man auf Spatzen schießt, aufgefahren. Freilich gab es zwischen ihrer Publikation und der gewandten Schreibe der Haffner und Enzensberger einen gravierenden Unterschied: Sie richteten ihre Angriffe nicht gegen anonyme Kollektive (»herrschende Klasse«, »monopolistische Privatkapitalisten«), sondern sie nannten Namen, sie wollten den Zusammenstoß mit der Justiz nicht vermeiden, sondern provozieren. Und ihre Strategie der bewußten Regelverletzung zur Schaffung von Gegenöffentlichkeit ging auf. Mehr als das in einer Auflage von 10.000 Stück gedruckte Faltblatt selbst erregte die gegen seine Verfasser gerichtete Anklage öffentliches Aufsehen. Auch die bürgerlichen Medien nahmen von der Sache Kenntnis. Besser hatte die Provokation nicht gelingen können. Und sie erreichten eine breite Solidarisierung nicht nur in der Schülerschaft. »Mit Provokationen können wir uns einen öffentlichen Raum schaffen«, hatte Rudi Dutschke in der Fernsehsendung *Monitor* am 3. November 1967 gesagt, »in den wir unsere Ideen, unsere Wünsche und unsere Bedürfnisse hineinlegen können. Ohne Provokation werden wir überhaupt nicht wahrgenommen.«

Wie sehr die antiautoritäre Jugendbewegung der sechziger Jahre – meist als Studentenbewegung bezeichnet – die Gesellschaft verändert hat, kann man sich nur bewußt machen, wenn man weiß, wie es vorher war. Wer weiß zum Beispiel noch, daß Angeklagte vor Gericht aufzustehen hatten, bis Fritz Teufels berühmter Ausspruch »Wenn's der Wahrheitsfindung dient!« dieses Ritual der Ehrerbietung ein für allemal der Lächerlichkeit preisgegeben hat. Aber bis es so weit war, lief ein jahrelanges Wechselspiel von Provokation und Reaktion ab, bei dem die Staatsgewalt zwar in der Regel Sieger blieb, aber zugleich ihren Gewaltcharakter für immer mehr Betroffene enthüllen mußte. Die Jugendgerichtsverhandlung gegen Streese und andere war ein Musterbeispiel dafür, welche tragikomische Rolle die Repräsentanten eines überholten obrigkeitsstaatlichen Denkens mitunter im Rahmen dieses gesellschaftspolitischen Entwicklungsprozesses spielten.

Die Anklage kam zu dem Jugendrichter Dr. Theodor L., den ich an anderer Stelle als einen »etwas lebensfremden, autoritätsfreundlichen und humorlosen Richter mit pädagogischen Ambitionen« charakterisiert habe. Die Zuständigkeit des Jugendrichters war wegen der Minderjährigkeit der Angeklagten Michael Schultz und Christoph Köhler gegeben, die Öffentlichkeit der Verhandlung wegen der Volljährigkeit des Angeklagten Jörg Streese. Die Anklage vertrat ein Staatsanwalt von altem Schrot und Korn, der für die provokativen Formen jugendlicher Opposition gegen hergebrachte Herrschaftsverhältnisse nicht das geringste Verständnis mitbrachte. Es kam hinzu, daß der Richter glaubte, mit dem kleinsten zur Verfügung stehenden Verhandlungssaal auszukommen. Damit waren die Weichen für eine lebhafte Verhandlung gestellt.

Angeklagte vor dem Jugendgericht haben brav zu sein, Reue zu zeigen und Besserung zu geloben, so war der Jugendrichter Dr. Theodor L. es gewohnt, und so sollte es nach seinem Willen auch bleiben. Aber hier hatte er es mit jungen Leuten zu tun, die autoritäre Herrschaftsformen nicht nur in der Schule, sondern in allen Bereichen des gesellschaftlichen Lebens, nicht zuletzt auch in der Justiz, in Frage stellten. Die erste Überraschung für Richter und Staatsanwalt war das große Interesse, das der Prozeß nicht nur bei Mitschülern und Freunden der Angeklagten fand: Als sie den Saal betraten, saßen etwa dreißig Jugendliche auf dem Fußboden, da alle vorhandenen Sitzplätze bis auf einen Stuhl von Pressevertretern in Anspruch genommen waren. Ein Antrag des Verteidigers, die Verhandlung in einen größeren Saal zu verlegen, wurde abgelehnt, obwohl zwei wesentlich größere Säle frei waren. Stattdessen ließ sich der Richter auf eine Machtprobe mit dem jugendlichen Publikum ein. Zunächst forderte er alle, die keine Sitzgelegenheit hatten, auf, den Saal zu verlassen, und verkündete sodann, als dieser Aufforderung keine Folge geleistet wurde, einen Beschluß, durch den das gesamte Publikum – mit Ausnahme der Pressevertreter und des einen Glücklichen, der einen Stuhl hatte – wegen Ungebühr zu einem Tag Haft verurteilt wurde. Bis zum Eintreffen der Polizei, die das bestrafte Publikum in die Haftzellen bringen sollte, ließ der Richter den Saal abschließen und hielt langatmige Monologe über angemessenes Betragen vor Gericht, die allmählich steigende Unruhe hervorriefen. Selbst in der Sowjetunion habe man inzwischen begriffen, dozierte der Richter, daß ohne Höflichkeitsregeln nicht auszukommen sei; gleich nach der Revolution habe man darüber anders gedacht, aber das habe sich als Irrtum erwiesen, und inzwischen sei man zu gewissen Höflichkeitsregeln zurückgekehrt. Zwischenruf aus dem Publikum: »Das hängt mit der Entwicklung unter Herrn Stalin zusammen.«

Ein Korrespondent von *Le Monde* meldet sich zu Wort und widerspricht der Auffassung des Richters, daß die Öffentlichkeit der Verhandlung durch die Anwesenheit von Pressevertretern ausreichend gewährleistet sei. Statt auf dessen sachliche Argumente einzugehen, fragt der Richter: »Können Sie überhaupt französisch?« – »Certainement«, antwortet der Journalist. »Certainement kann jeder sagen; zeigen Sie mal Ihren Ausweis!« Heiterkeit im Publikum. Der Richter protokolliert die Heiterkeit und löst dadurch neues Gelächter aus. Er diktiert: »Während der Richter dies diktiert, lacht das Publikum erneut.« – »Bitte protokollieren Sie«, sagt einer der Angeklagten, »daß auch die Angeklagten sich eines Lachens nicht erwehren konnten.«

Ein Antrag, durch den der Richter wegen Besorgnis der Befangenheit abgelehnt wird, schafft eine neue Situation. Kann ein abgelehnter Richter einen Ordnungsstrafbeschluß noch selbst vollstrecken? Richter und Staatsanwalt sagen ja, der Verteidiger nein. Es kommt zum Kompromiß: die Vollstreckung der Haftstrafe über das Publikum wird ausgesetzt.

Nachdem der Richter sich von einem Kollegen hat bestätigen lassen, daß eine Besorgnis der Befangenheit nicht bestehe, geht es am Nachmittag in einem größeren Saal weiter. Das Publikum sitzt nunmehr vorschriftsmäßig auf Bänken, alles ist friedlich, der Richter könnte jetzt endlich zur Sache kommen. Aber nein, er beginnt die Verhandlung mit pädagogischen Monologen, die neue Konflikte heraufbeschwören müssen. »Setzen Sie sich anständig hin!« lautet eine seiner ersten Äußerungen nach Wiederbeginn der Verhandlung. Einem der Angeklagten, der einen Ellbogen auf die Brüstung der Anklagebank gelegt und seinen Kopf in die Hand gestützt hat, werden Belehrungen über das Sitzen vor Gericht zuteil, bei denen der Staatsanwalt, der Richter selbst und sogar der Verteidiger als leuchtende Beispiele vorschriftsmäßigen Sitzens hingestellt werden. Es folgten weitere Belehrungen von unerträglicher Spießigkeit, die das Prozeßklima erneut aufheizten. Einen Einblick in das konservativ-reaktionäre Weltbild des Richters bot zum Beispiel folgender Satz: »Es kann in einer bestimmten Gemeinschaft nur einer der Chef sein, ob das nun ein wirtschaftliches Unternehmen ist oder ein Krankenhaus oder eine Ehe (!!) oder ein Gericht. – Ich glaube, dieser Herr mit der Zeitung hat eben gelacht.« Da kann neue Unruhe nicht ausbleiben.

Der Richter gießt weiter Öl ins Feuer: »Dies hier ist eine Gerichtsverhandlung und keine Zirkusvorstellung.« Einer der jugendlichen Angeklagten meldet sich zu Wort: »Ich finde, daß sich diese Gerichtsverhandlung von einer Zirkusvorstellung nicht sehr wesentlich unterscheidet.« Das wird protokolliert. Der Junge wird aufgeregt, möchte erläutern und abschwächen, macht es aber noch schlimmer, indem er die Argumentationsweise des Richters mit der eines Clowns vergleicht. »Drei Tage Haft«, sind die Antwort des Richters. Die gleiche Ordnungsstrafe wird über einen der Mitangeklagten verhängt, weil er einen Kaugummi aus dem Mund zieht und wieder hineinsteckt.

Ein zweiter Ablehnungsantrag gegen den Richter ist die Folge dieser Kontroverse. Es gehört zur Kunst der richterlichen Maske, Ablehnungsanträge mit äußerer Gelassenheit entgegenzunehmen. Diese Gelassenheit war dem Jugendrichter Dr. L. längst abhanden gekommen. Er hatte schon zu Beginn der Verhandlung eine geheime Verschwörung des Verteidigers mit dem Publikum und den jungen Angeklagten vermutet, die auf Störung der Verhandlung abzielte. In Wirklichkeit hatte ich vor der Verhandlung die als Zuhörer erschienenen jungen Leute nachdrücklich gebeten, sich ruhig zu verhalten, da ich aufgrund schlechter Erfahrungen bei anderen Gerichten einen Ausschluß der Öffentlichkeit bei Störungen befürchtete. Dies hatte ich dem Staatsanwalt gesagt, als dieser bei seinem Eintreffen angesichts des auf dem Boden sitzenden Publikums erklärt hatte: »Das geht natürlich nicht!« Der Staatsanwalt gab meine Äußerung dann in der Verhandlung in der Form wieder, ich hätte mich eines Einflusses auf das Publikum gerühmt, was vom Richter prompt gegen mich gewendet wurde, als die ersten Zwischenrufe erfolgten. Herr Dr. L. hatte bestimmte Vorstellungen, was von diesem »Kommunistenverteidiger« zu erwarten war, und widmete diesem Thema einige seiner Monologe, die nach der Schätzung eines anwesenden Journalisten etwa achtzig Prozent der gesamten Verhandlungsdauer in Anspruch nahmen. Natürlich hatte ich ihn bei anderer Gelegenheit schon tüchtig geärgert, vor allem durch einen von mir veröffentlichten Bericht über zwei andere bei ihm verhandelte Jugendgerichtssachen, in dem ich u. a. geschrieben hatte:

In den eingangs geschilderten Verfahren des Bremer Jugendgerichts ist jungen Menschen mit dem Anspruch, pädagogisch wirken zu wollen, die Autoritätsgläubigkeit als höchstes Staatsprinzip der Demokratie gepredigt worden.

Und so nutzte Herr Dr. L. die Gelegenheit, auch den Verteidiger immer wieder zu belehren, wie er sich vor Gericht zu verhalten habe, ein Gedröhn, das ich mir selbstverständlich nicht widerspruchslos angehört habe.

Der zweite Ablehnungsantrag brachte nun das Faß zum Überlaufen. Richter und Staatsanwalt, beide durch die Widerspenstigkeit der Angeklagten und des Publikums in hohem Maße genervt und auf der Suche nach einem Sündenbock, beschuldigten den Verteidiger der Verfahrenssabotage. »Ein Mann wurde für diesen erneuten Ablehnungsantrag im Hintergrund gehalten, um das Verfahren zu verzögern«, behauptete der Staatsanwalt, ein Vorwurf, der jeglicher Logik entbehrte oder implizierte, daß auch der aktuelle Anlaß des Antrags, nämlich der Kaugummivorfall, vom Verteidiger inszeniert worden sei. Aber der Richter, zu ruhigem Denken nicht mehr imstande, nahm den Ball auf und schleuderte, wie anderntags in der Bremer Presse nachzulesen war, dem Verteidiger ins Gesicht: »Es ist einmalig, wie Sie sich hier verhalten, Herr Rechtsanwalt. Es ist doch zu erkennen, daß in dieser Methode System liegt. Der Prozeß soll hier offensichtlich zum Platzen gebracht werden.« Darauf erklärte ich: »Das lasse ich mir nicht bieten!« und verließ den Saal mit einem Türenknall, über dessen Lautstärke später im Ehrengerichtsverfahren durch Vernehmung von Zeugen ausführlich Beweis erhoben wurde.

Was sich dann noch abspielte, erfuhr ich durch die Berichte meiner Mandanten, durch die Bremer Tageszeitungen des folgenden Tages und durch das von Herrn Dr. L. recht eigenwillig angefertigte Protokoll der Sitzung, das sich zunächst so las, als hätte ich die Verhandlung erst nach den nun noch folgenden Vorfällen verlassen. Erst ein Protokollberichtigungsantrag brachte wenigstens dies nachträglich in Ordnung.

Da war zunächst ein Zwischenrufer aus dem Publikum aufgefallen, der den Richter mit einem peitschenschwingenden Zirkusdirektor verglichen hatte. Der Staatsanwalt empfahl, von einer Ordnungsstrafe abzusehen, da die Äußerung der jugendlichen Erregung dieses Zuhörers zugeschrieben werden müsse. Ein Zwischenruf des Angeklagten Streese (»Hoffentlich war es keine sexuelle Erregung, die wäre nämlich strafbar«) trägt auch diesem drei Tage Haft wegen Ungebühr vor Gericht ein. Außerdem wird der Zuhörerraum geräumt, weil von dort gelacht worden ist. Das Protokoll berichtet:

Nach mehrfacher Aufforderung durch die Gerichtswachtmeister verließen die jugendlichen Zuhörer zögernd den Saal, während sie die »Internationale« absangen. Zugleich warfen sie eine große Zahl von Handzetteln in den Gerichtssaal, die u. a. folgende Aufschriften enthielten: »Mao ante portas«, »Nicht Diktat, Diskussion!«, »Es ist die Aufgabe eines jeden Schülers, Schule zu machen«, »Schüler aller Klassen vereinigt Euch!«, »Werft doch Blumen auf die Lehrer«.

Eine weitere Kontroverse gab es dann zwischen dem Richter und dem Leiter eines fünfzig Mann starken Polizeikommandos, das herbeigerufen worden war, um auch den Flur vor dem Gerichtssaal zu räumen. Der Einsatzleiter bezweifelte die Kompetenz des Richters zu einer über den Sitzungssaal hinausreichenden Maßnahme. Auch er bekam den Zorn des Richters zu spüren, blieb aber ungerührt und wartete, bis der zuständige Hausherr, der Landgerichtspräsident, erschien und über Megaphon zum Verlassen des Gerichtsgebäudes aufforderte.

Auf eine letzte Kraftprobe ließ sich der Richter schließlich noch mit dem Staatsanwalt ein, der erklärte, durch die lange Dauer der Verhandlung erschöpft zu sein, und eine Vertagung erbat. Der Richter ist noch nicht erschöpft und verhandelt nach einer Erholungspause für den Staatsanwalt weiter.

Endlich, am späten Nachmittag, kommt man zur Sache. Die Angeklagten schweigen auf Rat ihres Verteidigers zum Anklagevorwurf. Kein Verteidiger stört mehr die Verhandlung. So kommt man zu später Stunde doch noch zu Ende: 100 Mark Geldstrafe für den 21jährigen Hauptangeklagten, je 50 Mark Buße für die beiden Minderjährigen. Wenn nicht die Ordnungsstrafen gewesen wären, hätte sich die ganze Autoritätsentfaltung eigentlich kaum gelohnt. So aber wurden nach Schluß der Verhandlung die drei Angeklagten von Polizeibeamten, an Knebelketten gefesselt, abgeführt. Sie konnten drei Tage lang in ihren Zellen darüber nachdenken, daß mit deutschen Gerichten nicht zu spaßen ist.

Für Streese ging die Sache übrigens noch durch zwei weitere Instanzen. Auf die Berufung der Staatsanwaltschaft verurteilte ihn das Landgericht noch wegen eines weiteren Falls der Verbreitung einer unzüchtigen Abbildung, weil er als verantwortlicher Leiter eines Schülerkongresses geduldet habe, »daß ein stark vergrößerter und teilkolorierter Ausschnitt der beanstandeten Beardsley-Illustration am Bühnenvorhang – für jedermann sichtbar – angebracht wurde und über einen Zeitraum von mehr als 2 Stunden, hängen blieb«. Dafür gab es weitere 200 Mark Geldstrafe. Die Revision des Angeklagten gegen dieses Urteil verwarf das Hanseatische Oberlandesgericht Bremen am 1. 7. 1969 mit der Maßgabe, daß der Angeklagte nicht nur der üblen Nachrede, sondern auch der Verleumdung schuldig sei. Denn, so hieß es in der Begründung, der Angeklagte habe die sachliche Unrichtigkeit der behaupteten Tatsachen gekannt, wie sich aus den Feststellungen des Landgerichtsurteils ergebe. »Festgestellt« hatte das Landgericht, daß die Feier im Hause des Polizeipräsidenten, bei dem ein Gast tödlich verunglückt war, keine »Orgie«, sondern ein »gesittetes freundschaftliches Treffen junger Leute« gewesen sei. Das hätten die Angeklagten gewußt. Das Oberlandesgericht billigte auch die Ansicht des Landgerichts, daß der Gebrauch des Wortes »faschistisch« im Zusammenhang mit bestimmten Äußerungen und Handlungen des Polizeipräsidenten »einen schweren Angriff auf seine Ehre« darstelle. Dem Jugendrichter sei zuzustimmen, so hatte das Landgericht befunden, daß es in diesem Zusammenhang dahinstehen könne, ob der Polizeipräsident die im *Faltblatt a* aufgezählten Meinungsäußerungen tatsächlich abgegeben habe und daß es auch keine Rolle spiele, »in welchem Sinne der Begriff ›faschistisch‹ in der modernen Fachliteratur gebraucht oder von den Angeklagten verstanden wird«. Entscheidend sei nur, »welche Vorstellungen ein durchschnittlich gebildeter Leser der Druckschrift beim Lesen des Wortes ›faschistisch‹ hatte und haben mußte«. Das Verhalten des Polizeipräsidenten anläßlich der Schülerdemonstrationen im Januar 1968 habe die Angeklagten nicht zur Benutzung des Begriffs »faschistisch« berechtigt.

Damit sind wir wieder beim Kernpunkt der Sache. Juristen vom Zuschnitt des Jugendrichters Dr. Theodor L. – und solche saßen, wie sich gezeigt hatte, in allen drei Instanzen – bestimmten darüber, ob die Zustände in der Bundesrepublik und deren Macher als faschistisch bezeichnet werden durften oder ob die Ehre von Polizeipräsidenten und anderen Befürwortern der harten Linie dem entgegenstand. Gerade der Umstand, daß der »durchschnittlich gebildete Leser« – der *Bild*-Zeitungsleser? –, den die Richter zum Maßstab erhoben, unter »faschistisch« sich etwas vorstellen konnte, das abzulehnen auch in diesen Bildungskreisen zum guten Ton gehört, machte die Verwendung des Begriffs interessant. Hätte man die vom Landgericht als harmlosere Alternative vorgeschlagenen Begriffe »autoritär« oder »obrigkeitsstaatlich« verwendet, wäre die beabsichtigte Provokation verpufft, weil diese Begriffe beim »durchschnittlich gebildeten« Leser wahrscheinlich im Nebel der

Geschichtslosigkeit oder in weit zurückliegenden Zeiten angesiedelt sind, in denen noch wilhelminische Ordnung herrschte und ganz legal auf Sozialdemokraten und dergleichen Gesocks eingedroschen wurde, während es den Studenten und Schülern von 1968 gerade darauf ankam, die auch bei *Bild*-Zeitungslesern vorauszusetzenden Bildungsinseln über die Zeit des Hitler-Faschismus für Aufklärung über die Gegenwart zu nutzen. In einem Staat, der nach seiner Verfassung das Recht eines jeden Bürgers respektiert, auf den Prozeß der öffentlichen Meinungs- und Willensbildung Einfluß zu nehmen, hätte auch den Verfassern des *Faltblatts a* das Recht zugebilligt werden müssen, ihre Kritik an den Knüppelbefehlen des Bremer Polizeipräsidenten in die Terminologie zu kleiden, die nicht nur, wie das Landgericht meinte, in der »modernen Fachliteratur«, sondern auch in den für eine breite Leserschaft bestimmten Publikationen der Außerparlamentarischen Opposition verwendet wurde. Daß dabei die Ehre eines den Prügeleinsatz seiner Polizisten dirigierenden Polizeipräsidenten auf der Strecke blieb, hätte ebenso selbstverständlich hingenommen werden müssen, wie man jahrelang hingenommen hat, daß die Studenten und andere oppositionelle Gruppen und Einzelpersonen als Verfassungsfeinde verdächtigt und beschimpft worden sind. Selbst Ausdrücke wie »Linksfaschisten« und »rotlackierte Nazis« waren von den konservativ-reaktionären Meinungsmachern mit gehässigem Eifer unter die Leute gebracht worden, ohne daß irgendein Staatsanwalt oder Richter auch nur einen Finger gekrümmt hätte, um die Ehre der so Beschimpften zu schützen. Sobald die Linke zum Objekt ehrenkränkender Beschimpfungen wurde, entsann man sich des Rechts der freien Meinungsäußerung, das man denen, die sich dieses Vokabulars bedienten, ja nicht bestreiten könne. So wurde und wird, je nachdem, um wen es geht, mal die Ehre und mal die Freiheit auf den Schild erhoben. Die deutsche Rechte hatte in der konservativen Juristenmehrheit schon immer einen getreuen Sekundanten.

Und so hat die Justiz durch ihre Parteinahme im *Faltblatt-a*-Prozeß auch niemanden überrascht. Ein Polizeipräsident, der seine Polizisten vor Ort ermuntert, auf eingekesselte Jugendliche mit Knüppeln einzuschlagen, war für sie selbstverständlich aller Ehren wert. Ihm hierfür Mißachtung auszusprechen, ihn in der öffentlichen Meinung herabzuwürdigen, seine Landgraf-werde-hart-Haltung mit den harten Penissen einer unzüchtigen Beardsley-Zeichnung ironisch in Beziehung zu setzen, das konnte man den jungen Leuten nicht durchgehen lassen. Sie und ihre Freunde – und das waren nicht wenige -haben daraus einiges über deutsche Justiz gelernt.

17. Der Völkermord in Vietnam und die Ehre der Politiker.
Der Fall Hermann Sittner (1968)

Am 23. Februar 1968 tauchten in Frankfurt am Main Plakate auf, die in Form eines Steckbriefs mit der Aufschrift »Wanted for Murder« den amerikanischen Präsidenten Lyndon B. Johnson der Anführerschaft bei organisiertem Völkermord in Vietnam und den deutschen Bundeskanzler Kurt Georg Kiesinger der Beihilfe zu diesem Verbrechen bezichtigten. »Gesucht wird …« hieß es da. Und:

Johnson ist ein Mörder –
  ein Mörder wie die nazistischen Hauptkriegsverbrecher, die vom Internationalen Militärtribunal in Nürnberg nach den gültigen Grundsätzen des Völkerrechts verurteilt wurden.

Zum Völkermord in Vietnam:

Tausende vietnamesischer Zivilisten, Kinder, Frauen und Männer starben und sterben unter dem Napalm-Terror und den Bomben der US-Flugzeuge.

Bis dahin war das Plakat nicht zu beanstanden. Denn um den oder die Verantwortlichen wegen Beleidigung eines ausländischen Staatsoberhaupts (§ 103 StGB) bestrafen zu können, hätte nach § 104a StGB »die Gegenseitigkeit verbürgt« sein und »ein Strafverlangen der ausländischen Regierung« vorliegen müssen. An beidem fehlte es. »Gegenseitigkeit« im Sinne des Gesetzes hätte vorgelegen, wenn Beleidigungen des deutschen Bundespräsidenten in den USA mit Strafe bedroht wären. Aber, wie der Oberstaatsanwalt beim Landgericht Frankfurt bedauernd notierte, ein Schutz des deutschen Staatsoberhaupts war nach amerikanischem Recht nicht gegeben; selbst der Präsident der Vereinigten Staaten genieße insoweit keinen Sonderschutz. Mit anderen Worten: in den USA darf ein Präsident, der einen Vernichtungskrieg gegen ein kleines Volk führt, als Mörder und Völkermörder bezeichnet werden, ohne daß der Staatsanwalt einschreitet. Die Tradition bürgerlicher Freiheitsrechte ist dort schon ein bißchen älter als in Deutschland.

Aber der Verfasser des Flugblatts hatte sich nicht damit begnügt, den amerikanischen Präsidenten als Mörder zu brandmarken. Vielmehr hieß es auf dem Plakat:

Gesucht wird ferner Kurt-Georg Kiesinger, Bundeskanzler, wegen Beihilfe zum organisierten Völkermord durch politische, finanzielle und moralische Hilfe bei der Aggression der USA in Vietnam. Kiesinger und sein Kabinett unterstützen einen Mörder!

Kiesinger, der von 1966 bis 1969 Bundeskanzler war, ist ebenso wie seine braune Vergangenheit inzwischen in wohltuende Vergessenheit geraten. Herr Kiesinger fühlte sich beleidigt und stellte Strafantrag. Und das Verfahren zur Verhinderung einer kritischen Meinungsäußerung konnte losgehen. Eile war geboten, weil, wie der Polizei »auf Grund vertraulicher Mitteilung bekannt geworden« war, das Plakat bei einer Demonstration gegen den Vietnamkrieg gezeigt werden sollte, die für den 29. Februar 1968 auf dem Frankfurter Römerberg angesetzt war. Noch gerade rechtzeitig vor Beginn der Demo waren die von der Staatsanwaltschaft beantragten Beschlagnahme- und Durchsuchungsbeschlüsse des Amtsrichters fertig, so daß jedenfalls dieses Plakat aus dem Verkehr gezogen werden konnte. Dafür wurden allerdings, wie dem in den Akten befindlichen Bericht der Polizei zu entnehmen ist, andere Plakate gezeigt: »Ami-Mörder«, »Raus aus Vietnam!«, »Völkermord in Vietnam«, »L. B. Johnson Kindermörder«, »Schluß mit dem US-Krieg in Vietnam«. Aber die polizeilich und gerichtlich geschützte Ehre deutscher Politiker blieb unangetastet.

Hermann Sittner als Redner vor dem Plakat, das ihm eine Anklage wegen Beleidigung des Bundeskanzlers Kiesinger einbrachte.

Im Polizeibericht liest man, daß etwa 6.000 Menschen an der Demonstration teilnahmen, daß die Kundgebung von Klaus Vack eröffnet wurde und daß Kirchenpräsident Dr. Martin Niemöller als erster Redner sprach. Um 17 Uhr, eine halbe Stunde vor Beginn der Veranstaltung, sei im Polizeipräsidium bekannt geworden, daß Rudi Dutschke von Berlin nach Frankfurt am Main abgeflogen sei. Bei seiner Ankunft in Frankfurt sei er am Flughafen auf Anordnung des Leiters der Schutzpolizei in polizeiliche Verwahrung genommen worden, »um ihn an der Begehung strafbarer Handlungen zu hindern«. (Was für strafbare Handlungen befürchtete man? Vielleicht die, daß auch Dutschke den Bundeskanzler als Gehilfen des Völkermords bezeichnet hätte? Präventiver Polizeischutz für deutsche Politikerehre? In Deutschland ist alles möglich.) Um 20.09 Uhr sei, so wird im Polizeibericht mitgeteilt, Dutschke entlassen worden. Das war vier Minuten zu spät. Denn um 20.05 Uhr hatten die Demonstranten von Dutschkes Festnahme erfahren. Und 1968 war ein Jahr, in dem sich die jüngere Generation solche polizeilichen Eigenmächtigkeiten nicht ohne weiteres gefallen ließ. Die von der Polizei auf 6.000 Köpfe geschätzte, wahrscheinlich noch wesentlich größere Menschenmenge begann in Richtung Polizeipräsidium zu ziehen, um dort Dutschkes Freilassung zu fordern. »Ein von der Polizei zur Aufklärung der Demonstranten entsandter Lautsprecher, der die Freilassung Dutschkes bekanntgab, blieb unbeachtet«, heißt es im Polizeibericht. Zu spät. »Der Zug bewegte sich unter Lahmlegung des gesamten Innenstadtverkehrs zum Polizeipräsidium.« Dort wurde den Demonstranten »mehrmals mitgeteilt, daß D. freigelassen sei«. Dutschke befand sich zu diesem Zeitpunkt immer noch auf dem Flughafen. Bis er endlich um 22.35 Uhr von Freunden abgeholt und zum Bahnhofsvorplatz geholt werden konnte, hatten die Demonstranten, die sich inzwischen vom Polizeipräsidium zum Bahnhof bewegt hatten, laut Polizeibericht »durch Sitzstreiks von mehreren großen Gruppen alle Fahrbahnen und Straßenbahnen blockiert«. »Nach ca. 15minütiger Ansprache von Dutschke löste sich die Menschenansammlung vor dem Bahnhofsgelände auf, 23.05 Uhr.« Das hätte man einfacher haben können. Ob die Polizei etwas aus der Sache gelernt hat?

Die Justiz jedenfalls hatte nichts gelernt. Die Staatsanwaltschaft erhob Anklage gegen den Journalisten Hermann Sittner, der sich dazu bekannt hatte, daß er für den Inhalt und die Verbreitung des inkriminierten Plakats verantwortlich sei. Und es kam zur Hauptverhandlung am 2. Juli 1968 vor einer Strafkammer des Landgerichts Frankfurt, in der ich den Angeklagten verteidigte.

Die Strategie der Staatsanwaltschaft ging dahin, den Text des Plakats als formale Beleidigung, als Werturteil hinzustellen, das keine Tatsachenbehauptungen enthalte. Auf diese Weise wollte sie verhindern, daß vor Gericht über die Tatsachen gesprochen und Beweis erhoben würde, die für die deutsche Bundesregierung und ihren amerikanischen Verbündeten ja nicht gerade schmeichelhaft waren. Die politische Entwicklung sei noch im Fluß, hieß es in der Anklageschrift, und deshalb sei eine geschichtliche Beurteilung der Vorgänge nicht möglich. Eine Argumentation, die darauf hinauslief, Kritik an Völkermord und Völkermördern erst dann für zulässig zu halten, wenn ihre Taten Geschichte sind. Wir wollten aber eine Beweisaufnahme über den Wahrheitsgehalt der in dem Plakat enthaltenen tatsächlichen Behauptungen über die amerikanische Kriegführung in Vietnam, aus der sich das Werturteil, nämlich die Kennzeichnung als Völkermord, überhaupt erst ergab. Sowie darüber, daß die deutsche Bundesregierung unter Herrn Kiesinger diesen völkerrechtswidrigen Krieg materiell und moralisch unterstützte.

Hermann Sittner war noch vor der Hauptverhandlung zum Gegenangriff übergegangen und hatte Strafanzeige gegen Bundeskanzler Kurt-Georg Kiesinger erstattet.

Ich vertrete die Auffassung, daß nicht ich, sondern Kiesinger vor Gericht gestellt werden müßte. Nicht ich habe mich strafbar gemacht, sondern Kiesinger wegen Beihilfe zum Völkermord in Vietnam.

Sittner erinnerte im Rahmen seiner ausführlich begründeten Anzeige auch daran, daß Kiesinger schon während des Zweiten Weltkrieges als Propaganda-Fachmann im Ministerium des in Nürnberg als Kriegsverbrecher verurteilten und hingerichteten Außenministers Ribbentrop tätig gewesen war und die Politik des Hitler-Regimes zu rechtfertigen versucht habe. Er habe sich demzufolge schon damals der Beihilfe zum Völkermord schuldig gemacht.

Der Leitende Oberstaatsanwalt in Bonn, bei dem diese Strafanzeige landete, war Herr Pfromm, dessen politische Vergangenheit erst sehr viel später aufgedeckt wurde, als er Generalstaatsanwalt in Köln und Vorgesetzter des Leiters der Zentralstelle zur Verfolgung von NS-Verbrechen geworden war und die Frage auftauchte, warum eigentlich das Verfahren gegen die Mörder des kommunistischen Reichstagsabgeordneten Ernst Thälmann nicht von der Stelle kam. Erst aus einem Artikel von Ingrid Müller-Münch in der *Frankfurter Rundschau* vom 5. November 1985 erfuhr eine breitere Öffentlichkeit, daß Herr Pfromm einst nationalsozialistischer Führungsoffizier gewesen ist, über den seine NS-Chefs in einer Beurteilung vom 1. Oktober 1944 gesagt hatten, er sei ein überzeugter Nazi, »der aufgrund seiner genossenen Schulung in den Gliedern der Partei ... stets geeignet ist, nationalsozialistisches Gedankengut zu vermitteln«.

Herr Pfromm brauchte in seiner Eigenschaft als Leitender Oberstaatsanwalt in Bonn nur 12 Tage, um seinem Gesinnungsgenossen Kiesinger zu bescheinigen, daß »irgendein strafrechtlicher Tatbestand nicht ersichtlich« sei, und das Verfahren einzustellen. Irgendeine Prüfung der für den Vorwurf der Beihilfe zum Völkermord vorgebrachten Tatsachen und Beweismittel hatte der Leitende Oberstaatsanwalt nicht für nötig gehalten.

So einfach wollten wir es dem Gericht nicht machen. In einem gründlich vorbereiteten Beweisantrag, dem eine Fülle von Urkunden beigefügt war, wollten wir das Gericht zu einer Beweiserhebung darüber zwingen, daß der Tatsachenkern der in dem inkriminierten Plakat in Bezug auf den Präsidenten der Vereinigten Staaten von Amerika erhobenen Beschuldigungen richtig war und die daran geknüpfte Wertung des Plakats der Beurteilung anderer Kritiker entsprach. Außer Dokumenten über den Einsatz chemischer und bakteriologischer Waffen (Massenvernichtungsmittel) boten wir die Vorlage von Fotos und Bildreproduktionen sowie einer amerikanischen Kugelbombe (einer besonders tückischen, nur zum Einsatz gegen ungeschützte Menschen geeigneten Waffe) im Original an. Ferner beantragten wir, Urkundenbeweis darüber zu erheben, daß auch die gegen Kiesinger erhobene Beschuldigung der Unterstützung des Vietnamkrieges der Wahrheit entsprach, und fügten entsprechende Urkunden als präsente Beweismittel bei.

Der Angeklagte hatte dem Gericht eine schriftliche Erklärung überreicht, die einige der Tatsachen enthielt, die dem »Werturteil« des Plakats zugrunde lagen und Gegenstand unseres Beweisantrages waren. Ich zitiere nur ein paar Beispiele:

Der Direktor des Instituts für Kinderfragen am Mercy College in New York, William Papper, stellte in der Januar-Nummer 1967 der Zeitschrift *Ramparts fest*, daß die Zahl der Kinder, die der amerikanischen Aggression in Südvietnam zum Opfer gefallen sind, auf 250.000 Tote und 750.000 Verwundete geschätzt werden kann.

Nach offiziellen amerikanischen Angaben wurden von Januar bis Oktober 1967 von den USA 681.000 Tonnen Bomben auf Vietnam abgeworfen. Das ist mehr als die Bombenlast, die während des Zweiten Weltkriegs auf Deutschland abgeworfen wurde.

Anwendung von Napalm auf friedliche Dörfer und Menschen, Anwendung von Phosphor, dessen Verbrennungen noch schmerzhafter und anhaltender sind und darüber hinaus wie Gift auf den Organismus wirken.

Durch den Einsatz von Laub- und Pflanzenvernichtungsmitteln werden ganze Gegenden Vietnams verwüstet und Menschen vergiftet. 1966 wurden mehr als 700.000 Hektar Land entlaubt und verseucht.

Hermann Sittner sorgte auch dafür, daß die kritische Öffentlichkeit – und die war 1968 immerhin so groß, daß sie die schweigende Mehrheit und ihre redenden Repräsentanten das Fürchten lehrte – von dem gegen ihn angestrengten Strafprozeß erfuhr. Nicht nur im Jugendmagazin *elan,* einer bis ins Jahr 1989 existierenden Zeitschrift, deren Redakteur Sittner war, sondern auch anderswo konnte man lesen, wie das politische Establishment sich gegen die immer lauter werdende Kritik an der deutschen Unterstützung des Völkermords in Vietnam mit strafrechtlichen Mitteln zu wehren versuchte. Einen langen, mit detaillierten Informationen versehenen Artikel zum Thema »Vietnam, Washington und Bonn« aus Sittners Feder veröffentlichte *Die andere Zeitung* vom 27. 6. 1968. Darin zitierte er auch den wegen seiner politischen Unbedarftheit unvergessenen Bundespräsidenten Heinrich Lübke, der »im Namen des deutschen Volkes« an den US-Präsidenten Johnson telegrafiert hatte:

Möge auch der gegenwärtige Kampf, den ihr Land als Vorkämpfer der Freiheit gegen die Mächte der Unterdrückung in Südostasien führt, von Erfolg gekrönt sein.

In der Frankfurter Hauptverhandlung, die vor vollbesetztem Zuhörerraum stattfand, konnten wir immer wieder die Urteile des

Russell-Tribunals zitieren, die damals allgemein bekannt waren und sich nicht nach üblichem Muster als kommunistische Propaganda abtun ließen.

Das nach seinem Präsidenten, dem englischen Philosophen und Nobelpreisträger Bertrand Russell, als Russell-Tribunal benannte internationale Tribunal zur Untersuchung der Kriegsverbrechen in Vietnam hatte in Stockholm am 10. Mai 1967 unter Mitwirkung des französischen Schriftstellers Jean-Paul Sartre, des jugoslawischen Juristen und Historikers Vladimir Dedijer, des österreichischen Schriftstellers und Philosophen Günther Anders, des italienischen Völkerrechtlers Lelio Basso, der französischen Schriftstellerin Simone de Beauvoir, des früheren Präsidenten der Republik Mexiko Lazaro Cardenas, des Führers der radikalen amerikanischen Schwarzenorganisation »Black Power« Stokeley Carmichael, des englischen Historikers Isaac Deutscher, des deutschen Staatsrechtlers Wolfgang Abendroth, des amerikanischen Schriftstellers James Baldwin, des schwedisch-deutschen Schriftstellers Peter Weiss und weiterer international bekannter Persönlichkeiten ein Urteil gefällt, das den Vereinigten Staaten von Amerika eine völkerrechtswidrige Aggression gegen Vietnam anlastete. Am 1. Dezember 1967 war dasselbe Tribunal in seiner Sitzung in Roskilde Dänemark zu dem ebenfalls einstimmigen Urteil gekommen, daß die Regierung der Vereinigten Staaten des Völkermords am vietnamesischen Volk schuldig ist. In einer anläßlich der ersten Zusammenkunft des Tribunals am 15. November 1966 in London beschlossenen Erklärung hieß es:

Das Gewissen der Menschheit ist tief beunruhigt über den Vietnam-Krieg, in dem der reichste und mächtigste Staat der Erde einer Nation von armen Bauern gegenübersteht, die für ihre Unabhängigkeit seit mehr als einem Vierteljahrhundert kämpft.

Bertrand Russell hatte von dem »Verbrechen des Schweigens« gesprochen, dessen Vollendung das Tribunal verhindern solle.

Wenn wir im Jahr 1966 ein Kriegsverbrecher-Tribunal einberufen, dann geben wir damit zu verstehen, daß unsere Lage heute den Umständen entspricht, die die Nürnberger Prozesse notwendig machten. Wir empfinden genau das, was die Leute vor 25 Jahren empfanden, als man Juden in Gaskammern zusammenpferchte. Wir sind gezwungen, unsere Stimme gegen die in Vietnam begangenen Verbrechen zu erheben – unseren Protest hinauszuschreien. (Bertrand Russell: *Plädoyer für einen Kriegsverbrecherprozeß*)

Bertrand Russell hatte sich schon 1966 in beschwörenden Aufrufen an die in Vietnam eingesetzten amerikanischen Soldaten gewandt und sie aufgefordert, ihre weitere Mitwirkung am Völkermord zu verweigern. Aber es waren nur wenige, die seinen Appell an das Gewissen hörten und befolgten. Die mit heuchlerischen Freiheitsparolen verschleierte antikommunistische Feindpropaganda der am Krieg interessierten Kreise war stärker. Resigniert formulierte Jean-Paul Sartre in der von ihm verfaßten Begründung des Urteils des Russell-Tribunals zum Komplex »Völkermord«:

Das eigentliche Problem des Vietnamkrieges sind die vernebelten und ferngesteuerten Gehirne der amerikanischen Vietnamkämpfer. Die Manipulation des Bewußtseins nimmt nazistische Dimensionen an. Hitler ließ die Juden ausrotten, weil sie Juden waren. Die US-Truppen foltern und morden in Vietnam Männer, Frauen und Kinder vor allem deshalb, weil sie für sie Vietnamesen sind. Was die Regierung sich auch immer zurechtlegen und treuherzig bekunden mag, sie kann nicht darüber hinwegtäuschen, daß der Geist des Völkermords sich längst in den Hirnen der Soldaten eingenistet hat. (Bertrand Russell/ Jean-Paul Sartre: *Das Vietnam-Tribunal II oder Die Verurteilung Amerikas*)

Die im Russell-Tribunal zusammengekommenen unabhängigen Persönlichkeiten wußten, was sich hinter der »Fassade aus Lügen, die Präsident Johnson und sein Stab errichtet hatten, um ihr eigenes Volk zu täuschen« (Sartre) verbarg. Bertrand Russell hatte in Veröffentlichungen aus dem Jahre 1966 immer wieder auf die Interessenverflechtung zwischen Rüstungsindustrie und Militär hingewiesen.

Im Gerichtssaal des Frankfurter Landgerichts, das am 2. Juli 1968 über die Anklage gegen Hermann Sittner verhandelte. Gespräch mit meinem Mandanten in einer Verhandlungspause.

Amerikaner töten Vietnamesen, greifen Dörfer an, besetzen Städte, setzen Gas und Chemikalien ein, bombardieren Schulen und Hospitäler, einzig um die Profite des amerikanischen Kapitals zu sichern.

Und was tat die deutsche Bundesregierung? Hermann Sittner faßte es so zusammmen:

Im Gegensatz zu anderen europäischen Regierungen und im Gegensatz zur überwältigenden Mehrheit der Bevölkerung (Ob es wirklich die »überwältigende Mehrheit« war? Sie hat jedenfalls geschwiegen. H.H.) in der Bundesrepublik und in Europa hat Bundeskanzler Kiesinger jede Gelegenheit benutzt, um die amerikanische Aggression und den amerikanischen Völkermord in Vietnam zu rechtfertigen und zu unterstützen. So erklärte z. B. Bundeskanzler Kiesinger 1967 bei seiner Rückkehr aus den USA: »Wir denken nicht daran, die Politik der USA in Vietnam zu kritisieren. Wir würdigen die amerikanischen Anstrengungen für die Erhaltung der Freiheit und des Friedens in diesem Teil der Welt.« Und noch am 20. 2. 1968 forderte

Bundeskanzler Kiesinger vor dem Bundesvorstand der CDU in Bonn: »Die Deutschen sollten sich davor hüten, sich als Schulmeister anderer Völker aufzuspielen ... Die USA sind das Land, das sich überall in der Welt am stärksten für den Frieden und die Freiheit eingesetzt hat. Darin müssen die Deutschen die Amerikaner unterstützen!« Zynischer sind wohl selten Tatsachen auf den Kopf gestellt worden als durch die Bezeichnung von Aggression und Völkermord als »Anstrengungen für die Erhaltung der Freiheit und des Friedens«.

Außer dieser moralisch-politischen Unterstützung warf Sittner der deutschen Bundesregierung die finanzielle Unterstützung des südvietnamesischen Marionetten-Regimes (laut Bulletin der Bundesregierung vom 29. 2. 1968 von 1967 bis 1971 jährlich 30 Millionen DM) und des amerikanischen Militärhaushalts vor.

Über die Hauptverhandlung vom 2. Juli 1967 berichtete die *Frankfurter Rundschau:*

Hervorragend vorbereitet und in jeder Phase sachlich-nüchtern erläuterte der Angeklagte diese (nämlich die von der Verteidigung vorgelegten; H.H.) Beweismittel, stellte sie in den zeitlichen Rahmen, so daß über lange Phasen hinweg der Prozeß zu einem Tribunal über den Vietnam-Krieg wurde.

Ein jugendliches Publikum begleitete die Verhandlung mit Beifallskundgebungen, die vom Vorsitzenden souverän überhört wurden. Das war auch das klügste, was er tun konnte. So wurde wenigstens im Gerichtssaal eine Konfrontation mit der Polizei vermieden, die eine ansehnliche Rausschmeißertruppe im Gerichtsgebäude bereitgestellt hatte, deren Einsatz der im Saal anwesende Polizeipräsident Littmann offenbar persönlich zu dirigieren gedachte.

Ich hatte den angesehenen Historiker Professor Dr. Walter Fabian, Schriftleiter der »Gewerkschaftlichen Monatshefte« und Mitglied des Deutschen Presserats gebeten, sich als Sachverständiger zur Richtigkeit der in dem inkriminierten Plakat enthaltenen Aussage zu äußern. Er tat nicht nur dies, sondern ließ darüberhinaus das Gericht wissen, daß seit Jahren in der ganzen westlichen Welt heftige Kritik an der Politik der Regierung Johnson geübt würde, und zwar »fast überall in viel stärkerem Maße als in der Bundesrepublik«. Auch bestätigte er, daß demgegenüber die deutsche Bundesregierung in Erklärungen der Bundeskanzler Erhard und Kiesinger und vieler ihrer Minister die Politik der Regierung Johnson »uneingeschränkt unterstützt« habe. Die *Frankfurter Rundschau* meinte, daß die Verteidigung durch dieses Gutachten »erheblich an moralischem Terrain gewonnen« habe.

Auf dem Verteidigertisch lief mit Genehmigung des Gerichts ein Tonbandgerät mit. Aber leider gab es ausgerechnet mit diesem Tonband später Bandsalat, der sich nicht mehr beheben ließ. So bin ich darauf angewiesen, auch die Plädoyers nach der *Frankfurter Rundschau* zu zitieren:

Bei der rechtlichen Beurteilung des Falles gingen später die Ansichten weit auseinander. Staatsanwalt Pfeiffer meinte, der Text auf dem Plakat enthalte keine Tatsachen, sondern nur ein Werturteil. »Sittner wollte die Politik des Kanzlers scharf treffen und hat dabei seine Ehre verletzt.« Hätte er so sachlich wie vor Gericht den Vietnam-Krieg kritisiert, wäre es nie zu einem Prozeß gekommen, sagte Pfeiffer und beantragte 3000 Mark Geldstrafe wegen Beleidigung.

Rechtsanwalt Hannover (Bremen), der bekannte Strafverteidiger, betonte dagegen, die auf dem Plakat behaupteten Tatsachen seien voll erwiesen, und erinnerte dabei an das Russell-Tribunal in Stockholm. »Wir müssen lernen, rechtzeitig die Wahrheit zu sagen«, erklärte er, »dann hätte es vielleicht Auschwitz, Dresden und Hiroshima nicht gegeben.« Auch in Deutschland müsse es endlich möglich sein, das Gewissen der Menschen zu wecken. Im übrigen genieße der Angeklagte den Schutz des Grundrechtes der freien Meinungsäußerung. Hannover: »Wer gegen einen Politiker den Vorwurf des Völkermords erhebt, muß zwangsläufig seine Ehre verletzen.« Der Angeklagte gehöre einer Generation an, die auch nicht schweigen würde, wenn sich die Justiz auf die Seite der Mörder und ihrer Helfershelfer stelle.

Manchmal mußte ich mir den Weg durch ein großes Aufgebot von Polizisten bahnen, um in den Verhandlungssaal zu gelangen. Ein Foto aus dem Jahr 1968.

Das Urteil – 500 Mark Geldstrafe wegen Beleidigung des Bundeskanzlers – quittierten die etwa sechzig jugendlichen Zuhörer, wie die *Frankfurter Rundschau* schreibt, »mit Zischen und Pfui-Rufen«. Das Gericht stellte sich auf den Standpunkt, den schon der Staatsanwalt vertreten hatte: Das Plakat enthalte keine Tatsachenbehauptungen, sondern »ein bloßes Werturteil«, und glaubte sich dadurch einer Beweisaufnahme über den Vorwurf des Völkermords in Vietnam und die dazu geleistete politische, finanzielle und moralische Hilfe der deutschen Bundesregierung enthoben. Die Urteilsbegründung enthielt allerdings einige Sätze, die ich nicht durch ein rückschrittlicheres Urteil der Rechtsmittelinstanz gefährden wollte, so daß ich dem Mandanten von einer Revision abgeraten habe. Es hieß da nämlich, der Angeklagte habe die Meinung äußern dürfen, der Bundeskanzler unterstütze durch seine Politik einen organisierten Völkermord. Das war für ein deutsches Gericht ja schon allerhand. Nur die Form dieser Aussage (Steckbrief) hatte dem Gericht nicht gefallen. Damit werde dem Kanzler nicht nur eine ungeheure persönliche, nämlich strafrechtlich meßbare Schuld (»Beihilfe«) unterstellt, sondern »suggeriert«, dieses Verschulden sei so offensichtlich, daß der Bundeskanzler gleichsam sofort festgenommen werden müßte. Er werde damit einem gemeinen Verbrecher gleichgestellt.

Wo kämen wir hin, wenn in Deutschland angefangen würde, Kriegsverbrecher und deren Gehilfen festzunehmen, bevor sie ihre Taten ausführen können. Und wo kämen wir hin, wenn wir uns ein Vorbild an älteren Demokratien nehmen würden, in denen wenigstens die Äußerung der Meinung geduldet wird, der Regierungschef müsse »wie ein gemeiner Verbrecher« festgenommen werden. Die Strafkammer belehrte uns:

Die Widerrechtlichkeit entfällt nicht dadurch, daß in anderen Ländern bei vergleichbaren Anlässen ähnliche Meinungsäußerungen hingenommen werden. Denn für die Beurteilung des in der Bundesrepublik Zulässigen können nur die hier geltenden Grundsätze maßgebend sein.

Und hierzulande ist die Ehre von Politikern noch immer wichtiger als die Wahrheit. Die *Frankfurter Rundschau* schrieb sarkastisch:

Die Ehre von Bundeskanzler Kiesinger ist wiederhergestellt ...

Die Bestrafung von Verantwortlichen für soldatische Tötungen aber wird hierzulande erst dann als justizielle Aufgabe entdeckt, wenn es darum geht, Kommunisten auf die Anklagebank zu setzen. Der Herausgeber der Manifeste von Bertrand

Russell und Jean-Paul Sartre zum Vietnamkrieg, Bernward Vesper-Triangel, fragte damals (1966) in seinem Nachwort:

Erscheint es nicht unmoralisch, eine Politik zu stützen, die oft in einer einzigen Stunde mehr unschuldige Opfer fordert als die »Mauer« in fünf Jahren?

18. Ostern 1968.
Der Mordanschlag auf Rudi Dutschke und die Folgen

Am 11. April 1968 hatte der Anstreicher Josef Bachmann auf den prominentesten Sprecher der Studentenbewegung, Rudi Dutschke, einen Mordanschlag verübt. Rudi Dutschke war, am hellichten Tage auf offener Straße überfallen, von drei Schüssen aus einem Trommelrevolver an Kopf und Hals getroffen worden und hatte eine Hirnverletzung erlitten, die später auch für seinen frühen Tod ursächlich werden sollte. Das Attentat löste in vielen Städten Demonstrationen aus, die zu schweren Zusammenstößen mit der Polizei führten. Der Zorn der Demonstranten richtete sich in erster Linie gegen die Presseerzeugnisse des Springer-Konzerns, die seit langem gegen den Sozialistischen Deutschen Studentenbund (SDS) und dessen Anhänger gehetzt und das Pogromklima hervorgebracht hatten, in dem dieser Mordanschlag möglich wurde.

Auch in Hannover gab es eine Demonstration, bei der versucht wurde, die Auslieferung der Springerschen *Bild*-Zeitung, von der 500.000 Exemplare im Gebäude der Hannoverschen Presse (hp) gedruckt wurden, zu verzögern. Am Abend des 12. April 1968 (Karfreitag) hatten sich etwa 600 bis 700 Personen vor den Ausgängen des Pressehauses versammelt und diese mit Querbalken und Müllkästen verrammelt. Bis gegen 2 Uhr 30 wurde die Demonstration von der Polizei geduldet. Dann erfolgte die Aufforderung, die Demonstration abzubrechen und die Ausfahrt für die Zeitungswagen freizugeben. Als die Aufforderung nicht befolgt wurde, räumte die Polizei die Ausfahrt unter Einsatz von Schlagstöcken und Wasserwerfern. Einige Demonstranten wurden festgenommen und mußten durchnäßt und zum Teil mit Verletzungen den Rest der Nacht in Polizeihaft verbringen. Gegen sechs von ihnen richtete sich die Anklage der Staatsanwaltschaft, die ihnen Landfriedensbruch (§ 125 StGB) und Auflauf (damaliger § 116 StGB) vorwarf. Zusammen mit den Hannoverschen Kollegen Nölke und Markert übernahm ich die Verteidigung.

Angeklagt waren ein Elektriker (Jahrgang 1916), ein Arbeiter (Jahrgang 1922), eine Studentin (Jahrgang 1945), zwei Studenten (Jahrgang 1941 und 1946) und ein kaufmännischer Angestellter (Jahrgang 1946). Es stellte sich also heraus, daß sich nicht nur Studenten an der Demonstration beteiligt hatten.

Tatsächlich hatte die Empörung über die im Schutze der Pressefreiheit jahrelang betriebene Mordhetze seitens der Springer-Presse breite Schichten der Bevölkerung erfaßt und nicht nur in Hannover zu einer Solidarisierung großer Teile der Arbeiterschaft mit den Studenten geführt. Es ist heute kaum noch nachzuvollziehen, wie lebendig im öffentlichen Bewußtsein jener Tage der Übergang vom Protest zum Widerstand war. Das populäre und damals unter der Verantwortung von Henry Nannen noch mit politisch-kritischem Anspruch geführte Wochenmagazin *Stern* vom 28.4.1968 bildete auf dem Titelblatt stürmende und vor den Wasserwerfern der Polizei Schutz suchende Demonstranten ab und textete dazu: »Ist die Revolution noch zu stoppen?« Der *Spiegel* druckte am 29.4.1968 eine umfangreiche Dokumentation von Augenzeugenberichten, Flugblättern und Interviews unter dem Titel: »Wer hier als Christ gleichgültig bleibt und schweigt, verrät seinen Herrn« und leitete sie so ein:

Die Staatsautorität ramponiert, die Generationen entzweit, das Recht strapaziert – das ist die Bundesrepublik nach der Oster-Rebellion der Studenten. Fünf Tage lang rannte das junge Volk – aufgeschreckt von den Schüssen auf Rudi Dutschke – mit Sprechchören und Flugblättern, Steinen und roten Fahnen gegen das Regime der Väter an. Die Alten verteidigten ihre Ordnung mit Polizeiknüppeln, Wasserwerfern und Tränengas ...

Aus den mitgeteilten authentischen Zitaten wurden der Haß und die Wut deutlich, die viele Menschen damals gegen Staats-

und Mediengewalt erfaßt hatte und den Hütern einer Ordnung angst machte, »die keiner gesellschaftlichen Gruppe der Nachkriegszeit derart gesicherte Lebens- und Überlebenschancen garantierte, wie den technokratisch, militärisch und verwaltungstechnisch bewährten ›Eliten‹ des Dritten Reiches« (Oskar Negt: *Die Auferstehung der Gewalt,* 1968). Die personellen Kontinuitäten zwischen den politischen, wirtschaftlichen und juristischen Machtträgern des Nazi-Staates und der kapitalistischen Bundesrepublik waren damals noch für jedermann sichtbar und förderten die Erkenntnis, daß das Hitler-Regime eine Form der »offenen Diktatur des Kapitals« (August Thalheimer) gewesen war und sich jederzeit wiederholen könnte. Die Wiederkehr offener staatlicher Gewalt gegen oppositionelle Minderheiten rief, ausgehend von den Universitäten, historische Erinnerungen wach an eine Zeit, in der die Deutschen zu wenig gegen den aufkommenden nationalsozialistischen Terror getan hatten. Namhafte Professoren und Autoren unterzeichneten zum Mordanschlag auf Rudi Dutscke eine Erklärung, in der davon die Rede war, wie durch gezielte Diffamierung einer Minderheit zur Gewalttätigkeit gegen sie aufgereizt worden ist:

Dieses Klima ist systematisch vorbereitet worden von einer Presse, die sich als Hüterin der Verfassung aufführt und vorgibt, im Namen der Ordnung und der Mehrheit zu sprechen, mit dieser Ordnung aber nichts anderes meint als die Herrschaft über unmündige Massen und den Weg in einen neuen, autoritätsbestimmten Nationalismus. Das Bündnis von bedenkenlosem Konsumjournalismus und wiederauflebender nationalistischer Ideologie, das die demokratisch engagierten Studenten und Intellektuellen seit Jahren als »Linksmob«, »Eiterbeule«, »akademische Gammler«, »Pöbel«, »geistige Halbstarke«, »Neurotiker«, »Schreier« und »Schwätzer« verunglimpft, droht das Selbstverständnis der Deutschen in einer Welt der friedlichen Verständigung, der fortschreitenden Aufklärung und Zusammenarbeit auch zwischen verschiedenen Gesellschaftssystemen abermals zu zerstören ...

Zu den Unterzeichnern dieser Erklärung, die zur öffentlichen Diskussion über den Springer-Konzern, seine politischen und wirtschaftlichen Voraussetzungen (»Enteignet Springer!« lautete die Forderung der Außerparlamentarischen Opposition) und seine Praktiken der publizistischen Manipulation aufrief, gehörten Theodor W. Adorno, Heinrich Böll, Peter Brückner, Walter Jens, Eugen Kogon, Golo Mann, Alexander Mitscherlich, Helge Pross und Helmut Ridder.

Andere erinnerten daran, wer die Verbündeten der Mordhetzer waren und welche Rolle die Justiz wieder einmal spielte:

Vor allem müssen wir erkennen, daß die wirklich Schuldigen an dem infamen Mordanschlag in den Redaktionsbüros, in Regierungen, Parlamenten und Parteien sitzen; sie wissen sich allerdings frei von aller Schuld, weil die »Objektivität« eines individualistischen Strafrechts ihnen den gleichen Schutz gewährt, dessen sich schon die für die Verbrechen des Dritten Reiches Mitverantwortlichen erfreuen konnten. (Oskar Negt: *Die Auferstehung der Gewalt*)

Die Justiz befaßte sich mit denen, die zum Widerstand gegen die Springer-Hetze übergegangen waren. Um das polizeiliche Umfeld zu charakterisieren, in dem sich die »Straftat« abgespielt hat, um die es in unserem Prozeß ging, sollen hier noch zwei in der *Spiegel*-Dokumentation wiedergegebene Äußerungen zitiert werden. Die eine stammte von dem *FAZ*-Korrespondenten Wolfgang Terstegen und beschrieb dessen Erlebnis bei der Polizeiaktion:

Ich stand mit meiner Frau an der Ecke der Odeonstraße, als der Demonstrationszug kam. Ich sah, wie sich zunächst ein Polizist und hinter ihm weitere auf einen jungen Mann mit einer roten Fahne stürzten. Der Mann hielt die Fahne fest. Daraufhin hieben die Beamten auf ihn und auf andere Demonstranten, aber auch auf völlig Unbeteiligte, darunter eine Frau, mit ihren Knüppeln ein, immer drei auf einen. Vor lauter Wut sagte ich zu einem Polizeioffizier, der neben mir stand und sich das ansah: »Das haben Sie provoziert, das ist doch eine Unverschämtheit. Würden Sie mir bitte den Namen oder die Nummer dieser Beamten geben.« Der Offizier sah mich nur an und befahl seinen Leuten: »Festnehmen.«

Das zweite Zitat gibt die Äußerung eines namentlich genannten Hannoverschen Polizeikommissars wieder:

Niemandem passiert etwas, wenn er die vier großen »F« beachtet: Feierabend, Fernsehen, Filzpantoffeln und Flaschenbier.

Daran hatten sich die Angeklagten, die wir zu verteidigen hatten, nicht gehalten. Und nun wurde ihnen der Prozeß gemacht.

Keinen Prozeß hatten die Polizisten zu erwarten, die die Demonstration, die bis dahin völlig friedlich verlaufen war, gewaltsam auflösten. Dabei wurden die Demonstranten mit Wasserwerfern aus kürzester Entfernung schmerzhaft angespritzt und sodann, noch immer auf dem Boden sitzend, mit Schlagstöcken verprügelt. Die angeklagte Studentin schilderte in ihrer gegen die Polizisten gerichteten – wie üblich durch Einstellung des Verfahrens erledigten – Strafanzeige wegen Körperverletzung im Amt, wie sie zunächst bespritzt und geschlagen und sodann an den Beinen angefaßt und über das Straßenpflaster und durch das im Rinnstein gestaute Wasser gezogen worden ist. Na, was denn? Sie hätte ihren Feierabend ja mit Filzpantoffeln und Flaschenbier vor dem Fernseher verbringen können.

An fünf Verhandlungstagen (11., 12., 14., 25. und 28. 11. 1968) saßen sie nun auf der Anklagebank des erweiterten Schöffengerichts, die da geglaubt hatten, daß es in diesem Staat ein Grundrecht auf Demonstrationsfreiheit gebe, das doch mindestens das Recht umfassen müsse, die Auslieferung eines an einem Mordanschlag mitschuldigen Hetzblattes um ein paar Stunden zu verzögern. Der Vorsitzende, Amtsgerichtsrat von Wick, erwies sich als ein liberaler Mann, der nicht ohne Wohlwollen für die Angeklagten war. Er sah sich aber von Anfang an Konflikten gegenüber, die seine Liberalität auf eine harte Probe stellten. Daß der für die Verhandlung vorgesehene Saal viel zu klein war, um alle interessierten Zuhörer zu fassen, forderte die ersten Proteste heraus. Das Problem wurde durch Umzug in den Schwurgerichtssaal gelöst. Aber auch dort reichte der Platz nicht aus, und eine vom Landgerichtspräsidenten verfügte polizeiliche Besetzung des Haupteingangs des Gerichts führte dazu, daß auch die Angeklagten ausgesperrt blieben. »Die Szene hätte dem absurden Theater entnommen sein können«, meinte der Reporter der *Hannoverschen Allgemeinen Zeitung* (12.11.68).

Am dritten Verhandlungstag gab es einen, allerdings nur halbherzig gestellten, Befangenheitsantrag gegen den Vorsitzenden, weil dieser gleich zu Beginn der Verhandlung angekündigt hatte, daß er nunmehr Beifalls- und Mißfallenskundgebungen des Publikums nicht mehr dulden werde, und eine Ausschließung der Öffentlichkeit androhte. Die Angeklagten leiteten aus dieser Änderung des Verhandlungsstils den Verdacht her, daß auf den Vorsitzenden »von verfahrensfremder Seite« Druck ausgeübt worden sei, der seine richterliche Unabhängigkeit beeinträchtige. Der Verdacht war nicht ganz abwegig, da zwei Verteidiger Zeuge einer Szene geworden waren, bei der der Landgerichtspräsident, ein Herr Bock, den Vorsitzenden im Tone eines militärischen Vorgesetzten aufgefordert hatte, gegen die vor dem Gerichtsgebäude ausgesperrten Angeklagten Vorführungsbefehle zu erlassen. Als einer der Verteidiger Herrn Bock darauf hinwies, daß er sich eines Eingriffs in die richterliche Unabhängigkeit schuldig mache, unterbrach dieser sich und erklärte, wiederum in herrischem Befehlston: »Sie, Herr von Wick, führen die Verhandlung! Ich habe Ihnen gesagt, was ich als Verhandlungsleiter tun würde. Bitte, entscheiden Sie!« Dieser Satz, so hieß es im Befangenheitsantrag, »wurde mehrfach wiederholt in einem Ton, wie dies bei einem Offiziersmanöver üblich sein mag, bei dem die schnelle Entschlußkraft eines Offiziers niederen Ranges geprüft werden soll.« In dem Antrag wurde aber weiter auch mitgeteilt, daß Herr von Wick sich am Tage dieses Gesprächs noch nicht zu Maßnahmen habe drängen lassen, die seiner eigenen richterlichen Auffassung widersprachen, sondern sich »mit glänzendem Erfolg um eine gütliche Lösung des Konflikts« bemühte.

Der Befangenheitsantrag wurde, wie wir Verteidiger erwartet und gehofft hatten, abgelehnt; wir behielten diesen sich durch seine Liberalität wohltuend von vielen anderen Richtern unterscheidenden Vorsitzenden. Allerdings taten die Angeklagten oder deren Sympathisanten, auf die wir kaum Einfluß hatten, dem Vorsitzenden noch einen weiteren Tort an, über den der *Weser-Kurier* am 26.11.1968 ausführlich berichtete. Überschrift: »Angeklagte wurden ›entführt‹.«

Am 12. April 1968 kamen auch Gummiknüppel gegen die Demonstranten in Berlin zum Einsatz.

Kurz vor Sitzungsbeginn hatten etwa 100 vor dem Gericht wartende Demonstranten sich der sechs Angeklagten bemächtigt und waren mit ihnen durch die Stadt zum Gelände der Technischen Universität gezogen. Als Amtsgerichtsrat von Wick den Sitzungssaal betrat, fand er die Anklagebank leer. Ich teilte dem Gericht den Vorgang so, wie er mir bekannt geworden war, mit. Der Rektor der Technischen Universität habe wegen des großen Interesses, das für diesen Prozeß herrsche, die Mensa zur Verfügung gestellt. Ich schlug vor, die Verhandlung in der Mensa der Technischen Universität fortzusetzen. Darauf erklärte Staatsanwalt Dr. Goertz kategorisch: »Ich werde nicht zur Mensa ziehen!« Nach einer Beratungspause ergingen nunmehr Vorführungsbefehle gegen die Angeklagten. Dann fuhren zwei

Justizbeamte mit zwölf Polizisten zur Hochschule. Sie fanden dort etwa 150 Menschen in der Mensa vor, deren Mehrzahl laut Presse aus nichtakademischen Jugendlichen bestand. Man erfuhr, daß der SDS – einst die studentische Jugendorganisation der SPD, inzwischen wegen Linksabweichung von der Mutterpartei verstoßen – die Mensa gemietet hatte. Während ein Student sprach, sammelte ein Mädchen von den Anwesenden Beiträge für die Saalmiete von 100 Mark. Über den weiteren Verlauf berichtete der *Weser-Kurier:*

Als der Sprecher eine Diskussion über die »Klassenjustiz« ankündigte, erschien der Rektor der Technischen Universität mit zwei Gerichtsbeamten in der Mensa. Er habe nur die Absicht, sagte der Rektor ins Mikrophon, den beiden Beamten Gelegenheit zu geben, ihre Vorführungsbefehle vorzutragen. Während seiner kurzen Ansprache scharten sich etwa 50 Anwesende um die Angeklagten. Die zwei Gerichtsbeamten zwängten sich durch die Menschenmauer, lasen den sechs Angeklagten die Vorführungsbefehle vor und forderten sie auf, mitzugehen. »Wir wollen schon, aber Sie sehen, daß wir nicht können«, sagte für die sechs Angeklagten Altkommunist Maiwald. Darauf verließen die Justizbeamten die Mensa, während die Versammelten auf die Tische sprangen und zusammen mit den Angeklagten die »Internationale« anstimmten. Ein DDR-Kamerateam filmte das Ganze. Im Gericht hatte inzwischen der Staatsanwalt mit seinem Plädoyer begonnen, nachdem die beiden Beamten ihre Mission geschildert hatten.

Mir tat es leid, daß diese im Stil eines Studentenulks abgelaufene Veralberung der Justiz ausgerechnet ein Richter ausbaden mußte, der wegen seiner Liberalität unsere Sympathie hatte. Denn man gibt ja nie die Hoffnung auf, daß liberalen Worten und Gesten auch liberale Taten folgen. Aber das Schöffengericht blieb auf halbem Wege stehen. Zwar lehnte es eine Verurteilung der Angeklagten wegen Landfriedensbruchs ab und führte dazu aus:

Die Anklage hat sich auf den Standpunkt gestellt, daß die Demonstranten durch das Verschließen der Tür zum hp-Gebäude eine Gewalttätigkeit gegen eine Sache begangen hätten, mit der sich die Angeklagten einverstanden erklärt hätten. Träfe es aber zu, daß in ihrem Vorgehen eine Gewalttätigkeit läge, so wäre sie zumindest auch gegen Personen, nämlich die im Gebäude befindlichen Zeitungsleute begangen worden. Dann würde aber jeder, der mit vor der Tür gesessen hätte, nach Abs. 2 des § 125 StGB wie ein Rädelsführer zu bestrafen sein, das heißt mit Zuchthaus von 1-10 Jahren und bei Vorliegen mildernder Umstände mit Gefängnis nicht unter 6 Monaten. Jeder wird empfinden, daß selbst die gesetzliche Mindeststrafe weit über das Ziel hinausgehen würde.

(Jeder? Die Richter des Oberlandesgerichts Celle waren da ganz anderer Meinung. Aber davon später.)

Der damalige Gesetzgeber hatte eben einen ganz anderen Tätertyp im Auge als solche Personen, die, zur Gewaltlosigkeit entschlossen, ihre von sehr vielen geteilte Meinung durch eine Verzögerung einer einzigen Zeitungsauflage demonstrativ unterstreichen wollen.

Aber das Gericht verurteilte die Angeklagten wegen gemeinschaftlich begangener Nötigung zu Geldstrafen von je 100 DM. Die Blockade der *Bild*-Zeitungs-Auslieferung sei rechtmäßig gewesen – solange sie von der Polizei geduldet wurde! Daß sie nicht nach Hause gegangen sind, als die Polizei die Demonstranten dazu aufforderte, konnte das Gericht nicht verstehen. Die Liberalität dieses Gerichts war da zu Ende, wo sie hätte anfangen müssen. Und der Urteilsverfasser hätte sich die vielen schönen Worte über die freiheitliche Verfassung im allgemeinen und das Demonstrationsrecht im besonderen ersparen können.

Wir riefen mit der Berufung das Landgericht an, ohne große Hoffnung, dort mutigere Richter zu finden. Aber o Wunder! Alle Angeklagten wurden freigesprochen. Die Strafkammer – bestehend aus den Richtern Kobold, Widera und Erbguth und den Schöffen Versicherungskaufmann Desselmann und technischer Zeichner Depke – befand, daß die von den Demonstranten beabsichtigte Verzögerung der Auslieferung der *Bild*-Zeitung nicht über die Grenzen des Erlaubten hinausgegangen und von den Grundrechten der Verfassung gedeckt sei.

Das ließ natürlich die Staatsanwaltschaft nicht ruhen. Sie wußte, daß über den bürgerrechtsfreundlichen Richtern und Schöffen der Hannoverschen Strafkammer die Herren vom Oberlandesgericht Celle thronten, konservativ bis in die Knochen. Und die hoben, wie zu erwarten, das Urteil des Landgerichts auf und ordneten eine neue Verhandlung vor einer anderen Strafkammer an. Sie fanden, daß die Angeklagten an der öffentlichen Zusammenrottung einer Menschenmenge teilgenommen hätten, aus der heraus mit vereinten Kräften Gewalttätigkeiten begangen worden seien, wie es der Landfriedensbruchstatbestand von 1871 formuliert, dessen Gesetzgeber noch nicht durch Freiheitsrechte der Bürger an der freien Entfaltung der Staatsgewalt gehindert war. Auf das Recht der freien Meinungsäußerung könnten die Angeklagten sich nicht berufen. Ihr Handeln sei überhaupt keine Meinungsäußerung. Aber wenn es eine sei, dann seien jedenfalls »Demonstrationen, die den Tatbestand des § 125 Abs. 1 StGB (Landfriedensbruch) verwirklichen, als Mittel der Meinungsäußerung nicht erlaubt«. Auch aus dem Grundrecht der Versammlungsfreiheit sei das Handeln der Angeklagten nicht gerechtfertigt, denn dieses Grundrecht gestatte nur, sich »friedlich« zu versammeln. Die hier zu beurteilende Versammlung sei aber »von vornherein unfriedlich angelegt«, denn aus ihr heraus seien Gewalttätigkeiten begangen worden. Als »Gewalttätigkeiten« stuften die Oberlandesrichter die (schon vor dem Eintreffen der Angeklagten erfolgte) Verbarrikadierung der Ausgänge des Pressehauses und das Ausharren der Menschenmenge ein, infolgedessen sich »die mit der Auslieferung der ›Bild-Zeitung‹ Betrauten gehindert sahen, die Barrikaden wegzuräumen«. Auch Auflauf (der damalige § 116 StGB), den das Landgericht mit der Begründung verneint hatte, daß die Demonstranten sich gar nicht entfernen konnten, weil sie sich von Polizisten eingekreist fühlten, hielt das OLG für gegeben. Warum sie, wie das Landgericht formuliert hatte, »eingedenk früherer Vorkommnisse in Berlin Übergriffe der Polizei befürchteten«, sei nicht erkennbar. Die Oberlandesrichter wörtlich:

Denn die Angeklagten hatten es mit niedersächsischen Polizeibeamten zu tun.

Die Herren Richter vom 3. Strafsenat des OLG Celle haben sich nicht geniert, dieses Urteil in einer juristischen Fachzeitschrift (NJW 70, 206) veröffentlichen zu lassen.

Zu einer weiteren Verhandlung ist es dann nicht mehr gekommen, weil die »Straftat« der Angeklagten unter die Amnestie fiel, die der Bundestag 1970 beschlossen hat.

19. Die »Umtriebe« des Leutnants Volmerhaus (1969)

Im Mai 1968 erreichte der jahrelange Kampf um die Notstandsgesetze einen Höhepunkt. Das »17. Gesetz zur Ergänzung des Grundgesetzes«, die sogenannte Notstandsverfassung, wurde vom Bundestag mit verfassungsändernder Zweidrittelmehrheit in 2. und 3. Lesung beschlossen, und zwar im Eiltempo, obwohl es sich »um eine der schwierigsten verfassungsrechtlichen Materien« handelte, »der selbst der juristische Sachverstand eines großen Teils der Bundestagsabgeordneten nicht gewachsen war« (Dieter Sterzel: *Kritik der Notstandsgesetze,* S. 19). Jürgen Seifert hatte schon 1965 gewarnt: »Die verwirrende Vielfalt der Gesetzentwürfe zu den Notstandsgesetzen und die Kompliziertheit der juristischen Fragen droht die Auseinandersetzung um das Notstandsrecht zu einer Angelegenheit der Experten werden zu lassen …« (In: Eugen Kogon u. a.: *Der totale Notstandsstaat,* S. 69). Entgegen früheren Zusicherungen aus SPD-Kreisen wurde eine breite öffentliche Diskussion durch den parlamentarischen Zeitplan gezielt unterlaufen. Zwischen der Veröffentlichung des Entwurfs des Rechtsausschusses und der entscheidenden 2. Lesung am 16. Mai 1968 lagen ganze vier Tage! Es war ausgeschlossen, daß sich die gesamte Bevölkerung ein Urteil über die neue Gesetzesvorlage hätte bilden können. Um so heftiger reagierten die Teile der Öffentlichkeit, die seit Jahren der Bundesregierung bei ihren Notstandsplanungen auf die Finger geschaut und sie mit Kritik und Protest durch alle Windungen des Gesetzgebungsverfahrens verfolgt hatten: vor allem die Gewerkschaften, große Teile der Studentenschaft und eine beträchtliche Anzahl von Professoren, Schriftstellern und sonstigen Intellektuellen – darunter mal wieder auch dieser unbequeme Rechtsanwalt aus Bremen, der sich in mehreren Veröffentlichungen zum Thema Notstandsgesetze zu Wort gemeldet und viele Reden gehalten hatte. So auch bei der großen vom DGB veranstalteten Kundgebung am 27. Mai 1968 auf dem Frankfurter Römerberg vor 12.000 Arbeitern und Studenten, deren Rufe »Generalstreik! Generalstreik!« mir noch in den Ohren klingen.

Auch in Berlin hatte die Unruhe die Studentenschaft und die gewerkschaftlich organisierte Arbeiterschaft erfaßt. Die Attentate auf Martin Luther King in den USA und auf Rudi Dutschke in Berlin, beide Prediger des gewaltlosen Widerstands, hatten die Konfrontation zwischen den Exponenten der Staatsgewalt und den protestierenden Massen verschärft. Aus Paris, wo die größten Straßenschlachten seit der Commune von 1871 stattfanden, drangen revolutionäre Töne herüber. Auch in Deutschland standen die Zeichen auf Sturm. Die Wochenzeitschrift *Stern* fragte allen Ernstes »Ist die Revolution noch zu stoppen?« Daß man ausgerechnet in dieser aufgeregten Zeit in Bonn eine Notstandsverfassung durchpeitschte, die der Bundeswehr die Aufgabe zuwies, auch gegen den inneren Feind als Bürgerkriegsarmee und Machtinstrument der herrschenden Klasse tätig zu werden, war eine ungeheure Provokation, die leicht in Blutvergießen hätte enden können. Aber dem vielstimmigen Schrei »Generalstreik! Generalstreik!« folgten keine Taten. Und so konnten die Gesetzesmacher in Bonn sich ihr bewaffnetes Notstandsinstrument für den Fall eines kollektiven Ungehorsams der Massen ungehindert bereitlegen.

Aber werden deutsche Soldaten wirklich auf deutsche Arbeiter und Studenten schießen, wie es seit Kaisers Zeiten von ihnen erwartet wird? Die dumpfe, auf Befehl und Gehorsam getrimmte Mehrheit sicher. Aber es gab eine Minderheit, die ihr politisches Gewissen befragte und Nein zu diesen Planungen sagte. Am 28. Mai 1968 lag vor dem Eingang der Mensa der Freien Universität Berlin ein »Offener Brief« an den Bundesminister der Verteidigung und an den Bundesausschuß für Verteidigung zur Unterschrift durch Bundeswehrreservisten aus. In diesem »Offenen Brief« wurde der im Notstandsverfassungsentwurf vorgesehene Einsatz der Bundeswehr im Fall eines inneren Notstandes abgelehnt.

Das *Stern*-Titelblatt vom 28. April 1968 (Heft Nr. 17).

Als ehemalige Angehörige der Bundeswehr fordern wir Sie auf, gegen die zur Verabschiedung stehenden Notstandsgesetze Einspruch zu erheben.

Wir halten den darin vorgesehenen Einsatz der Bundeswehr im Innern (Art. 87 a, 3 u. 4) für einen fatalen Rückschritt in der Entwicklung unserer Demokratie.

Aus dem Bürger in Uniform, der auch noch heute Zielbild der militärischen Ausbildung ist, darf nicht der Polizist in Uniform werden. Die Bundeswehr ist für den Einsatz im Innern nicht ausgerüstet und ausgebildet und darf es auch nicht sein.

Der Eid, den wir auf die Verteidigung von Recht und Freiheit geleistet haben, kann uns nicht mehr binden, wenn Recht und Freiheit durch die Bundeswehr selbst bedroht sind.

Wir fordern daher alle Angehörigen der Bundeswehr und alle in Reserve stehenden auf, nachdrücklich und unmißverständlich Protest und Widerstand anzusagen gegen alle Pläne, ihre Pflichten in einer für die Demokratie derart verhängnisvollen Weise auszuweiten.

Diesen »Offenen Brief« unterschrieb auch der damals 23jährige Leutnant der Reserve Hartmut Volmerhaus, der an der Freien Universität politische Wissenschaften studierte. Am 27. Mai 1968 nahm er an einer Versammlung von Bundeswehrreservisten im Otto-Suhr-Institut teil, bei der weitere Schritte gegen den Einsatz der Bundeswehr im Innern diskutiert wurden. Die etwa 35 bis 40 Teilnehmer der Versammlung beschlossen, eine weitere Versammlung einzuberufen, um den Protest gegen die unmittelbar bevorstehende Verabschiedung des Notstandsverfassungsgesetzes auf eine breitere Basis zu stellen. Diese Veranstaltung fand dann am 28. Mai 1968, zwei Tage vor der 3. Lesung des Gesetzes, in einem Hörsaal des Henry-Ford-Baues der Freien Universität statt und führte etwa 400 Bundeswehrreservisten aller Dienstgrade zusammen, die nochmals diskutierten, in welcher Form der Protest gegen den Einsatz der Bundeswehr im Fall des inneren Notstandes formuliert werden sollte. Es gab zwei miteinander unvereinbare Meinungen, welches Verhalten man den Soldaten der Bundeswehr empfehlen sollte. Während die einen, zu denen Volmerhaus gehörte, meinten, man solle innerhalb der Bundeswehr aufklärend und demokratisierend wirken, um einen Einsatz der Bundeswehr als Machtinstrument der Herrschenden gegen streikende Arbeiter und andere innere Feinde zu »verunsichern«, waren die anderen der Auffassung, daß man zum Ausscheiden aus der Bundeswehr im Wege der Kriegsdienstverweigerung mit politischer Begründung aufrufen sollte. Schließlich wurde unter Zeitdruck eine Resolution beschlossen, in der beide Handlungsmöglichkeiten alternativ empfohlen wurden. Etwa 360 Teilnehmer der Versammlung, darunter Volmerhaus, stimmten diesem Kompromiß zu. Der gesamte Text der Resolution lautete:

Als Reservisten der Bundeswehr verfolgen wir besorgt die Bemühungen, die Bundeswehr zu einer Polizei- und Bürgerkriegstruppe zu machen.

Die Stärke undemokratischer und antidemokratischer Tendenzen in der Bundeswehr ist uns bekannt und von uns allen erlebt worden, angesichts der Übernahme von Führungskräften und Vorbildern aus der Armee des Dritten Reiches ist das nicht verwunderlich.

Mit den Notstandsgesetzen werden diese Tendenzen von der durch unser Gesellschafts- und Wirtschaftssystem Privilegierten zur Sicherung ihrer Herrschaft in Dienst gestellt. Die Kräfte, die sich innerhalb der Bundeswehr dem entgegenstellen, sind äußerst schwach.

Unabhängig von unserer eigenen politischen Einstellung halten wir es für legitim und notwendig, daß in der Bundeswehr sozialistische und radikaldemokratische Positionen vertreten und zu Gehör gebracht werden. Innerhalb der Bundeswehr darf einer Diskussion über gesellschaftliche Fragen nicht ausgewichen werden, um einer antidemokratischen Entwicklung entgegenzuwirken.

Dazu sehen wir zwei Möglichkeiten:

1. Austritt aus der Bundeswehr durch Anerkennung als Kriegsdienstverweigerer aus politischen Gründen.
2. Verbleiben in der Bundeswehr mit dem Ziel, aufklärend und demokratisierend tätig zu sein, um sie als innenpolitisches Machtinstrument der Herrschenden zu verunsichern.

Wenn versucht wird, die Bundeswehr mißbräuchlich im Innern zu verwenden, scheint uns der Zeitpunkt gekommen zu sein, mit unserem Widerstand einzusetzen.

Die Resolution wurde als Flugblatt etwa 12.000 mal abgezogen und von Freiwilligen zur Verteilung übernommen. Auch Volmerhaus ließ sich ein paar hundert Exemplare geben und verteilte – in Zivil – etwa 200 Flugblätter vor zwei Kasernen in Bergzabern und übergab 15 Flugblätter dem Posten vor einer Kaserne bei Hamburg mit der Aufforderung, sie dem Wachhabenden auszuhändigen.

Hartmut Volmerhaus, der am 1. April 1965 auf Grund freiwilliger Meldung Soldat geworden war und von seinen Vorgesetzten als intelligenter, aufgeschlossener und temperamentvoller Soldat beurteilt wurde, der Eigeninitiative und Durchsetzungsvermögen besitze, vielseitig interessiert und bei seinen Kameraden beliebt sei und immer offen seine Meinung vertrete, hatte es innerhalb von zwei Jahren zum Leutnant der Reserve gebracht. Aber einen Offizier, der die Meinung vertrat, daß die Militärmacht eines demokratischen Staates nicht gegen protestierende Bürger und streikende Arbeiter eingesetzt werden dürfe, konnte die Bundeswehr nicht brauchen.

Als die Flugblattgeschichte ruchbar wurde, enthob der Kommandeur der 6. Panzergrenadierdivision in Neumünster, bei der Volmerhaus gerade eine Übung ableistete, den unangepaßten Leutnant vorläufig des Dienstes und verbot ihm, Uniform zu tragen. Gleichzeitig wurde das disziplinargerichtliche Verfahren gegen Volmerhaus eingeleitet.

Der Wehrdisziplinaranwalt erstellte eine Anschuldigungsschrift, die dem Leutnant der Reserve Hartmut Volmerhaus vorwarf, seine Dienstpflichten schuldhaft verletzt zu haben, indem er die Resolution verteilt hatte. Die in dieser enthaltenen Auffassungen hätte der Leutnant Volmerhaus nicht vertreten dürfen, meinte der Wehrdisziplinaranwalt. Mit seinem Verhalten sei er »der Achtung und dem Vertrauen nicht gerecht geworden, die für eine Wiederverwendung in seinem Dienstgrad erforderlich sind«. Das Truppendienstgericht in Neumünster war der gleichen Meinung und entschied am 21. November 1968:

Dem Beschuldigten wird der Dienstgrad eines Leutnants d. R. aberkannt. Er erhält den untersten Mannschaftsdienstgrad der Reserve.

Volmerhaus, der ohne Verteidiger in die Verhandlung gegangen war, legte noch an Gerichtsstelle Berufung gegen das Urteil ein. Die *Frankfurter Rundschau* vom 10.12.1968 berichtete, daß ein Vertreter des Wehrbeauftragten des Bundestages als Beobachter anwesend war, den die Entscheidung zu der Bemerkung veranlaßt habe: »Nehmen Sie sich einen guten Anwalt. Wir brauchen in Ihrem Fall unbedingt eine Grundsatzentscheidung.« Es drohe noch eine ganze Reihe ähnlicher Prozesse gegen Reservisten, die entschieden gegen den Bundeswehreinsatz im Innern, wie ihn die Notstandsgesetze vorsehen, Stellung bezogen hätten. Auch der Gerichtsvorsitzende habe dem Angeklagten offen eingestanden, daß er über die Berufungseinlegung froh sei.

Man möge mir, der ich oft genug habe lesen müssen, ich sei »als Terroristenverteidiger bekannt geworden«, verzeihen, daß ich auch den folgenden Satz des Zeitungsberichts zitiere:

Die Verteidigung für die Berufungsverhandlung vor dem Wehrdienstsenat beim Bundesverwaltungsgericht in München wird der Bremer Rechtsanwalt Hannover übernehmen, der sich als erfolgreicher Verteidiger in Prozessen von Kriegsdienstverweigerern einen Namen gemacht hat.

In meiner schriftlichen Berufungsbegründung betonte ich, daß es die legitime Aufgabe, ja im Hinblick auf die geschichtlichen Erfahrungen mit der Reichswehr der Weimarer Republik und der Wehrmacht des Dritten Reiches sogar die Pflicht eines jeden Offiziers sein müsse, eine mißbräuchliche Verwendungsmöglichkeit der Bundeswehr als innenpolitisches Machtinstrument der Herrschenden zu »verunsichern«.

Eine Bundeswehr, die Offiziere, die antidemokratische Tendenzen in der Bundeswehr bekämpfen, für unwürdig erklärt und ihnen abspricht, daß sie der Achtung und dem Vertrauen gerecht würden, die für ihre Verwendung als Vorgesetzter erforderlich sind, bestätigt eben die Tendenzen, die im Eingang des Flugblatts aufgezeigt worden sind.

Am 23. September 1969 fand die Berufungshauptverhandlung vor dem 1. Wehrdienstsenat des Bundesverwaltungsgerichts in München statt. Das Gericht bestand aus: Senatspräsident Scherübl, Bundesrichter Dr. Schweiger, Bundesrichter Saalmann, Generalmajor Carganico und Oberleutnant Noth. Die Anklage vertrat Bundeswehrdisziplinaranwalt Dr. Bruneß. Die Verhandlung war nach dem Gesetz nichtöffentlich, was den Anklagevertreter, der ohne eine Spur von politischem und verfassungsrechtlichem

Problembewußtsein plädierte, davor schützte, sich der Lächerlichkeit preiszugeben. Das Grundrecht der freien Meinungsäußerung erledigte sich für Herrn Dr. Bruneß durch den schlichten Hinweis, daß dieses Recht »nur im Rahmen der Gesetze« bestehe. Das Flugblatt habe »Mißtrauen gegenüber der Regierung« hervorrufen sollen. Er könne auch nicht unterlassen, zu erwähnen, daß die Gefahren, die der Beschuldigte und sein Herr Verteidiger in der Notstandsgesetzgebung sehen, von der Mehrheit des Volkes nicht gesehen würden. Man müsse davon ausgehen, »daß wir eine ordnungsmäßige Staatsführung haben« und daß es, entgegen der Behauptung im Flugblatt, keine »durch unser Gesellschafts- und Wirtschaftssystem Privilegierten« gebe. Diese Auffassungen dürfe ein Reserveoffizier nicht haben, sonst sei er für die Bundeswehr nicht voll verwendungsfähig. Widerstand sei eine »ganz unmilitärische Sache«.

In meiner Erwiderung ersparte ich den Herren nicht die Erinnerung an geschichtliche Erfahrungen mit dem Einsatz von Militär gegen demokratisch gesinnte Arbeiter (Kapp-Putsch, Noske usw.). Ausgerechnet die Bundeswehr, die durch antidemokratische Tendenzen (damals waren NPD-Erfolge in Garnisonsstädten aufgefallen) ins Gerede gekommen sei, solle nun wieder die Demokratie schützen. Das Urteil des Truppendienstgerichts bestätige im Ergebnis, daß die Bundeswehr ein politisches Machtinstrument der Herrschenden sei und daß man sie durch Aufklärung und Demokratisierung schwächen könne. Wörtlich sagte ich:

Ein traurigeres Urteil über die Bundeswehr konnte nicht gesprochen werden. Aber jedes andere Urteil würde an den Realitäten vorbeigehen. Denn die herrschende Minderheit in unserem Staat kann nicht einen so wichtigen Manipulationsapparat wie die Bundeswehr der demokratisierenden Aufklärung und Bewußtseinsbildung öffnen, ohne ihre eigene Herrschaft zu gefährden.

Wenn die Bundeswehr als »Schule der Nation« bezeichnet werde, dann sei offenbar die Erziehung zum unkritischen Staatsbürger gemeint, der, wenn es befohlen wird, auch auf seine eigenen Brüder schießen würde.

Die liberale Verhandlungsführung des Vorsitzenden hatte mich auf ein liberales Urteil hoffen lassen. Aber das am 24. September 1969 verkündete Urteil lautete auf Zurückweisung der Berufung. Es blieb dabei, daß Hartmut Volmerhaus in den untersten Mannschaftsdienstgrad herabgesetzt wurde. Auch die Richter des Bundesverwaltungsgerichts fanden, daß der Beschuldigte als Vorgesetzter nicht mehr verwendet werden könne. Das Ansehen eines Reserveoffiziers, der öffentlich Flugblätter solchen Inhalts an aktive Soldaten verteilt, sei bei den Soldaten, deren Kamerad und Vorgesetzter er werden könne, aufs tiefste erschüttert, das Vertrauen seiner Vorgesetzten in seine persönliche Integrität, insbesondere in seine eigene Gehorsamsbereitschaft gegenüber verbindlichen Befehlen, sei weitestgehend zerstört.

Etwas anderes könnte nur gelten, wenn es sich um die Untergrabung der Befehlstreue in einem Unrechts- und Terrorsystem handeln würde, das die scheinlegale Bindungswirkung militärischer Befehle zur Aufrechterhaltung seiner verbrecherischen Herrschaft mißbraucht. Hier – und nur hier – könnte der Aufruf eines Reserveoffiziers zur Nichtbefolgung verbindlicher militärischer Befehle die Achtung der Aufgeforderten und das in ihn zu setzende Vertrauen unbeeinträchtigt, ja einen derartigen Aufstand des Gewissens als in besonderem Maße anerkennenswert erscheinen lassen.

Ob die Münchner Richter an den halbherzigen militärischen Widerstand gegen Hitler oder schon an die Abrechnung mit Soldaten und Generälen der Nationalen Volksarmee der DDR gedacht haben, wird ihr Geheimnis bleiben. In der Bundesrepublik von 1969 war jedenfalls soldatische Gewissensfreiheit nicht gefragt. Hier hatte es bei dem zu bleiben, was Heinrich Heine den Deutschen schon 1853 ins Stammbuch geschrieben hat:

Vertrauet Eurem Magistrat,
Der fromm und liebend schützt den Staat
Durch huldreich hochwohlweises Walten;
Euch ziemt es, stets das Maul zu halten.

»Maulkorb für 57.000 Offiziere« überschrieb die Wochenzeitschrift *Stern* vom 19. April 1970 – damals noch ein politisch-kritisches Blatt – ihren Bericht über die schriftliche Urteilsbegründung.

Ich erhob für Hartmut Volmerhaus Verfassungsbeschwerde und rügte Verletzung des Grundrechts der freien Meinungsäußerung.

Die Meinungsäußerungen des Beschwerdeführers hielten sich, richtig interpretiert, durchaus im Rahmen dessen, was in einer Bundeswehr, die sich als »Schule der Nation« versteht, zulässig sein muß. Die vom Beschwerdeführer vertretene Opposition gegen die Notstandsgesetze, insbesondere den in ihnen vorgesehenen Einsatz der Bundeswehr im Innern, seine Kritik an undemokratischen und antidemokratischen Tendenzen in der Bundeswehr und seine Stellungnahme zur Kriegsdienstverweigerung entsprachen dem, was breite Schichten der deutschen Bevölkerung, insbesondere der in den Gewerkschaften organisierten Arbeiterschaft, ebenfalls vertreten haben. Wenn dieses Spektrum legitimer Meinungsäußerungen innerhalb des Bundeswehrapparats nicht toleriert werden kann, ist es an der Zeit, die Legitimität einer Zwangsrekrutierung der gesamten männlichen Bevölkerung zur Bundeswehr in Frage zu stellen. Die Bundeswehr eines demokratischen Staates muß in ihren Reihen auch einen Offizier dulden können, der sich aus Sorge um die Demokratie kritisch gegen antidemokratische Tendenzen innerhalb der Bundeswehr, gegen einen Mißbrauch der Bundeswehr als innenpolitisches Machtinstrument der Herrschenden und für ein Gebrauchmachen von dem Grundrecht auf Kriegsdienstverweigerung aus Gewissensgründen erklärt hat.

Der Vorprüfungsausschuß des Bundesverfassungsgerichts, bestehend aus den Richtern Dr. Leibholz, Dr. v. Schlabrendorff und Dr. Geiger, beschloß am 19. Juni 1970, die Verfassungsbeschwerde als offensichtlich unbegründet nicht zur Entscheidung anzunehmen.

Die Gründe des Beschlusses könnten von einem General verfaßt sein:

Art. 5 Abs. 1 GG (Freiheit der Meinungsäußerung; H.H.) ist nicht verletzt. Die Norm gewährleistet nicht das Recht zu einer verfassungsfeindlichen Agitation, wie sie in der vom Beschwerdeführer verbreiteten »Resolution« enthalten ist. Solche Umtriebe können in einem Gemeinwesen, das sich auf das Prinzip der streitbaren Demokratie gründet (BVerfG Beschluß vom 18. Februar 1970 – 2 BvR 531/68 S. 16 ff.), nicht geduldet werden. Reserveoffiziere, die sich in dieser Weise betätigen, müssen es hinnehmen, daß sie deshalb in den untersten Mannschaftsdienstgrad herabgesetzt werden. Diese Maßnahme ist notwendig, um ein Korps vertrauenswürdiger Reserveoffiziere zu erhalten.

Verfasser dieses stramm soldatischen Bekenntnisses dürfte Herr von Schlabrendorff gewesen sein, der seine Reputation der Beteiligung am Attentat auf Hitler verdankte. Später hatte er dadurch von sich reden gemacht, daß er als Unterhändler des Industriellen Friedrich Flick gegenüber den Ansprüchen jüdischer Zwangsarbeiterinnen erklärte, der Milliardär sei nicht liquide (Jörg Friedrich: *Die kalte Amnestie,* S. 264).

Daß der Bundesrichter Professor Dr. Willi Geiger den Beschluß mitunterzeichnete, war nicht weiter verwunderlich. Von Geiger ist bekannt, daß er als Staatsanwalt am Sondergericht Bamberg mindestens fünf Todesurteile erwirkt hat. In seiner Doktorarbeit über »Die Rechtsstellung des Schriftleiters« hatte er die Auffassung vertreten, daß in diesem Metier untragbar sei, wer »sich in seiner beruflichen oder politischen Betätigung als Schädling an Volk und Staat erwiesen« habe, insbesondere durch frühere »Tätigkeit für die marxistische Presse«. Daß der Schriftleiter »grundsätzlich arischer Abstammung sein« müsse, leitete Geiger direkt aus dem Parteiprogramm der NSDAP ab (Ingo Müller: *Furchtbare Juristen,* S. 220 f. Helmut Kramer KJ 94, 232). Auch an dem berüchtigten Berufsverbotsurteil des Bundesverfassungsgerichts war er beteiligt. In sein »vordemokratisches, autoritäres Beamtenbild« (Ingo Müller) paßte problemlos auch der von seinem Kollegen Fabian von Schlabrendorff entworfene Beschluß in Sachen Volmerhaus.

Enttäuscht war ich, daß auch Prof. Dr. Gerhard Leibholz dem Beschluß seine Unterschrift gegeben hatte. Ihn hatte ich schon in meiner Göttinger Studentenzeit als überaus tolerante, liebenswürdige Persönlichkeit kennengelernt und sein Lebensschicksal – er hatte wegen seiner jüdischen Abstammung aus Hitler-Deutschland emigrieren müssen – als beschämendes Unrecht empfunden. Daher meine spontane Neigung, nach Entschuldigungsgründen für seine Unterschrift unter einen Text, der seiner nicht würdig war, zu suchen. Hatte er unter Zeitdruck gestanden? Hatte er die Resolution, um die es ging, überhaupt gelesen? Wie konnte ein Leibholz es dulden, daß diese aus Sorge um Demokratie und Freiheit entstandene Aktivität verantwortungsbewußter junger Bürger als »verfassungsfeindliche Agitation« und »Umtriebe« abgetan wurde?

Auch einer der Richter, die an dem Urteil des Münchner Senats des Bundesverwaltungsgerichts mitgewirkt hatten, Bundesrichter Jürgen Saalmann, empfand die justizielle Behandlung des Leutnants Volmerhaus offenbar als unangemessen – vermutlich war er von den übrigen Mitgliedern des Gerichts überstimmt worden. Er wandte sich in einem Schreiben vom 18. April 1970, also noch vor der Entscheidung des Bundesverfassungsgerichts über meine Verfassungsbeschwerde, aber wohl in Voraussicht ihrer Erfolglosigkeit, an den wegen seiner demokratischen Gesinnung und seiner Anständigkeit angesehensten Politiker jener Zeit, Bundespräsident Dr. Gustav Heinemann, und bat diesen um einen Gnadenerweis zugunsten des Verurteilten.

Da ich als Richter an dem Urteil des Bundesverwaltungsgerichts mitgewirkt habe, ist es mir versagt, mich zu dem Urteilsspruch – sei es auch nur zur Strafhöhe – zu äußern.
Ich bitte jedoch, zu Gunsten von Herrn Volmerhaus zu berücksichtigen, daß er aus ehrlicher Überzeugung und in einer sehr bewegten Zeit gehandelt hat, zu der überdies noch nicht durch eine höchstrichterliche Entscheidung das Unerlaubte einer Flugblattverteilung der hier erfolgten Art klargestellt war. Weiterhin bitte ich, Bedacht darauf zu nehmen, daß Herr Volmerhaus in völlig friedlicher

Weise seine Meinung – die damals von vielen jungen und auch älteren Menschen geteilt wurde – zum Ausdruck gebracht hat. Wenn man bedenkt, daß jetzt zahlreiche Demonstrationsstraftäter amnestiert werden, die sich in viel schwerwiegenderer und gefährlicherer Weise betätigt haben, so könnte vielleicht auch im Falle des Herrn Volmerhaus ein Gnadenerweis in Betracht gezogen werden.

Eine Kopie des Gnadengesuchs wurde Herrn Volmerhaus vom Wehrdisziplinaranwalt »mit der Bitte um Hergabe einer schriftlichen Erklärung, daß Sie sich dem Gnadenantrag anschließen«, übersandt. Herr Volmerhaus lehnte es jedoch ab, sich dem Gnadengesuch anzuschließen, weil es nicht politisch begründet sei. Gleichwohl hätte das Gnadengesuch des Bundesrichters Saalmann dem Bundespräsidenten vorgelegt werden müssen. Ob das geschehen ist, weiß ich nicht. Man hat nichts mehr davon gehört.

So blieb es dabei, daß die Bundeswehr von jungen Offizieren gesäubert wurde, deren selbstverantwortliches Denken bei einem Einsatz des Militärs gegen »innere Feinde« Unbequemlichkeiten verursachen könnte. Zu der Zeit, als ich in Hitlers Armee Soldat spielen mußte, gab es den Spruch: das Denken fängt erst beim General an. Das scheint immer noch zu gelten.

20. Ein Fall von »Landfriedensbruch«. Daniel Cohn-Bendits Sprung über die Barriere (1968)

Im Mai 1968 hatte der Aufstand der Studenten Frankreich an den Rand der Revolution gebracht. Daniel Cohn-Bendit war neben Alain Geismar und Jacques Sauvageot zum Sprecher einer Bewegung geworden, die Arbeiter, Gewerkschaften und große Teile der Bevölkerung erfaßt und gegen das Regime des Generals de Gaulle auf die Straße getrieben hatte. Brutale Polizeieinsätze gegen protestierende Studenten in Paris hatten binnen weniger Tage eine Solidarisierung zwischen Studenten und Arbeitern herbeigeführt, die den Generalstreik – auf dem Höhepunkt 10 Millionen Streikende – und Fabrikbesetzungen zur Folge hatte. Frankreich war, wie es Jean-Paul Sartre formulierte, »praktisch paralysiert« worden. Die Wortführer der Studenten erkannten zu ihrer eigenen Überraschung, daß eine revolutionäre Situation entstanden war, und verkündeten, daß sie das Staatsregime stürzen und durch ein System der Selbstverwaltung ersetzen wollten. Die Revolution wäre vielleicht auch gelungen, wenn die Kommunisten – die KPF und die kommunistische Gewerkschaft CGT – mitgemacht hätten, statt sich mit Lohnverbesserungen zu begnügen. Aber wenn der Staatsapparat des Herrn de Gaulle, gestützt von den Unternehmern und der von Anfang an kompromißbereiten CGT, die Krise nach zwanzig turbulenten Tagen wieder in den Griff bekommen hatte, so steckte doch der Schreck den Herrschenden auch in Deutschland in den Knochen. Und Cohn-Bendit, von den de Gaulle-treuen Gruppen und Medien in diffamierender Absicht als »deutscher Jude« bezeichnet und mit einem Aufenthaltsverbot für Frankreich belegt, wurde nun zum

Schreckgespenst der deutschen Konservativen und ihrer Polizei.

Ich lernte ihn kennen, nachdem ich auf der Frankfurter Buchmesse aus einem Sektempfang des S. Fischer Verlages (in dem 1966 das Buch *Politische Justiz 1918-1933* von mir und meiner Frau Elisabeth erschienen war) ins Gefängnis geholt wurde. Für Cohn-Bendit eine ungewohnte Umgebung, da die französische Regierung ihre jungen Hochverräter noch auf dem Höhepunkt der Staatskrise amnestiert und damit einen klugen Schritt zur Entschärfung der Situation getan hatte. Aber jetzt waren wir in Deutschland. Und es gelang mir nicht, meinen neuen Mandanten aus dem Gefängnis herauszuholen. Ein schneller Hauptverhandlungstermin war das beste, was ich erreichen konnte. Und so wurde schon fünf Tage später über ein Ereignis verhandelt, das sich am 22. September 1968 vor der Frankfurter Paulskirche zugetragen hatte.

Nach der Anklage der Staatsanwaltschaft sollte Daniel Cohn-Bendit sich des Landfriedensbruchs und anderer Delikte dadurch schuldig gemacht haben, daß er anläßlich der Verleihung des Friedenspreises des deutschen Buchhandels an den senegalesischen Präsidenten Senghor versucht hatte, die polizeiliche Absperrung vor der Paulskirche zu durchbrechen, was die Staatsanwaltschaft als Auftakt zu Gewalttätigkeiten einer zusammengerotteten Menschenmenge zu interpretieren versuchte. In den Worten der Anklageschrift las sich das so:

Der Angeschuldigte nahm an einer nicht genehmigten Demonstration in Frankfurt/Main an der Paulskirche zusammen mit einer etwa 1000 Menschen zählenden Personengruppe teil, deren Absicht es war, die Durchführung der in der Paulskirche stattfindenden Verleihung des Friedenspreises des Deutschen Buchhandels zu verhindern bzw. zu stören. Der Angeschuldigte leitete die Aktion des SDS, ohne selbst ihr Mitglied zu sein. Er forderte dabei die zusammengerottete Menschenmenge zum Durchbrechen der polizeilichen Absperrung auf, die um die Paulskirche herum erfolgte.

Nachdem er die zusammengerottete Menschenmenge sich formieren ließ, forderte er sie auf, sich unterzuhaken, und durchbrach sodann im Laufschritt – selbst mit in der ersten Reihe eingehängt – die Absperrung (Metallgitter). Der Angeschuldigte drang mit anderen in das durch die Absperrung deutlich gemachte befriedete Besitztum um die Paulskirche und konnte erst nach heftiger Gegenwehr festgenommen werden.

Der Verfasser der Anklage, Herr Staatsanwalt Uchmann, hatte die Ereignisse vor Ort miterlebt und seinen Verfolgungseifer schon dort in ungewöhnlicher Weise betätigt. Er hatte, wenn auch vergeblich, versucht, einen anderen »Anführer« *(FAZ)* der Studenten, Hans-Jürgen Krahl, mitten in der Menge persönlich festzunehmen. Nun hatte er Daniel Cohn-Bendit zum »Einsatzleiter« *(FAZ)* befördert, der »die zusammengerottete Menschenmenge sich formieren ließ« und selbst, wie sich das für »Anführer« und »Einsatzleiter« gehört, seinen Bataillonen voranstürmte. Daß Herr Uchmann, offenbar ein im militärischen Denken geschulter Mann, nicht alles richtig gesehen hatte, sollte sich allerdings bald herausstellen.

Über die Verhandlung vor dem Amtsrichter am 27.9.1968 wurde in der überregionalen Tagespresse ausführlich berichtet. Es beeindruckte vor allem der Kontrast zwischen dem polizeilichen Imponiergehabe *(Frankfurter Rundschau:* »Die Polizei marschierte treppauf, treppab, besetzte strategisch wichtige Punkte und errichtete Sperren in den Fluren des Frankfurter Amtsgerichts …«, »Vier Hundertschaften Polizei, ausgerüstet mit Schutzhelmen, waren auf das Schlimmste gefaßt«) und dem lockeren Auftreten des Angeklagten und seiner politischen Freunde.

Lächelnd, in Blau gekleidet und an die Hand eines Beamten gekettet, betrat der »rote Dany« den Gerichtssaal … *(Frankfurter Rundschau*, 28.9.1968)

Auch die *Frankfurter Allgemeine Zeitung* (28.9.1968) schien überrascht von den guten Umgangsformen des »Studentenrebellen«, der sich jetzt freundlich gebe, »ein gescheiter Junge, ein Talent zur Improvisation«, der seinem Verteidiger viel Arbeit abnehme, indem er die Zeugen aus dem polizeilichen Lager oft selbst widerlege.

Auch der Richter sah keinen Anlaß zu Beanstandungen und überging Beifallskundgebungen und Gemurmel im Publikum. Nur 35 Zuhörer faßte der kleine Saal, in dem verhandelt wurde, Anlaß für mich, den mangelnden Zugang der Öffentlichkeit zu rügen, allerdings vergeblich. Etwa 25 Personen hatten keinen Einlaß in den Gerichtssaal gefunden und sich auf den Stufen des Haupteingangs des Gerichtsgebäudes niedergelassen. Wie beschäftigt man 400 Polizisten, wenn es an Ruhestörern fehlt? Einige betätigten sich, indem sie SDS-Mitglieder festnahmen, die vor dem Gerichtsgebäude mit Lautsprecher und Plakaten die Bevölkerung über den Prozeß und dessen »Funktion« aufklären wollten.

Am 22. September 1968 gab es vor der Frankfurter Paulskirche Proteste gegen die Verleihung des Friedenspreises des Deutschen Buchhandels an den senegalesischen Präsidenten Senghor. Zwischen der Polizei und den Demonstranten kam es zum Handgemenge.

Inzwischen ging es auch im Gerichtssaal lebhaft zu. Es kam zu heftigen Auseinandersetzungen zwischen mir und dem Staatsanwalt, Herrn Uchmann, der es für angebracht hielt, mich daran zu erinnern, daß ich »ein deutscher Rechtsanwalt« sei, und auch sonst einen unzeitgemäßen Ton anschlug. Auf meine Frage, ob gegen die Beamten, die Cohn-Bendit bei der Festnahme mißhandelt hatten, Verfahren eingeleitet seien, antwortete er: »Diese Auskünfte erhalten Sie bei mir auf Zimmer 119«, und da ich mich damit nicht zufrieden gab: »Es sind Verfahren gegen Unbekannt eingeleitet worden.« Während aus dem Publikum »Lüge!« gerufen wurde, hielt ich Herrn Uchmann vor: »Die Leute sind doch bekannt.« Einen konnte ich mit Namen und Dienstnummer benennen. Ihm ist, wie üblich, nichts passiert.

Der Reporter der *FAZ*, der die Ereignisse vor der Paulskirche mit geringer Sympathie für die Studenten geschildert hatte (»... der Polizeistock trat in Aktion, jenes Argument, das von Demonstranten eher respektiert wird als gute Worte«), hatte Cohn-Bendits Mißhandlung nicht verschwiegen:

Nach dem Urteil in der Sache Cohn-Bendit am 27. 9. 1968 gab ich vor dem Gerichtsgebäude einen kurzen Bericht über die Verhandlung.

Einer in Zivil hielt ihm mit dem Arm den Kopf hoch, würgte ihn dabei, so daß der Student blau anlief. Ein Journalist warnte den Polizisten, der den Griff lockerte, worauf der »rote Danny« wieder Luft holen konnte. (FAZ, 23. 9. 1968)

Unruhe im Gerichtssaal löste ein Antrag des Staatsanwalts aus, eine Ordnungsstrafe von zwei Tagen Haft gegen den ehemaligen SDS-Chef K. D. Wolff zu verhängen, weil er bei einer Zeugenvernehmung nicht aufgestanden sei. Meine Stellungnahme: »Es gibt keine Vorschrift, wonach Zuhörer aufstehen müssen.« Der Richter sah von einer Ordnungsstrafe ab, ließ aber, nachdem seine Sanftmut durch Zwischenrufe des Publikums allzusehr strapaziert worden war, eine Hälfte des Zuhörerraums räumen.

Im Gespräch mit Daniel Cohn-Bendit in der Verhandlungspause.

In der Verhandlung vor dem Amtsrichter blieb von der Darstellung der Anklage nur übrig, daß der Angeklagte innerhalb der Menge, umgeben von anderen Demonstranten und von Presseleuten, gestanden hatte und als einziger über das Absperrgitter gesprungen war. Daß er »eins-zwei-drei!« gezählt habe, wichtigstes Indiz des Anklägers für die »Einsatzleiter«-Funktion des Angeklagten, wurde nicht bewiesen. Trotzdem verurteilte der Amtsrichter Cohn-Bendit zu acht Monaten Gefängnis auf Bewährung. Er hielt ihn sowohl des Landfriedensbruchs als auch des Widerstands gegen die Staatsgewalt für schuldig. Als Widerstandshandlungen wertete der Richter, daß Cohn-Bendit ein Verkehrsschild umgeworfen und einem Beamten vor die Füße geworfen habe, um seine Festnahme zu verhindern. Und ferner, daß er versucht habe, sich durch Treten oder ruckartige Beinbewegungen freizumachen. Hierbei sei dem Angeklagten »mildernd zugerechnet« worden, »daß er durch den Kragen seiner Oberbekleidung am Halse geschnürt wurde, während ein Polizeibeamter ihn am Rockkragen festzuhalten suchte«. Also der Kragen der Oberbekleidung war schuld, wenn »der Student blau anlief«, wie die *FAZ* geschrieben hatte, und nicht etwa der Polizeibeamte.

Die Pressekritik an dem Urteil war nicht durchweg freundlich. Die *Frankfurter Rundschau* vom 28. September 1968 kommentierte:

Man wird den Verdacht nicht los, daß hier ein Sündenbock gesucht und gefunden wurde, der stellvertretend für alle Aktionen der Außerparlamentarischen Opposition seinen Kopf herhalten sollte.

Ich legte für meinen Mandanten gegen das Urteil Berufung ein, über die eine kleine Strafkammer (ein Berufsrichter und zwei Schöffen) des Landgerichts am 23. und 24. Januar 1969 verhandelte.

Ich hatte erfahren, daß es einen vom Hessischen Rundfunk aufgenommenen Film gab, der den Sprung über die Barriere und den Festnahmevorgang festgehalten hatte. Ich beantragte, diesen Film in Augenschein zu nehmen und weitere Zeugen zu hören. Und da zeigte sich, daß die Glaubwürdigkeit der vernommenen Polizeibeamten von der Verteidigung zu Recht bezweifelt worden war. Zwei Polizisten mußten ihre Aussagen korrigieren, nachdem der Film im Gerichtssaal gezeigt worden war und Cohn-Bendit mit einer Meineidsanzeige gedroht hatte.

Diesmal fand die Verhandlung in einem Saal von ausreichender Größe statt, dem Schwurgerichtssaal, in dem etwa neunzig Zuhörer Platz fanden, die den Scharmützeln der Verfahrensbeteiligten mit gelegentlichen, vom Vorsitzenden tolerierten Beifalls- und Mißfallenskundgebungen interessiert und mit lockerer Heiterkeit folgten. Der »rote Dany«, dicht umringt von Fotografen und Filmkameramännern, hatte Staatsanwalt Uchmann freundlich-ironisch mit »Ein deutscher Staatsanwalt!« begrüßt und seine Utensilien, zu denen zum Vergnügen des Publikums auch ein großer Federkiel gehörte, vor sich ausgebreitet. Ich hatte dem SDS-Vorsitzenden Karl-Dietrich Wolff entgegen einem gegen ihn verhängten Hausverbot in der Weise Zutritt verschafft, daß ich ihn zu meiner »Schreibhilfe« ernannt hatte. Als Herr Staatsanwalt Uchmann sein »Erstaunen« äußerte, daß der Vorsitzende dieses Verfahren genehmigt hatte, erntete er das Gelächter des Publikums und die trockene Ironie des Vorsitzenden: »Zweifelt etwa jemand daran, daß Herr Wolff schreiben kann?«

Es gab auch sonst »keine Rosen für den Staatsanwalt«, wie eine Zwischenüberschrift im Bericht der *Frankfurter Rundschau* (24.1.1969) lautete, in dem Herr Uchmann als »schwächstes Glied in der Kette der Verfahrensbeteiligten« bezeichnet wurde. Als einer der von mir benannten Zeugen, der *Spiegel*-Redakteur Ebert, aussagte, die Beamten hätten auf die Demonstranten eingeschlagen, »weil sie sich provoziert fühlten«, witterte der Staatsanwalt eine unzulässige Schlußfolgerung und fragte den Zeugen: »Woher wissen Sie, daß sich die Polizisten provoziert fühlten?« Eberts Antwort: »Es muß doch einen vernünftigen Grund geben, wenn Polizisten schlagen«. Als das Publikum diese prompte Antwort mit Gelächter quittierte, beantragte Uchmann wegen der »unzulässigen Kundgebungen aus dem Publikum« eine Pause, was erneute Heiterkeit auslöste.

Daß dieser Staatsanwalt dankbares Objekt für scharfe Repliken des Verteidigers war, bedarf wohl kaum der Erwähnung. Als Herr Uchmann seine reaktionären Rechtsauffassungen zum Demonstrationsrecht den geltenden Gesetzen entnehmen zu können glaubte, konterte ich: »Wir können mit den vorhandenen Gesetzen auskommen, wenn wir sie im Sinne des Grundgesetzes interpretieren. Wir brauchen keine neuen Gesetze, aber wir brauchen vielleicht neue Staatsanwälte«.

Herr Uchmann wollte Cohn-Bendit für einige Zeit hinter Gefängnismauern verbannen – elf Monate ohne Bewährung lautete sein Antrag. Er hatte sich in wegwerfendem Ton zu dem Film des Hessischen Fernsehens geäußert, den man ihm noch beliebig oft vorführen könne – sechsmal war es bereits geschehen –, ohne daß sich an seiner Sicht des Sachverhalts etwas ändere. Cohn-Bendit war immerhin der jugendliche Held vom Mai 1968, als der Sturz des kapitalistischen Regimes im französischen Nachbarland fast geglückt wäre. Und so mag der »deutsche Staatsanwalt« seine Aufgabe darin gesehen haben, das nachzuholen, was seine französischen Kollegen versäumt hatten.

Das Urteil der Strafkammer überraschte alle, die die Hauptverhandlung miterlebt hatten. Zwar entfiel die Verurteilung wegen Beamtennötigung, weil nun wirklich nicht zu übersehen war, daß Cohn-Bendit beim Wegtragen arg mißhandelt worden war – zwei von mir als Zeugen benannte Journalisten, Manfred Bissinger vom *Stern* und Horst-Dieter Ebert vom *Spiegel*, hatten geschildert, wie sich vier Polizisten auf Cohn-Bendit gestürzt und ein Zivilbeamter ihn gewürgt hatte; ein Foto zeigte, daß sein linkes Bein stark verdreht worden war – so daß sein vom Staatsanwalt als »Widerstand« gewertetes Strampeln und Treten sich als normale Reflex- und Abwehrbewegung herausstellte. Auch der schwere Hausfriedensbruch entfiel, weil kein »gemeinsames Eindringen« vorlag. Aber es blieb bei einer Verurteilung wegen Aufruhrs (damaliger § 115 Absatz 1 StGB) und Landfriedensbruchs (§ 125 StGB), und dafür hielt das Gericht eine Bewährungsstrafe von sechs Monaten Gefängnis für angemessen.

Das Urteil stieß in der liberalen Presse auf Unverständnis und Widerspruch. Die Darstellung des »Tatgeschehens« durch die Staatsanwaltschaft war durch die Aussagen unbeteiligter Zeugen und insbesondere durch den mehrmals im Zeitlupentempo vorgeführten Film des Hessischen Fernsehens eindeutig widerlegt. Es hatte keinen vom Angeklagten geleiteten Versuch, die Paulskirche zu erstürmen, gegeben, sondern nur Cohn-Bendits einsamen Sprung über die Barriere, den man als beachtliche sportliche Leistung, aber nicht als Aufruhr oder Landfriedensbruch qualifizieren konnte. Und so legte ich gegen das Urteil der Strafkammer das Rechtsmittel der Revision ein, über die das Oberlandesgericht Frankfurt zu entscheiden hatte.

Es ist selten, daß ein Verteidiger bei den in der Regel älteren Herren der Revisionsinstanz progressivere Köpfe findet als bei den Amts- und Landgerichten, in die sich doch gerade damals in den Zeiten der Studentenbewegung hin und wieder Juristen verirrten, die den frischen Wind freiheitlicher Grundrechtsinterpretation in den uralten kaiserlichen Paragraphenwald bliesen. Aber in Frankfurt war es damals umgekehrt. Präsident des Oberlandesgerichts war Prof. Dr. Curt Staff, einer der wenigen herausragenden Juristen alter demokratischer Prägung, die man nach dem Zusammenbruch des Hitler-Reichs und seiner braunen Justiz vorzeigen konnte und in hohe Justizämter berief. Ich denke dabei neben Staff an Fritz Bauer, der Generalstaatsanwalt in Hessen, und Richard Schmid, der Oberlandesgerichtspräsident in Stuttgart wurde. Diese drei waren wohl die prominentesten von den wenigen in den Justizdienst der Bundesrepublik Deutschland berufenen Juristen, von denen sich sagen ließ, daß ihre demokratische Gesinnung sich schon im Widerspruch gegen die Nazis bewährt hatte und auch im Nachkriegsdeutschland allen Schwankungen des Zeitgeistes standhielt. Ich kannte Staff aus dem jeweils in Frankfurt am Main tagenden Initiativausschuß der Verteidiger in politischen Strafsachen, wo er regelmäßiger Gast war und auch einmal ein Referat gehalten hat. Bei ihm war die Sache Cohn-Bendit in guten Händen, und ich bedaure es noch heute, daß ich, um dem Mandanten Kosten zu ersparen, nicht persönlich nach Frankfurt gefahren bin und darauf verzichtet habe, die von mir schriftlich begründete Revision dort auch mündlich zu vertreten. Zumal ich nachher erfuhr, daß Staff selbst Bedauern geäußert habe, daß wir uns bei dieser Verhandlung nicht noch einmal begegnet sind.

Hans Peter Bull hat diese von mir versäumte Gelegenheit, einen freiheitlich gesinnten Richter im Amt zu erleben, in der *Zeit* (31. 10. 1969) geschildert:

Für OLG-Präsident Staff mag dieses Urteil seines Senats so etwas wie ein politisches Testament darstellen. Es war die letzte Verhandlung, die er vor seiner Pensionierung leitete. Bemerkenswert war auch die Atmosphäre des Prozesses: der Senat tagte zufällig nicht in einem der üblichen Gerichtssäle mit Schranken und Podesten, sondern in einem Prüfungssaal. Man saß sich an einem ovalen Tisch gegenüber wie sonst Kandidaten und Prüfer, und wo sonst Studenten zuhören, hatten diesmal APO-Leute mit Bärten und Gitarren Platz genommen. In dieser »zivilen« Umgebung blieben sie so still wie die Rechtsbeflissenen, und bei Eintritt der Richter stand sogar auch Cohn-Bendit auf.

Selten werden polizeiliche Mißhandlungen so deutlich fotografisch dokumentiert wie hier. Daniel Cohn-Bendit unmittelbar nach der Festnahme.

Das Urteil des Oberlandesgerichts vom 22.10.1969, an dem neben Staff die Richter Dr. Dippel und Beck mitwirkten, hob das Urteil des Landgerichts auf und verwies die Sache zu neuer Verhandlung und Entscheidung an eine andere Strafkammer des Landgerichts zurück. In der Begründung wurde das

Verhältnis der aus dem kaiserlichen Obrigkeitsstaat stammenden Paragraphen des Landfriedensbruchs und des Aufruhrs zu den Grundrechten einer freiheitlichen Demokratie nicht mit den meistens folgenlosen, aus Urteilen des Bundesverfassungsgericht abgeschriebenen Formeln, sondern mit einer das demokratische Engagement des Verfassers offenbarenden Authentizität beleuchtet. Ich will nur ein paar Sätze zitieren:

Für das Grundgesetz als Garant einer freiheitlichen Demokratie ist kollektives Handeln ein selbstverständlicher Bestandteil der gesellschaftlichen Wirklichkeit ... Diese durch die Rechtsprechung des Bundesverfassungsgerichts ... gesicherte Betrachtung kollektiven Handelns war dem Gesetzgeber von 1851/1870 fremd. Er war dem vom Spätabsolutismus überkommenen Ordnungsbegriff des liberalen Rechtsstaates verhaftet, der darauf abzielte, die bestehende staatliche und gesellschaftliche Ordnung gegen alle von der Obrigkeit nicht gewünschten Veränderungen zu schützen. Dem entsprach der Leitsatz, daß politische Zurückhaltung oberste Bürgertugend sei ...

Das Urteil weist sodann nach, daß die hier angewandten Paragraphen des Strafgesetzbuchs aus diesem obrigkeitsstaatlichen Geist erwachsen sind, daß zum Beispiel der Landfriedensbruchstatbestand eine Menschenansammlung schon dann als »Zusammenrottung« ansieht, bevor sie den entsprechenden friedensstörenden Willen überhaupt entwickelt hat. Das Landgericht habe aber keine ausreichenden Feststellungen für einen friedensstörenden Massenwillen getroffen.

Hans Peter Bull hat den Kerngedanken des Urteils treffend so zusammengefaßt:

Könnte eine spätere Gewalttat, auch wenn sie ursprünglich nicht beabsichtigt war, als Begründung für die rechtsfeindliche Tendenz einer Versammlung genügen, so stünde jede Demonstration nahezu mit Sicherheit unter dem Risiko, als Aufruhr oder Landfriedensbruch strafbar zu werden. Das aber widerspräche dem Grundgesetz.

Und so lautet denn das Fazit des Urteils:

Im Falle der Demonstration vor der Paulskirche wäre nach den bisherigen Feststellungen der Strafkammer selbst bei einschränkender Auslegung des Umfanges der Demonstrationsfreiheit die Rechtmäßigkeit der beabsichtigten Handlung zu bejahen.

Zu einer erneuten Verhandlung vor dem Landgericht kam es dann nicht mehr, weil das Verfahren nach dem Gesetz über Straffreiheit vom 20. Mai 1970 eingestellt wurde. Da bewährte sich der Grundsatz »Mehr Demokratie wagen« (Willy Brandt), den man besser schon früher beherzigt hätte.

21. Grünes Licht für den Straßenverkehr. Oder: wie jugendliche Demonstranten den Landfrieden brachen (1968)

Am 15. April 1968 – Ostermontag – fand in Bremen auf dem Domshof eine Demonstration für Frieden und Völkerverständigung statt, die den Abschluß des Ostermarsches der Kampagne für Abrüstung bildete. Nach Auflösung der Versammlung beschloß eine etwa 300 Teilnehmer umfassende Gruppe, noch zum amerikanischen Generalkonsulat zu ziehen und dort eine Resolution zur Kriegführung der USA in Vietnam zu übergeben. Es bildete sich ein loser Zug, der sich durch den Schüsselkorb in Richtung Herdentor bewegte und Fahnen und Spruchbänder mitführte. Der Zug mußte die Kreuzung Wall/Sögestraße überqueren, und die Spitze wartete getreulich grünes Licht ab, bevor man sich wieder in Bewegung setzte. Auf der Kreuzung wurde dann eine spontan geäußerte Idee verwirklicht: man setzte sich hin und wollte den Straßenverkehr eine halbe Minute lang blockieren. Daraus entwickelte sich ein Konflikt mit einem Verkehrsteilnehmer, der diese Form der Demonstration nicht akzeptieren wollte und unter lautem Hupen in die Gruppe hineinfuhr, als die Ampel für ihn grünes Licht zeigte. Ein Verhalten, das Proteste der jugendlichen Demonstranten hervorrief, die sich in Ausrufen wie »Mörder! Mörder!« und Schlägen gegen die Scheiben des Wagens Luft machten. Vor Gericht kam nicht der aggressive Autofahrer, sondern einer der Demonstranten, der, um nicht überfahren zu werden, zunächst auf die vordere Stoßstange gesprungen und dann über die Kühlerhaube und das Dach des Wagens geklettert war. Er hatte sich nur durch einen Sprung von dem mit erhöhter Geschwindigkeit weiterfahrenden Fahrzeug retten können.

Auf Veranlassung eines Jurastudenten, der den Vorfall beobachtet hatte, erstattete der verletzte Demonstrant, ein 17jähriger Buchhändlerlehrling, bei einer Polizeiwache »Verkehrsunfallanzeige« und gab das amtliche Kennzeichen des beteiligten Kraftfahrzeugs an, das der Jurastudent sich notiert hatte. Damit setzte er den Staatsapparat in Gang, der sich allerdings weniger für den Autofahrer als für den jungen Demonstranten interessierte und diesem eine Anklage des Leitenden Oberstaatsanwalts beim Landgericht Bremen wegen Landfriedensbruchs, Sachbeschädigung und falscher Anschuldigung ins Haus schickte.

Die Anklageschrift warf dem Buchhändlerlehrling Heinz-Hermann Figge vor, »an einer Zusammenrottung teilgenommen zu haben, nachdem sich eine Menschenmenge zusammengerottet hatte und mit vereinten Kräften gegen Personen und Sachen Gewalttätigkeiten beging, und dabei selbst Gewalttätigkeiten gegen Personen begangen zu haben« (damalige Fassung des Landfriedensbruchs-Paragraphen) und »in Tateinheit damit vorsätzlich und rechtswidrig fremde Sachen beschädigt zu haben«, ferner »einen anderen bei einer Behörde und einem zur Entgegennahme von Anzeigen zuständigen Beamten wider besseres Wissen strafbarer Handlungen in der Absicht verdächtigt zu haben, ein behördliches Verfahren gegen ihn herbeizuführen und fortdauern zu lassen« (§§ 125 Abs. 1 und 2, 303, 164 StGB).

Landfriedensbruch und falsche Anschuldigung? Man konnte vielleicht verschiedener Meinung darüber sein, ob die jungen Leute berechtigt waren, sich auf die Straße zu setzen und den Verkehr eine halbe Minute lang aufzuhalten. Ich war der Ansicht, daß ihr politisches Anliegen, die Menschen auf den Völkermord in Vietnam aufmerksam zu machen, diese Form der Demonstration rechtfertigte, und erwartete von demokratisch gesinnten Richtern eine in diesem Sinne »fortschrittliche« Entscheidung. Aber selbst wenn man diese Auffassung nicht teilte, schien es mir absurd, die durch das aggressive, menschengefährdende Fahrverhalten des Autofahrers provozierten Reaktionen der jungen Leute als Landfriedensbruch und die von dem Buchhändlerlehrling erstattete Anzeige als falsche Anschuldigung zu qualifizieren.

Ich verteidigte den Buchhändlerlehrling zunächst beim Amtsgericht, wo Herr von Seydlitz als Jugendrichter, korrekt in den Umgangsformen, aber erzkonservativ in seinen Rechtsanschauungen, ihn wegen Landfriedensbruchs und leichtfertig falscher Anschuldigung zu zwei Wochen Jugendarrest verurteilte. Nachdem sowohl wir als auch die Staatsanwaltschaft Berufung eingelegt hatten, kam die Sache zum Landgericht, wo Herr Landgerichtsdirektor Dr. P. als Vorsitzender der (mit drei Berufsrichtern und zwei Schöffen besetzten) Jugendkammer amtierte. Ein Richter, mit dem ich regelmäßig Konflikte hatte, die in gegenseitiger persönlicher Abneigung und politischer Gegensätzlichkeit wurzelten.

Ein Pressefoto von dem Vorfall, den der Richter Dr. P. als »Landfriedensbruch« auffaßte.

Die Hauptverhandlung vor der P.-Kammer fand am 10. Juni 1969 statt, liegt also über vierzig Jahre zurück, aber ihre feindselige Atmosphäre ist mir so gegenwärtig, als ob es gestern gewesen wäre. Herr Dr. P., gegenüber Angeklagten aus dem »niederen Volke« und Anwälten von hochmütig-selbstgefälliger Herablassung, ratterte mit kaum hörbarer Stimme die Gründe des amtsrichterlichen Urteils und die vorgeschriebene Belehrung des Angeklagten herunter, daß es ihm freistehe, sich zur Sache zu äußern, und fragte dann, ohne eine Sekunde Pause zu machen, den Angeklagten, ob er Erklärungen abgeben wolle. Der 17jährige, völlig verdattert über die Sprechweise des Vorsitzenden, sagte: »Zur Zeit nicht.« Er hatte die Frage dahin mißverstanden, ob er sich zu dem verlesenen Urteil des Amtsrichters äußern wolle. Das wollte er zu diesem Zeitpunkt nicht. Er beabsichtigte hingegen, wie vorher mit mir besprochen, zu dem ihm gemachten Vorwurf auszusagen. Ich meldete mich sogleich zu Wort, um dieses Mißverständnis aufzuklären. Herr Dr. P. ließ mich jedoch nicht zu Wort kommen, sondern sprang unmittelbar nach der zitierten Äußerung des Angeklagten auf und verließ mit den Worten »die Sitzung wird bis 9.30 Uhr (auf diesen Zeitpunkt war der erste Zeuge geladen) unterbrochen« den Sitzungssaal, gefolgt von den anderen Mitgliedern des Gerichts. Es trat auf diese Weise eine völlig unnötige Pause von 25 Minuten ein, um deren Beendigung ich mich sofort bemühte, indem ich dem Gericht durch den Wachtmeister mitteilen ließ, daß der Angeklagte sich zur Sache äußern wolle. Der Vorsitzende ließ mir durch den Wachtmeister mitteilen, daß es bei der Pause bleibe. Die Verstimmung war bereits perfekt und offenbar erwünscht.

Bei der dann folgenden Anhörung des Angeklagten zur Person und zur Sache setzte der Vorsitzende die für ihn typische gelangweilte, wie ein Selbstgespräch ohne Blickkontakt ablaufende, schnelle, halblaute Redeweise fort, so daß ich endlich, meinerseits gereizt, zum ersten Gegenschlag aushole. Ich erkundigte mich bei der als Zuhörerin im Saal sitzenden Mutter meines Mandanten, ob sie den Vorsitzenden verstehen könne, was sie verneinte. Darauf beantragte ich, den bisherigen Teil der Verhandlung zu wiederholen, da die (in Jugendsachen gesetzlich beschränkte) Öffentlichkeit der Verhandlung verletzt sei. Nach längeren Debatten, in deren Verlauf die Mutter meines Mandanten erklärte, daß sie die verlesenen Gründe des amtsrichterlichen Urteils und die bisher erörterten persönlichen Verhältnisse ihres Sohnes kenne und das Wesentliche doch verstanden habe, zog ich meinen Antrag zurück.

Daß Herr Dr. P. innerlich kochte, läßt sich denken. Aber er trug weiter die explosible Ruhe eines plombierten Dampfkessels zur Schau. Alles, was der 17jährige zu seiner Verteidigung vorbrachte, konterte der Vorsitzende mit ironischen Anmerkungen unter Ausnutzung seiner überlegenen Eloquenz und ließ den jungen Mann spüren, für wie überflüssig er die Zeitvergeudung dieses Berufungsverfahrens hielt. Von mir gestellte Verfahrensanträge – zum Beispiel Anträge, den bereits vernommenen Zeugen die Anwesenheit im Gerichtssaal zu gestatten, was nach dem Gesetz (§ 48 Abs. 2 Satz 1 JGG) ins Ermessen des Vorsitzenden gestellt ist – wurden mit ungeduldiger Schnelligkeit lässig und kaum hörbar abgelehnt, eine demonstrative Weigerung, über die von mir vorgebrachten Gründe auch nur eine Sekunde nachzudenken. Die Art, in der dieser Richter mit Äußerungen des Angeklagten und seines Verteidigers umging, kennzeichnete ihn als eine autoritäre Persönlichkeit, der es auf ständige Demonstration ihrer Machtfülle ankam. Das gab Reibungsflächen, von denen ich, wenn die Stimmung im Saal entsprechend aufgeheizt war und ich sicher war, daß es dem Mandanten nicht schaden konnte, gern Gebrauch machte. Ich habe es einmal so ausgedrückt: Ich werde in meinem Beruf tagsüber so viele Aggressionen los, daß ich abends ein netter Mensch sein kann. Vielleicht galt das auch für Herrn P., dem ich manchmal im Konzert begegnete, wo wir uns grußlos aus dem Wege gingen. Mit Rücksicht auf mein gespanntes Verhältnis zu diesem Richter und die Interessen meiner Mandanten habe ich Mandate, die mich zu einer Verteidigung vor seiner Kammer genötigt hätten, regelmäßig abgelehnt und denen, die mich beauftragen wollten, auch die Gründe gesagt. An einen erinnere ich mich, der trotzdem von mir verteidigt werden wollte und dies so begründete: »Ich bin voriges Mal so verschaukelt worden, diesmal will ich mit wehender Fahne untergehen.« Aber das war nicht der Buchhändlerlehrling, wenngleich auch da eine Fahne eine Rolle spielte, von der noch die Rede sein wird. In der Sache des Buchhändlerlehrlings ging es allenfalls um eine Woche Jugendarrest mehr oder weniger, und ich hatte die volle Zustimmung des

Mandanten und seiner Eltern, diesem Richter nichts durchgehen zu lassen.

Daß ihm die pazifistische Grundhaltung des jungen Angeklagten durchaus fremd und zuwider war, demonstrierte dieser Richter immer wieder, indem er mit sarkastischer Genüßlichkeit die den Gegenstand des Verfahrens bildende Demonstration in militärischen Begriffen, wie »antreten«, »marschieren«, »Kolonne«, beschrieb. Auch Demokratiedefizite waren unüberhörbar. So hielt Herr Dr. P. es für richtig, die anwesenden Pressereporter zu vermahnen, über diesen Fall, den er selbst einige Jahre später in einem gegen mich gerichteten Ehrengerichtsverfahren zutreffend als »politischen Prozeß« und »lupenreine Politik« gekennzeichnet hat, »rein juristisch« zu berichten, da es sich um einen »rein juristischen« Fall handle. Oder wenn er ungeachtet der ihm im Verteidigerplädoyer zuteil gewordenen Rechtsbelehrung noch in den Urteilsgründen davon sprach, daß »eine behördliche Genehmigung für diesen Demonstrationszug nicht eingeholt worden« sei (nach dem Versammlungsgesetz ist nur eine »Anmeldung« vorgeschrieben, und auch diese entfällt bei Spontandemonstrationen wie hier). Bezeichnend auch, daß in den Urteilsgründen vom »sogenannten Demonstrationsrecht« die Rede ist.

Bei diesem Richter, dem nach dem Geschäftsverteilungsplan ausgerechnet eine Jugendkammer, also eine für Straftaten von Jugendlichen und Heranwachsenden zuständige Strafkammer, zugeteilt worden war, waren nun die Rechte der Autofahrer auf ungehinderten Straßenverkehr in den besten Händen. Was sich auf der Kreuzung Wall/Sögestraße abgespielt hatte, war Gegenstand einer Beweisaufnahme, die das einseitige Auswahlprinzip des Amtsrichters noch um einiges übertraf.

Hatte der Amtsrichter die Maske des objektiven Richters noch mit einer gewissen Würde gewahrt und den Schein des offenen Ausgangs der Sache um sich verbreitet, so machte der Vorsitzende der Jugendkammer in der ihm eigenen zynisch-ironischen Rhetorik von der ersten Minute an aus seiner Einstellung kein Geheimnis. Schon die Art, wie er den Angeklagten und die Zeugen vernahm, verriet hinreichend deutlich, auf welches Urteil er zusteuerte. Wenn der Angeklagte sich auf das Grundrecht der Demonstrationsfreiheit berief und die Auffassung vertrat, der Autofahrer hätte die halbe Minute, die das Sitin auf der Kreuzung dauerte, eben warten müssen, fuhr ihm der Vorsitzende mit dieser Formulierung über den Mund: »Hat Sie schon mal der Gedanke gestreift, daß das Grundrecht nicht nur für Sie gilt?« Er kann wohl nur das »Grundrecht« gemeint haben, bei grünem Licht auch auf Menschen loszufahren. Als die Zeugin Hildegard Wöbbekind, eine 42jährige technische Zeichnerin, die als unbeteiligte Straßenpassantin Zeugin des Vorfalls geworden war, aussagte, das Auto sei in die Menge hineingefahren, fragte Herr Dr. P. ironisch: »Blieben Tote zurück?« Die Zeugin ließ sich nicht einschüchtern und fuhr fort: das Auto habe eine ziemliche Geschwindigkeit gehabt, es sei erschreckend gewesen, zu sehen, wie mehrere Personen mitgenommen worden seien, einer habe ziemlich hilflos auf dem Kotflügel gesessen, sie habe das Gefühl gehabt, daß der Fahrer wollte, daß die herabfallen. Darauf Herr Dr. P. ungerührt: »Nun sind die ja heute nicht mehr drauf; wie sind sie denn runtergekommen?«

Die Sympathien des Vorsitzenden hatten spürbar die Zeugen, die das »Grundrecht« auf freien Straßenverkehr vertraten und rücksichtslos wahrgenommen hatten. Da war zunächst der Autofahrer, der bei grün in die sitzende Gruppe hineingefahren war, der 47jährige Metallhobler Sch., der sein Recht zu dieser menschengefährdenden Fahrweise daraus herleitete, daß »keiner befugt« sei, »sich auf der Kreuzung aufzuhalten«. Er habe gehupt, »weil ich der Meinung war, daß ich bei grün Platz haben müßte«. Ein Autofahrer, der neben ihm auf der Rechtsabbiegerspur gehalten hatte und von den Demonstranten unbehindert weiterfahren konnte, als grünes Licht kam, habe ihm zugerufen, er solle doch auch einfach losfahren. Und das tat er dann. Und wunderte sich, daß die Demonstranten erregt aufsprangen und eine Gruppe von 10 bis 15 Personen sein Auto umringte, »Mörder! Mörder!« rief und an den Türen, die er von innen verriegelt hatte, rüttelte und gegen die Fenster und aufs Dach trommelte. »Unser Hund, der gleichfalls im Wagen war, benahm sich wie irre, und meine Frau sagte wiederholt zu mir: ›Papi, Papi, sieh zu, daß wir hier heil raus kommen.‹« Und so fuhr er weiter, mit dem Angeklagten auf dem Dach, dem er keine Gelegenheit zum Abspringen geben wollte, denn er wollte »seiner habhaft werden« und »versuchen, eine Strecke weit weg seinen Namen festzustellen«. Darin lag das Eingeständnis, die Gefahr schwerer Verletzungen des jungen Mannes in Kauf genommen zu haben, der sich auf dem Dach des Fahrzeugs nirgends festhalten konnte. Es war nur ein Glücksfall, daß es dem Buchhändlerlehrling nach etwa zehn bis zwanzig Metern unfreiwilliger Fahrt gelang, vom Dach des Wagens abzuspringen, ohne dabei mehr als einen verstauchten Fuß zu erleiden.

In meinem Plädoyer zitierte ich einen in den sechziger Jahren noch gegenwärtigen Ausspruch eines faschistischen Kandidaten für die Präsidentschaftswahlen in den USA, eines Herrn Wallace: »Wenn sich nach meiner Wahl zum Präsidenten Demonstranten vor mein Auto setzen sollten, so wird es das letzte Auto gewesen sein, vor dem sie gesessen haben«. Diese brutale Ankündigung habe, so sagte ich, nicht nur bei den Anhängern des Herrn Wallace viele Sympathien. Sie hätten sich auch in den Antworten des Metallhoblers verraten, der aus dem grünen Licht der Verkehrsampel das Recht ableitete, auf sitzende Menschen loszufahren. Er sei der einzige, der hier Gewalttätigkeiten gegen Personen begangen habe, und nicht die Demonstranten, die sich vor seiner aggressiven Fahrweise retten mußten und begreiflicher Weise Zornreaktionen zeigten. Ich verschwieg auch nicht, wie ich nach dem Verlauf der Verhandlung das Gericht einschätzte, und endete mein Plädoyer mit dem Satz: »Aber vielleicht überraschen sie mich ja mit einem Freispruch.«

Das Urteil, das Herr Dr. P. am 13. 6. 1969 verkündete, entsprach unseren Erwartungen. Die Berufung des Angeklagten wurde zurückgewiesen. Auf die Berufung des Leitenden Oberstaatsanwalts wurde das Urteil des Amtsrichters aufgehoben und der Angeklagte wegen *schweren* Landfriedensbruchs (eines Verbrechens!) und wegen *wissentlich* falscher Anschuldigung zu einem Jugendarrest von drei Wochen verurteilt. Eine

Woche mehr also als beim Amtsgericht, was nicht sehr ins Gewicht fiel und dank der milden Sanktionen des Jugendrechts, nicht anders zu erwarten war. Aber daß überhaupt verurteilt wurde, konnte nicht ohne Protest hingenommen werden. Wenn jemand vor dem Gesetz schuldig geworden war, dann der Autofahrer, der freie Fahrt bei grünem Licht an Anspruch genommen hatte, obwohl Menschen – aus welchem Grunde auch immer – vor ihm auf der Fahrbahn saßen. Wären es streikende Fernfahrer oder Teilnehmer einer katholischen Prozession gewesen, die den Verkehr aufgehalten hätten, kein Autofahrer wäre auf die Idee gekommen, sein Durchfahrtrecht durch Hupen und Drauflosfahren durchsetzen zu wollen, kein Staatsanwalt hätte angeklagt und kein Gericht verurteilt. Aber es waren, wie schon das Vorhandensein einer roten Fahne verriet, politisch linksstehende Demonstranten, die auf das kriegerische Morden in Vietnam aufmerksam machen wollten. Und da kehrt sich das Recht um.

Freilich ging die Jugendkammer nicht so weit, dem Autofahrer ein Recht zum Überfahren von Menschen zu attestieren. Aber da gibt es ja die »freie Beweiswürdigung«, mit der sich der Sachverhalt so verändern läßt, daß die Paragraphen passen. Der Metallhobler habe niemand gefährdet, und die jungen Demonstranten hätten ohne jeden Anlaß beschlossen, den Autofahrer in Angst und Schrecken zu versetzen und sein Auto mit Fäusten und Füßen zu bearbeiten. So sah es das Gericht, nachdem es sich aus den Zeugenaussagen das Passende herausgesucht und das Nichtpassende überhört hatte.

Zum Kronzeugen der P.-Kammer wurde der 55jährige Pressefotograf Leonhard Kull, der zufällig am »Tatort« gewesen war und einige Aufnahmen von dem Geschehen gemacht hatte. Kull hatte sich sowohl vor dem Amtsgericht als auch vor der Jugendkammer durchaus kritisch zu dem Verhalten des Autofahrers geäußert (»Ich hatte das Gefühl, daß der Autofahrer sich die Weiterfahrt erzwingen wollte«, »Der Kraftfahrer hat sich nicht richtig verhalten«, »Meines Erachtens hätte der Fahrer des Wagens mehr Toleranz an den Tag legen sollen«, »Meines Erachtens war es von dem Autofahrer provozierend, in die Menge hineinzufahren, ich hätte es nicht so gemacht«)*. Kull hatte auch die Äußerung des rechtsabbiegenden Fahrers gehört (»Fahr doch weiter!«), die den Metallhobler zu seinem aggressiven Fahrmanöver ermutigt hatte. Über das, was er sonst beobachtet hatte, äußerte Kull sich sehr zurückhaltend (»Ich sah, daß eine Person auf den Wagen sprang und habe gleich fotografiert. Weiter habe ich dann nichts mehr gesehen, weil ich mit meinem Fotoapparat beschäftigt war«, »Es war nach wie vor Wirbel um das Fahrzeug, aber Einzelheiten kann ich nicht angeben«). Und es ergab sich denn auch in der Hauptverhandlung, daß die Erinnerungen des Zeugen an das weitere Geschehen keineswegs zuverlässig waren. So hatte er Angaben über die Reihenfolge der von ihm gemachten Aufnahmen gemacht, die sich als Irrtum herausstellten, nachdem auf meinen Antrag der Negativfilm herbeigeholt worden war.

Im Urteil der P.-Kammer konnte man es später ganz anders lesen. Dort wurde der Fotograf Kull zum »wichtigsten Zeugen« erklärt, dessen Bekundung das Gericht »wegen der Unbeteiligtheit des Zeugen und seiner genauen Beobachtung des Geschehens aus beruflichen Gründen in vollem Umfang gefolgt« sei.

Seiner Aussage wollte das Gericht entnommen haben, daß der Angeklagte nicht durch das Verhalten des Autofahrers gezwungen worden sei, auf das Fahrzeug hinaufzuklettern, um einer Gefährdung von Leib und Leben zu entgehen. Denn zu diesem Zeitpunkt habe der Wagen, wie auch andere Zeugen bestätigt hätten, entweder gestanden oder sich »nur mit äußerst geringer Geschwindigkeit – Schrittempo – fortbewegt«. Daß man einen Menschen auch im Schrittempo überfahren kann, hat das Gericht nicht in Erwägung gezogen.

Daß der Autofahrer die Demonstranten überhaupt nicht gefährdet habe, wollte das Gericht auch den auf den Fotos wiedergegebenen Körperbewegungen der Demonstranten und deren Gesichtsausdruck entnehmen. Der Angeklagte sei, eine Fahne in der Hand haltend, auf das Auto des Metallhoblers ge-

---

* Alle Zitate nach den Gerichtsprotokollen

klettert. Das kann also nur in revolutionären Absicht geschehen sein – stand zwischen den Zeilen.

Die Fahne wirkte offenbar wie ein rotes Tuch auf das Gericht. Auf den Fotos ist sie nicht zu sehen, und in der Verhandlung war von ihr mit keinem Wort die Rede. Und wie der Gesichtsausdruck des Angeklagten hätte beschaffen sein müssen, um ihm eine Gefährdung zu glauben, blieb auch ungesagt.

Um zu einer Verurteilung zu kommen, mußte das Gericht einige Zeugenaussagen, die nicht ins Bild paßten, entweder im Wege der freien Beweiswürdigung als unglaubwürdig abtun oder sie einfach ignorieren. Die P.-Kammer entschloß sich zu letzterem. Eine dritte Instanz, die das Urteil hätte überprüfen können, war im Jugendgerichtsverfahren nicht zu fürchten und noch viel weniger der Vorwurf der Rechtsbeugung, dessen subjektive Tatbestandsmerkmale bekanntlich nicht beweisbar sind.

Man liest, wenn man die Hauptverhandlung erlebt hat, mit einigem Erstaunen im Urteil den Satz: »Lediglich die Zeugin Schröder und der Zeuge Staal wollen eine Gefährdung des Anklagten gesehen haben.« Was ja, wenn es stimmte, Anlaß genug gewesen wäre, über das Gewicht dieser Zeugenaussagen nachzudenken. Aber es war schlicht falsch. Eine Gefährdung des Angeklagten durch die Fahrweise des Autofahrers hatten noch drei weitere Zeugen bekundet. Der Zeuge Kretschmar – der Student, der den Buchhändlerlehrling zu der Anzeige veranlaßt hatte –: »Das war sehr gefährlich für den, der auf dem Wagen saß.«* »Zwei oder drei konnten während dieser langsamen Fahrt abspringen, der Angeklagte jedoch nicht, und der Fahrer gab ihm auch keine Gelegenheit mehr dazu, sondern beschleunigte sein Tempo bis auf etwa 30 km/h.«** Der Zeuge Heidekamp: »Der Angeklagte saß halb auf dem Kühler, und nach meinem Eindruck saß er dort, weil er dem Auto nicht mehr hatte ausweichen, sondern sich nur noch dorthin hatte retten können.«** Die Zeugin Wöbbekind: »Dann kam das Auto

---

* Zitiert nach meinen Notizen
** Zitiert nach dem Gerichtsprotokoll

aus der Menschenmenge hervor, und es war für mich vollkommen frappierend, plötzlich dieses Auto zu sehen. Es hatte eine Geschwindigkeit, daß man nicht hätte nebenher laufen können, und die Leute sprangen schnell zur Seite. Besonders überraschte es mich, daß das Auto so schnell fuhr, obwohl sich auf ihm einige Menschen befanden, ohne daß ich sagen kann, wie viele es waren. Zwei befanden sich auch noch auf ihm, als ich es weiterfahren sah ... Ich hatte den Eindruck, daß der Fahrer fahren wollte, bis die beiden abfielen, gebremst hat der Wagen nämlich nicht.«* Die Zeugin weiter: »Ich fand es einfach unverantwortlich, einfach hineinzufahren.«**

Im Urteil werden die Zeugen Heidekamp und Kretschmar zusammen mit anderen Zeugen erwähnt, um die These zu belegen, daß das Fahrzeug des Zeugen Sch. stand oder sich allenfalls nur langsam fortbewegte, als es von der wütenden Menge umringt wurde. Daraus folgerte das Gericht: »Eine Gefährdung von Leib und Leben kann somit auch nach diesen Bekundungen nicht der Grund gewesen sein, aus dem der Angeklagte auf das Fahrzeug des Zeugen Sch. geklettert ist.« Kein Wort, daß die beiden genannten Zeugen genau das Gegenteil ausgesagt hatten. Die Zeugin Wöbbekind läßt das Urteil völlig unerwähnt. Diese Zeugin gehörte nicht zu den Demonstranten, ihrer Aussage als unbeteiligter Zeugin kam also erhöhte Bedeutung zu. Wenn das Gericht es trotzdem versäumt hat, diese Zeugin in den schriftlichen Urteilsgründen in diesem Zusammenhang auch nur zu erwähnen, geschweige denn sich mit ihrer Aussage auseinanderzusetzen, so läßt sich eine Erklärung dafür, wenn man bösen Willen ausschließen will, wohl nur finden, wenn man Sigmund Freuds Untersuchungen zu den unbewußten Ursachen des Vergessens zu Rate zieht. Aber wie auch immer, die Zeugin Wöbbekind, die sehr präzise Angaben über die unverantwortliche Fahrweise des Metallhoblers und die Gefährdung der Demonstranten gemacht hatte, ist bei der Abfassung des schriftlichen Urteils schlicht »vergessen« wor-

---

*   Zitiert nach dem Gerichtsprotokoll
** Zitiert nach meinen Notizen

den. Ein Verdrängungsvorgang, der sich in der Abwehrhaltung des Vorsitzenden bei der Vernehmung dieser Zeugin bereits angekündigt hatte.

So kam die Jugendkammer also zu einem Sachverhalt, der eine Verurteilung des Angeklagten ermöglichte. Auch war der Angeklagte zu belehren, daß er beim Amtsgericht noch viel zu milde weggekommen war. Nicht nur die einfache Form des Landfriedensbruchs (Gewalt gegen Sachen), sondern die schwere Form (Gewalt gegen Personen) war ihm vorzuwerfen, »weil das Hinaufklettern des Angeklagten auf die Kühlerhaube des Fahrzeugs nicht nur dazu bestimmt und geeignet war, bei den Eheleuten Sch. Furcht und Schrecken zu erregen, sondern sie auch an der Weiterfahrt zu hindern«. Ein Verbrechen also, daß er das grüne Licht für den Autofahrer nicht respektiert und sich nicht hatte überfahren lassen.

Und auch die falsche Anschuldigung hatte der Angeklagte nach Meinung der Jugendkammer in erschwerter Form begangen, nämlich »wissentlich«. Er habe »in voller Kenntnis« der Unrichtigkeit seiner Sachdarstellung gehandelt. Die Behauptung, er sei auf den Kühler des Fahrzeugs »gedrückt« worden, sei bewußt falsch gewesen. Überdies habe er verschwiegen, daß der Autofahrer, der nach kurzer Fahrt gehalten und die Schäden an seinem Fahrzeug besichtigt hatte, erst weitergefahren sei, als eine Gruppe von 20 bis 25 Demonstranten erneut »Mörder! Mörder!« rufend auf ihn losgestürzt sei. Insoweit sei seine Anzeige unvollständig gewesen. Daß es Zeugen gab, die von erneuten »Mörder! Mörder!«-Rufen nichts gehört hatten, und daß der Buchhändlerlehrling mit dieser angeblich rufenden Gruppe nichts zu tun hatte, sondern mit verstauchtem Fuß an der Kreuzung zurückblieb, spielte für das Gericht keine Rolle. Wenn doch alle Strafanzeigen und Anklagen in dieser Weise auf Fehler und Unvollständigkeit abgeklopft würden, kaum ein Staatsanwalt und Polizist wäre noch nicht vorbestraft.

Der Jurastudent, auf dessen Initiative die Anzeige überhaupt erstattet worden war (»Ich wollte die Sache auf mich nehmen, weil der Angeklagte von sich aus keine Anzeige erstatten wollte«*), ist meines Wissens nicht belangt worden. Aber er hat das Studienfach gewechselt und ist Mediziner geworden. Ich weiß nicht, ob seine Erfahrungen mit ausgewachsenen Juristen zu diesem Entschluß beigetragen haben, könnte es mir aber denken.

Ein weiteres Rechtsmittel gegen das Urteil der Jugendkammer gab es nach den Vorschriften des Jugendgerichtsgesetzes nicht. Der Protest gegen das Urteil konnte also nur an Ort und Stelle erfolgen. Ich hatte mit meinem Mandanten und dessen Mutter vor der Urteilsverkündung verabredet, daß ich den Saal verlassen würde, wenn es, wie zu erwarten, erneut zu einer Verurteilung kommen würde. Beide billigten dieses von mir angekündigte Verhalten ausdrücklich. Sie waren über die Verhandlungsführung des Vorsitzenden empört gewesen und erwarteten ebenso wie ich eine erneute Verurteilung. Meinem Mandanten habe ich eine von ihm geäußerte Absicht, nach dem Urteilsspruch ebenfalls den Sitzungssaal zu verlassen, ausgeredet. Auch seine Mutter bat ich, bis zum Schluß der mündlichen Urteilsbegründung im Sitzungssaal zu verbleiben.

Nach der Verlesung des Urteilstenors durch den Vorsitzenden blieb ich stehen, packte, während Dr. P. begann, das Urteil zu begründen, in aller Ruhe meine Handakte in die Aktentasche, verabschiedete mich mit Handschlag von meinem Mandanten und durch ein freundliches Kopfnicken von dessen Mutter und verließ lautlos den Saal. Auf eine Verabschiedung vom Gericht habe ich bewußt verzichtet. Mein Protest gegen das Urteil wurde zutreffend als solcher verstanden und führte zunächst zu üblen Anwürfen des Vorsitzenden gegen mich während der mündlichen Urteilsbegründung, von denen mir nachher die Mutter meines Mandanten berichtete. Dann ergänzte Herr Dr. P. das Sitzungsprotokoll, in dem es ursprünglich nur hieß »Nach der Verlesung des Urteilstenors verließ der Verteidiger Rechtsanwalt Hannover ohne Angabe von Gründen den Sitzungssaal« handschriftlich um den Satz: »Dabei warf er demonstrativ die Tür hörbar zu.« Zu meiner Überraschung las ich am nächsten Tag auch in

---

* Zitiert nach dem Sitzungsprotokoll

der Zeitung, daß die Tür hinter mir geräuschvoll ins Schloß gefallen sei. Denn dies, da war ich mir sicher, war nicht geschehen. Diesmal hatte mir ein geräuschloses Verlassen des Gerichtssaals als Demonstration meines Protestes genügt.

Über die Frage, mit welcher Lautstärke ich die Tür geschlossen habe, gab es dann eine umfangreiche Beweisaufnahme in dem wegen verschiedener unerwünschter Meinungsäußerungen gegen mich geführten Ehrengerichtsverfahren, über das ich an anderer Stelle berichte (Kapitel 27). Herr Dr. P. hatte sich in einer »dienstlichen Äußerung« vom 25.6.1969 als erster dazu geäußert:

Ein Zweifel an der bewußten Brüskierung des Gerichts ist ausgeschlossen, zumal seine Bemühungen während des Prozesses ständig auf eine von ihm als »fortschrittlich« bezeichnete, tatsächlich allerdings gesetzwidrige, Entscheidung gerichtet waren. (Den von mir angemahnten Rechts-»Fortschritt«, Sitzblockaden nicht in jedem Fall als rechtswidrig zu behandeln, hat inzwischen das Bundesverfassungsgericht nachgeliefert; H.H.)

Von einem »unabhängigen Organ der Rechtspflege« kann bei solcher Verhaltensweise, welche die einfachsten Voraussetzungen der Grunderziehung vermissen läßt, nicht die Rede sein.

Ich weiß nicht, welche Grunderziehung Herr P. genossen hat. Einen Rechtsanwalt auch dann, wenn er von der seinen abweichende Auffassungen vertritt, als »unabhängiges Organ der Rechtspflege« zu respektieren, hatte er jedenfalls nicht gelernt. Im Ehrengerichtsverfahren, 1975, also sechs Jahre später, äußerte sich Herr Dr. P., inzwischen 61 Jahre alt, als Zeuge und konnte sich an »Ungewöhnliches aus dieser Verhandlung«, außer an meinen Abgang, nicht mehr erinnern. Aber er machte aus seinem Herzen keine Mördergrube: »Zwischen Rechtsanwalt Hannover und mir herrscht beidseitig eine geringe Zuneigung.« – »Wenn Rechtsanwalt Hannover und ich zusammentreffen, herrschen immer Spannungen. Zwischen uns besteht eine lebhafte Divergenz. Rechtsanwalt Hannover ist äußerst aggressiv, man muß immer in Abwehrstellung gehen.« »Wenn ich heute zurückdenke, waren die Verhandlungen mit Rechtsanwalt Hannover stets denkbar unersprießlich.«[*] Herr Dr. P. bestätigte, daß er mir einmal ein »Glückwunsch«-Schreiben geschickt hatte, in welchem er mir zu meinen Erfolgen als Verteidiger und meinem »Bekanntheitsgrad in Verbrecherkreisen auch weit über die Grenzen der Bundesrepublik hinaus« gratuliert hatte.[**] Ich sei für ihn im wahrsten Sinne des Wortes ein »rotes Tuch«.[***]

Das war wohl selbst für die konservativen Mitglieder des Ehrengerichts ein zu offenherziges Eingeständnis von Voreingenommenheit. Und so konnte ich es mit Gelassenheit zur Kenntnis nehmen, daß dieser Richter als Zeuge gegen mich auftrat und die Lautstärke des Türenknalls dramatisierte, mit dem ich eine seiner Verhandlungen verlassen hätte. Erstaunlich fand ich allerdings, daß auch eine Reihe weiterer Zeugen (so der Staatsanwalt, die Berufsrichter, die Schöffen und ein Pressereporter) einen Türenknall gehört haben wollten. Für mich ein lehrreiches Beispiel dafür, daß eine bestimmte Erwartungshaltung die Wahrnehmung beeinflussen kann. Man erwartete von mir einen Türenknall und hat ihn denn auch gehört. Ich sagte den Ehrenrichtern, daß ich in zukünftigen Fällen zur Vermeidung von Mißverständnissen die Tür des Gerichtssaals hinter mir vom Wachtmeister zumachen lassen würde. Das Ehrengericht ließ die Frage, ob die Tür geknallt hatte, schließlich unentschieden, meinte aber, daß mein Protest die dem Richter als Träger der rechtsprechenden Gewalt des Staates gebührende Achtung habe vermissen lassen, gleichgültig, ob die Tür laut oder leise geschlossen worden sei.

Mein Mandant, der 17jährige Buchhändlerlehrling, nahm noch etliche Belehrungen des Richters Dr. P. über Freiheit und Demokratie mit ins Leben, die diesem bei der mündlichen Begründung des Urteils einfielen. So die Empfehlung, Platons »Staat« zu lesen – bekanntlich die Beschreibung eines Gemeinwesens, das mit moderner Demokratie (Platon zählt sie zu den »schlechten Staatsformen«) nichts zu tun hat, sondern drei Stände und

---

[*]   Zitiert nach dem Sitzungsprotokoll des Ehrengerichts
[**] Zitiert nach dem Sitzungsprotokoll des Ehrengerichts
[***] Zitiert nach dem Urteil des Ehrengerichts vom 17. 9. 1975

vier Kardinaltugenden kennt: für die Herrscher die Weisheit, für die Wächter die Tapferkeit und für die Arbeitenden das besonnene Maßhalten, das sich in der freiwilligen Anerkennung der Herrschaft der Besten äußert; und als vierte Kardinaltugend aller drei Stände die Gerechtigkeit, die nach Platon dann herrscht, wenn jeder der drei Stände »das Seine tut«, d. h. die ihm zukommende »Tugend« vollkommen erfüllt. Oder sollte Herr P. die ebenfalls bei Platon nachzulesende Forderung gemeint haben, jeden Privatbesitz zu beseitigen und sogar den »Besitz« an Frauen und Kindern zu sozialisieren?

Aber er ließ es nicht bei politischen Lehrsätzen aus dem vierten Jahrhundert vor unserer Zeitrechnung, sondern gewährte auch Einblicke in sein aktuelles Demokratieverständnis:

Die Straßen sind schließlich nicht nur für Revolutionäre oder für eine Partei, sondern für alle gebaut worden. Der Begriff der Freiheit würde geradezu ins Groteske verzerrt werden, wenn jeder zu jeder Zeit tun dürfte, was ihm gerade gefällt ...*

Ihr denkt nicht, ihr zerstört nur. Es ist wie mit einem Haus: Was in einem halben Jahr aufgebaut wird, dazu gehört nur eine Handgranate, um es in einem Augenblick zu zerstören ...

Noch nie ist Deutschland ein so freies Land gewesen, noch nie haben wir solch eine Demokratie gehabt wie jetzt ... Aber wenn diese Freiheit und Demokratie weiter so gefährdet werden, müssen wir uns nicht wundern, wenn es sie eines Tages nicht mehr gibt.**

Was diese Glaubensbekenntnisse eines konservativen Herrenmenschen mit der Sache, um die es ging, zu tun hatten, blieb sein Geheimnis. Der Buchhändlerlehrling Heinz-Hermann Figge hatte in der ihm zu erzieherischen Zwecken verordneten Arrestzelle genügend Zeit, über die seltsamen Gedankenverbindungen des Richters Dr. P. und seiner Kollegen nachzudenken. Ich denke, daß er unter den Talaren den Muff von tausend Jahren gespürt haben wird.

---

* Zitiert nach *Bremer Nachrichten*, 14. 6. 1969
** Nach Notizen der Mutter des Angeklagten

22. Der Fall Günter Wallraff. Die Verfolgung eines kritischen Journalisten (1968 und 1975)

Günter Wallraff habe ich zweimal verteidigt. Zuerst 1968/69 in Frankfurt am Main und nochmals 1975 in Köln. Beide Male ging es bei der Anklage um den Versuch, seine Art der journalistischen Arbeit zu kriminalisieren und damit für die Zukunft unmöglich zu machen. Wallraff hatte seine Arbeit Mitte der sechziger Jahre mit Industriereportagen begonnen, Berichte über eigene Erfahrungen, die er während jeweils mehrmonatiger Tätigkeit als Arbeiter in verschiedenen Industriebetrieben gesammelt hatte. Seine authentischen Erlebnisschilderungen, bei denen er auch Informationen von Arbeitskollegen verwertete, die ihrerseits aus Sorge um den Arbeitsplatz nicht an die Öffentlichkeit treten konnten, hatten ein ungeheures Echo. Während Wallraffs Reportagen ihm bei den abhängig Arbeitenden große Popularität eintrugen, wurde er für die Unternehmer zu einem Schreckgespenst, gegen das diese sich durch Verbreitung eines Steckbriefs zu schützen versuchten, in dem vor seiner Einstellung als Arbeitnehmer gewarnt wurde. Wallraff wurde dadurch gezwungen, sich immer neue Masken und Verkleidungen auszudenken, um seine auf teilnehmender Beobachtung beruhenden Reportagen fortsetzen zu können. So entwickelte er eine journalistische Technik, bei der er die Rolle von Personen übernahm, denen bestimmte Informationen zugänglich waren, die ein mit herkömmlichen Mitteln arbeitender Journalist nie erlangt hätte. Er übernachtet als Obdachloser im Obdachlosenasyl, er läßt sich als Alkoholiker in der geschlossenen Abteilung eines Irrenhauses einsperren, er gibt sich als Chemiefabrikant aus, der den Amerikanern ein billigeres Verfahren der

Napalmbombenherstellung anbieten will, und holt Auskünfte über die moralische Zulässigkeit dieses Geschäfts bei katholischen Moraltheologen ein, und so weiter, und so weiter. Das schlug gewaltige Wellen. Aber man konnte ihm nichts anhaben, denn es ist nicht verboten, sich als Obdachloser, als Alkoholiker oder als Chemiefabrikant auszugeben.

Aber dann glaubte die Staatsanwaltschaft Frankfurt am Main etwas gefunden zu haben, womit man diesem unbequemen Journalisten das Handwerk legen könnte. Ihre Anklage vom 9. Mai 1968 warf Wallraff vor, »unbefugt inländische Dienstbezeichnungen geführt und damit zugleich sich unbefugt mit der Ausübung eines öffentlichen Amtes befaßt zu haben«. Wallraff hatte sich fernmündlich als »Ministerialrat Kröver« von einem – nicht existierenden – »Zivilschutzausschuß des Bundesministeriums des Innern« an die Werkschutzsachbearbeiter verschiedener Firmen gewandt, um Informationen über den Aufbau und die Entwicklung des sogenannten Werkselbstschutzes zu erhalten. Beim sogenannten Werkselbstschutz handelte es sich um eine paramilitärische Einrichtung zur Bekämpfung von wilden Streiks und anderen Formen innerbetrieblicher Unruhen, die damals in bestimmten Betrieben »erprobt« wurde, ohne daß es dafür eine gesetzliche Grundlage gab. Infolgedessen spielte sich das Ganze unter strenger Geheimhaltung ab. Wallraff, der von einem Gewerkschaftsfunktionär und von einem Studenten vertraulich informiert worden war, daß in den Gummiwerken Continental in Hannover und den Henschel-Werken in Kassel bewaffnete Betriebskampfgruppen bestanden, hatte zunächst versucht, der Sache mit normalen journalistischen Mitteln auf den Grund zu gehen. Er hatte bei Continental und bei den Henschel-Werken angerufen, sich als Journalist vorgestellt und sich mit den für den Werkschutz zuständigen Herren verbinden lassen. Diese hatten die Existenz eines Werkselbstschutzes rundweg bestritten und Gerüchte über Selbstschutzvorbereitungen und Schießübungen als »wilde Story« und »baren Unsinn« abgetan. In seiner Eigenschaft als »Ministerialrat Kröver« vom »Zivilschutzausschuß des Bundesministeriums des Innern« hingegen erhielt er bald darauf beflissen Auskunft.

Das durfte nicht sein. Die von ihm in der satirischen Monatszeitschrift *Pardon* (Juni 1967) veröffentlichten Ergebnisse seiner »amtlichen« Betriebsbefragung lösten großen Wirbel in der Presse, Dementis und Proteste aus, beschäftigten den Bundestag und die zur Stellungnahme genötigte Ministerialbürokratie. Der Bundesinnenminister, Herr Lücke, erstattete Strafanzeige wegen Amtsanmaßung (§ 132 StGB), und die Staatsanwaltschaft fügte in ihrer Anklage dem noch den Vorwurf des Mißbrauchs einer Dienstbezeichnung (§ 132 a StGB) hinzu.

Der Vorsitzende des zuständigen Schöffengerichts in Frankfurt am Main ließ die wichtigsten Zeugen, nämlich die von Wallraff unter dem Decknamen Ministerialrat Kröver angerufenen Sicherheitsbeauftragten der Firmen Daimler-Benz, Continental, Mannesmann, Rheinstahl-Henschel, Volkswagenwerk und Stahlwerke Bochum durch den sogenannten ersuchten Richter an ihren jeweiligen Wohnsitzen vernehmen, weil ihnen das Erscheinen in der Hauptverhandlung wegen des damit verbundenen Zeitverlustes nicht zugemutet werden könne. Ein Schachzug – um nicht zu sagen: ein unfreundlicher Akt –, der dem Angeklagten zumutete, entweder mit seinem Verteidiger zu allen Vernehmungsterminen in der Bundesrepublik herumzureisen (Düsseldorf, Stuttgart, Bochum, Wolfsburg, Hannover und Kassel), was nicht nur Zeitverlust, sondern auch Kosten verursacht hätte, oder auf eine Wahrnehmung dieser Vernehmungstermine zu verzichten. Wir entschieden uns zu letzterem, in der Erwartung, daß das Gericht Anträgen stattgeben würde, die Zeugen doch noch zur Hauptverhandlung zu laden, wenn sich die Notwendigkeit zu Nachfragen ergeben sollte.

Der Vorsitzende hatte auf diese Weise erreicht, daß die Hauptverhandlung an einem Tag, nämlich am 8. Dezember 1969, durchgeführt werden konnte. Die Aussagen der bereits richterlich vernommenen Zeugen wurden gegen unseren Widerspruch durch Verlesung eingeführt, ein Antrag, sie zur Verhandlung zu laden, wurde abgelehnt. Nur zwei Zeugen, die Sicherheitsbeauftragten der Adox-Fotowerke in Neu-Isenburg und der VDO-Tachometerwerke in Frankfurt, wurden in der Frankfurter Hauptverhandlung vernommen. Sie bestätigten, mit einigen Einschränkungen, daß sie sich gegenüber dem »Ministerialrat Kröver« sinngemäß so geäußert hatten, wie es Wallraff beschrieben hatte. Unter den Zeugen, denen das Gericht ein Erscheinen in der Hauptverhandlung nicht zumuten wollte, gab es einige, die Wallraffs Darstellung im Detail bestritten. Darunter der zuständige Herr der Continental-Werke, ein Landtagsabgeordneter der CDU, der wohl besonders erbost darüber war, daß Wallraff ihn hereingelegt hatte. Ich hätte die Herren gern in der Hauptverhandlung befragt. Aber es zeigte sich, daß ohnedies weder vom Staatsanwalt noch von den Mitgliedern des Gerichts Zweifel an Wallraffs Darstellung geäußert wurden.

Wallraffs Artikel wurde in der Hauptverhandlung verlesen. Ich zitiere ein paar Absätze:

Mit leicht verstellter Stimme rufe ich zum zweitenmal bei Herrn Bokkenkamp in den Continental-Werken in Hannover an. Mein Deckname: »Kröver«.

Der von mir erfundene Zivilschutzausschuß ist für Herrn Bockenkamp durchaus denkbar, denn er begrüßt mich: »Hier spricht Bokkenkamp. Schönen guten Tag, Herr Ministerialrat.«

Zuerst mache ich ihm klar, daß es sich »um eine vertrauliche Angelegenheit« handelt; ich sei, so sage ich, soeben bei der Vorbereitung einer Agenda »und will mich vorher noch vergewissern, wie weit der Aufbau des Werkselbstschutzes gediehen ist ...«

Dann meine Frage: »Sind Sie speziell mit der Vorbereitung des Selbstschutzes betraut?«

Bockenkamp bejaht. – Ich frage weiter: »Sind Sie auch in der Lage, wilden Streiks entgegenzutreten oder anderen Unruhen, die z. B. aus lohnpolitischen Maßnahmen heraus entstehen?« »Ja, wir haben alle Vorbereitungen getroffen«, sagt Bockenkamp. Er spricht sehr selbstbewußt und nicht ohne Stolz. »Theoretisch habe ich für jedes Werk den gesamten Plan fertig, und auch personell.« Vorerst habe er allerdings nur hauptberufliche Leute für den Selbstschutz eingesetzt. »Denn«, so bedauert er, »nach den bisherigen Notstandsgesetzen ist ja auch der Betriebsrat einzusetzen und hat weitgehendes Mitspracherecht. Ich würde im Augenblick mehr verpatzen, wenn ich da über die Dinge hinausginge, da es sich zur Zeit ja auch so regeln läßt.« ...

Ich frage weiter: »Wie sieht es mit Waffen aus, ist da vorgesorgt?« Er: »Ja, ich habe siebzig Waffenscheinträger hier und entsprechend Waffen.« ...

Zum Schluß wurde Herr Bockenkamp vom Ministerialrat Kröver gelobt (»Das ist ja alles sehr erfreulich«) und als Referent »auf einer unserer Tagungen« in Aussicht genommen.

Auch bei den Henschel-Werken in Kassel werden dem falschen Ministerialrat bereitwillig Auskünfte erteilt, die zuvor dem Journalisten Wallraff verweigert worden waren.

Meine Frage, ob auch schon Schießübungen stattfinden, beantwortet er (der Werkschutzleiter Erich Rose; H.H.) mit: »Jo, jo, jo.« Und zwar mit einer »Starpistole, spanisches Fabrikat, die sich bewährt hat, wo unsere Leute mit vertraut sind. Da haben wir bisher 48 Stück«. Er sagt noch: »Die Ausbildung geschieht ganz unauffällig, die Leute dürfen das gar nicht merken, nicht wahr, daß wir sie haben.« – »Wie ist es in Spannungszeiten, wenn Streiks drohen und so, geben Sie dann die Waffen aus?« – »Jawoll, hammse«, antwortet er, »ich persönlich bin ja ein Anhänger von diesen Gasnahkampfwaffen.«

Ich: »Sie haben also nur Gaspistolen?«

Er: »Nee, wir haben auch die scharfen. Nachts auf Streife ist eine Gaspistole natürlich ausreichend.

Ich: »Ich denke an Streiks und so.«

Er (spontan): »Da geb ich die scharfen aus. Ohne daß die Betriebsangehörigen das aber merken ...«

Den Werkschutzleiter der Firma VDO in Frankfurt, Herrn Düll, fragte Wallraff als Ministerialrat Kröver, ob Listen von politisch Unzuverlässigen« vorhanden seien.

»Ja, also wir machen eins, hier bei Einstellungen schon von vornherein, Überprüfungen in politischer Hinsicht.« »Und wenn sich später herausstellt, daß jemand politischen Linksdrall hat, wie gehen Sie dann vor?« – »Jawoll«, antwortet er, »das sind dann meistens auch

Ausländer. Und da haben wir an und für sich einen Weg, den ich offiziell gar nicht sagen darf. Wir haben also hier einen Weg zu der Ausländerpolizei. Und da haben wir also keinerlei Schwierigkeiten. Wenn also irgendetwas vorliegt, wird der Betreffende sofort abgeschoben, das ist ganz klar!«

Auch bei Mannesmann in Düsseldorf erhält der falsche Ministerialrat beruhigende Auskünfte:

Meine Frage nach »wirksamen Waffen« beantwortet Herr Willmann so: »Es ist so, daß wir unseren Werkschutz bei normalen Diensttätigkeiten grundsätzlich nicht mit Waffen ausrüsten, aber sagen wir mal, na, bei einer gespannten Situation haben wir Waffen vorgesehen, aber auch so, daß diese Dinger dann nicht öffentlich oder sichtbar getragen werden, um nicht zu provozieren, verstehen Sie?«
Ich verstehe und frage, ob auch Schießübungen stattfinden. »Ja, natürlich, das ist ganz klar«, antwortet er. »Das ist auch unsere Ansicht, das ist auch praktisch durchgeführt, daß wir gesagt haben, ein Mann, der notfalls eine Pistole ausgehändigt bekommt, der muß also einmal rein mit der Waffe umgehen können, er muß aber auch Schießübungen durchführen, damit er mit der Waffe vertraut wird. Also nicht einen in den Kopf schießen, wenn er die Beine treffen soll, ja.«

Professor Dr. Eugen Kogon, Verfasser des grundlegenden Buches über das System der deutschen Konzentrationslager *Der SS-Staat,* hatte sich bereit erklärt, Wallraffs *Pardon-Artikel* einen Kommentar hinzuzufügen, der ebenfalls in der Hauptverhandlung verlesen wurde:

Ja, es mußte an die Öffentlichkeit ...
Zuerst freilich ein Wort zu der journalistischen Methode, die angewandt wurde, um die Wahrheit zu ermitteln. Da es sich um illegale Maßnahmen reaktionärer Tendenz handelt, denen nachzugehen war, konnte keine ehrliche Frage um Aufklärung hinter die Lügentarnwand dringen. Nur der Anschein der Konspiration, der Zugehörigkeit zum Komplizenwesen ermöglichte, ein erstes Stück weit, Einblick. Es ist wie in Diktaturen: die Uniform allein erlaubt den Zutritt ...

Über die Hauptverhandlung vor dem Frankfurter Schöffengericht berichteten die Stuttgarter Nachrichten am 10.12.1969:

Wallraff und sein Verteidiger, Rechtsanwalt Heinrich Hannover aus Bremen (jetzt mit Bart), brachten den Prozeß sofort auf das politische Gleis. Wallraff: »Meine Methode hat sich nachträglich gerechtfertigt. Ich habe in ein Wespennest gestochen.« ...
 Karl-Dietrich Wolff (SDS-Vorsitzender; H.H.) und Daniel Cohn-Bendit, die den Vorsitzenden und den Staatsanwalt mehrfach mit Zurufen wie »Sie CDU-Mitglied« oder »Sie schlafen ja« bedacht hatten, wurden vorübergehend aus dem Saal gewiesen, aber wieder zugelassen, als sie versprachen, nicht mehr zu stören ...

Aus Wallraffs Rede vor dem Schöffengericht will ich nur einige Sätze zitieren:

Der Prozeß, wie er gegen mich geführt werden soll, ist eine Farce. Ich stehe hier wegen »Amtsanmaßung« vor Gericht und nicht wegen »Verleumdung« oder »übler Nachrede«, denn dann hätte der Schwerpunkt des Verfahrens auf den Fakten, die ich leider nur aufgrund dieses formalen Tricks erhielt, gelegen.
 So versucht man nun »formaljuristisch«, sich des skandalösen unbequemen Sachverhalts zu entledigen ...
 Zur Methode: Es macht mir keinen Spaß, mich so eines Titels bedienen zu müssen – ich finde Titel und Ränge höchst überflüssig und albern –; die Reaktionen der Befragten waren in ihrem devoten Untertanenverhalten jedoch deutlich Ausdruck für eine Klassengesellschaft, die durch den Mechanismus von oben und unten, Befehl und Gehorsam, in Gang gehalten wird. An dem Punkte, wo politische und privatwirtschaftliche Instanzen sich hinter angeblichen Geheimhaltungspflichten verstecken und die Belange und Interessen der breitesten Öffentlichkeit ignorieren – somit »Amtsmißbrauch« betreiben –, steht es jedem Bürger eines demokratischen Staates zu, Einblick zu nehmen in das, was man ihm aus Herrschaftsansprüchen heraus vorenthält. Das Selbstverständliche in einem Staat, der sich nicht nur demokratisch *nennt,* wäre es gewesen, wenn sich Arbeiter des jeweiligen Betriebes an ihren Werkschutz- oder Werkselbstschutz-

verantwortlichen hätten wenden können und die gleichen ehrlichen Auskünfte erhalten hätten, die bezeichnenderweise nur einem imaginären Vorgesetzten gegeben wurden. Allerdings in einer Demokratie, die von der Basis her praktiziert wird, hätten solche Vorbereitungen gar nicht erst stattgefunden, dafür hätten die Arbeiter, um deren Belange und Interessen es schließlich geht, schon gesorgt ...

Ich wählte das Amt des Mitwissers, um ein Stück weit hinter die Tarnwand von Verschleierung, Dementis und Lügen Einblick nehmen zu können. Die Methode, die ich wählte, war geringfügig im Verhältnis zu den rechtsbeugenden Maßnahmen und illegalen Erprobungen, die ich damit aufdeckte.

Wir hatten den Diplom-Soziologen Karsten Kullmann als Sachverständigen geladen, der dem Gericht ein ausführliches Gutachten über die gesetzlose Praktizierung des Werkselbstschutzes im Zusammenwirken von Wirtschaft (BDI) und staatlicher Verwaltung in deutschen Großbetrieben vortrug. Es wurde deutlich, daß es sich dabei um eine vorgezogene Erprobung der in Vorbereitung befindlichen Notstandsgesetze handelte, die vor der Bevölkerung geheimgehalten wurde.

Als »illegale Maßnahmen reaktionärer Tendenz« hatte Eugen Kogon die von Wallraff aufgedeckten Notstandsvorbereitungen bezeichnet. Daran knüpfte ich in meinem Plädoyer an. Ich sprach von antidemokratischer, arbeiterfeindlicher Kameraderie zwischen Bundesregierung und Großkapital, von dem Mantel des Schweigens, der darüber gebreitet wurde, und erinnerte an den Fall Carl von Ossietzky und die Flut von Landesverratsprozessen, mit denen die reaktionäre Justiz der Weimarer Republik die Veröffentlichung illegalen Staatshandelns unterdrückt hatte. Das ist der Zynismus dieser Art von Justiz, sagte ich, daß eine Legalisierung des Illegalen erfolgt. Selbst der Staatsanwalt hatte, wohl unter dem Eindruck dessen, was er in der Verhandlung gehört hatte, auf Freispruch plädiert, allerdings mit einer komplizierten Begründung (irrtümliche Annahme des Rechtfertigungsgrundes übergesetzlicher Notstand). Demgegenüber berief ich mich in meinem Plädoyer auf den Vorrang demokratischer Freiheitsrechte vor einfachem Gesetzesrecht. Was für Gesetze sind es, die hier in Konkurrenz zum Grundrecht der Presse- und Informationsfreiheit treten? So fragte ich. Gesetze, die in einem Obrigkeitsstaat konzipiert worden sind, Gesetze, die Repräsentanten der Obrigkeit, Repräsentanten der herrschenden Klasse schützen sollten gegen die von der herrschenden Klasse unterdrückte Mehrheit. Das komme schon in der Auswahl der Personen zum Ausdruck, die den Schutz des Gesetzes genießen. Der Staatsanwalt habe richtig gesagt, daß die Bestimmung des § 132 den Schutz der staatlichen Autorität zum Gegenstand habe. Ich erinnerte daran, daß es keine Strafvorschrift gibt, die sich den Schutz der Rechtsgemeinschaft zum Anliegen macht, die nach unserer demokratischen Verfassung Träger der Staatsgewalt ist, nämlich des Volkes.

Ein Angehöriger der herrschenden Klasse, ein Ministerialrat zum Beispiel, ist dagegen geschützt, daß seine Funktion, daß sein Amt mißbräuchlich benutzt wird. Ein Arbeiter, ein Demonstrant, ein Student beispielsweise, ist nicht dagegen geschützt, daß sich Spitzel in eine Demonstration einschleichen und dort unter der Maske eines Studenten oder eines Arbeiters sich als Demonstranten betätigen und dadurch der Staatsgewalt Aufklärung über angebliche Rädelsführer bei solchen demokratischen Aktionen liefern.

Es handle sich bei den Paragraphen über Amtsanmaßung und Mißbrauch von Amtsbezeichnungen um völlig unzeitgemäße Gesetze, die von der Anklage in einem potenziert unzeitgemäßen Sinne eingesetzt würden, um die Ausübung von Grundrechten einer demokratischen Verfassung zu behindern. Ich erspare dem Gericht auch nicht den Hinweis, daß beide Bestimmungen in der Nazi-Zeit verschärft worden sind, was die Tendenz, staatliche Autorität gegen das Volk zu schützen, nachdrücklich unterstreiche.

Ich schlug dem Gericht vor, wenn es nicht schon bei der Abwägung mit dem Grundrecht der Presse- und Informationsfreiheit zur Nichtanwendung der angeklagten Paragraphen komme, ein Notwehrrecht für Wallraffs Vorgehen anzunehmen. Schutzwürdiges Rechtsgut sei der Informationsanspruch der Öffentlichkeit über illegale Notstandsvorbereitungen. Die dem Journalisten Wallraff zunächst gelieferten Falschinformationen über die angebliche Nichtexistenz von paramilitärischen Werkselbstschutzeinrichtungen seien ein gegenwärtiger rechtswidriger Angriff auf das Rechtgut der Informationsfreiheit gewesen, dem Wallraff mit seiner Rollentechnik begegnen durfte.

Das Gericht kam, wenn auch mit anderer Begründung, zum Freispruch. Einer Amtsanmaßung sei der Angeklagte nicht schuldig. Zur Ausübung eines öffentlichen Amtes gehöre die Wahrnehmung von Hoheitsrechten unter Anwendung von Machtmitteln. Die Telefongespräche könnten nicht als Hoheitsakte angesehen werden und hätten auch nicht im unmittelbaren Zusammenhang mit einer hoheitlichen Betätigung gestanden. Der Angeklagte habe auch keine Handlung vorgenommen, welche nur kraft eines öffentlichen Amtes vorgenommen werden dürfe, denn ein Telefongespräch könne auch von Privaten geführt werden.

Schwerer tat sich das Gericht mit der Begründung, weshalb der Angeklagte auch von dem Vorwurf des Mißbrauchs einer Amtsbezeichnung (§ 132 a) freigesprochen werden müsse. Er habe die Amtsbezeichnung Ministerialrat unbefugt geführt. Das sei nicht das letzte Mittel gewesen, um bestimmte Rechte, wie das Informationsrecht der Presse, das Notwehrrecht, das Recht des übergesetzlichen Notstands oder des Widerstandsrechts zu wahren.

Der Angeklagte hätte z. B. einem Bundestagsabgeordneten berichten und durch Anfrage im Parlament wahrheitsgemäße Auskunft erhalten können.

Da kam mal wieder das ganze reaktionäre Argumentationsarsenal hoch, mit dem schon die Justiz der Weimarer Republik gegen Journalisten, die illegales Staatshandeln aufgedeckt haben, vorgegangen ist. Damals, 1928, hielten die Richter des Reichsgerichts den wegen Landesverrats angeklagten Journalisten Fritz Küster und Berthold Jacob entgegen, sie hätten die Behauptung der Reichsregierung, es gebe keine »Zeitfreiwilligen« (unter Umgehung des Versailler Vertrages eingestellte

Soldaten), nicht öffentlich als Lüge entlarven dürfen, sondern hätten ihre Beschwerden über ungesetzliche Zustände den Behörden oder Abgeordneten des Reichstags vortragen können. Damals wie heute wird Vertrauen in eine Obrigkeit eingefordert, die sich als vertrauensunwürdig erwiesen hat. Damals wie heute fehlt den Richtern das Verständnis dafür, daß die parlamentarische Kontrolle einer mit dem Militär und dem Kapital verbündeten Staatsgewalt aussichtslos ist, wenn sie nicht durch eine starke oppositionelle Fraktion der öffentlichen Meinung gestützt wird. Selbst als Wallraff diese illegale, vor der Bevölkerung geheimgehaltene Komplizenschaft bei der Vorbereitung paramilitärischer Betriebskampfgruppen öffentlich gemacht hatte, wurde noch gelogen und abgewiegelt. Ein Sprecher des Innenministeriums bezeichnete Wallraffs Artikel als »geradezu skandalös« und meinte damit offensichtlich nicht die Zustände, die Wallraff beschrieben hatte, sondern die Tatsache, *daß* er darüber geschrieben hatte. Eine parlamentarische Anfrage von oppositioneller Seite wäre mit der üblichen Kaltschnäuzigkeit, aber ein bißchen unauffälliger für die Öffentlichkeit abgetan worden.

Und noch ein bemerkenswertes Argument fiel dem Gericht ein:

Im übrigen hätte er auch bereits die bis dahin gegebenen Informationen in der satirischen Zeitschrift *Pardon* veröffentlichen und so Stellungnahmen und öffentliche Diskussionen erreichen können.

Also die von einem Gewerkschaftsfunktionär und einem Studenten kolportierten Gerüchte als ausreichende Informationsgrundlage für einen Journalisten? Das wäre ein gefundenes Fressen für Wallraffs Feinde gewesen, die nur darauf warteten, daß er die Regeln journalistischer Sorgfalt und Informationspflicht vernachlässigte, deren Einhaltung gerade die Justiz immer wieder eingefordert hat.

Den Freispruch begründete das Gericht schließlich damit, daß der Angeklagte überzeugt gewesen sei, daß sein Tun durch das Informationsrecht der Presse, das Notwehrrecht, das Recht des übergesetzlichen Notstands und durch das verfassungsrechtliche Widerstandsrecht gerechtfertigt war. In diesem Sinne sei er von dem Gewerkschaftsfunktionär und dem angehenden Juristen beraten worden. Nach Ansicht des Gerichts ein falscher Rat, der aber dazu führte, daß man ihm einen »Irrtum über das Vorhandensein rechtfertigender Umstände« zugute halten konnte, der den Vorsatz ausschloß. Damit entfiel eine Bestrafung auch aus § 132 a StGB, »da der Gesetzgeber nur das vorsätzliche – jedoch nicht das fahrlässige – unbefugte Führen einer Amtsbezeichnung mit Strafe bedroht hat«. Auch das eine reichlich komplizierte, wohl nur für Juristen nachvollziehbare Begründung, mit der Wallraff keineswegs zufrieden war. Er hatte immer wieder, auch noch in seinem Schlußwort, betont, daß er sich nicht in einem Verbotsirrtum befunden habe. Er wollte sich nicht in künftigen Fällen entgegenhalten lassen, er wisse ja nun Bescheid, daß seine Art journalistischer Arbeit verboten sei. Wir wollten eine Grundsatzentscheidung, die ein für allemal klarstellte, daß es in einem nach seiner Verfassung freien Land erlaubt, ja geradezu geboten sein muß, daß Journalisten die geheimen illegalen Komplizenschaften zwischen Staatsapparat, Großkapital und Militär mit der von Wallraff praktizierten Methode der teilnehmenden Beobachtung und des Rollenspiels entlarven und ans Licht der Öffentlichkeit ziehen dürfen. Aber ein solches Jahrhunderturteil war von dem Frankfurter Amtsgerichtsrat Scholz und seinen beiden Schöffen nicht zu haben. Und so mußten wir uns mit der juristischen Hausmannskost des Frankfurter Urteils begnügen, immerhin ein Freispruch, gegen den die Staatsanwaltschaft kein Rechtsmittel einlegte.

Was aus demokratischer Sicht zu Wallraff zu sagen war, hatten andere formuliert. Ich will nur eine Stellungnahme zitieren, die in der Zeitung der IG Metall *(Metall* Nr. 12/1967) stand:

Günter Wallraff hat sich um die Demokratie verdient gemacht. Würden Auszeichnungen für Verdienste um das Volk verliehen, er müßte eine erhalten.

Die Justiz jedoch blieb dem unbequemen Journalisten auf den Fersen. Ihr nächster Versuch, Wallraff zu kriminalisieren, fand im Anschluß an dessen Gastspiel beim Gerling-Konzern statt, eine Groteske, über die viel gelacht worden ist.

Wallraff hatte sich beim Gerling-Konzern in Köln als Bote beworben, natürlich nicht unter dem Namen Wallraff, sondern unter dem Namen eines Freundes, des Malers Friedrich Wilhelm Gies. Unter diesem Namen verfaßte er auch einen phantasievollen Lebenslauf, dessen ironische Lobsprüche auf das Haus Gerling (überdurchschnittliche soziale Leistungen, Kunstförderung) ernst genommen wurden, so daß er tatsäch lich einen Posten als Bote bekam und in dieser Eigenschaft zwei Monate lang die anachronistischen Verhältnisse in diesem streng hierarchisch aufgebauten Großbetrieb kennenlernte, die Maharadscha-Allüren der Direktoren, die Wutausbrüche, willkürlichen Kündigungen, Ordnungszwänge und Ängste des Konzernchefs, die bombastische, vom einstigen Leib-Bildhauer Adolf Hitlers entworfene Architektur des vom Volksmund »Neue Reichskanzlei« benannten Konzern-Palasts. Nach zwei Monaten hatte Wallraff genug erlebt, um sich einen fulminanten Abgang leisten zu können, einen Besuch in dem meist unbenutzten, riesigen Chefzimmer – Wallraff ließ sich in Botenuniform auf dem akkurat geordneten Schreibtisch des Konzern-Chefs hingelagert fotografieren – und einen Besuch in dem nur für die Direktoren des Vorstands reservierten exklusivfeudalen Speisetrakt, wo er sich, allgemeine Verlegenheit auslösend, in Botenuniform zum Essen niederließ. Ein respektloses Husarenstück, wie es nur ein Wallraff fertigbringt, das den krönenden Abschluß seiner sozialkritischen Recherche bildete. Hier ein paar Sätze aus seiner Reportage (Engelmann/Wallraff: *Ihr da oben – wir da unten,* S. 340):

Der jüngere Kellner beugt sich an mein Ohr, und bevor er mir etwas zuflüstert, sage ich laut und vernehmbar, auf den Teller eines neben mir sitzenden Direktors zeigend: »Das sieht aber lecker aus. Bringen Sie mir das auch, und ebenso Champagner bitte.« – Der junge Kellner, mit gedämpfter Stimme und fast flehend: »Sie sind falsch hier, hier ist nur für Direktoren gedeckt ...« – »Ich bin genau richtig hier«, unterbreche ich ihn, »bringen Sie mir jetzt das Menü, so lange Pause habe ich nicht.« – Der junge Kellner scheint immer noch zu glauben, ich hätte mich am Ende nur in der Tür vertan. »Bestimmt, glauben Sie mir, Sie sind falsch hier, bitte kommen Sie mit, ich zeige Ihnen ...« Als ich ihn nur verständnislos ansehe: »Kommen Sie mit mir in die Küche ...« – Jetzt halte ich es doch für erforderlich, deutlicher zu werden, um nicht zu Mißverständnissen Anlaß zu geben. Auf die Direktoren zeigend sage ich: »Was soll das denn. Die werden doch auch bedient. Sind die denn was Besseres!« – Der Kellner gibt auf, mit einer Geste wie ›ich habe meine Pflicht getan, ich bin mit meinem Latein am Ende‹ wendet er sich an die Direktoren und entfernt sich eiligst.

Nun gut, man weigert sich, mich zu bedienen. Ich habe vorgesorgt. Aus einem Butterbrotpaket, das ich schon neben meinen Stuhl gelegt habe, packe ich meine Ration aus. Knäckebrot, mit Schinken belegt, einen Apfel. Als ich ein mitgebrachtes Messer in die Hand nehme, um den Apfel zu schälen, gespannte, beunruhigte Wachsamkeit bei den Direktoren. Aber ich fange mit dem Messer wirklich an, meinen Apfel zu schälen. Ich stelle ein mitgebrachtes Schnapsglas auf den Tisch. Inzwischen sind einige Minuten vergangen. Die Direktoren, darum bemüht, ihr Gesicht zu wahren, halten die Stellung ...

In der Hauptverhandlung vom 10. Dezember 1975 beim Amtsgericht Köln (vor einem Amtsrichter als Einzelrichter) ging es um den Vorwurf, Wallraff habe mit der Abfassung eines erfundenen Lebenslaufs und dem Ausfüllen eines Bewerbungsbogens mit den von seinem Freund Gies übernommenen Personalien eine Urkundenfälschung begangen und durch Vorlage einer auf diesen Namen ausgestellten Lohnsteuerkarte sich des Mißbrauchs von Ausweispapieren (§ 281 StGB) schuldig gemacht. Ich verteidigte Günter Wallraff zusammen mit dem Kölner Kollegen Dr. Georg Meinecke. Zu Wallraffs Rollentechnik hatte ich den Soziologen Prof. Dr. Karl Schumann als Sachverständigen laden lassen.

Günter Wallraf auf der Anklagebank.

Schumann erstattete ein mit vielen Zitaten aus Veröffentlichungen der empirischen Sozialforschung und Fallbeispielen abgesichertes Gutachten über das in den Sozialwissenschaften verbreitete Verfahren der teilnehmenden Beobachtung. Teilnehmende Beobachtung werde dann angewendet, wenn die interessierenden Personenkreise voraussichtlich nicht in der Lage oder nicht willens seien, die Fragen, die den Forscher interessieren, offen in einem Interview zu beantworten. Mit der Methode der teilnehmenden Beobachtung seien auf vielen Gebieten bedeutsame Einsichten erzielt worden. Unter den von Professor Schumann aufgeführten Beispielen besonders eindrucksvoll die Arbeit der Journalistin Grace Halsell, die 1968 als Weiße sich von einem Hautarzt die Haut schwarz färben ließ und mit entsprechend geänderten Papieren mehrere Monate in den Slums von New York und in den Südstaaten lebte, um die Diskriminierung der schwarzen Bevölkerung am eigenen Leibe zu spüren und darüber möglichst objektiv berichten zu können. Grace Halsell ist später infolge der Hautveränderung an Krebs gestorben. Schumann ging auch auf den »stimulierenden Einfluß« ein, den Wallraffs »Industriereportagen« auf die gewerkschaftliche und wissenschaftliche Beschäftigung mit Problemen der »Humanisierung der Arbeitswelt« gehabt haben.

Das Interesse der Wissenschaft und der Öffentlichkeit wächst in dem Maße, in dem die beobachtete Gruppe oder Organisation Informationen über sich manipulieren und zurückhalten kann und indem sie über gesellschaftliche Macht verfügt.

Besonders gut können sich Wirtschaftsunternehmen und staatliche Bürokratien gegenüber der Öffentlichkeit abschirmen. Den Betriebsangehörigen ist es weitgehend untersagt, Interna nach außen weiterzugeben. Dies gilt als Verletzung der Treuepflicht und kann disziplinarisch oder mit Entlassung geahndet werden. Die von der Leitung offiziell herausgegebenen Verlautbarungen decken sich jedoch oft nicht mit der Wirklichkeit. Dem steht das Interesse der Öffentlichkeit gegenüber an Kontrolle ökonomischer und politischer Machtausübung und – in diesem Rahmen – auch das Interesse der Sozialforscher an vollständiger, ungeschminkter Beschreibung von Wirtschaft und Verwaltung. In dieser Konfliktsituation kann es unausweichlich werden, zugunsten öffentlicher Aufklärung die Informationskontrollen zu unterlaufen, z. B. durch Verheimlichung der Forschungsabsicht.

Schumann betonte, daß dies nur so lange möglich sei, als der Forscher persönlich und namentlich noch so unbekannt sei, daß aus seinem Namen nicht auf die wirkliche Forschungsabsicht geschlossen werden könne. Habe er eine gewisse Bekanntheit erlangt, werde ihm verdeckte teilnehmende Beobachtung unter seinem Namen nicht mehr möglich sein.

In dem hier verhandelten Fall geht es um die Frage, ob innerbetriebliche Herrschafts- und Willkürpraktiken anders als durch verdeckte Informationsbeschaffung im Unternehmen und die ergänzende Befragung von aus dem Unternehmen ausgeschiedenen Mitarbeitern aufgedeckt werden können. Ich bezweifle, daß bei Forschungsprojekten zu diesem Thema andere Wege zur Informationssammlung möglich gewesen wären. Eine offene Befragung der Betriebsleitung z. B. hätte nur beschönigende Darstellungen erbracht, dieser Schluß ist nach der bisherigen Erfahrung der Organisationsforschung sicher berechtigt.

Die Erforderlichkeit und Verhältnismäßigkeit der Vorgehensweise Wallraffs ist aus der Sicht des Sozialwissenschaftlers eindeutig gegeben. Daraus folgt zugleich, daß die rechtliche Sicherung der Freiheit von Forschung, die in diesem Fall mit berührt ist, nur durch einen Freispruch geleistet werden kann.

Der Richter am Amtsgericht Dr. Straetmans war anderer Meinung. Er verurteilte Wallraff wegen Urkundenfälschung und Ausweispapiermißbrauchs zu einer Geldstrafe von 8 Tagessätzen zu je 70 DM. Alles was der Sachverständige, alles was wir Verteidiger und Wallraff selbst zur Rechtslage gesagt hatten, wurde im Urteil mit Argumenten abgetan, die hinreichend Aufschluß darüber gaben, daß dem Richter die Interessen der Konzernleitung einsichtiger waren als das Informationsinteresse der Öffentlichkeit.

In der Berufungsinstanz wurde Wallraff freigesprochen, allerdings auch diesmal wieder wegen angeblichen Rechtsirrtums. Vielleicht war dieser Freispruch dem Gutachten zu verdanken, das Heinrich Böll vor dem Landgericht zu Wallraffs Methode erstattete:

Ich will auf das Problem kommen, verbindliche, konkrete Informationen aus irgendeiner Institution zu erlangen. Sie können nehmen, was Sie wollen, Sie können eine Traktorfabrik in Kursk nehmen, in der Sowjetunion, oder eine, was weiß ich, Keksfabrik in Holland, es ist schwer, von innen einen Informanten zu engagieren, und fast unmöglich, auf dem Wege des Besichtigungsjournalismus, ich nenne das Fassadenjournalismus, Informationen zu bekommen. Stellen Sie sich einen Journalisten vor, der in Bonn arbeitet und *nur* der Bundespressekonferenz beiwohnt, verstehen Sie?

Bei Günter Wallraff ist es ein ganz spezielles Problem, weil er diese Methode erfunden hat. Wenn man Wallraffs Methode kriminalisiert, beraubt man die Literatur, und ganz gewiß die Gegenwartsliteratur in der Bundesrepublik, einer großen Möglichkeit. Der Möglichkeit, die Funktion zu erfüllen, die weder Gewerkschaft noch Arbeitgeberverbände offensichtlich erfüllen können: nämlich die Erfüllung von Gesetzen innerhalb der Betriebe zu kontrollieren und, wie ich finde, im Falle von Günter Wallraff fast anwaltlich in der Öffentlichkeit zu vertreten.

Köln, 10. Dezember 1975. Mit Günter Wallraff und Max von der Grün vor dem Gerichtsgebäude. Wallraff: »Wofür ist eigentlich der schwarze Talar gut?« Ich: »Damit ich mich ab und zu als Mitglied der herrschenden Klasse verkleiden kann.«

In einem Text, der zuerst 1970 als Vorwort zur schwedischen Ausgabe von Wallraffs *13 unerwünschten Reportagen* erschienen war, hat Heinrich Böll geschrieben:

Ich habe nur einen Einwand gegen Wallraffs Methode: er wird sie nicht mehr lange anwenden können, weil er zu bekannt wird. Und so weiß ich nur einen Ausweg: schafft fünf, sechs, schafft ein Dutzend Wallraffs.

23. Die gestörte Karriere eines Schreibtischtäters. Der Fall Arthur Sahm gegen Otto Freiherr von Fircks (1970-1977)

Ein Flugblatt, das im Juni 1970 in der Stadt Burgdorf bei Hannover auftauchte, nötigte den CDU-Bundestagsabgeordneten Otto Freiherr von Fircks, gegen den Verfasser desselben Strafanzeige wegen Beleidigung und Verleumdung bei der Staatsanwaltschaft Hildesheim zu erstatten. Der Verfasser des Flugblatts, der Burgdorfer Volksschullehrer Arthur Sahm, seinerzeit Landesvorsitzender der Deutschen Friedens-Union (DFU), hatte die Wahl des Freiherrn zum neuen Kreisvorsitzenden der CDU zum Anlaß genommen, sich mit der Vergangenheit des christlich-demokratischen Politikers zu beschäftigen, und war zu dem genüßlich ironisierten Ergebnis gekommen:

Mit Otto Freiherr von Fircks hat die CDU in Burgdorf keine Fehlentscheidung getroffen.

Herr von Fircks hatte schon seit 1963 für die CDU im Niedersächsischen Landtag gesessen und dort den Vorsitz des Ausschusses für die Angelegenheiten der Vertriebenen, Flüchtlinge und Kriegssachgeschädigten übernommen.

Auf diesem Gebiet ist der Freiherr – ohne Zweifel – ein alter Experte – seit 1939!

So hieß es in dem Flugblatt.

»Heim-ins-Reich!« rief damals der großdeutsche Führer, und seine Leute kamen. Auch Freiherr von Fircks. Willig folgte er ihm 1939 in das »polnische Neuland«.

Und was er dort getan hatte, las sich in dem inkriminierten Flugblatt so:

Er hat sich beteiligt an den nazistischen Untaten während der Besetzung Polens!
Er war tätig beim SS-Aussiedlungsstab in Litzmannstadt (Lodz), der sog. »Umwanderungszentralstelle«, der UWZ, von der die Zwangsauswanderung der unerwünschten Juden und Polen gelenkt worden ist. Heute jedoch will von Fircks nichts mit der »Aussiedlung«, der Vertreibung von über 1 Million Polen aus ihren Siedlungsgebieten zu tun gehabt haben.

Weiter wurde in dem Flugblatt mitgeteilt, daß von Fircks die Polen mit Wanzen verglichen habe. Und daß der Reichsführer SS, Heinrich Himmler, ihm in Anerkennung seiner Verdienste den Rang eines SS-Obersturmführers verliehen habe.

Das vier eng beschriebene Schreibmaschinenseiten umfassende Flugblatt enthielt ferner Angaben darüber, was damals sonst noch in Polen geschah. Aus einem Bericht des Generals Petzel, Wehrkreisbefehlshaber im Warthegau, vom 23. November 1939 wurde zitiert:

Fast in allen größeren Orten fanden durch die erwähnten Organisationen (SS und Polizei) öffentliche Erschießungen statt. Die Auswahl war dabei völlig verschieden und oft unverständlich, die Ausführung vielfach unwürdig. Verhaftungen waren fast immer von Plünderungen begleitet.

Dann bringt das Flugblatt weitere Einzelheiten über die Polenaussiedlung:

Durch die Tätigkeit der SS-Einsatzgruppen waren bis zum Februar 1940 schon ca. 300.000 Polen »umgesiedelt« worden. Allein aus dem Warthegau wurden 120.000 polnische Landbesitzer deportiert. Auf ihre verlassenen Höfe wurden u. a. auch die bäuerlichen Landsleute des Herrn von Fircks delegiert. In den Statistiken der SS stieg die Zahl der liquidierten oder – wie es hieß – der »sonderbehandelten« Polen und Juden auf »einige Zehntausend«. Bei »außerordentlichen Befriedungsaktionen« im Frühjahr 1940 wurden 3500 Polen reihenweise umgebracht.

Zentral geplant, mit dem Staat als Auftraggeber, unter der Aufsicht von Buchhaltern, bekamen die Verbrechen den Stil, den wir lieben: Ordnung und Präzision!

SS-Heydrich am 27. 9. 1939: Von den politischen Führern Polens sind in den okkupierten Gebieten nur noch 3 % vorhanden.

Mit vorbereiteten Listen trieben die SS-Häscher polnische Lehrer, Ärzte, Beamte, Geistliche, Gutsbesitzer und Kaufleute in die Umsiedlungs- oder Auffanglager, die sich nicht selten als Liquidierungsstätten erwiesen. Die »rassisch Wertvollen« wurden herausgesucht, die polnische Elite wurde vernichtet. Der Rest sollte verkümmern und als Arbeitsvolk den Deutschen dienen. Der polnischen Jugend wurde beigebracht, daß es ein Gebot Gottes sei, den Deutschen gehorsam zu sein und ehrlich, fleißig und brav.

Am 11. 9. 1939 schrieb der Abwehrchef Canaris (er gehörte bekanntlich später zum Widerstand und wurde noch in den letzten Kriegstagen von einem SS-»Gericht« zum Tode verurteilt und hingerichtet; H.H.):

»Für diese Methoden wird einmal die Welt auch die Wehrmacht, unter deren Augen diese Dinge stattfanden, verantwortlich machen.«

Diese Dinge fanden aber auch statt unter den Augen des CDU-Barons aus Neuwarmbüchen. Man sollte ihn verantwortlich machen für das, was ihn zu dem Obersturmführer Himmlers machte (Unterstreichung im Original; H.H.)

Soweit das von Arthur Sahm verfaßte und gezielt verbreitete Flugblatt, das eine wörtliche Wiederholung eines Flugblatts aus dem Vorjahr darstellte, dessen Strafverfolgung Herr von Fircks, aus welchen Gründen auch immer, hatte verjähren lassen. Aber diesmal konnte er offenbar nicht umhin, sich den Vorwürfen zu stellen. Und im Vertrauen darauf, daß dem Burgdorfer Volksschullehrer der Wahrheitsbeweis nicht gelingen werde, erhob die Staatsanwaltschaft Anklage wegen übler Nachrede gegen eine im politischen Leben des Volkes stehende Person (§ 187a

StGB), einer in traditionellen Demokratien unbekannten Strafbestimmung, die Politikern einen verstärkten Ehrenschutz zukommen läßt, wenn die ihnen angetane Unbill »geeignet« ist, ihr »öffentliches Wirken erheblich zu erschweren«.

Die Sache wurde am 19. Mai 1971 mit reger Anteilnahme der Öffentlichkeit vor dem Amtsgericht Burgdorf verhandelt. Herr von Fircks als Nebenkläger und Zeuge in eigener Sache versicherte, daß er mit der Aussiedlung polnischer Bauernfamilien nichts zu tun gehabt habe, sondern nur für die Ansiedlung deutscher Bauern auf den geräumten Höfen zuständig gewesen sei. Aber er wurde widerlegt durch die von meinem Mandanten aus polnischen Archiven beschafften Dokumente sowie durch einen Zeugen, den aus Sicherheitsgründen als »Zeuge X« angekündigten Auricher Dozenten Franz Jagemann, der 1940 in dem SS-Arbeitsstab, den von Fircks leitete, als Dolmetscher tätig gewesen war. Jagemann hatte damals miterlebt, wie die auf Anordnung der SS zu räumenden polnischen Dörfer nachts zwischen drei und vier Uhr, wenn alles schlief, umstellt, an den Ausgängen Maschinengewehre postiert und die Polen aus den Häusern getrieben wurden. Wer sich weigerte, sein Haus zu verlassen, wurde mißhandelt. Während die Polen abtransportiert und in Sammellager verbracht wurden, blieb ein Teil der Polizeikommandos und SS im Dorf, entfernte die Heiligenbilder aus den Häusern und verbrannte sie auf dem Scheiterhaufen. Im Laufe des Vormittags kamen dann die deutschen Ansiedler. Bei diesen Austreibungen der Polen aus ihren Höfen hatte der Zeuge den Freiherrn nie gesehen, wohl aber bei der Ansiedlung, zum Beispiel im Dorf Libau, wo von Fircks zusammen mit einem SS-Obergruppenführer in der Dorfmitte gestanden und die Aktion dirigiert habe. Daß aber nicht nur die Ansiedlung, wie von Fircks glauben machen wollte, sondern auch die Aussiedlung zu den Aufgaben des SS-Arbeitsstabes und der UWZ Litzmannstadt gehörte, wurde durch andere Beweismittel hinreichend belegt. So durch eine von uns vorgelegte Urkunde aus einem Warschauer Archiv, die einen Vermerk des SS-Oberscharführers Steinberg wiedergab, in dem Herr von Fircks als Teilnehmer einer Besprechung genannt wird, bei der es um die für den 6. und 7. Mai 1940 geplante Räumung eines polnischen Dorfes ging. Da kamen zwei Polizeioffiziere mit von Fircks zusammen, »um den Zeitpunkt der Evakuierung und die einzelnen Ausgangspunkte festzulegen«. »Haben Sie schon mal den Ausdruck ›Schreibtischtäter‹ gehört?« fragte ich Herrn von Fircks in der Verhandlung.

Auch in weiteren Urkunden, die den barbarischen Umgang der SS mit den eingesessenen polnischen Bauernfamilien dokumentierten, wurde von Fircks wiederholt namentlich genannt. So in einem vertraulichen Schreiben des Verbindungsoffiziers des Befehlshabers der Ordnungspolizei im Warthegau, Litzmannstadt (Lodz), Adolf Hitler Straße 133, vom 30. 7. 1940:

Betrifft: Evakuierungen von polnischen Bauernfamilien und Ansiedlung von Wolhyniendeutschen im Landkreis Gnesen.)

1.) Am Donnerstag, dem 1. 8. 40, gegen 3.30 Uhr, werden im Landkreise Gnesen 192 polnische Bauernfamilien evakuiert und zwar ...

2.) Mit der Durchführung der Aktion ist das Pol.-Batl. 44 in Posen beauftragt, das selbständig den Einsatz der erforderlichen Polizeikräfte und Fahrzeuge regelt.

3.) Als Ausgangsort für die Aktion ist die Polizeischule in Gnesen (früheres Seminar) am Dom vorgesehen.

4.) Wegen der Herrichtung der Räume, Verabfolgung der Verpflegung durch die NSV (Nationalsozialistische Volkswohlfahrt; H.H.) hat der zuständige Gendarmeriekreisführer im Einvernehmen mit dem Leiter des Arbeitsstabes für den bäuerlichen Einsatz (von Fircks; H.H.) und dem Außenstellenleiter der UWZ das Erforderliche rechtzeitig zu veranlassen.

5.) Zur Verhinderung von Fluchtversuchen der zu evakuierenden Polen sind die von der Evakuierung betroffenen Orte gemäß mündlicher Anweisung rechtzeitig zu sichern. Berittene und mit Fahrrädern ausgerüstete Gendarmen, Bundesstreifen und ggf. motorisierte Kräfte der Gendarmeriebereitschaft sind in ausreichendem Maße einzusetzen. Mit der Leitung der erforderlichen Absperrmaßnahmen ist der Gendarmeriekreisführer beauftragt.

6.) Für den Transport der evakuierten Polen zur Entlausungsanstalt in Litzmannstadt, Dessauer Str. 11, und alsdann zum Durchgangslager in Litzmannstadt, Wiesenstraße 4, wird das erforderliche Begleitpersonal vom Pol.-Batl. 44 gestellt.

7.) Die Hoferhebungskarten, Evakuierungstüten, Vermögensverzeichnisse usw. sind durch den Außenstellenleiter, bezw. Leiter des bäuerlichen Arbeitsstabes, SS-Obersturmführer von Firks (falsche Schreibweise im Original; H.H.) am Ausgangsort in Gnesen rechtzeitig dem die Aktion leitenden Pol.-Offz. zu übergeben.

8.) Polnische Familien, die nicht evakuiert werden konnten, werden vom Pol.-Batl. 44 der zuständigen Gendarmeriedienststelle gemeldet. Diese hat sofort die Fahndung nach den geflüchteten Familien aufzunehmen und bis zur Festnahme fortzusetzen. Festgenommene Personen sind zu vernehmen und nach Abschluß der Vernehmung mit der gesamten (Unterstreichung im Original; H.H.) Familie dem Durchgangslager in Litzmannstadt, Wiesenstraße 4, zuzuführen. Im übrigen sind die Führer der Evakuierungstrupps bei Nichtantreffen der zu evakuierenden Familie gehalten, sofort in den Häusern, Ställen, Scheunen, auf den Böden usw. der Nachbargehöfte eingehende Durchsuchungen vorzunehmen ...

Atemlose Stille herrschte im Burgdorfer Gerichtssaal, als dieser in exaktem Befehlston abgefaßte Verbrechensplan verlesen wurde. Herr von Fircks hatte die Stirn, der Sache einen humanen Zug abgewinnen zu wollen, indem er betonte, man habe dafür gesorgt, daß die polnischen Familien zusammenblieben; das sei auch der Grund dafür gewesen, die Aktionen nachts durchzuführen.

Weiteres Anschauungsmaterial über den Ablauf der Vertreibungsaktionen bot ein Schreiben vom 2. März 1940 mit dem

Briefkopf »Der Reichsstatthalter im Warthegau. Der Höhere SS- und Polizeiführer. Beauftragter des Reichskommissars für die Festigung deutschen Volkstums«. Es enthielt die auch für Herrn von Fircks maßgebenden »Merkpunkte für die Arbeitsstäbe«. Zu seinen Aufgaben gehörte danach die »Erkundung der für die Ansiedlung erforderlichen Höfe« – »Nur der *beste* polnische Besitz ist zu erfassen« – »Registrierung der bereitgestellten Höfe (Listen) nach Gemeinden« – »Anfertigung der zu erstellenden Hofkartei« – »Erstellte Hofkarten sind durch Kurier an den Einsatzstab des Beauftragten des Reichskommissars für die Festigung deutschen Volkstums in Lodsch, Hauptabteilung Menschenverteilung, zu senden« – »Der Abtransport von Lodsch soll zeitlich so vor sich gehen, daß die wolhynien- und galiziendeutschen Familien im Morgengrauen in den Kreisstädten bzw. Zielstationen eintreffen, damit noch am gleichen Tage die Einweisung in den für sie bereitgestellten Hof erfolgen kann«.

Und wie lief dann die »Menschenverteilung«, an der Herr von Fircks mitwirkte, vor Ort ab? Auch darüber geben die »Merkpunkte für die Arbeitsstäbe« Auskunft:

Der wolhynien- und galiziendeutsche Ansiedler ist mit seiner Familie während der Evakuierung in einem benachbarten Hofe, dessen Eigentümer im Dorfe oder in der Siedlung verbleibt, für kurze Zeit unterzubringen, damit ihm der Anblick der Evakuierung erspart bleibt. Dies ist für die Psyche der Wolhynien- und Galiziendeutschen nicht unbeachtlich.

Man rechnete bei den deutschen Ansiedlern also mit Spuren von Unrechtsbewußtsein und mit der Gefahr, daß sie die vertriebenen polnischen Familien nicht als »Wanzen«, sondern als Menschen wahrnehmen könnten.

Erst wenn die evakuierte polnische Familie außer Sicht ist, erfolgt die Einweisung des Ansiedlers.

Und was geschah mit den polnischen Menschen, die ihre Höfe verlassen mußten? Das stand in Merkpunkt 16 a) und b):

Herausgesetzte Polen werden für höchstens 1 oder 2 Tage in Auffanglagern der Kreisstädte oder anderer Orte überführt. Von hier aus Abtransport, möglichst mit der Bahn, in das Sammellager Lodsch, Mitnahme entsprechender Verpflegung für 2 bis 3 Tage ist geboten.
Polen können an Handgepäck etwa 25 bis 30 kg pro Person mitnehmen; Kinder die Hälfte, Decken und Wintermäntel sind auf das zugelassene Gewicht nicht anzurechnen. Geldbeträge dürfen pro Person 20 Zl. nicht übersteigen. Mitnahme von Gold und Silber sowie Schmuck und Edelsteinen ist strikt zu unterbinden.

Auf unseren Antrag wurden auch Auszüge aus Martin Broszats Buch *Nationalsozialistische Polenpolitik 1939-1945* verlesen:

Die bei den Höheren SS- und Polizeiführern organisierten, dem Inspekteur der Sicherheitspolizei unterstehenden Evakuierungsstäbe, so z. B. in Posen das Ende 1939 eingerichtete »Amt für Aussiedlung von Polen und Juden«, bzw. die ab Mai 1940 als Zentrale hierfür in Litzmannstadt gebildete, euphemistisch so benannte Umwandererzentralstelle (UWZ) – gleichfalls eine Behörde der Sicherheitspolizei – setzten die allgemeinen Befehle in konkrete Anweisungen um, legten Daten, Zahlen, Orte, Fahrpläne fest, und Sicherheitspolizei-»Arbeitsstäbe« in den Kreisen trafen die Auswahl der Auszusiedelnden und führten die Zwangsräumung durch. In Lagern der UWZ in Litzmannstadt geschah die Erfassung und Durchschleusung der Ausgewiesenen, der Abtransport ins Generalgouvernement oder die Verschickung zur Arbeit ins Altreich. (S. 66)

Auch dieser Bericht eines Augenzeugen, der eine solche Polenevakuierung miterlebt hatte, wurde auf unseren Antrag verlesen:

An einem Abend wurde ein polnisches Dorf umstellt von einer Gruppe SA-Männer (es dürfte sich um SS-Männer gehandelt haben, da die Aussiedlung in die Zuständigkeit der SS fiel; H.H.), welche die Leitung der Aktion innehatten. Außerdem waren noch einige Volksdeutsche in die Kommandos zwangsweise einbezogen worden. Das Dorf wurde umzingelt, und kurz vor Mitternacht wurden die Leute aus den Betten herausgejagt. Dann kam der Befehl, binnen einer halben oder dreiviertel Stunde mit einem Gepäck von 30 kg reisefertig zu sein. Es wurde dort furchtbar gehaust. Heiligenbilder, Kruzifixe wurden zerbrochen und in den Kehricht geworfen. Die Polen mußten in ihren eigenen Wagen in die Kreisstadt fahren und kamen dort hinter Stacheldraht. In der Kreisstadt warteten bereits Volksdeutsche, die man von woanders geholt hatte. Diese Volksdeutschen wurden dann auf dieselben Wagen geladen, in denen die polnischen Familien gekommen waren. Selbstverständlich waren diese Volksdeutschen sehr entsetzt von den fürchterlichen Dingen, die sie dort anfanden ... (Broszat, S. 94 f.)

Es wurde immer peinlicher für den sich allmählich vom Nebenkläger zum Angeklagten verwandelnden CDU-Politiker und seine im Saal reichlich vertretene Anhängerschaft. Der Zeuge Jagemann, den er vergeblich als Kommunisten verdächtigt hatte, berichtete mit beeindruckender Sachlichkeit und Abgewogenheit von dem damaligen Auftreten des Freiherrn, der einerseits Korrektheit in den äußeren Umgangsformen gezeigt, andererseits aber Aussprüche getan habe, die ihn als getreuen Gefolgsmann und Gesinnungsgenossen seines Dienstherrn Heinrich Himmler auswiesen. So habe Herr von Fircks bei Dienstbesprechungen zur Unnachsichtigkeit und Härte gegenüber den Polen aufgefordert und sie einmal als »Wanzen« bezeichnet. Dazu der Freiherr: »Ausgeschlossen. Aber wir sind einmal durch die Dörfer gefahren, da waren die Menschen zusammengedrängt, und da habe ich gesagt, es ist furchtbar, wie Menschen gezwungen sind, wie Wanzen zusammenzuleben.« Schweigen wäre wohl klüger gewesen. Aber Herrn von Fircks drängte es, noch eine weitere Wanzen-Erklärung abzugeben. Es sei auch möglich, daß er einmal gesprächsweise die Polen mit Wanzen verglichen habe: das sei jedoch dahin zu verstehen, daß es sich dabei um ein sehr neutrales Bild gehandelt habe, wie man etwa auch heutzutage eifrige Leute mit Ameisen vergleiche.

Herr von Fircks war nicht zu retten. Sein eigener Anwalt bezeichnete ihn versehentlich als »Angeklagten«. Nicht die einzige Freudsche Fehlleistung, die dem Nebenkläger-Team unterlief und verborgene Wahrheiten beleuchtete. So hatte Herr von Fircks selbst in einem, übrigens mit Briefkopf der Christlich-Demokratischen Union, Kreisverband Burgdorf, abgefaßten Schreiben vom 4. 8. 1970 an die Staatsanwaltschaft geschrieben, daß er ab März 1940 Leiter einer »Kreisaussiedlungsstelle« gewesen sei (was er mit Schreiben vom 25. 8. 70 in »Kreis*an*siedlungsstelle« berichtigte).

Mit meinem Antrag, Arthur Sahm freizusprechen, befand ich mich in selten guter Gesellschaft; auch der Staatsanwalt sah den Wahrheitsbeweis als erbracht an.

In meinem Plädoyer mußte ich mich mit der These des Nebenklägers und seines Anwalts auseinandersetzen, daß Herr von Fircks nicht, wie in dem Flugblatt meines Mandanten behauptet, an »nazistischen Untaten« beteiligt gewesen sei, insbesondere nichts mit Erschießungen zu tun gehabt habe, sondern nur für die Ansiedlung deutscher Bauern auf den von der Polizei geräumten polnischen Bauernhöfen zuständig gewesen sei. Ich zitiere nach einer Tonbandnachschrift meines in freier Rede gehaltenen Plädoyers:

Der Nebenkläger ... hat sich nicht nur nach der Behauptung des Angeklagten, Herrn Sahm, in dem von ihm verbreiteten Flugblatt, sondern auch nach dem Ergebnis der heutigen Beweisaufnahme an nationalsozialistischen Untaten beteiligt, die nicht zu suchen sind in einzelnen Exzessen und Extremen, nach denen der Herr Nebenklägervertreter glaubte vergeblich suchen zu müssen, sondern die zu sehen sind in dem organisierten Bevölkerungstransfer, der damals in Polen veranstaltet worden ist. Das ist ja gerade das Problem, mit dem sich auch die Rechtswissenschaft schon auseinandergesetzt hat: Dieses bürokratisch organisierte und durchgeführte Verbrechen großen Maßstabes, das die nationalsozialistische Zeit kennzeichnet, mit strafrechtlichen Kategorien zu erfassen. Da sind beteiligt nicht nur diejenigen, die an der Grube gestanden und Menschen erschossen haben und die nun mit eigener Hand Untaten begangen haben, sondern da sind ebenso beteiligt alle die, die in den vielfältigen Zwischenstationen tätig geworden sind: die Leute, die die

Absperrungen besorgt haben, die Leute, die in irgendwelchen Arbeits- oder sonstigen Stäben gesessen und organisiert haben, und nicht zuletzt die sogenannten Schreibtischtäter, die irgendwo vom Schreibtisch aus das Ganze gelenkt haben. Auch Adolf Eichmann hat nicht einen einzigen Juden mit eigener Hand umgebracht, und trotzdem sind wir uns wohl alle darin einig, daß er zu Recht als der größte Judenmörder aller Zeiten bezeichnet und verurteilt worden ist. Und so dürfen wir auch bei Herrn von Fircks nicht danach suchen, daß er irgendwo sich seine Hände schmutzig gemacht habe, daß er irgendwo persönlich einen Polen umgebracht habe oder ihn persönlich von seinem Hof vertrieben habe. Nein, er war ein Teil dieser organisierten bürokratischen Polen-Aussiedlungsaktion, die er als Ansiedlung deutscher Siedler hier beschönigen möchte ...

Diese Vertreibung als solche war schlicht das Verbrechen, war die Untat, an der sich beteiligt zu haben Herrn von Fircks vorgeworfen werden muß ... Entscheidend ist, daß er als verantwortlicher Mann, nämlich als Leiter des SS-Arbeitsstabes, diese Zwangsräumung polnischer Bauern durchgeführt hat ... Es kommt dann auch nicht entscheidend darauf an, ob Herr von Fircks an irgendeiner Aktion persönlich beteiligt war und ob bei dieser Aktion, wie der Herr Nebenklägervertreter ausführte, etwas »vorgekommen« ist ... Ja, aber was geschehen ist, das ist eben dieses Verbrechen, Menschen aus ihren angestammten Höfen zu vertreiben, um andere dort anzusiedeln, also etwas zu tun, was Herr von Fircks heute nicht müde wird, als eklatante Verletzung des Heimatrechts zu rügen, wenn es nach seiner Meinung auf der anderen Seite geschieht.

Ich warf Herrn von Fircks vor, daß sein Verhalten von einer Gesinnung diktiert war, »die sich integriert fühlte in dieses Gesamtverbrechen, das die Nationalsozialisten damals in Polen und in anderen Ländern begangen haben«. Und dafür sei kennzeichnend seine Einstellung zu den Polen, die in seinem Vergleich von Polen mit Wanzen zum Ausdruck gekommen sei.

Herr von Fircks war damals Mitglied einer Organisation, der Herr Himmler, dieser kleinbürgerliche Großverbrecher, vorstand, der sich einmal über die Fremdvölkischen wie folgt geäußert hat:

»Ein Grundsatz muß für den SS-Mann absolut gelten: Ehrlich, anständig, treu und kameradschaftlich haben wir zu den Angehörigen unseres eigenen Blutes zu sein und zu sonst niemandem. Wie es den Russen geht, wie es den Tschechen geht, ist mir total gleichgültig. Das, was in den Völkern an gutem Blut unserer Art vorhanden ist, werden wir uns holen, indem wir ihnen, wenn notwendig, die Kinder rauben und sie bei uns großziehen. Ob die anderen Völker im Wohlstand leben oder ob sie verrecken vor Hunger, das interessiert mich nur soweit, als wir sie als Sklaven für unsere Kultur brauchen. Anders interessiert mich das nicht. Ob an dem Bau eines Panzergrabens 10.000 russische Weiber an Entkräftung umfallen oder nicht, interessiert mich nur so weit, als der Panzergraben für Deutschland fertig wird. Wir werden niemals roh oder herzlos sein, wo es nicht sein muß, das ist klar. Wir Deutsche, die wir als einzige auf der Welt eine anständige Einstellung zum Tier haben, werden ja auch zu diesen Menschen-Tieren eine anständige Einstellung einnehmen. Aber es ist ein Verbrechen gegen unser eigenes Blut, uns um sie Sorge zu machen und ihnen Ideale zu bringen.«

Das stammt von Heinrich Himmler, dem damaligen Dienstherrn des Herrn von Fircks, der getreu diesem Vorbild meinte, Polen mit Wanzen vergleichen zu können ...

Auch auf den Vorwurf des Nebenklägeranwalts, das Flugblatt habe für den flüchtigen Leser Herrn von Fircks in Verbindung mit den Erschießungen in Polen gebracht, ging ich ein, ohne zu ahnen, daß diese merkwürdige Interpretationsmasche im weiteren Verfahren noch Bedeutung erlangen würde. Ich hielt es ebenso wie mein Mandant für legitim und notwendig, die verbrecherische Polenaustreibung in den Rahmen des nazistischen Gesamtverbrechens zu stellen, und verwies in meinem Plädoyer auf die Bücher von Martin Broszat *(Nationalsozialistische Polenpolitik 1939-1945)* und Heinz Höhne *(Der Orden unter dem Totenkopf – Die Geschichte der SS)*:

In dem Buch von Broszat, das ich Herrn von Fircks und überhaupt jedem zur Lektüre dringend empfehle, ist in aller Genauigkeit und urkundlich belegt darüber berichtet worden, wie die Generation unserer Väter, zu der Herr von Fircks ja gehört, sich in Polen ausgetobt hat.

Ich teilte auch mit, daß sich ein Pole im Saal befand, der als Betroffener hätte berichten können, wie am 1./2. März 1940 die gewaltsame Verbringung der jüdischen Bevölkerung von Lodz (»Litzmannstadt«) in das für sie abgesperrte Ghetto abgelaufen ist und unter welchen Bedingungen diese Menschen dort hungernd und in dauernder Angst vor Deportationen und anderen Gewalttaten der SS leben und sterben mußten. Auf seine Vernehmung wurde jedoch verzichtet. Herr von Fircks gehörte zu den vielen, die von nichts gewußt und nichts gesehen haben. Ein Stacheldrahtzaun war dazwischen.

In Übereinstimmung mit dem Staatsanwalt kam ich zu dem Ergebnis, daß von dem auf den Strafantrag des Herrn von Fircks gestützten Anklagevorwurf gegen Sahm nichts übriggeblieben war.

Herr von Fircks meinte, seine Ehre sei durch das Flugblatt meines Mandanten verletzt worden. Wenn von der Ehre eines früheren SS-Angehörigen die Rede ist, der in solchem Maße mit den Untaten der SS zu tun hatte wie Herr von Fircks, dann fällt mir der Wahlspruch der SS ein: »Unsere Ehre heißt Treue!« Auch Herr von Fircks ist sich treu geblieben. Er ist sich und seiner Gesinnung immer treu geblieben – und darin ist er wohl ein SS-Mann geblieben, getreu seinem Wahlspruch von damals. Diese Ehre des Herrn von Fircks hat mein Mandant nicht verletzen können, dieser Ehre hat Herr von Fircks selber großen Schaden angetan durch das, was er damals getan hat, und er hat ihr sicher auch keinen guten Dienst geleistet durch das, was er später getan hat.

So kam ich zum Schluß noch auf die gegenwärtige politische Rolle des Nebenklägers zu sprechen.

Wenn hier abzuwägen ist zwischen dem Grundrecht, auf das mein Mandant sich berufen kann, nämlich das Grundrecht der freien Meinungsäußerung – das zu verstehen ist nicht nur als Recht, sondern auch als Pflicht eines Demokraten, am Prozeß der öffentlichen Meinungs- und Willensbildung mitzuwirken – gegen das Interesse des Herrn von Fircks, über seine politische Vergangenheit den Mantel des Schweigens decken zu wollen, dann würde ich sagen: Ein solches Interesse würde ich akzeptieren, wenn Herr von Fircks sich zurückgezogen hätte, wenn er sich geschämt hätte dessen, was er damals getan hat, und wenn er nicht den Versuch gemacht hätte, auch heute noch in der Öffentlichkeit zu wirken. Aber das hat er eben nicht getan! Er hat sich nach wie vor in die öffentliche Wirksamkeit gedrängt, er ist im Bundestag als Abgeordneter der CDU hervorgetreten und hat noch in der jüngsten Zeit die Regierungspolitik, die auf eine Aussöhnung mit dem Osten hinzielt, diffamiert und der Bundesregierung (Bundeskanzler Willy Brandt, SPD, Außenminister Walter Scheel, FDP) vorgeworfen, sie habe deutsches Land verschenkt. Er hat sich nicht gescheut, an einer Reise nach Israel teilzunehmen, und hat auch die Kritik, die an dieser Reise und seiner Beteiligung geübt worden ist, mit leichter Hand zurückgewiesen. Er hat gar nicht gespürt, daß man so etwas als ein Mann mit dieser Vergangenheit nicht tun kann.

Ich meine, mein Mandant hat eine wichtige Aufgabe erfüllt als einzelner Staatsbürger, indem er in einem Flugblatt diesen Herrn von Fircks als unmöglich für die Mitwirkung in einem hohen Organ unseres Staates gekennzeichnet hat. Aber Herr von Fircks ist disqualifiziert durch das, was er selbst getan, nicht durch das, was Herr Sahm ihm angetan hat. Herr Sahm hat nur die Wahrheit ausgesprochen, und diese Wahrheit sollte allerdings in einer funktionierenden Demokratie für Herrn von Fircks tödlich sein. Ich beantrage Freispruch!

Und so geschah es. Amtsgerichtsrat Uhde, ein junger Richter, verkündete den allseits erwarteten Freispruch. Der Kern dessen, was der Angeklagte über die Beteiligung des Nebenklägers an nazistischen Untaten gesagt habe, habe sich als wahr herausgestellt.

Das wollte Herr von Fircks nicht auf sich sitzen lassen und legte Berufung gegen das Urteil des Amtsrichters ein. Die Sache kam vor die 6. kleine Strafkammer des Landgerichts Hildesheim, die nach zweitägiger Verhandlung für eine Überraschung sorgte.

Über den ersten Verhandlungstag (16.2.1972) berichtete der Korrespondent der *Süddeutschen Zeitung*, Josef Schmidt, so:

Amtsgericht Burgdorf, 19. Mai 1971. Der CDU-Bundestagsabgeordnete Otto Freiherr von Fircks mit seinem Anwalt (oberes Bild) in seiner Rolle als Nebenkläger gegen den von mir verteidigten Lehrer Arthur Sahm (unteres Bild). Herr von Fircks fühlte sich durch ein Flugblatt beleidigt, das ihn der Beteiligung an Nazi-Verbrechen in Polen beschuldigte.

Im Freizeitdreß, mit offenem Hemd und Pullover, saß Amtsrichter Heinrich Uhde, 34, aus Burgdorf bei Hannover, am Mittwoch wie etwa 30 andere »Zivilisten« im Zuschauerraum des Saales 118 im Landgericht Hildesheim, »nur um mir mal die Sache aus dieser Perspektive anzugucken« ...

Fircks, dessen Vater 1939 in Lettland zwei Höfe zurücklassen mußte, wie der Sohn jetzt sagt, erhielt einen polnischen Hof von 247 Hektar zugewiesen. Im Mai 1940 wurde er von Himmler ehrenhalber zum SS-Obersturmführer ernannt, hat aber »nicht einen einzigen Tag SS-Dienst gemacht«.

»Daß Sie nicht linksum und rechtsum gemacht haben, glauben wir Ihnen gern«, sagt Sahms Verteidiger, Rechtsanwalt Heinrich Hannover aus Bremen, Norddeutschlands bekanntester APO-Anwalt. Minuziös erforscht er bei jedem Zeugen, ob Fircks damals als Leiter des Einsatzstabes in Zivil oder in SS-Uniform gearbeitet hat, und jedesmal erhält er zur Antwort: »Natürlich in Uniform.« Die Zeugen, durchweg ältere Herren mit dem Habitus von Vertriebenenfunktionären (»Ich möchte hier ein gutes Wort für Herrn von Fircks einlegen, darum habe ich mich gemeldet«, sagte einer), bekundeten einhellig die Zweigleisigkeit des SS-Arbeitsstabes, daß nämlich Aus- und Ansiedlung getrennt gewesen seien. Der Staatsanwalt konnte es nicht glauben. Darum fragt er den Zeugen Lothar Steger, der ebenfalls einen solchen Arbeitsstab geleitet hatte: »Die Rechte wußte also nicht, was die Linke tat?« Stegers Antwort ist ein psychoanalytischer Leckerbissen: »Es war natürlich Zusammenarbeit da. Sie müssen sich das so vorstellen, das Gericht und der Henker, die arbeiten gewissermaßen auch zusammen«.

Die *Süddeutsche Zeitung* hatte diesen treffenden Vergleich denn auch zur Überschrift ihres Berichts gemacht: »Zusammenarbeit wie Richter und Henker«.

Auch diese Verhandlung schien auf einen Freispruch des Angeklagten Sahm hinauszulaufen, aber es kam anders. Am 29. Februar 1972 verkündete der Vorsitzende der Strafkammer (Besetzung: ein Berufsrichter und zwei Schöffen) ein merkwürdiges Urteil. Sahm wurde wegen politischer übler Nachrede zu einer Geldstrafe von 2.000 DM verurteilt. Zwar gelangte das Berufungsgericht hinsichtlich der Mitwirkung des Nebenklägers an der Vertreibung polnischer Bauernfamilien zu den gleichen Feststellungen wie schon das Amtsgericht, und es sah auch den Wanzen-Vergleich als erwiesen an. Aber es meinte, daß der Angeklagte über den erweislich wahren Tatsachenkern hinaus Tatsachen behauptet habe, »die in versteckter Form den Verdacht enthielten, daß der Nebenkläger sich auch an der Vernichtung polnischer Menschen beteiligt« habe. Es genüge, daß ein solcher Verdacht »zwischen den Zeilen« ausgesprochen werde. Im Interesse eines wirksamen Ehrenschutzes sei eine weite Auslegung des Textes geboten. »Für einen flüchtigen Leser« habe sich der Eindruck aufdrängen müssen, daß der Angeklagte einen solchen Verdacht aussprechen wollte.

Aus den Reaktionen der Medien:

Norddeutscher Rundfunk, 29. 2. 1972:

Das Urteil löste unter den Prozeßbeobachtern in Hildesheim allgemeine Verwunderung aus. Auch jene Journalisten und Zuhörer, deren Äußerungen in den Verhandlungspausen eine Parteinahme für den Nebenkläger Otto von Fircks erkennen ließen, hatten an eine Verurteilung des Angeklagten Arthur Sahm nicht mehr glauben können, zumal sogar Staatsanwalt Kehr am vergangenen Freitag für Freispruch plädiert hatte ... Für die Prozeßbeobachter ein unverständliches Urteil ... Das Resumee aus dem Urteil und der Begründung: die Vertreibung von Polen aus der Heimat ist offensichtlich keine Untat.

Braunschweiger Zeitung, 1. 3. 1972:

Den Journalisten blieb die Tinte weg, als sie das Urteil der Hildesheimer Strafkammer gegen Arthur Sahm hörten. Damit hatte keiner gerechnet ... Sollte die im Urteil vertretene Auffassung sich durchsetzen, werden Flugblätter in Zukunft nur so abgefaßt werden dürfen, daß auch der Dümmste nichts Falsches herauslesen kann ...

Der Autor dieses Kommentars, Heinz-Bernd Goedecke, setzte noch eine Hoffnung in die Richter der Revisionsinstanz:

Vielleicht gelingt es der Weisheit gelehrter Juristen des Oberlandesgerichts von Celle nachzuweisen, daß die Gerechtigkeit nur scheintot war, die man soeben in Hildesheim begraben hat.

Die Weisheit der Celler Oberlandesrichter reichte nur zu einem einstimmigen, und deshalb nach dem Gesetz nicht weiter begründungsbedürftigen Beschluß folgenden Inhalts:

Die Revision wird auf Kosten des Angeklagten verworfen.

Dieser hat auch die dem Nebenkläger im Revisionsrechtszug entstandenen Kosten und Auslagen zu tragen.

Jetzt blieb nur noch die Verfassungsbeschwerde. Ein hervorragend begabter Mitarbeiter, Hans-Ernst Böttcher, damals Referendar in meiner Praxis, inzwischen Präsident des Landgerichts Lübeck, wirkte bei ihrer Formulierung mit. Und dies bekam das Bundesverfassungsgericht zu lesen:

Das Urteil der 6. kleinen Strafkammer des Landgerichts Hildesheim konnte den Beschwerdeführer nur deshalb der politischen üblen Nachrede für schuldig befinden, weil es den Inhalt des Flugblattes falsch gelesen hat ...

Sodann wurde ausgeführt, daß das Gericht unter Beachtung der in Artikel 5 (Freiheit der Meinungsäußerung) manifestierten Wertordnung des Grundgesetzes das politische Flugblatt des Beschwerdeführers nicht in der Weise interpretieren durfte, daß es die fiktive Figur des flüchtigen Lesers zum Maßstab seiner Feststellungen zum objektiven und subjektiven Tatbestand nahm. Und dann gab es Saures für die Partei, die dem Schreibtischtäter von 1940 ein neues politisches Wirkungsfeld geboten hatte:

Es ist kein Kompliment für die CDU, wenn das Hildesheimer Gericht in den Gründen seines Urteils behauptet, nur deswegen, weil der flüchtige Leser das Flugblatt dahin mißverstehen konnte, Herr von Fircks habe auch an Erschießungen teilgenommen, hätte er den Kreisvorsitz der CDU in Burgdorf niederlegen müssen. Diese Unterstellung des Hildesheimer Gerichts stempelt die Mitglieder des entsprechenden Beschlußgremiums der CDU zu einer Versammlung flüchtiger Leser. Das Urteil setzt weiter ausdrücklich voraus, daß eine Behinderung des politischen Wirkens des Herrn von Fircks nicht in diesem Umfange eingetreten wäre, daß also seine Partei einen Mann, der als Leiter eines SS-Arbeitsstabes Polen von ihren Höfen vertrieben und sie mit Wanzen verglichen hat, weiterhin in der

Funktion eines Kreisvorsitzenden belassen hätte, wenn ihm nicht darüberhinaus zwischen den Zeilen der versteckte Vorwurf gemacht worden wäre, sich auch an Erschießungen beteiligt zu haben. Gerade dieser Teil des Hildesheimer Urteils zeigt deutlich, daß dem Gericht das Wesen des Grundrechts auf freie Meinungsäußerung verschlossen geblieben ist. Es hat insbesondere nicht erkannt, daß dieses Grundrecht den Bürger unseres Staates legitimieren soll, auf den Prozeß der öffentlichen Meinungsbildung einzuwirken, und das heißt gerade auch Personen aus politischen Funktionen zu verdrängen, für die sie wegen ihres Verhaltens in der NS-Zeit ungeeignet sind. Das Landgericht durfte daher die Tatsache, daß das Flugblatt des Beschwerdeführers das öffentliche Wirken des Herrn von Fircks erheblich erschwert hat, nicht allein unter dem Gesichtspunkt einer Tatbestandsmäßigkeit nach § 187 a StGB sehen, sondern mußte das von ihm angewandte einfache Gesetzesrecht gegen die höherrangige Grundrechtsnorm des Art. 5 GG abwägen.

Zuständig für die Entscheidung über die Verfassungsbeschwerde war der 1. Senat des Bundesverfassungsgerichts, dessen Vorsitzender der seit Dezember 1971 amtierende Präsident des Bundesverfassungsgerichts Dr. Ernst Benda war. Ein erzkonservativer Jurist, wenn es um staatlich verordnete Kruzifixe in bayerischen Schulen oder den gesetzlichen Gebärzwang für schwangere Frauen ging, aber ein unbeirrbarer Kämpfer gegen die Verjährung von Naziverbrechen, dem die parteipolitische Nachbarschaft zu Herrn von Fircks begreiflicherweise Unbehagen verursachte. Er machte seinen Richterkollegen daher Mitteilung davon, daß er zusammen mit dem Freiherrn Mitglied der CDU/CSU-Bundestagsfraktion sowie des Innenausschusses und des für allgemeine und rechtliche Fragen zuständigen Arbeitskreises I der Fraktion gewesen sei. In beiden Gremien habe sich eine ständige und enge sachbezogene Zusammenarbeit ergeben. In seiner Eigenschaft als Vorsitzender des Arbeitskreises I habe er, Benda, sich mit der Frage auseinandersetzen müssen, ob aus den Vorwürfen, die gegen Herrn von Fircks wegen seiner Tätigkeit in Polen erhoben wurden und die vor allem in dem Flugblatt des Herrn Sahm enthalten waren, Konsequenzen zu ziehen seien. Da Herr von Fircks die Vorwürfe in wesentlichen Punkten bestritten habe und diese Gegenstand eines Strafverfahrens gegen Sahm waren, sei seinerzeit vereinbart worden, zunächst das Ergebnis des Strafverfahrens abzuwarten. Mit Rücksicht auf diese Umstände erklärte Dr. Benda seine Selbstablehnung als Richter. Diese wurde in einem Beschluß der übrigen Mitglieder des Senats am 7. Dezember 1976 für unbegründet erklärt. Die frühere amtliche Befassung mit dem Gegenstand eines verfassungsgerichtlichen Verfahrens reiche nicht aus, eine Ablehnung zu rechtfertigen.

Und so faßte der Senat seinen am selben Tag verkündeten Beschluß unter Mitwirkung der Richter Dr. Benda, Dr. Haager, Rupp-von Brünneck, Dr. Böhmer, Dr. Simon, Dr. Faller, Dr. Hesse und Dr. Katzenstein. Beide Beschlüsse sind in der Entscheidungssammlung des Bundesverfassungsgerichts im 43. Band Seiten 126 ff. und 130 ff. nachzulesen.

Die Verfassungsbeschwerde wurde für begründet erklärt. Die Entscheidungen des Landgerichts Hildesheim und des Oberlandesgerichts Celle seien mit Art. 5 GG (Freiheit der Meinungsäußerung) nicht vereinbar. Das Bundesverfassungsgericht entnahm dieser Verfassungsnorm Grundsätze für die Interpretation des Flugblatts, die es verbieten, »den Inhalt einer Information dann mit Hilfe des Maßstabs des ›flüchtigen Lesers‹ zu bestimmen, wenn die Information im konkreten Fall ersichtlich politisch interessierte und aufmerksame Leser voraussetzt und sich an diese richtet«. So liege es hier. Der Beschwerdeführer könne die Persönlichkeiten des öffentlichen Lebens, denen er das Flugblatt unmittelbar zugesandt habe, schwerlich als »flüchtige Leser« im Auge gehabt haben. Das Bundesverfassungsgericht verschwieg auch nicht, wie es selbst, in Übereinstimmung mit dem Amtsgericht und der Staatsanwaltschaft, das Flugblatt verstanden habe.

Der »Sinn« der Ausführungen des Flugblatts läßt sich ohne Schwierigkeiten dahin verstehen, daß der Nebenkläger in dem Ausschnitt der Vertreibung polnischer Bauern an dem Gesamtkomplex nationalsozialistischer Untaten in Polen beteiligt gewesen sei, der bis hin zur Vernichtung polnischer Menschen gereicht habe. Für eine solche Deutung spricht es auch, daß der Satz: »Er hat sich beteiligt an den nazistischen Untaten während der Besetzung Polens« nicht in unmittelbarem Zusammenhang mit der Wiedergabe der Berichte über die Erschießung polnischer Menschen, sondern vor dem als wahr erwiesenen Vorwurf der Beteiligung bei der Aussiedlung steht. Daß »diese Dinge« (d. h. die Vernichtung polnischer Menschen) unter den Augen des Nebenklägers stattgefunden haben, bedeutet, wenn man sich an den Wortlaut des Satzes hält, den Vorwurf, der Nebenkläger habe von ihnen Kenntnis gehabt, möglicherweise auch, er habe sie gebilligt, nicht aber, er habe sich an den Vernichtungsaktionen selbst beteiligt.

In der Presse wurde die Entscheidung des Bundesverfassungsgerichts als Sieg liberaler Verfassungsgrundsätze gefeiert.
»Karlsruhe stärkt die Meinungsfreiheit«, so war etwa Hanno Kühnerts Artikel in der *Badischen Zeitung* vom 9.3.1977 überschrieben.
Das Bundesverfassungsgericht hatte die Sache zu erneuter Verhandlung an das Landgericht Hildesheim zurückgegeben. Es konnte eigentlich nur eine innerhalb kürzester Zeit zu erledigende Formalie sein, den Angeklagten vom Vorwurf der üblen Nachrede freizusprechen. Aber wie das in politisch brisanten Sachen nicht selten geschieht: die Akten waren, wie es später in einem Gerichtsbeschluß hieß, »vorübergehend in Verlust geraten«. Und als sie wieder auftauchten, war die Sache verjährt und konnte durch Einstellungsbeschluß ohne erneute öffentliche Hauptverhandlung sang- und klanglos erledigt werden. Dem CDU-Politiker Otto Freiherr von Fircks ist auf diese Weise eine nochmalige öffentliche Bloßstellung erspart worden. Dem Lehrer Arthur Sahm aber ist die Hildesheimer Justiz den fälligen Freispruch schuldig geblieben.

24. Macht kaputt was euch kaputt macht! Ein Angriff von links (1970/71)

In der Nacht zum 15. Juni 1970 gegen 1.15 Uhr wurde ein sogenannter Molotow-Cocktail durch ein verschlossenes Fenster der CDU-Geschäftsstelle im niedersächsischen Oldenburg geworfen, wodurch einige Akten in Brand gerieten und Teile des Fußbodens und der Fensterumrahmung beschädigt wurden. Die Feuerwehr war schnell zur Stelle und löschte den Brand. Am folgenden Morgen wurde in der Nähe des Tatorts ein Flugblatt des »Arbeitskreises Spartacus« gefunden, das inhaltlich nichts mit dem Brandanschlag zu tun hatte. Eine auf dem Flugblatt angegebene Kontaktadresse und bei der Kripo bereits vorhandene Mitgliederverzeichnisse des »Arbeitskreises Spartacus« und weiterer »linksextremer« Gruppen gaben den Ermittlungen die Richtung. Man vernahm die Mitglieder dieser Gruppen und bekam von dem 17jährigen Schüler Joachim T. auf die Frage, ob er irgendwelche Hinweise auf den oder die Täter geben könne, die Antwort, er halte es für möglich, daß ein Hans-Jürgen R. in Frage kommen könne, der sich stark für Bombenrezepte interessiere. Eine Aussage, die T. später widerrief und die auch mit Aussagen anderer Zeugen im Widerspruch stand, wonach Hans-Jürgen R. den Anschlag auf die CDU-Geschäftsstelle und einen weiteren, in der Nacht zum 28. Juni 1970 gegen das Kreiswehrersatzamt Oldenburg verübten Brandanschlag mit politischer Begründung abgelehnt habe. Gleichwohl hatte die Kripo jetzt Hans-Jürgen R. im Verdacht, an beiden Taten beteiligt gewesen zu sein, und veranlaßte die Staatsanwaltschaft, einen Haftbefehl zu beantragen. Mit Beschluß vom 1. Juli 1970 lehnte der zuständige Amtsrichter den Erlaß eines Haftbefehls ab und führte zur Begründung aus:

Nach dem Ergebnis der bisherigen Ermittlungen steht mit einiger Sicherheit lediglich fest, daß sich der Beschuldigte R. zur Tatzeit in Oldenburg aufgehalten hat und daß er linksstehenden Gruppen nahesteht. Diese Umstände sind allenfalls schwache Indizien für die Täterschaft des Beschuldigten. Sie sind nicht geeignet, den nach § 112 Abs. 2 Satz 2 StPO erforderlichen dringenden Tatverdacht zu begründen.

Aber die Kripo wußte offenbar mehr, als in den Akten stand. Einen Tag, nachdem der Richter den Erlaß eines Haftbefehls abgelehnt hatte, wurde Hans-Jürgen R. von zwei Kriminalbeamten in der Gaststätte »Pferdestall« mit der soeben richterlich verneinten Begründung, er stehe im dringenden Verdacht, die beiden Brandanschläge begangen zu haben, festgenommen. Hans-Jürgen R., der allein an einem Tisch saß und ein Bier bestellt hatte, nahm diese Eröffnung ohne erkennbare Reaktion zur Kenntnis und bat, sein Bier noch austrinken zu dürfen. Dies wurde ihm zugestanden. Kurze Zeit später griff R. in die linke Brusttasche seiner Jacke und warf zwanzig bis dreißig Flugblätter in den Raum der Gaststätte. Einer der Beamten sammelte die Flugblätter auf. Dann verließ R. mit den Beamten die Gaststätte. Dabei hob er, wie es im Aktenvermerk der Kripo heißt, einmal kurz den rechten Arm und sprach das Wort »Venceremos« (Wir werden siegen).

So fragwürdig die Rechtmäßigkeit des kriminalpolizeilichen Zugriffs war, sein Erfolg ließ alles vergessen. Denn man fand in dem von R. mitgeführten Campingbeutel drei Flaschen mit brennbarer Flüssigkeit und drei Lappen, die, wie die Kripo vermutete, als Lunte für Molotow-Cocktails verwendet werden konnten, und an die 1.000 Exemplare der in der Gaststätte in die Luft geworfenen Flugblätter. Und diese hatten es in sich. Die Überschrift lautete:

»ORDNUNG MUSS SEIN«, SPRACH DER ANARCHIST UND WARF DIE BOMBE INS RATHAUS!!!

Und im Text, der mit »genossinnen, genossen!« begann, war von dem »zweiten molli« die Rede, »der am vergangenen wochenende in die revanchistenhöhle der standortmeldung« geprasselt und als »ein weiterer schritt auf dem wege, die hiesigen faschistencliquen und ihre handlanger ein für allemal auszumerzen«, zu verstehen sei. In dem mit Schreibmaschine engzeilig geschriebenen Text fielen einige Zeilen durch Verwendung von Großbuchstaben auf, in denen FREIHEIT FÜR ALLE GEFANGENEN gefordert und angekündigt wurde: ES WIRD BRENNEN – ES MUSS BRENNEN – BRENNT DIE GEFÄNGNISSE NIEDER!!! Und der bekannte Spruch: MACHEN WIR KAPUTT, WAS UNS KAPUTT MACHT!!! Das Flugblatt endete mit einer »anleitung zur herstellung eines MOLLI-freundes« und Ratschlägen, wie man sich bei etwaiger Festnahme, die am Tatort möglichst zu vermeiden sei, verhalten solle:

keine aussagen zur sache, sondern nur zur person machen! sodann mit rechtsanwalt in verbindung setzen: es kommen infrage: f. j. degenhardt, hamburg; heinr. hannover, bremen und soz. anwaltskollektiv in berlin.
Unterschrift: »tupamaros oldenburg«.

Jetzt wurde der Haftbefehl erlassen. Hans-Jürgen R. schrieb mir aus der Untersuchungshaftanstalt Oldenburg und bat mich, ihn zu verteidigen. Der Vater, ein höherer Staatsbeamter, erklärte sich bereit, die Kosten der Verteidigung zu übernehmen, obwohl ihm die politischen Ansichten und die langen Haare seines Sohnes schon lange mißfallen hatten.

Zunächst bemühte ich mich darum, meinen Mandanten aus der Untersuchungshaft herauszuholen. Er war zur Tatzeit zwanzig Jahre alt und hätte bei den Eltern wohnen können, was ich gegen die Annahme von Fluchtverdacht geltend machte. Aber alle Rechtsmittel wurden zurückgewiesen, und bis es zur Hauptverhandlung vor dem Jugendschöffengericht (ein Berufsrichter und zwei Schöffen) kam, vergingen acht Monate. Denn die Staatsanwaltschaft und ein Untersuchungsrichter versuchten, dem Beschuldigten nicht nur eine aus dem Flugblatt hergeleitete Aufforderung zur Brandstiftung und Gefangenenbefreiung, sondern auch die beiden Brandanschläge nachzuweisen.

Die Staatsanwaltschaft wollte die Sache ursprünglich beim Schwurgericht anklagen, weil Hans-Jürgen R. auch der Aufforderung zum Mord schuldig sei – ein Vorwurf, der aus bedrohlichen Sprüchen des Flugblatts und Schmierereien in einer Gaststätte hergeleitet wurde, die sich gegen den Chefredakteur einer regionalen Tageszeitung richteten –, und hatte deshalb die Voruntersuchung durch einen Untersuchungsrichter (ein inzwischen abgeschafftes Verfahren) beantragt. Auch das hatte zur Verzögerung der Anklage und der Hauptverhandlung beigetragen. Erst nachdem das Oberlandesgericht im zweiten Haftbeschwerdeverfahren in einem Beschluß vom 18.12.1970 Zweifel geäußert hatte, ob hinsichtlich der Brandanschläge eine Täterschaft des Beschuldigten beweisbar sei, reduzierte die Staatsanwaltschaft ihre großen Pläne auf ein bescheideneres Maß und klagte Hans-Jürgen R. am 8.1.1971 nur wegen Aufforderung zu strafbaren Handlungen an. Gleichwohl mußte Hans-Jürgen R. auch nach dem Willen der Oberlandesrichter in Untersuchungshaft bleiben.

Ich hatte den Mandanten, der natürlich die Hauptverhandlung gern zu politischen Erklärungen genutzt hätte, darauf verpflichtet, von seinem Recht zu schweigen Gebrauch zu machen. So gewannen wir die Chance, daß ein Nachweis der für eine Verurteilung erforderlichen Feststellungen zu seiner subjektiven Willensrichtung nicht möglich sein würde. Denn ihm mußte ja nachgewiesen werden, daß er durch die Verteilung der Flugblätter die in ihnen angedrohten strafbaren Handlungen ernstlich hervorrufen wollte. Sobald wir uns darauf einließen, die politische Berechtigung des Kampfes gegen Gefängnisse und andere in Flugblättern anarchistischer Gruppen als »faschistoid« bezeichnete Einrichtungen des Staates darzulegen, lieferten wir der Anklagebehörde und dem Gericht das nötige Material, um bei dem Angeklagten ein Motiv im Sinne des Anklagevorwurfs festzustellen. Ich konnte den Mandanten überzeugen, daß sich die Politisierung des Prozesses auch mit Stoßrichtung auf die im Flugblatt angegriffene Regionalzeitung und deren Chefredakteur unter den gegebenen Umständen nicht lohnte, zumal die Justiz es nach bewährtem Muster verstehen würde, die Öffentlichkeit des Verfahrens geringzuhalten (kleiner Verhandlungssaal, Inanspruchnahme zahlreicher Plätze durch Verfassungsschützer und Polizeibeamte in Zivil), und auch von der Presseberichterstattung nicht viel zu erwarten war. Was aus diesem Prozeß allenfalls an politischer Aufklärung für die Öffentlichkeit zu gewinnen war, konnte, wenn man dem Angeklagten nicht eine schwere Strafe einbrocken wollte, nur außerhalb des Gerichtssaals geleistet werden. Wenn dort Mollis und Morddrohungen als geeignetes Mittel zur Revolutionierung der Gesellschaft empfohlen werden sollten, lag das außerhalb meiner Verantwortung, als Beitrag zur Verteidigung des Angeklagten wäre ein solches Bekenntnis schlicht idiotisch gewesen und hätte mich zur Niederlegung des Mandats veranlaßt.

Die Verhandlung vor dem Jugendschöffengericht am 1. März 1971 verlief denn auch mit einer fast heiteren Lockerheit und brachte dem Angeklagten wenn auch nicht den Freispruch, so doch die Freiheit. Daß die vom Angeklagten in der Gaststätte »Pferdestall« in die Luft geworfenen Flugblätter keine Adressaten erreicht hatten, die zum Niederbrennen der Gefängnisse bereit waren, weil sie von Kriminalbeamten aufgesammelt wurden, kam unter Gelächter im Zuhörerraum zur Sprache. »Wer sollte wohl sonst sammeln?« fragte der Vorsitzende, etwas verblüfft über die Heiterkeit im Publikum, und erntete erneutes Gelächter, als jemand »die Putzfrau!« rief. Auch der Ausschluß der Öffentlichkeit für den Zeitraum, in dem aus dem inkriminierten Flugblatt die Bastelanleitung für Mollis verlesen wurde, löste Heiterkeit aus. »Kann man an jedem Kiosk kaufen!« tönte es aus dem Publikum.

Der Staatsanwalt beantragte 22 Monate Gefängnis für den Angeklagten, während ich auf Freispruch plädierte. Mordhetze sei in Deutschland seit jeher und noch immer eine Sache der Rechten, sagte ich und belegte meine These mit historischen Fakten, die von der Mordhetze gegen Rosa Luxemburg und Karl Liebknecht bis zu den Schüssen auf Benno Ohnesorg und Rudi Dutschke reichten. Der Mordhetze von rechts seien Taten gefolgt, mit deren Tätern die Justiz empörend glimpflich umgegangen sei. Anarchistischer Wortradikalismus hingegen ziele nicht auf aktuelle Realisierung, sondern auf allmähliche Änderung des politischen Massenbewußtseins. Eine Argumentation, die das Gericht jedenfalls insoweit übernahm und in seine Sprache übersetzte, als es nicht alle dem Angeklagten angelasteten Äußerungen so ernst nahm wie der Staatsanwalt. Was der Staatsanwalt als Morddrohung verstand, waren für das Gericht nur »starke Worte«. Nur eine Aufforderung zur Gefangenenbefreiung und zur menschengefährdenden Brandstiftung wollte auch das Gericht dem Flugblatt entnehmen.

Auch das war aus meiner Sicht problematisch. Denn solange der Angeklagte die Flugblätter in seinem Campingbeutel hatte, konnte es sich nur um eine straflose Vorbereitungshandlung handeln, und es kam allein darauf an, was der Angeklagte in dem Moment wollte, als er zwanzig oder dreißig Flugblätter in der Gaststätte in die Luft warf. Glaubte er wirklich, einer von denen, die sie aufsammeln würden – es kamen wohl nur die Kriminalbeamten und die Putzfrau in Frage –, würde sich zum Abbrennen von Gefängnissen und Kaufhäusern animieren lassen? Oder war es die hilflose und unüberlegte Reaktion eines Zwanzigjährigen auf die rechtlich immerhin fragwürdige Festnahme?

Aber er hatte im Zeitpunkt der Urteilsverkündung schon acht Monate Untersuchungshaft hinter sich, und so, wie die Dinge lagen, hätte ein Freispruch doch einige Peinlichkeit gehabt und sogar Haftentschädigungsforderungen nach sich ziehen können. Wahrscheinlich ist man im Beratungszimmer auch den Verdacht nicht losgeworden, daß der Angeklagte doch der gewesen sei, der die Mollis bei der CDU und der Bundeswehr ins Fenster geworfen hatte, daß man es ihm bloß nicht nachweisen könne. Daß im Zweifel freigesprochen werden muß, ist leider graue Theorie – Rüdiger Lautmann hat als teilnehmender Beobachter entlarvende Einblicke in die Geheimnisse der Beratungspraxis gewährt (in seinem Buch *Justiz – die stille Gewalt*) –, und so wird man wohl besten Gewissens die acht Monate, die der Angeklagte schon in Untersuchungshaft gesessen hatte, für die angemessene Strafe gehalten haben. Denn so lautete das Urteil, mit der Folge, daß Hans-Jürgen R. den Gerichtssaal als freier Mann verlassen konnte.

Er war aber nicht zufrieden und beauftragte mich, Berufung einzulegen. Der Vater wollte, was ich ihm nicht verdenken konnte, die Verteidigung in der Berufungsinstanz nicht mehr bezahlen. Hans-Jürgen R. aber war mittellos und überdies, wie sich später zeigen sollte, ohnehin der Meinung, daß Verteidigerarbeit für einen »Genossen« wie ihn kostenlos geleistet werden müsse. Aus nachträglicher Sicht war es eine Eselei, aber es paßte zu meinem auch sonst praktizierten Verständnis von sozialem anwaltlichem Engagement, daß ich mich bereit erklärte, Hans-Jürgen R. in der Berufungsinstanz auf Pflichtverteidigerbasis zu verteidigen, also meine Beiordnung als Pflichtverteidiger zu beantragen und dafür die magere Gebühr von 90 DM aus der Staatskasse zu empfangen.

In der Verhandlung vor dem Landgericht, die am 26.4.1971 stattfand, habe ich noch einmal alle Argumente vorgebracht, die einen Freispruch gerechtfertigt hätten. Aber es wurde schon während der von einem recht autoritären Vorsitzenden geführten Verhandlung spürbar, daß wir keine Chance hatten, ein besseres Urteil zu bekommen. Und so blieb es bei den vom Jugendschöffengericht verhängten acht Monaten.

Damit hätte die Sache zu Ende sein können. Aber es geschah noch folgendes: In zwei anarchistischen Zeitungen – *Befreiung* und *agit 883* – erschien ein Artikel, aus dem deren Leserinnen und Leser erfuhren, daß der Genosse Hans-Jürgen R. von einem Vampir verteidigt worden war, der dessen Vater für die Verteidigung in 1. Instanz 1.500 DM abgenommen und sich auch sonstiger bürgerlicher Unarten schuldig gemacht habe. So habe er sich geweigert, dem Genossen R. unter Umgehung der Kontrolle Geld zuzustecken und illegal Briefe in den Knast bzw. heraus zu befördern. Auch habe er sich das Rauchen im Auto verboten und seine Sekretärin mit Sie angeredet. »Solche Typen sind zum Kotzen!« – »Gegen die Kapitalisten hilft nur die Revolution, gegen die Bolschewisten nur die Anarchie, gegen Heinrich Hannover erst mal nur Prügel«. Der Artikel endete mit der Forderung, der Verteidiger des Genossen R. möge innerhalb eines Monats 500 DM an die Schwarze Hilfe Berlin und im nächsten Monat 500 DM an Schwarzkreuz Köln schicken. Weitere »Zahlungsbefehle« wurden angekündigt. Denn: »Schweine muß man schlachten!« und »Gegen Vampire hilft nur Frankenstein!«

Der Artikel stammte nach Stil und Inhalt offensichtlich von dem Genossen R. und bestätigte einige Einschätzungen, die andere Äußerungen dieses jungen Mannes durch die Urteile des Amts- und des Landgerichts erfahren hatten. So hatten beide Gerichte bestimmte vom Angeklagten stammende Aufschriften auf einem Papprahmen und einem Poster in einer Gaststätte, die der Staatsanwalt als Aufforderung zum Mord interpretiert hatte, als »Schmierereien eines verärgerten oder gelangweilten jungen Mannes« bezeichnet, wie sie »vor allem in Gefangenenzellen und in Aborten häufig zu finden« seien und von niemandem ernst genommen würden. So faßte ich auch das Vampir-Pamphlet des Genossen R. auf, wunderte mich allerdings, daß zwei anarchistische Zeitschriften, die auch durchaus ernstzunehmende Artikel veröffentlichten, diesem unreifen Jüngling eine publizistische Plattform geboten hatten. Von einem gewöhnlich gut informierten Journalisten erfuhr ich dann, daß auch innerhalb der Redaktion von *agit 883* der Abdruck dieses ihr aus Norddeutschland zugesandten miesen Aufsatzes nachträglich umstritten gewesen sei. Eine mir bis dahin unbekannte anarchistische Gruppe in Hamburg hat sich jedenfalls in einem Brief an mich ausdrücklich von dem »Treiben und Geschrei dieser Art ›junger Anarchisten‹« distanziert.

So sympathisch die Ideen Michail Bakunins, des Klassikers des Anarchismus, sein mögen, so erbärmlich kleinkariert waren die Worte und Taten mancher seiner Jünger. Aber von welchem Klassiker und welchen Jüngern ließe sich das nicht sagen?

25. Mein erster »Terroristen-Prozeß«. Der Fall Werner Hoppe (1972)

Am 15. Juli 1971 fand in mehreren norddeutschen Städten eine Polizeiaktion statt, bei der nach Mitgliedern der Rote Armee Fraktion (RAF), damals in den Medien noch »Baader-Meinhof-Bande« genannt, gefahndet wurde. In Hamburg wurde unter anderem in der Stresemannstraße eine Kontrollstelle eingerichtet, bei der alle Fahrzeuge des von der Gruppe bevorzugt benutzten Typs BMW ab 1600 ccm Hubraum angehalten und die Insassen überprüft wurden.

Gegen 14.20 Uhr, etwa zwanzig Minuten nach Beginn der Kontrolle des stadtauswärts fließenden Verkehrs, näherte sich ein dunkelblauer BMW 2002 der Kontrollstelle, verlangsamte seine Fahrt, als mit der Haltekelle ein Zeichen gegeben wurde, fuhr dann aber nicht in die angegebene Richtung, sondern setzte seine Fahrt mit hoher Geschwindigkeit fort. Ein für solche Fälle bereitstehender Polizeiwagen, besetzt mit den Beamten L. und H., nahm die Verfolgung auf. Der BMW fuhr geradeaus über die Bahrenfelder Chaussee, dann über die von-Sauer-Straße und bog dort nach links in den Bahrenfelder Kirchenweg ein, wo er nach etwa 100 Metern schräg auf dem rechten Bürgersteig stehenblieb. Der Polizeimeister L. setzte den von ihm gefahrenen Wagen in kurzem Abstand schräg vor den BMW.

Fahrerin des BMW war die 20jährige Berliner Friseuse Petra Schelm, ihr Beifahrer der 22jährige Hamburger Aufnahmeleiter-Praktikant Werner Hoppe. Beide verließen den zum Halten gekommenen Wagen und flüchteten. Bei der anschließenden Verfolgung durch mehrere Polizeibeamte kam es zu Schußwechseln, bei denen Petra Schelm durch Kopfschuß aus einer Polizeiwaffe getötet wurde. Hoppe wurde schließlich festgenommen, nachdem er seine Pistole einem Polizeibeamten zugeworfen hatte. Zuvor soll er laut Anklageschrift der Staatsanwaltschaft Hamburg vom 25.1.1972 vier Mordversuche begangen haben, indem er fünf Schüsse auf Polizeibeamte abgegeben habe, und zwar aus niedrigen Beweggründen und mit bedingtem Tötungsvorsatz handelnd, wenngleich ohne zu treffen. Eine Zugehörigkeit zur RAF war ihm nicht nachzuweisen. Er war beruflich als Aufnahmeleiter-Praktikant beim Norddeutschen Rundfunk beschäftigt, nachdem er eine frühere Drogenabhängigkeit überwunden hatte. Der Schriftsteller Christian Geißler gehörte zu seinen Freunden und stellte seiner pazifistischen Gesinnung das beste Zeugnis aus.

Zusammen mit dem Hamburger Kollegen Wolf Dieter Reinhard übernahm ich Werner Hoppes Verteidigung. Die Hauptverhandlung wurde vom 24. Mai 1972 bis zum 26. Juli 1972 vor einem Schwurgericht beim Landgericht Hamburg durchgeführt (Besetzung damals noch: drei Berufsrichter und sechs Geschworene (Laienrichter)). Sie wurde begleitet von einer pausenlosen Pressekampagne der im Verlag des Axel Cäsar Springer erscheinenden Blätter, die aus dem vom Gerichtsvorsitzenden und vom Staatsanwalt als »unpolitisch« angekündigten Strafprozeß einen »Terroristenprozeß« machten und die Verteidiger immer wieder als Komplizen der »Baader-Meinhof-Bande« verdächtigten. Schon die Sicherungsmaßnahmen – das Justizgebäude wurde teilweise völlig abgeriegelt und mit Hundestreifen bewacht, bewaffnete Polizisten im und vor dem Gerichtssaal, Durchsuchungen des Publikums und der Verteidiger – machten hinreichend sichtbar, daß auch das Gericht unter Terroristenangst litt, Racheakte wegen der Erschießung der Petra Schelm fürchtete und den Angeklagten Hoppe als Mitglied der »Baader-Meinhof-Bande« betrachtete, obwohl er mangels entsprechender Beweise nicht wegen Zugehörigkeit zu einer kriminellen Vereinigung angeklagt war. In der Springer-Presse hieß es, daß Petra Schelm eine enge Vertraute von Ulrike Meinhof gewesen sei und zum harten Kern der RAF gehört habe, von Hoppe wußte man noch weniger. Aber das reichte, um die Volksstimmung aufzumischen und Attentate, die während der

Untersuchungshaftzeit Hoppes stattfanden oder angekündigt wurden, mit seiner Strafsache assoziativ zu verbinden und seine Verteidiger immer wieder als Sympathisanten des Terrorismus hinzustellen. Man wird nie erfahren, von wem Bombendrohungen, die zeitweise zur Räumung des Gerichtsgebäudes nötigten, und Entführungsdrohungen gegen die Familien der Richter und Geschworenen wirklich stammten. Aber auch sie trugen dazu bei, ein Klima der Angst zu schaffen, das zwei Geschworene veranlaßte, sich aus Sorge um ihre Kinder für befangen zu erklären. Ihre Befangenheit wurde für begründet erklärt, sie schieden aus und wurden durch zwei Ersatzgeschworene ersetzt. Auch wir Verteidiger waren Morddrohungen ausgesetzt, und gegen die Praxis des Kollegen Reinhard wurde ein Brandanschlag verübt, dessen Täter nie ermittelt wurden. Die Polizeipräsenz im Gerichtssaal und im Justizgebäude und die Durchsuchungen des Publikums und der Verteidiger manifestierten Tag für Tag, daß das Gericht einer Horde von potentiellen Gewalttätern gegenüberzustehen glaubte, denen auch der Kollege Reinhard und ich zugerechnet wurden. Daß wir bei dieser Grundsituation die Waffe des Wortes, die einzige Waffe, die uns wirklich zur Verfügung stand, mit einiger Schärfe führten, wird uns ein objektiver Beurteiler nicht verdenken. Das Gericht allerdings wird darin eine Bestätigung seiner Ängste und Vorurteile gesehen haben. Zumal unser Mandant sich mit revolutionären Sprüchen an ein sympathisierendes Publikum wendete und den Gerichtsvorsitzenden bei jeder Gelegenheit beschimpfte. Zur Sache verweigerte der Angeklagte jede Einlassung, was sein gutes Recht war, aber seine Verteidigung nicht erleichterte.

Was sich an jenem 15. Juli 1971, an dem Petra Schelm erschossen wurde, in Hamburg-Bahrenfeld abgespielt hat, wird wohl nie zweifelsfrei aufgeklärt werden. Ich bin nur sicher, daß weder die Anklageschrift der Hamburger Staatsanwaltschaft noch das Urteil des Schwurgerichts die Ereignisse richtig wiedergeben.

Nach der Anklage, die sich in erster Linie auf die Aussagen der beteiligten Polizeibeamten stützte, soll es so gewesen sein:

Nachdem der mit den Polizeibeamten L. und H. besetzte Wagen schräg vor den im Bahrenfelder Kirchweg haltenden BMW gesetzt worden war, soll Hoppe das Fahrzeug mit der Waffe, einer Pistole Kaliber 9 mm, verlassen und einen Schuß auf die beiden Beamten abgegeben haben, der das Wagendach streifte und dort eine Delle hinterließ. Sodann seien Werner Hoppe und Petra Schelm in Richtung von-Sauer-Straße weggelaufen. Nunmehr sei H. ausgestiegen und sei den beiden gefolgt, während L. über Funk eine Lagemeldung abgegeben, den Wagen gewendet habe und hinter seinem Kollegen her gefahren sei. In der nahegelegenen Reinickestraße sei es dann zur nächsten Begegnung gekommen. H. habe den Flüchtenden aus ca. 40 m Entfernung zugerufen: »Ergeben Sie sich!« Dann habe Petra Schelm auf H. geschossen, während Hoppe ein Stück weitergelaufen sei und dann auch geschossen habe. Anschließend hätten sich die beiden getrennt. Das Mädchen sei »bei einem Schußwechsel mit den Polizeibeamten« tödlich verletzt worden. Hoppe sei in Richtung einer Bundesautobahn-Baustelle geflüchtet. Dort habe er mindestens zweimal auf den Polizeibeamten Hamann und ein weiteres Mal auf den Polizeibeamten L. geschossen. Bei seiner Festnahme habe Hoppe sinngemäß erklärt: »Schade, von euch Schweinen hätte ich gern noch ein paar umgelegt!«

Daß Hoppe mit Tötungsvorsatz geschossen habe, entnahm die Anklageschrift den Zeugenaussagen der betroffenen Polizeibeamten, die übereinstimmend bekundet hatten, die Waffe des Angeklagten auf ihren Kopf oder Oberkörper gerichtet gesehen zu haben. Die für Mord notwendigen niedrigen Beweggründe folgerte die Staatsanwaltschaft aus Hoppes Absicht, sich der Festnahme zu entziehen.

Schon am ersten Verhandlungstag brachte die Anhörung des Schußwaffensachverständigen Hacker Punkte für die Verteidigung. So glaubten wir jedenfalls, noch auf ein faires Verfahren und die Gültigkeit des Grundsatzes in dubio pro reo (im Zweifel zugunsten des Angeklagten) vertrauend. Hacker erklärte, daß von den 16 aufgefundenen Munitionsteilen (zwölf Patronenhülsen und vier Projektile) nur einer, nämlich eine der im Bahrenfelder Kirchenweg gefundenen Patronenhülsen, aus Hoppes Pistole stammte, während die anderen den Waffen der Polizei und der Petra Schelm zuzuordnen waren. Aus Petra Schelms Pistole seien insgesamt 8, maximal 9, Patronen verfeuert worden.

Aus dem Magazin in Hoppes Waffe fehlten nur zwei Patronen. Eine dritte Patrone könne vorgeladen werden, so daß Hoppe maximal drei Schüsse abgegeben haben könne. Mehr als drei Patronen könnten aus seiner Waffe auch deshalb nicht verschossen worden sein, weil der Lauf kaum Schmauchspuren aufgewiesen habe.

Eine gute Ausgangsposition für die Verteidigung. Man durfte auf die Zeugenaussagen der Polizisten gespannt sein, die Hoppe bei mindestens fünf Schüssen und vier Mordversuchen gesehen haben wollten.

In der Hauptverhandlung erschien als erster Tatzeuge der Polizeibeamte L., mit Perücke, angeklebtem Bart und Sonnenbrille verkleidet seine Terroristenangst zur Schau tragend. Zu den Vorgängen im Bahrenfelder Kirchweg:

Bevor wir aussteigen konnten, sprang der Beifahrer aus dem BMW heraus und richtete eine Schußwaffe in unsere Richtung. Die Fahrerin kam ebenfalls über die Beifahrerseite aus dem Fahrzeug heraus und hatte ebenfalls eine Schußwaffe, die sie in unsere Richtung richtete. Wir gingen, soweit möglich, hinter den Sitzen unseres VWs in Deckung, unter Beobachtung der Aktionen unserer Gegenseite, und sahen dabei, daß beide – sowohl der Mann als auch die Frau – ihre Waffen auf unser Fahrzeug richteten und schossen.

Im weiteren Verlauf seiner Vernehmung wurde L. noch genauer:

Ich habe gesehen, daß der Beifahrer des BMW geschossen hat. Ich habe Mündungsfeuer gesehen. Die ersten Schüsse sind gekommen von dem Beifahrer des BMW.

Als nach schützender Befragung durch den Gerichtsvorsitzenden und den Staatsanwalt wir Verteidiger an der Reihe waren, mußte der Zeuge sich ein paar unangenehme Fragen gefallen lassen. Zunächst mußte er nach Vorhalt früherer Aussagen einräumen, daß er nicht mehrere Schüsse des Beifahrers gesehen habe. Aber auf einen wollte er sich festlegen, den habe er »voll mitbekommen«.

Hannover: Hat sich Ihre Kenntnis seit dem 15. Juli vorigen Jahres (dem Tag des Vorfalls, an dem der Zeuge seinen ersten Bericht erstattet hatte) durch irgendeinen Umstand vervollständigt? Beispielsweise durch Gespräche mit Herrn H.?

L.: Nein.

Hannover: Wie erklären Sie es sich dann, daß Sie bei früheren Vernehmungen von einem Schuß des Beifahrers, den Sie gesehen hätten, nichts gesagt haben?

L.: (nach langem Nachdenken) Das ist höchstens möglich, daß es sich um eine erste Stellungnahme, den ersten Bericht handelte, und zu dem Zeitpunkt war ich, wie Sie mir zubilligen werden, leicht oder sehr erregt.

Hannover: Waren Sie im Zeitpunkt ihres zweiten Protokolls, Ihrer Vernehmung vom 10. August 1971, auch noch immer erregt?

L.: Jedenfalls nicht mehr in dem Maße.

Hannover: Meinen Sie, daß Sie bei Ihrer Vernehmung vom 10. August die Wahrheit gesagt haben?

L.: So, wie ich mich bemühe, ständig die Wahrheit zu sagen, so auch da.

Hannover: Halten Sie es für möglich, daß Sie am 10. August 1971 eine genauere Erinnerung an die Vorgänge hatten als heute? L.: Das auf alle Fälle.

Hannover: Ich darf Ihnen aus Ihrer Vernehmung vom 10. August 1971 vorhalten, daß Sie damals folgendes erklärt haben: »Ich habe *gesehen,* daß auch Hoppe seine Pistole gezogen hatte und auf uns richtete. In diesem Moment befanden sich PHW H. und ich noch im VW. Als ich das Verhalten der beiden bemerkte, gingen wir hinter den Sitzen des VWs in Deckung. Bruchteile später *hörte* ich mehrere Schüsse – ca. 3-4 – ganz kurz hintereinander fallen. Aus diesen kurzen

Zeitabständen *schließe* ich, daß sowohl Petra Schelm als auch Werner Hoppe geschossen haben müssen.« (Die kursiv gedruckten Wörter betonte ich bei meinem Vorhalt) Sie haben also damals nicht eine Beobachtung mitgeteilt, des Inhalts, wie Sie sie heute hier dem Gericht bekundet haben, sondern Sie haben mitgeteilt, daß Sie geschlossen haben, aus der kurzen Reihenfolge der Schüsse, daß beide Personen geschossen haben müssen. Wie stellen Sie sich zu diesem Widerspruch?

L.: Der Widerspruch als solcher ist nicht von der Hand zu weisen. Ich würde es als falsche Aufnahme meiner Aussage werten.

Hannover: Sie sagen, Ihre Aussage vom 10. August 1971 ist falsch aufgenommen worden, oder Ihre heutige Aussage ist falsch verstanden worden?

L.: Nicht die gesamte Aussage, sondern nur die Formulierung der Wahrnehmung.

Ich fragte sodann seine frühere Aussage noch einmal Satz für Satz ab und wollte wissen, ob diese Einzelheiten richtig oder falsch aufgenommen worden waren. Daraus einen Ausschnitt:

Hannover: Herr L., ist denn der Teil Ihrer Aussage richtig aufgenommen bzw. verstanden worden, der sich so liest, daß die Schüsse erst gefallen sind, nachdem Sie hinter den Sitzen des VWs in Deckung gegangen waren, und daß Sie in diesem Zeitpunkt die Schüsse gehört haben. Ist das richtig verstanden worden?

L.: Daß wir hinter den Sitzen in Deckung gegangen sind, daß wir Schüsse gehört haben, das ist richtig verstanden worden.

Hannover: Und daß Sie diese Schüsse Bruchteile von Sekunden, nachdem Sie in Deckung gegangen waren, gehört haben, ist auch richtig?

L.: Auch das ist richtig, wobei ich, wie gesagt, den Begriff »Bruchteil von Sekunden« nicht definieren kann.

Hannover: Ist es auch richtig, daß Sie *vor* diesem Zeitpunkt Schüsse weder gehört noch gesehen haben?

L.: Vor welchem Zeitpunkt?

Hannover: Vor dem Zeitpunkt, in dem Sie in Deckung gegangen waren?

L.: Das ist auch richtig.

Damit war dem Zeugen das Eingeständnis abgerungen, daß er den von Hoppe im Bahrenfelder Kirchenweg abgegebenen Schuß nicht gesehen und alle Details – die Richtung der Pistole und das Mündungsfeuer – erfunden hatte. Denn aus seiner früheren Aussage ergab sich auch, daß alle Schüsse an dieser Stelle während der Zeit gefallen waren, als er und H. sich in Deckung hinter den Sitzen befanden (»Nachdem wir keinen Schuß mehr hörten, kamen wir hoch«). Der Vorsitzende versuchte sogleich, dieses Ergebnis meiner Befragung zu zerreden, worauf ich protestierte:

Aber Herr Vorsitzender, das ist ja ein Versuch, die Aussage dieses Zeugen zu retten, der mich nun wirklich empört. Es muß doch möglich sein, auch die Aussage eines Polizeibeamten der Unwahrhaftigkeit zu überführen – und dieser Zeuge lügt.

Wir waren durch das Verhalten des Vorsitzenden und eines weiteren Richters, der sich ebenfalls durch falsche Wiedergabe der soeben erfolgten Zeugenaussage eingemischt hatte, genötigt, einen Ablehnungsantrag wegen Besorgnis der Befangenheit gegen diese beiden Richter zu stellen. Wie üblich waren die für die Entscheidung über den Ablehnungsantrag zuständigen Richter der Meinung, daß ihre Kollegen nicht befangen seien, und die Sache konnte in spürbar verschlechterter Prozeßatmosphäre weitergehen.

Die Zurückweisung unseres Befangenheitsantrages teilte Springers *Bild*-Zeitung ihren Lesern so mit:

Gescheitert ist der Versuch, den »Hoppe-Prozeß« platzen zu lassen.

Aber Springers *Welt* vom 27. 5. 1972 mußte immerhin anerkennen:

Im Kreuzverhör der Verteidiger wurden einzelne Angaben des Zeugen schwer erschüttert. Es gelang der Verteidigung, Widersprüche in drei Fällen zwischen seinen Angaben vor Gericht und früher gemachten Aussagen in einem Bericht über die Ereignisse des 15. Juli und bei einem Verhör durch den Staatsanwalt aufzudecken.

Am folgenden Tag wurde die Vernehmung des Polizeibeamten L. fortgesetzt und Hoppes zweiter Mordversuch an diesem Zeugen erörtert, der an der Autobahn-Baustelle stattgefunden haben sollte, während ein Polizeihubschrauber über der Szene schwebte. Es gab Indizien dafür, daß Hoppe mit der Pistole nur gedroht, aber nicht geschossen hatte – die Polizei hatte dafür die Erklärung in die Welt gesetzt, Hoppe habe eine Ladehemmung gehabt –, und so fragte ich den Zeugen, ob er ausschließen könne, daß das Geräusch des Hubschraubers das Geräusch eines Schusses überdeckt haben könnte. Ausschließen könne er es nicht, antwortete der Zeuge. Ob es dann noch irgendeinen anderen Anhaltspunkt für ihn gebe, daß Hoppe tatsächlich geschossen und nicht nur gedroht habe; etwa das früher von dem Zeugen angegebene Mündungsfeuer. Ja, das sei der einzige Anhaltspunkt.

Ein zweiter Waffenfachmann, der auf Antrag der Verteidigung geladene Sachverständige Hecht, klärte die Prozeßbeteiligten darüber auf, daß man ein Mündungsfeuer bei Tageslicht nicht sehen kann, und der einzige visuelle Anhaltspunkt dafür, daß ein Mensch schießt, das Hüpfen der Pistole und eine graublaue Pulverschmauchwolke ist. Da lag schon eine ganze Serie insoweit übereinstimmender Polizistenaussagen vor, die alle ein Mündungsfeuer bei den auf sie abgegebenen Schüssen gesehen haben wollten, einige sogar mit Beschreibung von Form und Farbe (»kreisförmig«, »hellgelb«, »irgendwie weiß«). Ich sagte später in meinem Plädoyer:

Seien Sie sicher: In künftigen Prozessen wird bestimmt kein Polizist ein Mündungsfeuer gesehen haben.

Diesmal aber konnten die phantasievollen Berichte der Polizisten über Hoppes Mündungsfeuer der Glaubwürdigkeit ihrer Aussagen keinen Abbruch tun. Wir sollten später im Urteil lesen, daß die Zeugen in Wahrheit die »kurzlebige Pulverschmauchwolke« gesehen und für ein Mündungsfeuer gehalten hätten. Daß diese nach dem Gutachten des Sachverständigen eine graublaue Tönung hat, fand das Gericht »unter den

399

gegebenen Umständen unwesentlich«. Auch für die hellgelbe Farbe wußte das Gericht eine Erklärung: die Sonne könne sich auf dem Lauf der Waffe gespiegelt haben, als bei der Schußabgabe der Schlitten der Pistole zurückfuhr.

Wie es zur Erschießung der 20ährigen Petra Schelm gekommen war, hatte L. in seinem noch am Tattage erstellten Bericht so geschildert: Er sei durch eine Hausdurchfahrt zur Reinikkestraße gelangt. Plötzlich habe ihm ein Junge zugerufen: »Da ist sie!« Er habe die Frau auf sich zukommen gesehen und die Waffe auf sie gerichtet. Sie habe eine Jacke über dem Arm getragen. Er habe ihr zugerufen: »Halt, Mädchen, bleib stehen!« Dieser Aufforderung sei sie nicht nachgekommen. Dann habe er sie aufgefordert: »Wirf die Jacke weg und komme langsam näher!«

Sie machte Anstalten, dieser Aufforderung zu folgen und ging 3 Schritte auf mich zu. Dann jedoch riß sie plötzlich die Jacke vom Arm, richtete auf mich eine Pistole und schoß sofort auf mich. Als ich den Ansatz dieser Bewegung sah, warf ich mich nach rechts auf die Erde. Die Frau schoß weiter auf mich. Ich rollte mich nach links in Richtung auf eine kleine Hecke und erwiderte das Feuer im Liegen.

Er habe vier Schüsse abgegeben, während sie ihn mit mehreren Schüssen »eindeckte«. Er sei hinter einem kleinen Steinberg in Deckung gegangen.

In diesem Augenblick kam der PHW H., der von der anderen Seite (im Rücken der Frau) um den Häuserblock herumgekommen war. Er befreite mich mit einem kurzen Feuerstoß aus der MP aus meiner Notlage, nachdem sie ebenfalls auf den PHW H. geschossen und eine Aufforderung, sich zu ergeben, nicht befolgt hatte.

In der Hauptverhandlung stellte sich heraus, daß L. diesen Teil seines Berichts unterschrieben hatte, obwohl er nicht der Wahrheit entsprach. Er könne sich nicht vorstellen, wie er eine solche Bestätigung für seinen Kollegen H. habe abgeben können, da er diese Ereignisse tatsächlich nicht wahrgenommen habe.

Aus der Befragung durch die Verteidigung:

Hannover: Herr L., haben Sie bemerkt, daß in unmittelbarer Nähe von Ihnen an diesem Tage Petra Schelm getötet worden ist?
L.: Ja, das habe ich praktisch nachher mitbekommen.
Hannover: Das haben Sie praktisch nachher mitbekommen. Was heißt nachher?
L.: Das habe ich mitbekommen, wenn ich mich recht entsinne, im Rahmen der Berichtsfertigung.
Hannover: Das haben Sie erst im Rahmen der Berichtsfertigung mitbekommen?
L.: Wenn ich mich recht entsinne, ja.

Nachdem ich dem Zeugen vorgehalten hatte, was in seinem Bericht steht über das Auftauchen des PHW H. im Rücken der Frau und wie dieser ihn durch einen kurzen Feuerstoß aus der MP aus seiner Notlage befreit habe, fragte ich:

Wie können Sie etwas Derartiges in Ihren Bericht schreiben, wenn Sie es gar nicht selbst erlebt haben?
L.: Da muß ich passen.

Wie es zu diesem und den anderen Berichten der beteiligten Polizeibeamten gekommen war, erfuhren wir dann nach intensiver Befragung mehrerer Polizeizeugen. Man hatte die Beamten vor der Anfertigung der Berichte nochmals zum Tatort gefahren und dort eine Tatrekonstruktion durchgeführt, bei der jeder Polizeibeamte mithören und mitansehen konnte, wie seine Kollegen den Ablauf des Geschehens darstellten. Dann hatte jeder einen Entwurf seiner Aussage handschriftlich gefertigt, und auf Grund dieser Entwürfe hatte dann der Einsatzleiter alle Berichte geschrieben.

Ein sicheres Rezept zur Herstellung inhaltlich übereinstimmender, sich lückenlos ergänzender Aussagen, in denen für polizeiliche Schüsse von vornherein die Notwehrversion festgeschrieben wird. Daß die Beamten dann auch als Zeugen in der

Hauptverhandlung eine gute Figur machen, setzt allerdings voraus, daß sie ihre früheren Aussagen auswendig gelernt haben. Und das hatte L. offenbar versäumt. (Inzwischen sind die Methoden polizeilicher Zeugenbetreuung perfektioniert worden (vgl. Uwe Maeffert: *Polizeiliche Zeugenbetreuung),* so daß es sehr viel schwerer geworden ist, die Manipulation der Wahrheit aufzudecken.)

L. räumte ein, daß er nicht mehr auseinanderhalten könne, was er während des Tatgeschehens und was er bei der Tatrekonstruktion gesehen und gehört hatte. Sicher war er nur, daß er die Erschießung der Petra Schelm und das, was ihr unmittelbar voranging, nicht wahrgenommen hatte.

Der Polizeibeamte H., der den tödlichen Schuß auf Petra Schelm abgegeben hatte, hatte den Vorgang in seinem ersten Bericht so geschildert:

Ich sah den PM L. hinter einem niedrigen Steinwall in Deckung liegen. Mit dem Rücken zu mir auf dem Bürgersteig stand die Frau und schoß auf PM L. Ich rief ihr zu: »Geben Sie auf und werfen Sie die Waffe weg!« Daraufhin trat die Frau zur Seite und beschoß abwechselnd PM L. und mich. Ich gab zunächst einen Schuß in Richtung auf die Frau ab. Dieser zeigte keine Wirkung. Sie schoß weiter. Ich wollte einen weiteren Schuß abgeben, hatte jedoch Ladehemmung. Ich drückte den Sicherungshebel nach unten und schoß. (Das Nach-unten-Drücken des Hebels bewirkte, daß H.s MP auf Dauerfeuer gestellt war, was der Zeuge als Versehen hinstellte; dieses »Versehen« ist an diesem Tage mindestens drei an dem Einsatz beteiligten Polizeibeamten passiert; H.H.) Ich hatte keine Möglichkeit, wiederum in Deckung zu gehen und mich den Schüssen der Frau zu entziehen. Nach meiner letzten Schußabgabe brach die Frau zusammen und blieb auf dem Gehweg vor dem Hause Reinickestraße 19 liegen.

Auch dieser Bericht stammte, wie sich in der Hauptverhandlung herausstellte, von fremder Hand:

Den Bericht habe ich nicht selber gemacht. Man stand ja unter Schockeinwirkung. Ich habe mich in eine stille Ecke gesetzt, habe diesen Bericht zusammengeschrieben und habe ihn dann einem Kollegen gegeben, der ihn dann aufgeschrieben hat. Der hatte sämtliche Aussagen geschrieben.

In der Hauptverhandlung wurde H. noch ausführlicher, obwohl er einleitend gesagt hatte, er könne nur eine »oberflächliche Schilderung« geben und sich »an Einzelheiten nicht mehr erinnern«. Bei Schilderung der dem tödlichen Schuß vorangehenden Phase des Geschehens erwähnte H. mehrmals den Umstand, daß Petra Schelm sich »mit dem Rücken zu mir« bewegt habe, als sie auf L. schoß. Dann habe er gerufen: »Werfen Sie die Waffe weg, ergeben Sie sich!« Darauf habe die Person sich seitlich mit dem Rücken zur Hauswand gedreht und jetzt abwechselnd auf L. und ihn geschossen. Sie habe mindestens zweimal auf ihn, H., geschossen. Dann habe er seine Maschinenpistole zwischen Hüfte und Schulter in Anschlag gebracht und einen Feuerstoß abgegeben. Bruchteile von Sekunden später sei die Frau leblos auf das Pflaster gefallen.

Auch diesem Zeugen wurden bei der Befragung zahlreiche Widersprüche zwischen früheren Bekundungen und seiner jetzigen Aussage nachgewiesen. Was zu wütenden Angriffen der Springerpresse gegen die Verteidiger führte. In »Welt am Sonntag« vom 4.6.1972 war zu lesen:

Die Zeugen der Anklage wurden derart intensiv ins Kreuzverhör genommen, daß sie sich in die Rolle von Angeklagten gedrängt sahen. Der 25jährige Polizeibeamte, der mit seiner Maschinenpistole die zwanzigjährige Friseuse Petra Schelm am 15. Juli vorigen Jahres tödlich traf, erklärte sich schließlich für nicht mehr verhandlungsfähig ... Es sieht fast so aus, als seien die üblichen Verfahrensregeln der Strafjustiz für Anarchistengruppen nicht mehr ausreichend.

Der Zeuge H., dessen Vernehmung noch nicht beendet war, erschien zum nächsten Termin nicht mehr und meldete sich krank. Ein medizinischer Sachverständiger, der ihn im Auftrag des Gerichts untersucht hatte, bescheinigte ihm Verhandlungsunfähigkeit. Der Zeuge, so sagte der Sachverständige vor

Gericht, stehe offenbar unter schwerem seelischen Druck und habe ihn um Stillschweigen gebeten. Warum stand der Todesschütze unter seelischem Druck? Man durfte spekulieren.

Der Hoppe-Prozeß fand ein großes Medieninteresse. Die Berichterstattung der Blätter des Axel-Springer-Verlages war ausgesprochen feindselig.

Am 12. Verhandlungstag (15. 6. 1972) trat ein 13jähriger Junge, Roland Waldmann*, in den Zeugenstand, der die Vorgänge, die zur Tötung der Petra Schelm führten, als unbeteiligter Zeuge miterlebt hatte. Bei seiner ersten polizeilichen Vernehmung, 5 Tage nach dem Tatgeschehen, wurde seine Aussage so protokolliert:

In diesem Moment (der Zeuge hatte zuvor den Schußwechsel zwischen Petra Schelm und L. geschildert) kam von der Hofeinfahrt ein Polizist mit Bart (H.). Dieser trug auch eine Waffe, aber keine Pistole. Ich glaube, es war eine »MPi«. So etwas habe ich schon mal bei der Bundeswehr gesehen. Dieser hielt diese Waffe in der rechten Hand etwa in Hüfthöhe. Die Waffe zeigte nach vorne. Dieser Polizist schoß dann auch auf die Frau. Die Schüsse kamen hin-

---

*   Name geändert

tereinander. Wieviele Schüsse es genau waren, kann ich nicht sagen. Die Frau fiel sofort nach hinten über und blieb auf dem Gehweg liegen.

Ob der Polizist mit Bart und die Frau vorher etwas gesagt haben, kann ich nicht genau sagen. Auch kann ich nicht sagen, ob die Frau vorher auf den Polizisten mit Bart geschossen hat. Ich bin der Meinung, daß sie nicht auf ihn geschossen hat.

In der Hauptverhandlung fragte der Vorsitzende den jungen Zeugen:

Haben die beiden (gemeint: Petra Schelm und H.) sich duelliert?

Trotz der suggestiven, Schüsse von beiden Beteiligten voraussetzenden Wortwahl (»duelliert«), antwortete der 13jährige:

Ja, der Polizist, der schoß. Das Mädchen stand dem Polizisten ja mit dem Rücken zu.
Vorsitzender: Hat das Mädchen sich mal umgedreht zu dem Polizisten hin?
Roland Waldmann: Da kann ich mich nicht dran erinnern.

Wir Verteidiger wollten es noch etwas genauer wissen.

Hannover: Hat das Mädchen auch auf den zweiten Polizeibeamten (H.) geschossen?
Roland Waldmann: Auf den hat sie nicht geschossen.
Hannover: Hat sie den überhaupt gesehen?
Roland Waldmann: Den hat sie nicht gesehen.
Hannover: Woher weißt du das?
Roland Waldmann: Weil sie dem mit dem Rücken zustand.
Hannover: Hat der zweite Polizist dem Mädchen auch etwas zugerufen?
Roland Waldmann: Nicht daß ich wüßte.

Die Presseberichterstatter, die den Prozeß Tag für Tag im Gerichtssaal miterlebten, wurden allmählich skeptisch gegenüber der von der Polizei vorgegebenen Wahrheitsvariante. Die *Hamburger Morgenpost* vom 16. 6. 1972 titelte: »Ein 13jähriger erschütterte Aussage des Hauptzeugen«, und die *Bild*-Zeitung sprach gar von einer Sensation. Aber wie vertrug sich die Aussage des »aufgeweckten Jungen« *(Hamburger Morgenpost)* mit dem Obduktionsbefund? Wenn das Gutachten der Ärzte, die die Leichenöffnung durchgeführt hatten, richtig war, muß Petra Schelms Kopf in dem Moment, als die tödliche Kugel traf, dem Schützen halb zugewandt gewesen sein. Der Einschuß wurde im linken Gesichtsbereich (»1,2 cm auswärts des äußeren Augenwinkels«), der Ausschuß am Hinterhaupt (»2,5 cm links der Mittellinie«) festgestellt. Einer der Obduzenten, Dr. Naeve, wurde am 14. Verhandlungstag (20. 6. 1972) zu dem Befund gehört. Auf die Frage, ob Petra Schelm von vorn oder von hinten erschossen worden ist, haben wir verzichtet. Das war vielleicht ein Fehler. Ausgerechnet die Berichterstatter der *Welt* und der *Bild*-Zeitung haben diese Frage dem Sachverständigen außerhalb der Verhandlung gestellt und darauf die Antwort erhalten, es bestehe durchaus die Möglichkeit, daß sich das Mädchen, mit dem Rücken zum Schützen gewandt, in den Schuß hineingedreht habe *(Die Welt* und *Bild-*Zeitung vom 21. 6. 1972).

Wir Verteidiger stellten eine andere Hypothese auf, nämlich die, daß Petra Schelm möglicherweise gar nicht von H., sondern von einem anderen Polizeibeamten aus der Gegenrichtung erschossen worden ist, der zu gleicher Zeit wie H. auf das Mädchen geschossen hat. Die Wahrscheinlichkeit eines solchen Geschehensablaufs ergab sich schon daraus, daß Petra Schelms Körper mit dem Kopf in Richtung zu H. lag, also möglicherweise von einem Geschoß in dieser Richtung hintenüber umgerissen worden war. Weiter sprach für diese Deutung, daß in der Reinickestraße noch zwei weitere Patronenhülsen gefunden worden sind, die keiner der bekannten Waffen zugeordnet werden konnten. Auch sonst gab es Hinweise, daß noch ein weiterer Polizist am Tatgeschehen beteiligt war, der nicht ermittelt worden ist oder womöglich bewußt gedeckt wurde; wir hatten einen entsprechenden Beweisermittlungsantrag gestellt, dem das Gericht nicht stattgegeben hatte. Zugleich hielten wir für möglich, daß H. selbst glaubte, der Todesschütze gewesen zu sein, obwohl es vielleicht ein anderer war, der gleichzeitig geschossen hatte. Auf jeden Fall blieb nach der Aussage Roland Waldmanns an H. der Verdacht hängen, daß er ohne Warnung von hinten auf das Mädchen geschossen und als Zeuge die Unwahrheit gesagt hatte.

Für Werner Hoppes Verteidigung kam es auf die Umstände, die zu Petra Schelms Tötung geführt hatten, nur unter dem Gesichtspunkt der Glaubwürdigkeit des Zeugen H. an. Das hatte auch das Gericht so gesehen und deshalb diesen Komplex gegen den Widerspruch des Staatsanwalts in die Beweisaufnahme einbezogen. Denn H. war, nachdem uns die »Demontage« des Zeugen L. so gründlich gelungen war, daß weder der Staatsanwalt noch das Gericht seine Aussagen einer Verurteilung des Angeklagten zugrundelegen wollten, der wichtigste »Kronzeuge« der Anklage.

Der Staatsanwalt stand vor dem Problem, Polizistenaussagen bewerten zu müssen, nach denen Hoppe mindestens fünf Schüsse abgegeben haben müßte, obwohl nur eine Patronenhülse gefunden worden war, die seiner Waffe zugeordnet werden konnte, und nach dem Gutachten des Sachverständigen Hacker anzunehmen war, daß aus Hoppes Pistole nur zwei, höchstens drei Patronen verschossen worden waren. Der Staatsanwalt suchte sich den Schuß aus, der gleich zu Anfang im Bahrenfelder Kirchenweg gefallen war und eine Delle im Dach des Polizeiwagens hinterlassen hatte, während er die Beweise für die weiteren Hoppe angelasteten gezielten Schüsse als nicht ausreichend bezeichnete. Im Bahrenfelder Kirchenweg war, außer Patronenhülsen und Geschossen, die zu den Waffen der Polizisten und der Petra Schelm gehörten, die eine Patronenhülse gefunden worden, die Hoppes Pistole ausgeworfen hatte. Er mußte also hier einmal geschossen haben. Aber ob das nun der Schuß war, der das Dach des Polizeiwagens gestreift hatte, und ob dieser Schuß, wenn er von Hoppe stammte, die Polizisten treffen sollte, konnte nur bewiesen werden, wenn H. in diesem Punkt geglaubt wurde. Wie schön wäre es gewesen, wenn man wenigstens die Delle hätte besichtigen können, die vielleicht etwas über die Richtung, aus der die Kugel gekommen war, und über deren Kaliber ausgesagt hätte. Aber dieses einzige objektive Beweismittel hatte man verschwinden lassen, indem das Autodach ausgebeult und neu lackiert wurde, bevor Richter und Verteidiger es gesehen hatten. So konnten wir zwar in unseren Plädoyers darüber spekulieren, warum diese Spur beseitigt worden war – hatte die Richtung nicht gestimmt oder wies sie gar auf eine Polizeikugel hin? –, und ein Gericht, das polizeilicher Prozeßbeeinflussung mehr kritische Aufmerksamkeit gewidmet hätte, wäre vielleicht schon hier auf Zweifel gestoßen, die sich zugunsten des Angeklagten hätten auswirken müssen.

Der Staatsanwalt folgte in seinem Plädoyer der Aussage H.s, der sich in der Hauptverhandlung darauf festgelegt hatte, er habe Hoppe bei dem ersten Schuß, der das Wagendach getroffen habe, gesehen, obwohl auch er hinter den Rückenlehnen der Vordersitze des Polizeiwagens Deckung genommen hatte.

H. hatte während der Verfolgung des BMW das Schiebedach des Polizeiwagens geöffnet und mit dem Oberkörper herausgeragt, um einen besseren Überblick zu haben. Von dieser Position aus habe er gesehen, daß die Insassen des im Bahrenfelder Kirchenweg haltenden BMW bewaffnet waren und seinen Kollegen mit dem Ausruf gewarnt: »Deckung! Die sind bewaffnet!« Er sei auf dem Sitz des VW gewissermaßen in sich zusammen gekrochen, sein Kopf sei durch die Rückenlehne noch etwas geschützt gewesen, vielleicht bis zur Nasenhöhe, aber das wisse er nicht mehr genau.

Während ich kauerte, sah ich, wie der Beifahrer raussprang, seine Waffe in Augenhöhe nahm, und dann hörte ich einen Knall und einen Einschlag oben auf dem Dach unseres Wagens.

(Der Zeuge L. hatte bekundet, daß nicht nur Hoppe, sondern beide Insassen des BMW ausgestiegen und ihre Pistolen in Anschlag gebracht hätten.)

Als er schoß, stand der Beifahrer seitlich neben dem BMW; ob hinter oder neben der Tür, weiß ich nicht. Geöffnet war die Tür noch. Ob er den Arm ausgestreckt oder angewinkelt hatte, weiß ich nicht mehr. Aber ich weiß noch, daß er die Pistole in Augenhöhe hielt. Ich glaube nicht, daß ich Mündungsfeuer gesehen habe, weiß es aber nicht genau. Die Pistole in der Hand des Mannes war auf das Wageninnere gerichtet. Ob er mich oder L. treffen wollte, weiß ich nicht. Von meiner Sicht aus war die Pistole auf mich gerichtet.

So die Aussage H. im Gerichtsprotokoll vom 1.6.1972 (damals wurden Zeugenaussagen noch sinngemäß protokolliert). Nachdem er von vorübergehender Verhandlungsunfähigkeit wieder genesen war, wurde H.s Vernehmung am 7.6.1972 fortgesetzt. Erst jetzt waren die Verteidiger, denen die Springer-Presse die Schuld an der Verhandlungsunfähigkeit des Zeugen gegeben hatte, mit Fragen an der Reihe. Und der Zeuge »mauerte«. Er hatte offenbar aus L.s »Fehler«, sich die Wahrheit abfragen zu lassen, gelernt.

In seinem Bericht vom Tattage hatte er seine Wahrnehmungen von dem angeblichen ersten Schuß des Angeklagten noch so beschrieben:

Ich konnte deutlich *hören*, daß ein Geschoß auf unser Fahrzeugdach prallte. *Nach Abgabe des Schusses erhob ich mich aus der Deckung* und *sah* durch das geöffnete Seitenfenster unseres Kfz, daß der flüchtende Täter hinter einer Hausecke verschwand.

Diese Hausecke war ziemlich weit entfernt. Man konnte dieser Sachdarstellung also entnehmen, daß auch H. ziemlich lange in volle Deckung gegangen war, bevor er sich wieder hervortraute. Sein Kollege L. hatte von einem »langsamen Sich-hoch-Tasten« gesprochen.

In einer späteren Vernehmung durch den Staatsanwalt (10.8.1971) hatte H. ebenfalls noch klar zwischen dem, was er gesehen, und dem, was er gehört hatte, unterschieden.

Zwar behauptete er zunächst, »gesehen« zu haben, daß Hoppe »gezielt auf uns geschossen« habe. Aber dann folgte eine Erläuterung, die das einschränkte:

Das entnahm ich seiner Armhaltung und der Richtung, in die er die Pistole hielt. Die Kugel prallte auf das Wagendach, und es war erkennbar für mich, daß er nicht in die Luft schoß oder uns lediglich von seiner Verfolgung abhalten wollte.

Er hatte also die Armhaltung und die Richtung, in der Hoppe die Pistole hielt, gesehen. Grund genug, in volle Deckung zu gehen, bevor der Schuß knallte. Als nächste Wahrnehmung folgt demgemäß der Aufprall der Kugel auf dem Wagendach, den er nicht sehen, sondern nur hören konnte. Erst daraus war für ihn, wie der zweite Halbsatz verrät, erkennbar, daß Hoppe nicht in die Luft schoß. Freilich hatte der vernehmende Staatsanwalt diese zwischen den Zeilen zu lesenden Wahrheiten nicht durch Nachfragen bestätigen lassen. Und als wir Verteidiger das in der Hauptverhandlung, ein Jahr nach dem Tatgeschehen, nachholen wollten, war es zu spät. Trotz H.s Eingeständnisses, daß seine Erinnerung an die Vorgänge inzwischen schlechter geworden sei (»Ich kann nach einem Jahr nur eine oberflächliche Schilderung der Ereignisse geben, an alle Einzelheiten kann ich mich nicht mehr erinnern.«), und vieler durch Vorhalt früherer Aussagen aufgespürter Erinnerungsfehler wurde er in diesem Punkt immer sicherer. Ein Aussageverhalten, das einem auch gegenüber Belastungszeugen kritikbereiten Gericht hätte zu denken geben müssen.

Hatte er noch im Hauptverhandlungstermin vom 1.6.1972 eine Darstellung gegeben, die als visuellen Eindruck nur das Halten der Pistole in Augenhöhe nannte und sogar die Wahrnehmung des Mündungsfeuers verneinte, das zu der Zeit in Hamburger Polizeikreisen noch als prinzipiell sichtbar galt, so bediente er uns Verteidiger jetzt mit Sätzen wie:

Ich habe den Mann im Augenblick der Schußabgabe gesehen.

Und:

Ich habe mit Sicherheit meine Augen nicht geschlossen in dem Moment der Schußabgabe. Ob ich Angst hatte, kann ich jetzt nicht mehr sagen. Normalerweise mußte ich ja Angst haben. Man kann es ja so ausdrücken, daß ich in dem Moment dem Tod genau ins Auge gesehen habe.

Auch auf den Umstand, daß der Schuß, den H. unserem Mandanten zuschrieb, nicht die Polizeibeamten, sondern das Wagendach getroffen und im flachen Winkel gestreift hatte, versuchten wir Verteidiger das Gericht aufmerksam zu machen. Es wäre bei der kurzen Entfernung – sie wurde auf 4 bis 6½ Meter geschätzt – einem Schützen, der die Beamten treffen wollte, ohne weiteres möglich gewesen, sie auch wirklich zu treffen. Alles sprach dafür, daß es dem Schützen, wenn es denn Hoppe gewesen sein sollte, nur darum gegangen war, die Polizisten in Deckung zu halten, bis er und seine Freundin in Sicherheit waren.

Um den Angeklagten wegen versuchten Totschlags zu verurteilen – den Vorwurf des Mordes aus niedrigen Beweggründen hatte der Staatsanwalt in seinem Plädoyer fallengelassen –, bedurfte es darüberhinaus des Nachweises, daß Hoppe vorsätzlich gehandelt, also den Tod eines oder mehrerer Polizisten billigend in Kauf genommen hätte, wie die juristische Formel lautet. Das ist ja immer wieder ein gefährlicher Freibrief für verurteilungswillige Richter, ihre eigenen Vorstellungen von dem, was im Kopf eines Angeklagten im Augenblick der Tat vorgegangen ist, als scheinbar sichere Feststellung ins Urteil zu schreiben. Und wir mußten in einem als »Terroristen-Prozeß« aufgezogenen Verfahren mit allem rechnen.

Also hatten wir Zeugen aufgeboten, die den Angeklagten gut kannten und über seine Einstellung zur Anwendung von Waffengewalt gegenüber menschlichem Leben Auskunft geben konnten, und die Bestellung eines psychologischen Sachverständigen durchgesetzt, der dem Gericht das Verständnis dafür erleichtern sollte, warum dieser junge Mann sich in eine Schießerei mit der Polizei verwickeln ließ und bei seiner Festnahme Äußerungen machen konnte, die, wörtlich genommen, auf Tötungsbereitschaft schließen lassen konnten.

Der Schriftsteller Christian Geißler sagte:

Nach meiner Kenntnis von Werner halte ich es nicht für möglich, daß er auf Polizisten geschossen hat, um sie zu töten ... Ich könnte mir vorstellen, daß er zur Waffe greifen würde, um die gesuchte und endlich gefundene Verbindung zu einem Mädchen zu verteidigen, aus dem Wunsch heraus, mit ihr zusammen zu überleben. Das könnte doch jedem von uns so gehen.

Auch der Regisseur Lothar Janßen, der ebenso wie Geißler den Angeklagten bei Aufnahmen für einen Film über Drogenabhängige kennengelernt hatte und inzwischen mit ihm befreundet war, hielt es für unvorstellbar, daß Hoppe auf Menschen geschossen hat mit der Absicht, sie zu töten.

Und der psychologische Sachverständige Dr. Herbert Maisch erstattete ein Gutachten über die Persönlichkeit des Angeklagten, das bei einem unvoreingenommenen Gericht wohl Zweifel hätte auslösen müssen, ob Werner Hoppe an jenem 15. Juli 1971, an dem Petra Schelm in die Polizeikontrolle geriet, wirklich Polizisten totschießen wollte oder ob es ihm nicht vielmehr darum ging, seiner neuen Freundin Schutz zu bieten und ihr die Flucht zu ermöglichen. Werner Hoppe schwieg entgegen dem Rat seiner Verteidiger auch gegenüber dem Sachverständigen über seine Beziehung zu Petra Schelm, obwohl er nicht immer verbergen konnte, daß sie ihm sehr nahegestanden hatte. Als er einmal das in einer Illustrierten veröffentlichte Polizeifoto der nackten Leiche des erschossenen Mädchens überraschend zu Gesicht bekam, mußte dieser scheinbar so harte Mann im Gerichtssaal weinen. (Ein Wort zu diesem Foto: ein schöner Frauenkörper, mit einem kleinen, schräg heruntergezogenen Slip wie zum Porno zubereitet, in Farbe und professionell ausgeleuchtet. Wer hat die Tote, die sich nicht mehr wehren konnte, so fotografiert? Wer hat das Foto der Illustrierten zugespielt und dafür kassiert? Wie staatstragendes Personal in Deutschland an wehrlos gewordenen »Terroristinnen« und »Staatsfeinden« seine sexuellen Phantasien vollstreckt, habe ich später auch in der Sache Ulrike Meinhof registrieren müssen. Man kennt das auch aus Berichten überlebender KZ-Opfer oder aus den Beiakten des Thälmann-Mordprozesses. Auch das gehört zur Typologie der Gesellschaft, in der wir leben.)

Der Staatsanwalt beantragte nur in einem Fall der Anklage – dem Schuß aufs Autodach im Bahrenfelder Kirchenweg – eine Verurteilung wegen versuchten Totschlags, und zwar zu 6 Jahren Freiheitsstrafe; in allen anderen Fällen: Freispruch. Der Kollege Reinhard und ich plädierten auf Freispruch in allen Fällen. Wir ernteten in dem vollbesetzten Zuschauerraum Beifall.

Lokaltermin an der Reinickestraße in Hamburg-Bahrenfeld, wo seinerzeit Petra Schelm erschossen wurde. Werner Hoppe, begleitet von mir als einem seiner Verteidiger und einem Schwarm von Polizisten, auf dem Weg zum Tatort.

Daß ein gerechtes Urteil zu erwarten sei, wurde auf der Pressebank bezweifelt. Die *Hamburger Morgenpost* schrieb am 25. Juli 1972:

Prozeßbeobachter äußerten die Befürchtung: Es wird ein Urteil der Angst. Entweder vor der Öffentlichkeit, die Härte fordert, oder vor Anarchisten, die Richter und Geschworene mit Repressalien bedrohen.

Das am 26. Juli 1972 verkündete Urteil lautete auf zehn Jahre Freiheitsstrafe wegen versuchten Totschlags in drei Fällen, ging also weit über den Antrag des Staatsanwalts hinaus.

Der erste Fall war der Schuß im Bahrenfelder Kirchenweg, der auf dem Dach des Polizeiwagens eine Delle hinterlassen hatte. Daß der Angeklagte nicht den Polizeibeamten H., sondern das Autodach getroffen habe, liege daran, hieß es im Urteil, daß Hoppe bei der Schußabgabe sein Ziel »verwackelt« habe. Vergeblich hatte ich den Richtern und Geschworenen bei einem auf unseren Antrag durchgeführten Ortstermin an den im Bahrenfelder Kirchenweg aufgestellten Autos demonstriert, wie stark die Armhaltung eines Pistolenschützen bei der kurzen Entfernung zum Ziel abweicht, je nachdem, ob man das Autodach oder die im Wagen sitzenden Personen treffen wollte. – Der zweite Fall war ein Schuß, den Hoppe auf seiner Flucht aus 37 m Entfernung in Richtung der Polizeibeamten Hamann und Haselhorst abgegeben haben soll. Beweis: die Polizeibeamten Hamann und Haselhorst sagten als Zeugen aus, daß die Pistole des Angeklagten in ihre Richtung gezeigt hätte. Zwar hatte der Schußwaffensachverständige Hecht, der entsprechende Versuche durchgeführt hatte, erklärt, daß man auf 37 m Entfernung nicht erkennen könne, ob eine Pistole auf den Beobachter gerichtet sei, aber das irritierte das Gericht nicht. Der Angeklagte habe jedenfalls die Möglichkeit gebilligt, einen der beiden Beamten tödlich zu treffen. Fall 3 war ein Schuß, den Hoppe kurz vor seiner Festnahme im Bereich der Autobahn-Baustelle auf den Polizeibeamten L. abgegeben haben soll. Hier folgte das Gericht zwar nicht der Aussage des Zeugen L., den das Gericht an anderer Stelle des Urteils als »nervlich zerrütteten Mann« bezeichnete und dadurch auch als unbequemen Gegenzeugen zu H.s Darstellung der Ereignisse im Bahrenfelder Kirchenweg loswurde. Stattdessen bediente sich das Gericht der Aussage eines Zeugen, der als neugieriger Passant in Richtung Autobahn-Baustelle gelaufen war und aus fünfzig Meter Entfernung gesehen haben wollte, daß L. und Hoppe, die ihrerseits fünfzig Meter voneinander entfernt gewesen seien, im Laufen aufeinander geschossen hätten. Der Zeuge hatte sich in der Hauptverhandlung hinsichtlich des Ortes, wo er seine Beobachtung gemacht haben wollte, korrigieren müssen und außerdem betont: »Ob er (Hoppe) auf den Polizisten zielte, konnte ich von meinem Platz aus nicht sehen.« Dem Gericht genügte es.

Auch mit der Feststellung des Schußwaffensachverständigen Hacker, daß aus Hoppes Pistole höchstens drei Patronen abgefeuert worden sind, wurde das Gericht fertig. Es unterstellte, ohne daß davon in der Hauptverhandlung auch nur mit einem Wort die Rede gewesen war, daß der Angeklagte noch ein weiteres Magazin besessen und »dieses – möglicherweise leergeschossene – Magazin der Waffe entnommen, es weggeworfen und gegen das bei der Festnahme in der Pistole gefundene volle Magazin ausgetauscht habe«. Daß dieses fortgeworfene Magazin bei der Tatortsicherung – trotz Einsatz eines Metallsuchgeräts! – nicht gefunden worden ist, erklärte das Urteil damit, daß man an den falschen Stellen gesucht habe. Dieses Gericht verfuhr nach dem Grundsatz: im Zweifel gegen den Angeklagten!

Daß Werner Hoppe zur Waffe gegriffen hatte, um die in Petra Schelm gefundene Partnerin zu verteidigen, verwarf das Gericht mit einem Satz:

Das traf indessen nach der Überzeugung des Gerichts nicht zu.

Kein weiteres Wort der Begründung für diese Überzeugung. Nein, das Gericht war überzeugt, daß Hoppe Polizisten töten wollte. Und das wurde nur im Fall 1 (Bahrenfelder Kirchenweg) näher begründet, und zwar so: Nach den Aussagen der Polizeibeamten L. und H. habe der Angeklagte die Pistole auf sie gerichtet. Ein aus dieser kurzen Entfernung abgegebener Schuß sei geeignet, den Tod der anvisierten Person herbeizuführen. Das sei dem Angeklagten bewußt gewesen.

Bei dieser Sachlage ist das Gericht überzeugt, daß der Angeklagte den Zeugen H. töten wollte.

Die Tatsache, daß das vom Angeklagten verfeuerte Geschoß dann doch nicht die anvisierte Person getroffen, sondern das Dach des Wagens gestreift hatte, führte nicht etwa zu der Überlegung, daß Hoppe die Polizisten mit der Pistole nur bedrohen und in Deckung zwingen wollte, den Schuß dann aber bewußt in anderer Richtung abgegeben hat, sondern wurde vom Gericht unter Ausnutzung dessen, was über die pazifistische und prinzipiell gewaltlose Einstellung des Angeklagten gesagt worden war, als unwesentliche Abweichung von dem, was er eigentlich wollte, abgetan:

Der Angeklagte ist ein ungeübter Schütze. Entsprechend seiner bisherigen Einstellung zum Schußwaffengebrauch hatte er nach Überzeugung des Gerichts noch keine Erfahrungen mit Schußwaffen gesammelt. Selbst der im Schießen ausgebildete Zeuge L. hat in der Aufregung mit seinen gezielten Schüssen in der Reinickestraße nicht getroffen, Bei dem schnellen Anlegen und Abdrücken war dem Angeklagten ein ruhiges Zielen nicht möglich.

Da der Angeklagte unmittelbar vor der Schußabgabe auf den Zeugen H. gezielt habe, könne er »zur Überzeugung des Gerichts« bei der Schußabgabe sein Ziel nur »verwackelt« haben. Eine Logik, die erst schlüssig wird, wenn man hinzufügt, daß der Angeklagte »zur Überzeugung des Gerichts« ein »Terrorist« war. Aber das steht nicht im Urteil.

Das Urteil zitiert lediglich den Satz, den mehrere Polizeizeugen bei der Festnahme aus dem Munde des Angeklagten gehört haben wollen, für das Gericht offensichtlich das wichtigste, wenn nicht das einzige Indiz für eine Tötungsabsicht des Angeklagten (der Vorsitzende begann mit diesem Satz die mündliche Urteilsbegründung). Es gab da verschiedene Versionen von »Ihr Bullen seid doch Scheißkerle!« (die im Urteil nicht mehr auftaucht!) über »Schade, von euch Schweinen hätte ich gern noch ein paar umgelegt!« bis »Schade, daß ich euch Scheißbullen nicht umgelegt habe!«. Das Gericht gehe, so hieß es im Urteil, »zu Gunsten des Angeklagten« von der letztgenannten Formulierung aus. Wenn auch diese Worte nach Ansicht des psychologischen Sachverständigen Dr. Maisch auf den starken Erregungszustand des Angeklagten zurückzuführen seien und keine Rückschlüsse auf seine Willensrichtung zuließen, »so beweisen sie zumindest das ausgesprochene Bedauern des Angeklagten, nicht tödlich getroffen zu haben«. Genau das beweist der Satz, den das Gericht »zu Gunsten des Angeklagten« unterstellt haben will, nicht. Er paßte auch auf den Fall, daß der Angeklagte bewußt vorbeigeschossen hat.

Das Urteil wurde in der Öffentlichkeit ganz überwiegend kritisch aufgenommen. *Frankfurter Rundschau* (28.7.1972):

Man hat das ungute Gefühl, daß in Hamburg ein politisches Urteil gefällt worden ist.

Hamburger Morgenpost (27.7.1972):

Im Fall Hoppe drängt sich der Verdacht auf: hier wurde weniger nach juristischen, mehr nach politischen Gesichtspunkten geurteilt. Dieser Eindruck im Gerichtssaal war allgemein, er beschränkte sich nicht auf die Freunde des Angeklagten. Polizeibeamte, die den Prozeß tagelang verfolgten, reagierten beinahe erschrocken: Damit haben wir nicht gerechnet.

Die Zeit (4.8.1972):

Der Hoppe-Prozeß geriet durch das Urteil zum politischen Tribunal. Der Richterspruch verrät wenig Souveränität. Das Ansehen der richterlichen Gewalt und das Vertrauen in sie blieben im Gerichtssaal auf der Strecke. Nicht die klare Sprache des Rechts war hier zu vernehmen, sondern die Stimme des Volkes.

In einem offenen Brief an Bundespräsident Dr. Gustav Heinemann protestierten vierzig Unterzeichner gegen das Hamburger Urteil, darunter die Schriftsteller Martin Walser und Gerhard Zwerenz, der Kabarettist Wolfgang Neuß und der Verleger Reinhold Neven-DuMont. Darin hieß es, das Urteil unterscheide sich »in nichts vom Justizterrorismus totalitärer Gewaltstaaten«. Es sei dringlich, daß die Gesellschaft »vor einer unmenschlichen Urteilspraxis die Sprache findet«.
Zustimmung kam von ganz rechts *(Deutsche National-Zeitung)* und von Bundesanwalt Siegfried Buback, den die *Bild*-Zeitung (27.7.1972) mit dem Satz zitierte:

Ich empfinde die zehnjährige Freiheitsstrafe gegen Hoppe als gerecht.

Das war auch die Meinung des Bundesgerichtshofs, dessen 5. Strafsenat unsere ausführlich begründete Revision gegen das Urteil des Schwurgerichts durch einstimmigen Beschluß vom 8.1.1974 als offensichtlich unbegründet verwarf. Eine Form der Erledigung, die nach der Bestimmung des § 349 Abs. 2 StPO keiner Begründung bedarf.

Ich weiß nicht, was aus Werner Hoppe geworden ist. Er hat 1974 den Kontakt abgebrochen. Ich entnahm lediglich Presseberichten aus dem Jahre 1979, daß Hoppe als schwerkranker Mann aus der Haft entlassen worden ist.

5 StR 419/73

BUNDESGERICHTSHOF

BESCHLUSS

in der Strafsache

gegen

den Aufnahmeleiterpraktikanten Werner H o p p e
aus Hamburg,
dort geboren am 7.Februar 1949,
zur Zeit in Untersuchungshaft,

wegen versuchten Totschlags

Der 5.Strafsenat des Bundesgerichtshofs hat auf Antrag des
Generalbundesanwalts am 8.Januar 1974 einstimmig beschlossen:

Die Revision des Angeklagten gegen das Urteil
des Schwurgerichts in Hamburg vom 26.Juli 1972
wird nach § 349 Abs.2 StPO als offensichtlich
unbegründet verworfen.

Der Beschwerdeführer hat die Kosten des
Rechtsmittels zu tragen.

Der Schriftsatz vom 7.Januar 1974 hat vorgelegen.

   Sarstedt Schmidt Siemer

     Herrmann Schuster

Ausgefertigt

V. Cleer

Amtsinspektor
als Urkundsbeamter
der Geschäftsstelle

So wurde die ausführlich begründete Revision gegen das Urteil des Schwurgerichts verworfen (vgl. Glossar, Stichwort »Revision«).

26. Eine schwierige Mandantin: Ulrike Meinhof (1970-1974)

Zu meinem siebzigsten Geburtstag schrieb die *Frankfurter Allgemeine Zeitung* (FAZ) vom 31.10.1995 einen nicht unfreundlichen Artikel, der so begann:

In den siebziger Jahren hat Heinrich Hannover viel von sich reden gemacht. Er gehörte zu den von Herkunft durchaus bürgerlichen Anwälten, die in der »Terroristenszene« verteidigten; Hannover war unter anderem Verteidiger von Ulrike Meinhof, Astrid Proll und Peter-Jürgen Boock. Obwohl Hannover sich bei den Kriegsdienstgegnern, in der Ostermarschbewegung und im Kampf gegen die Notstandsgesetze Ende der sechziger Jahre engagiert hatte, wurde er nicht auffällig durch den Verdacht einer über die Verteidigerpflichten hinausgehenden Kollusion mit den Angeklagten aus dem Felde des Terrorismus.

Ulrike Meinhof wird fast immer als erste genannt, wenn eine Kennzeichnung meiner Person durch Aufzählung namhafter Mandanten erfolgt. Häufig heißt es auch nur: »der Verteidiger von Ulrike Meinhof«, was bei vielen noch immer die Assoziation auslöst: »Aha, ein Komplize von Terroristen.« So daß, wer es gut mit mir meint, sogleich einschränkend hinzufügt, daß ich nicht »auffällig« geworden sei durch den Verdacht unzulässiger Kollusion. Aber schon der Name Ulrike Meinhof, bei dem sich offenbar jeder etwas denken kann, genügt, um meinem Strafverteidigerleben einen durchaus irreführenden Stempel aufzudrücken. Und so werden manche Leser und Leserinnen dieses Buches vielleicht enttäuscht sein, zu erfahren, wie wenig ich eigentlich mit ihrer Verteidigung zu tun gehabt habe.

Ich kannte Ulrike Meinhof aus der Zeit, in der sie in der Zeitschrift *Konkret* Kolumnen schrieb, gesellschaftskritische Analysen der politischen Realität der sechziger Jahre, die noch heute lesenswert sind (die wichtigsten sind in der bei Wagenbach verlegten Aufsatzsammlung »Die Würde des Menschen ist antastbar« wieder zugänglich).

Einer ihrer eindrucksvollsten Aufsätze hieß »Vom Protest zum Widerstand« (Mai 1968) und begann mit einem Zitat:

»Protest ist, wenn ich sage, das und das paßt mir nicht. Widerstand ist, wenn ich dafür sorge, daß das, was mir nicht paßt, nicht länger geschieht. Protest ist, wenn ich sage, ich mache nicht mehr mit. Widerstand ist, wenn ich dafür sorge, daß alle anderen auch nicht mehr mitmachen.« So ähnlich – nicht wörtlich – konnte man es von einem Schwarzen der Black-Power-Bewegung auf der Vietnamkonferenz im Februar in Berlin hören.

Sodann war von den Aktionen der Studenten gegen den Pressekonzern des Verlegers Axel Cäsar Springer die Rede.

Die Grenze zwischen verbalem Protest und physischem Widerstand ist bei den Protesten gegen den Anschlag auf Rudi Dutschke in den Osterfeiertagen erstmalig massenhaft, von vielen, nicht nur einzelnen, über Tage hin, nicht nur einmalig, vielerorts, nicht nur in Berlin, tatsächlich, nicht nur symbolisch – überschritten worden. Nach dem 2. Juni (2. Juni 1967, der Tag, an dem Benno Ohnesorg erschossen wurde; H.H.) wurden Springerzeitungen nur verbrannt, jetzt wurde die Blockierung ihrer Auslieferung versucht. Am 2. Juni flogen nur Tomaten und Eier, jetzt flogen Steine ...

Stellen wir fest: Diejenigen, die von politischen Machtpositionen aus Steinwürfe und Brandstiftung hier verurteilen, nicht aber die Hetze des Hauses Springer, nicht die Bomben auf Vietnam, nicht Terror in Persien, nicht Folter in Südafrika, diejenigen, die die Enteignung Springers tatsächlich betreiben könnten, stattdessen Große Koalition machen, die in den Massenmedien die Wahrheit über BILD und BZ verbreiten könnten, stattdessen Halbwahrheiten über die Studenten verbreiten, deren Engagement für Gewaltlosigkeit ist heuchlerisch, sie messen mit zweierlei Maß, sie wollen genau das, was wir, die wir in diesen Tagen – mit und ohne Steinen in unseren Taschen – auf die Straße gingen, nicht wollen: Politik als Schicksal, entmündigte Massen, eine ohnmächtige, nichts und niemanden störende Opposition, demokratische Sandkastenspiele, wenn es Ernst wird den Notstand ...

Es ist dokumentiert worden, daß es in diesem Land noch Leute gibt, die Terror und Gewalt nicht nur verurteilen und heimlich dagegen sind und auch mal was riskieren und den Mund nicht halten können und sich nicht bange machen lassen, sondern daß es Leute gibt, die bereit und fähig sind, Widerstand zu leisten, so daß begriffen werden kann, daß es so nicht weiter geht ...

Und dann Sätze, die angesichts der jahrelangen Pogromhetze der Springer-Presse gegen die Studenten, den SDS und prominente Identifikationsfiguren der Außerparlamentarischen Opposition dem Ausdruck gaben, was damals viele dachten:

Nun, nachdem gezeigt worden ist, daß andere Mittel als nur Demonstrationen, Springer-Hearing, Protestveranstaltungen zur Verfügung stehen, andere als die, die versagt haben, weil sie den Anschlag auf Rudi Dutschke nicht verhindern konnten, nun, da die Fesseln von Sitte & Anstand gesprengt worden sind, kann und muß neu und von vorne über Gewalt und Gegengewalt diskutiert werden.

Sie nahm damit Gedanken auf, die Herbert Marcuse, Professor der Philosophie an der University of California (USA), erstmalig im Juli 1967 den Berliner Studenten vorgetragen hatte, die ihm, noch erregt von den polizeilichen Gewalttakten und der Erschießung des Studenten Benno Ohnesorg beim Schahbesuch am 2. Juni 1967, begeistert zugestimmt hatten. Marcuses Schriften wurden damals zum theoretischen Fundament der studentischen Aktionen. Aus seinem berühmten Essay *Repressive Toleranz*:

Aber ich glaube, daß es für unterdrückte und überwältigte Minderheiten ein »Naturrecht« auf Widerstand gibt, außergesetzliche Mittel anzuwenden, sobald die gesetzlichen sich als unzulänglich herausgestellt haben. Gesetz und Ordnung sind überall und immer Gesetz und Ordnung derjenigen, welche die etablierte Hierarchie schützen; es ist unsinnig, an die absolute Autorität dieses Gesetzes und dieser Ordnung denen gegenüber zu appellieren, die unter ihr leiden und gegen sie kämpfen – nicht für persönlichen Vorteil und aus persönlicher Rache, sondern weil sie Menschen sein wollen. Es gibt keinen anderen Richter über ihnen außer den eingesetzten Behörden, der Polizei und ihrem eigenen Gewissen. Wenn sie Gewalt anwenden, beginnen sie keine neue Kette der Gewalttaten, sondern zerbrechen die etablierte. Da man sie schlagen wird, kennen sie das Risiko, und wenn sie gewillt sind, es auf sich zu nehmen, hat kein Dritter, und am allerwenigsten der Erzieher und Intellektuelle, das Recht, ihnen Enthaltung zu predigen.

Herbert Marcuse predigte die moralische Berechtigung der Gegengewalt, Ulrike Meinhof wollte sie in die revolutionäre Tat umsetzen. Aber was dann kam, war alles andere als revolutionäre Gewalt und wurde von Marcuse als konterrevolutionär verworfen *(Konkret* Nr. 13/1972):

Geschichtlich gibt es nur einen vernünftigen Begriff revolutionärer Gewalt: die Aktionen von revolutionären Massen, die erkennbar die progressive Veränderung der bestehenden Gesellschaft zum Ziel hat. Beispiele wären ein unbefristeter Generalstreik oder die Besetzung der Fabriken durch die Arbeiter ... Individueller Terror kann gegen eine Polizei und eine Armee, die mit den modernsten Waffen, auch Atomwaffen, ausgerüstet ist, überhaupt nichts ausrichten ... Der Terror von kleinen Gruppen hat noch nie die Sache der Revolution gefördert.

Trotzdem, die Rote Armee Fraktion (RAF) – von ihren Gegnern »Baader-Meinhof-Bande« genannt – hat versucht, die Revolution in Gang zu setzen. Schon das spektakuläre Ereignis, mit dem der von den einen als »Terrorismus«, von den anderen als »bewaffneter Widerstand« bezeichnete Aktionismus dieser militanten Gruppe begann, war kaum geeignet, bei dem Gros der

Linken, für die Ulrike Meinhof bisher gesprochen hatte, Sympathien zu erwecken oder gar die Massen zur revolutionären Aktion zu begeistern. Ulrikes Beteiligung an der mit einem fingierten Bibliotheksbesuch organisierten Befreiung des Kaufhausbrandstifters Andreas Baader am 14. Mai 1970, bei dem ein Mensch lebensgefährlich verletzt wurde, ihr Abtauchen in den Untergrund und ihre unsäglichen Erklärungen zum Schußwaffengebrauch gegen »Bullen« waren für viele ihrer bisherigen Freunde, auch für mich, eine schockierende Enttäuschung. Ich begriff, daß die Linke ihre begabteste und engagierteste Wortführerin verloren hatte.

Renate Riemeck – Professorin, Pazifistin, Mitbegründerin der DFU (Deutsche Friedens-Union) –, in deren Obhut Ulrike Meinhof nach dem frühen Tod ihrer Eltern aufgewachsen ist, hat diese Wende in ihrem Leben so beschrieben *(Ulrike Meinhof. Dokumente einer Rebellion. 10 Jahre* konkret-Kolumnen):

Sie hat diesen Coup nicht inszeniert und die Konsequenzen der Aktion nicht durchdacht. Herausgefordert durch die Kälte und Ungerührtheit des Strafvollzugs in einer glatten funktionierenden Gesellschaft, meinte sie, die erforderliche Statistenrolle spielen zu müssen, damit Baader aus dem Gefängnis herausgeholt werden kann. Sie wollte nicht schießen und kein Blut vergießen. Sie war erschrocken, als es geschah.

Man weiß aus öffentlichen Erklärungen von Horst Mahler, daß Baaders Entführung in der Weise geplant war, daß Ulrike Meinhof als scheinbar Überraschte im Bibliotheksraum sitzen bleiben sollte. Als dann aber wider Erwarten doch geschossen und ein Angestellter des Westberliner Instituts für soziale Fragen schwer verletzt wurde, sprang sie in einem plötzlichen, unüberlegten Entschluß mit den anderen aus dem Fenster und hatte sich damit als Mitwisserin verraten. Sie war auf die neue Situation so wenig vorbereitet, daß sie für ihre Kinder nur für drei Tage Vorsorge getroffen hatte. So falsch hatte sie eingeschätzt, was auf dem Spiel stand. Nun war ihr der Rückweg verbaut, an allen Anschlagflächen prangte ihr Steckbrief mit dem Vorwurf des Mordversuchs. Renate Riemeck meinte, Ulrike hätte sich damals sofort stellen und die Motive der Aktion öffentlich darstellen sollen. Sie tat es nicht, sondern ging mit den anderen in den Untergrund.

Mit solchen Steckbriefen wurde 1970 nach Ulrike Meinhof gefahndet. In diesem Jahr wurde ich ihr Anwalt.

Der 14. Mai 1970 – der Tag der Baader-Befreiung – war für mich der Tag, an dem sich unsere politischen Wege trennten. Darüber habe ich gegenüber Ulrike nie einen Zweifel gelassen. Aber jetzt brauchte sie mich als Anwalt.

Das erste Mandat bezog sich auf ihre Kinder, die Zwillinge Regine und Bettina Röhl. Einzelheiten will ich hier nicht ausbreiten. Es ging jedenfalls um das Sorgerecht. Eine Sache, in der ich mich mit Schriftsatz vom 8. Juni 1970 als Bevollmächtigter von Ulrike Meinhof beim Amtsgericht Berlin-Charlottenburg meldete.

Dann legte ich mit Schriftsatz vom 24. August 1970 eine Verteidigervollmacht beim Amtsgericht Tiergarten vor. Ein Verfahren wegen der Baader-Befreiung, in dem ich später jedoch nicht als Verteidiger aufgetreten bin.

Und schließlich mußte ich mich um Ulrike Meinhof kümmern, als sie am 15. Juni 1972 in Hannover-Langenhagen festgenommen worden war und mich als Verteidiger zu sprechen wünschte. Bis ich sie wirklich sprechen konnte, vergingen allerdings drei Tage und vier Nächte, in denen Staatsgewalt an ihr ausgeübt wurde.

Es wurde zunächst versucht, ihr gewaltsam Fingerabdrücke abzunehmen. Dieser Versuch scheiterte an der heftigen Gegenwehr der Frau Meinhof. Daraufhin wurde ihr von Polizeibeamten angedroht, man werde ihr eine Äthernarkose geben und sodann die Fingerabdrücke abnehmen. Frau Meinhof protestierte gegen diese Absicht und wies auf die für sie mit einer Äthernarkose verbundene Lebensgefahr hin. Trotzdem wurden ernstliche Vorbereitungen zur Durchführung einer Äthernarkose getroffen, so daß Ulrike Meinhof schließlich nach mehreren Stunden sich durch die Drohung mit der Äthernarkose nötigen ließ, ihre Fingerabdrücke nehmen zu lassen.

Inzwischen weiß man, daß bei der Polizei überhaupt keine Vergleichsfingerabdrücke vorlagen, so daß die mit unverhältnismäßigen Mitteln erzwungene Abnahme der Fingerabdrücke unnötig war, wenn es wirklich um die Identifizierung der Festgenommenen gegangen wäre. In Wirklichkeit wußte man selbstverständlich, wen man gefangen hatte. Ulrike Meinhofs Foto prangte auf unzähligen Polizeiplakaten, und der Lehrer R., von dem die Polizei benachrichtigt worden war, hatte auch nicht verschwiegen, wer in seiner Wohnung um Quartier gebeten hatte.

Sodann wurde, ebenfalls unter Gewaltanwendung, gegen den Willen der Frau Meinhof eine Entkleidung vorgenommen, um zum Zweck der Identifizierung eine Kaiserschnittnarbe in Augenschein zu nehmen. Hierbei war Frau Meinhof in schmerzhafter Weise mit beiden Händen an einen Bettpfosten gefesselt.

Auch dies eine zur Identifizierung ungeeignete Quälerei, die einen schamlosen Eingriff in die Persönlichkeitsrechte einer Frau darstellte.

Schließlich wurde unter Gewaltanwendung und Fesselung der Frau Meinhof eine Röntgenaufnahme des Schädels gegen ihren Willen angefertigt.

Es ging darum, die Übereinstimmung mit einer Röntgenaufnahme ihres Schädels festzustellen, die im *Stern* veröffentlicht worden war – auch dies eine unglaubliche Indiskretion. Ich wies in einer Dienstaufsichtsbeschwerde gegen die beteiligten Polizeibeamten darauf hin, daß eine Röntgenaufnahme einen gesundheitsgefährdenden Eingriff darstellte, der durch den angeblichen Zweck der Maßnahme keinesfalls gerechtfertigt wurde.

Die Gewaltanwendung gegenüber der verhaßten »Terroristin« war offensichtlich zum Selbstzweck geworden. So hat Ulrike Meinhof mir den Vorgang geschildert:

Dann ins Krankenhaus. Der Arzt, Dr. T., ein Perser, hat an meinem Kopf nach der Narbe gesucht, er hat verbindlich gesagt: Es gibt keine Narbe. Da haben die Bullen gesagt: Dann müssen wir röntgen oder die Haare abscheren. Ich habe gesagt: Dann abscheren. Der Arzt sagte, er mache das Röntgen nicht gegen den Willen des Patienten. Die quatschten alle auf mich ein. Ich habe nein gesagt, kommt überhaupt nicht in Frage. Da haben sie gesagt: Richterliche Anordnung ist das. Telefonisch. Ich habe gesagt: Die will ich sehen. Die haben gesagt: Die ist da, jetzt ist Schluß, jetzt geht's ran! Das war 1.00 Uhr nachts. Dann haben die mich mit drei oder vier Bullen in den Röntgenraum geschleppt. Ich habe geschrien: Die sollen mir nicht die Beine brechen. Ich hatte Handschellen. Die Schwestern haben meinen Kopf auf den Tisch gefesselt. Um mich zu disziplinieren, haben sie meine Beine schmerzhaft verdreht. Schwester Doris: »Schade, daß wir keinen Hitler mehr haben!« Der Dr. T. hat an der Wand gestanden und sich das angeguckt.

Auch die Äußerungen der Polizeibeamten sprechen für sich. Einer sagte:

»Wir sind zu Menschen wie ein Mensch, zu Schweinen wie eine Sau, wenn's sein muß wie eine Wildsau«. Ein Ausspruch, der in der Beschwerdeentscheidung des Direktors des Landeskriminalamtes sinngemäß bestätigt und mit der Beteuerung verbunden wurde, daß der Beamte »keinesfalls die Absicht« gehabt habe, »die Festgenommene zu beleidigen«.

Als Frau Meinhof der Äthernarkose mit dem Hinweis widersprach, daß man das nicht machen könne, ohne das Risiko einzugehen, daß sie draufgehe, sagte einer: »Das ist uns doch egal!« Und ein anderer: »Wenn Ihnen Ihr Leben lieb ist, lassen Sie sich erkennungsdienstlich behandeln; ein bißchen Lebenswillen müssen Sie doch haben.« Hier wurde also bewußt mit der Erzeugung von Todesangst gearbeitet.

Der Vorwand für die an Frau Meinhof verübten polizeilichen Gewalttakte wäre entfallen, wenn sie sich ausdrücklich zu erkennen gegeben, also bestätigt hätte, was die Beamten, denen sie ausgeliefert war, ohnehin wußten. Jeder von ihr am Abend ihrer Festnahme befragte Anwalt hätte ihr dazu geraten. Aber eben dies wußte man zu verhindern. Sie hatte zunächst gebeten, Rechtsanwalt Bertram Börner in Hannover zu benachrichtigen. Man sagte ihr, Rechtsanwalt Börner sei benachrichtigt und würde gleich kommen. Tatsächlich ist eine Benachrichtigung des Kollegen Börner nicht erfolgt. Die spätere Behauptung des Landeskriminalamts, Frau Meinhof habe von dem Wunsch, Rechtsanwalt Börner zu benachrichtigen, wieder »Abstand genommen«, widerspricht dem, was Ulrike Meinhof mir später berichtet hat, und entbehrt jeder Plausibilität. Sie brauchte in dieser fürchterlichen Nacht nichts nötiger als einen Anwalt. Und die Polizei hatte nichts mehr zu fürchten als einen unabhängigen Zeugen ihrer an Ulrike Meinhof verübten Quälereien. Und das alles paßt auch zu der Art, wie noch drei Tage lang verhindert wurde, einen Anwalt zu Frau Meinhof zu lassen.

Auf dem Transport nach Köln hat einer Klartext geredet. Ulrike Meinhof hat es mir bei meinem ersten Besuch in der Justizvollzugsanstalt Köln-Ossendorf so geschildert:

Ein Typ von der Sicherungsgruppe hat mir auf dem Herflug am Freitagvormittag so zwischen halb elf und zwölf gesagt: »Sie kriegen zunächst keinen Rechtsanwalt. Aus Sicherheitsgründen.« Vorher hatte ich gesagt: »Damit, daß ich aus Hannover weg bin, entfällt Rechtsanwalt Börner. Dann will ich einen anderen Anwalt.« – »Sie kriegen zunächst mal überhaupt keinen Anwalt.« – »Warum?« – »Aus Sicher-

429

heitsgründen.« – »Was für Sicherheitsgründe?« -»Ihre Sicherheit«. Dann habe ich am Freitagnachmittag – da wurde mir der Haftbefehl vorgelesen – dem Richter gesagt, daß ich einen Anwalt haben will, daß man mir einen Anwalt verweigert hätte. Da habe ich erstmals Heinrich Hannover genannt.

An diesem Tage, Freitag, dem 16. Juni 1972, wurden meine Versuche, Sprecherlaubnis mit Ulrike Meinhof zu bekommen, von der Bundesanwaltschaft und dem Ermittlungsrichter des Bundesgerichtshofs, Herrn Dr. Knoblich, mit Finten und Täuschungen unterlaufen. Noch um 13 Uhr behauptete Herr Oberstaatsanwalt Bruns von der Bundesanwaltschaft mir gegenüber am Telefon, die Festgenommene sei noch nicht sicher identifiziert, eine von Ulrike Meinhof unterschriebene Vollmacht legitimiere mich deshalb nicht zu einem Besuch. Bei weiteren Telefongesprächen, die ich am Nachmittag dieses Freitags mit Beamten der Bundesanwaltschaft und dem Ermittlungsrichter führte, wurde sodann meine Vollmacht mit der Begründung angezweifelt, daß diese bereits vor zwei Jahren erteilt worden sei; Frau Meinhof habe einen anderen Anwalt zu sprechen gewünscht. Herr Dr. Knoblich weigerte sich, mir den Namen dieses Anwalts zu nennen – wie sich später herausstellte, war Rechtsanwalt Börner gemeint, von dessen Beauftragung Ulrike Meinhof längst »Abstand genommen« hatte –, so daß mir eine Überprüfung unmöglich gemacht wurde. Erst am Sonntagvormittag um 11 Uhr erfuhr ich von Herrn Oberstaatsanwalt Bruns telefonisch, daß Frau Meinhof auf Befragen erklärt habe, daß sie weiterhin von mir verteidigt sein wolle. Gleichzeitig wurde mir gesagt, daß in der Kölner Haftanstalt Anwaltsbesuche am Sonntag nicht möglich seien. So mußte Ulrike Meinhof noch einen weiteren Tag warten, bis sie endlich von ihrem in § 137 der Strafprozeßordnung verbrieften Recht, sich in jeder Lage des Verfahrens des Beistands eines Verteidigers zu bedienen, Gebrauch machen konnte.

Auch was dann am Montag, dem 19. Juni 1972, in der Haftanstalt Köln-Ossendorf geschah, erlebte ich als bedrohliche und entwürdigende Veränderung im Umgang mit Untersuchungsgefangenen und deren Verteidigern. Nach halbstündiger Wartezeit wurde ich von einem Beamten aus dem Warteraum in einen langen, menschenleeren Flur geführt. Ich wurde aufgefordert, einen linker Hand befindlichen kleinen Raum zu betreten, und erwartete, dort meine Mandantin vorzufinden. Stattdessen standen in diesem Raum zwei Beamte in Zivil, die sich durch Vorlage von Ausweisen als Kriminalpolizisten vorstellten. Von drei Beamten in dem kleinen Raum umstellt, wurde ich aufgefordert, mich durchsuchen zu lassen. Ich erklärte, daß ich Rechtsanwalt sei und mich nicht durchsuchen lasse. Darauf wurde mir gesagt, daß eine entsprechende Anordnung vorliege. Auf meine Frage, von wem diese Anordnung stamme, wurde mir erklärt, es handle sich um eine sicherheitspolizeiliche Maßnahme, es ginge insbesondere um eine Kontrolle, ob ich Waffen bei mir führe. Ich stand also vor der Wahl, entweder auf den Besuch meiner Mandantin zu verzichten und diese damals völlig neuartige, für meine Begriffe ungeheuerliche Behandlung und Verdächtigung eines Rechtsanwalts rechtlich überprüfen zu lassen – mit der Folge, daß ich mich erst recht dem Verdacht ausgesetzt hätte, Waffen bei mir zu führen – oder die Durchsuchung, die ich in einer Beschwerde als »an Nötigung grenzende und beleidigende Unverschämtheit« bezeichnete, zu dulden. Nach kurzem Nachdenken erklärte ich dann, äußerlich in aller Ruhe, daß ich gegen diese Maßnahme protestiere und mich beschweren werde, daß man aber die Durchsuchung durchführen möge. Obwohl die Durchsuchung meiner Kleidung und meines Koffers mit penibler Gründlichkeit erfolgte, mußte meine Mandantin sich nach meinem Besuch bis auf die Haut entkleiden und durchsuchen lassen, eine entwürdigende Schikane, die sich noch oft wiederholen sollte.

Es war sicher richtig, daß ich Ulrike Meinhof nicht länger auf meinen ersten Besuch hatte warten lassen. Denn eine Beschwerde hätte nichts daran geändert, daß Rechtsanwälte von Stund an als Komplizen ihrer (»terroristischen«) Mandanten behandelt wurden. Ein monatelanger Hetzfeldzug der Springer-Presse, der durch Erklärungen der Bundesanwaltschaft, des Bundeskriminalamts und von Mitgliedern der Bundesregierung tatkräftig gefördert wurde, trug seine Früchte. Es war erst der Anfang von dem, was noch kommen sollte.

Wer die Zeitungen jener Tage durchblättert, erlebt in der Erinnerung noch einmal die furchtbare Hysterisierung der Gesellschaft durch gleichgeschaltete Medien, die zur Jagd gegen einen inneren Feind bliesen, als den man die »Terroristen« und ihre »Sympathisanten« ausgemacht hatte. Eine Gruppe, deren Winzigkeit man durch verschwörungsmythische Globalisierung und Verallgemeinerungen vernebelte, wurde zur Bedrohung für jedermann stilisiert. Wer sich als guter Staatsbürger bewähren wollte, war aufgefordert, sich an der Treibjagd auf die »Baader-Meinhof-Bande« zu beteiligen und deren Mitglieder gegen hohe Belohnung der Staatsgewalt auszuliefern.

Wenn Jagdinstinkte der breiten Masse mobilisiert und Menschen zur Verfolgung freigegeben werden, haben es die Angehörigen eines Berufsstandes schwer, zu dessen Aufgaben es gehört, Straftätern gegenüber der Staatsgewalt Schutz zu bieten. Es war nur ein kleiner Schritt, von der Verfemung der »Terroristen« und ihrer »Sympathisanten« (eine Etikettierung, die z. B. auch den großen Schriftsteller und Moralisten Heinrich Böll traf) zur Diffamierung ihrer »Verteidiger« überzugehen.

Es ist eine Frage von Rechtskultur, ob in einem Land die Aufgabenstellung des Strafverteidigers allgemein bekannt und akzeptiert ist. Und damit ist es hierzulande nicht weit her. Es hätte damals, Anfang der siebziger Jahre, als »Terroristen« und »Terroristenverteidiger« ständig in einem Atem genannt wurden, klärender Worte rechtskundiger Instanzen bedurft, die Zugang zu den Medien hatten. Daran hat es gefehlt. Der Generalbundesanwalt mischte kräftig mit, indem er den Massenmedien Verdächtigungen gegen Anwälte, die »Terroristen« verteidigten, andiente. Und die nicht betroffene Kollegenschaft hielt sich vornehm zurück. Das deutsche Heiligtum »schwebendes Verfahren« verschloß den Seriösen den Mund.

Es war für mich eine neue, verstörende Erfahrung, als Angehöriger eines Berufsstandes, der ein hohes Sozialprestige genießt, und in dem sicheren Bewußtsein, alle Berufspflichten gewissenhaft beachtet zu haben, plötzlich als potentieller Verbrechenskomplize behandelt und diffamiert zu werden. Die Verleumdungskampagne der Springerschen Massenblätter gipfelte im Mai/Juni 1972 in dem angeblich vom Generalbundesanwalt bestätigten Vorwurf, »45 namentlich bekannte linksradikale Anwälte« (zu denen auch ich ausdrücklich gezählt wurde), hätten Sprengstoff und andere der Ausübung von Straftaten dienende Gegenstände transportiert und Nachrichten und Kassiber aus den Zellen geschmuggelt. Und dergleichen mehr. Nichts davon ist je bewiesen worden, es war schlicht gelogen. Erst 1977, also fünf Jahre später, wollen zwei RAF-Mitglieder, die zu Kronzeugen der Bundesanwaltschaft mutierten, den Rechtsanwälten Müller und Newerla ohne deren Wissen Waffen in die Akten geschmuggelt haben, die bei der Kontrolle übersehen und so in die Haftanstalt gelangt sein sollen. Selbst wenn das glaubwürdig wäre – und ich habe meine Zweifel –, würde dadurch nicht richtig, was 1972 über »45 namentlich bekannte linksradikale Anwälte« behauptet worden ist.

Was in diesem Land der willigen Vollstrecker möglich ist, begreift man erst dann ganz, wenn die von einer monopolistischen Pressemacht und einer reaktionären Obrigkeit erzeugten Schmutzwellen des »gesunden Volksempfindens« an die eigene Haustür spülen. Nur ein paar Beispiele für die Reaktionen einer vergifteten Öffentlichkeit, als bekannt wurde, daß ich von Ulrike Meinhof mit ihrer Verteidigung beauftragt sei.

Am 17. Juni 1972 nimmt meine damals zwölfjährige Tochter Almut einen Telefonanruf in meiner Privatwohnung entgegen. Eine Frauenstimme:

Bestelle deinem Vater, daß er ein rotes Schwein ist und daß er sich nach Rußland scheren soll. Heute abend werden wir kommen und bei euch alle Scheiben einschmeißen.

Am 18. Juni 1972 Anruf in meiner Privatwohnung. Eine Männerstimme:
Leben Sie noch, Sie Mittäter? Schämen Sie sich!

Meine Erwiderung:
Sie Faschist!

Ein weiterer Anruf am 18. Juni:
Ich möchte Ihnen raten, die Verteidigung von Frau Meinhof niederzulegen; es könnte sonst zu Ihrem Nachteil sein.

Am 25. Juni 1972 nimmt meine damals 13jährige Tochter Jantje einen Anruf entgegen. Eine Männerstimme:
Ihr Mann übernimmt doch die Verteidigung von Ulrike Meinhof.

Jantje:
Das ist mein Vater.

Der Anrufer:
Sagen Sie ihm, er soll die Verteidigung niederlegen, sonst lege ich die ganze Familie um.

Anonyme Anrufer und Briefeschreiber sind feige, sagte ich meinen Kindern. Aber ich weiß heute, daß es mir nicht gelungen ist, ihnen die Angst zu nehmen.

Den anonymen Briefeschreibern, die sich zumeist in primitiven Beschimpfungen meiner Mandantin und sadistischen Wunschbildern, wie man sie mißhandeln und umbringen solle, ergingen und auch mir die Hölle auf Erden wünschten, geschähe zu viel Ehre, wenn ich aus dem Dreck, den sie mir damals ins Haus schickten, wörtlich zitieren würde. Aber ich will die zitieren, die diese Ausschwitzungen der Massenseele zustande gebracht haben. Und ich will berichten, was die Justiz getan und nicht getan hat, um einen Rechtsanwalt – den man bekanntlich gern als »Organ der Rechtspflege« hofiert, wenn man ihn in die Pflicht nehmen will – vor solchen Anwürfen zu schützen.

Am 11. Juni 1972, also wenige Tage vor Ulrike Meinhofs Festnahme, hatte *Bild am Sonntag* berichtet, Generalbundesanwalt Martin habe »den schweren Verdacht gegen Rechtsanwälte der Baader-Meinhof-Bande bestätigt«, über den das Blatt am 21./22. Mai 1972 berichtet hatte (Präparierung falscher Zeugen, Sprengstofftransport, Verwahrung von »Blankovollmachten aller Bandenmitglieder« usw.). Der Generalbundesanwalt habe ein Hamburger »Anwaltskollektiv«, die Rechtsanwälte Groenewold, Degenhardt und Reinhard, als Beispiel genannt für »Verbindungen, wie sie nicht durch anwaltschaftliche Berufspflicht abgedeckt« seien. Am gleichen Tag – 10./11. Juni 1972 – zählte ein anderes Springer-Blatt, das *Hamburger Abendblatt,* unter der Überschrift »Karlsruhe: Vorwürfe gegen Rechtsanwälte« alles auf, was nach Auffassung der Redaktion unter den Vorwurf nicht durch anwaltschaftliche Berufspflicht abgedeckter Verbindungen zur »Baader-Meinhof-Bande« fällt. In diesem Zusammenhang wurde auch ein Bremer Anwalt genannt, bei dem es sich erkennbar um mich handeln sollte:

Für den Fall der Festnahme Ulrike Meinhofs soll ein Bremer Rechtsanwalt, der mit seinem Sozius ebenfalls im Kollektiv arbeitet, schon eine Vollmacht haben, die ihn berechtigt, die Interessen der Bandenchefin vor Gericht wahrzunehmen.

Die Behauptung, daß meine Sozietät ein »Kollektiv« sei – was immer das sein mag –, war nichts als antisozialistische Stimmungsmache, die der Gleichsetzung mit den verdächtigten Hamburger Kollegen dienen sollte. Mein damaliger Sozius, der Kollege Dr. Rudolf Monnerjahn, war als SPD-Genosse und Mitglied der Justizdeputation so staatsnahe, wie man sich das nur wünschen konnte. Und daß ich im Besitz einer Vollmacht von Ulrike Meinhof für den Fall ihrer Festnahme war, war völlig legal. Aber der Generalbundesanwalt hatte, entgegen der klaren Rechtslage, den Besitz von »Blankovollmachten« verdächtig gemacht, das populäre Mißverständnis ausnutzend, daß der Begriff »Blankovollmacht« einen Freibrief für künftige Straftaten bedeute (Blankovollmacht für Mord!), während eine seriöse Information der nicht-rechtskundigen Öffentlichkeit darauf hätte hinweisen müssen, daß eine Blankovollmacht sich auf bereits anhängige Ermittlungsverfahren bezieht, deren Aktenzeichen noch nicht bekannt sind. Und so lieferte die Karlsruher Verdächtigung nicht nur Springer-Redaktionen Stoff für eine anwaltsfeindliche Desinformation der Öffentlichkeit.

Der in Bremen erscheinende *Weser-Kurier* schrieb am 23. Juni 1972:

Der Verdacht standeswidrigen, möglicherweise gar strafbaren Verhaltens richtet sich aber auch gegen Anwälte, die bisher als loyal galten. Selbst der prominente Bremer Advokat Dr. Heinrich Hannover ist in den Strudel der Mutmaßungen geraten, als er unmittelbar nach Ulrike Meinhofs Festnahme darauf hinwies, daß er bereits die Prozeßvollmacht der Verhafteten besitze und diese verteidigen werde.

Die *Bild*-Zeitung (vom 26. 5. 1972) hatte Äußerungen des damaligen Bundesinnenministers Genscher sogar zu der Assoziation komprimiert, daß »links-eingestellte Rechtsanwälte« die »Helfershelfer der Baader-Meinhof-Bande« und mitschuldig an deren Morden seien.

Irgendwann reichte es mir. Ich stellte Strafanzeige wegen Volksverhetzung gegen den Verleger Axel Cäsar Springer bei der Staatsanwaltschaft Hamburg. Das war am 12. Juni 1972 – also drei Tage vor Ulrike Meinhofs Festnahme. Außerdem erhob ich Dienstaufsichtsbeschwerde gegen den Generalbundesanwalt, der für diesen Hetzfeldzug Material geliefert hatte. Und schließlich beauftragte ich den Hamburger Kollegen Dr. Heinrich Senfft, den Erlaß einer einstweiligen Verfügung gegen den Springer-Verlag zu erwirken, durch die diesem verboten werden sollte, mich weiterhin der Begünstigung der »Baader-Meinhof-Bande« zu verdächtigen.

Erfolg hatte ich nur bei der Zivilgerichtsbarkeit. Die Rechtslage war eindeutig: Springers *Welt am Sonntag* hatte am 25. 6. 1972 einen Artikel »Rechtsanwälte unter Verdacht der Banden-Begünstigung. Jetzt ist auch die Anwaltskammer empört« veröffentlicht. Daneben Bilder von Anwälten, die der Leser dieser Überschrift zuordnen mußte. Eines davon zeigte mich und den Kollegen Reinhard (in der Unterschrift mit Groenewold verwechselt) zusammen mit unserem Mandanten Werner Hoppe, den wir damals gemeinsam beim Landgericht Hamburg verteidigten. Aufgrund meiner eidesstattlichen Versicherung, daß mir von einem offiziell gegen mich geäußerten Verdacht der

Banden-Begünstigung nichts bekannt sei und ich auch Mitglieder der Baader-Meinhof-Gruppe nicht begünstigt habe, erließ die Zivilkammer 24 des Landgerichts Hamburg durch die Richter Engelschall, Dr. Schumann und Asmus am 3. Juli 1972 die beantragte einstweilige Verfügung. Dem Springer-Verlag wurde bei Vermeidung einer vom Gericht für jeden Fall der Zuwiderhandlung festzusetzenden Geldstrafe in unbeschränkter Höhe oder Haftstrafe bis zu sechs Monaten verboten, »durch Tatsachenbehauptungen in Wort und Bild den Eindruck zu erwecken oder erwecken zu lassen, der Antragsteller stehe unter dem Verdacht der Banden-Begünstigung«. Das tat Springer nicht weh. Man wird für künftige Anwaltsverdächtigungen, an denen es keineswegs fehlte, einen Vermerk im Computer gespeichert haben: »Hannover nicht namentlich nennen.« Ein schwacher Rechtsschutz also, aber schon die gesetzmäßige Korrektheit der Hamburger Zivilrichter tat wohl.

Anders die Strafjustiz, die nach Gründen suchen mußte, wie man die vom Generalbundesanwalt angefachte Verdächtigungskampagne gegen die »links-eingestellten Rechtsanwälte« mit dem Gesetz vereinbaren konnte. Darüber mußte man offenbar lange nachdenken. Als ich nach einem Jahr anfragte, was eigentlich aus meiner Strafanzeige wegen Volksverhetzung und einer ergänzenden Anzeige wegen Beleidigung, Verleumdung und übler Nachrede geworden sei, erhielt ich einen Zwischenbescheid, daß eine abschließende Bearbeitung bisher nicht erfolgt sei. Endlich mit Schreiben vom 29. August 1973, über 14 Monate nach meiner Strafanzeige, teilte mir die Staatsanwaltschaft Hamburg mit, das Verfahren wegen Volksverhetzung sei eingestellt worden; es fehle an einem »Angriff auf die Menschenwürde«, mein »Menschsein als solches«, mein »ungeschmälertes Lebensrecht als Bürger« sei von Springer nicht bestritten worden. Rechtsverhinderungsformeln, für die man sich auf Kommentarstellen bei Herrn Dreher berief, einem Staatsdiener, der, als er noch Erster Staatsanwalt beim Sondergericht Innsbruck war, sich »intensivst bemühte, wegen Nichtigkeiten die Todesstrafe durchzusetzen« (Ingo Müller: *Furchtbare Juristen,* S. 214), und als Strafrechtsreferent im Bundesjustizministerium für einen gesetzgeberischen »Irrtum« verantwortlich war, der eine »ungewollte« Verjährung zahlreicher Naziverbrechen bewirkte.

Für die Ablehnung einer Strafverfolgung gegen Axel Springer und Peter Boenisch, den Verfasser des inkriminierten Artikels, wegen Verleumdung etc. brauchte die Staatsanwaltschaft noch weitere dreieinhalb Monate. Springer sei nicht zu widerlegen, daß er den Artikel vor der Veröffentlichung nicht gelesen habe. Boenisch aber habe »in Wahrnehmung berechtigter Interessen« gehandelt. Denn:

Der Rechtsanwalt steht als unabhängiges Organ der Rechtspflege im Blickpunkt des öffentlichen Interesses; tatsächliche, aber auch nur vermeintliche Mißstände im Bereich der Anwaltschaft muß die Presse zum Anlaß ihrer u. U. auch einseitigen Kritik machen dürfen.

Also: weil der Rechtsanwalt ein unabhängiges Organ der Rechtspflege ist, muß er es sich gefallen lassen, als Komplize der von ihm verteidigten Beschuldigten verleumdet und konkreter strafbarer Handlungen wahrheitswidrig verdächtigt zu werden! Den Wahrheitsgehalt der Äußerungen behauptete die Staatsanwaltschaft nicht feststellen zu können, weil aus einer als VS-Vertraulich eingestuften Niederschrift zitiert worden sei und der Präsident des Bundeskriminalamts keine Aussagegenehmigung erhalten habe. Nun steht zwar im Gesetz, daß die Nichterweislichkeit einer ehrenrührigen Tatsachenbehauptung zu Lasten des Verleumders geht. Aber gegenüber »Terroristen« und »Terroristenverteidigern« stellte sich prompt die in Deutschland offenbar periodisch auftretende Rechtsblindheit ein, die es den Inhabern der Staatsgewalt erlaubt, bei Bedarf die Wildsau rauszulassen. In Zeiten der Studentenbewegung nannte man diese Ungleichheit der Rechtsanwendung »Klassenjustiz« – etwas ungenau, aber traditionsbewußt.

Ulrike Meinhof war weit davon entfernt, sich für diese und andere Schwierigkeiten ihrer Verteidigung zu interessieren. Sie trat gegenüber mir und anderen Rechtsanwälten mit einer ungeheuren Anspruchshaltung auf, die unser Mandatsverhältnis von Anfang an belastete. Sie ging offenbar davon aus, daß es – wie sie das einmal, kurz bevor es zwischen uns zum endgültigen Bruch kam, in einem Brief formulierte – »ne ganze menge liberale anwälte« gebe, »die sich die finger danach lecken, in unseren schauprozessen groß rauszukommen«. Sie verkannte völlig, daß es eine höchst undankbare Aufgabe war, sie und ihre Tatgenossen zu verteidigen.

Wie soll ich die Motivation erklären, die mich trotzdem dazu brachte, dieser schwierigen Mandantin jahrelang die anwaltliche Treue zu halten? Um die platteste Verdächtigung vorwegzunehmen: Geld war bei der Sache nicht zu verdienen. Es reichte kaum für die Reisekosten. Eine gesinnungsmäßige Übereinstimmung im Sinne des Stadtguerilla-Konzepts gab es nicht; im Gegenteil, heftige Auseinandersetzungen sowohl mündlich wie schriftlich, da sie überhaupt nicht begreifen konnte, wie einer, der sich als Sozialist verstand, in der Frage revolutionärer Gewalt anderer Meinung als sie sein konnte. Aber wir waren aus der Zeit der Studentenbewegung zu gut befreundet, als daß ich sie hätte im Stich lassen können, als sie meine Hilfe brauchte. Und es begann, wie gesagt, mit der Sorge um ihre Kinder, die sie immer wieder, auch in der Haft, sehr bewegte. Sie war da in einem existentiellen Zwiespalt. Einmal brachte ich ihr mein gerade im März-Verlag erschienenes Buch *Der müde Polizist* mit – eine Sammlung höchst unpolitischer Kindergeschichten, bebildert von meinen Zwillingen Almut und Bettina und einer ihrer Freundinnen – und schlug ihr vor, es ihren Kindern zu schenken. Was schrieb sie ihnen rein? »Alle Macht dem Volke!« Ich glaube nicht, daß die Kinder mit dieser Widmung viel anfangen konnten. Oder aus einem Brief vom Oktober 1972: »Dann habe ich mir den Luxus geleistet, mehr an die Kinder zu denken als an die Revolution.« So weit wir uns in politischen Fragen voneinander entfernt hatten, da gab es Momente, wo sie mir sehr nahe war. Es ließ mich nicht kalt, das Justizschicksal dieser außergewöhnlichen Frau mitzuerleben, die ihr bürgerliches Leben – und leider auch das ihrer Kinder – der Revolutionierung der Gesellschaft opfern wollte und so armselig und perspektivelos, von Hochsicherheitsbeton ummauert, in kleinlicher Zänkerei mit ihren Haftgenossen und Verzweiflung endete.

Natürlich war schon die Baader-Befreiung der Anfang vom Ende. Aber das wollte sie nicht wahrhaben. Ein Stück weit konnte ich den Reiz des Abenteuerlichen einer illegalen Existenz nachvollziehen. Denn es blieb nicht aus, daß Ulrike Meinhof mit mir in den beiden Jahren, die zwischen dieser Aktion und ihrer Festnahme lagen, über Abgesandte und dann auch selbst Verbindung aufnahm. Und das sind Szenen, die sich meinem Gedächtnis eingeprägt haben.

Der erste Treff hatte in Berlin stattgefunden, wo ich eine der zahlreichen Verhandlungen in Kriegsdienstverweigerer-Sachen vor dem Bundesverwaltungsgericht hatte. Horst Mahler suchte mich in meiner Hotel-Pension auf und freute sich wie ein Schneekönig, daß ich ihn wegen seiner guten Maske nicht gleich erkannte. Dann führte er mich durch das abendliche Berlin in irgendeine Seiten- oder Parallelstraße zum Kurfürstendamm. Ein schönes altes Berliner Haus mit geräumigem Treppenhaus, ein paar Etagen hoch, und dann stand ich da in der »Räuberhöhle«, Ulrike inmitten ihrer Genossen und Genossinnen auf Matratzen hingelagert, ein »Terroristennest« von demonstrativer Antibürgerlichkeit.

Einmal trafen wir uns in Bremen an der Ecke Schwachhauser Ring/Parkallee, direkt gegenüber einem Polizeirevier. Als abendliche Spaziergänger bummelten wir dann ein paarmal »um den Pudding«, wie man in Bremen sagt. In dreißig Meter Abstand trottete Thomas Weisbecker mit einer verdeckten Maschinenpistole hinter uns her. Was wäre passiert, wenn wir wirklich ihren Verfolgern in die Arme gelaufen wären? Mir war die Gefährlichkeit der Situation bewußt, aber irgendwie fand ich das Ganze zugleich aufregend und lächerlich. Ein paar Wochen später ist Thomas Weisbecker von der Polizei auf offener Straße erschossen worden.

Ein anderes Mal waren wir bei Höpkens Ruh, einem kleinen Park im Stadtteil Bremen-Oberneuland, verabredet. Als ich mit dem Auto ankam, sah ich schon von weitem Ulrike Meinhof und eine männliche Person, es war Klaus Jünschke, in steifer

Haltung und finsteren Blickes nebeneinander auf einer Bank sitzen. Beide hatten – so richtig schön unauffällig – seltsame längliche Köfferchen auf dem Schoß, mit deren Inhalt notfalls die »Bullen« im Schach gehalten werden sollten. Auch diesmal konnte ich die äußeren Umstände der Begegnung nicht ganz ernst nehmen.

»Ja, durften Sie denn das?« wurde ich gefragt, als ich dieses Kapitel vor Studenten und Studentinnen vorlas, »Sie wußten doch, daß die Frau und ihre Begleiter bewaffnet waren; mußten Sie nicht die Polizei benachrichtigen?« Eben dies hätte ich nicht gedurft, es wäre eine schwere Pflichtverletzung gewesen. Der Verteidiger und vielleicht noch der Pfarrer sind die einzigen Vertrauenspersonen, an die sich ein gesuchter Straftäter jederzeit muß wenden können, ohne Gefahr zu laufen, daß er verraten wird. Anders wäre es nur dann, wenn ich von konkreten Planungen neuer Straftaten erfahren hätte oder wenn man mir angesonnen hätte, andere als rein anwaltliche Leistungen für meine Mandantin oder die Gruppe zu erbringen.

Worum ging es bei solchen Treffs? In erster Linie um Ulrikes Kinder und deren Versorgung. Einmal aber – das war bei dem abendlichen Bummel in der Nähe des Polizeireviers – ging es auch oder vor allem darum, daß Ulrike mich beschimpfte, weil ich mich geweigert hatte, für das Treffen eine Wohnung anzumieten, die dann natürlich auch als Quartier für Gruppenmitglieder gedient hätte. Das war die Grenze, die zu überschreiten für mich nicht in Frage kam. Ulrike Meinhof hat, wenn überhaupt, erst sehr spät begriffen, daß es nur dieser sturen Einhaltung des durch Berufspflichten gebildeten Rahmens zu verdanken war, daß ich ihr überhaupt anwaltliche Hilfe leisten konnte.

Auch als sie dann in Untersuchungshaft war, gab es immer wieder erbitterte Auseinandersetzungen darüber, was ein Anwalt tun darf und was nicht. Mein damaliger Mitarbeiter, Rechtsanwalt Peter Noß, berichtete mir einmal nach einem Besuch in der Kölner Haftanstalt, daß er ihr eine zum Lesen mitgebrachte politische Schrift fast mit Gewalt wieder habe wegnehmen müssen, da sie nicht einsehen wollte, daß wir sie ihr nur über den Ermittlungsrichter zustellen durften.

Der gravierendste Streit zwischen Ulrike Meinhof und mir aber entstand aus der Frage, ob wegen ihrer Haftbedingungen – sie war vom 16.6.1972 bis 9.2.1973, vom 21.12.1973 bis 3.1.1974 und vom 5.2. bis 30.4.1974, insgesamt also fast elf Monate, im sogenannten Toten Trakt der Justizvollzugsanstalt Köln-Ossendorf in Isolationshaft – gegen den nordrhein-westfälischen Justizminister Dr. Diether Posser Strafanzeige wegen Körperverletzung im Amt erstattet werden sollte.

Ich habe zu den mörderischen Haftbedingungen des Toten Trakts, die letztlich zu Ulrike Meinhofs späterer, mindestens partieller, Verhandlungsunfähigkeit und zu ihrer in Selbstmord endenden psychischen Zermürbung beigetragen haben, nicht geschwiegen. Im Kapitel 27 »Anwaltliche Redefreiheit auf dem Hauklotz. Die ehrengerichtliche Aburteilung von Justizkritik« berichte ich darüber. Auch Astrid Proll hatte diese totale Isolation, die für den menschlichen Organismus schlechthin unerträglich ist, erlitten und mich zu einer Zeit, als ich beide Frauen als Mandantinnen in Köln-Ossendorf besuchte, als erste darauf aufmerksam gemacht, daß sich Ulrike Meinhofs Haftbedingungen im Toten Trakt von normalen Haftbedingungen wesentlich unterschieden: »Du mußt sie da rausholen! Das ist die Hölle!«

Aber ich weigerte mich, die Strafanzeige gegen Posser zu machen, die dann der Kollege Prof. Dr. Ulrich Preuß übernommen hat. Meine Entscheidung habe ich Ulrike Meinhof in einem Brief vom 9. April 1973 so zu erklären versucht:

Posser war jahrelang mein Kollege und Freund, insbesondere sind wir uns während des 5 Monate dauernden Düsseldorfer Friedenskomitee-Prozesses 1959/1960 nähergekommen. Über Posser habe ich auch zu Gustav Heinemann einen persönlichen Kontakt freundschaftlicher Natur erhalten ...

Mein persönliches Verhältnis zu Posser und Heinemann enthält eine der Chancen, die ein politischer Anwalt hat, um seinen Mandanten praktisch zu helfen. Ich habe diese Chance schon einige Male genutzt. So habe ich nach der Entführung des koreanischen Komponisten Isang Yun ein mehrstündiges Gespräch mit Heinemann gehabt, durch das einiges angekurbelt worden ist, was schließlich zu Yuns Befreiung beitrug.

Ulrike selbst hatte von meiner guten Beziehung zu Posser schon profitiert. Anläßlich einer evangelischen Kirchentagung war Posser Anfang Januar 1973 in Bremen gewesen und hatte mich zu einem Gespräch eingeladen, bei dem ich ganz konkrete Verbesserungen ihrer Haftbedingungen hatte aushandeln können. Insbesondere sagte Posser mir zu, in Karlsruhe anzuregen, Ulrike Meinhof mit Astrid Proll auf eine Zelle zu legen, was dann auch nach geraumer Zeit geschah. Auch hatte ich die Gelegenheit genutzt, seine irrigen Vorstellungen über die Haftbedingungen im Toten Trakt zu diskutieren. Weiter aus meinem Brief an Ulrike Meinhof:

Die Möglichkeit, mit bestimmten Instanzen des kapitalistischen Machtapparats zu sprechen, ist für einen politischen Strafverteidiger eine Notwendigkeit.

(Entsprechendes gilt für Strafverteidiger in anderen Systemen, so daß ich die Anfeindungen gegen den Kollegen Gregor Gysi wegen seiner Kontakte zum Machtapparat der DDR als bösartige Vorspiegelung von Unwissenheit verstehe.)

Ich kann daher nicht Türen zuschlagen, durch die ich noch einmal gehen will. Natürlich ist meine Haltung auch in dieser Frage von den Notwendigkeiten des jeweiligen Falles abhängig. So würde ich mich, wie Du wohl weißt, nicht scheuen, einem Gericht, einem Staatsanwalt oder einem Politiker bei Bedarf nachdrücklich gegen das Schienbein zu treten, wenn ich weiß, daß ich es mit einer Instanz zu tun habe, bei der meine Mandanten nichts als Klassenhaß und Terror zu erwarten haben. Diese Überzeugung habe ich bei Posser und Heinemann trotz allem noch nicht. Beide, mindestens aber Heinemann, bleiben für mich notwendige Gesprächspartner. Wenn ich Posser mit einer Strafanzeige vors Schienbein trete, ist damit aber sowohl das Verhältnis zu ihm als auch das zu Heinemann kaputt ... Eine Strafanzeige wäre, wie Du weißt, ein sinnloser Appell an die Herrschenden, auf einen aus ihren eigenen Reihen die Gesetze anzuwenden, die nur für die Unterdrückten gedacht und gemacht sind. Du weißt so gut wie ich, daß die Strafanzeige gegen Posser nicht zu dessen Bestrafung, nicht einmal zu einer Anklageerhebung führen wird. Der einzige Effekt, den Du Dir erhoffen kannst, ist der, daß 5 oder 6 Zeilen darüber in der bürgerlichen Presse stehen, diese 5 oder 6 Zeilen stehen aber drin, ganz gleich, ob die Strafanzeige von Heinrich Hannover oder von Ulrike Meinhof erstattet wird. Der mögliche Erfolg rechtfertigt also den Einsatz nicht. Ich bin darum nicht bereit, die Strafanzeige für Dich zu erstatten. Andererseits bin ich der Meinung, daß Du sie selbst erstatten solltest.

Ich hatte mit diesem Brief – er faßte das, was ich Ulrike Meinhof schon mündlich gesagt hatte, noch einmal zusammen – an die Rationalität einer klugen, politisch denkenden Frau appelliert. Ihre Reaktionen waren, was mir natürlich immer wieder unter die Haut ging, beschwörender und anklagender Natur (»Wenn Du bei Deiner Weigerung bleibst, die Anzeige für mich zu machen, heißt das für die Schweine: Nicht mal Du glaubst uns, daß das Ding so katastrophal ist, wie es ist«) und wurden immer emotionaler (»Ich bin natürlich immer noch stinksauer (im Original unterstrichen), daß Du Dich wegen Anzeige weigerst«) und führten schließlich zur Mandatsentziehung. Gegenüber ihren RAF-Genossen klang das alles viel kühler und auf deren Sprachniveau reduziert:

(nat. nicht anzeige, damit die ratten bestraft werden – quatsch – sondern damit was auf'm tisch ist für amnesty international, die komitees, gollwitzer pipapo, um den nächsten da schnell/sofort rauszuholen, damit er nicht quatscht und nicht verreckt ...) ...
außerdem ist in ner anzeige von hannover gegen posser sogar auch noch politisch ein bißchen dampf ... (Bundesministerium des Innern, Hrsg.: *Aktivitäten und Verhalten inhaftierter Terroristen*. Bonn 1985)

Am 16. Mai 1973 hatte Ulrike Meinhof mir das Mandat entzogen, am 16. Oktober 1973 bat sie mich über eine dritte Person, ihre Verteidigung wieder zu übernehmen. Ich war bereit, aber wir gerieten bald wieder aneinander. Aus einem Brief vom 23. November 1973:

Liebe Ulrike! Ich würde es bedauern, wenn unsere Korrespondenz gleich wieder explosiven Charakter annehmen würde, nachdem ich über das Kölner Gespräch mit Dir wirklich angenehm überrascht war. Bitte gib auch Du Dir ein bißchen Mühe. Ich bin nicht temperamentlos genug, um auf permanente Aggression nicht auch irgendwie entsprechend zu reagieren.

Mir war natürlich klar, daß ein Gutteil der Aggressionen, die zwischen uns abliefen, dem Hochsicherheitstrakt anzulasten waren, eine für freiheitsliebende und noch nicht völlig abgestumpfte Menschen unerträgliche und krankmachende Umgebung.

Und es ist in der Tat unverzeihlich, daß, nachdem wir Anwälte die zerstörerischen, letztlich zur Entpersönlichung und Vernichtung des inhaftierten Menschen führenden Bedingungen der Isolationshaft den verantwortlichen Instanzen hinreichend deutlich gemacht hatten, Ulrike Meinhof noch zwei weitere Male in den Toten Trakt verbracht worden ist. Was einem völliger Isolation ausgesetzten Menschen widerfährt, hat Ulrike Meinhof nach der ersten Unterbringung im Toten Trakt so beschrieben:

Das Gefühl, es explodiert einem der Kopf ...
das Gefühl, es würde einem das Rückenmark ins Gehirn gepreßt,
das Gefühl, das Gehirn schrumpelte einem allmählich zusammen, wie
    Backobst z. B. –
das Gefühl, man stünde ununterbrochen, unmerklich, unter Strom,
    man würde ferngesteuert –
das Gefühl, die Assoziationen würden einem weggehackt –
das Gefühl, man pißte sich die Seele aus dem Leib, als wenn man das
    Wasser nicht halten kann –
das Gefühl, die Zelle fährt. Man wacht auf, macht die Augen auf: die
    Zelle fährt; nachmittags, wenn die Sonne reinscheint, bleibt sie
    plötzlich stehen. Man kann das Gefühl des Fahrens nicht absetzen.
Man kann nicht klären, ob man vor Fieber oder vor Kälte zittert –
man kann nicht klären, warum man zittert –

man friert.

Um in normaler Lautstärke zu sprechen, Anstrengungen, wie für lautes Sprechen, fast Brüllen –

das Gefühl, man verstummt –

man kann die Bedeutung von Worten nicht mehr identifizieren, nur noch raten –

der Gebrauch von Zisch-Lauten – s, ß, tz, z, sch – ist absolut unerträglich –

Wärter, Besuch, Hof erscheint einem wie aus Zelluloid –

Kopfschmerzen –

flashs –

Satzbau, Grammatik, Syntax – nicht mehr zu kontrollieren. Beim Schreiben: zwei Zeilen – man kann am Ende der zweiten Zeile den Anfang der ersten nicht behalten –

Das Gefühl, innerlich auszubrennen –

das Gefühl, wenn man sagen würde, was los ist, wenn man das rauslassen würde, das wäre, wie dem anderen kochendes Wasser ins Gesicht zischen, wie z. B. kochendes Tankwasser, das den lebenslänglich verbrüht, entstellt –

Rasende Aggressivität, für die es kein Ventil gibt. Das ist das Schlimmste. Klares Bewußtsein, daß man keine Überlebenschance hat; völliges Scheitern, das zu vermitteln; Besuche hinterlassen nichts. Eine halbe Stunde danach kann man nur noch mechanisch rekonstruieren, ob der Besuch heute oder vorige Woche war –

Einmal in der Woche baden dagegen bedeutet: einen Moment auftauen, erholen – hält auch für paar Stunden an –

Das Gefühl, Zeit und Raum sind ineinander verschachtelt –

das Gefühl, sich in einem Verzerrspiegelraum zu befinden – torkeln –

Hinterher: fürchterliche Euphorie, daß man was hört – über den akustischen Tag-Nacht-Unterschied –

Das Gefühl, daß jetzt die Zeit abfließt, das Gehirn sich wieder ausdehnt, das Rückenmark wieder runtersackt – über Wochen.

Das Gefühl, einem sei die Haut abgezogen worden.

Ein weiterer Versuch, die Wirkung totaler Isolation zu beschreiben, stammt aus der Zeit nach dem zweiten Aufenthalt im Toten Trakt (21. 12. 73 bis 3. 1. 74):

Ohrendröhnen, Aufwachen, als würde man verprügelt.
Das Gefühl, man bewege sich in Zeitlupe. Das Gefühl, sich in einem Vakuum zu befinden, als sei man in Blei eingeschlossen.
Hinterher: Schock. Als sei einem eine Eisenplatte auf den Kopf gefallen.
Vergleiche, Begriffe, die einem da drin einfallen: (Psycho) Zerreißwolf –
Raumfahrsimuliertrommel, wo den Typen durch die Beschleunigung die Haut plattgedrückt wird –
Kafkas Strafkolonie – Der Typ auf dem Nagelbrett – pausenloses Achterbahnfahren ...

Ich habe als Ulrike Meinhofs Verteidiger Anträge über Anträge gestellt, um diese Haftbedingungen zu beenden, ich habe mich an öffentlichen Diskussionen und an Veröffentlichungen (insbesondere dem 1973 erschienenen *Kursbuch* 32 »Folter in der BRD. Zur Situation der Politischen Gefangenen«) und an einer Demonstration von Rechtsanwälten in Anwaltsrobe vor dem Bundesgerichtshof in Karlsruhe beteiligt. Aber ich habe nicht verhindern können, daß Ulrike Meinhof schließlich in einen verteidigungsunfähigen Zustand versetzt war, der auch unsere politische Auseinandersetzung immer sinnloser machte.

Es war der von Staatsdienern gequälte Mensch Ulrike Meinhof, der bis zum Schluß meine Sympathie und Anteilnahme hatte, schon lange nicht mehr der politische Mensch.

Das wußte sie.

Aus einem Brief von mir:

Ich bin in der politischen Einschätzung der RAF und des Guerillakonzepts überhaupt grundsätzlich anderer Ansicht als Du.

Aus einem Brief von ihr:
Ich bin überhaupt in allem anderer Meinung als Du. Was aber nicht heißt, daß Verständigung, Herstellung von Einheit nicht möglich.

Aber irgendwann ging es eben doch nicht mehr. Diesmal – im Februar 1974 – war ich es, der das Mandat beendete.

Vom 21. Mai 1975 an wurde Ulrike Meinhof – zusammen mit Andreas Baader, Jan-Carl Raspe und Gudrun Ensslin – in Stuttgart-Stammheim der Prozeß gemacht. Und zwar unter Bedingungen, die immer eine Schande der deutschen Justiz bleiben werden.

Ulrike Meinhof hatte am sechsten Verhandlungstag erklärt, daß sie verhandlungsunfähig sei *(Frankfurter Rundschau, 19. 6. 75)*.

Ich bin nicht in der Lage, an den Stellen, an denen ich sprechen sollte, auch zu sprechen. Ich habe Assoziationsschwierigkeiten, es ist absurd zu glauben, daß die letzten drei Jahre spurlos an uns vorübergegangen sind.

Als das Gericht endlich nach wiederholter Ablehnung entsprechender Anträge unabhängige medizinische Gutachter mit einer Untersuchung der Angeklagten beauftragte, war das Ergebnis einhellig. Nach den Gutachten der Professoren Dr. Wilfried Rasch, Dr. Werner Mende, Dr. W. A. Müller und Dr. J. Schröder waren alle vier Angeklagten nur noch eingeschränkt verhandlungsfähig. Die Sachverständigen empfahlen, höchstens drei bis vier Stunden täglich an drei Wochentagen zu verhandeln. Aber der Stuttgarter OLG-Senat unter Vorsitz des Herrn Prinzing wollte ohne Rücksicht auf die von den Sachverständigen für notwendig gehaltenen zeitlichen Begrenzungen weiterverhandeln. Und der als Beschwerdeinstanz zuständige 3. Strafsenat des BGH, besetzt mit den Richtern Scharpenseel, Mayer und Dr. Schauenburg, fand das in Ordnung.

Man gab den Angeklagten die Schuld dafür, daß ihre Gesundheit durch die Haft ruiniert worden war. Denn ihre Gefährlichkeit hätte den für die Gestaltung der Untersuchungshaft verantwortlichen Stellen keine andere Wahl gelassen als die, »dem durch eine entsprechende Verschärfung der Haftbedingungen Rechnung zu tragen«. Die Angeklagten hätten »angesichts ihrer überdurchschnittlichen Intelligenz« die Auswirkungen der isolierenden Haftbedingungen auf ihre Verhandlungsfähigkeit seit langem erkannt.

Wenn sie gleichwohl seit Jahren das Verhalten fortsetzen, das die staatlichen Organe zur Anwendung dieser Haftbedingungen zwingt,

(Welches Verhalten? Daß sie aus den Zellen heraus strafbare Handlungen der RAF mit Hilfe ihrer Anwälte gesteuert hätten, war eine gegenüber der deutschen Öffentlichkeit immer wiederholte falsche Verdächtigung; eine bösartige Lüge des Medienmachtkartells, die nur gegenüber der italienischen Öffentlichkeit – in einem Fernsehinterview des Bundesjustizministers Dr. Vogel – richtiggestellt worden ist)

so haben sie somit die Herbeiführung ihrer Verhandlungsunfähigkeit in Kauf genommen.

Das genüge zur Anwendung des kurz vor Beginn der Stammheimer Hauptverhandlung neuformulierten § 231 a StPO, wonach in Abwesenheit des Angeklagten verhandelt werden kann, wenn dieser sich »vorsätzlich und schuldhaft in einen seine Verhandlungsfähigkeit ausschließenden Zustand versetzt« hat. Ein Tiefpunkt der Rechtsauslegung, der in der Fachliteratur hart kritisiert wurde. Aber das half den Angeklagten nicht. Es wurde ohne Rücksicht auf die von den medizinischen Sachverständigen diagnostizierten schweren Haftschädigungen der Angeklagten weiterverhandelt bis zum bitteren Ende.

Am 9. Mai 1976 wurde Ulrike Meinhof, am 18. Oktober 1977 wurden auch die anderen Angeklagten tot in ihren Zellen aufgefunden. Selbstmord oder Mord? Die Grenzen verschwimmen.

27. Anwaltliche Redefreiheit auf dem Hauklotz.
Die ehrengerichtliche Aburteilung von Justizkritik (1974-1978)

Richter und Staatsanwälte sind die einzigen Berufsgruppen, die sich gegen Kritik ihrer Arbeit in eigener Regie wehren können. Eine Beleidigungsanklage ist leicht zu konstruieren, indem man die Justizkritik als »Vorwurf der Rechtsbeugung« interpretiert. Jeder Rechtskundige wird sich hüten, diesen Vorwurf zu erheben, da er beweisen müßte, daß der Gescholtene das Recht *vorsätzlich* gebeugt hat, ein Beweis, der praktisch nie zu führen ist. Aber auch mit gehöriger Vorsicht formulierte Justizkritik ist für den Kritiker nicht ungefährlich, weil die Textinterpretation Sache der Gerichte ist und es diesen nicht schwerfällt, justizkritische Formulierungen in den Vorwurf böser Absichten umzudeuten und damit den Kritiker in eine aussichtslose Verteidigungsposition zu versetzen. Aber selbst in Fällen, die eine solche Umdeutung nicht zulassen, ist der Justizkritiker immer in Gefahr, richterliche Empfindlichkeiten zu verletzen, wenn er es an der nötigen Ehrerbietung fehlen läßt. Und wo es nicht zur Beleidigungsanklage reicht, die man im eigenen Haus erledigen kann, wird die anwaltliche Ehrengerichtsbarkeit – 1994 in »anwaltsgerichtliches Verfahren« umbenannt – in Anspruch genommen, die zu meiner Zeit mit der Generalklausel »standeswidrigen Verhaltens« alles erfassen konnte, was nicht ins konservative Berufsbild paßt.

In den sechziger und siebziger Jahren wurden Anwälte, deren Mandanten dem linken politischen Spektrum oder sonst mißliebigen Minderheiten angehörten, mit Ehrengerichtsverfahren belästigt, in denen ihre berufliche Tätigkeit aus dem

Blickwinkel konservativer Geisteshaltung nachzensiert wurde. Auch mir ist diese viel Zeit und Nerven beanspruchende Plage nicht erspart geblieben. Kaum hatte ich den Streß einer politischen Strafverteidigung durchgestanden, manchmal sogar noch während der Hauptverhandlung, lag die Mitteilung der Generalstaatsanwaltschaft auf dem Tisch, daß ein standesrechtliches Ermittlungsverfahren beabsichtigt oder schon eingeleitet sei. Immer ging es um die Beanstandung »standeswidriger« Rhetorik, so daß ich schon in den sechziger Jahren anfing, Plädoyers in politischen Strafsachen und, wenn die Genehmigung des Gerichts zu erlangen war, auch ganze Hauptverhandlungen auf Tonband aufzunehmen, um mir Beweise für das, was ich wirklich gesagt hatte, zu sichern. Aber auch dann blieb noch genug übrig, was Richtern und Staatsanwälten nicht gefiel. Und leider war es so, daß auch in der Anwaltschaft eine konservative Mehrheit den Ton angab und bei der Ahndung der von links geleisteten Justizkritik beflissen mitwirkte.

Die Ehrengerichte bestanden in erster Instanz aus drei Rechtsanwälten, in zweiter Instanz (Ehrengerichtshof) aus drei Rechtsanwälten und zwei Berufsrichtern und in dritter Instanz (Bundesgerichtshof) aus drei Berufsrichtern und zwei Anwälten. Sie entschieden auf der Grundlage der »Richtlinien für die Ausübung des Anwaltsberufs«, ob das Verhalten des beschuldigten Anwalts »standeswidrig« war. Die möglichen Sanktionen reichten von der Warnung bis zum Ausschluß aus der Anwaltschaft. Zuständig für die Erhebung der Anklage – hier »Anschuldigungsschrift« genannt – war der Generalstaatsanwalt beim Oberlandesgericht. Bei ihm konnte jeder, der sich über einen Anwalt geärgert hatte, die Einleitung eines Ehrengerichtsverfahrens anregen, eine Möglichkeit, von der insbesondere Richter gern Gebrauch machten.

Da gab es den Vorwurf, daß ich in einem Plädoyer in einer politischen Strafsache beim Landgericht Dortmund gesagt hatte: »Klassenjustiz stolpert nicht über die juristischen Zwirnsfäden der Strafprozeßordnung.« Mein Freund und Kollege Professor Dr. Ulrich Preuß, der mich in dieser Sache verteidigte, beendete sein (bei Werner Holtfort: *Strafverteidiger als Interessenvertreter* nachzulesendes) Plädoyer mit den Worten:

Ein Verteidiger, der seine Aufgabe ernst nimmt, muß dazu übergehen, der Justiz die Grenzen ihrer eigenen Gerechtigkeit deutlich zu machen, auch wenn er weiß, daß der von ihm angeredete Richter hieran nichts ändern kann. Er wird dann von Klassenjustiz sprechen müssen, und man kann ihm das Wort nur um den Preis verbieten, daß eine Verteidigung in derartigen Verfahren nicht stattfindet.

Das Ehrengericht aber wich keinen Schritt vom rechten Wege ab:

Herrn Rechtsanwalt Hannover ist zwar nicht zu widerlegen, daß er mit der Verwendung dieser Formulierung ein auf den Einzelfall gemünztes Werturteil nicht beabsichtigt habe. Zumindest erweckte diese Formulierung aber den Anschein des Vorwurfs der Rechtsbeugung.

Selbst der *Anschein* des Vorwurfs der Rechtsbeugung genügte, um mir das Wort »Klassenjustiz« und die Schlußapotheose (»Wenn Sie im Namen des Volkes Recht sprechen würden, dann käme nur ein Freispruch in Betracht; aber das Gericht wird wissen, welches Urteil die Interessen des Kapitals erfordern«) zu verbieten.

Und eine noch schlimmere Sache hatte ich gemacht. Nämlich eine Strafanzeige gegen einen Richter, ein Fehler, der einem Anwalt, der sich mit dieser Justiz auskennt, nur einmal im Leben unterläuft. Ich hatte von einer Demonstration in einem Hamburger Gerichtssaal erfahren, bei der junge Frauen den Oberkörper entblößt und den Richter durch einen Gesang verspottet hatten. Natürlich war das in dem berühmten Jahr 1968, in dem alle möglichen Formen von Provokation der Staatsgewalt ausprobiert wurden. Der Witz dieser Hamburger Provokation schien mir darin zu liegen, daß die übliche Reaktion, nämlich die Räumung des Sitzungssaales durch ein männliches Polizeikommando verunmöglicht wurde, weil dies notwendigerweise den Tatbestand der unzüchtigen Handlung (damaliger § 176 StGB) erfüllen mußte. Aber genau dies geschah. Der Gerichtsvorsitzende ließ die jungen Frauen von männlichen Polizeibeamten gewaltsam aus dem Gerichtssaal tragen, die dabei, wie später zu lesen war, »ins Volle griffen«, und sah sich dieses Schauspiel von seinem Thron aus an. Jeder andere wäre wegen Nötigung zur Unzucht bestraft worden. Nicht so ein Richter. Das Ermittlungsverfahren richtete sich nicht gegen den Richter, sondern gegen mich, den Anzeigeerstatter, und kam nur dank eines Straffreiheitsgesetzes zur Einstellung. Übrig blieb ein Ehrengerichtsverfahren, in dem ich belehrt wurde, daß es nicht darauf ankomme, ob der Richter oder die Polizeibeamten »während der Räumung des Sitzungssaales auch wollüstige Gedanken gehabt oder Sinnenlust empfunden haben«. Denn die innere Tatseite der unzüchtigen Handlung werde dadurch nicht begründet, sondern nur dadurch, »daß wollüstige Gedanken oder Sinnenlust bewußterweise Antrieb zum Handeln waren«. Und da waren wir wieder bei den bösen subjektiven Absichten, die zwar jedem normalen Sterblichen, nicht aber einem Richter nachgesagt werden dürfen. Das hätte ich wirklich bedenken sollen.

Ein weiterer Vorwurf wurde daraus hergeleitet, daß ich in einem Schriftsatz an das Bundesverwaltungsgericht die Meinung geäußert hatte, daß in der gegen Zeugen Jehovas gerichteten Bestrafungspraxis (vgl. das Kapital »Die totale Kriegsdienstverweigerung der Zeugen Jehovas«) die gleiche Intoleranz am Werk sei, die einmal das furchtbare Schicksal der Juden in Deutschland vorbereitet habe. Insoweit lehnte allerdings das Ehrengericht die Eröffnung des Verfahrens ab, weil es einem Anwalt, der ein Mitglied dieser religiösen Vereinigung vertritt, nicht verwehrt sein könne, sich in dieser Weise zu äußern.

Dann ging es gleich mehrmals um die Frage, mit welcher Lautstärke ich Türen hinter mir zugeschlagen habe, wenn ich Gerichtsverhandlungen unter Protest verließ. Im einen Fall (vgl. das Kapitel 16 »›Landgraf werde hart!‹ Eine unzüchtige Schülerzeitung«) bekannte ich mich ohne weiteres zu dieser Form der Meinungsäußerung. Im anderen Fall mußte ich, um bei der Wahrheit zu bleiben, den Türenknall bestreiten, sah mich aber einer Phalanx von Zeugen gegenüber, die die Tür knallen gehört haben wollten (vgl. Kapitel 21 »Grünes Licht für den Straßenverkehr. Oder: wie jugendliche Demonstranten den Landfrieden brachen«).

Auf den barbusig vorgetragenen Spottgesang junger Zuhörerinnen reagierte der Gerichtsvorsitzende mit einem Polizeieinsatz. Meine Strafanzeige gegen den Richter brachte nicht ihm, aber mir ein Verfahren ein.

Gewichtigster und zugleich problematischster Vorwurf aber war der, daß ich die Haftbedingungen meiner Mandantin Ulrike Meinhof als »Folter« bezeichnet hatte. Dem lag folgendes zugrunde:

Ulrike Meinhof, die ich seit ihrer Festnahme am 15. Juni 1972 verteidigte, war vom 16. 6. 1972 bis 9. 2. 1973, vom 21. 12. 1973 bis 3. 1. 1974 und vom 5. 2. bis 30. 4. 1974 im sogenannten Toten Trakt der Justizvollzugsanstalt Köln-Ossendorf untergebracht. Astrid Proll, ebenfalls meine Mandantin, die als erste diesen Sonderhaftbedingungen unterworfen war, hat hierzu später (*Die Zeit,* 14. 4. 1989) gesagt:

Polizei und Justiz haben mit uns Experimente veranstaltet, haben uns isoliert, um jeden einzelnen zum Zusammenbruch und dann zur Aussage zu bringen, mit dem Ziel, die Gruppe auseinanderzubrechen. Ich wurde nach einigen Monaten Isolation (gemeint: strenge Einzelhaft, deren Bedingungen aber noch nicht mit dem vergleichbar waren, was dann kam; H.H.) in den sogenannten Toten Trakt verlegt, in ein abgelegenes Gebäude, wo keine anderen Gefangenen, keine Wärter, wo niemand sonst war. Nur ich. Dort war nichts zu hören, nichts zu sehen. Es existierte nichts mehr, außer meinem eigenen beschränkten Tun in der Zelle. Das ist eine Situation, die zwangsläufig zur Katastrophe führt. Ulrike Meinhof wurde später auch dorthin gelegt. Sie war acht Monate* drin, ich mit Unterbrechungen sechs.

Die Zeit: Wie haben sich diese Haftbedingungen ausgewirkt?

Proll: Das kann niemand längere Zeit aushalten. Völlig von jedem Leben abgeschnitten zu sein, selbst wenn es nur die trostlose Monotonie des Strafvollzugs ist. Du mußt alles selbst herstellen. Du löst dich auf, weil das Gegenüber fehlt. Ich war sehr jung, 23. Zu allem bereit, aber in keiner Weise auf eine solche Situation vorbereitet. Mich haben Energieschübe überkommen, daß ich dachte, ich werde wahnsinnig und schlage alles kaputt. Ich bekam regelrechte Halluzinationen. Als ich vorübergehend in eine psychiatrische Männerabteilung verlegt wurde, habe ich zwar die Gefangenen auch nie gesehen, aber alleine sie durch die Türe zu hören, war, wie wenn ich als Schiffbrüchige von einer Insel gerettet worden wäre. 1974 wurde ich während meines Prozesses wegen Verhandlungsunfähigkeit entlassen.

Die Bedingungen, unter denen Ulrike Meinhof in Köln-Ossendorf monatelang eingesperrt war, sind in einem Brief des Anstaltsleiters Bücker an den Präsidenten des Justizvollzugsamtes vom 20.12.1972 wie folgt beschrieben:

Bekanntlich ist die Untersuchungsgefangene Meinhof im Frauentrakt der psychiatrischen Untersuchungsabteilung untergebracht.

---

* Richtig: insgesamt elf Monate, davon einmal sieben Monate und 24 Tage in einem Stück.

Während die Untersuchungsgefangene Proll im Männertrakt der Untersuchungsabteilung zumindest akustisch an dem Leben in der Anstalt teilnehmen kann, ist die Gefangene Meinhof in ihrem Haftraum auch akustisch isoliert.

Ulrich Preuß, der ebenso wie ich Verteidiger sowohl von Ulrike Meinhof als auch von Astrid Proll war, hat als erster die Lebensgefährlichkeit dieser totalen Isolation erkannt und in einem Schriftsatz an den Präsidenten des Justizvollzugsamtes Nordrhein-Westfalen vom 10. 8. 1973 beschrieben:

Zu der räumlichen und akustischen Isolation dieses gesamten Trakts trat hinzu, daß die Zellen meiner Mandantinnen sowie die gesamte Zimmereinrichtung – mit Ausnahme der Zellentür – vollständig in weißer Farbe geölt waren; daß sich das Zellenfenster zunächst gar nicht, später nur einen winzigen Spalt öffnen ließ und mit einem feinmaschigen Fliegengitterdraht verhängt war; daß die in der Zelle befindliche weiße Neon-Beleuchtung nachts bei Frau Meinhof nicht ausgeschaltet wurde; schließlich, daß die Zelle von Frau Meinhof in den Wintermonaten permanent unterkühlt war.
  In dieser akustischen und visuellen Isolation hatten meine Mandantinnen lediglich den für die Essensversorgung unabdingbaren minimalen akustischen und sozialen Kontakt mit den Vollzugsbeamtinnen.

Daß auch dieser Kontakt keine reine Freude war, ist bei Astrid Proll (*Die Zeit,* 14. 4. 1989) nachzulesen:

Diese Geräuschisolation ist ein furchtbar bedrohlicher Angriff: Es passiert stundenlang nichts – und plötzlich steht einer ohne Vorwarnung in der Türe. Das produziert ein Gefühl des völligen Ausgeliefertseins.

Weiter Preuß über unsere gemeinsamen Mandantinnen:

Sie lebten praktisch 24 Stunden lang ohne eine unterscheidbare Umwelt. So war es beispielsweise meinen Mandantinnen sogar verboten, Plakate, Bilder, Tabellen o. ä. an die fahlweißen Wände zu hängen.

Preuß war auch der erste Verteidiger, der sich über die damals bereits vorliegenden empirischen Untersuchungen zu den Folgen totaler Isolation kundig gemacht und dies den für die Haftbedingungen verantwortlichen Instanzen vorgetragen hat. Er schrieb:

Es handelt sich hierbei um physiologische und psychologische Wirkungen, die unter dem Begriff der sensorischen Deprivation zusammengefaßt werden ...

Preuß zitierte den holländischen Psychiater J. P. Teuns:

Die Herstellung und Aufrechterhaltung einer künstlichen Umgebung, die sich einerseits durch ihre Konstanz und Unverbindlichkeit und andererseits durch willkürlich dosierte Reize – auch im Schlaf – auszeichnet, legt im Laufe der Zeit die Sinnesorgane lahm und führt zu einer Desintegration und extremen Desorientierung des so isolierten Individuums ...

Es wird, wie Preuß mit einer Untersuchung von E. Lausch *(Manipulation. Der Griff nach dem Gehirn)* belegte, durch totale Isolation eine wesentliche Voraussetzung für die sogenannte Gehirnwäsche geschaffen. Die Methode sei als Mittel der Bekämpfung politischer Gegner bereits erkannt. So seien, wie der Münsteraner Professor für Ethnologie und Soziologie Ch. Sigrist berichtet, Afrikaner, die nach zweijähriger portugiesischer Isolierungshaft entlassen wurden, »aufgrund der schweren psychischen Schädigung zu keiner Form politischen Widerstands mehr fähig« gewesen. Ulrich Preuß äußerte in seinem Schriftsatz den Verdacht,

daß die sozialen und psychischen Wirkungen dieser »stillen Abteilung« der Justizvollzugsanstalt Köln-Ossendorf Bestandteil des Haftvollzugskonzepts dieser Anstalt sind. Es deutet sich hier eine Praxis des Haftvollzugs an, die in letzter Konsequenz zur Brechung des moralischen und politischen Bewußtseins und damit zur Auslöschung der Persönlichkeit des Individuums führt.

Der Anstaltspsychologe Jarmer hatte sich am 11. 2. 1973 zu den Haftbedingungen Ulrike Meinhofs wie folgt geäußert:

Die fast vollkommene Isolation der Untersuchungsgefangenen Meinhof in der psychiatrischen Untersuchungsabteilung für weibliche Gefangene verschärft die psychische Belastung für die Gefangene erheblich über das Maß hinaus, die bei dem Vollzug der strengen Einzelhaft normalerweise unumgänglich ist. Wenn die strenge Einzelhaft für einen Gefangenen erfahrungsgemäß nur begrenzte Zeit erträglich ist, so gilt dies in besonderer Weise für die Gefangene Meinhof, da diese fast vollständig von Umweltwahrnehmungen ausgeschlossen ist.

Wir Verteidiger hatten alles Mögliche versucht, um diese mörderischen Haftbedingungen aufheben zu lassen, unzählige Anträge und Rechtsmittel, die sich auf einzelne Aspekte der Haftsituation bezogen, gestellt, durch häufige Besuche in der Anstalt versucht, die Isolation wenigstens zeitweise zu unterbrechen, Appelle an die Öffentlichkeit gerichtet (Presseerklärungen, Veröffentlichung im *Kursbuch* 32 – »Folter in der BRD. Zur Situation der Politischen Gefangenen« –, öffentliche Vortrags- und Diskussionsveranstaltungen, Demonstration vor dem Bundesgerichtshof, Hungerstreik). Ulrich Preuß hatte sogar eine Strafanzeige gegen den nordrhein-westfälischen Justizminister, den früheren Kollegen Dr. Diether Posser, wegen Körperverletzung im Amt erstattet. Wir rannten gegen Wände und wurden von den Manipulateuren der öffentlichen Meinung immer mehr in den Verdacht der Komplizenschaft mit »Terroristen« gebracht, als welche nicht etwa die Verüber der Staatsgewalt, sondern deren Opfer definiert wurden.

In dieser Situation griff ich dankbar zu, als mir die Möglichkeit geboten wurde, mich im Rahmen der Fernsehsendung *Panorama* zu äußern. Diese Magazin-Sendung beschäftigte sich am

26. Februar 1973 mit den Haftbedingungen der zur »Baader-Meinhof-Gruppe« (Rote Armee Fraktion, RAF) gerechneten Gefangenen und interviewte hierzu den damaligen Justizminister von Nordrhein-Westfalen, Dr. Diether Posser, den Bundesrichter Dr. Mösl, den Generalstaatsanwalt Theodor Kleinknecht, den Hochschullehrer Prof. Dr. Schüler-Springorum, den Rechtsanwalt Kurt Groenewold und mich. Das Kamera-Team erwartete mich nach einem Besuch bei meinem damaligen Mandanten Werner Hoppe vor der Tür des Hamburger Untersuchungsgefängnisses. Ich nutzte die Gelegenheit, folgendes in die Kamera zu sagen:

Sicher sind diese Maßnahmen formal gedeckt durch die Untersuchungshaftvollzugsordnung, aber sie sind nicht notwendig und auch nicht geeignet, um den Zwecken der Untersuchungshaft zu dienen, also eine Flucht zu verhindern und eine Verdunklung zu erschweren, sondern sie haben hier offensichtlich die Funktion, die Persönlichkeit unserer Mandanten zu zermürben, und stellen sich damit als verfassungswidrige Folter dar.

Die Anschuldigungsschrift des Bremer Generalstaatsanwalts ließ nicht lange auf sich warten. Da hieß es:

Die beanstandete Äußerung des Rechtsanwalts überschreitet das Maß der erlaubten Kritik. Er bemängelt nicht etwa eine falsche Anwendung der Gesetze, sondern unterstellt den an den Entscheidungen beteiligten Richtern, mit formal richtigen Entscheidungen in Wirklichkeit grausame und unmenschliche Absichten zu verfolgen.

Hatte ich etwas von »grausamen und unmenschlichen Absichten der beteiligten Richter« gesagt? Aber so wird das gemacht, wenn Justizkritik zum Schweigen gebracht werden soll. Man legt dem Justizkritiker die Behauptung unbeweisbarer subjektiver Absichten in den Mund, und fertig ist eine Richterbeleidigung, gegen die jede Verteidigung aussichtslos ist.

Die Ehrenrichter – drei konservativ eingestellte Anwälte – brauchten denn auch nur zu untersuchen, mit welchen subjektiven Absichten der Anstaltsleiter von Köln-Ossendorf und der Gefängnisarzt die persönlichkeitsvernichtenden Haftbedingungen vollzogen hatten, um zu dem Ergebnis zu kommen, daß ein Verteidiger nicht von »Folter« sprechen durfte. Wer diesem unangepaßten Kollegen wünschte, daß er endlich mal eins ausgewischt kriegte, konnte dem Ergebnis dieser Beweisaufnahme mit Schadenfreude entgegensehen. Ein ziemlich hoher Bremer Richter, berühmt durch seine offenherzigen Kantinengespräche und seine forschen Fehlurteile, amüsierte sich noch nach Jahren königlich darüber, daß mein Verteidiger, Otto Schily, genötigt war, in seinem Beweisantrag die Folterdefinition der Ehrenrichter zu unterstellen, um sie zu zwingen, die Kölner Herren in den Zeugenstand zu rufen.

Unnötig zu sagen, daß die Ehrenrichter mich verurteilten. Im allgemeinen Sprachgebrauch beinhalte Folter immer noch die Zufügung körperlicher oder seelischer Qualen zur Erzwingung von Aussagen und Geständnissen. Entscheidend sei nicht das objektive Ergebnis der Haftbedingungen, sondern ob diese Haftbedingungen subjektiv darauf gerichtet waren, Aussagen und Geständnisse zu erzwingen.

Jan Philipp Reemtsma, der diesen Fall zum Gegenstand einer Untersuchung über die politische Semantik des Begriffs »Folter« gemacht hat *(Folter. Zur Analyse eines Herrschaftsmittels*, 1991), hat diesem juristischen Konstrukt mit Recht Nähe zur Tautologie vorgeworfen. Er schreibt:

Es ist letztlich immer der Sprachgebrauch des Gerichts, den es als den allgemeinen unterstellt, um ihn dann zur Begründung dafür heranzuziehen, daß es die Sprache in der Weise verwendet, in der es das tut.

In meiner Berufungsbegründung betonte ich, daß ich an dem Ausdruck Folter mit Nachdruck festhalte.

Ich fühle mich dazu um so mehr berechtigt und verpflichtet, als inzwischen meine damalige Mandantin, Frau Ulrike Meinhof, unter Umständen verstorben ist, die einen Zusammenhang mit den von mir bekämpften Haftbedingungen nahelegen.

Sodann erinnerte ich daran, daß ich die gegen meine Mandantin praktizierten Haftbedingungen nur mit Worten bekämpft habe, während die Haftbedingungen selbst Gewalt waren, »und zwar brutale und, wie gerade die Beweisaufnahme vor dem Ehrengericht gezeigt hat, bedenkenlos mißbrauchte Gewalt gegen Wehrlose«.

Die Aussagen des Anstaltsleiters und des Anstaltsarztes hätten bewiesen, daß den verantwortlichen Vollstreckern der Untersuchungshaft überhaupt nicht bewußt geworden ist, daß die Haftbedingungen, denen Ulrike Meinhof unterworfen war, zur Zermürbung der Persönlichkeit führen.

Die Herren haben überhaupt nicht begriffen, daß es in Köln einen toten Trakt gibt, sie haben dessen Existenz schlicht bestritten und die akustische und soziale Isolation in dieser Abteilung der Justizvollzugsanstalt zu bagatellisieren versucht, nicht zuletzt mit dem zynischen Hinweis darauf, daß ja wir Anwälte unseren Mandanten genügend Gesellschaft geleistet hätten.

Der vom Ehrengericht verwendete Folterbegriff habe für sich, daß jeder, der ihn als Vorwurf gegen die Inhaber staatlicher Gewalt erhebe, mit unerfüllbaren Beweisanforderungen konfrontiert werde. Das Ehrengericht begnügte sich mit der Feststellung, daß mir der Nachweis einer bösen Absicht bei den Vollstreckern der Isolationshaft nicht gelungen sei.

Nach diesen Beweisgrundsätzen könnte man selbst das Pinochet-Regime in Chile gegen den Vorwurf in Schutz nehmen, die Folter zu praktizieren (ich hätte auch die KZ der Nazis als Beispiel wählen können), denn eine Vernehmung der Folterknechte würde sicher zu dem Ergebnis führen, daß sie sich selbst die besten Absichten bescheinigen ... Mir ging es nicht um die guten oder bösen Absichten der Vollstrecker der Isolationshaft, sondern mir ging es darum, die Öffentlichkeit auf objektiv persönlichkeitsgefährdende Zustände in den Haftanstalten aufmerksam zu machen, und dafür hätte ich, wenn nötig, auch noch härtere Ausdrücke als den der Folter verwenden dürfen ...

Um die Öffentlichkeit auf diesen Sachverhalt aufmerksam zu machen, bedurfte es eines zusammenfassenden Ausdrucks, der so gewählt sein mußte, daß er aufhorchen ließ ... Die Verantwortlichen für diesen unmenschlichen und mörderischen Haftvollzug saßen damals auch, was die Information der Öffentlichkeit anbelangt, am längeren Hebelarm. Sie konnten gegenüber dem öffentlichen Protest der Rechtsanwälte immer wieder ausstreuen, daß es den Gefangenen bestens gehe, und daß die Proteste der Anwälte nichts weiter als ein Teil der Fortsetzung der revolutionären Arbeit der RAF seien. Wie man auf diesem Hintergrund einem Anwalt, der die Chance zu einer Fernseherklärung erhält und sie zu einer scharfen Kritik an den Haftbedingungen nutzt, einen Vorwurf aus der Verwendung des Begriffs Folter machen will, ist mir jedenfalls dann unverständlich, wenn man die Fiktion aufrechterhalten will, daß es in diesem Land eine anwaltliche Redefreiheit gibt ...

Mein Verteidiger hat insbesondere die Gutachten medizinischer Sachverständiger vorgelegt, die die Auswirkungen der Haftbedingungen auf die Verhandlungsfähigkeit politischer Gefangener untersucht und beschrieben haben. Wenn diese objektiv feststellbaren Fakten und Zusammenhänge nicht genügen, um den Foltervorwurf zu rechtfertigen, dann darf ich bitten, mir einen geeigneten Ersatzausdruck vorzuschlagen, zugleich aber die Streichung des Art. 5 GG (Freiheit der Meinungsäußerung) in Bonn anzuregen ...

Der Ehrengerichtshof – drei Rechtsanwälte und zwei Richter am Oberlandesgericht – glaubte ebenfalls zu wissen, daß ich die für die Haftbedingungen verantwortlichen Richter beleidigen und diffamieren wollte. Wenn ich etwas anderes hätte sagen wollen, so wäre mir das »als einem die deutsche Sprache ausgezeichnet beherrschenden, wortgewandten und in der Materie versierten Schriftsteller und Redner leichtgefallen, das auch zum Ausdruck bringen«. Vielleicht so (?): meine Mandantin wird isolierenden Haftbedingungen ausgesetzt, die voraussichtlich ihre Verhandlungsunfähigkeit und ihren Tod zur Folge haben werden – aber alles in bester Absicht.

Der Ehrengerichtshof tat noch etwas Trickreiches, was zu allerlei Gedanken über die Motivation richterlicher Entscheidungen Anlaß gab. Er beschränkte das Verfahren mit Zustimmung der Staatsanwaltschaft auf drei Vorgänge, stellte also einen Teil der Vorwürfe, deretwegen das Ehrengericht mich noch verurteilt hatte, ein, weil sie, wie es in § 154 a StPO heißt, für die zu erwartende Strafe nicht beträchtlich ins Gewicht fielen. Man hätte also erwarten dürfen, daß meine Berufung gegen das Urteil des Ehrengerichts zu einem für mich günstigeren Urteil führen würde. Das Gegenteil war der Fall. Während das Ehrengericht neben einem Verweis eine Geldbuße von 1.500 DM für ausreichend gehalten hatte, erhöhte der Ehrengerichtshof diese auf 3.000 DM.

Und das begründeten die Ehrenrichter so (Urteil vom 7.7. 1978):

Bei Bemessung dieser in Relation zu seinem pflichtwidrigen Verhalten und auch angesichts der Kumulierung mit dem Verweis milden Geldbuße hat der Senat sich insbesondere davon leiten lassen, daß Rechtsanwalt Hannover ihm aus zahlreichen Verfahren als ein engagierter Anwalt, der sich unter Einhaltung seiner Standespflichten für seine Mandanten in hervorragender Weise einsetzt, bekannt ist und deswegen Achtung verdient und auch weitgehend genießt. Dieses sonstige Verhalten konnte allerdings nicht dazu führen, die im vorliegenden Verfahren festgestellte gravierende Pflichtwidrigkeit, was ihre Ahndung anbelangt, gänzlich zu bagatellisieren. Derartige Ausfälle, zu denen Rechtsanwalt Hannover ebenfalls fähig ist und die nicht etwa, wie von der Verteidigung behauptet, die Freiheit der Advokatur versinnbildlichen, sondern das Ansehen des Anwaltsstandes schwer herabsetzen, können nicht ohne eine fühlbare Sanktion hingenommen werden.

Schaut man sich an, welche Vorwürfe denn nun unter den Tisch gefallen sind, ohne daß ich dazu auch nur Stellung nehmen und weiter um Freispruch kämpfen konnte, dann fällt auf, daß es sich um zwei Anklagepunkte handelte, die ein Verfahren vor dem Jugendrichter Dr. Theodor L. betrafen (vgl. das Kapitel 16 »›Landgraf werde hart!‹ Eine unzüchtige Schülerzeitung«). Im einen Fall ging es darum, daß ich die Verhandlung unter Protest verlassen und dabei die Tür des Sitzungssaals laut hinter mir zugeschlagen hatte. Im anderen Fall wurde mir als standeswidrig vorgeworfen, daß ich über besagte Verhandlung einen Artikel in der Zeitschrift *pardon,* einer damals in großer Auflage erscheinenden satirischen Monatsschrift, veröffentlicht hatte, der, wie es im Urteil des Ehrengerichts hieß, geeignet war, »dem Ansehen der Justiz insgesamt Abbruch zu tun, wenn in ihm die Justiz als autoritäre Institution dargestellt und ... der Lächerlichkeit preisgegeben wird«.

Hätte der Ehrengerichtshof sich auch mit diesen Anklagepunkten befaßt, so wäre der Eindruck nicht ganz zu vermeiden gewesen, daß hier hauseigene Rache geübt würde. Denn der Jugendrichter Dr. Theodor L. hatte inzwischen Karriere gemacht und war zum Richter am Oberlandesgericht befördert worden, am selben Gericht also, das zwei Richter für den Ehrengerichtshof stellte. Flugs war die Sache vom Tisch, obwohl ich dazu auch in der Berufungsinstanz gern einiges gesagt hätte. Wenn der Ehrengerichtshof die mir auferlegte Buße nicht auf das Doppelte erhöht hätte, wäre auch der Eindruck vermieden worden, daß manche Sachen sich selbst unter dem Tisch auf das Strafmaß auswirken können.

Als ich aufgefordert wurde, die vom Ehrengerichtshof verhängte Buße von 3.000 DM zu zahlen, weigerte ich mich und schrieb: wenn sich die Hanseatische Rechtsanwaltskammer nicht schäme, dieses Urteil zu vollstrecken, möge sie mir einen Gerichtsvollzieher schicken. Sie schämte sich nicht.

Aber zur Ehre der Hanseatischen Rechtsanwaltskammer muß gesagt werden, daß sie mich seit Anfang der achtziger Jahre vor weiteren Ehrengerichtsverfahren geschützt hat. Wenn es nach dem Generalbundesanwalt gegangen wäre, mit dessen Sitzungsvertretern ich in Stammheim bei der Verteidigung von Peter-Jürgen Boock hart aneinandergeraten bin, hätte ich noch weiter an dieser »zweiten Front« kämpfen müssen. Man hatte inzwischen auch im Vorstand der Bremer Rechtsanwaltskammer erkannt, daß Verteidiger in politischen Strafsachen auch von Staats- und Bundesanwälten »nicht mit Samthandschuhen angefaßt« werden und daher des Schutzes seitens der Kollegenschaft bedürfen. »Der Vorstand empfiehlt Einstellung des Verfahrens«, hieß es im Schreiben des Präsidenten der Rechtsanwaltskammer, Dr. Eberhard Haas, vom 1.4.1985, und so geschah es denn auch. Sicher nicht zur Freude des Generalbundesanwalts (Rebmann), dessen Adlatus, Bundesanwalt Zeis, mir vorgeworfen hatte, daß ich zwar in der Stammheimer Hauptverhandlung »scheinbar ein angepaßtes Verhalten« gezeigt, sonst aber bei jeder Gelegenheit den »Spucknapf« oder gar den »Kotzkübel« über der Bundesanwaltschaft ausgeleert hätte. Die Herren haben so ihre eigene Sprache, wohl wissend, daß ihnen kein Ehrengericht den Mund verbietet.

28. Der Fall Peter-Paul Zahl. Keine Gnade für ein Fehlurteil (1973-1982)

Im Oktober 1973 erreichte mich ein Brief aus der Justizvollzugsanstalt Köln-Ossendorf:

lieber rechtsanwalt, ich möchte Sie bitten, zwecks rücksprache wegen (eventueller) mandatsübernahme mich in diesem betonkrematorium aufzusuchen.

Der mir das schrieb, war einer der bekanntesten Dichter und Schriftsteller der revolutionär gestimmten außerparlamentarischen Oppositionsbewegung: Peter-Paul Zahl. Und so war auch schon sein erster Brief an mich mit Dichterworten garniert. Statt mit freundlichen Grüßen endete sein Brief mit dem Zitat eines revolutionären Dichterkollegen aus dem vorigen Jahrhundert:

friede den hütten!
krieg den palästen! (Georg Büchner, 1834)

Ich nutzte einen Besuch bei meiner Mandantin Ulrike Meinhof in der JVA Köln-Ossendorf, um auch Peter-Paul Zahl aufzusuchen. Und ich ließ mir erzählen, was ihn in den Hochsicherheitstrakt dieses menschenfeindlichen Bauwerks gebracht hatte.

Seine Kriminalisierung hatte schon in den sechziger Jahren begonnen, zu einer Zeit, als sich eine mit alten Nazis durchsetzte Staatsgewalt gegen die Kritik und die Aktionen der jüngeren Generation mit polizeilichen und justiziellen Mitteln wehrte.

Zahl hatte 1967 eine kleine Druckerei aufgemacht, die sowohl für bürgerliche Kunden als auch für die beginnende APO druckte. Prompt gab es Ärger mit der politischen Polizei. Eine erste größere Hausdurchsuchung erfolgte 1969 wegen Drucks der anarchistischen Zeitung *agit 883,* in der das völkermörderische Engagement der USA im Vietnamkrieg gegeißelt wurde. Der amerikanische Stadtkommandant hatte Strafantrag gestellt. Das Strafverfahren endete jedoch mit einem Freispruch, da nicht bewiesen werden konnte, daß Zahl die inkriminierten Texte vor dem Druck gekannt hatte.

Zu einer Verurteilung kam es dann 1972 wegen eines von Zahl gedruckten Plakats, dessen Text »Freiheit für alle Gefangenen« in Verbindung mit dem Bild einer Sonnenblume, die aus einer Eierhandgranate, Patronenhülsen und den Namen internationaler Befreiungsbewegungen (Vietcong, Tupamaros, Black Panther etc.) bestand, als »Aufforderung zu strafbaren Handlungen« gewertet und mit sechs Monaten Freiheitsstrafe – zur Bewährung ausgesetzt – geahndet wurde.

Um zu verstehen, daß der Tag kam, an dem Zahl sich bewaffnete, muß man wissen, was damals in Berlin los war. Peter Brückner hat in einem sozialwissenschaftlichen Gutachten, das er 1969 als Sachverständiger in einem Frankfurter Strafverfahren erstattete, die allmähliche Erzeugung von Gewalt und Gegengewalt durch die antistudentische Medienkampagne beschrieben und analysiert. Und die vom Bundesminister des Innern angeforderten, später aber nur widerwillig veröffentlichten Gutachten von Fritz Sack und Heinz Steinert haben mit empirischen Untersuchungen belegt, daß die politische und staatliche Auseinandersetzung mit der Studentenbewegung zunehmend charakterisiert war durch Regel- und Rechtsverletzungen der Polizei *(Analysen zum Terrorismus,* Band 4/2) Die klassische literarische Verarbeitung des Themas hat Heinrich Böll geliefert mit seiner Erzählung *Die verlorene Ehre der Katharina Blum; oder: Wie Gewalt entstehen und wohin sie führen kann.*

Peter-Paul Zahl hatte die terroristische Eskalation polizeilicher Gewalt durch eigene Erfahrung zu spüren bekommen. In seinem Buch *Wie im Frieden* hat er beschrieben, wie man seine

Druckerei und seine Frau (U. W.), die den nervlichen Belastungen nicht gewachsen war, kaputtgemacht hat.

Die Uniformen und Zivilen kamen vor Sonnenaufgang. Sie kamen mit 30/40/50 Mann. Schwärmten aus, blockierten die Straße, drangen ein in den Hof der Druckerei, hielten umstellt, holten aus dem Bett ...

Hausdurchsuchungen folgten nun Schlag auf Schlag. Manchmal alle drei Tage. Immer war Gefahr im Verzuge. Sie kamen im Morgengrauen. Immer mit mehreren Einsatzwagen: Busse für die Uniformen, schnelle Mittelklassemodelle für die Zivilen ...

Im Sommer 1972, während der totalen Mobilisierung gegen den Staatsfeind Nr. 1, die RAF, bereitete die Politische Polizei Westberlins die Verhaftung von U. W.s Mann vor: Hundertschaften von Polizei sperrten vier Straßen ab, besetzten die Dächer der Nachbarhäuser, vertrieben spielende Kinder mit Waffen von den Höfen und setzten zur Erstürmung des Druckereigrundstücks an.

U. W. war mit den Kindern allein zu Hause. Uniformierte und zivile Polizeikräfte stürmten mit schußsicheren Westen, Gesichtsvisieren, gezückten Pistolen und Maschinenpistolen das Anwesen.

Nachbarn berichten: Es standen drei Sanitätswagen bereit. Der Politischen Polizei war bekannt, daß U. W.s Mann nicht mehr im Hause wohnte.

Zahl war in den Verdacht geraten, an einem Banküberfall der RAF beteiligt gewesen zu sein – ein Verdacht, der niemals erhärtet und schließlich durch Einstellung des Verfahrens erledigt wurde. Damals aber, auf dem Höhepunkt der RAF-Fahndung, war er eine »polizeilich gesuchte Person«. In einer neurotisierten Fahndungsgesellschaft bleiben auch die Opfer der Fahndung nicht frei von Neurosen. Zahls Ehe war zerbrochen, seine Frau kam wegen depressiven Zustands (»Verfolgungsängste« wurden diagnostiziert) in die Nervenklinik, er selbst hatte sich mit falschen Papieren und einer Pistole ausgerüstet und war, eine polizeiliche Abmeldung unterlassend, aus der bisherigen Familienwohnung ausgezogen, in der er »martialische Polizeiüberfälle« erlebt hatte. Ein Schritt, aus dem in

Polizeiprotokollen und Gerichtsurteilen wurde, er sei in den »Untergrund« abgetaucht. Er hatte es vorgezogen, wie er später sagte, bei Freunden und Bekannten unterzukommen, »weil ich aus eigener Anschauung wußte, daß es in Berlin schon Fälle gegeben hat, wonach an einem Tag nach jemandem ›still gefahndet‹ wurde und dieser jemand am nächsten Tag erschossen wurde«.

Am 14. Dezember 1972 war es dann zu jener verhängnisvollen Begegnung mit zwei Polizeibeamten gekommen, bei der sich Zahl den Vorwurf des zweifachen versuchten Mordes zuziehen sollte, wegen dessen er anwaltliche Hilfe benötigte. So schilderte er mir die Sache:

Er wollte an diesem Tage in einem Autoverleih in Düsseldorf einen Wagen mieten, um Freunde und Familienangehörige in und bei Düsseldorf zu besuchen. Ihm wurde ein Mercedes-Diesel angeboten. Als er nach einem anderen Modell fragte, wurde ihm ein Fiat in Aussicht gestellt, der aber erst mittags abgeholt werden könne. Als Zahl zur angegebenen Zeit wieder erschien, wurde er hingehalten, der Wagen sei noch nicht da, es dauere aber nicht mehr lange. Der Vermieter hatte in der Zwischenzeit Erkundigungen beim Straßenverkehrsamt über den Inhaber des von Zahl vorgelegten, auf einen anderen Namen lautenden Führerscheins eingeholt und Anlaß gesehen, die Kriminalpolizei zu verständigen, die zwei Beamte in Zivil geschickt hatte, die Herren Lisken und Pollmann. Als Zahl das Geschäft noch einmal kurz verlassen wollte, um Zigaretten zu kaufen, stellten sich ihm die Beamten in den Weg, wiesen sich als Polizisten aus und verlangten seine Papiere zu sehen. Zahl:

Ich hatte Angst. Nun war genau das eingetreten, was ich seit Mitte 1972 hatte verhindern wollen. Sehr deutlich hatte ich vor Augen, was mit anderen geschehen war, nach denen still gefahndet worden war. Mein Kopf kreiste. Ich strebte dem Ausgang zu. Aber die beiden Polizisten schnitten mir den Weg ab.

Zahl überreichte schließlich seine Brieftasche. Der eine Beamte blätterte im Ausweis und fragte nach dem Geburtsdatum. In seiner Angst war Zahl das Geburtsdatum des früheren Paßinhabers entfallen und er versuchte, seine Unsicherheit mit Fragen nach dem Sinn der Aktion zu kaschieren. Schließlich wollte er in einem spontanen Entschluß einen Augenblick, in dem sich der eine Beamte zum Tresen hin entfernt hatte, zur Flucht nutzen, schlug dem anderen Beamten, Herrn Lisken, der vor ihm stand, mit einer Pistole auf den Kopf und rannte los.

Zahl wurde von beiden Beamten verfolgt und zum Stehenbleiben aufgefordert. Dann fielen mehrere Schüsse. Daß streitig bleiben würde, wer wann wohin geschossen hatte, konnte ich mir schon denken, bevor ich die Akte kannte. Der objektivierbare Befund, den ich später den Akten entnahm, sah so aus: Nach der Anzahl der aufgefundenen Patronenhülsen müssen von Zahl mindestens drei, von den Polizeibeamten mindestens neun Schüsse abgegeben worden sein. Lisken war, bis auf eine Schwellung am Kopf und ein eingerissenes Ohr – Folgen des Schlages mit der Pistole – unverletzt geblieben. Pollmann war durch eine Kugel, die seine rechte Brustseite durchschlagen hatte, schwer verletzt worden. Zahl erlitt eine Trümmerfraktur des Oberarmknochens links (Schußverletzung), sowie eine Streifschußwunde am rechten Oberarm. Außerdem einen Nasenbeinbruch infolge der bei seiner Festnahme verabfolgten Faustschläge.

Zahl schilderte mir die Vorgänge so:

Er habe irgendwann auf seiner Flucht gemerkt, daß auf ihn geschossen wurde, und zwar nicht am Knall, sondern an einem »Zupfen« am rechten Oberarm – einem Streifschuß. Er habe versucht, die Verfolger durch Vorzeigen seiner Pistole abzuschrecken und schließlich Warnschüsse abgegeben. Er habe keinen der Beamten verletzen wollen, jedoch einen von ihnen, wie sich später herausstellte, versehentlich getroffen. Nachdem er selbst einen Treffer am linken Oberarm erhalten hatte, hätte sich seine Flucht verlangsamt. Schließlich hatte er versucht, sich unter einem geparkten Fahrzeug zu verbergen, war jedoch von dem Beamten Lisken entdeckt und zur Aufgabe aufgefordert worden. Darauf habe er seine Pistole weggeworfen. Die dann folgende Fesselung und Abführung gestalteten die Polizeibeamten unnötig schmerzhaft. Lisken faßte Zahls durch Schußverletzung gebrochenen Oberarm hart an und berührte die Wunde mit der Mündung seiner Waffe. Mehrere Beamte traktierten den Festgenommenen wegen angeblichen Widerstandes mit Faustschlägen ins Gesicht.

Mein »Widerstand«, der gebrochen werden mußte« beim Einsteigen in den Funkwagen, bestand darin, mich gedreht zu haben, um nicht mit dem gefesselten, kaputtgeschossenen Arm auf den Sitz gestoßen zu werden.

Zahl hatte gegen diese polizeiliche Behandlung lautstark protestiert, was später zu dem Vorwurf führen sollte, er habe noch bei seiner Festnahme versucht, »die Leute aufzuwiegeln«.

Aus Gründen, die ich nicht mehr sicher erinnere, konnte ich mich nicht entschließen, an Zahls Verteidigung mitzuwirken, zumal er in dem Berliner Kollegen Klaus Eschen bereits einen Verteidiger hatte. Und so verfolgte ich zunächst nur aus der Ferne, wie sein Justizschicksal ablief.

Die entscheidende Frage dieses Verfahrens war, ob man dem Angeklagten glaubte, daß er nicht mit Verletzungs- oder gar Tötungsvorsatz auf die Beamten geschossen hatte. Dabei spielte die berühmte Juristenformel für bedingten Vorsatz eine Rolle, wonach es genügt, wenn der Täter eine solche schwere Folge seines Handeln »billigend in Kauf genommen« hat. Dafür, daß Zahl eine Verletzung oder gar eine Tötung seiner Verfolger nicht »billigend in Kauf genommen« hatte, gab es ein wichtiges Indiz: als er bei seinem Abtransport im Polizeiwagen erfuhr, daß der Beamte Pollmann schwer verletzt worden sei, äußerte er spontan: »Das habe ich nicht gewollt.« Daß es sich dabei um den Ausdruck echten Betroffenseins und Bedauerns handelte, hat keiner der Polizeibeamten, die Zahls Äußerung gehört haben, bezweifelt. Auch für mich gab es nach dem Gespräch mit Zahl keinen Zweifel, daß er niemand hatte verletzen wollen und seinen Fehlschuß sehr bedauerte.

Das Landgericht Düsseldorf – als Schwurgericht damals noch mit drei Berufsrichtern und sechs Geschworenen besetzt – verurteilte ihn am 24. Mai 1974 wegen fortgesetzten Widerstandes gegen Vollstreckungsbeamte in einem besonders schweren Fall in Tateinheit mit gefährlicher Körperverletzung zu einer Freiheitsstrafe von vier Jahren. Eine Tötungsabsicht wurde also, auch in der Form des bedingten Vorsatzes, verneint.

Auf die Revision der Staatsanwaltschaft hob der 3. Strafsenat des Bundesgerichtshofs unter Vorsitz des Richters Scharpenseel das Urteil auf und versah das Schwurgericht für die erneute Verhandlung – die Grenzen revisionsrichterlicher Kompetenz souverän mißachtend – mit »Rechtsbelehrungen«, wonach die Annahme »nahezu unabweisbar« sei, der Angeklagte habe »auch den Tod des Getroffenen billigend in Kauf genommen«. Der späteren Äußerung des Angeklagten nach der Tat, er habe den Beamten nicht treffen wollen, könne »kaum Bedeutung zukommen«. Diese Einlassung sei gerade für einen intelligenten Täter eine sehr naheliegende Verteidigung. Die Karlsruher Richter widersprachen damit der Beweiswürdigung der Düsseldorfer Richter und Geschworenen, die gemeint hatten:

Den Angaben von Tätern, die diese unmittelbar nach der Tat – selbst noch unter dem Einfluß des Geschehens – machen, wenn die psychologischen Schranken der Selbstverteidigung noch nicht aufgebaut sind, kommt ein nicht unerheblicher Wahrheitswert zu ...

Und sie setzten sich auch über das vom Schwurgericht eingeholte Gutachten eines medizinischen Sachverständigen hinweg, das im Düsseldorfer Urteil so referiert worden war:

Nach diesem Gutachten kann der Angeklagte ungeachtet seiner erstrebten politischen Ziele nicht als harter Gewalttäter eingestuft werden, dem zur Erreichung seiner Zwecke alle Mittel – auch die Vernichtung des Lebens von Beamten, die in Ausübung ihrer dienstlichen Tätigkeit handeln – recht sind. Die Tötung menschlichen Lebens ist hier nicht persönlichkeitsadäquat.

Und nun kam die Sache an eine andere Strafkammer des Landgerichts Düsseldorf, deren Vorsitzender, Herr Monschau, bundesweit als besonders harter Richter bekannt war und die, obwohl noch immer »Schwurgericht« genannt, nach einer inzwischen beschlossenen Gesetzesänderung nur noch mit einer Minderheit von Laienrichtern, nämlich mit zwei Schöffen neben drei Berufsrichtern, besetzt war. Die Verhandlung fand im Februar/März 1976 statt, also kurz vor dem Zeitpunkt, zu dem der Angeklagte nach dem auf vier Jahre lautenden ersten Urteil hätte mit Haftentlassung rechnen können. Ort der Verhandlung: der »bomben- und abhörsichere Guillaume-Keller« im Gebäude des Oberlandesgerichts. Ein ungeheurer Sicherheitsaufwand, der seine Wirkung auf Richter und Schöffen nicht verfehlte und sicher zu deren Überzeugung beitrug, daß diese, wie Zahl später formulierte,»zu der Überzeugung gelangten, daß ich ein sehr gefährlicher Mensch sein muß«. Der Prozeß sei, so Zahl, »mit Stammheim-Dimensionen geführt« worden, »wo ich von vornherein nicht die geringste Chance hatte«.

Das Urteil vom 12. März 1976 – wie immer »im Namen des Volkes« verkündet – lautete auf 15 Jahre Freiheitsstrafe wegen versuchten Mordes in zwei Fällen, jeweils tateinheitlich mit Widerstand gegen Vollstreckungsbeamte in einem besonders schweren Fall. Diesmal befand das Gericht, wie vom BGH gewünscht, daß der Angeklagte damit einverstanden gewesen wäre, wenn seine Schüsse die Polizeibeamten tödlich verletzt hätten.

Dagegen, daß der Angeklagte mit einem möglichen tödlichen Treffer für den Fall seines Eintritts auch einverstanden gewesen ist, spricht auch nicht seine Äußerung nach seiner Festnahme im Streifenwagen. Wenn der Angeklagte hier, nachdem er erfuhr, daß der Zeuge Pollmann schwer verletzt worden ist, dem Sinn nach geäußert hat, er habe den Beamten nicht treffen wollen, das tue ihm leid, so spricht dies allenfalls gegen einen direkten, nicht aber gegen einen bedingten Tötungsvorsatz. Bei der Würdigung dieser Äußerung des Angeklagten kann auch nicht übersehen werden, daß der Angeklagte auch nach seiner Festnahme weiterhin immer geplant und kontrolliert gehandelt hat, mit dem Bestreben, aus der jeweils gegebenen Situation das Beste für sich herauszuholen. Bei seiner Festnahme nämlich, wenige Minuten zuvor, versuchte er noch, die umstehenden Passanten gegen die einschreitenden Polizeibeamten mit den

Worten aufzuwiegeln: »Seht doch, wie ein Bürger hier von der Polizei behandelt wird.«

In den Strafzumessungsgründen verschwieg das Urteil nicht, daß es den Angeklagten für einen politischen Gesinnungstäter hielt, der »von einem tiefgründigen Haß auf unser Staatswesen ergriffen« und bereit sei, »zur Durchsetzung seiner politischen Vorstellungen auch in Zukunft Gewalt anzuwenden«. Das Urteil zitiert längere Passagen aus der in Zahls Druckerei im Jahr 1970 beschlagnahmten anarchistischen Zeitschrift *agit 883,* die das offenbar belegen sollen, ungeachtet der Tatsache, daß Zahl von dem hieraus hergeleiteten Anklagevorwurf rechtskräftig freigesprochen worden war, für den Inhalt des betreffenden Artikels also nicht verantwortlich gemacht werden konnte. Bei der Monschau-Kammer wäre er wohl schon damals verurteilt worden. Aber das wurde nun durch einen »Gesinnungszuschlag von 11 Jahren« – wie Peter-Paul Zahl das genannt hat – nachgeholt. Die unübersehbare Kluft zwischen dem ersten und dem zweiten Düsseldorfer Urteil und die daraus folgenden Zweifel, ob hier mit der Elle der Gerechtigkeit gemessen worden ist, hat niemand besser auf eine kurze Formel gebracht als Peter-Paul Zahl selbst in seinem wohl berühmtesten Gedicht:

im namen des volkes

am 24. mai 1974 verurteilte mich das volk – drei richter
und sechs geschworene –

zu vier jahren
freiheitsentzug

am 12. märz 1976
verurteilte mich
in gleicher sache das volk
– drei richter
und zwei geschworene –

zu fünfzehn jahren
freiheitsentzug

ich meine
das sollen die völker
unter sich ausmachen

und mich
da
rauslassen

Und in seinem Essay »Die Stätten meiner Kindheit« (in: Paul Parin: *Heimat, eine Plombe)* hat Peter-Paul Zahl mitgeteilt, welche Erklärung er für die an ihm verübte Justizpraxis hat:

Der Richter, der mich 1972 wegen des Druckens eines Plakates in Lohnarbeit verurteilte, war PG (Parteigenosse) seit 1932 gewesen und Ausbilder im NS-Rechtswahrerbund; der Vorsitzende Richter am Bundesgerichtshof, der das Strafurteil gegen mich (4 Jahre) aufhob und den rechten Weg zum Gesinnungsurteil (15 Jahre Haft) wies, war Nazi gewesen.

Mein erstes Mandat für Peter-Paul Zahl betraf die Beschlagnahme seines Buchmanuskripts »Isolation«, die der Vorsitzende Richter einer Strafkammer des Landgerichts Düsseldorf am 21. 8. 1974 mit der Begründung verfügt hatte, daß der Inhalt teilweise beleidigend und außerdem, da zur Publikation bestimmt, geeignet sei, die Sicherheit und Ordnung in der Anstalt zu gefährden. Da betätigte sich ein Richter als Zensor, indem er einzelne Sätze des Textes herausgriff, die ihm als Beamtenbeleidigung erschienen (»Die Beamten in Zivil ... Blicke mit der Sensitivität von Metzgern«) oder Tatsachenbehauptungen enthielten, die er durch die Stellungnahme der Anstalt für widerlegt hielt. Zum Beispiel:

Auf S. 42 wird der Eindruck erweckt, alle Zellen wären derart unterbeheizt, daß die Insassen sich im Winter nur in Decken gehüllt dort aufhalten könnten (Anstaltsleitung: in den Erdgeschoßzellen 19°-20°,

Erweiterung der Heizung um 2 Rippen nach Bewilligung der Haushaltsmittel).

Das Essen wird mehrfach als minderwertiger Fraß bezeichnet; die Fleischportionen werden mit verschiedenen Styroporsorten und die Frühstücksmargarine mit Bohnerwachs verglichen (S. 42/43); zweimal wöchentlich gebe es »Käseabfall« (JVA: Essen abwechslungsreich, überwiegend als schmackhaft und gut bezeichnet; im übrigen tritt sie der Darstellung entgegen).

Auf S. 47 wird dargelegt, es gebe »Rollkommandos«, die »dezenter als früher« agierten und Delinquenten »unter Ausschluß der Öffentlichkeit behandelten« (JVA: Es gibt kein Rollkommando).

Nachdem das OLG die sofortige Beschwerde gegen diesen Beschluß zurückgewiesen hatte, erhob ich am 13. Februar 1975 Verfassungsbeschwerde und rügte die Verletzung mehrerer Grundrechte, so das Recht auf Freiheit der Meinungsäußerung, der Kunstfreiheit und der Berufsfreiheit eines Schriftstellers.

Der Ministerpräsident des Landes Nordrhein-Westfalen, vom Bundesverfassungsgericht zur Stellungnahme aufgefordert, wollte Zahls Manuskript »im Zusammenhang mit dem untereinander abgestimmten Vorgehen der Angehörigen und Sympathisanten der Baader-Meinhof-Gruppe« gesehen wissen. In dem Manuskript sei an zahlreichen Stellen von Isolationsfolter, Folter und Mißhandlungen die Rede.

Durch negativ verzerrte, tendenziöse und beleidigende Äußerungen soll beim Leser ein falsches Bild der Bundesrepublik Deutschland und ihrer Organe, insbesondere der Strafverfolgungs- und -vollzugsbehörden, erzeugt und Abneigung gegen die Verhältnisse in der Bundesrepublik Deutschland hervorgerufen werden.

Dann folgen weitere Beispiele von zensurbedürftigen Äußerungen. Ich will nur eine davon und deren »Richtigstellung« durch den Ministerpräsidenten zitieren:

»Der Verpflegungssatz deutscher Gefangener liegt um ca. 50 % unter dem der Polizeihunde«.

(Richtig: Der Verpflegungssatz in den JVA des Landes Nordrhein-Westfalen – monatlich rd. 90,– DM – umfaßt lediglich den bloßen Lebensmitteleinsatz unter Berücksichtigung von Großeinkäufen und Eigenleistungen, zum Beispiel: Herstellung des Brotes in voll zugseigener Großbäckerei. Der dem Polizei-Hundeführer gewährte Entschädigungssatz – 98 DM monatlich – soll neben den Futtermittelkosten den besonderen Einsatz des Beamten abgelten.)

Schlußfolgerung des nordrhein-westfälischen Ministerpräsidenten:

Wenn ein Manuskript wie das hier vorliegende, das im angefochtenen Beschluß des Oberlandesgerichts Düsseldorf zutreffend als »Pamphlet« gekennzeichnet ist, nicht angehalten werden dürfte, würde dies den Beschwerdeführer und die ihm Gleichgesinnten in ihrer Überzeugung bestärken, daß der demokratische Rechtsstaat ihnen und ihren Gesinnungsgenossen gegenüber wehrlos sei. Es wäre wirklichkeitsfremd, nicht zu sehen, daß dadurch der Beschwerdeführer und andere Gewalttäter in ihrer Entschlossenheit bestärkt würden, diesen Staat auch durch Blockierung der anhängigen Strafverfahren zu bekämpfen.

Aus meiner Erwiderung:

Hier geschieht Schlimmeres als die durch das Grundgesetz verbotene Zensur. Hier wird einem Schriftsteller sogar die Kontaktaufnahme mit einem Verleger unmöglich gemacht.
    Es wird darauf verzichtet, auf die Empörung des Ministerpräsidenten des Landes Nordrhein-Westfalen einzugehen, die bestimmte Formulierungen im Manuskript meines Mandanten ausgelöst zu haben scheinen. Daß diese Formulierungen dem Ministerpräsidenten des Landes Nordrhein-Westfalen nicht gefallen, wird gerne geglaubt. Die geistige Auseinandersetzung in einem freiheitlich-demokratisch verfaßten Staat sollte aber nicht so aussehen, daß der gegenüber einem Untersuchungshäftling ohnehin übermächtige Staatsapparat mißfällige Äußerungen schon an der Zellentür abfängt. Vielmehr sollte gerade im Hinblick auf die verhee-

renden Auswirkungen der gegen politische Häftlinge verhängten Isolationsmaßnahmen einem davon betroffenen Häftling das Recht der freien Meinungsäußerung in denkbar größtem Umfang gewährleistet sein. Die Verantwortlichen des Staatsapparats mögen dann ihrerseits dazu gegenüber der Öffentlichkeit Stellung nehmen. Es wirkt geradezu lächerlich, wenn der Ministerpräsident des Landes Nordrhein-Westfalen von der Wehrlosigkeit des demokratischen Rechtsstaates gegenüber dem Manuskript eines Untersuchungshäftlings spricht. Es geht hier ja nicht darum, daß mein Mandant etwa mit Bomben und Granaten gegen den Staat kämpft, sondern, wenn ein solcher Vorwurf überhaupt berechtigt sein sollte, mit Worten. Das angemessene Mittel der Gegenwehr in einem freiheitlich-demokratischen Staat ist mithin das Wort. Von Wehrlosigkeit des Staates könnte nur dann gesprochen werden, wenn das Manuskript meines Mandanten den Verantwortlichen die Sprache verschlagen sollte.

Der von den Richtern Wand, Hirsch und Dr. Niebler am 12. Februar 1976 gefaßte Beschluß, durch den die Verfassungsbeschwerde nicht zur Entscheidung angenommen wurde, weil sie keine hinreichende Aussicht auf Erfolg habe, gehört nicht zu den Lichtpunkten verfassungsgerichtlicher Rechtsprechung. Aus der Begründung:

Das Manuskript enthält zahlreiche unmittelbare oder mittelbare Unterstellungen in gröblich verunglimpfender Form, als würden Gefangene von Polizeibeamten und Anstaltsbediensteten generell und bewußt menschenfeindlich und unwürdig behandelt, schikaniert, bedroht, geschlagen, ja vorsätzlich oder durch Unterlassung getötet; ferner soll der Eindruck vermittelt werden, als seien die Verhältnisse im heutigen Strafvollzug dem Terror und der Willkür der NS-Zeit ähnlich oder vergleichbar.
    Diese Unterstellungen und Vergleiche stellen eine so schwerwiegende Verletzung des verfassungsrechtlich durch Art. 1 Abs. 1 und 2 Abs. 1 GG geschützten Persönlichkeitsbereichs der im Vollzug und Polizeidienst tätigen Bediensteten, insbesondere ihres sozialen Wert- und Achtungsanspruchs dar, daß demgegenüber die schrift-

stellerische Betätigungsfreiheit des Beschwerdeführers insoweit zurücktreten muß.

»Eine Zensur findet nicht statt«, steht im Grundgesetz. Und: »Die Würde des Menschen ist unantastbar.« Dachte ich. Aber ich habe das Grundgesetz falsch gelesen. Es muß heißen: »Die Ehre von Gefängnisbeamten und Polizisten ist unantastbar.« Und: »Jede Kränkung dieses Personenkreises verfällt der Zensur.« Es kommt nicht so oft vor, daß ein Dichter und Schriftsteller deutsche Polizisten, deutsche Richter und deutsche Gefängnisbeamte aus der Sicht des Machtunterworfenen kennenlernt. Georg Büchner ist dieses Schicksal durch Flucht ins Ausland erspart geblieben. Was ihm geblüht hätte, wissen wir aus den Protokollen und Berichten über die Quälereien, die an seinem »Tatgenossen« Ludwig Weidig verübt worden sind. Insofern ist Zahls Manuskript »Isolation« ein Glücksfall der deutschen Literatur, ein authentischer Bericht über das, was Peter-Paul Zahl beginnend mit brutalen Festnahme- und Verhörmodalitäten in der Gewalt von Polizei- und Gefängnisbeamten und -ärzten erlebt hat. Trotz obrigkeitlicher Unterdrückungsversuche ist Zahls Text später doch in der Urfassung veröffentlicht worden (Ralf Schnell, Hrsg.: *»Schreiben ist ein monologisches Medium«. Dialoge mit und über Peter-Paul Zahl.* Berlin 1979, S. 156 ff.). Und man wird nicht bestreiten können, daß dieses literarische Dokument staatlicher Gewalttätigkeit bei vielen Lesern, so auch bei mir (»Gesinnungsgenosse?«), nicht nur Betroffenheit, sondern Zorn und Veränderungswillen auslösen kann. So etwas sollte, wenn es nach den bestellten Hütern des Rechts gegangen wäre, in einem freiheitlich-demokratischen Staat, in dem es natürlich nur ehrbare Polizisten, Gefängnisbeamte und Richter gibt, die sich streng an das Gesetz halten, nicht das Licht der Öffentlichkeit erblicken.

Wie soll man die Gesinnung bezeichnen, die sich in solchen freiheits- und literaturfeindlichen Machtsprüchen offenbart, ohne erneut mit Richter- und anderen Ehren zu kollidieren? Ich nenne sie, um jeden Verdacht beleidigender Vergleiche zu vermeiden, »konservativ«, nicht ohne das Unzureichende dieser Klassifizierung zu verspüren.

Gerade im Fall Peter-Paul Zahl ist mir das Aufeinanderprallen zweier antagonistischer Grundeinstellungen immer wieder begegnet. So vor allem anläßlich der Verleihung des mit 5.000 DM dotierten Bremer Förderpreises für Literatur im Januar 1980. Eine Jury, bestehend aus Prof. Dr. Wolfgang Emmerich, Dr. Heinar Kipphardt, Dr. Alexander Kluge, Dr. Klaus Kuntze, Dr. Uwe Timm und Dieter E. Zimmer hatte Zahl den Preis für seinen Roman *Die Glücklichen* zuerkannt. Der Preisträger wurde – erst ein Antrag beim Verwaltungsgericht hatte dies erzwungen – von zwei Beamten in Zivil zur Entgegennahme des Preises ausgeführt, saß im Festsaal – den Kammerspielen in der Bremer Böttcherstraße – neben seiner glückstrahlenden weißhaarigen Mutter in der ersten Reihe, nahm die Glückwünsche des Senators für Wissenschaft und Kunst, Horst-Werner Franke, und des gleichzeitig mit dem Bremer Literaturpreis »1. Klasse« (10.000 DM) ausgezeichneten Peter Rühmkorf entgegen, durfte, wie es in der Presse hieß, eine »kämpferische Rede« halten und sich in einer Pressekonferenz äußern. Alles in allem für »Konservative« eine empörende Sache. Bestimmte Zeitungen titelten: »Verbrecher erhält Preis von Bremen« *(Welt am Sonntag,* 27. 1. 1980) oder »Staatspreis für Kriminellen / Knastologe als Festredner / Ein neuer Skandal in Bremen / Lobpreisung und Steuergeld für P. P. Zahl / Das ist wohl nur in Deutschland möglich« *(Deutsche Wochenzeitung,* 8. 2. 1980). Und die Polizeigewerkschaft wie die CDU meldeten sich in Bremen und anderswo mit Protesten zu Wort, daß man in Bremen einen Gewalttäter und wegen versuchten Polizistenmords Verurteilten ehre.

Ein Flugblatt der Polizeigewerkschaft vom 7. Mai 1980 wendete sich an die Bremer Bevölkerung:

Blutige Krawalle am Weser-Stadion hatten 252 verletzte Polizeibeamte zur Folge, davon 20 schwere Verletzungen, Knochenbrüche, Schädelverletzungen! ...

Die Gewerkschaft der Polizei fragt »nach den Ursachen solcher blutigen Krawalle«. Sie kommt nicht auf die Idee, daß die

Krawalle etwas mit der Provokation zu tun haben könnten, in Zeiten fehlender Nachfrage nach Militärpräsenz eine öffentliche Rekrutenvereidigung durchzuführen. Nein, als erste Antwort fällt ihr ein, daß »die Literatur-Preis-Verleihung an einen wegen Mordversuchs an Polizeibeamten Verurteilten« dazu angetan sein könne, »den Boden für solche Ereignisse vorzubereiten«. Das Flugblatt endet:

So kann es nicht weitergehen!
Wir bitten die Bevölkerung Bremens um Unterstützung.

Senator Horst-Werner Franke, innerhalb des SPD-Spektrums ein Mann von bemerkenswerter Selbständigkeit des Denkens, der am 26. Januar 1980 noch in abgewogener Rede auseinandergesetzt hatte, daß es nicht um die Auszeichnung für eine Straftat, sondern um die für ein literarisches Werk ging, war einige Monate später, als Zahl von der Bremer Volkshochschule zu einem Literaturgespräch eingeladen wurde, so weichgekocht, daß er die Teilnahme des Literaturpreisträgers an dieser Veranstaltung verbot. Die christ-polizeiliche Mafia hatte gesiegt.

Auch sonst schlug uns bei allen Bemühungen, Peter-Paul Zahl die Freiheit oder wenigstens mehr Freiheit zu verschaffen, der christ-polizeiliche Haß auf den »gefährlichen Gewaltverbrecher« entgegen, der, wie es ausgerechnet in einer vielzitierten Presseerklärung des nordrhein-westfälischen SPD-Justizministers Dr. Diether Posser vom 31.5.1977 hieß, »als Strafgefangener seinen Kampf gegen die von ihm so gehaßte Gesellschaftsordnung mit anderen Mitteln fortsetzt, namentlich mit Lüge und Intrige, mit Hetze und Aufforderung zum Widerstand«. Darin kam sicher Verärgerung über harte personalisierende Angriffe Zahls zum Ausdruck. Aber Posser, den ich als mutigen und klarsichtigen Mitkämpfer gegen die Hypertrophie der Kommunistenverfolgung der fünfziger und sechziger Jahre kennen- und schätzengelernt hatte, hatte sich wohl auch von der Stimmungsmache gegen den »Terroristen« Zahl anstecken lassen und war offensichtlich von seinen Beratern über das, was in den Haftanstalten seines Landes lief, falsch und unvollständig informiert, wenn er glaubte, Zahls Kritik an diesen Zuständen als Lüge und Hetze abtun zu können.

Jedenfalls war das politische Klima, in dem der Bochumer Kollege Lutz Eisel und ich Ende 1979 den Versuch einleiteten, das Monschau-Urteil von 1976 im Wege eines Wiederaufnahmeverfahrens aus der Welt zu schaffen, alles andere als günstig. Anders als Politiker, die selten versäumen, sich als Exponenten ihrer Partei in Szene zu setzen, sind Richter ängstlich darauf bedacht, als politische Neutren zu erscheinen, die sie natürlich nicht sind. Und so spielt man als Anwalt immer wieder dieses Glücksspiel mit scheinbar offenem Ausgang mit, dessen Lose in Wirklichkeit bereits gezogen sind, bevor es losgeht.

Lutz Eisel, der die Hauptarbeitslast bei der juristischen Ausarbeitung des Wiederaufnahmeantrages und weiterer Schriftsätze und Rechtsmittel trug, hat dieser Aufgabe einige Jahre seines Anwaltslebens gewidmet. Peter-Paul Zahl und Lutz Eisel wußten, daß ich durch andere zeitaufwendige Prozesse viel zu sehr in Anspruch genommen war, um zu dieser Sisyphusarbeit mehr als beratende Meinungsäußerungen und Unterschriften beisteuern zu können. Außerdem setzte ich größere Hoffnungen auf ein Gnadenverfahren, jedenfalls solange Posser der dafür zuständige Mann war. Im Mai 1979 – Posser war leider ins Finanzressort gewechselt – hatte ich an Zahl geschrieben:

Wir müssen, so meine ich, abwägen, ob die Chance eines erfolgreichen Wiederaufnahmeantrags groß genug ist, um ein solch aufwendiges Unternehmen ins Werk zu setzen, das uns notwendig in eine Kampfsituation auch gegen die Instanzen bringt, die bei einer Gnadenentscheidung mitzureden haben. Außerdem ist zu bedenken, daß ein Urteil, das allgemein als Fehlurteil gilt, eine günstigere Ausgangsbasis für einen Gnadenantrag bietet als ein Urteil, dem durch einen abgelehnten Wiederaufnahmeantrag noch einmal der Schein des Rechts verliehen worden ist.

Wir entschlossen uns, beide Wege nebeneinander zu beschreiten. Ich bat die neue Justizministerin, Frau Donnepp, um ein persönliches Gespräch und bat gleichzeitig Posser, meine Bemühungen zu unterstützen. Posser war sofort bereit und lud mich schon im Juni 1979 zu einem Gespräch ein, während Frau Donnepp wohl erst durch Posser dazu gebracht werden mußte, Zahls Anwälte zu empfangen. Während das Gespräch mit Posser erfreulich offen verlief – er hatte darum gebeten, daß ich allein kommen solle, weil sonst das Gespräch einen offiziellen Charakter erhalten würde – und einige Hoffnungen begründete, war die Begegnung mit Frau Donnepp enttäuschend. Ergebnis: Erst müßten alle möglichen Rechtsmittel – Wiederaufnahmeantrag und Halbstrafgesuch – durchexerziert werden, bevor die Gnadeninstanz tätig werden könne.

Also machte sich der Kollege Lutz Eisel an die Arbeit und erstellte nach aufwendigen Recherchen einen sorgfältig begründeten Antrag auf Wiederaufnahme des Verfahrens, in dem mit neuen Beweismitteln belegt wurde, daß Zahl nicht gezielt auf die Beamten geschossen haben konnte. Wichtigstes Beweismittel war ein Gutachten des renommierten Schußwaffensachverständigen Prof. Dr. Sellier, aus dem sich ergab, daß nach den vorgefundenen Spuren der Geschoßeinschläge diese Schüsse nicht in Richtung der verfolgenden Polizisten, sondern in eine andere Richtung abgegeben worden sein müssen. Auch neue Zeugen wurden benannt, nach deren Beobachtungen Zahls Darstellung richtig sein mußte, er habe lediglich ungezielte Warnschüsse abgeben wollen und den Beamten P. nur infolge unglücklicher Umstände ungewollt getroffen. Aber alles vergebens. Der Wiederaufnahmeantrag wurde in zwei Instanzen abgelehnt. Und ebenso das Halbstrafgesuch.

Und so landeten wir im November 1980 – Zahl saß inzwischen fast acht Jahre in Haft – wieder bei der Gnadeninstanz. Noch einmal zu Frau Donnepp? Wir hielten das nicht für sinnvoll, da wir aus dem ersten Gespräch den Eindruck mitgenommen hatten, daß die Entscheidung von ihren Ministerialbeamten, die sich nicht gerade durch Liberalität auszeichneten, maßgeblich beeinflußt wurde. Der einzige originäre Gesprächsbeitrag von Frau Donnepp, der mir in Erinnerung geblieben ist, war ihre Anmerkung zu meinem Hinweis auf Zahls Auszeichnung für seinen Roman *Die Glücklichen:* »Ja, ja, ein Schelmenroman.«

Gnade ist ein Überbleibsel aus feudalistischen Zeiten, die Anrufung des souveränen Landesherrn, der »Gnade vor Recht« ergehen lassen, aber auch manches unmäßige und von politischen Leidenschaften diktierte Urteil korrigieren kann, das vor dem Urteil der Geschichte ohnehin nicht standgehalten hätte. Mir fällt dazu immer wieder der Schriftsteller Fritz Reuter ein – mir als Vorpommer und Liebhaber des Plattdeutschen heimatlich vertraut –, der 1837 wegen Hochverrats zum Tode verurteilt, dann zu dreißig Jahren Festungshaft begnadigt und schließlich nach siebenjähriger Haft gnadenweise entlassen worden war. Ich hielt für möglich, daß in einem freiheitlich-demokratischen Staat das Gnadenrecht nicht weniger human ausgeübt würde als in Zeiten der Fürstenherrschaft. Also wandten wir uns an den Ministerpräsidenten des Landes Nordrhein-Westfalen, Herrn Johannes Rau (SPD), persönlich. Mit Schreiben vom 17. 11. 1980 bat ich Herrn Rau um einen Gesprächstermin und teilte mit, daß sich Heinrich Böll und Professor Dr. Ulrich Klug bereit erklärt hatten, uns, Lutz Eisel und mich, zu begleiten.

Böll und Klug waren nicht die einzigen, die an Rau appellierten, das skandalöse Monschau-Urteil endlich durch einen Gnadenakt zu korrigieren. Einer der vielen namhaften Fürsprecher Zahls, Prof. Dr. Ossip Flechtheim, schrieb an Rau:

Sie werden sich vielleicht nicht wundern, wenn ich wie so viele andere das Urteil von 15 Jahren für ein Fehlurteil halte. 15 Jahre hatte seinerzeit auch der SS-Führer Wolff für die Ermordung von 300.000 Juden erhalten!

Große Beachtung in der Öffentlichkeit fand vor allem ein Schreiben des Friedenspreisträgers des Deutschen Buchhandels, des nicaraguanischen Dichters und Kultusministers Ernesto Cardenal, der am 19.10.1980 an den »querido amigo Johannes Rau« schrieb:

In diesen Tagen meines Aufenthaltes in der Bundesrepublik wurde ich häufig auf das Schicksal des Schriftstellers Peter-Paul Zahl angesprochen. Man hat mir von den Umständen seiner Inhaftierung berichtet und davon, daß wohl keine Zweifel erlaubt sind, daß er persönlich weit jenseits der Terroristenszene steht.
Wenn ich Sie mit diesem Brief bitte, ihn endlich zu begnadigen, so wollen Sie das bitte nicht als Anmaßung ansehen, sondern als einen Akt des Mitleidens und der Liebe. Mir steht keinerlei Einmischung in innerdeutsche Angelegenheiten zu. Aber als Ihr Freund und als Christ aus einem Volk, das viel gelitten hat, bitte ich Sie um diesen Akt der Nächstenliebe.
Ich äußere diese Bitte auch im Geist jenes Friedens, für den mir und meinem Volk der Preis verliehen wurde.
Mit einer brüderlichen Umarmung
Ihr
Ernesto Cardenal

Der Ministerpräsident des Landes Nordrhein-Westfalen war für den Anwalt des »Polizistenmörders«, wie Franz Josef Strauß ihn genannt hatte, nicht zu sprechen. Auch nicht für den aufrechten Liberalen Ulrich Klug und den großen alten Mann der deutschen Gegenwartsliteratur Heinrich Böll. Auch Ernesto Cardenal bat vergeblich um einen Akt christlicher Nächstenliebe und hat dafür in der bildhaften Sprache seines Landes treffende Worte gefunden:

Bruder Johannes, Du bist ein großer Mann geworden, aber Deine Schuhe sind nicht mitgewachsen.

Rau teilte mir mit Schreiben vom 9.12.1980 mit, daß er die Bearbeitung und Entscheidung solcher Gnadensachen dem Justizminister übertragen habe. Eine Rücknahme dieser Delegation sei im Einzelfall nicht möglich. (Wir wußten, daß dieser unrichtigen Rechtsauffassung in seinem eigenen Hause widersprochen wurde!) Aber er wolle sich keineswegs hinter seiner fehlenden Zuständigkeit verstecken. Vielmehr meine er, daß im Augenblick der Zeitpunkt für das Gespräch, gegen das er keine grundsätzlichen Einwendungen habe, nicht geeignet sei.

Soeben hat ja das Kammergericht Berlin eine vorzeitige Haftentlassung von Herrn Zahl nach Verbüßung der Hälfte der Strafe abgelehnt. Ich meine, daß es der Respekt vor dieser Entscheidung des Gerichts verlangt, nicht unmittelbar im Anschluß daran in Gespräche über eine vorzeitige Haftentlassung im Gnadenwege einzutreten. Hier sollte meiner Ansicht nach zunächst noch ein wenig zugewartet werden.

Ich antwortete ihm postwendend (12.12.1980) und erinnerte Rau daran, daß bei meinem früheren Gespräch mit Frau Donnepp diese und ihre Rechtsexperten dezidiert die Auffassung vertreten hatten, über einen Gnadenerweis könne erst gesprochen werden, wenn alle anderen rechtlichen Möglichkeiten, das Schwurgerichtsurteil zu korrigieren oder eine vorzeitige Entlassung nach der halben Strafzeit zu erreichen, ausgeschöpft seien. Man habe ebenso wie wir gewußt, daß die formalrechtlichen Voraussetzungen für beide Verfahren nur eine minimale Erfolgschance bieten. Trotzdem habe man uns auf den dornenreichen Weg eines Wiederaufnahmeverfahrens und eines Halbstrafengesuchs geschickt, um uns erst einmal loszusein.

Ich hoffe, mich so deutlich ausdrücken zu dürfen: Wir sind schlicht verarscht worden.
  Bitte entschuldigen Sie, daß es mir nicht ganz gelungen ist, meinen Ärger über das bisherige Verhalten der Gnadeninstanz zu verbergen. Aber es nützt vielleicht einer Verständigung darüber, daß wir uns nicht mehr mit Verweisungen auf angebliche Zuständigkeiten der Justiz abspeisen lassen wollen. Damals wurde uns nahegelegt, die Justiz anzurufen, jetzt wird uns entgegengehalten, daß wir sie mit dem schon damals voraussehbaren Mißerfolg angerufen haben. Gerade aus der Erkenntnis, daß Peter-Paul Zahl bei der Justiz

keine Gerechtigkeit gefunden hat, und auch in Zukunft nicht finden wird, bemühen wir uns ja um ein Gespräch über Gnade, ein Weg, der auch für uns ärgerlich genug ist, der aber im Interesse von Peter-Paul Zahl – und vielleicht nicht nur in seinem Interesse – begangen werden muß.

Der Ministerpräsident des Landes Nordrhein-Westfalen, Johannes Rau, blieb unzugänglich. Er habe die meinen Schreiben beigefügten Erklärungen und Unterschriftensammlungen mit Interesse durchgelesen, schrieb er mir am 2.2.1981, und sich mit meinen Argumenten nochmals eingehend befaßt, blieb jedoch dabei, daß »im Augenblick der Zeitpunkt für ein Gespräch nicht geeignet« sei.

Dazu schrieb mir Heinrich Böll am 3.4.1981:
Natürlich ist eine solche Sache nicht »opportun« — schon gar nicht im Augenblick, aber wann wird der Augenblick kommen??

Im übrigen berief sich Rau nun doch auf die Zuständigkeit seiner Justizministerin, bei der ein Gnadenverfahren anhängig sei, auf das er keinen Einfluß nehmen wolle. Diese hatte die Sache an die »Gnadenstelle bei dem Landgericht Düsseldorf« delegiert. Ich erhielt die lakonische Mitteilung:

Über den Ausgang des Gnadenverfahrens wird Sie die Gnadenstelle unterrichten.

Das geschah mit Schreiben vom 24.4.1981:
Ein Gnadenerweis wird nicht gewährt.

Unterschrieben von einem Staatsanwalt »als Gnadenbeauftragter«. Der seinerseits die Beglaubigung seiner Unterschrift einer Justizangestellten überlassen hatte. Mir fiel dazu ein von Peter-Paul Zahl in einem seiner Kriminalromane zitiertes jamaikanisches Sprichwort ein: Der Herr schickt seinen Hund, und der schickt seinen Schwanz. Bürokratische Erledigung eines Verfahrens, in dem sich einige Hundert der besten Köpfe aus Deutschland und anderen Ländern für eine Freilassung des zu Unrecht als Polizistenmörder Verurteilten eingesetzt hatten. Die Gewerkschaft der Polizei war für die sozialdemokratischen Spitzenpolitiker des Landes Nordrhein-Westfalen die wichtigere Öffentlichkeit. Armes Deutschland!

Nachdem der Rechtsstaat, um die Wiener Zeitschrift *Neues Forum* zu zitieren, die »letzte Möglichkeit zur tätigen Reue im Fall Zahl« nicht genutzt hatte, blieb nur noch das Warten auf den Zeitpunkt für einen Antrag auf Aussetzung des Strafrestes zur Bewährung nach zwei Dritteln der verhängten Strafe. Zuständig war eine Strafvollstreckungskammer beim Landgericht Berlin, da Zahl sich seit dem 5.2.1980 in der JVA Tegel befand. Im Januar 1981 war er in den offenen Vollzug verlegt worden und seit September 1981 Freigänger. Ausbildung zum Theaterregisseur und Dramaturgen an der Schaubühne am Lehniner Platz. Die Regreßforderung des Dienstherrn des verletzten Polizisten in Höhe von 17.000 DM hatte Zahl nach und nach aus seinen Einkünften als Schriftsteller und Literaturpreisträger bezahlt. Seine Beurteilungen durch die JVA waren durchweg positiv. Die Strafvollstreckungskammer hätte Mühe gehabt, Gründe für eine Ablehnung des Antrags zu finden.

Im Sommer 1991 haben Doris Wegener und ich Peter-Paul Zahl in Jamaika besucht.

Am 13. Dezember 1982 wurde Peter-Paul Zahl nach zehnjähriger Haftzeit aus dem Gefängnis entlassen.

Aus seinem Gedicht »lebt wohl«:

ich gehe
  hier
  kann ich nicht da-sein
  hier
  kann ich nicht sein
  nicht mehr
  ich gehe

Peter-Paul Zahl ist am 24. Januar 2011 in Jamaika gestorben.

29. Der Mord an Carmen Kampa. Ein Unschuldiger auf der Anklagebank (1971-1976)

Am 1. Mai 1971 sahen Fahrgäste des um 23.26 Uhr auf dem Bahnhof Bremen-Oslebshausen einlaufenden Vorortzuges nach Bremen-Vegesack, daß auf dem Bahndamm, etwa 15 bis 20 Meter von ihnen entfernt, ein Verbrechen geschah. Ein Mann schlug auf ein Mädchen ein, das mehrmals laut um Hilfe rief. Dann sah man das Mädchen auf dem Boden und den Mann auf ihr liegen. Und man hörte sie mehrmals sagen: »Bitte nicht!« Keiner der Fahrgäste, vor deren Augen und Ohren sich dies abspielte, kam auf den Gedanken, die Notbremse zu ziehen. Vielleicht wären auch Rufe aus dem Fenster, das man zwecks besserer Wahrnehmung des Vorgangs geöffnet hatte, hilfreich gewesen. Aber nichts dergleichen geschah. Nach einer halben Minute Aufenthalt fuhr der Zug fahrplanmäßig ab. Man benachrichtigte den Zugschaffner, der einige Minuten später bei der nächsten Station die Polizei anrief. Die wußte schon Bescheid, die Eheleute Schuster, deren Wohnung etwa 300 Meter vom Oslebshauser Bahnhof entfernt liegt, hatten durchs offene Schlafzimmerfenster die Hilferufe des Mädchens gehört und die Polizei angerufen. Das war um 23.27 Uhr gewesen. Aufgrund dieses Anrufs hatte der Funkstreifenwagen Roland 19 um 23.31 Uhr den Einsatzbefehl bekommen. Die Polizeibeamten suchten das Gelände rund um den Bahnhof ab, leuchteten mit Suchscheinwerfern auch in das buschbestandene Gelände auf der stadtabwärts gelegenen Seite des Bahndamms in der Nähe einer Müllkippe. Aber man fand nichts. Die Suche wurde ergebnislos abgebrochen.

Erst zweieinhalb Tage später fand man bei der Suche nach zwei entwichenen Häftlingen der nahegelegenen Jugendstrafanstalt in dem sumpfigen Gelände hinter dem Bahnhof, etwa 100 Meter entfernt von der Stelle, wo das Geschehen am Bahndamm beobachtet worden war, die halb entkleidete Leiche eines Mädchens, das von seinem Vater, der die Nachricht im Autoradio gehört hatte und zum Fundort geeilt war, als die 17jährige Carmen Kampa identifiziert wurde. Die Obduktion ergab, daß das bis dahin noch unberührte Mädchen vergewaltigt und sodann erwürgt worden war. Der Täter hatte außerdem mit einem Messer viermal zugestochen und dabei auch das Herz getroffen. Nach dem Obduktionsbefund soll der Tod aber bereits durch das Würgen eingetreten sein.

Als die kriminalpolizeilichen Ermittlungen nach dem Täter begannen, war bereits wertvolle Zeit verloren. Nur dem Ausbruch der beiden Jugendstrafgefangenen war es zu verdanken, daß man das Gelände hinter dem Oslebshauser Bahnhof überhaupt durchsucht hatte. Aber das war erst der Anfang einer kaum glaublichen Ermittlungstragödie, die in der Anklage gegen einen Unschuldigen und dessen Verurteilung gipfeln sollte, während der wirkliche Mörder der Carmen Kampa nie überführt wurde.

Erst nach dem Auffinden der Leiche begann man, sich für die Beobachtungen der Tatzeugen zu interessieren. Sie wurden in der Tagespresse vom 5. Mai 1971 gebeten, sich mit der Mordkommission im Bremer Polizeihaus in Verbindung zu setzen. Darauf meldete sich der 18jährige Arbeiter Roland Stengel*, der beim Einfahren des Zuges in den Oslebshauser Bahnhof aus dem Fenster geschaut und als erster das Geschehen am Fuße des Bahndammes wahrgenommen hatte. Nach seiner Beschreibung war der Täter »ca. ½ bis 1 Kopf größer als das Mädchen«, kräftig gebaut, trug einen dunklen Anzug und war darunter weiß gekleidet, Oberhemd oder Pullover. »Das Gesicht des Mannes habe ich nicht gesehen.« – »Der Mann erschien mir dunkelhaarig. Das Haar war normal geschnitten. Es waren keine langen oder längeren Haare.« Eine sehr allgemein gehaltene Personenbeschreibung, die auf unzählige Männer paßte. Aber

---

* Name geändert

noch nicht einmal dies wenige gelangte in die Zeitung. »Zugfahrgäste sahen Carmens Mörder – Aber niemand kann den Mann beschreiben« lautete die Überschrift eines langen Artikels im *Weser-Kurier* vom 6. Mai 1971. Und im Text hieß es:

Über den Mann erfuhr die Mordkommission bisher wenig Verwertbares, allenfalls, daß er dunkles, normal geschnittenes Haar haben soll und dunkel gekleidet war.

Kein Wort also von dem weißen Hemd oder Pullover unter dem dunklen Anzug, einem markanten Merkmal der Bekleidung, das Roland Stengel der Kripo beschrieben hatte. Aber man traute Roland Stengels Beobachtungsgabe offenbar nicht so ganz, der sich, wie er sagte, »keinen anderen Rat« gewußt hatte, »als die anderen Reisenden ebenfalls hinzuzuziehen«, und sich zu diesem Zweck in den Wagen gewandt hatte und erst wieder nach draußen schaute, als das Mädchen bereits am Boden und der Mann auf ihr lag. Und außerdem gab es da noch eine Zeugenaussage, die sich von Stengels Aussage wesentlich unterschied. Der 56jährige Handelsvertreter Heinz Meisel[*], der auf der anderen Seite des Abteils gesessen hatte und auf Roland Stengels Rufe ans offene Fenster getreten war, beschrieb den Täter so: »Er hatte eine hellere Jacke an und war etwa 170 cm groß. Der Mann hatte schwarze, lange Haare.« Bis auf Körpergröße und Haarfarbe paßte also nichts zusammen. Es sprach einiges dafür, Stengels Aussage den Vorzug zu geben, weil er Täter und Opfer schon zu einem Zeitpunkt gesehen hatte, als sie noch voreinander standen, also in ganzer Größe zu sehen waren. Oder man hätte beide Täterbeschreibungen veröffentlichen können.

Stattdessen wurde eine Personenbeschreibung mitgeteilt, die eine Frau Marianne Weiß[**] gegenüber der Kripo angegeben hatte, die weder im Zug gesessen, noch sonst etwas vom Tatgeschehen mitgekriegt hatte, aber von einem verdächtigen Mann

---

[*] Name geändert
[**] Name geändert

erzählt hatte, der ihr im vergangenen Vierteljahr mehrfach in der Umgebung des Oslebshauser Bahnhofs aufgefallen war, »wo er sich hinter Bäumen und in Mauernischen versteckte und auf irgend etwas zu lauern schien«. Frau Weiß, die auch im weiteren Verfahren noch eine unselige Rolle spielen sollte, beeindruckte schon damals durch eine angeblich überdurchschnittliche Beobachtungsgabe, so daß die Kripo glaubte, die Bevölkerung zur Suche nach der von Frau Weiß beschriebenen Person auffordern zu sollen:

Der Mann soll ungefähr 30 Jahre alt, 1,70 Meter groß und schlank sein, aschblondes, streng nach hinten gekämmtes Haar, sehr helle Augen sowie einen kleinen, schmalen Mund haben.

Wir können diese Personenbeschreibung gleich wieder vergessen; es war eine von insgesamt 1019 falschen Spuren, denen die Kriminalpolizei in dieser Sache nachgegangen ist. Schwer verständlich bleibt, weshalb die Kripo gerade diese Täterbeschreibung veröffentlichen ließ; es war die Beschreibung eines Mannes, den nur Frau Weiß gesehen hatte, obwohl er, wenn es ihn wirklich gab, auch anderen hätte auffallen müssen. Aber auch Frau Weiß behauptete nicht, den aschblonden Mann in der Nacht vom 1. Mai gesehen zu haben. Und keinesfalls konnte Frau Weiß' aschblondes Schreckgespenst mit jenem dunkelhaarigen Mann identisch sein, den Roland Stengel und Heinz Meisel vom Abteilfenster des Vorortzuges aus gesehen hatten.

Erst vier Monate nach dem Mord an Carmen Kampa forderten Staatsanwaltschaft und Kriminalpolizei in einer Plakataktion die Bevölkerung dazu auf, ihr bei der Suche nach einem Mann zu helfen, der schwarzes Haar und einen weißen Pullover getragen hatte. Unter der Überschrift »Letzter Versuch« kritisierte der *Weser-Kurier* am 28. August 1971:

Nun ist es zwar schon ein Fortschritt, daß diese Plakate nicht mehr wie sonst üblich nur in Polizeiwachen, vor Bahnhofstoiletten und im Halbdunkel der Gerichtsflure angeheftet wurden. Doch das ändert nichts daran, daß die ganze Aktion um drei Monate zu spät erfolgt. Die im Text gestellten Fragen nach dem Mann mit dem schwarzen Haar und dem weißen Pullover hätten genauso pointiert auch schon Anfang Juni an die Öffentlichkeit gerichtet werden können. Denn schon damals stand das Äußere des unbekannten Mörders hinreichend fest.

Die Ermittlungen hatten sich inzwischen auf zwei Männer konzentriert, mit denen Carmen Kampa am Abend des 1. Mai 1971 in dem Lokal »Parkgaststätte« gewesen sein soll. Mehrere Zeugen hatten bekundet, daß ein Mädchen, das mit schwarzen Hot Pants, einer helleren gemusterten Bluse und einem kurzen Mantel bekleidet war und eine Umhängetasche mit Fransen bei sich hatte – so nach der Aussage von Carmens Vater die Ausstattung seiner Tochter am Tatabend – und auch sonst dem Erscheinungsbild der Ermordeten entsprach, gegen 21.45 Uhr in Begleitung zweier Männer im Lokal erschienen sei, dort eine Bratwurst und Cola zu sich genommen habe und gegen 22.15 oder 22.00 Uhr wieder gegangen sei. Ein Zeuge wollte gehört haben, daß die drei, als sie die »Parkgaststätte« verließen, gesagt hätten, sie wollten zurück ins »Miramichi«. Man wußte aus anderen Zeugenaussagen, daß Carmen Kampa das Jugendlokal »Miramichi« gegen 23.10 Uhr verlassen hatte, um mit dem um 23.27 Uhr vom Oslebshauser Bahnhof abgehenden Zug nach Hause zu fahren. Und die Kripo fand auch eine Übereinstimmung mit einem anonymen Hinweis, wonach Carmen Kampa das »Miramichi« um 22.00 Uhr betreten habe.

In einem Zwischenbericht der Kripo vom 20.7.1971 wurde dieser anonyme Hinweis wie folgt referiert:

In diesem Zusammenhang muß auf einen anonymen Anrufer hingewiesen werden, der am 5.5.1971 mitteilte, daß die Kampa das Lokal »Miramichi« am Abend des 1.5.1971 kurz verlassen hatte. Gegen 22.00 Uhr soll die Kampa dann die Gaststätte wieder betreten haben. »Nach einiger Zeit« soll die Kampa dann das Lokal verlassen haben und der Anonymus will ihr gefolgt sein. Vor dem Oslebshauser Bahnhof will (muß heißen: soll) sie dann mit zwei jungen Männern zusammengetroffen sein, mit denen sie unter die (muß heißen:

der) Eisenbahnüberführung der Ritterhuder Heerstraße hindurchging. Dann sollen die beiden Unbekannten das Mädchen in den Weg am Eisenbahndamm hineingezerrt haben. Danach hätten beide Männer das Mädchen vergewaltigt. Einer der beiden hätte dann mit einem Gegenstand auf das Mädchen eingestochen, und danach hätten beide das Mädchen in das Morastgelände geschleppt. Der Anonymus will die Tat beobachtet haben und nur aus ca. 12 m Entfernung zugesehen haben.

In der Bremer Tagespresse vom 28. 8. 1971 wurde der anonyme Anrufer aufgefordert, sich bei der Mordkommission zu melden, die ihm Vertraulichkeit zusicherte. Er meldete sich nicht. Ob er selbst der Mörder oder einer der Mörder war?

Daß es tatsächlich zwei Täter gab, hatte die Kripo als Möglichkeit erwogen. Dafür konnte der Umstand sprechen, daß das Mädchen tatsächlich die 200 Meter von dem Ort ihrer Mißhandlung am Fuße des Bahndamms bis zur Fundstelle im Morastgelände getragen worden sein muß, da Schleifspuren an der Kleidung fehlten. Vor allem aber wäre es eine Erklärung für die unterschiedlichen Täterbeschreibungen der Augenzeugen Stengel und Meisel. Aus dem Kripo-Bericht vom 20. 7. 1971:

In diesem Zusammenhang ist auf die Aussagen der Zeugen Stengel und Meisel hinzuweisen. Stengel hat eine Person mit dunklem Anzug und Meisel einen Mann mit heller bis beigefarbener Jacke am Tatort gesehen.

Auch die Staatsanwaltschaft ging in einer am 7. August 1971 veröffentlichten Zeitungsanzeige, in der sie Zeugen aufforderte, sich zu melden, und auf die Aussetzung einer Belohnung von 10.000 DM hinwies, davon aus, daß es zwei Tatverdächtige gab. Die Formulierung »Bei dem Täter handelt es sich um einen Mann, der wie folgt beschrieben wird« signalisierte einen hohen Grad von Sicherheit, daß man dem Mörder auf der Spur war. Und was dann folgte, war die Personenbeschreibung, die von Zeugen für Carmen Kampas Begleiter in der »Parkgaststätte« gegeben worden war:

Ca. 20 bis 30 Jahre, ca. 180 cm groß, schlank, ovales Gesicht, fast schwarze Haare nach hinten gekämmt, Haare standen hinten leicht auf dem Kragen auf, dunkler Teint, Koteletten bis in Höhe der Ohrläppchen.
Bekleidung: dunkler Anzug, weißer Pullover leichterer Art.

Von dem zweiten Tatverdächtigen heißt es in der Zeitungsanzeige der Staatsanwaltschaft, daß er »in der Nähe des Tatortes bemerkt« worden sei. Was sich nur konstruieren ließ, wenn man die Angaben des zweiten Begleiters aus der »Parkgaststätte« mit der Täterbeschreibung des Zeugen Heinz Meisel kombinierte und dem Hinweis des mysteriösen anonymen Anrufers folgte, wonach es zwei Tatbeteiligte gab. Auch hier übernahm die Staatsanwaltschaft die Personenbeschreibung der »Parkgaststätten«-Zeugen:

Ca. 22 Jahre alt, ca. 175 cm groß, mittelblonde Haare, Haare über den Kragen stehend, breitschultrig, mittelblonder Oberlippen- und Kinnbart.
Bekleidung: Dunkelbraune Hose, beigefarbene Jacke, ziemlich große Armbanduhr (Art Taucheruhr) mit dunklem Zifferblatt, breites Armband mit großen Löchern.

Auch das Mädchen, das mit diesen beiden Männern in der »Parkgaststätte« gewesen war, wurde in der Tagespresse nochmals beschrieben (dunkelbraunes Haar, Hot Pants, Minisommermantel, Umhängetasche mit Fransen) und, ebenso wie die beiden Männer, aufgefordert, sich zu melden, falls es nicht mit Carmen Kampa identisch sein sollte. Ohne Erfolg. Was den Verdacht bestärkte, daß man auf der richtigen Spur war.
Ich weiß nicht, ob man auf der richtigen Spur war. Ich weiß nur, daß man aus der Fülle der Spuren die falsche ausgewählt und zur Anklage gebracht hat.
Diese falsche Spur begann mit einem Hinweis der Gastwirtin Katharina Wesler, die sich im August 1971 meldete und von einem Mann berichtete, der am 1. Mai in ihrer Gaststätte »Zum Bahnhof« gewesen und sich etwa um 23.00/23.30 Uhr mit dem

Bemerken entfernt habe, er wolle etwas essen gehen und dann zurückkehren. Er sei aber nicht zurückgekommen und habe ein Schlüsselbund, das er beim Weggehen hinterlegt habe, bis heute nicht abgeholt. Er hatte behauptet, einen VW-Bus zu fahren, und wolle ihn, weil er Alkohol getrunken habe, stehenlassen. Der am Schlüsselbund befindliche Autoschlüssel gehörte aber, wie man später merkte, zu einem Opel-Kadett. Auch eine Zeche von 17 DM sei der Mann schuldig geblieben. Wenn das alles wirklich am 1. Mai 1971 gewesen war – und die Gastwirtin und ihr Ehemann, der ihre Aussage bestätigte, behaupteten, ihrer Sache sicher zu sein –, erschien der Mann verdächtig. Auch die Personenbeschreibung, die die Eheleute Wesler lieferten, paßte auf den Mann, den Roland Stengel am Fuße des Bahndamms gesehen hatte: 28 bis 30 Jahre alt, ca. 1,80 m groß, kräftig, dunkle Haare, voller Fassonschnitt, dunkler Anzug, weißer Pullover.

So kam man auf Otto Becker, einen Mann, dem das Leben ohnehin nicht leicht wurde. Aus alkoholkranker Familie stammend, war auch er alkoholabhängig geworden und verbrachte seine Abende regelmäßig in Kneipen. Diebstahl und Benutzung fremder Kraftfahrzeuge ohne Fahrerlaubnis und unter Alkoholeinfluß brachten ihn wiederholt ins Gefängnis. Seine homosexuelle Veranlagung brachte viele Probleme mit sich. Sie konnte ihn, wie sich zeigen sollte, nicht einmal vor dem Verdacht schützen, einen Lustmord an einem Mädchen begangen zu haben. Denn Otto Becker war der Mann, der in der Gaststätte »Zum Bahnhof« das Schlüsselbund hinterlassen und die Zeche geprellt hatte. Die Art, wie man ihn ermittelte, war ein kleines kriminalistisches Bravourstück und hätte die bisherige Erfolglosigkeit und vielen Fehler der Ermittlungsarbeit wettmachen können – vorausgesetzt, man hatte wirklich den richtigen.

Im Mai 1973 – seit dem Mord an Carmen Kampa waren zwei Jahre vergangen – fiel dem jungen Polizeimeister Horst-Fredo Bianchi beim Studium der Kampa-Akten ein, daß er im Dezember 1970 bei einer Verkehrskontrolle in Bremen einen Opel-Kadett mit Essener Kennzeichen überprüft hatte. Eine erstaunliche Gedächtnisleistung. Man hatte inzwischen festgestellt, daß der am Schlüsselbund befindliche Autoschlüssel von einer Essener Firma geliefert worden war. Nunmehr ermittelte man den Halter jenes Fahrzeugs und erfuhr, daß Becker ihm bei einem Lokalbummel das Schlüsselbund entwendet und mit dem Wagen eine Spritztour unternommen hatte. Dabei hatte Becker den Wagen, offenbar kurz nachdem er von Bianchi kontrolliert worden war, zu Schrott gefahren und stehenlassen. Das Schlüsselbund mit dem zu dem Schrottfahrzeug gehörenden Autoschlüssel hatte er behalten.

Es wäre angebracht gewesen, bei diesem Stand der Ermittlungen noch einmal darüber nachzudenken, ob die Preisgabe eines für Becker nutzlosen Schlüsselbundes, mit dem er den Besitz eines Autos und seine Kreditwürdigkeit vortäuschte, wirklich ein so starkes Indiz für seine Täterschaft in der Mordsache Carmen Kampa war, wie man ursprünglich vielleicht annehmen durfte. Lag es nicht näher, anzunehmen, er habe sich deshalb nicht mehr in der Gaststätte der Eheleute Wesler sehen lassen, weil er die Zeche geprellt hatte? Und wäre es nicht gerade für den Täter des Kampa-Mordes viel logischer gewesen, das Schlüsselbund wieder abzuholen, um nicht verdächtig zu erscheinen? Becker hatte in der Gaststätte viel über sich erzählt, was auch Anlaß zu allerdings erfolglosen Ermittlungen gab. Wäre er der Mörder gewesen, hätte er nichts Dümmeres tun können, als sich durch die Schlüsselgeschichte verdächtig zu machen. Aber solche Überlegungen wurden nicht angestellt, man glaubte, der Öffentlichkeit endlich den richtigen Täter präsentieren zu können. Es kam nur noch darauf an, ihn zum Geständnis zu bringen. Und darauf konzentrierten sich jetzt alle Bemühungen.

Am 4. Juni 1973 wurde Otto Becker zum erstenmal von der Kriminalpolizei vernommen. Bereitwillig erzählte er den Kriminalbeamten Ehrenberg und Struwe von seinen persönlichen Verhältnissen, seiner Alkoholkrankheit, seiner Homosexualität, seinen Vorstrafen wegen Kraftfahrzeugdiebstahls und Fahrens ohne Führerschein und gab auch sofort zu, daß er einem Essener Bekannten bei einem gemeinsamen Lokalbesuch ein Schlüsselbund entwendet und sodann mit dessen Wagen eine Fahrt unternommen hatte, die mit Unfall und Fahrerflucht endete. Auch daß er kurz vor dem Unfall von einem Polizeibeamten kontrolliert worden war, erinnerte Becker. Und er machte auch kein Hehl daraus, daß er irgendwann in der Gaststätte »Zum Bahnhof« das gestohlene Schlüsselbund hinterlassen hatte. Ob dies am 1. Mai 1971 gewesen sei, könne er nicht sagen. Aber bereitwillig und naiv bejahte er Fragen der Beamten, die davon ausgingen, daß vom 1. Mai 1971 die Rede sei. So die Frage, ob es sein könne, daß er am 1. Mai 1971 einen dunklen Anzug mit weißem Pullover getragen habe. Seine Antwort liest sich im Vernehmungsprotokoll so:

Es kann durchaus sein, daß ich am 1. 5. 1971 meinen blauen Anzug mit einem weißen Rollkragenpullover getragen habe.

Auf den Vorhalt, daß die Zeugen Wesler und ein weiterer Zeuge angegeben hätten, er habe am 1.5.1971 gegen 23 Uhr die Gaststätte verlassen, fällt ihm nur ein:

Ich kann nicht sagen, wohin ich nach Verlassen der Gaststätte ging.

Man hatte ihn schon fast da, wo man ihn haben wollte:

Herr Becker, Sie haben nach Ihren Angaben insgesamt zwei- bis dreimal die Gaststätte »Zum Bahnhof« aufgesucht. Wenn Sie am 1. 5. 1971 abends zum letzten Mal in der Gaststätte waren, müssen Sie doch sagen können, wohin Sie gegangen sind. Gingen Sie am Fuchsberg in Richtung Oslebshauser Heerstraße, Am Koppenberg oder die Sperberstraße entlang?

Wohlgemerkt, man fragte einen damals alkoholabhängigen Mann, der praktisch Abend für Abend in irgendwelchen Lokalen einzukehren pflegte, wo er an einem bestimmten Abend vor zwei Jahren gewesen und gegangen sei. Seine treuherzige Antwort:

Das weiß ich heute nicht mehr genau.

Die darauf folgende Frage der Vernehmer setzte bereits voraus, daß der von Becker eingeräumte Aufenthalt in der Gaststätte »Zum Bahnhof« am 1. Mai 1971 gewesen sei:

Als Sie am Abend des 1. 5. 1971 in der Gaststätte »Zum Bahnhof« waren, sollen Sie zwischenzeitlich die Gaststätte verlassen haben, um eine Bratwurst zu essen …

Darauf Becker:
Es kann sein, daß ich eine Bratwurst gegessen habe.

Otto Becker war diesen Vernehmungsbeamten in keiner Weise gewachsen. Aber immerhin blieb er auch nach stundenlanger Vernehmung dabei:
Ich habe mit der Mordsache Kampa nichts zu tun.

Die Kriminalbeamten verbuchten die Vernehmung gleichwohl als Erfolg. Aus einem Vermerk vom 5. 6. 1973:

Becker konnte überführt werden, am 1. 5. 1971 in der Gaststätte »Zum Bahnhof«, Am Fuchsberg, ein Schlüsselbund hinterlegt zu haben.

Und ihr größter Erfolg: Sie konnten den vertrauensseligen Mann davon überzeugen, daß es zu seinem Besten sei, der Veröffentlichung eines Fotos in der Tagespresse zuzustimmen. Vier Polizeifotos, Otto Becker zweimal mit und zweimal ohne Brille, verbunden mit einer Erinnerung an die für die Aufklärung des Verbrechens ausgesetzte Belohnung von 10.000 DM, sollten Zeugen, die Becker in der Nacht vom 1. Mai 1971 gesehen hatten, ermuntern, sich zu melden.
    Da meldete sich ein früherer Haftgenosse Otto Beckers, der Zeuge Waldhaus,[*] der behauptete, Becker habe einmal erzählt,

---

[*] Name geändert

daß er die Schreie der Carmen Kampa gehört habe. Da meldete sich eine Frau Koopmann[*], die behauptete, Becker am Abend des 1. Mai 1971 im »Miramichi« getroffen zu haben. Und da meldete sich erneut Frau Weiß, der schon die Spur »aschblondes Schreckgespenst« zu verdanken war. Ihr war nun eingefallen, daß sie am 1. Mai 1971 gegen 23.50 Uhr auf der Ritterhuder Heerstraße ein Mann angesprochen habe, der nach der Uhrzeit fragte und wissen wollte, ob noch ein Zug nach Bremen fahre.

Als ich heute morgen das Bild im *Weser-Kurier* sah, war ich mir sicher, daß es sich an jenem Abend um den abgebildeten Mann handelte. Der Mann trug damals eine dunkle Brille. Das fiel mir besonders auf, weil der Mann, als er uns fragte, mit einer Hand immer an der Brille herumfummelte.

Daß Becker am Abend des 1. Mai 1971 eine Brille mit getönten Gläsern und schmalem Metallbügel getragen haben sollte, hatte schon am 28. 8. 1971 in der Zeitung gestanden. Frau Wesler hatte es ausgesagt. Nun hatte Frau Weiß sie auch gesehen. In einem kriminalpolizeilichen Vermerk vom 8. 6. 1973 klingen noch leise Zweifel an:

Es muß besonders darauf hingewiesen werden, daß Frau Weiß bereits im Mai 1971 einen Hinweis auf einen hellblonden Stadtstreicher gab (Spur Nr. 6), den sie einige Wochen vorher am Oslebshauser Bahnhof gesehen hat. In ihrer Vernehmung von damals erwähnte sie nichts von dem Mann in der Ritterhuder Heerstraße.

Später sollte Frau Weiß, der das Schwurgericht unter dem Vorsitz des Richters Crome »ein überdurchschnittliches Personengedächtnis« bescheinigte, zur prozeßentscheidenden Zeugin werden. Sie selbst rühmte sich eines sogenannten eidetischen Gedächtnisses und verblüffte nicht nur die Kriminalbeamten durch die Sicherheit, mit der sie Jahre zurückliegende Detailwahrnehmungen ins Gedächtnis zurückrufen zu können vor-

---

[*] Name geändert

gab. So beschrieb sie bei ihrer kriminalpolizeilichen Vernehmung vom 12.6.1973 den Handschuh, den Becker am 1.5.1971 getragen habe: »an der Innenseite vom Handgelenk her geschlitzt«, und bediente eine Frage der Vernehmer nach einem Kraftfahrzeug, mit der die Aussage einer anderen Zeugin überprüft werden sollte, mit der Mitteilung, »daß auf dem linken Gehweg der Ritterhuder Heerstraße, gleich hinter dem Tunnel, ein VW-Käfer stand«. Ein Wunder, daß man sie nicht nach dem amtlichen Kennzeichen des Wagens gefragt hat.

Immerhin schien die Gläubigkeit, mit der die Aussagen der Frau Weiß aufgenommen wurden, auch Chancen für Beckers Verteidigung zu bieten. Denn sie hatte an der Kleidung des Mannes, der ihr in der Nacht vom 1. Mai 1971 begegnet war, keine Verschmutzungen beobachtet, wie sie eigentlich nach Vergewaltigung und Mord im Morastgelände zu erwarten gewesen wären. Und damit entfiel auch das Argument, Becker habe das Schlüsselbund deshalb nicht abgeholt, weil dann seine verschmutzte Kleidung aufgefallen wäre. Aber solche Erwägungen, die Beckers Überführung als Täter hätten in Frage stellen können, wurden nicht angestellt.

Am 31. Oktober 1973 war Otto Becker erneut zur Kripo vorgeladen. Er war der Meinung, daß er bei ihm am 4.6.1973 sichergestellte Gegenstände abholen und anschließend zur Arbeit gehen könne. Er erschien kurz nach 8.00 Uhr und wurde zu einer Vernehmung dabehalten, die bis in die Abendstunden dauerte. Man hielt ihm die Aussagen der Zeugen Waldhaus, Koopmann und Weiß vor und stellte ihm diese Zeugen auch gegenüber. Becker bestritt Waldhaus' Aussage, ließ sich aber in einem nicht protokollierten Vorgespräch von den Kriminalbeamten dazu bringen, einzugestehen, er habe Carmen Kampas Hilferufe gehört. Es war ihnen gelungen, Becker zu suggerieren, daß eine solche Aussage seiner Entlastung diene. Wenn er – so lautete die Logik, mit der sich Becker fangen ließ – am 1. Mai 1971 kurz nach 23 Uhr die in der Nähe des Tatorts gelegene Gaststätte »Zum Bahnhof« verlassen habe, dann müsse er doch die Schreie des Mädchens gehört haben. Wenn er das bestreite, mache er sich verdächtig. Und Becker tappte in die

Falle. Statt endlich, wie er gehofft hatte, entlassen zu werden – es war inzwischen 14.30 Uhr – ging die Vernehmung jetzt erst richtig los. Wenn er Schreie gehört hatte, mußte er auch sagen können, wo er zu dieser Zeit war. Und Otto Becker, bemüht, alle Fragen der Beamten so gut wie möglich zu beantworten, verstrickte sich immer mehr in einem Netz von Aussagen, die ihn immer verdächtiger machten.

Da war die Aussage der Frau Gisela Koopmann, die ihn am 1. Mai 1971 im »Miramichi« gesehen haben wollte. Auch an der Aussage dieser Zeugin, die ihren Hinweis auf Becker, ebenso wie Frau Weiß, erst im Juni 1973 gegeben hatte, waren Zweifel erlaubt, ob sie wirklich eine Begegnung am 1. Mai 1971 schilderte. Später in der Hauptverhandlung machte sie den Zeitpunkt daran fest, daß am nächsten Tag die Polizei gekommen sei. Erst auf den Hinweis, daß die Polizei erst einige Tage später gekommen sei, kam sie auf eine andere angebliche Erinnerungsstütze zurück, die sie bei der Kripo genannt hatte. Bekker blieb dabei, daß er noch nie im »Miramichi« gewesen sei. Aber auf die Frage, ob er meine, daß Frau Koopmann hier die Unwahrheit sage, antwortete er:

Ich glaube das nicht, dazu kenne ich Gila zu gut, sie würde in dieser Beziehung nicht lügen oder mich anschwärzen wollen. Wenn Gisela gesagt hat, sie hätte mich im Lokal »Miramichi« gesehen, so wird dieses stimmen. Ich kann mir jedenfalls nicht vorstellen, in diesem Lokal gewesen zu sein.

Auch auf die Zeugin Weiß reagierte Becker entgegenkommend:

Mir liegt in Erinnerung, daß ich eine Frau in der Nähe des Bahnhofs mal nach der Uhrzeit und nach der Abfahrt der Züge nach Bremen gefragt habe.

Und dann ließ er auch dies zu Protokoll nehmen (ab 15 Uhr waren die Kriminalbeamten vom »Vorgespräch« zur protokollierten Vernehmung übergegangen):

Ich kann mich erinnern, daß ich am Abend des 1. 5. 1971 vom Oslebshauser Bahnhof mit dem Zug zur Stadtmitte fahren wollte.

Auf Vorhalt der Aussage eines Zeugen Helmers, der am 1. 5. 1971 gegen 23.47 Uhr aus sechzig Meter Entfernung einen der Täterbeschreibung Roland Stengels entsprechenden Mann durch die Eisenbahnunterführung Ritterhuder Heerstraße in Richtung Oslebshauser Bahnhof hatte laufen sehen:

An dem bezeichneten Ort war ich, und in die angegebene Richtung bin ich auch gegangen. Ob die Uhrzeit stimmt, kann ich nicht beurteilen.

Frage: Schildern Sie dann bitte, wie Sie von der Gaststätte »Miramichi« zum Oslebshauser Bahnhof gekommen sind und was Sie dort erlebt haben.

Becker: Wie ich schon angab, kann ich nicht sagen, ob ich im Lokal »Miramichi« war. Ich weiß auch nicht, wie ich zum Oslebshauser Bahnhof gegangen bin. Vermutlich nahm ich den kürzesten Weg durch die Sperberstraße. Meine Erinnerung setzt erst wieder ein, als ich kurz in der Halle des Bahnhofs war und am Fahrplan die Abfahrtzeiten der Züge in Richtung Bremen suchte. Ich wollte mit dem Zug zur Stadtmitte fahren. Um welche Uhrzeit ich am Bahnhof eintraf, kann ich nicht sagen. Ich hatte mich dafür entschieden, mit dem Zug um ca. 23.30 Uhr nach Bremen zu fahren. Während ich den Fahrplan studierte, hörte ich eine Stimme mehrmals laut um Hilfe rufen …

Nun hatte man drei zeitliche Fixpunkte, auf die man Becker festlegen konnte: Hilferufe: 23.25 Uhr, Zeuge Helmers: 23.47 Uhr, Zeugin Weiß: 23.58 Uhr. Und man wollte wissen, wo Bekker in den dazwischenliegenden Zeiträumen gewesen war. Und dieser naive Mann, der in Wirklichkeit keinerlei Erinnerung daran hatte, wo er am 1. Mai 1971 gewesen war, erzählte in all seiner Hilflosigkeit und Angst lange Geschichten über die Wege, die er in jener Nacht gegangen sein wollte, alles in dem Glauben, sich damit ein Alibi für den Tatzeitraum zu verschaffen.

Irgendwann dämmerte ihm, was man mit ihm machte. Ich zitiere nach dem Vernehmungsprotokoll:

Frage: Warum haben Sie heute morgen bestritten, am Oslebshauser Bahnhof gewesen zu sein? Obwohl ich Ihnen die Zeugenaussagen vorgelesen habe.

Becker: Ihr wolltet mir eine Falle bauen.

Frage: Vor Ihrer Vernehmung wurden Sie von mir darüber belehrt, daß wir Ihnen keine Unwahrheiten vorhalten dürfen. Sie erklärten, dies zu wissen. Wie können Sie jetzt von einer Falle stellen sprechen?

Becker: ... (keine Antwort)

Am Schluß dieser Vernehmung beteuerte Becker noch einmal:

Ich kann die Tat nicht zugeben, weil ich die Tat niemals begangen habe.

Aber dann fügte er noch ein Trostpflästerchen für die Vernehmungsbeamten hinzu:

Mir fällt noch ein, daß die Zeugin (Weiß), welche ich nach der Uhrzeit fragte, richtig gesehen hatte, als sie sagte, ich hätte Handschuhe angehabt und eine getönte Brille getragen. In der Gaststätte »Zum Bahnhof« hatte ich die Handschuhe bei mir. Es waren schwarze Handschuhe, die an den Stulpen leicht geschlitzt waren. Auch trug ich an diesem Abend eine getönte Brille. Diese Brille gehörte eigentlich meiner Großmutter. Weiterhin trug ich an diesem Abend meinen dunklen Blazer und einen weißen Rollkragenpullover.

Nunmehr beantragte die Staatsanwaltschaft Haftbefehl. Aber der Richter Ritter lehnte am 1.11.1973 in zutreffender Einschätzung der Beweislage den Erlaß eines Haftbefehls ab. Erst auf Beschwerde der Staatsanwaltschaft erließ am 13.11.1973 das Landgericht Haftbefehl. Jetzt widerrief Becker bei einer richterlichen Vernehmung seine vor der Kriminalpolizei gemachten Angaben. Aber schon wenige Tage später machte Becker wieder kaum begreifliche Fehler. Trotz des Widerrufs seiner Phantasien über den Abend des 1. Mai 1971 wirkte er an zwei Tatrekonstruktionen mit, bei denen er nach der Regie der Kriminalpolizei den Täter spielte.

Bei der ersten Tatrekonstruktion, die am 19.11.1973 stattfand, ließ er sich zur Nachtzeit zusammen mit einer Kriminalbeamtin am Fuße des Bahndamms in Oslebshausen aufstellen und mimte gehorsam den Täter, während der Zeuge Roland Stengel zusammen mit einem Kriminalbeamten in dem von Bremen-Hauptbahnhof kommenden Zug saß und aus dem Fenster schaute, wie er es am 1. Mai 1971 getan hatte. Anschließend wurde in Gegenwart des Oberstaatsanwalts Dr. Janknecht eine Schau abgezogen – anders kann man das nicht nennen –, die als »Gegenüberstellung« bezeichnet wurde. Nach dem in den Akten befindlichen Bericht vom 20.11.1973 wurde der Zeuge Roland Stengel auf dem Schotter des Bahndamms dort aufgestellt, wo nach seinen Angaben sein Standort am 1. Mai 1971 war. Sodann wurden am Fuße des Bahndamms »nacheinander drei Kriminalbeamte und Becker zu Frau Laut (einer Kriminalbeamtin) geführt und legten dieser ihre Arme auf die Schulter. Die Beamten waren dunkel gekleidet und trugen überwiegend einen weißen Pullover«. Die Beteiligten wurden mit Nummernschildern gekennzeichnet, und der Zeuge Stengel sodann vernommen. Wie kaum anders zu erwarten, erkannte er Becker, der mit dem Schild Nummer 2 versehen war, wieder. Er hatte ihn gerade zuvor vom Fenster des Zuges aus in der Rolle des Täters in Augenschein nehmen dürfen. Eine »Gegenüberstellung«, deren Fehlerhaftigkeit kaum zu übertreffen ist. Sie entwertete auch alles, was der Zeuge Stengel in der zu erwartenden Hauptverhandlung zum Aussehen des Täters noch würde sagen können.

Die zweite Tatrekonstruktion fand drei Tage später statt. Diesmal trabte Becker bereitwillig die Umgebung des Oslebshauser Bahnhofs ab, so wie er es nach den Vorstellungen der Kripo in der Nacht vom 1. Mai 1971 getan haben mußte. Aus dem von der Kripo vorher erstellten Programm der Tatrekonstruktion:

23.25 Uhr schreit KMin Laut auf dem Bahnsteig. Nach dem Schrei verlassen die unter 2. genannten Personen die Bahnhofshalle und gehen den Weg, den Becker in seiner Vernehmung angegeben hat. Auf die von dem Zeugen Helmers (23.47 Uhr Fluchtrichtung des Tatverdächtigen von der Eisenbahnüberführung in Richtung Oslebshauser Bahnhof) angegebene Uhrzeit ist zu achten.

Weg des Beckers: Halle Oslebshauser Bahnhof bis zum Beginn der Kohlenstraße. Einlaufen des Zuges von Bremen Hauptbahnhof (23.26 Uhr) ist abzuwarten. Anschließend wird gegangen in Richtung Ritterhuder Heerstraße, durch die Eisenbahnüberführung bis ca. 5 m in den Tatortweg. 23.42 Uhr muß Becker allein aus diesem Weg herauskommen. Er muß allein die Ritterhuder Heerstraße überqueren, sowie einige Meter in Richtung Autobahn gehen. Es ist dann sofort kehrt zu machen, damit er 23.47 Uhr die Unterführung in Richtung Oslebshauser Bahnhof passiert ...

Und Otto Becker machte alles mit. Er spielte die ihm zugedachte Rolle so gut, wie es sich die Kripo nur wünschen konnte. Und alles in dem Glauben, damit seine Unschuld zu beweisen. Für die Kriminalpolizei aber – und leider auch für die zur unabhängigen Prüfung polizeilicher Ermittlungsergebnisse zuständigen Juristen – war gerade dies ein untrüglicher Beweis, daß niemand anders als Otto Becker den Mord an Carmen Kampa begangen haben könne.

Am 14. Dezember 1973 erreichte mich Otto Beckers Hilferuf aus der Haft. Und nachdem ich mir ein Bild von seiner Persönlichkeit gemacht hatte, war ich überzeugt, daß er zu Unrecht des Mordes beschuldigt wurde. Ich ließ mich als Pflichtverteidiger beiordnen, denn der Mann hatte kein Geld, und begriff beim Studium der umfangreichen Akten, daß dieses Verteidigermandat mich vor eine ungeheuer schwere Aufgabe stellen würde, aber auch die Chance eines ganz großen Erfolges in sich barg.

Am 12. November 1974 begann die Hauptverhandlung gegen Otto Becker vor dem Schwurgericht in Bremen. Den Vorsitz führte der Richter Crome, ein Mann, der das juristische Handwerkszeug souverän beherrscht, die Akten kennt und seine Bereitschaft zu schneidigen Urteilen mit verbindlichen Umgangsformen zu verblenden weiß. Otto Becker schwärmte noch nach

Jahren von der »netten Art«, mit der Herr Crome ihn behandelt habe. Ich hatte ihm geraten, von seinem Recht zu schweigen Gebrauch zu machen. Aber Herr Crome, für Becker eine Autoritätsperson, schaffte es spielend, ihn gegen den Widerspruch seines Verteidigers zum Reden zu bringen. Und Becker plauderte wieder drauflos, ohne zu merken, daß Crome am laufenden Band Punkte gegen ihn sammelte.

Lokaltermin am Fuße des Bahndamms in Bremen-Oslebshausen. In der Bildmitte Richter Crome (mit Bart und Brille) mit dem von einem Wachtmeister und mir als Verteidiger (ganz rechts) begleiteten Angeklagten.

In der Hauptverhandlung wurden Beckers Aussagen vor der Kripo, wie nicht anders zu erwarten, breit erörtert. Becker hatte inzwischen begriffen, daß er sich selbst um Kopf und Kragen geredet hatte, aber seine unbeholfenen Versuche, sein damaliges Aussageverhalten zu erklären, stießen auf Unglauben. Ein Mensch mit geringer sprachlicher und logischer Kompetenz ist bei einer bestimmten Sorte Juristen verloren. Daß er Hilfeschreie gehört habe, habe er nur deshalb eingeräumt, weil ihm die Kriminalbeamten laufend gesagt hätten, sie bauten ihm eine Brücke, er brauche es nur zuzugeben, die Schreie gehört zu haben, dann könne er gehen. Natürlich beteuerten die Beamten, vom Gericht als Zeugen vernommen, daß sie es so nicht gesagt hätten. Aber immerhin gab einer der Vernehmungsbeamten, KHM Constabel, auf Befragen durch den Verteidiger zu – und so ist es auf meinen Antrag auch wörtlich protokolliert worden –:

Es kann sein, daß ich Becker vorgehalten habe, es sei verdächtig, daß er in Bahnhofsnähe gewesen ist und keine Schreie gehört haben will.

Im Urteil las man es später anders:

Insbesondere ist die Einlassung des Angeklagten widerlegt worden, er habe das Hören der Hilfeschreie nur deshalb zugegeben, weil man ihm eine Brücke habe bauen wollen und für den Fall dieses Einräumens ihn – den Angeklagten – habe gehen lassen wollen. Nach den glaubhaften Aussagen der Kriminalbeamten Ehrenberg, Struwe und Constabel ist ihm eine solche Zusicherung nicht gegeben worden. Der Zeuge Struwe hat glaubhaft bekundet, daß nur er die Frage gestellt habe, ob der Angeklagte die Hilfeschreie gehört habe, und daß ihm gegenüber der Angeklagte dies eingeräumt habe.

So einfach war das, wenn man dem Urteil glauben will. Ein Blick in die Akten zeigt, daß es anders war. Aus dem Vermerk des KHM Ehrenberg über die Vernehmung vom 31.10.1973, die um 8.00 Uhr mit einem nichtprotokollierten »Vorgespräch« begonnen hatte und nach siebenstündiger Dauer ab 15.00 Uhr in eine protokollierte »Vernehmung« übergeleitet worden war:

Erst gegen 15.00 Uhr gab er dann nach und nach zu:
 1. am Oslebshauser Bahnhof gewesen zu sein,
 2. die Hilfeschreie der Kampa gehört zu haben.

Und im Vernehmungsprotokoll selbst findet sich dieser Vorhalt:

Wie Ihnen bereits vorgehalten wurde, haben Sie von heute morgen 08.30 Uhr bis gegen 14.30 Uhr bestritten, überhaupt am Oslebshauser Bahnhof gewesen zu sein und die Hilferufe gehört (im Protokoll steht fälschlich: nicht gehört) zu haben. Erst als Sie bemerkten, daß die Zeugen fest bei ihren Angaben blieben, gaben Sie nach und nach zu, überhaupt am Bahnhof und der Umgebung gewesen zu sein.

Weiter im Urteil:

Die Einlassung des Angeklagten in diesem Punkt ist auch in sich unglaubhaft. Denn auch für den Angeklagten war klar, daß er weiter befragt werden würde, wenn er zugab, die Schreie gehört zu haben.

So formuliert ein Jurist, zu dessen Beruf es gehört, logisch zu denken und kriminalpolizeiliche Protokolle zu lesen. Otto Becker war beides nicht gewohnt. Ihn hatte man mit Aussagen von Zeugen, die ihn am 1. Mai 1971 in der Nähe des Oslebshauser Bahnhofs gesehen haben wollten, und mit der Belehrung, daß die Kriminalpolizei »keine Unwahrheiten vorhalten« dürfe, verblüffen können, so daß er nach fast siebenstündiger Vernehmung selbst an alles glaubte, was da behauptet wurde, und sich möglicherweise sogar schämte, daß er sich nicht mehr daran erinnern konnte (Alkoholiker!). Die Kriminalbeamten hatten die Grenzen Beckerscher Logik mit sicherem Instinkt erkannt und darauf ihre Vernehmungsstrategie aufgebaut. Daß ein solcher Mensch dann an Juristen geraten kann, die nicht fähig sind, die von ihrem eigenen logischen Apparat abweichenden Verständnishorizonte und Verhaltensmotivationen eines Otto Becker zu erkennen, gehört zu den ungeheuren Gefahren unserer Strafjustiz.

Das Bremer Schwurgericht, damals noch mit drei Berufsrichtern und sechs Schöffen (Geschworenen) besetzt, sprach Becker des Mordes an Carmen Kampa schuldig. Das am 14. Januar 1975 verkündete Urteil lautete auf zwölf Jahre Freiheitsstrafe wegen Vergewaltigung in Tateinheit mit Mord. Daß nicht lebenslänglich herauskam, wurde damit begründet, daß der Angeklagte zur Tatzeit unter Alkohol gestanden habe.

Mit Otto Becker, dem zu Unrecht der Mord an einem 17jährigen Mädchen vorgeworfen wurde, im Schwurgerichtssaal des Bremer Landgerichts.

Mit Beckers Homosexualität hatte das Gericht keine Schwierigkeiten. Hatte er doch selbst zugegeben, es anfangs, wie viele Homosexuelle, auch mit Frauen versucht zu haben – übrigens sehr sanft und rücksichtsvoll. Das Gericht unterstellte, daß seine »heterosexuellen Impulse durch den Alkohol gesteigert« worden seien und der »knabenhafte Wuchs« des Mädchens ihn besonders angesprochen habe. Und welche Beweise gab es für seine Täterschaft? Das Gericht hielt »zwei Eckpunkte« für erwiesen: daß der Angeklagte am 1. Mai 1971 gegen 23.00 Uhr im »Miramichi« gewesen sei (Zeugin Koopmann) und daß er kurz vor 24.00 Uhr in der Nähe des Oslebshauser Bahnhofs mit der Zeugin Weiß zusammengetroffen sei. Schon diese beiden »Eckpunkte« zweifelhaft genug, mindestens was den Tag angeht (war es wirklich der 1. Mai 1971, an den die Zeuginnen sich plötzlich im Juni 1973 erinnern wollten, oder hatten sie Becker, wenn überhaupt, an einem anderen Tag gesehen?). Für die Zeit zwischen 23.00 und 24.00 Uhr mußten die eigenen Einlassungen des Angeklagten bei der Kriminalpolizei herhalten, aus denen sich ja nicht etwa ein Geständnis, sondern allenfalls ergab, daß er in der Umgebung des Oslebshauser Bahnhofs gewesen war und sich dies nach Vorhalt entsprechender Zeugenaussagen nach und nach hatte aus der Nase ziehen lassen. Das war nun wirklich zu wenig, um den Ausdruck »Indizienkette« zu verdienen.

Den Richtern und Schöffen mußte klar sein, daß ihr Urteil nur dann richtig sein konnte, wenn es in der Nacht vom 1. Mai 1971 zwischen 23.00 und 24.00 Uhr außer Otto Becker keinen anderen Mann in der Umgebung des Oslebshauser Bahnhofs gegeben hatte, auf den die dürftige Personenbeschreibung des Zeugen Stengel paßte. Und daß sie eben diese Feststellung nicht treffen konnten, hatten sie in den Urteilsgründen offen zugegeben. Sie hatten den Mann aus der »Parkgaststätte« als Täter ausgeschieden, obwohl auch er mit dunklem Anzug und weißem Pullover bekleidet war, und zwar mit der Begründung, es sei nicht sicher festzustellen, ob es sich bei dem Mädchen in seiner Begleitung um Carmen Kampa gehandelt habe. Daß damit dieser Mann aber nicht vom Erdboden verschwunden war, ist der Juristenlogik des Urteils entgangen. Sie hatten weiter ausgeschieden den Mann, den der Zeuge Helmers zwischen 23.47 und 23.50 Uhr aus der Eisenbahnunterführung Ritterhuder Heerstraße in Richtung Oslebshauser Bahnhof hatte eilen sehen, obwohl auch auf ihn die Täterbeschreibung Roland Stengel paßte und die Kripo sogar davon ausging – und Becker entsprechende Vorhalte machte –, daß es sich um den Täter, nach Meinung der Kripo also um Becker, handelte. Das Gericht begründete seine abweichende Meinung damit, daß Helmers seine Beobachtung aus sechzig Meter Entfernung gemacht habe. Vielleicht paßte auch die Aussage Helmers nicht so gut zu der Aussage der Zeugin Weiß, der Frau mit dem »eidetischen Gedächtnis«, die Becker wenige Minuten später in der Ritterhuder Heerstraße gesehen haben wollte, was zu der Annahme genötigt hätte, daß Becker zu einer Zeit, als der oder die Täter noch mit polizeilichen Fahndern rechnen mußten, in der Nähe des Tatorts hin und her gelaufen sein müßte. Aber wie auch immer: auch der Mann, den der Zeuge Helmers gesehen hatte, kam als Mörder in Frage und war dadurch, daß man ihn nicht mehr mit Becker identifizierte, nicht aus dem Kreis der Tatverdächtigen auszuscheiden. Aber das Gericht war weit davon entfernt, seine Juristenlogik auf diesen für Becker entlastenden Gedanken zu erstrecken. Man liest Urteilssätze wie diese nur mit Beklommenheit:

> Es ist ohnehin nicht auszuschließen, daß an diesem Abend des 1. Mai auch noch andere Männer in Oslebshausen in ähnlicher Feiertagskleidung wie der Angeklagte sich aufgehalten haben, deren Alibi nicht oder nicht sicher genug überprüft worden ist. Die Fülle (welche Fülle? H.H.) der ineinander greifenden Glieder der Indizienkette, aus der sich der Nachweis der Täterschaft des Angeklagten ergibt, schließt es jedoch nach der Überzeugung des Schwurgerichts aus, daß diese Tat auch von einem anderen, dem Angeklagten nur in Gestalt und Kleidung ähnlichen Täter begangen worden ist.

Ich habe in meinem Strafverteidigerleben manches Fehlurteil erlebt, aber über dieses war ich wegen der unglaublichen Leichtfertigkeit seiner Indizienlogik besonders empört. Ich entschloß mich deshalb zu einem ungewöhnlichen Schritt. Ich lud zu einer Pressekonferenz ein, in der ich an die Öffentlichkeit appellierte, mir bei der Suche nach dem Mörder Carmen Kampas zu helfen, nachdem Oberstaatsanwalt Dr. Janknecht meine entsprechende Bitte als »Zumutung« zurückgewiesen hatte. Und das allgemeine Unbehagen an Verfahren und Urteil gegen Otto Becker verhalf meinem Appell zu einer überraschend großen Resonanz.

Der *Weser-Kurier* vom 13. 2. 1975 berichtete:

> »Eine Justiz, die auf so schwache Indizien hin ein Urteil wegen Mordes ausspricht, kann jedem Bürger zum Verhängnis werden.« Das erklärte der Bremer Rechtsanwalt Heinrich Hannover gestern in einer Pressekonferenz, in der er die Öffentlichkeit aufforderte, ihm bei der Ermittlung des »wahren Mörders von Carmen Kampa« zu helfen. Das Schwurgerichtsurteil vom 14. Januar gegen seinen Mandanten Otto Becker beruhe auf einer »äußerst leichtfertigen Würdigung dürftiger Indizien«. Becker sei letztlich zum Verhängnis geworden, daß er »erst zu einer Zeit in Tatverdacht geriet, als er sich nicht mehr erinnern konnte, wo er tatsächlich am 1. Mai 1971 gewesen ist«. Er hätte deshalb keine Möglichkeit gehabt, ein glaubwürdiges Alibi für den Tatzeitpunkt zu erbringen.

In diese Gefahr, so Hannover, könne jeder kommen, der erst Jahre nach einer Mordtat aus irgendwelchen Gründen in Verdacht gerate und jetzt noch sein Alibi für den Zeitpunkt der Tat liefern solle ...

Am folgenden Tag berichtete die Presse: »Hannovers Attacke wird wahrscheinlich Folgen haben.« Nämlich diese:

Die Generalstaatsanwaltschaft will prüfen, ob ein Ehrengerichtsverfahren gegen den Anwalt einzuleiten ist, »weil ein solches Verhalten standeswidrig sein könnte«.

Man nahm mir übel, daß ich von »äußerst leichtfertiger Würdigung dürftiger Indizien« gesprochen hatte. Aber sehr bald sollte sich zeigen, wie berechtigt der Vorwurf war. Und von dem Ehrengerichtsverfahren hat man nie wieder etwas gehört.
Ein Verteidiger muß auch Glück haben. Und nach dem Tiefpunkt des Schwurgerichtsurteils vom 14.1.1975 fiel mir das Glück gleich dreimal in den Schoß.
Als erstes entdeckte ein tüchtiger Referendar – Hans-Henning Adler, inzwischen selbst Rechtsanwalt in Oldenburg –, den ich zur Vorbereitung der Revision mit der Prüfung der Gerichtsbesetzung beauftragt hatte, daß zwei Schöffen vertauscht worden waren. Statt Lore Dinne, die laut Schöffenliste an der Reihe gewesen wäre, hatte ihr Ehemann Olaf Dinne am Becker-Prozeß mitgewirkt. Otto Becker war also seinem gesetzlichen Richter entzogen worden, ein absoluter Revisionsgrund. Noch bevor die schriftlichen Urteilsgründe abgesetzt waren, stand fest, daß das Urteil aufgehoben werden mußte.
Der zweite Glücksfall: Ich erfuhr von der Existenz einer Spurenakte, die auf einen anderen Tatverdächtigen hinwies. Die Staatsanwaltschaft hatte sie dem Gericht nicht als Beiakte vorgelegt. Der Sachbearbeiter und Sitzungsvertreter der Staatsanwaltschaft, Herr Dr. Janknecht, behauptete später, sie gar nicht gekannt zu haben, was mindestens für einen Organisationsmangel bei der Staatsanwaltschaft spricht. Einem jungen Staatsanwalt, der zu Ausbildungszwecken bei der Kriminalpolizei hospitierte, war, nachdem Becker verurteilt worden war, von dem

Kriminalbeamten Lange die Spurenakte 59 gezeigt worden, die ursprünglich von Lange bearbeitet, dann aber während dessen Abwesenheit von einem anderen Sachbearbeiter weggelegt worden war. Bei einer privaten Geselligkeit erzählte der junge Staatsanwalt vom Inhalt dieser Akte, was ihm übrigens noch nachträglich die Mißbilligung seines Dienstvorgesetzten eintrug. Ein am Nebentisch sitzender Kollege bekam zufällig einige Gesprächsfetzen mit und informierte mich. So konnte ich gezielt die Spurenakte 59 anfordern, die ich andernfalls wohl kaum gefunden hätte, weil Oberstaatsanwalt Dr. Janknecht die Kriminalpolizei angewiesen hatte, mir keinerlei sachbezogene Auskünfte zu erteilen, und die Durcharbeitung aller 1.020 Spurenakten für einen auch sonst beschäftigten Anwalt ein Ding der Unmöglichkeit gewesen wäre.

Die Spurenakte 59 war eine Sensation.

Schon am 6. Mai 1971, also einen Tag nach den ersten Presseveröffentlichungen über den Mord an Carmen Kampa, hatte eine weibliche Person, die ihren Namen nicht nennen wollte, der Kripo einen Hinweis auf den arbeitslosen Hilmar Haerynk* gegeben, der, wie es im Aktenvermerk der Kripo heißt, aufgrund der Personenbeschreibung des 18jährigen Augenzeugen (Roland Stengel) als Täter in Frage kommen könnte. Die Hinweisgeberin machte präzise Angaben zu den Wohn- und gelegentlichen Arbeitsverhältnissen des Mannes, kannte ihn also offenbar sehr gut, teilte aber als verdächtigen Umstand nur mit, daß er einen schwarzen Anzug trage. Die Frau wußte wohl mehr, wie man nachträglich erkannte, sie ist jedoch nie ermittelt worden.

Die Kripo war dem Hinweis nachgegangen und hatte starke Verdachtsmomente gegen Haerynk ermittelt. Doch war es nicht gelungen, diesen Mann, der sich als ein mit allen Wassern gewaschener Rechtsbrecher erwies, im Wege kriminalpolizeilicher Vernehmungen zu einem Geständnis oder zu Selbstbelastungen zu bringen, die eine Anklage aussichtsreich erscheinen ließen. Und so schloß eines Tages, genauer: am 10.8.1972, der Kriminal-

---

* Name geändert

beamte Weinrich die Akte mit einem resignierenden Vermerk ab, in dem es hieß:

Bei der Persönlichkeit des H., der über tiefgründige Erfahrungen hinsichtlich der kriminalpolizeilichen Möglichkeiten in einem Ermittlungsverfahren verfügt, ist mit Sicherheit nicht mit einem Geständnis zu rechnen, so daß es ohne weitere Erkenntnisse über ihn in Bezug auf vorliegende Mordsache sinnlos erscheint, erneut an H. heranzutreten.

Es erschien offenbar einfacher, nach einem anderen Verdächtigen zu suchen, der mit den »kriminalpolizeilichen Möglichkeiten« nicht so gut Bescheid wußte.

Als ich die Akte las, wurde mir klar, daß Otto Becker gerettet war. Hier war eine Akte unter den Tisch gefallen oder geschoben worden, deren Kenntnis es auch der Crome-Kammer unmöglich gemacht hätte, Becker zu verurteilen. Ob es für eine Anklage und ein Urteil gegen Haerynk gereicht hätte, mag dahinstehen, eines aber war sicher: gegen diesen Mann sprachen sehr viel gewichtigere Indizien als gegen Becker. Daß es möglich war, diese Akte einfach verschwinden zu lassen, sie weder der Staatsanwaltschaft noch dem Gericht vorzulegen und sie auch in Berichten und Aktenvermerken zu verschweigen, das mußte jeden, der an die Sorgfalt kriminalpolizeilicher Ermittlungen und an die Zuverlässigkeit staatsanwaltlicher Überwachung dieser Arbeit geglaubt hatte, zutiefst enttäuschen und beunruhigen. Jürgen Serke, der im *Stern* vom 7. 11. 1974 unter dem Titel »Der Zeuge fuhr im Zug vorbei. Wie die Bremer Kripo für einen Mädchenmord doch noch einen Täter fand« über den Fall berichtet hatte, wußte noch nichts von der Spurenakte 59, als er schrieb:

Unter einem Dutzend Tatverdächtiger entschied sich die Staatsanwaltschaft für ihn (Otto Becker). Einen besseren fand sie nicht.

Nach dem Auffinden der Spurenakte 59 schrieb er *(Stern* vom 10. 4. 1975):

Die Hartnäckigkeit des Anwalts offenbarte einen Fall beispielloser Schlamperei bei den Bremer Ermittlungsbehörden.

In der neuen Hauptverhandlung, die vor einer anderen Kammer des Landgerichts Bremen unter Vorsitz des Richters Bartholomäi stattfand und am 28. Dezember 1976 mit Otto Beckers Freispruch endete, spielte die wiederaufgetauchte Spurenakte 59 eine entscheidende Rolle. Und Hilmar Haerynk, aus der Haft in anderer Sache vorgeführt, wurde zum wichtigsten Zeugen.

Haerynk war, wie er schon bei seiner ersten kriminalpolizeilichen Vernehmung am 9. August 1971 eingeräumt hatte, in den Abendstunden des 1. Mai 1971 im »Miramichi« gewesen und hatte dort Carmen Kampa, die er aus anderen nordbremischen Lokalen kannte, mit Handschlag begrüßt und mit ihr »einige belanglose Worte« gewechselt. Eigentlich habe er an diesem Abend im »Miramichi« kellnern sollen. Aber der Geschäftsführer Kirsch habe auf seine Mitarbeit verzichtet, weil sowieso schon eine Arbeitskraft zuviel anwesend gewesen sei. Er sei dann als Gast im Lokal verblieben und habe es erst nach Mitternacht verlassen. Er sei dann zur Haltestelle »Grüner Jäger« gegangen und etwa 0.45 Uhr mit dem Bus nach Hause, d. h. zu seiner Tante Dora G. in Bremen-Vegesack gefahren, bei der er gelegentlich übernachtete. Haerynk räumte ohne weiteres ein, daß er am Abend des 1. Mai 1971 einen schwarzen Anzug und einen weißen Pullover getragen habe. Zeugen hatten darüber hinaus berichtet, daß er sich am 2. Mai, am Tage nach dem Kampa-Mord, entgegen seiner sonstigen Gewohnheit betrunken habe, und ebenso am Abend nach ihrer Beerdigung. Bei letzterer Gelegenheit soll er mehrfach unmotiviert gegrinst und gesagt haben, vielleicht sitze Carmen Kampas Mörder mit am Tisch. Die Frage, ob er jemals ein feststehendes Messer oder ein Klapp- oder Sprungmesser besessen habe, verneinte er. Als aus Zeugenaussagen bekannt wurde, daß er doch ein Klappmesser besessen hatte, gab er dies zu und erfand über den Verbleib dieses Messers eine abenteuerliche Geschichte, die in Einzelheiten durch umfangreiche Ermittlungen, die bis nach Rosenheim in Bayern führten, widerlegt werden konnte.

Während einer Verhandlungspause im Schwurgerichtssaal des Landgerichts Bremen. Der Mordfall Carmen Kampa endete am 28. Dezember 1976 mit Otto Beckers Freispruch. Der wahre Täter wurde nie verurteilt.

Auch Haerynks Angaben über die Dauer seines Aufenthalts im »Miramichi« und seine Heimfahrt mit dem Bus erwiesen sich als falsch. Der Geschäftsführer Kirsch erinnerte sich, daß er am 1. Mai 1971 etwa um 23 Uhr eine Bardame nach Hause gefahren habe, der schlecht geworden war. Als er wegfuhr, sei Haerynk noch dagewesen, als er kurz darauf zurückgekommen sei, hätte Haerynk das Lokal bereits verlassen gehabt. Haerynk gab bei einer Vernehmung am 12.11.1971 zu, sich an den Vorfall mit der Bardame zu erinnern, wodurch sein späterer Versuch, seinen Aufenthalt im »Miramichi« um einen Tag vorzuverlegen, als Schutzbehauptung erkennbar war. Auch wurde festgestellt, daß zu der von Haerynk angegebenen Zeit gar kein Bus mehr in Richtung Vegesack fuhr. Von vornherein war ihm entgegengehalten worden, daß man von Oslebshausen viel schneller mit dem Zug nach Vegesack kam, so daß sich die Vermutung aufdrängte, er habe den um 23.27 Uhr abfahrenden Zug benutzen wollen, den auch Carmen Kampa nehmen wollte.

Im August 1971 meldete sich der Mietwagenfahrer Walter Pielmann,* der am 29.7.1971 als Mitgefangener auf einem Transport von Stuttgart nach Cuxhaven den Haerynk kennengelernt und ein längeres Gespräch mit ihm geführt hatte, das er wie folgt wiedergab:

Wir sprachen dann von dem Lokal »Miramichi« in Bremen-Oslebshausen. Hier sollte dieser Mann als Aushilfskellner eingestellt werden. Bei seinem Erscheinen konnte er aber nicht mehr arbeiten, weil schon jemand eingestellt worden war. Er blieb im Lokal und hat vermutlich getrunken. Dann erkannte er ein Mädchen, das er aus Bremen-Vegesack kannte. Auch dieser Mann stammt aus dem genannten Ort. Beide haben sich dann unterhalten und dann später die Gaststätte verlassen. Während das Mädchen mit der Bahn fahren wollte, ging der Mann zur Bushaltestelle. An der Haltestelle will er dann festgestellt haben, daß kein Bus mehr fuhr, und so ist er dann diesem Mädchen nachgegangen.

---

* Name geändert

Haerynk, der erst am 15.11.1971 hierzu befragt wurde, räumte ein, mit Pielmann über den Abend im »Miramichi« und seine Begegnung mit Carmen Kampa gesprochen zu haben, verneinte aber die Frage des Vernehmungsbeamten, ob es stimme, daß er gleichzeitig mit dem Mädchen das Lokal verlassen habe. Wann er das »Miramichi« verlassen hat, wollte er nicht mehr genau wissen. Er gehe von der Tatsache aus, daß er gegen 0.30 Uhr (früher hatte er 0.45 Uhr gesagt) an der Bushaltestelle »Grüner Jäger« gewesen sei. Dort habe er einen jungen Mann getroffen, der sich in einem Hauseingang untergestellt hatte. Diesen habe er gefragt, ob überhaupt noch ein Bus fährt. Das habe der bejaht. Mit diesem Bus sei er dann nach Hause gefahren. Eine Aussage, an der auffallen mußte, daß er niemand nach den Busabfahrtzeiten zu fragen brauchte, wenn er schon an der Haltestelle war und den dort befindlichen Fahrplan selbst lesen konnte. Vor allem aber: auch um 0.30 Uhr wäre er für den letzten Bus, der bereits um 0.19 Uhr fuhr, zu spät gekommen. Die Sache konnte also hinten und vorne nicht stimmen.

Bei einer erneuten Vernehmung am 18.11.1971 erklärte Haerynk nach einer Gegenüberstellung mit Pielmann:

Ich habe dem Pielmann nicht erzählt, daß ich einem Mädchen nachgegangen bin. Und schon gar nicht erzählt, daß ich Carmen Kampa nachgegangen bin. Ich habe dem Pielmann mitgeteilt, daß ich auf dem Wege vom »Miramichi« zur Bushaltestelle »Grüner Jäger« in der Oslebshauser Heerstraße drei Personen folgte. Diese Personengruppe bestand aus zwei männlichen und einer weiblichen Person. Ich kann aber nicht sagen, ob es sich bei dem Mädchen innerhalb dieser Gruppe um Carmen Kampa gehandelt hat.

Wieso erzählt man einem anderen ein solches Detail, wenn es sich wirklich auf dem Weg zur Bushaltestelle ereignet haben sollte? Hatte Haerynk hier ein Stück der wahren Geschichte preisgegeben? Hatte es diese Dreiergruppe auf dem Wege zum Oslebshauser Bahnhof gegeben? Und war Haerynk einer davon gewesen? Es paßte zu dem Bericht des anonymen Anrufers, der den Mord aus zwölf Meter Entfernung miterlebt haben wollte. Und einem fällt dazu auch wieder die Dreiergruppe aus der »Parkgaststätte« ein.

Die Kriminalpolizei hatte weiter ermittelt, daß Haerynk am 2. Mai 1971, also am Tage nach dem Mord an Carmen Kampa, und an den folgenden Tagen im »Miramichi« als Kellner arbeiten sollte, aber nicht erschien, obwohl er in Geldnot war (er konnte seine Miete nicht zahlen, hatte auf dem Sozialamt vorgesprochen und seinen Smoking zur Pfandleihe gebracht). Und es wurde ermittelt, daß Haerynk am 4. Mai 1971, also drei Tage nach dem Mord an Carmen Kampa, drei Anzüge, zwei dunkle und einen grauen, zur Reinigung gebracht und erklärt hatte, daß es mit der Durchführung der Reinigung dieser Anzüge sehr eilig sei. Bei der Reinigung wurde ein entsprechender Vermerk gemacht. Gleichwohl holte Haerynk die Anzüge dann erst drei Wochen später ab. War einer der Anzüge blutig und morastverschmutzt? Es war nicht mehr zu klären. Aber die Tatsache, daß einer, der wegen Mittellosigkeit seine Miete schuldig bleibt und das Sozialamt in Anspruch nehmen muß, drei Anzüge (warum gleich drei? Sollte die Aufmerksamkeit von einem blutigen abgelenkt werden?) als Eilauftrag zur Reinigung gibt und dann nicht abholt, war eigentlich verdächtig genug. Und warum er das Angebot, an den Tagen nach dem 1. Mai im »Miramichi« als Kellner zu arbeiten, nicht genutzt hat, blieb auch erklärungsbedürftig. Die Kriminalpolizei begnügte sich mit Haerynks unglaubwürdiger Ausrede, ihm sei das Lokal »nicht sauber genug« gewesen. Lag es nicht nahe, darauf zu schließen, er habe sich den zu erwartenden – und dann auch tatsächlich durchgeführten – Observationen und Befragungen der Gäste des »Miramichi« entziehen wollen?

Haerynk war kein unbeschriebenes Blatt. Nach den ED-Unterlagen der Kriminalpolizei war er mehrfach wegen Diebstahls, zuletzt zu hohen Strafen (einmal vier Jahre, einmal fünf Jahre Zuchthaus) und Sicherungsverwahrung verurteilt und einmal wegen eines Notzuchtverbrechens angeklagt, allerdings freigesprochen worden. Über einen weiteren, nicht angeklagten Vergewaltigungsversuch berichtete eine während des Ermittlungsverfahrens vernommene Zeugin. Daß Haerynk sehr junge Mädchen bevorzugte, aber regelmäßig abblitzte, kam ebenfalls heraus. Alles in allem ein Persönlichkeitsbild, das sich weit eher mit dem Kampa-Mord vereinbaren ließ als das des von einer Zeugin zutreffend als »feminin« beschriebenen Otto Becker, der überdies Gewalttätigkeiten glaubwürdig aus dem Wege ging, schon weil er befürchtete, daß eine vor Jahren erlittene, zum Teil nur durch Haut überdeckte Schädelverletzung erneut verletzt werden könnte.

Beckers Persönlichkeitsbild war in einem ausgezeichneten Gutachten des psychologischen Sachverständigen Dr. Herbert Maisch, dessen Beiziehung ich in der ersten Hauptverhandlung vergeblich beantragt hatte, dem Verständnis des Gerichts zugänglich gemacht worden. Er wies nach, daß Becker über eine extrem niedrige Aggressionsbereitschaft verfügte, wie sie für Gewalttäter ganz untypisch ist. Und er analysierte die Bedingungen der kriminalpolizeilichen Vernehmungen und erklärte Beckers unüberlegtes Aussageverhalten. Becker sei sich oft gar nicht im klaren darüber, weshalb bestimmte Fragen gestellt werden oder worauf bestimmte Fragen abzielen, und neige zu unreflektierten Antworten, oft nur deshalb, um sein Gegenüber irgendwie zufriedenzustellen. Dabei sei ihm die Tragweite seiner eigenen Antworten ebensowenig klar, da er die Situation nur vordergründig und naiv betrachte.

Man brauchte kein Psychologe zu sein, um zu erkennen, daß Haerynk ein ungleich härterer Brocken für kriminalpolizeiliche Vernehmungsversuche war. »Es ist zu bedenken«, hatte der Kriminalbeamte Lange in einem Aktenvermerk vom 27. 9. 1971 niedergelegt, »daß es sich bei Haerynk um einen mehrfach vorbestraften Rechtsbrecher handelt, welcher nur etwas zugibt, was man ihm auch beweisen kann«. Und ebenso gewieft trat er denn auch in der neuen Hauptverhandlung auf, nie um eine Antwort verlegen und auf nichts festzulegen.

Aber ich hatte einen Pfeil im Köcher, auf den er nicht vorbereitet war, und landete einen Volltreffer. Durch einen vertraulichen Hinweis aus dem Bekanntenkreis des Hilmar Haerynk wußte ich – und das war der dritte Glücksfall in diesem Verfahren –, daß Haerynk im Jahr 1969 in der Haft ein Romanmanuskript verfaßt hatte, das sich wie ein Drehbuch zum Kampa-Mord las. Kern der Handlung: ein Mädchen wird von zwei Männern mit einem Messer sexuell gefügig gemacht, vergewaltigt und ermordet. Als ich ihn zu diesem Manuskript befragte, trat im Gerichtssaal atemlose Stille ein. Er war überrascht, reckte den Hals, um zu sehen, ob ich eine Kopie des Textes vor mir liegen hatte, ging offenbar davon aus, daß es so sei, und gab zu, einen solchen Text zusammen mit einem Haftgenossen verfaßt zu haben. Über den Handlungsablauf des Romans war so viel aus ihm herauszuholen, daß es »zu irgendwelchen Szenen kam«, daß das Mädchen »irgendwie gequält« und von einem der beiden Männer sexuell mißbraucht wurde. War es die in der Phantasie vorweggenommene Szenerie des Kampa-Mordes? Auf jeden Fall war es das letzte Mosaiksteinchen, das zu Otto Beckers Freispruch noch fehlen mochte, wenn auch vielleicht nicht das gewichtigste, so doch sicher das unheimlichste der 21 Indizien, die ich in meinem Plädoyer gegen den anderen Tatverdächtigen zusammentrug.

Über neun Monate hatte Otto Becker in Untersuchungshaft verbringen müssen, bevor er durch einen Beschluß des Oberlandesgerichts aus der Haft entlassen worden war. Auch nach dem Auftauchen der Spurenakte 59 hatte eine Strafkammer des Landgerichts den Haftbefehl noch aufrechterhalten und damit dem Antrag des Oberstaatsanwalts Dr. Janknecht entsprochen, der sich vehement für Haerynk ins Zeug gelegt und gemeint hatte, dieser – und nicht etwa Otto Becker – sei bei der Vernehmung durch die Kriminalpolizei »in die Enge getrieben« worden. Erst als eine Blutuntersuchung ergeben hatte, daß Haerynk ebensowenig wie Becker als Verursacher des bei der Obduktion der Ermordeten aufgefundenen Spermas ausgeschlossen werden konnte, gab sich die Staatsanwaltschaft geschlagen und unterstützte meinen Antrag auf Haftentlassung. Becker wurde eine Haftentschädigung zugesprochen, die dem Mann in seinem damaligen Zustand, zusätzlich beschädigt durch die überstandenen Ängste und Nöte, schnell durch die Finger lief. Erst Jahre später hat sich Becker wieder gefangen, bekam Arbeit in seinem Beruf als Bauarbeiter, machte eine erfolgreiche Alkoholentziehungskur durch und fand in einer Wohngemeinschaft auch sehr ordentliche Wohnverhältnisse und verständnisvolle Freunde. Zu Ostern und zu Weihnachten bekam sein Verteidiger regelmäßig Grußkarten von diesem lebenslang dankbaren Mann.

Der Mord an Carmen Kampa ist ungesühnt geblieben. Eine Anklage gegen Hilmar Haerynk hat es nicht gegeben. Herr Dr. Janknecht, inzwischen zum Generalstaatsanwalt befördert, ließ im Jahre 1996 eine Journalistin wissen, daß er nach wie vor Otto Becker für den Täter des Kampa-Mordes hält.

Haben Justiz und Gesetzgeber aus dem nur mit viel Glück bereinigten Fehlurteil gegen den Bauarbeiter Otto Becker Lehren gezogen? Nein, man hat nur Vorsorge getroffen, daß künftige Fehlurteile sich nicht, wie im Fall Becker, zu einer öffentlichen Justizblamage auswachsen können. Man hat die Möglichkeiten des Verteidigers, eine fehlerhafte Besetzung des Gerichts in der Revisionsinstanz zu rügen, beschnitten. Das Gesetz ist so geändert worden, daß der Verteidiger heute einen Besetzungseinwand spätestens bis zur Vernehmung des Angeklagten zur Sache vorbringen muß. Die Verwechslung von zwei Schöffen, eine Entdeckung, mit der 1975 die Rechtskraft des Fehlurteils gegen Otto Becker verhindert werden konnte, würde heute nur noch dann die Revision rechtfertigen, wenn der Verteidiger sich die Mühe gemacht hätte, die Generalakten schon vor der Hauptverhandlung einzusehen, wenn er sodann dem Gericht die fehlerhafte Schöffenladung mitgeteilt hätte und wenn trotzdem das Gericht sehenden Auges in falscher Besetzung verhandelt hätte. Mit anderen Worten: ein wichtiges Recht des Verteidigers ist praktisch abgeschafft worden, nachdem einer es erfolgreich genutzt hatte, um ein Fehlurteil aufheben zu lassen.

Hat man denn wenigstens Sorge getragen, daß künftig Spurenakten, die auf andere Tatverdächtige hinweisen, dem Gericht vorgelegt werden müssen? Mitnichten. Der BGH und das Bundesverfassungsgericht haben sich mit dem Glaubenssatz zufrieden gegeben, daß in aller Regel davon ausgegangen werden könne, »daß Staatsanwaltschaft und Polizei ihre Aufgaben gewissenhaft erfüllt haben« (so ein Beschluß des Bundesverfassungsgerichts vom 12.1.1983 NStZ 1983, 273). Nach wie vor kann es einem Verteidiger nur mit viel Glück und erheblichem Arbeitsaufwand gelingen, von der Existenz wichtiger Spurenakten zu erfahren und sich außerhalb des anhängigen Strafverfahrens Einblick zu verschaffen.

Wir müssen also weiterhin mit einer Strafjustiz leben, der, weil sie von Menschen gehandhabt wird, Fehler und Irrtümer unterlaufen, die aber, weil dies dem Ansehen der Justiz schaden könnte, möglichst nicht entdeckt und an die große Glokke gehängt werden sollten. Und wie bei allen Katastrophen, die nur einzelne betreffen, beruhigt sich die große von Nichtbetroffenen gebildete Öffentlichkeit denn auch bald wieder, wenn der Reiz der empörenden Sensation verflogen ist*.

---

* Im Jahr 2011 hat die Staatsanwaltschaft (StA Picard) das Ermittlungsverfahren in dieser Mordsache noch einmal aufgenommen. Als Täter gilt nunmehr ein Mann, der schon 1971 tatverdächtig war, weil sein Taschentuch am Bahndamm gefunden worden war. Auch dieses Verfahren ist damals voreilig eingestellt worden.
Inzwischen hat sich das Ermittlungsverfahren gegen diesen Tatverdächtigen durch seinen Tod erledigt. Es bleibt also dabei, daß der Mord an Carmen Kampa nie gesühnt worden ist.

Anhang

Rechtswege
von unten nach oben zu lesen

Anklage beim Amtsgericht (Einzelrichter)

Oberlandesgericht
(Strafsenat)

Revision — nur rechtliche Überprüfung

Landgericht
(Kleine Strafkammer)

Berufung — tatsächliche und rechtliche Überprüfung
= neue Beweisaufnahme

Amtsgericht
(Einzelrichter)
Zuständigkeit: § 24, 25 GVG

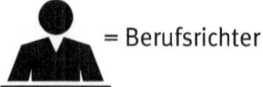 = Berufsrichter

 = Laienrichter (Schöffe)

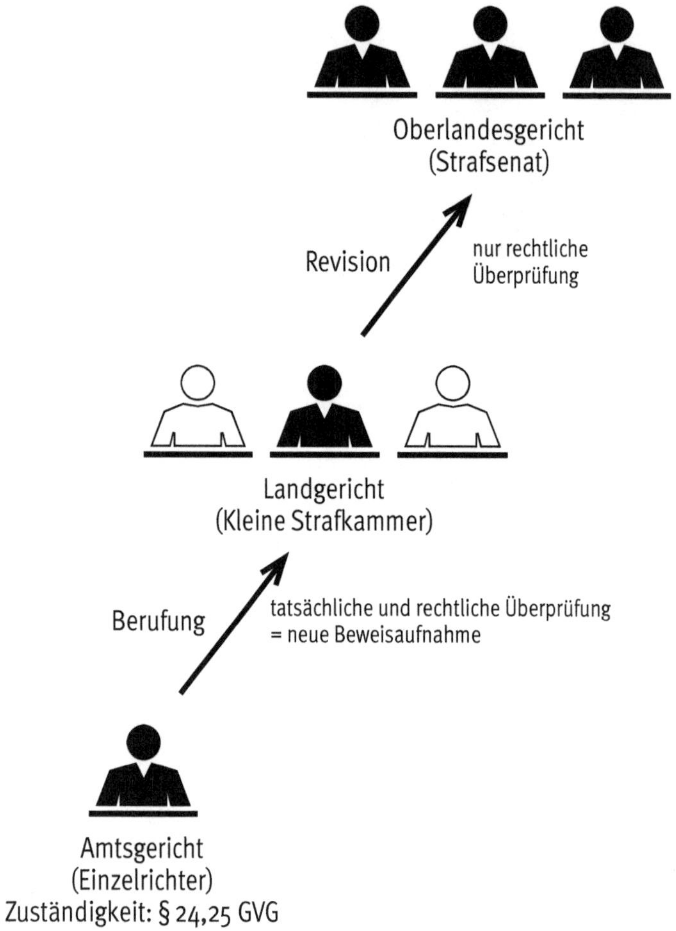

Anklage beim Amtsgericht (Schöffengericht)

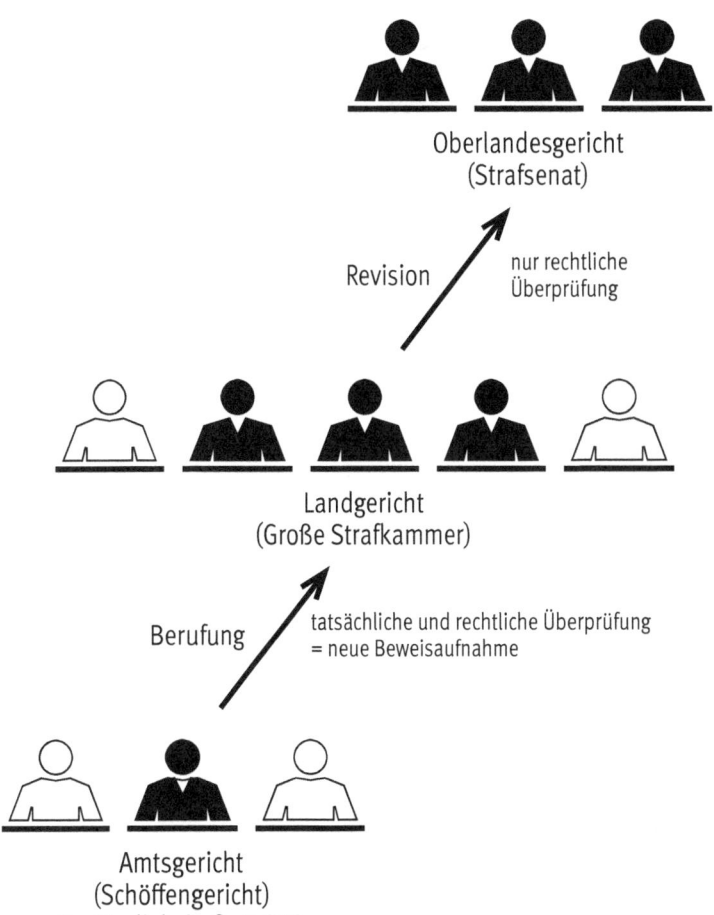

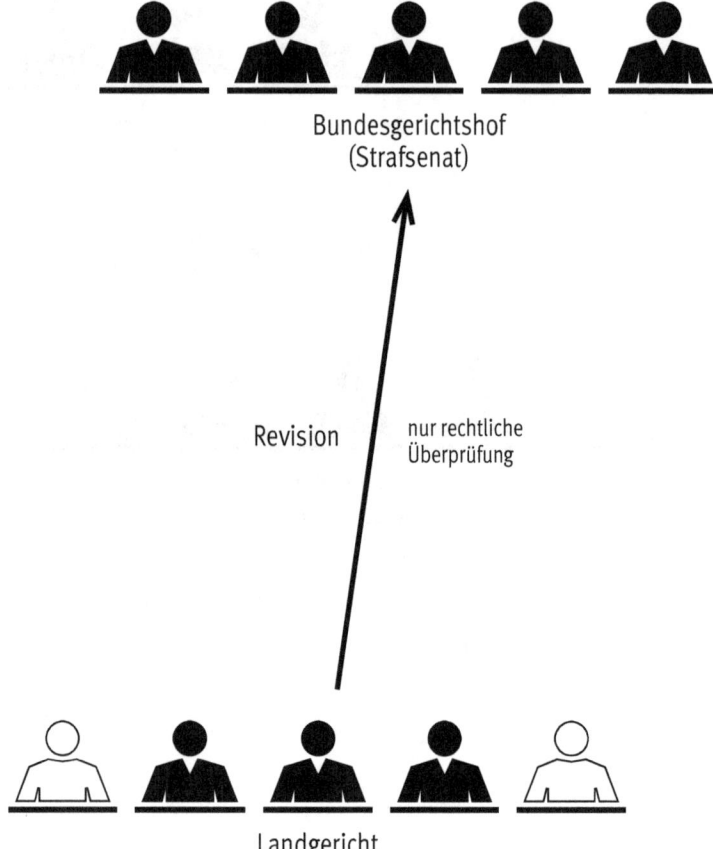

Anklage beim Oberlandesgericht

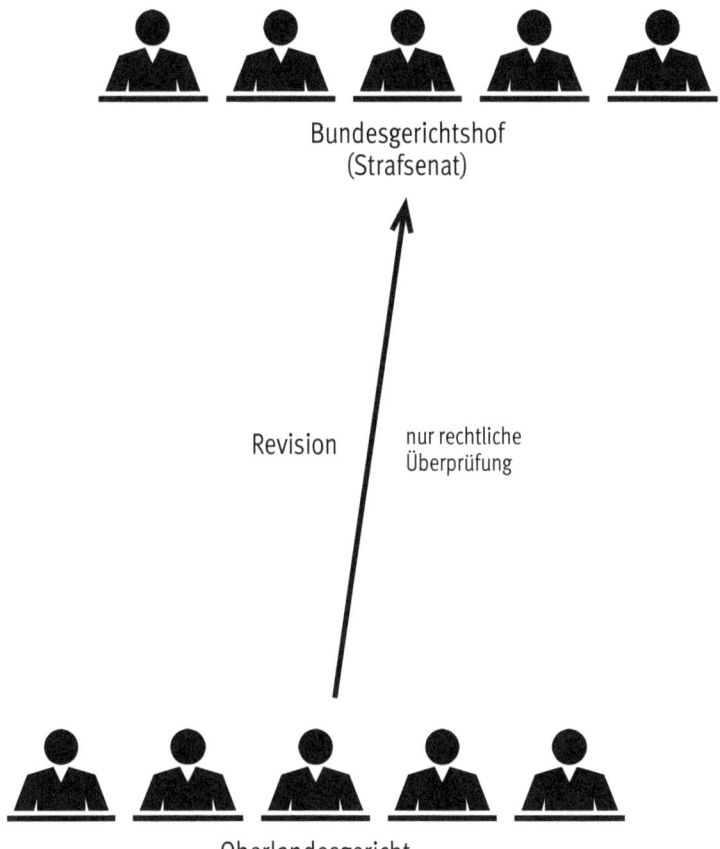

Glossar

Ablehnung von Richtern, Schöffen und Sachverständigen

Richter, Schöffen und Sachverständige können wegen »Besorgnis der Befangenheit« abgelehnt werden (daher auch: »Befangenheitsantrag«), wenn ein Grund vorliegt, der geeignet ist, Mißtrauen gegen ihre Unparteilichkeit zu rechtfertigen. Häufigster Anwendungsfall: Äußerungen während der Verhandlung, die auf eine Voreingenommenheit schließen lassen. In einem solchen Fall muß der Ablehnungsantrag »unverzüglich« gestellt werden, um nicht als verspätet zurückgewiesen zu werden. In der Praxis sieht das so aus, daß der Verteidiger nach einer angreifbaren Äußerung des Richters oder Schöffen eine Pause erbittet, um mit seinem Mandanten die Stellung eines Ablehnungsantrages zu beraten, denn nur dem Angeklagten (und dem Staatsanwalt) steht dieses Recht zu. Wenn der Angeklagte den Richter oder Schöffen für befangen hält, wird der Verteidiger einen schriftlich formulierten Antrag überreichen, in dem näher ausgeführt ist, welches Verhalten Anlaß zur Ablehnung des Richters oder Schöffen gibt. Ähnlich, wenn ein Sachverständiger abgelehnt werden soll, doch kann in diesem Fall der Antrag noch nach Erstattung des Gutachtens gestellt werden, ohne »verspätet« zu sein.

Über den Ablehnungsantrag entscheidet das Gericht, dem der Abgelehnte angehört, ohne dessen Mitwirkung. Der abgelehnte Richter wird dabei durch einen anderen Richter ersetzt. Der abgelehnte Richter gibt zu dem Ablehnungsantrag eine »dienstliche Erklärung« ab, die mitunter nur in dem Satz besteht: »Ich fühle mich nicht befangen.«

Wird einem Ablehnungsantrag gegen einen Richter stattgegeben, so scheidet er aus dem Verfahren aus. Bei Verhandlungen von längerer Dauer trifft der Vorsitzende Vorsorge gegen das vorzeitige Ausscheiden eines Richters (infolge Krankheit oder erfolgreicher Ablehnung), indem er die Zuziehung von »Ergänzungsrichtern« anordnet, die der Verhandlung von Anfang an beiwohnen und im Falle der Verhinderung eines Richters für ihn eintreten. Sind keine »Ergänzungsrichter« da, muß im Falle des Ausscheidens eines Richters die

Verhandlung von vorne beginnen (Juristenslang: »die Verhandlung ist geplatzt«).
In der Praxis sind Ablehnungsanträge gegen Richter nur sehr selten erfolgreich.

Amnestie

Siehe Stichwort *Gnade*.

Aufruhr und Auflauf

Bis 1970 gab es die Tatbestände des »Aufruhrs« (§ 115) und des »Auflaufs« (§ 116).

Nach § 115 StGB wurde wegen Aufruhrs mit Gefängnis nicht unter sechs Monaten bestraft, »wer an einer öffentlichen Zusammenrottung, bei welcher eine der in §§ 113 und 114 bezeichneten Handlungen mit vereinten Kräften begangen wird, teilnimmt«. Die §§ 113 und 114 betrafen Widerstand gegen die Staatsgewalt und Beamtennötigung. Im zweiten Absatz des § 115 wurden »die Rädelsführer sowie diejenigen Aufrührer, welche eine der in §§ 113 und 114 bezeichneten Handlungen begehen«, mit Zuchthaus bis zu zehn Jahren bedroht.

Als »Auflauf« wurde in § 116 StGB folgender Tatbestand formuliert:

»Wird eine auf öffentlichen Wegen, Straßen oder Plätzen versammelte Menschenmenge von dem zuständigen Beamten oder Befehlshaber der bewaffneten Macht aufgefordert, sich zu entfernen, so wird jeder der Versammelten, welcher nach der dritten Aufforderung sich nicht entfernt, wegen Auflaufs mit Gefängnis bis zu drei Monaten oder mit Geldstrafe bestraft.«

Gegen diejenigen, die an gewaltsamem Widerstand teilgenommen haben, drohte der zweite Absatz der Vorschrift Zuchthaus bis zu zehn Jahren an.

Beide Straftatbestände wurden 1970 in der Zeit der SPD/FDP-Regierung aufgehoben.

Beleidigung, üble Nachrede und Verleumdung

Unter dem Oberbegriff »Beleidigung« werden in den §§ 185 ff. StGB unter Strafe gestellt:

1. die im Gesetz nicht näher definierte einfache Beleidigung (»Formalbeleidigung«; z. B. Schimpfworte wie »Scheißbulle« oder kränkende Vergleiche wie »Gestapo-Methoden«),
2. die üble Nachrede (nicht erweislich wahre Tatsachenbehauptungen, die einen anderen »verächtlich zu machen oder in der öffentlichen Meinung herabzuwürdigen geeignet« sind),
3. die Verleumdung (wenn die üble Nachrede wider besseres Wissen erfolgt).

Unter bestimmten Voraussetzungen können ehrenkränkende Äußerungen gerechtfertigt und mithin straflos sein. So bestimmt der schon seit 1871 unverändert geltende § 193 StGB, daß Äußerungen, die »zur Wahrnehmung berechtigter Interessen« gemacht werden, nur insofern strafbar sind, »als das Vorhandensein einer Beleidigung aus der Form der Äußerung oder aus den Umständen, unter welchen sie geschah, hervorgeht«. Darüber hinaus hat das Bundesverfassungsgericht in ständiger Rechtsprechung den Grundsatz entwickelt, daß bei Äußerungen »im geistigen Kampf in einer die Öffentlichkeit berührenden Frage« eine »Vermutung für die Zulässigkeit der freien Rede« gilt.

»Angesichts der heutigen Reizüberflutung aller Art« seien einprägsame, auch starke Formulierungen hinzunehmen. In konkreten Fällen hat das Bundesverfassungsgericht wiederholt dem Grundrecht der freien Meinungsäußerung, das für eine freiheitliche Demokratie von grundlegender Bedeutung ist, den Vorrang gegenüber dem Recht der persönlichen Ehre eingeräumt. Die Beachtung dieser Gesichtspunkte, die den Beleidigungsparagraphen verfassungsrechtliche Grenzen setzen, muß bei vielen konservativ eingestellten Richtern immer wieder mühsam erkämpft werden. Jedenfalls dann, wenn es um die Ehre von Hitler-Generälen, Polizeipräsidenten und anderen Staatsträgern geht.

Bei den Paragraphen über üble Nachrede und Verleumdung kommt es darauf an, ob die behauptete Tatsache wahr ist. In politischen Strafsachen erlebt man immer wieder, daß Staatsanwälte und Richter versuchen, den Angeklagten an der Führung des Wahrheitsbeweises zu hindern, indem sie seine Äußerung als »Formalbeleidigung« einstufen, bei der es auf den Wahrheitsgehalt nicht ankomme. Ob beispielsweise der Ausdruck »Massenmörder« eine Formalbeleidigung oder eine zwar ehrenrührige, aber zutreffende und deshalb straflose Bezeichnung bestimmter Generäle oder Staatenlenker ist, hängt aber von den konkreten Tatsachen ab, die dieser Einschätzung zugrundeliegen (vgl. den Fall Lorenz Knorr, Teil 1, Kapitel 9: »Die beleidigten Kriegsverbrecher«, und den Fall Hermann Sittner, Teil 1, Kapitel 17: »Der Völkermord in Vietnam und die Ehre der Politiker«). Der Wahrheitsbeweis durfte daher in diesen Fällen den Angeklagten nicht abgeschnitten werden, so peinlich er für die Betroffenen und die um deren Ehre besorgten Richter und Staatsanwälte auch sein mochte.

Berufung

Gegen Urteile des Amtsgerichts, also sowohl gegen Urteile des Amtsrichters als Einzelrichter als auch gegen Urteile des Schöffengerichts, gibt es das Rechtsmittel der Berufung. Sie muß binnen einer Woche nach Verkündung des Urteils schriftlich oder zu Protokoll der Geschäftsstelle eingelegt werden. Eine Begründung ist nicht nötig. Auch ein Rechtsanwalt braucht nicht mitzuwirken.

Vor dem Berufungsgericht – also vor der kleinen Strafkammer des Landgerichts, wenn ein Urteil des Amtsrichters als Einzelrichter angefochten wird, oder vor der großen Strafkammer des Landgerichts, wenn sich die Berufung gegen ein Urteil des Schöffengerichts richtet – wird die Sache noch einmal ganz neu verhandelt. Es findet also nochmals eine Beweisaufnahme statt, bei der auch die schon in erster Instanz vernommenen Zeugen und Sachverständigen erneut gehört werden, aber unter Umständen auch neue Beweismittel eingeführt werden können.

Es ist oft kritisiert worden, daß es in den weniger schwerwiegenden Fällen, die beim Amtsgericht beginnen, zwei Tatsacheninstanzen (also eine Wiederholung der Beweisaufnahme vor anderen Richtern) gibt, nicht aber in den Fällen, die beim Landgericht beginnen. Erstinstanzliche Urteile des Landgerichts und des Oberlandesgerichts (siehe Stichwort *Gerichte* Absätze 5 und 8) sind nur mit dem Rechtsmittel der Revision (s. d.) anfechtbar.

Beweisaufnahme

Das ist der wichtigste Teil der Hauptverhandlung (s. d.). Die Staatsanwaltschaft benennt schon in der Anklageschrift die Beweismittel (Zeugen, Sachverständige, Schriftstücke usw.), auf die es ihrer Meinung nach ankommt. Sie werden vom Gericht zur Hauptverhandlung geladen oder – soweit es sich um Schriftstücke, Fotos oder dergleichen handelt – befinden sich in den von der Polizei und der Staatsanwaltschaft zusammengestellten Akten. Auch der Angeklagte und sein Verteidiger können Beweismittel in die Verhandlung einführen. Das geschieht, wie ich aus einem Anfängerfehler bei meiner ersten Pflichtverteidigung gelernt habe, zweckmäßigerweise erst in der Hauptverhandlung, und zwar entweder durch Stellung von Beweisanträgen (z. B.: »Ich beantrage, den Zeugen X zum Beweise dafür zu vernehmen, daß der Angeklagte zur Tatzeit nicht am Tatort, sondern in Z war«) oder durch direkte Ladung von Zeugen oder Sachverständigen oder durch Vorlage von Schriftstücken (sogenannte »präsente Beweismittel«). Das Gericht entscheidet durch Beschluß, ob es dem Beweisantrag stattgibt, also die beantragten Zeugen oder Sachverständigen lädt oder eine beantragte Besichtigung des Tatorts (»Augenscheineinnahme«) durchführt. Wenn es den Antrag ablehnt, muß es dies begründen und ist dabei an bestimmte Regeln gebunden (z. B.: »Der Beweisantrag wird abgelehnt, weil die Tatsache, die bewiesen werden soll, für die Entscheidung ohne Bedeutung ist« oder »die behauptete Tatsache wird als wahr unterstellt« oder – wenn die Vernehmung eines Sachverständigen beantragt war – »das Gericht besitzt selbst die erforderliche Sachkunde«). Und dabei kann das Gericht Fehler machen, die der Verteidiger dann in der Revision (s. d.) rügen kann. Wenn der Verteidiger »präsente Beweismittel« (s. o.) in die Verhandlung einführt, also beispielsweise einen Zeugen durch den Gerichtsvollzieher laden läßt, der aussagebereit vor der Tür des Gerichtssaals steht, sind die Grenzen, innerhalb derer das Gericht die Vernehmung ablehnen kann, noch enger gezogen.

Beweiswürdigung

»Über das Ergebnis der Beweisaufnahme entscheidet das Gericht nach seiner freien, aus dem Inbegriff der Verhandlung geschöpften Überzeugung«, heißt es in § 261 StPO. Mit anderen Worten: es gibt keine verbindlichen Beweisregeln mehr, sondern die Richter (und Schöffen) können frei entscheiden, ob sie der »Einlassung« des Angeklagten glauben oder sie als »Schutzbehauptung« abtun, ob sie diesem oder jenem Zeugen glauben, ob sie diesem oder jenem Sachverständigengutachten folgen. In den schriftlichen Urteilsgründen bildet die Beweiswürdigung einen besonderen Abschnitt, in dem dargelegt wird, warum das Gericht diese oder jene Beweismittel für glaubwürdig und überzeugend gehalten hat.

Einstellung des Verfahrens

Die meisten Ermittlungsverfahren enden mit Einstellung des Verfahrens. Schon die Staatsanwaltschaft erledigt auf diese Weise den größten Teil der ihr von der Polizei gelieferten Akten und erhebt nur in den Fällen Anklage, in denen auch eine Verurteilung zu erwarten ist. Aber auch nach Erhebung einer Anklage wird in vielen Fällen von allen Verfahrensbeteiligten eine Einstellung des Verfahrens angestrebt, um die

Justiz zu entlasten. Das kann unter bestimmten Voraussetzungen nach § 153 StPO geschehen, wenn die Schuld des Täters als gering anzusehen ist und kein öffentliches Interesse an der Verfolgung besteht. Häufig erfolgt die Einstellung gegen Zahlung einer Buße durch Gerichtsbeschluß (§ 153 a StPO).

Im Falle der Einstellung des Verfahrens gilt der Beschuldigte (so heißt er vor der Anklageerhebung) oder Angeschuldigte (so heißt er nach der Anklageerhebung) oder Angeklagte (so heißt er nach Eröffnung des Hauptverfahrens durch Gerichtsbeschluß) als nicht bestraft. Auch eine ihm auferlegte Buße gilt nicht als Strafe.

Mitunter dient die Einstellung des Verfahrens der Erledigung eines Falles, der bei Durchführung einer öffentlichen Hauptverhandlung unerwünschtes Aufsehen erregt oder irgendwelchen Respektspersonen Unannehmlichkeiten bereitet hätte (vgl. Teil 1, Kapitel 9 und 23).

Gerichte

Die Zuständigkeit der Gerichte ist im Gerichtsverfassungsgesetz (GVG) geregelt.

Die Zuständigkeit des Amtsgerichts ist in § 24 GVG negativ umschrieben. Es ist nicht zuständig, wenn das Landgericht oder das Oberlandesgericht zuständig ist, wenn eine höhere Strafe als vier Jahre Gefängnis, Unterbringung in einem psychiatrischen Krankenhaus oder Sicherungsverwahrung zu erwarten ist oder wenn die Staatsanwaltschaft wegen der besonderen Bedeutung des Falles Anklage beim Landgericht erhebt.

Der Richter beim Amtsgericht entscheidet als Einzelrichter, wenn die Tat mit keiner höheren Strafe als sechs Monaten Gefängnis bedroht ist oder wenn der Staatsanwalt Anklage vor dem Strafrichter erhebt und keine höhere Strafe als zwei Jahre Gefängnis zu erwarten ist.

Bei den Amtsgerichten werden Schöffengerichte gebildet, die mit einem (in besonders umfangreichen Sachen auch mit einem zweiten) Berufsrichter und zwei Schöffen besetzt sind. Ihre Zuständigkeit ist in § 28 GVG wiederum negativ umschrieben: Sie sind zuständig, soweit nicht der Strafrichter (als Einzelrichter) entscheidet.

Beim Landgericht werden Strafkammern gebildet, die mit drei Berufsrichtern und zwei Schöffen besetzt sind. Als erstinstanzliche Gerichte sind die Strafkammern zuständig für besonders schwere Verbrechen, die in § 74 GVG aufgezählt sind (darunter Mord und Totschlag). Weitere Zuständigkeiten ergeben sich aus § 74a GVG für die beim Landgericht zu bildende »Staatsschutzkammer«.

Die Strafkammern sind weiter zuständig für die Verhandlung und Entscheidung über das Rechtsmittel der Berufung gegen Urteile des

Amtsgerichts. Wenn es sich um ein Urteil des Amtsrichters als Einzelrichter handelt, entscheidet eine kleine Strafkammer (ein Berufsrichter und zwei Schöffen), wenn die Berufung sich gegen ein Urteil des Schöffengerichts richtet, entscheidet eine große Strafkammer (drei Berufsrichter und zwei Schöffen).

Wenn ein Jugendlicher (14 bis 17 Jahre) oder Heranwachsender (18 bis 20 Jahre) eine Verfehlung begeht, sind die Jugendgerichte zuständig. Jugendgerichte sind der Amtsrichter als Jugendrichter, das Jugendschöffengericht (ein Berufsrichter und zwei Schöffen) und die Jugendkammer (drei Berufsrichter und zwei Schöffen).

Das Oberlandesgericht (in Berlin: Kammergericht) entscheidet über die Revision gegen Berufungsurteile des Landgerichts (große und kleine Strafkammer), und zwar in der Besetzung mit drei Berufsrichtern. Als erstinstanzliches Gericht ist das Oberlandesgericht für die Verhandlung und Entscheidung in bestimmten, in § 120 GVG aufgezählten Fällen zuständig (dazu gehören Landesverrat und Bildung terroristischer Vereinigungen, sowie die im Rahmen solcher Vereinigungen begangenen Tötungsdelikte). In dieser Zuständigkeit ist das Gericht mit fünf Berufsrichtern besetzt.

Der Bundesgerichtshof, dessen Strafsenate mit fünf Berufsrichtern besetzt sind, entscheidet über das Rechtsmittel der Revision gegen Urteile der Oberlandesgerichte im ersten Rechtszug (siehe voriger Absatz) sowie gegen Urteile der Landgerichte im ersten Rechtszug (siehe oben 5. Absatz).

Sitz des Bundesgerichtshofs ist Karlsruhe. Nicht zu verwechseln mit dem Bundesverfassungsgericht (siehe Stichwort Verfassungsbeschwerde), das seinen Sitz ebenfalls in Karlsruhe hat. Einer der Senate des Bundesgerichtshofs sitzt in Berlin.

Das Reichsgericht, Vorgänger des Bundesgerichtshofs, mit Sitz in Leipzig, existierte nur bis 1945 (Zusammenbruch des Nazi-Reichs).

Im übrigen ist zur Veranschaulichung der etwas kompliziert geregelten Gerichtszuständigkeiten auf die Grafiken zu verweisen. Weitere Gerichtszuständigkeiten (z. B. Beschwerdeverfahren), die im Buch keine Rolle spielen, sind in diesem Glossar und in den Grafiken nicht berücksichtigt.

Gnade

Eine durch rechtskräftiges Urteil verhängte Strafe kann durch Begnadigung des Verurteilten erlassen oder zur Bewährung ausgesetzt werden. Träger des Gnadenrechts sind der Bundespräsident oder die Ministerpräsidenten der Länder. Inhaltlich kann Gnade ein »Akt der

Barmherzigkeit, der Versöhnung und des Wohlwollens« sein, aber auch ein »Akt der Richtigstellung eines unerträglichen Fehlspruchs« (Carl Peters, *Strafprozeß*).

Während Gnade immer nur Einzelfälle betrifft, wird durch eine Amnestie eine ganze Kategorie von Straftaten nachträglich von Strafe freigestellt. Für Amnestien gibt es meistens feierliche Anlässe (Thronbesteigungen, Weihnachtsamnestie usw.) oder Gründe des politischen Kalküls (Besänftigung der Gemüter nach dem Abklingen unruhiger Zeiten). Zuständig für Amnestien (Straffreiheitsgesetze) ist der Gesetzgeber, also bei uns der Bundestag.

Grundrechte

Das Grundgesetz von 1949 gewährleistet, ähnlich wie schon die Weimarer Verfassung, Grundrechte (auch »Freiheitsrechte« genannt), die allen anderen Gesetzen vorgehen. Dazu gehören der Gleichheitssatz (Art. 3), die Glaubens- und Gewissensfreiheit und das Recht auf Kriegsdienstverweigerung (Art. 4), die Freiheit der Meinungsäußerung, die Pressefreiheit, das Zensurverbot und die Freiheit der Kunst, Wissenschaft, Forschung und Lehre (Art. 5), die Versammlungsfreiheit (Art. 8), die Vereinigungsfreiheit (Art. 9), das Brief- und Postgeheimnis (Art. 10), die freie Wahl des Berufs, des Arbeitsplatzes und der Berufsstätte (Art. 12), die Unverletzlichkeit der Wohnung (Art. 13), das Eigentum (Art. 14) und das Asylrecht (Art. 16). Daß einige dieser Grundrechte inzwischen erheblich eingeschränkt worden sind, soll hier nicht erörtert werden. Auch der in Vergessenheit geratene Sozialisierungsartikel (Art. 15) gehört nicht zu meinem Thema.

Problematisch war schon in der Weimarer Republik das Verhältnis zwischen den Grundrechten und einfachem Gesetzesrecht. Da einige Grundrechte auf den Gesetzgeber verweisen (sogenannter »Gesetzesvorbehalt«; z. B. Art. 5 Absatz 2: »Diese Rechte finden ihre Schranken in den Vorschriften der allgemeinen Gesetze, den gesetzlichen Bestimmungen zum Schutze der Jugend und dem Recht der persönlichen Ehre«), hat die konservative, im obrigkeitsstaatlichen Denken verhaftete Verfassungsinterpretation zur Zeit der Weimarer Republik die mit einem Gesetzesvorbehalt versehenen Grundrechte für »leerlaufend« erklärt. Das Bundesverfassungsgericht war bemüht, die Wiederholung eines solchen Mißverständnisses zu verhindern. So hat es das Grundrecht auf freie Meinungsäußerung und Meinungsverbreitung als »für eine freiheitlichdemokratische Staatsordnung schlechthin konstituierend« erklärt. Die Verweisung auf die Schranken der »allgemeinen Gesetze« dürfe daher nicht dazu führen, daß der Geltungsanspruch des

Grundrechts von vornherein auf den Bereich beschränkt wird, den ihm die Gerichte durch ihre Auslegung dieser Gesetze noch belassen. Die »allgemeinen Gesetze« müssen vielmehr in ihrer das Grundrecht beschränkenden Wirkung ihrerseits im Lichte der Bedeutung dieses Grundrechts gesehen und so interpretiert werden, daß der besondere Wertgehalt dieses Rechts auf jeden Fall gewahrt bleibt. Es finde daher, so hat das Bundesverfassungsgericht immer wieder betont, eine Wechselwirkung in dem Sinne statt, daß die »allgemeinen Gesetze« zwar dem Wortlaut nach dem Grundrecht Schranken setzen, ihrerseits aber so ausgelegt werden müssen, daß sie selbst wieder durch das Grundrecht eingeschränkt werden. Mindestens von einem Juristen wie dem in der Sache Volmerhaus (Teil 1, Kapitel 19 »Die ›Umtriebe‹ des Leutnants Volmerhaus«) tätigen Bundesanwalt durfte man erwarten, daß ihm diese ständige Rechtsprechung des Bundesverfassungsgerichts bekannt ist. Aber man begegnet immer wieder Richtern und Staatsanwälten, die es versäumen, bestimmte Strafgesetze (z. B. die Beleidigungsparagraphen oder die Meinungsäußerungsdelikte des politischen Strafrechts) an den Maßstäben zu messen, die durch das Grundrecht auf freie Meinungsäußerung gesetzt sind. Auch dieses Buch enthält dafür viele Beispiele. Wie schwer sich deutsche Gerichte damit getan haben, das Grundrecht auf Glaubens- und Gewissensfreiheit zu respektieren, ist im 10. Kapitel des 1. Teiles (»Die totale Kriegsdienstverweigerung der Zeugen Jehovas«) dargestellt. Das Grundrecht auf Demonstrationsfreiheit ist aus den Grundgedanken der Meinungsäußerungsfreiheit und der Versammlungsfreiheit entwickelt worden.

Hauptverhandlung

So heißt nach unserer Strafprozeßordnung die – in der Regel öffentliche – Verhandlung vor dem zuständigen Gericht, die man volkstümlich meistens als »Prozeß« bezeichnet. Sie unterscheidet sich in manchem von den Bildern, die Fernsehspiele von Strafprozessen vermitteln. Weder gibt es den über dem Hickhack zwischen Ankläger und Verteidiger thronenden Richter, der ab und zu mit »Einspruch, Euer Ehren!« angerufen wird (das ist das Muster des angloamerikanischen Rechts, wo Ankläger und Verteidiger einem Richter, der keine Akten kennt, den gesamten Prozeßstoff aus gegensätzlicher Sicht vortragen), noch würde es in der Praxis geduldet, daß der Verteidiger sich, wie Manfred Krugs »Liebling Kreuzberg«, fotogen im Saale herumbewegt. Im deutschen Strafprozeß kommt der Vorsitzende – und bei Kollegialgerichten noch ein weiterer Richter, der sogenannte »Berichterstatter«

– mit voller Aktenkenntnis in die Verhandlung (was den Polizeiprotokollen eine ungeheure Bedeutung verleiht, obwohl deren Verlesung prinzipiell verboten ist) und leitet die Verhandlung. Er ist es, der als erster Fragen an Angeklagte, Zeugen und Sachverständige stellt, erst dann sind die beisitzenden Richter, der Staatsanwalt und der Verteidiger (in dieser Reihenfolge) an der Reihe.

Der oder die Angeklagten werden zu Beginn der Verhandlung belehrt, daß sie das Recht haben, keine Aussagen zur Sache zu machen. Wenn sie aussagen wollen, können sie nach Verlesung der Anklage durch den Staatsanwalt sich dazu äußern. Dann folgt die Beweisaufnahme mit der Vernehmung von Zeugen und Sachverständigen, der Verlesung von Schriftstücken (»Urkundenbeweis«) und mitunter einer »Augenscheinseinnahme« (z. B. Besichtigung des Tatorts, von Waffen und Fotos). Zu jedem Beweismittel können die Prozeßbeteiligten Stellung nehmen.

Am Ende der Hauptverhandlung folgen die Schlußvorträge (»Plädoyers«, Strafanträge) des Staatsanwalts und des Verteidigers. Sodann hat der oder die Angeklagte das letzte Wort.

Darauf zieht sich das Gericht zur Beratung zurück. Und dann kommt die Urteilsverkündung durch den Vorsitzenden Richter.

KPD-Verbot

Nach Artikel 21 des Grundgesetzes kann eine Partei nur durch Urteil des Bundesverfassungsgerichts verboten werden. Im Falle der Kommunistischen Partei Deutschlands (KPD) hatte die von Bundeskanzler Dr. Konrad Adenauer (CDU) geführte Bundesregierung den Verbotsantrag schon im Jahre 1951 gestellt. Die mündliche Verhandlung vor dem 1. Senat des Bundesverfassungsgerichts in Karlsruhe fand vom 23. November 1954 bis zum 14. Juli 1955 statt. Das Urteil wurde am 17. August 1956 verkündet und lautete:

»I. 1. Die Kommunistische Partei Deutschlands ist verfassungswidrig.
 2. Die Kommunistische Partei Deutschlands wird aufgelöst.
 3. Es ist verboten, Ersatzorganisationen für die Kommunistische Partei Deutschlands zu schaffen oder bestehende Organisationen als Ersatzorganisationen fortzusetzen.
 4. Das Vermögen der Kommunistischen Partei Deutschlands wird zugunsten der Bundesrepublik Deutschland zu gemeinnützigen Zwecken eingezogen.
II. In den Ländern werden die Minister (Senatoren) des Innern mit der Durchführung der Entscheidung zu Ziffer I 2 und 3 beauftragt; in-

soweit stehen ihnen unmittelbare Weisungsbefugnisse gegenüber allen Polizeiorganen zu. Die Einziehung des Vermögens wird dem Bundesminister des Innern übertragen, der sich der Hilfe der Minister (Senatoren) des Innern der Länder bedienen kann.
III. Vorsätzliche Zuwiderhandlungen gegen diese Entscheidung oder gegen die im Vollzuge dieser Entscheidung getroffenen Maßnahmen werden gemäß §§ 47, 42 des Gesetzes über das Bundesverfassungsgericht mit Gefängnis nicht unter 6 Monaten bestraft.«

Die Bestimmungen der §§ 47, 42 des Bundesverfassungsgerichtsgesetzes, wonach jede vorsätzliche Zuwiderhandlung gegen eine Entscheidung des Bundesverfassungsgericht mit Strafe bedroht war, wurden in den auf das Verbotsurteil folgenden Jahren zum zentralen Straftatbestand gegen alle, deren politisches Verhalten sich als Förderung weiterer Wirksamkeit der verbotenen Partei interpretieren ließ. Auch Nichtkommunisten waren betroffen (vgl. die Fälle Herbert Reich im 6. und Oleg von Brackel im 7. Kapitel), wenn ihnen im Wege der »freien Beweiswürdigung« ein »Förderungswille« unterstellt wurde. Die rechtsstaatliche Fragwürdigkeit dieses uferlosen Straftatbestandes ist damals oft, aber vergeblich kritisiert worden – auch von mir (»Politische Generalklauseln als Straftatbestand. Auflösung des Tatbestandsstrafrechts in der politischen Justiz« in: *Stimme der Gemeinde* 1963 Heft 6; auszugsweise wieder abgedruckt in Erhard Denninger (Hrsg.): *Freiheitliche demokratische Grundordnung II.* Frankfurt/Main 1977)

Kriminelle Vereinigung

Zu den Paragraphen, nach denen die politische Justiz der 50er und 60er Jahre Kommunisten bestrafte, gehörte der § 129 (Kriminelle Vereinigung). Man kombinierte ihn mit der Bestimmung des damaligen § 94, der bei verfassungsfeindlicher Absicht eine erhebliche Strafschärfung vorsah. § 129 Absatz 1 lautete:

»Wer eine Vereinigung gründet, deren Zwecke oder deren Tätigkeit darauf gerichtet sind, strafbare Handlungen zu begehen, oder wer sich an einer solchen Vereinigung als Mitglied beteiligt, sie sonst unterstützt oder zu ihrer Gründung auffordert, wird mit Gefängnis bestraft.«

Für Rädelsführer und Hintermänner erhöhte der 2. Absatz des Paragraphen die Strafe auf bis zu fünf Jahren Zuchthaus. Durch die Kombination mit § 94 konnten bis zu fünfzehn Jahre Zuchthaus herauskommen.

Die praktische Bedeutung der Vorschrift lag vor allem in ihrer diffamierenden Wirkung. Kommunistische Organisationen sollten in den Augen der Bevölkerung mit dem organisierten Verbrechen gleichgesetzt werden. Was den Kommunisten als »kriminell« vorgeworfen wurde, war höchst dürftig: in erster Linie ihre aggressive Sprache, die unter Mißachtung des auch Kommunisten zustehenden Rechts der freien Meinungsäußerung als beleidigend oder als »systematischer Hetzfeldzug« eingestuft wurde. Selbst wenn man diese Bewertung akzeptieren wollte, blieb es eine gewagte Konstruktion, die aggressive Sprache kommunistischer Organisationen zu ihrem »Zweck« zu erklären, wie es der Tatbestand des § 129 voraussetzte. Ihre Sprache war nur das Mittel, um andere, nämlich politische Zwecke zu erreichen.

Landfriedensbruch

Bis zur Reform des Demonstrationsstrafrechts im Jahre 1970 unter der SPD/FDP-Regierung hatte der Tatbestand des Landfriedensbruchs (§ 125 StGB) folgenden Wortlaut:
»Wenn sich eine Menschenmenge öffentlich zusammenrottet und mit vereinten Kräften gegen Personen oder Sachen Gewalttätigkeiten begeht, so wird jeder, welcher an dieser Zusammenrottung teilnimmt, wegen Landfriedensbruchs mit Gefängnis nicht unter drei Monaten bestraft.

Die Rädelsführer sowie diejenigen, welche Gewalttätigkeiten gegen Personen begangen oder Sachen geplündert, vernichtet oder zerstört haben, werden mit Zuchthaus bis zu zehn Jahren bestraft; auch kann auf Zulässigkeit der Polizeiaufsicht erkannt werden. Sind mildernde Umstände vorhanden, so tritt Gefängnisstrafe nicht unter sechs Monaten ein.«

Die heute gültige Fassung des Landfriedensbruchstatbestandes vermeidet den Ausdruck »Zusammenrottung« und stellt nur die Teilnahme an Gewalttätigkeiten und Bedrohungen mit Gewalttätigkeit sowie die Einwirkung auf die Menschenmenge, »um ihre Bereitschaft zu solchen Handlungen zu fördern«, unter Strafe.

Nebenklage

Grundsätzlich ist es Sache der Staatsanwaltschaft, in Strafsachen Anklage zu erheben. In bestimmten Fällen kann sich aber der oder die Verletzte der erhobenen öffentlichen Anklage als Nebenkläger oder Nebenklägerin anschließen. Das gilt z. B. für die Fälle der Beleidigung (vgl. Fall Sahm gegen von Fircks, Teil 1, Kapitel 23) und des

Mordes (vgl. den im zweiten Band behandelten Thälmann-Mordprozeß).

Der Nebenkläger/die Nebenklägerin hat in der Hauptverhandlung alle wesentlichen Rechte des Staatsanwalts, kann also insbesondere Beweisanträge stellen, das Fragerecht ausüben und Erklärungen abgeben. Er bzw. sie kann auch als Zeuge/Zeugin vernommen werden. Schließlich kann der Nebenkläger/die Nebenklägerin auch Rechtsmittel gegen das Urteil einlegen.

Öffentlichkeit der Verhandlung

Die Hauptverhandlung in Strafsachen ist grundsätzlich öffentlich. Eine Verletzung der Vorschriften über die Öffentlichkeit kann als Revisionsgrund geltend gemacht werden und führt zur Aufhebung des Urteils.

Unter bestimmten Voraussetzungen kann das Gericht die Öffentlichkeit ausschließen. So z. B. wegen Gefährdung der Staatssicherheit, der öffentlichen Ordnung oder der Sittlichkeit oder soweit Umstände aus dem persönlichen Lebensbereich eines Prozeßbeteiligten, Zeugen oder durch eine rechtswidrige Tat Verletzten zur Sprache kommen, deren öffentliche Erörterung schutzwürdige Interessen verletzen würde, soweit nicht das Interesse an der öffentlichen Erörterung dieser Umstände überwiegt.

Pflichtverteidiger

Die Strafprozeßordnung (§ 140) schreibt vor, daß in bestimmten Fällen die Mitwirkung eines Verteidigers »notwendig« ist. Angeklagten, die noch keinen Verteidiger auf eigene Kosten beauftragt haben (»Wahlverteidiger«), muß deshalb vom Vorsitzenden Richter ein Verteidiger bestellt werden, der aus der Staatskasse (nach bescheidenen Gebührensätzen) bezahlt wird. Bei der Auswahl sollen die Wünsche der Angeklagten berücksichtigt werden, »wenn nicht wichtige Gründe entgegenstehen«. Da der Verteidiger in den Fällen »notwendiger Verteidigung« durch Verlassen des Gerichtssaals oder durch Nichterscheinen das Verfahren »zum Platzen bringen« kann, werden in politischen Prozessen Verteidiger, die von den Angeklagten ausgewählt wurden und deren Vertrauen genießen, seitens vieler Richter und Staatsanwälte mit Mißtrauen betrachtet. In diesen Fällen wird häufig ein weiterer Pflichtverteidiger beigeordnet, der das Vertrauen des Gerichts genießt. Was in der Regel Konflikte zwischen dem Angeklagten und diesem ihm aufgezwungenen Verteidiger (»Zwangsverteidiger«), aber auch Konflikte zwischen dem »Vertrauensanwalt des Angeklagten« und dem »Vertrauensanwalt des Gerichts« zur Folge hat und das in politischen Prozessen ohnehin gespannte Prozeßklima zusätzlich belastet und eine sachgemäße Verteidigung erschwert. Denn ein Verteidiger, mit dem der Angeklagte nicht spricht und der in die abgesprochene Verteidigungsstrategie nicht eingeweiht ist, kann, wenn er sich nicht auf schweigende Anwesenheit beschränkt, viel Schaden anrichten.

Da die gesetzlichen Gebühren für Pflichtverteidiger sehr niedrig sind und oft noch nicht einmal die Bürounkosten des Anwalts decken, gibt es für besonders umfangreiche Verfahren, in denen sich die Hauptverhandlung manchmal über viele Monate erstreckt und der Verteidiger kaum andere Verdienstmöglichkeiten wahrnehmen kann, eine sogenannte Pauschgebührenregelung. In diesen Fällen kann das zuständige Oberlandesgericht über die gesetzlichen Gebühren hinausgehende Honorare festsetzen. Auch da herrschen bei den für die Entscheidung zuständigen Gehaltsempfängern oft recht unrealistische Vorstellungen, wie hoch die Kostenbelastung eines Anwalts mit gut organisiertem Büro- und Personalapparat ist. Langdauernde Verfahren können daher für einen als Pflichtverteidiger beigeordneten Anwalt zur materiellen Existenzgefährdung werden. Denn er kann auch aus einem Prozeß, der sich länger als erwartet hinzieht, nicht »aussteigen«, ohne enorme Schadensersatzforderungen der Staatskasse zu riskieren. Ein Anwalt, der sich aus sozialen Gründen bereiterklärt hat, in einem Großverfahren als Pflichtverteidiger, also auf Kosten der Staatskasse, tätig zu werden, kann deshalb, wenn er an ignorante oder böswillige Richter gerät, sein blaues Wunder erleben. Die als »Vertrauensanwälte des Gerichts« bestellten Verteidiger (»Zwangsverteidiger«) erhielten mitunter höhere Pauschgebührensätze als die Vertrauensverteidiger der Angeklagten, obwohl die eigentliche Verteidigerarbeit von den letzteren geleistet wurde (siehe z. B. den im zweiten Band behandelten Fall Karl Heinz Roth). Das Oberlandesgericht entscheidet über die Höhe der Pauschgebühr nach freiem Ermessen. Es gibt kein Rechtsmittel gegen seine Entscheidung.

Wird der Angeklagte verurteilt, so werden ihm auch die Kosten seines Pflichtverteidigers auferlegt. Die Staatskasse nimmt also nachträglich Regreß für die von ihr verauslagten Verteidigerkosten. Auch die Kosten des dem Angeklagten zusätzlich und gegen seinen Willen aufgezwungenen Verteidigers (»Zwangsverteidiger«) werden ihm in Rechnung gestellt.

Plädoyer

Am Ende der Hauptverhandlung, nachdem der (Vorsitzende) Richter die Beweisaufnahme für geschlossen erklärt hat, erhalten zunächst der Staatsanwalt und dann der Verteidiger das Wort zu ihren Schlußvorträgen (Plädoyers). Sie nehmen zum Beweisergebnis und zur Rechtslage Stellung und enden in der Regel mit einem bestimmten Antrag (z. B.: »Ich beantrage, den Angeklagten zu einer Freiheitsstrafe von drei Jahren Gefängnis zu verurteilen« oder »Ich beantrage Freispruch«).

An die in den Plädoyers gestellten Anträge des Staatsanwalts und des Verteidigers ist das Gericht selbstverständlich nicht gebunden. Es kann auch über den Strafantrag des Staatsanwalts noch hinausgehen oder entgegen seinem Antrag freisprechen.

Da der Staatsanwalt nach deutschem Prozeßrecht verpflichtet ist, auch das für den Angeklagten Entlastende zu ermitteln und vorzutragen – was in der Praxis oft vernachlässigt wird –, kann auch sein Antrag auf Freispruch lauten. Der Verteidiger wird auf Freispruch plädieren, wenn er den Angeklagten für unschuldig oder nicht überführt hält oder wenn aus rechtlichen Gründen freigesprochen werden muß (z. B. wenn das Verhalten des Angeklagten durch Grundrechte der Verfassung gerechtfertigt war).

In politischen Strafsachen bietet das Plädoyer dem Verteidiger Gelegenheit, auch auf das politische Anliegen seines Mandanten einzugehen, das oft untrennbar mit der rechtlichen Beurteilung verknüpft ist (Widerstandsrecht, Recht der freien Meinungsäußerung und der Versammlungsfreiheit usw.).

Revision

Gegen Urteile der Strafkammern des Landgerichts und gegen die im ersten Rechtszug ergangenen Urteile des Oberlandesgerichts (siehe Stichwort *Gerichte*, 8. Absatz) ist das Rechtsmittel der Revision gegeben. Über die Revision entscheidet, wenn es sich um ein Berufungsurteil des Landgerichts handelt, das Oberlandesgericht, wenn es sich um erstinstanzliche Urteile (des Landgerichts und des Oberlandesgerichts) handelt, der Bundesgerichtshof.

Während mit dem Rechtsmittel der Berufung (s. d.) sowohl die rechtliche Beurteilung als auch die tatsächlichen Feststellungen des erstinstanzlichen Urteils angegriffen werden können, kann mit der Revision nur geltend gemacht werden, daß das angefochtene Urteil rechtliche Fehler enthalte (sogenannte »Sachrüge«) oder daß das Gericht gegen Verfahrensvorschriften verstoßen habe (sogenannte »Verfahrensrüge«). Die tatsächlichen Feststellungen des angefochtenen Urteils sind also für das Revisionsgericht prinzipiell verbindlich, es darf nicht in die Beweiswürdigung (s. d.) der »Tatsacheninstanz« (des »Tatrichters«) eingreifen.

Die Revision muß binnen einer Woche nach Verkündung des Urteils eingelegt werden. Die Revisionsbegründung muß innerhalb eines Monats nach Zustellung des schriftlichen Urteils erfolgen. Das kann nur durch den Verteidiger oder einen anderen Rechtsanwalt oder zu Protokoll der Geschäftsstelle geschehen.

Das Revisionsgericht kann das Rechtsmittel durch Beschluß verwerfen, wenn es die Revision einstimmig für »offensichtlich unbegründet« hält. Dieser Beschluß bedarf keiner näheren Begründung, man erfährt also nicht, warum die Richter das Rechtsmittel als unbegründet angesehen haben. Die meisten Revisionen, die zugunsten der Angeklagten eingelegt werden, werden in dieser Weise erledigt.

Das Revisionsgericht kann aber auch zugunsten des Angeklagten durch Beschluß – und das heißt: ohne Anberaumung einer Hauptverhandlung – entscheiden, wenn es die Revision einstimmig für begründet hält.

Nur in relativ seltenen Fällen findet vor dem Revisionsgericht eine Hauptverhandlung statt. Da es nur um Rechtsfragen geht, ist die Anwesenheit des Angeklagten nicht nötig, aber zulässig. In der Regel sind die Juristen unter sich.

Wenn die Revision für begründet erachtet wird, hebt das Revisionsgericht das angefochtene Urteil auf und verweist die Sache an eine andere Strafkammer oder einen anderen Senat des Gerichts, dessen Urteil aufgehoben wird, zurück (»Zurückverweisung«). Das Gericht, an das die Sache zu neuer Verhandlung und Entscheidung zurückverwiesen ist, ist an die Rechtsauffassung des Revisionsgerichts gebunden.

Das Revisionsgericht kann das Urteil auch nur teilweise aufheben, also z. B. die Strafzumessung beanstanden, aber die tatsächlichen Feststellungen aufrechterhalten. Schließlich kann das Revisionsgericht auch in der Sache selbst entscheiden (»durchentscheiden«), wenn z. B. ohne weitere tatsächliche Erörterungen nur Freispruch in Betracht kommt.

Schöffen

Schöffen (Laienrichter) gibt es beim Amtsgericht (Schöffengericht) und beim Landgericht (Strafkammer). Sie wirken in der Hauptverhandlung und bei der Urteilsberatung mit gleichem Stimmrecht wie der oder die Berufsrichter mit. Da für die Entscheidung über die Schuldfrage eine Zweidrittelmehrheit vorgeschrieben ist (§ 263 StPO), können die beiden Schöffen (oder Schöffinnen), wenn sie einer Meinung sind, sowohl beim Schöffengericht (ein Berufsrichter und zwei Schöffen) als auch bei der Strafkammer (drei Berufsrichter und zwei Schöffen) einen Schuldspruch verhindern und einen Freispruch auch gegen die Meinung der Berufsrichter durchsetzen.

Die Schöffen werden alle vier Jahre von einem beim Amtsgericht gebildeten Schöffenwahlausschuß (bestehend aus einem Richter, einem Verwaltungsbeamten und zehn von der Gemeindevertretung bestimmten Vertrauensleuten) gewählt. Sie werden einer von der Gemeindevertretung erstellten Vorschlagsliste entnommen, die alle Gruppen der Bevölkerung nach Geschlecht, Alter, Beruf und sozialer Stellung angemessen berücksichtigen soll.

Die Schöffen erhalten für ihre ehrenamtliche Tätigkeit eine gesetzlich geregelte Entschädigung. Ein Schöffe (oder eine Schöffin) soll grundsätzlich zu nicht mehr als zwölf Sitzungstagen im Jahr herangezogen werden. In Großverfahren müssen die Schöffen allerdings an weit mehr als zwölf Sitzungstagen mitwirken. In diesen Fällen werden in der Regel Ersatzschöffen bestimmt, die vom Beginn der Hauptverhandlung an dabei sein müssen, aber erst einspringen, wenn einer der Hauptschöffen ausfällt. Das Gesetz regelt im einzelnen, unter welchen Voraussetzungen die Übernahme des Schöffenamtes abgelehnt werden kann und wer zum Schöffenamt unfähig oder ungeeignet ist.

Die Jury des amerikanischen Rechts, die unabhängig vom Richter über die Schuldfrage entscheidet und im Falle eines Schuldspruchs zu einem einstimmigen Ergebnis kommen muß, ist mit dem deutschen Prozeßrecht nicht vergleichbar. Anders als in den USA hat der Verteidiger keinen Einfluß auf die Auswahl der Schöffen. Nach deutschem Recht wird die Reihenfolge, in der die Schöffen an den Hauptverhandlungen teilnehmen, durch Auslosung bestimmt. Bis 1974 gab es sogenannte Schwurgerichte, die mit drei Berufsrichtern und sechs Laienrichtern, die »Geschworene« genannt wurden, besetzt waren. Im Grunde handelte es sich aber schon damals um erweiterte Schöffengerichte, weil das klassische Schwurgericht, bei dem die Geschworenen allein über die Schuldfrage entschieden, schon 1924 abgeschafft worden ist. Vom Schwurgericht ist jetzt nur noch der Name übriggeblieben, aus den sechs Geschworenen sind zwei Schöffen geworden.

Strafbefehl

In Verfahren, die zur Zuständigkeit des Amtsgerichts (Einzelrichter und Schöffengericht) gehören, kann die Staatsanwaltschaft an Stelle einer Anklageschrift einen Antrag auf Erlaß eines Strafbefehls einreichen. Das Gericht kann daraufhin die beantragte Strafe ohne Hauptverhandlung festsetzen. Sie wird rechtskräftig, wenn der Angeklagte nicht innerhalb der in der Rechtsmittelbelehrung angegebenen Frist gegen den Strafbefehl Einspruch einlegt. Man muß also, wie auch sonst, das Kleingedruckte lesen, was mein Mandant Wolfgang Peters (Name geändert; Teil 1, Kapitel 15) versäumt hatte.

Legt der Angeklagte fristgemäß Einspruch gegen den Strafbefehl ein, so kommt es zu einer Hauptverhandlung.

Strafgesetzbuch, Strafprozeßordnung und Gerichtsverfassungsgesetz

Das *Strafgesetzbuch (StGB)* enthält die sogenannten »Straftatbestände« (oder einfach »Tatbestände«), in denen das für strafbar erklärte Verhalten möglichst präzise definiert ist und der Strafrahmen angegeben ist, innerhalb dessen das Gericht die »schuldangemessene« Strafe festsetzen kann. Zum Beispiel der Tatbestand des Diebstahls (§ 242 StGB):

»Wer eine fremde bewegliche Sache einem anderen in der Absicht wegnimmt, dieselbe sich rechtswidrig zuzueignen, wird mit Freiheitsstrafe bis zu fünf Jahren oder mit Geldstrafe bestraft.«

Weitere sozusagen klassische Tatbestände sind formuliert in den Paragraphen über Mord, Totschlag, Körperverletzung, Sachbeschädigung, Brandstiftung, Hausfriedensbruch, Urkundenfälschung, Meineid, Beleidigung, Üble Nachrede, Verleumdung, Widerstand gegen die Staatsgewalt, Hochverrat, Landesverrat usw.

Die meisten Änderungen hat es seit 1871, dem Jahr, in dem das Strafgesetzbuch in seiner ursprünglichen Fassung in Kraft getreten ist, in den Abschnitten gegeben, deren »Rechtsgut« der Schutz des Staates, seiner Repräsentanten und seiner bewaffneten Macht ist. Begriffe wie »verfassungsfeindliche Vereinigung (Staatsgefährdung)« oder »verfassungsverräterischer Nachrichtendienst« (siehe Fall Traugott Ostmann in Kapitel 7 des 1. Teiles) dienten in der Zeit des kalten Krieges der Kommunistenverfolgung. Aus vordemokratischen Zeiten überkommene Tatbestände wie »Auflauf«, »Aufruhr« und »Landfriedensbruch« wurden zur Bekämpfung der Volksbewegungen gegen Atomwaffen, Atomkraftwerke, Vietnamkrieg, Notstandsgesetze und andere Zumutungen der herrschenden Klasse eingesetzt.

Die *Strafprozeßordnung (StPO)* enthält Regeln, nach denen sich das Strafverfahren abspielen soll. Wichtig für den Angeklagten und seinen Verteidiger insbesondere die Regelung des Beweisantragsrechts (siehe Stichwort *Beweisaufnahme*), die Ablehnung von Gerichtspersonen (siehe Stichwort *Ablehnung von Richtern, Schöffen und Sachverständigen*) und die Rechtsmittel (siehe Stichworte *Berufung* und *Revision*).

Im *Gerichtsverfassungsgesetz (GVG)* findet man Vorschriften über die sachliche Zuständigkeit der Gerichte (die örtliche Zuständigkeit ist in der StPO geregelt), über die Zusammensetzung der Gerichte, über die Öffentlichkeit der Verhandlung und den Ausschluß der Öffentlichkeit (s. d.), über die dem Vorsitzenden obliegende Aufrechterhaltung der Ordnung in der Sitzung (sogenannte »Sitzungspolizei«) und die ihm zur Verfügung stehenden Maßnahmen bei Ungehorsam und Ordnungsmittel wegen Ungebühr (z. B. Räumung des Sitzungssaals oder Ordnungshaft und Ordnungsgeld).

Strafjustiz und andere Zweige der Justiz

Dieses Buch befaßt sich ganz überwiegend mit Fällen aus der Strafjustiz, in denen ich als Strafverteidiger tätig war. Das Berufsfeld eines Rechtsanwalts umfaßt aber auch andere Zweige der Justiz, die hier kurz erwähnt werden sollen, zumal sie einen Großteil auch meiner Praxis ausgemacht haben. So werden beispielsweise Ehescheidungen oder Schadensersatzforderungen vor den Zivilgerichten verhandelt; die Anfechtung von Verwaltungsakten (z. B. die Versagung einer Baugenehmigung oder das Verbot einer Demonstration) gehört vor die Verwaltungsgerichte; wer sich gegen die Kündigung eines Arbeitsverhältnisses wehren will, muß beim Arbeitsgericht klagen …

Aus dem Bereich der Zivilgerichtsbarkeit enthält der 1. Teil ein Beispiel im 5. Kapitel (»Kriegsdienstverweigerung im Hitler-Staat als Widerstand? Der Fall Georg B.«), eine Klage auf Wiedergutmachungsleistungen. Ein weiterer zivilrechtlicher Fall ist im Rahmen des 26. Kapitels des 1. Teiles (»Eine schwierige Mandantin: Ulrike Meinhof«) erwähnt: das Verfahren auf Erlaß einer einstweiligen Verfügung gegen einen verleumderischen Zeitungsartikel. Das 19. Kapitel des 1. Teiles bringt einen Fall aus der Disziplinargerichtsbarkeit (»Die ›Umtriebe‹ des Leutnants Volmerhaus«). Im 27. Kapitel des 1. Teiles ist vom ehrengerichtlichen Verfahren gegen Rechtsanwälte die Rede (»Anwaltliche Redefreiheit auf dem Hauklotz. Die ehrengerichtliche Aburteilung von Justizkritik«).

Ein weiteres Buch hätte ich schreiben müssen, wenn ich über meine anwaltliche Tätigkeit in verwaltungsgerichtlichen Verfahren hätte berichten wollen. Ein paar tausend Fälle, in denen ich Kriegsdienstverweigerer, die um die Anerkennung ihres Grundrechts kämpfen mußten, vor Prüfungskammern und Verwaltungsgerichten vertreten habe. Die Aufhebung von Demonstrationsverboten oder schikanösen Auflagen (z. B. Verbot von Stellschildern oder Lautsprecherbenutzung) mußte gerichtlich durchgefochten werden. Ohne Erfolg blieben zahlreiche Verfahren, in denen es um Verbote sogenannter »kommunistischer Tarnorganisationen« ging (z. B. »Demokratischer Frauenbund Deutschlands«). Oder der Prozeß um das nach dem KPD-Verbot als angebliches Parteieigentum beschlagnahmte, nach einem von den Nazis hingerichteten kommunistischen Widerstandskämpfer benannte »Robert-Stamm-Haus« in Bremen.

Auch ein wichtiges Verfahren vor dem Bundesverfassungsgericht aus dem Jahr 1966, in dem es um die Frage der Zulässigkeit staatlicher Parteienfinanzierung ging, konnte wegen seines Umfangs in dieses Buch nicht aufgenommen werden. Ich habe damals als Prozeßbevollmächtigter der DFU (»Deutsche Friedens-Union«) vergeblich für die Zulässigkeit staatlicher Parteienfinanzierung gestritten (in der *Zeit* wurde in der Rubrik »Worte der Woche« mein Ausspruch zitiert: »Die staatliche Parteienfinanzierung kann man so wenig verhindern wie den außerehelichen Geschlechtsverkehr«). Meine damals geäußerte Befürchtung, daß andernfalls eine Abhängigkeit der Parteien vom Machtkartell des Industrie- und Bankenkapitals unvermeidlich sei, ist inzwischen bittere Wirklichkeit (vgl. das sehr lesenswerte Buch von Jürgen Bruhn, *Raubzug der Manager. Gegen einen Kapitalismus ohne Arbeit.* Berlin 1998).

Urteil

»Die Hauptverhandlung schließt mit der auf die Beratung folgenden Verkündung des Urteils«, heißt es in § 260 StPO. Die Urteilsformel (der »Urteilstenor«) wird von dem (Vorsitzenden) Richter stehend verlesen (z. B.: »Der Angeklagte wird wegen Beihilfe zum Mord zu einer Freiheitsstrafe von vier Jahren kostenpflichtig verurteilt« oder »Der Angeklagte wird auf Kosten der Staatskasse freigesprochen«). Auch die anderen Mitglieder des Gerichts, der Staatsanwalt, der Verteidiger, der Angeklagte und das Publikum hören sich diesen Teil der Urteilsverkündung stehend an. Früher – noch in den ersten Jahren meiner Verteidigertätigkeit – mußte der Angeklagte sich auch die dann folgende Urteilsbegründung stehend anhören. Heute darf auch er sich hinsetzen, wenn der (Vorsitzende) Richter mit der oft langdauernden mündlichen Begründung des Urteils beginnt. Am Schluß der mündlichen Urteilsbegründung wird der Angeklagte im Falle seiner Verurteilung über mögliche Rechtsmittel belehrt.

Die schriftliche Urteilsbegründung, die bei Kollegialgerichten von einem der beisitzenden Richter, dem sogenannten »Berichterstatter«, entworfen und oft vom Vorsitzenden korrigiert (manchmal auch verschlimmbessert) und sodann von allen Berufsrichtern (auch von einem etwa überstimmten Richter) unterschrieben wird, stimmt nicht unbedingt mit der mündlichen Urteilsbegründung überein. Die schriftliche Urteilsbegründung ist aber maßgebend für die Beurteilung durch das Revisionsgericht, das an die tatsächlichen Feststellungen des Urteils gebunden ist, auch wenn diese falsch sein sollten (siehe Stichwort »Revision«).

Die Zustellung des schriftlichen Urteils muß innerhalb bestimmter Fristen erfolgen, deren Länge von der Dauer der Hauptverhandlung abhängig ist. Erst mit der Zustellung des schriftlichen Urteils beginnt die Frist zur Begründung des Rechtsmittels der Revision.

Verfassungsbeschwerde

»Jedermann« (so der von feministischen SprachpuristInnen noch unbeeinflußte Wortlaut des Gesetzes) kann mit der Behauptung, durch die öffentliche Gewalt in einem seiner Grundrechte verletzt zu sein, Verfassungsbeschwerde beim Bundesverfassungsgericht in Karlsruhe erheben. Die Verfassungsbeschwerde kann erst »nach Erschöpfung des Rechtswegs« erhoben werden, zuvor müssen also alle Möglichkeiten, vor anderen Gerichten Recht zu bekommen, ausgeschöpft worden sein.

In der Praxis scheitern die meisten Verfassungsbeschwerden bereits bei den zur Entlastung des Gerichts eingerichteten Vorprüfungsausschüssen.

Verfassungsfeindliche Vereinigung (»Staatsgefährdung«)

Durch das 1. Strafrechtsänderungsgesetz vom 30.8.1951 wurde eine Reihe von Paragraphen in das Strafgesetzbuch eingefügt, die in den folgenden Jahren Grundlage einer intensiven justiziellen Kommunistenverfolgung wurden. Eine der wichtigsten Strafvorschriften wurde der § 90 a, dessen 1. Absatz folgenden Wortlaut hatte:

»Wer eine Vereinigung gründet, deren Zwecke oder deren Tätigkeit sich gegen die verfassungsmäßige Ordnung oder gegen den Gedanken der Völkerverständigung richten, oder wer die Bestrebungen einer solchen Vereinigung als Rädelsführer oder Hintermann fördert, wird mit Gefängnis bestraft.«

Der 2. Absatz betraf »besonders schwere Fälle« (Zuchthaus bis zu fünf Jahren). Der 3. Absatz bestimmte:

»Ist die Vereinigung eine politische Partei im räumlichen Geltungsbereich dieses Gesetzes, so darf die Tat erst verfolgt werden, nachdem das Bundesverfassungsgericht festgestellt hat, daß die Partei verfassungswidrig ist.«

Dieser 3. Absatz wurde in einem von den Rechtsanwälten Dr. Walther Ammann, Dr. Diether Posser und Dr. Gustav Heinemann betriebenen Verfassungsbeschwerdeverfahren am 12.3.1961 für nichtig erklärt. Denn unter Führung des BGH hatten die Gerichte auf Grund dieser Bestimmung KPD-Funktionäre rückwirkend auch für ihre Tätigkeit vor dem KPD-Verbot bestraft. Ein klarer Verstoß gegen das »Parteienprivileg«, das die mit allgemein erlaubten Mitteln arbeitende Tätigkeit der Funktionäre und Anhänger einer Partei auch dann vor Strafverfolgung schützen muß, wenn die Partei später verboten wird.

Der 1. Absatz des § 90 a blieb jedoch gültig und wurde erst 1964 aufgehoben. Mit Hilfe dieses Paragraphen wurden alle relevanten angeblich kommunistisch beeinflußten Organisationen zerschlagen und ihre leitenden Funktionäre kriminalisiert. Ein besonders trauriges Beispiel dafür, wie das Strafrecht politischen Zwecken dienstbar gemacht werden kann, bildet der Düsseldorfer Friedenskomitee-Prozeß von 1959/60 (Kapitel 4).

Quellennachweis

Martin Broszat, Nationalsozialistische Polenpolitik 1939-1945.
Fischer Taschenbuch Verlag, Frankfurt am Main 1965.
© Oldenbourg Verlag GmbH

Bernt Engelmann und Günter Wallraff, Ihr da oben – wir da unten. © 1973, 1975, 1994 by Verlag Kiepenheuer & Witsch Köln

Herbert Marcuse, Kritik der reinen Toleranz. es 181.
© Suhrkamp Verlag Frankfurt am Main 1966, S. 127f.

Luise Rinser, Der verwundete Drache.
© S. Fischer Verlag GmbH, Frankfurt am Main, 1977

Bildnachweis

S. 12:   privat
S. 15:   privat
S. 18:   *Der Angriff,* 2. August 1937
S. 21:   privat
S. 26:   privat
S. 28:   privat
S. 40:   privat
S. 62:   Foto: Anton Tripp / Archiv Ruhrlandmuseum Essen
S. 75:   Foto: Anton Tripp / Archiv Ruhrlandmuseum Essen
S. 79:   Foto: Anton Tripp / Archiv Ruhrlandmuseum Essen
S. 104: *Blinkfüer* vom Oktober 1963
S. 130: *Wir geben Rechenschaft. Aus der Tätigkeit der KPD-Fraktion der Bürgerschaft*
S. 154: Foto: Anton Tripp / Archiv Ruhrlandmuseum Essen
S. 156: Foto: Anton Tripp / Archiv Ruhrlandmuseum Essen
S. 178: Foto: Walter Schumann
S. 179: Foto: Anton Tripp / Archiv Ruhrlandmuseum Essen
S. 200: Foto: Bilderberg / Wolfgang Kunz
S. 206: Demonstration gegen den Schah-Besuch.
S. 213: picture alliance / dpa / Konrad Gehr
S. 237: picture alliance / dpa
S. 256: Schülerzeitung a von 1968 (Zeichnung von Aubrey Beardsley aus Lysistrata)
S. 271: Foto: Manfred Tripp, Archiv: Hamburger Institut für Sozialforschung.
S. 278: Foto: Manfred Tripp, Archiv: Hamburger Institut für Sozialforschung.
S. 281: Foto: Bilderberg / Wolfgang Kunz
S. 291: Ullstein Bilderdienst. Foto: Joachim G. Jung
S. 299: privat

- S. 314: Ullstein Bilderdienst – AP
- S. 315: picture alliance / dpa / Albert Ostertag
- S. 316: Foto: Manfred Tripp, Archiv: Hamburger Institut für Sozialforschung.
- S. 321: Daniel Cohn-Bendit nach seiner Festnahme vor der Paulskirche in Frankfurt am 22. September 1968
- S. 327: Bremer Nachrichten voni 16. April 1968
- S. 357: picture alliance / dpa / Martin Athenstädt
- S. 360: Foto: Helmut Jüliger
- S. 375: picture alliance / dpa / Wolfgang Weihs
- S. 404: Foto: Ebeler
- S. 413: AP
- S. 419: privat
- S. 426: picture alliance / dpa
- S. 455: Foto: Kai Greiser
- S. 489: privat
- S. 509: Foto: Jochen Stoss / Weser-Kurier Archiv
- S. 512: Foto: Roland Pfaff
- S. 519: Foto: Roland Pfaff

Personenregister

A

Abendroth, Wolfgang 159, 276
Abramzik, Günter 242
Adenauer, Konrad 55, 63, 66–69, 71, 74, 76, 77, 80, 84, 105, 110, 115, 132, 133, 141, 147, 149, 178, 542
Adler, Hans-Henning 515
Adorno, Theodor W. 288
Albertz, Heinrich 204
Ammann, Walther 65, 68, 69, 78, 79, 117, 153, 154, 156, 554
Anders, Günther 160, 276
Argoud 222, 223
Arndt, Adolf 102
Arrau, Claudio 231
Ascher, Walther 91
Asmus, Uwe 437
Aust, Ernst 102, 103, 145

B

Baader, Andreas 425, 426, 434, 435, 440, 448
Bachmann, Josef 285
Baldwin, James 276
Bartholomäi, Heinz-Günther 246, 518
Bassler *(Legationsrat)* 222, 232
Basso, Lelio 276
Beardsley, Aubrey 254–257, 265, 268, 556
Beauvoir, Simone de 276
Becher, Kurt 132, 133
Becker 46, 50–52
Becker, Otto 498–515, 517, 523–525
Beck, Kurt 321
Benda, Ernst 189, 379, 380
Berger, Emil 171
Bernal, John Desmond 75
Bernbacher, Klaus 231
Bernheim, Kurt 24
Beu, Paul 97–101, 145
Beyerle 247
Bianchi, Horst-Fredo 498, 499
Bianchi, Horst-Fredo 498, 499
Bismarck, Otto von 16, 137, 138
Bissinger, Manfred 319
Blacher, Boris 231
Bley, Anna *(Großmutter Heinrich Hannovers)* 28, 40
Bley, Oskar *(Großvater Heinrich Hannovers)* 40
Bockenkamp 346, 347
Böckermann, Bernhard 199
Bock, Hans-Georg 290
Bock und Polach, Erich von 243, 253, 254
Bode, Thilo 228, 233
Boenisch, Peter 438
Böhmer, Werner 171, 189, 380
Böll, Heinrich 288, 359, 360, 432, 468, 485, 486, 488

Boock, Peter-Jürgen 421, 465
Borchert, Achim 199
Borchert, Wolfgang 31
Borger 199
Börner, Bertram 429, 430
Bornheim, Johannes 253
Borris, Siegfried 231
Bortscheller, Georg 134
Böttcher, Hans-Ernst 378
Boulez, Pierre 231
Bour, Ernest 231
Brackel, Oleg von 109–112, 115, 145, 543
Brandt, Willy 116, 117, 222, 223, 323, 374
Broszat, Martin 369, 372, 555
Brox, Hans 100, 189
Brückner, Peter 288, 468
Bruhn, Jürgen 79, 552
Bruneß, Martin 303, 304
Brunner, Joachim 206
Bruns, Manfred 430
Buback, Siegfried 417
Buber, Martin 159
Büchner, Georg 467, 480
Bücker 456
Bull, Hans Peter 320, 322
Burhorn, Hans 250, 251
Busch, Günter 257

C

Cage, John 231
Canaris, Wilhelm 363
Cardenal, Ernesto 486
Cardenas, Lazaro 276
Carganico 303

Carmichael, Stokeley 276
Choi, Duk Shin 212, 214, 215, 220, 234, 235
Chruschtschow, Nikita 130
Cohn-Bendit, Daniel 311–313, 315–317, 319–321, 349, 557
Constable 510
Crome, Berndt-Adolf 502, 508, 509, 517

D

Dales, Elisabeth 156
Dallapiccola, Luigi 231
Dedijer, Vladimir 276
Degenhardt, Franz Josef 435
Depke 293
Desselmann 293
Deutscher, Isaac 276
Dibelius, Ulrich 231
Diehl, Walter 62–64, 67, 72, 79, 82, 83, 85, 87
Dinne, Lore 515
Dinne, Olaf 515
Dippel 321
Dönhoff, Marion Gräfin 92
Donnepp, Inge 484, 485, 487
Dose, Norbert 105, 199–201
Dreher, Eduard 89, 92, 166, 437
Dr. Graf 91, 134
Düll 347
Dünnebier, Hanns 134
Dutschke, Rudi 6, 204, 259, 271, 272, 285, 286, 298, 387, 422, 423

E

Ebert, Horst-Dieter 318, 319
Eckert, Erwin 62–64, 79, 81, 82
Ehlers, Adolf 132, 134
Ehrenberg 499, 510
Eichhoff, Theodor 22
Eichmann, Adolf 132, 133, 222, 371
Einem, Gottfried von 231
Eisel, Lutz 483–485
Elfes, Wilhelm 74, 84
Emmerich, Wolfgang 481
Engelschall, Manfred 437
Ensslin, Gudrun 448
Entelmann, Frieda 52
Enzensberger, Hans Magnus 209, 254, 259
Erbguth, Wolf 293
Erhard, Ludwig 280, 543
Eschen, Klaus 472

F

Fabian, Walter 247, 279, 307
Faller, Hans Joachim 189, 380
Figge, Heinz-Hermann 326, 341
Fircks, Otto Freiherr von 6, 361–367, 369–381, 544
Flechtheim, Ossip 485
Flick, Friedrich 307
Foertsch, Hermann 147, 148, 151, 152, 154, 158
Fortner, Wolfgang 231
Franco, Francisco 61
Franke, Horst-Werner 481, 482
Frenzel, Jürgen 195
Friedrich II. von Preußen 170

G

Gabel-Thälmann, Irma 38
Gaulle, Charles de 311
Gees, Sigfried 104, 105
Geiger, Willi 173, 306, 307
Geismar, Alain 311
Geißler, Christian 159, 392, 412
Geller, Gregor 173
Genscher, Hans-Dietrich 436
Genzmer, Harald 231
Gielen, Michael 231
Gies, Friedrich Wilhelm 355, 356
Gil, Choi Jeung 235
Goebbels, Joseph 14, 16, 81, 123, 139
Goedecke, Heinz-Bernd 377
Goertz 291
Goethe, Johann Wolfgang 20
Gollwitzer, Helmut 159
Göring, Hermann 14, 25, 139, 152
Gössner, Rolf 144
Griese, Willi 24
Grimm, Jacob 20
Grimm, Wilhelm 20
Groenewold, Kurt 435, 436, 460
Grotewohl, Otto 35
Grotewold, Ludwig 52
Grün, Max von der 159, 360
Grünwald, Gerald 229, 236
Güde, Max 101
Günneberg, Herbert 180
Gysi, Gregor 443

H

Haager, Karl 100, 171, 189, 380
Haas, Eberhard 466

Hacker 394, 407, 415
Haffner, Sebastian 258, 259
Hagedorn, August 129
Halsell, Grace 357
Hamann 394, 414
Hannover, Almut
(Tochter Heinrich Hannovers)
433, 439
Hannover, Alwine
(Tante Heinrich Hannovers) 32
Hannover, Bettina
(Tochter Heinrich Hannovers)
439
Hannover, Carl
(Großvater Heinrich Hannovers)
18, 20, 40
Hannover, Carl
(Onkel Heinrich Hannovers) 20
Hannover, Charlotte
(geb. Bley, Mutter Heinrich Hannovers) 11, 12, 28
Hannover, Frieda
(Großmutter Heinrich Hannovers) 18, 40, 506
Hannover, Hans-Jürgen
(Cousin Heinrich Hannovers) 32
Hannover, Jantje
(Tochter Heinrich Hannovers)
434
Haselhorst 414
Hecht 399, 414
Heidekamp 335, 336
Heilmann, Ernst 126
Heine, Heinrich 250, 305
Heinemann, Gustav 65, 69, 73, 74, 76, 77, 80, 84, 87, 101, 149, 223, 229, 308, 417, 442, 443, 554

Helmers 505, 508, 513
Henneka, Anton 173
Hentschel, Manfred W. 227, 234
Henze, Hans Werner 231
Hesse, Konrad 380
Heß, Rudolf 23
Heusinger, Adolf 147, 148, 151, 152, 154–158
Heydrich, Reinhard 363
Hilpert, Heinz 159
Himmler, Heinrich 362, 369, 371, 372, 376
Hindenburg, Paul von 16, 96
Hinsche, Max 20
Hirsch, Martin 479
Hitler, Adolf 12–19, 23, 29, 35, 36, 38, 55, 56, 60, 64, 73, 79, 89, 90, 93, 96, 117, 119, 123, 139, 143, 147–153, 158, 159, 167, 169, 204, 221, 267, 273, 277, 287, 305, 307, 308, 320, 365, 428, 535

Hoereth-Menge, Edith 63
Höffler, Siegfried 247
Höhne, Heinz 372
Holliger, Heinz 231
Holst, Adolf 19
Holtfort, Werner 453
Hoppe, Werner 6, 391, 392, 394–399, 404, 407–415, 417, 418, 436, 460

Huber, Ernst Rudolf 166
Hutten, Kurt 168

I

Ifeobu, Obi 192, 193, 196–199, 202

J

Jacob, Berthold 221, 223, 352
Jaeger, Richard 254
Jagemann, Franz 364, 369
Jagusch, Heinrich 97
Janknecht, Hans 507, 514–516, 524, 525
Janßen, Lothar 412
Jarmer 459
Jensen, Henrik E. 156
Jens, Walter 288
Jeserich 19
Jodl, Alfred 150
Johannsen, Kurt 91
Johnson, Lyndon B. 269, 270, 275, 277, 280
Jünschke, Klaus 440

K

Kagel, Mauricio 231
Kaisen, Wilhelm 131–134
Kammerer, Heinrich 220
Kammhuber, Josef 148, 151, 152, 154, 158
Kampa, Carmen 6, 491, 492, 494, 495, 497–499, 501, 502, 508, 510, 511, 513, 514, 516, 518–526
Kang, Heidrun 221
Kapp, Wolfgang 138, 304
Katzenstein, Dietrich 380
Kaul, Friedrich Karl 65, 78, 79
Keilberth, Joseph 231
Keitel, Wilhelm 150
Kerr, Ann 154
Kesselring, Albert 55–57, 59

Kiesinger, Kurt-Georg 269–271, 273, 274, 278–280, 282
Kim, Hyung Wook 234, 235
Kim, Taik Hwan 225
King, Martin Luther 298
Kipphardt, Heinar 481
Kirsch 518, 520
Kirst, H. H. 159
Klebe, Giselher 231
Kleinknecht, Theodor 460
Klemperer, Otto 231
Klischies, Waldemar 242
Kluge, Alexander 481
Klug, Ulrich 485, 486
Knoblich, Georg 430
Knorr, Elfriede 154, 156
Knorr, Lorenz 5, 147–156, 158–160, 535
Kobold 195, 293
Kogon, Eugen 168, 288, 297, 348, 350
Köhler, Christoph 255, 260
Köhler, Heinz 67
Kohlmann, Werner 91
Kompalla, Erich 62, 63, 79, 83
Kontarski, Alfons 231
Kontarski, Aloys 231
Koschnick, Hans 242
Krahl, Hans-Jürgen 313
Krebs, Herbert 56, 57, 59, 358
Krenek, Ernst 231
Kretschmar 335, 336
Krins, Hubert 104
Kuby, Erich 79
Kull, Leonhard 333, 334
Kullmann, Karsten 350
Kuntze, Klaus 481

Kurras, Karl-Heinz 203
Kurtz, Erich 104
Küster, Fritz 352
Kutscher, Hans 173
Küttner, Werner 193, 198, 199, 201
Kutzer, Ernst 19

L

Lachmund, Hans 24, 34, 35
Lachmund, Margarethe 24
Lachmund, Peter 24
Lamm, Fritz 159
Landwehr, Ludwig 112
Lange 516, 523
Lapp 25
Lausch, E. 458
Laut 507
Lautmann, Rüdiger 388
Lee, Byung Doo 235
Lee, Sukil 217, 221, 225
Lehmann, Lutz 117
Leibholz, Gerhard 173, 306, 308
Lenin, Wladimir Iljitsch 41
Lessing, Gotthold Ephraim 20
Liebermann, Rolf 231
Liebknecht, Karl 138, 387
Ligeti, György 231
Lisken 470, 471
Littmann 279
Löbert, Franz 253
Lübke, Heinrich 218, 221, 234, 235, 275
Lücke, Paul 345
Luckner, Felix Graf 20, 21, 24
Luxemburg, Rosa 138, 387

M

Mahler, Horst 425, 440
Mahlo, Dietrich 144
Maisch, Herbert 412, 416, 523
Maiwald 292
Maler, Wilhelm 230, 231
Mann, Golo 288
Mann, Thomas 78
Marcuse, Herbert 423, 424, 555
Markert, Wilhelm 286
Martin, Ludwig 434
Maurois, Andre 19
Mayer, Albrecht 448
May, Karl 20
McCarthy, Joseph 111
Meinecke, Georg 356
Meinhof, Ulrike 6, 392, 413, 421, 422, 424-431, 433-435, 438, 440-445, 447-449, 455-457, 459, 461, 462, 467, 551
Mende, Werner 448
Mertens 207
Mevissen, Annemarie 242
Meyer-Buer, Wilhelm 5, 119-122, 124-135, 140, 141, 143-145
Meyer, Heinz 131
Mitscherlich, Alexander 288
Mönch, Joachim 247
Monnerjahn, Rudolf 435
Monschau, Kurt 473, 483, 485
Mösl, Albert 460
Mozart, Wolfgang Amadeus 19, 20
Müller, Hans-Albertus 56, 57, 59, 60
Müller, Hans-Erich 100, 171
Müller, Ingo 307

Müller-Münch, Ingrid 273
Müller-Tupath, Karla 132
Müller, W. A. 448
Müller, Wolfgang 129, 130
Munster, Margarethe 199
Myong, Chung Kyu 235

N

Naeve 406
Nannen, Henry 286
Negt, Oskar 287, 288
Nenni, Pietro 159
Neumann, Konrad 154
Neuß, Wolfgang 417
Neven-DuMont, Reinhold 417
Newerla, Armin 433
Nicolet, Aurèle 231
Niebler, Engelbert 479
Niemöller, Martin 73, 84, 159, 271
Nölke 286
Noske, Gustav 304
Noß, Peter 441
Noth 303

O

Oberhof, Johannes 62, 63, 79, 83, 87
Oberländer, Theodor 133
Öffner, Fabian 247
Ohnesorg, Benno 203, 205, 206, 387, 422, 423
Ok, Park Seung 220
Ossietzky, Carl von 126, 138, 153, 159, 239, 350
Otte, Hans 231

P

Palm, Siegfried 231
Papper, William 274
Park, Chung Hee 212, 218, 234, 238
Pauling, Linus 159
Petzel 362
Pfeiffer 280
Pfromm, Werner 273, 274
Picht-Axenfeld, Edith 231
Platon 340, 341
Pollmann 470–472, 474
Posser, Diether 65, 69, 71, 72, 77–79, 87, 101, 442–444, 459, 460, 482–484, 554
Preuß, Ulrich K. 442, 452, 457–459
Prinzing, Theodor 448
Pritt, Denis Nowell 65, 78, 79
Proll, Astrid 421, 442, 443, 455–457
Pross, Helge 288

R

Rademann, Hermann 242
Rameken, Hans 104, 106
Rasch, Wilfried 448
Raske, Gert 91
Rasmussen, Herluf 154
Raspe, Jan-Carl 448
Rau, Johannes 485–488
Rebmann, Kurt 466
Reemtsma, Jan Philipp 461
Reich, Herbert 96, 97, 145, 543
Reinhard, Wolf-Dieter 392, 393, 413, 435, 436
Reisse, Inge 104
Reuter, Fritz 485

Ribbentrop, Joachim von 273
Richter, Willi 111
Ridder, Helmut 229, 288
Riemeck, Renate 425, 426
Rinser, Luise 213, 227, 555
Ritter, Paul 506
Ritterspach, Theodor 100, 171, 189
Röhl, Bettina 426
Röhl, Regine 426
Roling, Friedrich 23
Roling, Günter 23
Roling, Helmut 23
Röpke 129
Rose, Erich 347
Rosenkranz, Frieda 52
Roth, Karl Heinz 79, 546
Ruge, Friedrich 148, 152, 154, 158
Rühmkorf, Peter 481
Ruhnau, Heinz 195
Rupp, Hans 100, 171, 173, 189, 380
Rupp-von Brünneck, Wiltraut 100, 171, 189, 380
Russell, Bertrand 159, 191, 276, 277, 280, 283
Ruß, Uwe 248, 250, 251

S

Saalmann, Jürgen 303, 308, 309
Sack, Fritz 203, 468
Sahm, Arthur 6, 361, 363, 370, 373–377, 379–381, 544
Sartre, Jean-Paul 276, 277, 283, 311
Sauvageot, Jacques 311
Scharpenseel, Carlhans 448, 473
Schauenburg, Horst 448
Scheck, Gustav 231

Scheel, Walter 374
Schelm, Petra 391–395, 397, 400–407, 412, 413, 415
Scherübl 303
Scheufler 50
Schiesches, Wolfgang 242
Schiller, Friedrich 20
Schily, Otto 461
Schlabrendorff, Fabian von 306, 307
Schlamm, William 78
Schmid, Richard 320
Schmidt, Hans 124
Schmidt, Josef 375
Scholz 354
Schröder 335
Schröder, J. 448
Schüler-Springorum, Horst 460
Schultz, Michael 255, 260
Schumacher, Kurt 35
Schumann, Claus-Dieter 437
Schumann, Karl 356–358
Schuster 491
Schütter, Bonno 241
Schwede-Coburg, Franz 21
Schweiger, Karl 303
Seifert, Jürgen 297
Sellier 484
Sempell, Hellmut 199
Senfft, Heinrich 436
Senghor, Leopold Sedar 312, 314
Serke, Jürgen 517
Seuffert, Walter 173
Seydlitz, von 327
Sigrist, Christian 458
Silbermann, Cläre 24
Silbermann, Erich 24

Simon, Helmut 188, 189, 380
Simpson, Christopher 80
Sittner, Hermann 6, 269, 271–273, 275, 278–280, 535
Speidel, Hans 147, 148, 151, 152, 154–157
Springer, Axel Cäsar 103, 203, 204, 285–288, 392, 404, 409, 422, 423, 431, 435–438
Staal 335
Staempfli, Edward 231
Staff, Curt 320, 321
Stahlhut, Walter 249, 251
Stalin, Jossif Wissarionowitsch 261
Steenbock 194
Steger, Lothar 376
Steinberg 364, 400
Steinert, Heinz 468
Stein, Erwin 100, 171
Stelljes, Heinrich 56, 57, 59
Sterzel, Dieter 297
Stockhausen, Karlheinz 231
Straetmans, Ludwig 359
Strauß, Franz Josef 148, 486
Strawinsky, Igor 231
Streese, Jörg 242, 255, 259, 260, 264, 265
Street, Lady Jessy 84
Struwe 499, 510
Stüwe, Teo 52

T

Terstegen, Wolfgang 288
Teufel, Fritz 259
Teuns, J. P. 458

Thalheimer, August 287
Thälmann, Ernst 16, 38, 273, 413, 545
Thiefes, Gustav 62, 63, 79, 83
Tholen, Eckhard 91
Tiegs, Bruno 95, 96
Timm, Uwe 481
Travis, Francis 223, 224, 231
Tucholsky, Kurt 31, 153, 159

U

Uchmann, Wolfgang 313–315, 318, 319
Uhde, Heinrich 374, 375
Ulbricht, Walter 97
Unger, Walter 247

V

Vack, Klaus 271
Vesper-Triangel, Bernward 283
Vogel, Hans-Jochen 449
Volmerhaus, Hartmut 6, 297, 300–302, 305–309, 541, 551

W

Wallace, George C. 332
Wallraff, Günter 6, 343–347, 349, 350, 352–356, 359, 360, 555
Walser, Martin 417
Wand, Walter Rudi 479
Warich, Robert 124
Wassermann, Erna 52
Weber, Kurt 98
Wegener, Joachim 194, 489

Weidig, Ludwig 480
Weinrich 517
Weisbecker, Thomas 440
Weiß 195
Weiss, Peter 276
Welke, Erwin 127, 128, 133
Wesler *(Gastwirt)* 498–500, 502
Wesler, Katharina 497–500, 502
Wick, von 289–291
Willmann 348
Winter, Klaus 194, 198, 199, 201, 205, 206, 208
Wöbbekind, Hildegard 331, 335, 336
Wohlrath, Gerhard 62, 63, 79, 82
Wolff, Karl 485
Wolff, Karl-Dietrich 316, 318, 349
Wolters, Hermann 132, 134
Wüstenberg *(Bundesrichter)* 91

Y

Yang 226
Yun, Isang 5, 211–218, 220–222, 224–232, 235–239, 442, 443
Yun, Su Ja 215, 226, 236, 237

Z

Zacher, Gerd 231
Zahl, Peter-Paul 6, 46, 202, 264, 274, 362, 467–472, 474–476, 480–484, 486–490
Zeidler, Wolfgang 100
Zeis, Peter 466
Zender, Hans 225, 231
Zengel, Leopold 199

Zimmer, Dieter E. 481
Zimmermann, Alois 231
Zweig, Arnold 159
Zwerenz, Gerhard 417

1975–1995

Inhalt

Vorwort 7
1. Wie man einen »Terroristenanwalt« zur Strecke bringt.
   Der Fall Wolf Dieter Reinhard (1974-1979) 11
2. »Loyaler Landesverrat«.
   Der Fall Oberstleutnant Moser
   (1975-1980) 27
3. Die beleidigte Spitze der Großbanken.
   Der Fall Bolko Hoffmann (1974-1980) 37
4. Der »Terroristenprozeß« gegen Karl Heinz Roth und
   Roland Otto (1977) 53
5. Der Mord an Generalbundesanwalt Siegfried Buback und
   die Folgen (1977-1981) 97
6. Otto Schily und die Ehre der Polizei (1978-1984) 117
7. Der »Mord« in der Raths-Konditorei (1977-1989) 131
8. Eine Frankfurter Räuberpistole.
   Der Fall Astrid Proll (1979) 171
9. Eine öffentliche Rekrutenvereidigung und ihre Folgen (1980) 195
10. Eine Verteidigung in Stammheim.
    Der Fall Peter-Jürgen Boock
    (1981-1986) 201
11. Handtaschenklau oder ein unterbrochener Späh- und
    Lauschangriff (1981/82) 235
12. Lauschangriff auf einen unbequemen Rechtsanwalt
    (1972-1990) 263
13. Ein verspäteter Antrag auf Wiedergutmachung.
    Der Fall Richard Gehrke (1984-1986) 275
14. Der Mord an Ernst Thälmann.
    Eine Anklage (1982-1988) 291
15. Der Justizmord an einem »Volksschädling«.
    Der Fall Walerjan Wróbel (1987) 317

16.	Die NS-»Euthanasie« und die unschuldigen Juristen. Der Fall Dr. Kramer gegen Dr. Jung (1989)	349
17.	Die Richter-Blockade in Mutlangen (1987)	363
18.	Der »Mord« in der Diskothek »Paradiso« (1987-1991)	379
19.	Carl von Ossietzkys »Landesverrat« – Ein Wiederaufnahmeverfahren (1988-1992)	421
20.	Aufforderung zur Fahnenflucht. DIE GRÜNEN und der Golfkrieg (1991-1993)	465
21.	Dr. Hans Modrow und die Fälschung der Kommunalwahlen in der DDR vom Mai 1989 (1993)	479
22.	Deutsch-deutscher Landesverrat und zweierlei Recht (1990-1995)	513

Zum Abschied	525
Rechtswege	530
Glossar	535
Quellennachweis	557
Bildnachweis	558

Vorwort

> Es erben sich Gesetz und Rechte
> Wie eine ewige Krankheit fort
>
> *Johann Wolfgang von Goethe*

Im ersten Band (Die Republik vor Gericht 1954-1974) habe ich beschrieben, wie aus dem in der heilen Welt eines konservativen bürgerlichen Elternhauses aufgewachsenen naiven Jungen ein linker Strafverteidiger, ein Pazifist und unabhängiger Sozialist werden konnte. Ich habe einige der Kriegserlebnisse geschildert, die mich für den Rest meines Lebens zum entschiedenen Kriegsgegner und Antimilitaristen gemacht haben. Weiter habe ich die erste Pflichtverteidigung, die mir den Ruf des »Kommunistenanwalts« einbrachte, und eine Auswahl von Fällen aus den ersten zwanzig Jahren meiner Berufstätigkeit vorgestellt, in denen ich die Realität von Strafprozessen kennenlernte. Es war die Zeit, in der Beamte, die dem faschistischen Staat gedient hatten, einen Rechtsanspruch auf Wiedereinstellung bekamen, während Menschen, die dem Naziregime Widerstand geleistet und KZ und Zuchthaushaft erlitten hatten, erneut vor Gericht gestellt wurden, als sie der Reaktivierung alter Nazis, der Remilitarisierung und der militanten antikommunistischen Politik des Bundeskanzlers Adenauer widersprachen. Es war die Zeit, in der auch in der Justiz die alte Garde wieder den Ton angab und auf die nächste Juristengeneration vererbte. Keine gute Zeit für Anwälte, die entgegen dem herrschenden Zeitgeist die Verteidigung von Kommunisten und anderen Oppositionellen übernahmen.

Auch im zweiten Band meiner Erinnerungen, der die Zeit von 1975 bis 1995 umfasst, überwiegen Fälle, in denen Polizei und Strafjustiz keine rühmliche Rolle gespielt haben. Um so erfreulicher, daß es auch Ausnahmen gab, die ich gebührend gewürdigt habe. Besonders hervorheben möchte ich hier das Verfahren gegen Astrid Proll (LG Frankfurt am Main), die erste Instanz (LG Krefeld) des Thälmann-Mord-Verfahrens, in dem ich die Nebenklage vertrat, und die erste Instanz des Verfahrens gegen Dr. Hans Modrow (LG Dresden). Respekt verdienten auch Richter, die gegen den in Mutlangen gespeicherten Massenmord durch Sitzblockade vor dem amerikanischen Raketendepot demonstrierten und deshalb selbst Verteidiger brauchten. Und in Bremen gab es Richter, die deutliche Worte gegen ihre inzwischen verstorbenen Kollegen fanden, die im Jahr 1942 den jugendlichen polnischen Zwangsarbeiter Walerjan Wróbel zum Tode verurteilt haben. Aber was sonst in bundesdeutschen Gerichtssälen passiert ist, kann häufig nur als Polizei- und Justizschande bezeichnet werden. Und daß in unserer freiheitlich-demokratischen Bundesrepublik Deutschland ein politisch engagierter Rechtsanwalt geheimdienstlich überwacht werden konnte, werden auch manche Leser und Leserinnen, die bisher nur von den Verbrechen der Stasi gehört haben, mit Erstaunen erfahren.

Strafverteidigung im Konflikt mit dem herrschenden Zeitgeist ist ein hartes Brot. Man wird nicht nur bei Gericht sondern auch in bestimmten Massenmedien als Komplize der Angeklagten verdächtigt und angefeindet. Wenn man an Richter und Staatsanwälte geriet, die ihr Wissen über Kommunisten- und Terroristenverteidiger aus der *Bild-Zeitung* oder anderen Presseerzeugnissen des Axel-Springer-Imperiums bezogen, wurde man sogar in nichtpolitischen Strafsachen feindselig behandelt. In politischen Strafsachen wurde mein Auftreten jahrelang von Ehrengerichtsverfahren begleitet, in denen die anwaltliche Redefreiheit einer kleinlichen Zensur unterzogen wurde. Einige Kollegen wurden sogar strafrechtlich belangt, zwei von ihnen, Wolf Dieter Reinhard und Otto Schily, habe ich verteidigt. Viele Kollegen sind nach einigen Jahren aus diesem Metier mehr oder weniger zermürbt wieder ausgestiegen. Ich habe die enormen psychischen und physischen Belastungen dieser Art von Justiz vier Jahrzehnte lang ausgehalten. Wenn dieser zweite Band meiner Justizerfahrungen gleichwohl versöhnlich ausklingt, dann ist das nur dem Umstand zu verdanken, daß ich mich nach Vollendung des 70. Lebensjahrs nur noch mit dem Aufschreiben meiner Lebenserinnerungen und dem Verfassen von Kindergeschichten beschäftigt habe.

Worpswede, Juni 2017 *Heinrich Hannover*

1. Wie man einen »Terroristenanwalt« zur Strecke bringt. Der Fall Wolf Dieter Reinhard (1974-1979)

Am 27. November 1974 waren die Tageszeitungen voller Erfolgsmeldungen der Ermittlungsbehörden, die bei einer auf den Namen »Winterreise« getauften Großrazzia im ganzen Bundesgebiet schlagartig 40 Wohnungen durchsucht und zehn Personen verhaftet hatten. Die von der Bundesanwaltschaft ausgelöste und gesteuerte Aktion richtete sich, wie es in den Pressemeldungen hieß, gegen Anarchisten und deren Sympathisanten. In Hamburg, Heidelberg und West-Berlin durchsuchten die Fahnder Büros von Anwälten, die Mitglieder der »Baader-Meinhof-Bande« verteidigten. Dabei wurde der Hamburger Rechtsanwalt Wolf Dieter Reinhard verhaftet, ein Kollege, dem ich schon seit Jahren kollegial und freundschaftlich verbunden war, so daß ich mir über den Charakter dieser Staatsaktion und die mangelnde Seriosität der gegen Reinhard erhobenen Vorwürfe sogleich ein Urteil bilden konnte und die Gefahr, in der wir sogenannten »Terroristenverteidiger« wieder einmal standen, hautnah verspürte.

Im April 1974 hatte die Zeitschrift *Kritische Justiz* meinen Aufsatz »Ausschließung von Verteidigern wegen Teilnahmeverdachts« veröffentlicht. Darin hatte ich die in neuen Gesetzesvorhaben kulminierenden Versuche geschildert, Verteidiger in politischen Strafsachen mit der Begründung aus dem Verfahren auszuschließen, daß sie der Teilnahme an der Tat ihrer Mandanten verdächtig seien. In den bis dahin bekanntgewordenen Fällen hatten die Gerichte sich die Eigenart des politischen Strafprozesses zunutze gemacht, daß die Angeklagten in aller Regel einer kriminalisierten Organisation angehören, so daß es ein leichtes war, die in der Aufgabenstellung des Verteidigers begründete einseitige Interessenwahrnehmung für seine Mandanten als Unterstützung der kriminalisierten Organisation zu interpretieren.

Durch eine an das Goebbelssche Vorbild erinnernde Verleumdungskampagne, an der insbesondere die Springer-Presse, aber auch die Bundesanwaltschaft und andere Staatsorgane mitwirkten, waren die Verteidiger sogenannter »Terroristen« schon seit Jahren ganz systematisch in den Verdacht gerückt worden, sich als Komplizen ihrer Mandanten zu betätigen und die Gewalttaten der »Baader-Meinhof-Bande«, wie man die RAF damals nannte, durch Übermittlung von Befehlen aus den Zellen der Gefangenen zu steuern. Einen Rechtsschutz gegen diese ungeheuerliche Rufmordkampagne gab es praktisch nicht. Abgesehen von einer einstweiligen Verfügung, die ich beim Landgericht Hamburg gegen Springer erwirken konnte, blieben alle Versuche der betroffenen Anwälte, sich mit justizförmigen Mitteln gegen diesen von Karlsruhe ausgehenden Diffamierungsterror zu schützen, erfolglos. Dienstaufsichtsbeschwerden gegen Generalbundesanwalt Martin wurden vom Bundesjustizminister zurückgewiesen, Strafanzeigen gegen Springer und seine verantwortlichen Redakteure wegen Volksverhetzung, Beleidigung und übler Nachrede von der zuständigen Staatsanwaltschaft durch Einstellung erledigt.

Nachdem lange genug von angeblich kriminellen Terroristenverteidigern die Rede gewesen war, mußten endlich Tatsachen und Beweise her, um die künstlich aufgeregte Volkswut zu befriedigen. Eines der Opfer, die man sich für diesen Zweck ausgesucht hatte, war der Hamburger Kollege Wolf Dieter Reinhard.

Die Verhaftung des Kollegen Reinhard wurde in der von Generalbundesanwalt Buback veranstalteten Pressekonferenz als spektakulärster Erfolg der von Bundesanwaltschaft, Bundeskriminalamt, Landeskriminalämtern, Landesstaatsanwaltschaften und Polizeibehörden gemeinsam durchgeführten Aktion herausgestellt. Und so meldeten die Nachrichtensendungen des Fernsehens und die Presse dieses Ereignis in großer Aufmachung mit Bild und Namensnennung. In der BZ vom 27.11.1974 beispielsweise lauteten die Schlagzeilen auf der ersten Seite: »Rechtsanwalt verhaftet. Er forderte einen Anteil der Beute. Er billigte den Femelord in Berlin. Er stiftete zu falschen Aussagen an«. Und im Text, neben einem Bild, das den »Anarchisten-Anwalt, der verhaftet wurde«, zeigte, hieß es:

Bei der »Aktion Winterreise«, einem bundesweiten Schlag gegen die Anarchisten, ging der Polizei ein »dicker Fisch« ins Netz ...

Rechtzeitig zum Auftakt des seit langem vorbereiteten Großeinsatzes der Polizei hatte die Bundesanwaltschaft beim Ermittlungsrichter des Bundesgerichtshofs, einem Herrn Zipfel, am 25. November 1974 einen Haftbefehl erwirkt, in dem zu lesen war, daß der Rechtsanwalt Wolf Dieter Reinhard dringend verdächtig sei, seit Juni 1974 eine kriminelle Vereinigung zu unterstützen (§ 129 StGB). Der Vorwurf beruhte darauf, daß Reinhard als Bevollmächtigter einer Wohngemeinschaft in Wolfsburg tätig geworden war, die im Verdacht stand, in der Nacht vom 4. zum 5. Juni 1974 den Studenten Ulrich Schmücker als Verräter erschossen zu haben. Der Haftbefehl unterstellte, daß Reinhard auf die Aussagen der zunächst als Zeugen vernommenen Gruppenmitglieder Einfluß genommen und sie zu falschen Angaben veranlaßt habe. Dies seien Begünstigungshandlungen, die durch die Funktion des Beschuldigten als Verteidiger nicht gedeckt seien und eine bewußte Förderung einer kriminellen Vereinigung darstellten. Weiter wörtlich:

Der Beschuldigte ließ sich gegenüber Gruppenmitgliedern dahin aus, daß die Tötung Schmückers notwendig gewesen sei, weil sich nun kein anderer getrauen würde, gegenüber Polizei und Justizbehörden Angaben zu machen.
  Bei einem Gespräch des Beschuldigten mit zwei Gruppenmitgliedern zu Fragen des Verteidigerhonorars wurde auch die Verteilung der Beute aus Überfällen erörtert. Der Beschuldigte forderte eine Beteiligung an der Beute schon in der ersten Phase (sofort nach Durch-

führung der Tat) und nicht erst in der zweiten Phase (nämlich im Falle der Verteidigung), weil auch die Rechtsanwälte der »Bewegung« angehörten, worunter die militante Untergrundbewegung zu verstehen war.

Beschuldigungen von verblüffender Konkretheit, die sich später als freie Erfindungen eines phantasiebegabten Zeugen herausstellen sollten. Was in dem Haftbefehl nämlich mit keinem Wort erwähnt wurde: alle Behauptungen über Reinhards Verhalten und angebliche Äußerungen stützten sich auf Aussagen des Gruppenmitglieds Jürgen Bodeux, der sich vom Mandanten Reinhards in einen Kronzeugen der Bundesanwaltschaft verwandelt hatte. Dieser Umstand gab einem anderen Ermittlungsrichter des Bundesgerichtshofs, Herrn Knüfer, der am 9. Januar 1975 mit der Haftprüfung befaßt wurde, Anlaß, den Haftbefehl aufzuheben und einen dringenden Tatverdacht zu verneinen. Aus der Begründung seines Beschlusses:

Der Haftbefehl beruht praktisch allein auf den Erklärungen einer Person. Ein Teil dieser Erklärungen ist zu unbestimmt, als daß sich aus ihnen beachtliche Verdachtsmomente herleiten ließen. Ein anderer Teil bezieht sich auf ein angebliches Verhalten des Beschuldigten, das durch seine Funktion als Rechtsanwalt und als Verteidiger gedeckt ist ...
Die Person, deren Erklärungen den Beschuldigten belasten, ist selber schwerster Straftaten verdächtig; Beweggrund und Zweck der Erklärungen sind undurchsichtig. Beides hat Einfluß auf den Aussagewert ...

Eine bemerkenswert nüchterne Entscheidung angesichts des in der Medienöffentlichkeit angefachten Kollektivhasses gegen Anarchisten und Anarchistenanwälte. Und eine, wie sich zeigen sollte, zutreffende Würdigung der Beweis- und Rechtslage. Aber wenn es dabei geblieben wäre, hätte sich die »Aktion Winterreise« allzu früh als der Schlag ins Wasser herausgestellt, der sie tatsächlich war. Und auch sonst wäre einiges anders gelaufen, als die Terroristenjäger es wollten. Den Angeklagten des Berliner Schmücker-Mord-Prozesses wäre ein 15jähriges, schließlich durch Einstellung erledigtes Verfahren, und dem Rechtsanwalt Wolf Dieter Reinhard ein existenzgefährdender Strafprozeß erspart geblieben, wenn man die Glaubwürdigkeit des Kronzeugen Bodeux von vornherein kritischer beurteilt und die im Zusammenhang mit dem Schmücker-Mord vorgekommenen Manipulationen und Vorenthaltungen von Beweismitteln früher aufgedeckt hätte.

Aber im November 1974 verfolgten die Bundesanwaltschaft und die mit ihr kooperierenden Dienste blindlings ihr Ziel, den innerstaatlichen Krieg gegen das winzige Häuflein Anarchisten durch Ausforschung und Kriminalisierung ihrer Anwälte zu gewinnen. In Berlin wurde die Kanzlei der Rechtsanwälte Ströbele, Spangenberg und Eschen sieben Stunden lang durchsucht, und zwar wegen »Gefahr im Verzuge« ohne richterlichen Durchsuchungsbeschluß, dafür aber unter persönlicher Leitung eines Bundesanwalts. Wie der Presse zu entnehmen war, wurden mehrere Briefe und zwei Tonbänder mitgenommen. Eine etwas dürftige Ausbeute. Um so hartnäckiger mußte daher an dem »dicken Fisch« in Hamburg festgehalten werden. Auf Beschwerde der Bundesanwaltschaft setzte der 3. Strafsenat des BGH den Haftbefehl gegen Reinhard wieder in Kraft.

Es sollten genau vier Jahre vergehen, bis die Tagespresse an unauffälliger Stelle melden konnte, daß der Hamburger Rechtsanwalt, dessen spektakuläre Verhaftung im November 1974 die Ängste und Feindinstinkte der Nation hatte aufschäumen lassen, freigesprochen sei. Besonders klein fiel die Meldung in der *Bild-Zeitung* aus, eine Vierzeilenmeldung neben einem großen Foto einer offenherzig gekleideten Frau, eingebettet in weitere Kurznachrichten über empörende Zustände wie illegal eingewanderte Gastarbeiter (»Ungebetene Gäste«) und irische Terroristen (»IRA mordet weiter«) und der nächsten Großüberschrift zugeordnet: »Endlich schärfere Gesetze gegen Terror auf der Straße«. Mit welchen Gefühlen mögen in diesem Kontext die *Bild-Zeitungs*-Leser diese Nachricht gelesen haben? (*Bild-Zeitung* vom 28.11.1978):

Anwalt frei

Hamburg – Rechtsanwalt Wolf Dieter Reinhard (38), wegen Unterstützung von Terroristen angeklagt, wurde in Hamburg freigesprochen.

Sicher nicht in dem Bewußtsein, daß hier ein Schlußpunkt unter eine militante Staatsaktion gesetzt worden war, bei der nicht nur die berufliche Existenz und die persönliche Freiheit des Hamburger Kollegen Reinhard, sondern die Freiheit des Anwaltsberufs überhaupt auf dem Spiel gestanden hatte. Aber der Reihe nach.

Für Wolf Dieter Reinhard hatte die Staatsaktion damit begonnen, daß er am 26. November 1974 zu früher Morgenstunde durch einen lauten Knall geweckt worden war. Polizisten hatten die Tür seiner Wohnung aufgesprengt und hielten dem aus dem Bett gescheuchten Mann einen Haftbefehl unter die Nase. Er sollte die Zeit vom 26. November 1974 bis zum 9. Januar 1975 und vom 27. Januar bis zum 17. März 1975, insgesamt also über drei Monate, in Untersuchungshaft verbringen. Der Schock jener im Stil eines Zugriffs auf einen gefährlichen Schwerverbrecher inszenierten Verhaftung bewirkte, daß Reinhard nach seiner Haftentlassung noch viele Monate lang nicht in seiner Wohnung schlafen konnte.

Falls es zu den Zielen dieser Schockbehandlung gehört haben sollte, von Reinhard Informationen über die Wolfsburger Gruppe zu erhalten, deren Mitglieder ihn, was damals noch zulässig war, sämtlich als Anwalt bevollmächtigt hatten, so ging die Spekulation fehl. Reinhard schwieg. Und tat damit etwas, das nicht nur in seiner Beschuldigtenrolle am klügsten war, sondern auch seiner anwaltlichen Verpflichtung entsprach, über alles ihm von seinen Mandanten Anvertraute Schweigen zu bewahren.

Der Konflikt zwischen anwaltlicher Schweigepflicht und eigenem Verteidigungsinteresse belastete denn auch das Verfahren vor dem Landgericht Hamburg, das von April bis November 1978 über die gegen Reinhard erhobene Anklage verhandelte. Wir Verteidiger – Rechtsanwältin Leonore Gottschalk-Solger und Rechtsanwälte Wolf Römmig, Bernd Niese und ich –

gingen bis zum Bundesverfassungsgericht, um wegen der durch die Schweigepflicht eingeschränkten Verteidigungsmöglichkeiten eine Aussetzung des Verfahrens bis zum Abschluß des in Berlin anhängigen Schmücker-Mordprozesses zu erreichen. Vergeblich. Reinhard wurde darauf verwiesen, daß es zulässig sei, zur eigenen Verteidigung die Schweigepflicht zu brechen. Ein Vorschlag, den Reinhard ablehnte.

Trotzdem gelang es uns, die Glaubwürdigkeit des Kronzeugen Jürgen Bodeux, auf dessen Aussagen die Anklage gegen Reinhard beruhte, nach allen Regeln der Kunst zu erschüttern. Und nicht nur seine Glaubwürdigkeit, sondern auch die der Staatsdiener, die ihn zum Kronzeugen gemacht hatten.

Aus den Akten ging hervor, daß Bodeux erstmalig am 9. Oktober 1974 vernommen worden sei. Es handelte sich um das Protokoll einer richterlichen Vernehmung durch den Gießener Amtsrichter Eimer. Als gegenwärtig sind im Protokoll ausgewiesen: Richter Eimer als Untersuchungsrichter und eine Justizangestellte als Urkundsbeamtin der Geschäftsstelle. Die vorgedruckte Spalte »als Beamter der Staatsanwaltschaft« ist nicht ausgefüllt.

In der Hauptverhandlung von 1978 stellte sich nunmehr heraus, daß außer dem Richter und der Protokollführerin anwesend waren: Staatsanwalt Przytarski – aus Berlin angereist, wo er für das Schmücker-Mordverfahren zuständig war – und zwei Kriminalbeamte. Es stellte sich weiter heraus, daß Richter Eimer, der die Sache überhaupt nicht kannte, gewissermaßen als Statist fungierte, während die eigentliche Vernehmung von Staatsanwalt Przytarski geführt wurde.

Und es stellte sich schließlich heraus, daß der richterlichen Protokollierung vom 9.10.1974 Vernehmungen durch Kriminalbeamte und Staatsanwälte vorangegangen waren, die in keiner Akte auftauchten, obwohl ein umfassendes Tonbandprotokoll und zwei schriftliche Vermerke von Staatsanwalt Przytarski existierten. Nachdem wir die Existenz dieser Dokumente aufgespürt hatten, kam die Berliner Staatsanwaltschaft nicht umhin, sie dem Hamburger Gericht und damit auch uns zur Verfügung zu stellen. Und da ergaben sich nun interessante

Einblicke in die Ermittlungsarbeit, die dazu geführt hatte, daß Bodeux überhaupt aussagte, und daß er seinen eigenen Verteidiger strafbarer Handlungen bezichtigte.

Mit Wolf Dieter Reinhard (rechts) und dem Mitverteidiger Bernd Niese auf dem Weg zu einer Verhandlung des Ehrengerichts, dem Verfahren, mit dem der Kollege Reinhard zusätzlich zum Strafverfahren belästigt wurde. Vor einer der zahlreichen Verhandlungen, die es in dieser Sache gab, tat ein Justizwachtmeister einen Ausspruch, der uns nicht nur amüsiert, sondern auch nachdenklich gestimmt hat: »Wenn Sie eines Tages an der Macht sind, meine Herren, dann verwenden Sie sich bitte für mich.« Wir haben es ihm für diesen Fall zugesagt.

Bodeux, der gegenüber den anderen Mitgliedern der Wolfsburger Gruppe eine auffallende Sonderbehandlung erfahren hatte – er war zu fünf Jahren Jugendstrafe verurteilt worden, von denen er nur die Hälfte hatte absitzen müssen – war die Zusage gemacht worden, daß seine Aussagen vertraulich behandelt würden, eine unzulässige Versprechung, die strenggenommen die Unverwertbarkeit seiner Aussagen hätte zur Folge haben müssen. Da die Bereitschaft auszusagen dem von Reinhard allen Gruppenmitgliedern erteilten Rat widersprach, mußte dieser Anwalt weg. Das war die nächste Aufgabe, die sich die Ermittler gestellt hatten.

Zu einem Zeitpunkt der Hauptverhandlung, als wir das Tonband und die Vermerke über Bodeux' erste Vernehmungen noch nicht kannten, hatte Staatsanwalt Przytarski als Zeuge ausgesagt, er habe sich »davon ferngehalten, in irgendeiner Form zu sagen, daß Bodeux überlegen solle, einen Rechtsanwaltswechsel vorzunehmen«, er habe sich »gehütet, einen Rechtsanwaltswechsel zu empfehlen«. In Przytarskis Vermerk vom 26.9.1974 lasen wir nunmehr:

In der Unterredung mit Bodeux wurde ihm von mir erklärt, daß die Behandlung seiner Angaben als vertraulich bedeuten würde, daß alle notwendigen prozessualen Handlungen, die gegen die Gemeinschaft Wolfsburg möglicherweise in der Zukunft ergriffen werden müssen, auch gegen ihn durchgeführt werden würden. Eine andere mögliche Betrachtungsweise könne nur dann der Fall sein, wenn er die Angaben offen geben würde. *Eine Fortführung der Vernehmungen würde erschwert werden, wenn er sich weiter durch Rechtsanwalt Reinhard, der nach seinen Angaben sich zumindest einer Begünstigung schuldig gemacht haben würde, vertreten lassen würde. Er müsse sich daher entscheiden, ob er sich eines anderen Anwalts seines Vertrauens bedienen würde.* (Hervorhebung von mir; H. H.)

Also entgegen seiner Zeugenaussage eine ganz massive Empfehlung, den Anwalt zu wechseln. Es war nicht die einzige Falschaussage dieses Zeugen. Als er am 20. Juni 1978 vor der Hamburger Strafkammer vernommen wurde, zu einem Zeitpunkt, als wir seine Vermerke vom September 1974 noch nicht kannten, wollte er das Gericht und uns glauben machen, daß erst bei der Vernehmung durch Richter Eimer »für mich überraschend einige Herrn Reinhard belastende Aussagen« hinzugekommen seien.

Zu einer Belastung des Rechtsanwalts Reinhard durch Herrn Bodeux war es für mich erkennbar bei dem Vorgespräch nicht gekommen. Es kam erstmals bei dieser Vernehmung für die Beteiligten erkennbar etwas Konkretes auf.

Herrn Staatsanwalt Przytarski ging es offensichtlich darum, jeden Verdacht weit von sich zu weisen, daß er oder einer seiner Mitermittler etwas mit der gegen Reinhard eingefädelten Intrige zu tun gehabt hätte. Erst bei Richter Eimer sei es herausgekommen, daß Reinhard selbst die Munition geliefert habe, mit der man ihn abschießen konnte. Auch in diesem Punkt wurde Herr Przytarski durch das Tonband und die Vermerke der Unwahrheit überführt. In einem der Vermerke des Herrn Przytarski vom 26. 9. 1974 hieß es beispielsweise, nachdem zuvor davon die Rede war, daß Reinhard geraten hatte, keine Aussagen zu machen (ein im konkreten Fall sinnvoller und rechtlich zulässiger, für die Ermittler freilich unbequemer Rat):

Die Art der Besprechung hätten sie (die Mitglieder der Wohngemeinschaft; H. H.) als eine Art von Nötigung erkannt und alle Angst gehabt, falls sie sich dem von Rechtsanwalt Reinhard verlangten Verhalten widersetzen würden.

Die »Nötigung« sollte darin bestanden haben, daß Reinhard angekündigt hatte, er werde sie nicht verteidigen, wenn sie entgegen seinem Rat vor der Polizei und dem Richter aussagen würden. Auch das eine anwaltliche Entscheidung, die weder Angst erzeugen konnte noch unzulässig war. Was auch dem rechtskundigen Herrn Przytarski nicht unklar gewesen sein kann. Und so hielt er gegen Ende seines Vermerks noch einen Trumpf bereit:

Bodeux erklärte, daß er Angst hätte, dem Rechtsanwalt Reinhard das Mandat aufzukündigen. Er befürchte, daß Rechtsanwalt Reinhard dies sofort an bestimmte Kreise weitergeben würde.

Auch diese Befürchtung wurde Herrn Bodeux nur zu gern geglaubt. Gleichwohl entschloß er sich, dem Rat des Staatsanwalts Przytarski folgend, einen anderen Anwalt zu beauftragen, einen Herrn aus Berlin, der in politischen Strafsachen bisher unbekannt war, aber von den Ermittlern mit ungewöhnlicher Aufmerksamkeit empfangen, sogar vom Flugplatz abgeholt wurde, und sogleich darauf verzichtete, bei weiteren Vernehmungen seines neuen Mandanten anwesend zu sein. Er verzichtete auch darauf, der standesrechtlich üblichen Benachrichtigungspflicht nachzukommen, so daß Reinhard von dem Anwaltswechsel seines Mandanten erst erfuhr, als er eines Tages an der Pforte der Haftanstalt abgewiesen wurde. Herr Przytarski und seine Mannen werden sich die Hände gerieben haben.

Rechtsanwalt Wolf Dieter Reinhard standen vier schwere Jahre bevor, deren existenzielle Bedrohungen er nur mit solidarischer Hilfe einiger Kollegen durchstehen konnte. Schon während der Hauptverhandlung vor der 19. großen Strafkammer des Landgerichts Hamburg, souverän und mit gutem Humor geleitet von dem Vorsitzenden Richter Schenck, zeichnete sich ab, daß das Blatt sich allmählich wendete, je mehr die fragwürdigen Manipulationen der Ermittlungsbehörden im Vorfeld dieses Verfahrens und die Windigkeit ihres Kronzeugen sichtbar wurden. Bei Herrn Przytarskis Märchenstunde durfte sogar gelacht werden. So, als er sich darauf versteifte, seine umfangreichen, mit Details gespickten Vermerke verfaßt zu haben, ohne sich bei Bodeux' Vernehmungen Notizen gemacht zu haben.

Vorsitzender: Keine Notizen? Alles im Kopf?

Przytarski: Keine Notizen, nicht im mindesten, alles in meinem Kopf.

(Nach Verlesung der Vermerke:)

Hannover: Wollen Sie aufrechterhalten, daß Sie das alles im Kopf behalten und keine Notizen gemacht haben? Zum Beispiel »Schnuckelchen«? (Kosename in Bodeux' Liebesbeziehung)

Przytarski: Ja. »Schnäbelchen«.

Vorsitzender: Es gibt Schachspieler, die 54 Spiele blind spielen.

Reinhard: Aber Herr Przytarski ist ja nur Oberstaatsanwalt.

Hannover: Es ist natürlich nicht ausgeschlossen, daß ein Oberstaatsanwalt auch ein guter Blindspieler ist.

Przytarski: Danke.

Reinhard: Selbst in Ermittlungsverfahren.

Der am 27. November 1978 verkündete Freispruch kam nicht unerwartet. Das Gericht listete die Widersprüche, Widerrufe und nachträglichen Abschwächungen in den zahlreichen Aussagen des Kronzeugen Bodeux im einzelnen auf und kam zu dem Fazit, es könne nicht die Überzeugung gewinnen, daß die Vorwürfe, die der Zeuge gegen den Angeklagten erhoben hatte, auch wirklich zuträfen. Einen entscheidenden Stoß hatte die Glaubwürdigkeit des Zeugen durch das Bekanntwerden der durch Tonband und Przytarski-Vermerke dokumentierten Vernehmungen erlitten, die er, wie es im Urteil heißt, »trotz intensiver Befragung in der Hauptverhandlung zunächst geleugnet hatte«. Das komplizenhafte Zusammenspiel zwischen den Ermittlern und ihrem Kronzeugen beinhaltete offenbar auch die Verabredung beiderseitigen Stillschweigens. Ein Glück für Reinhard und seine Verteidigung, daß es gelungen war, dies Komplott aufzudecken. Was nach dem Wegfall von Bodeux' Erfindungen übrigblieb, war auch nach Auffassung der Strafkammer zulässige Verteidigertätigkeit.

Die Staatsanwaltschaft legte gegen den Freispruch Revision ein, handelte sich jedoch ein überraschend verteidigerfreundliches Urteil des Bundesgerichtshofs ein. Die Revision wurde durch Urteil vom 3. Oktober 1979 verworfen, der Freispruch war rechtskräftig.

Der 3. Strafsenat, sonst alles andere als liberal gegenüber Angeklagten der politischen Linken, verkannte nicht, daß hier eine Grundsatzfrage zu entscheiden war, die das Wesen der Verteidigung im Strafprozeß berührte. Es ging um die in der Praxis seltene, aber insbesondere von juristischen Laien oft aufgeworfene Frage: Was darf ein Anwalt für einen Mandanten tun, von dem er weiß oder vermutet, daß er im Sinne der Anklage schuldig ist, mit den vorhandenen Beweismitteln aber voraussichtlich nicht überführt werden kann. Die Frage war an sich seit alters her in dem Sinne entschieden, daß ein Strafverteidiger, ohne sich dem Vorwurf der Begünstigung auszusetzen, auch in diesem Fall die Schuld des Angeklagten bestreiten und seine Freisprechung anstreben darf (so das Reichsgericht in einem Urteil aus dem Jahre 1932 und ihm folgend der

BGH in einem Urteil vom 20. 5. 1952). Aber galten diese rechtsstaatlichen Mindeststandards auch für die bösen »Terroristenanwälte«, denen der damals amtierende Generalbundesanwalt Siegfried Buback den Anspruch auf einen fairen Prozeß (»fair trial«) ausdrücklich abgesprochen hatte (*stern*-Interview, 5. 6. 1975)? Und galten sie auch, wenn die Verteidigertätigkeit nicht nur als schlichte Begünstigung, sondern als Unterstützung einer kriminellen oder gar terroristischen Vereinigung klassifiziert wurde?

Ich hatte in meinem Plädoyer vor dem Landgericht die Entwicklung des Rechts, einen Schuldigen mit dem Ziel des Freispruchs zu verteidigen, durch die jüngere deutsche Rechtsgeschichte verfolgt und einige Zitate aus der Nazizeit gebracht.

Was im Hinblick auf die von einem der beiden Staatsanwälte vertretenen Auffassungen ganz lehrreich gewesen sein dürfte.

Der nationalsozialistische Staat geht von dem Gedanken aus, daß der oberste Grundsatz der sein muß, die Wahrheit zu ermitteln und nicht etwa einen Übeltäter und Schädiger des Volksganzen durch »Advokaten-Kniffe« durch die Maschen des Gesetzes schlüpfen zu lassen.

So äußerte sich ein Regierungsrat Dr. Schütze im Jahre 1934 in der *Juristischen Wochenschrift* und schlug eine Gesetzesänderung vor, nach der ein Verteidiger, dem von seinem Mandanten ein glaubwürdiges Geständnis abgelegt werde, verpflichtet sein sollte, darüber sofort ein Protokoll aufzunehmen und dieses unverzüglich dem zuständigen Gericht einzureichen. Andere Autoren betonten, daß der Verteidiger im nationalsozialistischen Staat die Stellung eines »Gehilfen des Gerichts« bei der Wahrheitsfindung habe, und wollten daraus herleiten, daß er auf ein Geständnis seines Mandanten hinzuwirken habe. Und als letztes Zitat in einer langen Reihe brachte ich dieses:

Als unabhängiges Organ der Rechtspflege soll der Verteidiger mithelfen, das Recht zu verwirklichen. Damit tritt er an die Seite der Gerichte und der Staatsanwaltschaft.

Und fragte in den Saal, ob sich jemand denken könne, von wem das sei. Noch bevor sich jemand blamieren konnte, gab ich selbst die Antwort: aus dem Groenewold-Urteil des Hanseatischen Oberlandesgerichts Hamburg vom 10.7.1978! Der Vorsitzende Richter unserer Strafkammer gestand lächelnd, daß er an Freisler gedacht habe.

Nun, der BGH entging solchen Vergleichen. Er erkannte, daß die Verteidigung eines Beschuldigten, der Mitglied einer kriminellen oder terroristischen Vereinigung ist, notwendig auf eine Unterstützung dieser Gruppe hinausläuft, aber gleichwohl nicht nach den §§ 129, 129a StGB strafbar sein darf, wenn nicht eine Verteidigung solcher Mandanten unmöglich werden soll. Mit den Worten des BGH-Urteils vom 3.10.1979:

Das Bestreben, das organisierte Verbrechen mit den Mitteln des Strafrechts schon im Vorfeld seiner Ausführung zu bekämpfen, hat ... gegenüber dem rechtsstaatlichen Gebot zurückzutreten, auch in diesem Bereich eine ungehinderte und damit wirksame Strafverteidigung zu ermöglichen. Die Erfüllung dieses Gebots wäre ernsthaft gefährdet, wenn der Verteidiger im Zusammenhang mit Verfahren nach den §§ 129 und 129a StGB der Gefahr ausgesetzt würde, wegen einer üblichen und zulässigen Verteidigertätigkeit strafrechtlich selbst verfolgt zu werden. Das darf nicht sein, soll nicht der Rechtsstaatsgedanke erhebliche Einbuße erleiden.

Unter diesem Gesichtspunkt war alles, was die Hamburger Staatsanwaltschaft noch mit Nachdruck als Begünstigung und Unterstützung einer kriminellen Vereinigung verdammt hatte, zulässige Verteidigertätigkeit. Auch die Reinhard zum Vorwurf gemachte Information seiner Mandanten über die Aktenlage. Der BGH:

Sachgerechte Strafverteidigung setzt voraus, daß der Beschuldigte weiß, worauf sich der gegen ihn erhobene Vorwurf stützt, und daß er den Verteidiger informieren kann, wie er sich dazu einlassen wird. Der Verteidiger ist deshalb in der Regel berechtigt und unter Umständen sogar verpflichtet, dem Beschuldigten zu Verteidigungszwecken mitzuteilen, was er aus den Akten erfahren hat.

Das alles war nichts Neues, sondern Substanz eines uralten rechtsstaatlichen Prinzips. Verhängnisvoll für die Betroffenen, daß es in Vergessenheit geraten konnte, als die Wellen der Empörung gegen angebliche Staatsfeinde hochschlugen und der aufgeputschten Volksseele ein Opfer präsentiert werden mußte. Für künftige Zeiten der Unruhe verdient es Aufmerksamkeit, daß deutsche Behörden, deren Aufgabe der Schutz des Rechts ist, noch immer mit Husarenbravour voranzugehen pflegen, wenn das Recht einer hysterischen Massenstimmung geopfert wird.

2. »Loyaler Landesverrat«. Der Fall Oberstleutnant Moser (1975-1980)

Am 21. Oktober 1975 meldete die Tagespresse, daß nach einer Mitteilung der Bundesanwaltschaft ein Oberstleutnant der Bundeswehr und dessen Ehefrau wegen geheimdienstlicher Tätigkeit festgenommen worden seien. Sie seien dringend verdächtig, seit über zehn Jahren für einen Geheimdienst der DDR gearbeitet zu haben. Im Zuge der Ermittlungen gegen dieses am 14. Oktober festgenommene Paar sei noch ein anderes Ehepaar verhaftet worden, das im Verdacht stehe, die Verbindung zwischen dem Oberstleutnant und seinen Auftraggebern in Ost-Berlin aufrechterhalten zu haben. Dieses Ehepaar sei vor einigen Jahren unter falschem Namen und mit gefälschten Ausweisen in die Bundesrepublik eingeschleust worden. Der 45 Jahre alte Oberstleutnant sei zuletzt, so ließ Generalbundesanwalt Buback die Presse wissen, Verbindungsoffizier der Luftwaffe zu einer größeren Panzereinheit des Heeres gewesen. Ihm werde vorgeworfen, aus seinem jeweiligen militärischen Arbeitsgebiet schriftlich und mündlich Erkenntnisse an seine Auftraggeber in der DDR gegeben zu haben.

Vier Tage später, am 25.10.1975, verfügte *Die Welt* bereits über detaillierte Informationen zur Lebensgeschichte des Verhafteten und nannte den vollen Namen: Norbert Moser.

Auf dem Fliegerhorst Fürstenfeldbruck begann seine Karriere als Leutnant. Sie wäre fast an einer privaten Affäre gescheitert. Moser trug die dienstlichen Beziehungen zu seinem damaligen Vorgesetzten, einem hochdekorierten Offizier des II. Weltkrieges, in die private Sphäre. Er gehorchte einem inneren Befehl: die Frau seines Vorgesetzten wurde zur entscheidenden Impulsgeberin; der schwarzhaarige junge Offizier verliebte sich in die sieben Jahre ältere bildhübsche Majorsgattin. Am 3. August 1957 heiratete er seine Geliebte. Der Major, der dem Abwerber eine handgreifliche Eifersuchtsszene gemacht hatte, wurde strafversetzt. Moser konnte seine Karriere fortsetzen.

Die Welt wußte auch schon, daß der Oberstleutnant »von morgens acht Uhr bis zum späten Nachmittag« vernommen wurde. Er war – das stand jetzt allerdings nicht in der *Welt* – von seinen Auftraggebern in Ost-Berlin offenbar nicht darüber informiert worden, wie er sich im Falle einer Verhaftung verhalten sollte. Sonst hätte er den Ermittlern wohl kaum den Gefallen getan, sofort ein umfassendes Geständnis abzulegen, das später die wichtigste Grundlage des Urteils bilden sollte und Feststellungen über den Zeitraum seiner geheimdienstlichen Tätigkeit, nachrichtendienstliche Zusammenarbeit mit verschiedenen »Residentenehepaaren«, Treffen mit Führungskräften des MfS und über die Höhe seiner Entlohnung ermöglichte. Dieses »Teilgeständnis in Verbindung mit einem anfänglich bestehenden Wiedergutmachungswillen« sollte dem Angeklagten zwar eine Belobigung im Urteil (»spricht für ihn«), aber auch eine wesentlich höhere Strafe einbringen, als er sie bei sofortiger Aussageverweigerung zu erwarten gehabt hätte.
Als ich Norbert Moser am 27. Oktober 1975 in der Untersuchungshaftanstalt in Bonn aufsuchte – seine Frau und deren Sohn aus erster Ehe hatten mich darum gebeten, seine Verteidigung zu übernehmen –, lagen schon 63 Seiten Vernehmungsprotokoll vor. Mein erster anwaltlicher Rat konnte nur lauten: keine weiteren Aussagen. Und daran hat Moser sich auch bis zum Schluß der Hauptverhandlung gehalten. Aber was er sich da schon von gewieften Vernehmungsbeamten hatte abfragen lassen – sie hatten ihn in den Glauben versetzt, es gehe nur um höchstens fünf Jahre Gefängnis – reichte für ein Urteil wegen Landesverrats (Höchststrafe 15 Jahre, in besonders schweren Fällen lebenslang). Ein Bundesrichter als Ermittlungsrichter des BGH, für den an Befehls- und Ge-

horsamsstrukturen gewöhnten Soldaten Norbert Moser eine beeindruckende Autorität, hatte alles in die Form verlesbarer richterlicher Protokolle gebracht. Der Verteidiger kam zu spät, um noch viel retten zu können.

Ich lernte in Norbert Moser einen Menschen kennen, der keineswegs aus Liebe zu einer Frau zum Verräter geworden war, wie *Die Welt* und ihre Karlsruher Informanten annahmen, sondern der aus einer politischen Überzeugung gehandelt hatte, die zum herrschenden Denken querstand. Allerdings hatten seine Frau und deren Bruder den Anstoß dazu gegeben, über die Problematik zweier deutscher Armeen nachzudenken, die sich diesseits und jenseits einer Frontlinie gegenüberstanden, die zwei verfeindete, hochgerüstete Machtblöcke voneinander trennte. Eine Frontlinie, die der westliche Sprachgebrauch des kalten Krieges als »innerdeutsche Grenze« verfälschte und verharmloste.

Norbert Moser war ein kleiner, stämmig gewachsener Mann, zweifellos ein guter Soldat und leidenschaftlicher Flugzeugpilot, der, obwohl seine Situation alles andere als beneidenswert war, das Leben im Knast mit ungebrochenem bissigem Humor bewältigte. »Er trägt die Haft wie ein Soldat«, sagte Bundesrichter Buddenberg, der Ermittlungsrichter des BGH, von ihm. Daraus sprach, so unbegreiflich die Moser vorgeworfene Tat für konservatives Rechtsverständnis sein mußte, eine Hochachtung, die der gelassenen Haltung dieses Mannes galt, der sich in der für ihn ungewohnten Umgebung sofort zurechtfand und später, in der Strafhaft, sowohl bei den Vollzugsbeamten und dem Anstaltspfarrer als auch bei den Mitgefangenen Sympathien und Respekt genoß, sich in der Buchbinderei und als Orgelspieler in den Gottesdiensten beider christlicher Konfessionen nützlich machte und zum Vertrauensmann und Sprecher der Gefangenen gewählt wurde. Auch mir ist dieser unkomplizierte Mann in den langen Jahren, die ich ihn noch im Knast betreuen mußte, fast zu einem Freund geworden, obwohl wir uns doch jedenfalls in unserer Einstellung zum Soldatenberuf sehr grundsätzlich unterschieden.

Ebenso geachtet und beliebt muß Moser in seiner militärischen Umgebung gewesen sein. Noch in der Hauptverhandlung vor dem Bayerischen Obersten Landesgericht, die vom 20. 9. bis 6. 12. 1977 in München stattfand, wurden ihm von seinen Berufskollegen Zeugnisse von Sympathie und Anteilnahme ausgestellt, die angesichts der nunmehr auf dem Tisch liegenden Anklage höchst bemerkenswert waren. Dabei spielte sicher auch der Umstand eine Rolle, daß man doch irgendwie von dem Lebensschicksal dieses Mannes berührt war, der eine außergewöhnlich schöne und intelligente Frau »erobert« und geheiratet hatte – eine »Klassefrau«, wie ein den Mosers nahestehender Zeuge sie nannte –, die ihrerseits schon vor ihrer Verbindung mit Norbert Moser als überzeugte Anhängerin des DDR-Sozialismus für das MfS tätig gewesen war und ihn für diese politische Gesinnung und für die Zusammenarbeit mit dem Geheimdienst gewonnen hatte; als besonders tragisch wurde empfunden, daß diese Frau im Jahre 1971 infolge einer Hirnembolie schwere Lähmungen, Sprachstörungen und Intelligenzschäden erlitt, sich nur noch an Krücken bewegen konnte und für den Rest ihres Lebens zum Pflegefall wurde. Sie mußte deshalb auch nach ihrer Festnahme gleich wieder aus der Haft entlassen werden und wurde nie angeklagt. Norbert Moser hatte seit der Erkrankung seiner Frau neben seinen beruflichen Pflichten viel Zeit auf die Pflege seiner Frau gewandt. Man nahm Anteil im Kameradenkreis und bewunderte auch hier seinen ungebrochenen Lebensmut. Und nun dies. Man fiel aus allen Wolken, daß dieser beliebte und geachtete Offizier und Kamerad seit vielen Jahren Landesverrat betrieben haben sollte.

Die Frage, warum Norbert Moser sich zur Zusammenarbeit mit dem Staatssicherheitsdienst der DDR entschlossen hatte, fand auch in der Hauptverhandlung keine seine wirklichen Motive restlos entschlüsselnde Antwort. Die vor dem Münchener Gericht vernommenen Zeugen aus dem Offizierskameradenkreis des Angeklagten begrüßten ihn kameradschaftlich und verhehlten nicht ihre Sympathie mit dem »Landesverräter«.

Oberstleutnant Hardt:
Ich stehe vor einem Rätsel.

Oberstleutnant Holinka:
Ich habe ihn sehr geschätzt. Ich hätte dienstlich jederzeit die Hand für ihn ins Feuer gelegt.

Generalleutnant Loosen:
Moser machte auf mich einen sehr lebhaften und aktiven, einen sehr positiven Eindruck. Er war im Kameradenkreis gern gesehen, immer sehr lustig. Alle haben ihn sehr bewundert, weil man wußte, daß er zu Hause eine Menge Leid zu tragen hatte.

In meinem Plädoyer habe ich die politische Dimension, die Mosers Tat hatte, bewußt nicht ausgelotet. Es hätte meinem Mandanten sicher nicht genützt. Bei keinem bundesdeutschen Gericht, schon gar nicht beim Bayerischen Obersten Landesgericht, konnte mein Mandant hoffen, für seine politische Entscheidung Verständnis zu finden, dem Frieden durch Offenlegung der gegeneinander gerichteten Kriegsvorbereitungen der beiden deutschen Staaten zu dienen. Und so begnügte ich mich damit, den Loyalitätskonflikt nur anzudeuten, der sich für Norbert Moser aufgetan hatte, als er sich in eine Frau verliebte, deren Bruder auf der anderen Seite der Grenze zwischen den beiden gegeneinander aufgerüsteten Machtblöcken lebte. Ihr Bruder war es gewesen, der 1957 Norbert Mosers Entscheidung herbeigeführt hatte, sich gegenüber dem Ministerium für Staatssicherheit der DDR zu verpflichten, über militärische Kriegsvorbereitungen zu berichten. Das wußten auch die Richter des Bayerischen Obersten Landesgerichts.

Und so endete mein Plädoyer mit einem Appell an die Richter, dem Angeklagten einen Loyalitätskonflikt zugute zu halten, der aus Liebe zu seiner Frau entstanden war. Das war nicht ganz falsch, aber auch nicht ganz richtig. Norbert Moser und ich waren uns einig, daß die politische Motivation seines Handelns vor den höchsten Bayerischen Richtern des Jahres 1977 besser ungesagt blieb. Ich hatte ihm meinen Aufsatz »Der loyale

Landesverrat« zu lesen gegeben, den die *Werkhefte katholischer Laien* im Jahre 1963 veröffentlicht hatten. Darin fand Moser seine eigenen Überlegungen formuliert, er stimmte mir lebhaft zu, ließ sich aber überzeugen, daß es unklug gewesen wäre, sie im Münchener Gerichtssaal zu wiederholen, denn sie liefen darauf hinaus, nicht nur ein Recht, sondern eine Pflicht zum Landesverrat zu proklamieren, wenn Krieg vorbereitet wird.

Ich hatte in jenem Aufsatz von 1963 den amerikanischen Ökonomen Oscar Morgenstern zitiert, der darauf aufmerksam gemacht hatte, daß eine Strategie, die mit der Möglichkeit eines Krieges zwischen den beiden ideologisch verfeindeten Lagern rechnet und ihn durch Abschreckung verhindern will, nur aufgehen kann, wenn sie sich zum Prinzip der »offenen Welt« bekennt. Der Mannheimer Soziologe Eduard Baumgarten hatte Morgensterns Gedanken in der *Zeit* (30. 11. 1962) so referiert:

Die Unverwundbarkeit der Vergeltungsautomatik kann nur gesichert werden bei beiderseits gleichbleibendem technischen Stand der Rüstung. Dieser wieder ist nur zu sichern durch Preisgabe der Geheimhaltung technischer Informationen ... So aber, wie die Dinge heute noch liegen, ist die Wahrscheinlichkeit, daß es zu einem thermonuklearen Krieg kommt, wesentlich größer als die, daß er nicht stattfindet. Dieses Wahrscheinlichkeitsverhältnis kann nur durch die Verwirklichung des Prinzips der »offenen Welt« umgekehrt werden.

Es gab damals, Anfang der sechziger Jahre, noch kritische Stimmen, die aussprachen, daß die Voraussetzung des klassischen Landesverratsbegriffs, es könne im militärischen Bereich Dinge geben, deren Geheimhaltung im Interesse des Staatswohls erforderlich sei, durch die Abschreckungsstrategie fragwürdig geworden ist. Denn eine Abschreckungsstrategie, die Kriege wirklich verhindern will, setzt voraus, daß dem Gegner durch Demonstration der eigenen Stärke imponiert wird, deren faktischer Einsatz jedoch unterbleibt, weil der Gegner mit dem gleichen Vernichtungspotential aufwarten kann. Man hat vom »Gleichgewicht des Schreckens« gesprochen, das aber notwendig ins Kippen geraten muß, wenn eine der beiden Schrekkensdrohungen durch einen Rückstand in der Entwicklung der Waffentechnik ins Hintertreffen gerät. Der »Wettlauf der Waffen« – so der Titel eines inzwischen vergessenen Buches des Friedensnobelpreisträgers Philip Noel-Baker aus dem Jahre 1961 – bedingte eine Umkehrung der traditionellen Logik des Landesverratsbegriffs, eine neue Definition von Loyalität, die mit herkömmlichem militärischem Denken unvereinbar war.

Als mein Aufsatz von 1963, in dem Norbert Moser sein eigenes Denken wiedererkannte, veröffentlicht wurde, war das spektakuläre Landesverratsverfahren gegen den Herausgeber des *Spiegel*, Rudolf Augstein, noch nicht durch Einstellung erledigt. Der Versuch der Adenauer-Regierung und ihres Verteidigungsministers Franz Josef Strauß, sich des damals noch als wichtiges Oppositionsorgan fungierenden Nachrichten-Magazins mithilfe der Strafjustiz zu entledigen (Adenauer: »Abgrund von Landesverrat«), hatte die Wellen des öffentlichen Protestes hochschlagen lassen und Sensibilität für die Problematik des Landesverratsbegriffs erzeugt. Nur in diesem Klima war Aufmerksamkeit für eine Untersuchung zu erwarten, die sich mit dem historischen Wandel der Loyalitäten befaßte, die man »verraten« kann. Das Fazit meines damaligen Textes:

Die Landschaft des Verrats, in der wir heute stehen, hat alle traditionell festgefügten Bezugspunkte der Loyalität verloren. Das »Vaterland«, einst der natürliche Gegenstand einer über den familiären Rahmen hinausreichenden Treue, ist geteilt. Die Loyalität gegenüber dem Vaterland ist wieder zu einer politischen Aufgabe geworden, die gegen das Souveränitätsstreben von Teilstaaten durchgesetzt werden muß. Eine dem teilstaatlichen Souveränitätsdenken verbundene Strafjustiz läßt Loyalität gegenüber dem Vaterland zum Verrat werden. Auch der Frieden – erstmals in der Geschichte der Menschheit nicht nur Wunschtraum, sondern politische Notwendigkeit – ist zum Gegenstand einer übernationalen Loyalität geworden, die sich an den überkommenen Formeln eines überholten Denkens stößt. Der einzige gültige Kompaß in dieser neuen Landschaft des Verrats ist das politische Gewissen des einzelnen. Nur eine in obrigkeitlichem Denken befangene Rechtsprechung könnte verkennen, daß das Gewissen, dem unser Grundgesetz in Art. 4 Abs. 1 den Vorrang vor aller staatlichen Rechtssetzung (Art. 1 Abs. 3 GG) eingeräumt hat, seine Loyalitäten anders bestimmen kann, als die herrschende Ideologie. Werden Rudolf Augsteins Richter erkennen, was Carl von Ossietzkys Richtern verschlossen blieb? Werden sie begreifen, daß es eine patriotische Tat sein kann, »Landesverrat« zu begehen?

Anderthalb Jahrzehnte später war nicht mehr zu hoffen, daß man den Richtern des Oberstleutnants Moser dessen Landesverrat als patriotische Tat hätte begreiflich machen können. Was mit der »*Spiegel*-Affäre« von 1962 an Möglichkeiten politischer Aufklärung und revolutionärer Veränderung hochgeschäumt war, war längst verspielt.

Das Urteil des Bayerischen Obersten Landesgerichts vom 6. Dezember 1977 sprach Norbert Moser des »gemeinschaftlich begangenen Landesverrats in einem besonders schweren Fall in Tateinheit mit fortgesetzter Verletzung von Dienstgeheimnissen und fortgesetzter Bestechlichkeit« schuldig und fand eine Freiheitsstrafe von elf Jahren »schuldangemessen und geboten«. Das mit ihm zusammen angeklagte Residentenehepaar, verteidigt von den Münchener Kollegen Dr. Pötschke und Dr. Hofmann, erhielt fünf Jahre. Sie wurden schon nach relativ kurzer Zeit im Wege des Gefangenenaustausches zwischen der DDR und der BRD entlassen. Bei Moser sperrte sich die bundesrepublikanische Seite jahrelang gegen einen Austausch. Ich wandte mich schließlich im Juni 1980 an den Bundesaußenminister, Hans-Dietrich Genscher, den ich als Freund und Kollegen aus gemeinsamer Bremer Referendarzeit kannte (»Ich hoffe, daß Du mich in (guter) Erinnerung hast«) und bat ihn, unter Darlegung der humanitären Gründe, die für eine Freilassung sprachen, etwas für Moser zu tun. Ich nahm in meinem Schreiben den Einwand mangelnder Zuständigkeit vorweg (»Immerhin stehst Du auf einer Stufe der gesellschaftlichen Hierarchie, auf der man mehr bewegen kann als ein kleiner Anwalt in Bremen«) und verschwieg auch nicht, daß wir uns politisch voneinander entfernt hatten (»Neulich hatte ich Gelegenheit, mit Herrn Verheugen zu sprechen und ihm zu sagen, daß mir Deine politische Entwicklung gar nicht gefällt. Er replizierte, daß Dir meine politische Entwicklung auch nicht gefalle. Das schließt aber sicher nicht aus, miteinander zu sprechen. Oder?«) Anfang Oktober erinnerte ich ihn noch einmal an die Sache. Fünf Wochen später, Mitte November 1980, war Moser frei – ich weiß nicht, ob es Genschers Intervention zu danken war oder dem Umstand, daß Moser wegen Tuberkuloseverdachts zum medizinischen Problemfall geworden war – und durfte zu seiner Frau in die DDR übersiedeln. Aber seine Gesundheit war ruiniert. Er starb am 11. März 1984 im Alter von nur 53 Jahren an Lungenkrebs. Seine Frau, Ruth Moser, hat ihn nur um 37 Tage überlebt. Ihr Sohn aus erster Ehe – die Ehe mit Norbert Moser war kinderlos geblieben – teilte den Tod der beiden in einer Anzeige mit, die er so überschrieb:

Sie haben daran geglaubt, den Frieden sicherer zu machen.

3.   Die beleidigte Spitze der Großbanken. Der Fall Bolko Hoffmann (1974-1980)

Mit Schriftsatz vom 2. Dezember 1974 hatte der Hannoversche Rechtsanwalt Dr. Josef Augstein, Bruder des *Spiegel*-Herausgebers Rudolf Augstein, dem Herrn Leitenden Oberstaatsanwalt bei dem Landgericht Bochum einen Strafantrag gegen den Herausgeber und verantwortlichen Redakteur der Zeitschrift *Effecten-Spiegel,* den Diplom-Kaufmann Bolko Hoffmann, unterbreitet, mit der Bitte, gegen diesen Anklage wegen Beleidigung zu erheben. Strafanzeigen wegen Beleidigung werden in aller Regel von den Staatsanwaltschaften in der Weise erledigt, daß dem Anzeigeerstatter mitgeteilt wird, es fehle am öffentlichen Interesse für eine öffentliche Anklage, der Anzeigeerstatter werde deshalb auf die Möglichkeit verwiesen, Privatklage zu erheben. Hier aber war es anders. Der Kollege Augstein vertrat Mandanten von einiger Prominenz, die sich nach ihrer Selbsteinschätzung für die »Spitze der Großbanken« hielten. Denn unter dieser Sammelbezeichnung glaubten sie gemeint gewesen zu sein, als in Hoffmanns Aktionärszeitschrift in Zusammenhang mit einem Bericht über Hintergründe der Liquidation des Hamburger Bankhauses Wolff zu lesen war, daß die Spitze der Großbanken aus »mafia-vergleichbaren Gestalten« bestehe, »denen jegliches Gefühl für Anstand und kaufmännische Fairneß« fehle. Herr Augstein ließ den Leitenden Oberstaatsanwalt wissen, daß er folgende Herren vertrete:

die Herren Dr. Wilhelm Vallenthin und Dr. Hans Leibkutsch, Mitglieder des Vorstandes der Deutschen Bank;
   die Herren Dr. Karl-Ludwig Bresser und Dr. Christoph von der Decken, Mitglieder des Vorstandes der Dresdner Bank;

und die Herren Dr. Behrenbeck und Jürgen Reimnitz, Mitglieder des Vorstandes der Commerzbank.

Das öffentliche Interesse an der Strafverfolgung begründete Herr Augstein so:

Vorstandsmitglieder der drei Großbanken haben eine bedeutende Stellung im Wirtschaftsleben der Bundesrepublik. Wenn solche Beleidigungen hingenommen und ungesühnt bleiben, wird das Vertrauen der Bevölkerung in die Wirtschaft untergraben. Das bedeutet einen Schaden für die Volkswirtschaft.

Mit Kritik und freier Meinungsäußerung hätten solche Beschimpfungen nichts zu tun. Es handle sich um eine Formalbeleidigung, also eine Beleidigung, bei der eine Beweiserhebung über die zugrundeliegenden Tatsachen entbehrlich wäre. Die Staatsanwaltschaft wurde denn auch ungesäumt tätig und beantragte beim Amtsrichter einen Strafbefehl gegen Hoffmann, der, weil der zunächst zuständige Richter rechtliche Bedenken hatte, erst nach einigem Hin und Her erlassen wurde. Nachdem Hoffmann gegen den Strafbefehl Einspruch eingelegt hatte, kam es zur Hauptverhandlung bei einem anderen Richter, der die Bedenken seines Vorgängers nicht teilte und den Angeklagten am 7. September 1977 wegen Beleidigung zu einer Geldstrafe von zehn Tagessätzen zu je 50 DM verurteilte.

Nunmehr wandte sich Herr Hoffmann, der beim Amtsgericht von einem Bochumer Anwalt verteidigt worden war, an mich und beauftragte mich mit seiner Verteidigung in der Berufungsinstanz.

Wir wollten den Herren, die sich durch den Mafia-Vergleich beleidigt fühlten, eine Beweisaufnahme über die Richtigkeit dieser Einschätzung nicht ersparen und bereiteten umfangreiche Beweisanträge vor, die Beispiele für mangelnde kaufmännische Fairneß und existenzvernichtenden Machtmißbrauch der Großbanken veranschaulichen sollten. So benannten wir den Vorstandsvorsitzenden der Firma Daimler-Benz, Herrn

Joachim Zahn, und den ehemaligen Vorstandssprecher der Dresdner Bank, Herrn Hans Rinn, als Zeugen zum Beweise dafür, daß der Zusammenbruch der Firma Borgward in Bremen hauptsächlich von der Dresdner Bank herbeigeführt worden ist und dazu gedient hatte, den Großkonzernen einen unbequemen Konkurrenten aus dem Wege zu räumen; bekanntlich sind die Gläubiger der Firma Borgward vom Konkursverwalter zu 100 % ausbezahlt worden, ein in der Konkursgeschichte wohl einmaliger Fall.

Weiter benannten wir die Herren Hans-Günther Sohl, Aufsichtsratsvorsitzender der ehemaligen Gelsenberg AG, und Hermann Josef Abs, ehemaliger Vorstandssprecher der Deutschen Bank, zum Beweise dafür, daß der Zusammenbruch der Firma Schlieker ebenfalls durch Interventionen der Großbanken und der Stahlindustrie herbeigeführt worden war; Grund: Schlieker vertrieb japanische Stähle und unterbot den Preis der deutschen Stahlindustrie auf dem deutschen Markt. Hermann Josef Abs und der Aufsichtsratsvorsitzende der Dresdner Bank, Hans Richter, sollten weiter bezeugen, daß der Zusammenbruch der Firmen Opal und Stinnes ebenfalls durch kurzfristige Kreditkürzungen der Großbanken herbeigeführt worden war. Abs und fünf weitere prominente Zeugen benannten wir zum Beweis dafür, daß dem Bremer Kaufmann Hermann Krages durch Manipulationen der Großbanken, insbesondere durch das Ausstreuen falscher kreditschädigender Gerüchte, schwere Verluste zugefügt worden waren. Ein weiterer Beweisantrag betraf die Einführung von Aktien der japanischen Elektrofirma Mitsumi an der westdeutschen Börse durch die Dresdner Bank, bei der, wie wir unter Benennung von zwei Zeugen behaupteten, die Aktienkäufer über die katastrophale Lage des Unternehmens getäuscht worden waren. Und schließlich benannten wir Zeugen zu den Umständen des Zusammenbruchs des Bankhauses Wolff, die Anlaß zu dem inkriminierten Artikel im *Effecten-Spiegel* gegeben hatten; über diese war auch schon im Vorfeld der Hauptverhandlung vor dem Amtsgericht Beweis erhoben worden, da mindestens zwei der dort mit der Sache befaßt gewesenen Richter im Gegensatz zu Herrn Dr. Augstein durchaus der Auffassung waren, daß es auf diese Umstände ankomme. Der mehrfache Richterwechsel im Vorverfahren stimmte den Leser der Akten darauf ein, daß man die Sache so und so sehen konnte.

Frankfurter

Unabhängig

Freitag, 5. Februar 1999 · Jahrgang 55 · Nr. 30/5

 Zwölf goldene Sterne auf tiefblauem Grund: Unter dieser Flagge feiert der Europarat in Straßburg, älteste europäische Institution überhaupt, in diesem Jahr seinen 50. Geburtstag.

Europa Seite 6

 Meryl Streep im Gespräch über ihren neuen Film „Tanz in die Freiheit".

Feuilleton Seite 10

Deutsche Bank gab Geld zu Auschwitz-Bau

Kreditinstitut finanzierte auch Projekte der SS

Von Matthias Arning

Die Deutsche Bank hat sich an der Finanzierung des Buna-Werks und von Baustellen der Waffen-SS in Auschwitz beteiligt. Das geht aus neuen Funden in Archiven des Geldinstituts hervor. „Die damaligen Verantwortlichen der Bank wußten, was sie finanzierten", sagte der Leiter des Historischen Instituts der Bank, Manfred Pohl, am Donnerstag in Frankfurt.

FRANKFURT A. M., 4. Februar. Die Deutsche Bank vergab während des Zweiten Weltkriegs Kredite an zehn Baufirmen, die in Auschwitz tätig waren. Das Material in den Archiven der Bank, das sie im vergangenen Jahr in Frankfurt am Main und in Berlin gebündelt hatte, belegt diese Verbindungen. Dem Bauunternehmen Riedel & Sohn etwa räumte die Kattowitzer Filiale der Bank einen Rahmen von 400 000 Reichsmark ein. Mit einer Übersicht über die Auftragsbestände der Baufirma sicherten sich die Banker ab: Detailliert listete Riedel & Sohn auf, welche Leistungen auf den Baustellen der IG Farben und der Waffen-SS in Auschwitz erbracht wurden.

Verbindungen über Konten und Kredite standsmitglied Hermann Josef Abs saß, direkt Geschäfte: „Das Werk unterhielt bei der Filiale Kattowitz ein laufendes Konto, dessen Umsatz sich im Frühjahr 1943 auf monatlich fünf Millionen Mark belief", sagte Pohl.

Von Ende 1943 an bestand Auschwitz aus drei Lagerbereichen: dem Konzentrationslager, in dem die SS vor allem Zwangsarbeiter gefangenhielt, dem Vernichtungslager Birkenau sowie Auschwitz III — Monowitz, 1941 für die IG Farben errichtet. Der Konzern baute dort eine Fabrik für die Produktion von synthetischem Kautschuk (Buna-Werk).

Institutsleiter Pohl geht davon aus, daß nicht nur die Leiter der Bankfiliale Kattowitz über die Bautätigkeiten informiert waren, sondern alle Kredite der Filiale mußten in der Zentrale der Deutschen Bank in Berlin gegengezeichnet werden. „Dieser Verantwortung" müsse sich das Geldinstitut stellen, das sich derzeit mit Sammelklagen von Holocaust-Opfern in den USA konfrontiert sieht. Sie fordern von der Deutschen wie von der Dresdner Bank Entschädigung für Raubgold und Profite aus sogenannten Arisierungsgeschäften.

Beide Banken beteiligen sich auch an den Gesprächen über einen Entschädi-

Warnstreik: Im Metall-Tarifstreit legten 5 Düsseldorf am Donnerstag ihre Arbeit nied

Die Verstrickung bestimmter Großbanken in die Verbrechen des Naziregimes, die inzwischen kein Geheimnis mehr ist, wollten wir dem Zeugen Hermann Josef Abs schon 1978 vorhalten.

Einem telefonischen Vorgespräch mit dem Vorsitzenden der Strafkammer, die über unsere Berufung zu entscheiden hatte, entnahm ich, daß er mit einer eintägigen Verhandlungsdauer rechnete, also offenbar eine Ablehnung unserer Beweisanträge plante. Dem wollte ich durch unmittelbare Ladung des wichtigsten und prominentesten der von uns benannten Zeugen, nämlich des Herrn Hermann Josef Abs, vorbauen. Nach § 220 StPO ist eine vom Verteidiger unmittelbar geladene Person nur dann zum Erscheinen verpflichtet, wenn ihr bei der Ladung die gesetzliche Entschädigung für Reisekosten und Versäumnis bar dargeboten wird. Also legte ich meinem Schreiben an den zuständigen Gerichtsvollzieher einen Scheck über 400 DM bei und beauftragte ihn, Herrn Abs zu dem am 27. Juni 1978 anstehenden Hauptverhandlungstermin zu laden und ihm die 400 DM in bar anzubieten. Da der Gerichtsvollzieher, wie er mir mitteilte, den Zeugen Abs bei der Deutschen Bank in Frankfurt am Main nicht antraf, mußte ich, nun schon ein bißchen unter Zeitdruck, die Zustellung der Vorladung an seinem Wohnsitz versuchen.

Ich fand auch einen für Königstein im Taunus zuständigen Gerichtsvollzieher, der, als er erfuhr, worum es ging, einigen Jagdeifer entwickelte, die mir bis dahin noch unbekannte Adresse des Herrn Abs ermittelte und die Ladung vorschriftsmäßig bewirkte; einen Tag vor dem Hauptverhandlungstermin, aber rechtzeitig, da es für Zeugenladungen keine gesetzlichen Fristen gibt.

Der Gerichtsvollzieher hatte Herrn Abs nicht persönlich angetroffen, sondern nur seine Haushälterin, die den Empfang der Ladung und des Geldes quittiert hatte. Als Herr Abs nach Hause kam und erfuhr, daß er für den folgenden Tag in Sachen Bolko Hoffmann vor das Landgericht Bochum geladen sei, muß er wohl aus der Haut gefahren sein. Jedenfalls griff er zum Telefon und rief wutentbrannt in meinem Büro in Bremen an. Da ich an diesem Tage in Hamburg zu tun hatte und von dort direkt nach Bochum fahren wollte, kriegte er nur meine Sekretärin zu fassen, auf die er seinen Zorn ablud. Er könne selbstverständlich nicht kommen, er müsse gleich nach München fahren und morgen nach Bonn. Bolko Hoffmann sei ihm nicht bekannt, es müsse sich um eine Verwechslung handeln. Er hätte, wenn er zu Hause gewesen wäre, die Annahme der Ladung und die Annahme des Geldes verweigert. Meine Sekretärin sagte, sie werde über seine Ausführungen eine Aktennotiz anlegen und Herrn Hannover informieren. Sie solle ausrichten, sagte Herr Abs abschließend, er nehme von der Ladung keine Kenntnis.

Das Großkapital plündert die deutsche Volkswirtschaft aus

Nur ein 300-Mrd-DM-Konjunkturprogramm – finanziert über die Börse – und eine Rückgängigmachung des Euro-Wahns bringen die Wirtschaft wieder in Schwung

Bolko Hoffmann

Kohls Unfähigkeit in ökonomischen Fragen hat die deutsche Volkswirtschaft in unvorstellbarem Maße ruiniert. Nach den leeren Versprechungen hinsichtlich blühender Landschaften im Osten und der aberwitzigen Prognose einer Halbierung der Arbeitslosenzahlen bis zum Jahr 2000 steht uns jetzt die größte Katastrophe bevor: die Einführung des Euro. Sie bringt weitere Hunderttausende von Arbeitslosen und zerstört den Mittelstand. Nur das Großkapital, das ohnehin die deutsche Volkswirtschaft ausplündert, profitiert von der neuen Währung.

Es ist ein riesiger Skandal, daß die Großkonzerne im Schnitt praktisch nur 28-30 % an Ertragssteuern bezahlen, weil Bonn ihnen alle Ausweichmöglichkeiten über das Ausland einräumt, während der Mittelstand mit durchschnittlich 66 % vom Fiskus zur Kasse gebeten wird.

Man muß sich nur einmal vorstellen, daß die Versicherungs-Giganten wie Allianz, Münchener Rück und Ergo inklusive ihrer Tochtergesellschaften Dresdner Bank und Bayernbank über mehrere hun-

nur mehr Bilanz-Wahrheit. Nicht nur die einzelnen Aktien, sondern auch die börsennotierten Beteiligungen müßten zum Ultimo-Kurswert bilanziert werden. Dabei genügt zunächst eine Aufschreibung auf einen hälftigen Bilanzansatz, damit nicht argumentiert werden kann, man nähme ihnen die stillen Reserven, die sie für eventuelle Notfälle benötigen.

Was heißt das konkret? Die Großkonzerne, beispielsweise die Allianz oder die Münchener Rück, müßten ihre gegenseitigen Schachtel-Beteiligungen von 25 % zum halben Kurswert bilanzieren. Dadurch werden sie irre Gewinne ausweisen. Diese wiederum sind zu 2/3 zu versteuern. Der Staat hätte also die finanziellen Mittel, um Konjunkturprogramme zu finanzieren.

Die Aktionäre bzw. die Versicherungsnehmer, die ebenfalls von diesen Großkonzernen betrogen werden, würden angesichts der erhöhten Ausschüttungen die reinsten Freudentänze aufführen, auch wenn sie mit nur 1/3 an diesen Gewinnen beteiligt wären.

Bolko Hoffmann war im Laufe des Jahres 1998 mit einer Fülle von ganzseitigen Zeitungsanzeigen an die Öffentlichkeit getreten, in denen er gegen die Einführung des Euro argumentierte und die Interessen der Banken und des Großkapitals bloßstellte.

Ich könnte mir vorstellen, daß auch die Herren, die sich als die Spitzen der Großbanken zu erkennen gegeben hatten, noch einiges von dem Zorn des Herrn Abs, dieses ungekrönten Königs der deutschen Banker, abgekriegt haben. Wie konnte man einen solchen Prozeß gegen den Herrn Abs angeblich unbekannten Bolko Hoffmann riskieren, in dem ein vielleicht auch Herrn Abs nicht unbekannter »Linksanwalt« aus Bremen Gelegenheit kriegte, den großen Abs in den Zeugenstand zu zitieren. Denn daß ihn nicht nur die Unbequemlichkeiten dieser mit anderen

Terminen kollidierenden Reise, sondern auch unangenehme Fragen erwarteten, wußte Herr Abs sehr gut, und das hätten auch die anderen Spitzen-Banker wissen können.

Ich hatte mich auf die Vernehmung des Zeugen Hermann Josef Abs gründlich vorbereitet. Da gab es den Bericht der OMGUS (Office of Military Government for Germany, United States) »Ermittlungen gegen die Deutsche Bank« von 1946/47, eine umfangreiche Studie amerikanischer Fachleute zur Vorbereitung von Kriegsverbrecherprozessen, in der empfohlen wurde:

1. die Deutsche Bank zu liquidieren,

2. die verantwortlichen Mitarbeiter der Deutschen Bank anzuklagen und als Kriegsverbrecher vor Gericht zu stellen, und

3. die leitenden Mitarbeiter der Deutschen Bank von der Übernahme wichtiger oder verantwortlicher Positionen im wirtschaftlichen und politischen Leben Deutschlands auszuschließen.

Nichts von alledem war passiert. Im Gegenteil, Hermann Josef Abs wurde einer der mächtigsten Männer im wirtschaftlichen und politischen Leben des westlichen Nachkriegsdeutschlands. Daß es nicht zu dem von den amerikanischen Ermittlern vorbereiteten Kriegsverbrecherprozeß gegen Abs und andere verantwortliche Mitarbeiter der Deutschen Bank kam, ist der Haltung der englischen Militärregierung zu verdanken, die Hermann Josef Abs schon im Mai 1945 zu ihrem finanzpolitischen Berater ernannt hatte, dann aber auch der sich etwa ab 1947 verändernden Einstellung der amerikanischen Regierung zu den Stützen des Nazi-Regimes, die man wieder brauchte, als der kalte Krieg gegen die Sowjet-Union begann. Auch in Konrad Adenauer, dem ersten Bundeskanzler der 1949 gegründeten Bundesrepublik Deutschland, hatte Hermann Josef Abs einen zuverlässigen Freund. Und so wurde Abs zum vielbeschäftigten Abgesandten der Bundesregierung bei den Verhandlungen über die deutschen Auslandsschulden. Ein wichtiger Mann an den Hebeln der Macht also, für den es offensichtlich neu war, daß ein Rechtsanwalt es wagte, ihm eine Ladung und einen Reisekostenvorschuß ins Haus zu schicken.

Der OMGUS-Bericht hätte mir Anlaß zu einigen kritischen Fragen über die Rolle der Deutschen Bank und des seit 1938 zu ihrem Vorstand gehörenden Zeugen Hermann Josef Abs während der Nazi-Herrschaft gegeben. Ein nicht ungefährliches Terrain, da Hermann Josef Abs und die Deutsche Bank sich gegen eine Veröffentlichung des DDR-Autors Eberhard Czichon (*Der Bankier und die Macht. Hermann Josef Abs in der deutschen Politik*, Köln 1970), die weitgehend auf den von der amerikanischen Kommission ermittelten Fakten basierte, mit zivilprozessualen Mitteln gewehrt und beim Landgericht Stuttgart 1971 und 1972 Urteile erstritten hatten, durch die dem Autor verboten wurde, eine Reihe von ehrenkränkenden Behauptungen zu wiederholen. Ich hatte mich über den Inhalt dieser Urteile kundig gemacht und wußte daher, was man über die Beteiligung des Herrn Abs an der »Arisierung« jüdischer Firmen und seine Beziehungen zum NS-Regime nicht mehr sagen durfte. Aber fragen durfte man noch.

(Inzwischen gibt es übrigens den OMGUS-Bericht in einem von der Dokumentationsstelle zur NS-Politik, Hamburg, erstellten Nachdruck [Nördlingen 1985] mit einer sachkundigen Kommentierung von Karl Heinz Roth. Und auch Eberhard Czichon hat das Thema noch einmal unter Vermeidung früherer Fehler aufgenommen [*Die Bank und die Macht. Hermann Josef Abs, die Deutsche Bank und die Politik*, Köln 1995]. Es bleibt schon einiges übrig, wonach Herr Abs sicher nicht so gern gefragt worden wäre.)

Zu der Verhandlung vor dem Landgericht Bochum erschienen für die beleidigte Spitze der Großbanken drei Rechtsanwälte – Dr. Augstein (Hannover), Dr. Schneider (Frankfurt/M.) und Willemer (Frankfurt/M.) –, in einem vom NDR und vom WDR gesendeten Rundfunkkommentar von Jürgen Holtkamp mit leiser Ironie als die »Spitzen des Anwaltsstandes« bezeichnet, um mit mir die Klingen zu kreuzen. Der von mir geladene Zeuge Hermann Josef Abs war, wie angekündigt, nicht erschienen.

Ich beantragte, wie die Strafprozeßordnung das bei unentschuldigtem Fernbleiben eines ordnungsmäßig geladenen Zeugen vorsieht, Herrn Abs zu einem Ordnungsgeld zu verurteilen und für den Fall, daß dieses nicht beigetrieben werden kann, Ordnungshaft festzusetzen. Das Gericht (ein Berufsrichter, zwei Schöffen) beriet lange. Dann lehnte es den Antrag mit der Begründung ab, Abs sei genügend entschuldigt, weil er erst einen Tag vor der Verhandlung geladen worden sei. »Entschuldigt«, wenn man das so nennen will, hatte Herr Abs sich lediglich bei meiner Sekretärin, nicht aber beim Gericht. Mir ist auch nicht bekannt geworden, daß er die Entschuldigung später nachgeholt hätte. Herr Abs ging offenbar davon aus, daß für ihn das Gesetz nicht gelte (»ich nehme von der Ladung keine Kenntnis.«) Und das Gericht beugte sich. Wie das die Spitzenanwälte auch so erwartet hatten.

Aber dann wurde es für die Herren Kollegen doch ungemütlich. Denn wir waren auch sonst besser vorbereitet und zählten eine Fülle von Beispielen dafür auf, in welchen Zusammenhängen der Begriff Mafia schon verwendet worden war, ohne daß die Betroffenen den Staatsanwalt bemüht hatten. So hatte etwa Helmut Kohl, damals Oppositionssprecher der CDU/CSU-Fraktion, die SPD-Politiker Helmut Schmidt und Willy Brandt mit »Mafia-Bossen« verglichen und der Linkspresse die Methoden von Gangstern vorgeworfen, gegen die die Mafia noch eine ehrwürdige Organisation sei. Selbstverständlich alles straflos.

Das Recht der freien Meinungsäußerung wird offenbar häufig höher bewertet als die Ehre der angegriffenen Personen. Aber freilich kommt es meistens ein bißchen darauf an, wer eine Beleidigung ausspricht und wen sie trifft. Denn daß die Dame Justitia, die von Bildhauern und Malern gern mit einer Binde vor den Augen dargestellt wird, wirklich »ohne Ansehen der Person« entscheidet, wie es im Schöffeneid so schön heißt, das ist durchaus die Ausnahme.

Um so erstaunter war man auf der Nebenklägerbank, als das Gericht tatsächlich zu einem Freispruch kam. Zwar ging das Urteil davon aus, daß die Ehre der Vorstandsmitglieder der deutschen Großbanken durch den beanstandeten Satz in Hoffmanns *Effecten-Spiegel* verletzt worden sei. Aber er sei gerechtfertigt als Wahrnehmung berechtigter Interessen. Das Gericht nahm, wie es die Rechtsprechung des Bundesverfassungsgerichts verlangt, eine Abwägung zwischen dem Recht der persönlichen Ehre und dem Recht der Meinungs- und Pressefreiheit vor und befand, daß hier das freie Wort den Vorrang verdiene. Der beanstandete Artikel habe sich mit einem Problem beschäftigt, das damals die gesamte deutsche Öffentlichkeit bewegt habe. Durch den Zusammenbruch des Bankhauses Herstatt und durch Devisenspekulation anderer Banken seien alle Banken »ins Gerede gekommen«. Auch beim Zusammenbruch des Bankhauses Wolff, der dem Artikel zugrundelag, hätten die Großbanken sich dem Verdacht ausgesetzt, eigennützige Ziele zu verfolgen. In dieser Situation hatte der Angeklagte nach Meinung des Gerichts das Recht, sich in dieser scharfen Form über die Spitze der Großbanken zu äußern.

Leider enthielt die schriftliche Urteilsbegründung eine juristische Schwachstelle, die einen Ansatzpunkt für die Revision bot. Solche Schwachstellen geben immer Anlaß zu Spekulationen, ob der Berufsrichter, der das schriftliche Urteil formuliert und auch dann hieb- und stichfest begründen sollte, wenn er von den Schöffen überstimmt worden ist, hier bewußt eine verwundbare Stelle gelassen oder den Fehler versehentlich begangen hat. Wie auch immer, es gab im Urteil die Formulierung, der Angeklagte habe den beanstandeten Satz in seiner Zeitschrift drucken lassen, um Aufmerksamkeit in der Fachwelt zu erregen und »um dadurch den Absatz seiner Zeitschrift zu erhöhen«. Ein Satz, der sich nicht auf eine entsprechende Äußerung des Angeklagten stützen konnte und völlig überflüssig war, weil er eine Selbstverständlichkeit aussprach, nämlich die, daß jeder Zeitungsverleger darum bemüht ist, sein Blatt so zu gestalten, daß ihm die Leser nicht weglaufen.

Auf diesen Satz stürzte sich denn auch der Kollege Dr. Augstein in seiner Revisionsbegründung:

Der Angeklagte verfolgte damit ein handfestes eigenes wirtschaftliches Interesse, als er den ehrenkränkenden Artikel publizierte. Solche Motive können aber niemals eine so massive Ehrenkränkung rechtfertigen. Die Rechtsordnung billigt nicht, sie mißbilligt vielmehr, ehrkränkende Äußerungen auch zur Verfolgung eigener wirtschaftlicher Zwecke einzusetzen.

Der Kollege Dr. Augstein wußte natürlich recht gut, daß der *Effecten-Spiegel* nicht die einzige Zeitschrift ist, die bei ihren Publikationen (auch) ein wirtschaftliches Interesse verfolgt. Und er wußte als erfahrener Anwalt und Teilnehmer der Hauptverhandlung in Bochum, daß seine Argumentation auf einer Urteilsformulierung aufbaute, die nichts mit dem wirklichen Anliegen des Angeklagten zu tun hatte. Aber das Revisionsrecht ist eine höchst formalistische Sache, und was im Urteil steht, gilt, mag es auch noch so falsch sein. Und so kämpften wir plötzlich in schwieriger Position. Denn daß das im Urteil unterstellte Motiv des Angeklagten, den Absatz seiner Zeitschrift zu erhöhen, nicht als »Wahrnehmung berechtigter Interessen« durchgehen konnte, war natürlich auch uns klar. Und es hätte eigentlich auch dem Richter klar sein müssen, der das Urteil formuliert hatte.

Gleichwohl, so unerfreulich, wie es dann kam, hätte ich mir die Revisionsverhandlung vor dem Oberlandesgericht Hamm, die am 7. Juni 1979 stattfand, nicht vorgestellt. Die Generalstaatsanwaltschaft war durch einen Oberstaatsanwalt vertreten, dessen Plädoyer aus insgesamt vier Sätzen bestand. Davon beschäftigten sich zwei Sätze mit der Frage, ob der Ausdruck »Spitze der Großbanken« den Personenkreis genügend genau umgrenzt, was er bejahte. Die beiden restlichen Sätze bestanden in der Behauptung, es habe sich bei der inkriminierten Formulierung um »eine reine Schmähung und Diffamierung der Vorstandsmitglieder der deutschen Großbanken« gehandelt.

Rechtsanwalt Dr. Josef Augstein, von drei schweigenden, aber sicher gut bezahlten Anwälten begleitet, nahm auf seine schriftlichen Ausführungen Bezug und erklärte, er sei nur für den Fall gekommen, daß man Fragen an ihn habe oder daß sonst »irgend etwas Überraschendes« eintreten sollte. Ich hatte den Eindruck, in eine Versammlung miteinander verschworener Juristen geraten zu sein, die schon wußten, wie das Urteil lauten würde und sich daher nicht mehr ins Zeug zu legen brauchten. Ich hätte mir mein gründlich vorbereitetes 45minütiges Plädoyer, in dem ich das freisprechende Urteil des Landgerichts unter allen denkbaren rechtlichen Gesichtspunkten zu rechtfertigen versuchte, ersparen können. Das Gericht brauchte nur 20 Minuten, um zu seinem Urteil zu kommen, dessen Begründung der Vorsitzende aus einem vorbereiteten Schreibmaschinenmanuskript vorlas, in das er während meines Plädoyers nur noch einige zusätzliche Notizen eingefügt hatte.

Das Urteil des Landgerichts wurde aufgehoben und die Sache an eine andere Strafkammer des Landgerichts Bochum zurückverwiesen. Die Begründung stützte sich nicht nur auf die schon erwähnte Schwachstelle des landgerichtlichen Urteils, sondern legte für die erneute Verhandlung bereits fest, daß der Angeklagte auf keinen Fall freigesprochen werden dürfe. Die in dem inkriminierten Artikel des *Effecten-Spiegels* verwendete Formulierung sei »unter den gegebenen Umständen keinesfalls ein adäquates Mittel, die Öffentlichkeit auf das Verhalten der Großbanken in Zusammenhang mit der Schließung des Bankhauses Wolff aufmerksam zu machen«. Auch müsse erneut geprüft werden, ob nicht schon die Form der Äußerung beleidigend sei. Immerhin werde im Bewußtsein vieler Menschen der Begriff »Mafia« zumindest mit einer mit illegalen Mitteln arbeitenden Geheimorganisation gleichgesetzt, was sich im übrigen mit den Erklärungen in den gängigen Enzyklopädien decke. Dabei setzte sich das Revisionsgericht über den vom Landgericht mit Hilfe eines Sachverständigen – nämlich des Chefredakteurs der »Westdeutschen Allgemeinen Zeitung« – festgestellten Bedeutungswandel des Mafia-Begriffs mit einem schlichten Blick in überholte Enzyklopädien hinweg. Es komme hinzu, hieß es weiter im OLG-Urteil, daß im vorliegenden Fall das Wort »Mafia« in Verbindung mit dem hier herabsetzenden Ausdruck »Gestalten« gebraucht worden sei.

Wir hatten für die erneute Verhandlung vor dem Landgericht also schlechte Karten. Aber wir gaben den Kampf nicht auf. Zu der erneuten Verhandlung vor dem Landgericht Bochum am

5. Februar 1980 brachte ich ein von mir eingeholtes Gutachten des angesehenen Wirtschaftswissenschaftlers Prof. Dr. Rudolf Hickel (Universität Bremen) mit, das sich kritisch mit dem Konzentrationsprozeß im Bankensektor und der wachsenden Dominanz der Großbanken auseinandersetzte und davon sprach, daß die Großbanken ein typisches Oligopol repräsentieren und Formen der Abstimmung (»Frühstückskartell«) praktizieren, bei denen sie zusätzliche Gewinne erwirtschaften und aufteilen; in der wissenschaftlichen und politischen Diskussion sei schon mehrfach der Vorwurf erhoben worden, Großbanken hätten durch abgestimmtes Verhalten den Wettbewerb unterlaufen; der Oligopolisierung sei die Tendenz immanent, kleine und mittlere Bankinstitute vom Markt zu verdrängen. Hickel hütete sich natürlich, die von ihm analysierten Praktiken der Großbanken als Mafia-Methoden zu bezeichnen. Zugleich aber machte die wissenschaftliche Sprache seines Gutachtens deutlich, daß sich ein Journalist volkstümlicher ausdrücken muß, um von seinen Lesern verstanden zu werden.

Der Zeuge Hermann Josef Abs, dem ich wiederum eine direkte Ladung zugehen ließ und zwar mit einem auf 500 DM erhöhten Reisekostenvorschuß, erschien auch diesmal nicht, entschuldigte sich aber formgerecht. Mit weiteren Besuchen des Gerichtsvollziehers habe ich Herrn Abs verschont.

Der Vorsitzende der nunmehr zuständigen Strafkammer steuerte gleich zu Beginn der Verhandlung eine Einigung zwischen allen Beteiligten an und schlug vor, das Verfahren gegen Zahlung einer Buße einzustellen. Einer derartigen Lösung hatten wir schon im Jahre 1978 zugestimmt, als der Vorsitzende der damals zuständigen Strafkammer sie angeregt hatte. Damals war die Einstellung des Verfahrens am Widerspruch des Staatsanwalts gescheitert. Jetzt waren offenbar auf der Anklägerseite alle Beteiligten froh, die Sache ohne großes Aufsehen beenden zu können. Herr Hoffmann zahlte 1.000 DM an die durch das fast sechsjährige Verfahren arg belastete Staatskasse und übernahm einen Teil (nämlich 1.500 DM) der Anwaltskosten der Bankiers, Peanuts im Verhältnis zu dem, was sie der Prozeß gekostet haben dürfte.

In Erwartung einer Gerichtsentscheidung. Steht das Urteil schon fest?

Der *stern* (20.3.1980) berichtete in der Rubrik »Personalien« über den Ausgang des Verfahrens. Bolko Hoffmann wisse jetzt, »was die Ehre eines deutschen Bankiers wert« sei, »nämlich genau 1.000 Mark«. Hoffmann habe dem Vergleich zähneknirschend zugestimmt. Er fühle sich zwar weiterhin im Recht, zahle aber lieber: »So habe ich meine Ruhe«.

Für künftige Fälle habe ich Herrn Hoffmann empfohlen, die Spitzen der Großbanken nicht als »mafia-vergleichbare Gestalten«, sondern bei gegebenem Anlaß schlicht als Mafia zu bezeichnen. Auf den Prozeß freue ich mich.

4. Der »Terroristenprozeß« gegen Karl Heinz Roth und Roland Otto (1977)

Der Hamburger Arzt und Historiker Dr. Dr. Karl Heinz Roth, Gründer und Vorstandsmitglied der renommierten Stiftung für Sozialgeschichte des 20. Jahrhunderts, war schon immer ein unbequemer Mann. Aus ökonomisch ziemlich miserablen, kleinen Verhältnissen stammend – der Vater war Polizeibeamter, die Mutter früher Näherin – hatte er frühzeitig einen kritischen Blick für die Ungerechtigkeiten und fragwürdigen Traditionen der kapitalistischen Gesellschaft entwickelt. Sein Protest gegen diese Gesellschaft begann 1961 mit der Verweigerung des Gelöbnisses in der Bundeswehr und setzte sich während seines Medizinstudiums in politischen Aktivitäten gegen die Notstandsgesetze und den Indochinakrieg der USA fort. Er wurde Mitglied des SDS (Sozialistischer Deutscher Studentenbund) und gehörte bald zu dessen Bundesvorstand. Seine politische Solidarität mit der Arbeiterschaft (er schrieb später das Buch »Die andere Arbeiterbewegung«) war nicht nur theoretischer Natur; er sammelte praktische Erfahrungen im Betrieb als Werksanitäter bei den Kölner Ford-Werken. Während seiner Medizinalassistentenzeit an verschiedenen Hamburger Krankenhäusern begann er ein Zweitstudium der Geschichtswissenschaft, das er später mit einer Dissertation über die Medizin im Nationalsozialismus abschloß. Sein zweites chirurgisches Assistenzjahr verbrachte Roth als Arzt am katholischen St. Vinzenz-Hospital in Köln. Und zugleich setzte er eine ambulante medizinische Betreuung von Obdachlosen und illegal lebenden, von Ausweisung bedrohten Ausländern fort, die er schon bei seinem früheren Kölner Aufenthalt begonnen hatte. Getreu einem ärztlichen Selbstverständnis, das er einmal so formuliert hat: »Es hieß jetzt, sich konkret und ganz alltäglich auf die Seite der Ausgebeuteten und Erniedrigten zu schlagen, oder zum zynischen Sachwalter kapitalistischer Macht im weißen Kittel zu werden«.

Von diesem Mann und von einem Ereignis in diesem Abschnitt seines Lebens handelt das folgende Kapitel. Auf einer seiner Fahrten zu einem illegal lebenden Patienten, begleitet von zwei Personen, von denen er, wie sich zeigen sollte, nicht alles wußte, war er eines Tages in eine Polizeikontrolle geraten, bei der es zu einer Schießerei mit furchtbaren Folgen kam. Ein Polizeibeamter war tot, ein weiterer schwer verletzt. Und auch von den drei Insassen des von Roth gesteuerten Wagens wurde einer getötet und einer, nämlich Roth, schwer verletzt.

»Die Kollegen haben schlecht geschossen, sie hätten alle drei kaputt sein müssen!« Das war der Kommentar eines Polizeibeamten – eines Polizeimeisters –, als Karl Heinz Roth nach einem aufreibenden Prozeß als freier Mann den Gerichtssaal verließ. »Ich habe es selbst gehört, und es ist auf Tonband aufgenommen, sonst würde ich dies nicht glauben«, sagte Leo Waltermann, Prozeßberichterstatter des Westdeutschen Rundfunks, im Mittagsmagazin seines Senders am 26. Juli 1977. Er fügte hinzu: »Das ist sicher nicht einhellige Meinung der Polizei. Das wird man nicht verallgemeinern können.« Darauf sein Interviewpartner, der Redakteur Meyer: »Wer tot ist, ist kein Zeuge mehr; das ist klar.« Darauf Waltermann: »Und ist auch kein Ankläger mehr«. Meyer: »Er ist kein Zeuge und kein Ankläger mehr. Die alte Praxis auf Kasernenhöfen schon seit ewigen Zeiten.« Welche alte Praxis auf Kasernenhöfen gemeint ist, muß für Leser, die keine militärische Ausbildung gehabt haben, wohl gesagt werden. Gemeint ist die zynische Belehrung junger Soldaten, die zum ersten Mal auf Wache ziehen müssen: »Wenn Sie auf einen Menschen schießen, muß der erste Schuß tödlich sein, der zweite Schuß hat später als Warnschuß zu gelten.« Eine Belehrung, die sowohl das Leben von Menschen als auch die Wahrheit zur Disposition stellt. Ich weiß nicht, ob auch Polizeibeamte so belehrt werden. Der Fall Roth/Otto, der 1977 in Köln verhandelt wurde, legt es nahe, über diese Frage nachzudenken.

Die Schießerei, um deren Aufklärung es in der vom 17. Januar bis zum 26. Juli 1977 durchgeführten Hauptverhandlung beim Landgericht Köln ging, hatte am 9. Mai 1975 nachts gegen 1.12 Uhr auf einem Parkplatz in Köln-Gremberg stattgefunden. Ausgelöst wurde das Geschehen durch den Anruf eines Anwohners bei der Polizei, der drei »verdächtige Gestalten« auf dem Parkplatz gesehen haben wollte, denen er die Absicht eines Autodiebstahls unterstellte. Die Polizei rückte mit mehreren Funkstreifenwagen an und hinderte die drei verdächtigten Personen, die gerade mit dem NSU-Prinz K-KP 338 abfahren wollten, die Parklücke zu verlassen. Am Steuer saß, wie sich auch für die Polizisten bald herausstellen sollte, der Eigentümer des Wagens, nämlich der Arzt Karl Heinz Roth, so daß sich der Verdacht, es mit Autodieben zu tun zu haben, wohl schnell erledigte. Seine beiden Beifahrer hätten schon eher Verdacht erregen können. Der eine, Roland Otto, war wegen Beteiligung an einem Bankraub zu einer Jugendstrafe von vier Jahren und vier Monaten verurteilt und während eines Urlaubs aus der Haft entflohen. Der andere, Werner Sauber, wurde ebenfalls wegen Beteiligung an Banküberfällen und wegen Zugehörigkeit zu einer kriminellen Vereinigung gesucht. Aber während Roth seine echten Personalpapiere vorzeigen konnte, reichten Otto und Sauber gefälschte, auf andere Namen lautende Papiere durchs Fenster, so daß sie hofften, nicht erkannt zu werden.

Tatsächlich ergab denn auch die Personalienüberprüfung keinen Verdacht gegen die unter falschem Namen auftretenden Roland Otto und Werner Sauber. Wohl aber kam von der Funkleitstelle der verschlüsselte Hinweis, daß der Arzt Karl Heinz Roth möglicherweise der Terroristenszene zuzurechnen sei. Eine Verdächtigung, die darauf beruhte, daß Roth in der zweiten Hälfte der sechziger Jahre zu den namhaftesten Sprechern der Studentenbewegung gehört hatte. Schon damals war ich, zusammen mit dem Hamburger Kollegen Kurt Groenewold, sein Verteidiger gewesen, als die Staatsanwaltschaft Hamburg wegen Verletzung der Bannmeile um das Hamburger Rathaus und anderer Demonstrationsdelikte gegen ihn Haftbefehl erwirkt und schließlich im August 1969 Anklage erhoben hatte.

Zu einer Hauptverhandlung war es nicht gekommen, weil das Verfahren nach dem Straffreiheitsgesetz vom 20.5.1970 eingestellt wurde.

Jenes Verfahren aus der Hochzeit der außerparlamentarischen Oppositionsbewegung muß tiefe Wunden bei vielen Hütern der Staatsautorität hinterlassen haben. Denn es war nicht möglich gewesen, den Haftbefehl gegen Roth zu vollstrecken, weil er bei seinen zahlreichen öffentlichen Auftritten immer von einer großen Menge sympathisierender Studenten und junger Arbeiter umgeben war, die ihn vor jedem polizeilichen Zugriff schützten. Es gibt Fotos aus jener Zeit, auf denen man Karl Heinz Roth fröhlich lachend oder mit Handlautsprecher inmitten seiner »Leibgarde« sieht, Bilddokumente der schmerzlichen Provokationen und Niederlagen, die damals eine in der Defensive befindliche Staatsgewalt von Seiten der revolutionär gestimmten Studentenbewegung einstecken mußte. Die Sympathisantenszene, auf die Karl Heinz Roth sich verlassen konnte, reichte bis ins liberale Bürgertum hinein. Ich selbst habe ihn damals in einem oder mehreren seiner »illegalen« Quartiere besucht, respektable Villen angesehener Bürger, die dem von der Polizei gesuchten Mann Unterkunft boten. Das hatte wehgetan und Karl Heinz Roth einen Platz im Polizeicomputer unter dem Stichwort Terrorismusverdacht eingetragen.

Jetzt kam die Quittung. Die Polizeibeamten, die mit den Personalpapieren zum Funkstreifenwagen gegangen waren, kehrten erkennbar verändert zurück. Sie mußten eine Information über Funk erhalten haben, die alle Vernunft über den Haufen warf. Sie, die eben noch mit gekonnter Gelassenheit ihr Handwerk ausgeübt hatten, erschienen plötzlich wie elektrisiert, fahrige Bewegungen und Handzeichen ersetzten die bis dahin ruhige Kommunikation, mehrere Beamte richteten ihre Pistolen auf die Insassen des Wagens und verschwanden aus deren Gesichtsfeld nach hinten. Und dann kam die Aufforderung: »Aussteigen!«

Daß diese von Karl Heinz Roth und Roland Otto übereinstimmend anschaulich beschriebene auffällige Verhaltensänderung der Polizisten eine Folge der über Funk eingetroffenen Terroristenwarnung gewesen sei, wurde von den als Zeugen vernommenen Polizeibeamten bestritten. Nach ihrer Darstellung sei diese Funkdurchsage erst gekommen, als bereits zwei Tote und zwei Schwerverletzte auf dem Parkplatz lagen. Der Wahrheitsgehalt dieser Polizistenaussagen wurde durch das Verhalten der Polizeiführung nicht gerade gestützt: Geheimhaltung einer WE-Meldung (= Wichtige Ereignismeldung) selbst gegenüber dem Gericht mit der Begründung, daß ihre Bekanntgabe dem Wohl des Landes Nordrhein-Westfalen schaden könne. Über weitere Versuche der Polizeiführung, auf die Wahrheitsfindung Einfluß zu nehmen, wird noch zu reden sein.

Es ist schwer, den weiteren Ablauf der Ereignisse zu verstehen, wenn man die Darstellung der Polizei als richtig unterstellt. Gleichwohl werde ich beide Versionen mitteilen, denn immerhin erwuchs aus der einen – der Polizeiversion – eine Anklageschrift der Kölner Staatsanwaltschaft, die Karl Heinz Roth und Roland Otto des Mordes und des zweifachen Mordversuchs beschuldigte.

Die unzweifelhaft feststehenden Tatsachen sind schnell aufgezählt. Bei einer nur Sekunden dauernden Schießerei, an der Werner Sauber und die Polizeibeamten G., Pauli und H. beteiligt waren, starben zwei Menschen – Sauber und Pauli –, während G. und Roth schwer verletzt wurden. Es fielen mindestens 27 Schüsse. Gefunden wurden 14 Projektile und 27 Hülsen. 7 Projektile und 7 Hülsen stammten aus Saubers Waffe (Kaliber 45), die übrigen aus Polizeiwaffen (Kaliber 7,65), je 7 Hülsen aus H.s und Paulis, 6 aus G.s Waffe. Die Leiche des Polizeibeamten Pauli lag vor dem rechten Vorderrad eines Ford Taunus, der rechts neben dem NSU Prinz abgestellt war.

Der Polizeibeamte G. lag schwerverletzt neben dem linken Hinterrad des NSU zwischen diesem und dem links daneben geparkten Wagen. Werner Sauber, der einen Fluchtversuch unternommen hatte, lag tot in einem Blumenbeet, das den Parkplatz, drei Autobreiten von dem NSU entfernt, begrenzte. Karl Heinz Roth lag schwerverletzt neben der geöffneten Fahrertür des NSU auf dem Pflaster, die Füße noch im Wagen.

Der Fotograf Helmut Jüliger, der den Polizeifunk abgehört hatte, war wenige Minuten nach dem Schußwechsel am Ort des Geschehens und machte eine Serie sensationeller Fotos. Hier sieht man die beiden Schwerverletzten, Karl Heinz Roth neben der geöffneten Fahrertür seines Wagens und den Polizeibeamten G. dahinter auf dem Pflaster des Parkplatzes. Die Taschenlampe des vorbeigehenden Polizeibeamten ist auf den getöteten Polizeibeamten Pauli gerichtet, der hier vom Wagen verdeckt wird.

Der getötete Beamte Pauli war von zwei Schüssen aus Saubers Waffe getroffen worden, von denen einer, ein Herzschuß, sofort tödlich gewirkt hatte. G. hatte zwei Schußverletzungen, einen Oberschenkeldurchschuß und einen Bauchdurchschuß, der Leber, Magen und Milz verletzt hatte. Sauber war von sechs Schüssen getroffen worden, die zu mehrfachen Verletzungen von Leber, Lunge, Magen und Darm geführt und in ihrer Gesamtheit seinen Tod verursacht hatten. Roth war von zwei Kugeln getroffen worden, die eine, aus G.s Waffe abgeschossen, hatte seinen Oberkörper durchschlagen und die Lunge verletzt, die andere, eine verirrte Kugel aus Saubers Waffe, hatte eine schwere Verletzung im Darmbereich zur Folge.

Aus den objektiven Befunden ergaben sich einige wichtige Tatsachen. So vor allem die, daß der Polizeibeamte Pauli mindestens sechs Schüsse auf Sauber abgegeben haben muß, bevor ihn dessen tödliche Kugel traf. Denn nach dem Herzschuß war Pauli, wie ein medizinischer Sachverständiger bestätigte, sofort handlungsunfähig gewesen und hätte allenfalls noch einen Schuß reflexartig auslösen können.

Ein weiteres Foto aus der Jüliger-Serie. Im Vordergrund der Polizeibeamte G., neben der geöffneten Fahrertür Karl Heinz Roth. Einer der beiden Schüsse, die Roth getroffen hatten, hatte zuvor die hintere Scheibe des Wagens durchschlagen.

Auch der Verlauf der Schußkanäle in Saubers Körper ließ einige Schlüsse zu, wie seine Tötung abgelaufen war. Und vor allem stand objektiv fest, daß weder Roth noch Otto geschossen hatten.

Ein objektiver Befund, aus dem nur mit einiger Mühe eine Mordanklage gegen die beiden Überlebenden zu zimmern war. Mit diesem Versuch plagte sich die Bundesanwaltschaft länger als ein Jahr ab, indem sie Beweise für die Polizeithese suchte, die drei Wageninsassen seien Mitglieder einer kriminellen, terroristischen Vereinigung von anarchistischen Gewalttätern, zu deren Handlungsmaximen es gehöre, sich jeder Festnahme mit Waffengewalt zu erwehren. Aber sie fand nichts, womit sich die Mitgliedschaft oder auch nur Unterstützung einer kriminellen Vereinigung begründen ließ. Auch ein Versuch, Karl Heinz Roth gegen seinen Mitgefangenen Roland Otto als Kronzeugen zu instrumentalisieren, um wenigstens gegen einen der beiden einen handfesten Beweis des Mordvorsatzes aufzubauen, schlug fehl. Und so gab man die Akten schließlich an die Kölner Staatsanwaltschaft zurück und überließ dieser die undankbare Aufgabe, aus mehr oder weniger schlampig recherchierten objektiven Befunden und widersprüchlichen Polizistenaussagen eine Mordanklage herzustellen. Denn eine Mordanklage war man der Öffentlichkeit, die im Mai 1975 mit Berichten über die drei »Terroristen« bedient worden war, schuldig. Als sie endlich im Juni 1976 fertig war, saßen Karl Heinz Roth und Roland Otto immerhin schon über ein Jahr in Haft. Auch das verpflichtete zu großen Tönen. Man versuchte, bei Abfassung der Anklage wenigstens die terroristischen Gesinnungselemente zu retten, indem man Äußerungen der Angeklagten zitierte, die sie als Sozialisten auswiesen, und vertraute darauf, daß die Richter den Bogen von sozialistischer zu Mördergesinnung schlagen würden. Und so heißt es denn mit den barbarischen Formeln des aus der Nazizeit stammenden Mordparagraphen, der in Zeiten staatlicher Massentötungen anstelle des bisherigen Tatbestandsmerkmals »mit Überlegung« die »niedrigen Beweggründe« eingeführt hatte:

Die Angeschuldigten Roth und Otto sind Mörder, weil sie aus niedrigen Beweggründen handelten. Sie wollten mit allen Mitteln eine Festnahme verhindern. Ein solcher, ausschließlich von hemmungsloser Selbstsucht getragener Beweggrund für die Tötung eines Menschen zeugt von besonders verwerflicher Gesinnung und steht nach allgemeiner sittlicher Wertung auf tiefster Stufe.

Was auf dem Parkplatz in Köln-Gremberg geschah, nachdem die Insassen des NSU zum Aussteigen aufgefordert worden waren, liest sich in der Anklageschrift der Kölner Staatsanwaltschaft so:

Die Wageninsassen mußten nunmehr befürchten, daß sie festgenommen und Sauber und Otto als die seit langem gesuchten, in der Illegalität lebenden Gewalttäter entlarvt würden. Nach einer zweiten Aufforderung, den Wagen zu verlassen, öffneten Sauber und Roth plötzlich die Wagentüren. Sauber sprang blitzschnell aus dem Wagen und schoß in stillschweigendem Einverständnis mit den Angeschuldigten sofort und für die Polizeibeamten völlig überraschend mit seiner Selbstladepistole, Marke Colt, Kal. 45, auf die umstehenden Polizeibeamten, die ihrerseits aus ihren Dienstpistolen das Feuer erwiderten. Er traf als ersten den in nächster Nähe am hinteren Teil des Fahrzeugs stehenden PHW Pauli, der von zwei Schüssen tödlich verletzt zu Boden sank. Um das Heck des Pkws laufend, schoß er unentwegt weiter, bis das Magazin leer war. Er gab mindestens sieben Schüsse ab. Hiervon durchschlug ein Schuß die Heckscheibe des Pkw NSU sowie die Rückenlehne des Fahrersitzes und traf den Angeschuldigten Roth in den Rücken. Dieser ließ sich daraufhin mit dem Oberkörper aus dem Wagen fallen, wobei seine Füße zunächst noch im Wagen verblieben. Zwei Schüsse durchschlugen den Körper des PHW G. und verletzten ihn lebensgefährlich. Kurz nachdem G. sechsmal auf Sauber geschossen hatte, griff der nunmehr neben der Fahrertür am Boden liegende und schwerverletzte Angeschuldigte Roth in seine Kleidung und zog seine schußbereite Pistole, Marke FN, Kal. 7, 65. Um ein Schießen Roths auf Polizeibeamte zu verhindern, gab G. einen Schuß ab, der Roth traf.

Der auf dem Rücksitz befindliche Angeschuldigte Otto wurde anschließend ohne Gegenwehr festgenommen, nachdem PHW Bartzik unmittelbar nach Beginn des Schußwechsels mit gezogener Dienstwaffe auf den Pkw NSU zugelaufen war. Im Hosenbund des Angeschuldigten Otto befand sich eine durchgeladene Selbstladepistole, Marke Walther, Kal. 7, 65.

Das war die Polizeiversion. Oder genauer: das, was die Staatsanwaltschaft aus verschiedenen Polizistenaussagen als die den Angeklagten nachteiligste Version zusammengestellt hatte. Denn es gab da einige Merkwürdigkeiten in der Entstehungsgeschichte der Polizistenaussagen, die nachträgliche Korrekturen zu Lasten der Angeklagten erkennen ließen. Die ersten Vernehmungen gleich nach dem Vorfall im Mai 1975 reichten offenbar nicht aus, um die Anklagethese zu erhärten, Werner Sauber habe im Einvernehmen mit den beiden anderen Wageninsassen das Feuer auf die Polizeibeamten eröffnet. Da fehlte noch das plötzliche gleichzeitige Türenöffnen, und da fehlte vor allem noch der angebliche Versuch Roths, auch seinerseits auf Polizeibeamte zu schießen. Und so erschienen zwei Beamte des Landeskriminalamtes und wiederholten die Vernehmungen der beteiligten Polizeibeamten mit dem gewünschten Ergebnis.

Ein Beispiel: Der Polizeibeamte B. hatte am 13. 5. 1975, also vier Tage nach dem Vorfall, zu Protokoll gegeben:

Nach der zweiten Aufforderung hörte und sah ich, daß auf der rechten Seite des NSU geschossen worden war. Ich habe vorher keine Bewegung im Fahrzeug feststellen können. Ich kann auch nicht angeben, ob die Beifahrertür zur Abgabe des Schusses geöffnet wurde. Das ging alles sehr schnell.

Also kein Wort vom gemeinsamen plötzlichen Öffnen der Türen, das für die Staatsanwaltschaft eines der wesentlichen Indizien für gemeinschaftliches Handeln der Wageninsassen werden sollte, nämlich für den Versuch, sich mit allen Mitteln einer Festnahme zu entziehen.

Vier Monate später, in der LKA-Vernehmung vom 22. September 1975, erinnert B. sich nunmehr:

Erst nachdem sie nochmals nachdrücklich aufgefordert wurden (auszusteigen), öffneten sich plötzlich beide vorderen Türen (hintere Türen gab es nicht, es handelte sich um einen zweitürigen Wagen! H. H.) und von der Beifahrerseite wurde sofort geschossen.

Die LKA-Vernehmung erbrachte also nicht nur das gemeinsame Türenöffnen, sondern auch die für die Anklage wichtige Behauptung, daß der Beifahrer das Feuer eröffnet habe. Schon im Mai war B. gefragt worden, ob er festgestellt habe, wer den ersten Schuß abgegeben habe. Damals hatte seine Antwort gelautet:

Nein, das kann ich nicht sagen. Das ging unheimlich schnell hintereinander. Das hörte sich so an, als ob aus zwei Pistolen gleichzeitig geschossen wurde.

In der Hauptverhandlung kehrte B. übrigens wieder zu seiner ursprünglichen Darstellung zurück. Auf die Frage, was er nach der zweiten Aufforderung auszusteigen gesehen habe:

Ich habe nichts gesehen, ich habe nur Schüsse gehört.

Weitere Frage:
   Haben Sie gesehen, ob jemand ausgestiegen ist, ob sich Türen geöffnet haben?

B.: Kann ich nichts zu sagen.

Und zum Schußbeginn:

Das einzige, was ich gesehen habe, war ein Feuerschein. Ich kann nicht ausschließen, daß die Schüsse auch neben dem anderen Fahrzeug abgegeben worden sind.

Dort stand der Polizeibeamte G. Aber so weit sind wir noch nicht.
   Zunächst noch die Entwicklungsgeschichte von Roths angeblichem Griff zur Pistole, dem wichtigsten Indiz der Staatsanwaltschaft für den gemeinschaftlichen Mordvorsatz der Angeklag-

ten. Der einzige Zeuge für diesen angeblichen Schußversuch des schwerverletzten Karl Heinz Roth war der Polizeibeamte G. Er war auch der einzige Zeuge, der mit Sicherheit gesehen haben wollte, daß Sauber mit dem Schießen begonnen habe.

In seiner ersten Aussage, sie stammt vom 14. Mai 1975, fünf Tage nach den Ereignissen, erwähnt G. mit keinem Wort, daß er bei Roth, der ebenso wie er selbst schwerverletzt links neben dem NSU auf dem Pflaster lag und, wie durch Sachverständigengutachten bestätigt wurde, bewegungsunfähig war, einen Griff zur Pistole gesehen habe. Wörtlich heißt es im Protokoll:

Als ich lag, sah ich auch den PHW Pauli liegen und stöhnen. Ich konnte auch vor mir liegend den Fahrer des Pkw erkennen. Wie er aus dem Fahrzeug gekommen ist und ob er geschossen hat, weiß ich nicht. Den weiteren Geschehensablauf habe ich nicht mehr mitbekommen. Ich habe nur noch gehört, daß jemand sagte, hier liegt der Pauli und hier liegt noch einer, das ist der G.

Herr G. ist dann einige Tage später von einem Reporter der *Bild-Zeitung* interviewt worden. Im Bericht der *Bild-Zeitung* vom 28. Mai 1975 wurde G.s Erklärung gegenüber diesem Reporter wie folgt wiedergegeben:

Mit entsicherter Waffe standen Pauli und ich hinter dem Terroristenwagen (Terroristenwagen!). Plötzlich knallte es. Walter Pauli griff sich an die Brust und sackte zusammen. Ich dachte, du mußt helfen. Da hatte es mich selbst auch schon erwischt. Ich lag am Boden, preßte die Hände auf den Bauch und dachte, hoffentlich holt man mich hier weg. Es fielen Schüsse von allen Seiten, ich war bei vollem Bewußtsein. Erst im Krankenhaus kamen die Schmerzen. Noch heute träume ich davon und sehe alles vor mir.

Also kein Wort davon, daß er gesehen habe, wie Karl Heinz Roth zur Pistole gegriffen und einen eigenhändigen Mordversuch begangen habe; ein Knüller, den sich die *Bild-Zeitung* sicher nicht hätte entgehen lassen, wenn G. davon gesprochen hätte.

Aber dann kam G.s September-Aussage bei den Herren vom Landeskriminalamt. Und da fiel ihm, vier Monate später, erstmalig ein, daß er noch einen Mordversuch bezeugen könne:

Der Fahrer befand sich in Rückenlage. Ob er ganz auf dem Rücken lag oder etwas verkantet, kann ich nicht mehr mit Sicherheit sagen. Jedenfalls konnte ich ihn ganz überblicken und auch seine Bewegungen beobachten. Nachdem er zunächst völlig ruhig gelegen hatte, bewegte er sich plötzlich, er bewegte den Kopf, als wenn er um sich schauen wollte und griff dann mit der rechten Hand nach vorne in seine Bekleidung. Als er die Hand zurückzog, bemerkte ich in seiner Hand einen Pistolengriff. Mit Aufbietung meiner letzten Kraft hob ich meine Pistole und schoß in Richtung auf den Fahrer. Nach Sachlage könnte ich ihn in die Schulter getroffen haben. Ich war aufgrund meiner Verletzungen nicht mehr in der Lage, genau zu zielen. Ich schoß, um zu verhindern, daß der Fahrer seinerseits von seiner Schußwaffe Gebrauch machen konnte.

Das war die Aussage des Herrn G., mit deren Glaubwürdigkeit die Anklage der Staatsanwaltschaft stand oder fiel. Mit dem Zeugen G. wollte sie beweisen, daß Sauber den ersten Schuß abgegeben und Roth nur durch einen Schuß in den Rücken am eigenen Schießen gehindert werden konnte, beides unentbehrliche Indizien für die These, die Insassen des »Terroristenwagens« hätten sich, von sechs bewaffneten Polizeibeamten umgeben, den Fluchtweg freischießen wollen, mithin Saubers Schüsse mitzuverantworten. G.s Aussage in der LKA-Fassung enthielt alles, was die Staatsanwaltschaft brauchte. Und es wurde zur zentralen Aufgabe der Verteidigung, ihre Unrichtigkeit zu beweisen. Denn wir waren überzeugt, daß G. in entscheidenden Punkten gelogen hatte.

Die Verteidigung – bestehend aus den Rechtsanwälten Bekkers, Heiermann und Niepel für Roland Otto, und Dethloff, Golzem und Hannover für Karl Heinz Roth – ging davon aus, daß die übereinstimmende Sachdarstellung unserer Mandanten den wirklichen Geschehensablauf wiedergab.

Roland Otto hatte mit einer Beschreibung der Sitzordnung im NSU begonnen, die schon allein geeignet war, die Polizeiversion in Frage zu stellen:

Der NSU hat nur zwei Türen, ich kann also erst aussteigen, wenn Karl Heinz Roth oder Werner Sauber ausgestiegen sind.

Dann schilderte er die Umstände der Personalienüberprüfung und die durchs offene Seitenfenster geführten Gespräche mit den Polizeibeamten.

Daraufhin ist H. erneut zum Variant gegangen und G. ist ihm gefolgt. Ich habe aus dem linken Seitenfenster der Fahrertür hinausgerufen, was denn nun mit unseren Papieren sei, erhielt aber keine Antwort. Plötzlich kam G. mit schnellen Schritten zum NSU zurück und hatte diesmal die Waffe erhoben und auf uns gerichtet. Er blieb an der linken Seite des NSU hinter der Fahrertür stehen und hatte die Waffe auf die Fahrertür gerichtet bzw. auf Karl Heinz Roth. Etwa zur gleichen Zeit hörte ich von links die Aufforderung: »Aussteigen!«
... Werner Sauber ist ausgestiegen, während Karl Heinz Roth sitzen blieb. Ich sah, wie Werner Sauber mehrere Sekunden aufrecht neben dem Beifahrersitz stand und den rechten Arm auf die offenstehende Tür gelegt hatte ...
Er drehte sich dann um und rannte unheimlich schnell am NSU vorbei nach hinten ...
Ich hörte, als Werner Sauber nach hinten lief, einen Schuß ... Unmittelbar nach dem ersten Schuß hörte ich eine Serie von Schüssen, die ebenso wie der erste Schuß alle einen hellen Klang hatten.

Im Anschluß an diese Serie von hell klingenden Schüssen, die dem kleineren Kaliber der Polizeiwaffen zuzuordnen waren, hatte Roland Otto weitere Schüsse gehört, unter denen sich auch solche mit deutlich dunklerem und lauterem Knall befanden, der für Saubers Waffe typisch war.

Ich hörte, auf dem Rücksitz geduckt, Karl Heinz Roth stöhnen. Ich richtete mich auf und hob die Hände hoch, zum Zeichen, daß ich keinen Widerstand leisten werde. Ich sah, wie Karl Heinz Roth aus dem NSU rausfiel und quer zur Fahrtrichtung des NSU liegenblieb ...

Und dann beschrieb er noch die akustische Wahrnehmung dessen, was ich später in meinem Plädoyer als die »Hinrichtung des Werner Sauber« bezeichnet habe:

Die Serie von hellen und dunklen Schüssen hatte aufgehört. Danach hörte ich deutlich weiter entfernt als zuvor nochmals eine Serie von hellen Schüssen. Danach habe ich keinen Schuß mehr gehört.

Derselbe Beamte, der diese letzte Serie von Schüssen auf den bereits am Boden liegenden Sauber abgab, hat sich dann noch ein weiteres Brutalostück gegenüber dem schwerverletzt und bewegungsunfähig auf dem Pflaster liegenden Karl Heinz Roth geleistet, indem er mit dem Ausruf »Faß!« einen Hund auf ihn hetzte, der sich in seiner Schulter verbiß. Roland Otto erlebte diesen durch keine polizeiliche Motivation mehr zu rechtfertigenden Gewaltakt mit, als er bereits abgeführt wurde, die Schießerei also längst beendet war.

Ich war erst wenige Schritte gegangen, als ich ein Kommando hörte, das dem Hund galt, nämlich erst einen Hundenamen, an den ich mich nicht mehr erinnern kann, und dann mindestens zweimal die Worte: »Faß! Faß!« In dieser Zeit habe ich den Hund auch bellen hören. Unmittelbar darauf hörte ich aus der Gegend, wo Karl Heinz Roth am Boden lag, wahnsinnige Schreie, es waren langgezogene Schreie.

Auch Karl Heinz Roth schilderte zunächst die ziemlich lange dauernde Personalienüberprüfung und die ruhig verlaufenden Gespräche mit den Polizeibeamten, dann die plötzliche Änderung ihres Verhaltens und die Aufforderung auszusteigen.

Nach kurzem Zögern stieg mein Beifahrer als erster aus. Ich sah ihm zu. Er öffnete die Tür zu etwa zwei Dritteln und blieb etwas gebückt, schräg dem Wageninneren zugewandt, stehen, wobei er mit der rechten Hand den oberen Türrahmen umfaßte und mit dem linken Ellenbogen an der Karosseriefassung der Tür lehnte. So stand er etwa zwei bis drei Sekunden, höchstens zwei Meter von einem Beamten schräg vor ihm entfernt, den er teilweise verdeckte. Dann machte er eine Drehung, er nahm dabei die Hände nicht nach unten. In diese Bewegung fiel ein trockener, heller Knall, auf den nach einer kurzen Pause weitere helle Knälle in kurzem Abstand folgten. Weder unmittelbar vor noch während dieser Schüsse hörte ich Stimmen, es wurde ohne Vorwarnung geschossen, und zwar nicht etwa, wie die Anklage unterstellt, vom Beifahrer, sondern von den Polizeibeamten. Beim ersten Knall zuckte ich zusammen, rutschte mit dem Gesäß auf dem Wagensitz nach vorn und versuchte, mich quer zu legen, um mich in Sicherheit zu bringen. Ich bekam einen heftigen, schneidenden Schlag von hinten in den linken Rücken. Ich verlor für Augenblicke das Bewußtsein. Ich kam ganz kurz wieder zu mir, als ich – über die Körperhaltung, die ich in dieser Situation einnahm, weiß ich nichts – einen weiteren Schlag von hinten in die linke Lendengegend erhielt, der mich innerlich zerriß. Ich wurde nach vorn und seitlich geschleudert. Ich fand mich auf dem Pflaster des Parkplatzes wieder, ich fühlte mich auf ihm wie plattgewalzt, ich war völlig bewegungsunfähig. Dann war ich wieder bewußtlos. Ich kam erneut wieder zu mir, als sich ein Hund in meiner rechten Schulter festbiß. Ich schrie. Erneut verlor ich das Bewußtsein. Dann nahm ich wahr, wie jemand über mich weggetragen wurde. Nach einer weiteren Phase der Bewußtlosigkeit wurde ich aufgehoben, sehr viel später noch einmal. Ich geriet in zunehmende Atemnot. Schließlich lag ich in einem Fahrzeug, das endlos lange fuhr. Die Luftnot war schrecklich geworden, ich wußte, daß ich bald sterben würde. Am Ende sah ich einen Ambulanzeingang. Ich hörte aus weiter Ferne Stimmen: »Na, daß ihr überhaupt noch kommt«, »ihr habt euch ganz schön Zeit gelassen«. Jetzt wußte ich, daß ich wieder eine Chance hatte, mit dem Leben davonzukommen.

Roland Otto und Karl Heinz Roth versicherten übereinstimmend, daß es keinerlei Schießabsprache zwischen den Autoinsassen gegeben hatte, weder ausdrücklich noch stillschweigend. Roth wußte nicht, daß seine Mitfahrer bewaffnet waren, diese wußten nicht, daß auch Roth eine Waffe bei sich trug. Für seinen Waffenbesitz hatte Roth eine plausible Erklärung abgegeben. Er trug eine Pistole bei sich, seit er bei seinen Patientenbesuchen in Ausländervierteln sehr konkrete Morddrohungen seitens der türkischen Terrorgruppe »Graue Wölfe« erlebt hatte. Er schilderte deren Bedrohungsritual, das darin bestand, den Ärmel des Jacketts etwas hochzuziehen und das Messer sichtbar werden zu lassen.

Ich lernte beispielsweise, was es hieß, türkischen Frauen Verhütungsmittel zu verschaffen ...

Auch für die gemeinsame nächtliche Autofahrt hatten die Angeklagten eine unwiderlegliche Erklärung gegeben. Roth hatte Otto als Patienten behandelt und wollte ihn auf der Heimfahrt mitnehmen und vor dessen Wohnung absetzen. Kurz bevor sie aufbrachen, war Sauber erschienen und hatte Roth gebeten, mit ihm zu einem nicht gehfähigen Patienten nach Köln-Gremberg zu fahren. An Ort und Stelle hatte Sauber dann die Wohnung dieses Patienten nicht wiedergefunden, so daß man unverrichteterdinge weiterfahren wollte, als die verhängnisvolle Begegnung mit der Polizei begann.

Daß Karl Heinz Roth und Roland Otto diese Gegendarstellung zur Polizeiversion des Geschehens geben konnten, war nur dem Umstand zu verdanken, daß – um mit dem eingangs zitierten Polizeimeister zu sprechen – die Polizisten vor Ort nicht alle drei kaputt gemacht hatten. Aber das, was dann mit dem einen der beiden überlebenden »Terroristen« gemacht wurde, war durchaus geeignet, das Versäumte nachzuholen.

Als die Hauptverhandlung vor der Kölner Strafkammer unter Vorsitz des Richters Dr. Draber am 17. Januar 1977 begann, hatten die Angeklagten 20 Monate Untersuchungshaft hinter sich, die für Karl Heinz Roth, den bei seiner Festnahme lebensgefährlich Verletzten, zu einer Tortur geworden waren und seine Verhandlungsfähigkeit in Frage stellten. »Ich verdanke mein Überleben meiner zufälligen Qualifikation in medizinischen Dingen«, schrieb er später (*Kursbuch* 51, S. 126). Unglaubliche Versäumnisse der ärztlichen Versorgung, zusätzliche schikanöse Quälereien von Polizisten und Gefängnisbeamten, Schlafentzug und Todesangst erzeugende Haftbedingungen lagen hinter ihm und hatten ein körperliches Wrack aus ihm gemacht, sein erbärmlicher Zustand blieb keinem Prozeßbeobachter verborgen. Gleichwohl hatte Dr. Draber unter Mißachtung der von den Verteidigern erbetenen Terminabsprache einen für die zum Teil von weither (München, Berlin, Bremen) anreisenden Verteidiger äußerst zeitraubenden und strapaziösen, für Karl Heinz Roth aber wegen der häufigen Transporte mit unnötigen Schmerzen und Gesundheitsgefährdungen verbundenen und deshalb schlechthin terroristischen Zeitplan für die Hauptverhandlung festgesetzt (wöchentlich abwechselnd montags, mittwochs, freitags, dienstags und donnerstags), und weigerte sich, die Haft- und Verhandlungsfähigkeit des Angeklagten durch einen von den Verteidigern auf eigene Kosten in prozessual ordnungsmäßiger Weise präsent gestellten Sachverständigen untersuchen zu lassen. Herr Professor Dr. Beck von der Deutschen Diagnoseklinik in Wiesbaden, ein angesehener Fachmann auf dem Gebiet der Gastroenterologie, mußte unverrichteterdinge nach Hause fahren. Aus seinem Brief an einen der Verteidiger:

Die Vorgänge an den ersten beiden Verhandlungstagen gegen Ihren Mandanten Herrn Roth haben mich bestürzt. Ich hatte mir diese Art und dieses Ausmaß an Formalismus, Bürokratismus und Fadenscheinigkeit nicht vorgestellt. Ich glaube auch nicht, daß damit die Wahrheitsfindung gefördert wird. Möglicherweise steht es mir jedoch als einem in Strafprozessen unerfahrenen Nichtjuristen nicht zu, über die Ungereimtheiten dieses Prozesses, wie sie sich mir darboten, ein Urteil abzugeben.

Was jedoch meine eigene Person anbetrifft, so finde ich es äußerst bedauerlich, daß ein medizinischer Sachverständiger zweimal zu dem Prozeß geladen war, ohne auch nur ein einziges Mal zu den anstehenden medizinischen Problemen gehört zu werden. Dafür ist die Zeit eines Arztes, die dann letztlich den Patienten abgeht, zu kostbar, – ganz abgesehen davon, daß ich eine derartige Informationsfeindlichkeit, die sich in meinem Beruf in Fehldiagnosen niederschlagen würde, – nicht akzeptieren kann.

Wie Sie wissen, war es für mich äußerst schwierig, die Termine meiner Patienten in Wiesbaden abzusagen oder zu verlegen, bzw. mich von meinen Kollegen an beiden Tagen vertreten zu lassen.

Sicherlich war es nicht Ihre Schuld, daß in Köln jede Kommunikation zwischen dem Gericht und mir drastisch unterbunden wurde – und, wie Sie mir sagten, hatten Sie ja die zweite Ladung auch mit dem Gerichtsvorsitzenden vorher besprochen. Trotzdem möchte ich Sie nach diesen traurigen Erfahrungen bitten, falls das Gericht doch noch an einer fachkompetenten gastroenterologischen Abklärung des Gesundheitszustandes Ihres Mandanten interessiert sein sollte, sich der Ernsthaftigkeit dieses Anliegens zu versichern, bevor Sie mir eine weitere Ladung zugehen lassen.

Der im Gerichtssaal anwesende Professor aus Wiesbaden war dem Vorsitzenden wohl schon deshalb verdächtig, weil er das Vertrauen des Angeklagten Roth und seiner Verteidiger hatte. Statt diesem Fachmann eine Untersuchung und Begutachtung des Angeklagten zu ermöglichen, brach der Vorsitzende, als einer der Verteidiger darauf hinwies, daß Roth unter Spasmen leide, die Verhandlung abrupt ab, ohne noch irgendwelche Erklärungen entgegenzunehmen, und ließ einen Notarzt kommen, einen jungen, unerfahrenen Feuerwehrarzt. Da es den Verteidigern nicht möglich war, sich gegenüber dem Gericht noch Gehör zu verschaffen, trat Professor Beck aus eigener Initiative an Herrn Dr. Draber heran und erklärte diesem, daß er eine ärztliche Betreuung Roths auf dem Transport in die Haftanstalt für unbedingt erforderlich halte. Herr Dr. Draber holte sich den Feuerwehrarzt zu einem Gespräch unter vier Augen in sein Dienstzimmer, verwies mich, der ich an dem Gespräch teilzunehmen beanspruchte, des Raumes und teilte mir nach einer Viertelstunde mit, er habe verfügt, daß Herr Roth mit dem Hubschrauber transportiert werde; bei diesem Transport sei eine ärztliche Betreuung nicht erforderlich. Ich wies darauf hin, daß gerade diese Art des Transports nach den bisherigen Erfahrungen gefährlich sei. Darauf Dr. Draber: »Sie haben ja gehört, was ich gesagt habe.« Ich: »Wollen Sie mir keine Gelegenheit geben, meine Bedenken gegen diese Art des Transports vorzutragen?« Dr. Draber: »Nein«.

Entgegen Dr. Drabers Verfügung saß zufällig doch ein Arzt mit im Hubschrauber. Es zeigte sich, daß seine Anwesenheit dringend erforderlich war. Er war genötigt, Roth eine Infusion zu verabfolgen, um einen Zusammenbruch des Kreislaufs zu verhindern. Dieser Kreislaufkollaps war übrigens eine Folge der Medikamente, die der junge Feuerwehrarzt Karl Heinz Roth eingegeben hatte (Spasmolytika und Psychopharmaka zur Beruhigung).

Die Presse, die Herr Dr. Draber nach den ersten Verhandlungstagen hatte, war denn auch nicht sehr freundlich. »Der Richter umgeht keinen Stolperstein«, überschrieb Giselher Schöne seinen Prozeßbericht im *Kölner Stadtanzeiger* vom 18. Januar 1977. Es sei ihm gelungen, den Prozeßbeginn in einer Art zu gestalten, die an eine Satire erinnere.

Schließlich heizt sich die Atmosphäre im Saale derart auf, daß die Unruhe auf den 30 Zuschauerplätzen immer stärker wurde und von den Verteidigerbänken der Vorwurf eines »einmaligen Schauspiels von Rechtsanmaßung« erhoben wurde. Peinlich spitzten sich auch die Auseinandersetzungen über den Gesundheitszustand des angeschuldigten Arztes Karl Heinz Roth zu, der an den Folgen eines Bauchschusses litt. Per Gerichtsvollzieher hatten die Verteidiger den Professor Kurt Beck von der Deutschen Klinik für Diagnostik in Wiesbaden als medizinischen Sachverständigen laden lassen. Doch über eine Untersuchung Roths durch den Sachverständigen ließ der Vorsitzende gar nicht erst mit sich diskutieren, obwohl der schwerkranke Roth zusehends auf seinem Stuhl in sich zusammenfiel.

In Köln scheine, wenn auch in kleinerem Format, ein Über-Stammheim bevorzustehen, schrieb Gerhard Mauz im *Spiegel* (31.1.1977).

Natürlich gab es auch die übliche Desinformation von konservativer Seite, die den Verteidigern, die Wahrheit auf den Kopf stellend, »Verzögerungstaktik« vorwarf, die aus Terroristenprozessen hinreichend bekannt sei (Georg Bönisch, *Bonner Rundschau*, 18.1.1977). Und in der *Welt* war zu lesen, daß die sieben anwesenden Verteidiger den Staatsanwalt niedergeschrien hätten, »um ihre aus anderen Terroristenprozessen bekannten Forderungen in Anträgen an das Gericht zu Gehör zu bringen«. Wie überhaupt die Abstempelung »Terroristenprozeß« vorherrschte und offensichtlich auch im Bewußtsein des Herrn Dr. Draber Spuren hinterlassen hatte. Zwar wehrte er sich gegen die Kennzeichnung des Verfahrens als »politischer Prozeß« und fand die schlichte, später oft zitierte Formulierung, dies sei »ein ganz gewöhnlicher Mordprozeß«, aber wir entdeckten Hinweise dafür, daß er eine Dienstreise nach Düsseldorf abgerechnet hatte, um sich im Verfahren gegen die Stockholm-Attentäter kundig zu machen, wie man einen »Terroristenprozeß« führt. Was er dabei gelernt hatte, brachte selbst wohlwollende Beobachter seiner Verhandlungsführung in Verlegenheit. So den Berichterstatter des WDR, Leo Waltermann, der am Abend des ersten Prozeßtages in der Sendung »Kritisches Tagebuch« sagte:

Ich habe gelernt, daß die Rechtssicherheit in einem Gemeinwesen mit der korrekten, um nicht zu sagen: pingeligen Beachtung der rechtlichen Formalien steht und fällt. Ich habe auch gelernt, es sei Pflicht des zuständigen Richters, dafür zu sorgen, daß Gesundheit und Leben eines Beschuldigten nicht gefährdet werden. Es hat mich deprimiert zu erleben, daß ich vielleicht nur rechtsstaatliche Theorien gelernt habe, die sich in der Praxis des heutigen Vormittags anders ausnehmen als in Bekenntnissen.

Was war außer der Weigerung, den Angeklagten Karl Heinz Roth durch den anwesenden Gastroenterologen Prof. Dr. Kurt Beck auf seinen Gesundheitszustand untersuchen zu lassen, an diesem ersten Verhandlungstag noch geschehen?

Bevor die Verteidiger den Gerichtssaal hatten betreten können, waren sie und ihr Gepäck einer Durchsuchung unterworfen worden. Man hat sich inzwischen an die Kontrollen auf Flughäfen gewöhnt und könnte von daher an der von Dr. Draber angeordneten Maßnahme nichts Besonderes finden.

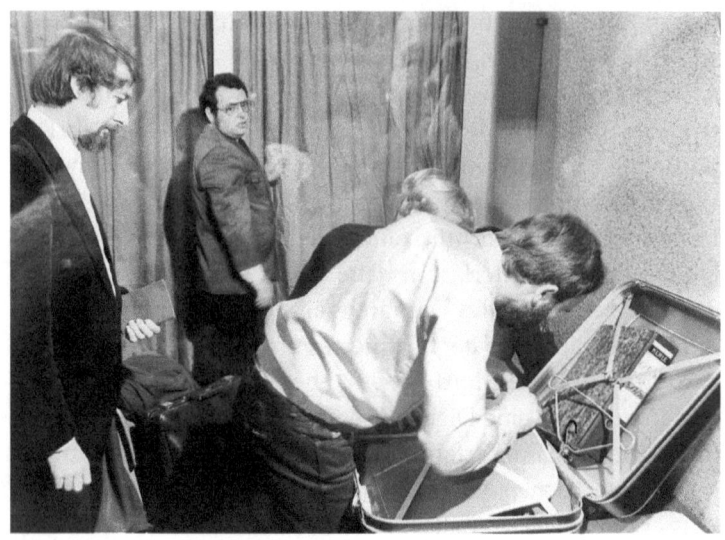

In einer Schleuse vor dem Eingang des Gerichtssaales mußten sich die Verteidiger eine Durchsuchung ihres Gepäcks und ihrer Kleidung gefallen lassen.

Aber die Besonderheit lag daran, daß die Durchsuchung in Köln nicht für alle »Fluggäste« angeordnet war. Staatsanwälte und Polizeibeamte in Zivil kamen ebenso wie die Mitglieder des Gerichts, der Protokollführer und zwei weibliche Justizangestellte, die »nach näherer Weisung des Vorsitzenden mit dem Stenogramm von Teilen der Hauptverhandlung beauftragt« waren, undurchsucht in den Saal. Sie zählten sozusagen zur »Crew«, während die Anwälte durch diesen demonstrativen Mißtrauensbeweis dem potentiellen »terroristischen« Umfeld zugerechnet wurden.

Beiden Angeklagten waren gegen ihren Willen Pflichtverteidiger aus Köln beigeordnet worden, also Anwälte, die nicht das Vertrauen der Angeklagten, aber das Vertrauen des Gerichts genossen. Die Kritik dieser Institution hat dafür den Ausdruck »Zwangsverteidiger« geprägt, den die Betroffenen natürlich nicht gerne hören. Mit diesen Zwangsverteidigern – oder nennen wir sie: Vertrauensanwälte des Gerichts – war gewährleistet, daß sich die Vertrauensanwälte der Angeklagten alles gefallen lassen mußten, was jene Kollegen mitmachten. Hätten wir uns geweigert, die entwürdigende Durchsuchung zu dulden, wären wir draußen geblieben und jene drin gewesen. Wir konnten auch nichts gegen den für Karl Heinz Roth und die auswärtigen Anwälte äußerst strapaziösen Terminplan machen, da die Kölner Kollegen sich darauf unschwer einstellen konnten und das Gericht nur auf eine Gelegenheit wartete, uns aus dem Verfahren zu werfen. Mehr als einmal wurden wir bei Protesten gegen die auch in ihrer konkreten Ausgestaltung schikanösen Durchsuchungen oder gegen mit anderen Berufspflichten kollidierende Terminierungen auf die Möglichkeit hingewiesen, das Mandat niederzulegen bzw., soweit wir als Pflichtverteidiger beigeordnet waren, Entpflichtung zu beantragen.

Es hatte übrigens auch andere Versuche gegeben, gerade mir, der ich für Herrn Dr. Draber als früherer Verteidiger von Ulrike Meinhof ein rotes Tuch war, die Verteidigung von Karl Heinz Roth durch Schikanen zu verleiden. So hatte Dr. Draber meinen ersten Besuch bei Karl Heinz Roth durch formale und sachlich unberechtigte Beanstandungen meiner Vollmacht drei Wochen lang zu verhindern gewußt. Einmal hatte ich die Herrn Dr. Draber angekündigte Fahrt von Bremen nach Düsseldorf (mit Auto) unternommen, um erst an der Pforte des Gefängnisses zu erfahren, daß mir eine Besuchserlaubnis wegen Beanstandung meiner Vollmacht verweigert worden sei. Die Benutzung des Telefons hatte Herr Dr. Draber nur für nötig befunden, um bei der Verwaltung des Landgerichts Bremen anzufragen, ob ich überhaupt als Rechtsanwalt unbeschränkt zugelassen sei. Auch die Ausstellung einer neuen, seinen Wünschen genügenden Vollmacht vor Ort wußte Herr Dr. Draber durch schikanöse und rechtswidrige Anordnungen (Überwachung des Verteidigergesprächs durch einen Beamten des Landeskriminalamts) zu verhindern.

Wir hatten also schon einiges an Frust und Ärger hinter uns, als wir am 17. Januar 1977 endlich im Sitzungssaal waren. Nächste Provokation: die Angeklagten sollten entfernt von ihren Verteidigern, aber eingerahmt von Justizwachtmeistern sitzen. Wir wären schon mit Rücksicht auf Roths schlechten Gesundheitszustand gern so schnell wie möglich zur Sache gekommen, aber dies konnte nun wirklich nicht hingenommen werden, da ein unbelauschtes Gespräch zwischen Mandanten und Verteidigern nicht möglich gewesen wäre. Also Antrag auf Änderung der Sitzordnung, der mit der Begründung abgelehnt wird, »daß alle mit sitzungspolizeilichen Aufgaben betrauten Personen angewiesen sind, vom Inhalt der schriftlichen Unterlagen der Angeklagten und ihrer Verteidiger keine Kenntnis zu nehmen«. Antrag auf Gerichtsbeschluß. Abgelehnt, da als Beanstandung einer sitzungspolizeilichen Maßnahme unzulässig. Auch das konnten wir nicht hinnehmen, weil Maßnahmen, durch die die Verteidigung behindert werden, selbstverständlich der Überprüfung durch das Gericht unterliegen. Das Ende vom Lied: da noch Plätze frei sind – »der Rechtsanwalt Heinrich Hannover, einer der Wahlverteidiger von Karl Heinz Roth, hat in der freundlichsten Weise darauf hingewiesen« (Gerhard Mauz im *Spiegel* vom 31.1.1977) –, dürfen die Angeklagten nun doch neben ihren Verteidigern Platz nehmen. Dazu Gerhard Mauz:

Die Kunst, das Klima einer Hauptverhandlung zu zerstören, Lehrsatz eins: Man sperre sich als Vorsitzender Richter gegen einen verständlichen und erfüllbaren Wunsch der Verteidigung, zwinge diese, ihren Wunsch als Antrag vorzubringen, weise diesen Antrag als unzulässig zurück – und gewähre sodann, was man soeben verworfen hat.

Kaum war das erledigt, war schon der nächste Konflikt fällig. Der Vorsitzende sperrt sich gegen die schon vor der Hauptverhandlung schriftlich angekündigte Benutzung von Tonbandgeräten durch die Verteidigung. Es ging darum, alle Erklärungen der Verteidiger und der Angeklagten – und, soweit diese einverstanden sind, auch die der Zeugen – auf Tonband aufzunehmen. Ein Arbeitsmittel der Verteidigung, das ich bei anderen Gerichten – auch beim Bundesgerichtshof – bereits unbeanstandet hatte verwenden dürfen und dessen Zulässigkeit durch Hinweise auf Kommentare und Gutachten belegt wurde. Wir waren in diesem als »Terroristenprozeß« aufgezogenen Verfahren darauf auch unter dem Gesichtspunkt der Eigensicherung angewiesen, da wir zur Genüge die Praxis mancher

Gerichte kannten, Verteidigeräußerungen in erster Linie unter dem Gesichtspunkt zur Kenntnis zu nehmen, ob sie Anlaß zu ehrengerichtlichen Maßnahmen gaben. Und da kam es, wie wir ebenfalls aus Erfahrung wußten, durchaus darauf an, Beweismittel für den genauen Wortlaut und den Sinnzusammenhang der Äußerungen zu haben. Die beiden von Dr. Draber zusätzlich beigezogenen Stenographinnen waren für uns ein allzu sichtbares Zeichen dafür, daß auch bei diesem Gericht von vornherein Anlaß gesehen wurde, die Messer gegen aufmüpfige Verteidiger zu schleifen. Um im Bilde zu bleiben: wir wollten Waffengleichheit.

Herr Dr. Draber lehnte also ab. Aber er tat noch etwas mehr. Er lehnte auch den Antrag ab, einen Gerichtsbeschluß herbeizuführen. Und damit verließ er eindeutig den Boden der Strafprozeßordnung, die in § 238 bestimmt:

Wird eine auf die Sachleitung bezügliche Anordnung des Vorsitzenden von einer bei der Verhandlung beteiligten Person als unzulässig beanstandet, so entscheidet das Gericht.

Herr Dr. Draber erklärte: »Ich rufe das Gericht nicht an.« Und dabei blieb er ungeachtet aller Rechtsausführungen zu einer juristischen Selbstverständlichkeit, stellte sich taub und wiederholte nur von Zeit zu Zeit stereotyp den Satz: »Herr Roth, wollen Sie Ausführungen über Ihr Befinden machen?« Roth schwieg, die Verteidiger redeten mit wachsender Erregung über die Strafprozeßordnung und Dr. Draber tat, als ob er nichts gehört habe und wiederholte nach Art einer beschädigten Schallplatte immer wieder die Frage nach dem Befinden des Angeklagten. Es war wie im absurden Theater. Oder wie in einem Irrenhaus aus der Zeit des Marquis de Sade. Was dabei herauskam, beschrieb ein unabhängiger Prozeßbeobachter (Gerhard Mauz im *Spiegel*) so:

Die Kunst, das Klima einer Hauptverhandlung zu zerstören, Lehrsatz zwei: Man kann als Vorsitzender Richter auch ganz anders als alle anderen entscheiden. Stellt die Verteidigung beispielsweise einen Antrag unter Berufung auf § 238 StPO Ziffer zwei, so ist es weitaus ruinöser, wenn dieser Antrag gar nicht erst dem Gericht zur Beschlußfassung vorgelegt, sondern vom Vorsitzenden allein erledigt wird. Er beweist damit einen entmutigenden Mut, da er ja auch seine Unabhängigkeit von der Revisionsinstanz demonstriert. Zwar würde ein Beschluß des Gerichts nicht anders lauten als die Entscheidung des Vorsitzenden. Doch indem er allein entscheidet, macht er deutlich, wozu er, anders als andere, fähig ist. Und damit überantwortet er die Verteidigung einer Fassungslosigkeit, von der sie sich kaum erholen wird.

Konnten wir diesen Richter für einen unbefangenen Beurteiler der Anklagevorwürfe halten, die gegen unsere als »Terroristen« vorverurteilten Mandanten erhoben wurden? Was blieb uns anderes übrig als ein Ablehnungsantrag, obwohl hier alles dagegen sprach, von diesem regelmäßig an der Kameraderie der anderen Richter scheiternden Rechtsmittel Gebrauch zu machen: wir verteidigten einen Todkranken, der an möglichst schneller Durchführung des Verfahrens dringend interessiert war und schon den Strapazen des ersten Verhandlungstages kaum gewachsen war. Wir entschlossen uns zu einem Kompromiß. Der Ablehnungsantrag wurde nur angekündigt, aber zurückgestellt, um zunächst eine Entscheidung über die beantragte Untersuchung Roths durch den Arzt Prof. Dr. Beck zu ermöglichen. Aber wir hatten die Bereitschaft des Vorsitzenden, auf nüchterne Rationalität mit einer Spur von Fairneß zu reagieren, überschätzt. Dr. Drabers stereotype Frage nach Roths Befinden zielte, wie aus seinem weiteren Verhalten deutlich wurde, darauf ab, uns mit einem überraschenden Abbruch der Verhandlung zu übertölpeln, so daß an diesem Tage weder der Ablehnungsantrag gestellt noch die Diskussion über die ärztliche Untersuchung im Gerichtssaal fortgesetzt werden konnte. Herr Draber zog, als endlich von Spasmen die Rede war, ein bis dahin der Verteidigung unbekanntes Schreiben des Bochumer Gefängnisarztes Dr. Hofmann aus der Akte, in dem für Roth grundsätzliche Verhandlungsfähigkeit bescheinigt und sodann gesagt wurde:

Sollten jedoch Darmspasmen, unter denen Herr Roth zeitweilig leidet, auftreten, müßte die Verhandlung für diesen Verhandlungstag unterbrochen werden.

Herr Dr. Draber, dem sicher längst nicht mehr wohl in seiner Haut war, hatte offenbar nur auf das befreiende Wort »Spasmen« gewartet, um die Verhandlung, ohne daß Staatsanwaltschaft und Verteidigung oder den Angeklagten selbst noch eine Gelegenheit zur Stellungnahme gewährt wurde, zu beenden und die notwendigen Entscheidungen bezüglich des schwerkranken Angeklagten ohne öffentliche Kontrolle mit dem noch herbeizurufenden jungen Feuerwehrarzt zu besprechen.

Es war klar, daß dieser Richter als befangen abgelehnt werden mußte. Und es war ebenso klar, daß der Ablehnungsantrag nach üblichem Muster abgelehnt wurde. Das Klima, in dem wir gegen das von der Staatsanwaltschaft gewollte Lebenslänglich für unsere Mandanten kämpfen mußten, war gründlich zerstört. Noch einmal Mauz:

Die Verteidigung muß kämpfen. Daß sie schon nach vier Tagen erbittert und verzweifelt kämpft, wäre vermeidbar gewesen.

Im weiteren Verlauf der Hauptverhandlung stellte sich immer mehr heraus, daß die eigentliche Herrschaft über das Verfahren nicht bei dem Vorsitzenden der Strafkammer, sondern bei der Polizeiführung lag. Noch am Tage der Polizeiaktion auf dem Parkplatz in Köln-Gremberg hatte der Kölner Polizeipräsident eine Pressekonferenz abgehalten und die Öffentlichkeit auf einen Mordprozeß gegen terroristische Gewalttäter eingestimmt. Zu dieser Zeit glaubte die Polizei übrigens noch, nicht Werner Sauber, sondern Karl Heinz Roth erschossen zu haben, und so ging seinen Eltern die polizeiamtliche Mitteilung vom Tode ihres Sohnes zu. Aber die Kollegen hatten, wie wir aus berufenem Munde wissen, schlecht geschossen. Er lebte noch, war nur halbtot. Doch von diesem korrigierbaren Fehler abgesehen, trug die polizeiliche Falschinformation der Medien pralle Früchte. Im *Hamburger Abendblatt* etwa war zu Karl Heinz Roth zu lesen:

Unter der perfekten Maske des Samariters und Menschenfreundes zeigte sich die Fratze eines Extremisten, der über Leichen geht.

Und das Boulevardblatt *Express* schrieb unter der Überschrift »Terrorist ist Arzt in Köln«:

Die vermeintlichen Autoknacker entpuppten sich plötzlich als wild um sich schießende Polit-Gangster ... Der Beifahrer Werner Sauber ... feuerte auf die uniformierten Beamten, die blutend zusammenbrachen. Im selben Moment sprang der Terrorist Karl Heinz Roth (33) vom Fahrersitz und schoß wild aus einer Pistole vom Kaliber 7,65 mm um sich ...

Vom ersten Tag der Hauptverhandlung an war die Macht der Polizei spürbar, den Angeklagten Karl Heinz Roth »kaputt« zu machen. Gefesselt und mit geladenen Maschinenpistolen konfrontiert war der unter den Folgen seiner schweren Schußverletzungen Leidende in schmerzhaftester Weise vom Gefängniskrankenhaus Bochum nach Köln transportiert worden.

Als die Beweisaufnahme mit der Vernehmung von Polizeibeamten begann, wurde sehr schnell deutlich, daß die Polizeiführung auch für die Behinderung der Wahrheitsfindung Vorsorge getroffen hatte. Machtlos stand der Vorsitzende der Strafkammer den begrenzten Aussagegenehmigungen der Polizeizeugen gegenüber. Sowohl der Polizeipräsident als auch der Innenminister von Nordrhein-Westfalen, Martin Hirsch (FDP), wiesen Dr. Drabers Bitte zurück, die Aussagegenehmigung zu erweitern. Begründung: das Bekanntwerden des erfragten Sachverhalts würde dem Wohl des Bundes oder eines deutschen Landes Nachteile bereiten (§ 96 StPO). Einer der Verteidiger von Roland Otto, der Münchner Kollege Frank Niepel, schrieb später (*Ein ganz gewöhnlicher Mordprozeß*, Berlin 1978, S. 28):

Es liegt auf der Hand, was verborgen bleiben sollte, was zumindest keine amtliche Bestätigung finden durfte: daß die Polizei mit dem Schießen begonnen hatte.

Am 13. Verhandlungstag (28.2.1977) fiel den Verteidigern auf, daß der Polizeibeamte B. bei seiner Vernehmung als Zeuge einen grünen Hefter mit schriftlichen Unterlagen vor sich liegen hatte, und sie beantragten dessen Beschlagnahme. Dem Antrag wurde stattgegeben. Der grüne Hefter erwies sich als interessanter Fund. Er enthielt unter anderem ein mit »Wichtige Hinweise« überschriebenes Papier des Kölner Polizeirats Sengespeik, das sich als Instruktion oder, wie es von Verteidigerseite treffend genannt wurde, als »Impfung« der Polizeizeugen herausstellte. Da hieß es beispielsweise:

Lassen Sie sich nicht provozieren!
 Die Verteidiger werden dies versuchen, um Sie auch dadurch unglaubwürdig zu machen.

Weiter wurden die Beamten darauf vorbereitet, daß sie von diesen Verteidigern Fragen zu ihrem Geschlechtsleben, ihrer sozialen Herkunft, Schulbildung und politischen Einstellung zu erwarten hätten. »Dieser Prozeß wird für Sie anders sein als alle bisher erlebten! Dieser Prozeß ist anders!« hieß es da. Was an diesem Prozeß anders sei, wird nicht näher erläutert, war den Beamten aber sicher bei einer mündlichen Vorbesprechung, von der wir durch den als Zeuge vernommenen Polizeirat Sengespeik erfuhren, erklärt worden. Auf jeden Fall ist den Beamten folgende Belehrung schriftlich gegeben worden:

Sie sind *nicht* Angeklagter – auch wenn die Verteidiger versuchen werden, dies zu verdrehen.
Sie haben sich nichts vorzuwerfen!
Sie haben rechtmäßig gehandelt!

Es war anscheinend nötig, den Beamten dies einzuhämmern. Für die Wahrheitsfindung wäre es allerdings besser gewesen, ihnen etwaige Zweifel an der Rechtmäßigkeit ihres Handelns nicht zu nehmen. Und vielleicht hätten Polizeizeugen, die nicht um die Wahrung irgendeiner wie auch immer zu definierenden Polizeiehre bemüht gewesen wären, sondern die Wahrheit und nichts als die Wahrheit gesagt hätten, ein besseres Bild auf die Polizei geworfen als es dann tatsächlich herauskam.

Ein von vielen Zeitungen gebrachter dpa-Artikel von Jürgen Maisel – ich zitiere hier nach *Rheinische Post* vom 31.3.1977 – faßte zusammen:

Mit dem bisherigen Ergebnis der Beweisaufnahme im Kölner Mordprozeß gegen die beiden Anarchisten Karl Heinz Roth (34) und Roland Otto (26) dürfte die Staatsanwaltschaft kaum zufrieden sein. Jeder Verhandlungstag brachte die Anklagebehörde nach übereinstimmender Ansicht der ständig anwesenden Prozeßbeobachter immer stärker in Beweisnot. Zu widersprüchlich und lückenhaft sind die Aussagen der bislang vernommenen Polizeibeamten ...

Widersprüche und Ungereimtheiten gab es insbesondere zu der Kernfrage des Prozesses, ob die von dem Polizeibeamten G. aufgestellte Behauptung zutraf, Roth habe, schwerverletzt am Boden liegend, nach seiner Pistole gegriffen. Vieles von dem, was Polizeibeamte als Zeugen zu diesem Punkt ausgesagt hatten, wurde plötzlich durch neue Beweismittel widerlegt, von deren Existenz die Polizeiführung gewußt, die sie jedoch sowohl der Staatsanwaltschaft als auch dem Gericht vorenthalten hatte.

Den Verteidigern war bekannt geworden, daß der Pressefotograf des *Kölner Stadt-Anzeigers*, Helmut Jüliger, in jener Nacht des 9. Mai 1975 in der Nähe des Tatorts gewesen war und, wenige Minuten nach dem Ende der Schießerei dort eingetroffen, eine Serie von etwa 200 Fotos angefertigt hatte. Jüliger hatte die Fotos der Polizei zur Verfügung gestellt. Diese hatte 44 Fotos angekauft und eine Lichtbildmappe angelegt, anhand derer die Polizeizeugen auf ihre Aussagen vorbereitet wurden. Nur sechs dieser Fotos hatte die Polizei in die Gerichtsakten gelangen lassen. Soweit diese Fotos den schwerverletzt auf dem Straßenpflaster liegenden Karl Heinz Roth zeigten, verdeckte entweder die offenstehende Fahrertür oder Roths Körper die Stelle, an der Polizeizeugen seine Pistole gesehen haben wollten, sodaß sie ihrer Phantasie freien Lauf lassen konnten.

Der Verteidigung gelang es, die fehlenden Fotos zu beschaffen und sie dem Gericht vorzulegen. Und da zeigte sich, daß Roths Pistole erst sichtbar geworden war, als er abtransportiert wurde und die Waffe aus seinem Hosenbund gefallen war. Vorher mußte sie unter dem Körper des bewegungsunfähig auf der linken Seite Liegenden verborgen gewesen sein. Man sah beide Hände des Schwerverletzten auf dem Boden vorgestreckt und keine Waffe. Man sah weiter, wie Roth und der ebenfalls schwerverletzte Polizeibeamte G. zueinander gelegen hatten. Nämlich so, daß G.s Darstellung über seine angeblichen Beobachtungen und seine Schußabgabe auf Roths Körper nicht stimmen konnten. Aus dem Verlauf des Schußkanals in Roths Körper ergab sich, daß G.s Kugel ihn nicht erst zu einem Zeitpunkt getroffen haben kann, als beide auf dem Boden lagen. Vielmehr konnten die Verteidiger nunmehr mit guten Gründen die These vertreten, daß G. von hinten auf Roth geschossen hatte, als dieser im Begriff war, aus dem NSU auszusteigen.

Mit der Vorlage dieser Fotos und der zeugenschaftlichen Vernehmung des Pressefotografen Helmut Jüliger war die Wende des Prozesses eingeleitet. Hatte die Presse noch am 9. März von einem »Prozeßklima, das kaum Luft zum Atmen läßt«, von einer »fast unerträglichen Atmosphäre des gegenseitigen Mißtrauens« (*Kölner Stadt-Anzeiger*) gesprochen, so hieß es nunmehr:

In den Kölner Verhandlungspausen jedenfalls wird immer häufiger von Freispruch hinsichtlich der Mordanklage gesprochen. (*Rheinische Post*, 31. 3. 1977)

Aber noch war es nicht soweit. Am 7. April 1977, dem Tage, an dem wir den ersten Haftentlassungsantrag für unsere Mandanten gestellt hatten, wurde, wie wir während der Beratung des Gerichts erfuhren, Generalbundesanwalt Buback in Karlsruhe das Opfer eines terroristischen Mordanschlags. Welches Gericht hätte sich getraut, ausgerechnet an diesem Tage zwei des Polizistenmords angeklagte »Terroristen« aus der Haft zu entlassen! »Nicht die Mörder, sondern die beinahe Ermordeten sitzen hier auf der Anklagebank!« hatte ich dem Gericht zugerufen. Aber jetzt beschwor ich das Gericht vergeblich (»Politische Attentate sind Sternstunden der Reaktion!«), sich von dem Ereignis in Karlsruhe nicht beeinflussen zu lassen. Unser Antrag wurde abgelehnt.

Dann mischte sich Axel Springers *Bild am Sonntag* ein und erschien am 15. Mai 1977 mit der Schlagzeile auf der ersten Seite: »Terroristen verurteilen Kölner Richter zum Tode«. Im dazugehörigen Text wurde behauptet, nach dem Mord an Generalbundesanwalt Buback planten die Terroristen weitere »Hinrichtungen«; ein rotes Femegericht habe Dr. Draber, der »zur Zeit den Vorsitz im Anarchisten-Prozeß gegen die Terroristen Karl Heinz Roth und Roland Otto« führe, zum Tode verurteilt. Fotos von Karl Heinz Roth und Roland Otto stellten die Gedankenverbindung her, daß Draber ihretwegen sterben müsse. Sie waren sowohl neben den Schlagzeilen »Terroristen verurteilen« als auch im Textteil abgebildet und als »unter Mordanklage« stehend vorgestellt. Daneben Fotos des Polizeihauptwachtmeisters Pauli, eines mit der Unterschrift »Polizistenmord in Köln: Walter Pauli von Terroristen erschossen«. Sein Tod erschien dadurch als eine der »Hinrichtungen«, von denen im Text die Rede war.

Das rote Femegericht und sein angebliches Todesurteil gegen Dr. Draber waren freie Erfindungen des bekannten Lügenblatts. Die bildliche und textliche Zusammenstellung dieser Lüge mit den angeklagten »Terroristen« des Kölner Prozesses war ein unverfrorener Akt bösartiger Volksverdummung, ein Versuch, die öffentliche Meinung gegen den sich abzeichnenden Freispruch zu mobilisieren und die Richter entsprechend einzuschüchtern.

Der Hamburger Kollege Dr. Heinrich Senfft erstritt für Karl Heinz Roth und Roland Otto eine Verurteilung des Axel-Springer-Verlages zum Abdruck einer Gegendarstellung. Aber daraus erfuhren die Leser der *Bild am Sonntag* nur, daß die beiden mit einer angeblichen Verurteilung des Richters Dr. Draber nichts zu tun hatten – und mancher wird noch nicht einmal dies geglaubt haben. Wer seine politische Bildung aus diesem

Springer-Blatt bezog, konnte weiterhin glauben, daß alles andere – das rote Femegericht und die beschlossene Hinrichtung des Richters Dr. Draber – den Tatsachen entspreche.

Ich weiß nicht, ob Herr Dr. Draber zu denen gehörte, die den Bericht der *Bild am Sonntag* ernstgenommen hatten. Auf jeden Fall waren die Nerven der Prozeßbeteiligten erneut aufs Äußerste strapaziert. Und das hieß für die Angeklagten und ihre Verteidiger erneut: Sorge um den Ausgang des Verfahrens.

Dr. Drabers Ängste vor »Terroristen« und »Terroristenanwälten«, deren sich der *Bild*-Artikel offensichtlich bediente, um Einfluß auf das Prozeßergebnis zu nehmen, hatten sich auch für unabhängige Prozeßbeobachter immer wieder in peinlicher Weise gezeigt. So vor allem in den Tag für Tag praktizierten entwürdigenden Durchsuchungen der Verteidiger und ihres Gepäcks, die immer wieder Anlaß zu Protesten, Anträgen und erregten Debatten gaben und zu verschiedenen Akten gewaltlosen Widerstandes führten. Nachdem wir auch gegen schikanöse Formen der Durchsuchung vom Gericht nicht geschützt wurden, ging ich dazu über, bei Erscheinen des Gerichts demonstrativ sitzen zu bleiben und erklärte auf Befragen: »Vor einem Gericht, das Verteidiger wie potentielle Verbrecher behandelt, stehe ich nicht auf.«

Zu Dr. Drabers Ängsten gehörte offenbar auch die Sorge, daß seine von Anfang an herausgekehrte Autorität als Verhandlungsleiter, die ihn oft genug in anstößiger Weise die Regeln der Strafprozeßordnung vergessen ließ, von irgendeiner Seite angetastet werden könnte. Und da hat gerade auch die Polizeiführung mit ihrer nicht minder rigiden Handhabung autoritärer Prinzipien ihm manchen Tort angetan. Peinlich war für ihn schon die öffentliche Vorführung der beschränkten Aussagegenehmigungen für Polizeizeugen, denen auch auf Dr. Drabers Intervention weder vom Polizeipräsidenten noch vom Innenminister abgeholfen wurde. Peinlich war es auch, als der Vorsitzende vergeblich um die Vorlage eines beim Kölner Polizeipräsidenten liegenden dienstinternen Fernschreibens gebeten hatte und mit der Mitteilung abgespeist worden war, das Bekanntwerden seines Inhalts würde dem Wohl des Landes Nordrhein-Westfalen Nachteile bereiten. Noch peinlicher aber wurde die Sache, als man erfuhr, daß die in der Hauptverhandlung vernommenen Polizeibeamten eben diese aus Gründen des Staatswohls geheimgehaltene WE-Meldung (= Wichtige Ereignismeldung) einen Tag vor ihrer Zeugenvernehmung in ihrer Dienststelle zu lesen bekommen hatten. Dr. Draber: »Wenn Zeugen ein Fernschreiben bekanntgegeben wird, dessen Vorlage man dem Gericht verweigert, habe ich dafür nicht das geringste Verständnis.« Eigentlich hätte dieses Verhalten der Polizeiführung auch Dr. Draber die Augen dafür öffnen müssen, daß der von den Verteidigern ausgesprochene Verdacht nicht von der Hand zu weisen war, hier solle die Feuereröffnung durch die Polizei verschleiert werden. Aber das hätte eine souveräne, nicht eine angstbesetzte autoritäre Richterpersönlichkeit vorausgesetzt.

Anlaß für einen weiteren Antrag der Angeklagten, diesen aus ihrer und unserer Sicht befangenen Richter abzulehnen, bot ein Aufsatz, den Dr. Draber in der Zeitschrift *Gruppendynamik* veröffentlicht hatte. Er stammte aus dem Jahre 1974, war uns aber erst jetzt bekannt geworden. Darin beschrieb Dr. Draber den Arbeitsgruppenaspekt der gerichtlichen Hauptverhandlung als »sozialen Ausstoßungsmechanismus«. Die Unschuldsvermutung schütze den Angeklagten davor, »schon vor der Verurteilung als Ausgestoßener mit gemindertem Status angesehen und behandelt zu werden«. Dennoch sorge die Vorstrukturierung der Gruppe dafür, »daß nach Möglichkeit nur solche Personen in der Rolle des Angeklagten in die Gruppe aufgenommen werden, bei denen damit zu rechnen ist, daß sie am Schluß verurteilt werden«. Anklage und Eröffnungsbeschluß würden »für die vorgesehene Rolle ungeeignete Angeklagte von vornherein ausscheiden«. Unschuldige Angeklagte hätten »selbst ein Interesse am ungestörten Ablauf des Prozesses«. Erfahrene Verteidiger wüßten deshalb, daß es in solchen Fällen darauf ankomme, »das Vertrauen der übrigen Beteiligten der Arbeitsgruppe, insbesondere der Richter, zu gewinnen oder zu erhalten und Konflikte in der Hauptverhandlung möglichst zu vermeiden«.

Der vom Kollegen Armin Golzem formulierte Ablehnungsantrag verstand Drabers Text so:

Er (Dr. Draber) ist überzeugt, daß dem Strafprozeß im wesentlichen ritueller Charakter zukommt, und daß insbesondere die Wahrnehmung von Verteidigungsrechten als bloße Störung des Rituals zu werten ist, darüberhinaus allerdings den Schluß zuläßt, daß der Angeklagte schuldig ist.

Dr. Draber versicherte in seiner dienstlichen Äußerung, daß er mißverstanden werde, erklärte aber gleichwohl, daß er das Ablehnungsgesuch für begründet halte. Von den Angeklagten könne eine Unterscheidung zwischen einer Beschreibung sozialpsychologischer Phänomene und juristischer Argumentation nicht erwartet werden. Eine erstaunliche Begründung, weil sie auch in künftigen Fällen hätte Verwendung finden können. Aber davor wußten seine Richterkollegen Herrn Dr. Draber zu schützen. Sie meinten, daß Drabers Aufsatz eine Besorgnis der Befangenheit nicht gerechtfertigt hätte, daß aber seine Stellungnahme zum Ablehnungsantrag »ein Anzeichen für den Eindruck einer gewissen Befangenheit« sein könne, weil sie den Eindruck erwecke, »der abgelehnte Richter wolle aus dem Verfahren ausscheiden«. Diesen Eindruck hatten auch andere. Der Berichterstatter der *Kölnischen Rundschau* fragte: »Warf Roth-Richter freiwillig das Handtuch?« Und laut *Kölner Stadt-Anzeiger* (6.7.1977) hat Draber »die rote Karte freudig akzeptiert«.

So schied Dr. Draber am 48. Verhandlungstag (4. Juli 1977) aus dem Verfahren aus. Unter dem neuen Vorsitzenden, Richter Eggeling, gab es noch sechs Verhandlungstage, an denen alles anders war. Die Verteidiger wurden nicht mehr durchsucht, das Prozeßklima war entkrampft, die Haftbefehle wurden aufgehoben. Und doch mußten wir Verteidiger in umfangreichen Plädoyers auf eine Staatsanwaltschaft antworten, die unbeirrt daran festhielt, daß beide Angeklagte wegen Mordes und Mordversuchs zu lebenslangen Freiheitsstrafen verurteilt werden müßten.

Karl Heinz Roth (2. von rechts) nach dem Freispruch mit den Verteidigern beider Angeklagter vor dem Eingang des Gerichtsgebäudes. Von links nach rechts: Wolfgang Heiermann, Armin Golzem, Heinrich Hannover, Frank Niepel, Karl Heinz Roth und Klaus Dethloff.

Die am 54. Prozeßtag verkündeten Freisprüche von der Mordanklage wurden in den Medien mit viel Lob für eine rechtsstaatliche Justiz und unabhängige Richter verbunden. So rühmte Hans Schueler in der *Zeit* (29. 7. 1977), das Urteil habe

das Vertrauen zur Fähigkeit der Justiz gestärkt, auch in politisch eingefärbten Strafverfahren Augenmaß und Vorurteilslosigkeit zu bewahren.

Dem nach 47 Verhandlungstagen verabschiedeten Vorsitzenden Richter Dr. Draber wurde keine Träne nachgeweint.

Daß dieser Richter sich schließlich selbst für befangen erklärte und ausschied, war das Beste, was er noch für den Prozeß tun konnte. (Hartwig Suhrbier, *Frankfurter Rundschau*, 27. 7. 1977)

Um so mehr Anerkennung fand sein Nachfolger.

Ein Prozeß ist vor allem dann schwierig zu führen, wenn er von einer bestimmten öffentlichen Erwartungshaltung begleitet ist, und zumal gegenüber mutmaßlichen Terroristen geht schnell das richtige Augenmaß verloren. Doch die Kölner Justiz hat sich in diesem Verfahren bewährt. Das ist nicht zuletzt dem neuen Vorsitzenden Eggeling zu danken, der nach dem Ausscheiden seines Vorgängers Draber die Verhandlung mit bemerkenswertem Geschick und souverän abschloß. (*Kölner Stadt-Anzeiger*, 27. 7. 1977)

Polizei und Staatsanwaltschaft wurden mit heftiger Kritik bedacht.

Unglaublich, was da alles ans Licht kam. Am Tatort wurden nach der Tat Projektile und Hülsen bewegt und verschoben, Polizeibeamte verwickelten sich mehrere Male in deftige Widersprüche oder hatten Gedächtnislücken, 200 Tatortfotos tauchten erst in der Hauptverhandlung auf, unter den Asservaten fehlten wichtige Beweisstücke, und polizeiliche Zeugen wurden amtsintern vor ihrer Aussage von Vorgesetzten »geimpft«. Einigen anderen wurde – unverständlich, weil es ja um die Wahrheitsfindung ging – die Aussagegenehmigung verweigert. (Helmut Müller, *Westfälische Nachrichten*, 27. 7. 1977)

Hartwig Suhrbier kritisierte in der *Frankfurter Rundschau* nicht nur die Anklagebehörde, sondern auch die um Schadensbegrenzung bemühte Urteilsbegründung:

Das Gericht folgte zwar im wesentlichen den zwingenden Fakten der Beweisaufnahme und den Anträgen der Verteidigung und rügte mit Ironie sogar einige besonders unhaltbare Behauptungen der Staatsanwaltschaft. Doch gleichzeitig versuchte die Kammer, die in der Hauptverhandlung gründlich erschütterte Glaubwürdigkeit einiger Polizeizeugen und der sie deckenden Führung zu reparieren. Angesichts zu vieler Merkwürdigkeiten im Vorverfahren und der vielen Vorbehalte, mit denen die Kammer ihre eigene Tatablaufschilderung versah, geriet dieser Versuch freilich wenig überzeugend.

Fatal bleibt überdies, daß die Anklagebehörde offensichtlich nicht in der Lage war, unabhängig von veröffentlicher Hysterie haltbare und unhaltbare Vorwürfe zu scheiden und dabei ihrer Pflicht entsprechend auch entlastende Indizien für die Betroffenen sachgerecht zu werten.

Nicht verschwiegen sei, daß es auch nach dem Urteil noch Stimmen gab, die Roth und Otto lieber lebenslang im Gefängnis gesehen hätten. So Konrad Simonis in der *Aachener Volkszeitung* vom 27.7.1977, der in ihrem Verhalten die »bekannte Handschrift der Terroristen« erkannte und meinte:

Aus der schusseligen Ermittlungstätigkeit der Polizei, die die restlose Klärung verhinderte, darf doch keine Schuldlosigkeit konstruiert werden. Nein, es war anders: dem talentiert arbeitenden Verteidigerteam war das Richterkollegium einfach nicht gewachsen.

Daß dieser Freispruch ein Erfolg der Verteidigung war, meinten auch Berichterstatter, die Herrn Simonis' Unkenntnis rechtsstaatlicher Grundsätze (»Im Zweifel für den Angeklagten«) nicht teilten. So Hartwig Suhrbier in der *Frankfurter Rundschau* vom 27.7.1977:

Die Angeklagten und ihre Wahlverteidiger, die – anders als in Stammheim oder Düsseldorf üblich – keinerlei Schimpf- oder Propagandaauftritte lieferten, sondern ernsthaft die Tataufklärung betrieben und moralische Statur bewiesen, hatten dem Mißtrauen des Richters Draber längst jeden Boden entzogen. Es ist ausschließlich das Verdienst der Wahlverteidiger, daß der »Roth-Prozeß« nicht im Sumpfklima der Vorverurteilung steckenblieb und zu einem »normalen Mordprozeß« mit streng sachorientierter Beweisaufnahme wurde. Ohne die harte, gut koordinierte und intellektuell wie fachlich herausragende Arbeit ihrer Verteidiger hätten Roth und Otto angesichts ihrer Vorverurteilung als »Terroristen« keine Chance gehabt.

Oder Rainer Zunder in der *Westfälischen Rundschau* (27.7.1977):

Unter einem neuen Vorsitzenden, unterstützt durch eine Verteidigung, die statt der Verkündung von politischen Parolen die Indizienkette der Anklage durch eine minutiös angelegte Tatort-Rekonstruktion widerlegte, wurde aus einem Anarchoprozeß ein normaler Strafprozeß.

Oder Jürgen Maisel in der *Aachener Volkszeitung* (27.7.1977):

Mit großem Einfühlungsvermögen vollzogen die fünf Wahlverteidiger minutiös Dienstabläufe im Polizeiapparat nach und stießen dabei auf mancherlei Ungereimtheiten. Von ihnen zusätzlich geladene Beamte aus der Datenstelle vermochten beispielsweise nicht auszuschließen, daß die Hektik am Tatort durch einen Hinweis auf ein »Terroristenauto« ausgelöst worden sei.

(Ein wichtiger Punkt, in dem uns das Gericht übrigens nicht folgte, um nicht auch unsere These übernehmen zu müssen, daß die Polizei mit dem Schießen angefangen hatte. Wir wußten mehr, konnten aber eine ziemlich eindeutige, vertraulich erlangte Information nicht in das Verfahren einführen.)

Mit einer millimeter- und sekundengenauen Filigran-Arbeit schafften die Anwälte schließlich eine Tat-Rekonstruktion, die zwar letzte Klarheit nicht erbrachte, sehr wohl aber für einen Freispruch nach dem Grundsatz »im Zweifel für die Angeklagten« ausreichte. Hinsichtlich des Mordvorwurfs war der Verteidiger-Riege die nahezu vollständige Demontage der Anklage mit Hilfe ausschließlich strafprozessualer Möglichkeiten gelungen.

Und noch ein letztes Zitat in diesem Zusammenhang sei mir gestattet. Leo Waltermann im »Kritischen Tagebuch« des Westdeutschen Rundfunks am 27.7.1977:

Nicht auszudenken ist die Antwort, würde man fragen, wie denn wohl das Verfahren ausgegangen wäre, hätten andere Verteidiger mitgewirkt, die weniger engagiert gewesen wären, weniger sensibel, die nicht selbständig und auf eigene Faust und eigenes Risiko ermittelt hätten.

Alle, die wissen, daß Verteidigerrechte nicht zuletzt dazu da sind, die Verurteilung eines Unschuldigen zu verhindern, waren sich darin einig, daß dies ein »fälliger Freispruch« war (so die Überschrift in der *Kölner Stadtanzeiger*). Aber es sollte nicht vergessen werden, wie schwer dieser »Sieg des Rechtsstaats« erkämpft werden mußte. Es war fast ein Wunder, daß Karl Heinz Roth ihn noch erlebte. Denn was Polizisten, Mediziner und Juristen in dieser Sache im Zeichen der Terroristenangst sich geleistet hatten, war nur zu verstehen, wenn man den Haßausbruch jenes Polizeibeamten im Ohr behielt, der die schlechte Schießleistung seiner Kollegen bedauerte, die die Gelegenheit versäumt hatten, die drei »Terroristen« schon vor Ort »kaputt« zu machen. Das war die schamlose Offenbarung einer sonst angestrengt verborgengehaltenen, aber erfahrungsgemäß leicht aktivierbaren Totschlagsmentalität, die beim Umgang mit »Terroristen« nicht nur polizeiliches Handeln mit allen Risiken der »Feindberührung« belastet, sondern auch die beamteten Hüter der Gerechtigkeit vor eine Bewährungsprobe stellt, an der viele scheitern.

Karl Heinz Roth begrüßt nach dem Freispruch seine Eltern vor dem Gerichtsgebäude.

Justizgeschichten haben selten oder nie ein ungetrübtes Happyend. So hatte auch der Kölner Freispruch noch einen Rattenschwanz von kleinlichen Verfahren zur Folge, die dem Bild vom »Sieg des Rechtsstaats« noch einige Schönheitsfehler zufügten. Denn nicht nur bei der Polizei gab es Leute, die es lieber gesehen hätten, wenn auch Karl Heinz Roth und Roland Otto – vor allem Roth, der einmal zu den Identifikationsfiguren der Studentenbewegung gehört hatte – »kaputt« gemacht worden wären. Und die Wut der Konservativen – so will ich diese Leute mal nennen – richtete sich auch gegen die von ihnen als »Terroristenverteidiger« eingestuften Anwälte, die diesen Freispruch erkämpft hatten.

Da war noch ein ungestilltes Bedürfnis, denen, die dem Rechtsstaat zum Siege verholfen hatten, ein paar Niederlagen auf Nebenkriegsschauplätzen beizubringen. Für solche dem gesunden Volksempfinden abgelauschten Bedürfnisse hatte die Justiz schon immer ein feines Gespür und wußte sie allemal, unbekümmert um elementare Grundsätze von Gerechtigkeit, in juristische Sprüche umzusetzen.

Da gab es zunächst die Beschwerde der Staatsanwaltschaft gegen die Entscheidung der Strafkammer, den Angeklagten Roth für die 26monatige Polizei- und Untersuchungshaft zu entschädigen. Karl Heinz Roth habe, so hieß es in der Beschwerdebegründung der Generalstaatsanwaltschaft, die Untersuchungshaft grobfahrlässig verursacht. Er sei seit seiner Studentenzeit in linksextremen Gruppen tätig gewesen und über einen längeren Zeitraum von den Strafverfolgungsbehörden wegen Widerstands gegen Vollstreckungsbeamte mit Haftbefehl gesucht worden. Seine ärztlichen Fähigkeiten habe er in den Dienst seiner politischen Überzeugung gestellt. Er sei im Frühjahr 1975 polizeilich überwacht und bei ihm die Möglichkeit nicht ausgeschlossen worden, daß er zur Terroristenszene zu zählen sei. Was nicht gesagt wird, aber in der Logik dieser politisch begründeten Schuldzuweisung liegt: so einer braucht sich nicht zu wundern, wenn er halbtotgeschossen und über zwei Jahre auf Verdacht eingesperrt wird.

Im Rahmen seiner politischen Tätigkeit sei er mit dem als terroristischer Gewalttäter gesuchten Werner Sauber und dem ebenfalls der Anarchistenszene zuzurechnenden Roland Otto in Kontakt gekommen. Zwar räumt auch die Generalstaatsanwaltschaft ein, daß Roth die wirkliche Identität seiner beiden Mitfahrer nicht gekannt habe, meint aber, daß sich ihm hätte aufdrängen müssen, daß Sauber und Otto in der »sogenannten Illegalität« lebten. Was wiederum nicht ausgesprochen wird: wer in der Illegalität lebt, hat keinen Anspruch auf ärztliche Hilfe.

Roth sei »ferner vorzuwerfen«, daß er sich »für diese Fahrt« mit einer Schußwaffe ausgerüstet habe. Was nicht stimmt und so auch nicht im Urteil des Landgerichts steht. Die Pistole habe er durchgeladen und entsichert im Hosenbund getragen. Was zwar so im Urteil steht, aber trotzdem nicht stimmt. Insoweit hatten die Richter einem Polizeizeugen und nicht der gegenteiligen Bekundung Roths geglaubt, die objektiv plausibler und subjektiv sehr viel glaubwürdiger war.

Schließlich habe »der Beschuldigte« – Roth war, als dieser Schriftsatz verfaßt wurde, rechtskräftig freigesprochen – »auch der Wahrheit zuwider behauptet, die Polizeibeamten hätten zuerst und ohne Vorwarnung das Feuer auf Sauber eröffnet und mit dieser durch die Strafkammer widerlegten Behauptung den Eindruck hervorgerufen, die in Rede stehenden Straftaten Saubers als eigene gewollt zu haben«. Mit anderen Worten: wer sich erdreistet, als Angeklagter und beinahe Erschossener über den Hergang einer Schießerei Wahrheiten zu sagen, die dem Staatswohl abträglich sein könnten, muß sich nicht wundern, wenn er 26 Monate in Untersuchungshaft gehalten wird.

Das Oberlandesgericht stimmte der Staatsanwaltschaft in allen Punkten zu und setzte noch eins drauf: Roth habe gegenüber dem Polizeibeamten H. falsche Angaben gemacht (was nicht stimmt; falsche Angaben hat nur Roland Otto gemacht!) und sich geweigert, sein Fahrzeug zu verlassen (auch das ist schlicht falsch!), und sich dadurch »höchst verdächtig« gemacht. Er habe damit die Haft grobfahrlässig herbeigeführt und keinen Anspruch auf Haftentschädigung. Und damit hatten die Herren Oberlandesrichter, die immerhin für Roths Haft mitverantwortlich waren, indem sie Haftentlassungsanträge als Beschwerdeinstanz abgelehnt hatten, sich zugleich selbst von jeder Schuld reingewaschen.

Die Herren Oberlandesrichter nahmen auch in einer anderen Zuständigkeit die Gelegenheit wahr, ihre eigenen Vorstellungen von Gerechtigkeit im »Terroristenprozeß« zu entwickeln. Sie hatten nämlich darüber zu entscheiden, wie hoch die den als Pflichtverteidigern beigeordneten Anwälten aus der Staatskasse zusätzlich zu den Regelgebühren zu zahlende »Pauschgebühr« zu bemessen sei, die denen nach dem Gesetz in besonders umfangreichen oder schwierigen Strafsachen zusteht. Und da fanden sie, daß es gerecht sei, den Vertrauensverteidigern des Gerichts, die den Angeklagten gegen ihren Willen aufgezwungen werden, einen wesentlich höheren Betrag als den Vertrauensverteidigern der Angeklagten zu bewilligen. Dem Zwangsverteidiger wurde pro Verhandlungstag 240 Mark mehr als dem Vertrauensverteidiger des Angeklagten zugebilligt, weil er »einer besonderen Belastung ausgesetzt« und »auf eigenen Einsatz ohne arbeitsteilige Erleichterung angewiesen« gewesen sei. Dazu *Der Spiegel* (1.10.1979):

Wirklich verteidigt freilich, gegen Strafverfolger und den später erfolgreich als befangen abgelehnten Vorsitzenden Richter Armin Draber, hatten vor gut zwei Jahren nahezu ausschließlich Hannover und die beiden ebenfalls auswärtigen Wahlverteidiger Klaus Dethloff und Armin Golzem. Der ortsansässige Zelenka dagegen war kaum mehr als anwesend. Mit dem Angeklagten kam er gar nicht erst ins Gespräch. Zu Wort meldete er sich während des halben Verhandlungsjahres eben zwei- oder dreimal.

Dennoch fand das OLG bei dem Vertrauensverteidiger des Gerichts auch einen Sondersatz von 5.000 Mark »für die Vorbereitung der Hauptverhandlung und des Plädoyers« angemessen. Dem Vertrauensanwalt des Angeklagten wurden mit den gleichen Worten für die gleiche Arbeit 3.000 Mark zugesprochen. Der höher dotierte Zelenka plädierte etwa 30 Minuten, der niedriger entlohnte Hannover, gewiß nicht schlechter präpariert, mehrere Stunden lang.

Diese willkürliche und diskriminierende Praxis der Gebührenfestsetzung in »Terroristenprozessen« war nicht etwa ein Kölner Sonderfall. Das OLG Stuttgart war mit schlechtem Beispiel vorangegangen. *Der Spiegel:*

Der Stammheimer Hauptverteidiger Otto Schily beispielsweise erhielt immerhin 50.000 Mark weniger als ein Zwangskollege, der in knapp 200 Verhandlungstagen nur einen einzigen Satz geäußert hatte.

So kann man Geringschätzung in Zahlen ausdrücken.

Und dann gab es, wie üblich, noch Ehrengerichtsverfahren gegen die von unabhängigen Prozeßbeobachtern gerade wegen ihrer sachlichen Arbeit gelobten Vertrauensverteidiger der Angeklagten. Da erfüllten die von Herrn Dr. Draber eingesetzten Stenografinnen den von uns von Anfang an vermuteten Zweck. Ihre umfangreichen Mitschriften von Verteidigeräußerungen gelangten über die Kölner Staatsanwaltschaft an die zur Einleitung von ehrengerichtlichen Ermittlungsverfahren zuständigen Generalstaatsanwaltschaften, und diese gaben Herrn Dr. Draber Gelegenheit, sich »dienstlich zu äußern«.

Bei mir ging es um Äußerungen zu prozeßordnungswidrigen Maßnahmen des Vorsitzenden Richters (»ein einmaliges Schauspiel von Rechtsanmaßung«) und zu den entwürdigenden Durchsuchungen der Verteidiger. Einmal hatte ich davon gesprochen, daß dieser Prozeß in meinen Augen nichts anderes sei als die Fortsetzung einer Polizeiaktion mit anderen Mitteln. In aller Bescheidenheit: Treffender konnte man es nicht sagen. (Dieses Nachspiel endete mit einer Mitteilung der Generalstaatsanwaltschaft Bremen, daß man mit Rücksicht auf das Urteil des Ehrengerichtshofs vom 7. Juli 1978 von der Einleitung eines Ehrengerichtsverfahrens abgesehen habe – oder mit anderen Worten: Ich sei schon ausreichend bestraft.)

5. Der Mord an Generalbundesanwalt Siegfried Buback und die Folgen (1977-1981)

Am 7. April 1977 wurde in Karlsruhe auf den Generalbundesanwalt Siegfried Buback ein Attentat verübt, bei dem drei Menschen starben. Ein Motorrad der Marke Suzuki 750 GS – der damals schnellsten Serienmaschine, von der Suzuki-Werbung als »Sportskanone für Scharfschützen« gepriesen – mit zwei Personen hatte an einer Esso-Tankstelle auf den Wagen des Generalbundesanwalts gewartet. Als er kurz nach 9 Uhr kam und vor einer Ampelkreuzung halten mußte, setzte sich die Maschine rechts neben den Mercedes. Aus nächster Nähe eröffnete die Person auf dem Soziussitz aus einem verkürzten Selbstladegewehr der Marke Heckler & Koch das Feuer auf die Insassen des Wagens. Alle drei wurden tödlich getroffen, Siegfried Buback und sein Fahrer Wolfgang Göbel starben noch am Tatort, der auf der Rückbank sitzende Justizhauptwachtmeister Georg Wurster erlag eine Woche später seinen schweren Verletzungen.

Mich erreichte die Nachricht von dem Attentat im Gerichtssaal des Landgerichts Köln, während wir unsere für Karl Heinz Roth und Roland Otto gestellten Haftentlassungsanträge begründeten. Es waren nicht nur die schockartig wirkende Erkenntnis, daß in diesem Klima Haftentlassung und Freispruch für unsere Mandanten wieder fraglich wurden, sondern auch meine auf persönlichen Erfahrungen mit Siegfried Buback beruhende Einstellung zu diesem Mann, die mich auf die Nachricht mit Zorn und Trauer reagieren ließen.

Im Februar 1973 hatte ich Buback, damals noch Bundesanwalt, bei einer von der Arbeitsgemeinschaft sozialdemokratischer Juristen in Frankfurt am Main veranstalteten Podiumsdiskussion zum Thema »Der politische Strafprozeß heute« kennengelernt, an der weiter teilnahmen der *Spiegel*-Redakteur Gerhard Mauz, der Staatsanwalt und SPD-Bundestagsabgeordnete Dr. Hans de With und ich. Schon daß Buback sich dieser Diskussion stellte, fand ich sympathisch, und daß er meiner Kritik an der politischen Justiz vergangener Tage zustimmte, nicht minder.

Polizeiliche Beweissicherung am Tatort des Anschlags auf Generalbundesanwalt Buback und seine Begleiter. Im Vordergrund die mit einem Tuch abgedeckte Leiche des Generalbundesanwalts, auf der Straße die eines seiner Begleiter.

Die äußeren Bedingungen dieser Podiumsdiskussion waren so, daß den Teilnehmern schon einiger Verzicht auf Bequemlichkeit und würdevolle Selbstdarstellung abgefordert wurde. Ein verräucherter, überfüllter Saal mit einem äußerst lebhaften, vorwiegend jungen Publikum, das sich auch der für die Diskutanten vorgesehenen Stühle bemächtigt hatte, so daß wir uns mit baumelnden Beinen nebeneinander auf den Tisch setzen mußten.

Herr Buback sah sich einer aufmüpfig antiautoritär gestimmten Zuhörerschaft gegenüber und hat seine Rolle mit beachtlichem persönlichen Mut durchgestanden. Ich erinnere mich, daß einmal eine Kinderstimme aus dem Hintergrund des Saales krähte und, offensichtlich von Erwachsenen dazu angestiftet, eine Beschimpfung des Bundesanwalts ausstieß, die uns nötigte, unseren Diskussionspartner gegen eine solche Form der Auseinandersetzung in Schutz zu nehmen.

Die *Frankfurter Rundschau* vom 8. 2. 1973 schrieb in einem ironisch aufgemachten Kommentar, ich sei »der Held des Abends« gewesen, Mauz sei »mit einem blauen Auge davongekommen«, de With habe »kaum Gelegenheit« gehabt, »mehr als drei Sätze hintereinander zu reden, ohne nicht (das »nicht« ist wohl zu viel; H. H.) durch Tumulte unterbrochen zu werden«. Und dann:

Ganz übel dran war der Bundesanwalt Buback: Er erdreistete sich nämlich, zu erklären, daß er bei der Beurteilung der Justiz in der Weimarer Republik völlig mit dem Rechtsanwalt Hannover übereinstimme. Als er sich schließlich dazu verstieg, die politische Rechtsprechung während der fünfziger Jahre mit ihrer extensiven Auslegung der Strafbestimmungen zu kritisieren, erntete er nur noch Hohn und Spott.

Seit diesem gemeinsamen Erlebnis verband mich mit Siegfried Buback die Erinnerung an eine Stunde, in der er auf meine (und der anderen Diskutanten) Fairneß angewiesen war, und daher rührte eine seinen persönlichen Mut respektierende Hochachtung, die wohl auch auf Gegenseitigkeit beruhte. Jedenfalls begrüßten wir uns, als ich ihn einmal Jahre später im Gebäude des Bundesgerichtshofs in Karlsruhe traf, fast wie alte Freunde. Und das war schon ein bemerkenswerter Unterschied zu dem dummdreisten Ton, den einige andere Herren dieser Behörde in der Ära Rebmann mir gegenüber angeschlagen haben.

Daß Herr Buback und ich in der Sache, wenn es nicht gerade um die politische Justiz der Weimarer Republik und die Kommunistenprozesse der fünfziger Jahre ging, erhebliche Meinungsverschiedenheiten hatten, bedarf wohl keiner näheren Ausführung. Als Generalbundesanwalt hat er den »Baader-Meinhof-Anwälten« vorgeworfen, mit den Angeklagten konspirativ zusammengearbeitet zu haben, um die Tätigkeit der

Terroristen aus der Haftanstalt fortzusetzen – eine Falschinformation der Öffentlichkeit, die verheerende Folgen für die betroffenen Kollegen und für die Rechtsstaatlichkeit in der BRD hatte. Und daraus leitete er die Folgerung her, daß für diese Verteidiger der Grundsatz des fairen Prozesses (»fair trial«) nicht gelte (*stern*, 5.6.1975) – eine unverzeihliche Fehlleistung, die schon fast einer Kündigung des rechtsstaatlichen Grundkonsenses gleichkam. Aber als er das Opfer eines Mordanschlags wurde, fielen mir spontan andere Züge seiner Persönlichkeit ein.

Selbstverständlich war mir klar, daß meine gefühlsmäßige Einstellung zu Buback, die eine ganz individuelle Vorgeschichte hatte, nicht allgemeingültig war. Mir ist berichtet worden, daß seine Ermordung in verschiedenen Gefängnissen Jubel ausgelöst habe, und zwar weniger bei den politischen Gefangenen, die wohl eher als die anderen voraussahen, daß die Rache nicht ausbleiben und besonders sie treffen würde. Und nicht nur in den Gefängnissen soll es derartige Gefühlsäußerungen gegeben haben. Eine Tatsache, an die der berühmtberüchtigte »Buback-Nachruf« anknüpfte, den ein Unbekannter unter dem Pseudonym »Ein Göttinger Mescalero« am 25.4.1977 in den *göttinger nachrichten*, einer vom AStA der Göttinger Universität herausgegebenen Zeitung, veröffentlichte. Um diese Veröffentlichung sollte es Aufregung und Justizwirbel geben, die mehr Aufmerksamkeit beanspruchten als die eigentliche Mordtat.

Der Verfasser des »Nachrufs« hatte in Form eines inneren Monologs die allmähliche Entwicklung seiner Gedanken geschildert, die ihn von der ersten spontanen Gefühlsregung (»klammheimliche Freude«) zur entschiedenen Ablehnung der Mordtat geführt hatten. Aber er verschwieg nicht seine unmittelbare Reaktion, dieses »innere Händereiben«, und er bediente sich zu ihrer Begründung der rüden Sprache, die in der Szene, die den Buback-Mord bejubelt hatte, benutzt und verstanden wurde (»Ich habe diesen Typ oft hetzen hören ... Ehrlich, ich bedaure es ein wenig, daß wir dieses Gesicht nun nicht mehr in das kleine rotschwarze Verbrecheralbum aufnehmen können, das wir nach der Revolution herausgeben werden ...«). Auf diesen Teil des

Textes stürzten sich die durch eine Anzeige des Göttinger RCDS (Ring Christlich-Demokratischer Studenten) aufgescheuchten Medien, Politiker, Juristen und andere Sprecher des konservativen Lagers und setzten eine neue gegen Studenten und Intellektuelle gerichtete Hysterie in Gang, die am 27.5.1977 in einer großen Polizeiaktion in Göttingen einen ersten Höhepunkt fand. Es wurden die Geschäftsräume des AStA, zwei Druckereien, ein Buchladen, das Büro des KBW (Kommunistischer Bund Westdeutschlands) sowie 17 Privatwohnungen von schwerbewaffneten Polizisten durchsucht, um Hinweise auf den unbekannten Verfasser des Mescalero-Artikels zu finden. Ohne Erfolg. Strafverfahren wurden eingeleitet gegen Hersteller und Verbreiter des Mescalero-Artikels, der von den Studentenvertretungen anderer Universitäten aus Solidarität mit dem in die Schußlinie geratenen AStA der Universität Göttingen in ihren Publikationsorganen nachgedruckt wurde.

Im Juni 1977 veröffentlichten etwa 140 Hochschullehrer und wissenschaftliche Mitarbeiter aus Göttingen und Hannover eine Stellungnahme, in der sie sich schützend vor ihre Studenten stellten und das Vorgehen der Ermittlungsbehörden und die unvollständige Wiedergabe des Mescalero-Artikels in den Medien beanstandeten. Aber die öffentliche Entrüstung über einen der Allgemeinheit nur unvollständig bekannten Text hielt an, und die Staatsanwaltschaften erhoben Anklagen wegen öffentlicher Billigung von Straftaten, ohne die klare Absage gegen Gewalt und Terror, in die der Nachruf mündete, zur Kenntnis zu nehmen.

Da entschlossen sich 48 Hochschullehrer – unter ihnen der später von mir verteidigte Professor Dr. Peter Brückner, Hochschullehrer für Sozialpsychologie in Hannover –, eine Dokumentation herauszugeben, in der endlich der vollständige Text des Mescalero-Artikels einer größeren Öffentlichkeit bekanntgegeben werden sollte. Sie leiteten die am 30.6.1977 erschienene Schrift mit einer Erklärung ein, in der es hieß:

Wir sehen uns veranlaßt, einen Nachruf zu veröffentlichen – einen Nachruf, den zu veröffentlichen unter Strafe gestellt worden ist ...

In den Massenmedien, auch in den bürgerlich-liberalen Zeitungen, wird dieser Nachruf als Ausgeburt »kranker Gehirne« und als Musterbeispiel für »blanken Faschismus« (*Frankfurter Rundschau*) deklariert. Der vollständige Text wird nirgends veröffentlicht, im Gegenteil, die zentrale Intention des Artikels – seine Absage an Gewaltanwendung – wird unterschlagen. ...

Wir sind der Auffassung, daß eine öffentliche Diskussion des gesamten Artikels möglich sein muß. Mit seiner Veröffentlichung wollen wir zugleich dazu beitragen, der Kriminalisierung, der Illegalisierung und dem politischen Äußerungsverbot entgegenzutreten, indem wir das Recht auf freie politische Meinungsäußerung praktisch wahrnehmen.

Wer des Lesens kundig war und lesen wollte, konnte jetzt zur Kenntnis nehmen, daß in dem »Buback-Nachruf« nicht nur die von Mescalero an sich selbst und in einer bestimmten Szene beobachteten aus Haß und Schadenfreude zusammengesetzten Gefühle beschrieben waren, sondern daß es dem Verfasser darum gegangen war, diese von ihm erlebten unmittelbaren Reaktionen kritisch zu reflektieren. Seine erste Überlegung galt den konkreten Folgen für die, denen er sich offenbar politisch verbunden fühlte. Und das erläuterte er am Beispiel des Kölner Prozesses gegen Karl Heinz Roth und Roland Otto:

In diesem Prozeß war die Strategie der Bubacks die, Linke, die nachweislich nicht geschossen haben, als Polizistenmörder zu verurteilen. Revolutionäre Linke sind Killer, ihre Gesinnung, ihre Praxis prädestiniert sie zu Killern, die vor keinem Mittel zurückschrecken – so die Gleichung der Ankläger und (offensichtlich) der Richter.

In mühevoller Kleinarbeit ist es den beteiligten Genossinnen und Genossen wenigstens ansatzweise gelungen, diese Strategie zu durchkreuzen und zwar so zu durchkreuzen, daß selbst die gleichgeschalteten Medien über die Sauereien, unmenschlichen Haftbedingungen, Verfahrensfehler etc. zu berichten gezwungen sind. Das kleine Stammheim in Köln hat so auch ein Schlaglicht auf das echte Stammheim werfen können. Am letzten Mittwoch haben die Anwälte von Roth und Otto Antrag auf Haftentlassung gestellt, weil einfach von der Beweislage her der Vorwurf des gemeinschaftlichen Mordes am Polizisten Pauli nicht mehr aufrecht zu halten war. Die Gleichung »Linke sind Killer« war durchkreuzt.

Ich befürchte aber, daß mit dem Anschlag auf Buback den Genossen die guten Karten aus der Hand geschlagen worden sind, daß hierdurch eine unfreiwillige Amtshilfe für die Justiz geleistet wurde, die vielleicht sogar den Urteilsspruch negativ beeinflussen wird.

Mescalero spricht im folgenden von der »Blindheit jener, für die sich die politische Welt auf Stammheim reduziert«, einer Blindheit, die einen unfreiwilligen Beitrag dazu leiste, andere Genossinnen und Genossen fertig zu machen. Allein diese Überlegungen hätten ausgereicht, sein »inneres Händereiben zu stoppen«.

Aber es kommt noch doller. Ich habe auch über eine Zeit hinweg (wie so viele von uns) die Aktionen der bewaffneten Kämpfer goutiert; ich, der ich als Zivilist noch nie eine Knarre in der Hand hatte, eine Bombe habe hochgehen lassen. Ich habe mich schon ein bißchen dran aufgegeilt, wenn mal wieder was hoch ging und die ganze kapitalistische Schickeria samt ihren Schergen in Aufruhr versetzt war. Sachen, die ich im Tagtraum auch mal gern tun tät, aber wo ich mich nicht getraut hab sie zu tun.

Schon durch die offenbar bewußt gewählte Primitivierung der Sprache haben sich manche, die bis hierher gelesen haben, provozieren lassen; so zum Beispiel der Berliner Wissenschaftssenator Peter Glotz (SPD) in einem »Offenen Brief« an zwölf Berliner Professoren, den *Die Welt* am 3.7.1977 veröffentlichte (»Auf sprachliche Sensibilität ... wird mit einer wegwerfenden Handbewegung verzichtet«).

Mescalero versucht sodann, sich in die Rolle eines »bewaffneten Kämpfers«, also eines RAF-Angehörigen, zu versetzen und fragt sich, wie er die Entscheidung über solch eine Aktion fällen könnte, wie er sich sicher sein könnte, daß dieser und kein anderer sterben müsse, wie er in Kauf nehmen könnte, »daß auch ein anderer dabei drauf geht, ein dritter vielleicht querschnittgelähmt sein wird etc. etc.« Er müßte völlig umdenken, sagt Mescalero, er denke immer noch, »daß die Entscheidung zu töten oder zu killen bei der herrschenden Macht liegt, bei Richtern, Bullen, Werkschützern, Militärs, AKW-Betreibern«. »Wie sollte ich mich entscheiden, daß Buback wichtig ist, nicht nur für mich und meine Leute, sondern auch für die anderen Leute.« Überlegungen, die Peter Glotz völlig mißverstanden haben muß, wenn er in seinem Offenen Brief daran den Stoßseufzer knüpft: »Welches Grauen muß über die Mittelschichten kommen, wenn sie wahrnehmen, daß solches Bewußtsein in ihren Kinderzimmern gewachsen ist?« In Wahrheit hatte Mescalero an dieser Stelle ein sehr grundsätzliches Thema problematisiert, eine Entscheidung, die Soldaten und anderen mit staatlichen Tötungsprivilegien ausgestatteten Staatsgewalttätern von der »herrschenden Macht« abgenommen wird. Die Brüder des von der RAF ermordeten Diplomaten Gerold von Braunmühl haben in ihren (unter dem Titel »Ihr habt unseren Bruder ermordet« veröffentlichten) Briefen an die RAF die Frage, die den Mescalero bewegt hat, ganz präzise gestellt: »Glaubt Ihr wirklich, jemanden davon überzeugen zu können, daß Ihr ausgerechnet mit dem Mord an unserem Bruder ›den strategischen plan der imperialistischen bourgeoisie, weltherrschaft zu erreichen, in seinen konkreten aktuellen projekten angegriffen‹ habt?« Die Briefe der Brüder Braunmühl, von denen mir Carlchristian und Hubertus liebe Freunde geworden sind, sind nie beantwortet worden – weil es keine Antwort gibt. Ich wünschte, es hätten alle, die in der RAF aktiv geworden sind, sich zuvor die Fragen gestellt, über die der Göttinger Mescalero, freilich unter Verzicht auf sprachliche Sensibilität, nachgedacht hat, und daraus die Konsequenzen gezogen.

Mescalero, dessen Überlegungen ich unterbrochen hatte, um den »Offenen Brief« des Berliner Senators für Wissenschaft und Forschung an der Stelle zu zitieren, auf die er Bezug nimmt, veranschaulicht das Problem der Opferauswahl bei politisch motivierten Attentaten mit munteren Beispielen: »Wie sollte ich mich entscheiden ..., daß der Verkäufer an der Ecke, der dauernd ›Kopf-ab‹ brüllt, eine geringere ›Schuld‹ trägt als Buback? Nur, weil er weniger ›Verantwortung‹ hat? Warum diese Politik der Persönlichkeiten? Könnten wir nicht mal zusammen eine Köchin entführen und sehen, wie sie dann reagieren, die aufrechten Demokraten? …«

Wenn in Argentinien oder Spanien »einer dieser staatlich legitimierten Killer umgelegt« werde, habe er diese Probleme nicht, sagt Mescalero weiter. Er glaube zu spüren, daß der Haß gegen diese Figuren wirklich ein Volkshaß sei. »Aber wer und wieviele Leute haben Buback (tödlich) gehaßt. Woher könnte ich, gehörte ich zu den bewaffneten Kämpfern, meine Kompetenz beziehen, über Leben und Tod zu entscheiden?«

Schon diesen Teil des Mescalero-Textes kann wohl kaum einer von denen, die ihre Gehässigkeiten gegen seine Verbreiter losgelassen haben, wirklich gelesen und verstanden haben. Ganz sicher hat man sich aber wohl die Lektüre des Schlusses erspart, der das Fazit des Ganzen bietet. Ich will ihn im vollen Wortlaut zitieren:

Unser Zweck, eine Gesellschaft ohne Terror und Gewalt (wenn auch nicht ohne Aggression und Militanz), eine Gesellschaft ohne Zwangsarbeit (wenn auch nicht ohne Plackerei), eine Gesellschaft ohne Justiz, Knast und Anstalten (wenn auch nicht ohne Regeln und Vorschriften oder besser: Empfehlungen), dieser Zweck heiligt eben nicht jedes Mittel, sondern nur manches. Unser Weg zum Sozialismus (wegen mir: zur Anarchie) kann nicht mit Leichen gepflastert werden.

Warum liquidieren? Lächerlichkeit kann auch töten, zum Beispiel; auf lange Sicht und Dauer.

Unsere Waffen sind nicht lediglich Nachahmungen der militärischen, sondern solche, die sie uns nicht aus der Hand schießen können. Unsere Stärke braucht deswegen nicht in einer Phrase zu liegen (wie der der ›Solidarität‹). Unsere Gewalt endlich kann nicht die der Al Capones sein, eine Kopie des offenen Straßenterrors und des täglichen Terrors; nicht autoritär, sondern antiautoritär und deswegen umso wirksamer. Um der Machtfrage willen (o Gott!) dürfen Linke keine Killer sein, keine Brutalos, keine Vergewaltiger, aber sicher auch keine Heiligen, keine Unschuldslämmer. Einen Begriff und eine

Praxis zu entfalten von Gewalt/Militanz, die fröhlich sind und die den Segen der beteiligten Massen haben, das ist (zum praktischen Ende gewendet) unsere Tagesaufgabe. Damit die Linken, die so handeln, nicht die gleichen Killervisagen wie die Bubacks kriegen.
 Ein bißchen klobig, wie? Aber ehrlich gemeint ...
 Ein Göttinger Mescalero.

Das also war der Teil des Textes, den die große Öffentlichkeit nicht erfahren durfte, um das Feuer der Empörung gegen Studenten und Professoren in Gang zu halten. Eine Empörung, die neue Nahrung durch weitere Gewalttaten der RAF erhielt (Mord an Jürgen Ponto, Entführung und Ermordung Hanns-Martin Schleyers). Eine Empörung, die auch davon ablenkte, daß man die Täter aller drei Mordanschläge nicht hatte. Es mußten also Ersatzobjekte präsentiert werden, an denen sich die Anheizer des Volkszorns abreagieren konnten, »Sündenböcke«, wie sie nach biblischem Vorbild heißen. Aber der Erfolg, den sich die für ihre Studenten eintretenden Hochschullehrer von der Publikation des vollständigen Mescalero-Textes versprochen hatten, blieb aus. Vielmehr wurde jetzt der Volkszorn gegen sie gelenkt.

Erleichtert wurde diese Schuldzuweisung dadurch, daß der für die Endredaktion zuständige Herausgeber in die Dokumentation noch einen Text von Rosa Luxemburg aufgenommen hatte, der zu neuen Fehlinterpretationen Anlaß gab. Es handelte sich um einen Artikel aus dem Jahre 1905, in dem Rosa Luxemburg sich zu der öffentlichen Resonanz auf ein Attentat geäußert hatte, dem der russische Großfürst Sergej Romanow zum Opfer gefallen war. Für die Aufnahme in die Dokumentation hatte wohl die Überlegung gesprochen, daß da ein ähnlicher gedanklicher Entwicklungsprozeß geschildert war, der von spontaner gefühlsmäßiger Zustimmung zu rational begründeter Ablehnung des Attentats führte. Aber nicht diese Parallele, um die es offenbar dem verantwortlichen Redakteur ging, sondern eine andere wurde gesehen und mit Empörung als neue Beleidigung des Generalbundesanwalts aufgespießt: Zu Beginn ihres Artikels hatte Rosa Luxemburg den getöteten Großfürsten als »Moskauer Bluthund« und einen der »reaktionärsten Vertreter des Zarismus« charakterisiert. Und das wurde nun auf Siegfried Buback bezogen, ohne zu bedenken, daß der Vergleich mit dem Luxemburg-Artikel einen ganz anderen Sinn hatte. Aber zugegeben, ein gezieltes Mißverständnis lag zu nahe, als daß man sich eine solche Blöße gegenüber der zu erwartenden Kritik hätte geben dürfen. Ein Fehler, den wohl nur der Endredakteur der Dokumentation zu verantworten hatte, den aber alle Herausgeber ausbaden mußten, als sich die publizistische Meute auf sie stürzte. Statt Aufklärung der Köpfe und Beruhigung der Gemüter also neue Empörung, kräftig angeheizt auch von Politikern, denen man ein offenes Ohr für vernünftige Argumente zugetraut hätte.

Der Berliner Wissenschaftssenator Peter Glotz vermißte in seinem »Offenen Brief« eine Distanzierung der Professoren von dem Mescalero-Text und forderte sie auf, ihren Dienst zu quittieren (»Bekämpfen Sie diesen Staat, wenn Sie dies für notwendig halten; aber bekämpfen Sie ihn nicht mit Pensionsberechtigung«). Wasser auf die Mühlen von Terroristenjägern wie Friedrich Karl Fromme, Justizkommentator der *FAZ* (»Das Straf- und sogar das Disziplinarrecht zu achten sind die Sympathisanten der Terrorszene gewöhnt. Sie passen sich dem an, wie das Wild am Waldrand; sie wissen, daß Schonzeit ist für Intellektuelle, die dem Terrorismus – und wäre es auf beflissen erklärende Weise – schön tun.« *FAZ*, 2.8.1977). *Die Welt* (2.8.1977) veröffentlichte einen Aufsatz von Rechtsanwalt Dr. Josef Augstein, der die von den Rektoren in Göttingen und Braunschweig gestellten Strafanträge gegen die Professoren begrüßte und die Paragraphen zitierte, die eine Verherrlichung von Straftaten, die Billigung von Mord und die Verunglimpfung des Andenkens Verstorbener unter Strafe stellen. Sollten die Gerichte zu dem Ergebnis kommen, daß diese Tatbestände nicht verwirklicht seien, so müsse diese Gesetzeslücke schnellstens geschlossen werden. Am 11.8.1977 druckte das selbe Blatt unter der Überschrift »Staatspension, klammheimlich« einen Artikel eines anonymen Verfassers, in dem die Bösartigkeit der Hetze bis zu dem aus der Nazi-Zeit bekannten Rattenvergleich gesteigert wurde:

Warum noch »Sympathisanten«? Schade um das lauwarme Wort, es geht um Blutiges. Nennt die kleinen Nagetiere hinter der Szene doch künftig die Klammheimlichen! Das hören sie lieber, paßt auch besser ins Wörterbuch des Neuen Unmenschen, nicht weit hinter Kader ... Die Klammheimlichen mit der Freude am vergossenen Blut – kein Konfektionspelzchen steht ihnen besser als »klammheimlich«, hießen sie auch Professor gar, hätten sie leider auch Theologie bei Hans Dampf Marx in allen Gassen durchaus studiert, und seien sie von Haus aus auch an Nerzpelzchen bis zum Überdruß gewöhnt ...

Soll man den Klammheimlichen, die ihre Schäbigkeit als Großmannssucht geehrt wissen möchten, nicht den Gefallen tun, ihre Gesichter so steckbriefgetreu zu verbreiten wie die rotbelichteten Schmarotzer, denen sie applaudieren? Hinauf mit ihnen auf die Terrorszene, und ganz oben hinauf, scharf belichtet, wenn sie ihr klammheimliches Händeklatschen und Feixen auch noch mit Staatspensionen honoriert haben wollen ...

Eine Orgie des Hasses, wie sie auch in Julius Streichers »Stürmer« gepaßt hätte. Und alles für Leser bestimmt, die nicht wußten und auch nicht wissen sollten, daß der Text, an dem sich Publizisten dieses Schlages aufgeilten, in Wahrheit zu den schärfsten Distanzierungen der »Szene« gegenüber der RAF und ihrem Terror gehörte.

In einer neuen, am 14. 8. 1977 erfolgten Veröffentlichung, wehrten die 48 Herausgeber der Dokumentation sich gegen diese Schmutzkampagne, indem sie noch einmal in nüchterner Sachlichkeit klarstellten, warum sie den Nachdruck des vollständigen Mescalero-Textes für notwendig gehalten hatten. Sie erinnerten an die staatlichen Reaktionen auf den »Nachruf«, die »den Eindruck einer Fahndung nach Schwerverbrechern erweckten«, sie teilten noch einmal in aller Kürze mit, was wirklich in dem Text gestanden hatte (»klare Absage an politischen Terror in unserer Gesellschaft«), sie sahen sich veranlaßt, »eine Selbstverständlichkeit noch einmal ausdrücklich zu betonen: Wir lehnen Terror als Mittel politischer Auseinandersetzung ab«, und sie forderten eine freie und kritische Diskussion über Ursachen und Erscheinungsformen der Gewalt in unserer

Gesellschaft. Anstatt die gesellschaftlichen Ursachen des politischen Terrorismus zu untersuchen, werde der Autor des Mescalero-Artikels, würden die Herausgeber des »Buback-Nachrufs« und die Universitäten insgesamt zu Sündenböcken gestempelt.

Es ist dies der immer wieder erneut gemachte Versuch, uns als kritische Intellektuelle zu Urhebern dessen zu machen, was wir zu analysieren versuchen.

Es war eine Zeit, in der vernünftige Argumente keine Chance hatten. Die RAF und der sie verfolgende Staatsapparat hatten eine Massenpsychose herbeigeführt, in der es leichter war, an Affekte zu appellieren, Schuldige zu definieren und härtere Gesetze zu machen. Bundesjustizminister Hans-Jochen Vogel (SPD) traf genau den Ton der Bürgerkriegsstimmung, die keine Parteien mehr kennt, als er zur Begründung neuer Anti-Terror-Gesetze im Bundestag den Feind benannte:

Haben wir es früher jemals erlebt, daß Verbrechen außerhalb der Unterwelt mit versteckter oder gar offener Zustimmung aufgenommen worden sind? Hier, meine Damen und Herren, ist es der Fall. Nicht nur, aber vor allem der Mord an Siegfried Buback hat ein solches Echo hervorgerufen. Ich denke dabei an den empörenden Nachruf, der immer wieder, teils mit eindeutiger, teils mit halbherziger, teils aber auch ohne jede Distanzierung oder sogar mit Bekundungen der Sympathie, nachgedruckt worden ist.

Der Bundesjustizminister kannte offensichtlich weder den vollständigen Mescalero-Text noch die Erklärungen, die die Hochschullehrer dazu abgegeben hatten. Aber er wußte von dem Luxemburg-Text, von dem er wohl auch nur den »Moskauer Bluthund« kannte:

Ich denke dabei an die Tatsache, daß dieser Nachruf von 43 (richtig: 48) Professoren, also beamteten, auf die Verfassung unseres Staates vereidigten Hochschullehrern in einem geradezu erbärmlichen Kontext unter schändlicher Vergleichung mit dem Tod eines zaristischen Polizeigouverneurs herausgegeben worden ist ... Diese Vorgänge, meine sehr verehrten Damen und Herren, erinnern an den Beifall, mit dem zu Beginn der Weimarer Republik Verblendete die Ermordung eines Matthias Erzberger und eines Walther Rathenau aufgenommen haben, oder an die Menschenverachtung, mit der Adolf Hitler 1932 die Mörder von Potempa seiner Solidarität versicherte.

Unterstützt durch Strafanträge des Bundesjustizministers und des Bundesinnenministers erhoben die Staatsanwaltschaften Anklagen gegen die Herausgeber der Dokumentation bei den örtlich zuständigen Landgerichten Berlin, Bremen, Oldenburg, Hamburg und Bielefeld. Und so kam denn endlich der vollständige Text des »Buback-Nachrufs« zur Sprache und keines der angerufenen Gerichte konnte sich letztlich der Erkenntnis verweigern, daß darin nicht zu Mord und Terror, sondern im Gegenteil zu kritischem Nachdenken über den Buback-Mord aufgerufen war, und zwar mit dem Ergebnis, daß der Weg zum Sozialismus »nicht mit Leichen gepflastert« werden könne.

Während einige Landgerichte schon die Eröffnung des Hauptverfahrens abgelehnt hatten, kam es in Oldenburg zu einer Hauptverhandlung, die am 1. Februar 1979 begann und in sieben Verhandlungstagen noch einmal das ganze Mescalero-Drama aufrollte. Die mit drei Berufsrichtern (Draeger, Dr. Schneider-Horn und Wellmann) und zwei Schöffen (Dipl.-Gärtner Dr. Edwin Springer und Beamter Heinz-Dieter Frerichs) besetzte Strafkammer hatte es mit 13 der insgesamt 48 Herausgeber der Dokumentation und deren Verteidigern zu tun. Wie eine zum Gericht hin offene Wagenburg saßen wir da, denn die sonst üblichen Plätze reichten nicht aus, um 13 Angeklagte und bis zu 15 Verteidiger unterzubringen. Unter den Angeklagten mein Mandant Professor Dr. Peter Brückner; unter den Verteidigern so namhafte Rechtsanwälte wie Dr. Werner Holtfort, Landtagsabgeordneter der SPD und 1. Vorsitzender des Republikanischen Anwaltsvereins, ein freiheitlich gesinnter Sozialist und unermüdlicher Kämpfer für ein besseres Strafrecht und mehr Demokratie, und Gerhard Schröder, der später schließlich Bundeskanzler wurde, sowie die Professoren Dr. Dieter Sterzel, Dr. Ulrich Mückenberger und Dr. Thomas Blanke (Nach § 138 StPO dürfen auch Rechtslehrer an deutschen Hochschulen als Verteidiger gewählt werden).

Neben mir Rechtsanwalt Dr. Werner Holtfort aus Hannover, ein kämpferischer Kollege, Sozialist und Demokrat, mit dem ich einige Jahre im Vorstand des Republikanischen Anwaltsvereins zusammengearbeitet habe.

Die Anklageschrift der Staatsanwaltschaft warf den Angeklagten vor, sich durch die Veröffentlichung des Mescalero-Textes folgender Delikte schuldig gemacht zu haben: Volksverhetzung, Verunglimpfung des Staates, Beleidigung und Verunglimpfung des Andenkens Verstorbener.

Ein mit den angeklagten Hochschullehrern lebhaft sympathisierendes Publikum begleitete die Hauptverhandlung, in der Staatsanwalt Ibbeken als Vertreter der Anklage ein Rückzugsgefecht gegen die von der Verteidigung vorgetragenen Angriffe führen und eine Position nach der anderen räumen mußte.

Daß der vollständige Mescalero-Text verlesen und auch vom Staatsanwalt und vom Gericht zur Kenntnis genommen werden mußte, war eine prozessuale Selbstverständlichkeit. Und daß es sich dabei nicht um die Befürwortung, sondern um eine klare Absage an politischen Mord handelte, konnte auch der Staatsanwalt nicht übersehen. Sein Versuch, aus dem »Moskauer Bluthund« eine Verunglimpfung des ermordeten Generalbundesanwalts herzuleiten, mußte schon daran scheitern, daß die von einigen Verteidigern mitgeteilte Tatsache nicht zu widerlegen war, daß die angeklagten Hochschullehrer von der Aufnahme dieses Textes in die Dokumentation nichts gewußt hatten. Die Angeklagten selbst hatten sich nicht darauf berufen, aber das Gericht unterstellte, daß dies »aus stillschweigender Solidarität« mit den übrigen 35 Mitherausgebern der Dokumentation geschehen sei. Letzte Rückzugsposition des Staatsanwalts: Eine Verunglimpfung des Staates sei jedenfalls die von den Hochschullehrern verfaßte Einleitung der Dokumentation, in der davon die Rede war, daß »der Staat Trauer für einen seiner Repräsentanten verordnet und in Szene« gesetzt habe und »jeder Ansatz sozialistischer Kritik und Praxis erstickt« werden solle.

Aber auch das war unhaltbar, wie dem Gericht in den Erklärungen der angeklagten Hochschullehrer und ihrer Verteidiger vorgetragen wurde. Peter Brückner sagte in seinem Schlußwort:

Es ist wahr: es gibt in der Bundesrepublik Köpfe, die zu sagen wagen, daß manche der herrschenden Dogmen und Meinungen falsch sind, und wir gehören zu ihnen. Es gibt Bürger, die sagen, daß die Verfassung, die sich die BRD einst gab, und die Verfassung, in der sich Staat und Gesellschaft befinden, nicht dieselben sind, und wir gehören zu ihnen. Auch wir setzen Wörter, Ideen, Lernprozesse in Umlauf, die für ein Herrschaftsinteresse anstößig sind. Wie manche andere Leute auch treten wir für Personen ein, die zu treten von uns erwartet wird. Gewissen Tendenzen in Staat und Gesellschaft: Tendenzen der Entdemokratisierung, der »schiefen Ebene« zum totalitären Verfassungsstaat, wird Widerstand geboten, sogar von Professoren, was sich in Deutschland nicht von selbst versteht, und auch wir bieten in der Sache, die hier verhandelt wird, Widerstand ...

Wir müssen das Gericht und die Öffentlichkeit wenigstens an eines der historischen Elemente dieses Verfahrens erinnern, das in der Anklageschrift gegen uns verdrängt und öffentlich vergessen werden soll: nämlich daß eine Verurteilung der Herausgeber ihren Ort in einer spezifischen und beklemmenden deutschen Tradition finden würde, ob das urteilende Gericht dies nun will und erkennt oder ob nicht.

Der Vorsitzende Richter Draeger bittet mich, beruhigend auf das Publikum einzuwirken.

Allein der Chor der Stimmen, die seit Herbst 1977 unsere Bestrafung fordern, belehrt darüber, um welche Überlieferung es sich handelt: um den autoritären Obrigkeitsstaat deutscher Tradition. Wieder sollen nur straff gegliederte Unterordnungs-Verhältnisse imstande sein, die deutsche Gesellschaft und ihren Staat vor Krisen zu bewahren und in Krisen zu stabilisieren.

Aber diese Tradition ist blind. Sie sieht nicht, daß in der jüngeren deutschen Geschichte der Zusammenhang von Staatshörigkeit, Loyalität und Verbrechen, von Gehorsam und Schuld auf furchtbare Weise anders ist als bei den befreundeten Nachbarvölkern. Wenn es für Deutschland einen kollektiven Prozeß der »Entschuldung« für die Zeiten des NS-Staats und für seine Vorgeschichte gäbe, dann den des Widerstands, der Unbotmäßigkeit – also des Widerstands, der Unbotmäßigkeit überall dort, wo Prozesse der Demokratisierung in Staat und Gesellschaft gefährdet sind und wo – wie im Falle des »Mescalero«, der studentischen Linken, der Universität – erneut die Ausgrenzung einer störenden Minderheit begonnen hat. Gewiß: solche Ausgrenzungen führen nicht zwangsläufig nach Auschwitz, aber es gäbe Auschwitz ohne diese Ausgrenzungen nicht ...

Mein Mandant Professor Dr. Brückner.

Das Gericht kam mit Urteil vom 23. 2. 1979 zum Freispruch aller Angeklagten. Zwar enthalte der Mescalero-Artikel strafbare Verunglimpfungen des ermordeten Generalbundesanwalts und der Bundesrepublik Deutschland, doch könne den angeklagten Herausgebern der Dokumentation nicht nachgewiesen werden, daß sie sich diese Verunglimpfungen zu eigen gemacht hätten. Auch ihr Vorwort zur Dokumentation stelle keine Verunglimpfung der Bundesrepublik Deutschland dar, wenngleich das Gericht in diesem Teil seiner Urteilsbegründung einige Zugeständnisse an die Staatsanwaltschaft und die herrschende öffentliche Meinung machte, indem es den Angeklagten »unberechtigte Kritik an den Verhältnissen in der Bundesrepublik« vorwarf, die »ganz offensichtlich falsch«, »geradezu absurd« und »gerade noch im Rahmen der grundgesetzlich erlaubten und geschützten freien Meinungsäußerung« sei. Ein schlechter Abgang, wie man ihn auch nach verlorenen Fußballspielen erlebt hat. Aber immerhin hatte man sich zu einem Freispruch durchgerungen. Und bei dem blieb es auch; die von der Staatsanwaltschaft gegen das Urteil eingelegte Revision wurde vom BGH am 26. 2. 1980 zurückgewiesen.

Für Peter Brückner war mit diesem Freispruch die Sache noch lange nicht zu Ende. Er war nicht nur der prominenteste, sondern auch der meistgehaßte unter den 13 angeklagten Hochschullehrern und hatte wegen der Unbeugsamkeit seiner politischen Haltung und wegen seiner Freundschaft zu Ulrike Meinhof – er hatte der Untergetauchten einige Nächte Quartier gewährt – und vielleicht auch wegen seiner jüdischen Vorfahren viele und mächtige Feinde. Der niedersächsische Minister für Wissenschaft und Kunst, ein Herr Pestel (CDU), hatte gegen ihn ein Disziplinarverfahren mit dem Ziel der Entfernung aus dem Dienst eröffnet, ihn mit 40%iger Gehaltskürzung suspendiert und ihm Hausverbot für die Technische Universität Hannover erteilt. Erst kurz vor seinem Tode – Brückner starb am 10. April 1982 – wurden Ende des Jahres 1981 alle disziplinarischen Maßnahmen und Suspendierungen aufgehoben, mit denen man ihn fast zehn Jahre lang vom akademischen Lehramt fernzuhalten versuchte. »So etwas verkürzt das Leben«, schrieb der bekannte Literaturhistoriker Hans Mayer in einem Nachruf auf Peter Brückner in der *Zeit* (23. 11. 1984). Brückner war nur 59 Jahre alt geworden.

6. Otto Schily und die Ehre der Polizei (1978-1984)

Im Dezember 1978 bat mich der Berliner Kollege Otto Schily, seine Verteidigung in einer beim Amtsgericht Stuttgart-Bad Cannstatt anhängigen Strafsache zu übernehmen. Auf Anregung der Bundesanwaltschaft und des Bundeskriminalamtes hatte der Hessische Minister des Innern als oberster Dienstvorgesetzter des Kriminalhauptmeisters Bernhard H. Strafantrag wegen Verleumdung und Beleidigung gegen die Rechtsanwälte Dr. Heldmann und Schily gestellt, und die Stuttgarter Staatsanwaltschaft hatte Anklage erhoben. Es ging um folgendes:

In dem als »Baader-Meinhof-Prozeß« bekannt gewordenen Verfahren in Stuttgart-Stammheim hatte Otto Schily die Angeklagte Gudrun Ensslin verteidigt. Der Verteidiger des Angeklagten Andreas Baader war der Darmstädter Kollege Dr. Hans Heinz Heldmann, ebenso wie Schily ein überregional bekannter Anwalt mit großer forensischer Erfahrung. Beide sollten ihre Bereitschaft, in diesem Verfahren das Verteidigeramt zu übernehmen, mit ungewöhnlichen Belastungen und Beschädigungen bezahlen.

»Stammheim« ist durch diesen Prozeß zu einem Begriff geworden, mit dem sich die Erinnerung an eine höchstrichterlich abgesegnete, der antiterroristischen Feinderklärung geschuldete Entrechtung von Angeklagten und Verteidigern verbindet, für die es in der deutschen Rechtsgeschichte kein Beispiel gibt. Was sich bereits im Vorfeld dieses »Terroristenprozesses« und dann in der vom 21. Mai 1975 bis zum 28. April 1977 durchgeführten Hauptverhandlung abgespielt hat (eigens für diesen Prozeß geänderte Gesetze, Ausschließung von Verteidigern, Verbot des gemeinschaftlichen Verteidigers, keine

Unterbrechung für die Vorbereitung neuer Verteidiger, Entpflichtungen von Verteidigern, Einleitung von Ehrengerichtsverfahren, Streit um die Verhandlungsfähigkeit der Angeklagten usw.), kann man in der ausgezeichneten Dokumentation *In der Strafsache gegen Andreas Baader, Ulrike Meinhof, Jan-Carl Raspe, Gudrun Ensslin wegen Mordes u. a.* von Ulf Stuberger (Frankfurt am Main 1977) nachlesen.

Rechtsanwalt Otto Schily mit seiner Mandantin Gudrun Ensslin.

Sie vermittelt trotz der nüchternen Juristensprache, in der die wiedergegebenen Entscheidungen abgefaßt sind, einen Eindruck von dem Klima des Hasses und des Bestrafungswillens, der im Umfeld dieses Verfahrens geherrscht und die Verteidiger (und deren Mandanten) mit unvorstellbaren Feindseligkeiten konfrontiert hat.

In der Verhandlung vom 8. September 1976 hatte Dr. Heldmann einen Beweisantrag auf Vernehmung des Arztes Dr. K. gestellt, der Baader nach seiner Festnahme untersucht hatte und als Zeuge auf Grund der von ihm festgestellten Befunde den Verdacht bestätigen sollte, daß die Schußverletzung, die der Angeklagte bei seiner Festnahme erlitten hatte, von einem Dum-Dum-Geschoß verursacht worden sei. Also von Munition, an der Manipulationen vorgenommen wurden, die zur Folge haben, daß sich das Projektil im Körper zerlegt und dadurch besonders große Wunden verursacht. Otto Schily hatte sich diesem Antrag angeschlossen. Der OLG-Senat hatte beide Anträge in der Sitzung vom 14.9.1976 abgelehnt, mit der Begründung, daß die Beweisbehauptung weder die Schuld- noch die Straffrage betreffe, so daß ein Beweisantrag im Sinne des Gesetzes überhaupt nicht vorliege. Daraufhin hatte Heldmann den Antrag anders formuliert, indem er in der Sitzung vom 23.9.1976 beantragte, den Zeugen Dr. K. zum Beweise dafür zu vernehmen, daß die Aussagen der Zeugen Bernhard H. und Knut M. über Anlaß, Zweck und Rechtfertigung des auf Andreas Baader abgegebenen Schusses unrichtig seien. Die Vernehmung des Zeugen Dr. K. werde ergeben, daß die von ihm behandelte Schußwunde des Herrn Baader durch ein Dum-Dum-Geschoß verursacht worden sei und eine Körperstelle getroffen habe, deren Schußverletzung regelmäßig zum Tode führe. Auch dieser Antrag – diesmal hatte Schily sich nicht angeschlossen – wurde vom Gericht abgelehnt. Es handle sich um die Wiederholung eines schon abgelehnten Antrages, der für die Entscheidung ohne Bedeutung sei.

Daß die Sache damit für die Bundesanwaltschaft nicht erledigt war, kündigte sich bereits in deren Plädoyer am Ende der Stammheimer Hauptverhandlung an. Bundesanwalt Zeis sprach von einem »Pseudo-Beweisantrag«, einem »Dum-Dum-Antrag«, mit dem allein »Agitation, Polemik und Verleumdung der Polizei« bezweckt worden sei.

Nehmen Sie, meine Herren dort drüben, bitte zur Kenntnis: die deutsche Polizei schießt nicht mit Dum-Dum-Munition.

Nicht die Polizei, wohl aber die Baader-Meinhof-Bande habe mit Hohlspitzmunition geschossen.

Und bei dieser Sachlage kann man es nur als eine maßlose Arroganz der Angeklagten bezeichnen, einen solchen Pseudo-Beweisantrag stellen zu lassen. Aber es ist ja nicht das erste Mal, daß die Angeklagten durch Verdrehung und Verleumdung versucht haben, die Wahrheit auf den Kopf zu stellen. Und um das Maß vollzumachen, hat Rechtsanwalt Dr. Heldmann im Rahmen eines weiteren Pseudo-Beweisantrages erneut die Behauptung – wenn wir hier nicht im Gerichtssaal wären, würde ich sagen, die infame, niederträchtige Behauptung – aufgestellt, Baader sei durch ein Dum-Dum-Geschoß angeschossen worden.

Der aggressive Ton des Herrn Zeis, auch mir aus anderer Sache durchaus vertraut, ließ ahnen, mit welchem blinden Eifer man gegen Rechtsanwälte vorzugehen gedachte, die in Ausübung ihrer Verteidigerpflichten Beweisanträge gestellt hatten, die den Respekt vor polizeilicher Untadeligkeit vermissen ließen. Aber es gab tatsächliche Anhaltspunkte für den im Antrag geäußerten Verdacht. Das Polizeigeschoß, von dem Baader am Oberschenkel getroffen worden war, hatte eine ungewöhnlich große Ausschußöffnung hinterlassen; von ärztlichen Sachverständigen war sie als »handtellergroß« bis »kindskopfgroß« beschrieben worden. Baader hatte seinem Verteidiger berichtet, daß der Arzt Dr. K., der die Wunde versorgt hatte, davon gesprochen habe, sie könne von einem Dum-Dum-Geschoß herrühren. Das Gleiche hatte Dr. Heldmann selbst von einem Unfall-Chirurgen gehört, der die Wunde gesehen hatte. Und Schily, der Heldmann als gewissenhaften Kollegen kannte, hatte sich auf dessen Angaben verlassen. Ob die Polizei tatsächlich mit Dum-Dum-Patronen, also einer völkerrechtlich verbotenen Munition, geschossen hatte, konnte für die Frage der Rechtmäßigkeit ihrer Amtsausübung und des von den Angeklagten geleisteten Widerstandes bedeutsam sein. Das galt sowohl für Andreas Baader als auch für Gudrun Ensslin, obwohl sie bei der Festnahme Baaders nicht dabei war. Denn nach dem in RAF-Sachen praktizierten Grundsatz der »Kollektivität« wurden alle Tatbeiträge einzelner Angeklagter allen Angeklagten zugerechnet.
Das Recht des Angeklagten und seines Verteidigers, Beweisanträge zu stellen, ist ein Kernstück des deutschen Strafprozesses. Das Gericht darf sie nur unter eng umschriebenen Vorausset-

zungen ablehnen und setzt sich, wenn die Ablehnung fehlerhaft begründet ist, der Gefahr aus, daß sein Urteil in der Revisionsinstanz wegen Verletzung der Aufklärungspflicht aufgehoben wird. Erfahrene Strafverteidiger stellen daher Beweisanträge nicht nur, um die Ermittlung der Wahrheit zu fördern, sondern auch im Blick auf die Revisionsinstanz, wo nur noch Rechtsfehler zählen. Eine Ablehnung des hier gestellten Beweisantrages konnte durchaus Ansatzpunkte für eine erfolgreiche Revision bieten.

Die Rechtsanwälte Otto Schily (rechts) und Dr. Hans Heinz Heldmann bei einer Pressekonferenz während des Stammheimer Prozesses gegen Andreas Baader, Ulrike Meinhof, Gudrun Ensslin und Jan-Carl Raspe (1977).

Aus dem Stammheimer Haßklima aber war nun eine neue Dimension des Umgangs mit Beweisanträgen erwachsen, nämlich der Vorwurf, der Beweisantrag habe einen beleidigenden Inhalt gehabt. Was ungeahnte Möglichkeiten eröffnete, Angeklagte und Verteidiger mit Strafverfahren zu überziehen, wenn sie von ihren Verteidigungsrechten Gebrauch machten, ohne dabei an die Ehre der Polizei zu denken.

Die Anklage gegen Heldmann und Schily wurde am 12. 10. 1979 vor dem Schöffengericht Stuttgart-Bad Cannstatt (ein Berufsrichter und zwei Schöffen) in eisiger Atmosphäre verhandelt und endete mit einer Verurteilung der Angeklagten wegen Verleumdung zu Geldstrafen von 60 bzw. 40 Tagessätzen von je 150 DM. Die angeklagten Rechtsanwälte hätten unwahre Behauptungen aufgestellt, die ehrenrührig und geeignet seien, die bei der Festnahme Baaders beteiligten Polizeibeamten zu verunglimpfen und in der öffentlichen Meinung herabzusetzen. Sie hätten subjektiv wider besseren Wissens gehandelt.

Sie hätten bedenkenlos und ohne Skrupel das Ansehen der Polizei in den Schmutz ziehen wollen. Der Urteilsverfasser machte von der ihm im Rahmen der freien Beweiswürdigung erteilten Vollmacht, auch die subjektive Willensrichtung der Angeklagten festzustellen, mit einer Beliebigkeit Gebrauch, die jeder andere, der nicht durch richterliche Privilegien geschützt wäre, mit einer Strafe wegen Beleidigung und übler Nachrede hätte büßen müssen. Mich empört es noch heute, wie damals zwei angesehenen Strafverteidigern leichthin unterstellt wurde, sie hätten ihre Anträge nicht mit Verteidigungsmotivation gestellt, sondern weil sie das Ansehen der Polizei in den Schmutz ziehen wollten. Aber nur so ließ sich der Rechtfertigungsgrund der Wahrnehmung berechtigter Interessen hinweginterpretieren.

Auf Wahrnehmung berechtigter Interessen könnten die angeklagten Anwälte sich nicht berufen, verkündete der Amtsrichter, denn es habe sich nur um »Schein-Beweisanträge« gehandelt. Die Unhaltbarkeit ihrer Behauptung habe von vornherein auf der Hand gelegen.

Davon konnte nun keinesfalls die Rede sein. Sogar der vom Amtsgericht bestellte Sachverständige, Prof. Dr. Rauschke, hatte einräumen müssen, daß, »wer von Schußangelegenheiten und Jägerei nichts versteht, ferner wer nicht mit gerichtlicher

Medizin in Berührung gekommen ist«, angesichts einer solchen Ausschußverletzung die Überlegung angestellt haben könne, daß diese Verletzung von einem Teilmantelgeschoß hätte stammen können. Das war gewunden und nicht gerade verteidigerfreundlich formuliert. Aber es zeigte, daß man über die Ursache der ungewöhnlich großen Ausschußwunde verschiedener Meinung sein konnte. Und es hatte immerhin einer Untersuchung durch einen medizinischen Sachverständigen bedurft, um zu der Feststellung zu gelangen, daß die große Ausschußwunde durch Knochensplitter entstanden war, weil das Geschoß den Oberschenkelknochen zertrümmert hatte. Das Schöffengericht hatte aus alledem nicht den naheliegenden Schluß gezogen, daß es das gute Recht und die selbstverständliche Pflicht der Verteidiger war, diese Frage durch Beweisanträge klären zu lassen, sondern befand, daß »Überlegungen von ihnen selbst oder von Nichtfachleuten« für sie nicht maßgebend sein durften. Vielmehr habe für sie die Verpflichtung bestanden, »sich eingehend bei mehreren Fachleuten zu erkundigen«.

Wenn diese Rechtsauffassung sich durchgesetzt hätte, wären Grundsätze über Bord geworfen worden, die in der höchstrichterlichen Rechtsprechung und in der Literatur seit den zwanziger Jahren festgeschrieben sind. »Wer einen Beweisantrag stellt«, heißt es in Max Alsbergs Klassiker *Der Beweisantrag im Strafprozeß*, »will dem Gericht nicht notwendig nur das beweisen, was für ihn selbst schon bewiesen ist«. Die aufgestellte Behauptung könne also »sehr wohl eine bloße Vermutung« sein. Anders ist effektive Strafverteidigung gar nicht möglich, es sei denn, man wolle dem Verteidiger zumuten, seine Zeit und seine Arbeitskraft darauf zu verwenden, Angaben seines Mandanten, die ihm nicht ganz unmöglich erscheinen, durch eigene Recherchen zu überprüfen. Nein, für die Wahrheitsermittlung ist nun einmal grundsätzlich die Beweisaufnahme vor dem Gericht da. Und jeder in Strafsachen erfahrene Jurist wisse auch, daß die Frage, die der Verteidiger geklärt wissen möchte, im Beweisantrag nicht als Frage formuliert werden dürfe (also nicht: »ob mit Dum-Dum-Munition geschossen wurde«), weil er dann als sogenannter Beweisermittlungsantrag ohne weiteres abgelehnt werden könnte, sondern daß sein Antrag, auch wenn es eigentlich um eine Frage geht, nach den Regeln des Strafprozeßrechts in eine bestimmte Behauptung gekleidet werden müsse (hier also: »daß mit Dum-Dum-Munition geschossen wurde«). Und man könne deshalb dem Verteidiger nicht das Risiko aufbürden, daß eine im Auftrag des Angeklagten aufgestellte, für einen Dritten ehrenkränkende Beweisbehauptung, die sich als unrichtig herausstellt, für ihn eine Bestrafung wegen übler Nachrede nach sich zieht, weil die Behauptung »nicht erweislich wahr« sei.

Das war bisher selbstverständlich und gilt überall da, wo nicht eine emotionsgeladene politische Einstellung den Juristen das Denken erschwert, auch heute noch. So hatte der BGH wiederholt entschieden, daß der Antragsteller Beweis über Tatsachen verlangen kann, die er nur vermutet oder für möglich hielt; er muß sie gleichwohl als bestimmte Tatsachen behaupten. Der Verteidiger braucht die Richtigkeit der behaupteten Tatsache nicht gleichsam in einem Vorverfahren zu prüfen, sondern darf in der Regel die Erweisbarkeit der ihm mitgeteilten Tatsachen der Beweisaufnahme im Verfahren überlassen (z. B. BGH, Urteil vom 14.11.1961, NJW 1962, 244). Und er darf selbstverständlich nicht davor zurückschrecken, eine für seinen Mandanten entlastende Beweisbehauptung auch dann vorzutragen, wenn sich ein anderer dadurch beleidigt fühlen könnte. Er ist, mit Adolf Arndt zu sprechen, berechtigt und verpflichtet, das Unerhörte zu Gehör zu bringen.

Das alles mußten ausgebildete Juristen wissen. Und es ist daher schwer zu verstehen oder nur mit politisch motiviertem Verurteilungswillen zu erklären, daß dieses Verfahren gegen die wegen ihrer »Terroristen«-Mandate angefeindeten Anwälte Heldmann und Schily insgesamt fünf Gerichtsinstanzen beschäftigen konnte.

Zunächst kam es in der Berufungsinstanz, in der ich zusammen mit dem Frankfurter Kollegen Eberhard Kempf, der von Heldmann beauftragt war, verteidigte, zu einem Freispruch. Eine große Strafkammer des Landgerichts Stuttgart (Vorsitzender Richter Luippold, Richter Otter, Richterin Wilhelm, Schöffen: Karl Asch und Giselher Hauptmann) fand die aufgestellte Beweisbehauptung zwar für die Polizeibeamten »in höchstem Maße ehrenrührig«, aber durch Wahrnehmung berechtigter Interessen gerechtfertigt.

Auf die Revision der Staatsanwaltschaft mußte sich nunmehr ein Senat des Oberlandesgerichts Stuttgart, also des Gerichts, dessen Ruf durch die Art der Verhandlungsführung im Stammheimer »Baader-Meinhof-Prozeß« einigermaßen lädiert war, mit der Sache befassen. Die Richter Vötsch, Frick und Reitzel hoben am 15.1.1982 das Urteil des Landgerichts auf und verwiesen die Sache an eine andere Strafkammer zurück. Sie meinten, daß die von den angeklagten Anwälten für Andreas Baader und Gudrun Ensslin gestellten Beweisanträge keinesfalls durch Wahrnehmung berechtigter Interessen gedeckt gewesen seien. Schilys Freispruch durch das Landgericht wollten sie schon deshalb nicht gelten lassen, weil Gudrun Ensslin bei Baaders Festnahme nicht dabei war; inwiefern die vorgetragenen Beweistatsachen ihre Prozeßsituation sollten beeinflussen können, sei »schlechthin unerfindlich«. Man ignorierte, daß es auch für die Verteidigung von Gudrun Ensslin durchaus bedeutsam war, wie die Festnahme von Terroristen damals ablief, ob sie insbesondere mit Todesschüssen der Polizei rechnen mußten – Petra Schelm und Georg von Rauch waren 1971, Thomas Weisbecker im März 1972 bei oder anstelle der Festnahme erschossen worden, Letzterer von einem Scharfschützen aus drei Metern Entfernung durch Herzschuß. Man ignorierte weiter, daß die Frage, ob der von Andreas Baader geleistete Widerstand rechtswidrig war, auch deshalb für Schily von Interesse sein mußte, weil Baaders Verhalten nach dem von der Rechtsprechung in RAF-Sachen praktizierten Prinzip der »Kollektivität« auch Gudrun Ensslin zugerechnet werden konnte.

Auch Heldmanns Anträge hätten keine Zwecke der Verteidigung verfolgt, meinten die Oberlandesrichter. Das Landgericht habe verkannt, daß Baader nur vorgeworfen wurde, vor dem fraglichen Schuß Widerstand geleistet zu haben. Baader habe nicht etwa Widerstand geleistet, weil die Polizei mit Dum-Dum-Munition geschossen hat – dies hätte er überhaupt erst nach dem Schuß, der seinen Widerstand beendet hat, bemerken können –, sondern allein deshalb, weil er vor diesem Schuß seine Festnahme verhindern oder verzögern wollte. Dieser Widerstand war rechtswidrig, weil die Polizei Anlaß zur Festnahme von Mitgliedern der sogenannten Baader-Meinhof-Bande hatte; die dahin zielenden Maßnahmen der Polizei waren demnach rechtmäßig. Ein – theoretisch denkbarer – berechtigter Widerstand gegen eine unrechtmäßige Polizeimaßnahme entfällt somit.

Die Oberlandesrichter glaubten, ihre Kollegen vom Landgericht hätten die Rechtslage verkannt; aber der Denkfehler lag bei ihnen. Zuerst war nämlich zu prüfen, ob die Polizei rechtmäßig gehandelt hatte, und erst daraus ergab sich, ob Widerstand rechtswidrig war. Und nicht umgekehrt. Wenn die Polizei tatsächlich mit Dum-Dum-Munition geschossen hätte, wäre ihr Vorgehen unrechtmäßig gewesen, unabhängig davon, was Baader über ihre Munition wußte oder dachte. Und Baader hätte in diesem Fall rechtmäßig Widerstand leisten dürfen. Denn nach ausdrücklicher gesetzlicher Vorschrift (§ 113 Abs. 3 StGB) ist Widerstand gegen eine unrechtmäßige Diensthandlung nicht strafbar, und zwar selbst dann, »wenn der Täter (hier also Baader) irrig annimmt, die Diensthandlung sei rechtmäßig«. Es war also durchaus sachgemäß, wenn Heldmann und Schily geklärt wissen wollten, ob die Polizei bei Baaders Festnahme mit Dum-Dum-Munition geschossen hatte. Davon hing die Rechtmäßigkeit des polizeilichen Vorgehens und die Strafbarkeit des von Baader geleisteten Widerstands ab.

Die Oberlandesrichter aber, befangen in ihrer offensichtlich durch politische Vorurteile irritierten Logik, fanden die abweichende, aber richtige Rechtsauffassung der Verteidiger, daß es für die Beurteilung des von ihren Mandanten geleisteten Widerstands auf die Rechtmäßigkeit des polizeilichen Waffengebrauchs ankomme, und das auf diese Frage gerichtete Beweisbegehren so unerhört, daß sie die angeklagten Anwälte dafür bestraft sehen wollten. Und darum faßten sie ihr Urteil so ab, daß den Richtern des Landgerichts, an die sie die Sache zurückverwiesen, kaum noch Spielraum für einen Freispruch blieb Denn auch falsche Rechtsauffassungen eines Revisionsgerichts sind für alle nachfolgend mit der Sache befaßten Richter bindend. Nur die »subjektiven Tatumstände« der Verleumdung oder der üblen Nachrede, also die Frage, ob die Angeklagten vorsätzlich eine für die Polizei ehrenrührige Tatsache verbreiten wollten (üble Nachrede) oder gar die Unwahrheit der Tatsache kannten (Verleumdung), mußte das OLG als Revisionsgericht der »Beurteilung des Tatrichters«, also dem Landgericht, überlassen. Wenngleich die OLG-Richter auch da versuchten, das Landgericht durch die »Anmerkung« festzulegen, die Beweisbehauptung, die Polizei eines Bundeslandes habe völkerrechtlich geächtete Munition verwendet, habe »augenscheinlich so wenig für sich«, daß es nahelige, »strenge Anforderungen an die Prüfungspflicht der Angeklagten zu stellen«. Da war sie wieder, die vom Bad Cannstatter Amtsrichter mit übertriebenen Anforderungen versehene strafbewehrte Prüfungspflicht, die auch beim Oberlandesgericht als neue Argumentationsvariante zur Kriminalisierung unbequemer Verteidiger gefiel.

Wir hatten das Glück, auch bei der nunmehr zuständigen 12. Strafkammer des Landgerichts Stuttgart auf Richter und Schöffen zu treffen, die nicht bereit waren, die von den Richtern des Oberlandesgerichts gewünschte und mit falschen Rechtsbelehrungen vorgezeichnete Verurteilung der angeklagten Verteidiger auszusprechen (Richter: Hartenstein, Dr. Mayer und Dr. Grünberg; Schöffen: Zimmermann Erwin Schmidt und Redakteur Ignaz Hollay). Es war spürbar, daß der Staatsanwalt auf verlorenem Posten kämpfte, obwohl wir Verteidiger – Heldmanns Verteidiger war diesmal der Frankfurter Kollege Johannes Riemann – nur noch auf dem Felde der »subjektiven Tatumstände« eine Chance hatten. Auch die anwesenden Pressevertreter machten kein Hehl daraus, mit welcher Seite sie sympathisierten. Und so konnten wir vier Anwälte, die angeklagten und die verteidigenden, unsere Sache mit einiger Vehemenz vertreten, ohne befürchten zu müssen, etwas zu verderben. Schily konterte den Vorwurf des Staatsanwalts, einen »Scheinbeweisantrag« gestellt zu haben, mit dem Bonmot, der Staatsanwalt habe ein »Scheinplädoyer« gehalten, indem er einen Verteidiger verleumdet habe. Er, Schily, habe damals nur seine Pflicht getan. Das Ganze sei nur ein Racheakt.

Mit Urteil vom 22. Oktober 1984 sprach die Strafkammer die angeklagten Anwälte wiederum frei. Die Begründung mußte sich den Vorgaben des OLG anpassen und hatte daher nur noch bei den »subjektiven Tatumständen« freie Hand. Und da bescheinigte das Urteil den angeklagten Anwälten, daß sie ihre Anträge zur sachgerechten Verteidigung ihrer Mandanten für geeignet und geboten gehalten hatten und halten konnten.

Die Staatsanwaltschaft gab immer noch nicht auf. Und so kam die Sache noch einmal zum Oberlandesgericht. Aber auch dort waren inzwischen andere Richter zuständig (Weller, Dr. Orlowsky und Dr. Schmid), die am 22. Oktober 1984 die Revision der Staatsanwaltschaft gegen das Urteil des Landgerichts verwarfen. Auch diesen Richtern stand nach der Vorentscheidung ihrer Kollegen im ersten Revisionsverfahren nur noch eine Begründung im subjektiven Bereich offen, also bei der Frage, mit welchem Vorsatz die angeklagten Anwälte gehandelt hatten. Und da fanden sie noch eine fünfte Variante. Die angeklagten Anwälte hätten sich über das Gebotensein ihres Vorbringens zur Verteidigung ihrer Mandanten geirrt und nicht leichtfertig gehandelt. Ihr Irrtum soll also darin bestanden haben, daß sie geglaubt hatten, in Ausübung von Verteidigerrechten die Frage aufwerfen zu dürfen, mit welcher Munition die Polizei geschossen und ob ein Polizist möglicherweise tödliche Folgen seines Schusses in Kauf genommen habe. Ein »Irrtum«, den sie nun schon mit sechs Berufsrichtern des Landgerichts teilten. Aber die vorwiegend aus Nichtjuristen bestehende Öffentlichkeit liest keine Urteilsbegründungen, so daß deren Peinlichkeiten gewissermaßen en famille bleiben. Und auch für Insider blieb immerhin der Eindruck, daß hier juristische Formulierungskunst eingesetzt wurde, um eine Beschädigung rechtsstaatlicher Verteidigerrechte und, soweit noch möglich, des Ansehens der Justiz abzuwenden.

Die zeitlichen und nervlichen Belastungen dieses sich über Jahre hinziehenden Strafverfahrens für die angeklagten und die sie verteidigenden Anwälte freilich konnten nicht ungeschehen gemacht werden. Ich weiß nicht, ob sie zu Otto Schilys Entschluß beigetragen hatten, sich aus diesem Metier mehr und mehr zurückzuziehen und sich stattdessen der Politik zuzuwenden. Hans Heinz Heldmann, den ich aus gemeinsamen Verteidigungen und auch privat recht gut kannte und als kämpferischen Kollegen schätzte, hat sich, wie ich glaube, von den Belastungen des Stammheimer Prozesses und seiner Folgeverfahren nie wieder erholt. Er hat sich im Oktober 1995 das Leben genommen.

Was die Bewaffnung der Polizei angeht, so hat der Rechtsstaat inzwischen Fortschritte gemacht. Der *Weser-Kurier* vom 11. 6. 1997 berichtete unter der beruhigenden Überschrift »Von ›Dum-Dum‹ ist nun keine Rede mehr«, daß Bremens Polizei in Kürze neue Munition erhalten werde, sogenannte »Deformationsgeschosse«, die in fast allen anderen Bundesländern bereits Standard seien. Mit der neuen Munition werde, wie Politiker der CDU und der SPD versicherten, eine sofortige »Mann-Stopp-Wirkung« erzielt. Jahrelang habe es um diese Munition emotionsgeladene Debatten gegeben, weil sie mit den völkerrechtlich geächteten Dum-Dum-Geschossen verglichen worden sei, die extrem große Wunden verursache. Zwar verursache auch die neue Munition vergleichsweise größere Wunden, doch könne in der Regel ausgeschlossen werden, daß sich die Kugel im Körper zerlege. Innensenator Ralf Bortscheller (CDU):

Wir haben es endlich geschafft, uns vom Schlagwort Dum-Dum freizumachen.

Wie beruhigend. Auch Strafverteidiger werden in künftigen Fällen nur von »Deformationsgeschossen« sprechen. Aber danach wird man nun wohl fragen dürfen.

7. Der »Mord« in der Raths-Konditorei (1977-1989)

Am 18. Dezember 1974 hatte sich in der am historischen Bremer Marktplatz gelegenen Raths-Konditorei ein Drama abgespielt, bei dem ein Mensch getötet wurde. Der Inhaber der Raths-Konditorei, Gerd S., ein stadtbekannter Mann mit einem großen Freundeskreis, war am späten Abend dieses Tages in seinem Cafe erstochen auf dem Boden liegend aufgefunden worden. Alles sprach auf den ersten Blick für einen Mord, wie ihn sich ein Krimiautor nicht makabrer hätte ausdenken können. Die Leiche wies 16 Messerstiche auf. Umgeworfene Stühle zeugten von einem Kampfgeschehen. Hinter dem Tresen waren zwei Schubladen herausgezogen und lagen Tabletts auf dem Fußboden, alle mit Blut betropft. Blutspuren zogen sich von der Raths-Konditorei bis zu einem etwa 50 m entfernten Parkplatz hin, wo eine größere Blutlache anzeigte, daß der Täter hier ein Auto bestiegen haben mußte.

Ein Tatverdacht fiel sofort auf Michael K. – einen früheren Polizeibeamten, jetzt kaufmännischen Angestellten, Jahrgang 1947 –, der, wie man in der Umgebung des Konditormeisters S. wußte, seit Jahren ein Liebesverhältnis zu dessen Ehefrau Brigitte unterhielt. Nach anfänglichem Bestreiten gab Michael K. zu, daß es zwischen ihm und S. zu einem Wortwechsel gekommen sei, in dessen Verlauf S. ihn, mit einem Messer bewaffnet, angegriffen habe. Er habe sich gewehrt, es sei zu einem Kampf gekommen, bei dem er in Panik und Todesangst geraten sei. Von einem bestimmten Moment an fehle ihm jede Erinnerung. Diese setze bruchstückhaft erst wieder ein, als er sein Auto bestiegen und etwas Kühles an seinem Oberschenkel gefühlt habe. Dann erinnere er sich an Lichtreflexe auf der Fahrt zu seiner Wohnung in Delmenhorst. Erst dort beginne wieder eine kontinuierliche Erinnerung.

Alles gelogen, das war die Tendenz, mit der die Aussagen des Michael K. aufgenommen wurden. Denn er hatte, aus polizeilicher Sicht, Fehler gemacht, die ihn als Schuldigen verrieten: er hatte blutige Kleidungsstücke noch in der Nacht teils gewaschen, teils im Heizungskeller verbrannt.

Am Abend des 18. Dezember 1974 kam der Konditormeister Gerd S. in seiner Raths-Konditorei zu Tode. 16 Messerstiche und Spuren einer tätlichen Auseinandersetzung deuteten auf ein Verbrechen hin. Die Polizei begann noch in der Nacht mit der Spurensicherung.

Er hatte Blutspuren im Auto und im Eingangsbereich seines Wohnhauses beseitigt und einer Nachbarin gegenüber behauptet, er habe Farbe vergossen. Er hatte sich gleich nach seiner Rückkehr aus Bremen, so als ob nichts geschehen sei, bei einer Frau D. eingefunden und mit ihr den Abend verbracht. Es sah nach einem Versuch aus, sich ein Alibi für die Tatzeit zu verschaffen, da er auch vor seiner Fahrt nach Bremen, wo es zu dem Zusammentreffen mit S. gekommen war, bei Frau D. gewesen war und sich nur für eine Stunde von ihr verabschiedet hatte, angeblich, um sich in seine eigene Wohnung zu begeben und dort zu duschen und zu essen. Tatsächlich war er nur wenig länger als vorgesehen weggewesen, nämlich von ca. 18.30 Uhr bis gegen 20.00 Uhr. Wie jeden Abend um diese Zeit hatte er zunächst kurz nach 19 Uhr von einer Telefonzelle aus mit seiner Geliebten Brigitte S. telefoniert, war dann mit seinem Auto nach Bremen gefahren, wo es zu dem blutigen Geschehen in der Raths-Konditorei gekommen war, und wieder zurück nach Delmenhorst – ein äußerst knapper zeitlicher Rahmen, der ebenfalls für eine überfallartig durchgeführte Tötung des S. zu sprechen schien.

Schließlich hatte er bei seiner kriminalpolizeilichen Vernehmung zunächst abgestritten, mit dem Tod des Gerd S. etwas zu tun zu haben und für eine Verletzung am linken Arm, die bei dem Kampf mit S. entstanden war, andere Ursachen erfunden. Mit alledem hatte Michael K. das unausrottbare Vorurteil gegen sich mobilisiert, daß nur der Schuldige zu Lügen und falschen Alibis Zuflucht nehme und sich um Spurenbeseitigung bemühe. Und in der Tat muß man rückschauend sagen, daß es klüger gewesen wäre, wenn Michael K. sich sogleich zu dem Teil des Geschehens, den er erinnerte, bekannt hätte, weil das die Glaubwürdigkeit einer Notwehrsituation erhöht hätte. Aber ein konsequentes, die eigenen Verteidigungsinteressen richtig einschätzendes Verhalten ist, wie die Praxis zeigt, nach derartigen persönlichen Katastrophen nicht in jedem Fall zu erwarten, zumal wenn, wie hier, eine Erinnerungslücke wesentliche Teile des Geschehens wegblendet und noch gar nicht begriffen ist, was sich eigentlich ereignet hat.

Die Kriminalpolizei war sich denn auch von Anfang an sicher, daß es sich hier um ein Kapitalverbrechen handle, und tat alles, was Michael K., nachdem er sein anfängliches Leugnen aufgegeben hatte, über die tatsächlichen Vorgänge, soweit er sie erinnerte, und über seine Erinnerungslücke sagte, als Schutzbehauptung ab. Insbesondere glaubte man ihm auch nicht, daß nicht er das Tatmesser mitgebracht habe, sondern daß es S. gewesen sei, der mit einem Messer in der Hand auf ihn zugekommen und ein Handgemenge begonnen habe, bei dem es auch für ihn plötzlich und völlig unerwartet um Tod und Leben gegangen sei.

Nach seiner Darstellung hatte Michael K. nach seinem Telefonat mit Brigitte S. am 18.12.1974 ein Gefühl der Unzufriedenheit mit sich selbst verspürt. Und so war es zu dem unseligen Entschluß gekommen, nach Bremen zu fahren und ein Gespräch mit dem Ehemann seiner Geliebten zu führen. Worüber er mit ihm sprechen wollte, wußte er selbst nicht so recht. Er dachte,»das ist eine gute Idee«, die ihn aus seiner traurigen Stimmung befreie. Er traf Gerd S. allein in seinem Cafe an. Sodann entwickelte sich etwa folgendes Gespräch:

Michael K.: »Guten Abend, Herr S., Sie kennen mich ja.« (oder: »Sie wissen wohl, wer ich bin.«)

Gerd S.: »Michael K.«

Michael K.: »Herr S., Ich möchte mich mal mit Ihnen unterhalten, von Mann zu Mann, und, wenn Sie wollen, vielleicht dort, wo wir etwas trinken können.«

Er habe die Vorstellung gehabt, daß man gemeinsam den in der Nachbarschaft gelegenen Ratskeller aufsuchen könne. S. habe hinter dem Tresen hantiert, manchmal nach unten, manchmal auf ihn geschaut. Schließlich habe S. gesagt, es gäbe nichts zu besprechen, und sei in die Küche gegangen. Er, Michael K., sei ihm zwei oder drei Schritte gefolgt und habe weitergesprochen, etwa in dem Sinne, daß man sich mal vernünftig und sachlich unterhalten solle. Als S. aus der Küche zurückgekommen sei, sei er, K., zwei Schritte zurückgetreten, um ihn vorbeizulassen (die räumlichen Verhältnisse in dem Café sind sehr beengt), S. sei wieder hinter den Tresen gegangen und habe, während Michael K. seinen Wunsch, mit ihm zu sprechen, wiederholt habe (»Wir sind doch erwachsene Menschen, wir können doch über alles sprechen«), dort rumhantiert und ihn wie Luft behandelt. Plötzlich sei S. auf ihn zugekommen und habe in barschem Ton geschrien: »Los, raus jetzt! Schluß jetzt!« oder »Ich mache Schluß jetzt!« Er, Michael K., habe begriffen, daß S. ihn jetzt rauswerfen wollte, sei einige Schritte zurückgewichen, habe aber nicht gewagt, S. den Rücken zuzuwenden, und sei in der Nähe der Tür, wo eine Wendeltreppe aus der im Kellergeschoß gelegenen Konditorei ins Freie führte, stehengeblieben. S. habe einen Gegenstand in der rechten Hand gehabt, den er nicht sogleich als Messer erkannt habe, und sei mit erhobenem Arm auf ihn zugekommen. Nunmehr habe er den Unterarm des S. mit beiden Händen gepackt und diesen an sich vorbeigezogen. Dann seien sie beide zu Boden gegangen und S. habe seinen Kopf mit dem linken Arm in den Schwitzkasten genommen. Er habe jetzt gesehen, daß der Gegenstand in der rechten Hand seines Gegners ein Messer war. Es sei ihm gelungen, die Hand des anderen nach Judoart – Michael K. hatte als früherer Polizeibeamter eine entsprechende Ausbildung genossen – irgendwogegen zu schlagen, so daß er das Messer fallen ließ. Beide hätten sich nunmehr in knieender Haltung umklammert, jeder bemüht, das Messer zu fassen zu kriegen. Er, Michael K., habe dauernd geschrien »Aufhören! Aufhören!« Im weiteren Kampfverlauf habe S. das Messer wieder in die Hand bekommen, er, Michael K., habe etwas Warmes am linken Arm herunterlaufen gespürt (er hatte eine stark blutende Stichverletzung erlitten, von der später das Gericht annehmen sollte, er habe sie sich selbst beigebracht) und sei in Panik und Todesangst geraten. Schließlich habe es eine Kampfsituation gegeben, in der er mit dem Kopf gegen den Türpfosten geprallt sei. Von diesem Moment an fehle ihm jede Erinnerung an das weitere Geschehen.

Wenn man Michael K. diese Darstellung nicht glaubte, und die Polizei glaubte ihm nicht, dann mußte man Überlegungen anstellen, wie es denn sonst gewesen sein sollte. Wenn man unterstellte, daß Michael K. den Ehemann seiner Geliebten kaltblütig ermordet habe, dann erhob sich vor allem die Frage nach einem Tatmotiv. Und die Frage, wo das Messer herkam und wo es geblieben war.

Wo das Messer geblieben war, konnte nie geklärt werden. Michael K. konnte sich nur erinnern, beim Einsteigen ins Auto einen kühlen Gegenstand an seinem Oberschenkel gespürt zu haben, der vielleicht das Messer gewesen sein könnte. Aber darüber, was aus diesem Gegenstand geworden ist, ob er es, wie man vermutete, in ein Gulli oder unterwegs aus dem Fenster des fahrenden Autos geworfen hatte, konnte er wegen fehlender Erinnerung nichts sagen. Man hat es jedenfalls nie gefunden.

Was vor dem Ereignis in der Raths-Konditorei war, erinnerte Michael K. mit großer Präzision; und so erklärte er auch mit Entschiedenheit, daß er zu dem beabsichtigten Gespräch mit S. kein Messer mitgenommen habe, daß dieses vielmehr zuerst in der Hand des S. aufgetaucht sei. Man verhörte die Mitarbeiter der Konditorei und kam zu dem Ergebnis, daß keines der dort vorhanden gewesenen Messer fehle oder überhaupt als Tatwaffe geeignet gewesen wäre. Die Frage, ob S. ein Messer in einer der hinter dem Tresen befindlichen Schubladen bereitliegen hatte, ist, soviel ich sehe, nie erörtert worden. Daß er angenommen haben könnte, sich bewaffnen zu müssen, und daß er gerade von Seiten des Geliebten seiner Frau einen Angriff erwarten zu müssen glaubte, lag an sich nahe. Denn es hatte im September 1974 einen Vorfall gegeben, der S. veranlaßt hatte, ein Testament aufzusetzen, in dem er seine Frau Brigitte für den Fall enterbte, daß er »durch einen unnatürlichen Tod sterben (Verbrechen, Mord, etc.)« und die Ermittlungen der Polizei eine Mitschuld seiner Frau ergeben sollten. Vorausgegangen war ein auf Eifersucht oder Mißtrauen hindeutendes Verhalten des Michael K., der einen Aufenthalt in der Wohnung der Eheleute S. dazu genutzt hatte, in deren Schlafzimmer einen Minispion zu installieren. Die Entdeckung dieses Geräts durch Gerd S. hatte diesen sehr erregt und zur Abfassung des erwähnten Testaments geführt. Auch hatte Gerd S. einmal zu seiner Frau gesagt, daß er Michael K. fertigmachen wolle, wenn er ihn mal zu fassen kriege, auch wenn er dafür ins Gefängnis komme. Woher also nahm man die Sicherheit, daß Gerd S. einem Mann, dem er einen Mord zutraute und den er, wenn er ihn zu fassen kriege, fertigmachen wollte, unbewaffnet gegenübergetreten war? Von einem hinter dem Tresen in einer Schublade verborgenen Messer brauchte keiner seiner Angestellten etwas zu wissen.

Auch über das Tatmotiv hätte man etwas gründlicher nachdenken sollen. Wer macht sich nach einem Telefongespräch mit seiner Geliebten, das allabendlich zur gleichen Zeit stattzufinden pflegte und bei dem diesmal ein Treffen für den folgenden Tag zum Austausch der Weihnachtsgeschenke verabredet worden ist, aus dem Gefühl einer unbestimmten Traurigkeit und Unzufriedenheit mit sich selbst spontan auf den Weg und bringt den Ehemann der Geliebten um? Darüber, daß Michael K. ein Typ war, der ganz und gar nicht zu gewaltsamen Lösungen neigte, sondern auf Gespräche setzte, wird noch zu reden sein. Aber hätte er, wenn man ihm denn eine Tötungsabsicht unterstellen wollte, ein Messer als Waffe gewählt? Als ehemaliger Polizist kannte er sich mit wirksameren Waffen aus (z. B. Pistole mit Schalldämpfer), die ihn vor dem Risiko geschützt hätten, von dem sportlich trainierten und ihm körperlich überlegenen S. selbst verletzt oder gar getötet zu werden. Zumal dieser die Drohung ausgesprochen hatte, ihn bei Gelegenheit fertigzumachen. Und mußte er nicht damit rechnen, daß auf ihn der erste Verdacht fallen würde? Es ist schwer vorstellbar, daß Michael K. sozusagen aus dem Stand beschlossen haben sollte, zum Mörder zu werden und dabei völlig unnötig alles zu riskieren: sein Leben, die Liebe seiner Geliebten, seine Freiheit, sein bisheriges Selbstverständnis. Denn es gab weder mit seiner Geliebten noch mit deren Ehemann Probleme, die nur eine solche »Lösung« zuließen.

Aber Polizei und Staatsanwaltschaft waren mit ihren Überlegungen zum Tathergang schnell fertig. Sie glaubten zu wissen, warum und wie Michael K. seinen Nebenbuhler umgebracht habe. Die Vorgabe an den psychiatrischen Sachverständigen Prof. Dr. Krause, den die Staatsanwaltschaft mit Schreiben vom 4.4.1975 beauftragte, ein Gutachten zur Schuldfähigkeit des Michael K. zu erstatten, lautete:

Die weiteren Ermittlungen haben ergeben, daß der Beschuldigte das Messer mit an Sicherheit grenzender Wahrscheinlichkeit zum Tatort mitgebracht hatte und sein Opfer dort heimtückisch überfallen hat, um es aus übermächtiger Eifersucht zu töten ...

Und damit war eine tatsächliche Festlegung erfolgt, gegen die Michael K. und seine Anwälte fast 20 Jahre lang vergeblich ankämpfen sollten. Denn der Sachverständige Prof. Krause hielt sich im wesentlichen brav an die Vorgabe der Staatsanwaltschaft und versuchte, wenn auch mit einigen Mühen, zu begründen, wie eine solche Tat mit dem Persönlichkeitsbild des Michael K. und seiner Befindlichkeit am 18. Dezember 1974 vereinbart werden könnte. Und Michael K. sollte an Richter geraten, die den von der Polizei und der Staatsanwaltschaft initiierten Spekulationen des Sachverständigen Krause den Rang unanfechtbarer Urteilsfeststellungen verliehen und den Angeklagten auf Lebenszeit zum Mörder stempelten.

Die Sache wurde vom 24. 9. bis 13. 10. 1975 vor einer mit drei Berufsrichtern und zwei Schöffen besetzten Schwurgerichtskammer des Landgerichts Bremen verhandelt. Den Vorsitz führte Richter Crome, die Anklage vertrat Oberstaatsanwalt Dr. Janknecht – beide aus der Sache Otto Becker bekannt. An der Verteidigung, von der noch die Rede sein wird, war ich in diesem Stadium des Verfahrens noch nicht beteiligt.

In der Hauptverhandlung spielte das von der Staatsanwaltschaft in Auftrag gegebene Gutachten des Sachverständigen Professor Krause eine gewichtige Rolle. Krause kam nicht umhin, dem Angeklagten zu attestieren, daß er »von seiner Charakteranlage her eher als weich, einfühlsam, überschießend kooperativ und wenig durchsetzungsfähig« imponiere und »weder zu einer besonderen Erregbarkeit noch zu ungewöhnlichem Aggressionsverhalten« tendiere. Der Diplom-Psychologe Hebestreit ergänzte: »Seine Durchsetzungsfähigkeit ist außerordentlich niedrig. Eine aggressive Forschheit liegt ihm nicht. Seine Eigenschaften und Waffen sind Nachgiebigkeit und Weichheit.« Auch Ich-Stärke zeichne ihn nicht aus. Er sei im allgemeinen »gut fähig, Triebimpulse unter Kontrolle zu halten und mit abgestelltem Affekt zu handeln«. Es bestehe »eine übernormale Bereitschaft, in problematischen Situationen Lösungen zu betonen bzw. zu suchen«. Er umgehe Aggressionen, indem er geduldig sei und sich füge.

Von diesem Persönlichkeitsbild ausgehend hatte der Sachverständige Prof. Krause einige Schwierigkeiten mit den ihm vorgegebenen Anknüpfungstatsachen, und er salvierte sich mit dem üblichen Hinweis, daß die Entscheidung in der Tatsachenfeststellung »alleinige Aufgabe des erkennenden Gerichts« sei. Aber leider steuerte er dann doch »Vermutungen« bei, nach denen die um ein Tatmotiv verlegenen Juristen erleichtert griffen, um ihren eigenen Vermutungen das Gewicht von Sachverständigkeit zu geben. Aus dem Krause-Gutachten:

Der Proband ist sicher kein »Krimineller«. Für den Fall, daß er dennoch die inkriminierte Handlung begangen haben sollte, müßte dann auch nach einem spezifischen Motiv geforscht werden. Ich sehe dieses Motiv noch am ehesten in einer in ihren Auswirkungen seinerseits nicht reflektierten erotisch-emotionalen Abhängigkeit zu der Frau S. Möglicherweise hat der Proband in der Vorstellung gelebt, daß seitens der Frau S. von ihm eine »entscheidende Lösung« des Konflikts erwartet wurde, worauf er – wahrscheinlich nach vielem Hin und Her – mit der inkriminierten Handlung reagierte.
Diese Vermutung ist aus psychologischer Sicht naheliegender bzw. wahrscheinlicher als das ihm seitens der Staatsanwaltschaft unterstellte Eifersuchtsmotiv. Zu Eifersucht hätte er bereits seit Jahren Anlaß gehabt, denn er konnte schlechthin nicht in der Vorstellung leben, daß die Frau S. nicht auch weiterhin mit ihrem Ehemann intim verkehren würde.

Professor Krause bezeichnete seine Vermutungen ehrlicherweise als Vermutungen, sprach an anderer Stelle ausdrücklich von »Spekulationen«. Und mehr konnte daraus auch in der siebentägigen Hauptverhandlung nicht werden. Aber Richter verfügen über eine unheimliche Machtfülle, die es ihnen erlaubt, sich im Urteil den Anschein zu geben, als hätten sie einen Blick in Hirn und Herz des Angeklagten tun dürfen und wüßten mehr als jeder andere normale Sterbliche. Und Michael K. hatte es mit Richtern zu tun, die von dieser Machtfülle ausgiebig Gebrauch machten und dabei übersahen, daß bei gewissenhafter Beachtung des Grundsatzes »in dubio pro reo« (im Zweifel zugunsten des Angeklagten) die Indizien keinesfalls ausreichen, um Michael K. zum Mörder zu erklären.
Allerdings scheint, wenn man den Berichten von Prozeßbeobachtern folgt, die Verteidigung des Michael K. nicht besonders

stark gewesen zu sein. Hans-Günther Thiele, der langjährige Prozeßberichterstatter des *Weser-Kurier*, ein überaus zuverlässiger Chronist, wurde ungewöhnlich sarkastisch (*Menschen Mörder*, Fischerhude 1978, S. 76 f.):

Beinahe hätte ich's vergessen. Verteidigt wird K. gleich von zwei Anwälten, was die Sache nicht besser macht. Der eine, Dr. Dr. Reuter, mag ein bekannter Mann in Oldenburg sein. In Bremen jedoch holt er sich eine Erkältung und muß sich »leider kurz fassen« mit seinem Plädoyer, worunter Juristen den zusammenfassenden Schlußvortrag verstehen. Als zentrales Problem des Prozesses wertet Doppeldoktor Reuter die Frage nach dem Tatwerkzeug, um festzustellen: »Das Messer ist bis heute nicht aufgetaucht. Von K. kann es nicht stammen, denn er hatte ja nicht einmal ein Taschenmesser.« Scharfsinnig und verschnupft, wie er nun einmal ist, schlußfolgert der Anwalt sodann: »Da er ein solches Messer nicht besaß, kann er damit auch nicht in die Raths-Konditorei hineingegangen sein.«

Es übernimmt Verteidiger Nummer zwei, Dr. Kurt Entholt, der Öffentlichkeit geläufig als Deutschlands oberster Tierschützer. Von einer Abkühlung der Beziehungen zwischen K. und Brigitte S. könne keine Rede sein. Zum Beweis für diese These führt der Anwalt mehrere »glühende Liebesbriefe« der Geliebten an ihren Liebhaber an. Überdies habe Frau S., steigert sich Entholt, dem Angeklagten noch im Februar 1975 einen selbstgestrickten Pullover in die Untersuchungshaftanstalt geschickt, in den das Kürzel »eins-zwei-drei« eingewirkt sei – was zwischen den beiden soviel bedeutet wie »Ich liebe dich«.

Nein, diese Verteidiger können den Lack des Staatsanwalts nicht einmal ankratzen. Dr. Hans Janknecht, dem die *Bremer Morgenpost* einmal nachgesagt hat, er habe »etwas von Clark Gable in seinen besten Tagen« (11. November 1976), versteht sein Handwerk. Er scheut sich nicht, bildkräftige Motive zu wählen, so daß ein Kolossalgemälde entsteht, dem sich ein Gericht nur schwer entziehen kann.

Gewiß, es sei zwischen den beiden Männern zum Kampf gekommen, sagte der Staatsanwalt nach Thieles Bericht. Herr S. habe sich bestimmt nicht wie ein Lamm abschlachten lassen. In der Darstellung des Angeklagten aber mischten sich Dichtung und Wahrheit.

Und damit war man beim Kern der Sache. War Michael K. zu glauben, daß der Kampf mit Gerd S. so begonnen hatte, wie er es darstellte? Dann lag Notwehr vor und mußte Freispruch erfolgen. Oder durfte man ohne vernünftige Zweifel davon ausgehen, daß er mit einem Messer bewaffnet die Raths-Konditorei betreten habe, um seinen Konkurrenten zu erstechen?

Das Gericht hatte keine Zweifel. Zweifel zu haben ist eine hohe Kunst, die nicht jeder Richter beherrscht. Das Schicksal des Michael K. lag in den Händen von Richtern, die vorgaben, sicher zu sein, wo sie hätten zweifeln sollen; die eher die Kunst beherrschten, Urteile unter dem Gesichtspunkt der Revisionsfestigkeit ohne Rücksicht darauf zu formulieren, ob die Betroffenen das Ergebnis der Beweisaufnahme in den Urteilsgründen wiedererkennen. Die Verurteilung zu lebenslanger Freiheitsstrafe wegen Mordes kam für Michael K., der von seinen Verteidigern beruhigende Prognosen gehört hatte, völlig unerwartet. Er hat nie verstanden, wie die Richter Feststellungen über das Tatgeschehen und seine Absichten ins Urteil schreiben konnten, so als ob sie über das, was passiert war und sich in seinem Kopf abgespielt hatte, besser Bescheid wußten als er selbst. Da mußte er z. B. lesen:

Spätestens während der Fahrt (von Delmenhorst nach Bremen; H. H.) hatte er den Gedanken gefaßt, Herrn S. an diesem Abend mit einem mitgebrachten Messer zu töten. Er wollte damit – worauf unten noch näher eingegangen wird – den oft geäußerten Entschluß von Frau S. sicherstellen, sich endgültig für ihn zu entscheiden, ihr die Möglichkeit nehmen, zwischen ihm und ihrem Ehemann zu wählen.

»Wo ist dafür der Beweis?« schrieben die verzweifelten Eltern des Michael K. an den Rand der Urteilsabschrift.

Einige Seiten weiter heißt es im Urteil:

Spätestens als er im Cafe in der Nähe der Pendeltür mit Gerd S. zusammentraf, ist dem Angeklagten das Scheitern seiner vagen Hoffnung auf eine Aussprache klargeworden und hat er den endgültigen Entschluß gefaßt, Gerd S. zu töten. Hierdurch wollte der Angeklagte, der befürchtete, Frau S. könne sich endgültig für ihren Mann entscheiden, ihr die Wahlmöglichkeit zwischen ihm und ihrem Ehemann nehmen und durch Ausschaltung seines Mitkonkurrenten in der Weise auf ihre Entschließung einwirken, daß nur noch er als Partner in Betracht kam und sie somit ihrer oft gezeigten Liebeszuneigung folgte.

Freie Phantasien der Richter, für die es weder in Äußerungen des Angeklagten noch in Zeugenaussagen irgendwelche Anhaltspunkte gab, und die, wie sich später zeigte, auch einer Überprüfung unter dem Gesichtspunkt psychologischer Plausibilität nicht standhalten. Sie nennen das »freie Beweiswürdigung«.

Um in der Logik des vom Gericht erfundenen Mordplans zu bleiben, durfte auch das nicht stimmen, was Michael K. über den Geschehensablauf im Café ausgesagt hatte. So steht es im Urteil:

Ob zunächst Worte zwischen dem Angeklagten und S. gewechselt worden sind und gegebenenfalls welche, hat nicht festgestellt werden können. Jedenfalls drang der Angeklagte alsbald mit dem mitgebrachten Messer auf Gerd S. ein.

Als Beweis, daß es so gewesen sei, wertete das Gericht den Umstand, daß in der Nähe der Pendeltür auf dem Boden liegend ein Schlüsselbund mit drei Bankschlüsseln, eine Bankmarke und ein Tagesauszug gefunden worden waren. Daraus folgerte das Urteil, daß S., der kurz vor dem Zusammentreffen mit Michael K. Geld zur Bank gebracht hatte, nach seiner Rückkehr noch keine Gelegenheit gehabt habe, diese Gegenstände aus der Hand zu legen und sie bei der Gegenwehr gegen den Angriff des Angeklagten habe fallen lassen. Da sich auf dem Briefumschlag, der den Bankauszug enthielt, Blutwischspuren der Blutgruppe des Gerd S. befanden, müsse dieser, als er den Umschlag fallen ließ, bereits verletzt gewesen sein. Anscheinend ein gewichtiges Argument. Aber nur dann, wenn die Annahme, S. müsse diese Gegenstände bei Beginn des Kampfes noch in der Hand gehabt haben, wirklich zwingend war. Und das war sie, wie sich zeigen sollte, nicht.

Wie viele Fehlurteile mag es geben, die dadurch zustandegekommen sind, daß das Denken der Richter sich auf ein oder zwei anscheinend zwingende Indizien verengt und dabei alles andere aus dem Blick verloren hat. Das Urteil in Sachen Michael K. ist dafür ein typisches Beispiel. In der mündlichen Urteilsbegründung hatte der Vorsitzende Richter diese verhängnisvolle Ausblendung aller gegen ein vorsätzliches Tötungsdelikt sprechenden Überlegungen noch ganz unverblümt durchblicken lassen. Ich zitiere Hans-Günther Thieles Bericht (a. a. O., S. 78):

»Zwei Dinge, Herr K., sind Ihnen zum Verhängnis geworden«, fährt Crome fort. »Erstens, daß sich aufgrund des Obduktionsbefundes die Form des Messers feststellen ließ, und zweitens, daß die Bankutensilien gefunden wurden.« Dadurch würden alle Notwehrversionen widerlegt. Crome: »Diese Umstände beweisen, daß Sie schon während der Fahrt erwogen, das Messer gegen S. einzusetzen.« Sich selbst habe der Angeklagte ja nicht zu schützen brauchen, da er S. nach eigenen Angaben für einen ruhigen und besonnenen Mann hielt.

Und da man schon einmal dabei war, dürftigste Indizien als zwingend auszugeben, hatte man auch noch den traurigen Mut, dem Angeklagten »niedrige Beweggründe« zu attestieren, um ihn wegen Mordes verurteilen zu können. Vielleicht hat, wie so oft, ein moralischer Vorwurf den Ausschlag gegeben? Auch dies mußte sich Michael K. bei der mündlichen Urteilsbegründung anhören: »Sie waren derjenige, der in S.' Ehe eingedrungen ist ...« Wer so was tut, mordet natürlich auch.

Michael K. und dessen Eltern, die über die Verteidiger sehr enttäuscht waren, beauftragten mit der Revision gegen das Urteil der Crome-Kammer Revisionsspezialisten der ersten Garnitur. Aber die Urteilsgründe waren »revisionssicher« formuliert, und Beweisanträge, aus deren fehlerhafter Bescheidung sich revisible Verfahrensfehler hätten ableiten lassen, hatten die in der Hauptverhandlung tätig gewesenen Verteidiger nicht gestellt. Und so war alle Mühe vergebens, der BGH wies die Revision zurück, das Urteil wurde rechtskräftig.

Jetzt blieb nur noch die Hoffnung auf ein erfolgreiches Wiederaufnahmeverfahren, wenn es gelang, neue Tatsachen oder Beweismittel beizubringen, die geeignet sein könnten, in einer neuen Hauptverhandlung einen Freispruch herbeizuführen. Eine winzige Hoffnung, wie jeder weiß, der die Kompliziertheit dieses Verfahrens und die geringe Erfolgsquote kennt.

Zwei Hürden sind zu überwinden, bevor es zu einer neuen Hauptverhandlung kommt: Zunächst wird die Zulässigkeit des Antrags geprüft – sind die behaupteten Tatsachen neu? sind sie geeignet, die Freisprechung oder mildere Bestrafung zu begründen? –, dann folgt, wenn nicht schon die Zulässigkeit verneint wird, das sogenannte Probationsverfahren, in dem die angebotenen Beweise erhoben werden. Erst dann entscheidet das Gericht, ob der Antrag auf Anberaumung einer neuen Hauptverhandlung begründet ist. Ein langer Weg also, verlängert noch durch Beschwerdeinstanzen in beiden Verfahrensabschnitten und kompliziert durch formale Haken und Ösen. Die schwierigste Hürde aber ist das prinzipielle Richterinteresse, ein einmal rechtskräftig gewordenes Urteil, mag es sich auch als noch so falsch herausgestellt haben, mit Zähnen und Klauen zu verteidigen. Auch um den Preis, daß ein Unschuldiger Jahre seines Lebens im Gefängnis sitzt. Denn jedes Eingeständnis eines Fehlurteils beinhaltet, jedenfalls nach dem Verständnis einer bestimmten Sorte von Juristen, eine Schmälerung des Ansehens der an dem Fehlurteil beteiligten Richterkollegen (Spruchweisheit: »Eine Krähe hackt der anderen kein Auge aus«) und eine Erschütterung des Glaubens an die Unfehlbarkeit der Justiz. Daß es um Menschenschicksale geht, um Rehabilitierung von unschuldig Verurteilten, um Wiedergutmachung von Justizunrecht, und daß dies in einem auf Menschenwürde und Freiheit des Individuums verpflichteten Staatswesen mehr Gewicht haben müßte als die vermeintlich dem Ansehen der Justiz dienende Aufrechterhaltung von rechtskräftigen Fehlurteilen, gehört leider nicht zu den Selbstverständlichkeiten, über die sich mit konservativen Richtern Einverständnis erzielen ließe.

Im April 1977 beauftragten mich die Eltern des Herrn Michael K. neben dem Bremer Rechtsanwalt Dr. Wilhelm Bellmer, die Aussichten eines Wiederaufnahmeverfahrens zu prüfen. Ich ahnte noch nicht, daß daraus ein Mandat erwachsen würde, das mich bis Ende 1994, also über 17 Jahre lang, beschäftigen sollte.

Dr. Bellmer, ein ganz ausgezeichneter Strafverteidiger, übernahm als älterer Kollege, der sich durch Reduzierung seiner übrigen Praxis die nötige Zeit für dieses arbeitsintensive Mandat verschafft hatte, zunächst die Initiative.

Bellmers Konzept ging dahin, zunächst nur die »niedrigen Beweggründe«, also die Mordqualifikation, anzugreifen, um erst dann, wenn wir das Zwischenziel einer neuen Hauptverhandlung erreicht hätten, auf Freispruch zu verteidigen. Das Schwergewicht des von ihm formulierten Wiederaufnahmeantrags vom 16. 1. 1980 lag daher auf neuen Tatsachenbehauptungen und Beweismitteln zum subjektiven Tatbestand. Es ging darum, daß Michael K. keinen Anlaß gehabt habe, an der unvermindert starken Zuneigung seiner Geliebten zu zweifeln und verunsichert zu sein, so daß es an dem unterstellten Tatmotiv fehle. Als wichtigstes neues Beweismittel wurde ein Gutachten der Psychologin Prof. Dr. Elisabeth Müller-Luckmann vorgelegt, das sich kritisch zu den Urteilsfeststellungen zur angeblichen Tatmotivation äußerte. Dabei verwies sie auf die »Inkonstanz des Verhaltensstils« (wohl eine Weiterentwicklung des Begriffs »Persönlichkeitsfremdheit«), die man voraussetzen müßte, wenn das Urteil richtig wäre.

Nirgendwo findet man eine einigermaßen einleuchtende Erklärung dafür, wieso der Proband, so wie er beschrieben worden ist, dazu gekommen sein sollte, radikal mit seinem bisherigen Wertsystem zu brechen, also überhaupt einen Mordplan zu entwerfen und dabei vorsätzlich eine Tötungsart zu wählen, die für einen im Grunde unaggressiven Menschen (ohne die Annahme eines überwältigenden Affektes) eine durchaus schwer vorstellbare Handlungsart repräsentieren muß.

An anderer Stelle ihres Gutachtens warf Frau Prof. Müller-Luckmann die naheliegende, aber bisher völlig übersehene Frage auf, wie eigentlich Brigitte S. darauf reagiert hätte, wenn sie den Verdacht geschöpft hätte, daß ihr Geliebter ihren Ehemann ermordet hätte. Michael K. habe mit einem solchen Verdacht rechnen müssen und wohl kaum erwarten können, »daß sie sich vorbehaltlos dem Mörder ihres Mannes überantworten würde«.

Hier hätte die Frage auftauchen müssen, ob in der Persönlichkeit des Michael K. ein solches Maß an Ich-Stärke antreffbar ist, das die Voraussetzung für das Verbergen der Täterschaft vor dem nächsten, begehrten Menschen darstellt, ob er sich selbst überhaupt das Durchhalten bis zum Ende zutrauen konnte, oder ob dies gar nicht in der Spielbreite seiner Persönlichkeit liegt. Diese innere psychologische Fortsetzung eines Planes ist überhaupt nicht erwogen worden; sie gehört aber unabdingbar dazu.

Frau Müller-Luckmann fand auch die Begründung des Michael K., weshalb er an jenem Abend mit Gerd S. habe sprechen wollen, durchaus plausibel.

Bei fast allen Dreiecksverhältnissen taucht nahezu regelhaft (wie meine langjährige Eheberatungserfahrung lehrt) der Wunsch auf, mit dem störenden »Dritten« einmal ein klärendes Gespräch zu führen in der Hoffnung, die eigene Position besser einordnen zu können, quälende Ungewißheiten zu beseitigen oder auch nur, um aus der zur Passivität verurteilten Rolle des isolierten Partners herauszukommen.

Die Gutachterin hatte sich die Zeit genommen, auch mit Brigitte S. zu sprechen, und von dieser erfahren, daß Michael schon während eines gemeinsamen Aufenthalts auf Lanzarote einmal gesagt habe, »am liebsten würde er einmal mit Gerd sprechen«.

Und schließlich ist Frau Prof. Müller-Luckmann auch der Frage nachgegangen, wie eigentlich Gerd S. auf das plötzliche Erscheinen des Geliebten seiner Ehefrau reagiert haben könnte.

Merkwürdigerweise ist nie diskutiert worden, daß ein betrogener Ehemann, selbst wenn er nicht zur gewalttätigen Lösung von Konflikten neigt (was aber auch der Verurteilte für sich in Anspruch nehmen kann), in der Situation der Interaktion mit dem Liebhaber seiner Frau aus dem Stand Aggressionen entwickeln kann (zumal dieser Mann, von dem man weiß, daß Prostituierte sowie eine Geliebte aus dem Betrieb eine Rolle in seinem Sexualleben spielten, wohl nicht als unproblematische Persönlichkeit angesehen werden kann). Wieso also die Möglichkeit, daß die Situation als Folge einer mißglückten Kontaktaufnahme zwischen den beiden Männern aus dem Stand eskaliert sein könnte, nicht ins Auge gefaßt wurde, ist eigentlich unverständlich. Dergleichen kann sich binnen Sekunden entwickeln, zumal Herr S. ja nicht unvorbereitet war, was Person und Rolle des Michael K. anging.

Zusammenfassend sei zu sagen:

das gravierendste Argument für eine andere Interpretation des Tatgeschehens als »Mord« ist hier die krasse Abweichung vom bisherigen Verhalten durch das Tatgeschehen. Die Klassifikation der Tat als Mord ist dementsprechend die allerunwahrscheinlichste, weil sie psychologisch überhaupt nicht stimmig ist.

Wir dachten eigentlich, daß dieses Gutachten wie ein Paukenschlag wirken und allein genügen müsse, um eine neue Hauptverhandlung herbeizuführen. Aber vorsorglich enthielt Bellmers Wiederaufnahmeantrag auch noch neue Tatsachenbehauptungen und Beweismittel zum objektiven Geschehensablauf. So wurden ein Polizeibeamter und ein Arzt, die als erste am Tatort eingetroffen waren, zum Beweise dafür benannt, daß die Bankutensilien, aus deren Lage in Nähe der Pendeltür das Schwurgericht wichtige Schlüsse gezogen hatte, erst nachträglich an diese Stelle verbracht worden waren. Und ein Pastor, mit dem Gerd S. sich am Tatabend nach Rückkehr von der Bank vor der Konditorei unterhalten hatte, wurde als Zeuge dafür benannt, daß S. bei diesem Gespräch einen Parka getragen habe, der später unberührt am Kleiderhaken im Café vorgefunden wurde. Aus diesen und noch weiteren Beweisbehauptungen zog Bellmers Schriftsatz den Schluß, daß der tragische Ablauf des Geschehens nicht so begonnen haben könne, wie es das Schwurgericht festgestellt habe.

Mit Beschluß vom 4.9.1980 verwarf das Schwurgericht II, eine mit drei Berufsrichtern besetzte Strafkammer des Landgerichts Bremen, den Wiederaufnahmeantrag als unzulässig. Den vorgebrachten Tatsachen wurde die Neuheit, den Beweismitteln die Eignung abgesprochen, das Urteil des Schwurgerichts I zu erschüttern.

Unsere Beschwerde wurde vom Oberlandesgericht durch Beschluß vom 29.4.1981 als unbegründet verworfen. Die Begründung war erstaunlich. Die entscheidenden Feststellungen im Schwurgerichtsurteil seien: daß Michael K. das zur Tötung des S. verwandte Messer mitgebracht habe und daß er eine Erinnerungslücke vortäusche. Hierzu vermißte das OLG neuen Sachvortrag. Solange der Beschwerdeführer nicht bereit sei, den ihm nach den Urteilsfeststellungen bekannten wirklichen Tathergang zu offenbaren, erscheine es undenkbar, aufgrund der vorgebrachten Tatsachen und Beweismittel das Vorliegen einer Mordqualifikation auszuschließen.

Die Unterstellung, Michael K. täusche eine Erinnerungslücke nur vor und könne, wenn er wollte, erzählen, wie es wirklich gewesen war, war natürlich absurd. Sie barg die Versuchung, dem Mandanten zu raten, nunmehr einen Ablauf zu erfinden, bei dem kein Richter ignorieren könne, daß er in Notwehr zugestochen habe. Selbstverständlich kam ein solcher Rat schon im Hinblick auf die anwaltliche Wahrheitspflicht, die ich immer sehr ernstgenommen habe, nicht in Frage. Er wäre bei Michael K. auch auf taube Ohren gestoßen, da es sich bei ihm um einen Menschen handelte, der »überschießend kooperativ« (Prof. Krause) um Mitwirkung bei der Wahrheitsfindung bemüht war, ein Wahrheitsfanatiker im besten Sinne des Wortes.

Und nun bekam er zu lesen, daß alles, was wir in jahrelanger Arbeit zusammengetragen hatten, um ihm zur Rehabilitierung und zur Freiheit zu verhelfen, für die Katz war, weil er über seine Erinnerungslücke und das wirkliche Tatgeschehen nicht die Wahrheit gesagt habe. Denn so stehe es ja im Crome-Urteil.

Auch das Konzept, zunächst nur die »niedrigen Beweggründe«, also die Qualifikation der Tat als Mord, mit neuen Tatsachen und Beweismitteln auszuhebeln, war nicht aufgegangen. Nach der Logik dieses Konzepts konnte die Frage, ob Michael K. das Messer mitgebracht hatte, bis zur Eröffnung einer neuen Hauptverhandlung offenbleiben, und ebenso die Frage, ob die Erinnerungslücke echt war. Aber wir hatten die Bereitschaft der im Wiederaufnahmeverfahren tätigen Richter, wenigstens die Gesetze der juristischen Logik zu respektieren, überschätzt.

Sollten wir den Kampf aufgeben? Michael K. saß nun schon sechseinhalb Jahre unschuldig im Gefängnis. Aber noch war sein Mut ungebrochen. Und seine Eltern waren weiterhin bereit, alles für die Rehabilitierung und Befreiung ihres Sohnes zu tun. Es blieb jetzt nur der Weg offen, der im Beschluß des OLG vorgezeichnet war. Der nächste Wiederaufnahmeantrag mußte sich der Messerfrage und der Erinnerungslücke zuwenden, wenn wir überhaupt eine Chance haben wollten. Eine Aufgabe, die ich ohne die Hilfe des Kollegen Dr. Bellmer lösen mußte, da dieser im Juli 1981 verstorben war.

Beim Studium der psychiatrischen Literatur zur Erinnerungslücke stieß ich auf den Hinweis, daß es mit Hilfe bestimmter Methoden gelingen könne, scheinbar Vergessenes als tatsächlich nur Verdrängtes wieder zutage zu fördern. Und ich schlug dem Mandanten und dessen um die Förderung des Verfahrens sehr bemühten Eltern vor, einen erfahrenen Psychotherapeuten, den Hamburger Nervenarzt Dr. Ulrich Ehebald, mit einem solchen Behandlungsversuch zu beauftragen.

Bis Dr. Ehebalds Gutachten fertig war, vergingen weitere vier Jahre. In dieser Zeit hatten zahlreiche, jeweils mehrstündige Gespräche zwischen dem Gutachter und Michael K. stattgefunden, bei denen das ganze Leben des Probanden von Kindesbeinen an erörtert wurde und schließlich ein Persönlichkeitsbild von solcher Vollständigkeit und Anschaulichkeit entstand, daß man sich der Überzeugungskraft der Schlußfolgerungen, die Ehebald im Hinblick auf das Tatgeschehen vom 18.12.1974 formulierte, nicht entziehen konnte.

Dr. Ehebald hatte, unbekümmert um entgegenstehende rechtskräftige Feststellungen des Schwurgerichtsurteils, den Geschehensablauf so, wie ihn Michael K. nun schon seit zehn Jahren unverändert schilderte, als glaubhaft zugrundegelegt, und war zu dem Ergebnis gekommen, daß die Erinnerungslücke nicht durch nachträgliche Verdrängung, sondern dadurch zustandegekommen sei, daß Michael K. in einen schweren Panik- und Schockzustand geraten sei, der ihn unfähig gemacht habe, kognitive Wahrnehmungen zu machen und seine archaisch aggressiven Impulse zu kontrollieren. Es sei deshalb auch unmöglich, die fehlenden Abschnitte seiner Erinnerung auf therapeutischem Wege ins Bewußtsein zurückzuholen.

Mein Wiederaufnahmeantrag vom 23.5.1985 führte das Ehebald-Gutachten als neues Beweismittel und die ihm zu entnehmenden Erkenntnisse als neue Tatsachen ein, die eine neue Beurteilung nicht nur der Erinnerungslücke, sondern der vom Schwurgericht verneinten Glaubwürdigkeit des Michael K. insgesamt ermöglichen sollten. Ausführlich beschäftigte sich der Antrag auch mit den Indizien, aus denen das Schwurgericht Rückschlüsse auf die objektiven und subjektiven Umstände des Tatgeschehens gezogen hatte. Insbesondere legte ich als neue Beweismittel Vergrößerungen eines Fotos vor, das nicht Gegenstand der Augenscheinseinnahme im Ursprungsverfahren gewesen war, und benannte Zeugen und Sachverständige zu folgender neuer Tatsachenbehauptung: Bei allen am Tatort vorgefundenen Blutspuren sowohl auf dem Fußboden, auf der herausgezogenen Schublade und auf den Tabletts handelte es sich um Tropfspuren. Hätte die Person, von der die Blutspuren stammen – nämlich Michael K. –, die auf dem Foto sichtbare Situation der Schubladen und der Tabletts (sie lagen auf dem Boden) verursacht, so hätten sich Blutspuren nicht nur in Form des senkrechten Auftreffens auf diesen Gegenständen befinden müssen. Weder auf dem Griff der herausgezogenen und auf dem Boden abgestellten Schublade noch an anderen Stellen waren Griff- oder Wischspuren, sondern ausschließlich Tropfspuren erkennbar. Auch dieser Umstand sprach dafür, daß die offenbar heftig blutende Person, von der die Blutspuren stammten (Michael K.), nicht identisch mit der Person war, die die Schublade herausgezogen und sie und die Tabletts auf dem Boden deponiert hatte. Dasselbe ergab sich aus meiner weiteren Beweisbehauptung, daß unter der Schublade und den Tabletts keine Blutspuren gefunden worden sind.

Aus alledem folgerte ich, daß die Annahme des Schwurgerichts, der Angeklagte habe nach der Tat hinter der Theke Zustände geschaffen, die einen Raubmord vortäuschen sollten, um den Verdacht von sich abzulenken, falsch war. Vielmehr ergebe sich daraus ein starkes Indiz dafür, daß die Einlassung des Angeklagten richtig war, wonach S. sich hinter der Theke zu schaffen gemacht hatte, bevor es, für K. überraschend, zum Beginn der tätlichen Auseinandersetzung kam. Dieses Sich-hinter-der-Theke-zu-schaffen-machen des Herrn S. konnte, so trug ich vor, den Sinn gewinnen, daß S. nach einem in einer der Schubladen verborgen gehaltenen Messer gesucht hatte. Die Lage des Messers (welche Schublade?) mag S. in dem Augenblick, als K. für ihn überraschend vor ihm stand, nicht sogleich erinnert haben, da die Minispionaffäre schon einige Zeit zurücklag und sich seine Angst vor einem Überfall durch K. inzwischen, wie auch das Urteil annahm, wieder gelegt hatte. Daraus erklärt sich, daß S. nach dem Messer zunächst suchen mußte und in Hast, Nervosität und aggressiver Aufwallung eine Schublade mit Inhalt ganz herausgerissen hat. Es besage daher nicht viel, wenn das Schwurgericht meinte, es hätten sich »keine Anhaltspunkte dafür ergeben, daß Herr S. sich bewaffnet hatte«. Die sich an die neuen Beweismittel anknüpfenden Überlegungen seien durchaus ein solcher Anhaltspunkt.

Auch für die Frage, was Michael K. hinter der Theke zu suchen hatte, bot ich eine Erklärung an. Wenn sich die Schubladen und Tabletts bereits in dem ungeordneten Zustand befanden, entfalle jedenfalls das vom Schwurgericht angenommene Motiv, K. habe einen Raubüberfall vortäuschen wollen. Die Wahrscheinlichkeit eines solchen Motivs sei ohnehin schon unter den Voraussetzungen der schwurgerichtlichen Feststellungen äußerst gering gewesen. Die von K. hinterlassenen Blutspuren lieferten einen so eindeutigen Hinweis auf seine Person, daß angesichts der vom Schwurgericht unterstellten planvollen Überlegtheit seines Vorgehens die Annahme, er habe geglaubt, durch Vortäuschung eines Raubmordes von sich abzulenken, keine überzeugende Evidenz habe. Die Gefahr, zusätzliche Spuren zu hinterlassen, mußte dem Angeklagten als geschultem Polizeibeamten bewußt sein, insbesondere wenn er in stark blutendem Zustand Schubladen herausgezogen und weitere Gegenstände berührt hätte. Es liege daher nahe, daß er entweder nach Tüchern, Servietten oder anderen zum Abbinden von Wunden geeignetem Material gesucht habe, oder aber, daß er in einen Zustand völliger Kopflosigkeit geraten sei. Die letztere Annahme wurde übrigens später durch einen Erinnerungsfetzen des Michael K. bestätigt, dem bei intensiver Befragung durch einen Sachverständigen eingefallen war, daß er in dem Café in völliger Verwirrung keinen Ausgang habe finden können.

Zur Lage der Bankutensilien an der Pendeltür wiederholte ich Bellmers Vortrag und wies darauf hin, daß diese Gegenstände, wenn S. Zeit hatte, seinen Parka aufzuhängen, zunächst auf einem Tisch abgelegt worden und von dort infolge des Kampfgeschehens auf den Boden gefallen sein könnten. Es waren mehrere Stühle umgefallen und von einem in der Nähe der Pendeltür stehenden Tisch eine Getränkekarte und ein Aschenbecher heruntergefallen.

Schließlich ging mein Antragsschriftsatz auch auf die Persönlichkeit des Getöteten ein, von dem das Urteil gesagt hatte, er sei ein ruhiger Mensch gewesen, der sich zurückzuziehen pflegte, wenn eine körperliche Auseinandersetzung drohte, und der auch nach Alkoholgenuß (bei S. waren 0,6 Promille festgestellt worden) Meinungsverschiedenheiten nicht durch Gewalt, sondern durch Argumente zu lösen versuchte. So habe auch der Angeklagte selbst S. eingeschätzt.

Diese Einschätzung des Herrn S. durch den Angeklagten war ebenso falsch wie die durch das Schwurgericht. Der Verteidigung war nachträglich bekannt geworden, daß es Zeugen gab, die von heftigen Reaktionen des Herrn S. bei relativ geringfügigen Anlässen wissen.

Das wurde unter Benennung von Zeugen noch näher ausgeführt.

Eine Strafkammer des Landgerichts Bremen (drei Berufsrichter) verwarf durch Beschluß vom 14.1.1986 den Antrag als unzulässig. Wieder wurde das übliche formale Juristenvokabular abgespult, indem die Tatsachen und Beweismittel entweder als nicht neu oder als nicht geeignet abgetan wurden. Man genierte sich auch nicht, Tatsachen und Beweismittel, die schon im ersten Wiederaufnahmeantrag vorgebracht worden waren, als verbraucht zu disqualifizieren, obwohl sie im Beschluß des OLG, der sich mit Belehrungen zur Messerfrage und zur Erinnerungslücke begnügt hatte, überhaupt nicht geprüft worden waren. Eine klare Gesetzesverletzung, da § 359 StPO ausdrücklich gebietet, die neuen Tatsachen und Beweismittel auch »in Verbindung mit den früher erhobenen Beweisen«, also erst recht in Verbindung mit noch nicht einmal geprüften Beweisbehauptungen zu werten.

Aber dann schien sich das Blatt zu unseren Gunsten zu wenden. Der 1. Strafsenat des Hanseatischen Oberlandesgerichts Bremen, bestehend aus den Richtern Dr. Brademann, Elling und Dr. Thomas, gab meiner Beschwerde gegen den Beschluß des Landgerichts statt und erklärte durch Beschluß vom 4.5.1987 den Wiederaufnahmeantrag für zulässig. Es waren dieselben Richter, die sechs Jahre früher jenen ominösen Beschluß gefaßt hatten, der Michael K. unterstellte, es fehle ihm nur an gutem Willen, das wirkliche Tatgeschehen zu offenbaren. Ich hatte zwischenzeitlich den Vorsitzenden des Senats, Herrn Dr. Brademann, bei einer Begegnung auf der Straße ins Gebet genommen, sich diesmal keinesfalls der Hilfe eines an schneller Schreibtischleerung interessierten Referendars zu bedienen. Er versicherte mir zwar, das sei auch voriges Mal nicht geschehen, aber ich wurde meinen Verdacht nicht los, da ich den Richtern ein höheres Niveau zutraute. Auch diesmal war ich allerdings mit dem Senat nicht ganz zufrieden, denn der Beschluß enthielt einige Schwachstellen, an denen Richter, die eine Wiederaufnahme des Verfahrens verhindern wollten, in ihrem Sinne heruminterpretieren konnten. Und so kam es denn auch.

Der Beschluß des OLG-Senats entnahm dem Wiederaufnahmeantrag die neue Tatsachenbehauptung, daß Michael K. »zur Zeit des zur Tötung S.' führenden Geschehens« – eine Formulierung, an deren Unbestimmtheit sich der künftige Streit entzünden sollte – sich in einem affektiven Ausnahmezustand befunden habe, der zu seiner Schuldunfähigkeit aufgrund einer tiefgreifenden Bewußtseinsstörung geführt habe. Hierfür sei mit dem Gutachten des Nervenarztes Dr. Ehebald ein neues Beweismittel beigebracht.

Die Richter des Oberlandesgerichts verkannten nicht, daß Dr. Ehebald in seinem Gutachten nicht an die vom Schwurgericht festgestellten Tatsachen anknüpfte, sondern an die Darstellung seines Patienten, die er aufgrund einer ungewöhnlich gründlichen Exploration – über 20 jeweils mehrstündige Gespräche, die sich über einen Zeitraum von mehreren Jahren erstreckten – für glaubwürdig erachtete. Aber sie sahen in der Entstehungsgeschichte des Gutachtens, das aus einem Auftrag, Vergessenes ins Gedächtnis zurückzurufen, erwachsen war, die Besonderheit, die es rechtfertigte, das Gutachten als neues Beweismittel und sein Ergebnis als neue Tatsache anzuerkennen. Die von der Verteidigung erbetene Exploration des Beschwerdeführers durch den Nervenarzt Dr. Ehebald habe »nach dessen Gutachten nun ergeben, daß beim Beschwerdeführer bei Beginn des zur Tötung S.' führenden Geschehens eine Erinnerungslücke vorgelegen habe, die auch nicht auf tiefenpsychologische Weise zu beseitigen sei«. Erst danach sei Dr. Ehebald zu seiner Einschätzung gelangt, der Beschwerdeführer sei bereits zu diesem Zeitpunkt (*zu diesem Zeitpunkt!!*) »unter dem Druck plötzlich einschießender panikartiger Todesangst« in einem Affektzustand gewesen, der ihm »mit an Sicherheit grenzender Wahrscheinlichkeit keinerlei bewußte Kontrolle mehr über seine archaisch aggressiven Impulse« ermöglicht habe. Um jedes Mißverständnis auszuschließen, für welchen Zeitpunkt die Frage der Schuldfähigkeit neu zu beurteilen war, nahm der OLG-Beschluß an dieser Stelle Bezug auf das Ehebald-Gutachten: »(vgl. Bl. 102 a des Gutachtens Dr. Ehebald)«. Dort stand folgendes:

Der Beginn dieser ausgestanzten Erinnerungslücke steht in unmittelbarem Zusammenhang mit einem schweren Panik- und Schockzustand, der durch eine von Herrn K. nicht vorhergesehene Angriffshandlung des Herrn S. während des Kampfes ausgelöst wurde. Er ist insofern zeitlich exakt zu beschreiben.

Und nachdem sie dies zitiert hatten, folgerten die Richter des Oberlandesgerichts:

Das aber bedeutet nichts anderes, als daß der Beschwerdeführer sich bei Beginn des zur Tötung S.' führenden Geschehens im Zustand einer tiefgreifenden Bewußtseinsstörung befunden habe.

Die neue Tatsache und das neue Beweismittel seien auch geeignet, die Freisprechung des Antragstellers zu begründen. Leider aber trauten sich die Richter des Oberlandesgerichts nicht zu, den wissenschaftlichen Wert des Ehebald-Gutachtens aufgrund eigener Sachkunde zu beurteilen und gaben deshalb die Sache noch einmal ans Landgericht zurück mit dem Auftrag, »wissenschaftliche Kapazitäten« hinzuzuziehen, um zu entscheiden, ob bei Michael K. »ein die Schuldfähigkeit ausschließender Affektsturm vorgelegen« habe.

Daß wir es bei der nunmehr zuständigen Strafkammer des Landgerichts mit Richtern zu tun kriegten, die nur widerwillig bereit waren, dem Beschluß des Oberlandesgerichts zu folgen, wurde schon bei dem nun folgenden Gezerre um die »wissenschaftlichen Kapazitäten« sichtbar. Es ist ein offenes Geheimnis, daß die Auswahl des Gutachters »das heißeste Problem in der ganzen Gutachtenerstattung« (Wilfried Rasch) ist, und daß erfahrene Richter und Staatsanwälte »sehr wohl (wissen), welchen Gutachter sie für bestimmte juristische Zielsetzungen heranziehen müssen« (Tilman Moser). Da die Auswahl des Gutachters nach dem geltenden Recht entgegen dem Prinzip der »Waffengleichheit« noch immer Sache der Staatsanwaltschaft und des Gerichts ist, befindet sich der Verteidiger, selbst wenn er die Bestellung eines Sachverständigen beim Beschwerdegericht durchgesetzt hat, plötzlich wieder in der Rolle eines rechtlosen Bittstellers, wenn es darum geht, welcher Gutachter genommen wird.

Also führte ich Gespräche mit dem Staatsanwalt und den Richtern, um meine Wunschkandidaten, den Göttinger Psychiater Prof. Dr. Ulrich Venzlaff und den Hamburger Psychologen Dr. Herbert Maisch, durchzusetzen. Und erlangte auch wirklich die Zustimmung des Staatsanwalts. Aber den Richtern gefielen beide nicht. Beide waren bei Bremer Gerichten schon unliebsam aufgefallen, weil sie entgegen konservativen Lehrbuchmeinungen bei bestimmten Affekttaten für Schuldausschluß votiert hatten.

Die Richter der Strafkammer bevorzugten Prof. Dr. Wilfried Rasch, an sich ein Gutachter mit Rückgrat, den ich in jeder anderen Sache mit Freuden akzeptiert hätte. Aber hier war die Wahl offenbar deshalb auf ihn gefallen, weil bekannt war, daß er zur Frage der Erinnerungslücke eine Auffassung vertrat, die für die Sache des Michael K. höchst ungünstig war. Rasch hatte sich, beginnend mit einer Veröffentlichung aus dem Jahre 1967, wiederholt nachdrücklich zu der Meinung bekannt, daß das Phänomen der Erinnerungslücke »als Kriterium für die Beurteilung der Schuldfähigkeit nicht brauchbar« sei. Ob jemand eine Erinnerungslücke habe oder nicht, sei eine Frage seiner Glaubwürdigkeit, und die habe das Gericht und nicht der Sachverständige zu entscheiden. Daran hielt Rasch auch fest, nachdem der Bundesgerichtshof in mehreren Grundsatzentscheidungen die Ansicht vertreten hatte, daß »als Anzeichen für das Vorhandensein eines schuldausschließenden Affektsturms in der Regel Erinnerungslosigkeit beim Täter festzustellen« sei (BGHSt 11,20) und die Gerichte verpflichtet seien, zwischen echten Erinnerungslücken und Schutzbehauptungen oder Verdrängungen mit Hilfe von Sachverständigen zu unterscheiden (BGH, Strafverteidiger 1987, 434; 1988, 57, 58; 1989, 335). Auch das Hanseatische Oberlandesgericht war in seinem Beschluß vom 4.5.1987 davon ausgegangen, daß der von Michael K. behaupteten Erinnerungslücke eine wichtige Bedeutung bei Aufklärung der Frage zukomme, ob er sich »beim Beginn des zur Tötung S.' führenden Geschehens« in einem Zustand der Schuldunfähigkeit befunden habe. Wenn die Strafkammer zur Beurteilung dieser Frage ausgerechnet einen Sachverständigen heranzog, von dem man wußte, daß er der Erinnerungslücke jede Bedeutung für die Frage der Schuldfähigkeit absprach, dann lief das auf eine Sabotage des OLG-Beschlusses hinaus.

Rasch war für ein Gericht, das ein für Michael K. ungünstiges Ergebnis der Beweisaufnahme anpeilte, auch aus einem zweiten Grund der richtige Mann. Er hielt nicht nur die Erinnerungslücke, sondern auch das Kriterium der Persönlichkeitsfremdheit der Tat für wissenschaftlich unbrauchbar, das im Gutachten Müller-Luckmann (unter dem Begriff »Inkonstanz des Verhaltensstils«) eine entscheidende Rolle gespielt hatte. Letztlich werde, so formuliert Rasch in seiner »Forensischen Psychiatrie« (S. 288), mit dem Begriff der Persönlichkeitsfremdheit nicht mehr als die unwissenschaftliche Meinungsäußerung umschrieben, daß man dem Betreffenden ein derartiges Verhalten nicht zugetraut hätte. Rasch: »Grundsätzlich ist zu sagen, daß es persönlichkeitsfremdes Verhalten nicht gibt«. Ein Satz, gegen den einiges zu sagen wäre und gesagt worden ist. Aber er paßte ins Konzept von Juristen, die es für möglich hielten, daß ein Mann wie Michael K. von heute auf morgen zum Mörder habe werden können. Schon im Ursprungsverfahren hatte Oberstaatsanwalt Dr. Janknecht das Gericht mit dem Argument beeindrucken können, daß man aus der Erfahrung mit den Tätern der in nationalsozialistischer Zeit begangenen Verbrechen wisse, »daß solche Menschen völlig unauffällig in der Gemeinschaft gelebt haben, obwohl sie zu furchtbaren Taten in der Lage waren«. Ein Argument, das den grundsätzlichen Unterschied verkennt zwischen Taten, die vom gesellschaftlichen Normensystem abweichen (der »auf eigene Faust« unternommene Mord), und Taten, die gerade umgekehrt auf Anpassung an herrschende gesellschaftliche Normen beruhen (z. B. Kriegstötung und Mitwirkung an den Massenverbrechen der Nazizeit). Man weiß, daß die Mitwirkenden an den Massentötungen an wehrlosen Menschen jüdischen Glaubens »ganz normale Männer« (so der Titel des aufregenden Buches von Christopher R. Browning über das Reserve-Polizeibataillon 101 und die »Endlösung« in Polen) waren, die daheim wieder zu friedlichen Nachbarn und Familienvätern wurden und die angepaßten Staatsbürger blieben, die sie immer – auch in ihrer Eigenschaft als staatliche Massenmörder – gewesen waren.

Aber gerade für diesen Typus des angepaßten, friedlichen Bürgers ist der individuelle Mord, also etwa der Entschluß, den Ehemann der Geliebten zu erstechen, in der Regel »persönlichkeitsfremd«, um den von Rasch problematisierten Ausdruck noch einmal zu gebrauchen.

Davon zu unterscheiden ist natürlich die Frage, ob es auch für den »normalen«, in friedlicher Anpassung an gesellschaftliche Normen lebenden Menschen Situationen geben kann, in denen er »zum Mörder werden« kann. Und das ist im Grunde auch bei Rasch gemeint. Aber indem er der »Persönlichkeitsfremdheit« der Tat grundsätzlich jede Bedeutung für die wissenschaftliche Beurteilung abspricht, überläßt er ein weites Feld psychologischer Anknüpfungstatsachen der laienhaften Bearbeitung durch Juristen, die von der Materie von ihrer Ausbildung her keine Ahnung haben. Und wozu sollte wohl die im OLG-Beschluß vom 4. 5. 1987 in Übereinstimmung mit der Rechtsprechung des sachverständig belehrten BGH für nötig gehaltene »eingehende Untersuchung des Verhaltens des Täters vor, während und nach der Tat« und die »Ergründung seines Persönlichkeitsbildes« gut sein, wenn man dann alles wieder vergessen soll, sobald es um die Frage geht, ob dieser »Täter« wirklich so, wie es das Schwurgericht unterstellt hat, zur Tat geschritten sein kann.

Für Prof. Dr. Rasch reduzierte sich die Problemstellung – obwohl er auftragsgemäß seine Exploration auch auf die Persönlichkeit des Probanden erstreckt hatte – schließlich auf die Frage, ob sich aus der Vorgeschichte der Tat die Entwicklung einer für schwere Aggression disponierenden Tatbereitschaft ergibt. Und diese Frage hat er immerhin verneint:

Die unterstellte Motivation ist kriminalpsychologisch nicht nachvollziehbar und nicht mit geläufigen Erfahrungen aus Kapitaldelikten in Einklang zu bringen.

Und er stimmte Frau Prof. Dr. Müller-Luckmann zu, daß eine einigermaßen einleuchtende Erklärung für die im Schwurgerichtsurteil angenommene Entwicklung fehle. Er machte keinen Hehl daraus, daß er die von Michael K. gegebene Sachdarstellung für »plausibel« hielt. Den Ausdruck »glaubhaft« vermied er, um mit seinen wissenschaftlichen Ansichten zur Erinnerungslücke nicht in Konflikt zu geraten. Und aus dem gleichen Grund konnte er den nächsten sich logisch anbietenden Schritt nicht tun, die von Michael K. behauptete Erinnerungslücke als glaubhaft zu behandeln und daraus Rückschlüsse auf das Vorliegen eines schuldausschließenden Affekts zu ziehen.

Ergebnis des Rasch-Gutachtens: ob Michael K. bereits »beim Beginn des zum Tode S.' führenden Geschehens« in einem Zustand tiefgreifender Bewußtseinsstörung gewesen sei, lasse sich nicht mit Sicherheit feststellen. Dabei verstand Rasch die ihm gestellte Aufgabe so, daß zu prüfen sei, ob dieser Zustand schon »gelegentlich des Wortwechsels« mit S. eingetreten sei, wobei er sich auf eine mißverständliche Formulierung im OLG-Beschluß bezog und in dieser Interpretation des Beschlusses von den Richtern der Strafkammer nachdrücklich unterstützt wurde. Vergeblich kämpfte ich um eine andere am Sinn und an der Logik des OLG-Beschlusses orientierte Fragestellung an den Sachverständigen. Es ging dem OLG offensichtlich darum, so schrieb ich in einem meiner Schriftsätze, »die vom Schwurgericht übersehene Möglichkeit aufzuklären, daß eine Situation, die Anlaß für Todesangst gibt, einen mit Erinnerungslosigkeit verbundenen psychogenen Ausnahmezustand hervorrufen kann, der Schuldunfähigkeit bedingt. Ist die Frage zu bejahen, so muß das zu einer Neubewertung der Einlassung des damaligen Angeklagten führen. Man kann also nicht die Einlassung des Angeklagten als rechtskräftig widerlegt behandeln und damit dem Auftrag an den Sachverständigen die Grundlage entziehen«. Als ob ich es mit Taubblinden zu tun hätte, zitierte ich immer wieder die Stellen des OLG-Beschlusses, aus denen sich ergab, daß mit dem »Beginn des zur Tötung S.' führenden Geschehens« nur der Zeitpunkt gemeint sein konnte, in dem die von Michael K. behauptete Erinnerungslosigkeit einsetzte, und nicht etwa ein beliebiger Zeitpunkt davor, bei dem nichts als Worte zwischen den beiden Männern gewechselt worden waren.

Eine dem Sinn und der Logik des OLG-Beschlusses entsprechende Beweisaufnahme hätte erfordert, daß den »wissenschaftlichen Kapazitäten« als Anknüpfungstatsachen die der Sachdarstellung des Michael K. zu entnehmenden Umstände vorgegeben worden wären, auf denen das Ehebald-Gutachten beruhte. Wenn Michael K. im Zustand der Schuldunfähigkeit zugestochen hatte – und selbst Rasch räumte ein, daß man eine Vielzahl von Verletzungen (16 Messerstiche!) in der Regel bei Affekttaten finde –, dann war die von ihm behauptete Erinnerungslücke glaubhaft. Und das mußte logischerweise dazu führen, seine Glaubwürdigkeit auch im übrigen neu zu beurteilen (woher kam das Messer? Was wollte Michael K. im Café? Wie hat die Auseinandersetzung mit S. angefangen?). Wenn man freilich einen Sachverständigen heranzog, der abweichend von der Rechtsprechung des BGH und der herrschenden Meinung seiner Fachkollegen seine Kompetenz zur Beurteilung von Erinnerungslücken leugnete, und wenn man ihm darüber hinaus eine absurde Frage stellte, die nach ihrer Eigenlogik darauf hinauslief, ob die behauptete Erinnerungslücke durch Worte ausgelöst worden sein könnte, dann wurde das ganze Verfahren zur Farce.

Man muß leider sagen, daß die Richter des Oberlandesgerichts es ihren Kollegen vom Landgericht leicht gemacht hatten, die Aufklärung der Wahrheit zu sabotieren. Nicht nur, daß sie mit unpräzisen Formulierungen dem Mißverständnis Tür und Tor geöffnet hatten, sondern auch die im ersten OLG-Beschluß von 1981 vorgenommene Ausscheidung eines Großteils der neuen Tatsachen und Beweismittel wurde ausdrücklich wiederholt:

Der Senat hat bereits in seinem früheren Beschluß ausgeführt, daß die seinerzeit beigebrachten Tatsachen und Beweismittel nicht geeignet sind, allein aus sich heraus den im Ursprungsverfahren ausgesprochenen Schuldvorwurf des Mordes zu entkräften.

Das war schon damals gesetzwidrig. Denn in § 359 Ziffer 5 StPO steht nicht, daß die neuen Tatsachen »allein aus sich heraus« geeignet sein müssen, den Schuldvorwurf zu entkräften, sondern ganz im Gegenteil, daß die neuen Tatsachen und Beweismittel darauf zu prüfen sind, ob sie »allein *oder in Verbindung mit den früher erhobenen Beweisen*«, und das heißt: erst recht in Verbindung mit noch nicht erhobenen Beweisen, die Freisprechung zu begründen geeignet sind. Das OLG hatte sich damals eine Prüfung einer Vielzahl neuer Tatsachen und Beweismittel mit der Begründung erspart, daß diese nur dann von Bedeutung sein könnten, wenn auch zur behaupteten Erinnerungslücke und zur Herkunft des Messers neue Tatsachen und Beweismittel beigebracht würden. Das hatten wir nun getan. Wenn jetzt der ganze übrige Sachvortrag, der ja in einem notwendigen Zusammenhang mit der Glaubwürdigkeit der Erinnerungslücke und der Messerfrage stand, als »verbraucht« abgetan wurde, obwohl sich das OLG auch im ersten Verfahren damit nicht beschäftigt hatte, dann lief das auf eine Verweigerung des rechtlichen Gehörs hinaus.

Die Richter der Strafkammer, ohnehin nur widerwillig bereit, die vom OLG angeordneten Beweise zu erheben, nahmen nur zu gern zur Kenntnis, daß der OLG-Beschluß ihnen Absolution erteilte, wenn sie uns das rechtliche Gehör für wichtige Teile unseres neuen Vorbringens verweigerten. So beschränkte sich ihre Beweisaufnahme einzig und allein auf das Thema, ob Michael K. »gelegentlich des Wortwechsels« mit S. in einen schuldausschließenden Affekt geraten sei. Ich fühlte mich mehr als einmal an absurdes Theater erinnert. Und zu meiner Enttäuschung spielte Rasch mit, obwohl auch er erkannte, daß der ihm erteilte Gutachtenauftrag sinnlos (»Daß einzig aus einem Wortwechsel bei einem geistig gesunden Menschen eine ›plötzlich einschießende panikartige Todesangst‹ resultiert, ist nur schwer nachvollziehbar«) und das Schwurgerichtsurteil falsch war (»Die Feststellungen des Urteils sind aus psychologischer Sicht nicht nachvollziehbar. In der damaligen Situation läßt sich kein motivischer Zugang zum Tatgeschehen finden. Es ist sehr schwierig, daß man von einem Tatbestand ausgehen muß, den man selbst nicht nachvollziehen kann. Es fehlt eine stets erkennbare Persönlichkeitsentwicklung zur Tat hin. Die Darstellung des Herrn K. ist plausibler als die des Schwurgerichts«).

Den Richtern der Strafkammer hätte das Rasch-Gutachten genügt, um sich guten Gewissens hinter das von ihrem Landgerichtspräsidenten mitzuverantwortende Fehlurteil aus dem Jahre 1975 zu stellen. Aber sie mußten befürchten, daß das Oberlandesgericht als Beschwerdeinstanz ihnen eine nochmalige Prüfung der Schuldfrage aufbürden würde. Denn immerhin hatte das OLG in seinem Beschluß vom 4.5.1987 die Notwendigkeit, wissenschaftliche Kapazitäten anzuhören, im Plural ausgedrückt. Und es war nicht auszuschließen, daß die Richter des OLG sich auch gegen eine Fehlinterpretation ihrer Entscheidung wehren würden, die zu einer Beweiserhebung über eine absurde Fragestellung geführt hatte. Denn ihr Beschluß enthielt nicht nur die unglückliche, von der Strafkammer immer wieder genüßlich zitierte Wendung, daß es darauf ankomme, ob K. bereits »gelegentlich des Wortwechsels« in einen Affektsturm geraten sei, sondern auch Formulierungen, die klarstellten, daß man den auf Seite 102 a des Ehebald-Gutachtens angegebenen Zeitpunkt, nämlich den durch eine Angriffshandlung des Herrn S. ausgelösten schweren Panik- und Schockzustand, gemeint hatte, ein Ereignis, von dem man, wenngleich mißverständlich, auch sagen konnte, daß es »gelegentlich des Wortwechsels« eingetreten sei.

Und so kam ich doch noch zu einem der von mir gewünschten Sachverständigen, dem Hamburger Psychologen Dr. Herbert Maisch, der durch seine auf überragender wissenschaftlicher

Kompetenz beruhenden Gutachten schon manchem Verfahren eine vernünftige Wendung gegeben hatte. Auch hier lieferte Maisch eine vorzügliche Arbeit ab, ein 110 Seiten umfassendes, sehr gründliches Gutachten, das Rasch in wesentlichen Punkten widersprach.

Besonders interessant waren seine Ausführungen zur Erinnerungslücke. Maisch erläuterte zunächst den Begriff der anterograden Amnesie, mit dem man eine Erinnerungslücke bezeichnet, die sich, anders als die bekanntere retrograde Amnesie, auf einen bestimmten Zeitraum *nach* einem stark belastenden psychosozialen Ereignis erstreckt. Gegen die von Rasch vertretene generelle Skepsis gegenüber derartigen Täterangaben führte Maisch an, daß es bestimmte formale Merkmale gibt, die in den Angaben zu Erinnerungslücken bei Affekttaten mit großer Regelmäßigkeit wiederkehren und wohl kaum auf ein- und derselben Erfindungsgabe von Tätern höchst unterschiedlichen intellektuellen, sozialen und persönlichkeitsstrukturellen Zuschnitts beruhen könnten. Auch brachte er Beispiele aus Erfahrungsbereichen außerhalb des Strafrechts, in denen der Verdacht, man habe es mit »Schutzbehauptungen« zu tun, überhaupt nicht auftauchen konnte. Maisch zählte neun Kriterien für anterograde Amnesie auf, von denen ich hier nur zwei erwähne: abrupter Beginn der Erinnerungslücke und abruptes Wiedereinsetzen einer kontinuierlichen Erinnerung oder einer fragmentarisch-bruchstückhaften Erinnerung an Wahrnehmungen und Körperempfindungen, die der kontinuierlichen Erinnerung zeitlich vorangeht; enger kausaler Zusammenhang zwischen Wiedereinsetzen von kontinuierlicher und bruchstückhafter Erinnerung mit starken physikalischen Reizen (z. B. Kälte, Lichtblitze, Quietschen von Autobremsen). Alle neun Kriterien fand Maisch in Michael K.s Angaben wieder (z. B. der kalte Gegenstand am Oberschenkel, die Lichtreflexe auf der Rückfahrt), so daß er eine »hohe empirische Wahrscheinlichkeit« annahm, daß K.

(a) im Laufe der verbalen und tätlichen Auseinandersetzung nach mehrfach erfolglosen Abwehr- und Befreiungsversuchen in eine bedrängte, situativ bedrohlich erlebte Lage geriet, in der es (b) infolge einer plötzlich einschießenden panischen Angst zur Entwicklung einer ausnahmezustandshaften Verfassung und damit einhergehender Bewußtseinseinengung von forensischer Relevanz kam, für die (c) eine psychogene anterograde Amnesie besteht.

Dabei setzte er sich sowohl mit Rasch als auch mit Ehebald kritisch auseinander, betonte z. B. gegenüber Ehebalds Gutachten, das von Wahrnehmungsdefiziten ausging, daß ein psychogener Ausnahmezustand mit anterograder Amnesie nicht bedeute, daß während des Tatgeschehens und bis zum Wiedereinsetzen inselhafter und kontinuierlicher Erinnerungen überhaupt keine Wahrnehmungen mehr stattfinden, sondern daß nicht alle Wahrnehmung von Bewußtseinsprozessen begleitet wird. Aus der Annahme eines solchen Ausnahmezustands folge also nicht, daß für den Zeitraum der Erinnerungslücke situationsgerechtes Handeln ausgeschlossen sei. Gegen Rasch, der aus dem situationsorientierten Verhalten des Michael K. nach der Tat Schlüsse gegen die Annahme aufgehobener Schuldfähigkeit gezogen hatte, wandte Maisch ein, daß das Tatnachverhalten kein geeignetes Beurteilungskriterium darstellt. Er zitierte Specht (»Begrenzt zweckmäßiges oder scheinbar ›kühles‹ Handeln nach der Tat spricht nicht gegen einen affektiven Ausnahmezustand«) und Venzlaff (»Daß auch derjenige, der durch eine Tat auf das Schwerste erschüttert ist und sie zutiefst bereut, mitunter dann nach der Ernüchterung – und diese kann nach Explosivtaten sehr rasch eintreten – doch zunächst den Versuch macht, Spuren zu verwischen, einen Unfall vorzutäuschen oder mehr oder minder planvoll eine Flucht vorbereitet, will merkwürdigerweise kaum jemals einleuchten, sondern wird in so manchem Gutachten und Gerichtsurteil dem Täter als besonders verwerflich vorgeworfen. Wer fassungslos vor den Folgen einer ungewollten Tat steht und sie zutiefst bereut, wünscht deshalb noch nicht automatisch, ins Gefängnis zu kommen«). Ausführungen, die Maisch mit Hinweisen auf zahlreiche weitere, das Tatnachverhalten bestimmende Faktoren ergänzte.

Übereinstimmend mit Rasch hatte Maisch keine Anhaltspunkte für eine Konflikteskalation gefunden, die das vom Schwurgericht angenommene Tatmotiv nachvollziehbar gemacht hätte.

Als Ehemann war Herr S. für Herrn K. kein ernst zu nehmender »Rivale«, von dem er etwas zu befürchten hatte ... Der in dieser Lebensphase in seiner Beziehung zu Frauen bindungsscheue Herr K. hatte im Grunde eine »ideale« Geliebte (in »festen Händen«, aber ohne ernsthaften »Rivalen«) ...

Ebenso wie Rasch hatte Maisch Probleme mit den Urteilsfeststellungen zum Tatmotiv. Rasch hatte bei seiner mündlichen Anhörung gesagt:

Es bleibt unklar, warum Herr K. eigentlich vor dem unmittelbaren Geschehen mit dem Gedanken gespielt haben sollte, den Herrn S. zu töten ...

Maisch formulierte:

Konkrete Anhaltspunkte in Tatvorgeschichte und unmittelbarem Tatvorfeld für das Entstehen einer bestimmten Handlungsbereitschaft ist genau das, was Rasch und auch ich (sowie Müller-Luckmann und Ehebald) in diesem Fall völlig vermissen.

Wenn man ihn nach der Schuldfähigkeit des Michael K. in dem Zeitpunkt, den das OLG nach Sinn und Logik seines Beschlusses allein gemeint haben konnte, befragte, mußte auch Prof. Rasch einräumen:

Zu dem Zeitpunkt, in dem Herr K. sich im Schwitzkasten befand, er unter Todesangst litt und er die Bewaffnung seines Gegners erkannte, mögen die Voraussetzungen des § 20 StGB (d. h. Schuldunfähigkeit) anzunehmen sein.

Maisch verschwieg ebensowenig, wie dies vor ihm schon Prof. Müller-Luckmann und Prof. Rasch getan hatten,

daß die Version von Herrn K. hinsichtlich Tatvorgeschichte, unmittelbarem Tatvorfeld und tatsituativer Interaktion nicht nur plausibel ist, sondern eine hohe empirische Wahrscheinlichkeit besitzt.

Demgegenüber sei die dem Urteil zugrundeliegende Version

weder mit zentralen strukturellen und Verhaltensmechanismen der Persönlichkeit oder mit der Tatvorgeschichte noch mit forensisch relevanten wissenschaftlichen Erkenntnissen in Einklang zu bringen.

Vornehmer konnte man es wohl nicht ausdrücken, was von dem Urteil des Schwurgerichts zu halten war.

In meiner Stellungnahme zur Beweisaufnahme schrieb ich:

Alle Sachverständige (Ehebald, Müller-Luckmann, Rasch und Maisch) schlugen sich irgendwie mit der von Juristen vorgegebenen Aufgabe herum, ein von ihnen für ganz unwahrscheinlich gehaltenes Tatgeschehen mit dem in Einklang zu bringen, was sie von ihrem Fach her und unter Inanspruchnahme gesunden Menschenverstandes eigentlich besser wußten.

Dr. Maisch hatte sich bei seiner mündlichen Anhörung vor der Strafkammer ausdrücklich gegen die Zumutung gewehrt, bei seinem Gutachten Anknüpfungstatsachen zugrundezulegen, die von allen psychologischen und psychiatrischen Sachverständigen, die dazu befragt worden waren, für falsch gehalten wurden. Er gab zu Protokoll:

Das Schwurgericht hat unzutreffende Sachverhalte angenommen. Es widerspricht dem besten Wissen und Gewissen eines Sachverständigen, von diesen vom Schwurgericht vorgegebenen Prämissen auszugehen ...

Das war der in Deutschland so seltene Bekennermut des »Hier stehe ich, ich kann nicht anders«, der eigentlich von jedem Sachverständigen erwartet wird und dem die »Professoren« (= »Bekenner«) sogar ihren Namen verdanken. Sehr zu recht erinnerte Maisch daran, daß die vom Gesetz vorgeschriebene Eidesformel für Sachverständige dahin lautet, daß sie ihr Gutachten »nach bestem Wissen und Gewissen erstattet« haben.

Aber in deutschen Gerichtssälen ist das Bekenntnis zur Wahrheit mitunter nur dann gern gesehen, wenn es mit den Intentionen des Gerichts übereinstimmt.

Völlig unberührt von der Plausibilität (Rasch) und empirischen Wahrscheinlichkeit (Maisch) des von Michael K. geschilderten Kampfgeschehens und unbeeindruckt von der Logik, daß das OLG, wenn es vom Ehebald-Gutachten ausging, nur die während des Kampfes aufgetretene Todesangst und Panik gemeint haben konnte und nachgeprüft wissen wollte, verwarf die Strafkammer (drei Berufsrichter) am 30. 9. 1994 den Wiederaufnahmeantrag als unbegründet.

Die Einfachheit ihrer Gedankenführung war peinlich. Das Gutachten des Sachverständigen Dr. Maisch sei »unbrauchbar«, da es nicht auf den vom OLG »ausdrücklich und deutlich beschriebenen Zeitpunkt« abstelle. Kein Wort zur mehrfach, nicht nur von mir, sondern auch von den Sachverständigen, erörterten Problematik, welchen Zeitpunkt das OLG gemeint hatte, und daß es nach Sinn und Logik seines Beschlusses mit Sicherheit nicht den gemeint haben konnte, den die Strafkammer zugrundelegte. Kein Wort zu den tiefgründigen Ausführungen des Sachverständigen Dr. Maisch zur empirischen Wahrscheinlichkeit des Vorliegens einer anterograden Amnesie und zur Bedeutung des Tatnachverhaltens. Kein Wort zu den schlüssigen Argumenten des »verbrauchten« Gutachtens Prof. Dr. Müller-Luckmanns. Kein Wort natürlich auch zu der im Laufe des Verfahrens immer deutlicher gewordenen psychologischen Unwahrscheinlichkeit eines geplanten Mordes.

Ohne sich mit Maischs Kritik am Rasch-Gutachten auch nur im mindesten auseinanderzusetzen, wird Rasch – und zwar ohne die auch von ihm vorgenommenen einschränkenden Differenzierungen – zitiert und mit der üblichen Wendung vereinnahmt, das Gericht habe sich ihm »aufgrund eigener Meinungsbildung und Überzeugung angeschlossen«. Auch teile das Gericht die Auffassung des Hanseatischen Oberlandesgerichts Bremen, daß die im ersten Wiederaufnahmeantrag beigebrachten Tatsachen und Beweismittel, auch soweit sie im zweiten Wiederaufnahmeantrag wiederholt und ergänzt wurden, »allein aus sich heraus nicht geeignet« seien, die im Ursprungsverfahren ausgesprochene Verurteilung wegen Mordes zu entkräften. Kein Wort zu der von mir wiederholt thematisierten Rechtswidrigkeit dieser Entscheidung. Aber gegenüber Richtern, die sich rechtstaubblind stellen, zitiert man selbst den Gesetzestext vergebens. Im Gesetz (§ 359 Ziffer 5 StPO) steht, wie gesagt, daß die neuen Tatsachen und Beweismittel »allein oder in Verbindung mit den früher erhobenen Beweisen« – und nicht: »allein aus sich heraus« – die Freisprechung zu begründen geeignet sein müssen. Stattdessen betrachtete man jede neue Tatsache und jedes neue Beweismittel isoliert für sich und fand, wie nicht anders möglich, daß sie »allein aus sich heraus« das Schwurgerichtsurteil nicht erschüttern könnten. Auf diese Weise wurde man eine Fülle neuer Tatsachen und Beweismittel als »verbraucht« los, mit denen der angebliche Überfall (Bankutensilien!), die Vortäuschung eines Raubmords (Blutstropfen hinter der Theke!) und die Friedlichkeit des Herrn S. (Aggressivität unter Alkoholeinfluß!) in Frage gestellt wurden.

Die intellektuelle Unredlichkeit und Schlichtheit dieses Beschlusses paßte zu der naßforschen Bedenkenlosigkeit des Schwurgerichtsurteils. Man fragte sich, wozu wir eigentlich diesen immensen Aufwand an anwaltlicher Arbeit und psychologisch-psychiatrischem Sachverstand betrieben hatten, wenn wir am Ende mit juristischen Floskeln dieses Kalibers abgefertigt wurden.

Ich hätte gern noch gewußt, ob das Hanseatische Oberlandesgericht Bremen sich diesen Umgang mit seinem den Wiederaufnahmeantrag für zulässig erklärenden Beschluß hätte gefallen lassen. Aber Michael K. hatte das Zutrauen verloren, daß ihm bei dieser Justiz Gerechtigkeit verschafft werden könnte, und bat mich, die Beschwerde gegen den Beschluß der Strafkammer zurückzunehmen. Er war seit November 1989, nach Aussetzung des Strafrestes durch die zuständige Hamburger Strafvollstreckungskammer (§ 57 a StGB), wieder auf freiem Fuß, lebte in einer guten Zweierbeziehung zu einer Frau, die er während der Haftzeit kennengelernt hatte, und hatte auf der Grundlage eines in der Haft begonnenen Fernstudiums sich eine angesehene und befriedigende berufliche Existenz erarbeiten können. Er wollte jetzt keine Kraft mehr an ein Verfahren wenden, das im günstigsten Fall zu einer neuen Hauptverhandlung hätte führen können, an deren öffentlichem Aufsehen ihm in seiner jetzigen Position nicht gelegen war.

Und auch den ungünstigsten Fall, daß nämlich eine neue Hauptverhandlung zu einer erneuten Verurteilung geführt hätte, durfte man als Möglichkeit nicht aus dem Blick verlieren. Denn wenn es einmal möglich gewesen war, daß ein Mensch des Mordes schuldig gesprochen wird, obwohl der ihm unterstellte Mordplan jeder psychologischen Plausibilität entbehrt, dann kann das auch ein zweites Mal passieren. Den für das Fehlurteil von 1975 mitverantwortlichen Juristen schien jedenfalls noch viele Jahre später jede Einsicht für den ihnen unterlaufenen Irrtum zu fehlen. Herr Crome, seinerzeit Vorsitzender Richter des Schwurgerichts, ließ sich Anfang der neunziger Jahre in der Gerichtskantine dahin vernehmen, er könne überhaupt nicht verstehen, was K. eigentlich noch wolle; er sei doch jetzt wieder in Freiheit. Das Gespür dafür, daß hier einer um Gerechtigkeit kämpfte, schien zu fehlen. Und der damalige Anklagevertreter, Herr Dr. Janknecht, bezeichnete, als er im März 1983 ein Presseinterview gab, den Fall Michael K. als den einzigen »richtigen« Mord, an den er sich spontan erinnern könne; die anderen Taten seien, wie er sagte, eher planlos geschehen. Herr Janknecht glaubte also immer noch an den geplanten Mord des Cromeschen Schwurgerichtsurteils.

Als Krimischreiber wären die Herren wohl gescheitert, weil die Leser für einen »richtigen« Mord mindestens eine plausible Tatmotivation erwarten dürfen. Als Juristen konnten sie Karriere machen. Herr Crome wurde Präsident des Landgerichts und Herr Janknecht Generalstaatsanwalt beim Hanseatischen Oberlandesgericht.

Ich denke, dem Ansehen der an dem Urteil gegen Michael K. beteiligten Juristen hätte es durchaus gedient, wenn sie sich nachträglich zu einem Irrtum bekannt hätten und vielleicht auch zu einem Wort des Bedauerns für einen Menschen, der 16 Jahre seines Lebens im Gefängnis verbringen mußte, damit der Fetisch Rechtskraft keinen Schaden nehme. Nur der Abschaffung der Todesstrafe ist es zu verdanken, daß der Fall Michael K. nicht als Justizmord geendet hat.

8. Eine Frankfurter Räuberpistole. Der Fall Astrid Proll (1979)

Die Fotografin Astrid Proll, »Gründungsmitglied der Baader-Meinhof-Bande«, wie es später im Schwurgerichtsurteil hieß, war angeklagt, in zwei Fällen versucht zu haben, einen Menschen zu töten, um eine Straftat zu verdecken (Mordversuch), des schweren Raubs in zwei Fällen sowie anderer bandentypischer Delikte von geringerem Gewicht. Sie befand sich seit dem 6. Mai 1971 in Untersuchungshaft und war längere Zeit Haftbedingungen ausgesetzt, die von den einen als »isolierende Haftbedingungen«, von den anderen als »Isolationsfolter« bezeichnet wurden. Durch Räumung aller benachbarten Zellen war in der Justizvollzugsanstalt Köln-Ossendorf ein »Toter Trakt« eingerichtet worden, der die einzige Insassin dieses Gebäudeteils einer Einschränkung sinnlicher Wahrnehmungen – in der Fachsprache: »sensorische Deprivation« – unterworfen hatte, die, wie man aus der experimentellen Forschung weiß, ein Mensch nicht längere Zeit ertragen kann, ohne schwere gesundheitliche Schäden zu erleiden. Bei Astrid Proll hatten diese Haftbedingungen eine schwere Kreislauferkrankung zur Folge, die dazu führte, daß sie im Laufe der ersten Hauptverhandlung verhandlungsunfähig wurde, so daß diese am 32. Verhandlungstag abgebrochen und die Angeklagte aus der Haft entlassen werden mußte. Das war am 1. Februar 1974.

Einige Wochen später setzte sie sich nach England ab, wo sie unter anderem Namen ein neues Leben begann, eine Automechanikerlehre absolvierte und schließlich als Ausbilderin in einer Lehrwerkstatt arbeitete. Sie hatte sich »aus der terroristischen Szene gelöst«, wie selbst die zuständige Staatsanwaltschaft erkannte, und wurde damit zum Testfall für die aus Bonn und Karlsruhe immer wieder angekündigte Milde und

Fairneß gegenüber rückkehrwilligen »Terroristen«. Die einfachste Lösung wäre es gewesen, die offensichtlich »resozialisierte« Frau, die immerhin fast drei Jahre Untersuchungshaft hinter sich hatte, in ihrer neuen Umgebung in Ruhe zu lassen. Es wäre, wie sich später zeigen sollte, auch die gerechteste Lösung gewesen. Denn die Anklage gegen Astrid Proll stand auf schwachen Füßen, und die Auslieferung aus England mußte durch eine Rechtsmanipulation herbeigeführt werden, die man je nach Standpunkt als Versehen (so der BGH in seiner Revisionsentscheidung vom 15.1.1982) oder als »schäbigen Trick« (so Bernhard Docke in *Spartakus*, April 1980) verstehen konnte. Nach britischem Recht konnte Astrid Proll nur ausgeliefert werden, wenn der ersuchende Staat ein beschworenes Zeugenprotokoll vorlegte. Und so wurde der Kronzeuge Ruhland, der Frau Proll der Teilnahme an einem Banküberfall bezichtigte, auf seine Aussage vereidigt, obwohl dies nach der eindeutigen Vorschrift des § 60 Ziffer 2 StPO unzulässig war, weil Ruhland wegen Beteiligung an derselben Tat verurteilt war. Ob es den beteiligten Juristen an »Arglist« fehlte, wie der BGH meinte, mag dahinstehen. Auf jeden Fall war es ein glatter Rechtsbruch, mit dem man diese von deutschem Justizvollzug schon hinreichend geschädigte Frau noch einmal vor ein deutsches Gericht und in ein deutsches Gefängnis brachte.

Was dann vor der 22. großen Strafkammer des Landgerichts Frankfurt unter Vorsitz der Richterin Johanna Dierks ablief, mag allerdings dem traditionell gebrochenen Rechtsverständnis konservativer Strafverfolger nicht ganz entsprochen haben. Vom 19. September 1979 bis zum 22. Februar 1980 wurde an 40 Sitzungstagen im Schwurgerichtssaal über eine Anklage der Frankfurter Staatsanwaltschaft verhandelt, die nicht nur von den Verteidigern – ich verteidigte zusammen mit dem Bremer Rechtsprofessor Dr. Ulrich K. Preuß und dem Frankfurter Rechtsanwalt Johannes Riemann –, sondern auch vom Richtertisch her, insbesondere seitens der couragierten Vorsitzenden, kritisch hinterfragt und in wesentlichen Teilen erschüttert wurde. Auch der äußere Verhandlungsstil unterschied sich wohltuend von der aus anderen »Terroristenprozessen«

bekannten eisigen Atmosphäre. Dazu ein Stimmungsbild vom Beginn der Hauptverhandlung, vielleicht etwas übertrieben pointiert, aber kennzeichnend für das Erstaunen eines prozeßerfahrenen Journalisten, daß es auch so geht (Jürgen Busche, *FAZ*, 20. 9. 1979):

Astrid Proll nach der Aufhebung des Haftbefehls vor dem Gericht von Freundinnen mit Blumen begrüßt. Hinter Astrid, von ihr halb verdeckt, Rechtsanwalt Johannes Riemann.

Als die Staatsanwaltschaft die Aufhebung des Haftbefehls beantragte und empfahl, die Angeklagte auf freien Fuß zu setzen, als darauf Freudenschreie des Entzückens im Zuhörerraum ausbrachen, als nun die Vorsitzende Richterin Johanna Dierks mit ernster Miene verkündete, bei nochmaligem solchen Betragen werde sie den Zuhörerraum räumen lassen, da war der Augenblick der äußersten Ernsthaftigkeit in der ersten Phase des neueröffneten Terroristenprozesses gegen Astrid Proll erreicht. Ansonsten sah alles mehr nach Heiterkeit und Sonnenschein aus.

Ein alter Saal in einem alten Gerichtsgebäude, nette junge Polizisten, die nur bestellt sind, dem Andrang zu wehren.

Ein Gericht, das, da es auf dem Weg in den Richterraum den Saal durchqueren muß, artig den Weg an der Verteidigerbank entlang nimmt, um den drei Verteidigern, den Rechtsanwälten Hannover und Riemann sowie dem Bremer Jura-Professor Preuß die Hand zu schütteln. Ein entspanntes Getuschel und Gefreue, wohin man sah.

Die Angeklagte machte da keine Ausnahme. Adrett gekleidet, mit einer weißen Jeans-Latzhose, freundliches Lächeln austeilend, bewegte sie sich ganz und gar unbehindert im Saal, trat auch an die Glastrennwand zum Zuhörerraum, um alte Freunde zu begrüßen. Als etwas über die Trennwand geflogen kam, zeigte sich niemand erschreckt. Es war ein kleiner Blumenstrauß, den Preuß vom Boden aufhob und seiner Mandantin mit unauffälliger Courtoisie überreichte. Die Idylle war perfekt.

Nun, ganz so idyllisch ging es nicht weiter. Immerhin handelte es sich um den Versuch der Staatsanwaltschaft, unsere Mandantin für etliche Jahre hinter Gitter zu bringen. Und die Herren Anklagevertreter spielten ihre Rolle mit unbeirrbarem Erfolgswillen. *Der Spiegel* schrieb gegen Ende der Hauptverhandlung (4. 2. 1980):

Es ist ein Prozeß, in dem beide Seiten unbeglichene Rechnungen präsentieren, ein Schlagabtausch, der mitunter auch auf Klima und Tonlage abfärbt. Geplant zumindest war es anders: als Testfall und Signal dafür, wieweit nach den Umkehrappellen der Bundesregierung nun auch die Justiz solchen Tätern entgegenkommt, die sich aus dem Terrorismus gelöst haben. Für ihren eigenen Part an dem notwendigen Befriedungswerk erwiesen sich die Frankfurter Staatsanwälte als Fehlbesetzung.

Freilich war es keine leichte Aufgabe für sie, sich aus der Rolle von Hilfsbeamten des Bundeskriminalamtes und des Verfassungsschutzes zu lösen, die ihnen von diesen Behörden als den eigentlichen Herren des Verfahrens zugedacht war.

Worum ging es? – Die beiden Mordversuche, gewichtigster Punkt der Anklage, sollten sich laut Anklageschrift so abgespielt haben:

Am 10. Februar 1971 wurden in der Nähe der Wohnung Falkenberg die Angeschuldigte (Astrid Proll) und Manfred Grashof von ROI (Regierungsoberinspektor) Grünhagen und Kriminalobermeister Simons beobachtet. Kriminalobermeister Simons forderte die beiden, die die Observation offensichtlich bemerkt hatten und sich schnell entfernen wollten, auf, sich auszuweisen. Die Angeschuldigte übergab daraufhin einen gefälschten Paß auf den Namen Lucie Przybilla, Grashof einen falschen Paß auf den Namen Theodor Gärtner. Als ROI Grünhagen auf dem Lichtbild im Paß Przybilla« eindeutig Astrid Proll erkannte und dies Kriminalobermeister Simons zurief, zog Manfred Grashof eine Pistole, richtete sie auf Kriminalobermeister Simons und rief »Hände hoch«. Gleichzeitig forderte er die Angeschuldigte auf: »Hau ab! Lauf weg!« In demselben Augenblick ergriff auch diese ihre Pistole und schoß sofort auf Kriminalobermeister Simons. Dieser konnte jedoch hinter einem Baum Deckung nehmen. Währenddessen flüchtete Manfred Grashof über die Grünanlagen, schoß aber aus etwa 10 m Entfernung gleichfalls auf Kriminalobermeister Simons. Dieser nahm sodann die Verfolgung von Grashof auf, während ROI Grünhagen die flüchtende Angeschuldigte verfolgte. Bei ihrer Flucht schoß sie dreimal gezielt auf ihren Verfolger und rief: »Komm doch näher, Du Scheißbulle, damit ich Dich umlegen kann!« (Großschreibung von Du und Dich aus der Anklageschrift übernommen; H. H.) ROI Grünhagen gelang es jedoch, ihren Schüssen zu entgehen, indem er sich jeweils hinter parkende Fahrzeuge duckte. Auch Manfred Grashof gab flüchtend noch mehrere Schüsse auf den ihn verfolgenden Kriminalobermeister Simons ab. Die Entfernung zwischen beiden war aber so groß, daß die Schüsse ihr Ziel verfehlten. Beiden Tätern gelang es, auf diese Weise zu entkommen.

Eine Story, die, soweit Astrid Prolls Rolle beschrieben wird, mit der Wahrheit kaum etwas zu tun hatte. Tatsächlich hatte sie weder geschossen noch überhaupt eine Waffe bei sich. Aber nach Aktenlage sah es böse für sie aus.

Das wirkliche Geschehen an diesem Februarabend war von Anfang an geflissentlich verschleiert worden. Denn es war schon eine peinliche Fahndungspanne, die da passiert war und von den beteiligten Versagern durch eine in wesentlichen Teilen frei erfundene Räubergeschichte beschönigt werden mußte. Frankfurt wimmelte an jenem Abend von Kriminalbeamten und Verfassungsschützern, die mit einer möglichst lückenlosen Observation verdächtiger Wohnungen und Personen einen großen Schlag gegen die RAF vorbereiten sollten, der für den 16. Februar, also sechs Tage später, geplant war. Durch die von Simons und Grünhagen eigenmächtig vorgenommene Personenkontrolle und ihren fehlgeschlagenen Festnahmeversuch war das ganze Konzept kaputt gemacht worden. Nicht mal Astrid Proll und Manfred Grashof hatte man erwischt. Eine totale Pleite, für die Simons und Grünhagen sicher kein Lob von ihren Dienstherren zu erwarten hatten. Nur durch Dramatisierung des Geschehens war für sie noch so etwas wie Heldenverehrung zu erreichen. Um so peinlicher freilich, daß die Wahrheit, die weniger heldenhaft war, nach und nach ans Licht gebracht wurde.

Bei dem Regierungsoberinspektor Michael Grünhagen handelte es sich um einen Verfassungsschutzbeamten aus Berlin, der schon in der Mordsache Schmücker eine fragwürdige Rolle gespielt hatte, eine Rolle, die sowohl ihn als auch seine Behörde ins Zwielicht gebracht hatte. Stefan Aust hatte in seinem Buch *Kennwort Hundert Blumen* (Hamburg 1980) aufgedeckt, daß Grünhagen nicht nur den als »Verräter« ermordeten Studenten Ulrich Schmücker, sondern auch den am Mord beteiligten späteren Kronzeugen Jürgen Bodeux »betreut« hatte. Ein ungeheuerlicher Verdacht, der durch die Versagung einer Aussagegenehmigung für Grünhagen im Berliner Schmükker-Prozeß bestärkt wurde. Denn daß diese dem Zweck diene, den unter dem Decknamen Rühl agierenden Grünhagen nicht als V-Mann zu »verbrennen«, glaubte dem Berliner Verfassungsschutz niemand, spätestens seit Grünhagens Bild im Mai 1980 in Konkret veröffentlicht worden war. Dazu *Der Spiegel* (11. 8. 1980):

Zu enttarnen ist an dem Mann nichts mehr, und mithin entfällt die von Amts wegen vorgegebene Behauptung, daß allein zu dessen Schutz die ganze Geheimniskrämerei in der Mordsache Schmücker betrieben werden müsse.

Wenn es richtig sei, daß ein und derselbe Verfassungsschützer in Gestalt Grünhagen den späteren Mit-Mörder Bodeux, in Gestalt Rühl dessen Opfer Schmücker »betreut« habe, dann läge, so *Der Spiegel,* die Vermutung nicht fern,

daß wider alle offiziellen Beteuerungen doch eine Amtsperson den Tatort observiert, womöglich dort den Überblick verloren oder aus Feigheit Hilfe unterlassen haben könnte, und solche Umstände würde gewiß keine Behörde gern öffentlich im Gerichtssaal erörtert sehen.

Wohlgemerkt: vom Tatort des Schmücker-Mords im Berliner Grunewald ist die Rede, nicht von dem Frankfurter Tatort, wo Grünhagen hinter geparkten Autos vor Astrid Prolls Schüssen in Deckung gegangen sein will. Aber diese Vorgeschichte sollte man kennen, um richtig einschätzen zu können, was davon zu halten war, wenn dem Zeugen Grünhagen auch für die erneute Hauptverhandlung in Sachen Astrid Proll von seiner Behörde keine Aussagegenehmigung erteilt wurde. »Das erneute Auftreten des Beamten und seine persönliche Aussage an Gerichtsstelle würden dem Wohl des Landes Berlin in sicherheitsmäßiger Hinsicht Nachteile bereiten und die Erfüllung öffentlicher Aufgaben ernstlich gefährden«, schrieb der Berliner Senator für Inneres am 13. 9. 1979 an das Frankfurter Gericht. Und weiter:

Herr Grünhagen ist seit Jahren erfolgreich in der Terrorismusbekämpfung eingesetzt. Sein persönliches Erscheinen und damit das Bekanntwerden auch seines Äußeren und seiner persönlichen Merkmale würden den Beamten selbst in hohem Maße gefährden. Darüber hinaus würde sein weiterer Einsatz bei der Terrorismusbekämpfung wesentlich erschwert, wenn nicht sogar unmöglich gemacht werden.

Gespräch in einer Verhandlungspause mit dem Mitverteidiger Prof. Dr. Ulrich K. Preuß (2. von links) und den Zeugen Otto Schily und Horst Mahler. Man sieht im Hintergrund die gläserne Trennwand zum Zuhörerraum.

Eine verlogene Begründung, da Grünhagens Aussehen schon aus seiner Zeugenrolle in der ersten, wegen Verhandlungsunfähigkeit der Angeklagten abgebrochenen Hauptverhandlung bekannt war. Damals war ihm Aussagegenehmigung erteilt worden. Aber das war 1973. Da lebte Grünhagens Schützling Ulrich Schmücker noch, und sein Schützling Jürgen Bodeux war noch nicht durch die Enthüllungen im Reinhard-Prozeß kompromittiert. Der Doppelbetreuer war damals noch vorzeigbar gewesen. Aber inzwischen konnte man ihn offenbar nicht mehr den Fragen wißbegieriger und einigermaßen sachkundiger Anwälte aussetzen. Obwohl man, wenn die Sache astrein gewesen wäre, den schlimmen Verdacht aus der Schmücker-Mordsache durch Grünhagens öffentliche Befragung hätte klären können, zum Wohle des Landes Berlin und seines Verfassungsschutzes.

Die Vorsitzende Richterin des Frankfurter Schwurgerichts gab am ersten Tag der erneuten Hauptverhandlung das Schreiben des Berliner Innensenators bekannt und kommentierte es mit deutlichen Worten: »Uns stimmt es nachdenklich, auf welche Weise die Exekutive hier in die Rechtsprechung eingreift, indem sie dem wichtigsten Zeugen die Aussagegenehmigung verweigert und damit das Gericht daran hindert, den schlimmen Vorwurf des versuchten Mordes restlos aufzuklären, was an sich Aufgabe des Gerichts gewesen wäre.« Sie habe Gegenvorstellung erhoben, aber die Mitteilung erhalten, daß es bei der Versagung der Aussagegenehmigung bleibe. »Das bedeutet«, so resümierte Frau Dierks, »daß wir Herrn Grünhagen hier nicht als Zeugen haben werden, und daß alle Lücken der Beweisführung, die sich durch sein Nichterscheinen ergeben, sich zugunsten von Frau Proll auswirken.« Die Staatsanwälte waren so beeindruckt, daß sie Außervollzugsetzung des Haftbefehls beantragten, ein Antrag, den das Gericht mit Aufhebung des Haftbefehls beantwortete. Die Verhältnismäßigkeit weiterer Untersuchungshaft sei, so hieß es zur Begründung, im Hinblick auf die Tatsache, daß der Zeuge Grünhagen nicht zur Verfügung stehen werde, nicht mehr gewahrt.

Grünhagen selbst hatte schon in einem für die Handakte der Sonderkommission des BKA gefertigten Vermerk vom 10. 2. 1971, der die angeblichen Mordversuche der Astrid Proll schilderte, schriftlich angekündigt:

Der Vermerk wird nicht Gegenstand der Sachakte, auch komme ich nicht als Zeuge in Frage. Der Vermerk des beteiligten Exekutivbeamten ist entsprechend abgefaßt.

»Entsprechend abgefaßt« konnte, wenn die Sache Sinn machen sollte, nur heißen, daß Grünhagen in dem Vermerk überhaupt nicht auftauchte. Und Ulrich Preuß hatte in seinem Plädoyer auch wirklich die These vertreten, daß die »Dienstliche Äußerung« des Kriminalobermeisters Simons vom 12. 2. 1971, in der zwar nicht der Name Grünhagen, wohl aber ein zweiter Beamter vom Berliner Landesamt für Verfassungsschutz erwähnt wird, erst nachträglich in die Akte eingefügt worden war. Preuß hatte das mit gewichtigen Indizien plausibel gemacht, die von nachweislichen Aktenmanipulationen bis zur Benutzung einer anderen, am 12. 2. 1971 gar nicht verfügbaren Schreibmaschine reichten. Dieser Vermerk, so seine These, sei erst zur Akte gelangt, als man sich entschlossen habe, Grünhagen freizugeben. Ein starkes Indiz für die Richtigkeit dieser These ist auch der Umstand, daß in einem Vermerk des BKA vom 10.2.1971 ausdrücklich davon die Rede ist, daß auf einen Beamten geschossen worden sei, und daß dementsprechend das Verfahren sieben Monate lang nur wegen versuchten Totschlags an Simons geführt wurde, bis endlich im Oktober 1971 die Staatsanwaltschaft glaubte, nicht ohne Grünhagen auszukommen und den Haftbefehl auf einen weiteren Tötungsversuch erweitern ließ, nun übrigens beide Fälle als Mordversuch qualifizierend.

Und auch die Existenz eines Tatzeugen, des Verfassungsschutzbeamten J., sollte unterschlagen werden. Noch am 15.7.1971 behauptete Herr Simons in einem Aktenvermerk:

Am 10.2.71, während des Schußwechsels zwischen Manfred Grashof, Astrid Proll und *mir*, sind am Tatort in Frankfurt/M. *keine Zeugen festgestellt* bzw. ermittelt worden. (Hervorhebungen von mir; H. H.)

Die angeblichen Mordversuche der Astrid Proll hatte Grünhagen nach alledem unbesorgt um eine später etwa als Zeuge zu verantwortende Wahrheitspflicht (»... auch komme ich nicht als Zeuge in Frage«) und im Vertrauen auf die von seinem Dienstherrn erzwungene Diskretion des Zeugen J. mit lebhafter Phantasie schildern können. Er wollte gesehen haben, daß Astrid Proll zu der Zeit, als Manfred Grashof den Exekutivbeamten (Simons) mit einer Pistole bedrohte und dieser aufforderungsgemäß die Hände hochnahm, auf Simons geschossen habe. Eine schon in sich wenig plausible Darstellung. Denn von Simons ging in diesem Augenblick keine Gefahr aus, er stand mit erhobenen Händen wehrlos da und wurde von Grashof in Schach gehalten. Warum also sollte Astrid Proll auf ihn schießen, statt Grashofs Aufforderung zu befolgen und wegzulaufen? Andererseits konnte Astrid Proll sich von Grünhagen bedroht fühlen, der, nach seiner Darstellung, schräg hinter ihr stand. Da sie nicht wissen konnte, daß Grünhagen unbewaffnet war, hätte es eher Sinn gemacht, wenn Astrid Proll ihm Aufmerksamkeit gewidmet hätte. Aber nein, laut Grünhagen schoß sie völlig unnötigerweise auf Simons und beging damit den ersten Mordversuch.

Erst dann rannte sie los, so Grünhagen, über die Bockenheimer Landstraße hinweg, wo sie, auf der anderen Straßenseite angekommen, noch einmal geschossen haben soll, und zwar »vermutlich«, wie Grünhagen formulierte, wieder auf Simons. »Zu der Zeit war starker Fußgängerverkehr, die Passanten warfen sich zu Boden«. Und dann begann, wenn man Grünhagen glauben will, eine für ihn lebensgefährliche Verfolgungsjagd durch mehrere Seitenstraßen.

Astrid Proll bog rechts in eine Seitenstraße ein, ich blieb 20-30 m hinter ihr. Während der gesamten Verfolgung verringerte sich der Abstand nicht. Wir durchquerten relativ einsame Straßen, Passanten waren keine zu sehen, auch Fahrzeugverkehr war nicht vorhanden. Sie drehte sich mehrmals um und rief: »Komm doch näher, Du Scheißbulle, damit ich dich umlegen kann.«

Damit hatte er in polizeitypischer Weise die Tötungsabsicht festgeschrieben. Ich kannte das aus der Sache Werner Hoppe.

Ich versuchte, durch lautes Schreien Anwohner aufmerksam zu machen. Während der Verfolgung hat sie Viermal (Großschreibung im Original; H. H.) geschossen. Die Entfernung war allerdings relativ groß. Sie drehte sich um, ich konnte mich jeweils hinter parkende Fahrzeuge stellen ...

Soweit Zitate aus Grünhagens nur für seine Behörde bestimmtem Bericht vom 10. 2. 1971, dem »Tattage«. Neun Monate später, am 16. 11. 1971, wurde Grünhagen erstmalig als Zeuge vernommen, und zwar von Beamten der Sonderkommission des BKA. Da kamen noch einige Details hinzu:

Als die männliche Person ihre Waffe auf den KOM Simons richtete, stand ich fast hinter der Proll und versuchte, sie festzuhalten. Hierbei bemerkte ich, daß sich die Proll an ihrer Kleidung bzw. Handtasche zu schaffen machte. Ich sprang daraufhin hinter einen am Straßenrand stehenden Pkw. Beim Wegspringen konnte ich sehen, daß die Proll einen dunklen Gegenstand in der Hand hatte. Ob sie diesen Gegenstand in der rechten oder linken Hand hatte, kann ich nicht sagen.

Auch das ist polizeitypisch. Der Zeuge leistet sich eine Gewissenhaftigkeit vortäuschende Unsicherheit in einem an sich unwesentlichen Nebenpunkt, der aber Bedeutung für die Glaubwürdigkeitsprüfung erlangen kann, wenn sich etwa Linkshändigkeit der geschilderten Person herausstellen sollte.

Ich hörte einen Knall und sah ein Mündungsfeuer auf KOM Simons ...
Die Entfernung zwischen Astrid Proll und KOM Simons belief sich bei der Schußabgabe auf ca. 10 bis 15 Meter. Sie schoß aus Hüfthöhe.

Dann schilderte er »die Verfolgung der Proll« unter genauer Bezeichnung der Straßen und der Stellen, an denen sie auf ihn geschossen habe, übrigens nur noch dreimal.
Das mußte nach einschlägiger Gerichtserfahrung für eine Verurteilung wegen Mordversuchs reichen. Insbesondere dann, wenn es übereinstimmende Aussagen eines weiteren Beamten gab. Und die gab es. Die »Dienstliche Äußerung« des Kriminalobermeisters Simons vom 12. 2. 1971 stimmte in so hohem Maße mit Grünhagens zwei Tage vorher abgefaßtem behördeninternen Bericht überein, daß sich jedem kritischen Leser sofort aufdrängte: hier hat einer vom anderen abgeschrieben. Und das erwies sich in der Folge als Fehler, den Simons noch dadurch vertiefte, daß er vor Gericht bestritt, Grünhagens Bericht damals gekannt zu haben. Ja, er hatte in anderer Sache sogar behauptet, Grünhagen überhaupt nicht zu kennen. Das alles sollte ihm von der Dierks-Kammer kein gutes Zeugnis eintragen. Es sei nicht zu verkennen, so hieß es später im Urteil, daß der Zeuge Simons selbst Zweifel in seine Wahrheitsliebe gesetzt habe, indem er in der Hauptverhandlung gegen Asdonk und andere unter Eid wahrheitswidrig ausgesagt habe, er ken-

ne Grünhagen nicht, und dies, wie er habe einräumen müssen, allein zu dem Zweck, sich über die Ungewißheit hinwegzuhelfen, ob die Nennung Grünhagens von seiner Aussagegenehmigung gedeckt sei.

Mag dieser Vorfall noch durch mangelnde Erfahrung und Überforderung in der konkreten Situation zu erklären sein, so mußte es doch bedenklich stimmen, daß der Zeuge Simons kategorisch abgestritten hat, er habe den Bericht Grünhagens vom 10. 2. 1971 bei der Abfassung seiner ersten dienstlichen Erklärung am 12. 2. 1971 nicht als Vorlage verwendet, obwohl die Übereinstimmung von Wortwahl und Satzfolge in umfangreicheren Passagen das Gegenteil erweist. Es läßt sich nicht von der Hand weisen, daß der Zeuge Simons aus Zweckmäßigkeitsgesichtspunkten dazu neigt, der Wahrheit nicht den unbedingten Vorrang einzuräumen.

Wann hat man je so kritische Worte über die Glaubwürdigkeit eines Polizeizeugen gelesen? Darauf waren die Herren Simons und Grünhagen und deren Dienstherren offenbar nicht gefaßt, daß es in Deutschland ein Gericht geben könnte, das, noch dazu in einem »Terroristenprozeß«, Aussagen von Polizeibeamten einer so objektiven Beweiswürdigung unterziehen könnte. Auch daß sich dieses Gericht die angeblich dem Wohl des Staates dienende Zurückhaltung von Beweismitteln nicht einfach gefallen ließ, kam den sich als Herren des Verfahrens aufspielenden Behörden offenbar überraschend. Entsprach es doch alter deutscher Justiztradition, unbequeme Wahrheiten einfach zum Staatsgeheimnis zu erklären und ihre Offenbarung als Dienstpflichtverletzung oder gar als Landesverrat zu bestrafen. Und nun dies. Ein Gericht, das eine »Terroristin« davor schützte, aufgrund falscher Zeugenaussagen verurteilt zu werden, und darauf bestand, auch die Zeugen zu hören, die von ihren Dienstherren, aus welchen Gründen auch immer, zurückgehalten werden sollten.

Aber nicht nur Frau Dierks und ihre Strafkammer waren ein Glücksfall der Verteidigung, sondern auch der damals amtierende Bundesinnenminister, Gerhart Baum (FDP). Gegen den

Widerstand des Präsidenten des Bundesamtes für Verfassungsschutz, Richard Meier, wies er das Amt an, zwei Beamten dieser Behörde Aussagegenehmigung zu erteilen, die Augenzeugen des Frankfurter Schußwechsels gewesen sein sollten, aber bisher in keiner Akte auftauchten und auch von Simons und Grünhagen unterschlagen worden waren. Der Verfassungsschutzpräsident hatte mitteilen lassen, diese Beamten hätten »keine Beobachtung gemacht, die ... von Bedeutung ist«. Noch ein letzter Versuch, das Gericht irrezuführen. Denn einer der beiden bisher zurückgehaltenen Beamten erwies sich als unmittelbarer Tatzeuge, der Simons und Grünhagen Lügen strafte.

Es handelte sich um den 51jährigen Heinz J., Beamter beim Bundesamt für Verfassungsschutz, der am 13. Dezember 1979 in nichtöffentlicher Sitzung vernommen wurde. Ein Mann von seriösem Erscheinungsbild, der sich ganz sicher nicht als V-Mann im Umfeld krimineller Vereinigungen eignete, so daß die achtjährige Verheimlichung seiner Existenz gegenüber der Justiz bei jedem rechtlich Denkenden Erstaunen und Erschrekken auslösen mußte. Eben diese Reaktion war bei der Frankfurter Strafkammer und ihrer Vorsitzenden Richterin spürbar, als der Zeuge, dem das Gericht später bescheinigte, daß er einen »überaus gewissenhaften und um Wahrheit bemühten Eindruck hinterlassen« habe, eine Sachverhaltsschilderung gab, die Grünhagens und Simons Darstellung in wesentlichen Punkten widersprach. »Er war die eigentliche Sensation dieses Prozesses«, sagte ich später in meinem Plädoyer.

Nicht nur die Tatsache, daß es ihn gab, daß er freigegeben wurde unter Mitwirkung höchster politischer Instanzen, daß er freigegeben wurde vielleicht auch dank eines Klimawechsels im politischen Raum, sondern sensationell war diese Aussage insbesondere wegen ihres Inhalts. Mit Herrn J. war der Verteidigung ein Zeuge – ja, man kann wohl sagen – geschenkt worden, gegen den alles das nicht verfing, was man sonst Entlastungszeugen in derartigen Prozessen seitens der Staatsanwaltschaft entgegenzuhalten pflegt. Jetzt hatten wir mal einen Zeugen aufzubieten, der von Berufs wegen zum Schutze des Staates legitimiert war und damit den Glaubwürdigkeitsvorschuß mitbrachte, der sonst von Staatsanwälten so gern gegen Angeklagte und Verteidiger ausgespielt wird ... Es trat hier ein Mann auf, dessen Aussehen ich nicht schildern darf ... Ein Mann von bürgerlicher Seriosität – ich glaube, damit über sein Aussehen nicht zuviel gesagt zu haben (Lachen im Zuschauerraum) – ein Mann, dessen Aussage durch ihre Präzision, durch ihre Sicherheit, Abgeklärtheit und durch ihr inhaltliches Gewicht die Aufmerksamkeit aller Verfahrensbeteiligten erregen mußte. (Zitat nach einem Tonbandprotokoll meines Plädoyers)

Simons und Grünhagen hatten behauptet, Astrid Proll habe aus kurzer Entfernung auf Simons geschossen, nachdem Grashof »Hände hoch!« und »Hau ab!« gerufen hatte. Von J. bekamen wir nun eine andere Darstellung, die ich hier nach dem Urteil der Strafkammer zitiere:

Er (J.) habe sich allein in einem Observationsfahrzeug aufgehalten, das nahe der Ecke Oberlindau/Bockenheimer Landstraße am rechten Fahrbahnrand der Oberlindau in Richtung Bockenheimer Landstraße geparkt habe. Über Funk sei er von der Observation des verdächtigen Pärchens unterrichtet gewesen, das er über die Grünfläche zwischen Ober- und Unterlindau in sein Blickfeld habe treten und sich der Ecke habe nähern sehen. Die verfolgenden Beamten hätten die Fahrbahn der Unterlindau überquert und seien im Begriff gewesen, zu dem Pärchen an der Ecke aufzuschließen. Er habe sodann sein Fahrzeug in Gang gesetzt und sei mit mäßiger Geschwindigkeit etwa 50 m zur Einmündung der Unterlindau gefahren, in die er nach rechts eingebogen sei. Beim Umfahren der Ecke habe er die Gruppe noch aus nächster Nähe beieinanderstehen sehen. Es sei etwas überreicht worden. Nach wenigen Metern in der Unterlindau habe er sein Fahrzeug angehalten und mit zwei Rädern auf dem Bordstein geparkt. Er habe alsdann sein Fahrzeug verlassen und den Bürgersteig betreten. In diesem Augenblick habe er Grashof und die Angeklagte, verfolgt von Grünhagen und Simons, auf sich zulaufen sehen. Grashof habe einen Vorsprung von 2 oder 3 m vor der Angeklagten gewonnen. Auf seiner Höhe habe Simons Grashof erreicht und am Arm gefaßt, der sich daraufhin herumgedreht und eine großkalibrige Pistole gezeigt habe. Grünhagen habe die Angeklagte ergriffen und sei mit ihr zu Boden gefallen, sie aber beim Anblick der Pistole wieder losgelassen. Eine Schußwaffe in der Hand der Angeklagten sei ihm nicht aufgefallen. Nunmehr habe er sein Augenmerk allein auf Grashofs Pistole gerichtet und dabei Grünhagen und die Angeklagte aus den Augen verloren, denen er jetzt den Rücken zugedreht habe. Grashof habe beim Vorzeigen der Pistole sogleich die Aufforderung ausgesprochen, die Hände hochzunehmen, und dabei mit der Waffe auch in die Richtung gezeigt, in der sich Grünhagen befunden habe. Sowohl er – der Zeuge J. – als auch Simons hätten der Aufforderung Folge geleistet. Simons müsse ihn gesehen haben. Er habe nur etwa 3 m von Simons und Grashof entfernt gestanden. Grashof habe sich rückwärts gehend auf der Grünfläche entfernt und sie noch etwa 4 bis 5 m in Schach gehalten. Dann sei er in Richtung Oberlindau gerannt. Simons habe die Gelegenheit genutzt, um hinter dem nächsten Straßenbaum Deckung zu nehmen. Er selbst habe sich zu Boden geworfen und sei zu seinem Fahrzeug gerobbt. Grashof habe schon über die Hälfte der Grünfläche überwunden gehabt. Erst jetzt seien die ersten Schüsse gefallen. Wer mit dem Schießen begonnen habe, könne er nicht mehr sagen. Jedoch sei aus mindestens zwei Waffen geschossen worden. Er habe die Tonhöhe deutlich unterscheiden können. Den dumpferen Knall habe er Grashof zugeordnet, den helleren Simons. Es sei ihm gelungen, in sein Fahrzeug zu gelangen, wo er das Funkgerät betätigt habe. Derweil habe Simons aus der Deckung heraus weitere Schüsse abgegeben.

Die Staatsanwaltschaft versuchte, ihre Zeugen Simons und Grünhagen mit der Behauptung zu retten, J. habe ja die Gruppe Proll/Grünhagen im Rücken gehabt und daher nicht sehen können, was Frau Proll gemacht habe. Aber es kam hier nicht auf Sehen, sondern auf Hören an. Und wenn Astrid Proll in seinem Rücken, wenige Meter entfernt, geschossen hätte, so wäre J. das sicher nicht entgangen. Danach stehe fest, so sagte ich in meinem Plädoyer,

daß J. den Moment mitgekriegt hat, in dem Grashof die Waffe zog. Das war nach allen Aussagen der Beginn des Geschehens. Der erste Schuß fiel erst, als Simons hinter einen Baum gesprungen ist. Das ist der wesentliche Inhalt der J.-Aussage. Und Frau Proll war zu diesem Zeitpunkt außer Sichtweite, beziehungsweise in der Bockenheimer Landstraße, und Grashof mitten auf der Rasenfläche. Damit ist, so leid es mir für Sie, meine Herren Staatsanwälte, tun mag, Ihr Beweisgebäude zusammengebrochen, und zwar witzigerweise dank eines Zeugen, der selber beim Staatsschutzapparat, der heute morgen so viel Schläge von Herrn Preuß hat einstecken müssen, beheimatet ist.

Auch der Zeuge Simons hatte sich gegen die Aussage J. gewehrt, aber in einer Weise, die seine Glaubwürdigkeit nicht gerade erhöhte. Auch darauf kam ich zu sprechen:

Da war plötzlich nichts mehr von diesem anscheinend sachlichen Beamtenton, sondern da war jetzt jemand in seiner Ehre gekränkt und lachte über das, was ihm als Aussage J. vorgehalten wurde. Er schlug einen saloppen, flachsigen Ton an, wie zum Beispiel in folgender Äußerung, die ich mir notiert habe: »Das ist absoluter Quatsch. Wenn das stimmt, dann bin ich dienstunfähig, dann bin ich blind. Diese Konstruktion, das ist ja was ganz Tolles. Vielleicht kommen ja noch ein paar Beamte von anderen Behörden.« In diesem flachsigen Ton, meine Damen und Herren, Sie werden sich erinnern, nahm Herr Simons zu dem Stellung, was uns hier Herr J. in seiner betont sachlichen und, ich meine es jetzt wirklich im guten Sinne, beamtenhaften Art dargelegt hatte. J. war im Unterschied zu Simons ein unbeteiligter Zeuge. J. war ein Mann, der keine Ermittlungen in eigener Sache geführt hat, wie Simons. Er war ein Mann, der nicht unter Rechtfertigungszwang stand wie Simons und Grünhagen. J. war ein Mann, dessen Aussage keine Widersprüche in sich enthielt, wie die Aussagen von Simons und Grünhagen.

Aber ich mußte auch dem Unbehagen Ausdruck geben, das mich und andere angesichts der Tatsache befiel, daß es von der politischen Haltung des jeweiligen Innenministers abhängen kann, ob ein prozeßentscheidend wichtiger Tatzeuge vor Gericht aussagen und möglicherweise ein Fehlurteil verhindern darf. Und so sagte ich zum Schluß meiner Würdigung des Zeugen J., daß eines für mich schwer zu verstehen bleibe:

Eine Seite aus meinen Verhandlungsmitschriften. Ich mache bei längeren Prozessen gern Skizzen von den Zeugen als Gedächtnisstütze, hier von dem Zeugen Simons.

Wie hat ein solcher Mann, den ich für einen anständigen und gewissenhaften Menschen halte, mit diesem Wissen so lange schweigen können? Es hat ja nicht nur die politische Dimension, die Herr Preuß heute morgen aufgezeigt hat, sondern es hat auch eine menschliche, eine individuelle Seite. Auch Beamte – vielleicht darf ich das mal so salopp sagen – sind ja Menschen, die ein Gewissen haben. Und gerade Herr J. hat gewiß eins. Und darum will es mir nicht in den Kopf, daß der Dienstherr dieses Beamten es in der Hand hatte, durch Versagung der Aussagegenehmigung das Schweigen eines Zeugen zu erzwingen, auch wenn davon Leben, Ehre und Freiheit eines Menschen abhängen. Der Zeuge J. hat schließlich reden dürfen. Aber es bleibt die Frage, ob es in einem Staat, dessen Verfassung Würde und Freiheit des Menschen zum obersten Prinzip erhoben hat, rechtens sein kann, ein angebliches Wohl der Bundesrepublik oder eines ihrer Länder höher zu stellen als das Wohl eines Menschen, der ohne diesen Zeugen wahrscheinlich zu Unrecht verurteilt worden wäre.

Wäre Astrid Proll wegen der angeblichen Mordversuche verurteilt worden, wenn es den Zeugen J. nicht gegeben hätte? Eine hypothetische Frage, die schwer zu beantworten ist. Es gab zwar noch weitere Indizien für ihre Unschuld – so waren nur Patronenhülsen und Projektile gefunden worden, die zu den Waffen von Simons und Grashof gehörten, aber keine dort, wo Astrid Proll geschossen haben sollte; auch gab es einen Zeugen, der die Verfolgung im Kettenhofweg erlebt und weder eine Waffe gesehen noch einen Schuß gehört hatte –, aber ob die Bedenken gegen die Aussagen der Beamten Simons und Grünhagen auch dann durchgeschlagen hätten, wenn es nicht einen beamteten Gegenzeugen gegeben hätte, wage ich zu bezweifeln.

Wie schwer sich selbst dieses Gericht damit tat, beamteten Staatsdienern die Glaubwürdigkeit abzusprechen, wird recht deutlich, wenn man den Windungen der Beweiswürdigung im Urteil nachgeht. Da heißt es zum Beispiel, daß »weder bei Simons noch bei Grünhagen ein Motiv zutage getreten« sei, die Angeklagte zu Unrecht zu belasten. Auch sei Grünhagen davon ausgegangen, daß Beamte des Verfassungsschutzes nicht als Zeugen freigegeben und ihre Aussagen nicht »gerichtsverwertbar« seien, so daß er sich habe ausrechnen können, »daß eine unzutreffende Bezichtigung zu keinen strafrechtlichen Nachteilen« – für wen wohl? – »für die Angeklagte führen werde«. Der Gedanke, daß Grünhagen unter dieser Voraussetzung keine strafrechtlichen Nachteile für sich selbst zu befürchten brauchte, ist dem Gericht nicht gekommen. Auch den Umstand, daß Grünhagens Bericht in die Aussage Simons eingegangen und dadurch eben doch »gerichtsverwertbar« geworden war, und daß Grünhagen dies auch wußte (»Der Vermerk des Exekutivbeamten ist entsprechend abgefaßt«), hatte der Verfasser des Urteils an dieser Stelle anscheinend wieder vergessen. Das prinzipielle Denkverbot, ein Beamter könne bewußt lügen, um Terroristen und andere Staatsfeinde ins Gefängnis zu bringen, ist allenthalben spürbar. Nein, ich fürchte, die Sache wäre anders ausgegangen, wenn wir nicht den Zeugen J. gehabt hätten.

Die beiden Staatsanwälte, die die Anklage vertraten, blieben bis zum Schluß dabei, daß Astrid Proll so, wie es Simons und Grünhagen geschildert hatten, auf diese Beamten geschossen habe. Es sei allerdings nicht mit Sicherheit nachzuweisen, daß sie deren Tötung in Kauf genommen hätte. Deshalb ließ man den Vorwurf des zweifachen Mordversuchs fallen und wollte die Angeklagte in diesem Fall nur wegen Widerstands gegen die Staatsgewalt, und zwar im besonders schweren Fall (§ 113 Ziffer 2 StGB), bestraft wissen.

So verlor der ursprünglich schwerste Fall der Anklage an Gewicht. Um so mehr Ehrgeiz entfalteten die Staatsanwälte, Astrid Proll wenigstens wegen ihrer angeblichen Beteiligung an einem Bankraub der Bande in Berlin schuldig sprechen zu lassen. Alles hing davon ab, ob dem tatbeteiligten Kronzeugen Karl-Heinz Ruhland geglaubt werden konnte. Und zu dieser Frage lieferte der Kollege Johannes Riemann ein sowohl rhetorisch als auch inhaltlich großartiges Plädoyer, das in der Presse mit Recht Beachtung fand und nicht nur bei uns Verteidigern die Hoffnung begründete, das Gericht werde sich auch hinsichtlich dieses Teils der Anklage, der einzig und allein auf der Aussage des Zeugen Ruhland beruhte, zu einem Freispruch durchringen.

Astrid Proll mit ihren Verteidigern Riemann, Frankfurt, Preuss und Hannover, beide Bremen (von links). Im Gerichtssaal gezeichnet von Erich Dittmann.

In deutschen Strafprozessen darf nicht fotografiert werden. Daher mußte sich auch im Proll-Prozeß der bekannte Gerichtszeichner Erich Dittmann bemühen, die Köpfe der Angeklagten und ihrer Verteidiger für die Öffentlichkeit abzubilden.

Ich zitiere Norbert Lepperts Bericht in der *Frankfurter Rundschau* vom 7.2.1980:

Fünfeinhalb Jahre Einsatzstrafe hat die Staatsanwaltschaft für »Rosys« (Astrid Prolls; H. H.) angebliche Rolle im Raub an der Rheinstraße gefordert. Fünfeinhalb Stunden mühte sich Rechtsanwalt Johannes Riemann durch einen Berg von Beweisen – als wollte er mit jeder Stunde seines Plädoyers ein Jahr im Strafantrag abtragen, um am Ende seines unbestrittenen Glanzstückes dann den Freispruch zu fordern.

Was bei Proll-Verteidiger Professor Preuß gelegentlich zu kurz kam, führte Riemann gleichsam mit barocker Genüßlichkeit vor: eine Fülle von Details und Widersprüchen, die zusammengenommen in das Beweisbild der Anklage häßliche Löcher rissen. Riemanns Thema hieß Ruhland, und hatte es nahegelegen, daß die Verteidigung dessen Glaubwürdigkeit etwa mit der bezahlten Dauer-Zeugenschaft bestritt, puzzelte der Anwalt stattdessen vor einer aufmerksamen Richterbank heraus, daß Ruhland im konkreten Fall nicht Astrid Proll am Steuer eines Fluchtwagens habe sitzen sehen können.

Unverkennbar für die Prozeßbeobachter ist dem Gericht mit Riemanns Plädoyer elegant auch eine Brücke gebaut worden. Sollte es nämlich freisprechen, käme die Begründung fast ohne die leidige Historie um Ruhland, den »Kronzeugen«, aus. Was zählte, wäre der Bericht des Zeugen einzig in diesem Fall. Andere Verfahren, die Ruhland als Hauptbelastungszeugen hatten, blieben davon weitgehend unberührt – und Frankfurt müßte mit einem rundum für tauglich befundenen »Kronzeugen« nicht Lügen strafen, was in Prozessen gegen die RAF als wahr erachtet wurde.

Würde das Gericht die Brücke nutzen? Wir hofften es einerseits, sahen andererseits aber auch die Gefahr, daß ein Freispruch auch in diesem Anklagepunkt das Urteil, das, wie wir voraussahen, Astrid Proll im Hinblick auf die anzurechnende Untersuchungshaft die Freiheit bringen würde, in der Revisionsinstanz gefährden könnte. Realistischer Umgang mit dieser Strafjustiz kann mitunter bedeuten, lieber ein Fehlurteil in Kauf zu nehmen als weiteren Prozeßstreß mit ungewissem Ausgang zu riskieren. Und die Staatsanwälte, mit denen wir es im Frankfurter Schwurgerichtssaal zu tun hatten, wollten ihr Opfer nicht freiwillig aus den Fängen lassen. Sie vermißten noch gegen Ende der Hauptverhandlung von der Angeklagten – sie hatte sich dazu bekannt, daß sie zwar nicht ihre Meinung, aber ihr Leben geändert habe – weitere Bußfertigkeit: »Ihre Abkehr vom Terrorismus müßte deutlicher ausfallen.« *Der Spiegel* berichtete (4. 2. 1980):

Die Angeklagte, sichtbar verwirrt, bat um zehn Minuten Pause. Dann las sie einen Satz vom Zettel: Sie lasse sich nicht vom Schweigen abbringen, Wohlverhalten wolle sie nicht auf Abruf äußern, und sie finde es »unwürdig, einem Menschen in einer Zwangssituation öffentliche Bekenntnisse abzuverlangen«.

Ulrich Preuß, der die Verteidigerplädoyers mit einem leidenschaftlichen Grundsatzreferat eröffnet hatte, hatte noch einmal alle Manipulationen und Fälschungen des Akteninhalts im Vorfeld der Hauptverhandlung aufgelistet und der Staatsanwaltschaft mit schonungsloser Deutlichkeit vorgeworfen, ihre Pflicht zur Wahrheitsermittlung verletzt zu haben. Riemann und ich konnten, darauf aufbauend, uns mit sanfterer Tonlage begnügen. Mein Thema war, wie mit Preuß und Riemann verabredet, der Astrid Proll angelastete Verbrechenskomplex in Frankfurt:

Astrid Proll kann, was die Vorgänge in Frankfurt am 10. 2. 1971 anbelangt, weder ein Mordversuch noch Widerstand gegen Beamte angelastet werden. Astrid Proll ist wie ein gehetztes Wild weggelaufen. Ein Mensch, der hätte schießen können und schießen wollen, hätte sich wahrscheinlich anders verhalten.

Ein Glück, möchte ich sagen, daß Grünhagen keine Waffe hatte, und daß Simons erst zum Schießen kam, als Astrid Proll weit genug entfernt war, um ihm noch ein Ziel zu bieten. Astrid Proll wäre nicht das erste Opfer angeblich in Notwehr oder Putativnotwehr (irrtümliche Annahme einer Notwehrsituation; H. H.) handelnder Beamter gewesen. Aber was sie nicht mit der Kugel geschafft haben, das hätten sie beinahe noch mit dem Wort geschafft. Auch Worte können töten. Und das falsche Zeugnis von Grünhagen und Simons hätte diese Frau, die den ungeheuren Belastungen der Haft nicht gewachsen war, fast das Leben gekostet. Ich meine, dem Freispruch für Astrid Proll sollte die Anklage gegen Grünhagen und Simons auf dem Fuße folgen.

Freispruch für Astrid Proll in Sachen Frankfurter Schußwechsel und fünfeinhalb Jahre Freiheitsstrafe wegen des Berliner Bankraubs, sowie 4.500 Mark Geldstrafe für die Verwendung falscher Personalpapiere; Aussetzung des noch nicht durch Untersuchungshaft verbüßten Strafrestes zur Bewährung. So sah die Entscheidung aus, die am 22. Februar 1980 verkündet wurde. Und eine glückstrahlende Astrid konnte den Gerichtssaal als freier Mensch verlassen.

Anklage gegen Grünhagen und Simons wegen Falschaussage? Das blieb ein frommer Wunsch. Sie galten auch weiterhin als geeignet, dem Wohle des Staates zu dienen. Und auch von einem Karriereknick der Frankfurter Staatsanwälte, die sich dieses Kriminalstück hatten bieten lassen, hat man nichts gehört.

Es war Ulrich Preuß zu verdanken, daß die Revision gegen das Urteil der Frankfurter Strafkammer durchgeführt wurde und eine Reduzierung der für den Bankraub verhängten Strafe auf die gesetzliche Mindeststrafe von fünf Jahren erbrachte. Zwar folgte der BGH nicht dem Antrag der Revision, das Verfahren wegen der gesetzwidrig erwirkten Auslieferung einzustellen. Aber er fand einen Rechtsfehler darin, daß bei der Strafzumessung ein weiterer Banküberfall der Bande zu Lasten der Angeklagten berücksichtigt wurde, der nicht mehr Gegenstand des Verfahrens war. Für Astrid Proll war die Bedeutung dieser kosmetischen Korrektur des Frankfurter Urteils nicht groß, da sie auch ohnedies in Freiheit geblieben wäre. Sie hat ihre Freiheit jedenfalls gut genutzt und sich in ihrem Beruf als Pressefotografin Ansehen erworben. Nach ihren Angstträumen habe ich sie lieber nicht befragt.

9. Eine öffentliche Rekrutenvereidigung und ihre Folgen (1980)

Am 6. Mai 1980 demonstrierten in Bremen etwa 15.000 Menschen gegen die im Weser-Stadion durchgeführte öffentliche Vereidigung von 1.700 Rekruten, die auch wegen ihres Zeitpunktes (zwei Tage vor dem 35. Jahrestag der Kapitulation der Hitler-Wehrmacht) in der Öffentlichkeit sehr umstritten war. Die von oppositioneller Seite als Provokation und politische Instinktlosigkeit charakterisierte Veranstaltung fand in Anwesenheit des wegen seiner politischen Vergangenheit angefochtenen Bundespräsidenten Karl Carstens statt, eine Personifizierung deutscher Kontinuität, die zusätzlichen Zündstoff lieferte. Es kam zu Ausschreitungen, die im Werfen von Steinen und im Anzünden und Umwerfen von Militärfahrzeugen gipfelten. Entsprechend rabiat waren die Maßnahmen der Staatsgewalt, die nach üblichem Muster das Ausflippen Einzelner (wenn nicht gar die bestellte Arbeit von Provokateuren) zum Anlaß nahm, Tausende von antimilitaristisch gesinnten Demonstranten als Kollektivschuldige zu behandeln.

Einer der betroffenen Bürger, der medizinische Bademeister Horst K., beauftragte mich mit einer Strafanzeige gegen unbekannte Polizeibeamte. Ihm waren von Polizeibeamten 9 Zähne ausgeschlagen sowie ein Unterkiefer- und ein Nasenbeinbruch zugefügt worden; außerdem hatte er an verschiedenen Körperstellen Prellungen von Stockschlägen erlitten. Mein Mandant hatte unbewaffnet und ohne durch Helm oder wasserdichte Kleidung geschützt zu sein an der Demonstration teilgenommen und wiederholt auf andere einzuwirken versucht, unnötige Provokationen der Polizei zu unterlassen.

Am späten Abend, als sich das Gros der Demonstranten bereits verlaufen hatte, gehörte er zu einer Gruppe, die sich auf dem Osterdeich, einer parallel zur Weser verlaufenden Straße, vom Ort der Demonstration entfernte. Die Polizei fand einen Anlaß, die Straße und den Abhang bis zur Weser hinunter zu räumen. Auf diesen Abhang hatte sich der Bademeister geflüchtet, als der Sturm begann. Er wurde sodann von Beamten, die den Abhang in ganzer Breite durchkämmten, geschlagen, zu Fall gebracht und auf dem Boden liegend weiter geschlagen.

Polizeibeamte in Zivil und Uniform, die mit Steinen beworfen wurden, werfen Steine zurück auf die Demonstranten. Der als Pressefotograf ausgewiesene Rechtsanwalt Dr. Rolf Gössner wurde wegen dieser unerwünschten Dokumentation polizeilicher »Diensthandlungen« abgeführt und geschlagen.

Er spürte, wie ihm im Mund einiges kaputt ging. Nachdem er schon im schwer verletzten Zustand einige Zeit im Gras gelegen hatte, kamen nochmals Polizeibeamte und schlugen wieder auf ihn ein, obwohl er so laut er konnte rief: »Hört doch endlich auf!« Aus den Reihen der Beamten hörte er Äußerungen wie »Das Schwein hat noch nicht genug. Immer drauf! Das Schwein kann noch mehr vertragen.« Endlich hörte er einen der Beamten sagen: »Der hat genug« sowie die Aufforderung: »Geh hoch, da oben warten Krankenwagen auf dich.«

Natürlich war mein Mandant nicht in der Lage, irgendwelche Personenbeschreibungen abzugeben. In der Strafanzeige bat ich die Staatsanwaltschaft, die Ermittlungen auf die Verantwortlichen für diese offensichtliche Überschreitung polizeilicher Befugnisse zu erstrecken.

Das Ergebnis meiner Strafanzeige entsprach den Erfahrungen, die ich auch sonst mit Strafanzeigen gegen Polizeibeamte gemacht habe: das Verfahren wurde eingestellt. Im Einstellungsbescheid der Staatsanwaltschaft vom 16.9.1981 hieß es, ein Täter habe nicht ermittelt werden können. Die befragten Einheitsführer hätten erklärt, daß ein derartiges Vorkommnis weder gesehen noch gemeldet worden sei. Von einer Befragung sämtlicher Angehörigen der betreffenden Einheit habe er Abstand genommen, da dieses Vorgehen nicht erfolgversprechend sei. Wegen der »Vielzahl gleichartiger Geschehen« bei der Räumung des Osterdeiches sowie der damals allgemein herrschenden Hektik und Aufregung erscheine es illusorisch, unter den Beamten Zeugen zu finden, die Übergriffe ihrer Kollegen beobachtet haben könnten. Diese Annahme werde bestätigt durch die Ergebnisse zu drei ähnlich gelagerten Fällen, die sich ebenfalls bei der Räumung des Osterdeichs nach 22 Uhr abgespielt hätten. Zu diesen seien den ca. 370 Beamten Fragebogen vorgelegt worden, »doch konnte dadurch kein einziger Augenzeuge ausfindig gemacht werden«.

Ein seltsames Verfahren, an Personen, die nicht nur als Zeugen, sondern auch als Täter in Frage kamen, Fragebogen zu verteilen, die sie im stillen Kämmerlein, wahrscheinlich aber im Rahmen einer vergnüglichen Kollektivveranstaltung ausfüllen durften. Keiner brauchte zu befürchten, wegen Körperverletzung im Amt oder wegen falscher Aussage oder Meineids angeklagt zu werden, wenn er alle Fragen, ob er die geschilderten Mißhandlungen gesehen habe, schlicht verneinte. Das Interesse des Staatsanwalts, die Wahrheit zu erfahren, war offenbar nicht groß. Sie hätte nicht zu dem Bild des streng gesetzmäßig handelnden und allezeit glaubwürdigen Polizeizeugen gepaßt, den die Justiz zur Abstrafung aufmüpfiger und deshalb verdientermaßen verprügelter Bürger braucht.

Bei den anderen drei erwähnten Fällen, zu denen der Staatsanwalt 370 Beamte mittels Fragebogen ergebnislos befragt hatte, handelte es sich um drei Frauen, die unabhängig voneinander Anzeige erstattet hatten. Die eine hatte geschildert, wie sie von Beamten eingeholt, auf Kopf, Arme und Rücken geschlagen und auch getreten worden sei; sie habe versucht, über einen Zaun in einen Vorgarten zu klettern; dabei sei sie von Beamten zurückgerissen und weiter mit Knüppeln geschlagen worden; mit dem Schlagen hätten die Beamten erst aufgehört, nachdem ein anderer Beamter sie mit seinem Schlagstock daran gehindert habe. Also einen, der die Frau vor weiteren Schlägen schützen wollte, hatte es gegeben, aber auch sein Mut hatte nicht dazu gereicht, im Fragebogen die Wahrheit zu sagen.

Die zweite, Jahrgang 1923, hatte beschrieben, wie sie, ohne dazu einen Anlaß geboten zu haben, von drei Polizeibeamten zusammengeschlagen und weiter geschlagen worden sei, als sie schon auf der Fahrbahn des Osterdeichs lag. Ein Beamter sei kurz darauf zu ihr gegangen, habe sie in die Seite getreten und gesagt: »Steh auf, du Sau!« Ein anderer Beamter habe gesagt: »Es ist eine alte Frau.« Dennoch hätten andere Polizeibeamte sie erneut geschlagen.

Die dritte Frau hatte folgendes Erlebnis geschildert: Sie sei bei einem Angriff durch Polizeibeamte aus der Linie der Demonstranten herausgerissen worden und habe einen Schlag über den Hinterkopf erhalten, worauf sie niedergestürzt und vermutlich kurze Zeit bewußtlos gewesen sei. Als sie wieder erwacht sei, hätten Polizeibeamte auf sie eingeschlagen und sie mit Stiefeln getreten. Die Beamten hätten geschrien: »Aufstehen, weitergehen, du Dreckstück!«

Für alle diese polizeilichen Gewalttaten hat die Staatsanwaltschaft keine Schuldigen gefunden. Auch eine strafrechtliche Verantwortlichkeit der Einsatzleitung wurde für den Fall, daß es überhaupt »zu Übergriffen einzelner Beamter gekommen sein sollte«, verneint.

Ich legte für meinen Mandanten, den verletzten Bademeister, gegen den Bescheid der Staatsanwaltschaft Beschwerde ein. Aber auch die Generalstaatsanwaltschaft fand das Verfahren in

Ordnung und wies meine Beschwerde zurück. »Ich gehe einmal davon aus«, hieß es da, »daß sich der Vorfall so zugetragen hat, wie Herr K. ihn schildert.« Dann hätten sich nicht nur die prügelnden Polizisten, sondern auch diejenigen Beamten strafbar gemacht, die den Vorfall beobachtet, aber nicht gemeldet hätten (Strafvereitelung im Amt). Und was ergibt sich daraus für eine zur Verfolgung von Straftaten zuständige Behörde? Ein argumentativer Salto, wie ihn nur verfolgungsunwillige Juristen zustandebringen:

Es liegt nichts dafür vor, daß diese Beamten jetzt bereit wären, Hinweise auf die Täter zu geben und sich damit selbst zu belasten. Ich verspreche mir deshalb von einer erneuten Befragung der an dem Einsatz beteiligten Beamten keine Aufklärung.

Ein juristischer Freibrief für künftige Fälle. Weil von Beamten, die an einem polizeilichen Prügeleinsatz beteiligt waren, nicht zu erwarten ist, daß sie die Wahrheit sagen, wird eine Vernehmung unterlassen. Man stelle sich ein derartiges Prinzip einmal in einem Verfahren vor, in dem es um die Aufklärung von Taten einer kriminellen oder terroristischen Vereinigung geht. Die Strafprozeßordnung sieht für die Vernehmung von tatverdächtigen Beschuldigten und Zeugen bestimmte Belehrungspflichten vor, die sie vor Selbstbelastungen schützen sollen; aber einen generellen Verzicht auf die Vernehmung solcher Personen kennt die Strafprozeßordnung nicht.

Wenn es darum geht, die Täter polizeilicher oder militärischer Gewaltakte laufen zu lassen und dafür Begründungen zu formulieren, ist der Erfindungsreichtum deutscher Richter und Staatsanwälte unbegrenzt. Das juristische Handwerkszeug ist vielgestaltig und für den Nichtjuristen oft unverständlich. Ihm fällt es gar nicht auf, daß die Gesetze je nach Bedarf mal so und mal anders interpretiert werden. Aber der einfachste Weg ist natürlich der, staatliche Gewalttäter gar nicht erst zu finden, und auch das entspricht alter deutscher Justiztradition. Paul Levi, der große politische Strafverteidiger der Weimarer Republik, hat den Eifer deutscher Staatsanwälte bei der

Verfolgung rechter Gewalttäter mit dem eines Jagdhundes verglichen, der zur Jagd getragen werden muß. Und daraus beziehen Staatsgewalttäter immer wieder den traurigen Mut, ihre aufgestaute Wut über Störungen der herrschenden Ordnung an Wehrlosen auszutoben. Auch die Beamten, die am späten Abend des 6. Mai 1980, als alles vorbei war, ihr Mütchen an einer kleinen Gruppe friedlich abziehender Demonstranten gekühlt hatten, brauchten keine Strafe zu fürchten und durften weiterhin Dienst tun, gestärkt in dem Bewußtsein, daß sie sich auf diese Justiz verlassen konnten.

10. Eine Verteidigung in Stammheim. Der Fall Peter-Jürgen Boock (1981-1986)

Eine Verteidigung in Stammheim hätte ich mir gerne erspart. Kurz vor Beginn des Prozesses gegen Andreas Baader, Ulrike Meinhof, Jan-Carl Raspe und Gudrun Ensslin im Mai 1975 waren die Stammheimer Gefangenen auf der Suche nach neuen Verteidigern gewesen, weil sie durch Änderungen der Strafprozeßordnung und darauf beruhende Gerichtsbeschlüsse einige ihrer bisherigen Verteidiger verloren hatten. Jan-Carl Raspe, den ich zur Zeit meines Meinhof-Mandats, als ein Anwalt noch mehrere derselben Tat Beschuldigte verteidigen durfte, einige Male in der Untersuchungshaftanstalt Köln-Ossendorf besucht hatte, versuchte in einem langen Telefongespräch, mich zur Übernahme seiner Verteidigung in der Stammheimer Hauptverhandlung zu überreden. Aber ich habe mich geweigert. Mein Konflikt mit Ulrike Meinhof, der in grundsätzlichen Meinungsverschiedenheiten über Sinn und politische Rechtfertigung des Konzepts Stadtguerilla wurzelte, hatte mich belehrt, daß die Vorstellungen der Stammheimer Gefangenen, wie sie verteidigt werden wollten, mit meinen eigenen Vorstellungen unvereinbar waren. Aber es kamen auch ganz persönliche Gründe hinzu. Ich wußte von dem furchtbaren Prozeßklima, von den Verdächtigungen und Beschimpfungen, den entwürdigenden Durchsuchungen, denen die Verteidiger ausgesetzt waren. Ich hatte auch die existenzgefährdende finanzielle Belastung durch derartige Großprozesse kennengelernt und kannte die rücksichtslose Terminplanung autoritärer und anwaltsfeindlicher Vorsitzender, die den Verteidigern einen zeitlichen Einsatz abfordert, neben dem jede anwaltliche Tätigkeit für andere Mandanten zum Erliegen kommt. Auch die öffentliche Diskriminierung als »Terroristenverteidiger« und deren Folgen im privaten und im beruflichen Bereich hatte ich zur Genüge kennengelernt. Es war vorauszusehen, daß eine Verteidigung in Stammheim alle bisherigen Belastungen noch übertreffen würde, zumal ich aus meinen Erfahrungen mit Ulrike Meinhof wußte, daß auch von seiten der Angeklagten Zumutungen und Anfeindungen zu erwarten waren, denen ich mich nicht aussetzen wollte. Irgendwo, so sagte ich mir, hat auch mein Verteidigeridealismus eine Grenze, wo ich anfangen muß, an meine eigenen Interessen, an meine Gesundheit und meine finanziellen Möglichkeiten zu denken.

Daß ich dennoch in Stammheim verteidigen mußte, verdankte ich einem Mandat, das ich unter hier nicht näher zu erörternden falschen Voraussetzungen übernommen hatte, zu denen jedenfalls auch die gehörte, daß ich mit einer Hauptverhandlung in Hamburg und einem Verfahren in der angenehmen Atmosphäre des Proll-Prozesses rechnen zu können glaubte. Es ging um die Verteidigung von Peter-Jürgen Boock, der sich schon ein Jahr vor seiner im Januar 1981 erfolgten Festnahme von der RAF getrennt hatte und nach meiner damaligen Einschätzung als RAF-Aussteiger das von maßgebenden Politikern und Juristen immer wieder versprochene »faire Verfahren« zu erwarten hatte. Nachdem Boock die Hoffnung der Bundesanwaltschaft enttäuscht hatte, sich als Kronzeuge gegen seine ehemaligen Genossen gebrauchen zu lassen, war die Stimmung in Karlsruhe jedoch gegen ihn und seinen Verteidiger umgeschlagen und hatte dazu geführt, daß keine Möglichkeit zu Schikanen ungenutzt blieb, um die Verteidigung so rigoros wie möglich zu erschweren. Dazu gehörte auch die Anklageerhebung in Stuttgart-Stammheim, die für den in Hamburg wohnhaften Angeklagten und seinen in Bremen ansässigen Verteidiger schon wegen der räumlichen Distanz unangenehmste örtliche Zuständigkeit, deren Wahl man prompt mit einem Antrag begleitete, den bisherigen Pflichtverteidiger, also mich, seines Amtes zu entschlagen und einen neuen Verteidiger aus Stuttgart zu bestellen. Dieser plumpe Versuch, den unbequemen Verteidiger aus Bremen, zu dem Boock ein Vertrauensverhältnis entwickelt hatte, abzuschütteln, spornte meinen Widerstand an. Und so lud ich mir einen fürchterlichen Prozeß auf, der mich sowohl gesundheitlich als auch finanziell an den Rand des existenziellen Abgrunds brachte. Schon die äußeren Bedingungen waren zermürbend: die Verhandlungstage waren gegen meinen Widerspruch so gelegt, daß man 15 Monate lang fast jeden Tag (abgesehen von kurzfristig abgesagten Terminen) in den Abendstunden auf Reise war und im Hotel übernachten mußte; die Übernahme anderer Mandate war praktisch unmöglich (auch kurzfristig abgesagte Termine kann ein Strafverteidiger in der Regel nicht für andere Sachen nutzen); das Entgelt als Pflichtverteidiger, die sogenannte Pauschgebühr, wurde von den Richtern des OLG ohne Rücksicht auf die tatsächlichen Kosten einer Anwaltspraxis festgesetzt (oft hatte ich am Ende eines Monats noch nicht einmal das Gehalt meiner Sekretärin hereinverdient); Durchsuchungen beim Betreten des festungsartig gesicherten Gebäudes (»Mehrzweckhalle«), in dem die Verhandlung stattfand, zeugten vom Erfolg der gegen »Terroristenverteidiger« geführten Verdächtigungskampagne, ebenso die feindselige und oft bösartige Tonlage im Gerichtssaal und die rigorose Ablehnung fast aller von uns gestellten Anträge; ein Klima, das geeignet und darauf angelegt ist, Menschen fertigzumachen.

Nachdem alles überstanden ist, kann ich heute glücklicherweise sagen: ich möchte auch diese Erfahrung nicht missen. Denn sie hat mir eine Seite deutscher Justizausübung gezeigt, die ich, wenn ich sie nicht selbst erlebt hätte, nicht für möglich gehalten hätte.

Der Prozeß gegen Peter-Jürgen Boock fand in den Medien ein großes Interesse. Es ging um die Glaubwürdigkeit des offiziell angekündigten fairen Umgangs mit »Aussteigern aus dem Terrorismus«, die schon mit der Wahl des Gerichtsorts einen ersten Riß erlitten hatte. Boock hatte seine Abkehr von der RAF in einem von der Redaktion des Blattes großaufgemachten *Spiegel*-Interview begründet (*Spiegel* vom 23. 2. 1981), das ihm von der Bundesanwaltschaft – und nicht nur von ihr – sehr verübelt wurde, weil er gleichzeitig sich gegen Vernehmungsversuche sperrte mit der Begründung, seine früheren Genossen nicht verraten zu wollen. Seitens der Bundesanwaltschaft wurde ihm unterstellt, daß es ihm nur um das vom *Spiegel* gezahlte Honorar gegangen sei. In Wahrheit hatte Boock eine Möglichkeit gesucht, einen nach seinen Informationen bevorstehenden Anschlag auf das Heidelberger Schloß in der Weise zu verhindern, daß die Veröffentlichung des Plans Polizei und RAF gleichzeitig warnte, ohne daß es zu Verhaftungen kam. Man hätte voraussehen können, daß Bundesanwaltschaft und RAF sich in dem Bemühen treffen würden, den Attentatsplan als Hirngespinst abzutun. Aber man hätte wohl erwarten dürfen, daß Boocks offen bekannte Abkehr vom Konzept des bewaffneten Widerstands auch von den Anklägern in Karlsruhe mit einem gewissen Maß an Fairneß honoriert werden würde.

Die Stammheimer Justizfestung zur Zeit des Boock-Prozesses.

Daß auch Schuldige einen Anspruch auf einen fairen Prozeß haben, gerät immer wieder in Vergessenheit. Vor allem dann, wenn das schließlich ergangene Urteil in der Sache richtig zu sein scheint. Und so ist es um das Verfahren gegen den RAF-Aussteiger Peter-Jürgen Boock still geworden, nachdem dieser öffentlich eingestanden hat, daß er seine Beteiligung an den mit mehreren Morden verbundenen Anschlägen gegen Jürgen Ponto und Hanns-Martin Schleyer wahrheitswidrig bagatellisiert hatte. Es ist für mich nicht leicht, diesen Fall darzustellen, ohne die Grenzen zu überschreiten, die mir als einem seiner Verteidiger durch fortwirkende anwaltliche Pflichtbindungen gezogen sind. Aber mein Buch wäre unvollständig, wenn ich diesen aufreibendsten Prozeß meiner Anwaltslaufbahn auslassen würde. Und so wähle ich aus der Fülle dessen, was über diesen Prozeß zu sagen wäre, ein für das Ganze typisches Kapitel aus, das auf jeden Fall gültig bleibt und die Interessen meines einstigen Mandanten nicht verletzen kann, nämlich die Art und Weise, wie über die Frage seiner Drogenabhängigkeit Beweis erhoben worden ist.

Mit Wolf Römmig während des Boock-Prozesses in Stammheim.

Die erste Hauptverhandlung fand vom 25. Januar 1983 bis zum 7. Mai 1984 vor dem 2. Strafsenat des Oberlandesgerichts Stuttgart statt und endete mit einer Verurteilung des Angeklagten zu dreimal lebenslanger und weiteren 15 Jahren Freiheitsstrafe.

Er wurde schuldig befunden, im Jahr 1977 an den Terroranschlägen auf Jürgen Ponto, Hanns-Martin Schleyer und dessen Begleiter sowie an dem versuchten Raketenbeschuß des Gebäudes der Bundesanwaltschaft in Karlsruhe als Mittäter beteiligt gewesen zu sein.

Es ging in diesem Verfahren u. a. um die Frage, ob Boock im Zeitpunkt der ihm vorgeworfenen Taten wegen Drogenabhängigkeit vermindert schuldfähig gewesen sei. Zu dieser Frage hatte ein pensionierter Heidelberger Psychiater, Professor Dr. Hans-Joachim Rauch, ein schriftliches Gutachten erstattet, das nach Auffassung der Verteidigung (Boock wurde damals von dem Hamburger Kollegen Wolf Römmig und mir verteidigt) an erheblichen Mängeln litt. Es gab weder die körperlichen Befunde noch Boocks Angaben über die verbrauchten Drogenmengen richtig wieder und gipfelte in der, später von anderen Sachverständigen als methodisch fehlerhaft und wissenschaftlich unhaltbar bezeichneten Schlußfolgerung, daß Boock, wenn er die in der Anklage behaupteten Taten begangen habe, nicht drogenabhängig gewesen sein könne. Eine logische Umkehrung der Kausalitäten, die nichts von der für jeden Angeklagten geltenden Unschuldsvermutung wußte.

Bevor Rauch am 21. April 1983 als Sachverständiger zu seinem Gutachten gehört wurde, stellten wir einen Antrag, in dem wir ihn als befangen ablehnten. Er sei, so hieß es in dem Antrag, durch seine politische Vergangenheit disqualifiziert und habe auch früher schon Gutachten erstattet, die auf ungenügender, oberflächlicher Untersuchung beruhten. Aus der Begründung des Antrags:

Dem Angeklagten ist bekanntgeworden, daß Herr Professor Rauch als »strammer Nationalsozialist« galt. Ihm ist weiter bekanntgeworden, daß Herr Professor Rauch aufgrund dieser politischen Einstellung bei einem kurz vor Kriegsende durchgeführten Strafverfahren seine Pflichten als Sachverständiger in eklatanter Weise verletzt hat. Es handelt sich um einen Vorfall, bei dem Herr Rauch aufgrund völlig ungenügender Untersuchung ein Fehlgutachten erstattet hat, das die Hinrichtung des Betroffenen zur Folge gehabt hätte, wenn nicht die Fehlerhaftigkeit des Rauch-Gutachtens vom Gerichtsherrn erkannt worden wäre und zu einer Überprüfung des Urteils und des Gutachtens geführt hätte.

Der Sachverständige Professor Rauch mit seiner Assistentin im Gerichtssaal.

Dem Ablehnungsantrag war eine eidesstattliche Versicherung des Facharztes für innere Medizin Dr. Klaus Knapp aus Wiesloch beigefügt, der im Februar 1945 eine Berufungsverhandlung vor einem Kriegsgericht miterlebt hatte, bei der über Rauchs Gutachtertätigkeit folgendes zur Sprache gekommen war: Ein Soldat, der bereits in den zwanziger und dreißiger Jahren mehrfach wegen hochgradigen Schwachsinns in psychiatrischen Kliniken und Krankenhäusern begutachtet, als nicht zurechnungsfähig beurteilt und in der Nazizeit wegen seines Schwachsinns zwangssterilisiert worden war, war 1944 als Soldat eingezogen worden und seinem Unteroffizier als schwachsinnig aufgefallen. Dieser meldete es dem Kompanieführer. Eine Untersuchung beim Truppenarzt führte zu einer psychiatrischen Begutachtung in der Psychiatrischen Klinik in Heidelberg. Diese erfolgte durch Herrn Rauch, damals Universitätsdozent und Militärstabsarzt. Ein Unteroffizier, der den Soldaten zur Begutachtung führte, hat später den Ablauf der »Begutachtung« so geschildert: Soldat und Unteroffizier betraten das Zimmer des Herrn Rauch, worauf dieser den Soldaten anschrie: »Stehen Sie stramm! Machen Sie mir nichts vor! KV!«. KV bedeutete damals: kriegsverwendungsfähig. Die »Begutachtung« hat, nach der Aussage des begleitenden Unteroffiziers, höchstens eine Minute gedauert. Der Soldat wurde aufgrund dieser Beurteilung vom Divisionsgericht als Simulant betrachtet und wegen Zersetzung der Wehrkraft (§ 5 Kriegssonderstrafrechtsverordnung) zum Tode verurteilt.

Zur Vollstreckung des Urteils war die Unterschrift des kommandierenden Generals erforderlich. Nachdem dieser die umfangreiche Akte über den früher diagnostizierten Schwachsinn des Soldaten eingesehen hatte, die auch Rauch vorgelegen hatte, verweigerte er seine Unterschrift und ließ den Soldaten in der psychiatrischen Abteilung des Reservelazaretts in Wiesloch nochmals untersuchen. Dort wurde der hochgradige Schwachsinn bestätigt und der Soldat als nicht zurechnungsfähig beurteilt. Er wurde in der Berufungsverhandlung freigesprochen und anschließend aus der Wehrmacht nach Hause entlassen, wo er wie bisher wegen völliger Harmlosigkeit frei und von seiner Ehefrau behütet weiterlebte.

Der Arzt, dem wir die Kenntnis dieser Episode aus dem Vorleben des Sachverständigen Rauch verdankten, teilte ergänzend noch mit, daß der Gutachter in Wiesloch, Oberstabsarzt Dr. Schwenninger, Psychiater, ihn auf diesen Fall als Lehrbeispiel aufmerksam gemacht, ihn zu der Verhandlung eingeladen und in der Verhandlung die Umstände der Begutachtung durch Rauch absichtlich ausführlich behandelt habe. Schwenninger sei ein Gegner des Naziregimes gewesen und habe Rauch als strammen Nationalsozialisten gekannt und bezeichnet.

Wir verbanden unseren Ablehnungsantrag gegen Rauch mit einem Antrag, an seiner Stelle einen anderen Sachverständigen zu bestellen und schlugen vor: Prof. Dr. Rasch (Berlin), Prof. Dr. Specht (Göttingen) oder Prof. Dr. Bschor (Berlin), drei hochangesehene Wissenschaftler mit forensischer Erfahrung auf dem Gebiet der Drogenabhängigkeit.

Für die Bundesanwaltschaft nahm der Oberstaatsanwalt Pflieger zum Ablehnungsantrag Stellung. Es handle sich um den Versuch, einen Sachverständigen abzuschießen, der zu einem Ergebnis gekommen sei, das dem Angeklagten nicht behage. Man versuche, aus der Vergangenheit etwas hervorzukramen, und man habe dann eine Geschichte gefunden, die seit Jahr und Tag bekannt und in verschiedenen Verfahren ohne Erfolg vorgebracht worden sei. Es sei eine Ungehörigkeit, diesen Antrag heute vorzutragen, um hier vor Publikum schmutzige Wäsche zu waschen. Herr Rauch sei seit Jahren als anerkannte Kapazität bekannt.

Professor Rauch selbst erklärte, die Sache sei von hinten bis vorne erlogen. Er habe nie an einer Kriegsgerichtsverhandlung teilgenommen (das war auch nicht behauptet worden; die Vorlage seines schriftlichen Gutachtens hatte genügt). Er habe auch nie einen derartigen Fall bei der Militärgerichtsbarkeit begutachtet, daran würde er sich erinnern. Es widerspreche auch der Art, wie er begutachte. Es gebe natürlich Fälle, wo man schon beim Betreten des Zimmers durch den Patienten die Diagnose stellen könne. Aber das sei eine grobe Verleumdung, gegen die er gerichtlich noch nicht vorgegangen sei, weil ein Anwalt ihn dahin beraten habe, daß nach der Art, wie das vorgebracht worden sei, schwer eine Bestrafung zu erwirken sei. Im übrigen sei er nie Mitglied der NSDAP gewesen. Er habe Boock auch körperlich untersucht und nichts gefunden, was auf Injektionen schließen lasse. Natürlich habe er eine andere Einstellung als Boock, aber er habe die Untersuchung nicht von vornherein mit der Absicht durchgeführt, ihn als zurechnungsfähig hinzustellen.

Unser Ablehnungsantrag wurde vom Gericht abgelehnt und Rauch als Sachverständiger vernommen. Das war am 21. April 1983.

Am 25. April 1983 veröffentlichte die *taz* einen Artikel von Götz Aly, der die NS-Vergangenheit des Professor Rauch zum

Gegenstand hatte und offenbarte, daß dieser als Assistent des berüchtigten »Euthanasie«-Professors Carl Schneider an den Massenmorden der Nazis an geisteskranken Menschen beteiligt war. Rauch hatte unter Schneiders Anleitung in einer Abteilung des auf Anweisung der »Kanzlei des Führers« gegründeten Instituts in Heidelberg-Wiesloch gearbeitet, die sich, wie Aly mitteilte, mit »Begutachtung und Tötung verkrüppelter oder geistig behinderter Kinder« befaßte. Dort wurden die Gehirne der getöteten Kinder wissenschaftlich ausgewertet, nachdem Schneiders Assistenten zuvor an den lebenden Kindern eingehende klinische Befunde erhoben hatten. Schneider hat sich »regelrecht Gehirne von lebendigen Menschen bestellt«. Aly zitiert eine Äußerung Schneiders nach einer Kommissionsreise durch Lothringen: »Ich habe sehr viele schöne Idioten gesehen«, man müsse unbedingt ihre Gehirne untersuchen. Aly:

Die Kinder wurden in der Regel mit Luminalspritzen getötet und in der Krankengeschichte »Lungenentzündung« als Todesursache vermerkt.
In diese Forschungspraxis war Hans-Joachim Rauch eingebaut.

Sodann teilte Aly einen Vorgang mit, bei dem die Mitwirkung Rauchs durch einen Brief seines Chefs Schneider zu belegen ist. Ende 1941 waren die Kindertötungen in Wiesloch ins Stocken geraten, nachdem der damit beauftragte Medizinalrat Schreck es abgelehnt hatte, die Tötungen von eigener Hand durchzuführen, und Unruhen beim Pflegepersonal eingetreten waren. So wurden nunmehr die Kinder in Wiesloch in einer sogenannten »Forschungsabteilung« nur noch untersucht und begutachtet und sodann zur Tötung in die Anstalt Eichberg bei Eltville verlegt. Götz Aly berichtet:

Dort werden sie getötet, seziert, werden ihnen die Gehirne entnommen und in eigens angefertigten Kisten nach Heidelberg geschickt. Für diesen ganzen Vorgang ist Hans-Joachim Rauch zuständig. Am 2. 9. 1944 schreibt sein Chef Carl Schneider an seinen Freund Nitsche: »Wie Sie wissen, sind die Kinder in unserem Auftrag durch die Transportgesellschaft nach dem Eichberg verlegt worden. Der Eichberg behauptet nun, nichts davon gewußt zu haben, daß die Kinder bei uns waren, trotzdem doch alle Schritte durch uns gegangen sind und eigentlich ja alle Vereinbarungen in dieser Richtung getroffen waren ... Man behauptet auf dem Eichberg, man hätte nichts mehr von der Fortführung unserer Untersuchungen gewußt, trotzdem ab und zu einmal einer der Mitarbeiter da war. Als dann vor einigen Tagen auf meine Veranlassung Herr Dr. Rauch die ganze Frage der Gehirnentsendung noch einmal im Eichberg besprach, stellte sich heraus, daß unsere Versandgefäße da waren. Sie waren nur versteckt worden und dem Direktor gesagt, es wären keine gekommen. Auch erwies sich, daß im Eichberg zu wenig Formalin da war, so daß die Gehirne verdorben sind. Ein Teil der Kinder ist nicht seziert. Auf jeden Fall werden wir von etwa 10 der von uns untersuchten Idioten keine Gehirne bekommen ...«

Gegen Ende seines Artikels ging Götz Aly dann konkret auf den Stammheimer Boock-Prozeß ein:

Bei dem Ablehnungsantrag in Stammheim spielte letzten Donnerstag der Vorwurf eine Rolle, Rauch habe bei einem Kriegsgerichtsverfahren 1944 einen psychisch kranken Soldaten fast in den Tod begutachtet. Dieses ist nur zu wahrscheinlich, nur ein Zipfel der Wahrheit. Carl Schneider war nämlich neben seiner Gutachter- und Forschungstätigkeit im Rahmen der »Euthanasie« auch sogenannter »beratender Psychiater« bei der Wehrmacht. In dieser Eigenschaft hatte er vor allem Gutachten für Kriegsgerichtsprozesse zu erstatten – Gutachten über Selbstverstümmler, »Kriegsneurotiker« und Deserteure. In der weit überwiegenden Zahl endeten diese Prozesse in der zweiten Kriegshälfte mit der Hinrichtung der Angeklagten. Schneider war vielbeschäftigt und überlastet, er hat weit mehr als nur ein Gutachten an seine Assistenten delegiert.
  Dies ist die wissenschaftliche Vergangenheit des Professor Hans-Joachim Rauch. Die Tätigkeit in der Wieslocher »Forschungsabteilung« ist die Grundlage seiner Karriere. Er hat sich 1944 habilitiert und, nachdem sich Schneider 1946 (in amerikanischer Haft) erhängt hatte, die gemeinsame wissenschaftliche Arbeit veröffentlicht: »Beiträge zur Histopathologie des Gehirns« (Heidelberg 1948) heißt diese Arbeit –

reine Wissenschaft, vom verbrecherischen Hintergrund entkeimt. Die Vergangenheit von Rauch und Wendt (ebenfalls Assistent bei Schneider; H. H.) war in der Heidelberger Universitätsklinik immer ein offenes Geheimnis. Der sie vor allem belastende Briefwechsel zwischen Carl Schneider und Hermann Nitsche ist im Bundesarchiv zugänglich; er liegt seit Mitte der sechziger Jahre bei der Staatsanwaltschaft Frankfurt; bei der Zentralen Stelle für NS-Verbrechen in Ludwigsburg ist Hans-Joachim Rauch erfaßt. Daß Rauch trotz dieser justizintern bekannten Tatsachen vielbeschäftigter Gutachter baden-württembergischer Gerichte blieb, ist ein Stück deutscher Nachkriegsgeschichte.

Am 13. Mai 1983 veröffentlichte *Die Zeit* einen Aufsatz von Ernst Klee: »Auf der Suche nach Gehirnen. Was wußte der Gerichtsgutachter Rauch?«, der noch einige Ergänzungen zu Alys Artikel brachte. So erfuhr man, daß Rauchs Chef Carl Schneider auch als Spitzel für den Sicherheitsdienst (SD) arbeitete und als Wehrpsychiater bei »mangelndem Gesundheitswillen« von Soldaten für eine Unterbringung im Konzentrationslager plädierte.

Schließlich sendete der Südwestfunk am 23. Mai 1983 einen 55minütigen Kommentar von Leo Waltermann, der die Frage aufwarf, wie lange und wie weit ein Mann mit unerträglicher Vergangenheit für unser öffentliches Leben tragbar sei, der seine Mitwirkung an Greueltaten verdrängt habe oder verleugne. Waltermann hatte diesen Mann, Herrn Rauch, im Gerichtssaal in Stuttgart-Stammheim erlebt und gehörte zu den treuesten journalistischen Begleitern des langwierigen Verfahrens. Waltermann berichtete von dem auf Rauchs aktives Engagement im Nationalsozialismus gestützten Ablehnungsantrag, von Rauchs Stellungnahme dazu (alles »erstunken und erlogen«, er sei kein Nazi gewesen, nicht einmal Parteimitglied) und schließlich davon, daß nunmehr zwei Autoren, die seit geraumer Zeit das sogenannte Euthanasie-Programm während des Dritten Reiches erforschen, dargelegt hatten, daß und wie Rauch an diesem systematischen Tötungsprogramm beteiligt gewesen war.

Seither gehört es für mich zu den Verwunderlichkeiten der deutschen Nachkriegsgeschichte, daß die Strafjustiz den Professor Rauch als

Helfer bei ihrer Rechts- und Urteilsfindung beschäftigte, anstatt sich mit ihm selbst zu beschäftigen und mit seinen Beteiligungstaten.

Waltermann hatte eigene Recherchen angestellt, die Rauchs Beteiligung an der NS-»Euthanasie« detailliert belegten.

Rauch betrieb laut Arbeitsplan der Forschungsabteilung vom Januar 1943 die Aufgabe der »Hirnhistopathologie der Idioten«; das heißt, Rauch untersuchte und präparierte die Gehirne der getöteten Kranken und verglich seine Befunde mit den Niederschriften in den Krankenakten.

Was ist aus den Mittätern der Heidelberger »Forschungsabteilung« geworden? Auch dieser Frage ist Leo Waltermann in seinem SWF-Kommentar nachgegangen:

Nach dem Kriege wurde der Leiter der kriminellen Ärztegruppe und Lehrer des Hans-Joachim Rauch, der Professor Carl Schneider, verhaftet; vor Gericht kam er nicht mehr, er nahm sich vorher das Leben. Der Haupttäter hatte sich der irdischen Gerichtsbarkeit entzogen, seine Helfer gingen unbehelligt ihren Weg. Der Weg des Doktors der Medizin Hans-Joachim Rauch führte nach oben: Leiter des histologischen Kliniklabors, Oberarzt, außerplanmäßiger Professor, Abteilungsvorstand, ärztlicher Direktor und Professor für forensische Psychiatrie, sowie wohldotierter Gutachter bei vielen Gelegenheiten und für die Judikatur.

Und Waltermann schloß mit einer Empfehlung an die Adresse der in Stammheim amtierenden Sitzungsvertreter des Generalbundesanwalts, die Herrn Rauch gegen den Ablehnungsantrag der Verteidigung vehement in Schutz genommen hatten:

Wird die Bundesanwaltschaft weiterhin sagen, wie sie kürzlich öffentlich kundgetan hat, ihr seien keine Tatsachen bekannt, welche die Behauptung einer sogenannten NS-Vergangenheit Professor Rauchs belegen könnten? Vielleicht sollten ihre Stammheimer Sitzungsvertreter doch einmal in einer Sitzungspause einen Abstecher machen nach

Ludwigsburg zur Zentralen Justizstelle und dort die »Heidelberger Dokumente« einsehen. Die Fahrzeit von der Stammheimer Verhandlungshalle zur Zentralen Stelle beträgt fünfzehn Minuten.

Die Herren von der Bundesanwaltschaft taten etwas anderes. Die Frucht ihrer Bemühungen trug einer von ihnen, der damalige Oberstaatsanwalt Pflieger, in der Sitzung vom 30. Mai 1983 vor.

Man habe im Berliner Document Center nachgeforscht und könne die Angabe des Sachverständigen Professor Rauch bestätigen, daß er niemals Mitglied der NSDAP gewesen sei (eine Angabe, die niemand bezweifelt hatte). Man habe aber festgestellt, daß einer der Verteidiger, ein gewisser Heinrich Hannover (»Ich kann natürlich nicht ausschließen, daß Herr Rechtsanwalt Hannover einen Zwillingsbruder hat«) am 20. 4. 1943 Mitglied dieser Partei geworden sei. Wenn der Angeklagte zu diesem Anwalt Vertrauen habe, ergebe sich daraus, daß er auch keinen Anlaß zum Mißtrauen gegen Professor Rauch habe.

Ich habe im Kapitel »Noli me tangere« im ersten Teil meiner Erinnerungen ausgeführt, daß die Parteimitgliedschaft im Jahre 1943 eine der Bedingungen für die Zulassung zur Forstlaufbahn, dem von mir damals angestrebten Beruf, gewesen war, aus damaliger Sicht eine Formalie, die ich mit der Naivität eines 17jährigen erfüllt hatte, ohne zu bedenken, daß eines Tages ein durch späte Geburt begnadigter Staatsanwalt dem fast 60jährigen in öffentlicher Hauptverhandlung vorhalten könnte, daß er sich deshalb mit einem an Massentötungen beteiligten Mediziner vergleichen lassen müsse, der dabei ohne Mitgliedsbuch der NSDAP ausgekommen war.

Das Gericht kam trotz der eifrigen Fürsprache, die Herr Rauch von seiten der Herren Bundesanwälte erfuhr, nicht umhin, dem zweiten Ablehnungsantrag gegen diesen Sachverständigen stattzugeben. Denn daß der Angeklagte es ablehnte, von einem Arzt begutachtet zu werden, der nach seiner Meinung im nationalsozialistischen Unrechtssystem an Menschenversuchen teilgenommen und Geistesschwache für Tötungsaktionen ausgewählt und in diesem Sinne einem verbrecherischen System gedient habe, und daß er dessen Untersuchungsergebnissen, seiner Gewissenhaftigkeit und Unparteilichkeit mißtraue, sei nicht unverständig.

Das hätte die Wende des Prozesses sein können. Dem Gericht lag ein Antrag der Verteidiger vor, zur Frage der Drogenabhängigkeit des Angeklagten weitere Gutachten der Sachverständigen Prof. Dr. Friedrich Specht (Göttingen) und Prof. Dr. Wilfried Rasch (Berlin) einzuholen. Wir hatten zwei schriftliche Stellungnahmen dieser beiden Sachverständigen überreicht, die sich kritisch mit dem Rauch-Gutachten auseinandersetzten und zahlreiche Mängel rügten, insbesondere auch den methodisch fehlerhaften und wissenschaftlich unhaltbaren Rückschluß von den angeklagten Taten auf mangelnde Drogenabhängigkeit.

Aber nun stellte sich heraus, daß das Gericht, obwohl es dem Ablehnungsantrag gegen Rauch stattgegeben hatte, durchaus an dessen Ergebnissen festhalten wollte, indem es einen Sachverständigen mit einem ergänzenden Gutachten beauftragte, der in den Augen des Angeklagten und seiner Verteidiger schon dadurch hinreichend diskreditiert war, daß er sich Rauchs Gutachten in einer früheren Sitzung vollinhaltlich zu eigen gemacht hatte. Es handelte sich um den Leitenden Regierungsmedizinaldirektor Engell, Gefängnisarzt der Anstalt Hohenasperg, den das Gericht am 21. April 1983 unmittelbar nach Rauch angehört und der sich in allem den Ansichten seines professoralen Kollegen angeschlossen hatte. Auch die unzureichenden körperlichen Befunde hatte er von Rauch übernommen, da er selbst den Angeklagten überhaupt nicht untersucht hatte. Dieser sollte nun nach dem Willen des Gerichts den Angeklagten untersuchen. Damit war, noch bevor wir uns über den Erfolg des Ablehnungsantrags gegen Rauch hätten freuen können, eine Phase neuer erbitterter Auseinandersetzungen eröffnet, da Herr Engell durch seine bisherigen Leistungen nur allzu deutlich gezeigt hatte, was von ihm zu erwarten war.

Der Angeklagte erklärte, daß er es ablehne, sich von Herrn Engell psychiatrisch untersuchen zu lassen, und stellte einen Befangenheitsantrag gegen Engell, der mit dessen kritikloser Übernahme Rauchscher Untersuchungsergebnisse und Schlußfolgerungen begründet war. Das Gericht wies den Antrag zurück und belehrte den Angeklagten, daß Engells Gutachten keine Anhaltspunkte dafür geboten habe, daß es ihm an innerer Unabhängigkeit und Selbständigkeit gegenüber seinem Kollegen Prof. Dr. Rauch fehle, denn er habe vom Gericht den Auftrag gehabt, von dessen Befunden und Explorationsergebnissen auszugehen und diese als richtig zu unterstellen.

Boocks Weigerung, sich von Engell untersuchen zu lassen, konterte der Vorsitzende damit, daß er einen Zeugen lud, der den Angeklagten bereits untersucht hatte und nun über seine Befunde aussagen sollte. Wen wohl? Herrn Professor Dr. Hans-Joachim Rauch. Sachverständige kann man als befangen ablehnen, Zeugen nicht. Wir konnten auf diesen unglaublichen Affront nur mit einem Ablehnungsantrag gegen den Vorsitzenden Richter, Herrn Dr. Eitel, reagieren. Allzu offensichtlich war sein Bestreben hervorgetreten, Rauchs flüchtige Feststellungen – er hatte bei Boock keine Spuren von Injektionen gefunden – zur Grundlage eines Sachverständigengutachtens zu machen, das mit Sicherheit die volle Schuldfähigkeit des Angeklagten ergeben würde. Daß Herr Engell dafür der richtige Mann war, hatte er bereits bewiesen.

Wie der Vorsitzende Richter zu Herrn Rauch stand, hatte darüber hinaus ein der Verteidigung bekanntgewordenes Schreiben Dr. Eitels deutlich gemacht, in dem er sich bei dem Euthanasie-Professor mit überfließender Höflichkeit quasi dafür entschuldigte, daß man dem gegen ihn gerichteten Ablehnungsantrag habe stattgeben müssen:

Sehr geehrter Herr Professor Dr. Rauch,
Sie haben in der Zwischenzeit von anderer Seite vom Befangenheitsbeschluß des Senats Kenntnis erhalten. Zum Verständnis der Entscheidung erlaube ich mir, Ihnen eine Ausfertigung des Beschlusses zu übermitteln. Nach Rechtslage war der Senat gehalten, ohne Rücksicht auf den Wahrheitsgehalt der fraglichen Vorwürfe zu entscheiden und dabei von der Sicht des Angeklagten auszugehen. Aus diesem Grund hat der Senat auch davon abgesehen, Sie zu den vorgetragenen Sachverhalten zu hören oder Akten beizuziehen.

Mit vorzüglicher Hochachtung
– Dr. Eitel –
Vorsitzender Richter am Oberlandesgericht

Mit diesem Schreiben – wir hatten es in unserem Ablehnungsantrag gegen Dr. Eitel zitiert – kam der Vorsitzende »lediglich einer selbstverständlichen Anstandspflicht nach«. Das war die Meinung seiner Kollegen Dr. Berroth, Keller und Frick, die beschlossen, daß der Angeklagte keinen Grund habe, an der Unparteilichkeit und Unvoreingenommenheit des Vorsitzenden zu zweifeln.

So kam es denn also zur nochmaligen Vernehmung des Professors Dr. Hans-Joachim Rauch, diesmal als »Zeuge« über die von ihm erhobenen Befunde. Vergeblich beanstandeten wir Verteidiger immer wieder Fragen und Antworten, bei denen die Grenze zwischen Zeugen- und Sachverständigenbekundung nach unserer Meinung überschritten wurde. So fragte einer der Richter nach dem »neurologischen Befund«; Beanstandung abgelehnt; ein andermal machte der Vorsitzende einen Vorhalt aus Rauchs schriftlichem Gutachten; Beanstandung (»Es kann nicht aus einem Gutachten vorgehalten werden, das rechtlich nicht mehr als existent gilt; die Antwort des Zeugen ist ebenso irrelevant wie der Vorhalt«) abgelehnt. Herr Oberstaatsanwalt Pflieger leistete seine Beiträge im üblichen Stil (»Herr Rechtsanwalt Hannover hat nicht begriffen, was die Aufgabe eines Sachverständigen ist; ich will es Ihnen noch einmal mit einfachen Worten sagen …«). Gericht und Bundesanwaltschaft waren sich einig, einen besseren »Zeugen« als Herrn Rauch konnten sie sich nicht wünschen.

Aber auch wir Verteidiger nutzten unsere Chance, den »Zeugen« Rauch zu befragen. Und wohl erstmalig hatten »Terroristenverteidiger« eine bessere Presse als Gericht und Bundesanwaltschaft.

Michael Schwelien schrieb in der *Zeit* (22.7.1983) unter dem Titel »Ein Hauch von Vendetta?« und setzte sich kritisch mit der »kuriosen Entscheidung« auseinander, den als Sachverständigen abgelehnten Euthanasie-Professor nunmehr als Zeugen zu laden.

Im *stern* vom 22.7.1983 – leider nur in der Auslands-Ausgabe – schilderte Raimund Kusserow, wie er den Auftritt des »Zeugen« Rauch erlebt hatte:

So still war es schon lange nicht mehr in der Justiz-Festung von Stuttgart-Stammheim. Nur das leise Quietschen von zwei Krücken kündigt den Zeugen Hans-Joachim Rauch an. Während sich der 74jährige Psychiatrie-Professor aus Heidelberg, gestützt von zwei Wachtmeistern, über ein paar Stufen hinab in den Zeugenstuhl quält, blicken Richter und der Angeklagte, Ex-Terrorist Peter-Jürgen Boock, etwas peinlich berührt auf ihre Unterlagen. Ein Mann muß aussagen, dem man angesichts seiner Gebrechlichkeit alles andere als Stuttgart-Stammheim wünschen möchte.

Strafverteidiger Heinrich Hannover: »Herr Professor Rauch, haben Sie ein gutes Gedächtnis?« Rauch: »Im allgemeinen ja!« Rechtsanwalt Hannover macht zehn Sekunden Pause. Dann fragt er: »Haben Sie an der Kinder-Euthanasie des NS-Regimes teilgenommen?« Rauch: »Nein!«

Ob er denn das überhaupt beantworten müsse, will der Professor vom Gerichtsvorsitzenden wissen. Mit einer Handbewegung deutet Richter Dr. Walter Eitel an, daß man daran wohl nicht vorbeikomme ...

Auch andere Journalisten widmeten Rauchs Zeugenauftritt in Stammheim lange Artikel und vermittelten ihre Eindrücke von der vergifteten Prozeßatmosphäre, in der wir Anwälte uns gegen den Widerstand der Bundesanwaltschaft und des Gerichts um die Aufklärung einer unbequemen historischen Wahrheit bemühten.

Wer diese Befragung des Zeugen Hans-Joachim Rauch miterlebt hatte, wurde ein für allemal von der Illusion geheilt, daß vor deutschen Gerichten nicht ungestraft gelogen werden dürfe. Die im Stammheimer Mehrzweckgebäude amtierenden Richter und Staatsanwälte nahmen die Bekundung des einstigen Euthanasie-Arztes, er habe in der Zeit des Dritten Reiches weder mit der Beschaffung von Kindergehirnen zu tun gehabt noch überhaupt etwas von der Euthanasie-Aktion gewußt, gleichmütig entgegen, wurden aber zunehmend ungehaltener über die kritischen Fragen der Anwälte, die man offenbar als lästig empfand. Die Wahrheit, die wir zutage fördern wollten, war unerwünscht.

Am 6. September 1983, dem 43. Verhandlungstag, wurde ein Gerichtsbeschluß verkündet, durch den unser Antrag auf Einholung weiterer Sachverständigengutachten (Prof. Dr. Specht und Prof. Dr. Rasch) abgelehnt wurde. Begründung: der Senat habe selbst die erforderliche Sachkunde und sei von der Richtigkeit des Gutachtens des Ltd. Reg. Med. Dir. Engell überzeugt. Dieser hatte, ohne den Angeklagten selbst untersucht zu haben, auf der Grundlage der »Zeugenaussage« des Herrn Rauch dem Angeklagten für die Tatzeit volle Schuldfähigkeit attestiert.

Nun blieb uns noch ein letztes Mittel, das die Strafprozeßordnung dem Verteidiger zur Verfügung stellt, um einem Gericht bestimmte Beweismittel auch gegen seinen Willen aufzuzwingen: die unmittelbare Ladung eines Sachverständigen. Herr Professor Rasch hatte es uns gegenüber abgelehnt, auf Verteidigerladung hin zu gutachten, da er damit in langjähriger forensischer Praxis schlechte Erfahrungen gemacht hatte; er wäre nur auf gerichtliche Ladung gekommen. Zu unserem Glück bestand Herr Professor Specht nicht auf dieser Bedingung. Aber ihm wurde, wie Rasch es befürchtet hatte, übel mitgespielt.

Voraussetzung eines medizinischen Sachverständigengutachtens war selbstverständlich, daß dem Sachverständigen eine gründliche Untersuchung des inhaftierten Angeklagten ermöglicht wurde. Bei Herrn Rauch war das kein Problem gewesen. Dem von der Verteidigung benannten Sachverständigen hingegen wurde von Dr. Eitel eine »Besuchserlaubnis« von zweimal zwei Stunden Dauer »ohne Trennscheibe, jedoch in Anwesenheit des Anstaltsarztes« erteilt, eine Einschränkung, die er wie folgt begründete:

Ein völlig unüberwachter Besuch kommt nicht in Betracht. Dem Untersuchungsgefangenen werden schwerste, als Mitglied einer terroristischen Vereinigung begangene Straftaten vorgeworfen, für die mitverantwortlich zu sein er größtenteils bestreitet. Kontrollmaßnahmen, von denen nach den besonderen gesetzlichen Bestimmungen selbst die Verteidiger des Angeklagten nicht ausgenommen werden können, sind deshalb unumgänglich, zumal dem Senat Prof. Dr. Specht nicht bekannt ist. Ein vorliegendes Schreiben von Prof. Dr. Specht an den Verteidiger Rechtsanwalt Hannover endet mit der Bemerkung, »wir sind es einem derart verstrickten Menschen wie Herrn Boock schuldig, dem für ihn zuständigen Gericht die Möglichkeit zur Überprüfung seiner Entscheidungsgrundlagen aufzuzeigen«. Ein Risiko für den Zweck der Untersuchungshaft kann unter den gegebenen Umständen nicht von vornherein ausgeschlossen werden. Um den Interessen des Angeklagten und der Verteidigung sowie dem besonderen Charakter einer ärztlichen Untersuchung Rechnung zu tragen, wird von der Gesprächsüberwachung durch Polizeibeamte hier abgesehen und diese Überwachung dem Anstaltsarzt anvertraut. Mit dieser milderen Maßnahme wird zugleich dem Interesse der Anstalt Rechnung getragen, daß aus Gründen der Anstaltsordnung der Anstaltsarzt von ärztlichen Untersuchungen nicht ausgeschlossen sein darf (vgl. auch Nr. 56 Abs. 1 UVollzO). Ärztlicher Schweigepflicht unterliegt dieser insoweit nicht. Darauf wird vorsorglich hingewiesen.

Diese Verfügung entsprach den Wünschen der Bundesanwaltschaft, in deren von Herrn Oberstaatsanwalt Pflieger unterschriebener Stellungnahme Herr Professor Specht zweimal als Professor *Schlecht* bezeichnet wurde. Ein Versehen?

Wir erhoben Gegenvorstellung gegen die Verfügung des Vorsitzenden und beantragten, dem Sachverständigen Prof. Dr. Specht die ärztliche Untersuchung des Angeklagten ohne Überwachung durch den Anstaltsarzt oder andere Personen zu gestatten und die zeitliche Begrenzung auf zweimal zwei Stunden aufzuheben.

Herr Professor Dr. Specht ist nicht ein Besucher, der, wie die Bundesanwaltschaft in ihrem der Verteidigung erst jetzt bekanntgegebenen Schriftsatz vom 12. Oktober 1983 vorbringt, nach dem Gleichbehandlungsgrundsatz »wie jeder andere Besucher zu behandeln« wäre, sondern er hat in diesem Verfahren die Funktion eines Sachverständigen. Der Angeklagte und die Verteidigung haben einen prozessualen Anspruch darauf, daß dem Sachverständigen die Untersuchung des Angeklagten und das zur Vorbereitung des Gutachtens erforderliche Gespräch ermöglicht werden. Das heißt aber, daß die Untersuchung und das Gespräch unter den gleichen Bedingungen stattfinden, die auch sonst für Sachverständigenexplorationen gewährleistet sind.

Wir wiesen darauf hin, daß Professor Rauch unüberwachte Gespräche mit dem Angeklagten gestattet worden seien, und daß der Gleichbehandlungsgrundsatz es gebiete, daß Professor Specht die gleichen Untersuchungs- und Gesprächsbedingungen geboten würden.

Wir wandten uns auch gegen den unmißverständlich formulierten Überwachungscharakter der Verfügung des Vorsitzenden.

Die Begründung der Verfügung ist eine einzige Verdächtigung des von der Verteidigung benannten Sachverständigen, die mit Besorgnis registriert wird.

Wenn in der angefochtenen Verfügung von »Kontrollmaßnahmen, von denen nach den besonderen gesetzlichen Bestimmungen selbst die Verteidiger des Angeklagten nicht ausgenommen werden können« die Rede ist, dann trifft dieses Argument gerade nicht die Überwachungsmaßnahme, um die es hier geht. Denn nach den gesetzlichen Bestimmungen sind Gespräche der Verteidiger mit dem Mandanten bisher noch unüberwacht.

Zu Spechts wörtlich zitiertem Schlußsatz, in dem von »einem derart verstrickten Menschen wie Boock« die Rede war, dem wir es schuldig seien, dem zuständigen Gericht die Möglichkeiten zur Überprüfung seiner Entscheidungsgrundlagen aufzuzeigen:

Von Richtern, die dem Angeklagten mit der nötigen Unbefangenheit gegenübertreten, sollte eigentlich erwartet werden, daß sie sich diese humane Äußerung des Sachverständigen zu eigen machen können.

Und zu der angeordneten Überwachung durch den Anstaltsarzt, eine Bedingung, die Professor Specht uns gegenüber strikt ablehnte:

Daß das Gespräch zwischen Professor Specht und dem Angeklagten dazu dienen soll, den Anstaltsarzt als Beweismittel zu gewinnen, läßt sich aus dem Hinweis schließen, daß dieser der ärztlichen Schweigepflicht nicht unterliegt. Es ist offenbar beabsichtigt oder jedenfalls nicht auszuschließen, daß der Anstaltsarzt als sachverständiger Zeuge über den Gang der Untersuchung und den Inhalt des Gesprächs zwischen Professor Specht und dem Angeklagten oder gar als Sachverständiger gehört werden soll. Auch darin kündigt sich bereits ein Mißtrauen gegen den von der Verteidigung benannten Sachverständigen an, bevor das Gericht ihn überhaupt kennengelernt hat.

Das sind Bedingungen, die kein vom Gericht oder von der Staatsanwaltschaft bestellter Sachverständiger zu akzeptieren braucht. Sie können auch einem von der Verteidigung benannten Sachverständigen nicht zugemutet werden. Die Verfügung des Vorsitzenden läuft daher darauf hinaus, die Untersuchung des Angeklagten durch den Sachverständigen Professor Specht zu verhindern.

Die Exploration durch Professor Dr. Specht kann nur dann, wenn sie in einer vertrauensvollen Atmosphäre stattfindet, ihren Sinn erfüllen. Die Gespräche mit dem inzwischen erfolgreich abgelehnten Sachverständigen Professor Dr. Rauch litten daran, daß eine solche vertrauensvolle Atmosphäre nicht hergestellt werden konnte. Welchen Sinn soll eine Untersuchung haben, die unter Bedingungen stattfindet, unter denen der Angeklagte wahrscheinlich nicht mehr zu sagen bereit ist, als er Rauch gesagt hat?

Zusammenfassend betonten wir, daß auch für einen Angeklagten, dem vorgeworfen werde, sich als Mitglied einer terroristischen Vereinigung schwerster Verbrechen schuldig gemacht zu haben, die Unschuldsvermutung der Menschenrechtskonvention gelte.

Diese Unschuldsvermutung wird jedenfalls dann verletzt, wenn die Rechte eines Angeklagten auf direkte Ladung und Präsentstellung eines Sachverständigen mit einer Begründung beschnitten werden, die aus dem gegen ihn gerichteten Anklagevorwurf hergeleitet wird.

Der Vorsitzende blieb bei seiner Verfügung. Wir beantragten Gerichtsbeschluß. Antrag abgelehnt. Ein von der Verteidigung angekündigter Sachverständiger stehe einem gerichtlich bestellten nicht gleich. Auf seine Auswahl habe das Gericht keinerlei Einfluß; nicht selten sei er dem Gericht als Sachverständiger überhaupt nicht bekannt.

Auf seine Gewissenhaftigkeit und Unparteilichkeit von vornherein vollkommen zu vertrauen, besteht deshalb kein Grund. So liegt der Fall hier.

Wie lange würde Professor Specht sich diese Verdächtigungen und Kränkungen noch bieten lassen? Sie zielten offensichtlich darauf ab, ihn zu zwingen, seinerseits das Handtuch zu werfen. Aber vermutlich wurde bei ihm ein ähnlicher psychologischer Mechanismus des Nun-erst-recht! wirksam, wie ich selbst ihn bei den wiederholten Versuchen der Bundesanwaltschaft und des Gerichts, mich aus dem Prozeß herauszuekeln, erlebt hatte. Mit Spechts Einverständnis beantragten wir nunmehr, ihm die zur Vorbereitung seines Gutachtens notwendige Exploration in der Weise zu ermöglichen, daß der Sachverständige den Angeklagten ohne Überwachung, aber mit Trennscheibe sprechen könne. Bei der mündlichen Begründung dieses Antrags gab ich dem Gericht zu bedenken, ob nicht hier eine Grenze erreicht sei, bei deren Überschreitung das Urteil von vornherein mit einem schweren Mangel behaftet sein dürfte. Ich ging auf die gegen die Verteidiger gerichteten Verdächtigungen ein, mit denen das Gericht noch jüngst wieder entwürdigende Durchsuchungsmaßnahmen gerechtfertigt hatte (»Die sitzungspolizeiliche Anordnung über die generelle Durchsuchung von Prozeßbesuchern soll – gestützt auf Erfahrungen in früheren Prozessen – verhindern, daß Gegenstände in das Prozeßgebäude eingebracht werden, die geeignet und auch dazu bestimmt sind, Sicherheit und Ordnung dort zu stören«) und verwahrte mich gegen Verallgemeinerungen, die auf Diskriminierung eines ganzen Berufsstandes hinauslaufen. Ich zitiere aus dem Tonbandprotokoll:

Aber nun sind Sie einen Schritt weiter gegangen. Nun haben Sie darüber hinaus auch noch ein Beweismittel verdächtig gemacht, das von der Verteidigung benannt worden ist ... Das ist ein Schritt zu weit, meine Herren, und ich hoffe, daß das ein Revisionsgericht nicht mitmachen wird ... Wir haben, wohl bedenkend, mit welchem Mißtrauen wir hier bedacht werden, einen Sachverständigen gewählt, gegen den unter keinem denkbaren Aspekt irgendein Einwand zu erheben ist. Mit Professor Specht haben wir einen Mann gewählt, der so jenseits jeglichen politischen Verdachtes steht, daß die CDU-Regierung des Landes Niedersachsen ihn in einem bestimmten Bereich zu ihrem Berater gewählt hat ...

Gerichtsbeschluß:

Die beanstandete Entscheidung des Vorsitzenden über den Antrag, Prof. Dr. Specht die Exploration des Angeklagten mit Trennscheibe, aber unüberwacht zu gestatten, wird aus ihren zutreffenden Gründen bestätigt.
Gründe:
Die angeordnete Teilnahme des Anstaltsarztes ist die hier mildeste Maßnahme zur Sicherstellung des Haftzwecks.

Dieser Beschluß wurde am 8. November 1983, dem 53. Verhandlungstag, kurz vor Ende der Sitzung verkündet. Erklärungen der Verteidigung dazu schnitt der Vorsitzende mit der Bemerkung ab:

Die Sitzung ist geschlossen.

Zum 54. Verhandlungstag, dem 15. November 1983, hatte die Verteidigung Professor Specht unter strenger Beachtung strafprozessualer Vorschriften durch Gerichtsvollzieher geladen. Außerdem stellten wir einen sachverständigen Zeugen präsent, der aus Paris anreiste und in Spechts Gegenwart über Untersuchungsbefunde berichten sollte, die er Ende 1977 und Anfang 1978, also in einem tatrelevanten Zeitpunkt, bei Boock erhoben hatte: Dr. Leon Schwartzenberg, Professor für Cancerologie am Hospital Paul-Brousse in Villejuif bei Paris, auch deutschen Lesern bekannt als Verfasser des Buches *Den Tod verändern. Bericht eines Arztes*. Was sich an diesem 15. November 1983 in der Stammheimer Justizfestung abspielte, spottet jeder Beschreibung. Die Eindrücke, die Schwartzenberg und Specht von deutscher Justiz mitgenommen hatten, erfüllen mich noch heute mit Scham. Immerhin waren wir, der Kollege Wolf Römmig und ich, dafür verantwortlich, daß wir den beiden Professoren, beide Wissenschaftler von internationalem Ansehen, die Reise nach Stuttgart und die Vernehmung durch Richter und Bundesanwälte zugemutet hatten, deren Mißtrauen und Feindseligkeit auch sie zu spüren bekamen.

Es hatte schon im Vorfeld damit begonnen, daß uns einer der Richter, Herr Dr. Berroth, eine Dolmetscherin, eine Frau Federmann*, empfohlen hatte, die ihrer Aufgabe in keiner Weise gewachsen war. Es ist schwer zu glauben, daß nicht schon da böser Wille im Spiel war.

Die durch Übersetzungsfehler und unterdurchschnittliche Formulierungskompetenz der Dolmetscherin schwer beeinträchtigte Vernehmung von Professor Schwartzenberg, dessen geschliffenes Französisch in holprigem Deutsch, oft sinnentstellt und streckenweise unverständlich wiedergegeben wurde, ergab, daß er Boock Ende November oder Anfang Dezember 1977 in Paris untersucht und an den Venen beider Arme und an den Fußvenen Folgen von Injektionen (u. a. Vernarbungen in der Ellenbeuge, Venen zum großen Teil nicht mehr durchgängig oder in so schlechtem Zustand, daß sehr dünne Nadeln benutzt werden mußten) vorgefunden hatte. Auch seine sonstigen Bekundungen sprachen dafür, daß Boock damals sich erhebliche Mengen von Drogen zuführte. Aussagen also, die dem Gericht und der Bundesanwaltschaft gar nicht gefielen, weil sie das Rauch-Engell-Gutachten in Frage stellten.

---

* Name geändert

Professor Dr. Schwartzenberg wirkte durch die souveräne Ruhe und Sicherheit seines Auftretens und seiner Aussage sehr überzeugend, so daß die polemisch formulierten Fragen der Bundesanwälte und Richter, die seine Glaubwürdigkeit erschüttern sollten, für den Zuhörer eine quälende Peinlichkeit hatten. Schwartzenberg, dem die ihm entgegenschlagende Feindseligkeit trotz der schlechten Übersetzung nicht verborgen bleiben konnte, reagierte gelassen und mitunter ironisch. Als einer der Richter sich darüber verwundert gab, daß Schwartzenberg dem schwerkranken jungen Mann, den er für einen politischen Flüchtling hielt, keine Rechnung erteilt hatte (»Sie haben also auch die Medikamente selbst bezahlt?«), bekam er zur Antwort: »Ich kann Ihnen versichern, solche Medikamente sind in Frankreich nicht teuer.« Den blamabelsten Hieb aber holte sich der Bundesanwalt Zeis, als er Schwartzenberg eine Stelle aus seinem Buch *Den Tod verändern* vorhielt, wo davon die Rede ist, ob man einem todkranken Patienten die Wahrheit sagen sollte. Zeis wollte, ein maliziöses Lächeln aufsetzend, wissen, ob die Empfehlung, nicht die Wahrheit zu sagen, nur gegenüber Krebskranken gelte. Noch bevor Schwartzenberg antworten konnte, griff der Kollege Römmig ein und warf dem Bundesanwalt Unredlichkeit vor; er wies darauf hin, daß der von Zeis zitierte Satz aus dem Kapitel »Die Argumente gegen die Wahrheit« stammt, und daß noch auf derselben Seite das Kapitel »Die Argumente gegen die Lüge« beginnt.

Im Anschluß an die Vernehmung des französischen Krebsarztes gab der von uns geladene Sachverständige Professor Dr. Specht eine gutachtliche Stellungnahme ab, die er als vorläufige bezeichnete, da er selbst Boock noch nicht untersuchen konnte. Aber er konnte an die von Schwartzenberg festgestellten Befunde anknüpfend einige generelle Auskünfte über die Leistungsfähigkeit von Opiatabhängigen geben, die der Rauch-Engellschen Schlußfolgerung von den angeklagten Taten auf mangelnde Drogenabhängigkeit widersprachen. Specht verwies darauf, daß z. B. morphiumabhängige Ärzte jahrelang ihren Beruf ausgeübt hätten, ohne daß ihnen Kunstfehler unterlaufen seien. Was aber nichts über ihre Schuldfähigkeit aussage.

Das gefiel natürlich erst recht nicht. Und so wurde Specht noch bösartiger als Schwartzenberg befragt. Hatten die Bundesanwälte bei Schwartzenberg nur die politische Einstellung verdächtigt (»Können Sie uns Ihre politische Einstellung schildern?«, so wurde bei Specht sogar die fachliche Kompetenz in Zweifel gezogen (»Wie oft sind Sie schon als Gutachter tätig gewesen«). Vor allem aber wurde sowohl seitens der Bundesanwaltschaft als auch seitens des Gerichts versucht, Professor Specht als Sympathisanten des Angeklagten und des Terrorismus hinzustellen. »Wie kommen Sie eigentlich dazu, die Rolle des Angeklagten bei dem Raketenwerfer in Karlsruhe zu verniedlichen?« lautete eine der provokanten Fragen des Bundesanwalts Zeis. Specht hatte, juristisch völlig korrekt, formuliert, Boock sei an der Tat »beteiligt« gewesen. Herr Zeis liebte stärkere Ausdrücke.

Professor Specht, im Gegensatz zu seinem französischen Kollegen ein ganz unpolitischer Mann, der in seiner bürgerlichen Redlichkeit überhaupt nicht darauf gefaßt war, in Stammheim wie ein Komplize von Terroristen behandelt zu werden, reagierte auf all diese Anfeindungen mit der defensiven Höflichkeit, die ihm als Umgangsform aus der Universitätsklinik und aus anderen, von politischen Leidenschaften unberührten, Gerichtsverfahren vertraut war. Er litt spürbar unter dem in Stammheim herrschenden Ton. Aber es war noch nicht alles, was diesem von der Verteidigung geladenen Sachverständigen zugemutet wurde.

Die Verteidigung beantragte in der Verhandlung vom 15. November 1983 erneut, Professor Specht zu ermöglichen, den Angeklagten unter den üblichen Bedingungen eines Sachverständigengesprächs, d. h. ohne Überwachung und ohne, eventuell mit, Trennscheibe zu explorieren und sein Gutachten auf der Grundlage dieser weiteren Erkenntnisquelle zu erweitern. Ich wies darauf hin, daß die Begründung, mit der bisher ein unüberwachtes Gespräch abgelehnt worden sei, nämlich daß der Senat den von der Verteidigung benannten Sachverständigen nicht kenne und ihm deshalb kein Vertrauen entgegenbringen könne, nicht mehr zutreffe.

Die Begründung, mit der das Gericht auch diesen Antrag ablehnte, übertraf alles, was man Professor Specht bisher an beleidigenden Unterstellungen zugemutet hatte. In dem am 17. November 1983 verkündeten Beschluß wurde formuliert, es bestehe »die Gefahr, daß Prof. Dr. Specht Verdunkelungsversuchen des Angeklagten nicht standhält«.

Was sich Richter und Bundesanwälte gegenüber den Verteidigern des RAF-Aussteigers Peter-Jürgen Boock und den von ihnen präsentierten Beweismitteln, den Professoren Specht und Schwartzenberg, geleistet hatten, ging weit über das hinaus, was ich aus anderen politischen Prozessen als sozusagen normale Feindseligkeit kannte. Hier in Stammheim ließ man sich in einer Weise gehen, die im deutschen Strafprozeß ungewöhnlich ist und einen sachkundigen Prozeßbeobachter (Prof. Dr. Wolf-Dieter Narr) zu der Bemerkung veranlaßte, es habe »ein Hauch von Volksgerichtshof« im Saale geschwebt. In vielen kritischen Kommentaren seriöser Journalistinnen und Journalisten wurde immer wieder das den Prinzipien eines fairen Prozesses widersprechende Verhalten der Anklagevertreter und des Gerichts mit Erstaunen zur Kenntnis genommen. Gerade auch beim Thema Drogenabhängigkeit kamen zielgerichtete Gehässigkeiten und mangelnder Aufklärungswille in solchem Maße zum Vorschein, daß man geneigt ist, für eine solche, immerhin von intelligenten und rechtskundigen Juristen getragene Prozeßführung irrationale Motive zu suchen, die über die schon von Paul Reiwald (*Die Gesellschaft und ihre Verbrecher*, Zürich 1948/Frankfurt 1973) analysierten Affekte der Strafenden noch hinausgehen.

Ich habe meine Stammheimer Verteidigererfahrungen an anderer Stelle (*Kritische Justiz*, 1985, S. 396) als »Begegnung mit der Angst« beschrieben und andere auf der Hand liegende Motive mit Vorbedacht auf die damals noch ausstehende Fortsetzung des Prozesses verschwiegen. Für die in Stammheim agierenden Bundesanwälte und Richter wurden alle, die als Verteidiger, Zeugen oder Sachverständige Beiträge zur Wahrheitsfindung leisten wollten, die möglicherweise den Schuldbeweis im Detail (z. B. wegen Drogeneinflusses) in Frage stellen konnten, zu Feinden, die mit der Rote Armee Fraktion (RAF) im Bunde standen. Da herrschte ein verschwörungstheoretisches Denkmodell, für das alles, was zur Verteidigung des Angeklagten unternommen wurde, als Bestandteil einer großangelegten, unheimlichen und angsterregenden Konspiration erschien, in die, wie die Sitzungsvertreter des Generalbundesanwalts glaubten, sogar die bürgerliche Presse einbezogen war.

Und so bekam auch alles, was die Professoren Specht und Schwartzenberg äußerten, im verschwörungstheoretischen Koordinatensystem dieser Stammheimer Juristenriege eine andere Bedeutung. Wenn Professor Specht den Angeklagten als »verstrickten Menschen« bezeichnete, dann witterte man darin eine Parteinahme nicht nur für den Angeklagten, sondern für das terroristische Konzept, von dem gerade dieser Angeklagte sich schon vor Jahren mit Wort und Tat getrennt hatte. Und nun präsentierten diese verdächtigen Verteidiger gar noch einen Professor, der bereit war, aus Paris anzureisen, und sich dieses namenlosen Patienten erinnerte, den er unter geheimnisvollen Umständen in einer Wohnung aufgesucht und behandelt hatte. Geradezu triumphal wurde Schwartzenbergs Aussage aufgespießt, daß er für Boocks Behandlung in Paris keine Rechnung erteilt und sogar die Medikamente selbst bezahlt hatte. Für die lockere, humane Selbstverständlichkeit und Souveränität, mit der dieser französische Arzt seinen Beruf ausübte, fehlte den Stammheimer Gehaltsempfängern jede Antenne.

Es durfte einfach nicht wahr sein, daß Professor Schwartzenberg schon 1977 beim Angeklagten völlig zerstochene Venen gesehen und Drogenabhängigkeit vermutet hatte. Und Professor Specht durfte nicht die Möglichkeit geboten werden, die bequemen Gutachten der Herren Rauch und Engell zu erschüttern.

Peter Henkel, der Stuttgarter Prozeßbeobachter der *Frankfurter Rundschau*, sah als juristischer Laie voraus, was den Rechtskundigen auf der Richterbank erst vom BGH gesagt werden mußte (*Frankfurter Rundschau* vom 14. 2. 1984):

Wenn der Senatsvorsitzende Walter Eitel vermutlich im März das voraussehbare Urteil »lebenslang« verkünden wird, dann haben Anklagevertretung und Gericht in bewährter Kooperation verhindert, daß die für eine Strafminderung entscheidende Frage der Rauschmittelsucht fachmedizinisch ausreichend geprüft werden konnte.

Und so kam es denn auch. Das Urteil des 2. Strafsenats vom 7. Mai 1984 wurde vom BGH am 8. Juli 1985, allerdings nur im Strafausspruch, mit den Feststellungen aufgehoben und die Sache zu neuer Verhandlung und Entscheidung an einen anderen Senat des Oberlandesgerichts zurückverwiesen. Der Bundesgerichtshof sah einen Verfahrensfehler darin, daß der Stuttgarter Strafsenat eine möglicherweise durch Drogenabhängigkeit bewirkte verminderte Schuldfähigkeit des Angeklagten bei Begehung der Taten ausgeschlossen hatte, ohne ausreichend sachverständig beraten gewesen zu sein. Damit trug der BGH der öffentlichen Kritik an dem skandalösen Verfahren des Eitel-Senats Rechnung. Aber er sorgte dafür, daß wesentliche von dem Euthanasie-Professor Rauch vorgegebene Feststellungen und Wertungen auch für die folgende Hauptverhandlung verbindlich blieben, ohne daß dies der nichtrechtskundigen Öffentlichkeit sogleich auffiel. Er ließ nämlich den Schuldspruch mit all den bösen Feststellungen zur subjektiven Seite bestehen, so daß den neuen Sachverständigen und dem nunmehr zuständigen Gericht kaum Bewegungsfreiheit blieb. Sie waren an die mit Hilfe des Heidelberger Hirnspezialisten getroffenen Feststellungen des ersten Urteils gebunden, wonach Boock mit Tatkraft, Umsicht, Durchsetzungsvermögen, Eifer, Hingabe und Entschlossenheit seine Taten begangen habe, Bewertungen also, die kaum Raum für neue Feststellungen ließen und denn auch den neuen Vorsitzenden zu dem Stoßseufzer veranlaßten, »wozu eigentlich man denn hier verhandele« (vgl. Peter Henkel, *Frankfurter Rundschau* v. 27.11.1986).

Die neue Hauptverhandlung fand vom 6. Mai bis 28. November 1986 vor dem 5. Strafsenat des Oberlandesgerichts Stuttgart statt – ich nahm wiederum als Verteidiger teil, diesmal zusammen mit den Kollegen Johann Schwenn (Hamburg) und Dr. Sebastian Cobler (Frankfurt) – und unterschied sich, insbesondere dank der souveränen Liberalität des Vorsitzenden Richters Herbert Schmid, ganz wesentlich vom ersten Durchgang.

Susanne Sonntag in der *Stuttgarter Zeitung* vom 26. 5. 1986:

Dankbar werden Veränderungen registriert, kleine Anzeichen einkehrender Normalität – sofern dies im sogenannten Mehrzweckgebäude von Stammheim überhaupt möglich ist. Man hört, daß sich die Wahlverteidiger nicht mehr durchsuchen lassen müssen. Jahrelang war dies anders gewesen, hatten sie sich eine potentielle Komplizenschaft mit ihren Mandanten unterstellen lassen müssen. Die Durchsuchungen der Besucher sind weniger kleinlich und die Großraummine im Kugelschreiber darf jetzt auch wieder mit in den Saal.
Souveränität, wie lange hat man sie in Stammheim vermißt. Der Vorsitzende Richter Herbert Schmid zeigt, was auch hier möglich ist: eine faire Verhandlungsführung, die über jeden Verdacht der Parteilichkeit erhebt, in unverkrampfter Distanz zu den anderen Verfahrensbeteiligten, insbesondere auch zur Bundesanwaltschaft.

Die Sitzungsvertreter der Bundesanwaltschaft hatten auch diesmal keine gute Presse. Bundesanwalt Zeis wußte keine andere Erklärung dafür, als daß es dem Angeklagten und seinen Vertrauensverteidigern gelungen sei, »gleich mehrere Presseorgane zu seinem Sprachrohr zu machen«. Ob er auch Peter Henkel, den Stuttgarter Berichterstatter der *Frankfurter Rundschau* meinte, der sich zum Angeklagten dieses Prozesses oft geradezu hellsichtig kritisch verhielt und dafür manches Lob von den Bundesanwälten erntete? Er schrieb am Ende der zweiten Hauptverhandlung (*Frankfurter Rundschau* vom 27. 11. 1986):

Zu den Lichtblicken dieses Prozesses zählt das menschliche und juristische Format, das auf der Verteidigerbank durchgehalten worden ist.

Die Bundesanwälte werden sich darüber ebensowenig gefreut haben wie über die ihnen zuteil gewordene Würdigung:

Eine subtile Anklagevertretung hätte nicht über die »Kotzkübel« gejammert, die die Verteidiger bei ihrer sogenannten Medienkampagne über ihr ausgeleert haben sollen. Sie wäre ernsthafter auf die Frage eingegangen, welchen Stellenwert sie dem ehrwürdigen Rechtsgrundsatz »Im Zweifel für den Angeklagten« einräumt angesichts der Tatsache, daß der Pariser Medizinprofessor Leon Schwartzenberg Anfang Dezember 1977 bei Boock an Armen und Beinen massenweise Einstichspuren fand, die aus intensiver Spritzpraxis der vergangenen Wochen und Monate rühren müßten.

Zwar kam der 5. Strafsenat des Oberlandesgerichts hinsichtlich der Drogenabhängigkeit des Angeklagten und deren Folgen zu anderen Ergebnissen als der auf Herrn Rauch fixierte 2. Strafsenat. Aber vor dem erneuten Lebenslang konnten wir Peter-Jürgen Boock gleichwohl nicht schützen. Als ehemaliger Verteidiger möchte ich das Urteil in diesem Fall nicht kommentieren.

Was aus den anderen Prozeßbeteiligten geworden ist? Peter-Jürgen Boock wurde im März 1998 nach 17 Jahren Haft vorzeitig auf Bewährung entlassen. Herr Dr. Eitel wurde Landgerichtspräsident. Herr Zeis, lange Zeit als Nachfolger Kurt Rebmanns im Gespräch, wurde nicht Generalbundesanwalt. Herr Professor Hans-Joachim Rauch wurde weiterhin als Sachverständiger, sogar vom BGH, beschäftigt. Ein Ermittlungsverfahren wegen seiner Beteiligung an den Euthanasie-Morden stellte die Staatsanwaltschaft Heidelberg ein. Ein weiteres Verfahren wegen Falschaussage im Boock-Prozeß (sein Bestreiten, mit der Euthanasie-Aktion des Dritten Reiches zu tun gehabt zu haben) gedieh immerhin zu einer Anklage der von dem Kollegen Wolf Römmig und mir mit Material und mancherlei Anstößen versorgten Staatsanwaltschaft Stuttgart, wurde aber am 12.12.1991 durch einen Beschluß eines Stuttgart-Bad Cannstatter Amtsrichters erledigt, der die Eröffnung des Hauptverfahrens mit haarsträubender Begründung ablehnte, nämlich, er habe seine Mitwirkung »am Forschungsauftrag des Prof. Dr. Carl Schneider« verschweigen dürfen, weil dieser Fragenkreis »für das Strafverfahren gegen Peter-Jürgen Boock unerheblich und ohne Bedeutung« gewesen sei; es sei nicht beweisbar, daß Rauch an Tötungsaktionen kausal beteiligt gewesen sei. Das war ganz unauffällig und ohne Information der Öffentlichkeit erfolgt. Wir erfuhren erst davon, als die Akten längst zugeklappt waren. Die Staatsanwaltschaft hatte von ihrem Beschwerderecht keinen Gebrauch gemacht und es auch wohlweislich unterlassen, Römmig und mich zu benachrichtigen. Herr Professor Rauch wird, wie das hierzulande bei NS-Tätern üblich ist, seinen Lebensabend mit einer guten Pension ausgestattet und in allen Ehren genossen haben oder noch genießen.

11. Handtaschenklau oder ein unterbrochener Späh- und Lauschangriff (1981/82)

Im Februar 1982 wurde vor dem Schöffengericht Bremen eine Strafsache verhandelt, deren Anlaß bundesweites Aufsehen erregt hatte. Eine Wohngemeinschaft hatte sich gegen einen tölpelhaft inszenierten Lauschangriff des Verfassungsschutzes gewehrt und dabei Notizen erbeutet, deren Veröffentlichung erstaunliche Einblicke in den Umfang geheimdienstlicher Überwachung gewährte. Die Staatsanwaltschaft hatte daraus eine Anklage wegen Raubes gemacht. Der Angeklagte Waldemar Schwarz*, ein damals 33jähriger arbeitsloser Gärtner, Oberleutnant der Reserve, wurde beschuldigt, sich eines Kunststoffbeutels, in dem sich einige der brisanten Unterlagen befanden, mit Gewalt bemächtigt zu haben. Einzige Belastungszeugin: die Agentin Silvia Hahn*, deren Glaubwürdigkeit von meinem Mandanten und dessen Freunden mit guten Gründen bestritten wurde. Es ging um folgendes:

Im Juni 1981 hatten die Bewohner des Hauses Graudenzer Straße 26 in Bremen bemerkt, daß in die Dachgeschoßwohnung des gegenüberliegenden Hauses ein Observationstrupp des Verfassungsschutzes eingezogen war und sie von dort aus mit Teleobjektiven, Fotoapparaten und Videokameras aufs Korn nahm. Man verlegte die Mahlzeiten in einen der nach hinten gelegenen Räume, um wenigstens unbeobachtet essen zu können, und begann, die alltäglich von 14.30 Uhr bis 20.30 Uhr auf- und untertauchenden Verfassungsschützer ihrerseits zu observieren und zu fotografieren. Nachdem man das eine Woche lang durchgehalten hatte, beschloß man, der Sache ein Ende zu bereiten.

---

* Name geändert

Am 30. Juni 1981 spielte sich dann folgendes ab: Waldemar Schwarz, mein späterer Mandant, klingelte an der Haustür des gegenüberliegenden Hauses. Der Hausbesitzer, Herr Winter*, öffnete und ließ sich durch die Frage »Kann ich mal eben zu den Kollegen?« überlisten.

Als dann noch drei weitere Personen angelaufen kamen, versuchte er vergeblich, die Tür zu schließen. Waldemar Schwarz fand in der unverschlossenen Dachgeschoßwohnung zwei Frauen vor, die völlig überrascht und verschreckt die Hände hoben, obwohl noch kein Wort gefallen war. Die eine, Silvia Hahn, rief dann angstvoll: »Werden Sie bitte nicht radikal!« – »Wir hüteten uns, den beiden Agentinnen auch nur ein Haar zu krümmen«, sagte Waldemar Schwarz später. Inzwischen waren die anderen gefolgt. Einer schraubte spontan die Kamera, die im Flur montiert und auf das Haus Nr. 26 gerichtet war, vom Stativ und warf sie zum Fenster hinaus. Die beiden anderen machten sich an die größeren Geräte. Und so flog die ganze Observationseinrichtung aus dem Fenster, Fernglas, Mikrofon, Funkgerät, Trafos, Fernsehgerät, Monitor, Fotoapparate, Stative, Kopfhörer, Kabel, Video-Filmkamera, Filme und anderes Lausch- und Spähzubehör. Alles lag mehr oder weniger beschädigt im Vorgarten oder auf der Straße und wurde von der bald eintreffenden Polizei, die Silvia Hahn telefonisch herbeigerufen hatte, eingesammelt, wobei Waldemar Schwarz hilfreich zur Hand ging. Er erklärte den Polizeibeamten sogleich, daß er an der Aktion beteiligt gewesen war. »Das war Notwehr. Das hält doch kein Mensch aus, wenn man seit Tagen keinen Schritt mehr unbeobachtet tun kann.« Die Polizeibeamten, die vor Ort die Empörung und den Triumph der inzwischen zahlreich versammelten Anwohner der Graudenzer Straße miterlebten, sahen keinen Anlaß zu Personenfeststellungen oder gar Festnahmen, sondern begriffen offenbar, daß sich hier Bürger gegen einen Eingriff in ihre Privatsphäre gewehrt hatten, den man sich nur in autoritären Systemen gefallen lassen muß. Sie nahmen nur die Verfassungsschützerin Silvia Hahn mit, die

---

* Name geändert

ihre Jacke über den Kopf zog, um sich gegen neugierige Blicke zu schützen. Die andere Lauschbeamtin hatte schon vorher das Weite gesucht.

Während die Bewohner des Hauses Graudenzer Straße 26 mit einigen Gläsern Wein ihren Sieg feierten, brüteten die Hüter von »law and order« ihren Gegenschlag aus. Zwischen 19 Uhr und 19.30 Uhr war das Verfassungsschutznest ausgehoben worden. Gegen 22 Uhr kam die Staatsgewalt zurück. So haben die Betroffenen es später der Journalistin Margot Overath geschildert:

Wir hörten knallende Geräusche. Autotüren wurden zugeschlagen. Ich rannte zum Fenster, an beiden Enden der Straße sah ich Mannschaftswagen der Polizei, quergestellt, kleinere Busse und Polizeistreifen. Zwanzig oder dreißig Beamte stürzten auf unser Haus zu. Wir hatten schon einen getrunken, da waren wir alle ein bißchen langsam. Einer von uns ist runtergegangen zur Tür. Aber geklingelt hat es gar nicht, es hat gleich gekracht, die Tür wurde eingetreten.

Sie fielen über uns her. Wir wußten nicht, wie uns geschah. Mir schlugen sie in den Magen, als ich nach einem schriftlichen Durchsuchungsbefehl fragte. Das war ihre Antwort. Ich habe in den Garten gekuckt, da standen die Bullen, in der Gastfeldstraße und in der Graudenzer auch. Also das Haus war ringsum umstellt. Sie waren auch schon überall. Sie ließen kein Zimmer aus. Wäsche und Handtücher holten sie aus den Schränken heraus. Einer war dabei, der war ein bißchen verrückt. Der hat nacheinander vier Weingläser genommen, angekuckt, den Fuß abgeschlagen und dann das kaputte Glas ohne Fuß wieder hingestellt. Ein anderer, mit Helm und Knüppel, war völlig nervös. Der fuchtelte mit dem Knüppel, sagte: bleib da ja stehen, und dann trat er nach dem Hund. Auch von den Zivilen hatten einige einen Helm auf, als sie die Treppe hochstürmten. Die hatten anscheinend gedacht, es gibt Randale.

Was eigentlich gesucht wurde, erfuhren die Bewohner des Hauses Nr. 26 nicht. Wahrscheinlich ging es um die Notizbücher und Adressenverzeichnisse, die sich in einem Aktenkoffer und in dem Kunststoffbeutel der Silvia Hahn befunden hatten. Aber die waren längst anderswo in Sicherheit. Und daraus sollte dem Verfassungsschutz noch viel Ärger erwachsen. Denn diese Papiere enthielten Namen und Adressen von für das Landesverfassungsschutzamt tätigen Agenten und Agentinnen und deren Zielpersonen, samt Observationsprotokollen. Etwa 500 Bremer erfuhren einige Tage später aus einer reichbebilderten Broschüre anonymer Herausgeber, daß sie Objekt staatlicher Beschnüffelung waren, und eine Hochrechnung der bekannt gewordenen Zahlen erlaubte den Schluß, daß in Bremen mehrere tausend Bürger amtlich überwacht wurden. Der Leiter des Landesverfassungsschutzamtes, ein Herr Galle, mußte gehen, das gesamte Observationspersonal mußte ausgetauscht werden. Aus konservativer Sicht eine peinliche Panne. Dafür mußte jemand bestraft werden. Und so wurde denn die Frage, wie Waldemar Schwarz in den Besitz der Tasche mit diesen brisanten Papieren gelangt war, zum zentralen Thema des nachfolgenden Strafverfahrens. Aber davon später.

Zunächst wurden nach ergebnisloser Hausdurchsuchung alle fünf Anwesenden ins Polizeihaus verbracht, wo sie ein paar Stunden in Einzelzellen eingesperrt wurden. Später wurde bekannt, daß die Agentin Silvia Hahn sie durch die Gucklöcher der Zellentüren identifizieren sollte. Wenn das eine Gegenüberstellung sein sollte, war sie höchst unsachgemäß und erklärt vielleicht die zahlreichen Personenverwechslungen und Falschbezichtigungen, die der Agentin später in ihrer Rolle als Zeugin unterliefen. Aber davon abgesehen war eine Identifizierung völlig überflüssig, da keiner der Bewohner des Hauses Nr. 26 bestritt, an der Aktion beteiligt gewesen zu sein. Aber an überflüssigen Staatsgewaltakten ließ man es an diesem Abend auch sonst nicht fehlen. So wurde auch noch das Nachbarhaus Nr. 24 durchsucht, nachdem man auch dort die Haustür eingetreten hatte, obwohl ein Hausbewohner bereit war, die Tür aufzuschließen.

Was war überhaupt der Grund, daß die Bewohner des Hauses Graudenzer Straße 26 vom Verfassungsschutz observiert wurden? Sie sollten das erst Monate später erfahren, denn die mit der Untersuchung des Vorfalls betraute parlamentarische

Kontrollkommission der Bremischen Bürgerschaft, bestehend aus den Herren Neumann (CDU), Wedemeier (SPD) und Lahmann (FDP), hüllte sich in Schweigen. Der einzige Skandal, den diese Herren entdecken konnten, war der, daß die Verfassungsschützer sich hatten erwischen lassen. Die Observation als solche aber erklärten sie für notwendig und rechtmäßig und beriefen sich im übrigen auf ihre Geheimhaltungspflicht.

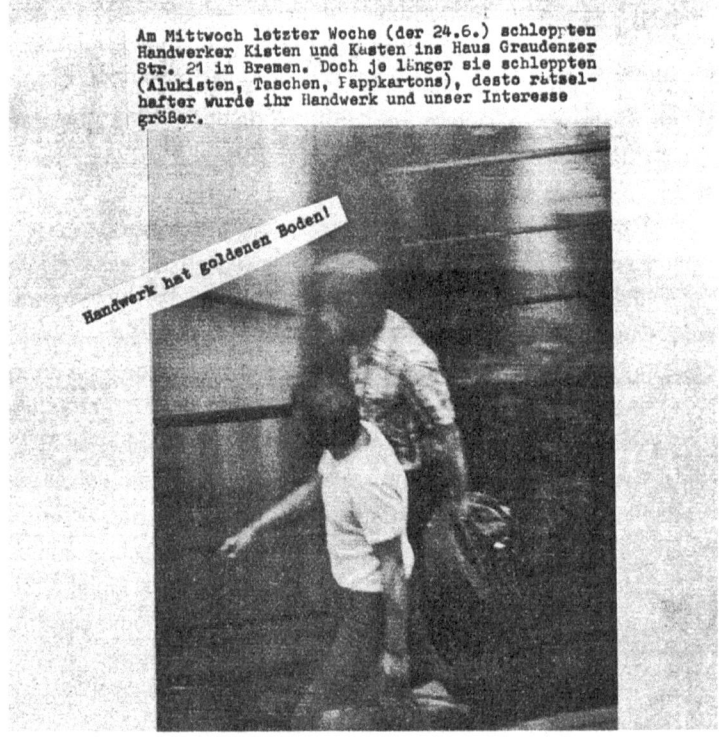

Die Opfer des Späh- und Lauschangriffs dokumentierten in einer Broschüre den Eingriff in ihre Privatsphäre.

Auch nach dem bremischen Verfassungsschutzgesetz bedarf es »tatsächlicher Anhaltspunkte« für Bestrebungen oder Tätigkeiten, die gegen die freiheitlich demokratische Grundordnung oder den Bestand und die Sicherheit des Bundes oder eines Landes gerichtet sind, um die Anwendung »nachrichtendienstlicher Mittel« zulässig zu machen. Wie man im Fall Graudenzer Straße 26 diese »tatsächlichen Anhaltspunkte« konstruiert hatte, erfuhren die betroffenen Hausbewohner bei einer weiteren Hausdurchsuchung, die im Oktober desselben Jahres stattfand. Diesmal kamen die Herren um sieben Uhr morgens. Wie Diebe hatten sie lautlos die Tür aufgehebelt. Plötzlich standen mehrere Männer in der Wohnung. Einer stellte sich als Vertreter des Generalbundesanwalts aus Karlsruhe vor, ein Herr Kouril, den ich später als einen der Ankläger im Prozeß gegen Peter-Jürgen Boock in Stuttgart-Stammheim kennenlernen sollte.

Einer der ihn begleitenden Herren war Harry Warrelmann, Sprengstoffexperte der Bremer Polizei, der jahrelang Bomben aus dem letzten Weltkrieg entschärft hat. Eine der Betroffenen zu Margot Overath:

Schluck, dachte ich, das ist dann doch zu dicke. Karlsruhe, sagte ich, was wollen Sie denn bei uns? Ja, meinte der, terroristische Vereinigung. Das war so aberwitzig, so irreal ... Wir mußten lachen, obwohl das ja gar nicht zum lachen war ... In allen Töpfen haben sie dann nach Sprengstoff gesucht, überall wo Hohlräume waren, haben sie rumgeschnüffelt, ob das nun unter der Dusche war oder sonstwo. Und sie waren immer sehr erfreut, wenn sie irgendwo ein Pulver gefunden hatten. Harry, Harry, komm mal schnell. Und Harry Warrelmann, der Sprengstoffexperte, war immer ganz enttäuscht, wenn es nur Roggenmehl oder Weizenmehl oder sonstwas war. Einen alten Chemiekasten haben sie dann gefunden und mitgenommen. Und einen Feuerlöscher. Das Schaumzeug haben sie dann unter ein Auto gespritzt und ein Feuerzeug drangehalten. Wenn da wirklich was Explosives dringewesen wäre, wäre das Auto hochgegangen. Es war ein Bullenauto. Wir haben uns schiefgelacht. Da kam eine ältere Frau auf dem Bürgersteig vorbei, die hat was auf dem Mantel abbekommen. Zuerst war sie sauer, aber als sie merkte, daß das Bullen waren, ist sie schnell weitergegangen. Dann fingen sie an, auf unseren Schreibmaschinen Kommandoerklärungen zu tippen. Da haben wir nach einem Anwalt gerufen, sie hätten ja später sagen können, diese Erklärung ist auf eurer Schreibmaschine getippt worden, da haben wir Blut und Wasser geschwitzt.

Als Anwalt war dann Rolf Gössner zur Stelle, der sich die Kommandoerklärungen zeigen ließ und darauf vermerkte, daß es sich um Schriftproben der Polizei handelte.

Diesmal hatten die Herren einen Durchsuchungsbeschluß dabei, der über die tatsächlichen Anhaltspunkte für den Verdacht und deren Dürftigkeit hinreichend Auskunft gab. Was der Ermittlungsrichter des Bundesgerichtshofs, Herr Kuhn, in einem Beschluß vom 31. August 1981 abgezeichnet hatte, war offenbar eine Computerkombination von Fakten, wie man sie auch für zigtausend andere Bürger unseres Staates hätte zusammenstellen können. Da hieß es beispielsweise, daß die Beschuldigten einen Personenkreis bildeten, »der weitgehend durch intensive Kontakte verbunden ist« (für welchen Kegelklub, welche Partei, welchen Freundeskreis gilt das nicht?); daß sie eine »Einstellung zur bestehenden Gesellschaftsordnung haben«, die bestimmten, ausführlich dargestellten Aktionen gegen Atomkraftwerke und Militärtransporte zugrundeliege (daß sie an diesen beteiligt waren, wird nicht behauptet; also nur die »passende Motivation« wird unterstellt); daß einer der Verdächtigen während seiner Bundeswehrzeit einem Pionierzug angehört habe, der im Sprengen ausgebildet wurde und sich später als Reinigungskraft beim Kernkraftwerk Esenshamm beworben habe; und schließlich:

Für die Beteiligung einer Bremer Gruppierung am Anschlag auf den US-Militärzug bei Verden/Aller spricht der hierbei gewählte Tatort, der genaue Ortskenntnis beweist.

Das letztgenannte Argument ist besonders putzig, weil es nicht nur für alle Bremer, sondern auch für alle Verdener Bürger zutreffen würde.

Endlich klärte sich das Rätsel, warum der Verfassungsschutz in der Graudenzer Straße 26 die freiheitlich demokratische Grundordnung in Gefahr gesehen hatte. Waldemar Schwarz zu Margot Overath:

Meine Wohngenossen und ich waren zusammen mit einigen unserer Bekannten in eine Rasterfahndung geraten. Der BKA-Computer

PIOS hatte unsere Observation auf dem Gewissen. PIOS kann vier Informationen miteinander verknüpfen: Personen, Institutionen, Objekte, Sachen. Als Mitglieder einer Bürgerinitiative gegen Atomkraft und verschiedener Anti-Kriegs-Gruppen in Bremen kannte uns die Polizei seit Jahren. Zum Beispiel hatte ich im Sommer 78 mit zwanzig anderen den Informationspavillon des Kernkraftwerks Unterweser in Esenshamm besetzt. Wir wollten die Verantwortlichen dazu bringen, den Katastrophenplan für das Kraftwerk zu veröffentlichen. Zweieinhalb Jahre später bewarb sich einer unserer »verdächtigen« Bekannten als Reinigungskraft im Kernkraftwerk. Der Bürgerinitiative lag ein Hinweis vor, daß die Sicherheitsbestimmungen im Atomkraftwerk nicht eingehalten werden. Das wollten wir an Ort und Stelle recherchieren. Unsere gutgemeinten Absichten landeten in der Datensammlung des Bundeskriminalamtes. Als im April 81 zwei Sprengstoffanschläge auf Hochspannungsmasten in der Nähe des Kernkraftwerks Unterweser verübt wurden, tippte der Computer auf uns.

Acht Monate nach der zweiten Durchsuchung des Hauses Graudenzer Straße 26 stellte die Bundesanwaltschaft das Verfahren ein. Der Verdacht ließ sich nicht erhärten. Damit hatten sich auch die »tatsächlichen Anhaltspunkte«, auf denen die Observation und die ihr von der parlamentarischen Kontrollkommission bescheinigte Notwendigkeit und Rechtmäßigkeit beruhte, in Luft aufgelöst. Die Herren Neumann, Wedemeier und Lahmann hatten sich von der Computerlogik des BKA ebenso täuschen lassen wie der Ermittlungsrichter des Bundesgerichtshofs. Ein insgesamt doch recht blamables Ergebnis verfassungsschützerischer Aktivität.

Aber da war ja noch die Sache mit dem Kunststoffbeutel der Agentin Silvia Hahn, dessen Inhalt auf keinen Fall hätte bekannt werden dürfen. Eine Gelegenheit für die Hüter der Staatsgewalt, ihr angeschlagenes Prestige wiederherzustellen. Und eine Gelegenheit für die in flagranti ertappte und enttarnte Agentin, sich wenigstens in der Rolle als Zeugin zu bewähren. Doch ihr Dienstherr, der neue Leiter des Bremer Landesamts für Verfassungsschutz, wollte ihr nur unter der Bedingung eine Aussagegenehmigung erteilen, daß sie in nichtöffentlicher Verhandlung und in Abwesenheit des Angeklagten und seines Verteidigers, Rechtsanwalt Hannover, vernommen werde. Und das machte das Schöffengericht unter Vorsitz des Richters Teuchert nicht mit. Es verzichtete auf eine Vernehmung der Zeugin unter den vom Verfassungsschutz gewünschten gesetzwidrigen Bedingungen und sprach den Angeklagten mit Urteil vom 16. Februar 1982 frei.

Weitere Schlappen konnte sich der Verfassungsschutz jetzt nicht mehr leisten. Für die Verhandlung vor dem Landgericht, das von der Staatsanwaltschaft mit dem Rechtsmittel der Berufung angerufen worden war, erhielt die Zeugin Silvia Hahn die Genehmigung, in Anwesenheit des Angeklagten und des Verteidigers auszusagen. Wenngleich mit einigen Einschränkungen. So galt die Genehmigung nicht für Aussagen, »die dem Wohle des Bundes oder eines deutschen Landes Nachteile bereiten würden ...« Und die Genehmigung erging nur unter der Voraussetzung, daß dem Leiter des Landesamts für Verfassungsschutz gestattet wurde, Frau Hahn »ggf. darauf aufmerksam zu machen, daß bestimmte Fragen nicht beantwortet werden dürfen«. Auch sollten »keinerlei Fragen über den gegenwärtigen Wohn- und Beschäftigungsort« der Zeugin und »über ihre jetzige Dienststelle und die Art der von ihr ausgeübten Tätigkeit gestellt werden dürfen«. Letzteres brauchten wir nicht zu fragen, weil sich bereits herumgesprochen hatte, daß Frau Hahn weiterhin für den Verfassungsschutz arbeitete, und zwar in einem benachbarten Bundesland. Und dem Wohle des Bundes oder eines deutschen Landes wollten wir auch keine weiteren Nachteile bereiten.

Die Berufungsverhandlung vor einer großen Strafkammer (drei Berufsrichter und zwei Schöffen) des Landgerichts Bremen begann am 5. Oktober 1982 mit Verspätung. Denn der Vorsitzende Richter, Herr Landgerichtspräsident Crome, war auf seinem Fahrrad unterwegs von unbekannten jungen Leuten mit roter Farbe begossen worden. Anlaß zu einem von mir formulierten Ablehnungsantrag des Angeklagten gegen den Vorsitzenden, da bei diesem der Eindruck entstanden sein konnte, daß die Urheber des Farbattentats mit dem Angeklagten sympathisierten (und umgekehrt). Aber Herr Crome erklärte sich für unbefangen und ein Beschluß seiner Kollegen gab ihm recht. Obwohl mißtrauische Äußerungen des Vorsitzenden gegenüber einer Reporterin von Radio Bremen (die er zunächst nicht ohne Rückfrage beim Sender in den Saal lassen wollte) durchaus zu Zweifeln Anlaß gaben. Auch ein zweiter Ablehnungsantrag, der sich auf eine vorweggenommene Beweiswürdigung gegen einen von mir benannten Zeugen stützte, wurde zurückgewiesen. Und so behielten wir Herrn Crome.

Waldemar Schwarz hatte sich entschlossen, zur Sache keine Aussage zu machen, obwohl er der einzige war, der Silvia Hahns Darstellung des angeblichen Raubs ihres Kunststoffbeutels auf Grund eigener Wahrnehmung hätte widersprechen können. Denn was sich zwischen der Zeugin und dem Angeklagten abgespielt hatte, hatte kein unbeteiligter Zeuge gesehen. Aber ich mußte das Argument meines Mandanten akzeptieren, daß er keine für seine Freunde belastenden Aussagen machen wollte, obwohl seine Verteidigung durch sein Schweigen erschwert wurde. Daß die Observationsausrüstung einfach aus dem Fenster segelte, war vermutlich nicht in seinem Sinne; er selbst hatte sich die Mühe gemacht, einen Aktenkoffer und andere Gegenstände herunterzutragen. Er machte nach meiner Einschätzung als Persönlichkeit einen sehr viel besseren Eindruck als die Zeugin Hahn, was bei einer Abwägung der Glaubwürdigkeit widersprechender Aussagen vielleicht doch eine Rolle gespielt hätte. Und ein Schweigen des Angeklagten wird bei deutschen Gerichten immer noch allzu häufig als Schuldeingeständnis gewertet, obwohl es sich um ein prozessuales Recht handelt, aus dessen Wahrnehmung nach höchstrichterlicher Rechtsprechung keine für den Angeklagten nachteiligen Schlüsse gezogen werden dürfen.

Die Zeugin Silvia Hahn, in Begleitung ihres Behördenchefs, schilderte die Sache so, daß mehrere Personen in der vom Verfassungsschutz angemieteten Dachgeschoßwohnung erschienen, sie mit beleidigenden Ausdrücken beschimpft und bedroht und Sachen an sich genommen hätten. Der Angeklagte sei mit einem Aktenkoffer die Treppe runtergegangen. Sie habe aus Angst vor dem Angeklagten keinen Widerstand geleistet. Als sie den Angeklagten mit dem Koffer die Wohnung verlassen sah, sei sie in die im ersten Stock gelegene Wohnung des Hauseigentümers gelaufen und habe von dort aus die Polizei alarmiert. Dann sei ihr eingefallen, daß sich in der Dachgeschoßwohnung noch ihre Handtasche befand. Sie sei deshalb noch einmal nach oben gegangen, um diese Tasche zu holen, die sich in einem Kunststoffbeutel befunden habe. Als sie in die Dachgeschoßwohnung gekommen sei, habe der Angeklagte, der inzwischen zurückgekehrt war, den Kunststoffbeutel in der Hand gehabt. Sie habe mehrfach vergeblich versucht, ihm diesen Beutel zu entreißen. Dabei habe er ihr die Finger umgebogen, so daß sie losgelassen habe. Sie habe dann gesagt, daß sich in ihrer Handtasche nur ihre Privatsachen befänden. Darauf habe der Angeklagte erwidert, wenn private Dinge darin seien, bekomme sie diese auch wieder. Er habe den Beutel dann aus dem Fenster geworfen und nach unten gerufen, daß es sich bei dem Tascheninhalt angeblich um private Sachen handle.

Silvia Hahn bestritt, daß noch eine zweite Verfassungsschützerin in der Dachgeschoßwohnung gewesen war. Eine Aussage, der mehrere Zeugen widersprachen. Auch andere Behauptungen der Zeugin ließen sich widerlegen. So waren ihr mehrere Personenverwechslungen unterlaufen. Und was sonst über ihre Wahrheitsliebe bekannt wurde, trug auch nicht dazu bei, ihrer dramatischen Sachdarstellung Gewicht zu verleihen. So bezeichnete ihre eigene Mutter, die allerdings mit ihrer Tochter wegen deren Sexualbeziehung zu ihrem Stiefvater verfeindet war, sie als verlogen. Und ein angesehener Bremer Rechtsanwalt, bei dem Frau Hahn von Juni 1980 bis März 1981 als Aushilfskraft gearbeitet hatte, ohne ihrem Arbeitgeber zu sagen, daß sie gleichzeitig für den Verfassungsschutz tätig war, äußerte sich sehr betroffen über diesen Mißbrauch seines Vertrauens sowie über einen Versuch der Zeugin, ihn nach Aufdeckung ihrer Doppelrolle zu falschen Angaben über ihr Arbeitsverhältnis und ihr Gehalt zu überreden. Der Zeuge wußte aus einer Unterredung mit dem Justizsenator, daß auch dem Verfassungsschutz die Doppelbeschäftigung seiner Mitarbeiterin unbekannt gewesen sei. Dieser Anwalt, der Frau Hahn nun aus längerer Zusammenarbeit kannte, trug als Zeuge einige Überlegungen zur Persönlichkeit dieser Agentin bei, die auch dem Gericht hätten zu denken geben können. So nannte er Anhaltspunkte für eine besonders lebhafte Phantasie der Zeugin und erklärte ihr Verhalten ihm gegenüber damit, daß sie offenbar unter Rechtfertigungsdruck gestanden habe und alles recht machen wolle, weil sie etwas falsch gemacht habe.

Einer solchen Zeugin also wurde nun die Wahrheitsfindung in der Frage anvertraut, ob sie auch die Mitnahme des Kunststoffbeutels mit seinem für den Verfassungsschutz so peinlich entlarvenden Inhalt widerstandslos geduldet habe. Der Motivationsdruck, sich in ein möglichst günstiges Licht zu stellen, muß ungeheuer groß gewesen sein. Und da mein Mandant vor Gericht schwieg, wurde ihr auch eine Auseinandersetzung mit seiner Gegendarstellung erspart.

Wie es wirklich gewesen war, hatte Waldemar Schwarz nur außerhalb der Gerichtsverhandlung erzählt.

Als ich reingekommen bin, saß eine auf der Badewanne. Die andere, Frau Hahn, stellte gerade das Objektiv am Fotoapparat ein. Sie hat mich gesehen, aber zunächst nicht reagiert. Die hat wahrscheinlich zuerst angenommen, ich wäre einer von ihnen. Sie hatte nicht mitgekriegt, daß ich ins Haus gegangen bin. Erst als ich vorbei war, da guckte sie hoch, und dann hat sie wohl gedacht, da stimmt doch was nicht. Und danach kam erst der große Schreck. Dann kam sie nach vorne gerannt und sagte, ja, mein Gott, werden Sie bitte nicht radikal, dieser berühmte Spruch. Die Hände hatten sie beide an die Wand, obwohl sich überhaupt keiner um die gekümmert hat. Dann lief eine der beiden raus, die Hahn auch, und die hat dann wahrscheinlich telefoniert ... Die Hahn hat erzählt, daß ich die Tasche genommen habe, und daß Otto die Video-Kamera abgebaut hat. Aber die konkreten Sachen stimmten alle nicht. Ich hatte die Tasche nie, die hat jemand anders an sich genommen. Aber über die konkreten Sachen habe ich nie etwas ausgesagt, ich habe nur im Prozeß gesagt, daß die Hahn von vorne bis hinten gelogen hat. Dazu sag ich auch jetzt nicht mehr, um die anderen nicht zu belasten. Mir wurde ja nicht nur Raub vorgeworfen, sondern auch Sachbeschädigung. Und es ist ja ganz klar, daß die Sachen kaputt gegangen sind, als sie aus dem Fenster flogen, also Sachbeschädigung. Dann stell ich mich doch nicht hin und sag, ja, ich hab da irgendwas rausgeschmissen, wenn ich es in Wirklichkeit nicht getan habe. Deswegen habe ich das völlig offengelassen, was ich gemacht hab ... Wenn ich eine Aussage gemacht hätte, dann hätte der Richter mit Recht von mir verlangen können, daß ich alles erzähle, wie es wirklich war. Aber dann müßte ich nicht nur sagen, was ich gemacht hab, sondern auch, was die anderen gemacht haben.

Man hatte sich vorher überlegt, so berichtete Waldemar Schwarz weiter, daß es natürlich ein Strafverfahren geben würde. Aber man hatte nur Hausfriedensbruch in Erwägung gezogen, weder Sachbeschädigung (zu der es dann spontan kam) noch gar Raub oder Diebstahl. Aber gerade den, der in dieser Sache am überlegtesten und bis zuletzt mit disziplinierter Selbstkontrolle gehandelt hatte, wollte die Staatsanwaltschaft wegen Raubes und Sachbeschädigung verurteilt sehen.

Daß man auch wegen Sachbeschädigung anklagen konnte, hatte die Staatsanwaltschaft, ganz auf Raub fixiert, zunächst übersehen. Im freisprechenden Urteil des Schöffengerichts konnte man nachlesen, daß es insoweit an einem Strafantrag der geschädigten Behörde fehlte. Inzwischen war die Frist für eine Antragstellung abgelaufen. Aber plötzlich erklärte der in der Berufungsinstanz auftretende Staatsanwalt, daß ihm doch ein Strafantrag wegen Sachbeschädigung vorliege, am letzten Tag der Frist bei ihm eingegangen, aber versehentlich nicht zu den Akten gelangt. Auch ein Eingangsstempel fehlte. Er habe den Eingang handschriftlich vermerkt, versicherte der Staatsanwalt, weil ihm der Antrag durch Boten auf den Schreibtisch gelegt worden sei. Ich nötigte den Staatsanwalt in den Zeugenstand, wo er die Richtigkeit seiner Darstellung versicherte. Und dann sind Zweifel natürlich nicht mehr angebracht.

Der Versuch, aus diesem hochpolitischen Fall eine »reine Rechtssache« zu machen, bei der es nur um Raub und Sachbeschädigung ging, gelang den Justizprotagonisten und ihren politischen Hintermännern nicht ganz. So wehrten sich die Mitglieder der parlamentarischen Kontrollkommission vergeblich dagegen, vor Gericht als Zeugen erscheinen zu müssen. Sie hatten in einem zu dritt unterschriebenen Brief das Gericht wissen lassen, daß sie einstimmig festgestellt hätten, »daß die vom Bremischen Landesamt für Verfassungsschutz in der Graudenzer Straße getroffenen Maßnahmen nach den Vorschriften des Bremischen Verfassungsschutzgesetzes notwendig und rechtmäßig waren«. Die Beratungen der Kommission seien geheim, außerdem seien die Mitglieder der Kommission zur Geheimhaltung der Angelegenheiten verpflichtet, die ihnen bei ihrer Tätigkeit in der Kommission bekanntgeworden sind. Sie würden deshalb nicht zur Sache aussagen und sich auf ein Aussageverweigerungsrecht berufen. Ich bestand darauf, daß die Herren trotzdem geladen wurden. Und es bestätigte sich die Einschätzung eines Fachmanns, des Leiters der Rechtsabteilung im Hessischen Innenministerium, Dr. Helmut Lenz, der schon 1969 die Parlamentskontrolle als »makabre Farce« bezeichnet hatte, da die Kontrolleure »alles glauben müssen, was ihnen die Verwaltung erzählt«. (*Spiegel*, Nr. 41/69)

Zuerst war der Vorsitzende der parlamentarischen Kontrollkommission, der CDU-Abgeordnete Bernd Neumann, 40 Jahre alt, von Beruf Lehrer, an der Reihe. Schon seine Antwort auf eine vom Vorsitzenden Richter Crome gestellte Frage löste Erstaunen aus.

Crome: Sahen Sie Ihre Aufgabe auch so, daß Sie Ihre Kontrolle nicht nur für das Parlament, sondern auch für die Öffentlichkeit ausübten?
Neumann: Nein. Wir haben ja keine direkte Demokratie. Wir drei sind ausschließlich dem Parlament verantwortlich.

Entrüstete Reaktionen im Publikum ließen vermuten, daß die jungen Leute unter parlamentarischer Kontrolle etwas anderes verstanden als Herr Neumann. Sie wurden von Herrn Crome zur Ordnung gerufen. Obwohl seine Frage zu verraten schien, daß auch er eine andere Antwort des Volksvertreters erwartet hatte. Herr Neumann, als medienerfahrener Politiker bestens bewandert in der Kunst, mit hochtönenden Worten nichts zu sagen, verließ sich offenbar darauf, daß an einen, der sich ausschließlich dem Parlament verantwortlich fühlte und auch diesem gegenüber selbstverständlich zum Stillschweigen verpflichtet war, keine weiteren Fragen zu stellen seien. Ich hatte aber noch einige.

Hannover: Waren und sind Sie sicher, daß Ihnen vollständige Angaben gemacht worden sind über die Voraussetzungen der Observation?
Neumann: (sich an das Gericht wendend) Ich bitte um Ihren juristischen Rat ... Ich möchte in meiner Verantwortung nicht zur weiteren Verunsicherung beitragen ...

Wortreich verkleidete Unsicherheit und seltsame Variationen über das Thema »Vertrauen ist gut, Kontrolle ist besser« (Lenin).
Und Herr Crome tat sein Bestes, um dem Zeugen Neumann mit Rat und Tat zur Seite zu stehen, immer wieder mußte ich mein Fragerecht gegen seine Zulässigkeitsbedenken durchsetzen.

Hannover: Haben Sie sämtliche Akten eingesehen, auf denen die sogenannten »tatsächlichen Anhaltspunkte« für die Observation beruhten?
Neumann: Wir haben das Recht, alles einzusehen, was vorliegt.
Hannover: Mich interessiert nicht, ob Sie das Recht haben, sondern ob Sie es getan haben. Neumann: Keine Aussage.
Hannover: Hat die Kommission zum Komplex Graudenzer Straße Zeugen vernommen? Wenn ja, haben Einschränkungen der Aussagegenehmigungen vorgelegen?
Neumann: Ich verweigere die Aussage unter Berufung auf meine Verschwiegenheitspflicht.
Hannover: Hat die Kommission den Begriff »nachrichtendienstliche Mittel« problematisiert?
Neumann: Keine Aussage.
Hannover: Was verstehen Sie unter »nachrichtendienstlichen Mitteln«?

Neumann: Es ist nicht interessant, was ich darunter verstehe, sondern welche es gibt.

Hannover: Und alles, was es gibt, halten Sie für zulässig?

Neumann: Keine Aussage.

Hannover: War Ihnen im Zeitpunkt Ihrer Tätigkeit in der parlamentarischen Kontrollkommission bekannt, daß visuelle Dauerobservation bestimmter Orte und Objekte rechtlich problematisch ist?

Neumann: Keine Aussage.

Hannover: Ist diese Frage in der Kontrollkommission beraten worden?

Neumann: Keine Aussage.

Hannover: Haben Sie es für zulässig gehalten, daß der Verfassungsschutz Bürger fotografiert? Wußten Sie, daß auch diese Frage rechtlich problematisch ist? Ist diese rechtliche Problematik damals von den Mitgliedern der Kommission erörtert worden? Wenn ja, wie haben Sie die Frage damals allgemein entschieden?

Neumann: Keine Aussage.

Hannover: Haben Sie bzw. die Kommission die Frage der Rechtmäßigkeit des Verfassungsschutzeinsatzes in der Graudenzer Straße auch unter dem Gesichtspunkt des Schutzes der Unverletzlichkeit der Wohnung, der Achtung des Privat- und Familienlebens, der Kommunikationsfreiheit, der Freiheit vor Überwachungsmaßnahmen und der allgemeinen Handlungsfreiheit geprüft?

Neumann: Keine Aussage.

Hannover: War Ihnen und der Kommission das Urteil des Europäischen Gerichtshofs für Menschenrechte vom 6. 9. 1978 bekannt, das eine Überwachung unter Verletzung dieser Menschenrechte für unzulässig erklärt? (NJW 79, 1755)

Neumann: Keine Aussage.

Hannover: Haben Sie bzw. die Kommission geprüft, wann die Observation in der Graudenzer Straße beendet und ob und gegebenenfalls wann sie den Betroffenen mitgeteilt werden sollte?

Neumann: Keine Aussage.

Der Zeuge versicherte immer wieder, daß die Maßnahmen »aus unserer Sicht notwendig und rechtmäßig« gewesen seien.

Hannover: Wann haben Sie sich Ihr Urteil über die Rechtmäßigkeit des Lauschangriffs gebildet? Nach Abschluß der Arbeit der Kontrollkommission oder schon vorher?

Neumann: Auch darüber gebe ich keine Auskunft.

Hannover: Das ist aber merkwürdig. Dann haben Sie es eventuell auch schon vorher gewußt?

Neumann: Aber nein, natürlich erst hinterher.

Hannover: Wie erklären Sie dann die Tatsache, daß Sie gegenüber der Presse schon vor Abschluß Ihrer Untersuchung die Meinung geäußert haben, daß die Observation »nach dem bisherigen Erkenntnisstand aus rechtlicher Sicht schlüssig und geradezu verpflichtend« gewesen sei (*Weser-Kurier*, 10. 7. 81)? Und wie konnten Sie, dem Strafverfahren vorgreifend, sagen, daß der Handtaschenklau ein brutaler Raubüberfall gewesen sei, der durch nichts zu rechtfertigen wäre, da wisse man ja gleich, um was für eine Kategorie von Leuten es sich handeln würde (*Bremer Nachrichten*, 21. Juli 1981)?

Noch bevor dem Zeugen eine Antwort einfiel, versuchte Herr Crome, ihm Schützenhilfe zu leisten.

Crome: Das hat der Zeuge ja nicht in seiner Eigenschaft als Vorsitzender der parlamentarischen Kontrollkommission, sondern als Abgeordneter gesagt.

Hannover: Ich habe nicht Sie, sondern den Zeugen gefragt. Und in welcher Eigenschaft er das gesagt hat, interessiert überhaupt nicht. Es geht darum, wann er sich sein Urteil über die Rechtslage gebildet hat.

Der Zeuge Neumann griff den Ball, den ihm der Vorsitzende Richter zugespielt hatte, trotzdem dankbar auf.

Neumann: Ich habe gegenüber der Presse nur meine politische Meinung als Politiker kundgetan. Selbstverständlich habe ich als Politiker auch eine politische Meinung.

Hannover: Schon bevor Sie die Sache geprüft haben!

Der Vorsitzende half zu wiederholtem Male dem Zeugen aus der Verlegenheit.

Crome: Hätten Sie nur von Verdacht des Raubes gesprochen, wäre die Sache jetzt einfacher. Aber das haben Sie sicher gemeint.

Hannover: Herr Vorsitzender, Sie verhalten sich, als wären Sie sein Anwalt.

Der Zeuge Neumann brauchte noch mehrmals einen Sekundanten. Denn auch sonst hatte er politische Meinungen geäußert, die seinen Anspruch, als Mitglied der Kontrollkommission hinreichend für den Schutz der Bürger vor Übergriffen des Verfassungsschutzes gesorgt zu haben, unglaubwürdig machten. Radio Bremen hatte am 28. Juli 1981 in der damals sehr populären Sendung »Popkarton« ein von Margot Overath geführtes Gespräch mit Herrn Neumann ausgestrahlt, in dem er auf die Frage, ob er sich vorstellen könne, einmal selbst observiert zu werden, geantwortet hatte, vorstellen könne er sich alles, aber da er sich, was sein Leben angehe, in keiner Weise schuldig gemacht habe, habe er kein schlechtes Gewissen. Ihn könne jeder aufschreiben (als ob es nur um »aufschreiben« ginge!) wie und wann er will.

Ich hätte allerdings wohl auch etwas dagegen, wenn ich erführe, daß ich von morgens bis abends observiert würde. Ganz abgesehen davon, daß ich erführe, daß mein Telefon abgehört wird. Wenn ich davon erführe, würde ich der Sache völlig auf den Grund gehen.

Wie man das macht, wenn man nicht selbst Mitglied der Kontrollkommission ist, hat Herr Neumann leider nicht verraten. Aber dann kam noch das Schärfste:

Mir würde auch nicht genügen, wenn dann eine Kontrollkommission erklärt, das ist alles korrekt und rechtmäßig gewesen.

Na also. Aber auch diese Meinung hatte Herr Neumann wohl nur in seiner Eigenschaft als Politiker geäußert.

Auch die Vernehmung der Herren Wedemeier und Lahmann brachte keine weitere Aufhellung der Frage, welche »tatsächlichen Anhaltspunkte« der Observation zugrunde gelegen hatten, und ob die Kommission sich überhaupt Gedanken über die Zulässigkeit der verwendeten »nachrichtendienstlichen Mittel« gemacht hatte. Da der Angeklagte sich auf Notwehr gegenüber einem rechtswidrigen Späh- und Lauschangriff berief, kam es aber entscheidend auf die Frage an, ob die Observation rechtmäßig gewesen war. Und das heißt: ob wirklich tatsächliche Anhaltspunkte für einen Verdacht vorlagen, die eine Observation rechtfertigten, und ob die eingesetzten nachrichtendienstlichen Mittel rechtlich zulässig gewesen waren. Und da alle vor dem Landgericht vernommenen Zeugen, auch der Leiter des Landesverfassungsschutzamtes, ein Herr Wilhelm, zu diesem Fragenkomplex unter Berufung auf ihre Geheimhaltungspflicht die Auskunft verweigerten, kam der Staatsanwalt mit seiner Beweisführung in Schwierigkeiten. Er schlug deshalb in seinem Plädoyer dem Gericht vor, die »tatsächlichen Anhaltspunkte« dem Durchsuchungsbeschluß des Ermittlungsrichters des BGH vom 31. August 1981 zu entnehmen. Eine Verfahrensweise, der ich widersprach. Der Ermittlungsrichter mußte glauben, was ihm der Verfassungsschutz erzählte, und es hatte sich als unhaltbar erwiesen. Und nun sollte, nach dem Willen des Staatsanwalts, auch das Gericht glauben, was der Verfassungsschutz erzählte. Wenn dem Gericht niemand sagen wollte, welche tatsächlichen Anhaltspunkte der Verfassungsschutz schon im Juni 1981, also zwei Monate vor dem Durchsuchungsbeschluß des Ermittlungsrichters, zu haben glaubte, dann könne das Gericht eben nicht die Rechtmäßigkeit der Observation feststellen.

Und wie sollte das Gericht, so gab ich zu bedenken, zu einem Urteil über die Rechtmäßigkeit der eingesetzten nachrichtendienstlichen Mittel kommen, wenn ihm niemand sagen wollte, was überhaupt aufgeklärt werden sollte und wie das geschehen sollte. Mit dem Fotografieren der Besucher des Hauses allein war es ja sicher nicht getan. Man mußte auch hören, was gesprochen wurde, und die dafür erforderlichen Geräte waren, als das Verfassungsschutznest ausgehoben wurde, offenbar noch nicht installiert oder sind nicht gefunden worden. Sicher ist nur die Spitze des Eisbergs entdeckt worden. Immerhin kam durch einen Beweisantrag der Verteidigung heraus, daß eine weitere Agentin auf einem nahegelegenen Parkplatz in einem Auto auf Beobachtungsposten gesessen hatte. Daraus war zu schließen, daß Personen, die das Haus Graudenzer Straße 26 verließen, weiter verfolgt und observiert wurden. Für eine solche Observation einer einzigen Person sind mindestens acht sich abwechselnde Agenten erforderlich, wenn die Überwachung nicht auffallen soll (in den bei der Selbsthilfeaktion erbeuteten Unterlagen der Verfassungsschützer fand sich u. a. ein Observationsplan zur Überwachung eines Polen, in dem der Einsatz von nicht weniger als zwanzig namentlich benannten VS-Mitarbeitern beschrieben wird). Es muß also ein ungeheurer personeller Apparat eingeschaltet gewesen sein. Der in der Dachgeschoßwohnung vorgefundene Gerätepark war ja schon eindrucksvoll genug. Und die von den anonymen Herausgebern der Späh- und Lauschangriffsdokumentation veröffentlichten Fundstücke ließen erkennen, daß nicht nur die Bewohner des observierten Hauses, sondern ein ganzes Heer von Bremer Bürgern als Verdächtige behandelt wurden.

Wenn die Bewohner des Hauses Graudenzer Straße 26 die Observation nicht entdeckt und durch Selbsthilfe beendet hätten, wären sie, wie der Leiter des Landesverfassungsschutzamtes als Zeuge zugegeben hatte, auch nachträglich nie über den gegen sie verübten Lauschangriff benachrichtigt worden. Sie hätten also nie die Möglichkeit gehabt, die Rechtmäßigkeit der Maßnahme gerichtlich überprüfen zu lassen. Schon damit stand, wie ich unter Hinweis auf das Abhörurteil des Europäischen Gerichtshofs für Menschenrechte darlegte, die Rechtswidrigkeit der Observation fest, die zur Notwehr berechtigte. Der Staatsanwalt hielt entgegen, die Betroffenen hätten nur mitzuteilen brauchen, daß sie die Observation erkannt hatten, dann wäre sie sicher abgebrochen worden. Und in anderer Weise mit besserer Tarnung fortgesetzt worden, ohne daß die Betroffenen den Beweis für ihre geheimdienstliche Überwachung je hätten führen können. Es kam den jungen Leuten ja gerade darauf an, daß die Beweise für jedermann sichtbar auf dem Tisch bzw. auf der Straße lagen. Und daß auch andere daraus lernten, daß man sich in einer Demokratie nicht jeden staatlichen Eingriff in die persönliche Freiheit widerstandslos gefallen lassen muß.

Das Urteil der Crome-Kammer erging nach zweimonatiger Hauptverhandlung am 9. Dezember 1982. Der Angeklagte wurde wegen Raubes in Tateinheit mit Sachbeschädigung zu einer Freiheitsstrafe von 9 Monaten verurteilt, deren Vollstreckung zur Bewährung ausgesetzt wurde. Dem Angeklagten wurde auferlegt, 900 DM zugunsten Terre des Hommes in monatlichen Raten von 75 DM zu zahlen und 25 Tage gemeinnützige Arbeit zugunsten des Gartenbauamts Bremen zu erbringen.

Das Gericht erklärte die Observation für rechtmäßig, so daß die Bewohner des Hauses Graudenzer Straße 26 kein Notwehrrecht gehabt hätten. Bei der Feststellung der für die Rechtmäßigkeit der Observation nötigen »tatsächlichen Anhaltspunkte« ging das Gericht eigene Wege. Die »tatsächlichen Anhaltspunkte« für den Verdacht, daß die Hausbewohner »im Rahmen von linksextremistischen Bestrebungen an schwerwiegenden Straftaten beteiligt waren«, habe das Landesamt für Verfassungsschutz »aus deren Vorleben« entnommen. So sei der Angeklagte einmal in einer Jugendgerichtssache zu einer Geldstrafe verurteilt worden, weil er, zu den »linksgesinnten Störern« eines Aufzuges der NPD gehörend, einen Kriminalbeamten von hinten umklammert und gerufen habe: »Das ist auch ein Bulle, haut drauf!« Eine weitere Vorstrafe (6 Monate mit Bewährung) betraf einen Vorfall in der Vorhalle des Hamburger Strafjustizgebäudes, wo es eine tätliche Auseinandersetzung zwischen Prozeßbesuchern und Polizeibeamten gegeben hatte, bei der der Angeklagte einen Schlagstock, den ein Polizist verloren hatte, dazu benutzt hatte, um einem anderen Polizisten zwei wuchtige Schläge auf den Kopf zu versetzen. Außerdem habe das Verfassungsschutzamt Kenntnis davon gehabt, daß gegen zwei andere Mitbewohner Verfahren wegen Landfriedensbruchs im Zusammenhang mit den »Krawallen bei der Gelöbnisfeier der

Bundeswehr am 6.5.1980 in Bremen« anhängig und gegen einen der beiden bereits früher Strafverfahren auf dem Gebiet des Staatsschutzes gelaufen waren. Und schließlich seien dem Landesamt auch diejenigen »tatsächlichen Verdachtsumstände« bekannt gewesen, die den Ermittlungsrichter des Bundesgerichtshofs am 31.8.1981 veranlaßt hätten, die Durchsuchung der Wohnung Graudenzer Straße 26 anzuordnen. Daß dieses Verfahren im Herbst 1982 »mangels hinreichenden Tatverdachts eingestellt« wurde, teilt das Urteil mit, ohne es kritisch zu reflektieren. Der Gedanke, daß der erst zwei Monate nach Beendigung der Observation herbeigeführte Durchsuchungsbeschluß der Versuch einer nachträglichen Scheinlegitimation des mißlungenen Späh- und Lauschangriffs gewesen sein könnte, ist dem Gericht nicht gekommen. Und ebensowenig der Gedanke, daß man die »tatsächlichen Verdachtsumstände«, auf denen der Durchsuchungsbeschluß vom 31.8.1981 beruhte, dem Ermittlungsrichter auch schon zwei Monate früher hätte erzählen können, wenn der Computer sie schon damals ausgespuckt und man den Verdacht für ausreichend gehalten hätte. Ein Durchsuchungsbeschluß schon im Juni 1981 wäre aus der Sicht des Verfassungsschutzes doch sehr viel effektiver gewesen, als das stümperhafte Fotografieren von Besuchern des observierten Hauses. Aber die Crome-Kammer dachte nun einmal in Kategorien des Verfassungsschutzes und machte selbst die logischen Brüche seiner Schutzbehauptungen mit.

Die Strafkammer glaubte dem Verfassungsschutz auch, daß es ihm nur um das Fotografieren der Besucher des Hauses an der Haustür gegangen sei. Ein Hineinfotografieren in die Räume oder ein akustischer Lauschangriff sei mit den eingesetzten Geräten nicht möglich und auch nicht vorgesehen gewesen. Und dafür der ganze Aufwand? Die von mir aufgeworfene Frage, wie man denn mit der bloßen Feststellung des Bekanntenkreises der Hausbewohner Straftaten aufklären oder verhindern wollte, blieb unbeantwortet. Daß es in Wahrheit um mehr ging, war schon dadurch hinreichend deutlich geworden, daß sich auf den bei der Selbsthilfeaktion erbeuteten Filmen auch Aufnahmen der zur Straße gehenden Fenster des Hauses Graudenzer Straße 26 befanden. Meine These, daß der eigentliche Lauschangriff und die Installation der dafür nötigen Geräte noch bevorstand, fand im Urteil keine Erwähnung. Man traute den Verfassungsschützern offenbar eine Tölpelhaftigkeit zu, die an die Ineffektivität schildbürgerlichen Bemühens grenzte, in Kisten und Körben Licht in ein fensterloses Rathaus zu tragen. Denn die Crome-Kammer dachte auch in den Kategorien der offiziellen Politik und ihrer Kontrollkommissionäre, die die Bremer Verfassungsschützer als eine Sammlung von »Flaschen« und »Stümpern« beschimpften, weil sie sich hatten erwischen lassen. Eine Terminologie, die das Gericht selbstverständlich nicht übernahm. Und die Strafkammer glaubte auch der Agentin Silvia Hahn, daß ihr der Kunststoffbeutel mit den für die Öffentlichkeit so interessanten Unterlagen gewaltsam abgenommen worden sei, und daß es der Angeklagte gewesen sei, der das getan hatte. Zwar mußte das Gericht einräumen, daß die Zeugin sich im übrigen einige Male geirrt und Personen als Tatbeteiligte bezeichnet hatte, die ein einwandfreies Alibi vorweisen konnten. Aber alles, was ich in meinem Plädoyer zur Frage der Glaubwürdigkeit dieser Zeugin noch einmal zusammengefaßt hatte – der Rechtfertigungsdruck, unter dem sie stand, die Gucklochidentifizierung, die aktenmäßig zu belegenden Wandlungen ihrer Aussagen, ihr Vertrauensbruch gegenüber einem Arbeitgeber und ihr Versuch, diesen zu falschen Angaben zu verleiten, und andere Fragwürdigkeiten ihres »Vorlebens« – fiel bei diesem Gericht auf keinen fruchtbaren Boden. Hier mußte ein Exempel statuiert werden, daß man gegen staatliche Behörden, und mögen sie noch so stümperhaft gearbeitet haben, keinen Widerstand leisten darf. Und da reichte eine Zeugin von der Qualität der Agentin Silvia Hahn als Garantin der Wahrheitsfindung aus.

In dieser Sache wurden zwei Sprachen gesprochen. Waldemar Schwarz hatte in seinem Schlußwort gesagt:

Ich fand die Aktion sehr gut. Da ist den Leuten gezeigt worden, man braucht sich nicht alles gefallen zu lassen. Nicht wie unsere Eltern den Kopf zwischen die Schultern ziehen.

Aber wir waren bei einem Gericht, bei dem die Staatsräson Vorrang hatte.

Die Abwägung von Freiheitsrechten und Staatsräson hat mit Computerkombinationen gemeinsam, daß immer nur das herauskommt, was menschlicher Kombinationswille hineingelegt hat und heraushören möchte. Am Anfang dieser Sache stand ein Computerverdacht, aus dem sich dann alles weitere wie von selbst programmierte. Wie wäre die Sache wohl ausgegangen, wenn man den Computer nicht nach einem Verdacht der Beteiligung an bestimmten Straftaten, sondern nach den Indizien für demokratische Gesinnung und Bereitschaft zum Widerstand gegen staatliches Unrecht gefragt hätte? Auch dann wäre vielleicht der arbeitslose Gärtner Waldemar Schwarz herausgekommen, weil er schon früher an Aktionen gegen Rechtsextremisten, polizeiliche Knüppeleinsätze, Kriegsvorbereitung und Atomkatastrophen beteiligt gewesen war. Aber als einer, auf den man sich verlassen konnte, wenn Widerstand das Gebot der Stunde ist. Und was wäre herausgekommen, wenn man den Computer nach Gründen für Widerstand gefragt hätte? Vielleicht diese historischen Reminiszenzen, die ich dem Gericht in meinem Plädoyer nicht erspart hatte:

1963: Werner Pätsch, Angestellter im Dienst des Bundesamts für Verfassungsschutz, macht öffentlich, daß im Amt ehemalige SS-Angehörige und andere Stützen des Nazi-Regimes tätig sind, und daß unter Bruch deutschen Verfassungsrechts Briefe geöffnet und mitgelesen und Telefone abgehört werden. Der Bundesgerichtshof verurteilte ihn am 8. 11. 1965 wegen Verletzung der Amtsverschwiegenheit zu einer Gefängnisstrafe von vier Monaten. Die gesetzwidrige Lauschtätigkeit der schon im Nazi-Reich bewährten Verfassungshüter hingegen blieb unbestraft.

1967: Entführung des Komponisten Isang Yun und anderer koreanischer Staatsbürger unter Mitwirkung deutscher Geheimdienstler. (Vgl. *Die Republik vor Gericht 1954-1974*, Kapitel 14)

1972: Es wird bekannt, daß der damalige Leiter des Bundesamts für Verfassungsschutz, Hubert Schrübbers, im Hitler-Reich als Staatsanwalt an politischen Prozessen gegen Widerstandskämpfer beteiligt war. Er geht in Pension.

1977: Agenten des Bundesamts für Verfassungsschutz brechen auf Grund eines ominösen Verdachts heimlich in die Wohnung des Atomwissenschaftlers Dr. Klaus Traube ein und bringen dort eine Wanze an. Der Bonner Strafrechtslehrer Prof. Dr. Gerald Grünwald schon damals (*Spiegel* vom 7.3.1977): »... beängstigend aber ist es, daß man in unserem Staate nicht mehr sicher sein kann, in seinem privaten Lebensbereich, in seinen vier Wänden, frei sprechen und sich bewegen zu können«. Der damalige Bundesinnenminister Prof. Dr. Werner Maihofer muß gehen.

Eine unvollständige Liste von »Pannen« des Verfassungsschutzes. Aus konservativer Sicht alles nur deshalb »Pannen«, so hatte ich in meinem Plädoyer gesagt, weil die Öffentlichkeit etwas über die Praxis des Verfassungsschutzes erfuhr, das eigentlich geheim bleiben sollte.
Der damalige Innensenator Helmut Fröhlich (SPD) hatte die Gemüter der Konservativen mit der Versicherung zu beruhigen versucht, es sei sichergestellt, daß sich ein solcher Vorfall nicht wiederholen könne, weil sichergestellt sei – man höre und staune! – »daß die Mitarbeiter bei Einsätzen keine privaten Notizen mehr bei sich führen und auch dienstliche Unterlagen auf ein Minimum reduziert sind« (*Weser-Kurier*, 18.9.81).
Gott sei Dank gab es in der politischen Öffentlichkeit auch andere Stimmen. So hieß es in einer Stellungnahme der Bremer Jungsozialisten schon einen Tag nach dem Vorfall:

Für viele Jugendliche drängt sich der Eindruck auf, als lebten wir in Bremen in einer Bananenrepublik, in der demokratische Rechte für Bürger nicht existent sind. Es ist ein Skandal, daß man damit rechnen muß, in der Privatsphäre seiner Wohnung massiv beschnüffelt zu werden. (*Weser-Kurier*, 3.7.81)

Es sei geradezu grotesk, erklärte der stellvertretende Juso-Landesvorsitzende Herbert Grimberg, wenn quasi in Notwehr handelnde und sich gegen einen Lauschangriff wehrende Jugendliche festgenommen würden und der Verfassungsschutz unbehelligt bleibe. Die Vorfälle zeigten, daß die demokratische Kontrolle des Verfassungsschutzes immer noch nicht gegeben sei.

Der Landesjugendring Bremen forderte die Einstellung jeglicher Verfahren gegen die Jugendlichen der betroffenen Wohngemeinschaft. Es sei eine Ungeheuerlichkeit, wenn jetzt gegen die jungen Leute strafrechtlich ermittelt würde, nur weil sie sich gegen die Bespitzelung gewehrt hätten. Der stellvertretende Vorsitzende des Landesjugendrings, Rainer Butt, warf der parlamentarischen Kontrollkommission, die sich als Farce erwiesen habe, vor:

Nicht um den Schutz der Bürger zerbrechen sich die Herren Politiker den Kopf, sondern vielmehr um einen noch reibungsloseren und vor allem nicht enttarnbaren Ablauf der Schnüffelei. (*Bremer Nachrichten*, 16. 7. 81)

Auch diese Zitate habe ich dem Gericht in meinem Plädoyer nicht vorenthalten, immer in der Hoffnung, bei den Schöffen, und vielleicht auch bei dem einen oder anderen Berufsrichter, Sensibilität dafür zu wecken, daß die Entscheidung dieser Sache nicht nur von Paragraphen, sondern von einer grundsätzlichen politischen Einstellung zum Verhältnis von Staatsgewalt und Bürgerrechten abhing. Ich war mir sicher, die richtige Entscheidung zu treffen, wenn ich den Richtern und Schöffen sagte:

Der beste Verfassungsschutz eines freiheitlich demokratischen Staates ist die Bereitschaft seiner Bürger, sich schützend vor die Verfassung zu stellen, wenn staatliche Gewalt in ihre Freiheitsrechte eingreift.

Ich hätte auch den von mir sehr verehrten einstigen Präsidenten des Oberlandesgerichts Stuttgart Dr. Richard Schmid zitieren können, einen Mann, der auch durch seinen Widerstand gegen das Nazi-Regime als glaubwürdiger Demokrat ausgewiesen war. Von ihm stammt der Satz, es scheine ihm geboten, die Verfassung vor den Verfassungsschutzämtern zu schützen.

12. Lauschangriff auf einen unbequemen Rechtsanwalt (1972-1990)

Im Sommer 1982 teilte mir das Bundesinnenministerium mit, daß zehn Jahre zuvor, nämlich vom 2. Juni bis zum 18. Juli 1972 – das war haargenau der Zeitraum, in dem die Hauptverhandlung gegen Werner Hoppe stattgefunden hatte – meine gesamte Post geöffnet und eingesehen und meine Praxis- und Privattelefone abgehört und auf Tonträger aufgenommen worden sind. Die erlangten Unterlagen seien inzwischen vernichtet worden. Daß ich überhaupt benachrichtigt wurde, wenn auch mit zehnjähriger Verspätung, hatte ich wohl der liberalen Gesinnung eines Behördenmitarbeiters zu verdanken, der das Ende der sozialliberalen Koalition und damit das schwarze Schweigen über solche Rechtsbrüche des freiheitlich-demokratischen Staatsapparats kommen sah.

Dieser Lauschangriff stützte sich auf das kurz »G 10« genannte »Gesetz zur Beschränkung des Brief-, Post- und Fernmeldegeheimnisses« vom 13. 8. 1968, wonach eine solche Maßnahme »zur Abwehr von drohenden Gefahren für die freiheitliche demokratische Grundordnung oder den Bestand oder die Sicherheit des Bundes oder eines Landes« für zulässig erklärt wurde, »wenn tatsächliche Anhaltspunkte für den Verdacht bestehen«, daß jemand bestimmte, im Gesetz aufgezählte Straftaten »plant, begeht oder begangen hat«, und »wenn die Erforschung des Sachverhalts auf andere Weise aussichtslos oder wesentlich erschwert wäre«. Gegen mich habe der Verdacht bestanden, daß ich die »Vorbereitung eines von der Baader-Meinhof-Bande geplanten hochverräterischen Unternehmens« unterstützt hatte. Das Ergebnis der Ermittlungen habe den Verdacht allerdings nicht bestätigt.

Der Anordnung habe folgender Erkenntnisstand der Sicherheitsbehörden zugrundegelegen:

Heinrich Hannover und Dr. Rudolf Monnerjahn (mein damaliger Sozius, dessen Telefone ebenfalls abgehört worden sind; H. H.) sind in einer Anwaltssozietät zusammengeschlossen. Sie sind Verteidiger des Angeklagten Hoppe (Monnerjahn hatte mit Hoppes Verteidigung nichts zu tun; H. H.), der zum Kreis um die Baader-Meinhof-Bande gehört und dessen Prozeß in Hamburg stattfindet. Sie treten außerdem als Anwälte von anderen Angehörigen der »Neuen Linken« auf.

Durch eine zuverlässige Quelle wurde bekannt, daß sich in den Büroräumen der Anwälte eine Blankovollmacht der Ulrike Meinhof ohne Datum befindet. H. dürfte auch weiteren Kontakt zu Ulrike Meinhof haben. Über ihn erhielt Ulrike Meinhof ein Paket ihres geschiedenen Ehemannes, des Herausgebers der Zeitschrift »Konkret«, Rainer Röhl. Im Laufe der Ermittlungen gegen festgenommene Mitglieder der Baader-Meinhof-Bande wurde festgestellt, daß einige nach ihrer Festnahme H. telefonisch davon unterrichteten, obwohl H. zu keinem Zeitpunkt als deren Verteidiger aufgetreten war noch später auftrat. Es besteht deshalb der dringende Verdacht, daß die Anwälte Hannover und Dr. Monnerjahn als Auskunfts- und Informationsstelle handeln, die Privatwohnungen und das Büro von der Baader-Meinhof-Bande als Anlauf- und Kontaktstelle benutzt werden. H. und M. leisten damit auch in anderer als anwaltschaftlicher Art Hilfe.

Die vom Deutschen Bundestag zur Überprüfung solcher Maßnahmen gebildete Kommission habe die Überwachungsmaßnahmen für zulässig und notwendig erachtet.

Ich beantragte zunächst Akteneinsicht, weil ich vor allem wissen wollte, wer mich denunziert hatte. Ich sollte offenbar in den Glauben versetzt werden, daß es sich um jemanden aus meinem engsten Bekanntenkreis handelte, möglicherweise einen Mitarbeiter oder eine Mitarbeiterin aus meiner Anwaltspraxis. Aber die gewünschte Auskunft erhielt ich nicht. Der Name des Spitzels wurde zum Wohle der Bundesrepublik Deutschland weiterhin geheimgehalten. Man berief sich auf angeblich notwendigen Personenschutz.

Ich erhob Klage auf Feststellung der Rechtswidrigkeit der Überwachungsmaßnahmen beim Verwaltungsgericht Köln und verlangte erneut, daß der Informant namhaft gemacht werde. Aber die Behörde weigerte sich auch jetzt. Dem Hinweisgeber sei seinerzeit absolute Vertraulichkeit zugesichert worden, hieß es in einem Schreiben des Vizepräsidenten des Bundeskriminalamts, Herrn Boeden, das zur Akte gereicht wurde. Er müsse anonym bleiben, weil sonst sein Leben gefährdet sei. Der Hinweisgeber habe »stets als gut informierte und zuverlässige Quelle« gegolten, behauptete Herr Boeden. »Auf Grund der besonderen Umstände im vorliegenden Fall« sei er in der Lage gewesen, »Informationen, an denen begründet keine Zweifel bestehen, zu liefern«. Eine weitere schriftliche Erklärung erhielt das Verwaltungsgericht von Herrn Staatssekretär Neusel. In ihr wurde zusätzlich mitgeteilt, daß Neusel sich durch Einblick in die Akten, insbesondere in ein vertrauliches Schreiben des BKA »von der Richtigkeit dieser Angaben überzeugt« habe. Dieses geheimnisvolle Schreiben des BKA verwies seinerseits auf einen Bericht der Soko BMB (Sonderkommission Baader-Meinhof-Bande). Von diesem Bericht hieß es in dem Schreiben des Herrn Neusel, daß dieser »in den noch verbliebenen Akten des Baader-Meinhof-Verfahrens (VS-Teil) nicht mehr nachweisbar« sei. Ausgerechnet dieser Teil der Akten »wurde einer Bereinigung unterzogen«. Dabei seien die entsprechenden Teilstücke des Vorgangs vernichtet worden.

»Bereinigung« nennt man also diese Form amtlicher Vernichtung von Beweismitteln, deren Dürftigkeit andernfalls offenbar geworden wäre. Denn die angeblich von einem Spitzel im Schutze der ihm zugesagten Vertraulichkeit erzählten Stories waren erstunken und erlogen. Richtig war nur, daß ich eine Vollmacht von Ulrike Meinhof hatte, sie in einer bereits anhängigen Strafsache zu verteidigen. In der Bezeichnung »Blankovollmacht« steckte bereits der Versuch, den völlig legalen Vorgang, daß ein noch nicht gefaßter Straftäter einen Anwalt mit seiner Verteidigung beauftragt, anrüchig erscheinen zu lassen. Daß ich eine Verteidigervollmacht hatte, war auch überhaupt kein Geheimnis. Also alles in allem eine Spekulation darauf, daß die G-10-Kommission des Deutschen Bundestages sich von dem scheinjuristischen Wortgetöse imponieren lassen würde, eine Spekulation, die denn auch voll aufgegangen war. Die weiteren Behauptungen waren völlig freie Erfindungen des Spitzels (oder der Spitzelin) oder derjenigen, die die Existenz des Spitzels (oder der Spitzelin) erfunden hatten. Weder hatte ich ein Paket von Klaus Rainer Röhl zur Weiterleitung an seine geschiedene Frau erhalten noch gab es Anrufe von verhafteten RAF-Mitgliedern. Beides überdies Behauptungen, die, selbst wenn sie richtig gewesen wären, die Lauschaktion nicht gerechtfertigt hätten. Aber das Verwaltungsgericht Köln war anderer Meinung und ließ sich von den amtlichen Erklärungen mehr beeindrucken als von den Versicherungen des belauschten Rechtsanwalts und seinen Rechtsausführungen. Es wies meine Klage mit Urteil vom 12. 9.1985 ab.

Ich legte Berufung ein, so daß die Sache nunmehr zum Oberverwaltungsgericht Münster kam. In meiner Berufungsbegründung nahm ich kein Blatt vor dem Mund:

Ich wiederhole mit aller Deutlichkeit, was ich schon in der mündlichen Verhandlung vor dem Verwaltungsgericht gesagt habe: Der Informant der Beklagten (der Bundesrepublik Deutschland) ist ein infamer Lügner und Verleumder, ein Lump von der moralischen Qualität eines 8-Groschen-Jungen. Die Beklagte sollte dankbar sein, daß sie von mir die nötigen Informationen erhält, um sich jedenfalls in Zukunft von den Diensten eines solchen verlogenen Subjekts freizuhalten und für diese keine Steuergelder zu verschwenden. Statt dessen gibt die Beklagte vor, es entspräche dem Wohl der Bundesrepublik Deutschland, einen Informanten dieser Qualifikation weiterzubeschäftigen.

Ihr Informant möge mich wegen Beleidigung verklagen, hatte ich den Prozeßvertretern des BMI in der mündlichen Verhandlung zugerufen. Aber sie steckten alles ein, nur um ihre trübe Quelle nicht aufdecken zu müssen. Sie stellten sich auch taub gegenüber den von mir problematisierten Konsequenzen einer Vertraulichkeitszusage an solche Figuren:

Es fällt mir schwer, einzusehen, daß es dem Wohl der Bundesrepublik Deutschland dienen soll, den Zuträgern staatlicher Behörden einen solchen Freibrief für Lügen und Verleumdungen zu geben, die sodann die Grundlage für schwerwiegende und nicht wiedergutzumachende Eingriffe in staatsbürgerliche Grundrechte bilden, von denen nicht nur der Kläger, sondern auch seine ihm als Anwalt vertrauenden Gesprächspartner betroffen worden sind.

Auch sonst gab mir der Prozeßvortrag des BMI manchen Anlaß, den Herren Lektionen zum Thema freiheitlich-demokratische Grundordnung zu erteilen. Seitenlang hatten die Prozeßbevollmächtigten des BMI sich über die Aktivitäten der RAF im Zeitraum der Überwachungsmaßnahme verbreitet, um deren Notwendigkeit zu begründen. Dazu schrieb ich:

Eine rechtsstaatliche Verfassung ist nicht nur für Schönwetterperioden da, sondern hat sich gerade dann zu bewähren, wenn Attentate und andere Terrorakte panische Reaktionen der Staatsgewalt nahelegen.

In einem Schriftsatz der BMI-Anwälte hatte es geheißen, daß die Polizei gegenüber den Aktionen der RAF noch auf keine ausgereifte Konzeption habe zurückgreifen können, was dazu geführt habe, daß die öffentliche und veröffentliche Meinung sowie maßgebliche Stimmen aus dem politischen Raum die Hilflosigkeit des Staates bei der Bekämpfung des Terrorismus beklagt und ein entschiedenes Vorgehen gegen die zutage getretene Bedrohung gefordert hätten. Welche Stimmen waren für das BMI maßgebend, fragte ich zurück, etwa Axel Cäsar Springer und dessen *Bild-Zeitung*?

Die Frage drängte sich auf, weil die Anwälte des BMI Kopien von Pressestimmen vorgelegt hatten, die ihre These belegen sollten. Es wäre Sache des Beklagten gewesen, schrieb ich, solchen Stimmen zu widerstehen, wenn sie etwa gefordert haben sollten, die Telefone von Rechtsanwälten abzuhören, die in Erfüllung ihrer Berufspflichten auch Mandate sogenannter Terroristen angenommen haben. Die Pressestimmen, auf die das BMI sich berief, hätten ein gerütteltes Maß an Schuld an der damaligen Aufheizung einer hysterischen Stimmung getragen.

Die Unverbrüchlichkeit von Grundrechten sei nur dann gewährleistet, wenn diese auch und gerade in Situationen gelten, in denen der Staat sich gefährlichen Angriffen ausgesetzt sehe.

Wie die Richter des Oberverwaltungsgerichts die Sache beurteilten, wurde bereits in der mündlichen Verhandlung am 21.1.1988 deutlich, als sie einen von mir gestellten Beweisantrag, mit dem ich die Unzuverlässigkeit der vom BKA benutzten Quelle beweisen wollte (Vernehmung meiner damaligen Büromitarbeiter und des Herrn Röhl), mit der Begründung ablehnten, es komme auf die unter Beweis gestellten Tatsachen nicht an, der Klage könne unabhängig von diesen Tatsachen der Erfolg nicht versagt bleiben.

Das OVG erklärte in seinem Urteil vom gleichen Tage die gegen mich gerichteten Überwachungsmaßnahmen für rechtswidrig, gab also meiner Klage statt und legte der Gegenseite die Kosten des Verfahrens auf. Die von dem Spitzel angedienten Berichte hätten nach Meinung des Gerichts, selbst wenn sie wahr wären, die Lauschaktion gegen mich nicht gerechtfertigt. Der Besitz einer Blankovollmacht von Ulrike Meinhof ergebe nur, daß ich ihr Verteidiger war. Und bei der Paketangelegenheit komme es auf den Inhalt des Pakets an (ich hatte in der Verhandlung polemisiert: vielleicht war ja eine Bibel drin). Ich hätte mich auch nicht dagegen wehren können, angerufen zu werden, meinte das OVG; solange der Zweck dieser Anrufe ungeklärt sei, könne man daraus den Verdacht einer Beteiligung an einem hochverräterischen Unternehmen nicht herleiten.

Das BMI ließ durch seine Prozeßvertreter, die renommierte Bonner Anwaltssozietät Prof. Dr. Redeker & Partner, gegen das Urteil des Oberverwaltungsgerichts Revision einlegen. Aber das Bundesverwaltungsgericht war der gleichen Auffassung wie das OVG und wies die Revision mit Urteil vom 17.10.1990 zurück.

Damit stand rechtskräftig fest, daß die Abhörung meiner Telefone und das Mitlesen meiner Post rechtswidrig gewesen waren. Aber was brachte mir das? Mal abgesehen davon, daß ich dem Bundesministerium des Innern meine Kosten für ein durch drei Instanzen geführtes Verwaltungsgerichtsverfahren aufgeben konnte.

Mein wichtigstes Prozeßziel, den Namen des angeblichen Informanten zu erfahren, der mich mit erlogenen Informationen als hochverräterischen Komplizen der RAF angeschwärzt haben sollte, hatte ich nicht erreicht. Kein Mensch wird je erfahren, wie viele unbescholtene Bürger unseres Staates dieser Informant, wenn es ihn denn gegeben haben sollte, mit falschen Verdächtigungen belastet hat, in wie vielen Akten, aus denen seine Spuren im Wege der »Bereinigung« getilgt worden sind, noch seine Phantasien (oder die Phantasien seiner Erfinder) als Fakten festgehalten sind, gegen die sich keiner der Betroffenen wehren kann. Und auch die Chance, am Beispiel dieses angeblichen Informanten einmal den öffentlichen Beweis für die Unzuverlässigkeit von Geheimdienstakten zu führen, ist vertan worden. Ich hätte als Zeuge zur Verfügung gestanden, und auch meine damaligen Büromitarbeiter und Herrn Röhl hätte man zu den Stories dieses angeblichen Informanten vernehmen können. Aber nein, man gab vor, diesen unsichtbaren Informanten auch weiterhin zum Schutze der freiheitlichdemokratischen Grundordnung zu brauchen, um ihn bei Bedarf vor Gericht durch Biedermänner vertreten und als »stets gut informierte und zuverlässige Quelle« rühmen zu können.

Da ich immer vertrauenswürdige Mitarbeiter und Mitarbeiterinnen gehabt habe und behördliche Wahrheitsliebe nicht besonders hoch einschätze, halte ich es für nicht unwahrscheinlich, daß die »stets gut informierte und zuverlässige Quelle«, die sich den Anschein gab, über bürointerne Informationen zu verfügen, eine schlichte Erfindung war, genau so schlicht wie die Erfindungen, die diesem Phantom in den Mund gelegt worden sind. Dafür spricht auch, daß eine »Bereinigung« der Akten nötig war, bevor man sie Herrn Neusel zur Einsicht überlassen hatte.

Fast noch empörender als die Tatsache, daß meine Korrespondenz mitgelesen und meine Telefongespräche mitgehört worden sind, fand ich den Umstand, daß man die durch die Lauschaktion erlangten Unterlagen, also die auf Tonträger aufgenommenen Telefongespräche und wohl auch Kopien von Briefen vernichtet hatte, ohne mir zuvor Gelegenheit zu geben, sie einzusehen und mir einen Eindruck zu verschaffen, was da alles aus meinem Privatleben und meiner Berufsarbeit erschnüffelt worden war. Man berief sich insoweit auf den Wortlaut des Gesetzes und stellte sich dumm gegenüber meinem Vorwurf, daß diese Verhinderung meiner Kenntnisnahme eine zusätzliche Persönlichkeitsrechtsverletzung darstellte. Die Lauschaktion lag im Zeitpunkt der nachträglichen Bekanntgabe an mich so lange zurück, daß es für mich völlig ausgeschlossen war, auch nur annäherungsweise zu rekonstruieren, welche Bereiche meines Berufs- und Privatlebens dem Einblick staatlicher Horcher offengelegen hatten. Ich schrieb in einem meiner Gerichtsschriftsätze:

Das daraus folgende Mißtrauen gegen bestimmte staatliche Instanzen muß notwendig auch die Personen erfassen, mit denen ich in dem Abhörzeitraum beruflich oder privat zu tun hatte und die nun auch ihrerseits nicht wissen, welche vertraulich gemeinten Gesprächsinhalte belauscht worden sind und nun zum Erinnerungsbestand anonymer Personen gehören, denen man möglicherweise irgendwann einmal beggnet, ohne zu ahnen, daß sie Mitwisser bestimmter Tatsachen aus meinem und meiner Gesprächspartner beruflichen und privaten Leben sind, die sie nicht das geringste angehen.

Die Unterlagen waren, wie das BMI mitteilte, erst in den Jahren 1974 und 1979 vernichtet worden, hatten also jahrelang Behördenmitarbeitern, die für mich unbekannt blieben, zur beliebigen Kenntnisnahme zur Verfügung gestanden. Ich schrieb:

Mir wird niemand verdenken können, daß ich kein Vertrauen mehr in die Unverbrüchlichkeit bestimmter Grundrechte habe, die den Bürger dieses Staates vor staatlichen Lauschern schützen sollen.

Ich habe zuverlässige Informationen, daß dieser gegen mich verübte Lauschangriff während des Hoppe-Prozesses von 1972 nicht der einzige Einbruch in meine Privatsphäre und in die Vertraulichkeit meiner beruflichen Kommunikation mit Mandanten war. Ich traue inzwischen auch meinen Wänden nicht mehr.

Und auch außerhalb des Hauses haben meine Schritte zeitweilig Verdacht erregt, wie ich durch die Ungeschicklichkeit eines Hilfsbeamten des westdeutschen Lauschapparats erfuhr.

Am 27. Oktober 1977 wurde ich auf dem Münchener Flughafen bei der Paßkontrolle aufgehalten und in einen anderen Raum gebeten, wo ein Grenzschutzbeamter an Hand meines Passes einen Vordruck ausfüllte, der, wie ich mit eigenen Augen sehen konnte, überschrieben war mit »Ausschreibung zur BeFa«. BeFa ist die Abkürzung für »Beobachtende Fahndung«.

Ich schrieb an den Bundesinnenminister, damals Prof. Dr. Werner Maihofer, den ich aus liberaleren Tagen als Mitstreiter im Initiativausschuß der Verteidiger in politischen Strafsachen und von gemeinsamen Universitätsveranstaltungen her persönlich kannte, und bat um Mitteilung, worauf diese Maßnahme beruhe, und um Veranlassung, daß die beobachtende Fahndung gegen mich unverzüglich eingestellt werde. In dem ersten Antwortschreiben, unterzeichnet von einem Herrn Kranz, wurde behauptet, daß ich nicht zur Überwachung im Rahmen der beobachtenden Fahndung ausgeschrieben sei. Sonst nichts. Nachdem ich daraufhin meine eigenen Beobachtungen konkretisiert hatte, kam ein weiteres Schreiben, das zunächst die Behauptung wiederholte, ich sei nicht zur beobachtenden Fahndung ausgeschrieben, und dann fortfuhr:

Ihre Annahme mag darauf zurückzuführen sein, daß im Zusammenhang mit der Fahndung nach den Entführern und Mördern von Hanns-Martin Schleyer vorübergehend die Reisebewegungen von Personen beobachtet worden waren, die Kontakte zu Terroristen oder terroristischer Straftaten Verdächtigen hatten. Hierfür haben die zuständigen Dienststellen verschiedentlich auch den Vordruck »Beobachtende Fahndung« verwandt.

Aha, also nur ein falscher Vordruck! Ob man die Sache beobachtende Fahndung oder anders nannte, war aber ziemlich gleichgültig. Wenn ich den »falschen Vordruck« nicht zufällig hätte lesen können – der kontrollierende Beamte ist dafür wahrscheinlich nicht gelobt worden –, hätte man die Überwachung meiner Reisebewegungen ganz abgeleugnet. So aber mußte man immerhin zugeben:

Die Beobachtung Ihrer Reisebewegungen erfolgte, weil Sie Briefkontakte zu den Inhaftierten Peter-Paul Zahl, Ilse Jandt und Siefried Haag hatten.

Peter-Paul Zahl war seit 1972 in Haft und konnte schon deswegen mit Schleyers Entführung nichts zu tun haben. Zu Ilse Jandt und Siegfried Haag hatte ich überhaupt kein Mandatsverhältnis. In jedem Fall war die Annahme, eine Beobachtung meiner Reisebewegungen könne zur Auffindung der Entführer und Mörder des Herrn Schleyer führen, ein Armutszeugnis für die Gehirntätigkeit der Fahnder. Aber in ihrem Denksystem war einem »Terroristenverteidiger« eben alles zuzutrauen. Ich muß davon ausgehen, daß sich nach meiner Kontrolle ein Observant an meine Fersen geheftet hatte, denn man wird ja wohl nicht angenommen haben, die Entführer und Mörder des Herrn Schleyer auf dem Münchener Flughafen vorzufinden.

Und schließlich habe ich auch die sogenannte »offene Überwachung« kennengelernt, also die Form der Überwachung, die der Überwachte spüren, die ihn belästigen und ihn wie eine ständige Bedrohung begleiten soll. Zu allererst muß ich die sich tagtäglich wiederholende Durchsuchungsprozedur in bestimmten »Terroristen«-Prozessen nennen, die außer Entwürdigung und Diskriminierung des Verteidigers keine ihren angeblichen Zweck rechtfertigenden Erfolge gezeitigt hat. Einmal gelang es mir, meine durch die Amtsbefassung mit meiner Genitalzone provozierte Aggressivität nur dadurch zu bewältigen, daß ich dem an mir herumfingernden Beamten mit voller Lautstärke die Arie »Gern hab ich die Frau'n geküßt« vorsang. Diese Form des gewaltlosen Widerstands kam in seiner Dienstanweisung wohl nicht vor, so daß er seine Amtshandlung etwas verunsichert und schneller als sonst beendete.

Und auch dies sollte wohl »offene Überwachung« sein, ein Fall, der sich ebenfalls während des Stammheimer Boock-Prozesses 1983/84 ereignete: Als ich vor dem Tor des mit Gittern und Stacheldraht gesicherten Justizgeländes auf mein Taxi wartete, pflanzte sich auf der gegenüberliegenden Straßenseite ein Beamter, den ich schon in der Geschäftsstelle des Gerichts gesehen hatte, neben einem Personenkraftwagen auf und wartete ebenfalls mehrere Minuten, bis mein Taxi erschien. Dann bestieg er den Wagen und fuhr hinter mir her, bis ich an meinem Ziel, einer Gaststätte, ausstieg. Ob er dann von einem anderen Observanten abgelöst wurde, der meine Bissen zu zählen hatte, weiß ich nicht.

So also war es um die Vertraulichkeit anwaltlicher Arbeit und den Respekt vor Grundrechten unserer freiheitlich-demokratischen Verfassung bestellt, schon bevor die konservativen Parteien den »großen Lauschangriff« aus der Taufe gehoben haben. Nach meinen Erfahrungen mit staatlichen Überwachungsaktionen habe ich diese mit irreführenden Volksverdummungsparolen popularisierten Bemühungen, auch noch das Grundrecht der Unverletzlichkeit der Wohnung abzuschaffen, mit größtem Unbehagen verfolgt.

13. Ein verspäteter Antrag auf Wiedergutmachung. Der Fall Richard Gehrke (1984-1986)

Im Jahre 1984 suchte mich ein Mann in meiner Praxis auf, dessen Antrag auf Entschädigung wegen in der Nazi-Zeit erlittener KZ-Haft mit der Begründung abgelehnt worden war, daß er die Frist zur rechtzeitigen Antragstellung versäumt habe. Die Sache empörte mich, so daß ich mich entschloß, sein Mandat zu übernehmen, obwohl es sich um eine für mich fremde Rechtsmaterie handelte. Das bedeutete viel Arbeit. Aber nachdem ich mich eingearbeitet hatte, glaubte ich, dem Mann helfen zu können.

Der Mandant, Herr Richard Gehrke aus Frankfurt am Main, Jahrgang 1922, war im August 1940 als 17jähriger kaufmännischer Lehrling verhaftet und in das sogenannte »Jugendschutzlager« Moringen bei Göttingen verbracht worden, wo er bis Februar 1945 eingesperrt worden war. Dann sollte er, zusammen mit anderen »Politischen«, in ein anderes KZ verlegt werden, doch erreichte der Transport sein Ziel nicht mehr. Im April 1945 wurde Gehrke aus einem Gefängnis in Wolfenbüttel von den Amerikanern befreit.

Den Grund seiner Inhaftierung hat er nie erfahren. Gehrke war nicht Mitglied der Hitler-Jugend, entzog sich also einer »staatsbürgerlichen Pflicht«. Vielleicht reichte schon das. Aber wahrscheinlich war er ein Opfer der im Nazi-Staat praktizierten »Sippenhaft«, da sein neun Jahre älterer Bruder Friedrich mit der verbotenen KPD sympathisierte und einen Textil- und Stoffhandel mit Juden betrieben hatte. Der Bruder war von der Gestapo verhaftet und im KZ eingesperrt, später zur Frontbewährung in einem Strafbataillon eingesetzt worden und schließlich am 31. 1. 1942 gefallen. »Gefallen für Großdeutschland« stand auf einer Gedenktafel, die irgendwo in Rußland hinter 31 hölzernen Kreuzen aufgestellt worden war und auch seinen Namen nannte. »Wir alle verlieren einen guten Kameraden, der sein Bestes für die geliebte Heimat gegeben hat«, schrieb sein Kompaniechef an die Mutter, deren zweiter Sohn weiterhin im KZ gequält wurde. Über das Schicksal eines dritten Sohnes wird noch zu berichten sein.

Richard Gehrke hat viereinhalb furchtbare Jahre in dem Moringer »Kinder-KZ« verbracht – es waren dort Kinder und Jugendliche beiderlei Geschlechts von 10 bis 25 Jahre eingesperrt –, in denen seine Gesundheit nachhaltig ruiniert worden ist. Da gab es alles, was man aus den Erlebnisberichten von Konzentrationslagerhäftlingen seit Eugen Kogons SS-Staat kennt, den täglichen Terror der Herrenmenschen an den ihnen ausgelieferten Sklaven, die Degradierung des Menschen zur Nummer, die jede Privatheit vernichtenden entwürdigenden Verhältnisse in den Massenschlafsälen und Waschräumen, die unzureichende Ernährung, den verwalteten Tagesablauf mit Zählappellen, schweren Arbeiten, Exerzieren, die von Essensentzug bis zu 15 Hieben vor versammelter Mannschaft reichenden Strafen – ein Szenario des Terrors, das viele Menschen, die es erdulden mußten, in immer wiederkehrenden Alpträumen bis ins hohe Alter und bis in den Todeskampf verfolgt hat.

Richard Gehrke hat seinen Leidensweg in einem selbstverfaßten Schriftsatz, der zur Vorlage bei Gericht bestimmt war, niedergelegt. Ich möchte einige Abschnitte daraus wörtlich zitieren:

Im August 1940 wurde ich an meinem Arbeitsplatz verhaftet. Als ich mich nach dem Grund meiner Verhaftung erkundigte, bekam ich zur Antwort, daß ich meine Schnauze halten solle; den Grund würde ich noch früh genug erfahren.

In das Polizeigefängnis Frankfurt/Main eingeliefert, kam ich in Einzelhaft. Sie können sich denken, daß ich verzweifelt war. Ich suchte nach Gründen, die zu meiner Einweisung geführt hatten.

Nach einigen Tagen wurde ich zur Vernehmung an einem unbekannten Ort abgeholt. Nacheinander verhörten mich mehrere Beamte. Sie fragten, zu welchen Personen wir, mein Bruder und ich, Kontakt hätten, ob es Kommunisten wären. Ich konnte darüber keine Auskunft geben. Sie fragten weiter, mit wem wir Geschäfte abschlossen, mit welchen Juden ... Ich konnte einzelne nennen. Nach jeder Antwort bekam ich Schläge, wurde mißhandelt. Am Schluß war ich soweit, daß ich jede Frage bejahte, denn keine Nahrung, kein Schlaf, nur Schläge und Schikane, das ging über meine Kräfte.

Richard Gehrke schilderte weiter, wie er etwa fünf Wochen später den Empfang des »Schutzhaftbefehls« durch Unterschrift bestätigen mußte, wie er mit einem Sammeltransport mit Zwischenstationen in mehreren Gefängnissen ins KZ gebracht wurde.

Als ich »Heil Hitler« grüßend die Wachstube des KZ betrat, wurde ich zusammengeschlagen und beschimpft: Ich hätte »den Führer« nicht in mein dreckiges Maul zu nehmen, ich sei ein Schweinehund, eine dreckige Bazille ... Dann die erste Frage, weshalb ich im KZ sei. Auf meine Antwort, daß ich es nicht wüßte, hieß es, ich solle eine richtige Antwort geben, und wieder setzte es Schläge.
Dann mußte ich stundenlang unter Befehlen im Laufschritt durch das Lager laufen und immer wieder hieß es »Hinlegen! Aufstehen! Hinlegen!«, bis wir endlich an dem mir zugewiesenen Block anlangten und von dem Blockältesten empfangen wurden. Jetzt begann der Leidensweg erst richtig. Während meines Aufenthaltes im KZ arbeitete ich in der Rüstungsindustrie unter unmenschlichen Bedingungen. Einmal über und einmal unter Tage. 10 bis 12 Stunden Arbeit waren an der Tagesordnung. Mißhandlungen, die bei manchen zum Tode führten, zählten zum Alltag. All das ereignete sich unter den schlimmsten Bewachungsvorschriften. So durfte weder gesprochen noch unter sonstigen Verständigungen untereinander verkehrt werden. Der geringste Verstoß wurde mit Strafe durch Schläge, Essensentzug oder sonstige Schikanen geahndet. Die Bewacher selbst ließen jede menschliche Regung vermissen. Sie fühlten sich als die »Herrenschicht« gegenüber ihren »Anvertrauten« ...

Richard Gehrkes Mutter hatte im Jahre 1942 ein Bittgesuch an den Reichsführer SS, Heinrich Himmler, gerichtet, ihren Sohn freizulassen.

Es war vergeblich – im Gegenteil – sie wollten meinen jüngsten Bruder auch noch in ein KZ bringen. Jedoch meldete er sich sofort freiwillig zum Militär; und kam nicht mehr zurück.

Der Versuch, den durchlebten Terror des KZ-Systems darzustellen, kommt immer wieder an sprachliche Grenzen.

Ich könnte Ihnen noch stundenlang vom Alltag im KZ berichten, von den Quälereien, den Toten, der Schande, der Sklavenarbeit usw., aber ich ginge damit zu weit. Fernsehen, Rundfunk, Zeitungen und Bücher können niemals das wiedergeben, was wir im KZ durchgemacht haben.

Auch der Befreiung im April 1945 gingen noch entsetzliche Erlebnisse voraus. Richard Gehrke über die Endstation des Transports, die Unterbringung in Wolfenbüttel:

Mir stockte der Atem, als ich in die Zelle hineingeschubst wurde: Franzosen, Tschechen, Polen, Russen lagen dort, krank, elendig abgemagert. Wanzen fraßen die Menschen fast auf.
   Nach einigen Wochen hörten wir die Amerikaner auf dem Gefängnishof. Sie riefen uns in englisch zu und alle jubelten. Die Zellentüren wurden aufgeschlossen; der langersehnte Tag der Freiheit war gekommen. Die Befreiten drängten beim Hinausstürmen derart, daß verschiedene von ihnen schon unterwegs starben, die nicht die Kraft hatten, gegen diese Menschenmenge aufzukommen.

Viele dieser geschwächten Menschen starben auch noch an der ungewohnt kräftigen Nahrung.

Auch ich war sehr krank. Um überhaupt einigermaßen auf den Beinen stehen zu können, wurde ich von der Stadt Wolfenbüttel in einer ehemaligen Gaststätte untergebracht. Dort erhielt ich leichte Kost und Verpflegung über ein paar Wochen hinweg. Dann nahmen mich amerikanische Soldaten mit in Richtung Heimat.

Richard Gehrke fand nach langem Suchen seine Mutter.

Sie war fast blind. Wir umarmten uns und weinten. Auch sie hatte Schweres mitgemacht und mußte darunter leiden, daß ihre Söhne im Konzentrationslager waren. Sie mußte im Winter bei Kälte Straßenbahnen abwaschen, obwohl sie sechs Kinder gehabt hatte. Sie wurde gequält und schikaniert, überall war sie die Letzte. Sie war »die Frau von denen, die im KZ waren«. Am liebsten hätten sie sie ebenfalls in ein KZ gebracht.

Richard Gehrke war, bevor man ihn ins KZ brachte, ein kräftiger junger Mann. Jetzt kam er als kranker Mensch zurück. In den ersten beiden Jahren litt er an Muskelschwäche, Knochenerweichung, Nervenschwäche, Darmkoliken und vermehrten Schweißabsonderungen. Einiges davon ist ihm lebenslänglich geblieben.

Ich bin auch heute noch krank. Mein Rücken schmerzt, meine Hüften sind kaputt, die große Fußzehe ist versteift, ich leide unter Sehschwäche. All diese Leiden habe ich mir im Bergwerk zugezogen, wo ich mit Munition arbeiten mußte und schwere Kisten zu transportieren hatte, ohne ausreichende Nahrungszufuhr.

Vor allem nervlich hat Richard Gehrke den Terror, dem er viereinhalb Jahre ausgesetzt war, nie überwunden.

All meine Bemühungen, diese Zeit zu verdrängen, mißlangen. Das KZ begegnet mir überall, in der Nacht und am Tage.

Es war für mich unvorstellbar, daß es rechtens sein könne, die Entschädigungspflicht des Staates für diese terroristische Freiheitsberaubung, an deren Folgen die Betroffenen lebenslänglich zu tragen haben, von der Einhaltung einer Antragsfrist abhängig zu machen. Ich hatte gelernt, daß es auch gesetzliches Unrecht gibt, und ließ mir deshalb nicht von im Bundesgesetzblatt veröffentlichten Paragraphen imponieren, nach denen alle Anträge auf Entschädigung »wegen Schadens an Freiheit infolge Freiheitsentziehung« spätestens bis zum 1. 4. 1958 hätten gestellt sein müssen.

Ich erhob für Herrn Gehrke Klage beim Landgericht Wiesbaden gegen das Land Hessen und beantragte, dem Kläger Entschädigung für die in der Zeit von August 1940 bis April 1945 erlittene Freiheitsentziehung zu zahlen.

Fristvorschriften haben, so trug ich vor, eine formale Ordnungsfunktion. Sie dienen der »Rechtssicherheit«. Nun könne es aber Fälle geben, in denen zwischen dem Prinzip der Rechtssicherheit, also den Interessen des Staates, und der materiellen Gerechtigkeit ein unerträglicher Widerspruch entsteht. Einen solchen Widerspruch sah ich darin, daß der Anspruch meines Mandanten auf Entschädigung wegen nationalsozialistischen Unrechts an einer Ausschlußfrist scheitern sollte.

Richard Gehrke hatte schon 1949 bei einer Betreuungsstelle für NS-Verfolgte vorgesprochen und damals erfahren, das Jugendschutzlager Moringen gelte nicht als KZ im Sinne der Entschädigungsvorschriften. Tatsächlich wurde das »Jugendschutzlager« Moringen erst 1977 – nämlich durch eine Verordnung vom 20.9.1977, die im Bundesgesetzblatt veröffentlicht wurde – als KZ anerkannt. Die Frist zur Anmeldung einer Entschädigung wegen Freiheitsschadens war aber schon 1958, eine Nachfrist für Wiedereinsetzungsanträge 1969 abgelaufen. Gehrke aber hatte im Vertrauen auf die Auskunft der Betreuungsstelle den Antrag erst 1979 gestellt, nachdem ihm die nachträgliche Anerkennung Moringens als KZ bekannt geworden war. Diese nachträgliche »Aufwertung« des Jugendschutzlagers betraf aber, wie auch mir erst im Laufe des Verfahrens klar wurde, nur die Entschädigung wegen Schadens an Körper und Gesundheit und begründete für diese eine das Verfahren erleichternde gesetzliche Vermutung einer 25prozentigen Erwerbsminderung. Auch diese »3. Verordnung zur Änderung der 6. Verordnung zur Durchführung des Bundesentschädigungsgesetzes« war den noch lebenden Moringer Häftlingen – es waren noch etwa 30 – erst nach Ablauf der verordneten Antragsfrist von sechs Monaten bekannt geworden, da das Bundesgesetzblatt nicht zur ständigen Lektüre ehemaliger KZ-Häftlinge gehörte. Und wer seinen Antrag nicht schon 1958 oder früher gestellt hatte, brauchte auch diese Verordnung nicht mehr zu lesen. Ein schwer durchschaubarer Gesetzeswirrwarr, in dem offenbar System lag.

Die Ausschlußfristen bildeten denn auch einen der zahlreichen Kritikpunkte des Wiedergutmachungsrechts, gegen die seitens der Betroffenen und deren Organisationen, aber auch seitens der parlamentarischen Opposition immer wieder Sturm gelaufen worden ist. Christian Pross in seinem Buch *Wiedergutmachung. Der Kleinkrieg gegen die Opfer* (S. 108 f.):

Eine der größten Härten des Bundesentschädigungsgesetzes waren seine Ausschlußfristen.

Pross erinnert daran, daß die Verfolgten über die ganze Welt verstreut lebten, wie schwer sich viele mit dem bürokratischen Drum und Dran eines Antrages taten, und wie schwer und widersprüchlich es für sie oft war, sich zu entschließen, den Deutschen gegenüber als Bittsteller aufzutreten. Viele hätten keinen Antrag gestellt aus Furcht vor einem Wiederaufbrechen der im KZ geschlagenen Wunden. Und in der Tat, das Entschädigungsverfahren war in der Regel eine Fortsetzung der Demütigung, die den Verfolgten schon im Nazi-Reich zugefügt worden war. Das ist wiederholt ausgezeichnet dokumentiert worden (vor allem bei Christian Pross, aber auch schon bei Dörte von Westernhagen in einem vierseitigen zusammenfassenden Artikel in der Zeit vom 5.10.1984), aber kaum ins öffentliche Bewußtsein gedrungen. Nur die Betroffenen wußten von dem »erschreckenden Ausmaß von Einfühlungslosigkeit« der medizinischen Gutachter (Alexander und Margarete Mitscherlich, *Die Unfähigkeit zu trauern*. München 1967, S. 81; William G. Niederland, *Folgen der Verfolgung: Das Überlebens-Syndrom. Seelenmord*. Frankfurt am Main 1980, S. 8) sowie davon, daß es »sowohl bei Entschädigungsbehörden als auch bei den Gerichten Mitarbeiter gibt, die nur eins im Sinne haben, möglichst viel Entschädigungsansprüche abzulehnen« (Heinz Düx, Richter am Oberlandesgericht Frankfurt am Main).

Alles das muß man wissen, um zu verstehen, daß Richard Gehrke, ebenso wie viele andere Moringer, sich mit der Auskunft der Betreuungsstelle, für das Jugendschutzlager gebe es keine Entschädigung, abspeisen ließ und bei der staatlichen Behörde, die ihm etwas anderes hätte sagen können, gar nicht erst vorstellig wurde. Den Moringer Häftlingen war nur zu helfen, wenn entweder der Gesetzgeber tätig wurde und das durch die Ausschlußfristen gesetzte Unrecht beseitigte oder die Gerichte aus der Sozialstaatsklausel, dem Gleichheitssatz und anderen Grundprinzipien des Grundgesetzes die Verfassungswidrigkeit der Ausschlußfristen herleiteten.

Ich erwartete von den Richtern, bei denen ich für Richard Gehrke Klage erhob, daß sie die richterlichen Möglichkeiten ausschöpfen würden, gesetzliches Unrecht zu korrigieren. Aber unsere Klage wurde nicht nur vom Landgericht Wiesbaden (Urteil vom 25. 10. 1984) mit knapper Begründung zurückgewiesen, sondern blieb auch in der Berufungsinstanz beim Oberlandesgericht Frankfurt am Main erfolglos, obwohl dem dort zuständigen Senat ein Richter vorsaß, den ich aus gemeinsamer rechtspolitischer Arbeit im Bundesvorstand der Vereinigung Demokratischer Juristen (VDJ) und seinen Veröffentlichungen als fundierten Kritiker des Wiedergutmachungsrechts kannte. Aber es schien, daß er sich in diesem Fall in seinem Senat nicht durchsetzen konnte. Denn in den Gründen des die Berufung zurückweisenden Urteils des Oberlandesgerichts vom 18. 4. 1986 heißt es:

Daß diese gesetzliche Regelung, d. h. der Ausschluß des Klägers durch die gesetzten Fristen zu einer ihm ungerecht erscheinenden Vorenthaltung von Entschädigung führt, ist von der Jurisdiktion hinzunehmen; denn die Gerichte sind an Gesetz und Recht gebunden (Art. 20 Abs. 3 GG).

Abhilfe könnte allein der Gesetzgeber durch Änderung oder Aufhebung der Anmeldefristen im BEG (Bundesentschädigungsgesetz) und BEG-Schlußgesetz schaffen.

Das war eine allzu schlichte Begründung, sich der richterlichen Verantwortung für die Anwendung ungerechten Rechts zu entziehen. Statt die herkömmliche Binsenweisheit zu zitieren, daß die Gerichte an Gesetz und Recht gebunden sind, hätte eine am Gerechtigkeitsprinzip orientierte Entscheidung sich darauf berufen können, daß die Grundrechte der Verfassung allem Gesetzesrecht vorgehen (Art. 1 Abs. 3 GG). Hier war einer der Fälle gegeben, wo sich der Grundsatz hätte bewähren müssen, daß Richter gesetzlichem Unrecht den Gehorsam zu verweigern haben. Die Pensionsberechtigung der Staatsfunktionäre, die Richard Gehrke und seine Leidensgenossen im KZ terrorisiert hatten, ist sicher nicht an der Versäumung von Antragsfristen gescheitert.

An Gesetzesinitiativen seitens der parlamentarischen Opposition, die auf Abhilfe hinsichtlich der vielen Ungerechtigkeiten des Wiedergutmachungsrechts zielten, hat es nicht gefehlt. Noch 1985 haben die GRÜNEN einen sehr sachgemäßen umfassenden Antrag im Bundestag eingebracht. Aber alle Bemühungen scheiterten letztlich an der konservativen Mehrheit.

Christian Pross hat angedeutet, welche Haltung dahintersteht:

Die Fristenregelung in der Entschädigung sollte den Kreis der Antragsteller begrenzen – sicher nicht nur aus finanziellen Gründen, sondern auch um die Auseinandersetzung mit den Opfern der NS-Verbrechen so bald wie möglich zu den Akten legen zu können. Aufgrund von Fristversäumnissen gingen Tausende von Antragsberechtigten leer aus. (a. a. O., S. 109)

Die Konservativen werden mit diesem Ergebnis ihrer Fristenregelung zufrieden gewesen sein. Und konnten sich wohl auch der Zustimmung ihrer Wähler sicher sein. Denn die Entschädigung der Verfolgten des Nazi-Regimes ist nie populär gewesen. Ja, daß es sie überhaupt gegeben hat, diese Minderheit, die nicht in den allgemeinen Jubel über Hitler eingestimmt hat, hätte man am liebsten verdrängt und vergessen. Und das haben die Verfolgten frühzeitig und all die Jahre zu spüren bekommen.

Die anläßlich der Ausstellung zu den Jugend-Konzentrationslagern Moringen und Uckermark von den Überlebenden des Terrors herausgegebene Dokumentation begann mit dem Satz:

Den Jahren der Verfolgung, der brutalsten Mißhandlung und der Zwangsarbeit folgten Jahrzehnte des Verschweigens, der Mißachtung und der Diskriminierung.

Richard Gehrke erinnert sich:

Anders als die Rückkehrer aus langjähriger russischer Kriegsgefangenschaft, die in den fünfziger Jahren von der deutschen Bevölkerung jubelnd und mit Blumen und Geschenken begrüßt wurden, bekamen wir Rückkehrer aus den Konzentrationslagern des Nazi-Staates Ablehnung und Feindseligkeit zu spüren.

In Moringen gab es noch im Jahre 1983 (!) eine heftige Debatte im Rat der Stadt, ob es in Moringen überhaupt ein KZ gegeben habe, eine Frage, die schließlich mit der Mehrheit bejaht wurde. Mit dem tröstlichen Zusatz: »Ein Vernichtungslager war es nicht.« Das »Jugendschutzlager« hatte an der Hauptstraße mitten im Ort gelegen. Die Bevölkerung war in den Jahren 1940 bis 1945 immer wieder den Häftlingskolonnen begegnet, die zur Arbeit ausrückten. Eine nicht geringe Anzahl der Moringer hatte von der Existenz des Lagers profitiert. Schon in den Jahren 1933 bis 1938 hatte das später zum Hauptgebäude des Jugendschutzlagers umfunktionierte »Provinzialwerkhaus« als Männer- und Frauen-KZ gedient. Die Moringer Zeitung hatte schon im April 1933 unter der Überschrift »Unterbringung politischer Gefangener im Werkhaus« die wirtschaftliche Bedeutung eines Konzentrationslagers für die Kleinstadt erahnt:

Wie sehr auch an sich die Notwendigkeit der Inhaftierung dieser irregeleiteten Volksgenossen zu bedauern ist, so bedeutet doch ihre Überführung in das hiesige Werkhaus für unsere Stadt einen außerordentlichen Gewinn, da, wie wir gehört haben, die Direktion nach Möglichkeit alle notwendig werdenden umfangreichen Aufträge der hiesigen Geschäftswelt zukommen läßt.

Der Katalog zur Ausstellung über das Moringer Jugend-KZ.

Daß die Ausbeutung der Arbeitskraft auch der im Jugendschutzlager eingesperrten Jungen und Mädchen ein gutes Geschäft war, ist einem Bericht des Lagerkommandanten Dieter aus dem Jahre 1944 zu entnehmen. (Ausstellungskatalog, S. 34):

Das jährliche Lohneinkommen aus der Arbeit der Lagerzöglinge hat den Betrag von 1.000.000 RM bereits weit überschritten. Die Gesamtausgaben des Jugendschutzlagers, einschließlich der Ausgaben für Mieten, Gehälter und Löhne für rund 150 Einsatzkräfte, für Uniformen, Bekleidung und Beköstigung der Lagerzöglinge usw., bleibt mit mehreren hunderttausend Reichsmark hinter den Einnahmen zurück ...

Die Gewinne resultierten nicht nur aus dem Einsatz in lagereigenen Arbeitskommandos in der Landwirtschaft und in Werkstätten, die vorwiegend für die Wehrmacht produzierten, sondern auch aus der Sklavenarbeit für private Firmen, die den »Lohn« an die SS überwiesen. Von diesem Arbeitsentgelt haben die Moringer Häftlinge keinen Pfennig erhalten.

Zum 40. Jahrestag der Befreiung, den die überlebenden Moringer Gefangenen im Mai 1985 bei einem Treffen an der inzwischen mit Unterstützung des Landes Niedersachsen eingerichteten Gedenkstätte in Moringen begehen und mit einer Totenehrung verbinden wollten, hatte Richard Gehrke im Namen seiner Kameraden an die Geschäftsleitung der Firma Anton Piller GmbH & Co KG in Osterode am Harz geschrieben, die seinerzeit einen Zweigbetrieb in unmittelbarer Nähe des Jugend-KZ eingerichtet und von der Zwangsarbeit der Häftlinge profitiert hatte. Richard Gehrkes Brief war sehr höflich gehalten und enthielt die bescheiden vorgetragene Bitte um eine finanzielle Unterstützung des Treffens, um auch den Kameraden eine Teilnahme zu ermöglichen, die finanziell nicht zur Bestreitung der Reisekosten in der Lage wären. Er bekam keine Antwort.

Ähnlich war es anderen, namhafteren Bittstellern gegangen, die bei den kapitalistischen Nutznießern der von KZ-Häftlingen geleisteten Zwangsarbeit angeklopft hatten. Jan Philipp Reemtsma hatte im September 1988 mehrere Industrieunternehmen um Beiträge zu einer Stiftung gebeten, die das ehemalige Konzentrationslager Neuengamme in eine Gedenk- und Forschungsstätte umwandeln sollte – die meisten antworteten gar nicht, die anderen, mit einer Ausnahme, ablehnend. Auch der ehemalige amerikanische Hochkommissar John Mc-

Cloy holte sich eine kaltschnäuzige Abfuhr, als er bei dem deutschen Milliardär Flick vorsprach, um eine Entschädigung für ungarische und polnische Jüdinnen zu erbitten, die in einem Betrieb, dessen Aktienkapital zu 80 % Friedrich Flick gehörte, Zwangsarbeit hatten leisten, nämlich Sprengstoff, Bomben und Granaten für Hitlers Wehrmacht hatten herstellen müssen (Jörg Friedrich, *Die kalte Amnestie*. Frankfurt am Main 1984, S. 264 ff.).

Richard Gehrke und vielen anderen Verfolgten des Nazi-Regimes ging es weniger um die materielle Entschädigung – es gab für jeden Haftmonat im KZ ganze 150 DM – als um die Anerkennung, die ihnen in der bundesrepublikanischen Gesellschaft versagt geblieben ist. Richard Gehrke schrieb mir 1986:

Ich wäre glücklich, wenn ich politisch anerkannt würde, auf das Geld würde ich gerne verzichten. Somit wäre wenigstens meine Ehre, sowie die Ehre meines verstorbenen Bruders wieder hergestellt.

Richard Gehrke meinte mit »Ehre« die moralische Anerkennung und Hochachtung, die Verfolgten des Nazi-Regimes in der Bundesrepublik nach seinen Erfahrungen nur partiell zuteil geworden ist. Offizielle Ehrungen und lobende Erwähnungen in Schulbüchern konzentrieren sich ja auf den konservativen, viel zu spät einsetzenden Widerstand vom 20. Juli 1944, während vom Widerstand der »kleinen Leute«, dem kommunistischen Widerstand insbesondere, nur selten und widerwillig die Rede ist.

Das Schicksal meines Mandanten Richard Gehrke wäre nicht vollständig erzählt, wenn ich nicht noch mitteilen würde, was aus seinem jüngeren Bruder geworden ist, der sich, um nicht auch ins KZ zu kommen, freiwillig zu Hitlers Wehrmacht gemeldet hatte. Aus einem mit großer Anteilnahme geschriebenen Brief eines katholischen Priesters und Krankenhaus-Seelsorgers vom 3. Dezember 1945 erfuhr die Familie, daß Günther Gehrke, nachdem er Krieg und Kriegsgefangenschaft überlebt hatte, in einem Breslauer Krankenhaus an Entkräftung gestorben war. Ich zitiere aus dem mir vorliegenden Brief an die Eltern:

Ihr Sohn ist ungefähr am 15. November (1945) hier in Breslau mit einem Gefangenentransport aus Rußland angekommen. Er hat nach seiner Gefangennahme im Donez-Becken als Bergarbeiter im Schacht arbeiten müssen. Den Anstrengungen und Entbehrungen sind seine Kräfte offenbar nicht gewachsen gewesen, und er erkrankte an allgemeiner Entkräftung. So kam er zur Entlassung aus der Gefangenschaft.

Als der Zug in dem Vorort Brockau hielt und ein längerer Aufenthalt war, durften die Gefangenen die Stadt besuchen. Bei diesem Besuch brach Günther mit seinem schwachen Kräftezustand vollends zusammen. Unfähig sich selbst zu helfen und zu dem Transportzug zurückzugehen, fand er Aufnahme bei zwei lieben katholischen Frauen, welche seine Hilflosigkeit auf der Straße sahen und sich seiner annahmen.

Mit Richard Gehrke bei der Feier meines 70. Geburtstages in Worpswede (31. 10. 1995).

Das ist Frau Elisabeth Kosmal, wohnhaft Trebnitzer Straße 22 und ihre Schwester Frieda. Sie haben ihn 14 Tage in ihrer Wohnung mit großer Liebe gepflegt und zu kräftigen gesucht. Dann ging es ihm so, wie es anderen entlassenen Gefangenen auch ergeht, es schlug die beste Pflege nicht mehr an, weil der Körper zu sehr erschöpft war.

So kam er am 29. November in unser Krankenhaus, und an demselben Tage vormittags riefen mich unsere Schwestern zu ihm, weil sie sofort seine Lebensgefahr erkannt hatten. Er empfing von meiner Hand die hl. Sterbesakramente, also hl. Beichte, hl. Kommunion und hl. Ölung nebst Sterbeablaß, und ich lernte dabei Ihren lieben Sohn als einen vollkommen unverdorbenen, schlichten, treuen christlichen Jungen kennen. Er erkannte klar seinen schweren kranken Zustand und nahm sein Los, als Heimkehrer auf deutschem Boden zu stehen und noch nicht bis zum Elternhaus gelangen zu können, mit williger Ergebung ...

Am 1. Dezember habe Günther ihn rufen lassen und in klarer Voraussicht seines bald zu erwartenden Todes um seine Unterstützung mit Gebet und die Entgegennahme seiner letzten Wünsche gebeten.

Er bestellt Ihnen, seinen lieben Eltern, seine letzten herzlich dankbaren Grüße; ebenso den guten Geschwistern. Den lebenden von den 5 Brüdern und seiner Zwillingsschwester Anni. Er zählte sie auf: Fritz gefallen, Richard – – – weiter konnte er nicht sprechen ...

Richard Gehrke wird bitter, wenn er von dem Unrecht spricht, das ihm und seiner Familie zugefügt und durch Ausschlußfristen der Bonner Gesetzesmacher bis in die Gegenwart verlängert worden ist. Aber wo er Anteilnahme an seinem verletzten Rechtsbewußtsein spürt, bricht die ganze Herzlichkeit und der gute Humor eines Frankfurter Kindes auf. Und so sind wir, obwohl ich ihm als Anwalt nicht zu seinem Recht verhelfen konnte, gute Freunde geworden.

14. Der Mord an Ernst Thälmann. Eine Anklage (1982-1988)

Es gab ein Verfahren in meinem Anwaltsleben, in dem ich auf der Anklägerseite stand und den sanften Umgang der Justiz mit Naziverbrechern vor Ort kennenlernte. Das war die Nebenklagevertretung in der Mordsache Thälmann, die zwar hoffnungsvoll begann, aber mit dem üblichen Freispruch endete.

Ernst Thälmann, 1886 in Hamburg geboren, von Beruf Transportarbeiter, seit 1919 Mitglied der Hamburger Bürgerschaft, seit 1924 Reichstagsabgeordneter, seit 1925 Vorsitzender der Kommunistischen Partei Deutschlands (KPD), wurde nach dem von den Nazis als willkommenen Vorwand zur Verfolgung der Kommunisten genutzten Reichstagsbrand im März 1933 verhaftet. Das gleiche Schicksal erlitten die mit ihm noch am 5. März 1933, also schon unter terroristischen Bedingungen, in den Reichstag gewählten 81 Abgeordneten der KPD, soweit sie nicht gleich ermordet wurden oder ins Ausland flüchten konnten. So beschaffte sich Hitler die für das Ermächtigungsgesetz benötigte Mehrheit im Reichstag. Ein zunächst geplantes Hochverratsverfahren gegen Thälmann wurde nie durchgeführt, weil man die publizistischen Auswirkungen in der deutschen und der Weltöffentlichkeit fürchtete. Stattdessen wurde Thälmann elf Jahre lang in sogenannter »Schutzhaft« gehalten, zuletzt im Zuchthaus Bautzen, bis Hitler, als er das Ende seiner Herrschaft kommen sah und prominente politische Gegner durch die SS liquidieren ließ, Thälmanns Tötung anordnete. Hitlers Mordbefehl ist in einer erhalten gebliebenen Aktennotiz des Reichsführers SS, Heinrich Himmler, vom 14. August 1944 niedergelegt: »Thälmann ist zu exekutieren.« Dieser Mordbefehl wurde drei Tage später ausgeführt.

Der Mord an Ernst Thälmann gehört zu den unzähligen Naziverbrechen, die vor bundesdeutschen Gerichten keine Sühne gefunden haben.

Elf Jahre war Ernst Thälmann Hitlers Gefangener. Auf dem Gefängnishof von Moabit geht er einsam seine Runden am Vormittag des 12. Mai 1934.

Daß es überhaupt zu einem Verfahren kam, war dem Umstand zu verdanken, daß die Ehefrau und die Tochter des ermordeten Kommunistenführers das Konzentrationslager Ravensbrück überlebt hatten und mit Hilfe von Rechtsanwälten die Staatsanwaltschaft zu Ermittlungen und schließlich zur Anklageerhebung zwingen konnten.

Ernst Thälmann war, wie sich aus Berichten mehrerer ehemaliger KZ-Häftlinge ergab, in der Nacht vom 17. zum 18. August ins KZ Buchenwald eingeliefert und dort von einem SS-Kommando erschossen worden. Seit 1947 war eine Aussage des ehemaligen Buchenwald-Häftlings Marian Zgoda bekannt, daß er Augenzeuge des Mordes geworden sei. Zgoda gab an, er sei an jenem Abend durch ungewöhnliche Vorbereitungen aufmerksam geworden, daß eine sogenannte Sonderaktion bevorstand. Er habe die Häftlingsunterkunft verlassen und sei durch einen Luftschacht auf den Hof des Krematoriumsgebäudes gelangt. Dort habe er sich hinter einem Schlackenhaufen verborgen und stundenlang ausgeharrt. Dann habe er von seinem Versteck aus beobachtet, wie nach und nach mehrere SS-Funktionäre das Krematorium betraten: als erster Wolfgang Otto, dann Gust, Hofschulte, Warnstedt, Stobbe, Schmidt, Schiedlausky und Berger. Diese Leute hätten sich im Büro des Krematoriums aufgehalten, das sie öfter verlassen hätten, offensichtlich um nach einem erwarteten Transport Ausschau zu halten. Das Telefon habe mehrmals geklingelt. Kurz nach Mitternacht seien die beiden Kommandoführer Warnstedt und Stobbe aus dem Krematorium herausgetreten und hätten das Tor geöffnet, um einen großen Personenwagen einzulassen. Dem Wagen seien drei Zivilisten entstiegen, von denen zwei den dritten, der in der Mitte ging, offenbar bewachten. Weiter im Wortlaut des Protokolls:

Ich konnte den Gefangenen nur von hinten sehen. Er war groß, breitschultrig und hatte eine Glatze. Ich sah dies, da er keinen Hut trug. Inzwischen waren auch die SS-Leute Berger, Otto, Stobbe und Hofschulte aus dem Krematorium gekommen und flankierten sich an der Eingangstür desselben nach dem Hof zu. Die Zivilisten ließen ihren Gefangenen vorgehen. In dem Augenblick, wo der Gefangene das Spalier der 4 angeführten SS-Leute passiert hatte und den Gang des Krematoriums betrat, fielen hinter ihm vom Hof her drei Schüsse. Hierauf begaben sich die draußengestandenen SS-Leute und die 2 Zivilisten in das Krematorium und schlossen die Tür hinter sich. Etwa 3 Minuten später fiel im Krematorium ein vierter Schuß. Offensichtlich war es der übliche Fangschuß.

Zgoda schilderte weiter, daß nach einiger Zeit Otto und Hofschulte das Krematorium verlassen hätten und die anderen ihnen wenige Augenblicke später gefolgt seien. Aus einem zwischen Otto und Hofschulte geführten Gespräch konnte Zgoda entnehmen, daß es sich bei dem Erschossenen um den Kommunistenführer Thälmann gehandelt habe.

Eine anschauliche und präzise Aussage, deren Details sich Zgoda, den andere Haftgefährten als einfachen, wenig phantasiebegabten, ehrlichen und aufrechten Menschen einschätzten, kaum ausgedacht haben konnte. Für ihre Glaubwürdigkeit sprach auch der Umstand, daß Zgoda sein Erlebnis schon wenige Tage später anderen Häftlingen erzählt hatte, und daß einige seiner Beobachtungen durch akustische Wahrnehmungen anderer Zeugen bestätigt wurden. Zu einer Anklage gegen die von Zgoda namhaft gemachten Täter kam es gleichwohl nicht.

Im April 1962 erstattete der Ostberliner Rechtsanwalt Dr. Friedrich Karl Kaul Strafanzeige gegen zwei der damals noch lebenden Mittäter. Einer von ihnen war der ehemalige SS-Stabsscharführer Wolfgang Otto, der als »Spieß« und rechte Hand des Lagerkommandanten im KZ Buchenwald für die Durchführung von Hinrichtungen zuständig gewesen war. Ein amerikanisches Militärgericht hatte ihn nach dem Krieg zu 20 Jahren Freiheitsstrafe wegen der an ausländischen Häftlingen begangenen Verbrechen verurteilt, von denen er jedoch nur sieben Jahre verbüßen mußte. Die von den Amerikanern mit der Begnadigung verurteilter Kriegsverbrecher belohnte westdeutsche Wiederaufrüstung brachte auch ihm schon 1952 die Freiheit. Er nutzte sie, um seine Einstellung in den Schuldienst des Landes Nordrhein-Westfalen zu beantragen, und wurde, obwohl er seine Beteiligung an den Verbrechen der SS im KZ Buchenwald nicht verschwiegen hatte, als Lehrer für Religion und Geschichte an einem katholischen Gymnasium in Geldern angestellt und verbeamtet. Als die Sache öffentlich ruchbar wurde und das Land ihn wieder loswerden wollte, klagte er mit Erfolg gegen seine Entlassung aus dem Schuldienst und konnte sich im Wege eines Vergleichs eine lebenslängliche Pension sichern.

Das Ermittlungsverfahren der für die Verfolgung von Naziverbrechen im Lande Nordrhein-Westfalen zuständigen Staatsanwaltschaft in Köln wurde, wie Paul Levi gesagt hätte, mit der Energie eines Jagdhundes, den man zum Jagen tragen muß, betrieben. Sieben Einstellungsbescheide waren das dürftige Ergebnis jahrelanger Ermittlungen, bei denen zwar eine lange Reihe von Aktenordnern mit Vernehmungsniederschriften gefüllt wurde, aber keine Anklage zustande kam. Die Begründungen der Einstellungsbescheide bieten erstaunliche Einblicke in das politische Bewußtsein und den mangelnden Verfolgungseifer der ermittelnden Staatsanwälte. So heißt es in einem von Oberstaatsanwalt Dr. Gehrling unterschriebenen Bescheid, die Tötung Thälmanns sei weder grausam noch heimtückisch erfolgt, so daß es an diesen Merkmalen des Mordtatbestandes fehle. Zugunsten der Beschuldigten müsse davon ausgegangen werden, daß Thälmann »nicht arglos gewesen ist, als er nächtens in das Krematorium des KL Buchenwald gebracht worden war«. Das heißt doch, wenn die Annahme richtig wäre, Thälmann wußte, daß seine Hinrichtung unmittelbar bevorstand. Ist die Erzeugung von Todesangst, z. B. die als Foltermethode bekannt gewordene Scheinhinrichtung, nicht grausam? Nimmt man aber an, daß Thälmann bis zum Schluß arglos war, dann lag Heimtücke vor. Eines dieser beiden Mordmerkmale war also sicher gegeben. Aber der Oberstaatsanwalt sah das im Fall Thälmann anders. Auch niedrige Beweggründe seien den Beschuldigten nicht nachzuweisen. Sie hätten offensichtlich nur einem Befehl Folge geleistet, der durch Führerbefehl legitimiert zu sein schien. Sie seien nicht Täter, sondern nur Gehilfen, denen die besonderen persönlichen Merkmale des Mörders fehlten, so daß ihre Tat verjährt sei. Eine Begründung, die bezüglich Otto schon deshalb nicht zutraf, weil die Verjährung dank Kauls Bemühungen durch richterliche Handlungen rechtzeitig unterbrochen worden war.

Ein weiterer Einstellungsbescheid stammte von dem Staatsanwalt Dr. Korsch, der den Ermittlungen in der Thälmann-Mordsache nach seinen Worten elf Jahre seines Lebens »geopfert« hat, und schließlich entdeckt zu haben glaubte, daß alles überflüssig war, weil Otto für alle seine Taten im KZ Buchenwald schon von den Amerikanern verurteilt worden sei. Es hätte ein Blick in das Urteil des amerikanischen Militärgerichts und ein Minimum von Rechtskenntnissen genügt, um zu erkennen, daß diese Begründung für die Einstellung seiner weiteren Ermittlungstätigkeit falsch war. Das amerikanische Verfahren betraf ausschließlich Kriegsverbrechen, also Verbrechen an nichtdeutschen Opfern des Naziterrors.

»Die Vorgeschichte des Prozesses ist blamabel, aber bei weitem nicht untypisch«, schrieb Ingrid Müller-Münch in der *Frankfurter Rundschau* vom 5.11.1985. Sie hatte ermittelt, daß die Akte »immer wieder in unmittelbarer Nähe von Menschen landete, die irgendwann und irgendwie dem Naziregime in treuer Pflichterfüllung gedient hatten«. Das hatte schon damit begonnen, daß Kauls Anzeige aus dem Jahre 1962 von einem Staatsanwalt bearbeitet wurde, der einst Ankläger beim Sondergericht Stettin gewesen war. Auch Marian Zgodas erste Zeugenvernehmung hatte ein Richter aufgenommen, der 1933 der SA beigetreten war und in dessen Personalakte bei seiner Ernennung zum Amtsgerichtsrat vermerkt wurde, daß er die Gewähr dafür biete, jederzeit rückhaltlos für den nationalsozialistischen Staat einzutreten. Und Generalstaatsanwalt in Köln und Dienstvorgesetzter des Leiters der zuständigen Staatsanwaltschaft zur Verfolgung von NS-Verbrechen im Lande Nordrhein-Westfalen war ein Herr Werner Pfromm, einst nationalsozialistischer Führungsoffizier und nach einer Beurteilung seiner NS-Chefs vom 1.10.1944 ein überzeugter Nazi, »der aufgrund seiner genossenen Schulung in den Gliedern der Partei ... stets geeignet ist, nationalsozialistisches Gedankengut zu vermitteln«.

Anfang 1982 wurde ich, nachdem Kaul gestorben war, von der Thälmann-Tochter Irma Gabel-Thälmann mit der Durchführung eines Klageerzwingungsverfahrens beauftragt. Ein sehr seltenes und noch seltener erfolgreiches Rechtsmittel, mit dem die Staatsanwaltschaft unter bestimmten Voraussetzungen gezwungen werden kann, Anklage zu erheben (§ 172 StPO). Obwohl sich die Staatsanwaltschaft auch jetzt noch mit formalen Argumenten gegen eine Anklageerhebung wehrte, war mein Antrag beim OLG Köln erfolgreich. Widerwillig erhob die für die Verfolgung von Naziverbrechen zuständige Kölner Staatsanwaltschaft nunmehr die vom OLG angeordnete Anklage.

Mit meiner Mandantin, Irma Gabel-Thälmann, nach dem Krefelder Urteil.

Aber noch immer waren nicht alle Hindernisse überwunden. Das für den Wohnsitz des Angeklagten zuständige Landgericht Kleve lehnte, nachdem es zwei Zeugen vernommen hatte, die Eröffnung des Hauptverfahrens ab. Gegen diesen Beschluß legte nicht nur die von mir vertretene und inzwischen als Nebenklägerin zugelassene Antragstellerin, Frau Gabel-Thälmann, sondern auch die Staatsanwaltschaft Beschwerde ein. So kam es nochmals zu einer Oberlandesgerichtsentscheidung. Diesmal war das OLG Düsseldorf zuständig. Wieder verging Zeit, weil sich neue Richter in die umfangreichen Akten einarbeiten mußten. Aber die Beschwerde war erfolgreich, das OLG eröffnete das Hauptverfahren, und zwar in Krefeld, wo eine Strafkammer unter dem Vorsitz des Richters Dr. Paul zuständig wurde. Mit der Wahl dieser Strafkammer, gegen die sich die Verteidigung des Angeklagten vergeblich wehrte, hatte das OLG, wie sich zeigen sollte, eine gute Hand gehabt. Die mit den Richtern Dr. Paul, Kosche und Dr. Böttges und den Schöffinnen Maria Böhmer und Inge Naujoks besetzte Krefelder Strafkammer sollte der bundesdeutschen Justiz vorübergehend ein Ansehen erwerben, das sie im Hinblick auf ihre klägliche Rolle bei der justiziellen Vergangenheitsbewältigung gar nicht verdiente. Aber das beschämende Ende des Thälmann-Verfahrens hat das Bild mittlerweile wieder richtiggestellt.

Als die Hauptverhandlung gegen Wolfgang Otto am 5. November 1985 vor dem Landgericht Krefeld begann, stand das Gericht, da der Angeklagte eine Tatbeteiligung bestritt, vor einer durch die verspätete Anklageerhebung erheblich erschwerten Aufgabe. Es gab nur noch wenige lebende Zeugen, die über die Hölle von Buchenwald aus eigener Kenntnis aussagen konnten. Marian Zgoda, der einzige Zeuge, der bekundet hatte, das eigentliche Tatgeschehen aus einem Versteck beobachtet zu haben, war 1967 verstorben. Der Zeuge Fricke, ehemals SS-Angehöriger und für die Beurkundung der Todesfälle zuständiger Standesbeamter in Buchenwald, dem Otto seine Tatbeteiligung eingestanden hatte, war vernehmungsunfähig geworden. Ihre früheren Aussagen standen daher nur in Form von Protokollen zur Verfügung, die zwar verlesen werden konnten, aber bei Unklarheiten und Widersprüchen, die sonst durch Rückfragen aufgeklärt werden können, Sand im Getriebe der Strafrechtspflege hinterlassen, mit dem sich der Lauf der Gerechtigkeit nur zu gern stoppen läßt, wenn man nur widerwillig bei der Sache ist.

Aber es gab noch einen unmittelbaren Tatzeugen, den ehemaligen polnischen Häftling Zbigniew Fuchs, der ebenso wie Marian Zgoda zum Leichenträgerkommando gehört hatte, einem aus Häftlingen bestehenden Kommando, das für den Transport der getöteten Häftlinge zum Krematorium und deren Verbrennung zuständig gewesen war. Daß es einen Zeugen für einen der unzähligen Nazimorde gab, hätte für eine Justiz, die vom Opfer her dachte, als großer Glücksfall begriffen werden müssen. Denn: »Das Dritte Reich war eine der größten Organisationen für perfektes Verbrechen, weil mehr als bei allen anderen bekannten Verbrechen die Zeugen rechtzeitig umgebracht wurden« (Robert W. Kempner, Ankläger bei den Nürnberger Kriegsverbrecherprozessen, in seinen Lebenserinnerungen *Ankläger einer Epoche*). Auch Fuchs und Zgoda haben ihre fürchterliche Zwangsarbeit im KZ Buchenwald unter der ständigen Drohung des Krematoriumskapos Jupp Müller, eines brutalen, mit der SS kollaborierenden und manche Vorteile genießenden Häftlings, verrichtet, er werde auch sie eines Tages in den Ofen schieben. Daß sie das KZ überlebt hatten, war einer der wenigen Organisationsfehler, die der SS in der Turbulenz der letzten Kriegswochen unterlaufen waren. Und so wurde der Thälmann-Mord zu einem der ganz wenigen Fälle, in denen die Chance einer gerichtlichen Aufklärung des konkreten Tatgeschehens bestand. Die Millionen von Menschen, die in Gaskammern und anderen Hinrichtungsstätten des Nazi-Staates umgebracht worden waren, konnten nicht mehr sprechen; und die Täter schwiegen aus eigenem Interesse. Und nun gab es also einen Fall, in dem man sowohl das Opfer als auch die Täter individualisieren konnte, und in dem es überlebende Häftlinge gab, die Zeugnis ablegen konnten, und darüber hinaus einen ehemaligen SS-Funktionär, den Standesbeamten Werner Fricke, der die Kameraderie des Schweigens und Verleugnens durchbrochen hatte. Aber die Chance wurde vertan. Denn die Ermittlungen lagen in den Händen von Staatsanwälten, die aus ihrer antikommunistischen Einstellung keinen Hehl machten.

Der für die Ermittlungen in Sachen Thälmann-Mord jahrelang zuständige Staatsanwalt Dr. Korsch fand Gründe, den Zeugen Zgoda in eigener Regie abzuwerten. In einer Verfügung vom 10.1.1964 äußerte er »durchgreifende Bedenken« gegen Zgodas Glaubwürdigkeit. Dies folge weniger aus seinen Bekundungen selbst, »da die Grundversion der Vorgänge um Thälmanns Tod in sich fehlerfrei scheint und von ihm auch (abgesehen von gewissen Abweichungen, die hier aber außer Betracht bleiben können) in stets gleichbleibender Form wiederholt und teilweise durch andere Zeugen bestätigt worden ist«. Aber dann folgten von bestimmten Zeugen übernommene Wertungen, die Zgoda als »Kollaborateur« und »Berufszeuge« disqualifizierten und der Satz: »Abgerundet wird das Bild des Zeugen, der heimatloser Ausländer ist, durch die Tatsache, daß er im Jahre 1951 wegen Verteilens kommunistischer Flugblätter in Erscheinung getreten ist.«

Für Marian Zgoda kam die Krefelder Hauptverhandlung zu spät. Aber Zbigniew Fuchs konnte das, was er in Buchenwald miterlebt hatte, noch einmal in öffentlicher Hauptverhandlung sagen. Er berichtete in höchst eindrucksvoller Weise über seine Erlebnisse in der Mordnacht, die damit begann, daß ein Befehl zum Anheizen eines Ofens gegeben wurde.

Nach einiger Zeit, etwa gegen 19 oder 20 Uhr, es war noch hell, kam der Befehl von Müller, daß wir uns in die Unterkunft begeben sollten. Diese wurde von ihm von außen zugesperrt ... Wir hörten Geräusche und deutsche Sprache, nahmen irgendwie Bewegungen wahr, konnten aber durchs Fenster nichts sehen ... Wir hörten, wie das Tor des Krematoriums geöffnet wurde, und zwar an dem typischen Knarren, das auch bei sonstigen Gelegenheiten auftrat, wenn LKW mit Leichen eintrafen. Wir hörten Gesprächsfetzen, und ich hörte drei Schüsse. Die genaue Uhrzeit ist mir nicht bekannt, da ich keine Uhr hatte. Ich meine aber, daß es so gegen 22 bis 24 Uhr gewesen sei. Danach hörten wir weitere Gesprächsfetzen. Außerdem hörten wir Türgeräusche. Eine Türe wurde zugeknallt, dann trat Stille ein. Danach haben wir nichts mehr gehört.

Am nächsten Morgen nach dem Appell wurde vom Kapo Müller befohlen, daß wir das übliche Aufräumen im Krematoriumsbereich durchzuführen hätten. In einem der zwei Öfen, die jeweils drei Kammern aufweisen, fanden wir die Reste eines Leichnams in Form von Asche und holten diese heraus. Außerdem habe ich ein Stück Metall wahrgenommen, bei dem es sich um die Reste einer Uhr gehandelt haben kann. Es war nicht total vernichtet worden trotz der hohen Temperatur des Ofens.

Im Krefelder Gerichtssaal vor Beginn meines Plädoyers. Links neben mir: Staatsanwalt Brendle und Oberstaatsanwalt Röseler. Am Richtertisch von links nach rechts: Vorsitzender Richter Dr. Paul, Richter Kosche, eine Schöffin und der Protokollführer. Im Hintergrund zwei Ersatzschöffen.

Aus diesem Umstand sowie aus der Farbe der Asche ergab sich, daß die Leiche mit Bekleidung verbrannt worden war. Die SS-Leute, die das Verbrennen sonst den Häftlingen des Leichenträgerkommandos überließen, hatten es offenbar eilig gehabt und auf die Vernichtung aller zur Identifizierung des Toten geeigneten Gegenstände abgesehen.

Zbigniew Fuchs schilderte weiter, wie er und seine Mithäftlinge am nächsten Morgen beim Reinigen des Krematoriums in der Nähe des Fensters, das der Eingangstür gegenüberlag, die Spuren von Geschoßeinschlägen fanden. Der Kapo Jupp Müller habe sie gefragt, ob sie wüßten, wer in der Nacht erschossen worden sei.

Er sagte uns, daß es der bekannte Kommunistenführer Thälmann gewesen sei.

Der Zeuge Zbigniew Fuchs hinterließ bei allen, die ihn im Gericht erlebt hatten, einen tiefen Eindruck. Ein Intellektueller, den man sich schwer in der Rolle eines Leichenträgers im KZ Buchenwald vorstellen konnte. Man konnte nur ahnen, was sich hinter dem beherrschten, höflich-freundlichen Äußeren dieses leisen Mannes an seelischer Erinnerungslast verbarg.

Der polnische Zeuge Zbigniew Fuchs und die Dolmetscherin im Krefelder Gerichtssaal. Fuchs gehörte als Buchenwald-Häftling zum Leichenträgerkommando und war Ohrenzeuge des Thälmann-Mordes in der Nacht vom 17. zum 18. August 1944.

Nur einmal verlor er die Fassung und konnte die Tränen nicht zurückhalten, als ich ihn nach einem Vorfall fragte, der in Eugen Kogons Buch *Der SS-Staat* geschildert ist:

Der Krematoriumsgehilfe Zbigniew Fuchs hat erlebt, daß ein russischer Kriegsgefangener, der mit einer Fuhre Leichen eingebracht worden war, ihn noch ansprach: »Kamerad, gib mir die Hand!« Er war wie alle Erschossenen nackt und blutig und hatte auf einem Haufen nackter Leichen gelegen. Er wurde von dem hinzuspringenden SS-Oberscharführer Warnstedt, dem Leiter des Krematoriums Buchenwald, mit einem Revolverschuß getötet.

Ich habe später in meinem Plädoyer begründet, warum ich dem Zeugen Fuchs die ihn sichtbar seelisch erschütternde Erinnerung an diesen Vorfall nicht erspart hatte:

Es fehlen dem Menschen die Mittel sinnlicher Wahrnehmung, die erforderlich wären, um wirklich ins Bewußtsein aufzunehmen, was es heißt, eine größere Anzahl von Menschen, 8.000 oder gar Millionen zu töten. Solange Menschenleben nur durch Zahlen chiffriert werden, kommen wir dem, was da wirklich geschehen ist, nicht so nahe, daß wir es sinnlich erfassen. Anteilnahme an dem Schicksal der Ermordeten, Trauer, Zorn, Empörung und letztlich die Fähigkeit, aus dem Geschehenen Konsequenzen zu ziehen, hängen davon ab, daß es uns gelingt, die Toten zu individualisieren, uns einige von ihnen beispielhaft vor Augen zu führen, um an ihrer Ermordung stellvertretend zu erfassen, was auch den Tausenden und Millionen anderen widerfahren ist.

An diesem einen Menschen, der da aus dem Haufen nackter Leichen um Hilfe rief, die ihm keiner der selbst hilflosen Häftlinge bieten konnte, haben wir mehr Anteil genommen als an seinen 8.000 ermordeten Kameraden, die für uns anonym geblieben sind. Um ihn haben im Gerichtssaal Menschen geweint.

Und es war wohl keiner im Saal – vielleicht Herr Otto ausgenommen –, der sich in diesem Moment einer seelischen Erschütterung entziehen konnte.

Bei einem Ortstermin in Buchenwald, der unter Mitwirkung der DDR-Justiz zustandekam, zeigte Fuchs uns, den aus Krefeld angereisten Mitgliedern des Gerichts, Staatsanwälten, Verteidigern und Nebenklägervertretern, die Stellen an der Wand, wo die Kugeln eingeschlagen waren, die Thälmann getötet hatten, und den Ofen, in dem seine Leiche verbrannt worden war. Weiter zeigte uns Fuchs, der vom 1. April 1941 bis zur Befreiung im April 1945 Häftling in Buchenwald war, die Stelle im Hof, wo der Galgen stand, an dem unter Mitwirkung des

Angeklagten Otto 21 kriegsgefangene polnische Offiziere, denen wiederholter Fluchtversuch vorgeworfen wurde, auf Befehl des Reichssicherheitshauptamtes gehängt worden waren. Wir waren auch in der erbärmlichen Unterkunft des Leichenträgerkommandos, zu dem Fuchs und Zgoda damals gehörten, wir hatten die Sektionsräume und den Leichenkeller gesehen, sowie den Krematoriumskeller mit den Haken an der Wand, an denen, ebenfalls unter Mitwirkung Ottos, sowjetische Kriegsgefangene aufgehängt und erwürgt worden waren.

Vielleicht waren wir die letzten, die von einem Augenzeugen der grauenvollen SS-Verbrechen einen Bericht an Ort und Stelle hörten, der so konkrete Einzelheiten enthielt. – An den Gerichtsort zurückgekehrt, fanden wir übrigens das Schreiben eines Unbelehrbaren vor, der uns vor erfundenen Verbrennungsöfen warnen zu müssen glaubte.

Ortstermin im ehemaligen KZ Buchenwald. Vor dem Krematorium, in dessen Eingang (links im Bild) Thälmann erschossen worden war.

Am Ende der Hauptverhandlung beantragte die Staatsanwaltschaft, wie nicht anders zu erwarten, den Angeklagten Otto freizusprechen. Die Aufgabe anzuklagen lag bei mir, dem Vertreter der Nebenklägerin Irma Gabel-Thälmann.

In meinem Plädoyer setzte ich mich kritisch mit der Rechtsprechung des BGH auseinander, dessen 3., für politische Strafsachen zuständiger Senat ein Modell zur wohlwollenden Behandlung von Nazi-Verbrechern entwickelt hatte, nach dem die Gerichte mit wachsweichen, im Sinne des gewünschten Ergebnisses interpretierbaren Formeln aus Tätern nach Belieben »Gehilfen« machen konnten. Was zur Folge hatte, daß deren Taten milder bestraft werden konnten oder ganz verjährt waren. So war es zur Gewohnheit geworden, lediglich Hitler und einige seiner Spitzenkräfte – Himmler, Göring und Kaltenbrunner –, die alle bereits tot waren, als Täter zu definieren, alle anderen Mitwirkenden der Massenmorde jedoch als »Gehilfen« einzustufen, die ihre Taten »nicht als eigene gewollt«, sondern nur im Sinn hatten, Hitler bei der Durchführung seiner Verbrechen zu helfen. So kamen als »Gehilfen« davon beispielsweise der Einsatzgruppenkommandeur Dr. Otto Bradfisch, verantwortlich für 15.000 Morde, und der SS-General Karl Friedrich Wolff, der 300.000 Juden aus Warschau zur Vergasung nach Treblinka befördern ließ. Von dem Rechtsprofessor Jürgen Baumann stammt die Formulierung:

Ein Täter und 60 Millionen Gehilfen, das deutsche Volk ein Volk von Gehilfen. Eine nur für wenige erhebende, für den Verfasser entsetzliche Vorstellung.

Eine Rechtsprechung, die auch dem Angeklagten Wolfgang Otto gute Chancen bot. Aber für mich war dieser Mann, als »Spieß« des KZ Buchenwald oberster Dienstgrad der Schreibstube und rechte Hand des Adjutanten, nicht Gehilfe, sondern Täter. Und zwar einer, der schon wegen seiner Schreibstubenfunktion schuldig gesprochen werden mußte. Er war der Mann, auf dessen Schreibtisch die Exekutionsbefehle des Reichssicherheitshauptamtes (RSHA) eingingen, er versammelte das für Hinrichtungen zuständige »Kommando 99« (so benannt nach seiner Telefonnummer), er hakte in den Exekutionslisten die Namen der Getöteten als erledigt ab, er schickte Vollzugsmeldungen ans RSHA, er verteilte die Sonderrationen

– Wurst, Zigaretten, Schnaps – an die Mitglieder des Exekutionskommandos. Über seinen Schreibtisch muß auch der Befehl »Thälmann ist zu exekutieren« gegangen sein. Ich sagte in meinem Plädoyer:

Der Angeklagte Otto füllte eine Stelle im Konzentrationslager Buchenwald aus, die ihn zum Mitwirkenden am faschistischen Massenmord machte. Er war ein Glied in der Kausalkette, an deren Ende die entsetzliche Hinrichtung ungezählter Menschen stand, die das faschistische Herrschaftssystem durch Verwaltungsakt zum Tode bestimmt hatte.

Ich erinnerte daran, daß auch Adolf Eichmann, den das Bezirksgericht Jerusalem im Dezember 1961 der Tötung von Millionen Juden schuldig sprach, nicht einen einzigen Mord mit eigener Hand ausgeführt hatte.

Eichmanns Hände blieben auf dem Schreibtisch, sie handhabten allenfalls Federhalter und Schreibmaschine, er machte sich seine Hände nicht schmutzig. Und doch ist er neben Hitler und Himmler als der größte Massenmörder aller Zeiten in die Geschichte eingegangen.

Ich argumentierte, daß es zwischen Hitler, der den Mordbefehl erteilte, und dem Schützen, der ihn ausführte, eine Kausalkette gab, in der Wolfgang Otto ein notwendiges Glied bildete.

Und ich zitierte Fritz Bauer, den großen einsamen Ankläger von Naziverbrechen: »Sogenannte Schreibtischtäter gab es in allen Bereichen der bürokratischen Pyramide, nicht nur in den höheren Rängen.« Und den Frankfurter Rechtswissenschaftler Herbert Jäger, Verfasser des Standardwerks *Verbrechen unter totalitärer Herrschaft* (1967): »Auch eine Handlung, die nur in der Unterzeichnung eines Dokuments oder einem telefonischen Anruf besteht, kann Mord sein.«

Wäre das Krefelder Gericht meiner Argumentation gefolgt, so hätte die Frage, ob der Angeklagte auch bei Thälmanns Erschießung dabei gewesen war, keine entscheidende Rolle gespielt. Aber vorsorglich zählte ich auch die Indizien auf, aus denen sich nach meiner Meinung ergab, daß Otto nicht nur in seiner Schreibstubenfunktion, sondern auch bei der blutigen Erledigung des Hinrichtungsbefehls im Eingangsbereich des Krematoriumsgebäudes mitgewirkt hatte. Und schließlich erinnerte ich daran, daß es in diesem Verfahren nicht nur um die Schuld des ehemaligen SS-Stabsscharführers Wolfgang Otto ging:

Der Angeklagte Otto ist ja nur einer von vielen Tausenden, die den faschistischen Staatsterror gegen Menschen des deutschen Volkes und anderer Völker ausgeübt haben. Das eigentlich Erschreckende an dem historischen Sachverhalt, der in diesem Prozeß noch einmal aus der allgemeinen Verleugnung und Verdrängung ins öffentliche Bewußtsein gehoben wurde, ist nicht die Tatsache, daß es Verbrecher wie Hitler, Himmler, Heydrich und Kaltenbrunner gegeben hat, erschreckend ist die Tatsache, daß sich in unserem Volk auf allen Ebenen dieser Mörderhierarchie die nötigen Mitwirkenden gefunden haben, die ihren Platz mit einem Gefühl von Pflichterfüllung ausfüllten, wie sie jeden anderen Job ausgefüllt hätten, und nicht auf die Stimme ihres Gewissens hörten, die ihnen eine solche Art von Pflichterfüllung hätte verbieten müssen. Der Angeklagte hat, wie Tausende von Angeklagten vor ihm, seine mörderische Tätigkeit als Normalität, als alltägliche Pflichterfüllung begriffen. Er war kein Exzeßtäter, sondern ein ganz normaler, den Gesetzen und Befehlen der jeweiligen Obrigkeit ergebener Technokrat, der die Pistole mit der gleichen kühlen Gelassenheit handhabte wie die Schreibmaschine. Diese Normalität des Verbrechens, die Banalität des Bösen, wie Hannah Arendt sie genannt hat, sollte die Generationen nach Hitler hellhörig machen, wenn wieder staatliche Gewalt als Normalität ausgegeben wird. Wir sollten Verbrechen staatlicher Hierarchien nicht erst dann als solche brandmarken, wenn sie nach einem verlorenen Krieg zusammengebrochen sind, sondern ihnen schon dann in den Arm fallen, wenn sie noch verhindert werden können …

Was wir heute noch als Normalität empfinden, ist vielleicht schon ein Schritt in einen Abschnitt deutscher Geschichte, der von der nächsten Nachkriegsgeneration, wenn es sie geben sollte, als die Zeit der Vorbereitung des zweiten Massenverbrechens dieses Jahrhunderts definiert werden könnte. Und jeder von uns wird als mitschuldig gelten, der nicht seinen Beitrag zum Widerstand gegen eine Obrigkeit geleistet hat, die wieder einmal mit dem Feuer spielt. Der Abschnitt deutscher Geschichte, den dieser Prozeß noch einmal in einem seiner finstersten Winkel ausgeleuchtet hat, ist dazu geeignet, die Generationen nach Hitler wachsamer und kritischer gegen das Gewaltmonopol des Staates nach innen und nach außen zu machen, als es die Generation des Wolfgang Otto war.

Das nach sechsmonatiger Hauptverhandlung am 15. Mai 1986 verkündete Urteil der Krefelder Strafkammer bildete für die an Freisprüche von Nazi-Verbrechern gewöhnte Öffentlichkeit eine Überraschung. Das auf vier Jahre Freiheitsstrafe wegen Beihilfe zum Mord lautende Urteil, das auch für den Angeklagten und seine Verteidiger unerwartet kam, wurde von der Presse ganz überwiegend zustimmend aufgenommen. »Es gibt noch Richter in dieser Republik« (*Deutsches Allgemeines Sonntagsblatt*), »In Krefeld sprach eine neue Richtergeneration Recht« (*Die Zeit*) und »Das Vertrauen in die deutsche Justiz darf nach diesem überraschenden Urteil gegen den ehemaligen SS-Schergen Wolfgang Otto wieder steigen« (*Westfälische Rundschau*) – das war der allgemeine Tenor der Kommentare.

Das Krefelder Gericht kam zu seinem Schuldspruch, ohne vom rechten Wege abzuweichen, den die BGH-Rechtsprechung vorgezeichnet hatte. Weder folgte es meinem Vorschlag, den Angeklagten als Täter einzustufen, noch ließ es seine Schreibstubenfunktion genügen. Vielmehr begründete es seine Überzeugung, daß Otto durch persönliche Anwesenheit und Mitwirkung am Ort der Erschießung schuldig geworden sei. Zwar wollte es die protokollierten Aussagen des Zeugen Marian Zgoda seinem Urteil nicht zugrundelegen, weil einige Widersprüche nicht mehr aufgeklärt werden konnten. Und auch die Aussage des Zeugen Zbigniew Fuchs wurde, obwohl das Urteil ihm bescheinigte, daß er »einen absolut vertrauenswürdigen Eindruck vermittelt« habe, nicht voll ausgeschöpft. Ihr hätte das Gericht das genaue Datum des Mordes entnehmen können, das auch von anderen Zeugen bestätigt worden war (Fuchs: »Das Datum habe ich mir deshalb gemerkt, weil es drei Tage nach meinem Geburtstag liegt«). Stattdessen glaubte das Gericht, es genüge die Feststellung, daß die Tat jedenfalls vor dem Luftangriff auf das Lager erfolgt war, bei dem Thälmann nach einer von den Nazis verbreiteten Pressemeldung ums Leben gekommen sein sollte. Es blieb eine Unbestimmtheit des Tatzeitpunkts (»zwischen dem 14. und 24. August 1944«), die sich im weiteren Verlauf des Verfahrens verhängnisvoll auswirken sollte. Der 14. August war der Tag, an dem Adolf Hitler nach einer Aktennotiz des Reichsführers SS, Heinrich Himmler, verfügt hatte: »Thälmann ist zu exekutieren«; der 24. August war der Tag des Luftangriffs.

Wichtigster Zeuge für das Krefelder Gericht war der ehemalige Standesbeamte des KZ Buchenwald, Werner Fricke, dessen protokollierte Aussagen aus den Jahren 1947 und 1963 ergaben, daß Otto ihm bei einer Begegnung im amerikanischen Kriegsgefangenenlager gestanden habe, daß er bei Thälmanns Erschießung anwesend gewesen sei; man könne ihm aber nichts anhaben, weil nicht er, sondern ein gewisser Barnewald geschossen habe. Fricke hatte auch bekundet, daß Otto ihn nach dem Bombenangriff vom 24.8.1944 beauftragt habe, den Tod Ernst Thälmanns zu beurkunden. Fricke hatte diese ihm angesonnene Falschbeurkundung abgelehnt. Mit dieser Aussage wurde Ottos Behauptung widerlegt, er habe von Thälmanns Tod erst vier Wochen später aus der Zeitung erfahren. Eine Behauptung, die im Munde des damaligen Kompaniefeldwebels und Chefs der Schreibstube im KZ Buchenwald ohnehin unglaubwürdig war und nur allzu deutlich machte, daß dieser Mann hinsichtlich der Tötung des prominenten Kommunistenführers etwas zu verbergen hatte.

Der für politische Strafsachen zuständige 3. Strafsenat des Bundesgerichtshofs hob am 25.3.1987 auf die Revision des Angeklagten das Krefelder Urteil auf. Mit spitzfindigen Überlegungen zu den tatsächlichen Feststellungen des Landgerichts mischten sich die Karlsruher Richter in die Beweiswürdigung des Landgerichts ein. Der Angeklagte könne sich »während der in Betracht kommenden Zeit (aus dienstlichen oder privaten Gründen) nicht im Lager aufgehalten haben und von einem anderen SS-Angehörigen vertreten worden sein«. Ein unübersehbarer Wink an den Angeklagten, sich ein neues Verteidigungsvorbringen zurechtzulegen, auf das er selbst noch nicht gekommen war.

In der erneuten Hauptverhandlung vor dem Landgericht Düsseldorf, an das der BGH die Sache verwiesen hatte, kam der Angeklagte prompt mit der Behauptung, er habe anläßlich seines Geburtstages am 23. August 1944 Besuch von seiner Frau gehabt. Sie sei eine Woche dagewesen, er wisse nicht mehr genau, ob vor oder nach dem Geburtstag, und habe in einem Hotel in Weimar gewohnt, wo er sie jede Nacht vom Dienstschluß bis zum Wecken aufgesucht habe.

Mit Rechtsanwalt Dr. Winfried Matthäus, dem Ost-Berliner Kollegen, der die Verbindung zur Generalstaatsanwaltschaft der DDR herstellte und wichtige Beweismittel beschaffte, beim Pressegespräch im August 1984. Rechts im Bild der Redakteur des *Weser-Kurier* Hans-Günther Thiele.

Nun brachte die Verhandlung in Düsseldorf aber eine überraschende Wendung. Die Nebenklagevertretung war in der Lage zu beweisen, daß der Angeklagte in der Nacht vom 17. zum 18. August 1944 im Lager anwesend gewesen war. Die Generalstaatsanwaltschaft der DDR hatte in Archivbeständen, die im Rahmen eines Kulturabkommens aus der Bundesrepublik übernommen worden waren, die Fernschreibbücher des KZ Buchenwald entdeckt. Und da fanden sich Eintragungen von der Hand des Wolfgang Otto, die keinen Zweifel daran ließen, daß er zur Tatzeit in seinen üblichen Funktionen tätig gewesen war.

In der Nacht vom 17. zum 18. August 1944 hatte Otto zu drei verschiedenen Zeitpunkten mit drei farblich zu unterscheidenden Stiften (also sicher nicht etwa nachträglich) Eingänge abgezeichnet.

Wäre die Sache auch diesmal in den Händen von Richtern gewesen, die den Freispruch dieses Massenmörders als Skandal begriffen hätten, wäre das Schicksal des Angeklagten nach dem Vorliegen dieser Urkunden besiegelt gewesen. In Düsseldorf kam es anders. Da gab es ja noch den Ausweg, das Datum des Mordes – auf das es nunmehr entscheidend ankam – weiterhin offenzulassen, so daß Thälmann gerade an einem Abend umgebracht worden sein könnte, für den Ottos Anwesenheit nicht durch seine Unterschrift dokumentiert war. Man brauchte nur dem Zeugen Zbigniew Fuchs, der auch für die Düsseldorfer Hauptverhandlung noch einmal aus Polen anreiste, in diesem einen Punkt nicht zu glauben. Und so geschah es. Seine Bekundung, daß er sich das Datum der Mordnacht fest eingeprägt habe, sie sei drei Tage nach seinem Geburtstag gewesen, reichte den Richtern nicht, weil es frühere Erklärungen des Zeugen gab, wo nur von »im August« oder »einige Tage nach meinem Geburtstag« die Rede war. Was ja, wenn es dem Vernehmer nicht auf Genauigkeit ankam und nicht weiter nachgefragt wurde, auch durchaus richtig war. Aber als Rezept für den Freispruch eines NS-Massenmörders bot sich natürlich die Interpretation an, Fuchs habe es im Grunde gar nicht so genau gewußt und erst später ein genaues Wissen behauptet, das er in Wahrheit gar nicht hatte. Eine geradezu beleidigende Unterstellung bei einem Zeugen, der immerhin Mitglied des polnischen Rechnungshofes war, also sicher bis drei zählen konnte, und dem hinsichtlich seiner Glaubwürdigkeit sowohl in Krefeld als auch in Düsseldorf das beste Zeugnis ausgestellt werden mußte. So hieß es im Düsseldorfer Urteil vom 29.8.1988:

Die Kammer hat keinerlei Grund, an der Wahrheitsliebe und dem Erinnerungsvermögen des Zeugen zu zweifeln. Seine Angaben sind auch angesichts des von dem Zeugen angegebenen Anknüpfungspunktes für die Datierung glaubhaft.

Die Kammer habe keinerlei Zweifel an der Glaubwürdigkeit des Zeugen Fuchs. Dennoch vermöge sie seine Aussage über den Tatzeitpunkt ihren Feststellungen nicht zugrundezulegen.

Der Hinweis auf den Geburtstag wäre nach der Überzeugung der Kammer nur dann eine zuverlässige Gedächtnisstütze, wenn die Tat an diesem Tage selbst geschehen wäre. Liegen mehrere Tage zwischen dem Geburtstag und dem weiteren Ereignis, so kann sich die Anzahl der dazwischenliegenden Tage im Laufe der Zeit in der Erinnerung verschieben.

Sollte es nicht vielleicht für die individuelle Gedächtnisleistung darauf ankommen, welche Wichtigkeit das erinnerte Geschehen für den Zeugen hatte? Daß für den Buchenwald-Häftling Zbigniew Fuchs der in Hörweite verübte Mord an dem von den Nazis seit 1933 in Haft gehaltenen Reichstagsabgeordneten und Vorsitzenden der KPD Ernst Thälmann ein so einschneidendes Erlebnis war, daß es überhaupt keiner zusätzlichen Gedächtnisstütze bedurft hätte, sich das Datum zu merken, sollten Richter ohne weiteres für glaubhaft halten, die sich nicht dem Verdacht aussetzen wollen, selbst nur solche Geschichtsdaten zu erinnern, die zufällig auf ihren Geburtstag fallen. Aber wenn die Richtung stimmt, ist kein Argument zu dumm. Dem BGH gefiel das Urteil. Meine Revision gegen das Düsseldorfer Urteil wurde zurückgewiesen.

Damit war ein Mann rechtskräftig freigesprochen, der bei früheren Vernehmungen selbst eingestanden hatte, an der Hinrichtung von etwa 200 Menschen deutscher und anderer Nationalität mitgewirkt zu haben – eine Zahlenangabe, die wahrscheinlich erheblich untertrieben ist, da allein im sogenannten Pferdestall 7.000 bis 8.000 sowjetische Kriegsgefangene durch Genickschuß getötet worden waren und Otto mindestens ein oder zweimal an diesen Erschießungen teilgenommen hatte. Otto war auch als Protokollführer dabei, wenn Menschen an einem transportablen Galgen auf dem Hof oder an Wandhaken im Keller des Krematoriums aufgehängt wurden. »Dieser Anblick war noch weniger ästhetisch als der einer Hinrichtung durch Strick und Fallklappe«, hatte Otto bei einer Vernehmung im Jahre 1963 zu den Hinrichtungen im Keller gesagt. Was Herrn Otto da ästhetisch störte, hat der Zeuge Osche, ein kommunistischer Häftling, so beschrieben:

An diesem furchtbaren Ort habe ich einmal selbst Gelegenheit gehabt, mich von der Methode des Massenmordes in den Kellergewölben zu überzeugen. Eines Nachmittags, im Sommer 1944, kam der obenerwähnte Standortzahnarzt zu mir in den Sektionsraum und forderte mich auf, Zahnziehzangen aus dem Instrumentenschrank zu nehmen und mit ihm zu kommen. Er ging mit mir in den Keller des Krematoriums, in dem sich mir ein entsetzlicher Anblick bot. Rundherum an den Wänden und an den Zwischenträgern hingen und röchelten ungefähr 40 sowjetische Kriegsgefangene an in die Wand eingeschlagenen Haken. Auf dem Boden lag noch einmal ungefähr dieselbe Anzahl sowjetischer Kriegsgefangener, die meist völlig entkleidet waren. Der Zahnarzt verlangte, daß ich die Gebisse nachsehe und Goldkronen oder Brücken herausziehe. Als wir an einen Gefangenen kamen, der noch Lebenszeichen von sich gab, wurde dieser nochmals von Warnstedt und Stobbe an einem der Haken aufgehängt. Währenddessen wurden auch die an den Wänden hängenden sowjetischen Kriegsgefangenen von Müller und Rohde von den Haken abgenommen, und ich mußte auch ihnen die Zähne nachsehen. Danach mußte ich den Raum wieder verlassen, und kurz darauf kam der Kapo Müller zu mir und warnte mich, über das zu sprechen, was ich gesehen hätte.

Auch was im sogenannten Pferdestall geschah, hat das robuste SS-Gewissen des Herrn Otto nie berührt. Dort war eine Genickschußanlage installiert, die es erlaubte, sowjetische Kriegsgefangene, die sich für eine vorgetäuschte ärztliche Untersuchung entkleiden mußten, während einer scheinbaren Körpermessung durch einen Schlitz in der Wand zu erschießen. Es handelte sich um Kriegsgefangene, die unter Hitlers berüchtigten »Kommissarbefehl« fielen, der darauf abzielte, die kommunistische Intelligenz zu vernichten (so Hitler am 30.3.1941 vor Generalen und Offizieren der Wehrmacht). Demgemäß stellten die im KZ Buchenwald von Mörderhänden umgebrachten 7.000 bis 8.000 Kriegsgefangenen eine Auslese dar, die nach ziemlich oberflächlichen Vernehmungen unter dem Gesichtspunkt getroffen worden war, möglichst die intelligentesten Sowjetbürger auszurotten (vgl. Alfred Streim, *Die Behandlung sowjetischer Kriegsgefangener im »Fall Barbarossa.«*, Karlsruhe 1981). Für diese Aufgabe wurden gewissensamputierte Pflichterfüller vom Typus Wolfgang Otto gebraucht. Eine Massenmordaktion, über die vor dem Krefelder Gericht noch lebende Zeugen vernommen werden konnten, und zwar sowohl ehemalige SS-Leute, die selbst geschossen hatten, als auch ein ehemaliger Häftling, nämlich Zbigniew Fuchs, der bei der Beseitigung der Leichen und der Säuberung der Hinrichtungsstätte mitwirken mußte.

Insgesamt sind im Konzentrationslager Buchenwald von seiner Errichtung im Jahre 1937 bis zur Befreiung im April 1945 mindestens 56.500 Menschen gestorben, erhängt oder erschossen worden, an Hunger, Krankheiten, Mißhandlungen, Menschenversuchen zugrundegegangen. An dieser Stätte tagtäglichen Mordens an Wehrlosen hat es der Angeklagte Wolfgang Otto während der ganzen Dauer des Krieges, also über viereinhalb Jahre lang, in verantwortlicher Position ausgehalten. Der Vorsitzende der Krefelder Strafkammer hatte den Angeklagten irgendwann mit spürbarer Fassungslosigkeit gefragt, wie er dies mit seiner religiösen Überzeugung als gläubiger Christ habe vereinbaren können. Eine Frage, die sich wohl jedem im Sitzungssaal aufdrängte, den Angeklagten aber gar nicht erreichte. Er sprach nur von Befehlen, die er ausgeführt, und von Pflichten, die er erfüllt habe. Sein Freispruch durch die Düsseldorfer Strafkammer wird ihn und seinesgleichen in dem Glauben bestärkt haben, daß alles rechtens war, was sie im Dienste einer verbrecherischen Staatsmacht getan haben.

Es hängt mit meiner grundsätzlichen Einstellung zum Strafrecht zusammen, daß ich zwar den Schuldspruch gegen Wolfgang Otto gewünscht, seine Begnadigung aber befürwortet hätte, wenn nicht ohnehin Alter und Krankheit eine Haftunfähigkeit begründet hätten. Für Herrn Otto hätte der Schuldspruch in jedem Fall nur noch symbolische Bedeutung gehabt. Für das kollektive Rechtsbewußtsein aber, das von der mit Naziverbrechen befaßten bundesdeutschen Justiz seit Jahrzehnten mit Füßen getreten wurde, wäre ein Schuldspruch so etwas wie eine Wiedergutmachung in eigener Sache gewesen, ein Lichtblick, der es erlaubt hätte, dieses traurige Kapitel deutscher Justizgeschichte halbwegs versöhnlich abzuschließen. Aber dieses Ende war schamlos und bestätigte noch einmal alles, was von Kurt Tucholsky bis Peggy Parnass über deutsche Justiz geschrieben worden ist.

Nach dem Ende des Thälmann-Mord-Prozesses war bekannt geworden, daß noch ein weiterer Tatverdächtiger lebte, der für das Verfahren mindestens als Zeuge von großer Wichtigkeit gewesen wäre. Es handelte sich um den SS-Obersturmführer Erich Gust, der seinerzeit als 2. Schutzhaftlagerführer im KZ Buchenwald amtierte. Gust war in einer Aussage des Zeugen Zgoda aus dem Jahr 1948 als einer der SS-Funktionäre genannt worden, die im Eingang des Krematoriums auf Thälmann geschossen haben. In einer späteren Aussage von 1963 hat Zgoda ihn allerdings nicht mehr erwähnt.

Erich Gust soll unter dem Namen Franz Giese in der Bundesrepublik gelebt und ein Prominentenlokal geführt haben.

Wie Patricia Schlesinger (Fernsehmagazin »Panorama« vom 2.11.1992) und Falco Werkenthin (*Politische Strafjustiz in der Ära Ulbricht*, Berlin 1995) ermittelt haben, wußte das MfS (Ministerium für Staatssicherheit) seit 1969 von der Existenz des Gust/Giese, der erst am 18.2.1992 in Melle verstorben war. Über die Frage, weshalb die Stasi Gusts Identität geheimhielt, läßt sich nur spekulieren. Oberstaatsanwalt Günther Wieland, einst zuständiger Sachbearbeiter bei der Generalstaatsanwaltschaft der DDR, den ich beim Ortstermin in Buchenwald persönlich kennenlernte, war offenbar ebensowenig informiert wie der Ost-Berliner Kollege Dr. Winfried Matthäus, mit dem ich in dieser Sache zusammenarbeitete. Ingrid Müller-Münch, die den Fall Gust/Giese in der *Frankfurter Rundschau* vom 20.12.1995 schilderte, hatte beide nach den möglichen Motiven der Stasi befragt. Matthäus meinte, er könne sich fast nicht vorstellen, daß das Absicht war, während Wieland den Verdacht äußerte, daß Gust/Giese womöglich als IM von Interesse gewesen sei, weil in seinem Lokal soviel Prominenz verkehrte. Als sie mich fragte, sagte ich: »Eine der vielen Enttäuschungen, die man als Sozialist mit der DDR erlebt hat.«

Und noch eine Frage an die Historiker scheint mir aufklärungsbedürftig zu sein: Warum ist Ernst Thälmann zur Zeit des Hitler-Stalin-Paktes nicht freigelassen worden? Nicht nur Hitler scheint daran interessiert gewesen zu sein, Thälmann nicht überleben zu lassen.

Ernst Thälmann bei einer Versammlung zum 1. Mai 1931 im Berliner Lustgarten.

15. Der Justizmord an einem »Volksschädling«. Der Fall Walerjan Wróbel (1987)

Am 3. Mai 1987 begegnete ich im Hause meines Freundes Christoph Schminck-Gustavus Gästen aus Polen, die ich schon aus seinem Buch *Das Heimweh des Walerjan Wróbel. Ein Sondergerichtsverfahren 1941/42* kannte. Frau Alfreda Wozniak war die Schwester des Walerjan Wróbel, der 1942 vom Sondergericht Bremen wegen einer Straftat, die er als gerade 16jähriger Zwangsarbeiter begangen hatte, zum Tode verurteilt worden war und unter dem Fallbeil eines deutschen Henkers mit 17 Jahren sterben mußte. Herr Michal Piotrowski, der in Begleitung seiner Ehefrau nach Bremen gekommen war, hatte den Jungen im KZ Neuengamme bei Hamburg kennengelernt, wohin ihn die Gestapo für neun furchtbare Monate verbracht hatte, bevor es zur Verhandlung vor dem Sondergericht kam.

Christoph Schminck-Gustavus, Professor für Rechtsgeschichte an der Universität Bremen, war auf die im Bremer Staatsarchiv aufbewahrten Akten dieses Falles aufmerksam geworden und hatte in einer ungewöhnlich mühseligen und aufwendigen Recherche Familienangehörige und Freunde des Hingerichteten in Polen aufgespürt und von ihnen Informationen über das kurze Leben des Walerjan Wróbel erhalten. Seinerseits hatte er den noch lebenden Familienangehörigen zum ersten Mal Nachricht über das traurige Justizschicksal des Jungen gebracht, dessen Eltern schon vor Jahren gestorben waren, ohne je erfahren zu haben, ob und wie ihr Sohn zu Tode gekommen war. Sie hatten erschütternde Abschiedsbriefe des Jungen bekommen; einen davon hatte der Vater verbrannt, weil die Mutter ohnmächtig vor Schmerz geworden war, als sie ihn gelesen hatte; zwei hatte die Schwester aufgehoben und gab sie dem Besucher aus Deutschland vertrauensvoll mit. Christoph Schminck-Gustavus hat sie in seinem Buch abgedruckt. Sie sollen auch hier am Schluß des Kapitels mitgeteilt werden.

Empfang im Bremer Rathaus. Von links nach rechts: Michal Piotrowski, Frau Piotrowska, Frau Alfreda Wozniak (Walerjan Wróbels Schwester), Justizsenator Wolfgang Kahrs, Christoph Schminck-Gustavus und ich.

Nun waren sie also aus Polen gekommen, die Schwester aus Dabrowa Górnicza und der ehemalige Haftgenosse mit seiner Frau aus Warschau, eingeladen vom Senat der Freien Hansestadt Bremen, wurden vom Bürgermeister, vom Justiz- und vom Bildungssenator sowie vom Landgerichtspräsidenten empfangen, erlebten eine Gedenkstunde in dem Gerichtssaal, in dem Walerjan vor 45 Jahren verurteilt worden war, und nahmen eine Spende des Senats für ein polnisches Kinderkrankenhaus mit, dem Christoph Schminck-Gustavus bereits sein Buchhonorar gespendet hatte. Ein gut gemeintes, aber irgendwie hilfloses Programm angesichts des Unrechts, das nicht wiedergutzumachen war. Für Christoph Schminck-Gustavus und mich gab die Begegnung mit den polnischen Gästen den Anstoß, darüber nachzudenken, wie man jenes justizschändliche

Todesurteil aus dem Jahre 1942 aufheben lassen und damit wenigstens den Familienangehörigen des von Henkerhand gestorbenen Minderjährigen eine späte Genugtuung verschaffen könne. Auch das letztlich ein hilfloses Unterfangen, da es den von feigen und verantwortungsscheuen Richtern und Staatsanwälten ums Leben gebrachten jungen Polen nicht wieder lebendig machen konnte.

Walerjan Wróbel war mein Jahrgang. Er wurde am 2. April 1925 in Falkow, einem kleinen Dorf ein paar hundert Kilometer südlich von Warschau geboren. Ein Freund aus gemeinsamen Kindheitstagen, Czeslaw Dabrowski, den Christoph Schminck-Gustavus in Dobków, einem polnischen Dorf nahe der tschechischen Grenze, aufgesucht hat, wußte von gemeinsamen Dummejungenstreichen zu berichten (»Wir waren damals doch noch Kinder, vielleicht dreizehn oder vierzehn: dumme Jungs. Nur Streiche im Kopf, andere Leute ärgern, no, Sie kennen das schon«).Walerjan war vierzehn, als Hitlers Wehrmacht Polen überfiel und am 5. September 1939 bei einem Bombenangriff auf sein Heimatdorf sein Elternhaus zerstörte; es brannte ab. Es begann eine Zeit großer Not und Arbeitslosigkeit, in der die deutsche Verwaltung die polnische Bevölkerung mit schikanösen Verboten, Ablieferungsverpflichtungen, Razzien, Beschlagnahmen und Verhaftungen drangsalierte.

Walerjan Wróbel war einer von 1,7 Millionen polnischer Zwangsarbeiter, die während des Krieges nach Deutschland geschafft worden waren, um die durch Einberufung deutscher Arbeitskräfte zur Wehrmacht entstandenen Lücken vor allem in der landwirtschaftlichen Produktion zu schließen. In den Akten heißt es, er habe sich »freiwillig« verpflichtet. Wie es mit der »Freiwilligkeit« stand, hat Czeslaw Dabrowski so beschrieben (alle folgenden Zitate nach Schminck-Gustavus):

Wissen Sie, das hat der Dorfschulze entschieden. Da gab es gar keinen Widerspruch. Das Dorf hatte ein bestimmtes Kontingent: So und so viele müssen fahren, und der Schulze, der hat die ausgesucht. Der war zwar auch Pole, aber er hat doch Angst gehabt vor den Deutschen. So ist er in die Familien gekommen mit den meisten Söhnen und hat gesagt: »Der und der muß fahren!« Von seiner eigenen Familie hat er natürlich keinen geschickt, nur von den anderen.

Vielleicht hat auch die von den deutschen Besatzern herbeigeführte Not dazu beigetragen, daß die Familie den kleinen, noch ganz kindlichen Walerjan gehen ließ. Czeslaw Dabrowski:

Die Leute haben gehungert. Es gab nichts zu essen. Sogar Kartoffelschalen haben wir gegessen. Die Feldbestellung ging zwar weiter, aber alles mußte abgeliefert werden. Auch das ganze Viehzeug wurde registriert, und man durfte nicht mehr schlachten. Alles haben sie den Leuten abgenommen. Es durfte auch kein Getreide mehr gemahlen werden. Die Mühlen wurden geschlossen. Also versuchten die Leute, kleine provisorische Mühlen zu basteln, um ein bißchen Korn zu mahlen. Aber mit solchen Sachen mußte man sehr vorsichtig sein. Wenn die Deutschen so etwas gefunden haben, dann wurde das sofort kaputtgemacht und die Leute geschlagen. Es kamen ja dauernd Razzien. Nichts zu essen, keine Arbeit.

Walerjans Schwägerin – die Witwe seines tragisch zu Tode gekommenen Bruders (er wurde beim Löschen eines Brandes von einem Feuerwehrauto überfahren) – wurde von Christoph Schminck-Gustavus ebenfalls zu Walerjans »freiwilliger« Arbeitsverpflichtung befragt:

Warum? No, weil hier doch Elend war, und der Dorfschulze ... No, da haben sich doch viele gemeldet, war ja nix. Elend gab's. Und da haben sie versprochen: Viel zu essen und etwas Geld auch. Viele sind nach Deutschland gegangen. Freiwillig. Und zwar deshalb, damit sie das besser haben sollten.

Walerjan Wróbel war fünfzehn, als er auf diese Weise zur Arbeit in Deutschland verpflichtet wurde. Czeslaw Dabrowski hatte den Transport in abgeschlossenen, überfüllten Personenwagen geschildert. Die beiden Jungen aus Falkow wollten zusammenbleiben, ertrugen hungernd und durstig, ohne Sitzplatz, die Strapazen der langen Fahrt. Und dann, in Hannover, wurden sie doch getrennt:

Als sie uns in Hannover dann ausgepackt haben aus dem Waggon, mußten wir gleich wieder antreten. Das war auf einem großen Platz vor einer Halle. Zuerst gab es eine Steckrübensuppe, sehr wässrig, und eine Schnitte Brot. Wir waren sehr ausgehungert von der langen Fahrt. Dann mußten wir antreten in Zweier-Reihen: Abzählen. »Schnell, schnell!« Wenn jemand ein bißchen langsamer war, dann kamen sie gleich mit Fußtritten und Gummiknüppeln. Aber die ganze Zeit hab ich mich dicht neben Walerjan gehalten: In der Reihe immer dicht nebeneinander gestanden. Dann: »Papiere vorzeigen!« Als sie meine Papiere gesehen haben, kam sofort das Kommando: »Los, rüber, in die andere Kolonne!« – Aber ich wollte doch nicht. Ich hab den an der Hand gefaßt, den Walerjan, und wollte ihn mit rüberziehen. Ach, ich weiß nicht, was der Gendarm gebrüllt hat. Ich konnte doch die deutsche Sprache nicht verstehen. Kein Wort, damals. Sofort hab ich mit dem Gummiknüppel auf die Hand bekommen, und da hab ich losgelassen. Und mit Fußtritten rübergetrieben zu der anderen Kolonne. Die marschiert ab, und ich dreh mich noch um und seh ihn stehen. Danach hab ich den nie wieder gesehen. Kinder waren wir doch noch, haben nicht gewußt, daß man uns zu so schwerer Arbeit fährt.

Walerjan wurde einem Bauernhof in Bremen-Lesum als landwirtschaftlicher Hilfsarbeiter zugewiesen. Das war im April 1941, dem Monat, in dem Walerjan 16 wurde. In diesem Monat April beging Walerjan die Straftat, die nach Meinung deutscher Richter und Staatsanwälte todeswürdig war. Krank vor Heimweh hatte der Junge, der offenbar noch nicht einmal die Reife eines 16jährigen hatte, zunächst versucht, einfach auszureißen und die 900 Kilometer nach Hause zu laufen, war aber schon nach wenigen Metern ergriffen und zurückgeholt worden. Einige Tage später – das war am 29. April 1941 – hatte er dann eine noch unreifere Idee: Er wollte die Scheune seines Zwangsarbeitgebers in Brand setzen, in der Erwartung, daß man ihn dann, weil auf dem Hof nicht mehr gearbeitet werden könnte, als unbrauchbare Arbeitskraft nach Hause schicken werde. Das von ihm gelegte Feuer wurde rechtzeitig, noch bevor es Schaden anrichten konnte, entdeckt und unter seiner Mithilfe gelöscht.

Walerjan wurde, wie das damals beschönigend hieß, in »Schutzhaft« genommen und von Gestapo-Beamten verhört. Sie brachten ihn »nach langem hin und her und in die Enge getrieben« zu einem Geständnis. »Ich gebe zu«, heißt es in der Akte, »dass ich die Absicht hatte, die gesamte Scheune niederbrennen zu lassen«. Der Gedanke, daß auch das Wohnhaus abbrennen könne, sei ihm nicht gekommen. Ein Fragezeichen am Rand deutet an, daß man ihm dies nicht glauben wollte.

Einen Monat später, am 28. Juni 1941, wurde der Junge »dem Konzentrationslager Neuengamme zugeführt«, was erst am 3. Oktober von einem Gestapo-Beamten in der Akte vermerkt wurde. Im Auftrage des offenbar um seine Kompetenz besorgten Oberstaatsanwalts bat ein Staatsanwalt Albrecht die Gestapo um Mitteilung, warum die Akten erst am 6. Oktober an ihn abgegeben worden seien; der in den Akten befindliche Schlußbericht datiere bereits vom 5. Mai. Die Gestapo ließ sich Zeit mit der Antwort. Dann, mit Schreiben vom 15. November, ließ sie den Oberstaatsanwalt wissen, »daß die Übersendung der Akten aus innerdienstlichen Gründen am 3. Oktober 1941 erfolgte. Nun wußte er es genau. In diesem Staat hatte die Polizei das Sagen.

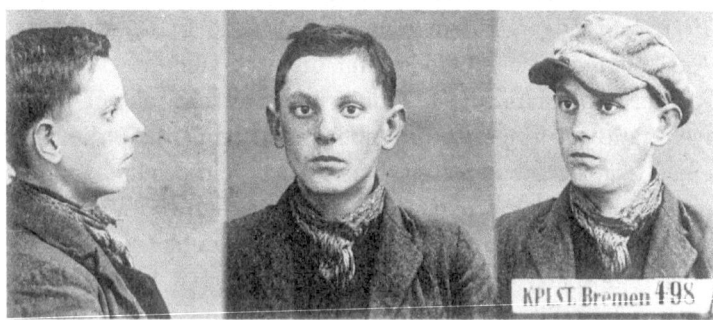

Walerjan Wróbel wurde bei der Erkennungsdienstlichen Behandlung durch die Nazis fotografiert.

Neun Monate, vom 28. Juni 1941 bis zum 8. April 1942, hielt die Gestapo Walerjan in eigener Zuständigkeit im KZ Neuengamme fest. Es war eine schreckliche Leidenszeit für den 16jährigen, über die wir einiges aus Michal Piotrowskis Bericht wissen. Ich zitiere nach dem Buch von Schminck-Gustavus:

No, wissen Sie, das gab da noch ein Kommando auf der Elbe, ein Strafkommando; da waren wir drin. Das war die schwerste Arbeit. Wir mußten mit voll geladenen Schiebkarren über solch einen Steg balancieren und die Erde auf die andere Seite vom Kanal, auf das andere Ufer fahren. Der Kanal ist breit, vielleicht acht Meter. Nur zwei schmale Bohlen sind drübergelegt und in der Mitte ein Schwimmkasten: Da mußt du rüber mit deinem Karren. Das wackelt und hast keine Schuhe an, sondern diese Holzklumpen, wo du dich nicht mit halten kannst. Manchmal passiert das, und die Karre läuft schief, fällt runter ins Wasser. Aber ohne Karre darfst du nicht rausgehen: Sofort mußt du springen vom Steg und die Karre retten. – In dem Kommando war ich mit Walerek (Koseform von Walerjan) zusammen, bin immer hinter ihm gewesen mit meiner Karre.

Einmal hat Michal Piotrowski den Walerjan gerettet, als dem die Karre heruntergefallen war und er, obwohl Nichtschwimmer, ins Wasser springen mußte:

Ich sehe: Der geht ja unter, kommt nicht wieder raus. Und ich nehme schnell, schnell meine Karre und schmeiß sie auch ins Wasser. Und spring hinter ihm her. Ich kann ja schwimmen.

Und der Kanal ist tief bei der Stelle, vielleicht zwei Meter. Erst den Walerek rausgezogen ans Ufer. Der Unterboden war so weich, Schlamm, daß die Füße versinken. No, und dann, wissen Sie, die eine Karre rausgeschmissen ans Ufer und dann die zweite Karre auch. Von dieser Zeit an, wissen Sie, sind wir immer zusammengeblieben, immer einer hinter dem anderen gefahren.

Ein Fall von Solidarität, der im SS-Staat des KZ-Systems Seltenheitswert hatte. Denn hier wurde auch den Häftlingen, wenn sie überleben wollten, das barbarische, als Recht des Stärkeren ausgelegte Prinzip des *survival of the fittest* aufgezwungen. Michal Piotrowski:

Freundschaft? Kameradschaft? – Wie sollen Sie das verstehen? Wissen Sie, ein Beispiel: Am Kanal, wo wir arbeiten, da stand solch eine Baracke. Das ist das Werkzeug-Magazin. Früh morgens, wir kommen an, tausend Mann, alle müssen stehen ... Dann kommt das Kommando für uns:

»Arbeitskommando antreten!« Dann müssen alle rennen zum Werkzeugholen, zu der Baracke: Die Schaufeln liegen da drin. Die Schiebkarren stehen draußen. Alle laufen, alle rennen, jeder will die Schaufel nehmen, weil das doch leichter ist. Wenn die Schaufeln alle ausgegeben sind, dann ist Schluß: Alles andere muß ab zum Schiebkarren. Und wenn wir schnell gerannt sind und haben die Schaufel gekriegt: No, Glück gehabt. Aber wer sowieso schwach ist und kann nicht schnell laufen, der muß den Schiebkarren nehmen: Schwache Leute – ganz egal, die müssen an den Karren. Und wissen Sie: Kameradschaft gibt's dann nicht. Jeder denkt, daß er muß leben. Ist das Freundschaft?

Aber dann erzählte Michal Piotrowski doch noch ein Beispiel von Menschlichkeit in dieser unmenschlichen Umgebung. Diesmal war es Walerjan, der ihm das Leben rettete, als er in einem Zustand völliger Mutlosigkeit den Tod an der Postenkette (»auf der Flucht erschossen«) suchen wollte:

Und die Karre laß ich stehen und geh los auf die Postenkette. Und der Walerek sieht das, kommt hergerannt, zieht mich am Arm zurück und sagt: »Gott wird helfen!« – Ach, der war immer mit dem Gott. Und sagt zu mir: »Gott wird uns helfen, aber wir müssen beide bleiben. Zusammen. Komm zurück!« – Und ich bin zurückgegangen.

Was war der Walerjan für ein Mensch? Michal Piotrowski:

Der Walerek war sehr jung, sehr naiv. Erfahrung hatte der auch keine ... Für solche ist das schwer im KZ, sehr schwer. Da mußt du brutal sein, aber nicht naiv, und Walerek war immer naiv, sehr naiv. Von den Eltern hat er immer erzählt, von der Schwester, von der Schule. So wie er erzählt hat, war er kein guter Schüler. Hatte immer Schwierigkeiten in der Schule, der arme Kerl. Er hat gesagt: »Hatte immer Sand in den Taschen auf der Schule, war schwer zum Weiterkommen.« Oder ein anderes Mal sagt der und grinst: »Die Schule hat gelegen am Berg. War schwer zum Raufsteigen.« No, in Falkow, wissen Sie, da ist alles flach: keine Berge …

Aber der Junge war gläubig, hatte die Religion. Und wenn er nicht gerade von seinen Eltern sprach, immer kam das Gespräch auf die Freiheit: »Wann komm ich raus?« Der hatte immer Angst und hat überlegt, was er tun kann, daß er rauskommt. Und hatte solche Sehnsucht nach den Eltern; machte sich mehr Sorgen um die, als um sich selbst. So sehr wollte er zu denen zurück. Aber der hatte Angst, daß er das nicht wird überleben: Immer Angst.

Als Walerjan endlich aus der Hölle des KZ Neuengamme ins Untersuchungsgefängnis überführt wurde, mag er Hoffnung geschöpft haben, daß nun anstelle furchtbarer Willkürherrschaft so etwas wie Gerechtigkeit kommen müsse. Wenn er gewußt hätte, daß ein Todesurteil auf ihn wartete, hätte er sicher nicht an das Gericht geschrieben: »Ich bitte um Beschleunigung meines Termins.«

Mitte Juni 1942 wurde ihm die Anklageschrift (auf deutsch!) zugestellt, deren Paragraphenwerk ihm sicher auch dann noch unverständlich geblieben ist, als es ihm zehn Tage später durch den Gestapo-Dolmetscher Lasarewitz, der dafür einen Zeitaufwand von 45 Minuten abrechnete, übersetzt wurde. Das war am 25. Juni 1942. Am 6. Juli, zwei Tage vor der auf den 8. Juli 1942 anberaumten Hauptverhandlung, teilt der dem Angeklagten bestellte Pflichtverteidiger, Rechtsanwalt Dr. Bechtel, dem Gericht mit, daß eine Verständigung mit dem Angeklagten auf Schwierigkeiten stoße; und bittet, da die Leitung des Untersuchungsgefängnisses über eine Person, die der polnischen Sprache mächtig war, nicht verfüge, »den Dolmetscher der Geheimen Staatspolizei zu veranlassen, dass er mir morgen im Laufe des Tages einen Zeitpunkt bekanntgibt, wann er in der Lage ist, mit mir gemeinsam den

Angeklagten zu besuchen«. Der Verteidiger wußte, daß er sich nach dem Zeitplan des Gestapo-Dolmetschers zu richten hatte.

Ein von der SS aufgenommenes Foto aus dem Konzentrationslager Neuengamme bei Hamburg. Hier mußte der 16jährige Walerjan Wróbel neun Monate lang schwere Zwangsarbeit leisten, bevor er zur Aburteilung durch das Sondergericht ins Untersuchungsgefängnis in Bremen verlegt wurde.

Ob der Verteidiger seinem inzwischen 17 gewordenen Mandanten durch den Mund des Gestapo-Dolmetschers gesagt hatte, was ihn erwartete? Ich weiß es nicht. Jedenfalls hatte der Verteidiger die perfide »Rechts«-Konstruktion der Anklage durchschaut, die auf Todesstrafe gegen einen Minderjährigen abzielte, und in einem Schriftsatz, den er am Tage der Hauptverhandlung überreichte, das Gericht in nüchterner Juristensprache auf alle Gesichtspunkte hingewiesen, die es auch unter der Herrschaft des terroristischen Nazi-»Rechts« erlaubt hätten, den jungen Polen freizusprechen oder – was im Hinblick auf die außergerichtliche Tötungszuständigkeit der Gestapo für den Angeklagten das Beste gewesen wäre – zu einer Freiheitsstrafe zu verurteilen.

Aber das Todesurteil stand schon fest, bevor Walerjan Wróbel und sein Verteidiger den Gerichtssaal betraten. Die Staatsanwaltschaft hatte sich durch Rückfrage beim Reichsjustizministerium vergewissert, daß man dort eine Anklage nicht etwa nach den guten alten Paragraphen des Strafgesetzbuches über Brandstiftung, sondern nach der »Volksschädlingsverordnung« und der »Polenstrafrechtsverordnung« erwartete – und das bedeutete, daß der Junge, weil er Pole war, zum Tode verurteilt werden konnte. In §3 der Verordnung gegen Volksschädlinge vom 5.9.1939 (das war übrigens der Tag, an dem das Dorf Falkow von deutschen Flugzeugen bombardiert wurde und Walerjans Elternhaus abbrannte) hieß es:

Wer eine Brandstiftung oder ein sonstiges gemeingefährliches Verbrechen begeht und dadurch die Widerstandskraft des deutschen Volkes schädigt, wird mit dem Tode bestraft.

Und die Polenstrafrechtsverordnung (Verordnung über die Strafrechtspflege gegen Polen und Juden in den eingegliederten Ostgebieten vom 4.12.1941) ließ die Todesstrafe auch für Jugendliche zu – wenn sie Polen oder Juden waren.

Demgemäß kündigte der Oberstaatsanwalt in Bremen dem Herrn Reichsminister der Justiz auf dem Dienstwege mit Schreiben vom 15. Juni 1942 an:

Gegen Wróbel werde ich in der Hauptverhandlung trotz seines Alters von 16 Jahren z. Zt. der Tat die Todesstrafe beantragen.

Und in den Protokollen über die sogenannten »Vor- und Nachschauen« – das waren regelmäßige Treffen aller höheren Richter und Staatsanwälte eines Gerichtsbezirks, bei denen alle wichtigen Fälle durchgesprochen und in jedem Einzelfall eine Verständigung über Strafmaß, Urteilsbegründung, Begnadigungsvorschlag usw. erfolgte – findet sich der dokumentarische Beleg, daß man sich auch über das Todesurteil gegen Walerjan Wróbel im voraus geeinigt hatte:

... *Wróbel:* Erster Staatsanwalt Dr. Seidel erwähnt, daß die Staatsanwaltschaft Anweisung habe, aus § 3 Volksschädlingsverordnung anzuklagen, der absolute Todesstrafe vorsehe. Herr Senator und Landgerichtsdirektor Dr. Warneken (der Vorsitzende des für Walerjan Wróbel zuständigen Sondergerichts; H. H.) äußern, daß in diesem Falle keine Bedenken gegen eine Todesstrafe bestünden.

Das war am 26. Juni 1942, also noch bevor ein Verteidiger Gelegenheit gehabt hatte, die Bedenken vorzutragen, die die Herren hätten haben sollen. Und noch bevor sie den jungen Menschen, um den es ging, selbst kennengelernt und sich einen Eindruck verschafft hatten, ob er nach seiner geistigen und sittlichen Entwicklung zur Zeit der Tat überhaupt strafmündig war.

Daß es da Zweifel geben konnte, hat der Pflichtverteidiger in seinem Schriftsatz vom 8. Juli 1942 thematisiert. Und auch einer der sachbearbeitenden Staatsanwälte hatte offenbar ein Sachverständigengutachten zur Frage der geistigen und sittlichen Reife des jugendlichen Angeklagten vermißt, wie sich aus zwei Aktenvermerken ergibt. Die ärztliche Begutachtung beziehe sich lediglich auf den rassischen Typ, womit strafrechtlich nichts gewonnen sei, heißt es in dem einen Vermerk. Er stammt vom 29.10.1941, so daß noch genügend Zeit gewesen wäre, bis zur Hauptverhandlung ein psychiatrisches Gutachten einzuholen. Nichts dergleichen war geschehen. Man begnügte sich mit der »rassischen Beurteilung« durch den Polizeivertragsarzt, das mit der Feststellung endete: »Wróbel ist von ostischem Typ.« Erst als Walerjan schon zum Tode verurteilt war, begannen die für das Urteil verantwortlichen Richter und Staatsanwälte, sich darüber Gedanken zu machen, daß es »nicht angängig« erscheine, »Todesstrafe an Kindern zu vollstrecken« (so Staatsanwalt Dr. Zorn im Entwurf seiner Gnadenempfehlung; sein Vorgesetzter machte aus »an Kindern«: »an einem Knaben«). Auch die Richter des Sondergerichts befürworteten die gnadenweise Umwandlung der von ihnen verhängten Todesstrafe in verschärftes Straflager von angemessener Dauer und betonten, daß der Verurteilte »den Typ eines jugendlichen Schwerverbrechers« (im Sinne einer Verordnung vom 4.10.1939) »nach seiner ganzen Persönlichkeit offensichtlich nicht darstellt«. Solange sie noch in eigener Zuständigkeit über das Schicksal des Walerjan Wróbel entscheiden konnten, hatten sie nicht den angesichts des kindlichen Erscheinungsbildes des Angeklagten und der Unreife seines Tatmotivs naheliegenden Entschluß gefaßt, sich über die Strafmündigkeit des jungen Polen durch Anhörung eines psychiatrischen Gutachters Gewißheit zu verschaffen oder ihn aus eigener Sachkompetenz freizusprechen.

Es hätte auch noch andere juristische Handhaben gegeben, jedenfalls die Todesstrafe zu vermeiden, deren Vollstreckung man dann später durch Appelle an die Gnadeninstanz vergeblich zu verhindern suchte. »Das Gesetz kennt als Strafe nur die Todesstrafe«, heißt es im Urteil des Sondergerichts. Mit anderen Worten: Wir waschen unsere Hände in Unschuld, denn wir sind an das Gesetz gebunden. Aber wer zwang das Gericht, die berüchtigte »Volksschädlingsverordnung« anzuwenden, wonach Brandstiftung nur dann mit dem Tode bestraft werden sollte, wenn dadurch die »Widerstandskraft des deutschen Volkes« geschädigt wurde und der Täter dies auch subjektiv wollte? Wer zwang das Gericht, dies ins Urteil zu schreiben:

Der Angeklagte hat trotz seiner Jugend und trotzdem er in seiner geistigen Entwicklung etwas zurückgeblieben zu sein scheint, nach der Überzeugung des Gerichts die Einsicht besessen, die Folgen für die Widerstandskraft des deutschen Volkes zu erkennen. Er hat mindestens damit gerechnet. Er hat sie in Kauf genommen, wenngleich er sie nicht anstrebte.

Eine absurde Vorstellung, daß der 16jährige Pole Walerjan Wróbel, als er mit Streichhölzern in der Scheune zündelte, an die Widerstandskraft des deutschen Volkes gedacht haben könnte. Nicht einmal an die Widerstandskraft des polnischen Volkes, die ihm allenfalls wichtig hätte sein können, hatte er gedacht. Und darum hätten die Richter, wenn sie sich nicht schon im voraus aller »Bedenken« entledigt hätten, die Anwendung der Volksschädlingsverordnung auch mit der Begründung ablehnen können, daß »Volksschädling« nur einer sein konnte, der dem deutschen »Volk« angehörte. So in der Tat ein Urteil eines anderen Sondergerichts (SG Graudenz, DR 1942, 930). Oder man hätte sich auf das Reichsgericht berufen können, das den Begriff des »Volksschädling« danach definierte, ob seine Tat »nach dem gesunden Volksempfinden besonders verwerflich« sei (RG, DJ 1940, 1423). Im Fall Wróbel hätte es nahegelegen, die »besondere Verwerflichkeit« der Tat wegen der Jugend des Täters, seiner kindlichen Motivation (Heimweh) und der Geringfügigkeit des eingetretenen Schadens nach »gesundem Volksempfinden« zu verneinen. Man hätte sogar den faschistischen Eiferer Roland Freisler zitieren können, der in der Volksschädlingsverordnung bestimmte Verbrechertypen in »plastischen Verbrecherbildern« veranschaulicht sehen wollte. In dem (vom Sondergericht angewandten) §3 der Verordnung sah er »vor unseren Augen den gemeingefährlichen Saboteur« erscheinen »als verabscheuungswertes Wesen von Fleisch und Blut«. Hier steigere der Gesetzgeber »das Bild des vorsätzlichen Brandstifters und überhaupt gemeingefährlichen Verbrechers durch die Kennzeichnung seiner Handlung als eines Dolchstoßes in den Rücken des kämpfenden Volkes« (*DJ* 1939, 1450 f.). Wie sollte das alles auf den armen heimwehkranken Jungen passen, der weder dem Typ des »Terroristen« entsprach (auch ihn erwähnt Freisler in diesem Zusammenhang) noch einen Dolch in den Rücken des kämpfenden Volkes stoßen wollte.

Auch die Anwendung der Polenstrafrechtsverordnung vom 4.12.1941, die Polen und Juden in den »eingegliederten Ostgebieten« einem terroristischen Sonderrecht unterwarf, hätte den Richtern und Staatsanwälten »Bedenken« verursachen sollen. Diese Terrorverordnung war Ende 1941 in Kraft getreten, also erst *nach* der Tat, die Walerjan Wróbel vorgeworfen wurde. Wäre die Sache unverzüglich nach der Tat verhandelt worden, wie es für Sondergerichtsverfahren an sich vorgeschrieben war, hätte Walerjan Wróbel selbst nach Nazi-»Recht« nicht zum Tode verurteilt werden können. Zur Zeit der Tat galt noch die »Verordnung über die Einführung des deutschen Strafrechts in den eingegliederten Ostgebieten« vom 6.6.1940, die das Jugendgerichtsgesetz gegenüber Polen immerhin insoweit für anwendbar erklärte, als es eine Höchststrafbegrenzung für junge Rechtsbrecher vorsah. Erst eine Ausführungsbestimmung vom 4.12.1941 bestimmte, daß die Volksschädlingsverordnung mit Zustimmung der Staatsanwaltschaft auch auf Taten angewendet werden könne, die vor dem Inkrafttreten der Verordnung begangen sind, führte die Todesstrafe also rückwirkend ein. Ein eklatanter Bruch des in Rechtsstaaten geltenden Rückwirkungsverbots, den der NS-Gesetzgeber erstmals 1933 vollzogen hatte, um die angeblichen Reichstagsbrandstifter zum Tode verurteilen zu können. Die nach der Verordnung nötige Zustimmung der Staatsanwaltschaft entnahm das Gericht »ohne weiteres« daraus, daß sie auf Grund der Bestimmungen der VO Anklage erhoben habe. Hätte es nicht nahegelegen, die Staatsanwälte, die später, als es um ihre Stellungnahme zum Gnadengesuch ging, betonten, daß sie es nicht für angängig hielten, ein Todesurteil an einem Kinde bzw. einem Knaben zu vollstrecken, zu fragen, ob sie die Anklage auf dieser rückwirkend in Kraft gesetzten »Rechts«-Grundlage wirklich aufrechterhalten wollten? Stattdessen: »keine Bedenken«. Außerdem blieb die rückwirkende Anwendung der Polenstrafrechtsverordnung selbst dann, wenn der Staatsanwalt sie wünschte, eine Kann-Bestimmung.

Es hätte nach alledem keines richterlichen Heldentums bedurft, um dem jungen Walerjan Wróbel das Todesurteil zu ersparen und sich doch streng an den Buchstaben des damals geltenden »Rechts« zu halten. Aber die Richter wußten, was höheren Orts von ihnen erwartet wurde. Und überließen es der Gnadeninstanz, die Gerechtigkeit walten zu lassen, die sie selbst dem jungen Polen verweigert hatten. Erst im Gnadenverfahren fiel ihnen plötzlich ein, was sich alles zugunsten des von ihnen Verurteilten sagen ließ.

Der Verteidiger hatte in seinem Gnadengesuch vom 20. Juli 1942 geltend gemacht, daß Wróbel auch jetzt noch »einen für sein Alter zurückgebliebenen Eindruck« mache; er sei »minderbegabt« und habe »den sicherlich nicht besonders hohen Anforderungen« der Schule in seinem Heimatort Falkow nicht entsprochen, so daß er sieben Jahre für den fünfjährigen Lehrgang dieser Schule gebraucht habe; es sei glaubhaft, daß er die Tat »nur aus Dummheit getan« habe, obwohl seine Eltern ihn ermahnt hätten, »sich ordentlich zu führen und keine Dummheiten zu machen«; objektiv seien die Folgen der Tat unbedeutend gewesen; die Widerstandskraft des deutschen Volkes sei durch die Tat nicht geschwächt worden; Wróbel habe sicher keine Überlegungen in dieser Richtung angestellt, »da er dazu nicht in der Lage war«.

Der Oberstaatsanwalt als Leiter der Anklagebehörde bei dem Sondergericht Bremen (so die vollständige Bezeichnung der zuständigen Staatsanwaltschaft) gab mit Schreiben vom 21. Juli 1942 dem Reichsjustizminister die »Empfehlung«, »die verhängte Todesstrafe im Gnadenwege in ein langjähriges verschärftes Straflager« umzuwandeln. Nach dem persönlichen Eindruck des Verurteilten in der Hauptverhandlung dürfe davon ausgegangen werden, daß es glaubwürdig sei, wenn er zur Erklärung des Beweggrundes für seine Tat angebe, er habe Heimweh gehabt und geglaubt, man würde ihn nach Hause schicken, wenn das bäuerliche Anwesen, auf dem er beschäftigt war, abgebrannt wäre. Der Oberstaatsanwalt wies darauf hin, daß der Verurteilte bereits am 29. April 1941 von der Polizei festgenommen wurde, in das Untersuchungsgefängnis aber erst am 8. April 1942 eingeliefert worden ist.

Es kann angenommen werden, daß die in der Zwischenzeit seitens der Gestapo angestellten Ermittlungen dieser keinen Anlaß geboten haben, den Fall in eigener Zuständigkeit zu erledigen (das heißt im Klartext: den Jungen kurzerhand selbst umzubringen; H. H.), wie es sonst bei schweren von Polen begangenen Delikten üblich ist.

Hier wurde bereits wie selbstverständlich vorweggenommen, was bald darauf vom Reichsjustizminister selbst angeregte Praxis der »Strafverfolgung« wurde: für Polen, Juden und Zigeuner war nicht mehr die Justiz, sondern die Polizei zuständig.

Der Unterzeichnete ist davon überzeugt, daß die Staatspolizeistelle von einer Überstellung des Verurteilten an die Staatsanwaltschaft abgesehen und die Hinrichtung selbst angeordnet haben würde, wenn sie ihn für todeswürdig gehalten haben würde.

Ein dieser Staatsanwaltschaft würdiges Argument!

Weiter wurde darauf hingewiesen, daß die späte Überstellung Wróbels an das Gericht zur Folge hatte, daß die Polenstrafrechtsverordnung und nicht mehr deutsches Jugendstrafrecht anzuwenden war. Bei früherer Überstellung an die Justiz würde ein Todesurteil nicht ergangen sein.

Und dann geradezu menschliche Töne, die aber leider zu spät kamen:

Der Unterzeichnete hat in einer persönlichen Vernehmung des Verurteilten, die jetzt, also etwa 1 1/4 Jahr nach Begehung der Tat, erfolgt ist, den Eindruck gewonnen, daß es sich bei dem Verurteilten heute noch um einen nicht nur rein äußerlich noch kindlich wirkenden jungen Mann handelt – Wróbel wiegt mit Kleidern 100 Pfund und ist von zartem Körperbau, er weinte bei der Vernehmung –, sondern daß er auch seiner geistigen Reife nach noch als durchaus jungenhaft (im Entwurf stand: kindlich; H. H.) anzusprechen ist.

Der Oberstaatsanwalt weiß sich gegen den Verdacht der Menschlichkeit zu schützen:

Der Unterzeichnete ist sich dessen bewußt, daß auf Todesstrafe lautende Urteile gegen Polen in der Regel schonungslos vollstreckt werden müssen.

Aber nur, um auf dieser Folie ein gutes Wort für den kleinen Walerjan einzulegen, gegen den er das Todesurteil beantragt hatte:

Andererseits hält er es nicht für angängig, ein Todesurteil an einem Knaben (im Entwurf stand: »Todesstrafe an Kindern«; H. H.) zu vollstrecken.

Auch die Richter, die Walerjan Wróbel zum Tode verurteilt hatten, obwohl sich leicht Gründe für ein anderes Urteil hätten finden lassen, legten sich nun für ihn ins Zeug. Drei Seiten umfaßt die von dem Richter Landwehr formulierte und auch von den Richtern Dr. Warneken und Dr. Heumann unterschriebene Stellungnahme zur Gnadenfrage.

Sie beginnt mit dem Satz:

Der Verurteilte ist Angehöriger des ehemaligen polnischen Staates.

Damit hatten sie schon mal eine Verbeugung vor den von Hitler und Stalin vermeintlich für die Ewigkeit geschaffenen Tatsachen gemacht, die ihrem Anliegen, das von ihnen verkündete Todesurteil dem Gnadenherrn zur Umwandlung in verschärftes Straflager von angemessener Dauer zu empfehlen, nützen mochte.

Sodann wird noch einmal lang und breit begründet, warum das Gericht den Angeklagten »nach der zwingenden Vorschrift des § 3 V. Sch. V. O.« zum Tode verurteilen »mußte«. Das Gericht befürworte jedoch, die Todesstrafe nicht zu vollstrecken. Trotz der seit der Tat inzwischen vergangenen einviertel Jahre mache der Verurteilte »auch jetzt noch einen sehr jugendlichen Eindruck«. Es sei nicht hervorgetreten, daß der Verurteilte, wenn er auch in der Arbeit faul und unzuverlässig gewesen sei, eine deutschfeindliche Gesinnung gezeigt und geäußert habe. Daß also die Absicht der Schädigung der Widerstandskraft des deutschen Volkes im gegenwärtigen Kriege die Veranlassung zur Straftat gewesen sei, könne nicht gesagt werden.

Unter all diesen Umständen würde das Gericht, wenn nicht die Todesstrafe rechtlich zwingend vorgeschrieben wäre, nicht auf Todesstrafe, sondern auf verschärftes Straflager erkannt haben.

Wie gesagt: die Todesstrafe war keineswegs »rechtlich zwingend«, aber sie wies die Richter als willige Vollstrecker des Führerwillens aus. Wenn der junge Pole am Leben bleiben sollte, dann wollte man das der Verantwortung des Gnadenherrn überlassen. Die Richter wußten, wer dieses Amt damals ausübte: Roland Freisler, damals Staatssekretär im Reichsjustizministerium, später Präsident des Volksgerichtshofs, ein amtlicher Massenmörder, der schlimme Haßtiraden gegen Polen, Juden und andere »Fremdvölkische« in juristischen Fachzeitschriften veröffentlicht hatte. Ausgerechnet bei ihm eine menschliche Regung für Walerjan Wróbel zu erwarten, war unrealistisch und konnte nur der heuchlerischen Entlastung des eigenen Gewissens dienen, zumal man einschlägige Erfahrungen hatte. Dr. Warneken, der Vorsitzende des Sondergerichts, hatte nach dem Krieg, ohne jedes Schuldbewußtsein, einen apologetischen Bericht geschrieben, in dem zu lesen ist:

In verschiedenen Fällen, in denen das Sondergericht nach dem festgestellten Sachverhalt und der Gesetzeslage an der Verhängung der Todesstrafe nicht vorüberkommen konnte, hat es aus menschlichen Erwägungen und aus Milderungsgründen, die in der Person des Angeklagten zu finden waren, gleichzeitig mit dem Erlaß des Urteils einen Gnadenerweis befürwortet. Solche Befürwortungen sind dem Gericht von vorgesetzten Dienststellen (gemeint offenbar: der Reichsjustizminister als Gnadeninstanz; H. H.) wiederholt als »unlogisch« angekreidet worden; hierbei wurde es als »unverständlich« erklärt, daß das Gericht einerseits die schwerste Strafe aussprach, andererseits gleichzeitig einen Gnadenerweis empfahl.

Hätten die Richter aus dieser nicht ganz abwegigen Argumentation der Gnadeninstanz nicht lernen müssen, daß es auf ihr eigenes Rückgrat ankam? Daß nicht Herr Freisler, sondern sie dafür die Verantwortung trugen, daß wirklich alle »menschlichen Erwägungen« und »Milderungsgründe, die in der Person des Angeklagten zu finden waren«, bei der Urteilsfindung berücksichtigt wurden? Die für das NS-»Recht« typischen generalklauselartigen Tatbestandsmerkmale und Auslegungsformeln boten für Richter, die guten Willens und ohne Angst vor Karrierenachteilen waren, mancherlei Handhabe, jedenfalls Todesurteile zu vermeiden. Aber an dieser Haltung fehlte es den Bremer Sonderrichtern.

Christoph Schminck-Gustavus schreibt:

Die brutalen Terror-Urteile der Sondergerichte sind auf ihre Weise auch ein Ausdruck von Angst. Angst nicht nur vor dem drohenden Zusammenbruch des »Dritten Reichs«, sondern auch Angst der Richter um ihre eigene und höchstpersönliche Zukunft. Zur gleichen Zeit, in der das Urteil gegen Walerjan gefällt wurde, war nämlich gerüchteweise von Plänen der Nazi-Führung zu hören, die Strafjustiz insgesamt abzuschaffen. Solche Gerüchte werden ihren Einfluß auf ängstliche Gemüter ebensowenig verfehlt haben, wie die gerade unter Juristen weit verbreitete Sorge »aufzufallen« oder »anzuecken«. Die Versetzung wegen »Unzuverlässigkeit« oder wegen mangelnder »Schärfe beim Durchgreifen« hätte für den einzelnen Richter dann auch das Ende der sog. »uk-Stellung«, also der Unabkömmlichkeit, bedeuten können und damit Einberufung zur Wehrmacht, vielleicht sogar Fronteinsatz. Die Angst um den Posten wird manchen zu Dingen fähig gemacht haben, die ihm vor dem Krieg vielleicht noch undenkbar und als Alptraum erschienen wären.

Die von Freisler unterschriebene Entscheidung über das Gnadengesuch lautete kurz und bündig:

In der Strafsache gegen den vom Sondergericht in Bremen am 8. Juli 1942 als Volksschädling wegen Brandstiftung zum Tode verurteilten Walerjan Wróbel habe ich mit Ermächtigung des Führers beschlossen, von dem Begnadigungsrecht keinen Gebrauch zu machen, sondern der Gerechtigkeit freien Lauf zu lassen.
Berlin, den 15. August 1942
Der Reichsminister der Justiz
In Vertretung
gez. Dr. Freisler

In den Akten der Staatsanwaltschaft Bremen – und zwar im sog. Vollstreckungsheft – findet sich eine fünfseitige von Staatsanwalt Albrecht unterschriebene Verfügung, was nunmehr zu geschehen hatte.

Ziffer 1 wiederholt die Freisler-Entscheidung. Ziffer 2 setzt die »Eröffnung« des ablehnenden Gnadenbescheids an den

Verurteilten auf »Montag, den 24. August ds. Js., 19 Uhr, Untersuchungshaftanstalt Hamburg-Stadt« fest. Ziffer 3:

Termin zur Hinrichtung des Verurteilten wird angesetzt auf Dienstag, den 25. August ds. Js., 6 Uhr, Untersuchungshaftanstalt Hamburg-Stadt.

Ziffern 4 bis 6 betreffen den Transport des Verurteilten nach Hamburg. Ziffer 7 verfügt ein Schreiben an den Direktor des Anatomischen Instituts der Universität Hamburg, in dem mitgeteilt wird, der Reichsminister der Justiz habe angeordnet, daß bei Überlassung des Leichnams des am 25. August 1942 hinzurichtenden Walerjan Wróbel das Anatomische Institut der Universität in Hamburg zu berücksichtigen sei.

Sofern Sie die Herausgabe des Leichnams wünschen, kann er einem Beauftragten ausgehändigt werden.

Ziffer 8 verfügt ein Schreiben an den Herrn Generalstaatsanwalt bei dem Hanseatischen Oberlandesgericht in Hamburg, in dem mitgeteilt wird, daß die Vornahme der Hinrichtung dem Scharfrichter Hehr/Hannover übertragen sei, der sich am Montagabend bei dem Vertreter des Oberstaatsanwalts in Hamburg melden werde.
Ziffern 9 bis 13 betreffen Mitteilungen an den Oberstaatsanwalt und die Untersuchungshaftanstalt in Hamburg, den Verteidiger, den Landgerichtspräsidenten in Bremen und den Präsidenten des Hanseatischen Oberlandesgerichts in Hamburg.
Alles mit offenbar oft geübter Routine. Die Gerechtigkeit konnte ihren Lauf nehmen.
Über die Eröffnung, daß das Gnadengesuch abgelehnt sei und das Urteil am folgenden Morgen vollstreckt werden solle, gibt es ein Protokoll, das den Zeitpunkt dieser Mitteilung (24. 8. 1942, 19.15 Uhr) und die dabei Anwesenden nennt (Verwaltungsoberinspektor Plett als Gefängnisbeamter, Reg. Med. Rat Dr. Dr. Meywerk als Anstaltsarzt, Dozent Bargholst als

Dolmetscher der polnischen Sprache, Rechtsanwalt Dr. Bechtel als Verteidiger und Justizinspektor Bumann als Protokollführer) und sodann Aufzeichnungen über Walerjans letzte Stunden enthält, die man nicht ohne Erschütterung lesen kann:

Wróbel nahm das Urteil ruhig entgegen und fragte, ob er seine Tat nicht auf andere Weise büßen könne, sonst käme er ja nie wieder zu seinen Eltern zurück. Es wurde ihm gesagt, daß sich an der Vollstreckung nichts mehr ändern ließe. Auch bat er, den Pfarrer sprechen zu dürfen. Danach ließ er sich ruhig in die Sonderzelle abführen.

Hier angelangt blieb er weiterhin ruhig. Er erzählte seinen Wachbeamten, daß er die Tat nur begangen habe, weil er annahm, daß, wenn das Gehöft abgebrannt sei, er wieder nach Polen zu seinen Eltern zurückkäme. Er bat, ein Bild von sich zu bekommen, um es seinen Eltern senden zu können, da er jetzt 1 1/2 Jahre von Polen fort sei und seine Eltern inzwischen nicht gesehen habe. Ganz offenbar hatte er starkes Heimweh, und seine Wachbeamten hatten den Eindruck, daß er seine Tat wohl auch nur in der Vorstellung begangen habe, dadurch zu seinen Eltern zurückzukommen. Er äußerte, mit dem Todesurteil habe er nie gerechnet, da er doch bemüht gewesen sei, das Feuer selbst wieder zu löschen. Er meinte, wenn er vielleicht sterben müßte im Alter von 40 Jahren, so wäre das ja nicht so schlimm, aber schon so jung sterben zu müssen, sei doch sehr hart, und er habe doch noch nichts vom Leben gehabt. Sein Benehmen und seine Äußerungen machten einen sehr kindlichen Eindruck. Trotzdem blieb er ganz ruhig und war der festen Überzeugung, daß Gott ihn gnädig aufnehmen würde. Diese Zuversicht ließ ein Angstgefühl bei ihm überhaupt nicht aufkommen. Gegen 22 Uhr erhielt er zu essen. Er aß mit gutem Appetit 2 große Schüsseln voll (3 1/2 l) Gemüsesuppe mit Rindfleisch und verrauchte im Laufe der Nacht 25 Zigaretten. Später verzehrte er noch 4 Scheiben Brot mit Butter bestrichen.

Er schrieb einen Brief an seine Eltern. Der katholische Anstaltsgeistliche, Pfarrer Behnen, schenkte Wróbel mehrere Heiligenbilder, die dieser, nachdem er sie mit seinem Namen versehen hatte, dem Pfarrer zurückgab mit der Bitte, sie an seine Eltern zu senden. Sein ganzes Verhalten verriet immer wieder sehr starkes Heimweh. Um

4 Uhr erhielt er die Kommunion. Auch im weiteren Verlauf der Nacht blieb er gleichmäßig ruhig, nur als er zu seinem letzten Gang fertig gemacht wurde, wurde er etwas aufgeregt. Als Pfarrer Behnen ihm jedoch zuredete: »Ich gehe ja mit«, wurde er wieder ruhiger, so daß er den Weg zur Richtstätte ziemlich festen Schrittes zurücklegen konnte.

An der Richtstätte angelangt, wurde er nach nochmaliger Eröffnung des Urteils dem Scharfrichter übergeben und 5 Sekunden später fiel sein Kopf.

Über diesen letzten Akt des Justizmordes gibt es noch ein weiteres Protokoll, das mit deutscher Gründlichkeit die Sekunden der Henkertätigkeit anders gezählt hat:

Der Scharfrichter Hehr, dem der schriftliche Vollstreckungsauftrag übergeben worden war, meldete, daß das Hinrichtungsgerät in Ordnung sei.

Der Verurteilte Walerjan Wróbel wurde um 6.15 Uhr im Hinrichtungsraum vorgeführt.

Der Staatsanwalt Peters verlas den entscheidenden Teil des gegen Wróbel ergangenen Urteils des Sondergerichts in Bremen vom 8. Juli 1942 und gab die Entschließung des Reichsministers der Justiz, daß er von dem Begnadigungsrecht keinen Gebrauch gemacht habe, bekannt. Der Dolmetscher Bargholst übersetzte das Vorgetragene in die polnische Sprache.

Sodann beauftragte der Staatsanwalt Peters um 6 Uhr 15 Minuten 22 Sekunden den Scharfrichter, das Urteil zu vollziehen. Nach 11 Sekunden meldete der Scharfrichter, daß das Urteil vollstreckt sei.

Der anwesende Regierungsmedizinalrat Dr. Dr. Meywerk trug auf der Todesbescheinigung in der vorgedruckten Rubrik »Wahrscheinliche Todesursache« ein: »Enthauptung« und bescheinigte, daß er die Leiche gesehen und untersucht habe.

Laut Verfügung des Oberstaatsanwalts bei dem Landgericht Hamburg wurden Telegramme über die vollzogene Vollstreckung abgesandt an a) Reichsminister der Justiz, b) Oberstaatsanwalt in Bremen. Der Oberstaatsanwalt bei dem Landgericht

Bremen meldete dem Reichsminister der Justiz darüber hinaus durch eingeschriebenen Brief:

Die hiesige Presse brachte am 26. d. Mts. die Mitteilung von der Vollstreckung. Die öffentliche Bekanntmachung an den Anschlagsäulen erfolgt ab morgen.

Auch der entsprechende Auftrag an die Deutsche Städte-Reklame GmbH und ein Muster des roten Plakats, das die Hinrichtung bekanntmachte, finden sich in den Akten.

Die Juristen hatten ihre »Pflicht« getan.

Als Christoph Schminck-Gustavus Mitte der achtziger Jahre den Fall Walerjan Wróbel ausgrub und mir sein Buch darüber zu lesen gab, war keiner der an diesem Todesurteil beteiligten Richter mehr am Leben. Das erleichterte die Aufgabe, das Verfahren neu aufzurollen. Denn wie schwer sich Richter tun, über noch lebende oder gar noch in Amt und Würden befindliche Richterkollegen den Stab zu brechen, das hatte ich in anderen Sachen hinreichend erfahren.

Nachdem feststand, daß Walerjans Schwester und sein Neuengammer Leidensgefährte nach Bremen kommen und feierliche Empfänge stattfinden würden, war ich noch voller Skepsis, was in dieser Sache an Taten zu erhoffen war.

Aber die Justiz war besser, als ich gedacht hatte. Allerdings auch die Gesetzeslage. Ich brauchte das Wiedergutmachungsbedürfnis der Justiz nicht, wie ich ursprünglich vorhatte, im Wege eines Wiederaufnahmeverfahrens auf die Probe zu stellen, bei dem ich Walerjans Schwester als »neues Beweismittel« zum geistigen Entwicklungsgrad ihres Bruders benennen wollte, sondern fand ein Gesetz aus dem Jahre 1947, das Bremer Gesetz zur Wiedergutmachung nationalsozialistischen Unrechts in der Strafrechtspflege, auf das ich den Antrag stützen konnte.

Mit Beschluß vom 26. November 1987 gab die Jugendkammer II des Landgerichts Bremen unter Mitwirkung der Richter Kratsch, Schmacke und Lang meinem Antrag statt, hob das Urteil des Sondergerichts vom 8. Juli 1942 auf und fand zur

Begründung ungewöhnlich deutliche Worte der Kritik an den Richterkollegen von einst. Es handle sich um einen typischen Fall nationalsozialistischer Gesetzesanwendung. Die Anwendung der Volksschädlingsverordnung sei selbst bei damaliger Betrachtungsweise nicht zwingend gewesen und zeuge von »besonders radikaler und im Sinne des Regimes extrem linientreuer Gesetzesanwendung«. Die Argumentation des Sondergerichts sei »offensichtlich von der Absicht getragen, hier ohne Rücksicht auf die Person des jugendlichen Angeklagten die Todesstrafe zu verhängen, um ein Exempel zu statuieren und auf diese Art und Weise das nationalsozialistische Regime zu stärken«. Das Urteil des Sondergerichts enthalte »typisch rassistisches und nationalsozialistisches Gedankengut«. Es habe dem gerade erst 16 Jahre alt gewordenen Angeklagten mit der Begründung, er sei schließlich Pole, den Schutz des für deutsche Jugendliche geltenden Rechts versagt, das die Todesstrafe ausgeschlossen hätte. Das sei für alle an diesem Verfahren Beteiligten erkennbares Unrecht gewesen, über welches sich das Sondergericht unter Berufung auf eine völkerrechtswidrige Verordnung mit nationalsozialistischer Willkür hinweggesetzt habe. Auch die nach der Verordnung zugelassene rückwirkende Anwendung sei mit den Grundsätzen zivilisierten Rechts auch zur damaligen Zeit nicht in Einklang zu bringen. Die damals tätig gewordenen Richter und Staatsanwälte seien sich der Unhaltbarkeit ihrer Entscheidung voll bewußt gewesen. Das ergebe sich aus ihren Stellungnahmen im Gnadenverfahren. Die dort vorgetragenen Gründe für eine Begnadigung seien zweifellos bereits in der Hauptverhandlung ersichtlich gewesen und hätten allen Anlaß geboten, von der Anwendung der Volksschädlingsverordnung abzusehen und das Leben des Angeklagten auf diese Weise zu retten. Die Richter hätten rücksichtslos nationalsozialistische Interessen vertreten.

Die Richter, die Walerjan Wróbel zum Tode verurteilt hatten, waren lange genug tot, daß man solche Wahrheiten über sie sagen konnte. Solange sie lebten, durften sie in allen Ehren ihre wohlverdienten Pensionen kassieren oder gar weiter judizieren. Einen von ihnen, Dr. Heumann, hatte ich als junger

Referendar noch kennengelernt, er amtierte als Vorsitzender einer Zivilkammer des Bremer Landgerichts. Sein Entnazifizierungsverfahren – es endete mit einem Sühnebescheid, der ihm eine Geldbuße in Höhe etwa eines Monatsgehalts auferlegte – war nur ein lästiger Formalismus. Anmaßend schrieb er an die Spruchkammer:

Zu meiner Ladung auf den 24. 3. 1947, 10 Uhr, bitte ich, wenn es möglich ist, mich pünktlich zu hören, da ich auf 10.30 Uhr, 10.45 Uhr und 11.15 Uhr Gerichtstermine angesetzt habe.

Mitte der sechziger Jahre wurden anläßlich seines 80. Geburtstags die Verdienste dieses Richters vom Senat der Freien Hansestadt gewürdigt, die Tagespresse berichtete über die Ehrung. Die Erwähnung des Bremer Sondergerichts wurde dabei taktvoll vermieden.

Auch über die Sünden der beteiligten Staatsanwälte war schnell Gras gewachsen. Einer von ihnen, Herr Albrecht, unterschrieb als Oberstaatsanwalt die Anklagen gegen Kommunisten, darunter auch gegen solche, die schon unter Hitler Opfer der politischen Justiz waren. Ein anderer, Herr Dr. Zander – er war als Vorsitzender Richter einer Kammer für Handelssachen einer meiner Ausbilder in der Referendarzeit –, wurde, von der CDU nominiert, sogar Justizsenator der Freien Hansestadt. Der damalige Staatsanwalt Dr. Zorn, der in der Sitzung des Sondergerichts vom 8. Juli 1942 die Anklage vertreten und den Antrag auf Todesstrafe gestellt hatte, wurde nach dem Krieg in Hamburg als Rechtsanwalt zugelassen. Er war der einzige Justizmörder, den Christoph Schminck-Gustavus bei seiner Spurensuche noch lebend antraf. Als der lästige Fragensteller an seiner Haustür auftauchte und fragte, ob er sich an Walerjan Wróbel erinnere – eine Erinnerung, die zuvor schon brieflich aufgefrischt worden war –, bekam er zur Antwort: »Ich habe heute ganz andere Interessen. Ganz andere.«

Wie die Richter des Bremer Sondergerichts, die immerhin 49 Todesurteile zu verantworten hatten, ihre Tätigkeit nachträglich sahen, ist dem Selbstlob zu entnehmen, das der Vorsitzende dieses Gerichts, Landgerichtsdirektor Dr. Warneken, Anfang der sechziger Jahre zu einem von Hermann Weinkauff, dem ersten Präsidenten des Bundesgerichtshofs, betreuten Projekt »Die deutsche Justiz unter dem Nationalsozialismus« beisteuerte:

(Das Sondergericht) ist in der ganzen Zeit seiner Tätigkeit bemüht gewesen, seine Rechtsprechung so zu gestalten, daß sie einerseits mit unserer beschworenen Richterpflicht, andererseits mit unserem menschlichen Gewissen im Einklang stand.

Warneken hatte die Stirn, sich darauf zu berufen,

daß nach dem Zusammenbruch oder später kein einziger der vom Sondergericht Bremen Verurteilten oder – soweit Todesurteile ausgesprochen und vollstreckt waren – ihrer Angehörigen jemals eine Beschwerde über angeblich ungerechtfertigt schwere Strafen erhoben hat, ein Beweis dafür, daß auch die von den Urteilen in erster Linie Betroffenen die ausgesprochenen Strafen als den jeweiligen Straftaten angemessen, jedenfalls nicht als ungerechtfertigt zu schwer empfunden haben.

Die Angehörigen des Walerjan Wróbel haben erst über 40 Jahre nach dem Urteil erfahren, weswegen der Junge zum Tode verurteilt worden war. Seine Eltern haben es nie erfahren. Von ihnen hatten die Bremer Sonderrichter »Beschwerden« nicht zu erwarten. Alles, was sie über sein Schicksal wußten, mußten die Angehörigen den Briefen entnehmen, die von ihm aus Deutschland gekommen waren. Walerjans Schwester, Frau Wozniak, hatte Christoph Schminck-Gustavus darüber berichtet:

Die Briefe waren sehr bekannt im Dorf. Viele sind gekommen, und sie lasen die Briefe, und sie weinten. Auch der Priester hat sie gelesen. Am meisten erschütternd war sein letzter Brief gewesen, der allerletzte. Auch diesen allerletzten hat der Vater verbrannt. In dem Brief hat er sich von jedem von uns, von jedem einzeln, verabschiedet. Und er hat uns gewünscht, daß uns das Glück doch anlächeln möge. Und daß er beten wird, daß sein kleiner Bruder und Schwesterchen doch glücklich werden – wie ihm nicht gegeben wurde. Das war ein sehr schrecklicher Brief. Es gab keinen Menschen, der nicht geweint hat beim Lesen. So sehr wollte er mit uns sein und uns helfen, daß wir nicht in einer solchen Armut leben.

Unser Haus war doch abgebrannt, gleich am Anfang vom Krieg. Wir wohnten in einer Scheune, einer Lehmhütte. An diesen letzten Brief erinnere ich mich am meisten, denn da hat er auch den Tag und die Stunde seiner Hinrichtung geschrieben: daß er früh am nächsten Morgen um 6 Uhr, daß er dann nicht mehr wird bei uns sein. Das Papier war voll von Tränen. Er hat aber nicht geschrieben, wie er sterben wird. Nach diesem Brief ist die Mutter herzkrank geworden. Sie ist jede Nacht zum Friedhof gegangen. So lange, bis der Pfarrer sich gekümmert und gesagt hat, daß es so nicht weitergehen kann.

Auch der Pfarrer, der ihn gebeichtet hatte vor der Hinrichtung, hat zwei Briefe geschrieben, wie leid ihm das Kind getan hat. Und daß der Walerjan ihn immer gebeten und gesagt hat, daß er doch alles wieder gutmachen will – nur, daß sie ihn doch möchten zurückschikken zu den Eltern. Das hat er gebeten.

Im letzten Brief hat er auch die Heiligenbilder geschickt: Für Mutter und Vater die Heilige Familie – Maria und Josef und das Kind. Darauf hat er geschrieben, sie sollen nicht verzweifeln, daß ihm das Schicksal den Tod gegeben hat. Und daß er wird beten für die Eltern, und daß auch sie sollen beten für ihn. Was er meinem Bruder geschrieben hat, das erinnere ich schon nicht. Ich hatte einen kleinen Engel auf meinem Bild, und der Engel hütete ein Kind. Der Pfarrer hatte ihm die Bilder gegeben.

Christoph Schminck-Gustavus hatte das Gespräch mit Frau Wozzniak beschrieben, in dem sie erfuhr, daß ihr Bruder mit dem Fallbeil getötet worden war:

Sie zuckt zusammen, geht aus der Tür. Schmerzenslaute. Nach einer langen stummen Weile kommt sie zurück, entschuldigt sich und bittet mich noch einmal um die Abschiedsbriefe. Sie liest sie laut vor. Satz für Satz. Sie weint beim Lesen. Dann wendet sie sich wieder zu mir und bittet Irek (den Dolmetscher), mir die Briefe Wort um Wort, Satz um Satz zu übersetzen.

Der eine Brief ist, wie sein Inhalt ergibt, vor der Hauptverhandlung geschrieben, und ließ noch Hoffnung (Übersetzung aus dem Polnischen):

Brief ist ohne Datum, denn er ist im Versteck geschrieben.
   Liebe Mamusiu (Mutti)
   und
   tatusiu (Papi).
   Ich schreibe die letzten Worte. Worte an Euch, daß ich nie wiederkomme nach Hause, denn es ist mir etwas Schweres geschehen. Aber ich bitte doch Gott, den Allmächtigen, darum, daß er mir hilft in der letzten Weile, daß ich zur Beichte gehen kann und zur Heiligen Kommunion. Aber wenn ich weiterleben werde, dann schreibe ich Euch schnell einen Brief, liebe Eltern, damit Ihr um mich keinen Kummer habt. Ich werde noch ein Verfahren haben. Und was mir der Richter zuteilt, ob ich <u>lange sitzen</u> werde im Gefängnis oder ob es sein wird der <u>Tod</u>, das weiß ich noch nicht. Noch einmal bitte ich Euch, daß Ihr Euch keinen Kummer um mich macht, denn der Brief ist vor dem Verfahren abgegeben. Wenn ich nicht länger leben sollte, dann bitte ich nur um eine <u>Heilige Messe</u>. Ich verabschiede mich von Euch, liebe Eltern, in der letzten Weile, damit Ihr solltet möglichst lange leben. Und bittet <u>Gott</u>, dann hilft er Euch, gesund zu bleiben. Die letzten Worte schreibe ich mit Heiliger Hand.
   <u>Gute Nacht, liebe Mamma, Papa, Bruder und Schwesterchen.</u>

Der zweite erhaltengebliebene Brief ist am Tage nach dem Urteil geschrieben. Eine Zeichnung: ein Pferdekopf mit Zügel und geflochtenem Zaumzeug. Und darunter nur (auf polnisch):

Bremen, den 9. VII. 1942 Bremen
Liebe, Mami.
und
Lieber, Papi.
Bruder, und, Schwesterchen.
Letzte Worte.
Walerjan Wróbel

Beide Briefe sind wahrscheinlich von dem Pfarrer aus dem Gefängnis geschmuggelt worden. Sie tragen keine Kontrollvermerke.

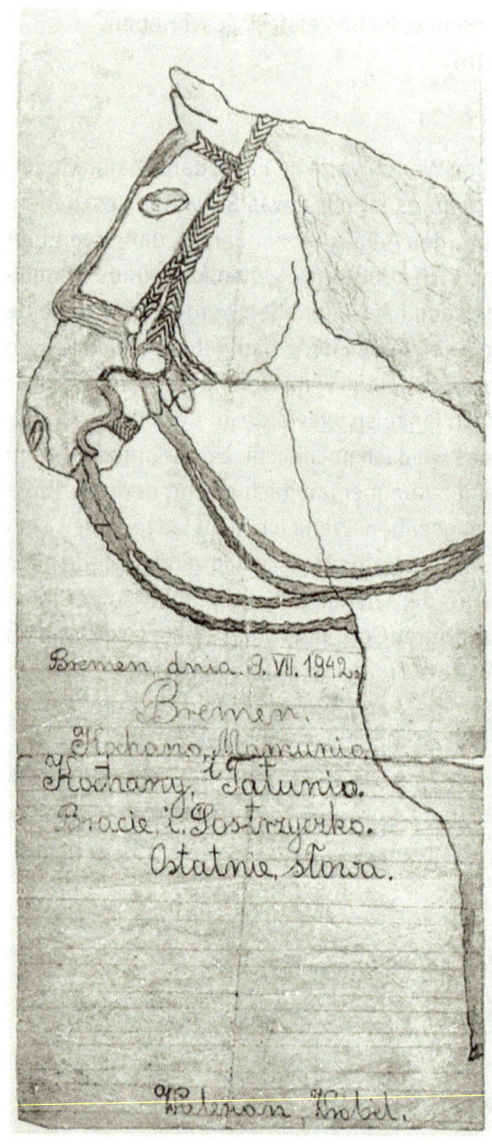

Walerjan schrieb diesen Abschiedsbrief am Tag nach dem Urteil.

Walerjan hatte sicher nicht geahnt, daß noch mehr als 50 Jahre nach seinem Tode Menschen beim Lesen seiner Briefe weinen würden. Sowohl in Polen als auch in Deutschland und in Italien (wo eine Übersetzung des Buches von Schminck-Gustavus erschienen ist). Wir nehmen an dem Schicksal dieses jungen Menschen Anteil, weil sich einer die Mühe machte, den Spuren seines Lebens und Sterbens nachzugehen und sie zu dokumentieren. Und weil Akten gefunden worden waren, in denen über die Geschichte seiner Tötung penibel Buch geführt ist.

Aber wie viele von staatlich beauftragten Mördern, Soldaten, Juristen und Polizisten – was mitunter alles ein und dasselbe ist – verkürzte Menschenleben hat es gegeben, von denen niemand mehr etwas weiß, viele, um die nie jemand geweint hat, weil ganze Familien und Dörfer ausgerottet worden waren, ohne daß über die Toten Akten angelegt worden waren. Da gibt es eine durch die Massenhaftigkeit des Unrechts bedingte Unfähigkeit zu trauern.

Alfreda Woźniak und Michal Piotrowski sind, so hoffe ich, mit dem Bewußtsein nach Polen zurückgekehrt, daß es heute in Deutschland Menschen gibt, die mit Trauer, Zorn und Veränderungswillen reagieren auf das, was in der Zeit kollektiver Rechtsblindheit gerade auch von deutschen Juristen an Unrecht getan wurde. Und so sehr wir, die wir sie als Gäste in Bremen begrüßen und ihnen unsere Freundschaft zeigen durften, uns darüber gefreut hatten, daß wir ihnen die juristische Rehabilitierung ihres Walerjan mitteilen konnten, so sehr haben wir uns geschämt, ihnen sagen zu müssen, daß die reiche Bundesrepublik Deutschland, die Geld für neue Kampfflugzeuge und andere militärische Mordwerkzeuge verpulvert, kein Geld für die Entschädigung der im Krieg nach Deutschland verpflichteten Zwangsarbeiter und die Opfer der nazistischen Blutjustiz hat. Während die Richter und Staatsanwälte des Hitler-Reichs fast ausnahmslos in der Justiz der Bundesrepublik weiter judizieren und ihre trotz »Staatsnähe« ungekürzten Gehälter und Pensionen verzehren durften – die Rente der Witwe Freisler ist bekanntlich sogar aufgebessert worden, weil nicht ganz unrealistisch unterstellt wurde, daß ihr Mann, wenn er nicht kurz vor Kriegsende bei einem Bombenangriff umgekommen wäre, in der Bundesrepublik Karriere gemacht hätte –, hat die Familie des hingerichteten jungen Polen keinen Pfennig Entschädigung erhalten. Die Todesurteile des Terrorstaats blieben auch für seinen Rechtsnachfolger die billigste Form gesetzlichen Unrechts.

16. Die NS-»Euthanasie« und die unschuldigen Juristen. Der Fall Dr. Kramer gegen Dr. Jung (1989)

Dr. Helmut Kramer, Richter am Oberlandesgericht Braunschweig, hat sich mit seinen kritischen Veröffentlichungen zur Nazijustiz und zu den Nachkriegskarrieren von Nazijuristen bei seinen Berufskollegen wenig Freunde gemacht. Am folgenreichsten war sein in der Zeitschrift *Kritische Justiz* (1984, S. 25) veröffentlichter Artikel »Oberlandesgerichtspräsidenten und Generalstaatsanwälte als Gehilfen der NS-›Euthanasie‹«, durch den ein Herr Dr. Ernst Friedrich Franz Jung, Botschafter der Bundesrepublik Deutschland in Budapest, die Ehre seines Vaters, Dr. Friedrich Walter Jung, verletzt sah, der von 1933 bis 1943 Generalstaatsanwalt beim Kammergericht in Berlin und danach bis 1945 Oberlandesgerichtspräsident in Breslau gewesen war. Der hessische Generalstaatsanwalt Dr. Fritz Bauer hatte 1965 ein Ermittlungsverfahren wegen Beihilfe zum Mord gegen führende Juristen des Nazistaats – darunter Dr. Jung senior – eingeleitet, das nach Bauers Tod eine stillschweigende, von Kramer kritisch beleuchtete Erledigung gefunden hatte. Und nun sorgte der Konflikt zwischen Dr. Jung junior und dem von mir anwaltlich als Nebenkläger vertretenen Richter Dr. Helmut Kramer dafür, daß sich bundesdeutsche Richter noch einmal mit dem angepaßten Verhalten ihrer Kollegen im Unrechtsstaat befassen mußten. Es ging um folgendes:

Am 23. und 24. April 1941 fand in Berlin im »Haus der Flieger«, dem ehemaligen preußischen Landtagsgebäude, eine Konferenz statt, zu der das Reichsjustizministerium das gesamte Führungskorps der Justiz geladen hatte. Zu den ungefähr 90 bis 100 Teilnehmern gehörten alle 34 Oberlandesgerichtspräsidenten des Großdeutschen Reiches, die 34 Generalstaatsanwälte (oder ihre Vertreter im Amt), außerdem der damalige Staatssekretär und spätere Präsident des Volksgerichtshofs Dr. Roland Freisler, der Präsident des Reichsgerichts Dr. Erwin Bumke, der Präsident des Volksgerichtshofs Dr. Otto Thierack, die beiden Oberreichsanwälte (beim Reichsgericht und beim Volksgerichtshof) und zahlreiche Beamte des Reichsjustizministeriums.

Gehorsame Juristen im Nazistaat.
Nach dieser Feierstunde im Berliner Kriminalgericht am 1. Oktober 1936 mußten die Richter an ihren Roben das NS-Hoheitszeichen tragen.

Diesem erlauchten Publikum trugen der Staatssekretär Dr. Franz Schlegelberger und zwei von diesem eingeführte Referenten, der »Oberdienstleiter« Viktor Brack und der Psychiater Professor Dr. Werner Heyde vor, daß der Führer Adolf Hitler beschlossen habe, »lebensunwertes Leben« zu vernichten, und weihten sie in das bereits seit Januar 1940 laufende Programm zur massenhaften Tötung von geistig behinderten Menschen ein, die in bestimmten Anstalten durch Gas oder Giftinjektionen umgebracht wurden. Die Justiz war zunächst nicht informiert worden, so daß es zu Irritationen gekommen war – Vormundschaftsrichter erkundigten sich nach dem Verbleib geisteskranker Mündel, Richter und Staatsanwälte wurden mit Strafanzeigen der Angehörigen ermordeter Geisteskranker konfrontiert und wußten nicht, wie sie damit umgehen sollten, usw. Diesem Mißstand sollte die Einberufung der Justizprominenz abhelfen. Die Herrschaften wurden angewiesen, alle Eingaben und Strafanzeigen unbearbeitet dem Reichsjustizministerium vorzulegen.

In Kramers Aufsatz hieß es:

Widerspruchslos hörten sich die Konferenzteilnehmer die Ausführungen an. Keiner äußerte grundsätzliche Kritik, wenige stellten Fragen. Die meisten blieben stumm, auch als Schlegelberger anschließend erklärte, nachdem »ein rechtlich geltender Erlaß des Führers für diese Maßnahmen vorliege, könnte Bedenken gegen die Durchführung der Euthanasie nicht mehr gegeben sein«. Nur ein Teilnehmer machte Ausführungen zu der Notwendigkeit einer gesetzlichen Regelung. Schweigend nahmen die Teilnehmer auch das abschließende Ansinnen hin, die »Aktion T 4« (so die Tarnbezeichnung; H. H.) vor jedweder Störung durch Richter oder Staatsanwälte abzublocken ... Strafanzeigen gegen an der Mordaktion Beteiligte, hilfesuchende Eingaben von Todeskandidaten oder ihrer Angehörigen, überhaupt alles, was die reibungslose Durchführung des geplanten Massenmords hätte behindern können, sollte unter den Teppich gekehrt werden ...

Kramer berichtete weiter über den von Fritz Bauer am 22. 4. 1965 beim Untersuchungsrichter des Landgerichts Limburg gestellten Antrag auf Voruntersuchung – ein damals in Schwurgerichtssachen obligatorisches Vorverfahren. Der Antrag richtete sich gegen insgesamt 20 noch lebende Teilnehmer der Juristenversammlung vom April 1941 und beschuldigte sie, durch ihr Schweigen Beihilfe zum Mord geleistet zu haben. Die in Berlin versammelten Juristen konnten sich, da es für den Anstaltsmord kein Gesetz gab, nicht darauf berufen, sie hätten die Gesetze des Unrechtsstaats für bindend gehalten und deshalb keine Rechtsbeugung begangen. Mit dieser Zauberformel, dem sogenannten »Richterprivileg«, sind die furchtbaren Juristen des NS-Staats von ihren bundesdeutschen Kollegen freigesprochen worden; und zwar bis hinauf zu den Blutjuristen des Freislerschen Volksgerichtshofs. Die im Haus der Flieger versammelten Juristen aber wurden, wenn sie zu dem ihnen eröffneten Mordprogramm schwiegen und dessen Durchführung ermöglichten, nicht in richterlicher Funktion, sondern als Verwaltungsjuristen tätig. Und dafür gab es kein »Richterprivileg«. Um sie einer Bestrafung als Mordgehilfen zu entziehen, mußten neue Gründe erfunden werden.

Das von Fritz Bauer initiierte Verfahren begann, wie es bei Kramer heißt, mit einem Sabotageversuch des Limburger Untersuchungsrichters, der erst von der Strafkammer angewiesen werden mußte, die Voruntersuchung zu eröffnen. Inzwischen waren 21 Monate seit dem Eingang der Anschuldigungsschrift vergangen und weitere Angeschuldigte verstorben oder verhandlungsunfähig geworden. Die restlichen elf Angeschuldigten wurden vernommen und bestätigten den Sachverhalt. Dennoch kam es nicht zu einer Anklageerhebung, da Fritz Bauer am 30. Juni 1968 unerwartet verstarb. Kramer:

Alsbald nach seinem Tod müssen Überlegungen eingesetzt haben, wie man das Verfahren sang- und klanglos zu Ende bringen könne. Nach Verstreichenlassen einer Schonfrist unter Durchführung »ergänzender Ermittlungen« beantragte der Generalstaatsanwalt jedenfalls unter dem 31. März 1970 die Außerverfolgungsetzung der Angeschuldigten. Am Ende eines Verfahrens, das – ohne Beiakten und Nebenakten – vierzehn Bände umfaßte, stand ein aus 9 Zeilen bestehender Beschluß, mit dem das Landgericht Limburg unter schlichter Bezugnahme auf den Antrag der Staatsanwaltschaft und somit ohne ersichtliches eigenes Durchdenken der Sach- und Rechtslage die Angeklagten außer Verfolgung setzte.

In Fritz Bauers Antragsschrift vom 22. 4. 1965 war das Schweigen der höchsten Juristen des NS-Staates zu dem ihnen eröffneten Mordprogramm als Beihilfe durch Unterlassen klar definiert worden:

Gemessen an den Anforderungen, die in den Strafverfahren der Nachkriegszeit an kleinste Gehilfen nationalsozialistischen Unrechts gestellt wurden, war von den versammelten Spitzen der deutschen Justiz zu erwarten, daß sie widersprachen, notfalls sogar erklärten, ihr Amt zur Verfügung zu stellen, um zu verhindern, daß sie durch ihr Stillschweigen zu Gehilfen tausendfachen Mordes wurden. Ihre Schuld wird darin erblickt, daß sie sich gleichwohl zu schweigenden und tätigen Mitwissern haben machen lassen.

Demgegenüber ließ Bauers Amtsnachfolger die erbärmlichsten Entschuldigungsgründe der hohen Juristen gelten, denen die »bestürzende Neuheit« der Mitteilungen die Sprache verschlagen hätte und jeder Widerspruch »sinn- und zwecklos« erschienen sei. Kramer erinnerte daran, daß es Richter der sogenannten Eingangsstufe gegeben hatte, die durchaus widersprochen hatten:

So untersagte der Brandenburger Amtsrichter Dr. Lothar Kreißig schon im Sommer 1940 in drastischen Aktionen sämtlichen sieben ihm zugeordneten Heilanstalten die Verlegung von Geisteskranken ohne seine Zustimmung. Dabei blieb er auch, als er zu dem damaligen Staatssekretär Freisler und Reichsjustizminister Gürtner zitiert wurde, und erstattete sogar Mordanzeige gegen die Verantwortlichen der »Aktion T 4«. Ihm geschah deswegen nicht mehr, als daß ihm (im Zusammenhang mit anderen oppositionellen Äußerungen) nahegelegt wurde, seine vorzeitige Pensionierung zu beantragen.

Die Führungselite der deutschen Justiz jedoch schwieg und gab damit den Weg frei zur Ermordung einer nicht mehr genau feststellbaren Zahl – die Schätzungen gehen bis zu 250.000 – geistig behinderter Menschen. Kramer:

Mit der widerspruchslosen Entgegennahme der Stillhalte-Weisung war die Beihilfe zum Anstaltsmord geleistet. Jeder einzelne Teilnehmer hatte durch sein Schweigen die Vorgesetzten im Ministerium zu der Überzeugung gebracht, die Justiz im Lande werde sich zu der »Aktion T 4« konform verhalten ... Insgeheime Vorbehalte oder – wie dies Dr. Jung für sich behauptet hat – nachträgliche vertrauliche Verwahrungen einzelner Teilnehmer konnten daran und an der im Reichsjustizministerium entstandenen Gewißheit nichts ändern, daß seitens der Gerichte und Staatsanwaltschaften insgesamt nun keine Schwierigkeiten mehr zu erwarten waren.

Das wollte der bundesdeutsche Diplomat Dr. Ernst Friedrich Franz Jung (Jahrgang 1922) auf seinem Vater Dr. Friedrich Walter Jung (1890-1978), der als Generalstaatsanwalt beim Kammergericht an der Tagung teilgenommen hatte, nicht sitzen lassen und versandte ein Rundschreiben an »Personen und Institutionen meiner Wahl«, in dem er Kramer bewußte Verfälschung der Wahrheit durch absichtliche Falschbehauptungen und wissentliche Tatsachenunterdrückung vorwarf. Darüber hinaus beantragte er bei dem Präsidenten des OLG Braunschweig, dem Dienstvorgesetzten des Richters Dr. Kramer, gegen diesen ein Disziplinarverfahren einzuleiten. Kramer habe durch Schmähung eines bedeutenden Juristen der NS-Zeit seine Pflicht zur Mäßigung und Zurückhaltung nach § 39 Deutsches Richtergesetz verletzt und sich als Richter unwürdig verhalten.

Zu den Tatsachenunterdrückungen zählte Jung jun. z. B. die von Kramer nicht näher ausgeführte Einlassung seines Vaters, er habe bei der Juristenkonferenz vom April 1941 sich einem neben ihm sitzenden Berufskollegen zugewandt und diesem zugeflüstert: »Jetzt möchte ich den sehen, der vor Scham nicht rot wird.« Eine Tatsache, die *Der Spiegel* (9. 11. 1987) als »geflüsterten Widerstand« und Helmut Kramer selbst später als »innere Schamröte« ironisierte. Auch sei sein Vater einige Tage danach bei Staatssekretär Dr. Schlegelberger vorstellig geworden und habe erklärt, er könne die erteilte Weisung nicht durchführen. Eine Behauptung, für die es keinen Beweis gibt. Weitere Verfälschungen der Wahrheit sah Jung jun. darin, daß sein Vater nicht als Oberlandesgerichtspräsident (das wurde er erst 1943), sondern als Generalstaatsanwalt an der Versammlung der schweigenden Juristen teilgenommen habe. Was die Sache nicht besser machte. Auch habe sein Vater keine Uniform angehabt. Was sicher nicht stimmt, da Uniform, die es im Nazistaat auch für Generalstaatsanwälte und Oberlandesgerichtspräsidenten gab, in der Einladung ausdrücklich vorgeschrieben war. Und auch in Zivil hätte er es nicht an Zivilcourage fehlen lassen dürfen.

Die bundesdeutsche Justiz hatte alles getan, um das schon von den Nazis zur »Geheimen Reichssache« erklärte Mordkomplott der führenden NS-Juristen auch weiterhin als Geheimnis zu hüten. Helmut Kramer war Akteneinsicht zunächst ganz verweigert, dann auf Beschwerde mit unzulässigen Beschränkungen erteilt worden (er dürfe keine Namen nennen, der Persönlichkeitsschutz habe Vorrang vor dem öffentlichen Informationsinteresse). Die mit der Sache ebenfalls befaßte Stuttgarter Staatsanwaltschaft hatte die Akte zur geheimen Verschlußsache erklärt, weil die Kenntnisnahme durch Unbefugte für das Ansehen der Bundesrepublik schädlich sein könne. *Der Spiegel* vom 9. 11. 1987:

Der Stuttgarter Geheimstempel, der die NS-Kollegen vor der Öffentlichkeit abschirmte, offenbart die Neigung der Nachkriegsjustiz, immer wieder ihre dunkle Vergangenheit zu vertuschen.

Auch Helmut Kramers Aufsatz in der nur von ein paar tausend kritischen Juristen gelesenen Fachzeitschrift hätte kein großes öffentliches Aufsehen erregt, wenn nicht der Botschafter Dr. Jung sich berufen gefühlt hätte, die Ehre seines Vaters mit ehrenrührigen Angriffen gegen Kramer zu verteidigen. Denn nunmehr zwang eine von Kramer gegen Jung erstattete Strafanzeige wegen Beleidigung, übler Nachrede und falscher Verdächtigung (§§ 185, 186, 164 StGB) die Justiz, sich noch einmal mit dem lästigen Thema zu beschäftigen. Sie tat es mit geringem Eifer.

Daß die Staatsanwaltschaft in Bonn tatsächlich Anklage gegen den Botschafter Dr. Ernst Friedrich Franz Jung erhob, war noch das Rühmlichste, was die Bonner Justiz zur Aufklärung einer unrühmlichen Justizvergangenheit beigetragen hatte. Was dann folgte, war bundesdeutscher Justizdurchschnitt. Als erstes verschwanden die Akten – 15 Aktenordner mit den auf Fritz Bauers Initiative in jahrelanger Arbeit zusammengetragenen Ermittlungsergebnissen gegen die führenden NS-Juristen –, sie verschwanden spurlos auf dem rund 100 Meter langen Weg vom Gebäude der Bonner Staatsanwaltschaft zum Gebäude des Amtsgerichts. Dann sprach das Amtsgericht – ein Berufsrichter und zwei Schöffinnen – den Botschafter Jung mit Urteil vom 1.2.1989 frei. Es hielt dem Volljuristen Dr. Ernst Friedrich Franz Jung zugute, bei seinen gegen Kramer erhobenen Beschuldigungen nicht »wider besseres Wissen« und in einem »nicht vermeidbaren Verbotsirrtum« – also ohne zu wissen, daß er Unrecht tat – gehandelt zu haben, denn es habe ja in Kramers Aufsatz einige Unrichtigkeiten gegeben, und Jung habe vor Absendung seiner Schreiben ein Rechtsgutachten eines Hamburger Rechtsanwalts eingeholt, der sie gebilligt habe. Ein Urteil, das sich um die bisher versäumte Aufarbeitung einer verbrecherischen Justizvergangenheit herumdrückte und deshalb ohne Kenntnis der verschwundenen Ermittlungsakten auskam.

Aber das war noch nicht der Tiefstpunkt des Verfahrens. Kramers Berufung gegen das Urteil des Amtsgerichts kam zu einer Strafkammer des Landgerichts Bonn, deren Berufsrichter offensichtlich bestrebt waren, eine öffentliche Hauptverhandlung ganz zu vermeiden. Durch Beschluß vom 27.11.1989 stellten sie das Verfahren »wegen Geringfügigkeit« ein. Schöffen brauchten sie dazu nicht zu befragen, weil die Berufsrichter Beschlüsse außerhalb der Hauptverhandlung ohne Schöffen fassen können. Aber sie hätten mindestens die Zustimmung der Staatsanwaltschaft einholen müssen, und das hatten sie in der Eile versäumt. Und so hob das OLG Köln auf Beschwerde der Staatsanwaltschaft den Einstellungsbeschluß der Strafkammer auf.

Auch in der nunmehr notwendig gewordenen öffentlichen Hauptverhandlung wurde eine Befassung mit dem zugrundeliegenden Mordkomplott von 1941 tunlichst vermieden. Der Vorsitzende steuerte, wie es die Redakteurin des *Kölner Stadt-Anzeiger* (12. 9. 1990), Marianne Quoirin, formulierte, »beharrlich auf einen Kompromiß hin«. Und der bestand darin, daß »am Ende eines mit Feindseligkeiten gespickten Prozeßtages« (Helmut Kerscher in *Süddeutsche Zeitung* v. 13. 9. 1990) Jung und Kramer wechselseitige Erklärungen abgaben, die eine Einstellung des Verfahrens ermöglichten. Eine Verfahrenserledigung, die es gestattete, die inzwischen wieder aufgetauchten Akten – sie wurden im Frankfurter Landgericht in einem Umzugskarton ohne Absender und ohne Anschreiben gefunden – endgültig ins Archiv zu verbannen.

Immerhin hatte das sich über sechs Jahre hinziehende Verfahren einige öffentliche Aufmerksamkeit auf eines der finstersten Kapitel deutscher Justizgeschichte gelenkt, die die Traditionsträger der furchtbaren Juristen gern vermieden hätten. Auch der um die Ehrenrettung seines Vaters bemühte Diplomat Dr. Jung jun. wird nicht über alles erfreut gewesen sein, was bei Gelegenheit des von ihm provozierten Prozesses ans Tageslicht gekommen ist.

So erfuhr eine breitere Öffentlichkeit, daß der Berliner Generalstaatsanwalt Dr. Jung am 4. Juni 1937 an einer Besprechung im Reichsjustizministerium teilgenommen hatte, bei der es um die »verschärfte Vernehmung« von politischen Häftlingen ging. Aus dem Bericht des Düsseldorfer Oberstaatsanwalts (vgl. Ilse Staff, *Justiz im Dritten Reich*. Frankfurt/M. 1964, S. 118 ff.; *Spiegel* v. 9. 11. 1987; Ingrid Müller-Münch, *Frankfurter Rundschau* v. 6. 2. 1989 und andere Tageszeitungen):

Von Seiten der höchsten Staatsführung sind verschärfte Vernehmungen für erforderlich und unerläßlich anerkannt worden. In derartigen Fällen wäre es widersinnig, die ausführenden Beamten wegen Amtsverbrechens zu verfolgen ... Grundsätzlich sind bei »verschärften Vernehmungen« nur Stockhiebe auf das Gesäß, und zwar bis zu 25 Stück, zulässig. Die Zahl wird von der Gestapo vorher bestimmt ... Es soll ein »Einheitsstock« bestimmt werden, um jede Willkür auszuschalten ...

Geht eine Anzeige bei der Staatsanwaltschaft ein, wendet sich diese an die Stapo und läßt die Genehmigung (durch die Gestapo Berlin) nachweisen. Wird sie nachgewiesen, ist das Verfahren einzustellen. Nur formeller Bescheid: »Nach den Ermittlungen liegt eine strafbare Handlung nicht vor.«

Sozusagen eine Generalprobe für den Juristengehorsam von 1941. Eine weitere Probe bestand der Generalstaatsanwalt Dr. Jung, als in der sogenannten Reichskristallnacht am 9. November 1938 der von den Nazis aufgehetzte Mob jüdische Geschäfte zertrümmerte und plünderte, Synagogen in Brand steckte und Juden mißhandelte und tötete. Er war an diesem Abend mit seinem Sohn in der Tauentzienstraße in Berlin unterwegs und zeigte ihm die antisemitischen Gewaltakte, um ihn, wie Jung jun. vor dem Bonner Amtsgericht versicherte, »vor den Nazis abzuschrecken«. Was der Diplomat verschwieg: daß sein Vater, der als höchster Ankläger der Reichshauptstadt für die Verfolgung der Täter zuständig gewesen wäre, nur wenige Tage später an einer Konferenz teilnahm, bei der die Nazis ihre Elitejuristen darauf einschworen, alle im Zusammenhang mit den Pogromen in der Reichskristallnacht erstatteten Strafanzeigen im Papierkorb verschwinden zu lassen. Das paßte zu einer Haltung, die Jung sen. schon in einem Aufsatz aus dem Jahre 1935 bekannt hatte, wonach »die Staatsanwaltschaft ... zu einem Werkzeug in der Hand des Führers geworden« sei, »das ihm – bis in seine letzten Gliederungen hinein – in treuem, unbedingtem Gehorsam zur Verfügung steht«.

Die *Frankfurter Rundschau* veröffentlichte nach der ersten Hauptverhandlung in Sachen Kramer gegen Jung am 6. 2. 1989 einen ganzseitigen Artikel von Ingrid Müller-Münch, die den Ehrenrettungsversuch für Jung senior so kommentierte:

Da schälte sich dann, unter Wolfspelz und schwarzer Robe gut getarnt, nach zwei Tagen Verhandlung in Bonn ein Mann heraus, der ganz offenbar zu der Riege der furchtbaren Juristen jener Zeit gehört hat. Der jederzeit bereit war, seinen Mann dort zu stehen, wo man ihn fürs Vaterland brauchte, der die Stellung hielt auf Ehre und Gewissen und solange schwieg, bis dies zumindest im moralischen Sinne zur Beihilfe an Massentötungen wurde. Sein Verteidiger Konrad Anschütz charakterisierte ihn – wohl in dem Glauben, etwas Gutes über den Verstorbenen zu sagen – an einer Stelle seines Plädoyers als das, was er und seinesgleichen wirklich waren: als einen Juristen, der »unter jeder Staatsform ein hervorragendes Amt erlangt hätte«.

Ob der einstige Generalstaatsanwalt und Oberlandesgerichtspräsident Dr. Friedrich Walter Jung auch in der Justiz der Bundesrepublik Deutschland ein hervorragendes Amt erlangt hätte, konnte nicht mehr erprobt werden, weil er bei seiner Rückkehr aus Kriegsgefangenschaft schon das Pensionsalter erreicht hatte. Jedenfalls sahen die zuständigen Instanzen der Bundesrepublik Deutschland keine Hinderungsgründe, den furchtbaren Juristen bis zu seinem Lebensende mit der Pension eines Oberlandesgerichtspräsidenten zu alimentieren.

Auch Dr. Franz Schlegelberger, der einstige Staatssekretär und stellvertretende Justizminister Hitlers, der die Juristenkonferenz vom April 1941 geleitet hatte, brauchte in der Obhut bundesdeutscher Beamtenkollegen keine Not zu leiden. Die amerikanische Besatzungsmacht freilich hatte 1947, also noch in der antifaschistischen Phase der ersten Nachkriegszeit, gegen Schlegelberger und andere führende Juristen des Nazi-Reichs ein Militärgerichtsverfahren durchgeführt, in dem Schlegelberger wegen anderer Justizverbrechen – seine Rolle bei der NS-»Euthanasie« war damals wohl noch nicht bekannt – zu lebenslänglichem Zuchthaus verurteilt worden war. Aber schon 1950 wurde er wegen Haftunfähigkeit aus der Haft entlassen, und die Bundesrepublik Deutschland zahlte ihm für die Haftzeit eine Pensionsnachzahlung von 160.000 DM und sodann eine monatliche Pension von 2.894 DM, was damals etwa dem siebenfachen eines Facharbeiterlohns entsprach.

Nicht so gut wie den Juristen ging es den an der »Aktion T 4« beteiligten Medizinern. Ein amerikanisches Militärgericht verurteilte im August 1947 zwei der Hauptorganisatoren der Aktion, Karl Brandt und Viktor Brack, zum Tode, sie wurden hingerichtet. Auch vor deutschen Gerichten gab es in den Jahren 1946 bis 1949 Prozesse gegen medizinische Mittäter, die mit Todes- und Zuchthausstrafen endeten. Wer dieser justiziellen Vergangenheitsbewältigung der frühen Jahre entging, konnte jedoch auch als Mediziner durchaus Karrierechancen haben. Einem dieser Karrieremediziner mit Euthanasie-Vergangenheit, Prof. Dr. Hans-Joachim Rauch, war ich im Stammheimer Prozeß gegen Peter-Jürgen Boock begegnet (vgl. das Kapitel »Eine Verteidigung in Stammheim«). Einem anderen, Prof. Dr. Werner Heyde, der auf der Juristentagung im Haus der Flieger neben Viktor Brack als Referent aufgetreten war, war 1947 auf einem amerikanischen Gefangenentransport die Flucht vom fahrenden LKW gelungen. Er konnte untertauchen und dank hoher Protektion zwölf Jahre lang unbehelligt in Flensburg als Facharzt für Psychiatrie und vielbeschäftigter Gutachter bei Behörden und Gerichten wirken, obwohl seine Identität bei maßgeblichen Juristen bekannt war. Zu den Eingeweihten gehörten der Präsident des schleswig-holsteinischen Landessozialgerichts und ungefähr zwanzig weitere Richter, Staatsanwälte und Ministerialbeamte. Heyde-Sawade wurde erst 1959 amtlich identifiziert und verhaftet. Er endete durch Selbstmord. Sein Prozeß wäre interessant geworden, denn er hatte nach seiner Verhaftung als erster das Geheimnis der Konferenz im Haus der Flieger gelüftet und sich darauf berufen, daß die Juristen schließlich besser als die Mediziner hätten wissen müssen, was Recht und was Unrecht ist. Vielleicht erklärt sich daraus auch seine Kumpanei mit der schleswig-holsteinischen Justizprominenz. Die Herren wußten sicher nicht nur, wer sich hinter der Maske des Dr. Sawade verbarg, sondern auch, wer sonst noch mit ihm im Boot saß.

Nach der Enttarnung des Dr. Heyde-Sawade waren Disziplinarverfahren gegen die juristischen Mitwisser unvermeidlich. Aber die Kollegen gingen sanft mit den Kollegen um, die sich ihrer Verbundenheit mit den Kollegen von gestern bewußt geblieben waren. Die Verfahren endeten mit Freisprüchen, Einstellung, Verweis oder (in einem Fall) zehnprozentiger Gehaltskürzung. Das war in den sechziger Jahren. In den achtziger und neunziger Jahren wäre wahrscheinlich nicht einmal das passiert. Inzwischen kann man – wie der Fall Prof. Dr. Hans-Joachim Rauch zeigt – wieder Gerichtsgutachter beschäftigen, die sich ihre Sporen bei der NS-»Euthanasie« verdient haben, und gegen einen Kritiker der am Mordkomplott beteiligten Juristen deren geflüsterten Widerstand ins Feld führen, ohne schamrot zu werden.

17. Die Richter-Blockade in Mutlangen (1987)

Daß Richter einen Verteidiger brauchen, kommt selten vor. Es muß sich schon um ein Delikt handeln, das nicht in den üblichen konservativen Konsens paßt. Aber auch das hat es gegeben.

Im Mai 1987 beauftragte mich der Hamburger Richter Dr. Michael Passauer mit seiner Verteidigung. Er hatte am 12. Januar 1987 zusammen mit neunzehn weiteren Richtern und Richterinnen bei klirrender Kälte (minus 22 Grad Celsius) die Zufahrt zum amerikanischen Raketendepot in Mutlangen blockiert. Die richterlichen Demonstranten hatten sich etwa zwei Stunden auf die Straße vor einem der Tore gesetzt und zwei Fahrzeuge vorübergehend an der Weiterfahrt gehindert. Auf Antrag der Staatsanwaltschaft hatte der Schwäbisch Gmünder Amtsrichter Mayerhöffer einen Strafbefehl über die bei diesem Gericht übliche Geldstrafe von 20 Tagessätzen wegen Nötigung erlassen. Der Tagessatz war auf 60 DM festgesetzt worden. Michael Passauer sollte also ebenso wie seine »Tatgenossen« 1.200 DM Strafe für seine Protestaktion zahlen. Das Juristendeutsch des Strafbefehls möchte ich den Lesern und Leserinnen nicht vorenthalten:

Die Staatsanwaltschaft beschuldigt Sie, gemeinschaftlich in mindestens 2 Fällen jeweils einen anderen rechtswidrig mit Gewalt zu einer Handlung und Unterlassung genötigt (zu haben), indem Sie am 12.1.1987 zwischen 9.12 Uhr und 11.00 Uhr in Mutlangen auf der Zufahrt zum US-Militärgelände in bewußtem und gewolltem Zusammenwirken mit 21 anderweitig verfolgten Personen durch Blockieren der Fahrbahn den Zeugen Plumlee und mindestens einen weiteren amerikanischen Soldaten, welche mit ihren Privatfahrzeugen aus dem Militärgelände herausfahren wollten, zum Anhalten zwangen und an der Weiterfahrt hinderten, weshalb Sie nach dreimaliger polizeilicher Aufforderung die Fahrbahn zu räumen gegen 11.00 Uhr von den Polizeibeamten Dalferth und Lindenlaub sitzend angetroffen wurden und weggetragen werden mußten, um den amerikanischen Soldaten mit ihren Fahrzeugen die Weiterfahrt zu ermöglichen.

Die Tat ist rechtswidrig, weil der verbotene gezielte Eingriff in die Grundrechte fahrbereiter und fahrwilliger Kraftfahrzeuglenker über nahezu 2 Stunden als Teilakt einer mehrjährigen Dauerblockade des Militärlagers mit empfindlicher Störung des Militärbetriebes, deren Beseitigung aufwendige Polizeieinsätze erforderte, zu dem Zweck, mehr Aufmerksamkeit für die Warnung vor den Gefahren der atomaren Rüstung zu erzielen, als verwerflich anzusehen ist.

Es kam, nachdem alle beschuldigten Richter gegen den Strafbefehl Einspruch eingelegt hatten, am 19. und 26. Oktober 1987 zur Hauptverhandlung beim Amtsgericht Schwäbisch Gmünd. Richter Mayerhöffer hinter dem Richtertisch, die Richter Plorin, Panzer und Dr. Passauer auf der Anklagebank. Als Verteidiger die Rechtsanwälte Maeffert, Thömen und ich.

Richter Mayerhöffer interessierte sich nicht sonderlich für die Motive, aus denen die angeklagten Richterkollegen vor dem amerikanischen Raketendepot demonstriert hatten. Aber er kam nicht umhin, sich noch einmal deren Erklärung anzuhören, mit der die Aktion gegenüber der Öffentlichkeit begründet worden war – die *Frankfurter Rundschau* hatte sie am 15.1.1987 unter der Überschrift »Die Menschheit als Geisel« im Wortlaut abgedruckt:

Wir sind Richterinnen und Richter und gehören der Initiative »Richter und Staatsanwälte für den Frieden« an. Wir haben gemahnt und gewarnt, durch unsere Mitarbeit in lokalen Friedensgruppen, durch Zeitungsanzeigen, Demonstrationen und Resolutionen, durch unsere Friedensforen in Bonn im Sommer 1983 und in Kassel im November 1985. Die Warnungen der Friedensbewegung sind, soweit sie überhaupt gehört wurden, verhallt. Heute ist unsere Sicherheit stärker gefährdet als je zuvor. In Reykjavik sind umfassende Abrüstungsvereinbarungen gescheitert. Es droht die Fortsetzung der weltweiten Atomwaffenversuche.

Deswegen blockieren wir heute in Mutlangen. Wir meinen, daß dies besser gehört wird als alle unsere Worte bisher.

Atomwaffen dienen weder der Gerechtigkeit noch dem Frieden. Sie haben die gesamte Menschheit als Geiseln genommen und bedrohen in Ost und West unmittelbar alle Menschen.

Blockade in Mutlangen. Auf die Minute genau 44 Jahre nach Beginn des Zweiten Weltkrieges hatte um 05.45 Uhr die dreitägige Blockade des US-Militärdepots in Mutlangen auf der Schwäbischen Alb begonnen. Mit von der Partie waren auch Nobelpreisträger Heinrich Böll (links oben) und die Bundestagsabgeordneten der Grünen Gert Bastian (links unten) und Petra Kelly (ganz rechts). Aufgenommen am 1. September 1983.

Die Anwendung dieser Massenvernichtungswaffen ist nicht nur denkbar, sondern hier und heute jederzeit möglich. Der Einsatz von Atomwaffen kann schon morgen durch eine weltpolitische Krise, die eingebildete oder echte Existenzbedrohung einer Weltmacht oder auch durch schlichte Fehlfunktion eines sowjetischen oder amerikanischen Computers ausgelöst werden. Es bedarf dann nur eines Knopfdrucks, um nicht nur Deutschland oder Europa, sondern die gesamte Erde in eine verstrahlte Wüste ohne menschliches Leben zu verwandeln.

Eine solche Gefahr für die gesamte Menschheit hat es in der Geschichte noch nie gegeben.

Wir sehen, daß die furchtbare Gefahr der Atomwaffen von den meisten Menschen verharmlost oder verdrängt wird entweder, weil das Ausmaß der Bedrohung falsch eingeschätzt wird, oder weil wir Menschen die Vernichtungskraft der bereitgestellten Waffen in unserem alltäglichen Vorstellungsvermögen nicht ertragen können.

Wir sind der Überzeugung, daß Atomwaffen keinen Platz in der menschlichen Zivilisation haben dürfen. Deshalb wollen wir dabei mitwirken, die Massenvernichtungswaffen zu beseitigen.

Es folgten sodann Ausführungen zur Rechtswidrigkeit nicht nur des Einsatzes, sondern schon der Stationierung von Pershing-II, Cruise Missiles und vergleichbaren Waffen. Sie verstoße gegen unsere Verfassung und sei völkerrechtswidrig. (Eine Rechtsauffassung, die inzwischen vom Internationalen Gerichtshof in Den Haag bestätigt worden ist. In seiner Entscheidung vom 8. Juli 1996 hat der Internationale Gerichtshof festgestellt, daß die Androhung und der Einsatz von Atomwaffen gegen das Völkerrecht verstößt. Was aber die Rüstungskonzerne, das Militär und die Regierung der westlichen Führungsmacht USA nicht hindert, weiterhin Atomwaffen zu produzieren und ihre verantwortungslosen Planungen sogar auf den Weltraum auszudehnen.)

Weiter hieß es in der Erklärung der Richter und Richterinnen, daß die Raketenstationierung auch eine Preisgabe der Souveränität unseres Staates bedeute, weil die Entscheidung über den Einsatz der auf unserem Boden stationierten Massenvernichtungswaffen allein dem Präsidenten der USA anvertraut sei.

Und schließlich sagten die Richter und Richterinnen, was sie von der Kriminalisierung ihrer Demonstration hielten:

Wenn das friedliche Sitzen vor dem Militärstützpunkt in Mutlangen Gewalt sein soll, weil z. B. ein amerikanischer Soldat einige Minuten mit seinem Lkw warten muß, was ist dann die Aufstellung einer Pershing-II-Rakete mit der mehrfachen Vernichtungskraft der Bombe von Hiroshima?

Wir nehmen das Risiko in Kauf, daß diese Aktion zu Unrecht als Straftat gewertet wird. Wir sind betroffen als Bürger und als Mütter und Väter, die sich um die Zukunft ihrer Kinder, für die wir verantwortlich sind, sorgen. In dieser existenzbedrohenden Situation können wir uns von unserem Handeln auch nicht dadurch abhalten lassen, daß die Stationierung der Atomwaffen durch eine demokratisch gewählte Regierung gebilligt worden ist.

Durch die heutige Sitzblockade – unseren zivilen Ungehorsam – wollen wir deutlich machen, daß wir als Richter, denen vom Grundgesetz besondere Verantwortung für den Schutz von Verfassung und Völkerrecht übertragen worden ist, uns dem menschenverachtenden Wahnsinn der Atomrüstung widersetzen müssen. Darüber hinaus ist unsere Blockade auch ein Akt der Solidarität mit Hunderten von Mitbürgern, die eben wegen einer solchen Blockade von Staatsanwälten angeklagt und von Richtern verurteilt worden sind.

Solidarität auch mit den Menschen in Ost und West, die wegen ihres Eintretens für Frieden und Abrüstung mit härtesten Strafen belegt wurden.

Ihnen allen gilt unsere Verbundenheit. Und mit ihnen sagen wir so laut, wie wir es können: NEIN!

Einer der angeklagten Richter beschrieb später in einer Publikation die Ereignisse am »Tatort« so:

Nachdem wir am Morgen mit dem Bus von Stuttgart aus in Mutlangen eingetroffen und zu der Wegkreuzung vor dem Raketendepot gegangen waren, setzten wir uns so auf die Kreuzung, daß wir den innerörtlichen Verkehr nicht behinderten, jedoch die Zufahrten zu den beiden Toren der Militärbasis versperren konnten. Die Fahrer der ankommenden Armeefahrzeuge schienen nicht sonderlich überrascht zu sein. Sie hielten ihre Fahrzeuge vor der Sperre an, holten Zeitungen heraus und begannen zu lesen. Es war sehr kalt. Ein Journalist maß minus 22 Grad Celsius. Da es völlig windstill war, war die Kälte jedoch zu ertragen.

Zunächst passierte eine Zeitlang nichts. Aus Richtung Mutlangen kam ein Polizeifahrzeug. Ein Beamter stieg aus, schaute sich das Geschehen an und fuhr wieder ab. Einige Zeit später wurden plötzlich die wartenden Armeefahrzeuge abgezogen, und es rollte eine Kolonne von zwölf bis fünfzehn Polizei-Pkw an, die vor unserer Sperre stoppte. Aus dem ersten Fahrzeug verkündete uns ein Polizeibeamter über Lautsprecher die Verfügung des Landrats: Unsere Veranstaltung sei verboten worden, und wir sollten die Kreuzung räumen, andernfalls unmittelbarer Zwang angeordnet werde, wir die Kosten des Polizeieinsatzes tragen und mit einer Anzeige wegen Nötigung rechnen müßten.

Als wir nach der dreimaligen Aufforderung sitzenblieben, kamen zahlreiche Polizeibeamte, die uns einen nach dem anderen rechts und links unterfaßten und hochhoben. Jeweils begleitet von zwei Polizeibeamten wurden wir einzeln zu abseits stehenden Mannschaftswagen gebracht und dort mit unseren Begleitern fotografiert. Uns wurde nicht gesagt, daß wir festgenommen seien. In mehreren Polizeifahrzeugen wurden wir nach Schwäbisch Gmünd befördert. Dort wurden bei jedem einzelnen die Personalien aufgenommen.

Die angeklagten Richter und ihre Verteidiger wußten aus der bisherigen Verurteilungspraxis des Amtsgerichts Schwäbisch Gmünd, was sie von Richter Mayerhöffer zu erwarten hatten. Es hing wieder einmal einzig und allein vom politischen Bewußtsein des Richters ab, ob für ihn das Recht auf seiten derer war, die den atomaren Massenmord vorbereiten, oder auf seiten derer, die diesem völkerrechtswidrigen Wahnsinn Widerstand entgegensetzen. Die öffentlichen Erklärungen zu der von Herrn Mayerhöffer zu beurteilenden Richter-Demo hatten schon einen lehrreichen Querschnitt durch die Gesinnungslage der Nation gegeben. Ein paar Beispiele:

Otto Graf Lambsdorff forderte, die Richter müßten »aus dem Dienst entfernt werden«. Mit einem Disziplinarverfahren und einem Verweis sei es nicht getan. Mit ihrer Sitzblockade hätten sie einen »Vertrauensverlust der Bevölkerung« in die Justiz provoziert. (*Berliner Morgenpost*, 17. 1. 1987)

Martin Hirsch, früherer Richter am Bundesverfassungsgericht, sagte, diese Protestaktion sei »eine Art Wiedergutmachung« für das, was deutsche Richter im Dritten Reich getan hätten. Er würde am liebsten jeden von den 20 zum Dank umarmen. (*Frankfurter Rundschau*, 19.1.1987)

Bundesjustizminister Hans Engelhard (FDP) erklärte, es sei nicht hinnehmbar, daß Richter unter Inanspruchnahme ihrer besonderen Rechtskenntnis und der Autorität ihres Amtes die Bürger durch Sitzblockadeaktionen rechtlich in die Irre führen und ein denkbar schlechtes Beispiel geben. (*Frankfurter Rundschau*, 14.1.1987)

Aus dem konservativen Lager war noch so mancher pflichtgemäße und gesinnungsstarke Aufschrei der Empörung über den richterlichen Ungehorsam zu hören. So vom niedersächsischen Justizminister Walter Remmers (CDU), von der bayerischen Staatsministerin der Justiz, Mathilde Berghofer-Weichner (CSU) und vom baden-württembergischen Justizminister Heinz Eyrich (CDU). Auch die Bundesregierung ließ durch Regierungssprecher Friedhelm Ost wissen, daß sie in dem Verhalten der Richter einen Rechtsbruch und ein schlechtes Beispiel für die rechtstreue Bevölkerung sehe. Von sozialdemokratischer Seite waren einige mehr oder weniger pflaumenweiche Widersprüche zu den Anwürfen der CDU/CSU/FDP-Riege gekommen, die sich über das Argument Meinungsfreiheit auch für Richter kaum hinausgewagt hatten. Deutlicher waren manche Einsendungen in den Leserbriefspalten der Zeitungen, die das kontroverse Meinungsbild in der Bevölkerung sehr viel drastischer widerspiegelten.

Eine Repräsentativumfrage des Emnid-Instituts, über die vom Ersten Deutschen Fernsehen (ARD) am 1.3.1987 berichtet wurde, ergab, daß 64 % der Bürger der Bundesrepublik der Meinung waren, daß Richter wie jeder andere Bürger das Recht haben sollten, in der Art zu demonstrieren, wie es in Mutlangen geschehen war. Aus der Umfrage ergab sich weiter, daß auch von den verbleibenden 36 % Bürgern weitaus die meisten in einem solchen Verhalten zwar einen Regelverstoß erblickten, das Verhalten aber nicht als verwerflich ansahen. Eine für die

Anwendbarkeit des Nötigungsparagraphen nicht unwichtige Feststellung, da die Rechtswidrigkeit der Tat – hier: der Blockade – nach § 240 Absatz 2 StGB davon abhängt, ob die Anwendung der »Gewalt« zu dem angestrebten Zweck als »verwerflich« anzusehen ist.

Aber unbeeindruckt von den in Bewegung geratenen Denkprozessen in der Öffentlichkeit hatte die Staatsanwaltschaft beim Amtsgericht Schwäbisch Gmünd ihre Strafbefehle beantragt und in Richter Mayerhöffer einen zuverlässigen Mitkämpfer. Eine Überraschung hatte es nur bei einem anderen Richter, dem Schwäbisch Gmünder Amtsrichter Wolfgang Krumhard gegeben, der in den vergangenen Jahren rund hundert Anhänger der Friedensbewegung wegen Sitzblockaden verurteilt und bisher den »Ruf eines ganz harten Richters« genossen hatte (*SZ*, 17./18. 1. 1987). Krumhard verkündete drei Tage nach der Richter-Blockade seinen ersten Freispruch und lehnte fortan den Erlaß von Strafbefehlen ab. So auch den Antrag der Staatsanwaltschaft betreffend den Hamburger Richter Ernst Grothe, der zu den »Tatgenossen« meines Mandanten gehörte.

In seinem Beschluß vom 23. 3. 1987 hatte Richter Krumhard eine ausführliche Begründung für seinen Gesinnungswandel gegeben.

Zwar ging er davon aus, daß der Beschuldigte Gewalt im Sinne des Nötigungsparagraphen angewendet habe. Die Anwendung von Gewalt sei aber nach der neueren Rechtsprechung der Oberlandesgerichte Köln und Stuttgart nur dann verwerflich, wenn die Handlung »nach *allgemeinem* Urteil sittlich zu mißbilligen« sei. Das Gericht dürfe daher seiner Entscheidung nicht nur seine eigene rechtsethische Wertung zugrundelegen.

Die tatsächliche Entwicklung vor dem Raketendepot in Mutlangen, wie anderswo, ging jedoch zwischenzeitlich dahin, daß nicht nur einige hundert (für die Rechtsentwicklung möglicherweise vernachlässigbare), sondern tausende – in der Regel unbescholtene – Bürger mit weit überwiegend gewichtigen und ernsthaften Argumenten an derartigen Blockaden teilnehmen und wegen ihrer Tat vor Gericht gestellt werden *wollen*, um den Vorwurf verwerflichen Tuns zu entkräften; ein – soweit ersichtlich – einmaliger Vorgang der Rechtsgeschichte. In gleichem Maße von Bedeutung erscheint bei der Prüfung der Frage, ob derartige Aktionen »nach *allgemeinem* Urteil sittlich zu mißbilligen« sind, daß die Medien (Presse, Funk und Fernsehen) diesen Aktionen jedenfalls zu einem großen Teil mit Sympathie gegenüberstehen, während Verurteilungen der Blockadeteilnehmer wegen Nötigung keinesfalls nur in politisch extremen Publikationsorganen auf Kritik, zumindest aber Bedenken stoßen.

Auch eine Entscheidung des Bundesverfassungsgerichts vom 11.11.1986 hatte Richter Krumhard zu denken gegeben, die eine Verfassungsbeschwerde gegen die Verurteilung von Sitzblockaden nach dem Nötigungsparagraphen nur mit Stimmengleichheit abgelehnt hatte. Schon damals hatten vier Verfassungsrichter, die Hälfte des 1. Senats, die »Verwerflichkeit« von Sitzblockaden dieser Art verneint und eine Bestrafung wegen Nötigung für verfassungswidrig gehalten.

Richter Krumhard blieb mit seiner gewandelten Rechtsauffassung allein. Seine Kollegen vom Amtsgericht Schwäbisch Gmünd machten wie seit Jahren gehabt weiter. Sie hielten weiterhin ihre eigene Auffassung von der Verwerflichkeit der Sitzproteste vor dem Raketendepot für das *allgemeine* Urteil, obwohl so angesehene Zeitgenossen wie Heinrich Böll, Günter Grass, Inge und Walter Jens, Helmut Gollwitzer, Dorothee Sölle, Inge Aicher-Scholl, Klaus und Hanne Vack, Andreas Buro und Helga Einsele zu den Demonstranten vor den Toren des eingelagerten Massenmords gehört hatten. Und so wurden denn fortan auch die Sachen, die bisher in Krumhards Zuständigkeit fielen, von den anderen Richtern des Amtsgerichts erledigt.

Bei Richter Mayerhöffer brauchte der Staatsanwalt sich nicht sehr ins Zeug zu legen. Um so sorgfältiger hatten wir, die angeklagten Richter und ihre Verteidiger, uns vorbereitet. Die angeklagten Richter hatten ihre Sacheinlassung thematisch aufgeteilt. Reiner Plorin begründete noch einmal die politische Notwendigkeit der Demonstration und deren symbolischen Charakter. »Ich weiß, daß ich durch das Sitzen auf der Straße nichts anhalten kann, aber ich will die Menschen zum Nachdenken bewegen«. Michael Passauer erinnerte an den Widerstand im Dritten Reich und die Rolle der Justiz damals. »Ich habe mir vorgenommen, als Richter wachsam zu sein, ob staatliches Handeln übereinstimmt mit dem Völkerrecht, der Verfassung und den Grundrechten.« Ulf Panzer setzte sich mit völkerrechtlichen Fragen auseinander. »Es ist unbestritten in der Völkerrechtslehre, daß die Anwendung nuklearer Waffen ein Völkerrechtsverbrechen ist.«

Auch die Verteidiger ergänzten sich in ihren Ausführungen. Und wir schonten den Richter, der da über Berufskollegen zu Gericht saß, nicht. Aus meinem Plädoyer:

Daß Richter auf der Anklagebank sitzen, ist in diesem unserem Land noch nicht oft vorgekommen. Deutsche Richter haben sich stets durch getreuliche Anwendung des jeweils geltenden Gesetzes bedeckt gehalten, ohne viel nach der politischen Dimension dessen, was sie taten, zu fragen. Und das hat sie vor Strafe bewahrt, selbst wenn ihre richterliche Tätigkeit dem Schutz des Unrechts diente. Wir wissen heute, daß gerade auch Juristen an den furchtbaren Verbrechen der Hitler-Zeit maßgebend beteiligt waren. Auf einer Anklagebank hat kaum einer von ihnen gesessen.

Wenn nunmehr plötzlich Richter angeklagt und verurteilt werden, muß es sich um Kriminaltaten besonderer Art handeln. Um Taten nämlich, die nicht von dem konservativen Konsens umfaßt sind, der es hinnehmen konnte, daß Freisprüche von Nazi-Juristen damit begründet wurden, daß sie ja nur die Gesetze des Unrechtsstaats in dem damals nun einmal herrschenden Sinne getreulich angewendet hätten. Gesetze, die es nach Auffassung dieser Juristen rechtfertigten, Menschen zum Tode zu verurteilen, die Zweifel am Endsieg geäußert oder mit jüdischen Menschen »Rassenschande getrieben« hatten. Sie hätten sicher auch, wenn es das gegeben hätte, Menschen verurteilt, die das Tor des Massenvernichtungslagers Auschwitz blockiert hätten. Alles in Anwendung von Gesetzen, die eine Ordnung sichern sollten, von der wir heute wissen, daß es eine Ordnung des Unrechts war.

Mit einem Rückblick auf die Rechtsprechung des kaiserlichen Reichsgerichts problematisierte ich das im Nötigungsparagraphen vordergründig geschützte Rechtsgut der Willensfreiheit und fragte, ob es hier wirklich um die Willensfreiheit der amerikanischen Soldaten Plumlee und Rozul gehe, die als Zeugen geschildert hatten, daß sie ihre Fahrzeuge vor den Sitzdemonstranten zum Halten gebracht hätten, um nicht über den verschneiten Acker zu fahren. Oder ob es nicht vielmehr um die uneingestandene Bejahung dessen gehe, was diese Soldaten tun, wenn sie an der permanenten Einsatzbereitschaft der in Mutlangen stationierten Raketen mitwirken.

Was haben Richter geschützt, die vor knapp hundert Jahren streikende Arbeiter wegen Erpressung bestraften, weil sie ihren Arbeitgeber zu einer Lohnerhöhung genötigt hatten? War es wirklich nur die Willensfreiheit des Arbeitgebers, die ihnen am Herzen lag? Oder war es nicht vielmehr eine Parteinahme für einen Zustand, der von den Streikenden als Unrecht betrachtet wurde?

Was hätten Richter geschützt, die Widerstandskämpfer zum Tode verurteilt hätten, die sich – ein leider nur erfundener Fall – auf die ins Tor von Auschwitz führenden Schienen gesetzt hätten? Etwa nur die Willensfreiheit der die Todestransporte begleitenden SS-Männer?

Ich hoffe, daß gerade die Drastik des zuletzt gewählten Beispiels die Augen dafür öffnen kann, daß ein am Rechtsgüterschutz orientiertes Strafrecht dem Richter die Möglichkeit eröffnet, sich bei seinem Urteil auf scheinbar neutrale Strafzwecke zu berufen und doch eine politische Entscheidung zu treffen, die allenfalls ihm selbst undurchschaubar bleibt.

Und nach einer mit Urteilszitaten gespickten Untersuchung der Rechtslage kam ich zum Schluß:

In der Tat wäre es zu wünschen, daß der Widerstand gegen den in Mutlangen gespeicherten Massenmord zu einer Effektivität gesteigert werden könnte, die den Betrieb dieses völkerrechtswidrigen Unternehmens lahmlegen würde. Dann wäre endlich von der Willensfreiheit derer zu reden, die sich nicht im atomaren Holocaust verbrennen und vergiften lassen wollen. Aber solange Widerstand im Hinblick auf die Machtverhältnisse notwendig nur ein symbolischer

Akt sein kann, sollte ihm jedenfalls nicht das lächerliche Argument der Willensfreiheit einiger amerikanischer Soldaten entgegengehalten werden, denen logischerweise ein Recht zugesprochen werden muß, an der Vorbereitung des Völkermords mitzuwirken.

Und auch dies mußte sich Richter Mayerhöffer von mir anhören:

Ihnen ist in den beiden Tagen dieser Hauptverhandlung viel Rechtsgelehrsamkeit vorgetragen worden, deren Sie sich für die Begründung eines Freispruchs bedienen können, – wenn Sie wollen. Darauf, ob Sie freisprechen oder verurteilen *wollen*, wird es ankommen. Denn alle Rechtsgelehrsamkeit nützt nichts, wenn das politische Bewußtsein eines Richters Barrieren aufgebaut hat, die mit rationalen Argumenten nicht zu überwinden sind. Das, was Ihnen als politisch wünschenswert erscheint, werden Sie auch als juristisch richtig begründen können. Die Theologen sind da schon etwas weiter in der selbstkritischen Desillusionierung der Wortgebundenheit ihres Handwerks, jedenfalls wenn sie Martin Luthers Erkenntnis beherzigen, der einmal gesagt hat: Das Evangelium hat eine wächserne Nase; je nachdem, wohin man sie biegt, kann man herauslesen, was man will. Das gilt sinngemäß auch für die Interpretation von Gesetzen. Aber es gibt Juristen – und sie sitzen erfahrungsgemäß im konservativen Lager –, die noch immer glauben, sie, und nur sie allein, würden frei von irgendwelchen politischen Vorverständnissen aus dem Gesetz genau das herauslesen, was die einzig mögliche Exegese sei. Nur könnten auch sie aus der jüngeren Rechtsgeschichte gelernt haben, daß die Werke dieser vermeintlichen Positivisten nicht nur durch Striche des Gesetzgebers, sondern auch durch politische Entwicklungen zu Makulatur werden. Konservative Juristen bildeten die letzte Bastion der Produktionsmittelbesitzer im Kampf gegen eine zu politischem Bewußtsein gelangte Arbeiterklasse. Konservative Juristen haben eine unrühmliche Rolle bei der Stabilisierung des Unrechtsstaats gespielt. Konservative Juristen haben in der mit dem 1. Strafrechtsänderungsgesetz beginnenden Phase innerstaatlicher Feinderklärungen sich als eifrige Sekundanten einer Politik betätigt, die letztlich in die unser aller Leben gefährdende Konfrontation von im Anwendungsfall unbeherrschbaren Waffensystemen gemündet ist. An alle diese Taten deutscher Juristen werden heute gerade die konservativsten unter ihnen nicht mehr gern erinnert, weil die Zeit allzu offensichtlich über sie hinweggegangen ist, und das, was sie damals für recht gehalten haben, heute mindestens als politische Torheit gilt.

Auch die im Zeichen des Schutzes eines so schönen und neutralen Rechtsgutes wie der Willensfreiheit amerikanischer Soldaten geführte Kriminalisierungskampagne bundesdeutscher Gerichte gegen die dem nächsten Massenverbrechen dieses Jahrhunderts widerstehenden Demokraten, wird eines Tages denen, die an diesen Abstrafungen mitgewirkt haben, nicht gerade zum Ruhme gereichen.

Wir wollen alle hoffen, daß das Völkerrechtsverbrechen, an dessen Vorbereitung so sympathische Leute, wie Herr Plumlee und Herr Rozul, in ahnungsloser Unschuld mitwirken, nicht stattfindet. Aber sollte der atomare Holocaust ausbrechen, so wird man denen, die seine Gefahr vorausgesehen und ihr wenigstens durch eine symbolische Handlung widerstanden haben, sicher nicht zum Vorwurf machen, daß sie die Herren Plumlee und Rozul für ein paar Stunden daran gehindert haben, ihre Funktionen im Rahmen des Mutlanger Langzeitverbrechens auszuüben. Und was wird man – wenn es noch Menschen geben sollte, die den atomaren Winter als denkende Wesen überstehen – von den Richtern sagen, die sich für oder gegen diese Form des Widerstandes entschieden haben? Sie, Herr Richter, haben noch die Freiheit der Entscheidung. Ich wünsche Ihnen einen Freispruch.

Es gelang uns nicht, den Schwäbisch Gmünder Richter von einem Urteilsspruch abzuhalten, der, wie ich an anderer Stelle meines Plädoyers gesagt hatte, »schon in einigen Jahren, wenn nicht früher, zur peinlichen Makulatur der deutschen Rechtsgeschichte gehören wird, an der wir ja keinen Mangel haben«. Peter Henkel zitierte in der *Frankfurter Rundschau* vom 28. 10. 1987 diesen Satz und fuhr fort:

Hannover gründet seinen Optimismus auf die wachsende Zahl von Gerichten, die diesen Kurs verlassen und freisprechen. Das Amtsgericht Schwäbisch Gmünd gehört nicht dazu. Am Montagabend ist es in Gestalt des Amtsrichters Klaus Mayerhöffer, zum xten Male seiner »Verurteilungslethargie« erlegen, die der Angeklagte Ulf Panzer an der Schwäbisch Gmünder Rechtsprechung beklagt hat – und das ausgerechnet im Prozeß gegen drei Richterkollegen ...

Am Ende braucht Richter Mayerhöffer eine knappe Viertelstunde. Im Sauseschritt durcheilt er das von den Angeklagten mit soviel Aufwand beackerte Gelände: Die drei haben US-Soldaten aufgehalten und damit gegen den Nötigungsparagraphen 240 StGB verstoßen, der die Freiheit der Willensentscheidung anderer zu schützen da ist; das war verwerflich, und es kommt ihm, ungeachtet aller hehren politischen Ziele, ein erhöhtes Maß sittlicher Mißbilligung zu; es war Gewalt, und die darf keinen Platz haben in der politischen Auseinandersetzung; die Stationierung war gewollt von der zuständigen Regierung; ein Völkerrechtsverbrechen stellt sie nicht dar.

»Ein Vergleich mit Vorgängen des Dritten Reiches verbietet sich«, sagt Richter Mayerhöffer lakonisch. Und: Andere Formen der Meinungsäußerung hätten bestanden, gibt er dem ähnlich einsilbigen Plädoyer der Staatsanwaltschaft recht. Die drei angeklagten Richter beherrschen sich sichtlich. »Es wäre ja ein Skandal«, hatte Michael Passauer unter Bezugnahme auf das gängige Bild von den die Augen einander niemals aushackenden Krähen zu seinem Richter gesagt, »wenn Sie ausgerechnet uns freisprechen würden«. Der Skandal ist vermieden worden.

Das mit der Berufung gegen dieses Urteil befaßte Landgericht Ellwangen, bisher auf harter Linie, ließ die Sache jahrelang liegen, ohne Termin zur Hauptverhandlung anzuberaumen, fragte dann an, ob wir mit einer Einstellung des Verfahrens gegen Zahlung einer Buße von 600 DM einverstanden wären – wir sagten nein – und stellte schließlich mit Beschluß vom 10.12.1993 das Verfahren wegen überlanger Verfahrensdauer ohne Buße ein. Es kam der Entscheidung des Bundesverfassungsgerichts, wonach Sitzblockaden nicht mehr als Gewalt im Sinne des Nötigungstatbestandes gelten, nur um drei Monate zuvor. Mit seiner am 15. März 1995 veröffentlichten Entscheidung korrigierte das Bundesverfassungsgericht sein eigenes Urteil aus dem Jahre 1986 nunmehr in anderer Besetzung. Ein paar tausend Urteile gegen Sitzdemonstranten, mit denen Hunderte von Richtern sich jahrelang beschäftigt hatten, waren, wie 1987 prophezeit, zur peinlichen Makulatur der deutschen Rechtsgeschichte geworden.

Aber gemach, so schnell gibt sich die konservative Fraktion in diesem Land der juristischen Peinlichkeiten nicht geschlagen. Aus dem bayerischen Justizministerium war schon am Tage des Karlsruher Urteils zu hören, daß diese Entscheidung »schädlich für die Kultur der politischen Auseinandersetzung und für den rechtstreuen Bürger kaum verständlich« sei. Und auch in Bonn rügte ein CDU-Politiker das Urteil als »unerträglich«. Dann müsse eben ein neues Gesetz her, war zu hören.

Man kann um unser und unserer Kinder Leben willen nur hoffen, daß aus Minderheiten Mehrheiten werden, die sich nicht nur symbolisch, sondern effektiv gegen den Würgegriff der internationalen Rüstungslobby und deren parlamentarische und medienpolitische Repräsentanz zur Wehr setzen. Die Bürger, die vor dem amerikanischen Vernichtungswaffendepot demonstriert und dafür die Konfrontation mit der Polizei und verurteilungswilligen Richtern nicht gescheut hatten, verdienen unseren Dank und unseren Respekt. Das war auch die Meinung von 554 Richtern und Staatsanwälten, die in einer großformatigen Anzeige in der Wochenzeitung *Die Zeit* vom 13. 2. 1987 sich mit den 20 Berufskollegen solidarisierten und an die Verantwortlichen appellierten: »Beendet den Wahnsinn der atomaren Rüstung!« Auch 228 Rechtsanwälte bekannten sich in einer am 14. 7. 1987 in der *Frankfurter Rundschau* veröffentlichten Anzeige zur Solidarität mit den angeklagten Richtern und schrieben:

Wer verantwortlich denkende Menschen, die sich gegen den atomaren Rüstungswahnsinn wenden, verurteilt und kriminalisiert, leistet juristisch Beihilfe zur Durchsetzung der atomaren Hochrüstung und Einschüchterung der Friedensbewegung. Um so bedeutsamer und erfreulicher ist es für uns, daß der Widerstand gegen diese Politik und diese Rechtsprechung nun auch Kreise der Justiz ergriffen hat.

Wir fühlen uns verbunden mit den Kolleginnen und Kollegen aus der Justiz, die sich angesichts der existenziellen Bedrohung der gesamten Menschheit durch den atomaren Wahnsinn nicht mäßigen, sondern vernehmlich ihre Stimme für den Schutz des Lebens und damit letzten Endes auch für den Schutz unserer Verfassung erheben.

Ein Richter am Bayerischen Verwaltungsgericht München schrieb in einem Leserbrief an die *Süddeutsche Zeitung* (31.1./1.2.1987):

Wenn diejenigen, die jetzt nach Sanktionen gegen diese Richterinnen und Richter rufen, sich mit dem gleichen Eifer für die Erhaltung des Friedens und für Abrüstung einsetzen würden, sähe es wohl besser auf dieser Welt aus ...
Ich verstehe allerdings gut die Aufregung in einer so autoritäts-fixierten Gesellschaft wie der unsrigen, wenn ziviler Ungehorsam auch von Angehörigen einer Berufsgruppe geleistet wird, die gemeinhin als immun gegen diesen Bazillus gilt. Für mich haben meine Kolleginnen und Kollegen ein ermutigendes Zeichen für eine andere Entwicklung in unserem Land gesetzt.

18. Der »Mord« in der Diskothek »Paradiso« (1987-1991)

In der Nacht zum 16. Mai 1987 war es in der Diskothek »Paradiso« in Weener/Ostfriesland zu Auseinandersetzungen zwischen dem Wirt, dem 38jährigen Kaufmann Walter Fokken, und einigen Gästen gekommen, bei denen es einen Toten und zwei Verletzte gegeben hatte. Ausgelöst wurde das Geschehen durch den von Fokken persönlich vollzogenen Rausschmiß eines weiblichen Gastes, der einige andere Gäste dermaßen empörte, daß sie den Gastwirt auf der Straße vor seiner Diskothek zusammenschlugen. Trotz eines von diesem nunmehr verkündeten Hausverbots (»Ihr kommt hier nicht mehr rein!«) versuchten mehrere Gäste, an dem vor der äußeren Eingangstür stehenden Fokken vorbei wieder in die Diskothek zu gelangen, vorneweg die Brüder Uwe und Manfred C., die an der Mißhandlung des Wirtes auf der Straße aktiv beteiligt gewesen waren. Fokken wich bis in den Windfang der Diskothek, einen winzigen trapezförmigen Raum, zurück. Dort verletzte er Uwe C. durch einen Messerstich tödlich, während zwei weitere Personen, Manfred C. und Timo Friedrich*, leichtere, oberflächliche Schnittverletzungen erlitten. Die Verletzung des Timo Friedrich wurde nicht angeklagt, da dieser nach eigenem Bekunden selbst ins Messer gefaßt hatte. Die Tötung des Uwe C. jedoch war als Totschlag (§ 212 StGB), die Verletzung des Manfred C. als gefährliche Körperverletzung (§ 223 a StGB) angeklagt worden. Für beide Taten hatte die Staatsanwaltschaft aufgrund eines von ihr eingeholten Gutachtens der Sachverständigen Frau Dr. med. Sliwka (Nervenärztin am Niedersächsischen Landeskrankenhaus Osnabrück) verminderte Schuldfähigkeit im Sinne des § 21 StGB angenommen

---

* Name geändert

(»affektive Zuspitzung seines Gemütszustandes in Zusammenwirken mit einer nicht unerheblichen Alkoholbeeinflussung«).

Ich verteidigte Herrn Fokken in der vor einer Schwurgerichtskammer des Landgerichts Aurich – Vorsitzender Richter W. – vom 2. August bis 28. September 1988 durchgeführten Hauptverhandlung mit dem Ziel des Freispruchs, weil ich davon ausging, daß er in Notwehr gehandelt hatte. Für mich stellte sich die Sache so dar, daß Fokken gegen die Gäste, die an seiner Mißhandlung auf der Straße beteiligt gewesen waren, ein Hausverbot erteilt hatte – wozu er ohne weiteres berechtigt war – und sodann versucht hatte, diesem Hausverbot durch Vorzeigen eines Messers Nachdruck zu verleihen. Das Hausrecht ist nach anerkannter Rechtsprechung ein notwehrfähiges Rechtsgut. Fokken durfte daher die Gäste notfalls mit Gewalt am Betreten des Lokals hindern, wenn sie sich über sein Hausverbot hinwegsetzten. Fokken sah sich einer Übermacht gegenüber – die ins Lokal zurückflutende Menge wurde auf 20 bis 25 Personen geschätzt – und durfte sich daher auch bewaffnen, um sein Notwehrrecht durchsetzen zu können. Aber man nahm seine Drohung offenbar nicht ernst und drängte ihn, der zunächst auf einem durch eine Treppenstufe gebildeten Podest zwei bis drei Schritte vor der Eingangstür gestanden hatte, immer weiter zurück. Die Brüder C. befanden sich bereits im Windfang, als der folgenschwere Messerstich erfolgte, hatten also den durch das Hausrecht geschützten Bereich bereits betreten und damit Hausfriedensbruch begangen. Das war, in der Terminologie des Notwehrparagraphen, ein »gegenwärtiger rechtswidriger Angriff« auf das Hausrecht, der Fokken zur Notwehr berechtigte.

Daß der Messerstich, den Fokken in der Enge des Windfangs dem ins Lokal drängenden Uwe C. versetzte, eine tödliche Verletzung zur Folge hatte, hatte Fokken nicht sogleich mitgekriegt, später, als er es in der Haft von einem Polizeibeamten erfuhr, aber zutiefst bedauert. Der Polizeiobermeister Bernhard J. hatte darüber einen Aktenvermerk angelegt:

Während des Gesprächs in der JVA Aurich sagte mir Herr Fokken über sein Verhalten und seine Gefühle sinngemäß folgendes:

Bernhard, ich bin am Ende. Ich bin fertig. Ich habe schon viele Schlägereien gehabt; du kennst mich ja. Aber jetzt habe ich einen umgebracht. Das wollte ich nicht. Ich kann manchmal sehr wütend werden; dann kann ich sofort draufhauen. Ich bin von Kind an »jähzornig« gewesen. Ich kann aber sofort wieder vergessen. Ich bin nicht nachtragend. Nur diese Sache kann ich nicht vergessen. Es tut mir sehr leid.

Das waren, so meinte ich, nicht die Worte eines Menschen, der einen anderen vorsätzlich umgebracht hatte. Der Polizeibeamte Bernhard J., später in zwei Gerichtsverhandlungen als Zeuge befragt, faßte seine Eindrücke von Fokkens Gemütsverfassung so zusammen:

Fokken machte einen verzweifelten Eindruck. Auf jeden Fall, daß es ihm sehr, sehr leid tat. Auch hilfesuchend. So waren meine Eindrücke.

Ähnlich äußerte sich der Kriminalhauptkommissar Otto R. In seiner Gegenwart hatte Fokken wiederholt geweint, als er auf den Tod des Uwe C. zu sprechen kam. Er habe schon manchen »Schiet« gemacht, sagte Fokken auf plattdeutsch bei einem Gespräch in der Untersuchungshaftanstalt, aber bisher habe er alles wiedergutmachen können.

Ich bin hingegangen und habe gesagt: so und so, alles wieder klar. Hier ist aber einer tot. Das belastet mich. Ich möchte den Eltern was sagen, irgendwie mit ihnen sprechen. Aber wie? Es ist alles noch so frisch. Ich werde moralisch damit nicht fertig (weint weiter).

So hatte R. Fokkens Worte in einem Aktenvermerk festgehalten. Und ich glaubte, als ich die Akten las, daß dieser Angeklagte gut zu verteidigen sein müßte. Denn ich konnte mir nicht vorstellen, daß Richter, die zur Unparteilichkeit verpflichtet sind und die Wahrheit finden wollen, der Unterstellung der Anklage folgen würden, dieser Mann habe den Tod des Uwe C. »billigend in Kauf genommen« (so die juristische Formel für bedingt vorsätzliches Handeln).

Nach Aktenlage gab es Zeugen, die Fokken zu irgendeinem Zeitpunkt mit einem Messer in der Hand vor der Tür der Diskothek stehend gesehen und gehört hatten, wie er gleichzeitig sagte: »Ihr kommt hier nicht mehr rein!« Einige behaupteten, dies sei erst gewesen, als Uwe C. schon von dem Messerstich getroffen zu Boden gesunken war; vorher hätten sie ein Messer in Fokkens Hand nicht gesehen. Einige bekannten sich dazu, daß sie die zeitliche Reihenfolge nicht mit Sicherheit erinnerten. Und mindestens zwei, der Zeuge Erwin Hamann* und die Zeugin Anke Bermann*, hatten den Vorgang so geschildert, daß das mit einem Hausverbot verbundene Vorzeigen des Messers vor der tödlichen Verletzung des Uwe C. gelegen haben muß. Nur diese Reihenfolge der Ereignisse erschien mir sinnvoll, wenn man davon ausgeht, daß Fokken sich und seine Diskothek durch ein Hausverbot vor dem Eindringen unerwünschter Gäste schützen wollte. Diese, wie ich meine, plausible Motivation seines Handelns nahmen nicht nur mehrere Zeugen, sondern auch die psychologisch kundigen Sachverständigen an. Nach dem Zustechen blieb Fokken nur noch die Flucht vor der empörten »Meute« – ein von Zeugen gebrauchter Ausdruck – und die Preisgabe seines Eigentums an die Zerstörungswut der »aufgebrachten, hysterischen Menschenmenge« – so die Bezeichnung der Gäste durch den kurz nach dem Vorfall eingetroffenen Polizeihauptmeister Hero G. So wurde denn auch eine Scheibe der Diskothek durch Steinwurf zerstört und Fokkens Mercedes erheblich demoliert. Und auch Fokken selbst wurde ein Opfer der Volkswut und nochmals auf der Straße zusammengeschlagen. Die Tötung des Uwe C. war also sicher das denkbar ungeeignetste Mittel, wenn es Fokken darum gegangen wäre, sich, wie ihm der Staatsanwalt unterstellte, als »der starke Mann von Weener« darzustellen.

Der Staatsanwalt sah fast alles anders. Zwar ging auch er in seinem Plädoyer vor dem Landgericht Aurich davon aus, daß der Angeklagte das Messer geholt habe, »um das Aussprechen

---

* Namen geändert

des Hausverbots zu untermauern«. Auch wolle er nicht behaupten, daß Fokken den Uwe C. töten wollte, als er das Messer holte. Er habe geglaubt, »den Nimbus sich wiederaufzubauen, den er haben wollte«. Die Sache sei dann »aus seiner Sicht völlig danebengegangen«. Die Menge habe »anders als erwartet reagiert«. Mit anderen Worten: Fokken hatte auch nach Meinung des Staatsanwalts darauf vertraut, daß die Menge das Hausverbot respektieren würde. Und wenn sie es getan hätte, würde Uwe C. heute noch leben. Aber die Menge, voran die Brüder C., wollte ungeachtet des ausgesprochenen Hausverbots wieder in die Diskothek hinein. Der Staatsanwalt:

Und dann kam es zu der Drängelei, bei der es zu der Fehlreaktion kam. Er hatte nicht zugestochen, um sein Hausrecht zu verteidigen, sondern weil er wütend war, daß seine Anordnungen nicht befolgt wurden.

Als Jurist wußte der Staatsanwalt, daß der Angeklagte im Recht war, wenn er sein Hausrecht verteidigte. Also mußte die Wut als Tatmotiv erfunden werden. Es gab nicht einen Zeugen, der Fokken in diesem Augenblick als wütend beschrieben hatte, im Gegenteil, gerade aus der angeblichen »Friedlichkeit« der »Unterhaltung« zwischen Fokken und Uwe C. wurde hergeleitet, daß man nicht mit Fokkens Widerstand gerechnet habe. Hingegen gab es mindestens eine Zeugin, die ihm Angst angesehen hatte, er sei ganz weiß im Gesicht gewesen. Und an anderer Stelle seines Plädoyers bekannte denn auch der Staatsanwalt, daß Fokken »durch die Angst zur Tat gekommen« sei. Aber er blieb dabei, daß es Fokken nicht um die Verteidigung seines Hausrechts gegangen sei. Wenn er wirklich sein Hausrecht hätte verteidigen wollen, hätte er Alternativen gehabt. Fokken hätte einfach die Tür zuschließen oder die Polizei rufen können. Wirklich? Hätten die Gäste sich mit einer zugeschlossenen Tür ohne weiteres abgefunden? Wäre die Polizei schnell genug gekommen? Und warum Polizei, wenn sich die Situation schon wieder beruhigt hatte, wie der Staatsanwalt unter Berufung auf bestimmte Zeugen immer wieder betonte? Auch der Staatsanwalt war ja davon ausgegangen, daß Fokken damit gerechnet hatte, die Menge würde sich schon von der verbalen Verkündung eines Hausverbots beeindrucken lassen (»die Menge reagierte anders als erwartet«). Jetzt war es zu spät für Alternativen, sagte ich in meinem Plädoyer, jetzt hatte Fokken nur noch die Wahl zwischen Durchsetzung oder Preisgabe seines Hausrechts. Eine Entscheidung, die er in Sekundenbruchteilen treffen mußte, bedrängt von Gästen, die ihn schon bis in den Windfang seines Lokals zurückgeschoben hatten. Der Staatsanwalt versuchte in seinem Auricher Plädoyer noch, den Tatort vor die äußere Eingangstür zu verlegen, was aber in allzu krassem Widerspruch zum Ergebnis der Beweisaufnahme stand. Manfred C. hatte ganz eindeutig ausgesagt, daß er und sein Bruder sich bereits in der Mitte des Windfangs befanden. Sie hatten sich also in diesem Augenblick ganz sicher ins Unrecht gesetzt. Daß es dennoch klüger gewesen wäre, auch jetzt noch nachzugeben, steht auf einem anderen Blatt. Das wußte im nachhinein auch Herr Fokken. Aber gerade Juristen ist eigentlich diese Denkweise, daß das Recht dem Unrecht nicht zu weichen brauche, sehr vertraut. Es kommt allerdings darauf an, wer sich auf das Recht beruft. Und Herr Fokken genoß nicht nur bei dem Gros der Zeugen, sondern auch bei dem Staatsanwalt und den Richtern keine großen Sympathien.

Ich habe in meiner ganzen Praxis eine derartige Explosion von Haß, die sich gegen einen Angeklagten ausgeschüttet hat, nie erlebt.

Das sagte der Staatsanwalt am Beginn seines Auricher Plädoyers. Aber nicht etwa mit der Konsequenz, alle belastenden Zeugenaussagen besonders kritisch auf ihre Glaubwürdigkeit zu prüfen, sondern mit erkennbarer Tendenz, diesen Haß für berechtigt zu erklären.

Es handelt sich nicht nur um eine böse Tat, sondern um eine bösartige Tat.

So der Staatsanwalt weiter. Fokken habe den Ausbruch der Explosion des Hasses schuldhaft vorbereitet, indem er einen weiblichen Gast, Margit Overbeck*, in so brutaler Weise vor die Tür gesetzt habe, daß helle Empörung bei den anderen Gästen aufgeflammt sei. Das habe den Volkszorn ins Wallen gebracht und die weiteren Ereignisse ausgelöst. Auf die Abreibung, die Fokken dann seitens mehrerer Gäste zuteil wurde, ging der Staatsanwalt nur kurz ein. Er hob hervor, daß es nicht Uwe C. gewesen sei, der Fokken niedergeschlagen habe. Daß Uwe C. nicht unbeteiligt an Fokkens Mißhandlung war, konnte er allerdings nicht verschweigen. So hatte der Zeuge Bernd Koepcke* noch am Tattage zu polizeilichem Protokoll erklärt:

Als wir nun draußen waren, habe ich gesehen, daß einer der beiden C.-Brüder sich den Walter griff und ihn zu Boden riß. Als er am Boden lag, wurde er von beiden Brüdern auch mit Füßen getreten. Vorher hatten sie ihn schon mit Fäusten geschlagen ...

Aber gerade diese handfeste Antwort der Brüder C. auf Fokkens Verhalten gegenüber Margit Overbeck – sie war die Verlobte des Uwe C. gewesen und hatte mit ihm ein Kind – lieferte dem Staatsanwalt das angebliche Tatmotiv des Angeklagten: Rache. Dabei mußte er unterstellen, daß der Zufall dem Angeklagten zu Hilfe gekommen war, indem er Uwe C., von dem der Angeklagte fälschlich angenommen habe, daß dieser ihn niedergeschlagen habe, ihm geradezu ins Messer laufen ließ.
Und zwar so, daß der Angeklagte für seinen Racheakt »rechtsmißbräuchlich« ein Notwehrrecht in Anspruch nehmen konnte. Eine komplizierte Konstruktion, wie sie sich nur ein Juristengehirn ausdenken kann, die aber sicher nichts mit dem zu tun hatte, was sich im Kopf des Angeklagten und im Windfang der Diskothek »Paradiso« abgespielt hatte.
Aber der Staatsanwalt hatte genau den Ton getroffen, der bei den Auricher Richtern und Schöffen ankam. In dem am 28. September 1988 verkündeten Urteil – zehn Jahre Freiheitsstrafe wegen Totschlags in Tateinheit mit gefährlicher Körperverletzung – überboten sie ihn noch an Emotionalität und entwarfen, be-

---

* Name geändert

vor sie überhaupt zur Sache kamen, das Kolossalgemälde eines gewalttätigen Menschen, dem nicht nur Mißhandlungen seiner geschiedenen Ehefrau und anderer als Zeuginnen vernommener Frauen, sondern auch Schläge, die seine »Rausschmeißer« gegen renitente Gäste ausgeteilt hatten, angelastet wurden. Das eigentliche Tatgeschehen sollte sich nach dem Urteil so abgespielt haben:

Nachdem der Angeklagte sich von dem Niederschlag auf der Straße wieder erhoben hatte, sei er etwa fünf bis sieben Minuten an einem Zaun neben der Diskothek stehengeblieben. Er habe gewußt, »daß er nichts mehr zu befürchten hatte«. Zur Überzeugung der Kammer habe der Angeklagte gedacht,

daß man einen Walter Fokken nicht ungestraft niederschlagen dürfe, und daß er sofort jetzt in irgendeiner Weise reagieren müsse, um vor allen Leuten zu beweisen, daß er der Chef im Hause, seiner Diskothek und deren Umfeld sei, daß er zwar ein Gefecht, nicht aber die Schlacht verloren habe.

Also habe er sein Klappmesser aus der Diskothek geholt,

um dem Uwe C., der ihm nach seiner Auffassung die Schmach angetan hatte, unter Einsatz des Messers eine Lektion zu erteilen.

Er habe das Messer verdeckt getragen. Die Brüder C. seien »langsam, in erkennbar friedlicher Weise« auf den Angeklagten zugekommen.

Uwe C. glaubte, durch beruhigendes Zureden doch herein zu können, um in der Diskothek sein Bier austrinken zu können und zumindest seine Jacke holen zu können. Um vom Angeklagten reingelassen zu werden, bat er in ruhigem und versöhnlichem Ton um Einlaß, wobei er sinngemäß sagte, es sei doch alles vorbei, der Angeklagte solle sie doch hineinlassen und ihr Bier austrinken lassen. Der Angeklagte wiederholte jedoch in normaler Tonlage sinngemäß sein erteiltes Hausverbot, wobei weder ein heftiger noch gar drohender Unterton mitschwang.

Also geschickte Tarnung seiner bösen Absichten. Denn die allwissenden Richter wissen, was der Angeklagte im Schilde führte:

Tatsächlich ging es dem Angeklagten auch gar nicht um das Hausverbot, sondern er dachte an das Messer, welches er zu einer nachhaltigen Lektion gegenüber Uwe C. einsetzen wollte.

Wie der Angeklagte nunmehr den Uwe C. zum Zwecke der Lektionserteilung in den Windfang gelockt hat, liest sich im Urteil so:

Als Uwe C. dem Angeklagten seine Hand ohne Kraftaufwand auf den Arm legte, schob der Angeklagte diesen etwas weg, sagte jedoch nichts und ging nunmehr, ohne von Uwe C. oder einer anderen Person hierzu genötigt zu werden, weitere 1-2 kleine Schritte rückwärts über die Türschwelle in den Windfang.

Die Brüder C. folgten ihm in dem Glauben, »jetzt auf gütlichem Wege doch noch Einlaß in die Diskothek zu bekommen«. Darauf hatte der Angeklagte, wenn man dem Gericht glauben will, nur gewartet, denn:

Als er sich jetzt im engen Windfang auf Armeslänge dem Uwe C. und dem für ihn links daneben stehenden Manfred C. gegenüber sah, stach er mit dem bis dahin immer noch verdeckt geführten Messer blitzschnell und mit großer Wucht dem Uwe C. das Messer unterhalb des Rippenbogens links fast senkrecht von unten her ins Herz ...

Spätestens in diesem Augenblick habe der Angeklagte sich entschlossen, den Uwe C. »abzustechen«,

wobei er damit rechnete und es billigte, daß dieser gezielte und heftige Stich zum Tode des Uwe C. führen werde.

Die Einlassung des Angeklagten, er sei nach dem Ergreifen des Messers nach draußen getreten und habe, das Messer zeigend, deutlich und mit Nachdruck Lokalverbot erteilt, sei widerlegt. Kein Zeuge habe, bevor Uwe C. niedergestochen war, ein Messer in der Hand des Angeklagten gesehen. Ebenso habe kein Zeuge zu diesem Zeitpunkt gehört, daß der Angeklagte ein Lokalverbot ausgesprochen habe.

Das war nun schlicht unrichtig und stand auch im Widerspruch zu an anderer Stelle des Urteils getroffenen Feststellungen. Wie überhaupt die schriftliche Urteilsbegründung an Widersprüchen litt, die dadurch zustandegekommen waren, daß der Vorsitzende Richter W. den Urteilsentwurf des Berichterstatters durch seitenlange handschriftliche Korrekturen verschlimmbessert hatte. Wohl in der Absicht, die Revisionsfestigkeit des Urteils zu erhöhen, hatte er genau das Gegenteil bewirkt. So hatte er übersehen, daß auf Seite 30 des Urteilsentwurfs die Einlassung des Angeklagten zutreffend wiedergegeben war, als er auf Seite 53 des Urteils die Behauptung einfädelte, der Angeklagte habe zu keinem Zeitpunkt »auch nur andeutungsweise zum Ausdruck gebracht, er habe befürchtet, die noch draußen stehenden, Einlaß wünschenden Gäste würden seine Diskothek zertrümmern, wenn sie wieder hineinkämen«. Das konnte der Bundesgerichtshof nicht durchgehen lassen, der das Auricher Urteil durch einstimmigen Beschluß vom 2. Mai 1989 aufhob. Er ersparte sich damit ein Eingehen auf weitere Revisionsgründe, die der Hamburger Kollege Gerhard Strate vorgebracht hatte, den ich als Revisionsspezialisten beigezogen hatte. Aber Strates Revisionsbegründung sollte für das weitere Verfahren doch noch Konsequenzen haben, so daß wir einen Blick hineinwerfen müssen.

Strate hatte u. a. gerügt, daß an dem Verfahren als beisitzender Richter und Berichterstatter der Richter Dr. H. mitgewirkt habe, der in entsprechender Anwendung des § 22 StPO von der Ausübung des Richteramtes kraft Gesetzes ausgeschlossen gewesen sei. Strate entnahm diesem Paragraphen den allgemeinen Rechtsgedanken, daß ein Richter nicht in eigener Sache tätig werden dürfe, und leitete einen Verstoß gegen dieses Verbot daraus her, daß Dr. H. Eigentümer eines Grundstücks sei, das der Angeklagte als Parkplatz für seine Diskothek »Paradiso« nutzte. Strate legte Kopie des Pachtvertrages zwischen Dr. H. und Walter Fokken vor, um zu belegen, daß der Richter »unmittelbarer Nutznießer der Diskothek ›Paradiso‹« sei, und zwar »in Form von regelmäßigen Pachtzahlungen«. Hinsichtlich der ihm gehörenden Teilstücke des Grundstücks, auf dem die Diskothek »Paradiso« betrieben wurde, sei der Richter Dr. H. als Verpächter neben dem Angeklagten auch Mitinhaber des Hausrechts. Er sei insoweit »Mitberechtigter« jenes Rechts, dessen Verteidigung der Angeklagte – nach den Feststellungen der Strafkammer allerdings »nur scheinbar« – für sich in Anspruch genommen habe.

Der Richter Dr. H. habe es auch hinsichtlich weiterer Umstände unterlassen, gemäß § 30 StPO von Verhältnissen Anzeige zu machen, die seine Ablehnung rechtfertigen könnten. Er sei nicht nur Miteigentümer des Geländes, auf dem die Diskothek »Paradiso« betrieben werde, sondern auch Eigentümer der sogenannten »Memminga-Burg«, eines früheren Hotels, das nunmehr in anderer Weise genutzt wurde. Dr. H. habe die »Memminga-Burg« an einen Heiner Schmieder* verpachtet, der einen Teil des Erdgeschosses an den Angeklagten unterverpachtet habe, der hier ebenfalls eine Diskothek, den sogenannten »Musikpalast«, betrieb. Der andere Teil der dem Richter Dr. H. gehörenden »Memminga-Burg« sei von Schmieder an einen Betrieb vermietet, der sich »Romantica-Bar« nenne. Die »Romantica-Bar« sei, mit Unterbrechungen, schon seit Jahren mit wechselnden Unterpächtern betrieben worden. Am 1. Oktober 1988 – zwei Tage nach der Urteilsverkündung gegen Fokken – sei die »Romantica-Bar« mit einem neuen Inhaber neu eröffnet worden, ein Ereignis, das die örtliche Tageszeitung mit dem Versprechen »Stephany und ihre Crew erwarten Sie« angezeigt habe. Strate verdeutlichte noch durch weitere Details, daß es sich um einen Bordellbetrieb handelte.

Das war nun starker Tobak, und ich hätte, wenn ich gefragt worden wäre, wahrscheinlich abgeraten, diese Umstände vorzutragen, wie ich dies auch vor Beginn der Hauptverhandlung

---

* Name geändert

getan hatte, als die Frage zu entscheiden war, ob wir den Richter Dr. H. als befangen ablehnen müßten. Herr Fokken und ich waren uns einig gewesen, daß dies das Prozeßklima von Anfang an verdorben hätte, selbst wenn dem Antrag stattgegeben worden wäre. Auch fürchtete Herr Fokken, daß ein Ablehnungsantrag gegen Dr. H. zur Kündigung des Pachtvertrages hätte führen können.

Strate hatte denn auch »im Hinblick darauf, daß sich bei dieser mit starken Emotionen belasteten Sache in der Richterschaft des Landgerichts Aurich bereits eine feste Meinung gebildet haben dürfte«, den Antrag gestellt, die Sache an ein Schwurgericht eines benachbarten Gerichtsbezirks zu verweisen. Ein Antrag, dem der BGH durch Zurückverweisung an das Landgericht Oldenburg entsprach. Und so hofften wir, nunmehr zu Richtern zu kommen, die sich bei ihrer Entscheidung nicht von feindseligen Gefühlen gegen den Angeklagten würden leiten lassen.

Was wir nicht voraussehen konnten, und was auch der BGH nicht wußte: der Vorsitzende Richter der Auricher Schwurgerichtskammer, Herr W., ein Mann von starken Gefühlen, dessen Voreingenommenheit gegen Fokken sich in seinen Urteilskorrekturen allzu deutlich gezeigt hatte, war von Aurich wegversetzt worden. Und wohin? Ausgerechnet nach Oldenburg. Wo ihm in Herrn O., dem nunmehr zuständigen Schwurgerichtsvorsitzenden, ein würdiger Nachfolger und Kantinengenosse erwuchs. Die Auricher Richter konnten sicher sein, daß ihre Sache in guten Händen war, zumal auch der Auricher Staatsanwalt, ein Herr S., von seiner Behörde extra für diesen Prozeß nach Oldenburg geschickt wurde. Ein Mann, der sich keine Mühe gab, seinen Haß gegen Fokken (und dessen Verteidiger?) weiterhin mit »sanfter Rhetorik« zu tarnen, die ich ihm in Aurich noch bescheinigt hatte. In Oldenburg höhnte er: »Eine mit wenig Augenmaß eingelegte Revision kann ins Auge gehen.«

Der Ton, in dem die Verhandlung geführt wurde, war von Anfang an gereizt und unfreundlich. Dem Angeklagten war das minutiöse, einheitliche Lebensvorgänge in kleinste Partikel zerstückelnde Denken der Juristen nicht vertraut. Daraus ergaben sich dauernd kleine atmosphärische Spannungen nach folgendem Muster:

Beisitzender Richter B.: Wer hat auf Sie eingeschlagen?

Fokken: Das weiß ich nicht. Ich bin auch getreten worden. Von mehreren Seiten. Ich hatte überall Schmerzen.

B.: Ich habe nicht gefragt, wo Sie Schmerzen hatten.

Oder:

Fokken: Ich habe gedacht, daß die sich durch das Messer abschrekken lassen. Das war aber nicht der Fall. Die kamen immer näher. Ich dachte, wenn die das Messer sehen, daß die erst mal abwarten. Überhaupt nicht. Die kamen immer näher. Ich sagte: »Ihr kommt hier nicht mehr rein!«

Vorsitzender Richter O.: Haben Sie das noch näher erläutert?

Fokken: »Ihr kommt hier nicht mehr rein! Ihr habt Hausverbot.«

O.: Wie haben die anderen reagiert?

Fokken: Ich stand auf dem Podest, die kamen immer näher.

O.: Die haben sich also nicht beeindrucken lassen. Haben die was gesagt?

Fokken: Ja, daß sie wieder rein wollten.

O.: Was haben Sie noch im Ohr und wer was gesagt hat, was genau gesagt worden ist.

Fokken: Daß sie wieder rein wollten, wir trinken unser Bier weiter. Die Situation wurde für mich immer bedrohlicher.

O.: Ich wollte wissen, was die gesagt haben.

Oder:

Richter B.: War während der Auseinandersetzung zwischen Ihnen und Uwe C. die Außentür irgendwann mal geschlossen?

Fokken: Nein. Das kann gar nicht.

B.: Das ist eine Schlußfolgerung von Ihnen. Ich frage, ob sie geschlossen war.

Der Angeklagte konnte es den Herren nicht recht machen. Anders als im täglichen Leben muß bei Gericht alles doppelt und dreifach gesagt werden. Und wehe, der Angeklagte kennt sich nicht mit der pedantischen Unterscheidung zwischen Tatsachenbehauptung und Schlußfolgerung aus. Auch das Denken im Schneckentempo ist nicht jedermanns Sache. Herr Fokken jedenfalls hatte Schwierigkeiten, Vorgänge, die sich in Sekunden abgespielt hatten, in gedankliche Trippelschritte zu zerlegen. Man ließ ihn spüren, daß das nur daran liegen könne, daß er etwas zu verbergen habe.

Vielleicht sind diese kleinen Aggressionen, die der Angeklagte als Vorboten des Urteils verstehen muß und verstehen soll, ja im Grunde ehrlicher als die bei anderen Richtern anzutreffende Maske verständnisvoller Höflichkeit, die schon manchen Angeklagten darüber getäuscht hat, was ihn erwartet. Bei dieser Oldenburger Strafkammer wurde jedenfalls frühzeitig Flagge gezeigt.

Am neunten Verhandlungstag – das war am 13. März 1990 – war es dann soweit, daß ein Ablehnungsantrag wegen Besorgnis der Befangenheit gegen die drei Berufsrichter und die beiden Schöffen unvermeidlich wurde. An diesem Tage waren zwei Zeugen vernommen worden: der 39jährige Maler Ekkehard Hansen*, ein langjähriger Mitarbeiter und Freund des Angeklagten, und der 23jährige Koch Armin Wöhr*, ein Diskothekengast. Ein dritter geladener Zeuge wurde nach Hause geschickt, weil das Gericht am Ende dieses Verhandlungstages, nachdem man uns stundenlang hatte warten lassen, einen für alle Prozeßbeteiligten – außer den Staatsanwalt – völlig überraschenden Beschluß verkündete: Es wurde die vorläufige Festnahme des Zeugen Ekkehard Hansen angeordnet, weil dieser dringend verdächtig sei, vorsätzlich falsch ausgesagt und versucht zu haben, den Angeklagten einer Bestrafung zu entziehen. Die Falschaussage sollte darin bestanden haben, daß der Zeuge Ekkehard Hansen bestritten hatte, unmittelbar nach dem Ereignis, bei dem Uwe C. getötet worden war, noch mit Wal-

---

* Namen geändert

ter Fokken gesprochen zu haben. Das hatte der Zeuge schon bei seiner polizeilichen Vernehmung zwei Tage nach dem Vorfall so gesagt (»Ich habe ihn danach nicht mehr wiedergesehen. Es ist deswegen falsch, wenn ein Zeuge behauptet, daß ich nach dem Vorfall noch mit Walter im Lokal oder im Eingangsbereich gesprochen habe«). Der Zeuge, der dies behauptet hatte, war Armin Wöhr, ein Zeuge, den die Auricher Strafkammer als unglaubwürdig abgetan hatte, weil seine Beobachtungen zum Gedränge an der Tür nicht ins Konzept paßten (»Die Aussage des Zeugen Wöhr ist nicht geeignet, die Einlassung des Angeklagten zu stützen. Dieser Zeuge, der sich selbst zur Tatzeit als deutlich ›angeheitert‹ bezeichnet hat und, wie seine ausführliche Vernehmung ergeben hat, von relativ geringem Intellekt ist, hat offensichtlich einiges durcheinander geworfen bzw. nicht richtig erfaßt«). Nun erwies er sich doch als brauchbar, den Zeugen Ekkehard Hansen einer Falschaussage zu überführen. Der Zeuge Wöhr habe bekräftigt, sich dieser Sache absolut gewiß zu sein, hieß es in dem Gerichtsbeschluß. Seine Aussage decke sich auch weitgehend mit der Einlassung des Angeklagten hierzu (Fokken hatte gesagt, er könne nicht ausschließen, noch kurz mit Ekkehard Hansen gesprochen zu haben). Ferner werde die Aussage auch gestützt durch die Bekundungen der Zeugin Anke Hanken* vor der Polizei.

In meinem Ablehnungsantrag wies ich darauf hin, daß außer Wöhr kein Zeuge das angebliche Gespräch zwischen Fokken und Hansen wahrgenommen hat.

Auch Anke Hanken, die in der Hauptverhandlung noch nicht vernommen war, wurde aus dem Polizeiprotokoll falsch zitiert; sie hatte von einem Gespräch vor dem Vorfall mit Uwe C. berichtet. Über den Inhalt des angeblichen Gesprächs hatte auch Wöhr nichts sagen können, er hatte nur gesehen, aber nichts gehört. Was da fehlte, ersetzten die Richter durch freie Phantasie.

Auch der Umstand, daß der Angeklagte selbst erklärt hatte, er könne sich an ein solches Gespräch nicht erinnern, wolle es aber nicht ausschließen, ließ die Richter nicht an die Möglich-

---

* Name geändert

keit denken, daß das Gespräch, wenn es denn stattgefunden haben sollte, einen belanglosen Inhalt gehabt haben und deshalb von Ekkehard Hansen vergessen worden sein könnte (es liegt z. B. nahe, daß Fokken ihm gesagt haben könnte: »Ich hau ab, paß du auf den Laden auf«).

Sie vermuteten offenbar, daß es um das Verschwindenlassen des Tatmessers gegangen sei. Man glaubte Fokken nicht, daß er es auf der Flucht weggeworfen hatte, denn die Polizei hatte es an der von Fokken bezeichneten Stelle nicht gefunden. Man glaubte offenbar auch mir nicht, daß eine dem Angeklagten nahestehende Person, deren Identität ich nicht preisgeben dürfe, das Messer in falscher Einschätzung seiner Interessenlage beseitigt habe. Offenbar hatte man kombiniert, das könne nur Ekkehard Hansen gewesen sein, und hoffte nunmehr, diesem Beweismittel durch Haussuchung bei diesem Zeugen auf die Spur zu kommen. Aber Richter, die sich als Detektive betätigen, haben nicht immer eine glückliche Hand. Dies hier wurde ein Schlag ins Wasser. Weder fand man das Messer, noch reichte es auch nur zu einer Anklage gegen Ekkehard Hansen. Aber den Richtern, die über Fokkens Schicksal zu entscheiden hatten, reichte es zu einem Festnahmebeschluß, bei dem sie nicht nur einen dringenden Tatverdacht – Falschaussage und Strafvereitelung –, sondern auch Flucht- und Verdunkelungsgefahr bejahten. (Der Kollege Armin von Döllen, der Ekkehard Hansens Verteidigung übernahm, setzte bald darauf bei einer nüchterner denkenden Amtsrichterin die Aufhebung des abenteuerlich begründeten Haftbefehls durch – wegen der »Nähe der holländischen Grenze« hätte man in Ostfriesland jeden Eierdieb als fluchtverdächtig behandeln können).

Die fabulatorische Kühnheit, mit der das Gericht zu wissen vorgab, welchen Inhalt das angeblich zwischen Fokken und Hansen geführte Gespräch gehabt haben sollte, ließ bereits erkennen, mit welchen Mitteln man den Schuldbeweis gegen den Angeklagten zu führen gedachte. Alles, was zum Inhalt dieses Gesprächs festgestellt werden könne, entstamme einzig und allein der Phantasie der abgelehnten Richter und Schöffen, schrieb ich in meinem Antrag. Damit hätten sie einen

Schuldspruch vorweggenommen, bei dem auch Vermutungen und Vorurteile zur Überzeugungsbildung herangezogen werden sollten. Man werde Verständnis dafür haben müssen, daß der Angeklagte, der schon einmal erlebt habe, daß ein Gericht ihm eine Tötungsabsicht unterstellt habe, wo in Wirklichkeit ein Notwehrmotiv gegeben war, hellhörig sei gegenüber bestimmten Wendungen des die Festnahme des Zeugen Ekkehard Hansen begründenden Beschlusses, die darauf hindeuteten, daß auch dieses Gericht sich hinsichtlich der Schuldfrage bereits festgelegt habe.

Der Ablehnungsantrag hatte das Schicksal fast aller Ablehnungsanträge: er wurde von drei Richtern einer anderen Strafkammer als unbegründet zurückgewiesen. Mit Genugtuung verlas Herr O. in der Sitzung vom 29.3.1990 den von seinen Richterkollegen gefaßten Beschluß, wonach kein Grund vorliege, Mißtrauen gegen die Unparteilichkeit der abgelehnten Richter zu rechtfertigen. Auch der in meinem Ablehnungsantrag gerügte Umstand, daß eine Ausfertigung des Festnahmebeschlusses zwar dem Staatsanwalt, nicht aber dem Verteidiger ausgehändigt worden war – ich mußte ihn mir erst über den Verteidiger des Ekkehard Hansen beschaffen –, fanden die Richterkollegen in Ordnung. Der Verteidiger hätte sich ja durch Akteneinsicht Kenntnis verschaffen können. Daß es sich um einen Versuch gehandelt haben könnte, einen Ablehnungsantrag, der nach dem Gesetz »unverzüglich« gestellt werden muß, zu verhindern oder zu erschweren, lag außerhalb ihrer Vorstellungskraft. Auch die Aushändigung des Beschlusses über den Ablehnungsantrag wurde übrigens (entgegen ausdrücklicher gesetzlicher Bestimmung; § 35 StPO!) verweigert, der Verteidiger erhielt ihn erst eine Woche später auf telefonisches Drängen von der Geschäftsstelle.

An Machtdemonstrationen und Schikanen ließen es diese soeben mit dem kollegialen Persilschein als unbefangen deklarierten Richter nicht fehlen. Eines Tages führte Herr O. entgegen der bis dahin geübten Praxis das Aufstehen der Prozeßbeteiligten bei jedem Erscheinen des Gerichts ein. Eine Begründung dafür wurde nicht gegeben, aber es war offensichtlich und sollte wohl auch so verstanden werden, daß wir wie böse Schulbuben behandelt wurden, weil ein von mir gestellter Beweisantrag das Gericht verärgert hatte, von dem gleich noch die Rede sein wird. Herr Fokken, ein gefälliger und anpassungsfähiger Mensch, hatte keine Probleme mit dem Affentheater der ständig wiederholten Ehrenbezeigung, und auch ich versuchte, im Gedenken an Fritz Teufels klassischen Ausspruch »Wenn's der Wahrheitsfindung dient« die Sache mit Humor zu nehmen. Als es auf Weihnachten ging, überreichte ich Herrn O. außerhalb der Sitzung als »Weihnachtsgeschenk« einen Auszug aus den Richtlinien für das Strafverfahren, aus denen sich ergibt, daß es nur zu Beginn der Sitzung üblich ist, sich bei Erscheinen des Gerichts zu erheben. Herr O. gab zu verstehen, daß er das wisse, ließ es aber bei der von ihm verfügten Disziplinierung der Verfahrensbeteiligten. Und so trugen wir weiterhin zu einer Wahrheitsfindung bei, die solcher Stärkungen bedurfte.

Auslöser für diese demonstrativ schikanöse Militarisierung des Verhandlungsrituals war ein von mir gestellter Beweisantrag gewesen, der die Vernehmung einiger Zeugen notwendig machte, die das Gericht zunächst nur widerwillig, dann aber mit wachsendem Interesse anhörte. Die Zeugin Anke Hanken, eine der Familie des Getöteten freundschaftlich verbundene Person, hatte von einem Gerücht berichtet, wonach die Ehefrau des Angeklagten bestimmten Personen Geld oder Forderungsverzicht angeboten haben sollte, wenn sie für den Angeklagten vor Gericht günstig aussagten. Das Gericht hatte dieses von der Zeugin Hanken kolportierte Gerücht so ernst genommen, daß es die als Zuhörerin im Saal befindliche Ehefrau des Angeklagten hinausschickte, sie aber nicht etwa, was sachgemäß gewesen wäre, anschließend gleich als Zeugin dazu anhörte, sondern sie für weitere Sitzungen von der Anwesenheit ausschloß. In meinem Beweisantrag trug ich nunmehr, um den vermutlichen Ausgangspunkt des Gerüchts zu erklären, vor, daß der frühere Verteidiger des Angeklagten im Sommer 1987 dessen Ehefrau gebeten hatte, Personen zu ermitteln, die für ihren Mann ein Leumundszeugnis abgeben könnten. Es war dem damaligen Verteidiger, wie seinem Schreiben zu entnehmen war, darum gegangen, die allgemeine charakterliche Veranlagung des Angeklagten unter dem Einfluß von Alkohol zu klären. Frau Anita Fokken, die Ehefrau des Angeklagten, hatte entsprechend diesem anwaltlichen Rat mehrere Personen angesprochen, die als Leumundszeugen in Frage kamen, und sie zu einer gemeinsamen Besprechung in ihr Haus gebeten, zu der auch der Anwalt mit einem Tonbandgerät erschienen war. Es handelte sich um etwa 20 bis 25 Personen, darunter auch Berufskollegen des Angeklagten, die mit bestimmten Gästen die gleichen Schwierigkeiten gehabt hatten wie der Angeklagte. Alle an dieser Besprechung beteiligten Personen wurden nunmehr als Leumundszeugen sowie als Zeugen dafür benannt, daß niemandem Geld oder Forderungsverzicht für den Fall einer günstigen Aussage angeboten worden war. Zum gleichen Beweisthema benannte ich auch die von der Zeugin Hanken angegebenen Gewährsleute.

Der Staatsanwalt befürwortete meinen Antrag und benannte noch weitere Zeugen, von denen er sich eine entgegengesetzte Beurteilung des Angeklagten erhoffte. Und das Gericht beschloß, alle Zeugen zu hören. Es handelte sich um insgesamt 25 Zeugen, die, da es sich um ein begrenztes Beweisthema handelte, das mit dem eigentlichen Tatvorwurf nichts zu tun hatte, bei zügiger Terminierung in zwei bis drei Sitzungstagen hätten vernommen sein können. Stattdessen wurde daraus ein monatelanges Prozeßmarathon, künstlich verlängert durch eine Terminierung, bei der nur einmal wöchentlich, und zwar jeweils nur kurz, verhandelt wurde. Das Gericht bestand gegen meinen Widerspruch darauf, daß die Ehefrau und der Vater des Angeklagten weiterhin von der Verhandlung ausgeschlossen blieben, da sie »zu dem Komplex Beeinflussung von Zeugen vernommen werden sollen« und »die Reihenfolge der Vernehmungen im pflichtgemäßen Ermessen des Gerichts« stehe. Der schikanöse Charakter des künstlich in die Länge gezogenen Verfahrens wurde immer offensichtlicher.

Der Beweisantrag zum Thema Zeugenbeeinflussung datierte vom 24. April 1990 – das war der 15. Verhandlungstag. Am 29. November 1990 – das war der 40. Verhandlungstag – sollten endlich die Ehefrau und der Vater des Angeklagten zu diesem Beweisthema angehört werden. Da das Gerücht, das den Antrag ausgelöst hatte, längst widerlegt war, konnte ihre Anhörung wohl nur noch der Ausfragung zu anderen Themen dienen. Sie machten von ihrem Aussageverweigerungsrecht Gebrauch.

Nunmehr beantragte ich unter Berufung auf die Konzentrationsmaxime und das Beschleunigungsgebot – von der Rechtsprechung entwickelte prozessuale Grundsätze, die im Interesse des Angeklagten einen Abschluß der Sache in angemessener Zeit sicherstellen sollen –, die Verhandlung im Dezember zügig zu konzentrieren, mit dem Ziel, die Sache endlich, möglichst noch vor Weihnachten, zum Abschluß zu bringen. Das Gericht beantwortete diesen Antrag mit der Ansetzung weiterer Kurztermine, für die auch die dem Gericht seit langem bekannte Urlaubszeit des Verteidigers während der Weihnachtsferien in Anspruch genommen wurde. Das war die Art, wie dieses Gericht einen Antrag auf Beschleunigung des Verfahrens verstand.

Auch sonst wurde für weitere Verlängerung des Prozeßmarathons gesorgt. Der Staatsanwalt und die Rechtsanwältin, die den Vater des Getöteten als Nebenkläger vertrat, beantragten die Vernehmung von Zeuginnen und Zeugen, die den Angeklagten gewalttätig erlebt hatten. Und das Gericht landete einen scheinheilig begründeten Coup zur Neutralisierung der unbequemen Sachverständigen Dr. Sliwka, die im Auricher Verfahren dabei geblieben war, daß der Angeklagte aus ihrer Sicht mit Verteidigungswillen gehandelt habe: Es bestellte mit der Begründung, auf »Terminschwierigkeiten« der Sachverständigen Dr. Sliwka Rücksicht nehmen zu wollen, einen zweiten psychiatrischen Sachverständigen, Herrn Dr. Winterscheid, von dem sich sagen ließ, daß die Kammer ihn aus einer Vielzahl von Prozessen kenne und seine Gutachten »stets von zutreffenden tatsächlichen Voraussetzungen ausgegangen« seien. Ein versteckter Hieb gegen Frau Dr. Sliwka, die auch in Oldenburg Widerstand gegen die erfindungsreiche Laienpsychologie des Gerichts leistete. Herrn Dr. Winterscheid hingegen traute man offenbar zu, daß er, ohne an der längst abgeschlossenen Beweisaufnahme über das Tatgeschehen teilgenommen zu haben, von den richtigen, nämlich den ihm vom Gericht vorgegebenen Anknüpfungstatsachen ausgehen werde, ohne diese in Frage zu stellen. Die »Terminschwierigkeiten« der Sachverständigen Dr. Sliwka, die den Vorwand für diese am 43. (!) Verhandlungstag erfolgende Bestellung eines neuen Sachverständigen bildeten, hatten darin bestanden, daß sie, als ihr die Anberaumung eines neuen Kurztermins erst einen Tag vorher mitgeteilt worden war, zunächst ihre Verhinderung angezeigt hatte. Obwohl ihre Beurlaubung für diesen Verhandlungstag ohne weiteres möglich gewesen wäre, hatte der Vorsitzende auf ihrem Erscheinen bestanden. Und Frau Dr. Sliwka entsprach dieser Zumutung, sagte ihre beruflichen Verpflichtungen ab und erschien. Zu ihrer und unserer Überraschung saß der »wegen ihrer Terminschwierigkeiten« bestellte Sachverständige Dr. Winterscheid, bereits da. Der übrigens seinerseits bald Verhinderungen wegen Urlaubs ankündigte, ohne daß diese »Terminschwierigkeiten« zu Weiterungen führten.

Am 21. Dezember 1990 – der Angeklagte saß in dieser Sache seit fast drei Jahren in Untersuchungshaft, die Hauptverhandlung dauerte schon fast ein Jahr, ein Ende war nicht abzusehen – beantragte ich (erfolglos), den Haftbefehl aufzuheben oder außer Vollzug zu setzen. Unter Berufung auf Entscheidungen des Bundesverfassungsgerichts und anderer Gerichte, wonach aus dem Grundrecht auf persönliche Freiheit eine zeitliche Begrenzung der Untersuchungshaft folgt und Versäumnisse der Strafrechtspflege selbst dann nicht zu Lasten des Angeklagten gehen dürfen, wenn er schwerster Straftaten dringend verdächtig ist, trug ich vor, daß im vorliegenden Fall die Hauptverhandlung in extremer Weise zerstückelt und in die Länge gezogen und dadurch der Angeklagte in seinen Grundrechten verletzt werde. Es hatte sich herausgestellt, daß die Strafkammer mehrere Hauptverhandlungen in verschiedenen Strafsachen zeitlich parallel durchführte, so daß jedenfalls für die Sache Fokken, wie ich für einen bestimmten Zeitraum ausgerechnet hatte, nur 73 Minuten pro Woche übrig blieben. Ich konnte vorrechnen, daß bei der in Schwurgerichtssachen normalerweise üblichen Terminierung und Verhandlungsdauer das Pensum, für das die Strafkammer elf Monate gebraucht hatte, in drei Wochen zu erledigen gewesen wäre. Dem wurde auch gar nicht widersprochen. Vielmehr bekannte sich die Strafkammer mit einem gewissen Stolz dazu, daß sie, »um so die bei ihr rechtshängigen Verfahren entsprechend zu fördern und die Arbeitskraft ihrer Mitglieder zu nutzen«, eine Vielzahl anderer Verfahren, nämlich 42 (in Worten: zweiundvierzig!) Verfahren, parallel zum Fokken-Prozeß abgewickelt habe. Fokken konnte sitzen, Fokken konnte warten, andere Verfahren waren wichtiger, schließlich hatte, wie sowohl der Staatsanwalt als auch das Gericht allen Ernstes behaupteten, der Verteidiger mit seinem Beweisantrag vom 24.4.1990 an allem Schuld, wenn nun schon seit Monaten über zweit- und drittrangige Fragen Beweis erhoben wurde.

Wie dieses Verfahren auf unabhängige Prozeßbeobachter wirkte – und auch darüber werden die Richter sich geärgert haben –, war in der *Ostfriesen-Zeitung* vom 12.1.1991 zu lesen:

Totschlag oder Notwehr: Das ist die Frage, die weder vor dem Landgericht Aurich noch bisher vor dem Landgericht Oldenburg geklärt werden konnte.

Keiner der Zeugen hat den tödlichen Messerstich wirklich gesehen. Fest steht nur, daß der Angeklagte einige Minuten zuvor vom Bruder des Toten, Manfred C., mit einem Faustschlag zu Boden gestreckt wurde.

Hat er anschließend nur aus Rache mit dem Messer zugestoßen oder fühlte er sich bedroht? Um das zu klären, befaßt sich das Oldenburger Gericht schon seit Monaten mit Zeugen, die etwas über den Charakter Fokkens aussagen sollen: gewalttätig oder nicht. Über diese Hilfskonstruktion will man offenbar an das Tatmotiv, Rache oder Notwehr, herankommen. Fraglich ist allerdings, ob sich allgemeine Aussagen über Charaktermerkmale des Angeklagten auch auf den konkreten Fall des Messerstichs beziehen lassen. Sprich: Auch ein gewalttätiger Mensch kann sich schließlich bedroht fühlen.

Weil das Gericht unter diesen Bedingungen nichts wirklich Neues zum gut dreieinhalb Jahre zurückliegenden Hergang der Tat herausfinden kann, begibt es sich mehr und mehr auf Nebenkriegsschauplätze. Und wird in Nebensächlichkeiten verstrickt. Da geht es um die Glaubwürdigkeit eines Zeugen, der etwas über die Glaubwürdigkeit eines Zeugen aussagen soll, der einen Zeugen kennt, der zum Leumund Fokkens befragt worden ist. Außer Spesen nichts gewesen.

Das mußte anders werden. Diesem Angeklagten mußte gezeigt werden, was dabei herauskommt, wenn man sich über Richter beschwert, die den Prozeß in die Länge ziehen und sich in Nebensächlichkeiten verstricken. Ihm mußte gezeigt werden, daß man nicht ungestraft Rechtsmittel gegen ein Urteil einlegt, wenn man noch anderes auf dem Kerbholz hat. Ihm mußte gezeigt werden, daß man als Angeklagter auch die Sünden seiner Anwälte ausbaden muß. Hatte da doch der eine gewagt, einen ehrenwerten Richter als Bordellbesitzer zu dekuvrieren, und der andere die Kühnheit besessen, für den angeklagten Diskothekenbesitzer Leumundszeugen zu benennen und dadurch das Konzept, mit ihm kurzen Prozeß zu machen, zu durchkreuzen. Dem wollen wir mal zeigen, was Sache ist. Von wegen »Nebenkriegsschauplätze«, da gibt es doch noch handfeste andere Sachen, die man in diesen Prozeß einbeziehen kann, und bei denen die Beweislage nicht so dürftig ist wie in der Hauptsache. Und auch der Hauptsache läßt sich noch eine neue Dimension abgewinnen, indem man sie vom Totschlag zum Mord hinaufstilisiert. Und so wurde nach monatelangem Hickhack auf Nebenkriegsschauplätzen ein neues Schlachtfeld eröffnet.

Der Staatsanwalt kündigte an, daß er den Angeklagten nicht nur, wie in der Anklage und im Auricher Urteil angenommen, wegen Totschlags, sondern wegen Mordes verurteilt zu sehen wünsche. Die bisherige Beweisaufnahme habe nach Ansicht der Staatsanwaltschaft ergeben, so hieß es in einem Schriftsatz vom 12. Januar 1991, daß beim Angeklagten die Mordmerkmale des »niedrigen Beweggrundes« und der »Heimtücke« vorgelegen haben. Das Gericht reagierte prompt und wies den Angeklagten darauf hin, daß er auch wegen Mordes verurteilt werden könne.

Dann erhob der Staatsanwalt Anklage wegen zweier Sexualdelikte Fokkens aus den Jahren 1982 und 1983, die schon vor Jahren nach § 154 StPO (wonach von der Verfolgung einer Tat abgesehen werden kann, wenn wegen einer anderen Tat ausreichende Strafe zu erwarten ist) vorläufig eingestellt worden waren, nun aber kurz vor der Verjährung reaktiviert wurden, um das Gericht in die Lage zu versetzen, trotz des gesetzlichen Verbots der reformatio in peius (Verbot der Schlechterstellung durch Einlegung eines Rechtsmittels) über die vom Landgericht Aurich verhängten zehn Jahre Freiheitsstrafe noch hinauszugehen.

Herr Fokken, an sich ein fröhlicher Was-kostet-die-Welt-Typ, der sich nicht so leicht einschüchtern ließ, inzwischen aber durch die lange Haftzeit zermürbt war, so daß die Verhandlung zeitweise wegen Verhandlungsunfähigkeit des Angeklagten unterbrochen werden mußte, wollte sich gegen die neuen Anklagevorwürfe nicht mehr verteidigen. Er hatte längst resigniert, litt unter Depressionen und ließ das aus seiner Sicht auf Lügen und Unterstellungen basierende apokalyptische Prozeßgeschehen wehrlos über sich ergehen. Der Staatsanwalt erinnerte ihn höhnend daran, daß er längst die für Strafgefangene geltenden Hafterleichterungen genießen könnte, wenn er nicht gegen das Auricher Urteil ein Rechtsmittel eingelegt hätte. Und zu Hause warteten eine junge Ehefrau und drei Kinder, an denen Herr Fokken sehr hing, seit fast vier Jahren auf den Familienvater. Seit Monaten befand Herr Fokken sich in der Untersuchungshaftanstalt Oldenburg.

Anträge, ihn nach Aurich zurückzuverlegen, um Besuche von Familienangehörigen zu erleichtern, wurden ebenso abgelehnt wie ein Antrag, ihm wenigstens zu Weihnachten eine einmalige Ausführung zu seiner Familie zu gestatten. Und jeder Verhandlungstag brachte neue Signale, wie dieses Verfahren ausgehen würde.

Nach der Bestellung des Sachverständigen Dr. Winterscheid hatte das Gericht angekündigt, diesen durch die Mitteilung von Verhandlungsmitschriften über die Ergebnisse der Beweisaufnahme unterrichten zu wollen. Dies mußte zwangsläufig eine weitere Verlängerung der Hauptverhandlung zur Folge haben. Der Staatsanwalt meinte, die Unterrichtung des Sachverständigen könne außerhalb der Hauptverhandlung, also ohne Kontrolle durch den Verteidiger, erfolgen. Dem mußte ich selbstverständlich widersprechen. Auch gab ich zu bedenken, daß die Mitteilung von Mitschriften nicht den unmittelbaren Eindruck der Zeugen ersetzen könne, und beantragte, die wichtigsten Tatzeugen, die ich namentlich benannte, noch einmal in Gegenwart des neuen Sachverständigen zu vernehmen. Ich wies darauf hin, daß durch die Verletzung des Beschleunigungsgebots (das Gericht hatte in einem seiner Beschlüsse »Beschleunigungsverbot« geschrieben; was hätte Freud dazu gesagt?) nicht mehr gewährleistet sei, daß alle Verfahrensbeteiligten sich in ausreichendem Maße an die Tatzeugen und deren schon neun Monate zurückliegende Aussagen erinnerten. Eine zusätzliche zeitliche Belastung würde im übrigen durch eine erneute Vernehmung dieser Zeugen kaum eintreten, weil das Gericht in jedem Falle den Inhalt ihrer Aussagen in öffentlicher Hauptverhandlung repetieren und den anderen Verfahrensbeteiligten die Möglichkeit einräumen müsse, Korrekturen und Ergänzungen nach deren Mitschriften anzubringen. Ich fügte meinem Antrag eine 28 Seiten umfassende Zusammenstellung meiner Zeugenmitschriften bei und kleidete meinen Antrag in die Beweisbehauptung, daß die Zeugen diese Mitschriften als inhaltlich richtig bestätigen würden.

Der Antrag wurde abgelehnt. Aufgabe des Sachverständigen sei es, »den Sachverhalt zu begutachten, den das Gericht ihm mitteilt«. Einer erneuten Vernehmung der Zeugen bedürfe es nicht. Dem Verteidiger wie auch den anderen Beteiligten bleibe es unbenommen, dem Sachverständigen weitere Anknüpfungstatsachen mitzuteilen, die er gegebenenfalls alternativ seinem Gutachten zugrundezulegen hätte.

Praktisch sah das dann so aus, daß der Berichterstatter, Richter B., an mehreren Verhandlungstagen aus seinen Notizen vorlas, was der Angeklagte und die Zeugen gesagt hätten. Dank meiner Stenographiekenntnisse, über die sich Richter und Staatsanwälte schon oft geärgert haben, gelang es mir, mitzuschreiben und später mit meinen eigenen Notizen zu vergleichen. Und in einem Schriftsatz, den ich am 65. Verhandlungstag überreichte, trug ich dann einige Ergänzungen und Korrekturen vor, die ein bezeichnendes Licht auf die Wahrnehmungsdefizite oder Auswahlprinzipien des Gerichts warfen.

So fehlten bei der Wiedergabe der Einlassung des Angeklagten u. a. folgende Sätze:

Ich wollte ihn nicht töten. Ich habe das selbst gar nicht erfaßt, ob das durch meine Kraft geschehen ist, daß der umgefallen ist, oder daß der Uwe zurückgegangen ist ... Ich war erstaunt, daß das Gericht in Aurich unterstellt hat, daß ein Tötungsvorsatz da war. Ich hatte doch nicht vor, jemand abzustechen. Ich hatte vor, das Messer zu zeigen, daß sich alle abschrecken lassen. Deshalb verstehe ich nicht, daß das Schwurgericht mir unterstellt hat, daß ich das absichtlich gemacht habe ...

Es fehlte weiter der Vermerk des Polizeiobermeisters Bernhard J. über das mit Walter Fokken geführte Gespräch, bei dem dieser seine Verzweiflung und seine Trauer über den von ihm verursachten Tod des Uwe C. ausgedrückt hatte. Richter B. behauptete, als ich ihn auf dieses Versäumnis hinwies, der Vermerk sei in der Gerichtsakte unleserlich. Das konnte nun unmöglich wahr sein, denn ich hatte den Vermerk in der Gerichtsakte gelesen und für meine Handakten kopiert. Ich war einen Moment in Versuchung, mir sofort Band II Blatt 127 der Gerichtsakten zeigen zu lassen, wo sich der Vermerk befand. Aber ich glaubte, auf diese Bloßstellung des Richters verzichten zu sollen, um die Stimmung nicht auf den Siedepunkt zu bringen.

Weiter beanstandete ich, daß folgende Antwort des Angeklagten auf eine Frage des Staatsanwalts, weshalb er ein Messer mit nach draußen genommen habe, nicht zitiert worden war:

Ich habe ja gesehen, was mir passiert, wenn ich nicht bewaffnet bin.

Der Sachverständige Dr. Winterscheid – und seinetwegen passierte ja das Ganze – gab sich den Anschein, alles mitzukriegen und zu behalten. Auf jeden Fall hatte er herausgehört, daß von ihm ein Gutachten über einen Angeklagten erwartet wurde, der eine Notwehrsituation nur zum Schein ausgenutzt habe und sich in Wirklichkeit an seinem Opfer rächen wollte. Es war nicht schwer, das herauszuhören. Wenn er sich an die von Richter B. getroffene Auswahl hielt und die Korrekturen und Ergänzungen des Verteidigers ignorierte, konnte er nicht fehlgehen.

Und so geschah es denn auch. Befangenheitsantrag gegen den Sachverständigen Dr. Winterscheid wegen einseitiger Auswahl der Anknüpfungstatsachen. Antrag abgelehnt.

Nun versuchte ich, den Diplom-Psychologen Schramer, der im Auricher Verfahren ein sehr kompetentes und für den Angeklagten günstiges Gutachten erstattet hatte und wohl deshalb für die Oldenburger Hauptverhandlung nicht wieder geladen worden war, ins Verfahren zurückzuholen. Zunächst stellte ich einen Beweisantrag auf Beiziehung eines psychologischen Sachverständigen, dessen Thesen ich dem damaligen Gutachten Schramers entnahm (eingeschränkte Situationswahrnehmung, bedingt durch Gefühle wie Angst und Ärger, aber auch infolge des genossenen Alkohols; Fokken empfand die einlaßbegehrende Gruppe als Bedrohung, die Angst auslöste; er verstand eine möglicherweise beschwichtigend gemeinte Geste als Teilhandlung eines Angriffs auf sein Hausrecht, usw.), und schlug den Diplom-Psychologen Schramer als Sachverständigen vor. Das alte Leid: der Verteidiger kann nur vorschlagen oder »anregen«, weil der Angeklagte nach geltendem Recht keinen Anspruch auf einen bestimmten, von ihm ausgewählten Sachverständigen hat. Aber hier sprach immerhin einiges für Schramer, weil er den Angeklagten schon aus der Auricher Hauptverhandlung kannte und dort bereits ein Gutachten über ihn erstattet hatte. Auch konnte er nicht im Verdacht stehen, ein Gefälligkeitsgutachten für die Verteidigung erstatten zu sollen, da er ursprünglich von der Staatsanwaltschaft bestellt worden war.

Antrag abgelehnt. Der Sachverständige Dr. Winterscheid sei nicht nur Psychiater, sondern auch Diplom-Psychologe. Dem Antrag der Verteidigung sei damit von der Kammer, »ehe er überhaupt gestellt war, bereits entsprochen«. An Zynismus war man bei diesem Gericht schon gewöhnt. Außerdem wurde ich überflüssigerweise belehrt, daß auf die Bestellung eines bestimmten Sachverständigen kein Anspruch bestehe.

Nun gibt es bekanntlich (noch) das Recht, dem Gericht doch einen bestimmten Sachverständigen aufzuzwingen, indem der Verteidiger diesen direkt durch Gerichtsvollzieher lädt und die entstehenden Kosten vorstreckt. Eine kostspielige Sache, insbesondere dann, wenn man es mit einem Gericht zu tun hat, das die Verhandlung in die Länge zieht und auch sonst keine Möglichkeit der Schikane ausläßt. Also stellte ich den Antrag, die für eine unmittelbare Ladung des Sachverständigen Diplom-Psychologen Schramer erforderlichen Kosten für notwendig zu erklären (§ 97 II in Verbindung mit § 126 II BRAGO) und die Zahlung des gemäß § 220 II StPO dem Sachverständigen darzubietenden Vorschusses aus der Staatskasse entweder zu Händen des Verteidigers anzuordnen oder bei der Geschäftsstelle hinterlegen zu lassen. Ein Versuch, für Herrn Fokken, der, inzwischen auch finanziell vor dem Ruin, mich im Oldenburger Verfahren nur noch als Pflichtverteidiger in Anspruch nehmen konnte, die Rechte eines Angeklagten zu reklamieren, der sich einen Wahlverteidiger und die unmittelbare Ladung des von ihm gewünschten Sachverständigen leisten konnte. Antrag abgelehnt.

Ihre Macht, Sachverständige nach ihrem Ermessen auszuwählen, hatte die Kammer auch gegenüber einem anderen Beweisantrag ausgespielt. Um dem Bestreben des Staatsanwalts und des Gerichts entgegenzutreten, die Diskothek »Paradiso« als eine Stätte ständiger extremer Gewaltakte hinzustellen, für die der Angeklagte verantwortlich sei, und um die Motive des Angeklagten für das ausgesprochene Hausverbot zu unterstreichen, hatte ich beantragt, einen Sachverständigen für das Gaststättengewerbe zum Beweise dafür gutachtlich zu hören, daß die Inhaber von Diskotheken erfahrungsgemäß mit Gästen rechnen müssen, die gewalttätig werden, andere Gäste, das Personal oder den Inhaber belästigen, bedrohen, angreifen, Inventar beschädigen und sich durch gute Worte allein nicht beruhigen oder zum Verlassen der Gaststätte bringen lassen; daß die Inhaber von Diskotheken in aller Regel Waffen (z. B. Gaspistolen oder andere Schußwaffen, Baseballschläger oder andere Schlagwerkzeuge oder Messer) an geeigneter Stelle griffbereit halten; daß die Inhaber von Diskotheken in aller Regel männliche Personen von einiger Körperkraft, sogenannte »Rausschmeißer«, zur Verfügung haben; daß es kaum einem Diskothekeninhaber erspart bleibt, von den zur Wiederherstellung der Ruhe und Ordnung bereitgestellten Mitteln ab und zu Gebrauch zu machen, insbesondere dann, wenn zu den Gästen des Lokals bestimmte Gruppen – im Fall »Paradiso« z. B. Motorradclubs – gehören, die leicht gewalttätig werden, usw. Das Gericht bestellte daraufhin als Sachverständigen den Inhaber eines Edelrestaurants, der es, wie nicht anders zu erwarten, weit von sich wies, daß die Behauptungen meines Beweisantrages zuträfen. Er bekannte mit einem gewissen Stolz, daß er das Milieu, in dem man Waffen brauche, nicht kenne; »wir rufen die Polizei«. Das hörten die Richter offenbar gern, um nicht zu sagen: mit Schadenfreude, statt zu erkennen, daß sie den falschen Sachverständigen geholt hatten.

Nachdem die Lokalpresse über die Vernehmung dieses Sachverständigen berichtet hatte, erschien in der *Ostfriesen-Zeitung* ein Leserbrief eines Gastwirts aus Norden, der den Nagel auf den Kopf traf:

Der Sachverständige ... scheint meiner Meinung nach nicht den nötigen »Sachverstand« im Disco-Milieu zu haben ...

Erst kurz vor Pfingsten wurde ein Discobesitzer aus Norden (Kollege von mir) von einem Gast angegriffen und schwer mißhandelt. Der Gastwirt kam in eine Klinik nach Münster mit einem komplizierten Kieferbruch ...

Eine Disco im Griff zu halten, ist für den Inhaber sehr schwer, und ich wünsche dem Sachverständigen weiterhin solche netten Gäste, wie er sie bisher hatte.

Herr Fokken kannte den Einsender des Leserbriefes nicht, aber wir benannten ihn auf gut Glück als sachverständigen Zeugen, um ihn über seine Erfahrungen mit gewalttätigen Gästen berichten zu lassen. Und seine Vernehmung als Zeuge und Sachverständiger vermittelte dann auch ein erschreckendes Bild von den realen Gewaltverhältnissen in bestimmten, vom jugendlichen Publikum bevorzugten Diskotheken, das allen mit diesem Milieu nicht vertrauten Zuhörern auch Fokkens Situation verständlich machen konnte. Vorausgesetzt, sie waren frei von feindseligen Gefühlen und Vorurteilen gegen diesen Angeklagten.

Richter B. interessierte sich nur dafür, ob der Sachverständige auch die Verhältnisse in Weener kenne, was dieser verneinte. Der vom Gericht ausgewählte Sachverständige war danach nicht gefragt worden. Es hatte auch nicht gestört, daß ihm das Diskothekenmilieu, in dem nicht nur Herr Fokken Waffen und Rausschmeißer brauchte, überhaupt fremd war. Im Urteil kommt dieser Teil der Beweisaufnahme, obwohl das »Wesen der Diskothek« auf sieben Seiten breit erörtert wird, nicht vor.

Es war eigentlich sinnlos geworden, den Angeklagten noch zu verteidigen. Welches Urteil bei diesem Gericht zu erwarten war, stand für jeden im Saal fest. Vergeblich hatte ich für Herrn Fokken Ablehnungsanträge gegen die Richter gestellt, den einen unter akribischer Darlegung der unglaublichen Verschleppung und Zerstückelung des Verfahrens und der am 43. Verhandlungstag mit verlogener Begründung erfolgten Bestellung eines gerichtsgefälligen Sachverständigen. Dieser zweite Ablehnungsantrag war unter Mitwirkung des Richters W. zurückgewiesen worden, also jenes Richters, dem die Schmach einer erfolgreichen Revision gegen sein Auricher Urteil widerfahren war und den die Oldenburger Kammer überdies als Zeugen zum Inhalt einer Aussage der Zeugin Krimhild Fallen*, der früheren Ehefrau des Angeklagten, vernommen hatte. Einen solchen Beschluß nahm man als Verteidiger im Hinblick auf eine nochmalige Revision immerhin wie eine Niete mit Prämienauslosungschance zur Kenntnis. Aber der Schönheitsfehler wurde noch rechtzeitig durch Wiederholung des Beschlusses in anderer Besetzung ausgebügelt.

---

* Name geändert

Hatte Staatsanwalt S. in Aurich noch einige Unsicherheiten durchblicken lassen, ob man dem Gericht wirklich die These zumuten konnte, der Angeklagte habe nicht in Notwehr, sondern aus Rache zugestochen, so konnte er in Oldenburg ein furchtbares Plädoyer halten, ohne besorgt sein zu müssen, damit seiner Sache zu schaden.

Der Angeklagte gehöre zu den frühmorgens krähenden Hähnen, die glauben, daß die Sonne nur ihretwegen aufgeht, sagte Herr S. einleitend.

Fragen Sie mich, ob ich nach 1½ Jahren Prozeßdauer Gutes an dem Angeklagten finde, so muß ich sagen, ich finde nichts Gutes an ihm. Und das sage ich nicht nur als Staatsanwalt, sondern auch als Mensch.

Herr S. tat seinen Gefühlen als Staatsanwalt und auch als Mensch keinen Zwang an. Und gab der Erwartung Ausdruck, daß das Gericht dem Angeklagten »das Etikett des Mörders umhängen« werde, auf dessen diskreditierende Bedeutung in der Öffentlichkeit er mit Befriedigung hinwies.

In meinem Plädoyer bemühte ich mich, der in dieses Verfahren immer wieder hineinwirkenden »Explosion des Hasses« entgegenzutreten und die Beweislage ganz nüchtern zu analysieren. Aber ich redete gegen Bretter.

Das am 7. Juni 1991 nach anderthalbjähriger Hauptverhandlung und 68 mehr oder weniger langen Sitzungen verkündete Urteil sprach den Angeklagten des Mordes in Tateinheit mit einer gefährlichen Körperverletzung sowie einer versuchten Vergewaltigung und einer sexuellen Nötigung schuldig und verurteilte ihn unter Einbeziehung der Einzelstrafen aus einem Urteil des Amtsgerichts Leer wegen gefährlicher Körperverletzung vom 12.7.1988 zu einer Gesamtfreiheitsstrafe von zwölf Jahren. Auf die Zustellung der schriftlichen Urteilsbegründung, die für die Revisionsbegründung benötigt wurde, ließ uns das Gericht noch bis März 1992, also weitere neun (!) Monate warten. Sie hatte dafür aber 321 Seiten (und zusätzlich 10 Seiten Inhaltsverzeichnis) und erforderte, wenn man allen Verweisungen nachging, eine mehrtägige Lektüre. Den gewaltigen Umfang hatte der mit dieser Arbeit offenbar monatelang beschäftigte Richter B. auf die Weise zustandegebracht, daß er nicht nur die angeklagten Taten, sondern alle Vorfälle aus dem Leben des Angeklagten ausbreitete, bei denen ihm gewalttätiges Verhalten vorgeworfen wurde, sie in kleine Teilstücke zerlegte und jedes in pedantischer Detailgenauigkeit mehrfach erörterte, zunächst als apodiktische Feststellung, dann in »Widerlegung der Einlassung des Angeklagten« (allein dieser Abschnitt umfaßt in 25 Unterabschnitten 132 Seiten) und dann noch einmal unter der Zwischenüberschrift »Die weiteren Grundlagen für die getroffenen Feststellungen« (58 Unterabschnitte mit 45 Seiten).

Was sich nach Meinung der für dieses Urteil verantwortlichen Richter in der Nacht zum 16. Mai 1987 in der Diskothek »Paradiso« in Weener abgespielt haben soll, war höchst unwahrscheinlich, aber durch gekonnte Aneinanderreihung juristischer Klischees revisionssicher begründet.

Die schriftliche Urteilsbegründung wiederholte wortreich den schon im Auricher Urteil behaupteten Geschehensablauf, setzte aber noch eins drauf, indem man Fokkens Handeln als »heimtückisch« qualifizierte und ihn des Mordes schuldig sprach.

»Heimtücke« setzte voraus, daß Fokken das Messer bei Verkündung des Hausverbots verborgen gehalten hatte, daß er das Hausverbot nur zum Schein ausgesprochen hatte, um in Wirklichkeit seine Rachepläne vorzubereiten, daß er nicht zurückgedrängt wurde, sondern nur deshalb zurückgewichen ist, um den Uwe C. in den Windfang zu locken und ihm da den tödlichen Stich zu geben. Unwahrscheinliche Unterstellungen, die kein Krimi-Autor seinen Lesern zumuten dürfte, ohne sich lächerlich zu machen. Hier aber dienten sie zur Begründung eines Urteils, das einen Menschen zum Mörder erklärte und ihm die Verbüßung einer langjährigen Freiheitsstrafe auferlegte.

Wem die Unwahrscheinlichkeit des festgestellten Geschehensablaufs und der angeblichen Motivation des Angeklagten genügt, um das Urteil als Fehlurteil zu erkennen, der kann auf eine kritische Auseinandersetzung mit den Urteilsgründen verzichten. Herr Fokken, der am besten wissen mußte, was wirklich geschehen war, hatte sich eine Lektüre der 321 Seiten Urteilsgründe erspart, was ich ihm nicht verdenken kann. Aber wer sich die Mühe macht, dieses in scheußlichstem Juristendeutsch abgefaßte Elaborat zu lesen, der fällt von einem Staunen ins andere. Vielleicht haben die 42 Verfahren, die während des Fokken-Prozesses abgewickelt worden waren, der Aufmerksamkeit und dem Erinnerungsvermögen des Urteilsverfassers geschadet. Er scheint jedenfalls in einem anderen Prozeß gewesen zu sein.

Urteilskritik ist in Deutschland ungeheuer erschwert durch den Umstand, daß in Verfahren, die vor dem Landgericht angeklagt sind, weder ein Wortprotokoll geführt, noch auch nur der wesentliche Inhalt der Aussagen festgehalten wird. Eine Blankovollmacht an die Gerichte, ins Urteil zu schreiben, was man will; und das geschieht öfter, als der biedere deutsche Justizgläubige sich träumen läßt. Ein Urteil an Hand der Protokolle auf Richtigkeit zu überprüfen, ist daher in Deutschland unmöglich. Im Protokoll steht nur, *daß* ein Zeuge ausgesagt hat, nicht aber, *was* er ausgesagt hat. Ausländischen Beobachtern nötigt dieser Mangel des deutschen Prozeßrechts immer wieder fassungsloses Staunen ab. Während man etwa das umstrittene, dem Todesurteil gegen Sacco und Vanzetti zugrundeliegende Verfahren noch 50 Jahre nach ihrer Hinrichtung auf Grund des nach amerikanischem Recht geführten Wortprotokolls rekonstruieren und offiziell für unfair erklären lassen konnte (vgl. Helmut Ortner, *Fremde Feinde. Der Fall Sacco & Vanzetti*. Göttingen 1996), ist man in Deutschland darauf angewiesen, sich auf private, insbesondere eigene Mitschriften zu stützen, die natürlich prompt dem Einwand der Unrichtigkeit oder Unvollständigkeit ausgesetzt sind, oder aber die Wiedergabe in den Urteilsgründen als richtig zu akzeptieren. Zweifel an der richtigen Wiedergabe der Beweisergebnisse in den Urteilsgründen werden häufig mit der unter Umständen folgenreichen Beschuldigung gekontert, der Kritiker habe sich des Vorwurfs der Rechtsbeugung und damit der Richterbeleidigung schuldig gemacht. Und im Ernstfall steht der Kritiker gegen eine schon zahlenmäßig überlegene Phalanx von Gerichtspersonen, die zu beschwören bereit sind, daß die Urteilsgründe die Wahrheit und nichts als die Wahrheit enthalten. Ich muß daher dem Leser bzw. der Leserin die Entscheidung überlassen, ob sie den Urteilsgründen oder meinen stenographischen Mitschriften vertrauen wollen, soweit nicht das schlichte Verschweigen wesentlicher, den Angeklagten entlastender Beweismittel – auch das hat es gegeben! – den objektiven Beweis der Unvollständigkeit der Urteilsgründe ermöglicht.

Die entscheidend wichtige Frage dieses Verfahrens war, ob Herr Fokken das Messer bei Verkündung des Hausverbots, also zu einem Zeitpunkt, als dies noch Sinn machte, um die einlaßbegehrenden Gäste abzuschrecken, offen vorgezeigt hatte. Eine kritische Beweiswürdigung hätte deshalb bei der Vorfrage ansetzen müssen, ob die Zeugen, die ein Messer zu diesem Zeitpunkt nicht gesehen haben wollten, dies überhaupt sehen konnten. Daß es sich dabei fast durchweg um Zeugen handelte, die zu der auf den Eingang zugehenden Gruppe gehörten, so daß nur die vorderen freie Sicht auf Herrn Fokken hatten, hatte das Gericht nicht zur Kenntnis nehmen wollen. Diese Zeugen hatten – und auch darauf habe ich in meinem Plädoyer vergeblich hingewiesen – darüber hinaus ein Motiv, das mit dem Hausverbot verbundene Vorzeigen des Messers zu bestreiten. Denn wenn sie Fokkens Warnung nicht ernstgenommen und von hinten geschoben hatten, dann mußten sie sich mitschuldig am Tode des Uwe C. fühlen, der vorneweg war und dem Messer nicht ausweichen konnte.

Vielleicht war Uwe C. die einzige zu der einlaßbegehrenden Gruppe gehörende Person, die das Messer sehen konnte und die Gefahr erkannte. Vielleicht hatte es auch sein Bruder Manfred sehen können, der als nächster hinter ihm war. Seine Zeugenaussage enthielt eine bemerkenswerte Unsicherheit. Er war in der Sitzung vom 13.2.1990 wiederholt gefragt worden, ob er einen Gegenstand in Herrn Fokkens Hand gesehen habe, als sein Bruder auf diesen zuging. Der Zeuge hatte darauf jedesmal die Einschränkung gemacht, daß er »nicht darauf geachtet« habe. Andererseits hatte er die Frage, ob er Handbewegungen des Herrn Fokken gesehen habe, mit Bestimmtheit verneint (»Das hätte ich sehen müssen«).

Vergeblich hatte ich das Gericht auch auf den Umstand hingewiesen, daß alle Zeugen, die zu der entgegen dem Hausverbot einlaßbegehrenden Gruppe gehörten, sich nicht daran erinnerten oder erinnern wollten, daß von hinten gedrängt worden war, daß es aber andere Zeugen gab, die dieses Drängen bestätigt hatten.

Ich hatte in meinem Plädoyer noch einmal an den Zeugen Wöhr erinnert, dem das Gericht, als es um die Widerlegung und Festnahme des Ekkehard Hansen ging, bereits Glaubwürdigkeit attestiert hatte. Dessen Aussage hatte nach meiner Meinung besonderes Gewicht aus zwei Gründen: er gehörte nicht zu der Gruppe, die ins Lokal drängte, und er gehörte auch nicht zu den Zeugen, die das Geschehen so lange hin und her diskutiert hatten, bis sich eine einheitliche Meinung gebildet hatte; denn er war kurze Zeit nach dem Vorfall nach Heidelberg verzogen.

Dieser Zeuge, der den Vorfall aus dem Innern der Gaststätte miterlebt hatte, hatte sich auch durch langdauernde intensive Hinterfragung seiner Aussage nicht davon abbringen lassen, daß im Eingangsbereich ein Gedränge stattgefunden habe, bei dem »von hinten ziemlich geschoben« worden sei. Herr Fokken habe »ziemlich zu tun gehabt, sie draußen zu halten«, er habe sich »mit seinem Körper dagegengelehnt«.

Im Urteil lesen wir das Gegenteil:

Sie drängten nicht von hinten gegen die Brüder C. und damit indirekt gegen den Angeklagten.

Die Aussage des Zeugen Wöhr widerspreche dem nicht, denn der habe nur eine »subjektive Wertung« abgegeben. Aber da gab es noch einen Zeugen, der den Vorgang ähnlich »gewertet« hatte, Martin Landwehr[*], der seine Eindrücke bei der Polizei so zu Protokoll gegeben hatte:

---

[*] Name geändert

Alle Gäste wollten dann wieder die Diskothek betreten. Der Uwe C. stand zu diesem Zeitpunkt vorne und wollte als erster in die Diskothek. Walter Fokken verweigerte ihm jedoch den Zutritt mit den Worten: »Du kommst hier nicht mehr rein.« Daraufhin sagte Uwe C. zu Fokken: »Ich habe aber noch mein Bier da drin stehen.« Fokken schubste ihn zurück und wiederholte: »Ihr kommt hier nicht mehr rein.« Uwe C. erfaßte daraufhin mit seinen Händen die Oberarme des Fokken und schob ihn auf diese Art und Weise etwas zurück. Auch die anderen Personen, die hinter Uwe C. standen, drängten von hinten nach. Walter Fokken wehrte sich, indem er den C. ebenfalls nach hinten drückte, und die Masse der Leute ging daraufhin auch einen Schritt zurück. Es erfolgte dann nochmals ein Druck aus den Personen, die vor der Diskothek standen.

Da Martin Landwehr verstorben war, war diese Aussage in der Hauptverhandlung verlesen worden. An ihrem Inhalt war nicht zu deuten. Was machte der Urteilsverfasser? Er unterschlug sie ganz. War auch diese Aussage unleserlich? In meinem Aktenauszug war diese Band I Seite 45 protokollierte Aussage leserlich und dem Gericht in der schriftlichen Fassung meines Plädoyers noch einmal mitgeteilt worden. Aber auf den 321 Seiten des Urteils kommt der Zeuge Martin Landwehr nicht vor. Vielleicht war seine Aussage »nicht sachdienlich«? Denn auf Seite 314 des Urteils erfahren wir:

Soweit in den vorliegenden Abschnitten dieser Urteilsgründe vernommene Zeugen nicht aufgeführt worden sind, konnten sie keine sachdienlichen Angaben zu den jeweiligen Punkten machen.

So einfach ist das, wenn den Richtern eine bestimmte Aussage nicht in den Kram paßt. Denn das Revisionsgericht prüft nur nach, was im Urteil steht, und nicht, ob auch alles drinsteht.

Nun gab es aber nicht nur Zeugen, die Fokkens bedrängte Situation am Eingang der Diskothek, sondern auch das Messer in seiner Hand bei Verkündung des Hausverbots gesehen hatten.

Der Zeuge Erwin Hamann und die Zeugin Anke Bermann hatten seitlich vom Eingang, etwa zwei Meter von Herrn Fokken entfernt, gestanden und daher gute Beobachtungsmöglichkeit. Hamann hatte zu polizeilichem Protokoll erklärt, daß Herr Fokken allein vor der Eingangstür gestanden, ein Messer in der Hand gehalten und sinngemäß gesagt habe: »Ihr kommt hier nicht mehr rein!« In der Oldenburger Hauptverhandlung hatte Hamann diese Aussage als richtig bestätigt und auf die Frage des Vorsitzenden, ob zu diesem Zeitpunkt schon jemand auf dem Boden gelegen habe, eindeutig erklärt:

Nein, mit Sicherheit nicht.

In den Urteilsgründen wurde diese für die Verteidigung wichtige Aussage, die das zeitliche Nacheinander der Ereignisse ziemlich klar geschildert hatte, durch Weglassungen so entstellt, daß auch von Hamann gesagt werden konnte, er habe das Messer erst zu einem Zeitpunkt gesehen, als der verhängnisvolle Messerstich schon erfolgt war.

    Ähnlich verfuhr das Gericht mit der Aussage der Zeugin Bermann. Sie war von der Oldenburger Strafkammer mehrmals vernommen worden. Beim ersten Mal (13. 2. 1990) hatte sie nach meinen Notizen gesagt:

Ich kann mich erinnern, wie er (Walter Fokken) wieder aufstand (nach dem Niederschlag auf der Straße) und losschimpfte mit »Hausverbot«. Ungefähr 15 bis 20 Menschen standen da auf der Straße. Es ist zweimal das Wort »Hausverbot« gefallen, das erste Mal noch auf der Straße. Erregte Diskussion. Herr Fokken war auch ziemlich erregt. Er sagte: »Hausverbot! Ihr kommt hier nicht mehr rein!«

Auf die Frage, zu welchem Zeitpunkt sie das Messer zum ersten Mal gesehen habe:

Die Menschen standen noch auf der Stufe. Er hatte das Messer in der Hand. Die Menge hat noch so mit ihm geredet: »Reg dich ab! Wir kommen sowieso nicht wieder, wir wollen unsere Sachen haben.« Wahrscheinlich haben die das (das Hausverbot) auch gar nicht so ernst genommen. Zu der Zeit lag noch keiner auf dem Boden. Dann sind die wohl etwas weiter nach vorne gerückt. In dem Moment muß er wohl zugestochen haben. Ich habe das gar nicht so wahrgenommen, daß er jemand getroffen hat. Jedenfalls ist Uwe C. dann zusammengesackt.

Das war eine ziemlich klare, die Einlassung Fokkens bestätigende Aussage. Als die Zeugin am 27.2.1990 ein zweites Mal vernommen wurde, hatte sich ihre Aussage verändert. Auf meine Frage, ob sie sich in der Zwischenzeit mit anderen unterhalten habe, behauptete sie: »Nur mit Margit Overbeck, sonst mit niemand, ich habe das bewußt vermieden«. Erst auf gezielte Fragen mußte sie dann einräumen, daß sie sich auch mit anderen unterhalten und den Vorwurf zu hören gekriegt hatte, sie hätte bei ihrer gerichtlichen Vernehmung »Müll« geredet.

Dem Gericht gefiel die zweite Aussage besser. Im Urteil liest sich das so:

Die Zeugin Anke Bermann hat dargelegt, daß sie das Geschehen im Windfang nicht habe beobachten können. Sie habe erst gesehen, wie Uwe C. rückwärts taumelnd über die Plattform und den Bürgersteig auf die Straße gestürzt sei und dort liegen geblieben sei.

In etwa gleicher Zeit sei der Angeklagte oben auf der Plattform erschienen und habe ein Messer in der Hand gehabt. Dieses habe sie da zum ersten Mal gesehen ...

Was ich über die erste, die »Müll«-Aussage der Zeugin Bermann notiert und dem Gericht schriftlich überreicht hatte, taucht im Urteil nicht mehr auf, sondern wird mit folgender, auch bei weiteren Zeugen stereotyp wiederkehrenden Bemerkung erledigt:

Soweit sich aus den Aufzeichnungen des Verteidigers des Angeklagten über die Aussage dieser Zeugin, die zu den Gerichtsakten gereicht wurden, der Eindruck ergeben könnte, daß die Aussage der Zeugin anders zu bewerten ist, wird darauf hingewiesen, daß der Verteidiger selbst eingeräumt hat, daß seine Aufzeichnungen nicht vollständig sind und damit Lücken aufweisen. Er habe nur das mitgeschrieben, was ihm wichtig erschienen sei.

»Eingeräumt« hatte ich, daß ich nicht ein ganzes Team von Parlamentsstenographen ersetzen könne, was auch nicht meine Aufgabe war. Aber vollständiger und zuverlässiger als die des Gerichts waren meine Aufzeichnungen allemal. Nicht einmal die sonderbare Entwicklung dieser Aussage und die dafür angegebenen Gründe erfährt der Leser aus dem Urteil, obwohl sie Anlaß hätten geben können, über den Gruppendruck und sonstige Abhängigkeiten nachzudenken, denen die Zeugen in dieser Sache ausgesetzt waren.

In meinem Plädoyer hatte ich auf die Übereinstimmung der Aussage Hamann und der (ersten) Aussage Bermann mit der Einlassung des Angeklagten hingewiesen, auf die im Vergleich zu anderen Zeugen besseren Beobachtungsmöglichkeiten dieser Zeugen, sowie auf den Umstand, daß diese beiden nicht zu der Gruppe gehörten, die in die Diskothek hinein wollte, und deshalb in höherem Maße unbeteiligt an der tragischen Eskalation der Ereignisse waren. In der Beweiswürdigung des Urteils findet sich von alledem kein Wort.

Die Beweiswürdigung des Gerichts funktionierte nach einem Prinzip, das den rechtsstaatlichen Grundsatz »in dubio pro reo« (im Zweifel zugunsten des Angeklagten) auf den Kopf stellte. Alles, was den Angeklagten entlastete, war prinzipiell unglaubwürdig, alles, was ihn belastete, war glaubwürdig. Das galt sogar, wenn eine den Angeklagten belastende Aussage widerrufen wurde, ohne daß die insoweit nötige Beweiswürdigung im Urteil kenntlich gemacht wurde. Ein Beispiel:

Auf seiner Flucht nach dem Vorfall mit Uwe C. war Fokken von den Zeugen Riekehl*, Thomalla* und Gernhard* aufgehalten und zur Rede gestellt, von Thomalla auch zu Boden geschlagen worden. Riekehl will bei dieser Gelegenheit aus Fokkens Mund gehört haben: »Go weg, anners steek ick di ook!« (Geh weg, sonst steche ich dich auch); so Riekehl bei seiner polizeilichen Aussage vom 18.5.1987. Als Riekehl am 5.4.1990, also fast drei Jahre später, vor der Oldenburger Strafkammer vernommen wurde, war daraus geworden: »Weg, sonst stech ich dich

---

* Namen geändert

auch tot oder ab«. Als ihm von dem Kollegen Bernhard Docke, der mich an diesem Tag vertrat, seine frühere Aussage vorgehalten wurde, räumte er ein, daß diese richtig war, Fokken also nur von stechen und nicht von totstechen oder abstechen gesprochen habe. Die Zeugen Thomalla und Gernhard hatten Fokkens Äußerung nicht gehört, erinnerten sich nur, daß Riekehl sie ihnen »so oder so ähnlich« erzählt hatte.

Was wurde daraus im Urteil? Auf Seite 90 des Urteils steht, der Angeklagte habe zu Riekehl auf plattdeutsch gesagt: »Riekehl, geh weg, sonst stech ich dich auch ab«; also die Version, die der Zeuge widerrufen hatte.

Und auf Seite 257 heißt es, die Zeugen Thomalla und Gernhard hätten sich daran erinnern können, daß die auf Seite 90 angeführten Worte »so oder so ähnlich gefallen sind«. Sie werden also im Sinne einer Bestätigung der auf Seite 90 festgestellten Formulierung zitiert, so als ob die Zeugen Fokkens Äußerung selbst gehört hätten. Man erfährt nicht, daß sie die »angeführten Worte« nur von Riekehl »so oder so ähnlich« gehört hatten. Ein Musterbeispiel für die Unzuverlässigkeit selbst solcher Urteilsfeststellungen, die vorgeben, sich auf Zeugenaussagen zu stützen.

Man durfte gespannt sein, wie das Urteil die Äußerungen des Herrn Fokken gegenüber den Polizeibeamten Bernhard J. und Otto R., die Herrn Fokken als einen über die tödlichen Folgen seines Notwehrakts zutiefst verzweifelten und trauernden Menschen erlebt hatten, mit der Feststellung vereinbaren würde, der Angeklagte habe den Tod des Uwe C. billigend in Kauf genommen. Der Urteilsverfasser wählte einen verblüffend einfachen Weg: Er unterschlug diese Äußerungen. In den 321 Seiten des Oldenburger Urteils sucht man vergebens nach dieser von den Polizeibeamten Bernhard J. und Otto R. protokollierten Totenklage des Angeklagten. So einfach ist das in einem Land, in dem der Gesetzgeber, auf die Redlichkeit deutscher Richter vertrauend, weder ein Wortprotokoll für nötig hält, noch die Nachprüfung des Revisionsgerichts auf den Inhalt der Akten erstreckt.

Nach alledem war man kaum überrascht, daß auch das Gutachten der Sachverständigen Frau Dr. Sliwka unrichtig wiedergegeben wurde. Sie hatte, ebenso wie schon in Aurich, die Voraussetzungen des §21 StGB (verminderte Schuldfähigkeit) schon im Hinblick auf die als »mittlerer Rausch« zu qualifizierende Alkoholisierung des Angeklagten bejaht und sich auch durch bohrende Fragen des Gerichts, des Staatsanwalts und der Nebenklägervertreterin nicht davon abbringen lassen, daß sie von ihrem Fach her nicht glauben könne, daß Fokken das Messer bewußt verborgen gehalten habe. Es hatte nicht an den üblichen Zumutungen gefehlt, die Sachverständige solle dennoch davon ausgehen, Fokken habe das Messer versteckt und den Uwe C. planvoll umgebracht. Diese Frau war unbeugsam. Sie hatte ihrer Überzeugung Ausdruck gegeben, daß Fokken sich und seine Diskothek vor den eindringenden Personen schützen wollte und es für möglich erklärt, daß der Angeklagte das Verhalten des Uwe C., selbst wenn es so friedlich gewesen sein sollte, wie einige Zeugen es gesehen haben wollten, als Angriff verstanden habe (»eingeschränkte Situationswahrnehmung«, »Tunneleffekt«).

Das hatte dem Gericht natürlich nicht gefallen. Was schrieb man ins Urteil? Die Sachverständige Dr. Sliwka habe dargetan, daß »keine Beeinträchtigung der Einsichts- und Steuerungsfähigkeit in Bezug auf die Tat am 16. Mai 1987 vorgelegen« habe. Also das Gegenteil dessen, was sie tatsächlich gesagt hatte. Ihr Gutachten wurde demgemäß in einem Atemzug mit dem Gutachten des Sachverständigen Dr. Winterscheid, der das Gericht wunschgemäß bedient hatte, als »richtig« und »zutreffend« vereinnahmt.

Und so bekannte sich das Gericht, ohne zu erwähnen, daß die Sachverständige Dr. Sliwka durchaus anderer Meinung gewesen war, zu der Auffassung, daß der Angeklagte – trotz eines Blutalkoholwerts von 2,38 Promille! – uneingeschränkt schuldfähig gewesen sei. Das ergebe eindeutig die festgestellte Verhaltensweise des Angeklagten, der »nach einem gewissen Plan, Überlegungen und Sozialadäquanz gehandelt« habe. Ein zynischer Rückschluß aus falschen Tatsachenfeststellungen.

Die gegen das Urteil eingelegte Revision, wiederum von dem Kollegen Strate bearbeitet, wurde vom BGH durch Beschluß vom 1. Dezember 1992 als unbegründet verworfen. Der Generalbundesanwalt hatte in seiner Stellungnahme zur Revisionsbegründung darauf hingewiesen, daß die erhobenen Rügen auf die »unzulässige Behauptung der Aktenwidrigkeit der Urteilsfeststellungen« hinausliefen. Freilich, ein Blick in die Akten hätte dem Revisionsgericht gezeigt, daß die Oldenburger Richter ihrer Verpflichtung zur umfassenden Würdigung aller Beweismittel nicht nachgekommen waren. Aber nach den Regeln des Revisionsrechts gilt nur das, was im Urteil steht. Und so blieben die schlimmsten Versäumnisse der Beweiswürdigung unsichtbar.

Ob Herrn Fokken mit einer erfolgreichen Revision überhaupt noch gedient gewesen wäre, steht auf einem anderen Blatt. Sie hätte die Rechtskraft des Urteils und damit die Dauer der Untersuchungshaft noch weiter hinausgezögert, ohne daß man nach den bisherigen Erfahrungen hätte sicher sein können, daß am Ende ein besseres Urteil herausgekommen wäre. Zumal nach dem Geschäftverteilungsplan des Landgerichts Oldenburg für aufgehobene Urteile der O.-Kammer wieder Herr W. zuständig geworden wäre. Am 15. Mai 1995 war Herr Fokken nach achtjähriger Haftzeit entlassen worden und zu seiner Familie zurückgekehrt.

Einer der für das Oldenburger Urteil verantwortlichen Richter soll übrigens, nachdem er dieses Werk vollendet hatte, in die neuen Bundesländer abgeordnet worden sein, da die Menschen in der ehemaligen DDR ja noch lernen müssen, wie unabhängige Richter in einem freiheitlich-demokratischen Staat auf Grund eines fairen Verfahrens Wahrheit und Recht finden.

19. Carl von Ossietzkys »Landesverrat« – Ein Wiederaufnahmeverfahren (1988-1992)

Carl von Ossietzky, der 1938 an den Folgen jahrelanger Konzentrationslagerhaft gestorbene große Pazifist und Demokrat, hat mich zweimal in meinem Anwaltsleben sehr beschäftigt. Das erste Mal, als ich zusammen mit meiner Frau, Elisabeth Hannover-Drück, Mitte der sechziger Jahre das Buch *Politische Justiz 1918-1933* (Frankfurt/M. 1966; Neuauflage: Lamuv-Verlag, Bornheim-Merten 1987) schrieb und mit Entsetzen las, wie deutsche Richter schon vor Hitler mit Publizisten umgegangen sind, die vor Militarisierung und herannahendem Faschismus gewarnt haben. Das zweite Mal in den Jahren nach 1988, als ich zusammen mit anderen Kollegen den Versuch unternahm, das berüchtigte Landesverratsurteil des Reichsgerichts aus dem Jahre 1931 im Wege eines Wiederaufnahmeverfahrens aus der Welt zu schaffen. Darüber will ich berichten. Es wird auch für die Leser und Leserinnen ein schwieriges Kapitel. Denn um aus dem in aller Welt hochgeachteten deutschen Patrioten Carl von Ossietzky einen »Landesverräter« zu machen und diese ungeheuerliche Charakterisierung durch Juristen, die bereits Adolf Hitler huldigten, noch im Jahr 1992 aufrechtzuerhalten, war nicht nur ein rückwärtsgewandtes politisches Bewußtsein, sondern auch ein großer Aufwand an juristischer Spitzfindigkeit nötig.

In der *Weltbühne* vom 12. März 1929 war jener durch das Eingreifen der Justiz zu internationaler Bekanntheit gelangte Artikel »Windiges aus der deutschen Luftfahrt« erschienen, mit dessen Kriminalisierung sich deutsche Richter bis ins Jahr 1992 beschäftigen sollten. Verfasser des Textes war – unter dem Pseudonym Heinz Jäger – der Journalist Walter Kreiser, Herausgeber der *Weltbühne* und verantwortlicher Redakteur war Carl von

Ossietzky, letzterer schon damals ein international angesehener Publizist, dessen kompromißlose Kritik der deutschen Zustände ihn zum Haßobjekt der Reichswehrführung und der Justiz gemacht hatte.

Der später als »Landesverrat« und »Verrat militärischer Geheimnisse« inkriminierte Teil des Aufsatzes befaßte sich mit Vorgängen auf dem bei Berlin gelegenen Flugplatz Johannisthal-Adlershof. Nachdem zuvor von einer unter der Bezeichnung »Severa« gegründeten Seeversuchsanstalt die Rede war, die nichts anderes als eine »getarnte Abteilung der Marineleitung« gewesen und, als dies ruchbar wurde, scheinbar aufgelöst, in Wahrheit aber nur umbenannt worden sei, heißt es in diesem »Abteilung M.« überschriebenen Schlußabschnitt:

Ähnliche Kapriolen wurden auch auf dem Flugplatz Johannisthal-Adlershof gemacht. Auf der Adlershofer Seite bestand als besondere Gruppe der Deutschen Versuchsanstalt für Luftfahrt eine sogenannte Abteilung M. Als beim vorjährigen Luftfahrtetat der sozialistische Abgeordnete Krüger im Haushaltsausschuß die Regierungsvertreter um Auskunft bat, zu welchem Zweck die Abteilung M. da sei, bekam er keine Antwort, denn sonst hätten die Behörden darauf aufmerksam machen müssen, daß »M« auch der Anfangsbuchstabe des Wortes Militär ist. So schwieg man lieber. Aber auch hier arbeitete Gröners (des seinerzeitigen Reichswehrministers; H. H.) findige Vernebelungstaktik. Um bei einer erneuten Anfrage sagen zu können: eine solche Abteilung M. gibt es nicht mehr, mit diesen Schweinereien haben wir aufgeräumt, wurde diese Abteilung auch aufgelöst, kam auf die Johannisthaler Seite des Flugplatzes und heißt jetzt »Erprobungsabteilung Albatros«, zum Unterschied von einer Versuchsabteilung, die Albatros bereits besitzt. Diese »Erprobungsabteilung Albatros« ist zu Lande dasselbe, was an der See die »Küstenabteilung der Lufthansa« darstellt. Beide Abteilungen besitzen je etwa dreißig bis vierzig Flugzeuge, manchmal auch mehr.

Aber nicht alle Flugzeuge sind immer in Deutschland ...

Die für Landesverratssachen zuständige Abteilung der Reichsanwaltschaft, sonst zu Gefälligkeiten gegenüber der Reichswehrführung stets bereit, sah hier doch Schwierigkeiten, den Vorwurf des Geheimnisverrats zu begründen. Ihr lag die Stellungnahme eines Sachverständigen des Auswärtigen Amtes (Konsul Schultz-Sponholz) vor, das zu dem Ergebnis gekommen war, man werde kaum behaupten können, daß das Wenige, was Kreiser über die »Abteilung M.« gesagt habe, »in Luftfahrtkreisen ein Geheimnis war«. Auch entnahm sie dem Protokoll über die 312. Sitzung des Reichstagsausschusses für den Reichshaushalt vom 3. 2. 1928 und einer »Auslassung« des Direktors des Reichstags, »daß der militärische Charakter der bewußten Abteilung M. bei den Beratungen des Reichshaushaltsausschusses schon im Februar 1928 erörtert worden war, und daß auch durchaus die Möglichkeit besteht, daß weite Kreise des In- und Auslandes von diesen Erörterungen Kenntnis erlangt haben«. Der Oberreichsanwalt fragte deshalb mit Schreiben vom 24. 1. 1931 – also fast zwei Jahre nach Erscheinen des inkriminierten Artikels – beim Reichswehrministerium an, »ob und gegebenenfalls aus welchen Gründen gleichwohl die bisher vertretene Auffassung, daß mindestens die in dem Unterabschnitt ›Abteilung M.‹ des fraglichen Artikels preisgegebenen Nachrichten im Zeitpunkt ihrer Veröffentlichung noch geheim gewesen seien, aufrechtzuerhalten ist«. Es wurde um »gutachtliche Stellungnahme« gebeten, die prompt angedient wurde und in der schlichten Behauptung bestand, daß der Hinweis auf die von dem SPD-Abgeordneten Krüger in der Sitzung des Reichstagsausschusses gemachten Äußerungen »nicht geeignet« seien, »den Beweis dafür zu erbringen, daß sämtliche in dem Unterabschnitt ›Abteilung M.‹ des inkriminierten Artikels enthaltenen Nachrichten im Zeitpunkt ihrer Veröffentlichung allen interessierten Kreisen des In- und Auslandes bereits bekannt gewesen seien«. Das Schreiben des Reichswehrministeriums datiert vom 13. Februar 1931. Am 30. März 1931 erhob der Oberreichsanwalt Anklage.

Der gegen Kreiser und Ossietzky gerichtete Anklagevorwurf: Sie hätten »vorsätzlich Nachrichten, von denen sie wußten, daß ihre Geheimhaltung einer anderen Regierung gegenüber für das Wohl des Deutschen Reiches erforderlich ist, öffentlich bekannt gemacht« (Landesverrat) und durch dieselbe Handlung auch gegen ein in der Vorbereitungsphase des Ersten Weltkrieges verkündetes Gesetz gegen den Verrat militärischer Geheimnisse vom 3.6.1914 verstoßen, das einen ganz ähnlichen Wortlaut hatte (»... wer vorsätzlich Nachrichten, deren Geheimhaltung im Interesse der Landesverteidigung erforderlich ist, an eine ausländische Regierung oder an eine Person, die im Interesse einer ausländischen Regierung tätig ist, gelangen läßt und dadurch die Sicherheit des Reichs gefährdet«). Aus der Anklageschrift:

Nach den Gutachten des Reichswehrministeriums und des Auswärtigen Amtes waren die in dem Unterabschnitt »Abteilung M.« behaupteten Tatsachen im Zeitpunkt ihrer Veröffentlichung zum mindesten teilweise weder den Hauptmächten der Entente noch den Regierungen des übrigen Auslandes bekannt ...

Ihre Veröffentlichung sei dem Wohle des Deutschen Reichs abträglich gewesen. Der fragliche Artikel mache den verantwortlichen Leitern des Deutschen Reiches »unverblümt genug« den Vorwurf, »daß sie im Widerspruch zu Artikel 198 des Versailler Vertrages die Unterhaltung von Luftstreitkräften zu Heereszwecken duldeten und selbst gegenüber Vorstellungen der Volksvertretung nicht bereit seien, die Erfüllung der aus dem Versailler Vertrag folgenden Verpflichtungen ernst zu nehmen«.

Es ging also, wie der Oberreichsanwalt »unverblümt genug« zugab, darum, daß Verstöße der Reichswehrführung und der deutschen Regierung gegen völkerrechtlich und verfassungsrechtlich verbindliche Bestimmungen des Friedensvertrages von der Justiz gedeckt wurden, indem man die Kritiker mit Landesverratsverfahren zum Schweigen bringen wollte. Die Anklage gegen Kreiser und Ossietzky ragte nur wegen der Prominenz des *Weltbühne*-Herausgebers aus einer Hochflut von Landesverratsprozessen heraus, die in den zwanziger und frühen dreißiger Jahren die Republik erschütterten und der Glaubwürdigkeit deutscher Friedenspolitik im Ausland schweren Schaden zugefügt haben. Daß die rigiden Rüstungsbeschränkungen, die der Versailler Vertrag von 1919 den Deutschen auferlegt hatte, durch allerlei Täuschungsmanöver umgangen wurden, hatten die Siegermächte des Ersten Weltkrieges längst durchschaut. Die Landesverratsprozesse waren eine zusätzliche Provokation gegenüber dem Ausland. Besonders die Anklage gegen Carl von Ossietzky mußte in der Weltöffentlichkeit für Aufsehen sorgen. Aber das nahm man mit deutscher Unverschämtheit in Kauf. Ging es doch um eine Abrechnung mit einem Mann, der den Richtern des für politische Strafsachen zuständigen Senats des Reichsgerichts und den Herren Reichsanwälten oft genug heftig auf die Füße getreten hatte.

Dies hatte er dem Oberreichsanwalt Werner anläßlich des Landesverratsprozesses gegen Fritz Küster und Berthold Jacob ins Stammbuch geschrieben (*Weltbühne* vom 15. 3. 1927, S. 399 ff.):

Durch die Blätter geht die Nachricht, der Herr Oberreichsanwalt habe gegen den Schriftsteller Berthold Jacob und gegen den Herausgeber und verantwortlichen Redakteur des Wochenblattes ›Das andere Deutschland‹ Anklage wegen versuchten Landesverrats erhoben. Grund dieses Vorgehens bildet ein Artikel Berthold Jacobs »Das Zeitfreiwilligengrab in der Weser«, im April 1925 erschienen, kaum zwei Wochen nach dem furchtbaren Pontonunglück von Veltheim, das 81 Menschen das Leben gekostet hat. In diesem Artikel wird unter anderm gegen den General v. Seeckt der inzwischen auch offiziell gerechtfertigte Vorwurf erhoben, die Reichswehr zum Tummelplatz aller schwarz-weiß-roten Geister gemacht zu haben; weiter wird eine Darstellung des Zeitfreiwilligen-Unfugs und der schwarzen Rüsterei gegeben, soweit das auf Grund des damals vorhandenen Materials möglich war ...

Schon am 28. Mai 1925 führte in der Reichstagsdebatte über das Veltheimer Unglück der Demokrat Doktor Haas aus: »Die Pazifisten, die solche Illegalitäten ans Licht bringen, begehen keinen Landesverrat. Landesverrat begehen die Staatsanwälte, die Anklage erheben.« Das war für die republikanischen Parteien die erlösende

Formel und ist auch das Schlußwort geblieben. Auch die Anklagebehörden bremsten ihren Tatendrang ...

Was bezweckt der Oberreichsanwalt, wenn er nach zweijähriger Ruhezeit die Akten Jacob-Küster wieder öffnet? ... Juristisch gibt die Anklage nichts her. Desto mehr sagt sie über die politische Denkungsart des Herrn Oberreichsanwalts aus. Wenn es bei der Wiedergabe der Personalien Küsters heißt: er habe schon während des Krieges den »sogenannten Militarismus« bekämpft; wenn weiter von dem »ehemaligen Feindbund« die Rede ist; wenn schließlich die Anwendung der Amnestie bestritten wird: »mit Rücksicht auf die Hartnäckigkeit des verbrecherischen Willens der Angeschuldigten und die schwere Schädigung der vaterländischen Belange«, so verbirgt zwar vor diesem deutschen Stil der Genius der Sprache schaudernd sein Haupt – aber dies Schöpfen aus der nationalistischen Phraseologie, da, wo sie am dümmsten ist, entlarvt die politischen Motive der Anklage ...

Kein Politiker von Vernunft hat Freude an dieser Aufrührung hoffentlich vergangner Dinge, nur der Herr Oberreichsanwalt nimmt Rache an ein paar Publizisten, die dem Reichswehrministerium eine Reihe unangenehmer Stunden bereitet haben ...

Integre Persönlichkeiten müssen es sich gefallen lassen, wie Spione oder Agenten, wie bezahlte Subjekte behandelt zu werden, weil ihnen der Friede der Welt mehr gilt als die Interessen des Landes ...

Justizreaktion und Militarismus haben sich vereint. Durch das Medium der Justiz holt der Militarismus die seit 1914 versäumten Siege nach.

Während sich solches zu Haus begibt, wirbt Stresemann in Genf um das Vertrauen Europas.

Ein Text, der vieles von dem vorwegnimmt, was vier Jahre später in eigener Sache hätte gesagt werden können. Herr Oberreichsanwalt Werner wird seiner gedacht haben, als er am 30. März 1931 die Anklage gegen Carl von Ossietzky unterschrieb. Er hatte sich inzwischen vom Reichsgericht das Urteil gegen die Journalisten Küster und Jacob andienen lassen, eine Musterentscheidung zum publizistischen Landesverrat, die nun auch das Urteil gegen Kreiser und Ossietzky programmieren sollte.

Carl von Ossietzky hatte in der *Weltbühne* vom 20. März 1928 über den Prozeß gegen seine Kollegen Küster und Jacob berichtet.

»Der Publizist steht rechtlos vor diesem Tribunal«, schrieb er und nahm auch damit sein eigenes Schicksal vorweg. Er wußte, was ihn beim 4. Strafsenat des Reichsgerichts erwartete, dessen Richter durch die Landesverratsanklage gegen Ossietzky Gelegenheit erhielten, sich an einem ihrer schärfsten Kritiker zu rächen. »Jahrelang hatte ich geschrieben, daß der IV. Strafsenat nicht das Recht der Deutschen Republik spricht, sondern durchaus die Gepflogenheiten eines Standgerichts angenommen hat. Sollte der Mann von der *Weltbühne* dort Objektivität erwarten?« (Carl von Ossietzky, *Weltbühne* 1931 II, S. 804).

Kurt Tucholsky, der sich rechtzeitig vor richterlicher Rachsucht im Ausland in Sicherheit bringen konnte, hatte es so gesagt (*Das Andere Deutschland*, 11.9.26):

Die Talarvereinigung, die sich in Deutschland »Reichsgericht« nennt, hat seit jeher über Landesverräter geradezu barbarische Strafen verhängt. Diese rein administrativen Maßnahmen werden in geheimen Sitzungen vorgenommen; es ist immer wieder zu betonen, daß eine juristische Kritik hier nicht vorzunehmen ist; mit Rechtsprechung hat das, was da getrieben wird, nichts zu tun.

Wes Geistes Kind diese Richter waren, hatten sie in jahrelanger Schreckensjudikatur gegen Kommunisten gezeigt, deren Betätigung für eine legale Partei, die KPD, von ihnen ungeachtet aller kritischen Einwände demokratisch gesinnter Rechtswissenschaftler und Politiker als permanente Vorbereitung des Hochverrats bestraft wurde, ob es sich nun um die Betätigung als Rezitator, als Buchhändler oder als Mieterobmann handelte. Eine politische Parteinahme für die politische Rechte, die für eine breitere Öffentlichkeit unübersehbar wurde, als der 4. Strafsenat sich ausnahmsweise einmal mit Hochverrätern von rechts zu befassen hatte und deren Führer Adolf Hitler als Zeugen für die legalen Absichten der Nationalsozialisten vernahm. So geschehen im Prozeß gegen die Ulmer Reichswehroffiziere Richard Scheringer, Hans Ludin und Hans Friedrich Wendt, der vom 23.9. bis 4.10.1930 in Leipzig stattfand. Nie wären die Herren auf die Idee gekommen, in Kommunistenprozessen über die Legalität der Parteiziele durch

Vernehmung Ernst Thälmanns Beweis zu erheben, nein, man verweigerte den Angeklagten sogar jede Beweisaufnahme zu diesem Thema, weil die verfassungsfeindlichen Ziele der KPD gerichtsbekannt seien. Herrn Hitler jedoch gab man Gelegenheit zu einer zweistündigen Propagandarede, die den Senat überzeugte, daß Hitler nur legale Absichten habe. Selbst Hitlers berühmte Drohung, daß nach der Machtergreifung der Nazis Köpfe in den Sand rollen würden, nahmen die Herren in den roten Roben als Ankündigung einer legalen Blutjustiz, an der mitzuwirken sie sich durch beflissenen Umgang mit dem künftigen Diktator bestens empfahlen.

Hitlers Legalitätseid wurde von den Reichsgerichtsräten, die sich sonst einer betont trockenen, strenge Sachlichkeit vortäuschenden Berufssprache zu befleißigen pflegten, mit einer geradezu schwärmerischen Schilderung des Ambientes geschmückt:

Die Wogen des stürmischen Empfangs, der Hitler auf dem Reichsgerichtsplatz bereitet wurde, schlugen bis in den Sitzungssaal. Ein großer Teil der Presse und der Öffentlichkeit nahm in leidenschaftlicher Weise für die Angeklagten Stellung, die doch Kameraden der Zeugen waren, und mit deren Anschauungen die Zeugen in vielen Punkten einig gingen. Der große Wahlerfolg der Nationalsozialisten, der kurz vor Beginn der Hauptverhandlung errungen war, beeinflußte die Beurteilung der Anklage durch Prozeßbeteiligte und Publikum in einem den Angeklagten günstigen Sinne.

Zu den Prozeßbeteiligten, deren Urteil durch den großen Wahlerfolg der Nationalsozialisten in einem den Angeklagten günstigen Sinne beeinflußt wurde, gehörten zweifellos auch die Herren Reichsrichter, die, von den Wogen der Begeisterung für den rhetorisch begabten Naziführer emporgetragen, so ungewöhnlich lyrische Töne fanden, als es um die Beweiswürdigung des Zeugen Hitler ging. Die Herren nahmen diesem »Zeugen«, der seine künftigen Verbrechen schriftlich und mündlich hinreichend deutlich angekündigt hatte, mit devoter Beflissenheit seine »mit unzweideutigen Worten« verkündete Legalitätslüge ab. Sie überzeugte, daß Hitler »bei dem wachsenden Verständnis, das Deutschland der völkischen Freiheitsbewegung entgegenbringe, ein illegales Vorgehen gar nicht nötig habe; die Gewalt falle ihm mit der Zeit auf legalem Wege von selbst zu« (nachzulesen in der Zeitschrift des Republikanischen Richterbundes *Die Justiz* 6 /1931/, S. 187 ff.). Daß zu diesem »legalen« Weg der offene Terror gegen Kommunisten gehörte, der in der Inszenierung des Reichstagsbrands und der Aussperrung, Verhaftung und Ermordung von 81 kommunistischen Reichstagsabgeordneten kulminierte, wird die Herren vom 4. Strafsenat, die seit Jahren Kommunisten einsperrten, nur in ihren Auffassungen bestätigt haben. Und daß nach den Kommunisten auch die Sozialdemokraten dran waren, werden sie mit einem Achselzukken hingenommen haben. Gab es doch unter den Richtern am Reichsgericht nur einen einzigen Sozialdemokraten (Hermann Großmann), der denn auch 1933, immerhin mit vollem Ruhegehalt, seinen Abschied nehmen mußte. Soviel zur Skizzierung der politischen Parteilichkeit, die sich im Leipziger Reichsgericht hinter den roten Richterroben verbarg, vor denen ein Carl von Ossietzky sich verteidigen sollte.

Vielleicht hätte schon diese politische Parteilichkeit genügt, um die Rechtsbeugung in Sachen Ossietzky zu erklären. Aber es kam hinzu, daß die Herren persönlich angefaßt waren. In Carl von Ossietzky war ihnen der Mann ausgeliefert, der sie nicht nur wegen ihrer Terrorjustiz gegen Journalisten und Kommunisten angegriffen, sondern sie auch wegen ihres Kotaus vor Adolf Hitler mit unübertroffener Kühnheit des Wortes als opportunistische Wegbereiter des Dritten Reiches demaskiert hatte. Dies nämlich hatte er als Kommentar zu Hitlers Zeugenauftritt vor dem 4. Strafsenat geschrieben (*Weltbühne* vom 1. 10. 1930):

Es wird Zeit, daß die Republikaner (damals ein noch nicht von Rechtsextremisten mißbrauchter Begriff! H. H.) aufhören, die Köpfe in den Sand zu stecken, in den sie nach Hitlers Pronunziamento nächstens rollen sollen.

Mit jener Objektivität, die das Reichsgericht immer auszeichnet, wenn es sich um Leute von rechts handelt, hat es einem hergelaufenen Narren, einem Großmaul und Poltron (laut *Duden-Fremdwör-*

terbuch: Feigling, Maulheld; H. H.) Gelegenheit geboten, eine Brandrede zu halten und seine Legalität zu beteuern. Man vergleiche die trockene Abfertigung des Staatssekretärs Zweigert, des Mannes der Reichsregierung (der Beweismaterial über die Verfassungsfeindlichkeit der Nazi-Partei vorlegen wollte, das der Senat als für die Entscheidung unerheblich nicht zur Kenntnis nahm; H. H.), mit der entgegenkommenden Geste für Hitler. Herr Rechtsanwalt Frank, der designierte Justitiar des Dritten Reiches (er wurde »Reichsrechtsführer« und Generalgouverneur des besetzten Polen, im Nürnberger Prozeß als Kriegsverbrecher zum Tode verurteilt; H. H.), durfte sich denn auch bei dem Herrn Vorsitzenden mit Recht bedanken. Das Reichsgericht ahnt den Herrn von morgen. Keine Ironie unterbricht den Mumpitz der Programmerklärung, und wie ironisch können Richter sonst sein! Kein Verweis schneidet die blutrünstigen Bravaden ab, ungestört entwickelt das heroisch tapezierte Stück Malheur mit dem Diktatorenfimmel seine Guillotinenphantasie. Was Hitler mit einem spinnenwebdünnen Tuch von Legalität umkleidet vor dem höchsten Gericht verkündete, hieße bei Politikern, die nicht Koalitionsfreunde des Reichsjustizministers sind: Vorbereitung zum Mord ... Wenn ein Gericht einen hochverräterischen Plan, wie es in Leipzig geschah, mit Achtung anhört, anstatt den Mann in eine Heilanstalt zu stecken oder als Verbrecher in Eisen zu legen, so ist dies ein recht deutliches Zeichen, daß die Vertreter der Staatsautorität entweder arg erschöpft sind oder daß sie schon mit schüchternen Fußspitzen den Boden neuer Tatsachen zu suchen beginnen.

Carl von Ossietzky wußte, was er von diesen Richtern zu erwarten hatte. »Nur mit Mühe bin ich von unsern Verteidigern zurückgehalten worden, einen Ablehnungsantrag zu stellen«, schrieb er nach der Hauptverhandlung (*Weltbühne* vom 1.12.1931).

Ich hatte zu diesem Senat nach seiner bestens bekannten Judikatur gegen Pazifisten und Kommunisten nur ein herabgemindertes Vertrauen ...
Ich wollte also einen Ablehnungsantrag stellen. Unsre Anwälte jedoch rieten dringend ab. Nicht nur der formalen Schwierigkeiten hal-

ber, nein, wir hätten reiches Material zur Verfügung, um den Tatbestand der Anklage zu erschüttern, genug Rechtsgründe, um ihren Geist niederzuzwingen.

Auch aus nachträglicher Sicht wird man den damaligen Verteidigern recht geben müssen. Ein Ablehnungsantrag – gegen wen? Nur gegen den Vorsitzenden oder gegen alle Richter des Senats? – wäre mit Sicherheit abgeschmettert worden und hätte die Chance für den rechtlich gebotenen Freispruch minimiert. Selbst ein Erfolg des Ablehnungsantrages hätte nur die Ersetzung politisch befangener Richter durch andere politisch befangene Richter erbracht. Aber vielleicht dachte Ossietzky an die demonstrative Wirkung eines Ablehnungsantrages, auf die ein guter Verteidiger es nur ankommen lassen wird, wenn er für seinen Mandanten in der Sache selbst nicht die geringste Chance sieht. Und Ossietzky hatte hochqualifizierte Verteidiger, die trotz alledem mit guten Gründen einen Freispruch für möglich halten durften. Und so fährt Ossietzkys Bericht fort:

Wir wollten argumentieren, nicht demonstrieren. So zogen wir denn aus zur Hermannsschlacht: – zwei Angeklagte, vier Advokaten. Max Alsberg, Alfred Apfel, Rudolf Olden, Kurt Rosenfeld, vier Juristenköpfe, die eine schwer berechenbare Summe von Qualität verkörpern. Als wir am 23. November, nachmittags 13 Uhr 30 aus dem Gerichtssaale kamen, da wußten wirs: der Angriff der Jurisprudenz auf den IV. Strafsenat war siegreich abgeschlagen. Und als wir etwas verdattert über den scheußlichen steinernen Korridor gingen, da trafen wir im muntern Plaudern mit unserm Ankläger einen leicht ergrauten, frisch aussehenden Herrn von untersetzter Statur, der sich, nach seiner frohen Miene zu schließen, in bestem Einklang mit Gott und der Justiz zu befinden schien. Das war jener Prokurator des Reichs, der das Dezernat für Hochverrat und Spionage innehat. Das war Herr Jorns.

Wer war Herr Jorns? Auch dies muß dem heutigen Leser erzählt werden, damit sich ihm das ganze emotionale Umfeld an politischer Borniertheit, Haß und Rachedurst erschließt, in dem Carl von Ossietzky wegen eines an den Haaren herbeigezogenen

Landesverratsvorwurfs verurteilt werden konnte. Herr Jorns, dessen Karriere als Reichsanwalt an Hitlers Volksgerichtshof enden sollte, hatte 1919 als Kriegsgerichtsrat die Untersuchung gegen die Mörder Rosa Luxemburgs und Karl Liebknechts geführt. Seine Sympathien für die an den Morden beteiligten Offiziere hatten geradezu groteske Versäumnisse und Pflichtverletzungen zur Folge gehabt, die durch einen am 24. März 1928 in der Zeitschrift *Das Tagebuch* veröffentlichten Artikel einer größeren Öffentlichkeit bekannt wurden. Der nicht genannte Verfasser war Berthold Jacob, gegen den Jorns einige Tage vorher in dem gegen ihn und Fritz Küster gerichteten Landesverratsverfahren Zuchthausstrafen beantragt hatte. Jacobs nannte seinen Aufsatz »Kollege Jorns« und gab sich den Anschein, als ob der Autor ein Kollege des angegriffenen Reichsanwalts sei. Da hieß es:

Seit acht Jahren hatte den Namen des ehemaligen Kriegsgerichtsrats Jorns ein wohltätiges Schweigen umfangen. Jetzt erst, in dem Landesverratsprozeß gegen Fritz Küster und Berthold Jacob, kam er uns als Reichsanwalt wieder zu Gesicht; uns Kollegen, die die juristischen Qualitäten des Mannes stets ungemein niedrig bewerteten und die wir uns niemals genug wundern konnten, als man ihn vor einigen Jahren ans Reichsgericht berief. Das konnte – so war die allgemeine Meinung unter denen, die ihn kannten, als Menschen und auch beruflich – schwerlich wegen seiner juristischen Verdienste geschehen sein.

Nach einer detaillierten Darstellung seiner komplizenhaften Amtstätigkeit in der Mordsache Luxemburg/Liebknecht kam der Artikel auf die jetzige Funktion des Herrn Jorns zu sprechen:

Heute nun vertritt Jorns vor dem Reichsgericht Anklagen von hoher politisch-moralischer Bedeutung. Wie kommt er auf diesen Posten, für den wenige deutsche Juristen ungeeigneter sind als er? ... Wie eine solche Erscheinung am obersten deutschen Gericht als Reichsanwalt fungieren kann, ist unerfindlich!

Herr Jorns und sein Dienstvorgesetzter, Oberreichsanwalt Werner, hatten Strafantrag wegen Beleidigung und übler Nachrede gegen den verantwortlichen Redakteur der Zeitschrift *Das Tagebuch*, Josef Bornstein, gestellt, der den Verfasser des Artikels nicht preisgab. Das Verfahren war für Herrn Jorns zu einer einzigen Blamage geworden. Das Schöffengericht Berlin-Mitte unter Vorsitz des Landgerichtsdirektors Dr. Marcard hatte nach eingehender Beweisaufnahme den Angeklagten Bornstein freigesprochen, weil ihm der Wahrheitsbeweis dafür gelungen sei, daß Jorns als Untersuchungsführer 1. Spuren, die zur Aufklärung der Morde dienen konnten, nicht aufgenommen hatte, 2. Spuren, deren Wichtigkeit er erkannt hatte, nicht verfolgte, 3. Spuren verwischte, indem er das Gegenteil des Ermittelten ins Protokoll aufnahm, 4. Zustände duldete, die, wie ihm bekannt war, geeignet waren, den Sachverhalt zu verdunkeln und das Ergebnis der Untersuchung zu gefährden. Das Gericht hatte als erwiesen angesehen, daß Jorns »den Tätern Vorschub geleistet hat«, und deshalb die Folgerung des inkriminierten Artikels für berechtigt gehalten, daß Jorns »zu einer Tätigkeit im Verbande der Reichsanwaltschaft nicht geeignet« sei. Mit Recht könne der Angeklagte die Meinung vertreten, »daß hier nur für die besten Juristen und gewissenhaftesten Beamten des Deutschen Reiches ein Platz ist, deren dienstliche Laufbahn jeder Kritik standhält«.

Auch in der Berufungsinstanz – Landgericht I Berlin unter dem Vorsitz des Landgerichtsdirektors Siegert – hatte Jorns sich noch eine Ohrfeige abgeholt. Auch dieses Gericht hatte den Vorwurf, Jorns habe den Tätern Vorschub geleistet, als erwiesen angesehen. Trostpflaster für Jorns: der Vorwurf mangelnder juristischer Qualifikation sei eine dem Wahrheitsbeweis nicht zugängliche Beleidigung, sie wurde mit 100 RM Geldstrafe geahndet.

Als Revisionsinstanz hatte dann das Reichsgericht versucht, den Kollegen Jorns zu retten, indem es den Grundsatz verkündete, es müsse bewiesen werden, daß Jorns sich der festgestellten Versäumnisse und Pflichtverletzungen nicht nur »bewußt«, sondern »absichtlich« schuldig gemacht habe. So war bei der erneuten Hauptverhandlung vor einer anderen Strafkammer des Landgerichts doch noch eine Geldstrafe von 500 RM herausgekommen, weil der Nachweis absichtlichen Vorschubleistens natürlich nicht gelingen konnte. Aus der Blamage des Herrn Jorns war eine Justizblamage geworden, die Josef Bornstein zu einem süffisanten Kommentar berechtigte (*Das Tagebuch*, 1930, S. 1099):

Ich habe mich durch die mündliche Revisionsverhandlung der Sache Jorns vor dem zweiten Strafsenat des Reichsgerichts eines Besseren belehren lassen. Zwar bin ich noch immer der Überzeugung – die zwei Berliner Gerichte, erste und zweite Instanz, nach wochenlanger gründlichster Beweisaufnahme als berechtigt anerkannt haben – das heißt, ich bin nach wie vor überzeugt, daß Herr Jorns als Untersuchungsrichter den Mördern Rosa Luxemburgs und Karl Liebknechts Vorschub geleistet hat, und daß er deshalb nicht würdig ist, als hoher Justizbeamter zu wirken. Aber es leuchtet mir jetzt ein, daß nichtsdestoweniger Herr Jorns für das Reichsgericht keine unpassende Erscheinung ist. Denn gibt es auch dort ganz gewiß keinen Reichsanwalt oder Richter, dem sich auch nur entfernt nachsagen ließe, was Herrn Jorns in den Urteilen der beiden Berliner Gerichte nachgesagt wurde, so ist es doch offenbar nur seine Vergangenheit, die Herrn Jorns aus dem Rahmen des Reichsgerichts herausfallen läßt; nach seinem geistigen und moralischen Habitus hingegen mag er der richtige Mann am richtigen Platz sein. Ich stehe nicht an – unter Widerruf früherer Behauptungen –, meine Überzeugung auszusprechen, daß der Herr Reichsanwalt Jorns Fleisch vom Fleische und Geist vom Geiste des Reichsgerichts ist.

Diesem Herrn Jorns also begegnete Carl von Ossietzky im Gerichtsflur des Reichsgerichts, als ihm der 4. Strafsenat gerade ein Jahr sechs Monate Gefängnis wegen Verrats militärischer Geheimnisse zudiktiert hatte. Als Dienstvorgesetzter des Anklagevertreters nahm er dessen Bericht entgegen, »nach seiner frohen Miene zu schließen, in bestem Einklang mit Gott und der Justiz«. Ossietzkys Verurteilung wird Balsam auf seine Wunden gewesen sein. Denn auch Ossietzky hatte diesen

Mann mit Vergangenheit nicht geschont. In einem Artikel über den großen Strafverteidiger Dr. Paul Levi, der Josef Bornstein im Jorns-Prozeß vertreten hatte, hatte Ossietzky am 4.6.1929 in der *Weltbühne* geschrieben:

Sein Plaidoyer im Jornsprozeß war eine Rede von einem wahrhaft dantonschen Format. Wie sehr braucht die Partei (es ist von der SPD die Rede, als deren Abgeordneter Levi im Reichstag saß; H. H.) einen Mann im Mittelpunkt, an dem sich die Phantasie der Jugend entzünden kann. Ich lese seine moabiter Rede gegen Jorns und frage, welcher deutsche Redner heute über diese Macht des Wortes verfügt? »Die schreckliche Tat, die damals begangen worden ist, ist keinem gut bekommen. Der Hauptmann von Pflug-Harttung oder der Bruder (Mittäter des Mordes an Rosa Luxemburg und Karl Liebknecht; H. H.) – ich weiß nicht, welcher – zerrissen von einer Handgranate, die er andern zugedacht hatte. Der Leutnant Liepmann, in jungen Jahren ein siecher Krüppel. Der Jäger Runge, ein elender Mann, gemieden und verstoßen von seinen Arbeitskollegen. Andre flüchtig, wer weiß wohin, alle gezwungen, ihr Antlitz vor den Menschen zu verbergen. Nur einer stieg hoch, der Kriegsgerichtsrat Jorns, und ich glaube, er hat in den zehn Jahren vergessen, woher seine Robe die rote Farbe trägt. Meine Herren, hier glaube ich, hier treten diese Mauern und tritt die Decke zurück. Hier ist ein Tag des Gerichts gekommen! Die toten Buchstaben, benutzt zu dem Zwecke, Schuldige zu schützen, und die vermoderten Knochen der Opfer: sie stehen auf und klagen an den Ankläger von damals.«

Und Ossietzky hatte nicht nur Paul Levis fulminante Anklagerede gegen Jorns zitiert, sondern auch selbst formuliert, was er von diesem Mann hielt. So in seinem Bericht über den Landesverratsprozeß gegen Berthold Jacob und Fritz Küster *(Weltbühne* vom 20.3.1928):

Dem Versuch des Herrn Reichsanwalts, die beiden ins Zuchthaus zu bringen, begegnen wir mit jener tiefinnerlichen, aus dem Herzen kommenden Mißachtung, die immer die einzige würdige Geisteshaltung gegenüber schlechter Justizmacherei bedeutet.

Und auch zu dem peinlichen Versuch des Reichsgerichts, den Kollegen Jorns vor Berthold Jacobs Anklage im *Tagebuch* zu retten, hat Ossietzky sich geäußert (*Weltbühne*, 15.7.1930):

Wir Publizisten von der Linken kennen das Reichsgericht und wissen auch, daß unser aller Weg einmal nach Leipzig führt. Wir sollten es uns ernsthaft überlegen, ob es überhaupt Sinn hat, sich den Aufwand eines Verteidigers, einer Diskussion zu leisten, ob es nicht vernünftiger ist, während das Gericht – um mit Dickens zu reden – »knietief in technischen Ausdrücken watet«, die Hände in die Hosentaschen zu stecken und in die Luft zu gucken. Die simpelste Lebensweisheit verbietet, durch bittere Zwischenreden in eine Farce einen falschen Ton zu bringen. Der Kollege Bornstein hatte zum Beispiel das Vergnügen, als Ankläger einen Herrn gegen sich zu haben, der der Zimmergenosse von Jorns ist, und als Vorsitzenden den Herrn Senatspräsidenten Witt, der es seinerzeit abgelehnt hat, »Richter des Staatsgerichtshofs zum Schutze dieser Republik« zu werden. Wir sind keine Funktionäre dieser Republik wie der Herr Senatspräsident, aber wir verteidigen sie, und so lange wir Richter, die sich gegen den Staat, der sie bezahlt, distanzieren, nicht ablehnen können, sollten wir die Herren wenigstens ignorieren. Bald wird der von seinen Kollegen blank geschmirgelte Herr Jorns wieder als Prokurator amten, und das allein gebietet Zurückhaltung gegenüber der Institution, die ihn bei sich leidet. Das Reichsgericht ist nicht sehr feinfühlig, sonst hätte es geahnt, daß noch einer im Saale war, den die Sache anging, wenn er auch nicht geladen war: der tragische Schatten Paul Levis. Mag der Engelchor des Zweiten Strafsenats Herrn Jorns mit einem hallenden »Gerettet« umjubeln, dieser Schatten sagt: »Gerichtet«.

Der von seinen Kollegen blank geschmirgelte Herr Jorns hatte auch im Hintergrund des Landesverratsverfahrens gegen Kreiser und Ossietzky geamtet, er war Leiter des Dezernats, überließ allerdings die Sitzungsvertretung einem Kollegen minderen Ranges. Was sich an den drei Verhandlungstagen – 17., 19. und 23. November 1931 – im Sitzungssaal des Reichsgerichts abgespielt hatte, wissen wir nur rudimentär, weil der Senat die

Öffentlichkeit wegen Gefährdung der Staatssicherheit ausgeschlossen und nur den Urteilstenor öffentlich verkündet hatte.

Außerdem war den Angeklagten und den Verteidigern ein Schweigegebot auferlegt worden, dessen Verletzung mit Strafe bedroht war. Selbst das schriftliche Urteil wurde nicht ausgehändigt, sondern mußte von den Verteidigern nach der Lektüre sofort zurückgegeben werden. Eine Geheimnistuerei also, die auf die Provokation der Öffentlichkeit hinauslief: »Seht her, wir haben etwas zu verbergen.« In einem doppelten Sinne.

Carl von Ossietzky hatte im Rahmen des Möglichen einen authentischen Bericht gegeben und ohne eine Spur von Wehleidigkeit Verfahren und Urteil kritisch kommentiert (*Weltbühne* vom 1. Dezember 1931):

Aus begreiflichen Gründen muß ich davon absehen, auf das innere Thema des Prozesses einzugehen. Vor den Lesern der *Weltbühne* ist es gewiß unnötig, Kreiser und mich zu rechtfertigen, aber vor jenem Publikum, das uns nicht kennt und seine Meinungen aus den Reservoiren der nationalistischen Presse empfängt, sind wir diffamiert, ohne uns zur Wehr setzen zu können. Hinter verschlossenen Türen sind wir abgeurteilt worden, militärische Geheimnisse Deutschlands an auswärtige Regierungen weitergeleitet zu haben. Mit Recht schreibt die *Frankfurter Zeitung*, daß ärger als Gefängnis ein solches Odium ist ...

Anderthalb Jahre Freiheitsstrafe? Es ist nicht so schlimm, denn es ist mit der Freiheit in Deutschland nicht weit her ...

Gewiß, die Zeiten sind bewegt, aber die Justiz ist es gar nicht. Die politische Justiz namentlich trottet hinter der Zeit her, so weit sie nicht mit kühnem Sprung über die Gegenwart sich mit den Machthabern von morgen gut zu stehen sucht ...

Justizkrise, die findet ihre Verkörperung in der Leipziger Reichsanwaltschaft und in dem politischen Gerichtshof, im IV. Strafsenat. Dort ist jene unselige Staatsräson entstanden, die alle Gefahr ausschließlich links sucht, die jeden roten Funktionär mit Zuchthaus bedroht, die den literarischen Hochverrat erfunden hat und ihn bis auf Kolporteure und Setzerjungen ausdehnt. Dort hat die Reaktion, als Rechtsprechung der Republik maskiert, ihr Hauptquartier aufgetan ...

Vor diesem Tribunal hatten wir uns also zu verantworten. Der Reichsanwalt ist kein Torquemada*, sondern ein höflicher jüngerer Herr, der angenehmerweise nicht emphatisch wird und seine schwerkalibrigsten Argumente so leger vorträgt wie eine Einladung ins Cafe Felsche. (Ich hoffe, damit die Schweigepflicht nicht zu verletzen).

Der Ankläger bleibt übrigens durchweg sehr reserviert. Seine Rolle übernimmt, wie so oft bei deutschen Gerichten, der Herr Präsident. Nichts gegen Herrn Baumgarten! Er besitzt vollendete Manieren, er hat eine sehr cavaliere Art, die unvermeidlichen Zwischenfälle zu behandeln. Aber sehr bald merken wir, daß wir bei diesem so liebenswürdigen Herrn recht arg ins Hintertreffen kommen. Er holt, zum Beispiel, zu meiner Kennzeichnung das lange durch Amnestie getilgte Urteil des Femeprozesses von 1927 heraus. Ein politischer Tendenzprozeß, der in erster Instanz mit einer Gefängnisstrafe endete, die in der Berufung in Geldstrafe umgewandelt wurde. Jetzt erfahren wir auf Grund eines höchstgerichtlichen Entscheides, daß auch Amnestie keinen Strich unter Vergangenes bedeutet. Jetzt werden die Konklusionen eines offensichtlich nationalistisch und militaristisch denkenden Richters verlesen, aus denen sich ergeben muß, daß ich mit der Ehre von Offizieren höchst leichtfertig umgehe ...

Aus Dr. Apfels Gnadengesuch an den Reichspräsidenten wissen wir, daß die Verlesung der Gründe dieses doppelt erledigten Urteils (nicht nur durch Amnestie, sondern schon durch Aufhebung in der Berufungsinstanz!) noch vor Ausschluß der Öffentlichkeit erfolgt war. Die Öffentlichkeit, der jede Information und Überprüfungsmöglichkeit hinsichtlich des eigentlichen Anklagevorwurfs vorenthalten wurde, sollte wissen, daß dieser Angeklagte nach der Meinung eines in seinen Strafzumessungsgründen später leider korrigierten Richters früher einmal »hochangesehene aktive Offiziere teils in den höchsten Stellen der Deutschen Wehrmacht, die sich im Kriege und Frieden bewährt haben, wie ihre Beförderung und Auszeichnung

---

* Thomas de Torquemada, spanischer Großinquisitor im 15. Jahrhundert; laut Meyers Lexikon von 1896 »ein Henker ohnegleichen«

beweist«, beleidigt hatte, und zwar, wie es in dem später abgeänderten Urteil hieß, »nur aus gehässiger Politik gegen die Reichswehr«. Auch im schriftlichen Urteil des Reichsgerichts nimmt das Zitat aus diesem zweifach annullierten Schöffengerichtsurteil breiten Raum ein (41 Zeilen), während aus dem Berufungsurteil nur 10 Zeilen wiedergegeben werden. Die Verteidiger hatten vergeblich gegen die Verlesung dieses besonders bösartigen erstinstanzlichen Urteils protestiert. Es stammte übrigens von einem Dr. Crohne, der später zum Vizepräsidenten des nationalsozialistischen Volksgerichtshofs avancieren sollte. Carl von Ossietzky hatte diesen Richter und seine Verfahrensweise in der *Weltbühne* vom 27. 12. 1927 nicht ohne Bitterkeit geschildert (»… er handhabt die richterliche Superiorität wie einen Gummiknüppel, der ständig dem, der außer ihm noch zu reden wagt, übern Mund fährt …«).

Beim 4. Strafsenat des Reichsgerichts beherrschte man demgegenüber noch die Kunst der richterlichen Maske. Ossietzky:

Mit einigem Schrecken denke ich daran, wie es in der gefährlich höflichen Luft dieses Gerichtshofes wohl einem unbeholfenen Proletarier ergehen mag, der so viel Verbindlichkeit gegenüber doch den Haß, der ihm auf der Zunge brennt, nicht bändigen kann, und in dessen Herzen trotzdem eine kleine Hoffnung auf Gerechtigkeit zitternd atmet. Wir haben ihm gegenüber den Vorzug der Illusionslosigkeit.

Was kann ein angeklagter Journalist, dem Schweigepflicht auferlegt ist, sonst noch über diese historische Gerichtsverhandlung berichten?

Wie unwirklich ist überhaupt dies Ganze! Der große Saal mit zwei Emporen liegt leer da und verdämmert langsam. Die paar Mitspieler sitzen vorn zusammengedrängt, die Stimmen verhallen hohl im Riesenraum. Unheimlich, so ein Theater ohne Publikum. Durch die hohen bunten Glasscheiben, die mit allegorischen Damen mehr als besetzt sind, fällt mit dem sinkenden Tag ein grünliches Licht und liegt wie Patina auf den roten Talaren. Das ist die Grundfarbe von Hoffmanns Erzählungen. Da dringt plötzlich lautes Kinderlachen in den Spuk. Draußen, nur durch etwas Stein und Glas von uns getrennt, spielen Kinder und tanzen juchzend über die breite Auffahrtrampe. Es gibt also doch noch etwas andres. Es hat nur ein Stümper an der Zeitmaschine hantiert und uns in spaßhafter Anwandlung in ein Stück aus der Aera Metternich oder dem Sozialistengesetz hineingeworfen. Gleich wird ein verständiger Mensch kommen und die Geschichte wieder regulieren. Denn ein paar Schritte weiter lachen Kinder, rasseln Autos vorüber. Dort draußen ist 1931.

Ein Stück Literatur, geschrieben von einem, der gerade von reaktionären Richtern in einem justizförmigen Unrechtsakt zu anderthalb Jahren Gefängnis verurteilt worden ist.

Was sich in dieser spukhaften Umgebung abgespielt hat, wissen wir aus späteren Berichten der Verteidiger, die mit unterschiedlichen Erwartungen in die Verhandlung gegangen waren. Max Alsberg, der aufgrund seiner wissenschaftlichen Qualifikation auch beim Reichsgericht höchstes Ansehen genoß, war am optimistischsten gewesen. Kurt Rosenfeld berichtet:

Als wir mit dem Angeklagten nach Leipzig fuhren, um vor dem Reichsgericht im Kampf für die Freiheit das Wort zu führen, war unter uns ein Mann, der volles Vertrauen zum Reichsgericht hatte: mein Kollege Alsberg. Wie sicher war er des Freispruchs! Auf viele höchstgerichtliche Entscheidungen gestützt, aufgrund von Äußerungen der angesehensten Kommentatoren, glaubte er, die Reichsrichter sehr leicht davon überzeugen zu können, daß eine Verurteilung unmöglich sei. Vergeblich waren die spöttischen Bemerkungen, die Ossietzky machte.

Auch Alfred Apfel berichtete, daß Alsberg erwartete, mit rein juristischen Argumenten und auf frühere Entscheidungen des Gerichts gestützt, die Anklage abwehren zu können.

Zum erstenmal in seiner Praxis lernte er die Atmosphäre eines politischen Prozesses in Leipzig gegen einen Vertreter der Linken kennen. Er war über die parteiische Haltung des Strafsenats so außer sich, daß er mich entrüstet fragte, weshalb empörte Massen das Gebäude, in dem solches passieren konnte, nicht längst dem Erdboden gleichmachten! Er hatte niemals geglaubt, daß es in Deutschland Richter gäbe, die einen politischen Gegner mit den Mitteln eines Strafprozesses zum gemeinen Verbrecher stempelten. Ich selbst, der ich schon so viele Hochverratsverfahren erlebt hatte, nahm die Sache ruhiger auf – kannte ich doch die erbarmungslose Routine, die mit immer gleichen Mitteln das gleiche Ziel verfolgte.

Während Kreiser einige Tage nach dem Urteil das Land, in dem solche Terrorurteile gegen demokratisch gesinnte Journalisten möglich waren, verließ und von Frankreich aus den Kampf gegen die deutsche Militärbürokratie und ihre geheimen Rüstungsanstrengungen fortsetzte – ein Verhalten, das Ossietzkys Situation sehr erschwert hat und von ihm scharf kritisiert worden ist –, war Carl von Ossietzky entschlossen, die Gefängnisstrafe auf sich zu nehmen, nachdem alle Appelle und Proteste einer großen Öffentlichkeit die für eine Begnadigung zuständigen Instanzen – Reichspräsident und Justizministerium – nicht beeindruckt hatten.

In seinem Abschiedsartikel »Rechenschaft. Ich muß sitzen!« (*Weltbühne* vom 10. Mai 1932) schrieb er:

Ich gehe nicht aus Gründen der Loyalität ins Gefängnis, sondern weil ich als Eingesperrter am unbequemsten bin. Ich beuge mich nicht der in roten Sammet gehüllten Majestät des Reichsgerichts, sondern bleibe als Insasse einer preußischen Strafanstalt eine lebendige Demonstration gegen ein höchstinstanzliches Urteil, das in der Sache politisch tendenziös erscheint und als juristische Arbeit reichlich windschief.

Diesen Protest lebendig zu erhalten, das bin ich allen denen schuldig, die für mich eingetreten sind, obgleich die Umstände es verweigerten, ihnen genaue Kenntnis von der Materie zu geben. Das bin ich auch den namenlosen proletarischen Opfern des Vierten Strafsenats schuldig, um die sich niemand außer den Parteifreunden gekümmert hat. Denn der Fall *Weltbühne* ist der einzige seit langem, der eklatant geworden ist und die Öffentlichkeit wirklich erregt hat.

Das Urteil des Reichsgerichts vom 23. November 1931 hatte allerdings ein ungeheures Aufsehen erregt. Die Presse des In- und Auslandes – ausgenommen die Organe der nationalistischen Rechten – übte durchweg harte Kritik, die sich vor allem auf die politischen Auswirkungen des Urteils bezog. Die *Berliner Volks-Zeitung* sprach von einem »Schreckensurteil in Sachen Landesverrat, das offenbar dazu bestimmt ist, eine neue Ära zu eröffnen, in der jede freie und unbequeme Meinungsäußerung gegen Reichswehr und reaktionäre Wehrverbände rücksichtslos unterdrückt werden soll.« Die *Frankfurter Zeitung* nannte es eine »beängstigende Perspektive«, »daß hinter der formalen Fassade der Landesverratsprozesse seit Jahren eine mächtige Bürokratie, mit dem Reichswehrministerium an der Spitze, um ihre Allmacht und gegen jede Kontrolle kämpft«. Immer wieder wurde die politische Unvernunft beklagt, kurz vor Beginn der Genfer Abrüstungskonferenz »den Eindruck zu erwecken, als müsse Deutschland mit Hilfe von Schreckensurteilen militärische Heimlichkeiten verbergen« (*Berliner Tageblatt*), Deutschland habe durch das Reichsgerichtsurteil »seine Stellung auf der bevorstehenden Abrüstungskonferenz erheblich geschwächt« (*New York Evening Post*). Und immer wieder kam sowohl in deutschen wie ausländischen Pressestimmen zum Ausdruck, daß in dem *Weltbühne*-Artikel nichts gestanden habe, was in interessierten Kreisen nicht ohnehin bekannt gewesen sei.

Carl von Ossietzky selbst schrieb im *8-Uhr-Abendblatt* vom 25.11.1931:

Ich würde keinen Tintenspritzer an einen Widerspruch verschwenden, wenn das Urteil des 4. Strafsenats die erste Kraftanstrengung des Dritten Reiches darstellen würde. Noch leben wir aber in der demokratischen Republik, auf deren Grundsätze ich schwöre und die ich vom Tage ihrer Geburt an verteidigt habe. Noch leben wir im Zustand verbürgter Meinungsfreiheit, noch immer in einem Staate, in dem das Militär den zivilen Gewalten unterworfen ist. Deshalb werde ich weiter dafür einstehen, daß der Geist der deutschen Republik nicht durch eine mißverstandene Staatsraison verfälscht wird.

Da das Reichsgericht in Landesverratssachen in erster und letzter Instanz entschied, hätte eine Vollstreckung des Urteils nur durch eine Gnadenentscheidung des Reichspräsidenten Paul von Hindenburg verhindert werden können. Das von den Rechtsanwälten Dr. Alfred Apfel und Dr. Max Alsberg mit Würde abgefaßte und sorgfältig begründete Gnadengesuch wurde von gewichtigen Stimmen des geistigen Deutschland unterstützt. Am bekanntesten ist die in einem Brief vom 10. Januar 1932 an Dr. Apfel formulierte Stellungnahme Thomas Manns geworden:

Der Fall Ossietzky ist auch mir sehr nahegegangen, und ich habe geradezu auf eine schickliche Gelegenheit gewartet, dem tief unheimlichen Gefühl Ausdruck zu geben, das das Urteil des Vierten Strafsenats des Reichsgerichts in mir erweckt hat ...
 Es ist eine furchtbare und demütigende Vorstellung, in einem Lande zu leben, wo über Erscheinungen der Unordnung gewaltsam mit Hilfe der Justiz Stillschweigen gebreitet werden soll, und ich meine, man sollte die Mundtotmachung der öffentlichen Kritik der faschistischen Diktatur vorbehalten, unter der dann, was in einem freien Volk offen ausgesprochen wird, heimlich und feige von Mund zu Mund geht ...

Insgesamt unterschrieben – wie Curt Riess in seiner Alsberg-Biographie berichtet – allein in Deutschland nicht weniger als 43.600 Menschen eine Petition, das schandbare Urteil nicht zu vollstrecken. Aber Hindenburg lehnte einen Gnadenerweis ab. Am Tage des Haftantritts wurde Carl von Ossietzky von zahlreichen namhaften Persönlichkeiten der Berliner Kulturszene – darunter die Schriftsteller Ernst Toller, Hermann Kesten, Lion Feuchtwanger, Roda Roda und Alfred Wolfenstein – vor dem Gefängnistor in Berlin-Tegel verabschiedet. 227 Tage mußte er dort verbringen, bis ihm eine Weihnachtsamnestie die »Freiheit« brachte. Sie dauerte nur kurz.
 Am 30. Januar 1933 wurde Hitler Reichskanzler. Am 27. Februar brannte der Reichstag, Vorwand für eine von langer Hand

vorbereitete große Verhaftungsaktion gegen Kommunisten und andere Gegner des nationalsozialistischen Regimes. Ossietzky wurde noch in der Brandnacht festgenommen.

Es folgten furchtbare Jahre in Konzentrationslagern. Zu den »Gründen für die Schutzhaftverhängung« äußerte sich die Gestapo in einem an Göring gerichteten Schreiben vom 22. 5. 1936:

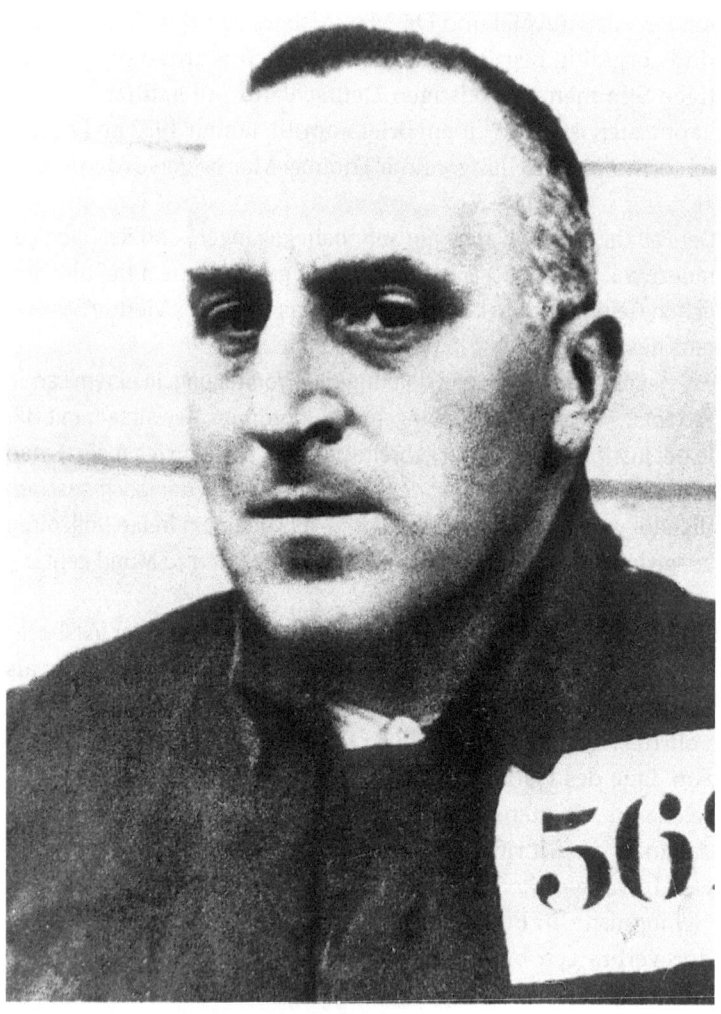

Carl von Ossietzky 1934 im KZ Esterwegen.

Wenn von Ossietzky schon in der Weimarer Republik mit dem Gesetz in Konflikt kam, so reicht das hin, um zu erkennen, wie groß und wie übel die Hetze gewesen sein muß, die dieser Mann getrieben hat ...

Am 30. Mai 1936 verlegte die Gestapo unter dem Druck der Weltöffentlichkeit Ossietzky in ein Polizeikrankenhaus, wo eine offene Tuberkulose bei ihm festgestellt wurde. Am 23. November 1936, dem Jahrestag des Reichsgerichtsurteils von 1931, wurde Carl von Ossietzky der Friedensnobelpreis verliehen. Vergeblich versuchte Göring, ihn in einem Gespräch zur Ablehnung des Preises zu bewegen. Am 4. Mai 1938 starb Carl von Ossietzky an den Folgen der KZ-Haft. Leben und Sterben eines friedlichen Helden in Stichworten, hinter denen sich unvorstellbares Leid verbirgt.

Im Mai 1988, genau 50 Jahre nach dem Tode dieses unbeugsamen Mannes, erreichte mich der ehrenvolle Auftrag, zusammen mit drei Kollegen – dem Berliner Rechtsanwalt Gerhard Jungfer, dem Bremer Senatsbeamten Dr. Dr. Ingo Müller (Verfasser des Buches *Furchtbare Juristen*) und dem Berliner Richter Eckart Rottka – ein Wiederaufnahmeverfahren in Sachen Carl von Ossietzky zu betreiben. Auftraggeberin: seine in Schweden lebende Tochter Rosalinda von Ossietzky-Palm. Sie erfüllte damit einen Wunsch ihres Vaters, den er schon in seinem *Weltbühne*-Artikel vom 10. Mai 1932 ausgesprochen hatte:

Ein paar Tage nach dem Prozeß konnten wir uns noch nicht über die künftige Strategie klar sein. Wir mußten Pressestimmen, Auslandswirkung abwarten. Nur über eines bestand bei uns nicht der mindeste Zweifel: wir wollten diese Sache nicht auf uns sitzen lassen, wir wollten unsre juristische Rehabilitation betreiben. Unser fernes, zunächst nur vage durch Zukunftsnebel schimmerndes Ziel hieß:
    Wiederaufnahme!

Ein Rechtsmittel, das zunächst durch Kreisers unsolidarisches Verhalten in Frage gestellt und selbstverständlich erst recht im nationalsozialistischen Unrechtsstaat zur politischen Unmöglichkeit wurde. Im Jahre 1988 – immerhin 43 Jahre nach dem Ende der Naziherrschaft – schien die Zeit reif zu sein, das politische Tendenzurteil von 1931 auch formell aus der Welt zu schaffen.

Im Mai 1990 besuchte mich Rosalinda von Ossietzky-Palm in Worpswede. Sie ist am 8. Februar 2000 in Stockholm gestorben.

Einer politischen Rehabilitation bedurfte Carl von Ossietzky schon längst nicht mehr, nachdem die Meinung der Weltöffentlichkeit schon 1936 in der Verleihung des Friedensnobelpreises ihren Ausdruck gefunden hatte. Aber der bundesdeutschen Justiz sollte Gelegenheit gegeben werden, sich von dem schändlichen Urteil ihrer Reichsgerichtskollegen aus der Zeit des aufkommenden Hitler-Faschismus zu distanzieren und damit gewissermaßen ein Stück Rehabilitation in eigener Sache vorzunehmen. Es ist ein weiteres Stück Justizschande daraus geworden.

Die Regelung des Wiederaufnahmeverfahrens hat Max Hirschberg in seinem Klassiker *Das Fehlurteil im Strafprozeß*

(1960) als eine »Mißgeburt der Gesetzgebung« bezeichnet, die von der »Fiktion der geheiligten Rechtskraft« ausgeht.

Ein rechtskräftiges Urteil soll gegen Angriffe um jeden Preis geschützt werden, auch wenn es die Vernichtung eines Unschuldigen bedeutet ... Der Gesetzgeber hat dem Gericht, das sich gegen das Eingeständnis eines falschen Urteils bis zum äußersten zu wehren pflegt, jede Handhabe gegeben, um den Wiederaufnahmeantrag zu Fall zu bringen. Der Gesetzgeber ging dabei von der falschen Anschauung aus, daß es für die Staatsautorität schädlich sei, zuzugeben, daß ein Unschuldiger verurteilt worden ist. Gerade das Gegenteil ist richtig. Nichts stärkt das Vertrauen des Volkes in seine Rechtspflege mehr als das Bewußtsein, daß ein Unschuldiger die Aufhebung des Fehlurteils erkämpfen kann.

Und Hirschberg, der zu den wenigen Strafverteidigern gehörte, die Wiederaufnahmeanträge in jahrelangem Kampf mit einer widerstrebenden Justiz erfolgreich durchgebracht haben, kam aufgrund seiner Erfahrungen zu dem resignierenden Resümee:

Das verfehlte deutsche Wiederaufnahmeverfahren setzt der Beseitigung eines Fehlurteils fast unüberwindliche Widerstände entgegen. Die meisten begründeten Wiederaufnahmegesuche bleiben in den Fallgruben dieser Widerstände hängen.

Trotzdem mußte der Versuch in Sachen Ossietzky gewagt werden. Ließ sich doch kaum ein Fall denken, in dem die Fehlerhaftigkeit eines Urteils größeres Aufsehen in der Weltöffentlichkeit erregt hätte. Wir hatten bei aller Skepsis gegenüber der herrschenden politischen Bewußtseinshaltung bundesdeutscher Richter doch die Hoffnung, daß bei den für dieses Wiederaufnahmeverfahren zuständigen Richtern das Bedürfnis bestehen würde, die deutsche Justiz von dem furchtbaren Makel zu befreien, den sie sich durch die Kriminalisierung des Friedenskämpfers Carl von Ossietzky zugezogen hat.

Unser Unternehmen wurde von sachkundigen, demokratisch gesinnten Journalisten mit Sympathie und der gehörigen Skepsis gegenüber bundesdeutschen Richtern begrüßt. Hanno Kühnert schrieb am 29. September 1989 in der *Zeit*:

Leicht ist das nicht, denn auch die Justiz der Bundesrepublik krallt sich an einmal ergangene Urteile – selbst an die des ehemaligen Reichsgerichts in Leipzig – und verehrt die Rechtskraft wie einen überirdischen Fetisch.

Kühnert zitierte aus dem Reichsgerichtsurteil gegen Küster und Jacob den Satz:

Der von der Verteidigung vorgetragene Grundsatz, daß das Wohl des Staates in seiner Rechtsordnung festgelegt sei und sich in deren Durchführung verwirkliche, ist abzulehnen.

Und Rudolf Oldens zeitgenössischen Kommentar dazu:

Ein Oberster Gerichtshof, der irgend etwas in der Welt über die Rechtsordnung stellt! Ist das möglich?

Kühnert:

Es war möglich und wurde zur ständigen Rechtsprechung auch im Fall Ossietzky. Selbst im *Spiegel*-Verfahren, also in bundesrepublikanischen Zeiten, zitierte der Bundesgerichtshof diese fatale Leipziger Rechtsprechung noch ausgiebig.
    Vermutlich denken die meisten Richter heute anders. Doch die heilige Kuh der Rechtskraft zu schlachten und alteingefahrene Rechtsprechung zu überwinden, wird selbst mit einem sehr fundierten und präzisen Antrag mühsam sein.

Am 1. März 1990 wurde der aufgrund gemeinsamer Vorarbeit vom Kollegen Gerhard Jungfer federführend ausgearbeitete Wiederaufnahmeantrag beim Kammergericht Berlin eingereicht.
    Unser Wiederaufnahmeantrag stützte sich auf § 359 Ziffer 5 StPO, wonach die Wiederaufnahme eines durch rechtskräftiges

Urteil abgeschlossenen Verfahrens zulässig ist, wenn neue Tatsachen oder Beweismittel beigebracht sind, die eine Freisprechung des Verurteilten zu begründen geeignet sind. Als neue Beweismittel legten wir Sachverständigengutachten vor, mit denen wir zugleich neue Tatsachen mitteilten:

Der neue Sachverständige kann seinem Gutachten andere Anknüpfungstatsachen zugrundelegen:
Durch die Öffnung der Archive u. a. der französischen Armee für den deutschen Forscher, kann der deutsche Forscher sich heute über die Tatsache informieren, daß die in dem Artikel, dessen Veröffentlichung zur Verurteilung führte, genannten Tatsachen insbesondere der französischen Armee bekannt waren, also nicht geheim waren.
Der heutige Sachverständige ist aufgrund der Möglichkeit des historischen Rückblicks auch in der Lage, die Bewertung vorzunehmen, daß unter anderem die Rüstungen, die in dem Artikel beschrieben werden, die Sicherheit des Reiches gefährdeten und nicht die Tatsache der Veröffentlichung dieser Vorgänge.

Es wurde also mit »neuen Beweismitteln« die »neue Tatsache« geltend gemacht, daß die seinerzeit vom Reichsgericht eingeholten Sachverständigengutachten falsch waren und durch damals noch nicht zugängliche Archivbestände und durch den Gang der Geschichte widerlegt sind. Als Gutachter wurden zwei namhafte militärgeschichtlich-historische Sachverständige benannt: Prof. Dr. Wolfgang Gessenharter von der Universität der Bundeswehr Hamburg und Prof. Dr. Manfred Messerschmidt, Freiburg, Mitverfasser des Buches *Die Wehrmachtsjustiz im Dienste des Nationalsozialismus*, ehemaliger Leiter des renommierten Militärhistorischen Instituts der Bundeswehr.

Schon bald sahen wir uns mit einer Frage konfrontiert, die schon Carl von Ossietzky und dessen Anwälte beim Reichsgericht beschäftigt hatte: Soll man offensichtlich befangene Richter ablehnen? Wobei auch diesmal die engen Grenzen gesehen werden mußten, in denen eine im politischen Bewußtsein des Richters liegende Befangenheit zur Richterablehnung berechtigt. Zu den Richtern des Kammergerichts, die über unseren Antrag entscheiden sollten, gehörte der Richter Egbert W., der an dem skandalösen Freispruch des Volksgerichtshofsrichters Rehse (6. 12. 1968) beteiligt gewesen war. Diesem Mittäter Freislers wurde in dem von Herrn W. mitzuverantwortenden Urteil zugutegehalten, daß die Erwägungen, aus denen der Kollege Rehse Widerstandskämpfer gegen den Hitler-Staat zum Tode verurteilt habe, »aus der Sicht des Jahres 1943 einfühlbar und verständlich« seien. War nicht zu befürchten, daß ein Richter, der im Jahre 1968 solches unterschreiben konnte, auch die Gründe des Reichsgerichtsurteils gegen Ossietzky »aus der Sicht des Jahres 1931 einfühlbar und verständlich« finden würde? Und noch ein weiteres Signal für eine Gesinnung, die ihn untauglich machte, ausgerechnet über den Anti-Militaristen Carl von Ossietzky zu urteilen, hatte Richter W. gesetzt, indem er im Juni 1989 eine an der Fassade des Berliner Kammergerichts angebrachte Mahntafel, die an über 500 in diesem Gebäude unter der Naziherrschaft zum Tode verurteilte Kriegsdienstverweigerer und Widerstandskämpfer erinnern sollte, von Bauarbeitern abmontieren, zerstückeln und in einen Müllcontainer werfen ließ. Ich war der Meinung, daß das für einen Ablehnungsantrag gegen den Richter W. reichte, konnte mich aber gegenüber den Kollegen nicht durchsetzen. Und in der Tat war auch hier wieder zu fragen, was selbst ein erfolgreicher Ablehnungsantrag gebracht hätte. Wie sich später zeigen sollte, war Herr W. nicht der einzige am Ossietzky-Verfahren beteiligte Richter, der den Reichsrichtern von 1931 darin beipflichtete, daß aus damaliger Sicht Ossietzky eben wirklich ein Landesverräter gewesen sei.

Durch Beschluß vom 11. Juli 1991 verwarf das Kammergericht unseren Wiederaufnahmeantrag als unzulässig. Die Antragstellerin, Rosalinda von Ossietzky-Palm, habe keine neuen Tatsachen oder Beweismittel beigebracht, die eine Freisprechung des Angeklagten zu begründen geeignet seien. Der Senat habe das Urteil des Reichsgerichts nicht auf Rechtsfehler zu überprüfen und die Rechtsprechung zum »publizistischen Landesverrat« im Lichte neuerer Rechtsprechung neu zu bewerten und als eine Art »Rehabilitierungsgericht« tätig zu werden. Vielmehr sei der Senat an die strengen Wiederaufnahmevorschriften der StPO gebunden. Anlaß für den Senat, »knietief in technischen Ausdrücken zu waten« – um mit Dickens und Ossietzky zu reden.

Kernpunkt unseres Vortrags war, wie gesagt, daß die in dem *Weltbühne*-Artikel enthaltenen tatsächlichen Angaben weder geheim gewesen seien noch die Sicherheit des Reichs gefährdet hätten. Dazu das Kammergericht:

Ob hiermit neue Tatsachen im Sinne des § 359 Nr. 5 StPO geltend gemacht sind, ist zweifelhaft. Denn der Wiederaufnahmeantrag stützt sich auf Umstände, die das Reichsgericht bei der Prüfung der beiden genannten Tatbestandsmerkmale eingehend und mit gegenteiligem Ergebnis gewürdigt hat. Eine Tatsache, deren Gegenteil das Urteil feststellt, ist denkgesetzlich keine neue Tatsache.

Ein Denkgesetz, das, wenn es richtig wäre, fast jeden Wiederaufnahmeantrag von vornherein auf die bequemste Weise unmöglich machen würde. In der Strafprozeßordnung, auf deren strenge Bindungen sich die Kammerrichter beriefen, steht dieses Denkgesetz jedenfalls nicht.

Der Umstand, daß ausländische Regierungen über die geheime Wiederaufrüstung des Deutschen Reiches unterrichtet waren (wie wir durch Sachverständigengutachten bewiesen hatten; H. H.), begründet allenfalls die unbestimmte Vermutung, daß ihnen auch die im Zusammenhang mit dem Flugplatz Johannisthal-Adlershof aufgedeckten Vorgänge schon vor der Veröffentlichung bekannt waren.

Mit anderen Worten: Wenn wir einen nachträglichen Freispruch Carl von Ossietzkys erreichen wollten, mußten wir den Beweis führen, daß jede Einzelheit der fraglichen Vorgänge bereits bekannt gewesen war, eine Anforderung, die, wie auch die Kammerrichter wußten, unerfüllbar war. Richter, denen an einer Korrektur des Reichsgerichtsurteils gelegen hätte, wären wohl auf den Gedanken gekommen, daß es nur darauf ankommen konnte, ob gerade diese Einzelheiten ein solches Gewicht hatten, daß ihre Bekanntgabe die Sicherheit des Reiches gefährden konnte. Denn den Beweis für die umfassendere Behauptung, daß eine solche Gefährdung nicht bestand, hatten wir geführt.

Aus dem von uns vorgelegten Gutachten von Prof. Messerschmidt:

Auf alliierter Seite wußte man von gravierenden Vertragsverletzungen, ohne in einer die Sicherheit des Reiches gefährdenden Weise zu reagieren.
Seit 1927 war eine entgegenkommende Haltung auf Seiten Großbritanniens und Frankreichs erkennbar, die erhebliche Verbesserungen für Deutschland zur Folge hatte.
Eine Gefährdung der Sicherheit Deutschlands wäre nur bei einer auf Aggression abgestellten Rüstungspolitik zu befürchten gewesen.

Dazu verkünden die Kammerrichter lapidar:

Diese politisch-historischen Gesamtbetrachtungen aus der Rückschau sind in rechtlicher Hinsicht unbeachtlich.

Meine Antwort darauf (Beschwerdebegründung vom 26.11. 1991):

Auf eben diese politisch-historische Gesamtbetrachtung kommt es an. Sie ist von den Sachverständigen des Ausgangsverfahrens mit fehlerhaftem Ergebnis angestellt worden und ist nunmehr im Wiederaufnahmeverfahren zu korrigieren.

Der Kollege Gerhard Jungfer verwies in seiner Beschwerdebegründung darauf, daß im Wiederaufnahmeverfahren für einen Verstorbenen der Grundsatz »in dubio pro reo« (im Zweifel zugunsten des Angeklagten) erfordert hätte, daß das Gericht bei der Bewertung der Gutachten nicht die Zweifel, die es noch daran hatte, ob jedes noch so kleine Detail im Ausland bekannt war, zu Lasten des Verurteilten hätte werten dürfen.

In meiner Beschwerdebegründung vertrat ich die Auffassung, daß hier schon bei Prüfung der Frage, ob die im Rahmen des Wiederaufnahmeantrags beigebrachten neuen Tatsachen und Beweismittel die Freisprechung begründen, ins Auge zu fassen sei, wie die Sache im Falle der Anordnung einer erneuten Hauptverhandlung, die es im Verfahren für einen Verstorbenen nicht gibt, zu entscheiden gewesen wäre. Dann aber hätte die neuere Rechtsentwicklung berücksichtigt werden müssen, die das Interesse einer politisch mündigen Bevölkerung, über Zustände und Aktivitäten der hier in Rede stehenden Art umfassend informiert zu werden, höher bewertet als das Interesse militärischer Stellen an der Geheimhaltung gesetz- und völkerrechtswidriger Rüstungsmaßnahmen.

Dem Bundesgerichtshof, der über unsere Beschwerde zu entscheiden hatte, war nicht verschwiegen worden, worum es ging. Aus meiner Beschwerdebegründung:

Wegen des hohen Ansehens, das Carl von Ossietzky schon im Jahre 1931 genoß, hat das gegen ihn ergangene Fehlurteil ein besonderes öffentliches Aufsehen erregt und der Reputation des Deutschen Reiches und seiner Justiz erheblich geschadet. Es handelte sich aber nur um eines aus der Fülle von Urteilen, mit denen der politische Strafsenat des Reichsgerichts damals Kritiker der geheimen Aufrüstung zu Landesverrätern stempelte und damit für politische Kräfte Partei ergriff, die über das deutsche Volk und andere Völker furchtbares Unheil gebracht haben. Eine Diskussion darüber, wer damals dem »Wohl des Deutschen Reiches« geschadet hat, nimmt unweigerlich makabre Züge an, wenn man angesichts der inzwischen vorliegenden geschichtlichen Erfahrungen den Versuch machen wollte, Carl von Ossietzky und nicht vielmehr die Richter schuldig zu sprechen, die ihn damals verurteilt haben. Dieses Verfahren hat nach alledem nicht nur die Funktion, den deutschen Patrioten Carl von Ossietzky von dem Vorwurf, ein Landesverräter gewesen zu sein, wenigstens nachträglich freizusprechen, sondern zugleich der deutschen Justiz Gelegenheit zu geben, ein schlimmes Fehlurteil in eigener Zuständigkeit aus der Welt zu schaffen und damit vor der Öffentlichkeit zu dokumentieren, daß in Deutschland heute in einem anderen Geiste judiziert wird, als in der Zeit des aufkommenden Hitler-Faschismus.

Der Hamburger Kollege Gerhard Strate, der für die Beschwerdeinstanz als weiterer Anwalt hinzugezogen wurde, ging noch einen Schritt weiter und warf den Richtern des 4. Strafsenats des Reichsgerichts Rechtsbeugung vor. Seine Begründung:

Nach Artikel 198 des Versailler Vertrages durfte Deutschland Luftstreitkräfte weder zu Lande noch zu Wasser unterhalten. Im Zuge von Verhandlungen zur Revision der durch die Pariser Luftfahrtkonvention dem Deutschen Reich auferlegten Beschränkungen kam es auf der Botschafterkonferenz in Paris am 21. bzw. 22. Mai 1926 zu internationalen Vereinbarungen, bei denen die Reichsregierung sich verpflichtete, Vorschriften zu erlassen, die die Einhaltung des Art. 198 des Versailler Vertrages sicherstellen sollten. Demgemäß ergingen Verordnungen, die den Bau von Luftfahrzeugen für militärische Zwecke und die Ausbildung und Fortbildung im Fliegen, die einen militärischen Charakter oder Zweck hatte, verboten und Zuwiderhandlungen unter Strafe gestellt wurden. Alle Aktivitäten der »Abteilung M.«, die den Mitgliedern des 4. Strafsenats des Reichsgerichts von den »militärischen Sachverständigen« geschildert worden waren, verstießen mithin gegen geltende Strafvorschriften. Was strafrechtlich verboten war, konnte aber nicht die höhere Weihe eines »militärischen Geheimnisses« erhalten, dessen Enthüllung ihrerseits zum Anlaß für strafrechtliche Verfolgung derjenigen Personen genommen werden, die diese nicht nur ungesetzlichen, sondern strafrechtswidrigen Aktivitäten einem größeren Leserkreis preisgaben.

Viel Rechtsgelehrsamkeit wurde dem 3., dem für politische Strafsachen zuständigen, Strafsenat des Bundesgerichtshofs vorgetragen, vor allem von Gerhard Jungfer, der in seiner politikfernen Wissenschaftlichkeit gewissermaßen der Max Alsberg in unserem Team war und wohl auch dessen abgrundtiefe Enttäuschung teilte, als, um mit Ossietzky zu sprechen, der

Angriff der Jurisprudenz auf den 3. Strafsenat siegreich abgeschlagen war. Der Beschluß des BGH, durch den unsere Beschwerde gegen die Entscheidung des Kammergerichts verworfen wurde, erging am 3. Dezember 1992, wurde uns aber – kleine Bosheit am Rande – erst am 21. Dezember zugestellt, also zu einem Zeitpunkt, in dem wegen der bevorstehenden Feiertage keine der großen Wochenzeitschriften noch einen kritischen Kommentar aufnehmen konnte. Auch sonst war das Presseecho dünn, vielleicht nicht nur, aber auch wegen des raffiniert gewählten Zeitpunkts der Bekanntgabe des empörenden Beschlusses. Kein Vergleich jedenfalls mit dem Aufschrei der demokratisch gesinnten Öffentlichkeit im Jahre 1931. Obwohl die Tatsache, daß der einzige in der Zeit der Naziherrschaft mit dem Friedensnobelpreis ausgezeichnete Deutsche im Jahre 1992 noch einmal zum Landesverräter erklärt wurde, zu einem solchen Aufschrei wohl Anlaß gegeben hätte.

Daß Juristen die Kunst beherrschen, für ein gewünschtes Ergebnis auch die passende Begründung zu finden, dürfte allgemeinkundig sein. Und so kostete es den 3. Strafsenat keine große Mühe, uns mit Rechtsausführungen abzuspeisen und, wenn es zu einer Rechtsfrage, wie üblich, zwei Meinungen gab, die für Ossietzky ungünstigere auszusuchen.

Unerheblich sei es, so erklärten die Bundesrichter, daß ausländische Regierungen von der geheimen Luftaufrüstung des Deutschen Reiches und den Verstößen gegen den Versailler Vertrag – auch in Einzelheiten – wußten.

Eine neue Tatsache i. S. von § 359 Nr. 5 StPO läge nur vor, wenn den ausländischen Regierungen entgegen der Annahme im rechtskräftigen Urteil gerade und genau die Tatsachen, die zum Schuldspruch geführt haben, bereits bekannt gewesen wären.

Da war es wieder, dieses zynische Muster unerfüllbarer Beweisanforderungen, das wir schon aus dem Kammergerichtsbeschluß und aus der Sache Jorns gegen Bornstein kennen. Es kommt hinzu, daß der BGH mit der Aufstellung unerfüllbarer Beweisanforderungen nur fortsetzte, was schon die im Dezernat des Reichsanwalts Jorns ausgebrütete Anklage und die Reichsrichter des 4. Strafsenats dem Angeklagten Ossietzky angetan hatten: die Umkehrung der Beweislast. Wir erinnern uns, daß das Reichswehrministerium eine Anfrage des Oberreichsanwalts dahin beantwortet hatte, daß der Hinweis auf die Erörterung des militärischen Charakters der »Abteilung M.« im Reichshaushaltsausschuß nicht geeignet sei, »*den Beweis dafür zu erbringen,* daß sämtliche in dem Unterabschnitt ›Abteilung M.‹ des inkriminierten Artikels enthaltenen Nachrichten im Zeitpunkt ihrer Veröffentlichung *allen interessierten Kreisen des In- und Auslandes bereits bekannt* gewesen seien«. So blind in ihrem militärfrommen Eifer – oder so zynisch in ihrem Machtbewußtsein? – waren die Leipziger Herren, daß sie entweder nicht sahen oder sich schlicht darüber hinwegsetzten, daß es im Strafverfahren nicht Aufgabe des Angeklagten war, die Bekanntheit der veröffentlichten Tatsachen zu beweisen, sondern daß die Anklagebehörde den Beweis dafür zu führen hatte, daß diese Tatsachen ausländischen Regierungen noch nicht bekannt waren. Und sie ersparten den in der Doppelrolle des Anklägers und des Sachverständigen auftretenden Herren der Reichswehrbürokratie darüber hinaus genau den Detailbeweis für Einzelheiten des Flugbetriebes in Johannisthal-Adlershof, für den Ossietzky und seinen Anwälten bis ins Jahr 1992 der Gegenbeweis abverlangt wurde.

Die Frage, ob die *Weltbühne*-Veröffentlichung »die Sicherheit des Reiches gefährdet« habe (Tatbestandsmerkmal des § 1 Abs. 2 Spionagegesetz), hatten wir durch Vorlage der Sachverständigengutachten der Professoren Messerschmidt und Gessenharter eindeutig beantwortet. Der BGH tat sie damit ab, daß dies keine »neue Tatsache« im Sinne des Gesetzes sei. Auch hier also eine Abschneidung jeder Möglichkeit eines Gegenbeweises. Nach dem Willen deutscher Bundesrichter sollte es bei den von der Geschichte widerlegten Gutachten der vom Reichsgericht angehörten militärischen »Sachverständigen« bleiben, die nicht in der von ihnen mitzuverantwortenden Wiederaufrüstung des Deutschen Reiches, sondern in den warnenden Stimmen pazifistischer Journalisten eine Gefahr für die Sicherheit des Staates sahen.

Für die Karlsruher Bundesrichter hatte das Dritte Reich und der Zweite Weltkrieg mit seinen 50 Millionen Toten nicht stattgefunden. Sie hielten sich an Grundsätze, die ohne kritisches Geschichtsbewußtsein auskamen und den Freispruch ihrer mit Adolf Hitler sympathisierenden Richterkollegen aus der Weimarer Republik garantierten:

Der Hinweis auf die weitere geschichtliche Entwicklung geht in einem Wiederaufnahmeverfahren fehl. Im Rahmen der Zulässigkeitsprüfung muß das Wiederaufnahmegericht die Geeignetheit des Wiederaufnahmevorbringens *unter Zugrundelegung des Standpunktes und nach der Rechtsauffassung des Gerichts beurteilen*, das den Angeklagten verurteilt hat.

Ein Grundsatz, der richtig sein mag, wenn es um Diebstahl und Unterschlagung geht. Aber soll er etwa auch für Freislers Terrorurteile gegen antifaschistische Widerstandskämpfer gelten? Soll er auch gelten, wenn deutsche Nazi-Richter jüdische Menschen wegen Rassenschande verurteilt haben? Wie weit soll die Einfühlung in Rechtsauffassungen und politische Weltanschauungen einer vergangenen Zeit gehen?

Ein Blick in die vom BGH letztinstanzlich dirigierte Urteilspraxis der bundesdeutschen Nachkriegsjustiz zeigt in der Tat, daß die Gerichte keine Schwierigkeiten hatten, sich in das Horrorszenario faschistischen Denkens zurückzuversetzen, wenn es darum ging, Richterkollegen von ehedem von jedem Vorwurf freizusprechen.

Da war zum Beispiel das Urteil des BGH vom 25. Mai 1956, das den SS-Richter Dr. Thorbeck von dem Vorwurf freisprach, sich durch seine Rolle als Vorsitzender eines in den letzten Kriegstagen in den Konzentrationslagern Sachsenhausen und Flossenbürg tagenden Standgerichts der Beihilfe zum Mord schuldig gemacht zu haben. Thorbecks willkürlich zusammengesetztes »Standgericht« hatte die Hitler-Gegner von Dohnanyi, Dr. Sack, Canaris, Oster, Gehre und Bonhoeffer in einem jeder Prozeßordnung spottenden Verfahren zum Tode verurteilt. Es sei nicht entscheidend, befanden die Bundesrichter, wie sich die Ereignisse vom April 1945 nach heutiger Erkenntnis darstellten. Vielmehr sei ins Auge zu fassen, wie sich die Aufgabe des Richters »nach der Gesetzeslage und den sonstigen Gegebenheiten zur Tatzeit darstellte, mit der Unerbittlichkeit der damals geltenden Gesetze, denen er unterworfen war und gegen die die in Flossenbürg vor das Standgericht gestellten Widerstandskämpfer sich aufgelehnt hatten«. Ausgangspunkt sei das »Recht des Staates auf Selbstbehauptung«.

Und so hatten die Bundesrichter, die damalige Sicht ins Auge fassend, keine Schwierigkeiten, die von Nazi-Richtern hingerichteten Widerstandskämpfer noch einmal zu Hoch- und Landesverrätern zu erklären.

Daß die »damalige Sicht« bis zur Rechtsblindheit gehen konnte, wurde Nazi-Richtern von Nachkriegskollegen zugutegehalten, die darüber zu entscheiden hatten, ob ein Todesurteil wegen »Rassenschande« aus dem Jahre 1943 gerechtfertigt werden könne. Das Landgericht Kassel sprach im Jahre 1951 den Nazi-Richter Kessler vom Vorwurf der Rechtsbeugung und des Totschlags frei, der einen jüdischen Diplom-Ingenieur wegen »Rassenschande« zum Tode verurteilt hatte, weil dieser mit »arischen« Frauen Geschlechtsverkehr gehabt hatte. Kessler habe den damaligen Angeklagten »ohne Rechtsirrtum« nach dem »Blutschutzgesetz« und als »Gewohnheitsverbrecher« verurteilt. Ein Satz aus Kesslers Urteil von 1943 (»Es ist nach deutschem Rechtsempfinden ein Gebot gerechter Sühne, daß der Angeklagte, der während eines Krieges Deutschlands mit den Anhängern des Weltjudentums die deutsche Rassenehre in den Schmutz zu treten wagte, vernichtet wird«) gab den Kasseler Richtern von 1951 Anlaß zu der Überlegung, es könne nicht ausgeschlossen werden, daß es der Überzeugung der damaligen Richter entsprochen habe, »durch diese rohe Ausdrucksweise im Dienste des Diktaturrechts gehandelt zu haben«. Auch könne Kessler die Vernichtung des Angeklagten »als Gewohnheitsverbrecher, nicht aber, weil er Jude war, gemeint« haben. Die »Möglichkeit der Rechtsblindheit« sei nicht auszuschließen. Also Freispruch mangels Beweises.

Nicht jeder Richter freilich konnte bei der deutschen Nachkriegsjustiz auf einfühlende Nachsicht rechnen. Der Lehrer Leonhard Wolfmeier hatte sich in seiner Eigenschaft als Schöffe in einem Standgericht geweigert, ein Todesurteil gegen einen Bürger seines Dorfes mitzuunterschreiben, der unmittelbar vor Kriegsende Hitler-Jungen entwaffnet hatte. Daraufhin wurde Wolfmeier selbst das Opfer eines Standgerichtsverfahrens, in dem er zum Tode verurteilt wurde. Bundesdeutsche Gerichte, vor denen der Fall noch einmal aufgerollt wurde, ließen die wohlwollende Einfühlung in die »damalige Sicht« nicht etwa dem hingerichteten Schöffen Wolfmeier, sondern dem SS-General Simon zugutekommen, der als sogenannter Gerichtsherr das Todesurteil gegen Wolfmeier bestätigt und dessen Erhängung angeordnet hatte.

Als letztes Beispiel für den einfühlenden Nachvollzug faschistischer Justizverbrechen durch bundesdeutsche Richter komme ich noch einmal auf den Richter am Kammergericht Egbert W. zurück, der über den Wiederaufnahmeantrag in Sachen Carl von Ossietzky in erster Instanz mitzuentscheiden hatte. Schon 1968, als er über Freislers Beisitzer Hans-Joachim Rehse zu befinden hatte, war ihm eine perfekte Einfühlung in das Denken eines Volksgerichtshofsrichters und in die Motive des nationalsozialistischen Gesetzgebers gelungen.

Nach §5 der Kriegssonderstrafrechtsverordnung konnte mit dem Tode bestraft werden, wer »öffentlich den Willen des deutschen Volkes zur wehrhaften Selbstbehauptung zu lähmen oder zu zersetzen suchte«. Ein aus den Richtern Dr. Oske, Olowson und W. bestehendes Gericht des Jahres 1968 befand, daß aus der Anwendung dieser Bestimmung Herrn Rehse kein Vorwurf zu machen sei. Denn:

Der Zweck des Gesetzes, das auf Grund der Erfahrungen des Jahres 1918 geschaffen worden war, bestand darin, den als kriegsentscheidend angesehenen, geschlossenen Einsatz des hinter der kämpfenden Truppe stehenden Volkes zu gewährleisten und etwaigen

Auflösungserscheinungen in der Heimat von vornherein scharf entgegenzutreten. Nach dem Willen des Gesetzgebers sollte daher jede Störung und Beeinträchtigung der totalen Einsatzbereitschaft des Volkes zur Erringung des Endsieges bekämpft und im Gegensatz zu 1917/18 schon im Keime erstickt werden.

Eine vollendete Einfühlung in Denken und Diktion einer aus der nationalistischen »Dolchstoßlegende« gespeisten Geschichtsbetrachtung. Von gleichem Kaliber ist die Fortsetzung:

Im Verlaufe des Krieges wurden deshalb alle Äußerungen, in denen ein Angriff gegen den so verstandenen Wehrwillen lag, nicht mehr als Verstöße gegen das Heimtückegesetz von 1934, sondern gegen das Kriegsstrafrecht geahndet. Nach der Rechtsprechung des Reichskriegsgerichts stellten auch Äußerungen, durch die im Kriege führende Persönlichkeiten des Staates angegriffen wurden, Angriffe gegen die Wehrkraft dar ... Diese Auslegung von § 5 KSSVO durch die damalige Rechtsprechung war mit dem Sinn und Zweck des Gesetzes, bei dem es sich – wie oben ausgeführt ist – um ein gültiges Gesetz handelte, vereinbar und ist daher nach Auffassung des Schwurgerichts nicht zu beanstanden.
Die Äußerungen der damaligen Angeklagten Alich, Jurkowski, Bahner, Oberüber, Dr. Arndt und Müller (sie hatten »abfällige Bemerkungen« über Hitler, Göring, Goebbels und andere »Amtsträger der NSDAP« gemacht und waren zum Tode verurteilt worden; H. H.) waren objektiv geeignet, die Wehrkraft im Sinne des Gesetzes und der Rechtsprechung zu lähmen. Ihre Bemerkungen, auf deren Wahrheitsgehalt es hierbei nicht ankommt, konnten in jener Zeit sich häufender militärischer und politischer Niederlagen des Deutschen Reiches bei den Gesprächspartnern und im Falle der Weiterverbreitung auch bei unbestimmt vielen weiteren Personen Zweifel an den charakterlichen, politischen und militärischen Fähigkeiten der führenden Personen des Staates und der Wehrmacht wecken oder verstärken, die Siegeszuversicht und den Willen zum weiteren Durchhalten sinken lassen und damit die Einsatzbereitschaft der in das Kriegsgeschehen einbezogenen Zivilbevölkerung lähmen, was sich auf die kämpfende Truppe auswirken mußte.

Das ist wirklich aus einem Urteil aus dem Jahre 1968! Es hätte seine Verfasser auch qualifiziert, im Jahre 1943 über wehrkraftzersetzende Widerstandskämpfer zu Gericht zu sitzen. Aber es machte sie, mit Verlaub, untauglich, darüber zu entscheiden, ob der Pazifist Carl von Ossietzky zu Recht als Landesverräter verurteilt worden war.

Und das galt auch für die Herren Bundesrichter, die in zweiter und letzter Instanz über den Wiederaufnahmeantrag zu entscheiden hatten. Da spielten keine Stümper an der Zeitmaschine, sondern perfekte Paragraphenhandwerker, die sich ihrer Macht bewußt waren, ihr eigenes Geschichtsbild auch dem Gedächtnis an den großen Anti-Militaristen Carl von Ossietzky aufzupfropfen. Sie hatten keine Skrupel, sich in das Jahr 1929 zurückzuversetzen und den *Weltbühne*-Artikel »Windiges aus der deutschen Luftfahrt« mit den Augen, den Gehirnwindungen und den politischen Leidenschaften von Reichsgerichtsräten zu lesen, die ihre Ahnung, wie die Geschichte weitergehen würde, noch hinter konkretem Nichtwissen verbergen und ihre politische Verantwortung auf die militärischen Sachverständigen abschieben konnten, an deren Unfehlbarkeit sie damals noch zu glauben vorgeben durften. Aus dem Beschluß des BGH vom 3. 12. 1992:

Nach dieser Auffassung war das Interesse an der militärischen Schlagkraft des Reiches im Jahre 1929, auch die Schaffung einer »Notluftwaffe« (Prof. Dr. Messerschmidt), Bestandteil des Staatswohles. Auch wenn die Entente-Mächte ohnehin von der vertragswidrigen Aufrüstung wußten und diese wegen einer vor 1933 fehlenden Aggressionsrichtung hinnahmen, war es nach der Auffassung des damals erkennenden Gerichtes rechtlich unerheblich, ob und in welcher Weise die fremden Mächte die Veröffentlichung nutzten. Entscheidend war, daß sie die Möglichkeit hatten, die Mitteilungen zu politischen oder militärischen Gegenmaßnahmen zu verwenden, Agenten anzusetzen, Angriffs- oder Abwehrmittel zu ändern oder zu verstärken (vgl. Urteil des Reichsgerichts S. 20).

Auch die schon damals von demokratisch gesinnten Publizisten und Politikern heftig bekämpfte, die Freiheitsrechte der

Weimarer Verfassung und die Verpflichtung der Reichsregierung zu völkerrechtlicher Vertragstreue ignorierende »Rechts«-Auffassung des Reichsgerichts, daß die illegale Aufrüstung und das damit zusammenhängende Treiben rechtsradikaler Organisationen nicht öffentlich erörtert, sondern nur bei eben den Instanzen vertraulich gerügt werden dürfe, die dafür mindestens durch Duldung verantwortlich waren, erlebt im Beschluß des BGH vom 3.12.1992 eine feierliche Bestätigung.

Nach der Rechtsprechung des Reichsgerichts schloß die Rechtswidrigkeit der geheimgehaltenen Vorgänge die Geheimniseigenschaft nicht aus (RGSt 61, 150; 62, 65, 67 gerade zu den Bestimmungen des Versailler Vertrages und Art. 4 Weimarer Reichsverfassung). Jeder Staatsbürger schuldete nach Auffassung des Reichsgerichts seinem Vaterland eine Treuepflicht des Inhalts, daß das Bestreben nach der Einhaltung der bestehenden Gesetze nur durch eine Inanspruchnahme der hierzu berufenen innerstaatlichen Organe und niemals durch eine Anzeige bei ausländischen Regierungen verwirklicht werden durfte.

Ja, es sei nach damaliger Rechtsauffassung auch »nicht völlig unvertretbar« gewesen, wenn das Reichsgericht mit der Begründung eines »übergesetzlichen Notstandes« anerkannt hätte, »daß sich die Heeresleitung im Interesse der Landesverteidigung für verpflichtet halten konnte, eine Luftwaffe aufzubauen«.

Eine Mißachtung des völkerrechtlichen Grundsatzes der Vertragstreue (»pacta sunt servanda«), die schon damals das Mißtrauen anderer Völker gegen Deutschland geschürt hat – wie sich zeigen sollte: sehr zu Recht –, und deren schamlose Wiederholung durch deutsche Strafgerichte auch in den neunziger Jahren Aufmerksamkeit gefunden hatte. Besonders in den skandinavischen Ländern, die schon in der Zeit der Nazi-Verfolgung mutig für Carl von Ossietzky eingetreten waren, hatte das erneute höchstrichterliche Bekenntnis zu den »verbrecherischen Richtern von 1931« (Jan Myrdal in *Aftonbladet*) Erstaunen und Empörung ausgelöst.

Schädigungen des deutschen Ansehens und Zweifel in deutsche Vertragstreue haben deutsche Juristen noch nie und deutsche Politiker allenfalls dann gekümmert, wenn darunter die Geschäfte litten. Und so müssen wir jetzt mit einer höchstrichterlichen Entscheidung leben, wonach einer der im Ausland angesehensten Deutschen im eigenen Land nach wie vor als Landesverräter gilt.

Es hat Überlegungen gegeben, ob man nach erfolgreichen Recherchen in ausländischen Archiven über die Bekanntheit der im *Weltbühne*-Artikel von 1929 mitgeteilten Tatsachen den Wiederaufnahmeantrag wiederholen sollte. Ich bin strikt dagegen. Die Justiz hat die ihr »gebotene Gelegenheit zu einem Akt der Selbstreinigung« (Eckart Spoo) ausgeschlagen. Sich noch ein zweites Mal mit dem Bemühen abzuquälen, den Beweis dafür zu führen, daß alles, was in dem inkriminierten Artikel stand, schon bekannt gewesen sei, wäre schlicht unwürdig. Carl von Ossietzkys Verdienst besteht nicht darin, daß er die Kunst beherrschte, die Kritik an der deutschen Wiederaufrüstung so geschickt zu verschleiern, daß sie selbst mit dem uferlosen Geheimnisbegriff der militärfreundlichen Reichsgerichtsjustiz nicht zu fassen war. Sondern Carl von Ossietzky verdient unsere Hochachtung und die Hochachtung der demokratisch gesinnten Teile der Weltöffentlichkeit, weil er frühzeitig vor dem deutschen Militarismus und dem deutschen Faschismus gewarnt und deren juristische Wegbereiter immer wieder angeprangert hat. Gerade wenn er in diesem Kampf Tatsachen ausgesprochen haben sollte, die noch nicht allgemein bekannt waren, hätte er sich große Verdienste erworben. Und wenn es ihm – wie die militärischen »Sachverständigen« des Reichsgerichts für möglich hielten – gelungen wäre, die ausländischen Mächte, die schließlich Hitler-Deutschland in einem Krieg mit ungeheuren Opfern für beide Seiten niederringen mußten, schon zu einem Zeitpunkt zum Einschreiten zu veranlassen, bevor Hitler die Staatsmacht übernommen hatte, dann wäre Deutschland und der Welt viel erspart geblieben.

20. Aufforderung zur Fahnenflucht. DIE GRÜNEN und der Golfkrieg (1991-1993)

Anfang der neunziger Jahre schien der Golfkrieg ein neues Betätigungsfeld für deutsche Soldaten zu eröffnen. Jetzt mußte sich zeigen, ob noch Wolfgang Borcherts »Sag NEIN!« galt, diese hämmernd wiederholte Aufforderung aus seinem Manifest »Dann gibt es nur eins!«, Befehle zur Vorbereitung des nächsten Krieges zu verweigern. Für uns junge Kriegsheimkehrer von 1945 war damit eine Selbstverständlichkeit ausgesprochen, und in den Jahren danach, als es um Remilitarisierung und Atomwaffen ging, hat man Borcherts beschwörenden Aufruf bei Demonstrationen und anderen öffentlichen Veranstaltungen immer wieder gehört. Nun war es wirklich so weit, die Lehren von 1945 zu befolgen oder sie zu vergessen.

Auf einem Sonderparteitag in Bayreuth am 23. 9. 1990 hatten DIE GRÜNEN eine Erklärung zum Golfkrieg beschlossen, die sich gegen eine deutsche Beteiligung an militärischen Einsätzen wandte. Sie hatte die Form eines offenen Briefes an die Soldaten der Bundeswehr und der Nationalen Volksarmee und war auf Flugblättern vor Kasernen und auf Bahnhöfen verteilt worden. Darin hieß es:

Verweigert euch dem Aufrüstungskurs der zukünftig gesamtdeutschen Armee! Laßt euch nicht als Kanonenfutter für einen Krieg am Golf oder anderswo einplanen! ...

Die Bundesregierung will das Grundgesetz ändern, um die Bundeswehr künftig auch außerhalb des bisherigen Nato-Auftragsbereiches einsetzen zu können – zum Beispiel an der Seite der USA am Golf. Die SPD ist auch dafür ... Keine Intervention und keine Bundesmarine in den Golf ... Sagt nein! ... Verweigert euch diesen Planungen! Verweigert den Kriegsdienst, verlaßt die Armee! Laßt euch nicht zum Kanonenfutter für die verfehlte und nicht dem Frieden und der Unabhängigkeit unseres Landes dienende Politik machen – denn ihr werdet es sein, die als erste für Großmachtambitionen und militärische Abenteuer den Kopf hinhalten müssen.

Offener Brief der GRUNEN(beschlossen auf dem Sonderparteitag, Bayreuth, 23.9.90)

Soldaten und Rekruten der Bundeswehr und der NVA!

Verweigert Euch dem Aufrüstungskurs der zukünftig gesamtdeutschen Armee! Laßt Euch nicht als Kanonenfutter für einen Krieg am Golf oder anderswo einplanen!

Am 1.10. bzw. 4.10. werden wieder bundesweit und DDR-weit über 100.000 Rekruten zum Wehrdienst bei Bundeswehr und NVA einberufen.

In Eurer Dienstzeit stehen große Veränderungen an: Die NVA wird mit dem Zusammenschluß der BRDDR zu einer Teilstreitkraft der Bundeswehr, diese wird sich zunächst in der Kommandostruktur, dann mit Kampfverbänden nach Osten in den Bereich der bisherigen DDR ausdehnen.

Die Gesamtzahl der deutschen Soldaten wird zwar auf 370.000 Mann verringert, aber die laufenden Rüstungsprojekte-West und Modernisierungen in Ausrüstung, Ausrichtung und Struktur werden real eine Kampfkraft-Steigerung bringen – also keine Abrüstung.

Die Bundesregierung will das Grundgesetz ändern, um die Bundeswehr künftig auch außerhalb des bisherigen NATO-Auftragsbereiches einzusetzen zu können – z.B. an der Seite der USA am Golf. Die SPD ist auch dafür. Sie ist zufrieden, wenn dies nur "multinational und im Rahmen der UN" geschieht.

Keine Intervention und keine Bundesmarine in den Golf

Die Annektion Kuwaits durch den Irak ist ein völkerrechtswidriger Akt der Aggression, der rückgängig gemacht werden muß. Die irakische Diktatur zeigt erneut jene Brutalität im Umgang mit Menschenrechten und Völkerrecht, die sie bei der Ausrottung der irakischen Opposition, bei den Giftgasangriffen auf irakische Kurden und bei dem Angriff auf den Iran an den Tag legte.

Doch gerade die westlichen Staaten, die heute am lautesten einer militärischen Antwort rufen, haben wesentlich dazu beigetragen, den Irak zu dieser Aggression zu befähigen: Frankreich, Bundesrepublik, Sowjetunion, USA und Großbritannien haben den Irak hemmungslos mit Rüstungsgütern und Rüstungstechnologien versorgt. Auch Kuwait selbst und Saudi-Arabien haben den Krieg gegen den Iran mit ihren Öl-Dollars mitfinanziert. Die USA haben darüberhinaus kein Recht, sich als der große Hüter des Völkerrechtes darzustellen, haben sie doch selbst noch in jüngster Zeit in anderen Staaten militärisch eingegriffen.

DIE GRÜNEN begrüßen die raschen und konsequenten Boykottbeschlüsse des UNO-Sicherheitsrats gegen den Irak. Wir lehnen das Säbelrasseln der USA und ihrer Verbündeten und ihre kriegsträchtige militärische Interventionspolitik ab. Sie steht nicht im Einklang mit der UNO-Beschlußlage. Die Handlungsalternative heißt nicht militärisches Eingreifen oder Appeasement. Der hochverschuldete und stark von Importen abhängige Irak muß durch ein konsequentes und allumfassendes Embargo zum Rückzug gezwungen werden.

Dieses Ziel wäre leichter zu erreichen, würden all jene Ressourcen und Energien, die heute in den Aufmarsch für den Krieg investiert werden, dazu genutzt, wirtschaftliche Sanktionen so effektiv wie möglich zu gestalten.

Die Golf-Krise darf zugleich nicht zum Anlaß genommen werden, deutsche Ansprüche, als ökonomisch und zunehmend auch politisch in Europa dominantes Land in den Kreis der Großmächte aufzurücken, nun mit »Germans to the Front« zu untermauern. Zwischen CDU/CSU, SPD und FDP hat man sich offenbar bereits auf eine entsprechende Änderung des Grundgesetzes für Bundeswehr-Einsätze außerhalb des NATO-Gebiets verständigt.

Sagt Nein!

Eure Verfügbarkeit als Soldaten für diese Planungen ist ein wesentlicher Faktor ihrer Durchführbarkeit: Widerstand, politischer Protest und Verweigerung aus den Reihen der Armee selber mithin ein ernsthafter Störfaktor für die Planer im Kabinett und auf der Hardt-Höhe bzw. in den NATO-Headquarters.

Wir rufen Euch ganz besonders deshalb dazu auf: **Verweigert Euch diesen Planungen! Verweigert den Kriegsdienst, verlaßt die Armee! Laßt Euch nicht zum Kanonenfutter für eine verfehlte und nicht dem Frieden und der Unabhängigkeit unseres Landes dienenden Politik machen – denn ihr werdet es sein, die als erste für Großmachtambitionen und militärische Abenteuer den Kopf hinhalten müssen. Wenn Ihr den Befehl bekommt, in einen Krieg irgendwo auf der Welt zu gehen, dann SAGT NEIN und BEGEHT FAHNENFLUCHT !**

Wir wollen daß es keinen Krieg mehr gibt - nicht um Öl, nicht um fremde Länder, nicht um Vorherrschaft und Machtansprüche !

DIE GRÜNEN lehnen jedes militärische Eingreifen der Bundeswehr am Persischen Golf ab. Sie halten die indi-

Das inkriminierte Flugblatt der GRÜNEN.

Wenn ihr den Befehl bekommt, in einen Krieg irgendwo auf der Welt zu gehen, dann SAGT NEIN und BEGEHT FAHNENFLUCHT!

Wegen der im zuletzt zitierten Satz enthaltenen Aufforderung zur Fahnenflucht erhob die Staatsanwaltschaft Bonn Anklagen gegen die an dem Beschluß beteiligten Mitglieder des Bundesvorstandes der GRÜNEN (§ 111 StGB: Öffentliche Aufforderung zu Straftaten), und es kam zu mehreren Verfahren vor den Amtsgerichten, die mit Verurteilung der Angeklagten endeten. In einem dieser Verfahren, das sich gegen die Bundesvorstandsmitglieder Eberhard Walde, Professorin Dr. Renate Damus und Rechtsanwalt Hans-Christian Ströbele richtete, hatte ich zusammen mit dem Bonner Kollegen Carl W. Heydenreich als Verteidiger von Frau Damus mitgewirkt, während Ströbele sich selbst und zugleich Walde verteidigte. Das Schöffengericht Bonn, vor dem wir am 23. April 1991 verhandelten, hielt sich nicht lange mit der rechtlichen und politischen Problematik der Sache auf, die ihnen von den Angeklagten und den Verteidigern vorgetragen worden waren. Sie folgten dem Staatsanwalt, der das übliche konservative Vokabular abgespult hatte (»Dies ist kein politischer Prozeß, es geht um die Verletzung von Gesetzen« – »Soldaten haben Befehle auszuführen« – »Die Angeklagten hatten es schwarz auf weiß (nämlich in Form eines Beschlagnahmebeschlusses des LG Bonn) in den Händen, daß das, was sie machten, rechtswidrig ist; diese Inbrunst, mit der richterliche Entscheidungen nicht zur Kenntnis genommen werden«). Das Urteil: Geldstrafen zwischen 3.000 und 7.500 Mark.

In der Berufungsinstanz beim Landgericht Bonn richtete sich das Verfahren gegen Eberhard Walde, Hans-Christian Ströbele, Jürgen Maier und Annemarie Charlotte Nilges. Jürgen Maier und Anne Nilges waren in erster Instanz von einem anderen Schöffengericht fast ebenso schlank verurteilt worden (das Urteil erwähnte immerhin den Artikel 5 des Grundgesetzes, der die Freiheit der Meinungsäußerung garantiert, tat ihn aber mit einem Satz ab: »Diese Rechte finden ihre Schranken nach Abs. 2 des Artikels in den Vorschriften der allgemeinen Gesetze, hier in den Vorschriften des Wehrstrafgesetzes«). Renate Damus war inzwischen schwer erkrankt und starb wenig später. Mein Mandant wurde nunmehr Jürgen Maier, Jahrgang 1963, Student in Tübingen (Politikwissenschaft und Englisch), seinerzeit ebenfalls im Bundesvorstand der GRÜNEN.

Wir hatten es diesmal, zu unserer eigenen Überraschung, mit Richtern und Schöffen zu tun, die für die politische und rechtliche Argumentation der Verteidigung offene Ohren hatten (Vorsitzender Richter: Dr. Buchholz, Richterin Weber, Richter Schwab, Schöffen: Studienrat Wolfgang Neumann und Konstrukteur Rudolf Bel). Als Verteidiger wirkten mit: Dr. Hagedorn (Hamburg) für Walde, Eisenberg (Berlin) für Ströbele, Thiee (Bonn) für Nilges und Heydenreich und ich für Maier.

Besonders eindrucksvoll war nach meiner Einschätzung die Erklärung, die Jürgen Maier vor dem Bonner Landgericht zur Sache abgab. Es gehe in diesem Prozeß nur vordergründig um eine juristische Auseinandersetzung, sagte er. Der eigentliche Kern der Sache sei politischer Natur. Es gehe um eine politische Auseinandersetzung zwischen der Partei DIE GRÜNEN und der Bundesregierung über die Frage der Beteiligung der Bundeswehr am Golfkrieg. Es habe die reale Möglichkeit bestanden, daß die Bundesregierung unter Bruch des Grundgesetzes die Bundeswehr außerhalb des Nato-Gebiets eingesetzt hätte. Die Bundesregierung habe das Grundgesetz auch insofern mißachtet, als es die Angriffskriege des irakischen Diktators Saddam Hussein durch Genehmigung von Rüstungsexporten überhaupt erst ermöglicht habe. Das galt für den 1980 vom Zaun gebrochenen Angriffskrieg des Irak gegen den Iran, der bis 1988 dauerte, und es galt für den Angriffskrieg, den Saddam Hussein im August 1990 gegen Kuwait begann.

171 deutsche Firmen hatten bis dahin dem Saddam-Regime Rüstung oder militärisch verwendbare Güter geliefert, zum allergrößten Teil völlig legal und mit Genehmigung und Wissen und teilweise gar noch hermesverbürgt von der Bundesregierung. Niemand, kein Industrieller, und schon gar kein Regierungsverantwortlicher wurde wegen Beteiligung an zwei Angriffskriegen zur Rechenschaft gezo-

gen. Ich will einige der Übeltäter nennen, die an den Genehmigungen beteiligt waren: die jeweiligen Wirtschafts-, Außen- und Verteidigungsminister, Lambsdorff, Bangemann, Haussmann, Möllemann, Wörner, Scholz, Stoltenberg, Genscher. Und ohne den Kanzler läuft so etwas auch nicht.

Diese Leute, meine Damen und Herren, gehören hier auf die Anklagebank, zusammen mit den Verantwortlichen der Firmen, die die Lieferungen in der Praxis durchgeführt haben. Hier könnte der Staatsanwalt sich seine Sporen verdienen, aber leider habe ich bisher von keinerlei derartigen Prozessen gehört, obwohl die ganze Welt inzwischen mit Fingern auf die Bundesregierung zeigt.

Jürgen Maier verwies auf die Schlagzeile der *Süddeutschen Zeitung* vom 18. Januar 1992: »UNO-Untersuchung belegt tiefe Verstrickung deutscher Firmen in die Aufrüstung des Irak. – An Giftgasproduktion zu mehr als 80 % beteiligt. – Ein Viertel der Technik für ›Scud‹-Raketen aus Deutschland«. Zur Erinnerung: Scud-Raketen wurden damals vom Irak aus nach Israel geschossen. Es fehlte nur noch, daß auch deutsches Giftgas erneut jüdischen Menschen den Tod gebracht hätte. Diese Bedrohung jüdischer Menschen durch deutsche Waffen und deutsches Gift führte auch unter deutschen Linken zu einer zwiespältigen Beurteilung deutscher Beteiligung am Golfkrieg. Aber die in diesem Strafverfahren Angeklagten – und deren Verteidiger – gehörten zu denen, die es nicht für die Aufgabe deutscher Soldaten hielten, die Knochen für die Verbrechen der deutschen Industriellen und ihrer politischen Wortführer in Bonn hinzuhalten. Ihnen schien es wichtiger, die deutschen Sünden zu brandmarken, die zu dieser ungeheuerlichen Situation geführt hatten. Die moralische Berechtigung pazifistischen Denkens und Handelns wird von den Konservativen immer wieder auf dem Hintergrund von Situationen in Frage gestellt, die von ihnen unter Mißachtung pazifistischer Stimmen herbeigeführt worden sind. Jürgen Maier vor dem Bonner Landgericht:

Jahrelang, immer wieder haben die GRÜNEN die Bundesregierung aufgefordert, keinerlei Rüstungsexporte mehr an den Irak zu genehmigen, dieses Völkermordregime umfassend zu boykottieren. Ein derartiger Antrag nach dem anderen wurde im Bundestag abgelehnt. Es wurde weiter geliefert.

Und an die Adresse der Justiz:

Diese Verbrechen interessieren den Staatsanwalt anscheinend nicht. Stattdessen werden Leute angeklagt, die dieses zynische Spiel nicht länger hinnehmen. Der Parteitag der GRÜNEN hat im September die Soldaten der Bundeswehr aufgefordert, sich nicht von diesen Rüstungsexporteuren im Golfkrieg verheizen zu lassen.

Die Staatsanwaltschaft machte ihre Anklage an dem Wort »Fahnenflucht« fest. Ein Recht, die Soldaten aufzufordern, rechtswidrige Befehle zu verweigern, wollte sie allenfalls gelten lassen. Dazu Jürgen Maier:

Wie absurd und weltfremd das ist, zeigen die Beispiele derjenigen amerikanischen Soldaten, die den Befehl zur Verlegung an den Golf verweigerten, aber nicht desertierten. Sie wurden kurzerhand in Handschellen an den Golf gebracht und hatten dort keine andere Wahl mehr, als sich am Krieg zu beteiligen.

Und er erinnerte auch daran, welche Maßstäbe deutsche Richter anzuwenden pflegen, wenn die Gewissenshaltung von Soldaten nachgeprüft wird, die einem sozialistischen Staat Gehorsam zu schulden glaubten.

Vor einigen Tagen hat ein anderes deutsches Gericht, das Berliner Landgericht, zwei ehemalige DDR-Soldaten verurteilt, weil sie genau das getan haben, was Bundeswehrsoldaten unserer Meinung nach nicht tun sollten: stur Befehle erfüllen, selbst wenn sie gegen Menschenrechte und Verfassungsrecht verstoßen. Die Mauerschützen wurden verurteilt, weil sie getötet haben, ohne ihr Gewissen zu befragen. Was für diese Soldaten gilt, muß auch für Bundeswehrsoldaten gelten.

Mein Plädoyer läßt sich nach den Stichworten in meiner Akte nicht mehr wortgetreu rekonstruieren. Darum halte ich hier ein neues:

Kriege sind den beteiligten Völkern von jeher als notwendig eingeredet worden. Die Menschen, die man zum gegenseitigen Schlachten auf die Schlachtfelder führte oder hinter die das Inferno auslösenden Bedienungsknöpfe der Abschußrampen und Bombenschächte setzte, glaubten, eine vaterländische Pflicht zu erfüllen, für die Freiheit zu kämpfen (auch Hitlers Soldaten sangen: »Freiheit das Ziel!«) oder Frauen und Kinder vor barbarischen Horden zu verteidigen. Die wirklichen Hintergründe von Kriegen sind den Menschen immer verschleiert worden. Auch der Golfkrieg, den die USA, ausgestattet mit einem UNO-Mandat, nach monatelanger publizistischer Vorbereitung im Januar 1991 eröffneten, diente angeblich der Befreiung des vom Irak besetzten kuwaitischen Grenzgebiets und erhielt eine zusätzliche moralische Rechtfertigung dadurch, daß der irakische Diktator Saddam Hussein seine Drohung wahrmachte, Israel mit Raketen zu beschießen. Der amerikanische Präsident Bush verglich Saddam Hussein mit Hitler, wohl um die Assoziation auszulösen, es sei Aufgabe der Völkergemeinschaft, den Morden und Eroberungsplänen dieses Mannes mit Waffengewalt Einhalt zu gebieten. Kein Zweifel, Saddam Hussein hatte die in seinem Land lebenden Kurden mit Giftgas gemordet und ihre Dörfer zerstört, er trat Menschenrechte mit Füßen und hatte kuwaitisches Grenzgebiet unter Verletzung des Völkerrechts militärisch besetzt. Aber es hatte zwischen 1945 und 1991 viel vergleichbares Unrecht in der Welt gegeben, ohne daß die Völkergemeinschaft zu den Waffen gerufen wurde. Warum gerade in Kuwait? Alles Gerede von Recht und Freiheit konnte nicht darüber hinwegtäuschen, daß Kuwait keine Demokratie, sondern ein feudalistisch regierter Staat war; aber einer, der Ölquellen hatte. Nein, es ging nicht um Ideale, sondern um handfeste ökonomische Interessen und die Sicherung politischer Einflußsphären.

Man befürchtete offenbar, daß Saddam Husseins Zugriff auf die Ölquellen im kuwaitischen Grenzgebiet nur die Generalprobe für die Annektierung der gewaltigen Ölvorräte Saudi-

Arabiens war, die dem irakischen Diktator eine Führungsrolle in der arabisch-islamischen Welt eingebracht hätte. So die These von Wolfgang Oelrich in einem Leitartikel im *Weser-Kurier* vom 6.2.1991.

Dies ist vermutlich die größte »Gefahr«, die die Industrieländer unter ihrer Führungsmacht USA klar erkannt haben. Kuwait ist ihnen dabei so gleichgültig wie die Ausrottung von Kurden mit Giftgas. Ihren »gerechten« Krieg im arabischen Wüstensand führen sie primär, damit die Verteilung des Wohlstands in der Welt so ungerecht – weil vorteilhaft – bleibt wie sie ist. Der ehemalige US-Präsident George Bush bestätigte diese Vermutung ebenso offen wie arrogant: Der Krieg biete die »Chance, die Grundlagen für die lang ersehnte neue Weltordnung zu schaffen«, wobei die Führung der Vereinigten Staaten »unverzichtbar« sei.

Der seit langem schwelende Nord-Süd-Konflikt sei tragischerweise in dem Augenblick explodiert, in dem der Ost-West-Konflikt überwunden scheine, schrieb Oelrichs abschließend. Ob das wirklich so schicksalhaft war, wie es das Wort »tragisch« nahelegt, bezweifle ich. Es ist mit guten Gründen behauptet worden, daß ein konsequent weitergeführtes Wirtschaftsembargo gegen Saddam Husseins Irak genügt hätte, um den Rückzug aus Kuwait zu erzwingen. Aber ein Wirtschaftsembargo gegen ein Land durchzusetzen, mit dem Hunderte von Firmen der kapitalistischen Welt gute Geschäftsbeziehungen unterhalten, ist offenbar nicht so einfach wie die durch einen Präsidentenbefehl auszulösende Bombardierung und Beschießung. Und, was vielleicht noch wichtiger war: den Menschen in der kapitalistisch beherrschten Welt konnte nach dem Wegfall des kommunistischen Feindbildes anschaulich gezeigt werden, daß nach wie vor ein großer Teil des Volksvermögens für Rüstung und Militär ausgegeben werden muß. Und Saddam Husseins Irak bot gegenüber dem alten Feind Sowjet-Union einen wichtigen Vorteil: man brauchte sich nicht mit der durch das Gleichgewicht des Schreckens erzwungenen Drohgebärde zu begnügen, sondern konnte endlich einmal medienwirksam und umsatzfördernd Waffen und Munition einsetzen und verbrauchen. Vielleicht war es eine der letzten Möglichkeiten, einen solchen Hinrichtungskrieg gegen einen hoffnungslos unterlegenen Gegner ohne die geringste Gefährdung der eigenen Bevölkerung zu führen. Wie lange wird es noch möglich sein, die weitere Verbreitung der Atomwaffen zu verhindern? Und auch die neue Kampfform kleiner Völker, sich gegen die Übermacht des Stärkeren durch Geiselnahmen und Terrorkommandos im Hinterland des Feindes zu wehren, scheint an Boden zu gewinnen. Spätestens dann, wenn deutsche Banken von Selbstmordkommandos gesprengt werden, wird man wohl auch bei uns begreifen, daß die Einmischung in Kriege, die irgendwo in der Welt vom Zaun gebrochen werden, nicht ohne Gefährdung des eigenen Wohlergehens abgehen muß. Aber noch haben pazifistische und vernunftpolitische Stimmen es schwer, sich gegen die Übermacht der Kriegsschreier Gehör zu verschaffen. Sie waren in Deutschland seit jeher in der Minderheit. Belauert und bedroht von einer Justiz, die – wie sich seit dem Fall Carl von Ossietzky in das Gedächtnis der Weltöffentlichkeit eingegraben hat – ungeachtet freiheitlicher Verfassungsgrundsätze stets auf der Seite der Rüstungsfraktion engagiert war. Für diese Minderheit, die den Menschen die Wahrheit sagten und sich dem großen Morden verweigern will, halten die Mächtigen nach wie vor ein juristisches Waffenarsenal bereit, in dem Begriffe wie »Landesverrat«, »Wehrkraftzersetzung« und »Fahnenflucht« die Zeiten überdauert haben.

Die Zahl derer, die nicht mehr mitmachen wollen, wenn die Großen ihre Kriege anzetteln, ist gewachsen; der Protest gegen eine Politik, die den Krieg als Möglichkeit einkalkuliert, und die Aufklärung über ihre hintergründigen Interessen können nicht mehr als kommunistisch gelenktes Störmanöver gegen die gute Sache diffamiert werden, wie es noch zur Zeit des Friedenskomitee-Prozesses möglich war. Kriegsdienstverweigerung könnte zur Massenbewegung werden. Nachrichten über den brutalen Umgang der amerikanischen Armee mit Golfkriegsdienstverweigerern führten zu Solidaritätserklärungen in der deutschen Öffentlichkeit; angesehene Bürger bekundeten öffentlich ihre Bereitschaft, fahnenflüchtigen Soldaten Unterkunft zu gewähren und sie vor der Staatsgewalt zu verstecken. Da wurden Lehren aus der deutschen Vergangenheit beherzigt, die den Mächtigen im Lande wie ein Alarmsignal im Ohr geschrillt haben müssen. Und so traten die Staatsanwaltschaften in Aktion, um die, denen Wolfgang Borcherts »Sag NEIN!« immer noch ernst ist, zur Ordnung zu rufen. Denn die Staatsmacht, die mit Hilfe der Justiz durchgesetzt werden soll, ist längst wieder in den Händen derer, die sich deutsche Weltgeltung und »Verantwortung« nur als Teilnahme an militärischen Weltherrschaftsplänen vorstellen können, diesmal im Gefolge der amerikanischen Flagge. Das hat niemand deutlicher ausgesprochen als der renommierte amerikanische Politikwissenschaftler Norman Birnbaum, Professor an der Georgetown University in Washington:

Die Forderung, die Deutschen sollten »verantwortungsbewußt« sein und dies in Form militärischen Mitmachens an den Tag legen, wird im Ausland überhaupt nur von einer schmalen Elite erhoben; weite Teile der öffentlichen Weltmeinung stehen nicht dahinter. Die deutschen Atlantiker reagieren in erster Linie auf ihre Partner in anderen Nationen: die Akademiker, die Bürokraten, die Politiker und die Publizisten, die der jüngste Ausbruch des Friedens mit Arbeitslosigkeit bedroht. Was wären denn diese Maulkämpfer ohne ihren Zirkus von Konferenzen, Reisen, Beratungsverträgen, offiziellen und halboffiziellen Regierungsposten? Und was wären sie ohne die Überzeugung (die in Wahrheit absolut illusorisch ist), daß ihre apologetische Funktion sie mitten in die Zentren der Macht hebe?

Die sowjetische Bedrohung ist verblaßt. Nun suchen die Führungseliten des Kalten Krieges nach einer neuen Bedrohung – so sind sie auf die berühmten Krisen out of area gestoßen. Krisen also jenseits des Nato-Bündnisgebiets. Wichtig ist diesen Ideologen nicht primär, was in der Welt geschieht. In Wahrheit geht es ihnen vor allem darum, ihre privilegierte Position gegen ein Übermaß an öffentlicher Einrede zu verteidigen. Ein prominenter amerikanischer Denker hat die außenpolitische Elite der Vereinigten Staaten einmal mit dem Vorschlag schockiert, über das Pentagon-Budget sollten die gesetzgebenden Körperschaften der einzelnen Staaten und die Gemeinderäte entscheiden. Sie hätten die Kosten neuer Bombenflugzeuge an den Kosten neuer Krankenhäuser und Schulen zu messen. Ließe sich Analoges nicht auch den Deutschen empfehlen? (*Die Zeit*, 21. 6. 1991)

Birnbaums Artikel endet mit einem Kompliment an Gesinnungen, wie sie die 45er-Generation für das zukünftige Deutschland verbindlich machen wollte:

Die Welt war in den zurückliegenden Jahrzehnten beeindruckt von der Art, in der die deutsche Öffentlichkeit sich kritisch von einer Vergangenheit distanzierte, in der militärischer Macht der höchste Rang eingeräumt wurde. Deutschland hat einen schwierigen Prozeß der Selbsterziehung durchlaufen. Vielleicht sollte es die Erkenntnisse und Ergebnisse, die ihm dabei zuteil wurden, an die Welt weitergeben.

Ich beantragte, ebenso wie die anderen Verteidiger, Freispruch der Angeklagten unter Hinweis auf die im Grundgesetz verbürgte Geltung der Meinungsäußerungsfreiheit. Und wir hatten Erfolg.

Das Urteil der Strafkammer vom 31. Januar 1992 lautete auf Freispruch. Leider war die schriftliche Urteilsbegründung nicht unanfechtbar, indem sie den objektiven Tatbestand des § 111 StGB bejahte, den subjektiven Tatbestand, also den Vorsatz der Angeklagten, aber mit Überlegungen verneinte, die schon bei der Feststellung des objektiven Tatbestandes hätten geprüft werden müssen. Wenn es da hieß, das inkriminierte Flugblatt stelle sich nicht als tauglicher Versuch dar, Soldaten der Bundeswehr zur Fahnenflucht zu bewegen, sondern als Versuch eines Beitrags zum Meinungskampf in der damaligen politischen Auseinandersetzung, der sich in der Aufforderung zur Fahnenflucht nur einer wachrüttelnden, überspitzten und provokativen Formulierung bediene, so stand das innerhalb des Urteils an der falschen Stelle. Ein gefundenes Fressen für die Staatsanwaltschaft, die gegen das Urteil Revision einlegte.

Das Oberlandesgericht Köln kam nicht umhin, der Revision stattzugeben, obwohl wir bei der Vorsitzenden Richterin ein Bedauern über diese Notwendigkeit zu verspüren glaubten. Und so mußte die Sache noch einmal, und zwar, wie das Gesetz es befiehlt, vor einer anderen Strafkammer des Landgerichts Bonn verhandelt werden. So geschehen am 22. März 1993 vor einem mit einem Vorsitzenden Richter und zwei Schöffinnen besetzten Gericht. Und da wehte der Wind mal wieder aus anderer Richtung. Das Feld beherrschte ein Richter, der die Angeklagten und ihre Verteidiger von der ersten Minute an spüren ließ, daß der an die Soldaten gerichtete Appell des Flugblatts der GRÜNEN niemals vom Grundrecht der freien Meinungsäußerung gedeckt sein könne, weil dieses Grundrecht nach seiner Auffassung nur die »Äußerung eigener politischer Grundüberzeugungen«, nicht aber »einen konkreten Handlungsaufruf« zur Fahnenflucht decke. Wenn das richtig wäre, wäre jeder Aufruf zum Widerstand gegen verbrecherisch ausgeübte Staatsgewalt rechtswidrig, wäre auch das berühmte Lüth-Urteil des Bundesverfassungsgerichts falsch, das einen Boykott-Aufruf gegen einen Nazi-Filmer unter den Begriff der Meinungsäußerung gebracht hatte. Dieser Richter nahm »Meinung« wörtlich und reduzierte ein vom Bundesverfassungsgericht als »schlechthin konstituierend für eine freiheitlich demokratische Ordnung« bezeichnetes Grundrecht zu einem Appendix unverbindlicher Stammtischgespräche. Und wahrscheinlich spielte er gegenüber seinen Schöffinnen im Beratungszimmer seine vorgeblich besseren Rechtskenntnisse aus. Denn alles, was zur Verteidigung der Angeklagten gesagt und getan wurde, prallte an diesem Gericht ab. So wurde auch ein Beweisantrag der Verteidigung, militärhistorische Sachverständige (vorgeschlagen wurden Prof. Dr. Manfred Messerschmidt und Flottillenadmiral a. D. Elmar Schmähling) zum Beweise dafür zu hören, daß Soldaten, die ihren Widerstand gegen den Einsatz im Golfkrieg lediglich durch Befehlsverweigerung betätigt hatten, dennoch in die Kriegsregion verbracht und zur Teilnahme am Krieg gezwungen worden waren, abgelehnt. Begründung: Wahrunterstellung. Das heißt: selbst wenn es so wäre, wie die Verteidigung behauptet, können wir die Angeklagten bestrafen. Man läßt die Tatsachen nicht an sich heran, sie sind uninteressant, unwichtig, denn ein von konservativer Obrigkeit befohlener Waffeneinsatz ist immer eine gute Sache. Beweise für das Gegenteil nehmen wir nicht zur Kenntnis.

Ebenso erging es einem weiteren Antrag, in dem Beweis dafür angeboten war, daß ein verfassungswidriger Einsatz der Bundeswehr in der Golfregion seinerzeit von der Bundesregierung ernsthaft erwogen worden war. Auch das interessierte dieses Gericht nicht. Aufforderung zur Fahnenflucht ist für Konservative immer eine strafbare Handlung. Selbst wenn es sich um die Hakenkreuzfahne handelte. Noch 50 Jahre nach dem Ende des Hitler-Reichs hat sich eine aus CDU/CSU und FDP gebildete Parlamentsmehrheit bekanntlich nicht geschämt, den Deserteuren der Hitler-Wehrmacht moralische Anerkennung und materielle Entschädigung zu versagen. Der deutsche Soldat hat sich für jede Sache zu schlagen, sie sei noch so verwerflich – ausgenommen, es gehe um die Verteidigung der Staatsgrenze eines Gesellschaftssystems, das den Sozialismus anstrebe.

Am 24. März 1993 verkündete der Vorsitzende Richter das Urteil: die Berufungen der Angeklagten werden zurückgewiesen. Die Kosten des Verfahrens einschließlich der Kosten des Revisionsverfahrens tragen die Angeklagten. Die sichergestellten Flugblätter werden eingezogen. Diesmal war die Urteilsbegründung »revisionssicher«. Das »Recht« hatte gesiegt. Ein Recht, das die Freiheits- und Grundrechte der Bürger am Gesetzesbefehl der Parlamentsmehrheit enden läßt, mag auch die Welt untergehen.

Vielleicht wird man sich einmal mit Trauer an die Chance erinnern, die die Deutschen, von den Siegermächten des 2. Weltkrieges entwaffnet, später verfassungsrechtlich auf die Verteidigung des eigenen Hoheitsgebiets beschränkt, verspielt haben, als sie sich unter Anführung »christlicher« Politiker wieder nach Waffen und militärischen Einsatzmöglichkeiten an allen Krisenherden der Welt gedrängt haben. Im Golfkrieg ließen sie sich letztlich noch durch die bis dahin gültigen Buchstaben der Verfassung bremsen, auf deren Einhaltung auch das inkriminierte Flugblatt der GRÜNEN pochte. Aber schon bald lockte der nächste Krisenherd zum Verfassungsbruch. Im Januar 1993, als der recht kläglich ausgegangene aber kostspielige Einsatz deutscher Soldaten in Somalia noch zu verhindern gewesen wäre, meldete sich der wegen seiner kritischen Haltung zur herrschenden Militärdoktrin entlassene Flottillenadmiral Elmar Schmähling mit einem Offenen Brief an Bundesverteidigungsminister Rühe zu Wort (*Frankfurter Rundschau*, 13. 1. 1993):

In Ihrem Tagesbefehl zum Jahreswechsel bezeichnen Sie Bundeswehreinsätze in fernen Ländern als »Ausdruck unserer Solidarität, die wir der Völkergemeinschaft nicht verwehren können, wenn Frieden gebrochen und Völkerrecht verletzt werden«. Wie wollen Sie eigentlich Ihren Soldaten erklären, daß sie zukünftig ihr Leben auch dort einsetzen müssen, wo vorher mit Ihrer Zustimmung deutsche Waffen, Munition oder Anlagen zu deren Herstellung direkt oder indirekt hingeliefert wurden? Mit der Rüstungsexportpolitik der Regierung, der Sie angehören, werden deutsche Soldaten zu Helfern und Opfern einer zynischen Doppelmoral. Erst schicken Sie Waffen, die in den Krisenregionen ungelöste Probleme zu bewaffneten Konflikten eskalieren helfen, zu Gewalt, Unterdrückung, Hunger und Vertreibung beitragen. Dann schicken Sie, angeblich zur Konfliktbewältigung oder gar -lösung, unsere jungen Männer zum Töten und Sterben, vielleicht durch deutsche Waffen.

Inzwischen werden nicht nur deutsche Waffen, sondern auch deutsche Soldaten unter dem verlogenen Vorwand, der herrschenden Klasse liege der Schutz der Menschenrechte in aller Welt am Herzen, zur Kriegführung in andere Länder geschickt. Im März 1999 stimmte die Mehrheit der parlamentarischen Volksvertreter, auch die der GRÜNEN, dem Einsatz in Jugoslawien zu. Die wenigen, die widersprachen, die PDS insbesondere, wurden mit dem Verdacht der Verfassungsfeindlichkeit bedroht und wie Landesverräter ausgegrenzt. Alles wie gehabt. In Deutschland wurde mal wieder an der Zeitmaschine gedreht. Ein Carl von Ossietzky stünde auch in der Berliner Republik auf verlorenem Posten.

21. Dr. Hans Modrow und die Fälschung der Kommunalwahlen in der DDR vom Mai 1989 (1993)

Die Deutsche Demokratische Republik war ein ungeliebtes Kind Stalins. Schon ihre Gründung war nur ein Reflex auf die von den Westmächten begünstigte Gründung der Bundesrepublik. Zweimal (1952 und 1954) hat die Sowjet-Regierung freie Wahlen für ein gesamtdeutsches Parlament angeboten, und das hieß, den aus der sowjetischen Besatzungszone entstandenen Staat preiszugeben, um damit Friedenssicherheit für ihr Land einzuhandeln. Aber dem christdemokratischen Bundeskanzler Dr. Konrad Adenauer und seiner Gefolgschaft war die Einbindung deutscher Streitkräfte in ein westliches Militärbündnis wichtiger. Ein vergessenes Kapitel separatistischer CDU-Politik, das spätestens, als die Suche nach Schuldigen für 40 Jahre DDR-Realität begann, auf den Tisch gehört hätte.

Wer heute über die DDR, ihre geistige Unfreiheit, ihre politische Justiz, ihr Überwachungssystem, ihre Wahlfälschungen und ihr Grenzregime klagt und Gesetze sucht (und findet), um die Verantwortlichen ins Gefängnis zu schicken, sollte sich schon ein bißchen über den westdeutschen Beitrag zum kalten Krieg und über die historischen Tatsachen informieren, die die jetzt für schuldig Erklärten vorgefunden haben. Nicht eine revolutionäre Bewegung einer von kapitalistischer Herrschaft unterdrückten und ausgebeuteten Klasse, sondern die Dekrete einer Militärregierung standen am Anfang dieses auch für die Sowjetregierung unfreiwilligen Versuchs, aus dem östlichen Teil eines Landes, dessen Bevölkerungsmehrheit bis zum bitteren Ende an ihren »Führer« geglaubt hatte, eine Bastion des realsozialistischen Systems zu machen. Und das auf der Basis einer kommunistischen Minderheit, den Resten einer Partei, deren beste Köpfe von Hitlers und Stalins Schergen umgebracht worden waren. Das konnte nur mit Wahltricks und Staatsgewalt funktionieren, aber keinen Sozialismus hervorbringen, wie ihn sich einst die Arbeiterbewegung erträumt hatte. Auch Stalin mußte gewußt haben, »daß Sozialismus sich seiner Natur nach nicht oktroyieren läßt« (Rosa Luxemburg). Wenn er eine Ahnung davon gehabt haben sollte, daß der Sozialismus, den Rosa Luxemburg meinte, nichts mit dem zu tun hatte, was er und seine Gefolgsleute der Welt als Sozialismus präsentiert hatten.

Daß es trotz alledem eine Entwicklung in der DDR gab, die vielleicht zu einem anderen Sozialismus geführt hätte, wenn sie nicht durch die deutsche Vereinigung abgebrochen worden wäre, verdiente den Respekt der westlichen Zuschauer und nicht die mit der Überheblichkeit des reicheren Bruders betriebene Kriminalisierung gerade auch der Repräsentanten des untergegangenen Staates, die ihm ein menschlicheres Gesicht hatten geben wollen. Eine von westdeutschen Juristen majorisierte Justiz erhebt gegen sie Vorwürfe, die darauf hinauslaufen, daß sie den Zusammenbruch der DDR nicht schnell genug herbeigeführt haben, und erfindet für ihre Bestrafung unter Mißachtung des rechtsstaatlichen Rückwirkungsverbots juristische Begründungen, die ein kompetenter Kritiker des Krenz-Urteils mit dem Glockenläuten der Kirchen während der Ketzerverfolgungen im Mittelalter verglichen hat (Uwe Wesel, *taz* vom 26. 8. 1997). Vielleicht werden einige von denen, die bundesdeutsche Richter zu Kriminellen erklärt haben, noch einmal als gescheiterte Vorkämpfer einer gerechteren Gesellschaftsordnung und einer friedlicheren Welt rehabilitiert werden.

Am 20. April 1993 begann vor dem Landgericht Dresden ein Prozeß, der wegen der Prominenz des Hauptangeklagten Dr. Hans Modrow – einstigen Ministerpräsidenten der DDR – ein großes öffentliches Interesse fand. Es ging um den Vorwurf, an der Fälschung der Kommunalwahlen vom 7. Mai 1989 in der DDR beteiligt gewesen zu sein, und zwar als »Anstifter«. Mit ihm angeklagt waren Günther Witteck (seinerzeit Vorsitzender des Rates des Bezirks Dresden), Lothar Stammnitz (seinerzeit Zweiter Sekretär der SED-Bezirksleitung Dresden) und

Siegfried Neubert (seinerzeit Sekretär für Landwirtschaft in der Bezirksleitung der SED). Modrow wurde von dem durch zahlreiche Verteidigungen in politischen Strafsachen vor und nach der »Wende« und durch eine Sendereihe im DDR-Fernsehen bekannt gewordenen Berliner Rechtsanwalt Dr. Friedrich Wolff und von mir verteidigt. Die anderen Angeklagten wurden von einer Kollegin und Kollegen aus Dresden und Hattingen verteidigt.

Dresden, 20. 4. 93: Rote Nelken für Hans Modrow (rechts) vor Prozeßbeginn – rund 200 Sympathisanten hatten sich vor dem Gerichtsgebäude versammelt, um den 65jährigen zu begrüßen.

Das Gericht bestand aus dem Richter am Oberlandesgericht Lips als Vorsitzendem, dem Richter Avenarius und der Richterin Frömmel als beisitzenden Richtern – Lips und Avenarius stammten aus dem Westen, Frau Frömmel aus dem Osten der Bundesrepublik – und den Dresdner Schöffen Dr. Rolf Dittrich und Ingrid Knorr. Anklagevertreter – beide aus dem Westen – waren die Staatsanwälte Dr. Meinerzhagen und Böhm.

Die öffentliche Meinung über dieses Verfahren war in zwei Lager gespalten. Auf der einen Seite standen die politischen Gegner der PDS, für die Modrow nunmehr im Bundestag saß, die die Anklage wegen Wahlfälschung begrüßten und mit weiteren Vorwürfen zu übertrumpfen versuchten. Auf der anderen Seite standen die, die nicht vergessen hatten, welche Verdienste Modrow sich als einstiger »Hoffnungsträger« und als »Mann des geordneten Übergangs zu Freiheit und Einheit« (*Die Zeit*, 20.4.1990) erworben hatte.

Modrow hat es in der Tat verstanden, sich das Vertrauen großer Kreise der Bevölkerung nicht nur in seinem Bezirk Dresden zu erwerben. Dazu hat nicht zuletzt seine Offenheit im Umgang mit den Bürgern und seine persönliche Bescheidenheit, die ihn auf manche ihm zustehende Privilegien verzichten ließ, beigetragen.

Hans Modrows Verteidiger, der Berliner Rechtsanwalt Dr. Friedrich Wolff, und ich während eines Interviews vor dem Gebäude des Dresdener Landgerichts.

Wenn in der DDR die Nachfolge Honeckers als Parteichef diskutiert wird, dann fällt auch immer wieder der Name Modrow. Er gilt vielen als eine Art »Gorbatschow der DDR«.

Das hatte am 28.1.1988 die *Frankfurter Allgemeine* geschrieben. Ein Beispiel, dem sich viele weitere anfügen ließen, insbesondere auch Stimmen von westdeutschen Politikern, die Modrow, als es noch eine DDR gab, mit größter Hochachtung behandelt hatten.

Das war anders geworden, seit sich die Westdeutschen als Sieger im Kampf um die deutsche Einheit fühlen konnten. Vergessen war, daß es die Menschen in der DDR und nicht zuletzt Reformpolitiker wie Hans Modrow gewesen waren, die die Voraussetzungen für diesen Sieg geschaffen hatten, allerdings von Erwartungen ausgehend, die die Siegermacht nicht zu erfüllen gedachte.

Einer fand es auf einer Pressekonferenz am 31.1.1992 »unglaublich«, daß Hans Modrow »unbehelligt« im Bundestag sitze, und bezeichnete ihn in einem Zwischenruf als »personifiziertes Demokratiedefizit«. Der das sagte, war der FDP-Chef Otto Graf Lambsdorff, der im November 1989, gemeinsam mit Hans-Dietrich Genscher und Wolfgang Mischnick, Modrow zu seiner Wahl als Ministerpräsident der DDR »recht herzlich« gratuliert hatte. Weitere Zwischenrufe von CDU-Abgeordneten im Bundestag, wenn Modrow sprach: »Brandstifter!«, »Stasi-Abschnitts-Kommandeur!«, »Sie sind ein Fossil!«, »Sie sollten schweigen! Sie sollten sich schämen und nicht hier vorne reden!«

Das war der neue Ton im Umgang mit dem einst geachteten DDR-Politiker, dem nunmehr mit den Waffen der Politischen Justiz der Rest gegeben werden sollte. Ein dafür brauchbares Gesetz war gefunden: der § 211 des Strafgesetzbuchs der DDR, der Wahlfälschung unter Strafe stellte, und die entsprechende Bestimmung des § 107 a StGB der BRD. Blieb nur die Schwierigkeit, daß mit dem Einheitsvertrag das alte DDR-Recht aufgehoben worden war und das Recht der Bundesrepublik im Mai 1989, als die Kommunalwahlen in der DDR stattfanden, dort noch nicht galt. Aber auch dafür finden sich Lösungen, wenn man verurteilen will. Richter und Staatsanwälte aus dem siegreichen Westen standen bereit, die vor mehr als zwanzig Jahren eingeschlafene Kommunistenverfolgung noch einmal aufzunehmen und den Brüdern und Schwestern im Osten zu zeigen, von was für einer kriminellen Bande sie sich 40 Jahre lang hatten regieren lassen. Und dabei mußten natürlich, weil ja die Dame Justitia bekanntlich eine Binde vor den Augen trägt, Stalinisten und Reformpolitiker in einen Topf geworfen werden. Denn Kommunisten waren sie allemal, und wenn schon gesiegt wird, dann gründlich.

Die kritischen Stimmen gegen diese Art, den politischen Gegner nicht nur mit politischen, sondern auch mit strafrechtlichen Mitteln zu schlagen, kamen denn auch in erster Linie aus dem Osten.

Dieser nachholende Prozeß gegen Hans Modrow gehört für mich zu den beschämenden Ergebnissen des friedlichen Umbruchs und zu den schwer begreiflichen Erscheinungsformen des Rechtsstaats.

Das hat einer der entschiedensten Kritiker des SED-Regimes, der Bürgerrechtler und Pfarrer Friedrich Schorlemmer, gesagt.

Wer sich in Ost und West auch nur ein Quentchen Erinnerung bewahrt hat, weiß, daß Hans Modrow lange eine der wenigen personellen Hoffnungen in der DDR und für die DDR war.

So hieß es weiter in Schorlemmers Artikel, der am 25. April 1993 im *Tagesspiegel* veröffentlicht und anderweitig mehrmals nachgedruckt und zitiert wurde.

Ein anderer ehemaliger DDR-Bürger, der Schriftsteller Gerhard Zwerenz, einer, der sich ebenso wie Schorlemmer nicht gebeugt hatte, schrieb zu Prozeßbeginn im *Neuen Deutschland*:

Wo die Politik versagt, wird die Justiz zum Lückenbüßer. Sieger, die Geschichte schreiben wollen, ziehen Hans Modrow vor Gericht. Dem vormaligen Hoffnungsträger soll der Prozeß gemacht werden.

Die Dissidenten von gestern sind einverstanden. Die Schwerter zu Pflugscharen umschmieden wollten, gefallen sich in ewigen Klagen und Anklagen. Als wäre nicht der längere reformkommunistische Weg vernünftiger gewesen ... Mit Modrow wird eine bessere Möglichkeit vor Gericht gezogen ...

Ein Blick in die Leserbriefspalten der im Beitrittsgebiet erscheinenden Zeitungen zeigte, daß Schorlemmer und Zwerenz mit ihrer Meinung nicht allein standen.

Aber auch aus dem Westen waren Stimmen politischer Vernunft zu hören, die die Anklage gegen Modrow in Frage stellten. So schrieb der SPD-Politiker Egon Bahr im *Neuen Deutschland*:

Modrow war ein Hoffnungsträger für viele Menschen in der DDR, in der Bundesrepublik, in der Sowjetunion. Es war erkennbar, daß er sich eben nicht so verhielt, wie die meisten seiner Kollegen. Die ihn damals in der Zentrale haßten, können sich jetzt der verspäteten Rache freuen.

Egon Bahr, subtiler Kenner der deutschen Politik in Ost und West, erinnerte daran, daß Bundeskanzler Kohl mit seinem Kollegen Modrow über die Vertragsgemeinschaft und über konföderative Strukturen der beiden deutschen Staaten verhandeln wollte,

übrigens auch, weil er den Ruf dieses Mannes kannte, sicher ohne Illusionen darüber, was der alles hat machen müssen, um in eine Position zu kommen, in der er etwas ändern oder bewirken konnte für die Menschen.

Und dann ein wichtiger Satz, der den Schlüssel zum Verständnis der Widerstandsproblematik sowohl in der DDR wie in der Sowjet-Union enthält:

Ein Held konnte in diesem System weder in Deutschland noch in Rußland werden, wer zu früh Held wurde.

Das war das Kernproblem, um das es im Dresdner Wahlfälschungsprozeß ging. Es war auch das Kernproblem, an dem Modrows außergerichtliche Gegner vorbeiredeten, obwohl mindestens seine Kritiker aus den Reihen der ehemaligen Bürgerrechtler es hätten besser wissen müssen, die ihm einen Vorwurf aus seinem Verhalten als Erster Bezirkssekretär der SED in Dresden während der schwierigen Tage im Herbst 1989 machten. Es wäre heldenhaft gewesen, im Oktober 1989, als die SED-Zentrale in Berlin den wahnsinnigen Befehl gab, die DDR-Flüchtlinge in der Prager Botschaft auf dem Umweg über Dresden in die Bundesrepublik zu befördern, sich auf die Schienen zu legen, wie es bei einer Pressekonferenz zu Beginn der Hauptverhandlung ein junger Journalist ernstlich als einzig moralisch vertretbare Widerstandsleistung bezeichnete. Ein Hans Modrow, der sich tatsächlich auf die Schienen gelegt hätte, statt die Durchfahrt der Züge mit polizeilichen und militärischen Mitteln zu sichern, wäre vielleicht als Märtyrer in die Geschichte eingegangen, nicht aber als der Mann, dem der gewaltlose Verlauf der Demokratisierungsbewegung in der DDR zu verdanken war. Friedrich Schorlemmer hat auch in diesem Punkt den Mut zum Widerspruch gehabt:

Anfang Oktober 1989 war das Land dem Bürgerkrieg nahe. Im Raum Dresden stand alles auf der Kippe. Modrow mußte ohne die sonst übliche Weisung aus Berlin handeln. Es gab schlimme Ausschreitungen, bis Modrow wagte zu handeln. Wir alle hielten den Atem an. Hunde und Panzer standen bereit. Wem wir entgangen sind, zeigen MfS-Dokumente über die geplante »Liquidation subversiver Elemente«. Die Befehle wurden nicht gegeben. Das zählt!
Er hat in schwieriger Situation schwierige Entscheidungen getroffen. Er hat den Demokratisierungsprozeß mit seinem friedlichen Verlauf in sehr komplizierten Situationen gesteuert. Es war nicht leicht, der SED die usurpierte Macht aus den Händen zu ringen. Es gelang aber, dies ohne einen einzigen Toten zu erreichen.

Das war eine der historischen Leistungen des Hans Modrow, der auch im Mai 1989, als die Berliner Parteizentrale die »Orientierung« auf Fälschung der Wahlergebnisse ausgegeben hatte, in eine politische Verantwortung gestellt war, in der er nüchtern einschätzen und entscheiden mußte, was möglich war und was nicht.

Darüber, daß die Ergebnisse der Kommunalwahlen vom Mai 1989 und auch die aller vorangegangenen Kommunal- und

Volkskammerwahlen in der DDR gefälscht waren, gab es auch im Modrow-Prozeß keinen Streit. Man war sich auch einig, daß die Fälschung lediglich darin bestand, daß der Öffentlichkeit geschönte Zahlen – die berühmten 98 % für die Blockparteien – mitgeteilt wurden, die niemand ernst nahm, und daß eine Mitteilung der realen Zahlen – die Schätzungen für die Kommunalwahlen vom Mai 1989 lauteten auf 85 bis 90 % – nichts an der Zusammensetzung der Vertretungskörperschaften geändert hätte. Aber die Meinungen von Staatsanwaltschaft und Verteidigung gingen auseinander in der Frage, was die reformwillige Minderheit in der SED daran in der konkreten Situation hätte ändern können. Wir Verteidiger meinten, Widerspruch gegen die »Orientierung« des Zentralkomitees der SED sei in diesem zentralistischen System das Äußerste gewesen, was innerhalb des Parteiapparats geleistet werden konnte. Und dieser Widerspruch war von Modrow gekommen. Die Staatsanwaltschaft wollte mehr, Widerstand gegen rechtswidrig ausgeübte Staatsgewalt um jeden Preis, eine edle Rechtsethik, deren Verletzung in Deutschland nur dann bestraft wird, wenn man dafür Kommunisten auf die Anklagebank setzen kann.

Die jungen Herren aus dem Westen, die die Anklage vertraten, ließen kein gutes Haar an Modrow. Zwar war auch ihnen nicht verborgen geblieben, daß das Verfahren, wie die Staatsanwaltschaft aus einer Vielzahl von Zuschriften wisse, »gerade in den neuen Bundesländern nicht unumstritten« sei. Aber das Strafverfahren sei, so versicherten sie in ihrem Plädoyer, keine Instanz historischer Bewertung und wolle und könne dies auch nicht leisten. Der Kollege Wolff, alter Bürger der neuen Länder, antwortete darauf, daß ihn diese »Vergangenheitsbewältigung« bedrücke: »Und um es schließlich offen herauszusagen, ich glaube nicht, daß das Bild, das die Verfechter dieses politischen Kurses in der Geschichte abgeben werden, anders aussehen wird als das von McCarthy in der US-amerikanischen Geschichte.«

Unberührt von jedem Anflug einer Ahnung, welchen politischen Interessen dieser großangelegte Prozeß gegen den einstigen Ministerpräsidenten der DDR und jetzigen Bundestagsabgeordneten der PDS diente, verbreiteten sie sich über die Pflichten, die Dr. Modrow im Frühjahr 1989 gehabt habe. Pflichten, die sie, in der dünnen Luft abstrakten juristischen Denkens zu Hause, aus dem »geltenden Recht der DDR« und sogar aus dem Parteistatut der SED ableiteten. Und sie steigerten sich zu einem kinoreifen Wortgetöse, das ich, obwohl um Selbstbeherrschung bemüht, mit einem Zwischenruf (»Unglaublich! Das ist nicht auszuhalten!«) unterbrechen mußte:

Hier ging es um *nackten Machterhalt.*
Der Angeklagte scheute nicht davor zurück, den Willen der Wähler für null und nichtig zu erachten, wenn dieser sich seinen politischen Zielen entgegenstellte. Sein Verhalten unterschied sich in nichts von der Arroganz der Macht, wie ihn die Parteizentrale in Berlin an den Tag legte.

Der Vorsitzende des Gerichts gab an dieser Stelle meinem Antrag statt, die Sitzung zu unterbrechen. Staatsanwalt Dr. Meinerzhagen nutzte die ihm gebotene Gelegenheit sich zu mäßigen, nicht, sondern fuhr nach der Pause in der Weise fort, daß er die von mir beanstandeten Sätze noch einmal wiederholte. Ein Affront, der ihm wohl auch bei anderen Zuhörern keine Sympathien eingetragen hat.

Die Staatsanwälte beantragten gegen Modrow eine Freiheitsstrafe von einem Jahr und drei Monaten, zur Bewährung ausgesetzt, und zusätzlich als Bewährungsauflage eine Geldzahlung von 20.000 DM; gegen die anderen Angeklagten geringere Freiheitsstrafen und Geldbußen.

Während die Kollegin Suzan Leski und die anderen Verteidiger sich in erster Linie den Tatbeiträgen ihrer Mandanten widmeten, hatten der Kollege Dr. Friedrich Wolff und ich unsere Plädoyers auf allgemeinere Probleme gerichtet. Wolff nahm sich noch einmal das Problem der fehlenden Rechtsgrundlage für dieses Verfahren vor und setzte sich kritisch mit den Entscheidungen des BGH und des Bundesverfassungsgerichts auseinander. Zwingend das von ihm gebrachte Beispiel:

Hätten Berghofer (der als Reformpolitiker bekanntgewordene Oberbürgermeister von Dresden; H. H.) oder Moke (der Mitangeklagte Berghofers; H. H.) die Entwicklung vorhergesehen und wären nach dem Fall der Mauer, aber vor dem 3.10.1990 in die BRD übergesiedelt, so hätte ihnen dort zu diesem Zeitpunkt kein Staatsanwalt den Prozeß machen können. Sie hatten sich nach dem Recht der Bundesrepublik nicht strafbar gemacht, und das Recht der DDR konnte von den Gerichten der Bundesrepublik nicht angewandt werden.

Zutreffend rügte Wolff die Entscheidung des BGH als Verstoß gegen den Grundsatz »Keine Strafe ohne Gesetz«. Und er rügte weiter, daß der BGH es nicht für nötig befunden hatte, sich mit den kritischen Stimmen in der Literatur auseinanderzusetzen, die der höchstrichterlichen Ansicht widersprachen.

Das mag ein den höchsten Richtern zustehendes Privileg sein, doch entsprechen eben gerade Privilegien nicht den Hoffnungen, die die von der DDR-Geschichte geformten bzw. deformierten Bürger und Juristen in Demokratie und Recht der Bundesrepublik setzten.

Und er faßte zusammen:

Wir bleiben also dabei: In der DDR begangene Wahlfälschungen sind mangels eines gültigen Gesetzes, das die Tat zur Tatzeit und am Tatort unter Strafe stellte, nicht strafbar. Das frühere DDR-Gesetz ist aufgehoben, das damals wie heute geltende Bundesgesetz stellte Wahlfälschungen in der DDR nicht unter Strafe. Seine nachträgliche Anwendung auf vor dem Beitritt in der DDR begangene Straftaten ist nur unter Verletzung der Grundlagen rechtsstaatlichen Strafrechts wie: nulla poena sine lege (keine Strafe ohne Gesetz), des Analogie- und des Rückwirkungsverbots machbar.

Wolff sprach es nicht aus, aber alle im Saal wußten es: damit waren eben die rechtsstaatlichen Grundsätze benannt, über die sich die Nazis hinweggesetzt hatten, um ohne Rücksicht auf geltendes Recht mit ihren politischen Gegnern abrechnen zu können.

Aber uns war klar: auch ein um Einhaltung rechtsstaatlicher Grundsätze bemühtes Gericht – und mit einem solchen hatten wir es in Dresden zu tun – mußte sich der »Orientierung« unterwerfen, die der BGH ausgegeben hatte. Eine merkwürdige Parallele – cum grano salis natürlich – zu der fatalen Situation der Angeklagten, die sich nicht an das seinerzeit geltende Recht der DDR, sondern an die dem widersprechende »Orientierung« der SED-Zentrale gehalten hatten, als sie widerstrebend und entgegen besserer Überzeugung, aber letztlich doch »Bewegung vortäuschend« an der verordneten Wahlfälschung mitgewirkt hatten.

Die komplizierten Bedingungen nachvollziehbar zu machen, unter denen Modrow und seine reformwilligen Genossen im Mai 1989 handeln mußten, war die Aufgabe meines Plädoyers. Vielleicht habe ich genau das getroffen, was die damals in Dresden amtierenden Richter und Schöffen schon von sich aus gedacht hatten. Vielleicht aber handelte es sich um einen der seltenen Fälle, in denen ein Verteidigerplädoyer in einer politischen Strafsache etwas in den Köpfen bewegt hat. Denn ich fand später manches davon im Urteil wieder. Und darum möchte ich dieses Plädoyer etwas ausführlicher wiedergeben.

Nachdem ich mit Zitaten von Schorlemmer und Bahr das Thema »Heldentum zur Unzeit« angerissen hatte, sagte ich:

Die Anklage will von Dr. Modrow nachträglich einfordern, daß er nicht erst im Oktober, sondern schon im Mai 1989 hätte zum Helden werden sollen, der die Parole hätte ausgeben sollen: Wir machen diesen permanenten Wahlbetrug nicht mehr mit! Wir melden nicht 98 Komma soundsoviel, sondern »nur« 90 oder 85 Prozent nach Berlin. Das wäre eine Heldentat zur falschen Zeit – nein, schlimmer! – das wäre Maulheldentum gewesen. Ein Hans Modrow, der diesen Märtyrerakt vollbracht hätte, der sich gewissermaßen auf die Schienen der vom ZK der SED ausgegebenen Orientierung gelegt hätte, wäre überrollt worden, ohne daß den Menschen in der DDR geholfen gewesen wäre.

Es ist schwer vorstellbar, daß die Initiatoren dieser Anklage nicht gewußt haben, was sie taten, als sie ausgerechnet Hans Modrow anklagen ließen. Der von ihm personifizierte Sozialismus mit menschlichem Antlitz war für die herrschenden Oligarchien des Westens gefährlicher, weil für die Menschen attraktiver, als das brüchig gewordene Modell der alten Garde. Es mußte doch etwas zu finden sein, mit dem man auch ihm am Zeuge flicken konnte. Und wer die mit dem Prozeßbeginn zeitlich kombinierte Diffamierungskampagne in bestimmten Medien miterlebt hat, weiß, wessen Geschäft diese Hilfs-Sheriffs der Staatsanwaltschaft besorgen. Mit dem Prozeß gegen Hans Modrow ist ein politischer Kampf eröffnet worden, der darauf zielt, die Erinnerung an eine politische Alternative aus den Köpfen der Menschen zu verdrängen, die ihnen traurige Erfahrungen mit den Segnungen des Kapitalismus erspart hätte.

Aufarbeitung der DDR-Vergangenheit? Jawohl, das wäre eine wichtige Aufgabe für Historiker, bei der diejenigen, die in Opposition zu den verkrusteten autoritären Strukturen gestanden haben, nicht zuletzt Hans Modrow, ein Wort mitzureden hätten. Aber Aufarbeitung der DDR-Vergangenheit mit den Mitteln des Strafrechts, das heißt: die politische Justiz des Kalten Krieges wiederaufzunehmen, die, ihrerseits in der Tradition der »furchtbaren Juristen« stehend, die politische Betätigung von Kommunisten mit wechselnder Begründung immer irgendwie als strafwürdig zu definieren wußte ...

Wir hatten es in Dresden mit Richtern und Schöffen zu tun, bei denen ich auch für eine grundsätzliche Kritik an der politischen Justiz offene Ohren fand:

Die politische Justiz hat die alte antikommunistische Rüstung wieder angelegt und kann nach Vereinnahmung der DDR endlich nachholen, was selbst in der Hochzeit des Kalten Krieges nicht möglich war: die Abstrafung aller kommunistischen Funktionäre auf dem ehemaligen Hoheitsgebiet der DDR. In Düsseldorf steht Markus Wolf vor Gericht, weil er die Funktionen eines Geheimdienstchefs ausgeübt hat, wie es ihn in jedem souveränen Staat dieser Welt gibt. Die Agenten seines Dienstes werden wegen Landesverrats verfolgt, weil sie für ihr Land, die DDR, dasselbe getan haben, was ihre Kollegen im Westen auch getan haben, ohne dafür bestraft zu werden. In Berlin wurde Erich Honecker im Zustand der Todkrankheit vor Gericht gezerrt, um ihn für die Ausübung von Staatsgewalt zu bestrafen.

Ein Staat, dessen politische Existenz von der offiziellen bundesdeutschen Politik jahrzehntelang bestritten und mit den Waffen des Politischen Strafrechts bekämpft wurde, steht, vertreten durch seine einstigen Repräsentanten, vor Gericht. Sekundierende Vorläuferprozesse gegen die sogenannten kleinen Leute, Mauerschützen, Geheimdienstagenten und Wahlfälscher, haben in typischer Weise das Terrain bereitet, auf dem man nun mit der Rückendeckung des gesunden Volksempfindens, das sich darüber empört, daß man die Kleinen hängt und die Großen laufen läßt, den sogenannten Großen den Prozeß machen kann. Und so ist man jetzt auch bei Hans Modrow und der systemimmanenten DDR-Opposition angelangt, die man, soweit sie verantwortliche Positionen im Staats- und Parteiapparat der DDR einnahmen, über ihre Einbindung in die von der SED-Zentrale inszenierte Wahlfälschung vom Mai 1989 so bequem kriminalisieren kann.

Sodann zitierte ich den vom Gericht angehörten Sachverständigen Dr. Lapp mit dem Satz »Die Geschichte der Wahlen in der DDR ist die Geschichte ihrer Fälschungen« und fuhr fort:

Das entspricht dem, was westliche Politiker und westliche Medien schon seit den fünfziger Jahren immer wieder behauptet haben und was, wie wir von Zeugen gehört haben, auch in der DDR als offenes Geheimnis galt. Man wußte also, welche Lawine man lostreten würde, wenn man alle, die an Wahlen in der DDR verantwortlich mitgewirkt haben, vor Gericht stellen wollte. Es wäre ein Akt politischer Vernunft gewesen, auf diese Neuauflage flächendeckender Kommunistenverfolgung zu verzichten.

Ich zitierte Friedrich Schorlemmer, der wohl kaum als Kommunistenfreund verdächtigt werden konnte:

Was formaljuristisch korrekt genannt werden mag, ist politisch und menschlich höchst verheerend, weil man sich des Eindrucks nicht erwehren kann, daß die (un-)beabsichtigte Wirkung eine ganz andere ist: Daß nichts bleibe, was war! Daß alle, die »im System« waren, schließlich für politisch und menschlich untauglich erklärt werden.

Und ich konnte nicht nur Schorlemmer zitieren. Ich sagte:

Viele Menschen in diesem Land, die davon hören und lesen, daß hier die Wahlfälschung vom Mai 1989 an Hans Modrow und seinen Mitangeklagten abgestraft werden soll, denken an einen ganz anderen Wahlbetrug – Stichwort: »Niemand wird es schlechter gehen« –, um den sich nie ein Staatsanwalt kümmern wird. Es sei denn, nach der nächsten Wende. Viele Bürger fragen – wie man den Leserbriefspalten der Zeitungen entnehmen kann –, ob es nicht wichtigere Aufgaben für die Justiz gibt. Da gibt es aktuelle Kriminalität, die den Bürgern sehr viel mehr Sorge macht, für deren Bekämpfung die Kräfte oder der Wille fehlen. Aber nein, Kommunistenverfolgung hat Vorrang.

Mein Plädoyer ging dann auf die konkrete Anklage ein:

Die Staatsanwaltschaft versucht, das Verhalten der Angeklagten als Kettenanstiftung zur Wahlfälschung zu konstruieren. Sie muß also die Kausalität des Verhaltens der Angeklagten für die Bekanntgabe falscher Zahlen beweisen. Das setzt voraus, daß es noch irgendeines Tuns der Angeklagten bedurfte, um diejenigen, die die realen Zahlen verändert haben, zu dieser Fälschung zu veranlassen. Es war aber bereits alles geschehen, was geschehen mußte, um bei den Beteiligten den Entschluß zur Tat hervorzurufen, als die Berliner Zentrale die Orientierung ausgegeben hatte, die Wahlergebnisse von 1986 erneut zu erreichen. Was Hans Modrow noch tun konnte, war der Versuch, die Zurücknahme dieser Orientierung durch Telefonate mit der Zentrale zu erreichen. Und das hat er versucht.

Ich führte sodann aus, daß, nachdem die Zentrale eine Änderung der Orientierung abgelehnt hatte, keine realistische Möglichkeit bestand, die Meldung falscher Zahlen zu verhindern. Selbst wenn aber die im Dresdner Bezirk zuständigen

Funktionäre es in einer gemeinsamen Aktion geschafft hätten, die Weitergabe falscher Zahlen an die Zentrale zu verhindern – was wäre geschehen? Hätte die Bevölkerung die realen Zahlen erfahren? Nein, die Zahlen wären dann auf einer anderen Ebene gefälscht worden.

Ein Grund mehr, jeden Versuch, die Orientierung der Zentrale zu sabotieren, als aussichtslos zu betrachten. Selbst der gegenüber Modrow kritisch eingestellte Zeuge Berghofer mußte einräumen: »Modrow hatte keine Chance. Es gab keine Alternative. Jeder wußte, daß es nicht anders ging.«

Wenn es keine Chance gab, die von der Berliner Zentrale vorgegebene Orientierung zu durchbrechen, also der Bevölkerung die realen Zahlen zur Kenntnis zu bringen, dann wäre die individuelle Weigerung eines einzelnen, an dieser »organisierten politischen Lüge«, wie Schorlemmer die Wahlen in der DDR genannt hat, überhaupt mitzuwirken, nichts als ein demonstrativer Akt gewesen, der dem Verweigerer aus Sicht der Bürgerbewegung eine Heldenrolle gesichert hätte. Wenn Hans Modrow dieser Verweigerer gewesen wäre, den es, wie Sie wissen, nicht gegeben hat, dann wären die Menschen, die hoffnungsvoll auf ihn blickten, um eine Hoffnung ärmer gewesen. Dann hätte er nicht mehr das für die Menschen in der DDR tun können, was ihn schließlich zum Helden des gewaltlosen Übergangs zu einer demokratischeren DDR gemacht hat.

Ich betone, daß es für Hans Modrow nicht um den Verlust irgendwelcher Pfründe ging, die es für diesen nicht zuletzt wegen seiner persönlichen Bescheidenheit populären Mann nicht gab, daß es ihm auch nicht um die Erhaltung von Ämtern und Würden ging, Motive, die westlichem Karrieredenken naheliegen und darum in manchen von Westrichtern formulierten Urteilen gegen DDR-Bürger auftauchen. Es sei ihm auch nicht um »nackten Machterhalt« gegangen, wie ihm im Plädoyer der Staatsanwaltschaft unterstellt worden war, weder um die nackte Macht in Dresden, noch etwa gar um die nackte Macht seiner Gegner im Zentralkomitee. Es ging ihm, so sagte ich, um die Erhaltung der Möglichkeit, die innerparteiliche Opposition gegen den bisherigen Führungsstil der SED-Spitze zum Erfolg zu führen, Perestroika und Glasnost auch für die Menschen in der DDR zu erringen. Das aber war nur möglich, wenn er sich nicht durch verfrühten und praktisch sinnlosen Widerstand gegen die organisierte Wahllüge aus der Position herauskatapultierte, die ihm politische Handlungsmöglichkeiten bot.

Der Staatsanwaltschaft hielt ich entgegen, daß sie mit ihrer Anklage ein Verhalten nachträglich einfordern wolle, das nicht nur in hohem Grade unpolitisch, sondern im Blick auf die Menschen, für deren weiteres Schicksal Hans Modrow damals Verantwortung trug, verantwortungslos gewesen wäre.

Hans Modrow hat oft genug bewiesen, daß er den Mut hatte, den damals Herrschenden zu widersprechen, im Unterschied zu vielen, die damals gekuscht haben und heute das Maul vollnehmen. Darauf beruhte das Vertrauen, das ihm in weiten Kreisen der DDR-Bevölkerung entgegengebracht wurde, und die Achtung, die er auch bei Politikern des Auslandes und nicht zuletzt auch in Bonn genoß. Aber am 7. Mai 1989, eingebunden in die Zwänge eines durch zentrale Orientierung und langjährige Parteidisziplin festgelegten Apparats, den starken Mann zu spielen, der sich einbildet, Berge versetzen zu können, das ist eine auf völlig illusionäre Normtreue gerichtete Utopie, wie sie nur deutschen Juristen einfallen konnte, die sich der politischen Zielstellung, diesen Hans Modrow endlich zur Strecke zu bringen, blindlings unterworfen haben. Es müßte doch zu denken geben, daß es offenbar nicht einen einzigen DDR-Bürger gegeben hat, der die dem § 211 StGB/DDR (Verbot der Wahlfälschung) zugrundeliegende Verhaltensnorm eingehalten hat und einhalten konnte.

Das konnte ich mit den Ergebnissen der Beweisaufnahme vor dem Dresdner Gericht belegen:

Wir haben hier eine lange Reihe von Zeugen erlebt, die in irgendeiner Funktion an der Fälschung der Kommunalwahlen vom 7. Mai 1989 mitgewirkt haben. Es waren Frauen und Männer darunter, die mich stark beeindruckt haben, Menschen, die einen wesentlichen Teil ihres Lebens, ihrer Arbeitskraft und ihres sozialen Engagements dem Versuch geopfert haben, eine sozialistische Gesellschaftsordnung zu entwickeln, die diesen Namen verdient. Gerade hier in Dresden gab es hoffnungsvolle Ansätze zu einer systemimmanenten Revolution, die zu einem »Sozialismus mit unanzweifelbar menschlichem Antlitz« – wie Helmut Ridder das genannt hat – hätten führen können. Hans Modrow war die wichtigste Identifikationsperson dieser Perestroika-Bewegung. Er wurde in der Bevölkerung als Hoffnungsträger, in der Berliner Zentrale aber als Gefahr gesehen. Deshalb mußte in Dresden ein Exempel statuiert werden, wie man in der Zentrale mit potentiellen Widerständlern umzugehen gedachte.

In der Dresdner Hauptverhandlung war ausführlich ein Versuch der Berliner SED-Zentrale erörtert worden, den Dresdner Bezirk durch Entsendung einer unter Leitung des Herrn Mittag stehenden Kommission auf Linie zu bringen.

Die Invasion der Mittag-Kommission und deren Bericht setzte den Dresdner Bezirk unmittelbar vor den Kommunalwahlen von 1989 unter Zwänge, die zur Ausschaltung der innerparteilichen Reformbewegung geführt hätten, wenn ausgerechnet hier die von der Zentrale vorgegebene Zielstellung nicht erreicht worden wäre. Für die Genossen des Dresdner Bezirks stand also eine hochpolitische Entscheidung an: entweder mußte man sich den Zumutungen aus Berlin beugen, die auf eine nicht nur dem Gesetz, sondern jeder politischen Vernunft widersprechende Wahlfälschung hinausliefen, oder man mußte sich durch eine Heldentat zur falschen Zeit ins politische Aus begeben und die Menschen, die auf Änderungen des Systems hofften und auf einen Mann wie Modrow setzten, im Stich lassen.

Wir haben in diesem Saal – sowohl auf der Anklagebank wie am Zeugentisch – Menschen kennengelernt, die bereit waren und auch die Fähigkeit gehabt hätten, der sozialistischen Gesellschaftsordnung in der DDR das »unanzweifelbar menschliche Antlitz« zu verschaffen, das der großartigen, auf Befreiung und nicht auf Entmündigung der Menschen gerichteten Utopie entspricht. Einer wie der andere haben sie sich, gegen die von der Zentrale vorgegebene Orientierung auf unrealistische Zahlen, bei den Kommunalwahlen von 1989 zunächst gewehrt, die Fälschung der Zahlen als gegenüber der Bevölkerung unvertretbar und politisch unsinnig abgelehnt, und dann doch mitgemacht. Das ist ein Phänomen, das sich nur aus dem organisatorischen Grundprinzip einer Partei erklären läßt, die sich als revolutionärer Vortrupp der Arbeiterklasse verstand.

Es folgten Ausführungen über die organisatorischen Grundprinzipien des »demokratischen Zentralismus« und der Parteidisziplin, wie sie Lenin als Merkmale einer revolutionären Arbeiterpartei entwickelt und das Statut der SED sie sinngemäß aufgenommen hatte.

Sie sind oder waren ein verinnerlichter Bestandteil des politischen Bewußtseins von Menschen, die jahrelang in der Parteiarbeit gestanden haben.
  Immer wieder haben wir aus dem Munde gestandener Männer das Bekenntnis gehört, daß sie sich der Parteidisziplin unterworfen hätten. So die damaligen Dresdner Stadtbezirksbürgermeister Fritz Oehring und Gerd Müller oder der damalige Oberbürgermeister von Görlitz Kurt Butziger, eindrucksvolle, selbständig denkende Persönlichkeiten, die man sich noch heute recht gut in der Rolle von Stadtvätern vorstellen kann. »Wenn die Parteidisziplin verletzt wird«, sagte der Zeuge Müller, »könnte das größeren Schaden für die Allgemeinheit anrichten als für die eigene Person. Deshalb war Parteidisziplin für mich eine wichtige Sache.« Ähnlich äußerten sich Oehring, Butziger und andere Zeugen.
  Dieses Grundprinzip der Partei, dem sich alle Mitglieder verpflichtet fühlten, hat auch eine geschichtliche Komponente, die im kollektiven Bewußtsein lebendig geblieben ist. Diese Geschichte der sozialistischen Parteien muß man ein bißchen kennen, um zu einem gerechten Urteil über Menschen zu kommen, die das Prinzip der Parteidisziplin über ihre eigenen besseren Einsichten gestellt haben ...

Auch dieses Thema war in der Dresdner Hauptverhandlung eingehend erörtert und mit Zeugenaussagen, Dokumenten und Sachverständigengutachten belegt worden.

Wenn über diese Menschen, die das Prinzip der Parteidisziplin als notwendiges Mittel auf dem Wege zu einer revolutionären Umgestaltung der Gesellschaft akzeptiert haben, ein gerechtes Urteil gesprochen werden soll, müssen auch die Maßstäbe berücksichtigt werden, die für das gesellschaftliche Umfeld, in dem sie lebten und arbeiteten, nun einmal gültig waren ...

Mein Dresdner Plädoyer gab mir Gelegenheit, auch auf die politischen Prozesse der Stalin-Zeit gegen kommunistische Dissidenten einzugehen, die im politischen Bewußtsein der Menschen, die im SED-Apparat die innerparteiliche Opposition bildeten, durchaus noch lebendig waren und ihnen die Gefahr vergegenwärtigten, in der sie standen.

Den Herren Staatsanwälten ging das Wort »Gewaltherrschaft« leicht von den Lippen, aber sie scheinen nicht zu wissen, daß dieser Begriff am ehesten auf die Zwänge zutrifft, die innerhalb der Parteiapparate realsozialistischer Staaten ausgeübt wurden. Es gehört für einen Sozialisten zu den traurigsten historischen Erfahrungen, daß sich schon bald nach der russischen Revolution von 1917 ein parteiinterner Unterdrückungsapparat entwickeln konnte, dem, ich weiß nicht wieviele, Tausende oder Millionen von oppositionellen Kommunisten zum Opfer gefallen sind. Zwar hat es in der DDR, jedenfalls in der letzten Phase, keinen mit den stalinistischen Säuberungen in der Sowjet-Union und anderen osteuropäischen Staaten vergleichbaren Terror gegen die innerparteiliche Opposition gegeben, aber auch hier haben Prozesse gegen Abweichler stattgefunden, und in einem Ereignis wie der Invasion der Mittag-Kommission ist ein Stück innerparteilicher Terror praktiziert worden, der von den Betroffenen in einem ganz anderen geschichtlichen Zusammenhang erlebt wurde, als ihn die Herren Staatsanwälte aufgrund ihres politischen Bewußtseins begreifen können. Der geschichtliche Zusammenhang, wie er diesem Gericht nach dem Muster des Berghofer-Urteils präsentiert wird, läßt die Angeklagten als Teil eines homogenen Apparats erscheinen, in dem neben anderen bösen Dingen Wahlfälschung betrieben wurde. Für Juristen, die sich des politischen Charakters dieses Prozesses bewußt sind, muß, wenn sie zu einem gerechten Urteil kommen wollen, ein ganz anderer geschichtlicher Zusammenhang im Vordergrund stehen, nämlich die Geschichte der innerparteilichen Opposition, die, wie kann es anders sein, bis zu dem Zeitpunkt, in dem sie stark genug werden würde, den Mächtigen in den Arm zu fallen und selbst die für Beschlußfassungen nötige Mehrheit zu bilden, Positionen innerhalb des Apparats einnehmen und halten mußte, die ihnen eines Tages realistische Handlungsmöglichkeiten bieten könnten ...

Ein von der Staatsanwaltschaft in den Prozeß eingeführter Zeuge, der Oberkirchenrat Zuber, lieferte uns gute Verteidigungsargumente. Herr Zuber hatte recht plastisch geschildert, wie wenig Opposition gegen eine Verfälschung der Wahlergebnisse praktisch möglich war. Schon der Ausdruck »Oppositioneller« sei negativ besetzt gewesen und habe vermieden werden müssen, wenn man Einfluß gewinnen wollte. Obwohl die Kirche die praktische Möglichkeit gehabt hätte, in ihrem Publikationsorgan *Der Sonntag* die von ihren Wahlbeobachtern ermittelten realen Wahlergebnisse zu veröffentlichen, sei dies im Wege der Selbstzensur jedoch unterblieben. Schon eine Veröffentlichung des Inhalts, daß die Mülltonnen nicht abgeholt worden seien, hätte zu dem Vorwurf geführt, daß man dem Klassenfeind genützt habe. »Das, was wir für den einzelnen Bürger erreicht haben, wollten wir nicht durch öffentliche Kritik gefährden.«

So sahen die realen Widerstandsmöglichkeiten gegen die Verbreitung geschönter Zahlen aus, an die ohnehin niemand glaubte. Wer in der konkreten Situation des Jahres 1989, als die Parteiführung der SED ums politische Überleben kämpfte, ihr das Spiel mit den falschen Zahlen verdorben hätte, mußte im Interesse der Bürger offenbar selbst dann Zurückhaltung üben, wenn er, wie Herr Zuber, nicht der Parteidisziplin unterlag. Um wieviel mehr hätte eine Widerstandsaktion aus den Reihen der Partei, die über das hinausgegangen wäre, was tatsächlich versucht worden ist, als Illoyalität in einer schwierigen Zeit aufgefaßt werden müssen und zu unübersehbaren Konsequenzen geführt.

Ich zitierte noch einmal den von dem Sachverständigen Dr. Lapp geprägten Satz, daß die Geschichte der Wahlen in der DDR die Geschichte ihrer Fälschungen sei, und sagte, wenn das stimme, sei im Mai 1989 nur eines neu gewesen, nämlich die Existenz einer zum Widerstand bereiten kritischen Öffentlichkeit. Und dazu hätten sich Politiker wie Hans Modrow und andere Repräsentanten der innerparteilichen Opposition in politisch sinnvoller Weise verhalten müssen.

Selbst die Kirche mußte in dieser Situation taktieren, wie wir von dem Zeugen Oberkirchenrat Zuber gehört haben. Die Bürgerrechtler hatten Forderungen gestellt, die auf ein Mehr an Widerstand hinausliefen. Gebetsgottesdienste in der Kirche reichen uns nicht, hatten sie gesagt. Dazu der Zeuge Zuber: »Wir haben gesagt: das höchste Gut ist das Leben, Blutvergießen muß verhindert werden. In dieser Spannung haben wir gelebt und gehandelt.«

Auch Hans Modrow hat in dieser Spannung gelebt und gehandelt, ja, er hat im Unterschied zu Herrn Zuber innerhalb des Apparats gestanden, der ihn jederzeit aller politischen Handlungsmöglichkeiten berauben konnte. »Die Erwartungen an ihn waren sehr groß, daß sich etwas veränderte«, sagte der Zeuge Zuber. »Wenn Kritik an ihm geübt wurde, war Mitgefühl spürbar: Hoffentlich verlieren wir ihn nicht. Von der Bevölkerung und auch von kirchlichen Stellen.«

Die Frage, ob Hans Modrow und die Männer und Frauen, die mit ihm die Reformbewegung trugen, im Mai 1989 rechtlich verpflichtet waren, anders zu handeln, als sie es getan haben, ist nicht so einfach zu beantworten, wie dies in den bisherigen Urteilen geschehen ist. Nicht nur die Kirche stand in einer Pflichtenkollision, wenn sie abwägen mußte, ob sie öffentlich gegen Wahlfälschung protestieren und die von ihr ermittelten realen Zahlen bekanntgeben sollte, oder ob sie auf diesen Akt des Widerstands lieber verzichtete, um nicht konkrete Handlungsmöglichkeiten zugunsten der Bürger zu gefährden. Auch die Reformer um Hans Modrow mußten abwägen, ob es verantwortet werden konnte, am 7. Mai 1989 den Bruch mit der SED-Zentrale zu provozieren, oder ob den Menschen, die ohnehin nicht an die 98 % glaubten, mehr gedient war, wenn die Positionen innerhalb des Apparats, von denen aus man etwas ändern konnte, gehalten wurden. Wenn Hans Modrow diesen oft zitierten Ausspruch, »die sollen ordentlich rechnen«, wirklich getan haben sollte, dann kann nur völlige Blindheit gegenüber der Persönlichkeit und der politischen Substanz dieses Mannes dazu verführen, die in einem solchen Wort in der konkreten Situation zum Ausdruck kommende resignative Ironie zu überhören. Er hätte auch sagen können: »Meldet den Herrschaften in Berlin 100 %, damit wir endlich Ruhe haben.«

Ich ging sodann auf die Aussage des als Zeugen vernommenen Staatsanwalts Günthel ein, der die Sache ursprünglich bearbeitet und die Anklageschrift verfaßt hatte. Er war als DDR-Bürger mit den realen Verhältnissen im Mai 1989 besser vertraut als seine westdeutschen Kollegen. Nach seiner Einschätzung ging es damals darum, »noch einmal den Schein zu wahren«. Er hatte als Zeuge gesagt:

Ich hatte mich der Mühe unterzogen, den Bericht der Mittag-Kommission durchzulesen. Hinterher verstand ich, was die Angeklagten damit sagen wollten, daß sie Bewegung vortäuschen mußten. Durch den Beschuldigten Dr. Modrow war dargelegt worden, daß er bestrebt war, mit diesem Hinausschicken (von Abgesandten in die »Problemkreise«, die dafür sorgen sollten, daß dort entsprechend der »Orientierung« des ZK »ordentlich gerechnet« wurde; H. H.) noch einmal Maßnahmen einzuleiten, damit er, wenn Anfragen von oben kommen, sagen könnte: ich habe alles getan.

Wir wußten aus den Akten, daß die damals zuständigen Beamten der Staatsanwaltschaft das Verfahren einstellen wollten und hatten Informationen, daß es nur dank einer Weisung des Justizministers Heitmann (CDU) überhaupt zur Anklage gekommen war. Danach befragt, konnte Staatsanwalt Günthel nicht antworten, weil ihm insoweit keine Aussagegenehmigung erteilt worden war.

Staatsanwalt Günthel hatte, wenn man so will, eine »Orientierung« erhalten, nach der er sich vielleicht widerwillig gerichtet hat. Auch Sie, meine Damen und Herren, haben eine »Orientierung« durch Entscheidungen des Bundesgerichtshofs und des Bundesverfassungsgerichts, die wir nach wie vor für falsch halten ...

Sie sind, anders als Staatsanwalt Günthel, nicht an Weisungen oder »Orientierungen« gebunden. Wie werden Sie entscheiden?

Wir hatten nach 16 Verhandlungstagen den Eindruck gewonnen, daß wir es mit einem Gericht zu tun hatten, das gegenüber den Argumenten der Verteidigung durchaus aufgeschlossen war. Andererseits war das Gericht nicht frei in seinen Möglichkeiten. Da gab es schon eine Fülle von Verurteilungen kleinerer SED-Funktionäre wegen Beteiligung an der Fälschung der Kommunalwahlen vom Mai 1989. Sie hatten schon zu DDR-Zeiten, bald nach der »Wende« vom Herbst 1989, als auch das alte Justizpersonal der DDR Morgenluft witterte, eingesetzt und reichten von Geldstrafen bis zu Gefängnisstrafen von einem Jahr und mehr. Vergeblich hatte Dr. Modrow während seiner Amtszeit als Ministerpräsident sich um eine Amnestie bemüht, was die Herren Staatsanwälte ihm in ihrem Plädoyer als strafverschärfendes »Nachtatverhalten« anlasteten. Nun gab es also Tausende von Strafverfahren gegen politisch aktive DDR-Bürger, die widerstrebend und gegen eigene bessere Überzeugung an dem von der SED-Zentrale verfügten Wahltheater hatten mitwirken müssen. Viele hatten sich, als die große strafrechtliche Abrechnung mit der DDR-Vergangenheit begann, gegen die im Wege des Strafbefehls verhängten Strafen gar nicht gewehrt – auch das Nachwirkung der jahrzehntelang eingeübten Untertanenhaltung. Andere hatten es auf eine Hauptverhandlung mit Urteil ankommen lassen, aber auf Rechtsmittel verzichtet. Einer, der ehemalige Oberbürgermeister von Dresden, Wolfgang Berghofer, hatte, von Otto Schily verteidigt, Revision und Verfassungsbeschwerde gegen seine Verurteilung (ein Jahr Freiheitsstrafe mit Bewährung) eingelegt und war abgewiesen worden. Rechtzeitig zum Beginn des Modrow-Prozesses war die Entscheidung des Bundesverfassungsgerichts in Sachen Berghofer gekommen, die unseren Einwendungen gegen die fehlende Rechtsgrundlage des Verfahrens den Boden entzog. Da war also schon einiges festgeklopft, woran wir nicht mehr mit Aussicht auf Erfolg rütteln konnten und über das auch ein den Argumenten der Verteidigung aufgeschlossenes Gericht sich nicht hinwegsetzen konnte, ohne den Bestand seines Urteils von vornherein zu gefährden. Und so blieb noch dies zu sagen:

Am Ende dieses Prozesses bleibt für mich ein zwiespältiger Gesamteindruck. Die Anklage wurde von Staatsanwälten vertreten, die völlig unberührt von der politischen und menschlichen Problematik sind, in die eine innerparteiliche Opposition in einem Staat geraten mußte, der eine Opposition nicht zuließ. Auch die Staatsanwälte hätten aus dem Gutachten des Sachverständigen Dr. Lapp lernen können, daß das Prinzip des demokratischen Zentralismus in der letzten Phase der DDR zu einer Herrschaft der sogenannten Viererbande verkommen war. Und was das für die Kommunalwahlen von 1989 bedeutete, hat der Sachverständige wörtlich so zusammengefaßt: »Ich kann mir nicht vorstellen, daß die örtliche Organisation irgendetwas mit der Verursachung der Fälschung zu tun hat; die Verursacher saßen oben.«

Die jungen Herren Staatsanwälte haben sicher nie selbst unter einer Diktatur gelebt. Sie hatten daher keine Gelegenheit, ihre Fähigkeit zu politischen Heldentaten zu erproben. Sie haben die Formen politischer Anpassung, zu der sich zwar nicht 98 %, aber immerhin 85 bis 90 % eines ganzen Staatsvolkes genötigt sahen, nicht am eigenen Leibe erfahren. Sie haben gut reden, was man damals hätte tun und was man hätte unterlassen sollen. Sie wissen offenbar auch nicht, welche erbärmliche Rolle gerade Juristen gegenüber den Zumutungen der Hitler-Terroristen gespielt haben. Sonst würden sie hier nicht diese unerträgliche Selbstgerechtigkeit zur Schau tragen gegenüber Männern, die nicht zu dem von den Herren Staatsanwälten aus nachträglicher Sicht für richtig gehaltenen Zeitpunkt zu Widerstandskämpfern geworden sind.

Sie haben aber vor allem nicht begriffen, daß Ihnen auf der Anklagebank der Mann gegenübersitzt, der für viele Menschen in der DDR der Inbegriff des Widerstandes gegen eben dieses Herrschaftssystem geworden ist, als dessen Teil Sie ihn anklagen. Diese Schizophrenie der Anklage wird in der kritischen Öffentlichkeit immer mehr erkannt. Wenn da ein Mann wie Friedrich Schorlemmer, der selbst zu einer Zeit, als in Bonn für Erich Honecker noch der rote Teppich ausgerollt wurde, den Widerstand gegen das SED-Regime mitorganisiert hat, sagt: »Ich achte Hans Modrow als einen couragierten Mann, der uns half, aus den Fesseln eines kaputten Systems und einer gescheiterten Ideologie zu kommen«, und es als lächerlich bezeichnet, Modrow wegen Wahlfälschung anzuklagen, dann zählt das mehr, als ein im Propagandaton des Kalten Krieges vorgetragener Versuch, diesen Hans Modrow als skrupellosen Machtpolitiker hinzustellen, der den Willen der Wähler als null und nichtig behandelt habe. Wenn da in der Öffentlichkeit gefragt wird: »Warum ausgerechnet Modrow?« dann fällt den Herren Staatsanwälten nichts Besseres ein als die mit Siegerlächeln vorgetragene Ankündigung, daß die anderen auch noch drankommen. Da fehlt jede Spur des Verständnisses für die sich hinter solchen Fragen anbahnende Erkenntnis in der Bevölkerung, daß mit Anklagen, die sich auch gegen einen Modrow richten, irgendetwas nicht in Ordnung sein kann. Bei Friedrich Schorlemmer, diesem Vordenker gegen menschenfeindliche Staatsautorität, hätten Sie nachlesen können: »Der Rechtsstaat nimmt Schaden, wenn er auf diese Weise politische Prozesse zu führen versucht.« Vielleicht wird es Ihnen, meine Herren Staatsanwälte, und Ihrem Dienstherrn noch einmal leid tun, daß Sie nicht auf diese kritischen Stimmen gehört haben.

Demgegenüber trauen wir Verteidiger den Mitgliedern des Gerichts ein höheres Maß an politischer Sensibilität zu, mehr Gespür für die politische Dimension dieses Verfahrens, als es bei den Anklagevertretern hervorgetreten ist. Wir tragen Ihnen deshalb unsere tatsächlichen und rechtlichen Auffassungen in der Hoffnung vor, daß Sie die darin liegenden Möglichkeiten ergreifen, um durch einen Freispruch dieser Angeklagten eine Bresche in diese politisch höchst unkluge Massenabstrafung ehemaliger DDR-Repräsentanten zu schlagen. Gerade der Fall Modrow könnte und sollte dafür Anlaß bieten. Unser Vertrauen in die politische Vernunft der für eine Amnestie zuständigen Politiker ist nicht groß. Wir hoffen deshalb, daß dieses Gericht die aufgezeigten Möglichkeiten sehen und nutzen wird, um schon auf der Basis des geltenden Rechts zu einem Freispruch zu gelangen, der für den inneren Frieden in diesem Land wichtig wäre.

Hans Modrow sprach, wie es seine Art ist, ein Schlußwort, das viel innere Bewegung verriet und hier, anders als seine Bundestagsreden, mit Achtung und Aufmerksamkeit aufgenommen wurde. Ich zitiere ein paar Sätze:

Im Gericht sehe ich meine Weggefährten von gestern wieder. Ich erfahre, was aus ihnen geworden ist. Viele sind seelisch gebrochen, sozial am Rande der Existenz, ohne Hoffnung auf einen Ausweg, verzweifelt. Manche zeigen auch in ihrer Not eine Größe, die ich bisher bei ihnen, auch wenn sie mir vertraut waren, nicht erkannt habe ...
Daß den Wahlen in der DDR noch einmal soviel Aufmerksamkeit von Vertretern eines Staates zuteil würde, in dem diese Wahlen nur als Scheinwahlen und als Farce gewertet wurden – wer hätte das jemals gedacht!
Ich habe nicht verhindert, daß die Wahlfälschung begangen worden ist. Wenn das Schuld ist, dann ist das, aber auch nur das, meine Schuld ... Ja, ich habe damals im Kampf um Prozentzahlen kein politisch oder gar rechtlich relevantes Problem gesehen. Mir ging es um etwas anderes, um etwas – wie ich damals und auch heute meine – Wichtigeres. Ich wollte nicht Unmögliches wagen und dafür das greifbar Mögliche aufs Spiel setzen. Natürlich wußte ich im Frühjahr 1989 noch nicht, daß ich Ende 1989 Ministerpräsident der DDR werden würde. Aber ich spürte, daß große Entscheidungen bevorstehen, und daß jede Stimme jedes 1. Sekretärs, jeder Bezirksleitung der SED dabei zählen würde. Deswegen war es mein Bestreben, den richtigen Moment zu erfassen und zu nutzen, um den Bürgern der DDR wirkliche demokratische Rechte zurückbringen zu können. Hätte ich mich im Mai 1989 geopfert, hätte das niemandem genützt. Was dann mit und nach der Wende in der DDR geschehen wäre, vermag niemand zu sagen. Ich persönlich glaube nicht, daß es zum Guten der Bevölkerung der DDR und möglicherweise Europas gewesen wäre ...

Das am 27. Mai 1993 verkündete Urteil wurde allgemein als Sensation empfunden. Es verhängte keine Strafen, sondern verwarnte die Angeklagten neben einem Schuldspruch, in dem die Verurteilung zu einer Geldstrafe vorbehalten wurde; die mildeste Sanktion, die das Strafgesetzbuch vorsieht (§ 59). Die für den Fall einer erneuten Straftat vorbehaltene Geldstrafe war allerdings deftig, nämlich bei Modrow 80 Tagessätze zu je 300 DM, also 24.000 DM. Darüber hinaus erteilte das Gericht nach § 59 a StGB Geldauflagen zugunsten gemeinnütziger Einrichtungen, die bei Modrow immerhin 20.000 DM betragen sollten (bei den anderen Angeklagten waren vorbehaltene Geldstrafen und Auflagen im Hinblick auf ihre schlechteren Einkommensverhältnisse erheblich niedriger).

Ein salomonisches Urteil, das einen Kompromiß zwischen dem von der Verteidigung geforderten Freispruch und den in den Reden der Staatsanwälte vorweggenommenen Erwartungen des BGH versuchte. Wir erfuhren am Schluß der mündlichen Urteilsbegründung, daß das Gericht der Staatsanwaltschaft eine Einstellung des Verfahrens vorgeschlagen hatte, eine Lösung, die dem BGH sozusagen das Mitspracherecht entzogen hätte. Aber eine Einstellung des Verfahrens wäre von der Zustimmung der Staatsanwaltschaft abhängig gewesen, und die wurde verweigert. Und so mußte das Gericht eine andere Lösung suchen, wenn es die Angeklagten unbestraft lassen wollte. Und es mußte dafür eine Begründung finden, die umzustoßen den konservativen Herren in Karlsruhe einige Mühe machen sollte.

Wichtigster Teil der Urteilsbegründung: die sogenannte »Strafzumessung«, in der hier gesagt wurde, warum das Gericht die Angeklagten nicht bestrafen wollte. Was zu Lasten der Angeklagten zu sagen war, kann ich hier übergehen, denn niemand bezweifelt, daß sie sich zwar für das geringere Übel, aber eben doch für ein »Übel« entschieden hatten. Interessant sind die entlastenden Erwägungen – auch diese selbstverständlich immer mit dem Blick auf Karlsruhe formuliert. Und da nahm das Gericht vieles auf, was die Verteidigung gesagt hatte. So zum Thema Parteidisziplin. Und zur Widerstandspflicht.

Die Frage, ob jemand damals – auch um den Preis einschneidender Konsequenzen – den Mut und die Kraft zum Widerstand hätte aufbringen müssen, ist nach Auffassung der Kammer keinesfalls eindeutig, jedenfalls nicht leichter Hand zu beantworten. Nach Ansicht des Gerichts war vielmehr eine tatzeitbezogene Bewertung der Geschehnisse unerläßlich und der Gefahr einer Beurteilung nach heutigen Maßstäben vorzubeugen, die dem historischen Kontext nicht gerecht werden kann.

Es standen noch andere Wahrheiten in den Urteilsgründen, an denen selbst die konservativen Geister in Karlsruhe nicht rütteln konnten: Es sei nicht ersichtlich, wie es dem Angeklagten Dr. Modrow unter den gegebenen Voraussetzungen hätte gelingen können, dem Politbüro das Placet für eine Nichtfälschung, und sei es auch nur im Bezirk Dresden, abzuringen. Eine abweichende »Orientierung« für einen einzigen Bezirk sei im zentralistisch organisierten Staat nicht denkbar gewesen. In Anbetracht dieser Ausgangslage sei es Dr. Modrow zugute zu halten, daß er trotz der zu befürchtenden Aussichtslosigkeit wiederholt, zuletzt noch am Wahltag, versucht habe, eine »Ausnahmegenehmigung« für den Bezirk Dresden zu erwirken.

Das Dresdener Gericht bescheinigte den Angeklagten, daß sie nicht im Eigeninteresse oder gar aus eigensüchtigen Motiven, sondern nur auf massiven Druck der SED-Zentrale an der Wahlmanipulation mitgewirkt hätten. Sie hätten in dem Konflikt gestanden, entweder sich an den Wahlfälschungen zu beteiligen oder ihre Ämter und damit ihre politischen Wirkungsmöglichkeiten zu verlieren. Das Gericht halte es für nachvollziehbar, daß keiner der Angeklagten ein »Heldentum zur Unzeit« habe an den Tag legen wollen, ihnen sei, quasi mit dem Rücken zur Wand stehend, nur noch die Wahl zwischen Anpassung und »Absturz« geblieben.

Als »besondere Umstände« im Sinne des Gesetzes, die es rechtfertigten, nur eine Verwarnung auszusprechen (§ 59 StGB), nannte das Urteil die »tiefgreifende, epochale Veränderung der Verhältnisse in der ehemaligen DDR«. Es werde nach menschlichem Ermessen nie wieder zu einer Situation kommen, in der eine Wiederholung der von den Angeklagten begangenen strafbaren Handlungen vorstellbar wäre. Die zur Beteiligung an der Wahlfälschung führenden Motive seien nach Auffassung der Kammer auch aus heutiger Sicht nicht unehrenhaft, auf jeden Fall auch für den kritischen Beobachter durchaus nachvollziehbar.

Nicht nur das Publikum im Saal und vor dem Gerichtsgebäude reagierte erleichtert auf das Urteil, auch die Presse nahm überwiegend positiv Stellung. »Ein souveränes Signal der Versöhnung«, hieß es im *Hamburger Abendblatt*. Die *Hannoversche Allgemeine* schrieb: »Der Spruch aus Dresden sollte Schule machen.« Auch die Berliner Zeitung meinte: »Der gestrige Tag könnte ein neues Kapitel der Rechtsprechung eröffnen«, fügte aber mit berechtigter Skepsis hinzu: »Ob dieser Weg Bestand hat, werden die nächsten Instanzen zeigen.« Und dieser Frage sahen die Staatsanwälte mit Ruhe – wie Friedrich Karl Kaul gesagt hätte: »mit Karls-Ruhe« – entgegen. In der *Welt* war es zu lesen: »Staatsanwalt Klaus Böhm: ›Wir sind guter Hoffnung, daß der BGH das Urteil aufheben wird.‹«

Und so verwendeten die Herren Dr. Meinerzhagen und Böhm noch einmal viel Fleiß und Eifer auf eine Revisionsbegründung, in der sie die Urteilsgründe zerpflückten und auf die lange Reihe vorangegangener härterer Urteile verwiesen. Wie sie das politische Bewußtsein der Richter einschätzten, die sich in Karlsruhe mit der Sache befassen würden, ergab sich hinreichend deutlich daraus, daß sie sich getrauten, Dr. Modrow eine »rechtsfeindliche Gesinnung« nachzusagen und die Behauptung zu wiederholen, es sei ihm »auf den persönlichen Machterhalt angekommen«. Die erkannte strafrechtliche Reaktion stehe »in einem unerträglichen Mißverhältnis zur Schuld und zur Gefährlichkeit der Angeklagten«.

Ihre Mühe war nicht vergebens. Der 3. Strafsenat des BGH hob das Dresdner Urteil in wesentlichen Punkten auf und verwies die Sache zu neuer Verhandlung und Entscheidung an eine andere Strafkammer des Landgerichts zurück.

Für Hans Modrow war beim BGH ein als Revisionsspezialist geltender Anwalt tätig geworden, eine Mühe, die man sich wohl hätte ersparen können. Denn es war vorauszusehen, daß dem Revisionsgericht die ganze Richtung nicht passen würde, so daß ein Disput über Revisionsgründe nur auf ein Scheingefecht hinauslaufen konnte. Kein noch so guter Revisionsspezialist hätte den BGH daran hindern können, in einem Urteil, das einen Modrow straflos ließ, »Rechtsfehler« zu finden. Und so wurde der BGH fündig.

Besondere Findigkeit entwickelten die Bundesrichter im Bereich der »Strafzumessung«. Die »tiefgreifende epochale Veränderung der Verhältnisse in der ehemaligen DDR seit der Kommunalwahl 1989« sei, entgegen der Auffassung der Strafkammer, kein »besonderer Umstand« im Sinne des Gesetzes. Und auch andere Überlegungen des Dresdner Gerichts zur Strafzumessung gefielen in Karlsruhe nicht. So hätten die Angeklagten »entgegen der Wertung der Strafkammer jedenfalls auch im eigenen beruflichen Interesse und teilweise auch aus eigensüchtigen Motiven gehandelt«. Ein unzulässiger, in politischen Strafsachen aber üblicher Eingriff des Revisionsgerichts in die tatrichterliche Würdigung.

Besonders anstößig fanden die Herren des 3. Strafsenats die Formulierung des Dresdner Urteils, daß die Motive der Angeklagten »auch aus heutiger Sicht nicht unehrenhaft« gewesen seien. Diese Beurteilung könne der Senat nicht nachvollziehen. Auch wenn die Angeklagten bei Ungehorsam gegenüber der Parteiführung den Verlust ihrer Ämter befürchteten, sei ihr Verhalten verwerflich gewesen.

Politische Vernunft mit Juristenworten zu erschlagen, war schon immer das Privileg höchstrichterlicher Rechtsprechung. Nichts von dem, was im Modrow-Verfahren zur komplizierten Situation der Opposition in der Schlußphase der SED-Diktatur gesagt und im Urteil des Dresdner Strafkammer als »souveränes Signal der Versöhnung« verkündet wurde, war in Karlsruhe angekommen.

Hier ging es offensichtlich nicht um den Schutz des Rechtsguts »sozialistischer Normen«, die eine Fälschung der seit jeher als »Scheinwahlen« diskreditierten Akklamationsrituale der DDR unter Strafe stellten, hier ging es schamlos unverblümt um die politische Vernichtung eines Mannes, der noch im Dezember 1989 nach einer von *ZDF* und *Spiegel* in Auftrag gegebenen Meinungsumfrage als populärster Politiker genannt worden war.

Am 13. November 1989 war Modrow zum Ministerpräsidenten der DDR gewählt worden und hatte in seiner Regierungserklärung vom 17. November klargestellt, daß es um ein Fortbestehen der DDR und eine Vertragsgemeinschaft mit der Bundesrepublik gehe. Modrow war endlich in der Position, in der er seine Reformideen hätte durchsetzen können. Auch aus Bonn kam Zustimmung. Ich zitiere nach *Rheinische Post* vom 18.11.1989:

Die Bundesregierung und die im Bundestag vertretenen Parteien haben gestern in Bonn die Regierungserklärung von DDR-Ministerpräsident Modrow vor der Ost-Berliner Volkskammer grundsätzlich begrüßt. Für Kanzleramtsminister Seiters wird darin der Wille zur Erneuerung und Reformen erkennbar. Als besonders bedeutsam hob Seiters gestern die Aussagen Modrows hervor, die Veränderungen in der DDR seien unumkehrbar.

Auch damals wußte man in Bonn schon lange, daß Wahlen in der DDR eine organisierte Lüge gewesen waren und daß jeder, der im Parteiapparat der SED eine Rolle spielte, in irgendeiner Form hatte mitspielen müssen. War also alles geheuchelt, was da an Lobsprüchen über den »Gorbatschow der DDR«, den »Hoffnungsträger«, den »Mann der Vernunft« gesagt und geschrieben worden war? Spätestens als sich die Mehrheit der DDR-Bevölkerung nach massiver Einmischung der Westparteien in einen konservativ beherrschten kapitalistischen Einheitsstaat hineingewählt und der DDR den Abschied gegeben hatte, waren die Sprüche von gestern nichts mehr wert. Die neue Hetzjagd gegen Kommunisten konnte beginnen, um die Reformer zusammen mit ihren stalinistischen Gegnern abzuschießen. Auch Hans Modrow, der Mann, der eine bessere DDR wollte, wurde zur Strecke gebracht. Ausgerechnet mit dem Vorwurf der Wahlfälschung.

In der neuen Hauptverhandlung wurde Hans Modrow von dem Kollegen Dr. Friedrich Wolff allein verteidigt. Die 4. große Strafkammer des Landgerichts Dresden, gebunden an die Vorgaben des BGH, verurteilte Modrow am 9. August 1995 zu einer Bewährungsstrafe von neun Monaten und legte ihm eine Bußezahlung an eine gemeinnützige Einrichtung in Höhe von 5.000 DM auf. Eine Sanktion, deren Härte – Modrow verfügt über kein Vermögen; er und seine Frau, die Rentnerin ist, beziehen ein Altersruhegeld – der Staatsanwaltschaft genügte, sie legte kein Rechtsmittel gegen das Urteil ein. Wo der BGH den Dresdner Richtern Bewegungsfreiheit gelassen hatte, setzten sie sich deutlich genug von den Karlsruher Falken ab. Am deutlichsten beim Thema »eigennützige Motive«, bei dem der BGH in seinem politischen Eifer die Grenzen revisionsrechtlicher Kompetenz allzu offensichtlich überschritten hatte. Aus der mündlichen Urteilsbegründung zitierte die Presse, die Kammer habe nicht dem Bundesgerichtshof »nachplappern« wollen, der Modrow als Motiv Eigennutz unterstellt habe. Eigennützige Motive habe die Kammer – so die schriftliche Urteilsbegründung – »keinesfalls feststellen« können. Wenn die Angeklagten ihre Funktionen erhalten wollten, sei dies nicht aus finanziellen Interessen geschehen, »sondern um die Möglichkeit des Mitwirkens an sich abzeichnenden, vor allem in Rußland bereits eingeleiteten, Veränderungen auch und gerade zum Wohl der Bürger zu erhalten und behalten«.

Wie wäre die Geschichte weitergegangen, wenn Modrow und seine reformwilligen Genossen, um eines Tages bundesdeutschen Richtern zu gefallen, im Mai 1989 vom Protest zum Widerstand übergegangen und sich dadurch ins politische Aus begeben hätten? Um der schnellen Vergeßlichkeit vorzubeugen: Modrow war der Mann, unter dessen Präsidentschaft die Bevölkerung der DDR zum ersten Mal frei wählen konnte und nachher auch wirklich erfuhr, was sie gewählt hatte.

22. Deutsch-deutscher Landesverrat und zweierlei Recht (1990-1995)

Zehn Jahre sollte sich ein Verfahren hinziehen, das zu einer Zeit begann, als es zwei deutsche Staaten gab, die sich gegenseitig beargwöhnten und ausspähten, und zu einer Zeit endete, als einer der beiden Staaten sich als Überraschungssieger im eigentlich längst beendeten kalten Krieg wiederfand.

Im August 1985 war das Ehepaar W. aus einem Spanienurlaub nicht an seinen Wohnsitz Sankt Augustin bei Bonn zurückgekehrt, sondern hatte sich in die DDR abgesetzt. »Spionagefall im Kanzleramt« meldete die Tagespresse am 18.9.1985, nachdem die Eheleute durch einen Ost-Berliner Rechtsanwalt ihre Arbeitsverhältnisse und den Mietvertrag über ihre Wohnung ordnungsgemäß gekündigt hatten – »preußisch-korrekt«, wie *Die Welt* einen Insider zitierte. Sofort begannen die Spekulationen, was die Entschwundenen ihrem Auftraggeber, als den man sogleich das Ministerium für Staatssicherheit (MfS) der DDR vermutete, verraten haben könnten. Frau W. war bis dahin Sekretärin im Bundeskanzleramt, Herr W. Referent für Außen-, Deutschland-, Europa- und Sicherheitspolitik der FDP-nahen Friedrich-Naumann-Stiftung gewesen. Herr W. galt als »absoluter Fachmann« auf dem Gebiet der Außen- und Sicherheitspolitik und hatte Reden u. a. für Bundesaußenminister Genscher geschrieben. Man nahm an, daß er von dem kurz zuvor in die DDR gegangenen Verfassungsschutzbeamten Tiedge eine Warnung über einen gegen ihn bestehenden Verdacht bekommen habe. In Bonn begann die Suche nach den Schuldigen für diese erneute Panne. Aber die Eheleute W. waren weg und in Sicherheit. Jedenfalls solange es eine DDR gab. Sie hätten ihr Leben als verdiente Bürger der DDR weiterführen können, wenn nicht die deutsche Wiedervereinigung gekommen wäre, die plötzlich eine gesamtdeutsche Zuständigkeit westdeutscher Politiker und Juristen begründete, die alte Rechnungen präsentierten. Tausende von DDR-Bürgern sahen sich bald nach der vertrauensseligen Selbstaufgabe ihres Staates nicht nur mit einer neuen Währung beglückt, sondern auch einer neuen Rechtsgeltung gegenüber, die aus geachteten Bürgern der DDR Kriminelle machte.

Die Bundesanwaltschaft glaubte herausgefunden zu haben, daß Herr W. im Januar 1961 im Auftrag des MfS aus der »Ostzone« (wie es noch in einem Haftbefehl aus dem Jahre 1987 heißt) in die Bundesrepublik übergesiedelt sei. Nach Tätigkeiten u. a. beim Hamburger Nachrichtenmagazin *Der Spiegel* sei er von 1965 bis 1979 bei der FDP, ab 1979 bei der Friedrich-Naumann-Stiftung tätig gewesen und habe die im Rahmen dieser Aufgabenbereiche gewonnenen Erkenntnisse, insbesondere sein Wissen über personelle und sachliche Interna der FDP, an seine nachrichtendienstlichen Auftraggeber in der DDR übermittelt. Anfang 1970 habe Herr W. seine spätere Ehefrau kennengelernt, die damals als Kanzleiangestellte und später als Vorzimmerkraft im Bundesministerium der Verteidigung und im Bundeskanzleramt beschäftigt gewesen sei. Die Bundesanwaltschaft unterstellte, daß auch Frau W., von ihrem Mann nachrichtendienstlich geführt, für das MfS gearbeitet habe.

Im August 1990 beauftragten die Eheleute W. meinen Kollegen Armin von Döllen und mich mit ihrer Verteidigung. Wir bemühten uns, in Verhandlungen mit der Bundesanwaltschaft und dem Bundesjustizministerium zu klären, ob unsere Mandanten am Tage der deutschen Wiedervereinigung mit Verhaftung zu rechnen hatten. Das wurde von Herrn Bundesanwalt Gartner in einem am 18. September 1990 geführten Telefongespräch bejaht, an eine Aufhebung der Haftbefehle sei nicht zu denken, ihre Vollstreckung werde nach dem 3. Oktober, dem Tag der Wiedervereinigung, erfolgen. Wir schrieben an den Bundesjustizminister und fragten an, ob eine Weisung an den Generalbundesanwalt beabsichtigt sei, die Aufhebung der Haftbefehle zu beantragen. Wir wiesen darauf hin, daß auf diesem Wege die gemeinsame Aufarbeitung deutsch-deutscher Geschichte sinnvoller zu bewerkstelligen sein werde, als wenn betroffene Personen durch die Androhung einer zeitlich ja nicht absehbaren Untersuchungshaft gezwungen würden, das Land zu verlassen. Obwohl der damalige Bundesjustizminister Hans Engelhard (FDP) es öffentlich für »zweckmäßig« erklärte, mit dem 3. Oktober eine begrenzte Amnestie für DDR-Spione in Kraft treten zu lassen, und die Befürchtung äußerte, es bestehe sonst die Gefahr, daß Agenten der DDR ihr Wissen und ihre Dienste anderen Staaten anböten (Tageszeitungen vom 20. 9. 90), geschah im konkreten Fall nichts, um die bestehende Rechtsunsicherheit zu beseitigen. Und so beschlossen unsere Mandanten, rechtzeitig vor Beginn des Rechtsstaats ins Exil zu gehen.

Man hätte den Fall W. und andere vergleichbare Fälle am 3. Oktober 1990, dem Tage, an dem die DDR von der BRD vereinnahmt wurde, für erledigt erklären können, wenn ein von den Fraktionen der CDU/CSU und FDP mit Datum vom 2. 9. 1990 im Bundestag eingebrachter Gesetzentwurf Gesetz geworden wäre (Drucksache 11/7762 (neu)). Einleitend war in dem Papier das Problem, um das es ging, beschrieben:

Mit dem Zusammenwachsen der beiden deutschen Staaten hat die gegenseitige nachrichtendienstliche Aufklärung aufgehört. Sie war stark geprägt von der Teilung Deutschlands und der Frontstellung der beiden deutschen Staaten. Für den Rechtsfrieden und damit für die Zukunft des geeinten Deutschlands erscheint es sinnvoll, unter die damit verbundenen Straftaten einen befriedenden Schlußstrich zu ziehen und mit Wirksamwerden des Beitritts in begrenzter Weise Straffreiheit zu gewähren.

Vorgesehen war eine gesetzliche Regelung, nach der Straffreiheit für nachrichtendienstliche Tätigkeit gewährt werden sollte für alle, die bei Beginn der Tat ihre Lebensgrundlage in der Deutschen Demokratischen Republik hatten (das hätte für Herrn W. gegolten, wenn man davon ausging, daß er mit nachrichtendienstlichem Auftrag in die Bundesrepublik eingeschleust worden war), sowie auch für Bundesbürger, die innerhalb einer bestimmten Frist ihr Wissen einer Dienststelle der Bundesrepublik offenbaren oder die keine schwerere Strafe als Freiheitsstrafe bis zu drei Jahren zu erwarten hatten (Frau W. hatte nach unserer Einschätzung sogar Freispruch zu erwarten, da sie von der Geheimdiensttätigkeit ihres Mannes erst 1985 erfuhr). Dieser Gesetzentwurf war schon ein Kompromiß zwischen dem, was bei konsequenter Gleichbehandlung ost- und westdeutscher Spione hätte rechtens sein müssen, und dem, was man einem auf das Feindbild DDR eingeschworenen Wählervolk glaubte zumuten zu dürfen. Aber immerhin, wäre dieser Gesetzentwurf, den sich auch die Bundesregierung zu eigen gemacht hatte, Gesetz geworden, wären Tausende von Ermittlungsverfahren überflüssig gewesen, mit denen Staatsanwaltschaften, Polizeibehörden und Gerichte jahrelang beschäftigt und von Wichtigerem abgehalten wurden. Es wäre ein Stück Toleranz und Versöhnungsbereitschaft nach den Jahren des Kalten Krieges angestrebt worden, der einer Mehrheit, die als »christlich« firmiert, gut zu Gesicht gestanden hätte (»Liebet eure Feinde!« Matthäus 5,44). Es wäre aber nicht zuletzt die für das Gerechtigkeitsbewußtsein von Minderheiten wichtigste und für jedes Rechtssystem grundlegende Rechtsnorm, der Gleichheitssatz, der es geboten hätte, alle Spionagestraftaten hüben und drüben gleich zu behandeln, ein bißchen weniger verletzt worden.

Bei den Verhandlungen über den Einigungsvertrag konnten die Verhandlungsführer der DDR noch davon ausgehen, mit Repräsentanten eines Rechtsstaat zu sprechen, auf deren Wort man vertrauen konnte. Der westdeutsche Verhandlungsführer, Herr Dr. Wolfgang Schäuble, hat in seinem Buch Der Vertrag die Schwierigkeiten beschrieben, über eine Amnestie für Spione der DDR einigermaßen emotionsfrei zu diskutieren. Ihm sei es richtig erschienen, »in dieser Frage Selbstgerechtigkeit zu vermeiden«. Ausgehend von der historischen Tatsache, daß die beiden deutschen Staaten aufgrund der Zugehörigkeit zu den beiden weltpolitischen Lagern in Zeiten des Ost-West-Konflikts gegeneinander nachrichtendienstliche Tätigkeit ausgeübt hatten, und daß solche Tätigkeit für die Bundesrepublik nicht strafbar sei, habe er es »immer als der Logik entsprechend empfunden, daß dann auch die umgekehrte Tätigkeit für die DDR, soweit sie nicht über die reine Informationsbeschaffung hinausging, im vereinten Deutschland nicht mehr strafrechtlich verfolgt werden sollte«. Dementsprechend erklärte Dr. Schäuble vor dem Ausschuß »Deutsche Einheit« des Bundestages:

Ich kann mir nicht vorstellen, daß wir im vereinten Deutschland die jeweiligen Agenten gegenseitig ins Gefängnis stecken. Was ich mir auch nicht vorstellen kann, ist, daß wir die Mitarbeiter der DDR ins Gefängnis stecken und das umgekehrt nicht tun.

Was sich Herr Dr. Schäuble damals nicht vorstellen konnte, ist dann, als der Einigungsvertrag unter Dach und Fach war, bundesdeutsche »Rechts«-Praxis geworden. Bundesdeutsche (West-)Richter sahen kein Problem darin, ostdeutsche Spione zu bestrafen und westdeutsche straflos zu lassen. Während Markus Wolf, der Chef des ostdeutschen Geheimdienstes, zum Kriminellen erklärt wurde und, wenn es nach dem von einem bekannten Kommunistenjäger präsidierten Senat des OLG Düsseldorf gegangen wäre, sechs Jahre Gefängnis hätte absitzen müssen, stieg sein westdeutscher Gegenspieler, Herr Kinkel, zum Bundesaußenminister auf.

So wurde der altdeutsche Antikommunismus erneut als juristische Peinlichkeit offensichtlich, was sich durch eine Amnestie hätte vermeiden lassen. Aber aus der Amnestie wurde nichts. DDR-Bürger, die auf Gerechtigkeit gehofft und den Rechtsstaat bekommen hatten, sahen sich im vereinigten Deutschland Mehrheitsverhältnissen gegenüber, vor denen die politische Vernunft abdanken mußte. Der Gesetzentwurf, der die wenigstens annähernde Gleichbehandlung ost- und westdeutscher Spione sichern sollte, verschwand wieder in den Schubladen, nachdem ein prominenter Sprecher der SPD ihn als »Stasi-Amnestie« diffamiert hatte, und die Justiz konnte im Namen des Volkes ihres Amtes walten. Und so brach denn eine Lawine von Ermittlungs- und Strafverfahren gegen Mitarbeiter des aufgelösten Staatsapparats der DDR los, von westdeutschen Staatsanwälten und Richtern vielfach mit höchst unangebrachter Selbstgerechtigkeit praktiziert. *Der Spiegel* (12.12.94):

Die Massenverfahren gegen SED-Täter sollten den SED-Opfern Genugtuung, ja Gerechtigkeit verschaffen. Statt dessen macht sich im Osten Wut breit. Viele ehemalige DDR-Bürger sehen sich zu Unrecht dem Generalverdacht ausgesetzt, allesamt willfährige Handlanger einer Diktatur gewesen zu sein.

Zornig zieht der Publizist und Pastor Friedrich Schorlemmer über die »Geiferer« des Westens her, die mit ihrer Unnachgiebigkeit im Osten eine »Kultur der Verbitterung« erzeugt hätten. Ohne Augenmaß, so die verbreitete Kritik, hätten die Rächer aus dem Westen statt Rechtsfrieden Unfrieden gestiftet.

Da wurde nicht nur die Abstrafung der politischen und militärischen Eliten der DDR inszeniert – ich selbst war als Verteidiger nur an dem Fall Dr. Hans Modrow beteiligt, der an anderer Stelle dieses Buches geschildert ist –, sondern da wurde auch gegen Tausende von Bürgern ermittelt, die für ihren Staat DDR nichts anderes getan hatten als ihre westlichen Kollegen für die alte BRD. Aber für die neue staatstragende Mehrheit war es natürlich nicht dasselbe.

Die DDR hatte, wie alle souveränen Staaten dieser Welt, einen Geheimdienst, dessen Kundschafter zum Schutze des eigenen Landes militärische Planungen der Nachbarländer auszuspähen hatten. Und es gab gerade im Verhältnis zur Bundesrepublik Gründe genug, um auf der Hut zu sein. Denn die DDR hatte in der alten BRD einen Nachbarn, der sich im Zeichen des Kalten Krieges in bedrohliche Militärstrategien einplanen ließ, die in der Installierung von Atomraketen und Ankündigung einer beabsichtigten »Befreiung bis zum Ural« kulminierten. Es hatte daher viele gegeben, die, wie es Herr W. für sich in Anspruch nahm, den Beruf des Kundschafters (so der DDR-Sprachgebrauch, im Westen nannte man sie Agenten) mit »politisch-idealistischer Motivation« ausgeübt hatten, um »gegen Kriegsgefahr und Rüstungsbedrohung und für Friedenssicherung, Entspannung und friedlichen Systemwettbewerb« zu wirken. Selbstverständlich gehörte es zum Berufsrisiko des Kundschafters oder Agenten, daß er im Gefängnis landete, wenn man ihn im »Feindesland« schnappte. Aber niemand hätte sich träumen lassen, daß ausgerechnet in dem Augenblick, als die beiden deutschen Staaten aufhörten, sich gegenseitig als Feindesland zu behandeln, eine Kriminalisierungswelle übers Land gehen würde, die für die Mitarbeiter des von Markus Wolf geleiteten Geheimdienstes ganz Deutschland zum Feindesland werden ließ. Ihre nachträgliche Bestrafung bildet einen schreienden Widerspruch zu der Behandlung westdeutscher Spione, die, soweit sie von DDR-Gerichten verurteilt waren, rehabilitiert und entschädigt worden waren und, soweit sie nicht gefaßt wurden, selbstverständlich keine Strafe mehr zu erwarten hatten. Eine Ungleichbehandlung von deutschen Staatsbürgern, wie es sie in einem Land, das ein System der Ausbürgerung mißliebiger Menschen erlebt hatte, nicht geben sollte.

Lange Zeit hofften die Eheleute W. und wir Verteidiger, daß das Bundesverfassungsgericht in einem von anderen Mitarbeitern des DDR-Geheimdienstes betriebenen Verfassungsbeschwerdeverfahren ein Urteil fällen würde, das dieser skandalösen Ungleichbehandlung von Ost- und West-Spionage ein Ende bereiten würde. Ich glaube, auch die Bonner Politiker, die sich inzwischen gegenseitig die Schuld für das Scheitern der Amnestie gaben, wären froh gewesen, wenn ihnen das Bundesverfassungsgericht die Arbeit abgenommen hätte. Aber das Bundesverfassungsgericht, seit den Protesten gegen das Kruzifixurteil offenbar um »Akzeptanz« seiner Urteile auch im schwärzesten Bayern bemüht, wich der Gleichbehandlung ost- und westdeutscher Agenten, die für Herrn Schäuble 1990 noch ein selbstverständliches Gebot der Logik war, aus, um dafür auf anderem Glatteis auszurutschen.

Es verstoße nicht gegen den Gleichheitssatz, so verkündete der Zweite, von Frau Prof. Dr. Limbach präsidierte Senat des Bundesverfassungsgerichts in einem Urteil vom 15. Mai 1995, daß Spionage im Dienst der ehemaligen DDR weiterhin strafbar sei, während die Strafvorschriften der DDR gegen die Mitarbeiter und Agenten des Nachrichtendienstes der BRD durch den Einigungsvertrag aufgehoben worden seien. Denn, so lautete die hanebüchene, westliche Sicht verabsolutierende Begründung, es entspreche der Sachgesetzlichkeit des Staatsschutzrechts, den eigenen Staat (nämlich die BRD!) gegen fremde Spionage zu schützen und die dem Schutz und den Interessen des eigenen Staates (nämlich der BRD!) dienende Tätigkeit der eigenen Geheimdienste nicht als strafbar anzusehen, während die für die DDR betriebene Spionage ihren Charakter als gegen die BRD gerichtete, sie schädigende oder gefährdende Tätigkeit durch die deutsche Vereinigung nicht geändert habe. Das rechtfertige nach wie vor die unterschiedliche strafrechtliche Regelung.

Bekanntlich wird die Justitia mit einer (schwarzen?) Binde vor den Augen dargestellt. Deshalb mußte ihr entgehen, daß aus östlicher Sicht die Sachgesetzlichkeit des Staatsschutzrechts zu genau umgekehrten Konsequenzen führen mußte. Auch die Kundschafter der DDR wollten, soweit sie DDR-Bürger waren, ihren eigenen Staat schützen oder handelten, soweit sie BRD-Bürger waren, mit einer Motivation, die ebenso zu billigen oder zu mißbilligen war wie die von DDR-Bürgern, die für einen westlichen Geheimdienst arbeiteten. Die vom Bundesverfassungsgericht konstruierte Ungleichheit ist politischer Natur und verabsolutiert den von den kalten Kriegern des Westens vertretenen Standpunkt, daß die DDR ein Unrechtsstaat war, dem zu dienen eben strafwürdig war.

Aber daß eine Kriminalisierung aller Mitarbeiter des östlichen Geheimdienstes, wie sie von westdeutschen Gerichten tatsächlich praktiziert wurde, gegen die primitivsten Erfordernisse eines gerechten Rechts verstieß, erkannte das Bundesverfassungsgericht denn doch und suchte, da es die verpönte Gleichsetzung östlicher und westlicher Staatsgewalt offenbar vermeiden wollte, nach einer anderen Rechtsgrundlage. Es glaubte sie im Grundsatz der Verhältnismäßigkeit zu finden. Dieser erfordere es, jedenfalls diejenigen Ostspione straffrei zu lassen, die ihre Tätigkeit vom Boden der DDR aus betrieben und deshalb mit Straflosigkeit hätten rechnen können. Für Staatsbürger der DDR, die als Agenten im Gebiet der Bundesrepublik gearbeitet hätten (also im Fall von Herrn W.), seien bei der Festsetzung der Strafe Milderungsgründe zu berücksichtigen. Für Bundesbürger schließlich, denen Spionage für die DDR vorgeworfen wurde (so im Fall von Frau W.), bestehe weder ein Verfolgungshindernis noch ein besonderer Strafmilderungsgrund. Es konnte also weiter bestraft werden, wenn auch mit Ausnahmen, die von der mehr oder weniger zufälligen Residenz des Agenten abhingen. Ein Urteil von geringer juristischer Überzeugungskraft, für das die Richterinnen und Richter sowohl von Anhängern als auch von Gegnern einer Amnestie gescholten worden sind.

Die Eheleute W. waren der Strafverfolgung durch Flucht ins Ausland ausgewichen. Daß Menschen aus einem deutschen Staat fliehen und ins Exil gehen mußten, weil sie zuvor für einen anderen deutschen Staat gearbeitet haben, der den neuen Machthabern nicht gefiel, weckte ungute Erinnerungen. Durften die Deutschen in der DDR nicht das Vertrauen haben, in einem Staat zu leben, der wie jeder andere Staat das Recht hatte, sich gegen Verletzungen seiner Souveränität und seiner Grenzen durch einen Auslandsnachrichtendienst zu schützen? Durften sie nicht darauf vertrauen, im Falle einer deutschen Wiedervereinigung in einen Rechtsstaat zu kommen, der sie fair und als gleichberechtigte Bürger behandeln würde? Manche mochten sogar gehofft haben, daß ihr spezielles Fachwissen von den entsprechenden Behörden des gesamtdeutschen Staates gern genutzt werden würde. Und viele werden die Sprüche ernstgenommen haben, die von westdeutschen Politikern vor der Wiedervereinigung geklopft worden waren und einen »befriedenden Schlußstrich« unter die »Frontstellung der beiden deutschen Staaten« und die »damit verbundenen Straftaten« verhießen hatten.

Die Eheleute W. waren nicht so naiv wie viele ihrer Kollegen und Mitbürger, die mit dem Rechtsstaat einen Gerechtigkeitsstaat erwartet hatten. Aber sie nahmen mit dem Exil in einem Land, dessen Sprache sie nicht beherrschten und in dem sie weder beruflich Fuß fassen konnten noch aus anderen Quellen ausreichend versorgt waren, ein schweres Los auf sich. Vergeblich bemühten der Kollege Armin von Döllen, der die Verteidigung von Herrn W. übernommen hatte, und ich, der ich Frau W. verteidigte, uns in Verhandlungen mit der Bundesanwaltschaft, eine Aufhebung des Haftbefehls und eine Vereinbarung über das mit dem zuständigen Gericht abzustimmende Strafmaß zu erreichen. Denn das Risiko, für Jahre ins Gefängnis gehen zu müssen, wollten unsere Mandanten auf keinen Fall in Kauf nehmen, sondern dann lieber die Verjährung im Ausland abwarten. Die Bundesanwaltschaft hielt jahrelang an der Fiktion fest, daß es ihr vielleicht doch noch gelingen könnte, unseren Mandanten den Verrat von Staatsgeheimnissen nachzuweisen (was den mit wesentlich höherer Strafe bedrohten Vorwurf des Landesverrats begründet hätte). Aber der Verdacht, daß die Eheleute W. Staatsgeheimnisse an das MfS übermittelt hätten, ließ sich in den umfangreichen, schließlich sechs Aktenordner füllenden Ermittlungen nicht erhärten. Es blieb nur der, von Herrn W. nicht bestrittene, Vorwurf übrig, daß er »für den Geheimdienst einer fremden Macht eine geheimdienstliche Tätigkeit gegen die Bundesrepublik Deutschland« ausgeübt habe (§ 99 StGB), während Frau W. nicht einmal nachzuweisen war, daß sie von der geheimdienstlichen Tätigkeit ihres Mannes überhaupt gewußt hatte. Nach der unwiderlegten Einlassung von Herrn W. hatte er ihr hiervon erst berichtet, als er im August 1985 befürchtete, bei einer Rückkehr nach Bonn verhaftet zu werden. Unglaubwürdig, sagte man in Karlsruhe und bestand darauf, daß unsere Mandanten sich einer Vernehmung stellten sollten. Was wir ihnen jedoch nicht empfehlen konnten, solange wir keine verbindlichen Zusagen über ihr weiteres juristisches Schicksal hatten.

Und so mußten die Eheleute W. unter schwierigsten Bedingungen die Verjährung abwarten, die – da Landesverrat, der eine längere Verjährungsfrist zur Folge gehabt hätte, nicht nachzuweisen war – im August 1995 eintrat. Im August 1995 gestand der Sachbearbeiter der Bundesanwaltschaft ein, daß man »am Ende der Fahnenstange« sei. Trotz achtjähriger Ermittlungstätigkeit hatte man es nicht einmal zur Anfertigung einer Anklageschrift gebracht. Im Dezember 1995 endlich stellte dann die Bundesanwaltschaft das Ermittlungsverfahren wegen Verjährung ein. Die Eheleute W. konnten aus ihrem Versteck auftauchen, sechs mit ungeheurem Beamtenfleiß zusammengetragene Aktenbände auf den Dachböden der Bundesanwaltschaft verschwinden.

Aber vielleicht trägt mein Buch dazu bei, daß die Sache nicht in Vergessenheit gerät. Nicht alle »Kundschafter für den Frieden« und andere Funktionsträger der DDR haben sich der nachträglichen Rache des Rechtsstaats durch Flucht ins Exil entziehen können. Die in Essen tätige »Initiativgruppe für die Rehabilitierung der Opfer des kalten Krieges« – eine kleine mit Hilfe von Spenden von Betroffenen betriebene Organisation – nannte in ihrem Rundbrief Nr. 60 vom 19. Januar 1999 noch die Namen und Anschriften (Justizvollzugsanstalten) von elf Inhaftierten. Noch zehn Jahre nach der deutschen Wiedervereinigung waren alle Appelle an die paralamentarische Mehrheit, dieser Fortdauer deutsch-deutscher Ungleichbehandlung durch eine Amnestie ein Ende zu setzen, unter politischen Verdächtigungen und Beschimpfungen der Antragsteller und Befürworter zurückgewiesen worden. Eines der vielen noch in unseren Tagen mitzuerlebenden Beispiele dafür, daß in Deutschland das Recht des Stärkeren nicht der Vergangenheit angehört.

Bei einer Lesung aus einem meiner Kinderbücher im Jahr 1994.

Zum Abschied

Wer fast ein halbes Jahrhundert deutsche Strafjustiz und ihre Gefängnisse aus der Sicht des Strafverteidigers und Anklägers erlebt hat, der muß irgendwann etwas anderes tun, um nicht an der Welt zu verzweifeln. Ein Glück, daß es für mich immer eine Alternative gegeben hat, nämlich die Lust, mit Kindern in das Land der Phantasie und der Zeitlosigkeit zu entfliehen. Daß ich mit meinen sechs Kindern (Irmela, Heiner, Jantje, Almut, Bettina und Carola) und später auch mit anderen Kindern über das Pferd Huppdiwupp, die Mücke Pieks, Herrn Böse und Herrn Streit, und über Lies und Len in der Badewanne lachen konnte, hat meiner Seele gutgetan und mir wahrscheinlich mehr Sympathien eingetragen als meine berufliche Parteinahme für Menschen, die vor deutschen Gerichten Gerechtigkeit beanspruchten. Daß es diesen anderen Heinrich Hannover gibt, den Erfinder von Kindergeschichten, hat mir oft über die Realitäten deutscher Justiz und deutscher Politik – was mitunter dasselbe war – hinweggeholfen.

Manchmal hat der Jurist auch vom Kinderbuchautor profitiert. So hatte ich einem meiner Kinderbücher sicher mindestens einen Freispruch zu verdanken. Das geschah in einem Verfahren, in dem die Staatsanwaltschaft meiner Mandantin vorwarf, in anderer Sache als Zeugin falsch ausgesagt zu haben. Ich legte dar, daß ihre Aussage auf einem Irrtum beruht haben könnte und beantragte Freispruch. Der Vorsitzende hatte durchblicken lassen, daß er die Angeklagte verurteilen wollte. Nach langer Beratung mußte er dann überraschend doch einen Freispruch verkünden, weil ihn offensichtlich seine beiden Schöffinnen überstimmt hatten. Als ich das Gericht verließ, erwartete mich eine der Schöffinnen mit meinem Kinderbuch *Das Pferd Hupp-*

diwupp und bat um ein Autogramm. Sie hatte offenbar nicht nur mit dem Kopf, sondern auch mit dem Herzen für die richtige Entscheidung gestimmt.

Die Geschichte vom Pferd Huppdiwupp, das daran scheitert, über Großmutters Häuschen zu springen, endet mit dem Ausspruch »Mir reicht's für heute«. Das könnte auch das Schlußwort am Ende meiner Anwaltslaufbahn sein, in der es Erfolge und Anerkennung, aber auch Enttäuschungen, Verluste und Anfeindungen gegeben hat, denen man sich irgendwann nicht länger aussetzen möchte. Das Bedürfnis nach Ruhe war nach den drei mit existenziellen Gefährdungen verbundenen aufreibenden Großverfahren der letzten Jahre – dem Stammheimer Boock-Prozeß, dem Thälmann-Mord-Verfahren und dem Fokken-Prozeß – und den Krankheiten, die sicher eine Folge dieser permanenten seelischen und körperlichen Überforderung waren, ein für das Weiterleben notwendiger Rückzug auf das private Glück.

Seit 1982 wohne ich mit meiner Lebensgefährtin, die inzwischen meine Ehefrau geworden ist, am Rande von Worpswede in einem gemütlichen Schwedenhaus mit Bauerngarten und einem kleinen Wald. Aus dem großen Fenster meines Arbeitszimmers blicke ich durch die Bäume in die Weite der malerischen Wiesenlandschaft. Da habe ich mir ein Stück meines kindlichen Förstertraums erfüllt.

Natürlich kann man den politischen Menschen, der man im Laufe des Lebens geworden ist, nicht einfach abstreifen und sich auf ein Noli me tangere zurückziehen, das einem den Seelenfrieden der Unwissenden beschert. Zwar wird das, was getan werden muß, um unseren Planeten bewohnbar zu erhalten, um allen Menschen ein menschenwürdiges Leben zu verschaffen und um Gerechtigkeit herzustellen, immer mehr eine Sache der Jüngeren. Aber gerade ihnen möchte ich vergessene Lehren aus der Geschichte immer wieder in Erinnerung rufen. Und so mußte ich mir auch dieses Buch noch von der Seele schreiben.

Die mit der Aufarbeitung alter Akten angefüllten Jahre meines Rentnerdaseins waren nicht nur eine Zeit der Rückbesinnung, sondern auch eine Zeit des Vorausschauens. Denn man gibt ja die Hoffnung nicht auf, daß man auch mit Büchern etwas dazu beitragen kann, die Welt zu verändern. Sie hat es nötig.

Mit meiner Frau, Doris Hannover, in meinem Worpsweder Wäldchen, Oktober 2012.

Anhang

Rechtswege
von unten nach oben zu lesen

Anklage beim Amtsgericht (Einzelrichter)

Oberlandesgericht
(Strafsenat)

Revision   nur rechtliche
Überprüfung

Landgericht
(Kleine Strafkammer)

Berufung   tatsächliche und rechtliche Überprüfung
= neue Beweisaufnahme

Amtsgericht
(Einzelrichter)
Zuständigkeit: § 24, 25 GVG

 = Berufsrichter    = Laienrichter (Schöffe)

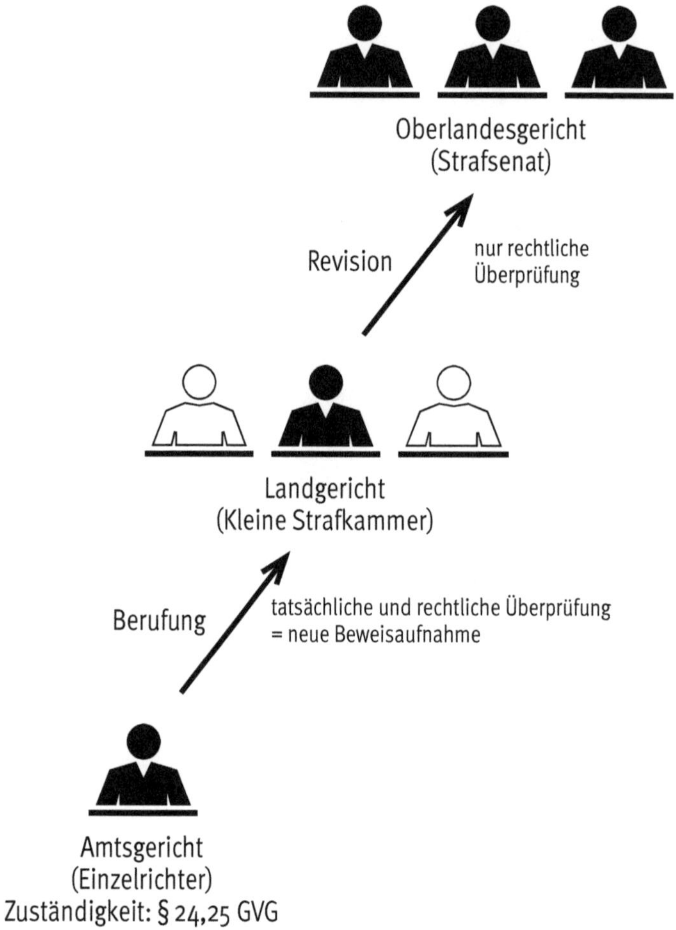

Anklage beim Amtsgericht (Schöffengericht)

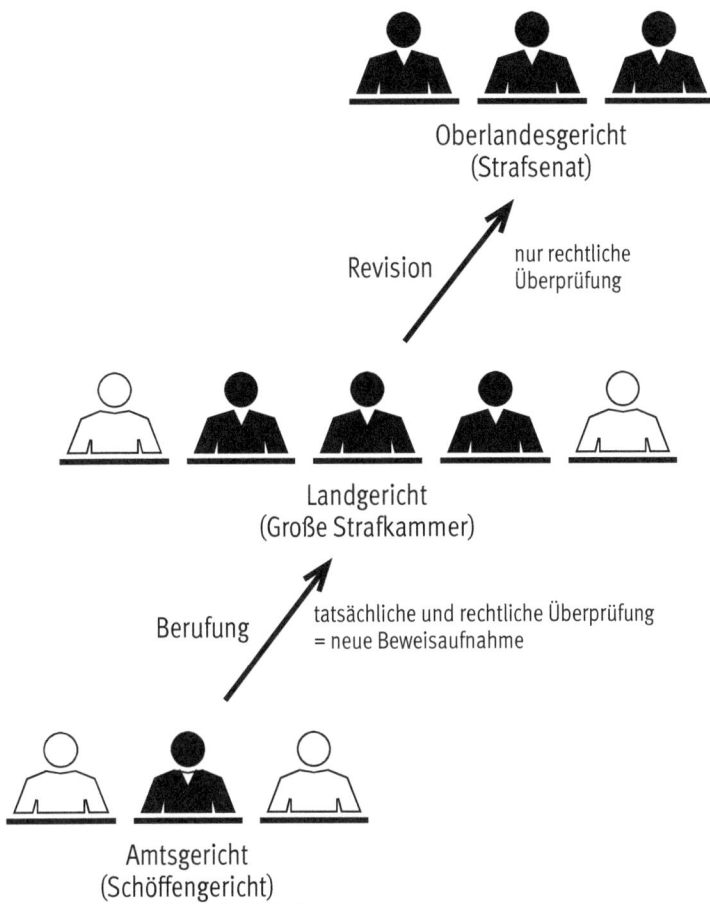

Anklage beim Landgericht
(Strafkammer oder Schwurgericht)

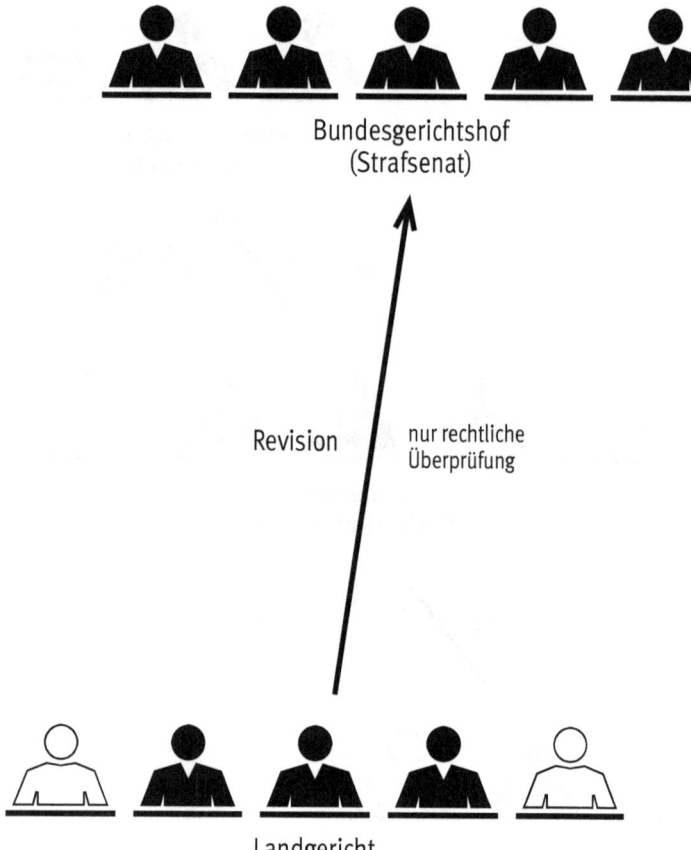

Anklage beim Oberlandesgericht

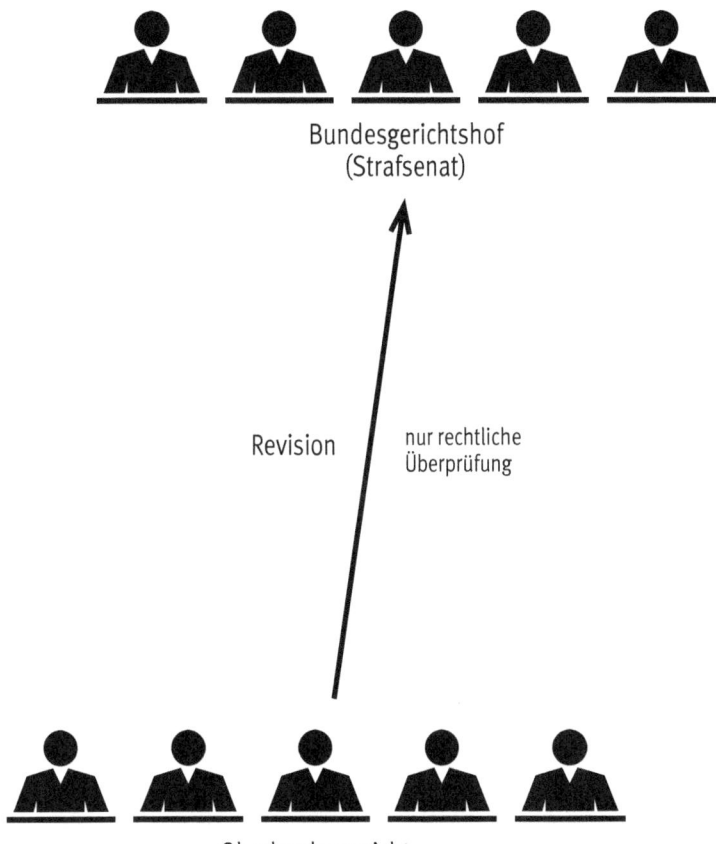

Glossar

Ablehnung von Richtern, Schöffen und Sachverständigen

Richter, Schöffen und Sachverständige können wegen »Besorgnis der Befangenheit« abgelehnt werden (daher auch: »Befangenheitsantrag«), wenn ein Grund vorliegt, der geeignet ist, Mißtrauen gegen ihre Unparteilichkeit zu rechtfertigen. Häufigster Anwendungsfall: Äußerungen während der Verhandlung, die auf eine Voreingenommenheit schließen lassen. In einem solchen Fall muß der Ablehnungsantrag »unverzüglich« gestellt werden, um nicht als verspätet zurückgewiesen zu werden. In der Praxis sieht das so aus, daß der Verteidiger nach einer angreifbaren Äußerung des Richters oder Schöffen eine Pause erbittet, um mit seinem Mandanten die Stellung eines Ablehnungsantrages zu beraten, denn nur dem Angeklagten (und dem Staatsanwalt) steht dieses Recht zu. Wenn der Angeklagte den Richter oder Schöffen für befangen hält, wird der Verteidiger einen schriftlich formulierten Antrag überreichen, in dem näher ausgeführt ist, welches Verhalten Anlaß zur Ablehnung des Richters oder Schöffen gibt. Ähnlich, wenn ein Sachverständiger abgelehnt werden soll, doch kann in diesem Fall der Antrag noch nach Erstattung des Gutachtens gestellt werden, ohne »verspätet« zu sein.

Über den Ablehnungsantrag entscheidet das Gericht, dem der Abgelehnte angehört, ohne dessen Mitwirkung. Der abgelehnte Richter wird dabei durch einen anderen Richter ersetzt. Der abgelehnte Richter gibt zu dem Ablehnungsantrag eine »dienstliche Erklärung« ab, die mitunter nur in dem Satz besteht: »Ich fühle mich nicht befangen.«

Wird einem Ablehnungsantrag gegen einen Richter stattgegeben, so scheidet er aus dem Verfahren aus. Bei Verhandlungen von längerer Dauer trifft der Vorsitzende Vorsorge gegen das vorzeitige Ausscheiden eines Richters (infolge Krankheit oder erfolgreicher Ablehnung), indem er die Zuziehung von »Ergänzungsrichtern« anordnet, die der Verhandlung von Anfang an beiwohnen und im Falle der Verhinderung eines Richters für ihn eintreten. Sind keine »Ergänzungsrichter«

da, muß im Falle des Ausscheidens eines Richters die Verhandlung von vorne beginnen (Juristenslang: »die Verhandlung ist geplatzt«).

In der Praxis sind Ablehnungsanträge gegen Richter nur sehr selten erfolgreich.

Amnestie

Siehe Stichwort *Gnade*.

Begünstigung und Strafvereitelung

Begünstigung und Strafvereitelung sind Straftatbestände, die in zwei Paragraphen des Strafgesetzbuches geregelt sind (§ 257 Begünstigung, § 258 Strafvereitelung), die aber im volkstümlichen Sprachgebrauch oft als Begünstigung zusammengefaßt werden. In diesem Buch spielt nur die Strafvereitelung eine Rolle (Kapitel 1 »Wie man einen ›Terroristenanwalt‹ zur Strecke bringt«). Der hier interessierende Teil des § 258 lautet:

»Wer absichtlich oder wissentlich ganz oder zum Teil vereitelt, daß ein anderer dem Strafgesetz gemäß wegen einer rechtswidrigen Tat bestraft ... wird, wird mit Freiheitsstrafe bis zu fünf Jahren oder mit Geldstrafe bestraft.«

Beleidigung, üble Nachrede und Verleumdung

Unter dem Oberbegriff »Beleidigung« werden in den §§ 185 ff. StGB unter Strafe gestellt:

1. die im Gesetz nicht näher definierte einfache Beleidigung (»Formalbeleidigung«; z. B. Schimpfworte wie »Scheißbulle« oder kränkende Vergleiche wie »Gestapo-Methoden«),

2. die üble Nachrede (nicht erweislich wahre Tatsachenbehauptungen, die einen anderen »verächtlich zu machen oder in der öffentlichen Meinung herabzuwürdigen geeignet« sind),

3. die Verleumdung (wenn die üble Nachrede wider besseren Wissens erfolgt).

Unter bestimmten Voraussetzungen können ehrenkränkende Äußerungen gerechtfertigt und mithin straflos sein. So bestimmt der schon seit 1871 unverändert geltende § 193 StGB, daß Äußerungen, die »zur Wahrnehmung berechtigter Interessen« gemacht werden, nur insofern strafbar sind, »als das Vorhandensein einer Beleidigung aus der Form der Äußerung oder aus den Umständen, unter welchen sie geschah, hervorgeht«. Darüber hinaus hat das Bundesverfassungsgericht in ständiger Rechtsprechung den Grundsatz entwickelt, daß bei Äußerungen »im geistigen Kampf in einer die Öffentlichkeit berührenden Frage« eine »Vermutung für die Zulässigkeit der freien Rede« gilt. »Angesichts der heutigen Reizüberflutung aller Art« seien einprägsame, auch starke Formulierungen hinzunehmen. In konkreten Fällen hat das Bundesverfassungsgericht wiederholt dem Grundrecht der freien Meinungsäußerung, das für eine freiheitliche Demokratie von grundlegender Bedeutung ist, den Vorrang gegenüber dem Recht der persönlichen Ehre eingeräumt. Die Beachtung dieser Gesichtspunkte, die den Beleidigungsparagraphen verfassungsrechtliche Grenzen setzen, muß bei vielen konservativ eingestellten Richtern immer wieder mühsam erkämpft werden. Jedenfalls dann, wenn es um die Ehre von Hitler-Generälen, Polizeipräsidenten und anderen Staatsträgern geht.

Bei den Paragraphen über üble Nachrede und Verleumdung kommt es darauf an, ob die behauptete Tatsache wahr ist. In politischen Strafsachen erlebt man immer wieder, daß Staatsanwälte und Richter versuchen, den Angeklagten an der Führung des Wahrheitsbeweises zu hindern, indem sie seine Äußerung als »Formalbeleidigung« einstufen, bei der es auf den Wahrheitsgehalt nicht ankomme. Ob beispielsweise der Ausdruck »Massenmörder« eine Formalbeleidigung oder eine zwar ehrenrührige, aber zutreffende und deshalb straflose Bezeichnung bestimmter Generäle oder Staatenlenker ist, hängt aber von den konkreten Tatsachen ab, die dieser Einschätzung zugrundeliegen (vgl. den Fall Lorenz Knorr, Band 1, Kapitel 9: »Die beleidigten Kriegsverbrecher«, und den Fall Hermann Sittner, Band 1, Kapitel 17: »Der Völkermord in Vietnam und die Ehre der Politiker«). Der Wahrheitsbeweis durfte daher in diesen Fällen den Angeklagten nicht abgeschnitten werden, so peinlich er für die Betroffenen und die um deren Ehre besorgten Richter und Staatsanwälte auch gewesen sein mochte.

Berufung

Gegen Urteile des Amtsgerichts, also sowohl gegen Urteile des Amtsrichters als Einzelrichter als auch gegen Urteile des Schöffengerichts, gibt es das Rechtsmittel der Berufung. Sie muß binnen einer Woche nach Verkündung des Urteils schriftlich oder zu Protokoll der Geschäftsstelle eingelegt werden. Eine Begründung ist nicht nötig. Auch ein Rechtsanwalt braucht nicht mitzuwirken.

Vor dem Berufungsgericht – also vor der kleinen Strafkammer des Landgerichts, wenn ein Urteil des Amtsrichters als Einzelrichter angefochten wird, oder vor der großen Strafkammer des Landgerichts, wenn sich die Berufung gegen ein Urteil des Schöffengerichts richtet – wird die Sache noch einmal ganz neu verhandelt. Es findet also nochmals eine Beweisaufnahme statt, bei der auch die schon in erster Instanz vernommenen Zeugen und Sachverständigen erneut gehört werden, aber unter Umständen auch neue Beweismittel eingeführt werden können.

Es ist oft kritisiert worden, daß es in den weniger schwerwiegenden Fällen, die beim Amtsgericht beginnen, zwei Tatsacheninstanzen (also eine Wiederholung der Beweisaufnahme vor anderen Richtern) gibt, nicht aber in den Fällen, die beim Landgericht beginnen. Erstinstanzliche Urteile des Landgerichts und des Oberlandesgerichts (siehe Stichwort *Gerichte*, Absätze 5 und 8) sind nur mit dem Rechtsmittel der Revision (s. d.) anfechtbar.

Beweisaufnahme

Das ist der wichtigste Teil der Hauptverhandlung (s. d.). Die Staatsanwaltschaft benennt schon in der Anklageschrift die Beweismittel (Zeugen, Sachverständige, Schriftstücke usw.), auf die es ihrer Meinung nach ankommt. Sie werden vom Gericht zur Hauptverhandlung geladen oder – soweit es sich um Schriftstücke, Fotos oder dergleichen handelt – befinden sich in den von der Polizei und der Staatsanwaltschaft zusammengestellten Akten. Auch der Angeklagte und sein Verteidiger können Beweismittel in die Verhandlung einführen. Das geschieht, wie ich aus einem Anfängerfehler bei meiner ersten Pflichtverteidigung gelernt habe, zweckmäßigerweise erst in der Hauptverhandlung, und zwar entweder durch Stellung von Beweisanträgen (z. B.: »Ich beantrage, den Zeugen X zum Beweise dafür zu vernehmen, daß der Angeklagte zur Tatzeit nicht am Tatort, sondern in Z war«) oder durch direkte Ladung von Zeugen oder Sachverständigen oder durch Vorlage von Schriftstücken (sogenannte »präsente Beweismittel«). Das Gericht entscheidet durch Beschluß, ob es dem Beweisantrag stattgibt, also die beantragten Zeugen oder Sachverständigen lädt oder eine beantragte Besichtigung des Tatorts (»Augenscheinseinnahme«) durchführt. Wenn es den Antrag ablehnt, muß es dies begründen und ist dabei an bestimmte Regeln gebunden (z. B.: »Der Beweisantrag wird abgelehnt, weil die Tatsache, die bewiesen werden soll, für die Entscheidung ohne Bedeutung ist« oder »die behauptete Tatsache wird als wahr unterstellt« oder – wenn die Vernehmung eines Sachverständigen beantragt war – »das Gericht besitzt selbst die erforderliche Sachkunde«). Und dabei kann das Gericht Fehler machen, die der Verteidiger dann in der Revision (s. d.) rügen kann. Wenn der Verteidiger »präsente Beweismittel« (s. o.) in die Verhandlung einführt, also beispielsweise einen Zeugen durch den Gerichtsvollzieher laden läßt, der aussagebereit vor der Tür des Gerichtssaals steht, sind die Grenzen, innerhalb derer das Gericht die Vernehmung ablehnen kann, noch enger gezogen.

Beweiswürdigung

»Über das Ergebnis der Beweisaufnahme entscheidet das Gericht nach seiner freien, aus dem Inbegriff der Verhandlung geschöpften Überzeugung«, heißt es in § 261 StPO. Mit anderen Worten: es gibt keine verbindlichen Beweisregeln mehr, sondern die Richter (und Schöffen) können frei entscheiden, ob sie der »Einlassung« des Angeklagten glauben oder sie als »Schutzbehauptung« abtun, ob sie diesem oder jenem Zeugen glauben, ob sie diesem oder jenem Sachverständigengutachten folgen. In den schriftlichen Urteilsgründen bildet die Beweiswürdigung einen besonderen Abschnitt, in dem dargelegt wird, warum das Gericht diese oder jene Beweismittel für glaubwürdig und überzeugend gehalten hat.

Einlassung

Das Wort Einlassung hat sich bei Juristen zur Bezeichnung der Erklärungen des Angeklagten eingebürgert. Wenn in einem Urteil mitgeteilt wird, wie der Angeklagte die ihm vorgeworfene Tat geschildert hat, heißt es demgemäß oft: »Der Angeklagte läßt sich dahin ein ...« oder »Der Angeklagte behauptet in seiner Einlassung ...«.

Einstellung des Verfahrens

Die meisten Ermittlungsverfahren enden mit Einstellung des Verfahrens. Schon die Staatsanwaltschaft erledigt auf diese Weise den größten Teil der ihr von der Polizei gelieferten Akten und erhebt nur in den Fällen Anklage, in denen auch eine Verurteilung zu erwarten ist. Aber auch nach Erhebung einer Anklage wird in vielen Fällen von allen Verfahrensbeteiligten eine Einstellung des Verfahrens angestrebt, um die Justiz zu entlasten. Das kann unter bestimmten Voraussetzungen nach § 153 StPO geschehen, wenn die Schuld des Täters als gering anzusehen ist und kein öffentliches Interesse an der Verfolgung besteht. Häufig erfolgt die Einstellung gegen Zahlung einer Buße durch Gerichtsbeschluß (§ 153 a StPO).

Im Falle der Einstellung des Verfahrens gilt der Beschuldigte (so heißt er vor der Anklageerhebung) oder Angeschuldigte (so heißt er nach der Anklageerhebung) oder Angeklagte (so heißt er nach Eröffnung des Hauptverfahrens durch Gerichtsbeschluß) als nicht bestraft. Auch eine ihm auferlegte Buße gilt nicht als Strafe.

Mitunter dient die Einstellung des Verfahrens der Erledigung eines Falles, der bei Durchführung einer öffentlichen Hauptverhandlung unerwünschtes Aufsehen erregt oder irgendwelchen Respektspersonen Unannehmlichkeiten bereitet hätte (vgl. Band 1, Kapitel 9 und 23).

Gerichte

Die Zuständigkeit der Gerichte ist im Gerichtsverfassungsgesetz (GVG) geregelt.

Die Zuständigkeit des Amtsgerichts ist in § 24 GVG negativ umschrieben. Es ist nicht zuständig, wenn das Landgericht oder das Oberlandesgericht zuständig ist, wenn eine höhere Strafe als vier Jahre Gefängnis, Unterbringung in einem psychiatrischen Krankenhaus oder Sicherungsverwahrung zu erwarten ist oder wenn die Staatsanwaltschaft wegen der besonderen Bedeutung des Falles Anklage beim Landgericht erhebt.

Der Richter beim Amtsgericht entscheidet als Einzelrichter, wenn die Tat mit keiner höheren Strafe als sechs Monaten Gefängnis bedroht ist oder wenn der Staatsanwalt Anklage vor dem Strafrichter erhebt und keine höhere Strafe als zwei Jahre Gefängnis zu erwarten ist.

Bei den Amtsgerichten werden Schöffengerichte gebildet, die mit einem (in besonders umfangreichen Sachen auch mit einem zweiten) Berufsrichter und zwei Schöffen besetzt sind. Ihre Zuständigkeit ist in § 28 GVG wiederum negativ umschrieben: Sie sind zuständig, soweit nicht der Strafrichter (als Einzelrichter) entscheidet.

Beim Landgericht werden Strafkammern gebildet, die mit drei Berufsrichtern und zwei Schöffen besetzt sind. Als erstinstanzliche Gerichte sind die Strafkammern zuständig für besonders schwere Verbrechen, die in § 74 GVG aufgezählt sind (darunter Mord und Totschlag). Weitere Zuständigkeiten ergeben sich aus § 74 a GVG für die beim Landgericht zu bildende »Staatsschutzkammer«.

Die Strafkammern sind weiter zuständig für die Verhandlung und Entscheidung über das Rechtsmittel der Berufung gegen Urteile des Amtsgerichts. Wenn es sich um ein Urteil des Amtsrichters als Einzelrichter handelt, entscheidet eine kleine Strafkammer (ein Berufsrichter und zwei Schöffen), wenn die Berufung sich gegen ein Urteil des Schöffengerichts richtet, entscheidet eine große Strafkammer (drei Berufsrichter und zwei Schöffen).

Wenn ein Jugendlicher (14 bis 17 Jahre) oder Heranwachsender (18 bis 20 Jahre) eine Verfehlung begeht, sind die Jugendgerichte zuständig. Jugendgerichte sind der Amtsrichter als Jugendrichter, das Jugendschöffengericht (ein Berufsrichter und zwei Schöffen) und die Jugendkammer (drei Berufsrichter und zwei Schöffen).

Das Oberlandesgericht (in Berlin: Kammergericht) entscheidet über die Revision gegen Berufungsurteile des Landgerichts (große und kleine Strafkammer), und zwar in der Besetzung mit drei Berufsrichtern. Als erstinstanzliches Gericht ist das Oberlandesgericht für die Verhandlung und Entscheidung in bestimmten, in § 120 GVG aufgezählten Fällen zuständig (dazu gehören Landesverrat und Bildung terroristischer Vereinigungen, sowie die im Rahmen solcher Vereinigungen begangenen Tötungsdelikte). In dieser Zuständigkeit ist das Gericht mit fünf Berufsrichtern besetzt.

Der Bundesgerichtshof, dessen Strafsenate mit fünf Berufsrichtern besetzt sind, entscheidet über das Rechtsmittel der Revision gegen Urteile der Oberlandesgerichte im ersten Rechtszug (siehe voriger Absatz) sowie gegen Urteile der Landgerichte im ersten Rechtszug (siehe oben 5. Absatz).

Sitz des Bundesgerichtshofs ist Karlsruhe. Nicht zu verwechseln mit dem Bundesverfassungsgericht (siehe Stichwort *Verfassungsbeschwerde*), das seinen Sitz ebenfalls in Karlsruhe hat. Einer der Senate des Bundesgerichtshofs sitzt in Berlin.

Das Reichsgericht, Vorgänger des Bundesgerichtshofs, mit Sitz in Leipzig, existierte nur bis 1945 (Zusammenbruch des Nazi-Reichs).

Im übrigen ist zur Veranschaulichung der etwas kompliziert geregelten Gerichtszuständigkeiten auf die Grafiken zu verweisen. Weitere Gerichtszuständigkeiten (z. B. Beschwerdeverfahren), die im Buch keine Rolle spielen, sind in diesem Glossar und in den Grafiken nicht berücksichtigt.

Gnade

Eine durch rechtskräftiges Urteil verhängte Strafe kann durch Begnadigung des Verurteilten erlassen oder zur Bewährung ausgesetzt werden. Träger des Gnadenrechts sind der Bundespräsident oder die Ministerpräsidenten der Länder. Inhaltlich kann Gnade ein »Akt der Barmherzigkeit, der Versöhnung und des Wohlwollens« sein, aber auch ein

»Akt der Richtigstellung eines unerträglichen Fehlspruchs« (Carl Peters, *Strafprozeß*).

Während Gnade immer nur Einzelfälle betrifft, wird durch eine Amnestie eine ganze Kategorie von Straftaten nachträglich von Strafe freigestellt. Für Amnestien gibt es meistens feierliche Anlässe (Thronbesteigungen, Weihnachtsamnestie, usw.) oder Gründe des politischen Kalküls (Besänftigung der Gemüter nach dem Abklingen unruhiger Zeiten). Zuständig für Amnestien (Straffreiheitsgesetze) ist der Gesetzgeber, also bei uns der Bundestag.

Grundrechte

Das Grundgesetz von 1949 gewährleistet, ähnlich wie schon die Weimarer Verfassung, Grundrechte (auch »Freiheitsrechte« genannt), die allen anderen Gesetzen vorgehen. Dazu gehören der Gleichheitssatz (Art. 3), die Glaubens- und Gewissensfreiheit und das Recht auf Kriegsdienstverweigerung (Art. 4), die Freiheit der Meinungsäußerung, die Pressefreiheit, das Zensurverbot und die Freiheit der Kunst, Wissenschaft, Forschung und Lehre (Art. 5), die Versammlungsfreiheit (Art. 8), die Vereinigungsfreiheit (Art. 9), das Brief- und Postgeheimnis (Art. 10), die freie Wahl des Berufs, des Arbeitsplatzes und der Berufsstätte (Art. 12), die Unverletzlichkeit der Wohnung (Art. 13), das Eigentum (Art. 14) und das Asylrecht (Art. 16). Daß einige dieser Grundrechte inzwischen erheblich eingeschränkt worden sind, soll hier nicht erörtert werden. Auch der in Vergessenheit geratene Sozialisierungsartikel (Art. 15) gehört nicht zu meinem Thema.

Problematisch war schon in der Weimarer Republik das Verhältnis zwischen den Grundrechten und einfachem Gesetzesrecht. Da einige Grundrechte auf den Gesetzgeber verweisen (sogenannter »Gesetzesvorbehalt«; z. B. Art. 5 Absatz 2: »Diese Rechte finden ihre Schranken in den Vorschriften der allgemeinen Gesetze, den gesetzlichen Bestimmungen zum Schutze der Jugend und dem Recht der persönlichen Ehre«), hat die konservative, im obrigkeitsstaatlichen Denken verhaftete Verfassungsinterpretation zur Zeit der Weimarer Republik die mit einem Gesetzesvorbehalt versehenen Grundrechte für »leerlaufend« erklärt. Das Bundesverfassungsgericht war bemüht, die Wiederholung eines solchen Mißverständnisses zu verhindern. So hat es das Grundrecht auf freie Meinungsäußerung und Meinungsverbreitung als »für eine freiheitlichdemokratische Staatsordnung schlechthin konstituierend« erklärt. Die Verweisung auf die Schranken der »allgemeinen Gesetze« dürfe daher nicht dazu führen, daß der Geltungsanspruch des Grundrechts von vornherein auf den Bereich beschränkt wird, den ihm die Gerichte durch ihre Auslegung dieser Gesetze noch belassen. Die »allgemeinen Gesetze« müssen vielmehr in ihrer das Grundrecht beschränkenden Wirkung ihrerseits im Lichte der Bedeutung dieses Grundrechts gesehen und so interpretiert werden, daß der besondere Wertgehalt dieses Rechts auf jeden Fall gewahrt bleibt. Es finde daher, so hat das Bundesverfassungsgericht immer wieder betont, eine Wechselwirkung in dem Sinne statt, daß die »allgemeinen Gesetze« zwar dem Wortlaut nach dem Grundrecht Schranken setzen, ihrerseits aber so ausgelegt werden müssen, daß sie selbst wieder durch das Grundrecht eingeschränkt werden. Mindestens von einem Juristen wie dem in der Sache Volmerhaus (Band 1, Kapitel 19 »Die ›Umtriebe‹ des Leutnants Volmerhaus«) tätigen Bundesanwalt durfte man erwarten, daß ihm diese ständige Rechtsprechung des Bundesverfassungsgerichts bekannt ist. Aber man begegnet immer wieder Richtern und Staatsanwälten, die es versäumen, bestimmte Strafgesetze (z. B. die Beleidigungsparagraphen oder die Meinungsäußerungsdelikte des politischen Strafrechts) an den Maßstäben zu messen, die durch das Grundrecht auf freie Meinungsäußerung gesetzt sind. Auch dieses Buch enthält dafür viele Beispiele.

Wie schwer sich deutsche Gerichte damit getan haben, das Grundrecht auf Glaubens- und Gewissensfreiheit zu respektieren, ist im 10. Kapitel des 1. Bandes (»Die totale Kriegsdienstverweigerung der Zeugen Jehovas«) dargestellt.

Das Grundrecht auf Demonstrationsfreiheit ist aus den Grundgedanken der Meinungsäußerungsfreiheit und der Versammlungsfreiheit entwickelt worden.

Hauptverhandlung

So heißt nach unserer Strafprozeßordnung die – in der Regel öffentliche – Verhandlung vor dem zuständigen Gericht, die man volkstümlich meistens als »Prozeß« bezeichnet. Sie unterscheidet sich in manchem von den Bildern, die Fernsehspiele von Strafprozessen vermitteln. Weder gibt es den über dem Hickhack zwischen Ankläger und Verteidiger thronenden Richter, der ab und zu mit »Einspruch, Euer Ehren!« angerufen wird (das ist das Muster des angloamerikanischen Rechts, wo Ankläger und Verteidiger einem Richter, der keine Akten kennt, den gesamten Prozeßstoff aus gegensätzlicher Sicht vortragen), noch würde es in der Praxis geduldet, daß der Verteidiger sich, wie Manfred Krugs »Liebling Kreuzberg«, fotogen im Saale herumbewegt. Im deutschen Strafprozeß kommt der Vorsitzende – und bei Kollegialgerichten noch ein weiterer Richter, der sogenannte »Berichterstatter« – mit voller Aktenkenntnis in die Verhandlung (was den Polizeiprotokollen eine ungeheure Bedeutung verleiht, obwohl deren Verlesung prinzipiell verboten ist) und leitet die Verhandlung. Er ist es, der als erster Fragen an Angeklagte, Zeugen und Sachverständige stellt, erst dann sind die beisitzenden Richter, der Staatsanwalt und der Verteidiger (in dieser Reihenfolge) an der Reihe.

Der oder die Angeklagten werden zu Beginn der Verhandlung belehrt, daß sie das Recht haben, keine Aussagen zur Sache zu machen. Wenn sie aussagen wollen, können sie nach Verlesung der Anklage durch den Staatsanwalt sich dazu äußern. Dann folgt die Beweisaufnahme mit der Vernehmung von Zeugen und Sachverständigen, der Verlesung von Schriftstücken (»Urkundenbeweis«) und mitunter einer »Augenscheinseinnahme« (z. B. Besichtigung des Tatorts, von Waffen und Fotos). Zu jedem Beweismittel können die Prozeßbeteiligten Stellung nehmen.

Am Ende der Hauptverhandlung folgen die Schlußvorträge (»Plädoyers«, Strafanträge) des Staatsanwalts und des Verteidigers. Sodann hat der oder die Angeklagte das letzte Wort.

Darauf zieht sich das Gericht zur Beratung zurück. Und dann kommt die Urteilsverkündung durch den Vorsitzenden Richter.

Klageerzwingungsverfahren

Wer durch eine Straftat verletzt ist, kann bei der Staatsanwaltschaft Strafanzeige erstatten. Lehnt die Staatsanwaltschaft die Erhebung einer Anklage ab, kann man dagegen Beschwerde einlegen, über die der Generalstaatsanwalt (bzw. ein Beamter seiner Behörde) entscheidet. Lehnt auch dieser ab, so gibt es in bestimmten Fällen noch das sogenannte Klageerzwingungsverfahren, ein selten praktiziertes und noch seltener erfolgreiches Rechtsmittel, über das das Oberlandesgericht entscheidet.

Das Klageerzwingungsverfahren, das in den §§ 172 ff. Strafprozeßordnung geregelt ist, beginnt mit einem Antrag auf gerichtliche Entscheidung, der von einem Rechtsanwalt unterzeichnet sein muß. Er muß innerhalb eines Monats nach der Bekanntmachung des Bescheides der Generalstaatsanwaltschaft eingereicht werden und »muß die Tatsachen, welche die Erhebung der öffentlichen Klage begründen sollen, und die Beweismittel angeben«. Hinter diesen schlichten Worten des Gesetzes verbergen sich formale Anforderungen, an denen die meisten Anträge scheitern. Im Falle des Thälmann-Mord-Verfahrens bedeuteten sie praktisch, daß ich innerhalb der Frist, deren Ablauf bei meiner Beauftragung kurz bevorstand, den Inhalt der umfangreichen Akten, insbesondere auch den Inhalt der bisher ergangenen Einstellungsbescheide, zusammenfassend vortragen mußte, eine Aufgabe, die nur in Tag-und-Nacht-Arbeit zu bewältigen war und fast noch an dem Fehlen eines Aktenteils gescheitert wäre.

Gibt das OLG dem Antrag statt – und so war es in unserem Fall –, dann muß die Staatsanwaltschaft auch gegen ihre eigene Überzeugung Anklage erheben. Aber sie ist nicht genötigt, die Sache dann auch in der Hauptverhandlung mit großem Eifer zu vertreten. In der Thälmann-Sache lag die Vertretung der Anklage in der Hauptverhandlung daher fast ausschließlich in meinen Händen, und ebenso die Durchführung des Rechtsmittelverfahrens. Das ist im Thälmann-Mord-Kapitel im einzelnen geschildert.

Im Fall des von Polizeibeamten schwer verletzten Bademeisters Horst K. (Kapitel 9: »Eine öffentliche Rekrutenvereidigung und ihre Folgen«) war ein Klageerzwingungsverfahren von vornherein aussichtslos gewesen, weil es für einen Anwalt unmöglich war, die Täter und Zeugen aus dem Polizeiapparat zu benennen, die der Staatsanwalt nicht hatte ermitteln können.

Kronzeuge

Der Kronzeuge, der sich über seine Aussagebereitschaft Straffreiheit erkaufen kann, war lange Zeit nur aus dem amerikanischen Strafprozeß bekannt. Auf dem Höhepunkt der Terroristenjagd glaubte man auch in der Bundesrepublik Deutschland, nicht mehr ohne dieses fragwürdige Institut auszukommen. Zunächst wurde der Begriff noch im polemischen Sinne auf bestimmte Praktiken der Staatsanwaltschaft, insbesondere der Bundesanwaltschaft, gemünzt (vgl. Kapitel 1, »Wie man einen ›Terroristenanwalt‹ zur Strecke bringt«), die sich gegen den Vorwurf unerlaubter Begünstigung von »Verrätern« heftig zu wehren pflegte. Von 1989 bis Ende 1999 gab es dann eine gesetzliche »Kronzeugenregelung bei terroristischen Straftaten«, die aussagebereiten Tätern und Teilnehmerns solcher Straftaten Straffreiheit oder Strafmilderung verhieß. Die von der CDU/CSU/FDP-Mehrheit im Bundestag durchgesetzte Regelung hatte zwar einigen Straftätern, die sonst zu Lebenslänglich verurteilt worden wären, sehr viel mildere Strafen verschafft, aber nicht in einem einzigen Fall neue Fahndungsansätze gegen aktive Mitglieder der RAF erbracht.

Nebenklage

Grundsätzlich ist es Sache der Staatsanwaltschaft, in Strafsachen Anklage zu erheben. In bestimmten Fällen kann sich aber der oder die Verletzte der erhobenen öffentlichen Anklage als Nebenkläger oder Nebenklägerin anschließen. Das gilt z. B. für die Fälle der Beleidigung (vgl. Fall Sahm gegen von Fircks, Band 1, Kapitel 23) und des Mordes (vgl. den im 14. Kapitel behandelten Thälmann-Mordprozeß).

Der Nebenkläger/die Nebenklägerin hat in der Hauptverhandlung alle wesentlichen Rechte des Staatsanwalts, kann also insbesondere Beweisanträge stellen, das Fragerecht ausüben und Erklärungen abgeben. Er bzw. sie kann auch als Zeuge/Zeugin vernommen werden. Schließlich kann der Nebenkläger/die Nebenklägerin auch Rechtsmittel gegen das Urteil einlegen.

Öffentlichkeit der Verhandlung

Die Hauptverhandlung in Strafsachen ist grundsätzlich öffentlich. Eine Verletzung der Vorschriften über die Öffentlichkeit kann als Revisionsgrund geltend gemacht werden und führt zur Aufhebung des Urteils.

Unter bestimmten Voraussetzungen kann das Gericht die Öffentlichkeit ausschließen. So z. B. wegen Gefährdung der Staatssicherheit, der öffentlichen Ordnung oder der Sittlichkeit oder soweit Umstände aus dem persönlichen Lebensbereich eines Prozeßbeteiligten, Zeugen oder durch eine rechtswidrige Tat Verletzten zur Sprache kommen, deren öffentliche Erörterung schutzwürdige Interessen verletzen würde, soweit nicht das Interesse an der öffentlichen Erörterung dieser Umstände überwiegt.

Pflichtverteidiger

Die Strafprozeßordnung (§ 140) schreibt vor, daß in bestimmten Fällen die Mitwirkung eines Verteidigers »notwendig« ist. Angeklagten, die noch keinen Verteidiger auf eigene Kosten beauftragt haben (»Wahlverteidiger«), muß deshalb vom Vorsitzenden Richter ein Verteidiger bestellt werden, der aus der Staatskasse (nach bescheidenen Gebührensätzen) bezahlt wird. Bei der Auswahl sollen die Wünsche der Angeklagten berücksichtigt werden, »wenn nicht wichtige Gründe entgegenstehen«. Da der Verteidiger in den Fällen »notwendiger Verteidigung« durch Verlassen des Gerichtssaals oder durch Nichterscheinen das Verfahren »zum Platzen bringen« kann, werden in politischen Prozessen Verteidiger, die von den Angeklagten ausgewählt wurden und deren Vertrauen genießen, seitens vieler Richter und Staatsanwälte mit Mißtrauen betrachtet. In diesen Fällen wird häufig ein weiterer Pflichtverteidiger beigeordnet, der das Vertrauen des Gerichts genießt. Was in der Regel Konflikte zwischen dem Angeklagten und diesem ihm aufgezwungenen Verteidiger (»Zwangsverteidiger«), aber auch Konflikte zwischen dem »Vertrauensanwalt des Angeklagten« und dem »Vertrauensanwalt des Gerichts« zur Folge hat und das in politischen Prozessen ohnehin gespannte Prozeßklima zusätzlich belastet und eine sachgemäße Verteidigung erschwert. Denn ein Verteidiger, mit dem der Angeklagte nicht spricht und der in die abgesprochene Verteidigungsstrategie nicht eingeweiht ist, kann, wenn er sich nicht auf schweigende Anwesenheit beschränkt, viel Schaden anrichten.

Da die gesetzlichen Gebühren für Pflichtverteidiger sehr niedrig sind und oft noch nicht einmal die Bürounkosten des Anwalts decken, gibt es für besonders umfangreiche Verfahren, in denen sich die Hauptverhandlung manchmal über viele Monate erstreckt und der Verteidiger kaum andere Verdienstmöglichkeiten wahrnehmen kann, eine sogenannte Pauschgebührenregelung. In diesen Fällen kann das zuständige Oberlandesgericht über die gesetzlichen Gebühren hinausgehende Honorare festsetzen. Auch da herrschen bei den für die Entscheidung zuständigen Gehaltsempfängern oft recht unrealistische Vorstellungen, wie hoch die Kostenbelastung eines Anwalts mit gut organisiertem Büro- und Personalapparat ist. Langdauernde Verfahren können daher für einen als Pflichtverteidiger beigeordneten Anwalt zur materiellen Existenzgefährdung werden. Denn er kann auch aus einem Prozeß, der sich länger als erwartet hinzieht, nicht »aussteigen«, ohne enorme Schadensersatzforderungen der Staatskasse zu riskieren. Ein Anwalt, der sich aus sozialen Gründen bereiterklärt hat, in einem Großverfahren als Pflichtverteidiger, also auf Kosten der Staatskasse, tätig zu werden, kann deshalb, wenn er an ignorante oder böswillige Richter gerät, sein blaues Wunder erleben. Die als »Vertrauensanwälte des Gerichts« bestellten Verteidiger (»Zwangsverteidiger«) erhielten mitunter höhere Pauschgebührensätze als die Vertrauensverteidiger der Angeklagten, obwohl die eigentliche Verteidigerarbeit von den letzteren geleistet wurde (siehe z. B. den in Kapitel 4 behandelten Fall Karl Heinz Roth). Das Oberlandesgericht entscheidet über die Höhe der Pauschgebühr nach freiem Ermessen. Es gibt kein Rechtsmittel gegen seine Entscheidung.

Wird der Angeklagte verurteilt, so werden ihm auch die Kosten seines Pflichtverteidigers auferlegt. Die Staatskasse nimmt also nachträglich Regreß für die von ihr verauslagten Verteidigerkosten. Auch die Kosten des dem Angeklagten zusätzlich und gegen seinen Willen aufgezwungenen Verteidigers (»Zwangsverteidiger«) werden ihm in Rechnung gestellt.

Plädoyer

Am Ende der Hauptverhandlung, nachdem der (Vorsitzende) Richter die Beweisaufnahme für geschlossen erklärt hat, erhalten zunächst der Staatsanwalt und dann der Verteidiger das Wort zu ihren Schlußvorträgen (Plädoyers). Sie nehmen zum Beweisergebnis und zur Rechtslage Stellung und enden in der Regel mit einem bestimmten Antrag (z. B.: »Ich beantrage, den Angeklagten zu einer Freiheitsstrafe von drei Jahren Gefängnis zu verurteilen« oder »Ich beantrage Freispruch«).

An die in den Plädoyers gestellten Anträge des Staatsanwalts und des Verteidigers ist das Gericht selbstverständlich nicht gebunden. Es kann auch über den Strafantrag des Staatsanwalts noch hinausgehen oder entgegen seinem Antrag freisprechen.

Da der Staatsanwalt nach deutschem Prozeßrecht verpflichtet ist, auch das für den Angeklagten Entlastende zu ermitteln und vorzutragen – was in der Praxis oft vernachlässigt wird –, kann auch sein Antrag auf Freispruch lauten. Der Verteidiger wird auf Freispruch plädieren, wenn er den Angeklagten für unschuldig oder nicht überführt hält oder wenn aus rechtlichen Gründen freigesprochen werden muß (z. B. wenn das Verhalten des Angeklagten durch Grundrechte der Verfassung gerechtfertigt war).

In politischen Strafsachen bietet das Plädoyer dem Verteidiger Gelegenheit, auch auf das politische Anliegen seines Mandanten einzugehen, das oft untrennbar mit der rechtlichen Beurteilung verknüpft ist (Widerstandsrecht, Recht der freien Meinungsäußerung und der Versammlungsfreiheit usw.). Auch sonst ist im politischen Prozeß alles anders. Da geht es oft nicht um Schuld oder Unschuld, sondern um die Rechtfertigung einer politischen Entscheidung und den Angriff gegen eine Anklage, hinter der politische Zielsetzungen stehen. Auch die sonst übliche Regel, verbale Angriffe möglichst nicht gegen das Gericht zu richten, um dem Mandanten die Chance eines günstigen Urteils nicht zu verderben, kann hier manchmal nicht eingehalten werden, wenn schon der Stil der Verhandlungsführung und der eigenwillige Umgang mit der Strafprozeßordnung allzu deutlich verraten, daß das Urteil bereits feststeht. Trotzdem wird ein verantwortungsbewußter Verteidiger auch in solchen Fällen nichts unversucht lassen, das durch festgelegte politische Einstellungen blockierte Bewußtsein der Richter und der Öffentlichkeit zu durchbrechen oder gewissermaßen für eine aufgeklärtere Nachwelt zu plädieren (»Die Geschichte wird sie freisprechen«).

Revision

Gegen Urteile der Strafkammern des Landgerichts und gegen die im ersten Rechtszug ergangenen Urteile des Oberlandesgerichts (siehe Stichwort *Gerichte*, 8. Absatz) ist das Rechtsmittel der Revision gegeben. Über die Revision entscheidet, wenn es sich um ein Berufungsurteil des Landgerichts handelt, das Oberlandesgericht, wenn es sich um erstinstanzliche Urteile (des Landgerichts und des Oberlandesgerichts) handelt, der Bundesgerichtshof.

Während mit dem Rechtsmittel der Berufung (s. d.) sowohl die rechtliche Beurteilung als auch die tatsächlichen Feststellungen des erstinstanzlichen Urteils angegriffen werden können, kann mit der Revision nur geltend gemacht werden, daß das angefochtene Urteil rechtliche Fehler enthalte (sogenannte »Sachrüge«) oder daß das Gericht gegen Verfahrensvorschriften verstoßen habe (sogenannte »Verfahrensrüge«). Die tatsächlichen Feststellungen des angefochtenen Urteils sind also für das Revisionsgericht prinzipiell verbindlich, es darf nicht in die Beweiswürdigung (s. d.) der »Tatsacheninstanz« (des »Tatrichters«) eingreifen.

Die Revision muß binnen einer Woche nach Verkündung des Urteils eingelegt werden. Die Revisionsbegründung muß innerhalb eines Monats nach Zustellung des schriftlichen Urteils erfolgen. Das kann nur durch den Verteidiger oder einen anderen Rechtsanwalt oder zu Protokoll der Geschäftsstelle geschehen.

Das Revisionsgericht kann das Rechtsmittel durch Beschluß verwerfen, wenn es die Revision einstimmig für »offensichtlich unbegründet« hält. Dieser Beschluß bedarf keiner näheren Begründung, man erfährt also nicht, warum die Richter das Rechtsmittel als unbegründet angesehen haben. Die meisten Revisionen, die zugunsten der Angeklagten eingelegt werden, werden in dieser Weise erledigt.

Das Revisionsgericht kann aber auch zugunsten des Angeklagten durch Beschluß – und das heißt: ohne Anberaumung einer Hauptverhandlung – entscheiden, wenn es die Revision einstimmig für begründet hält.

Nur in relativ seltenen Fällen findet vor dem Revisionsgericht eine Hauptverhandlung statt. Da es nur um Rechtsfragen geht, ist die Anwesenheit des Angeklagten nicht nötig, aber zulässig. In der Regel sind die Juristen unter sich.

Wenn die Revision für begründet erachtet wird, hebt das Revisionsgericht das angefochtene Urteil auf und verweist die Sache an eine andere Strafkammer oder einen anderen Senat des Gerichts, dessen Urteil aufgehoben wird, zurück (»Zurückverweisung«). Das Gericht, an das die Sache zu neuer Verhandlung und Entscheidung zurückverwiesen ist, ist an die Rechtsauffassung des Revisionsgerichts gebunden.

Das Revisionsgericht kann das Urteil auch nur teilweise aufheben, also z. B. die Strafzumessung beanstanden, aber die tatsächlichen Feststellungen aufrechterhalten.

Schließlich kann das Revisionsgericht auch in der Sache selbst entscheiden (»durchentscheiden«), wenn z. B. ohne weitere tatsächliche Erörterungen nur Freispruch in Betracht kommt.

Schöffen

Schöffen (Laienrichter) gibt es beim Amtsgericht (Schöffengericht) und beim Landgericht (Strafkammer). Sie wirken in der Hauptverhandlung und bei der Urteilsberatung mit gleichem Stimmrecht wie der oder die Berufsrichter mit. Da für die Entscheidung über die Schuldfrage eine Zweidrittelmehrheit vorgeschrieben ist (§ 263 StPO), können die beiden Schöffen (oder Schöffinnen), wenn sie einer Meinung sind, sowohl beim Schöffengericht (ein Berufsrichter und zwei Schöffen) als auch bei der Strafkammer (drei Berufsrichter und zwei Schöffen) einen Schuldspruch verhindern und einen Freispruch auch gegen die Meinung der Berufsrichter durchsetzen.

Die Schöffen werden alle vier Jahre von einem beim Amtsgericht gebildeten Schöffenwahlausschuß (bestehend aus einem Richter, einem Verwaltungsbeamten und zehn von der Gemeindevertretung bestimmten Vertrauensleuten) gewählt. Sie werden einer von der Gemeindevertretung erstellten Vorschlagsliste entnommen, die alle Gruppen der Bevölkerung nach Geschlecht, Alter, Beruf und sozialer Stellung angemessen berücksichtigen soll.

Die Schöffen erhalten für ihre ehrenamtliche Tätigkeit eine gesetzlich geregelte Entschädigung. Ein Schöffe (oder eine Schöffin) soll grundsätzlich zu nicht mehr als zwölf Sitzungstagen im Jahr herangezogen werden. In Großverfahren müssen die Schöffen allerdings an weit mehr als zwölf Sitzungstagen mitwirken. In diesen Fällen werden in der Regel Ersatzschöffen bestimmt, die vom Beginn der Hauptverhandlung an dabei sein müssen, aber erst einspringen, wenn einer der Hauptschöffen ausfällt. Das Gesetz regelt im einzelnen, unter welchen Voraussetzungen die Übernahme des Schöffenamtes abgelehnt werden kann und wer zum Schöffenamt unfähig oder ungeeignet ist.

Die Jury des amerikanischen Rechts, die unabhängig vom Richter über die Schuldfrage entscheidet und im Falle eines Schuldspruchs zu einem einstimmigen Ergebnis kommen muß, ist mit dem deutschen Prozeßrecht nicht vergleichbar. Anders als in den USA hat der Verteidiger keinen Einfluß auf die Auswahl der Schöffen. Nach deutschem Recht wird die Reihenfolge, in der die Schöffen an den Hauptverhandlungen teilnehmen, durch Auslosung bestimmt.

Bis 1974 gab es sogenannte Schwurgerichte, die mit drei Berufsrichtern und sechs Laienrichtern, die »Geschworene« genannt wurden, besetzt waren. Im Grunde handelte es sich aber schon damals um erweiterte Schöffengerichte, weil das klassische Schwurgericht, bei dem die Geschworenen allein über die Schuldfrage entschieden, schon 1924 abgeschafft worden war. Vom Schwurgericht ist jetzt nur noch der Name übriggeblieben, aus den sechs Geschworenen sind zwei Schöffen geworden.

Staatsanwalt und Staatsanwaltschaft

Die Staatsanwaltschaft ist eine verwaltungsmäßig aufgebaute Strafverfolgungsbehörde, der die vorbereitende Ermittlungstätigkeit im Strafverfahren obliegt. Sie ist zugleich Justizbehörde und vertritt in der Hauptverhandlung die Anklage. Staatsanwaltschaften sind eingerichtet beim Bundesgerichtshof (Generalbundesanwalt und Bundesanwälte), bei den Oberlandesgerichten (Generalstaatsanwalt) und bei den Landgerichten (Oberstaatsanwalt). Die Staatsanwaltschaft beim Landgericht ist auch für die zum Bezirk gehörigen Amtsgerichte zuständig. Bei allen Staatsanwaltschaften findet man Beamte mit Dienstbezeichnungen wie Staatsanwalt und Oberstaatsanwalt.

In der DDR hieß die höchste staatsanwaltliche Behörde Generalstaatsanwaltschaft (Generalstaatsanwalt der DDR).

Strafbefehl

In Verfahren, die zur Zuständigkeit des Amtsgerichts (Einzelrichter und Schöffengericht) gehören, kann die Staatsanwaltschaft an Stelle einer Anklageschrift einen Antrag auf Erlaß eines Strafbefehls einreichen. Das Gericht kann daraufhin die beantragte Strafe ohne Hauptverhandlung festsetzen. Sie wird rechtskräftig, wenn der Angeklagte nicht innerhalb der in der Rechtsmittelbelehrung angegebenen Frist gegen den Strafbefehl Einspruch einlegt. Man muß also, wie auch sonst, das Kleingedruckte lesen, was mein Mandant Wolfgang Peters (Name geändert; Band 1, Kapitel 15) versäumt hatte.

Legt der Angeklagte fristgemäß Einspruch gegen den Strafbefehl ein, so kommt es zu einer Hauptverhandlung.

Strafgesetzbuch, Strafprozeßordnung und Gerichtsverfassungsgesetz

Das *Strafgesetzbuch (StGB)* enthält die sogenannten »Straftatbestände« (oder einfach »Tatbestände«), in denen das für strafbar erklärte Verhalten möglichst präzise definiert ist und der Strafrahmen angegeben ist, innerhalb dessen das Gericht die »schuldangemessene« Strafe festsetzen kann. Zum Beispiel der Tatbestand des Diebstahls (§ 242 StGB):
»Wer eine fremde bewegliche Sache einem anderen in der Absicht wegnimmt, dieselbe sich rechtswidrig zuzueignen, wird mit Freiheitsstrafe bis zu fünf Jahren oder mit Geldstrafe bestraft.«

Weitere sozusagen klassische Tatbestände sind formuliert in den Paragraphen über Mord, Totschlag, Körperverletzung, Sachbeschädigung, Brandstiftung, Hausfriedensbruch, Urkundenfälschung, Meineid, Beleidigung, Üble Nachrede, Verleumdung, Widerstand gegen die Staatsgewalt, Hochverrat, Landesverrat, usw.

Die meisten Änderungen hat es seit 1871, dem Jahr, in dem das Strafgesetzbuch in seiner ursprünglichen Fassung in Kraft getreten ist, in den Abschnitten gegeben, deren »Rechtsgut« der Schutz des Staates, seiner Repräsentanten und seiner bewaffneten Macht ist. Begriffe wie »verfassungsfeindliche Vereinigung (Staatsgefährdung)« oder »verfassungsverräterischer Nachrichtendienst« (siehe Fall Traugott Ostmann in Kapitel 7 des 1. Bandes) dienten in der Zeit des Kalten Krieges der Kommunistenverfolgung. Aus vordemokratischen Zeiten überkommene Tatbestände wie »Auflauf«, »Aufruhr« und »Landfriedensbruch« wurden zur Bekämpfung der Volksbewegungen gegen Atomwaffen, Atomkraftwerke, Vietnamkrieg, Notstandsgesetze und andere Zumutungen der herrschenden Klasse eingesetzt.

Die *Strafprozeßordnung (StPO)* enthält Regeln, nach denen sich das Strafverfahren abspielen soll. Wichtig für den Angeklagten und seinen Verteidiger sind insbesondere die Regelung des Beweisantragsrechts (siehe Stichwort *Beweisaufnahme*), die Ablehnung von Gerichtspersonen (siehe Stichwort *Ablehnung von Richtern, Schöffen und Sachverständigen*) und die Rechtsmittel (siehe Stichworte *Berufung* und *Revision*).

Im *Gerichtsverfassungsgesetz (GVG)* findet man Vorschriften über die sachliche Zuständigkeit der Gerichte (die örtliche Zuständigkeit ist in der StPO geregelt), über die Zusammensetzung der Gerichte, über die Öffentlichkeit der Verhandlung und den Ausschluß der Öffentlichkeit (s. d.), über die dem Vorsitzenden obliegende Aufrechterhaltung der Ordnung in der Sitzung (sogenannte »Sitzungspolizei«) und die ihm zur Verfügung stehenden Maßnahmen bei Ungehorsam und Ordnungsmittel wegen Ungebühr (z. B. Räumung des Sitzungssaals oder Ordnungshaft und Ordnungsgeld).

Strafjustiz und andere Zweige der Justiz

Dieses Buch befaßt sich ganz überwiegend mit Fällen aus der Strafjustiz, in denen ich als Strafverteidiger tätig war. Das Berufsfeld eines Rechtsanwalts umfaßt aber auch andere Zweige der Justiz, die hier kurz erwähnt werden sollen, zumal sie einen Großteil auch meiner Praxis ausgemacht haben. So werden beispielsweise Ehescheidungen oder Schadensersatzforderungen vor den Zivilgerichten verhandelt; die Anfechtung von Verwaltungsakten (z. B. die Versagung einer Baugenehmigung oder das Verbot einer Demonstration) gehört vor die Verwaltungsgerichte; wer sich gegen die Kündigung eines Arbeitsverhältnisses wehren will, muß beim Arbeitsgericht klagen ...

Aus dem Bereich der Zivilgerichtsbarkeit enthält der 1. Band ein Beispiel im 5. Kapitel (»Kriegsdienstverweigerung im Hitler-Staat als Widerstand? Der Fall Georg B.«), eine Klage auf Wiedergutmachungsleistungen. Ein weiterer zivilrechtlicher Fall ist im Rahmen des 26. Kapitels des 1. Bandes (»Eine schwierige Mandantin: Ulrike Meinhof«) erwähnt: das Verfahren auf Erlaß einer einstweiligen Verfügung gegen einen verleumderischen Zeitungsartikel. Das 19. Kapitel des 1. Bandes bringt einen Fall aus der Disziplinargerichtsbarkeit (»Die ›Umtriebe‹ des Leutnants Volmerhaus«). Im 27. Kapitel des 1. Bandes ist vom ehrengerichtlichen Verfahren gegen Rechtsanwälte die Rede (»Anwaltliche Redefreiheit auf dem Hauklotz. Die ehrengerichtliche Aburteilung von Justizkritik«).

Ein weiteres Buch hätte ich schreiben müssen, wenn ich über meine anwaltliche Tätigkeit in verwaltungsgerichtlichen Verfahren hätte berichten wollen; ein paar tausend Fälle, in denen ich Kriegsdienstverweigerer, die um die Anerkennung ihres Grundrechts kämpfen mußten, vor Prüfungskammern und Verwaltungsgerichten vertreten habe. Die Aufhebung von Demonstrationsverboten oder schikanösen Auflagen (z. B. Verbot von Stellschildern oder Lautsprecherbenutzung) mußte gerichtlich durchgefochten werden. Ohne Erfolg blieben zahlreiche Verfahren, in denen es um Verbote sogenannter »kommunistischer Tarnorganisationen« ging (z. B. »Demokratischer Frauenbund Deutschlands«). Oder der Prozeß um das nach dem KPD-Verbot als angebliches Parteieigentum beschlagnahmte, nach einem von den Nazis hingerichteten kommunistischen Widerstandskämpfer benannte »Robert-Stamm-Haus« in Bremen.

Auch ein wichtiges Verfahren vor dem Bundesverfassungsgericht aus dem Jahr 1966, in dem es um die Frage der Zulässigkeit staatlicher Parteienfinanzierung ging, konnte wegen seines Umfangs in dieses Buch nicht aufgenommen werden. Ich habe damals als Prozeßbevollmächtigter der DFU (»Deutsche Friedens-Union«) vergeblich für die Zulässigkeit staatlicher Parteienfinanzierung gestritten (in der *Zeit* wurde in der Rubrik »Worte der Woche« mein Ausspruch zitiert: »Die staatliche Parteienfinanzierung kann man so wenig verhindern wie den außerehelichen Geschlechtsverkehr«). Meine damals geäußerte Befürchtung, daß andernfalls eine Abhängigkeit der Parteien vom Machtkartell des Industrie- und Bankenkapitals unvermeidlich sei, ist inzwischen bittere Wirklichkeit (vgl. das sehr lesenswerte Buch von Jürgen Bruhn, *Raubzug der Manager. Gegen einen Kapitalismus ohne Arbeit.* Berlin 1998).

Urteil

»Die Hauptverhandlung schließt mit der auf die Beratung folgenden Verkündung des Urteils«, heißt es in § 260 StPO. Die Urteilsformel (der »Urteilstenor«) wird von dem (Vorsitzenden) Richter stehend verlesen (z. B.: »Der Angeklagte wird wegen Beihilfe zum Mord zu einer Freiheitsstrafe von vier Jahren kostenpflichtig verurteilt« oder »Der Angeklagte wird auf Kosten der Staatskasse freigesprochen«). Auch die anderen Mitglieder des Gerichts, der Staatsanwalt, der Verteidiger, der Angeklagte und das Publikum hören sich diesen Teil der Urteilsverkündung stehend an. Früher – noch in den ersten Jahren meiner Verteidigertätigkeit – mußte der Angeklagte sich auch die dann folgende Urteilsbegründung stehend anhören. Heute darf auch er sich hinsetzen, wenn der (Vorsitzende) Richter mit der oft langdauernden mündlichen Begründung des Urteils beginnt. Am Schluß der mündlichen Urteilsbegründung wird der Angeklagte im Falle seiner Verurteilung über mögliche Rechtsmittel belehrt.

Die schriftliche Urteilsbegründung, die bei Kollegialgerichten von einem der beisitzenden Richter, dem sogenannten »Berichterstatter«, entworfen und oft vom Vorsitzenden korrigiert (manchmal auch verschlimmbessert) und sodann von allen Berufsrichtern (auch von einem etwa überstimmten Richter) unterschrieben wird, stimmt nicht unbedingt mit der mündlichen Urteilsbegründung überein. Die schriftliche Urteilsbegründung ist aber maßgebend für die Beurteilung durch das Revisionsgericht, das an die tatsächlichen Feststellungen des Urteils gebunden ist, auch wenn diese falsch sein sollten (siehe Stichwort *Revision*).

Die Zustellung des schriftlichen Urteils muß innerhalb bestimmter Fristen erfolgen, deren Länge von der Dauer der Hauptverhandlung abhängig ist. Erst mit der Zustellung des schriftlichen Urteils beginnt die Frist zur Begründung des Rechtsmittels der Revision.

Verfassungsbeschwerde

»Jedermann« (so der von feministischen SprachpuristInnen noch unbeeinflußte Wortlaut des Gesetzes) kann mit der Behauptung, durch die öffentliche Gewalt in einem seiner Grundrechte verletzt zu sein, Verfassungsbeschwerde beim Bundesverfassungsgericht in Karlsruhe erheben. Die Verfassungsbeschwerde kann erst »nach Erschöpfung des Rechtswegs« erhoben werden, zuvor müssen also alle Möglichkeiten, vor anderen Gerichten Recht zu bekommen, ausgeschöpft worden sein.

In der Praxis scheitern die meisten Verfassungsbeschwerden bereits bei den zur Entlastung des Gerichts eingerichteten Vorprüfungsausschüssen.

Wahrunterstellung

Die Gründe, aus denen ein in der Hauptverhandlung gestellter Beweisantrag vom Gericht abgelehnt werden kann, sind in § 244 der Strafprozeßordnung geregelt. Einer dieser Gründe heißt Wahrunterstellung. Das Gericht unterstellt die vom Angeklagten oder seinem Verteidiger unter Beweis gestellte Behauptung als wahr. Angeklagte, die nicht anwaltlich beraten sind, oder Berufsanfänger auf der Verteidigerbank haben nach einem solchen Gerichtsbeschluß manchmal den Eindruck, daß sie den Sieg schon in der Tasche hätten. Aber in Wirklichkeit ist höchste Aufmerksamkeit geboten, wenn das Gericht durch Wahrunterstellung ankündigt, daß es auf die Beweisbehauptung nicht ankomme.

Widerstand gegen die Staatsgewalt

Wer gegen einen Polizeibeamten Strafanzeige wegen Körperverletzung im Amt erstattet, muß in aller Regel mit einer Gegenanzeige der Beamten wegen Widerstands gegen die Staatsgewalt rechnen. Entscheidend ist dann, wem der Richter glaubt. Und da habe ich so schlechte Erfahrungen gemacht, daß ich meistens dazu geraten habe, auf Anzeigen gegen Körperverletzung im Amt gleich zu verzichten.

Wichtig für Kapitel 8 (»Eine Frankfurter Räuberpistole. Der Fall Astrid Proll«): Ein »besonders schwerer Fall« des Widerstands – mit höherer Strafandrohung – ist dann gegeben, wenn der Täter oder ein anderer Beteiligter eine Waffe bei sich führt, um diese bei der Tat zu verwenden, oder wenn der Täter durch eine Gewalttätigkeit den Angegriffenen in die Gefahr des Todes oder einer schweren Körperverletzung bringt. Als die Staatsanwälte im Fall Proll den Vorwurf des zweifachen

Mordversuchs fallenließen, wollten sie doch eine Verurteilung der Angeklagten wegen Widerstands im besonders schweren Fall durchsetzen.

Wichtig für Kapitel 6 (»Otto Schily und die Ehre der Polizei«): § 113 Absatz 3, den die Oberlandesrichter bei ihrem Urteil vom 15.1.1982 übersehen hatten, lautet:

»Die Tat ist nicht nach dieser Vorschrift strafbar, wenn die Diensthandlung nicht rechtmäßig ist. Dies gilt auch dann, wenn der Täter irrig annimmt, die Diensthandlung sei rechtmäßig.«

Wiederaufnahmeverfahren

Ein rechtskräftiges Strafurteil kann nur ganz ausnahmsweise noch einmal überprüft werden. Voraussetzung eines Wiederaufnahmeverfahrens ist nach § 359 Ziffer 5 StPO, daß »neue Tatsachen oder Beweismittel beigebracht sind, die allein oder in Verbindung mit den früher erhobenen Beweisen die Freisprechung des Angeklagten oder in Anwendung eines milderen Strafgesetzes eine geringere Bestrafung ... zu begründen geeignet sind«.

Das mit einem Antrag auf Wiederaufnahme des Verfahrens angerufene Gericht prüft zunächst die Zulässigkeit des Antrags (Sind die behaupteten Tatsachen neu? Sind die Beweismittel neu? Sind sie prinzipiell geeignet, zu einem Freispruch zu führen?). Wird das bejaht, folgt in einem zweiten Verfahrensabschnitt (»Probationsverfahren«) eine Beweisaufnahme, also beispielsweise eine Vernehmung der neu benannten Zeugen oder Sachverständigen. Wird auch diese Hürde erfolgreich genommen und der Antrag für begründet erklärt, so folgt die Anberaumung einer neuen Hauptverhandlung. Wird das Verfahren für einen Verstorbenen betrieben (Fall Carl von Ossietzky), so wird ohne erneute Hauptverhandlung entweder auf Freispruch oder auf Ablehnung des Antrags entschieden.

Verweise auf Band 1 in diesem Glossar beziehen sich auf:
Heinrich Hannover, »Die Republik vor Gericht 1954-1974«. Der Band ist im Prospero Verlag erschienen.

Quellennachweis

Carl von Ossietzky, Sämtliche Schriften. Rowohlt Verlag, Reinbek 1994.

Christoph Schminck-Gustavus, Das Heimweh des Walerjan Wróbel. Ein Sondergerichtsverfahren 1941/42. Verlag J.H.W. Dietz Nachf., Bonn 1986.

Kurt Tucholsky, Über den sogenannten Landesverrat, aus: Kurt Tucholsky, Gesammelte Werke, Bd. 2. Rowohlt Verlag, Reinbek 1960.

Bildnachweis

S. 18: Keystone
S. 40: Frankfurter Rundschau vom 5. Februar 1999, Jahrgang 55, Nr. 30/5
S. 42: privat
S. 50: Foto: Klaus Warwas
S. 58: Foto: Helmut Jüliger
S. 59: Foto: Helmut Jüliger
S. 74: Foto: Helmut Jüliger
S. 88: Foto: Helmut Jüliger
S. 92: Foto: Helmut Jüliger
S. 98: Ullstein Bilderdienst – dpa
S. 111: Foto: Georg Kiefer
S. 113: Foto: Georg Kiefer
S. 114: picture alliance/dpa
S. 118: picture alliance/dpa/Manfred Rehm
S. 121: picture alliance/dpa/Dick
S. 132: Foto: Copyright Klaus Sander WK Bremen
S. 173: AP
S. 178: privat
S. 188: privat
S. 191: Zeichnung von Erich Dittmann in: Frankfurter Allgemeine Zeitung vom 20. September 1979, Nr. 219, S. 3
S. 196: Foto: Rolf Gössner
S. 204: AP
S. 205: Foto: Wolfgang Ziegler
S. 207: Foto: Donecker-Foto
S. 239: privat
S. 285: privat
S. 288: privat
S. 292: Keystone

S. 297: Foto: Thomas Brenner
S. 301: Foto: Klaus Rose
S. 302: privat
S. 304: Foto: Günther Schwarberg
S. 310: AP
S. 316: Bilderdienst Süddeutscher Verlag
S. 318: Landesbildstelle Bremen
S. 322: Staatsarchiv Bremen
S. 326: privat
S. 346: Staatsarchiv Bremen
S. 350: Ullstein Bilderdienst
S. 365: picture alliance/dpa
S. 444: Ullstein Bilderdienst
S. 446: privat
S. 466: privat
S. 481: picture alliance/dpa/Matthias Hiekel
S. 482: Foto in: Der Spiegel, Heft Nr. 17 vom 26. April 1993, S. 116
S. 524: Foto: Jochen Stoss/Weser-Kurier Archiv
S. 527: Foto: Johannes Monse

Personenregister

A

Abs, Hermann Josef 39–45, 49
Adenauer, Konrad 7, 33, 43, 479
Aicher-Scholl, Inge 371
Albrecht 322, 336, 342
Alich 460
Alsberg, Max 431, 440, 443, 454
Aly, Götz 209–211
Anschütz, Konrad 359
Apfel, Alfred 431, 438, 440, 443
Arendt, Hannah 307
Arndt 460
Arndt, Adolf 124
Asch, Karl 125
Asdonk, Brigitte 182
Augstein, Josef 37, 38, 40, 44, 46, 47, 107
Augstein, Rudolf 33, 34, 37
Aust, Stefan 176
Avenarius, Christian 481

B

Baader, Andreas 117–121, 125, 126, 201
Bahner 460
Bahr, Egon 485, 490
Bangemann, Martin 469
Bargholst 337, 339
Barnewald, Otto 309
Bartzik 61
Bastian, Gert 365
Bauer, Fritz 306, 349, 351, 352
Baumann, Jürgen 305
Baumgarten 32, 438
Baumgarten, Eduard 32
Baum, Gerhart 183
Bechtel, G. 325, 338
Becker, Otto 138
Beckers 65
Beck, Kurt 70–73, 78
Behnen 338, 339
Behrenbeck 38
Bellmer, Wilhelm 145, 149
Bel, Rudolf 468
Berger, Werner 293
Berghofer-Weichner, Mathilde 369
Berghofer, Wolfgang 489, 494, 502
Berroth, Ulrich 217, 225
Birnbaum, Norman 474
Blanke, Thomas 111
Bodeux, Jürgen 14, 15, 17–22, 176–178
Boeden, Gerhard 265
Böhmer, Maria 298
Böhm, Klaus 481, 508
Böll, Heinrich 365, 371
Bonhoeffer, Dietrich 457

Bönisch, Georg 73
Boock, Peter-Jürgen 201–206, 209, 211, 216, 218, 220, 221, 225–228, 230, 232, 240, 273, 360, 526
Borchert, Wolfgang 465, 474
Bornstein, Josef 433–436, 455
Bortscheller, Ralf 129
Böttges, Walter 298
Brack, Viktor 350, 360
Brademann, Werner 153
Bradfisch, Otto 305
Brandt, Karl 360
Brandt, Willy 45
Braunmühl, Carlchristian 104
Braunmühl, Gerold 104
Braunmühl, Hubertus 104
Brendle, Walter 301
Bresser, Karl-Ludwig 37
Browning, Christopher R. 158
Brückner, Peter 101, 110, 112, 114–116
Bruhn, Jürgen 554
Bschor, Friedrich 209
Buback, Siegfried 12, 23, 27, 83, 84, 97–100, 102–105, 107, 109, 110
Buchholz, Hans-Henning 468
Buddenberg, Wolfgang 29
Bumann 338
Bumke, Erwin 350
Buro, Andreas 371
Busche, Jürgen 173
Bush, George 471, 472
Butt, Rainer 260
Butziger, Kurt 497

C

Canaris, Wilhelm 457
Carl Schneider 210–213, 232
Carstens, Karl 195
Cobler, Sebastian 230
Crohne 439
Crome, Berndt-Adolf 138, 143, 149, 169, 243, 244, 248, 249, 251, 252, 255–257
Czichon, Eberhard 44

D

Dabrowski, Czeslaw 319, 320
Dalferth 364
Damus, Renate 467, 468
Decken, Christoph von der 37
Dethloff, Klaus 65, 88, 95
Dierks, Johanna 172, 173, 179, 182, 183
Dieter, Karl 285
Dittmann, Erich 191, 558
Dittrich, Rolf 481
Docke, Bernhard 172, 418
Döllen, Armin von 394, 514, 521
Draber, Armin 69–73, 75, 77–79, 84–90, 95, 96
Draeger, Rolf 110, 113
Düx, Heinz 281

E

Eggeling, Ernst 87, 89
Ehebald, Ulrich 149, 150, 154, 155, 160, 162, 164–167
Eichmann, Adolf 306
Eimer, Klaus 17, 19, 20

Einsele, Helga 371
Eisenberg, Johannes E. 468
Eitel, Walter 216-219, 229, 230, 232
Elling, Gert-Dieter 153
Engelhard, Hans 369, 515
Engell, Rudolf 215, 216, 219, 225, 229
Ensslin, Gudrun 117, 118, 120, 121, 125, 201
Entholt, Kurt 140
Erzberger, Matthias 110
Eschen, Klaus 15
Eyrich, Heinz 369

F

Feuchtwanger, Lion 443
Fircks, Otto Freiherr von 546
Flick, Friedrich 287
Fokken, Anita 397
Fokken, Walter 379-386, 389-394, 396, 400-402, 404-408
Frank, Hans 430
Freisler, Roland 24, 330, 335, 336, 347, 350, 353
Frerichs, Heinz-Dieter 110
Fricke, Werner 298, 299, 309
Frick, Franz 125, 217
Friedrich, Jörg 287
Fröhlich, Helmut 259
Fromme, Friedrich Karl 107
Frömmel, Monika 481
Fuchs, Zbigniew 298-304, 308, 311, 312, 314

G

Gabel-Thälmann, Irma 297, 304
Galle, Peter 238
Gartner, Theodor 514
Gehre, Ludwig 457
Gehrke, Anni 289
Gehrke, Friedrich 275
Gehrke, Günther 287-289
Gehrke, Richard 5, 275-284, 286-289
Gehrling, Rudi 295
Genscher, Hans-Dietrich 34, 469, 483, 513
Gessenharter, Wolfgang 449, 456
Glotz, Peter 103, 104, 107
Göbel, Wolfgang 97
Goebbels, Joseph 460
Gollwitzer, Helmut 371
Golzem, Armin 65, 87, 88, 95
Göring, Hermann 305, 444, 445, 460
Gössner, Rolf 196, 241, 558
Gottschalk-Solger, Leonore 16
Grashof, Manfred 175, 176, 180, 185-187, 189
Grass, Günter 371
Grimberg, Herbert 260
Groenewold, Kurt 24, 55
Großmann, Hermann 429
Grothe, Ernst 370
Grünberg, Volker 127
Grünhagen, Michael 175-177, 179-187, 189, 190, 193
Grünwald, Gerald 259
Günthel, Andreas 501, 502
Gürtner, Franz 353
Gust, Erich 293, 315, 316

H

Haag, Siegfried 272, 366
Haas 425
Hagedorn, Axel 468
Hannover-Drück, Elisabeth 421
Hardt 31
Hartenstein, Peter 127
Hauptmann, Giselher 125
Haussmann, Helmut 469
Hebestreit 138
Hehr 337, 339
Heiermann, Wolfgang 65, 88
Heitmann, Steffen 501
Heldmann, Hans Heinz 117–122, 124, 126, 129
Henkel, Peter 229–231, 375
Heumann, Hans 334, 341
Heydenreich, Carl W. 467, 468
Heyde, Werner 350, 360
Heydrich, Reinhard 307
Hickel, Rudolf 49
Himmler, Heinrich 277, 291, 305–307, 309
Hindenburg, Paul von 443
Hirschberg, Max 446, 447
Hirsch, Martin 80, 369
Hitler, Adolf 110, 195, 259, 275, 277, 283, 291, 305–309, 314, 316, 334, 342, 347, 350, 372, 421, 427–430, 443, 446, 450, 454, 457, 459, 460, 463, 471, 477, 503, 537, 553

Hoffmann, Bolko 37, 38, 41, 42, 49, 51
Hofmann 34, 78
Hofschulte 293, 294
Holinka 31
Hollay, Ignaz 127
Holtfort, Werner 110, 111
Holtkamp, Jürgen 44
Honecker, Erich 492, 504
Hoppe, Werner 181, 263, 264, 270
Hussein, Saddam 468, 471

I

Ibbeken, Frerk 111

J

Jacob, Berthold 425, 426, 432, 435, 448
Jäger, Herbert 306, 421, 435
Jandt, Ilse 272
Janknecht, Hans 138, 140, 157, 169
Jens, Inge 371
Jens, Walter 371
Jorns, Paul 431–436, 455, 456
Jüliger, Helmut 58, 59, 82, 83, 558
Jung, Ernst Friedrich Franz 349, 354–358
Jungfer, Gerhard 445, 448, 452, 454
Jung, Friedrich Walter 349, 354, 359
Jurkowski 460

K

Kahrs, Wolfgang 318
Kaltenbrunner, Ernst 305, 307
Kaul, Friedrich Karl 294, 297, 508
Keller, Dieter 217
Kelly, Petra 365
Kempf, Eberhard 124
Kempner, Robert W. 299
Kerscher, Helmut 357

Kessler, Edmund 458
Kesten, Hermann 443
Kinkel, Klaus 517
Klee, Ernst 212
Knapp, Klaus 207
Knorr, Ingrid 481
Knorr, Lorenz 537
Knüfer, Heinz-Friedrich 14
Kohl, Helmut 45, 485
Korsch, Hans-Peter 296, 299
Kosche, Helmut 298, 301
Kosmal, Elisabeth 288
Kosmal, Frieda 288
Kouril, Leo 240
Krages, Hermann 39
Kramer, Helmut 349, 351-358
Kranz 271
Kratsch, Kurt 340
Krause 137-139, 148
Kreiser, Walter 421, 423, 424, 426, 436, 437, 441
Kreißig, Lothar 353
Krenz, Egon 480
Krüger 422, 423
Krumhard, Wolfgang 370, 371
Kühnert, Hanno 448
Kuhn, Horst 241
Kusserow, Raimund 218
Küster, Fritz 425, 426, 432, 435, 448

L

Lahmann, Horst 239, 242, 253
Lambsdorff, Otto Graf 368, 469, 483
Landwehr 334, 413, 414
Lang, Rainer 340
Lapp, Peter Joachim 492, 500, 503

Lasarewitz 325
Leibkutsch, Hans 37
Lenin, Wladimir Iljitsch 249, 497
Lenz, Helmut 248
Leski, Suzan 488
Levi, Paul 199, 295, 435
Liebknecht, Karl 432, 435
Liepmann, Rudolf 435
Limbach, Jutta 519
Lindenlaub 364
Lips, Rainer 481
Loosen 31
Ludin, Hans 427
Luippold, Herbert 124
Luxemburg, Rosa 106, 107, 109, 432, 435, 480

M

Maeffert, Uwe 364
Mahler, Horst 178
Maier, Jürgen 467-470
Maihofer, Werner 259, 271
Maisch, Herbert 156, 162-167
Maisel, Jürgen 82, 91
Marcard 433
Martin, Ludwig 12
Matthäus, Winfried 310, 316, 516
Mauz, Gerhard 72, 76, 77, 79, 98, 99
Mayer, Dietmar 127
Mayer, Hans 116
Mayerhöffer, Klaus 363, 364, 368, 370, 371, 374, 376
McCloy, John 286
Meier, Richard 184
Meinerzhagen, Ulrich 481, 488, 508

Meinhof, Ulrike 75, 115, 118, 121, 201, 202, 264, 265, 268, 553
Messerschmidt, Manfred 449, 452, 456, 461, 476
Meyer 54
Meywerk 337, 339
Mischnick, Wolfgang 483
Mitscherlich, Alexander 281
Mitscherlich, Margarete 281
Mittag, Günter 496
Modrow, Hans 8, 479–488, 490–496, 500–502, 504–511, 518
Moke, Werner 489
Möllemann, Jürgen 469
Monnerjahn, Rudolf 264
Morgenstern, Oscar 32
Moser, Norbert 27–31, 33–35
Moser, Ruth 35
Moser, Tilman 156
Mückenberger, Ulrich 111
Müller 460
Müller, Gerd 497
Müller, Helmut 89
Müller, Ingo 445
Müller, Jupp 299, 301
Müller-Luckmann, Elisabeth 145–147, 157, 159, 165, 166
Müller-Münch, Ingrid 296, 316, 357, 358
Myrdal, Jan 462

N

Narr, Wolf-Dieter 228
Naujoks, Inge 298
Neubert, Siegfried 481
Neumann, Bernd 239, 242, 248–252
Neumann, Wolfgang 468
Neusel, Hans 265, 269
Niederland, William G. 281
Niepel, Frank 65, 80, 88
Niese, Bernd 16, 18
Nilges, Annemarie Charlotte 467, 468
Nitsche, Hermann 210, 212
Noel-Baker, Philip 33

O

Oberüber 460
Oelrich, Wolfgang 472
Olden, Rudolf 431
Olowson, Klaus 459
Orlowsky, Wedigo 128
Ortner, Helmut 411
Osche, Ulrich 313
Oske, Ernst-Jürgen 459
Ossietzky, Carl von 421, 425–427, 429–431, 434, 437, 439, 441–447, 449, 450, 453, 459, 461–463, 473, 478, 556, 557
Ossietzky-Palm, Rosalinda von 445, 446, 450
Oster, Hans 457
Ost, Friedhelm 369
Otter, Klaus-Jürgen 124
Otto, Roland 5, 53, 55–57, 60, 65–69, 80, 82, 84, 93, 94, 97, 102
Otto, Wolfgang 293, 294, 298, 305–308, 311, 314, 315
Overath, Margot 237, 240, 241, 252

P

Panzer, Ulf 364, 372, 376, 486
Passauer, Michael 363, 364, 372, 376
Pätsch, Werner 258
Paul, Heinz Joseph 298, 301, 435
Pauli, Walter 57, 58, 61, 64, 84, 103
Pestel, Eduard 115
Peters 339
Peters, Carl 542
Pflieger, Klaus 209, 214, 217, 220
Pflug-Harttung, Heinz von 435
Pflug-Harttung, Horst von 435
Pfromm, Werner 296
Piotrowski, Michal 317, 318, 323, 324, 347
Plett 337
Plorin, Reiner 364, 371
Plumlee 363, 373, 375
Ponto, Jürgen 106, 205, 206
Pötschke, Horst Dieter 34
Preuß, Ulrich K. 172, 174, 178, 179, 187, 189, 191–193
Proll, Astrid 8, 171–173, 175–177, 179–182, 185–187, 189–194, 202, 555
Pross, Christian 281, 283
Przytarski, Hans-Jürgen 17, 19–22

Q

Quoirin, Marianne 357

R

Rasch, Wilfried 155–160, 162–167, 209, 215, 219
Raspe, Jan-Carl 118, 121, 201
Rathenau, Walther 110
Rauch, Georg von 125
Rauch, Hans-Joachim 206, 210–213, 216–218, 232, 360, 361
Rauschke, Joachim 122
Rebmann, Kurt 99
Reemtsma, Jan Philipp 286
Rehse, Hans-Joachim 450, 459
Reimnitz, Jürgen 38
Reinhard, Wolf Dieter 8, 11–13, 15–22, 24, 178
Reitzel, Dietmar 125
Reiwald, Paul 228
Remmers, Walter 369
Reuter 140
Richard, Gehrke 280
Richter, Hans 39
Ridder, Helmut 496
Riemann, Johannes 127, 172–174, 190–192
Riess, Curt 443
Rinn, Hans 39
Roda Roda 443
Rohde 313
Röhl, Klaus Rainer 264, 266, 268, 269
Romanow, Sergej Alexandrowitsch 106
Römmig, Wolf 16, 205, 206, 225, 226, 232, 233
Röseler, Hans-Joachim 301
Rosenfeld, Kurt 431, 440
Roth, Karl Heinz 44, 53–61, 64–73, 75–80, 82–84, 87, 88, 90, 92–94, 97, 102, 547
Rottka, Eckart 445
Rozul 373, 375
Rühe, Volker 478

Ruhland, Karl-Heinz 172, 190–192
Runge, Wilhelm 435

S

Sacco, Nicola 411
Sack, Karl 457
Sahm, Arthur 546
Sauber, Werner 55, 57, 58, 61, 62, 64–67, 69, 79, 80, 93, 94
Schäuble, Wolfgang 516, 517, 519
Schelm, Petra 125
Schenck, Jürgen 21
Scheringer, Richard 427
Schiedlausky, Gerhard 293
Schily, Otto 8, 96, 117–122, 124–128, 178, 502, 556
Schlegelberger, Franz 350, 351, 354, 359
Schlesinger, Patricia 315
Schleyer, Hanns-Martin 205, 206, 271, 272
Schmacke, Harald 340
Schmähling, Elmar 476, 478
Schmid, Herbert 230, 231
Schmid, Richard 260
Schmidt, Erwin 127
Schmidt, Hans 293
Schmidt, Helmut 45
Schminck-Gustavus, Christoph 317–320, 323, 335, 340, 342–344, 347, 557
Schmücker, Ulrich 13, 15, 17, 176–178
Schneider 44
Schneider-Horn, Wolfgang 110
Scholz, Rupert 469
Schöne, Giselher 72

Schorlemmer, Friedrich 484–486, 490, 492–494, 504, 518
Schramer, Karl Walter 405, 406
Schreck 210
Schröder, Gerhard 110
Schrübbers, Hubert 259
Schueler, Hans 88
Schultz-Sponholz 423
Schütze 23
Schwab, Jürgen 468
Schwartzenberg, Leon 225–229, 232
Schwelien, Michael 217
Schwenninger 208
Schwenn, Johann 230
Seeckt, Hans von 425
Seidel 328
Seiters, Rudolf 510
Senfft, Heinrich 84
Sengespeik, Jürgen 81
Siegert 433
Simonis, Konrad 90
Simon, Max 459
Simons, Heinz 175, 176, 179–190, 193
Sittner, Hermann 537
Sliwka, I. 379, 398, 399, 418, 419
Sohl, Hans-Günther 39
Sölle, Dorothee 371
Sonntag, Susanne 231
Spangenberg, Henning 15
Specht, Friedrich 164, 209, 215, 219–229
Spoo, Eckart 463
Springer, Axel 84, 267
Springer, Edwin 110
Staff, Ilse 357
Stalin, Jossif Wissarionowitsch 316, 334, 480, 498

Stammnitz, Lothar 480
Stamm, Robert 553
Sterzel, Dieter 111
Stobbe, Herbert 293, 313
Stoltenberg, Gerhard 469
Strate, Gerhard 388–390, 419, 454
Strauß, Franz Josef 33
Streim, Alfred 314
Stresemann, Gustav 426
Ströbele, Hans-Christian 15, 467, 468
Stuberger, Ulf 118
Suhrbier, Hartwig 88–90

T

Teuchert, Bernd 243
Thälmann, Ernst 8, 291–299, 301–304, 306, 309, 311, 312, 315, 316, 526, 544–546
Thiee, Ingo 468
Thiele, Hans-Günther 140, 310
Thierack, Otto 350
Thomas, Karl 111, 125, 153, 438, 443, 559
Thömen, Hans-Helmut 364
Thorbeck, Otto 457
Tiedge, Hansjoachim 513
Toller, Ernst 443
Traube, Klaus 259
Tucholsky, Kurt 315, 427, 557

V

Vack, Hanne 371
Vack, Klaus 371
Vallenthin, Wilhelm 37
Vanzetti, Bartolomeo 411
Venzlaff, Ulrich 156, 164
Verheugen, Günter 34
Vogel, Hans-Jochen 109
Volmerhaus, Hartmut 543, 553
Vötsch, Otto 125

W

Walde, Eberhard 467, 468
Waltermann, Leo 54, 73, 91, 212, 213
Warneken 328, 334, 335, 343
Warnstedt 293, 302, 313
Warrelmann, Harry 240
Weber, Margit 468
Wedemeier, Klaus 239, 242, 253
Weinkauff, Hermann 343
Weisbecker, Thomas 125
Weller, Hans-Joachim 128
Wellmann, Gert 110
Wendt 212
Wendt, Hans Friedrich 427
Werkenthin, Falco 315
Werner, Karl 425, 426, 433
Wesel, Uwe 480
Westernhagen, Dörte von 281
Wieland, Günther 315, 316
Wilhelm, Elke 124
Wilhelm, Walter 253
Willemer, Christian 44
Winterscheid 398, 399, 402, 404, 405, 419
With, Hans de 98, 99
Witt 436
Witteck, Günther 480
Wolfenstein, Alfred 443
Wolff, Friedrich 481, 482, 488, 510
Wolff, Karl Friedrich 305

Wolf, Markus 8, 11–13, 15, 16, 18, 21, 205, 206, 225, 228, 232, 491, 517, 519
Wolfmeier, Leonhard 459
Wörner, Manfred 469
Woźniak, Alfreda 347
Wróbel, Walerjan 8, 317, 319, 320, 326–343, 345, 557
Wurster, Georg 97

Y

Yun, Isang 258

Z

Zahl, Peter-Paul 272
Zahn, Joachim 39
Zander, Erich 342
Zeis, Peter 119, 120, 226, 227, 231, 232
Zelenka, Hans 95
Zgoda, Marian 293, 294, 298–300, 304, 308, 315
Zipfel, Walter 13, 211
Zorn 328, 342
Zuber 499, 500
Zunder, Rainer 90
Zweigert 430
Zwerenz, Gerhard 484, 485